KB041595

헌법 버금편

헌법총론과 국가조직론

허완중

박영사

머 리 말

   '헌법소송법'에서 시작된 체계서 집필 작업을 '헌법 으뜸편 – 기본권론'을 거쳐 이 책으로 마무리한다. 아직도 보완하여야 할 부분이 여기저기 보이지만 일단 매듭을 짓고 계속 고쳐나가려고 한다. 이 책은 김선택 선생님의 강의안에서 비롯한다. 박사과정에 있으면서 독일 유학 준비를 하던 2003년에 선생님 주도로 공진성 교수와 함께 교과서 작업을 시작하였다. 헌법총론은 공진성 교수가, 기본권론은 지은이가 선생님 강의안을 기초로 초안을 각각 작성하고 나서 이를 함께 읽으면서 선생님이 중심이 되어 고쳐나갔다. 하지만 작업이 상당 부분 진행되다가 예기치 않은 연구용역 2건을 하게 되면서 중단되고 공진성 교수와 지은이가 차례대로 독일 유학을 떠나면서 그나마 작성된 초안은 그대로 묻혔다. 그래서 공진성 교수와 지은이가 2008년 박사학위를 받고 귀국하고 나서 헌법재판소에 몸담고 있다가 교수로 초빙되어 정교수가 되도록 선생님의 교과서는 나오지 않았다. 특히 기본제도 부분을 제외한 헌법총론 부분은 거의 교과서 꼴을 갖추었는데도 교과서 작업은 더는 진척이 없었다. 이에 지은이는 강의를 시작하면서 기본제도 부분을 채워 헌법총론 강의안을 마련하고 기본권론과 국가조직론 강의안도 급하게 작성하였다. 이때 힘든 유학 생활 중에 머리를 식힐 겸 해서 강의안을 틈틈이 고치고 보탰던 것이 큰 도움이 되었다. 이렇게 마련한 강의안을 전남대학교 법학전문대학원에서 강의하면서 계속 다듬고 보탰다. 이 중 헌법총론과 국가조직론 강의안을 하나로 묶어서 '헌법 버금편 – 헌법총론과 국가조직론'이라는 이름으로 낸다. 이러한 과정을 거쳐 나온 것이라서 이 책은 지은이 혼자 지은 것이라기보다는 지은이의 성향이 강하게 묻어난 세 사람의 공동저작물로 볼 수 있다.

   헌법에서 가장 중요한 것이 기본권 보장이라는 점을 강조하여 기본권론 부분을 '헌법 으뜸편'이라고, 기본권을 보장하려면 국가조직이 필수적이라는 점에서 헌법총론과 국가조직론 부분을 아울러 '헌법 버금편'이라고 지었다. 이렇게 헌법을 두 권으로 정리하는 것은 국내에서는 찾아보기 어렵지만, 독일에서는 일반적이다. 이것은 논리적인 체계에서 비롯한 것이라고 볼 수도 있다. 하지만 강의의 편의성을 고려한 측면이 더 강하다. 책을 구체적으로 살펴보면 기존 교과서에서는 다루지 않는 내용도 여럿 있고, 기존 교과서가 소홀히 다루는 부분을 자세히 서술한 것도 있다. 이것은 기존 체계에 얽매이지 않고 새로운 체계를 세워보려는 노력의 산물이다. 이러한 체계 안에서 기존 논의를 꼼꼼히 살피고 새로운 논의를 적극적으로 받아들이면서 판례도 비판적으로 검토하고자 하였다. 이러한 시도에 의문이 있을 수 있고, 심지어 거부감을 느낄 수도 있다. 이러한 의문과 거부감도 진지하게 받아들여 더 나은 책이 되도록 계속 노력하고자 한다. 다양한 지적과 따끔한 충고 그리고 뼈아픈 비판을 기다린다.

　　김선택 선생님의 가르침과 지도가 없었다면 이 책은 나올 수 없었다. 많은 부분에서 선생님의 견해를 그대로 받아들일 수밖에 없었고, 각주를 달 수 없었던(지은이가 자각하지 못한 부분을 포함하여) 많은 부분에 선생님의 흔적이 여기저기 묻어 있다. 그 은혜는 시간이 흐름에 따라 너무 커져서 이제는 두렵기까지 하다. 학자가 무엇인지를 몸소 일깨워주신 계희열 선생님께도 이 책은 많은 빚이 있다. 오랫동안 든든한 등불이 되어주시길 소망한다. 헌법총론에 눈을 뜨게 하여 헌법학자의 길을 걷게 되는 계기를 마련해 주신 장영수 선생님도 이 책의 기초를 닦는 데 많은 이바지를 하셨다. 선생님의 따뜻한 웃음이 여전히 그립다. 뒤에서 이것저것 챙겨주시는 정태호 교수님께도 배운 바가 너무 많다. 늘 고마움을 느낀다. 묵묵히 지켜봐 주시면서 도와주시는 김하열 교수님께도 늘 감사드린다. 언제나 지은이를 격려하고 용기를 북돋워 주시는 방승주 교수님도 잊을 수 없다. 지은이가 다양한 시각을 가질 수 있도록 끊임없는 자극을 주시는 이준일 교수님도 빼놓을 수 없다. 끝으로 한국 헌법학을 본격적으로 세우신 유진오 선생님의 개척자적 노력을 기억하고자 한다. 변함없이 출판을 허락해주신 안종만 회장님과 안상준 대표님, 다양한 부탁을 불평 없이 들어주시고 궂은일을 맡아서 성실하게 해주신 이영조 팀장님과 이후근 대리님, 편집과 교정에 열과 성을 다해주신 한두희 과장님과 깔끔하게 표지를 뽑아주신 이소연 님께도 감사의 마음을 전한다.

　　부족함 많은 아들을 늘 걱정하고 사랑해주시는 부모님, 지은이가 마음껏 연구할 수 있도록 도와주는 아내 박수은, 이제는 제법 자기 목소리를 내는 사랑스러운 진솔, 인우, 우진 모두에게 사랑한다고 말하고 싶다.

2022년 1월
뺨을 스치는 차가운 바람이 따스한 햇볕에 밀린 어느 날
우두커니 창밖을 지키는 나무에 잠시 눈길을 돌리며
허완중

차 례

제 1 장 헌법의 기초

제 2 장   헌법의 제정 · 변천 · 개정

제 3 장 헌법사

제 4 장   대한민국의 국가성

제 5 장　대한민국의 정통성과 남·북한관계 그리고 국제관계

제 6 장 헌법의 기본원리

제 7 장　기본제도

제 8 장　헌법수호

제 9 장　국가조직원칙

제10장   정부형태론

제11장　국가기능론

제12장 국가기관론

제 1 장

헌법의 기초

제1장 헌법의 기초

제1절 헌법의 의의

Ⅰ. 헌법 개념의 다양성

1. 역사성에 따른 개념 변화

헌법은 본래 국가조직에 관한 법(국가조직법)을 가리켰다. 이러한 헌법을 '고유한 의미의 헌법'이라고 부른다. 공동체가 정치적 통일체로 존립하려면 일정한 권력체계(질서)가 있어야 한다. 그래서 모든 국가에는 고유한 의미의 헌법이 있다. "국가 있는 곳에 헌법이 있다."라고 할 때 헌법이 바로 이것이다. 그러나 시민혁명 이후 국민주권이 자리 잡고 민주주의가 발전하면서 국민의 기본권 보장이 헌법의 유일한 목적으로 인정되었다. 그리고 기본권을 보장하기 위해서 국가권력을 통제할 필요성이 인정되어 권력을 나누어 남용하지 않도록 할 필요성이 대두하였다. 그에 따라 기본권 보호와 권력분립에 관한 내용을 담은 헌법만을 헌법으로 보았다. 1789년 프랑스 '인간과 시민의 권리선언' 제16조는 "권리보장이 확보되지 아니하고 권력분립이 규정되지 아니한 사회는 헌법이 있다고 할 수 없다."라고 하여 이를 명확하게 밝혔다. 이러한 헌법을 '근대적 의미의 헌법'이라고 한다.[1] '현대적 의미의 헌법'은 근대적 의미의 헌법 기반 위에 국민의 자유와 권리를 실질적으로 보장하려고 사회복지제도와 사회적 시장경제질서, 헌법재판제도 등을 도입한 헌법이다. 따라서 현대적 의미의 헌법은 헌법의 규범적 효력을 강화하려는 데 그 취지가 있다. 즉 현대적 의미의 헌법은 근대적 의미의 헌법을 수정한 것에 불과하다.

2. 사실적 헌법과 법적 헌법

사실적(사회학적) 헌법은 헌법을 국가에 있는 사실적 권력관계로 파악한다. 이를 따르면 규범화한 법인 헌법전은 한낱 종잇조각에 지나지 않는다.[2] 그와 비교하여 법적 헌법은 헌법을

---

[1] 근대적·입헌주의적 의미의 헌법과 제정 시기는 비슷하지만, 구별하여야 할 헌법개념으로 이른바 명목적·외견적 입헌주의헌법이 있다. 헌법 제정을 요구하는 시민혁명을 거치지 아니한, 오히려 시민혁명을 예방하는 차원에서 군주 스스로 헌법을 제정하고 군주주권을 유지하면서 신민에 대해서 (자연법적 인권이 아니라) 실정법적 권리만을 인정하고 명목적 권력분립을 규정한 헌법을 명목적·외견적 입헌주의헌법이라고 한다. 19세기 초반 독일의 남부 각 주에서 제정된 흠정헌법을 예로 들 수 있다.

[2] 독일의 사회주의자이며 노동운동가인 페르디난트 라살레(Ferdinand Lassalle)가 헌법을 사실적(사회학적)으로 파

규범으로 제정된 질서로 이해한다. 오늘날 헌법학자 대부분은 여기서 출발한다.[3] 사실적 헌법은 법적 헌법으로 파악된 헌법이 사실적 권력상황을 지도하지 못할 때 주목받을 수 있다. 이러한 헌법, 정확히 말하자면 헌정은 원래 사실과학인 정치학의 연구대상이다. 법학의 연구대상인 헌법은 법적 헌법에서 출발하여야 한다. 법적 헌법은 시대의 구체적인 역사적 조건과 밀접한 관련이 있다. 그렇다고 법적 헌법이 그러한 역사적 조건에 전적으로 종속하는 것도 아니다. 역사적 현실과 법적 헌법이 충돌할 때 법적 헌법이 언제나 열위에 있지 않다. 오히려 이렇게 충돌하여도 법적 헌법이 자신의 규범적 효력을 유지하고 실현할 수 있는 조건이 있다. 이러한 조건이 충족되지 못할 때만 헌법 문제는 법의 문제가 아니라 힘의 문제로 바뀌고 법적 헌법이 현실적 헌법에 굴복하게 된다. 헌법의 규범력은 그저 보장되는 것이 아니라 일정한 조건에서만 가장 잘 실현될 수 있다. 헌법학은 그러한 최선의 실현에 맞추어 활동하여야만 한다. 헌법학은 헌법 문제가 본래 힘의 문제라는 것을 증명하는 데 무던히 애쓸 것이 아니라 그것이 힘의 문제가 되지 않도록 자기 몫을 다할 때 자기 임무를 더 잘 수행할 수 있다.[4]

3. 형식적 의미의 헌법과 실질적 의미의 헌법

담긴 내용과 무관하게 오로지 헌법 형식을 갖추었는지(존재형식)를 기준으로 헌법인지를 판단할 때, 이를 '형식적 의미의 헌법'이라고 한다. 형식적 의미의 헌법은 다른 모든 법규범보다 효력이 우위에 있는지를 결정하는 유일한 기준이다. 즉 형식적 의미의 헌법이 담은 내용만 헌법적 효력이 있다.[5] 형식적 의미의 헌법은 일정한 절차로만 개정될 수 있다. 1987년 10월 29일 공포되고 1988년 2월 25일에 발효된 현행 대한민국 헌법이 형식적 의미의 헌법이다. 헌법이라는 이름이 붙어야 헌법인 것은 아니다. 헌법이 아닌 다른 이름이 붙어도 헌법 형식을 갖추면 형식적 의미의 헌법에 해당한다. 예를 들어 독일 헌법의 이름은 기본법(Grundgesetz)이다.

악한 대표적인 인물이다. 페르디난트 라살레는 1862년 베를린에서 한 강연에서 헌법 본질에 관해서 "헌법 문제는 원래 법의 문제가 아니라 힘의 문제이다. 한 나라의 현실적 헌법은 그 나라에 현존하는 사실적 권력상황 속에만 실재하고 성문헌법은 사회 속에 현존하는 현실적인 권력상황을 정확히 반영할 때만 가치가 있고 존속될 수 있다."[Ferdinand Lassalle, Über Verfassungswesen, in: Eduard Bernstein (Hrsg.), Gesammelte Reden und Schriften, Bd. 2, Berlin 1919, S. 25 ff. (60)]라고 갈파하였다. 그를 따르면 성문헌법이 현실적 헌법, 즉 사실적 권력상황에 어긋나면 언제나 그에 굴복하게 되고, 그야말로 종잇조각에 지나지 않게 된다. 그 밖에 루돌프 스멘트 (Rudolf Smend)와 칼 슈미트(Carl Schmitt)의 헌법관을 사회학적 헌법개념에 포함하는 견해가 있다(권영성, 『헌법학원론(개정판)』, 법문사, 2010, 4쪽; 김철수, 『학설·판례 헌법학(전정신판)(상)』, 박영사, 2009, 13~14쪽). 그런데 이는 그들이 파악하는 헌법현상 일부만을 강조하는 견해로서 오해의 소지가 있다.

3) 스위스의 공법학자 베르너 케기(Werner Kägi)가 헌법을 '국가의 법적 기본질서'로 파악한 대표적 인물이다 (Werner Kägi, Die Verfassung als rechtliche Grundordnung des Staates, Zürich 1945, S. 40 ff.).

4) 이상 Konrad Hesse, Die normative Kraft der Verfassung, in: Recht und Staat 222 (1959), S. 18 f. (콘라드 헷세, 계희열 옮김, 「헌법의 규범력」, 『헌법의 기초이론』, 박영사, 2001, 28~29쪽).

5) 헌법국가에서 헌법재판의 전제조건은 헌법의 최고규범성과 성문헌법의 존재이다.

어떤 형식을 갖추었는지와 상관없이 오로지 담고 있는 내용만을 기준으로 헌법인지를 판단할 때, 이를 '실질적 의미의 헌법'이라고 한다. 보통 국가 최고기관의 구성방식, 그들 서로 간의 관계, 개인의 국가권력에 대한 원칙적인 지위를 헌법으로 규율할 사항이라고 한다.[6] 실질적 의미의 헌법에는 다양한 규범적 효력이 있을 수 있다. 그래서 실질적 의미의 헌법이라는 것이 헌법적 효력이 있다는 것을 뜻하지 않는다.

형식적 의미의 헌법에 규정된 내용 대부분은 실질적 의미의 헌법에 해당하는 것이 보통이다. 하지만 때에 따라서는 그렇지 않을 수도 있다. 그 내용상 헌법적 성격이 없는 사항이 형식적 헌법전에 규정될 때도 있다(예를 들어 현행 헌법 제21조 제4항). 이렇게 실질적 의미의 헌법에 속하지 않는 사항을 형식적 의미의 헌법, 즉 헌법전에 규정하면, ① 국민이 그 사항의 중요성을 인정하여 헌법에 수용한 만큼 해당 사항에 헌법적 평가를 부여한다는 뜻이 있고, ② 형식적 의미의 헌법에 포함됨으로써 최고법으로서 헌법적 효력과 더불어 일반 입법자가 개정하기 어렵게 됨으로써 지속성이 있게 된다. 다른 한편, 형식적 의미의 헌법에 실질적 의미의 헌법이 모두 포함되는 것은 아니다. (실질적 의미의) 헌법적 성격이 있는 정부조직법, 국회법, 공직선거법 등과 같은 법률과 명령이 이에 해당한다. 이는 입법기술상 모든 실질적 의미의 헌법을 모두 성문화할 수 없을 뿐 아니라 때에 따라 잦은 개정이 필요할 수도 있기 때문이다.[7]

Ⅱ. 헌법의 개념과 종류 그리고 지위

1. 헌법의 개념

헌법(憲法)은 중국 고대 문헌에서 사용하던 용어인데, 일본에서 명치유신 이후 외국의 사상과 제도를 도입하면서 1870년대부터 Constitution(영어), Verfassung(독일어)의 번역어로 사용하였다. 이후 한국과 중국에서도 이 용어가 정착되었다. 한국 실정법 중에서는 1919년 9월 11일에 공포된 '대한민국 임시헌법'이 가장 먼저 헌법이라는 용어를 사용하였다. 헌법은 국가 안에서 최고법이다. 국가 안에는 헌법을 비롯하여 법률, 명령, 규칙, 조례 등 다양한 법규범이 있다. 이러한 국내법 중에서 헌법은 모든 법의 기초로서 어느 법규범보다 효력에서 우위에 있다. 그래서 헌법에 어긋나는 법규범은 효력을 잃는다. 헌법이 최고법인 이유는 주권자인 국민이 합의하여 최고법의 지위를 부여하였기 때문이다. 헌법의 유일한 목적은 기본권 보장에 있고, 기본권을 보장하는 수단이 국가이며, 헌법은 국가법질서의 기초로서 국가가 나아가야 할 방향을 제시하여야 한다. 따라서 헌법은 ① 국민의 기본권(국가 안에서 국민의 기본적인 법적

---

6) Georg Jellinek, Allgemeine Staatslehre, 3. Aufl., Darmstadt 1959 (6. Neudruck), S. 505.

7) 계희열, 『헌법학(상)(신정2판)』, 박영사, 2005, 6쪽; 권영성, 『헌법학원론(개정판)』, 법문사, 2010, 10쪽; 김학성/최희수, 『헌법학원론(전정5판)』, 피앤씨미디어, 2021, 19쪽; 석인선, 『헌법총론』, 세창출판사, 2014, 8쪽.

지위) 보장과 이를 보장하기 위한 ② 국가의 기본이념과 ③ 국가조직에 관한(실질적·내용적 징표) 국민의 합의를(정당성 징표) 규범화한 국가의 최고법이다(규범적 징표).[8] 헌법은 모든 법질서의 기초로서 사실관계를 법적 관계로 바꾸는 시발점이 된다. 이러한 점에서 헌법은 사실과 규범의 접점에 위치한다. 그래서 헌법에서 정치와 법은 밀접한 관련성을 맺어서 서로 구별하기 어렵다. 그리고 헌법은 국가권력을 창설하고 정당화한다. 특히 국가는 선존하는 것이 아니라 헌법을 통해서 비로소 만들어진다.

2. 헌법의 종류

(1) 성문헌법과 불문헌법

헌법전이라는 문서 형식으로 만든 헌법이 성문헌법이다. 1987년 10월 29일 제정되고 1988년 2월 25일 발효된 현행 대한민국 헌법이 이에 해당한다. 문서 형식으로 있지 않은 헌법은 불문헌법이라고 한다.[9] 헌관습법[10]이나 헌법판례법이 이에 해당한다. 헌관습법은 헌법

---

8) 헌법을 ① 국가의 행동과 작용, 정치적 의사 형성 그리고 국민과 국가의 관계를 규정하거나 형성하는 모든 규정의 총체(계희열,『헌법학(상)(신정2판)』, 박영사, 2005, 4쪽), ② 국가의 기본법으로서 국가의 구성·조직·작용과 인권 보장에 관한 기본적 원칙을 규정한 근본법(구병삭,『신헌법원론(개정판)』, 박영사, 1996, 3쪽), ③ 국가의 근본법으로서 국가의 통치조직과 통치작용의 원리를 정하고 국민의 기본권을 보장하는 최고법(김철수,『학설·판례 헌법학(전정신판)(상)』, 박영사, 2009, 13쪽), ④ 국가적 공동체의 존재형태와 기본적 가치질서에 관한 국민적 합의를 법규범적인 논리체계로 정립한 국가의 기본법(권영성,『헌법학원론(개정판)』, 법문사, 2010, 3쪽), ⑤ 한 나라의 통치질서에 관한 국내법(허 영,『한국헌법론(전정17판)』, 박영사, 2021, 13쪽), ⑥ 인간의 존엄을 실현하기 위하여 정치적 통일과 정의로운 경제질서를 형성하는 국가적 과제의 수행원리와 국가 내에서의 갈등을 극복할 절차 및 국가작용의 조직과 절차의 대강을 규정하는 국가의 법적 기본질서(홍성방,『헌법학(상)(제3판)』, 박영사, 2016, 17쪽), ⑦ 국가의 구성과 작용의 기본이 되는 법규범의 총체(양 건,『헌법강의(제10판)』, 법문사, 2021, 9쪽), ⑧ 정치적 통일체인 국가의 기본적 법질서(김학성/최희수,『헌법학원론(전정5판)』, 피앤씨미디어, 2021, 4~5쪽), ⑨ 국가의 기본법으로서 국가의 형태, 조직, 체계, 작용 등에 관한 기본적 사항을 정한 국가의 최고규범(정만희,『헌법학개론』, 피앤씨미디어, 2020, 3쪽), ⑩ 국민주권주의에 기초하여 국가의 조직과 구성을 설계하고 국민의 자유와 권리를 보장하는 국가의 기본법이자 최고법(성낙인,『헌법학(제21판)』, 법문사, 2021, 3쪽), ⑪ 국가의 최고법이자 최고법으로서 국가의 구성·조직·작용과 국민의 기본권 보장에 관한 원칙을 정한 근본법(심경수,『헌법(제2판)』, 법문사, 2020, 3쪽), ⑫ 헌법제정권력에 의하여 특별한 방법으로 제정되어 최고규범성과 강화된 존속력을 가지는 '국가공동체의 법적 기본질서'(한수웅,『헌법학(제11판)』, 법문사, 2021, 12쪽), ⑬ 국가생활공동체 안에서 개인의 지위를 기본권을 중심으로 규정하고, 국가생활공동체를 실현·유지하는 과제를 갖는 국내최고법규범(전광석,『한국헌법론(제16판)』, 집현재, 2021, 3쪽), ⑮ 국가와 공동체 및 공동체 구성원들의 생활의 근본과 그 질서를 형성하는 공동체의 근본법(정종섭,『헌법학원론(제12판)』, 박영사, 2018, 19쪽), ⑭ 국민의 기본권을 보장하는 규범과 국가권력의 조직·행사방법·통제에 관한 규범 등을 그 내용으로 하는 법규범(김도협,『헌법학원론(제3판)』, 진원사, 2021, 3쪽; 정재황,『신헌법입문(제11판)』, 박영사, 2021, 3쪽), ⑯ 국민의 기본권 보장과 실현 그리고 이를 위한 국가기관의 조직과 작용 및 권력통제에 관한 정치적 근본규범(정연주,『헌법학원론(제2판)』, 법영사, 2021, 3쪽), ⑰ 국가의 기본법으로서 국가의 통치조직과 통치작용의 원리를 정하고 국민의 기본권을 보장하는 최고법(석인선,『헌법총론』, ⑱ 세창출판사, 2014, 3쪽), ⑲ 국가권력을 창설, 배분함과 아울러 국가와 국민의 기본관계를 규율하는 법(김하열,『헌법강의(제3판)』, 박영사, 2021, 5쪽), ⑳ 한 국가의 최고효력이 있는 법적 기본질서(방승주,『헌법강의 Ⅰ』, 박영사, 2021, 3쪽)로 정의하는 견해가 있다.

9) 그러나 헌법재판소는 헌법적 효력이 있는 불문법을 불문헌법이나 관습헌법으로 본다: "우리나라는 성문헌법을 가진 나라로서 기본적으로 우리 헌법전(憲法典)이 헌법의 법원(法源)이 된다. 그러나 성문헌법이라고 하여도 그 속에 모든 헌법사항을 빠짐없이 완전히 규율하는 것은 불가능하고 또한 헌법은 국가의 기본법으로서 간결성과

사항을 담은 관습법이다. 관습법은 일반적으로 그리고 계속 반복된 사실적 관행이 법적 확신을 얻음으로써 성립하는 불문법이다. 따라서 헌관습법이 성립하려면 ① 성문헌법이 규율하지 않은 헌법사항에 관한 사실적 관행이 있고(보충성), ② 이러한 관행이 국민이 그 존재를 인식하고 사라지지 않을 관행이라고 인정할 만큼 충분한 기간에 반복되거나 계속되어야 한다(반복·계속성). 그리고 ③ 관행은 지속성이 있어야 하므로 그 중간에 반대되는 관행이나 입법이 이루어져서는 아니 되고(항상성), ④ 관행은 여러 가지 해석이 가능할 정도로 모호한 것이 아니라 명확한 내용을 가져야 한다(명료성). ⑤ 이러한 관행이 법으로서 국민의 승인이나 확신 혹은 폭넓은 공감대를 얻어 국민이 강제력이 있다고 믿어야 한다(법적 확신).[11] 이러한 헌관습법의 성립요건은 지속해서 반복되는 관행 존재(객관적 요건)와 국민의 법적 확신(주관적 요건)이라는 두 가지로 요약될 수 있다. 헌관습법은 실질적 헌법으로서 원칙적으로 법률과 비슷한 효력이 있다. 특히 헌관습법은 성문헌법이나 개별 법률과 맺는 관계에서 보충적 효력이 있을 뿐이다. 다만, 지방자치단체의 주민에 의해서 성립되고, 적용 범위가 지방자치단체 관할영역에 국한되는 지역적 관습법은 조례와 비슷한 효력이 있다.[12] 따라서 관습헌법이 성문헌법과 같은 법적 효력이 있다는 헌법재판소 판례[13]는 수긍하기 어렵다.[14]

함축성을 추구하기 때문에 형식적 헌법전에는 기재되지 아니한 사항이라도 이를 불문헌법(不文憲法) 내지 관습헌법으로 인정할 소지가 있다. 특히 헌법 제정 당시 자명(自明)하거나 전제(前提)된 사항 및 보편적 헌법원리와 같은 것은 반드시 명문의 규정을 두지 아니하는 때도 있다. 그렇다고 해서 헌법사항에 관하여 형성되는 관행 내지 관례가 전부 관습헌법이 되는 것은 아니고 강제력이 있는 헌법규범으로서 인정되려면 엄격한 요건들이 충족되어야만 하며, 이러한 요건이 충족된 관습만이 관습헌법으로서 성문의 헌법과 동일한 법적 효력을 가지는 것이다."(헌재 2004. 10. 21. 2004헌마554등, 판례집 16-2, 1, 39-40)

10) '헌관습법' 대신 헌법재판소 판례를 비롯하여 많은 문헌에서 '관습헌법'이라는 용어를 자주 사용한다. 그러나 관습법 중 헌법사항을 규율하는 것을 가리키는 용어는 헌관습법이고, 이러한 용어 사용이 법학의 일반적 관행이다[예를 들어 행정관습법, 민관습법, 상관습법(상법 제1조), 국제관습법(국가인권위원회법 제2조 제1호)]. 그리고 '헌관습법'이라는 용어가 그 본질과 내용을 명확하게 드러낸다. 헌관습법을 헌법관습법이라고 부르는 견해도 있다(계희열, 『헌법학(상)(신정2판)』, 박영사, 2005, 12쪽 주 11~12; 방승주, 『헌법강의 Ⅰ』, 박영사, 2021, 7쪽; 허영, 『한국헌법론(전정17판)』, 박영사, 2021, 35쪽).

11) 헌재 2004. 10. 21. 2004헌마554, 판례집 16-2하, 1, 40-41; 대법원 1983. 6. 14. 선고 80다3231 판결(집31-3, 민31; 공1983, 1072); 김욱곤, 「관습법에 관한 연구」, 『민법학의 기본문제』, 삼지원, 2005, 50~55쪽; 오세혁, 「관습법의 본질과 성립요건에 관한 고찰」, 『홍익법학』 제8권 제2호, 홍익대학교 법학연구소, 2007, 125~131쪽; 정재황, 「헌법관습과 헌법판례의 불문헌법법원성 여부」, 『고시계』 제36권 제10호(통권 제416호), 고시계사, 1991. 10., 100~101쪽; 한봉희, 「제1조[법원]」, 박준서 편집대표, 『주석 민법[총칙(1)]』, 한국사법행정학회, 2002, 139쪽; Karl Larenz/Claus-Wilhelm Canaris, Methodenlehre der Rechtswissenschaft, 3. Aufl., Berlin/Heidelberg 1995, S. 176 f.; Kai-Jochen Neuhaus, Gewohnheitsrecht – Rolle und Anerkennung in Deutschland, in: JuS-Lernbogen 1996, S. L 41 f. 참조.
참고로 헌법재판소는 지방자치단체 사이의 불문법상 해상경계가 성립하려면 관계 지방자치단체·주민 사이에 해상경계에 관한 일정한 관행이 있고, 그 해상경계에 관한 관행이 장기간 반복되어야 하며, 그 해상경계에 관한 관행을 법규범이라고 인식하는 관계 지방자치단체·주민의 법적 확신이 있어야 한다고 한다(헌재 2019. 4. 11. 2016헌라8등, 판례집 31-1, 329, 341). 이러한 점에 비추어 헌법재판소는 행정관습법 형성 가능성을 인정한다.

12) 이에 관해서 자세한 검토는 허완중, 「관습법과 규범통제」, 『공법학연구』 제10권 제1호, 한국비교공법학회, 2009, 163~171쪽 참조.

　　관습법이 실정법에 속하는 이상 관습법의 존재 여부 판단도 법발견에 포섭된다. 그러므로 사건이 계속된 법원이 당사자의 주장에 따라서 또는 직권으로 '헌관습법의 존재 여부'를 검토하여 그 적용 여부를 결정할 수밖에 없다. 다툼이 있으면 대법원이 최종적 판단을 할 것이다.[15] 그러나 법원 판단은 해당 사건에서만 유효하다. 다만, 재판의 선례적 구속력 때문에 법률이 인정한 추정적 구속력이 이후의 사건에 미친다. 헌법재판소도 헌관습법이 직접 심판대상이 되거나 결정과 관련하여 헌관습법의 존재 여부가 문제 되면 헌관습법의 존재 여부를 판단할 수 있다.

　　헌법재판소나 대법원이 헌법을 해석할 때 확립된 판례가 있으면 법원으로 인정할 수 있는지가 문제 된다. 판례에 법적 구속력이 인정되지 않는 현행법 아래에서는 확립된 헌법판례에 법원성을 부여할 수는 없다. 이러한 점은 법관이 판례에 어긋나게 재판할 수 있다는 점에서 확인된다. 그러나 판례는 선례로서 단순히 사실적 구속력이 있는 것이 아니라 법률이 인정한 추정적 구속력이 있다(법원조직법 제7조 제1항 단서 제3호, 헌법재판소법 제23조 제2항 단서 제2호).

　　영국은 대표적인 불문헌법국가로 볼 수 있다. 그러나 실질적으로 헌법적 기능을 하는 성문의 법률(왕위계승법, 의회법, 국적법, 인권법 등)이 헌정 운영에 중요한 의미가 있음을 잊지 말아야 한다.[16]

(2) 경성헌법과 연성헌법

　　경성헌법은 개정할 때 일반 법률보다 가중된 정족수라든지 혹은 국민투표까지 요구함으로써 개정을 어렵게 만든 헌법을 말한다. 오늘날 문명국가 대부분은 헌법의 항구성을 가능한 한 보전하려고 헌법의 개정 여부를 입법자의 일방적 결정에 맡기지 아니하고 국민의사에 따르도록 하거나(국민투표), 입법자가 결정하게 하더라도 일반 법률 개정보다 훨씬 어려운 정족수를 요구하는 것이 일반적이다. 헌법의 경성헌법적 성격은 ① 법질서의 기초를 이루는 헌법 안정을 통해서 전체 법질서 안정에 이바지하고, ② 헌법에 어긋나는 정치세력이 헌법을 공격할 때 국회 안 소수파(3분의 1 이상)만으로도 헌법을 방어할 수 있도록 하는 헌법수호적 기능을 하며, ③ 불가피하게 헌법을 개정할 때도 국민대표의 압도적 다수 지지(와 국민 과반수 지지)를 요구함으로써 개정헌법의 국민적 정당성을 담보하는 의의가 있다. 연성헌법은 일반 법률의 개정절차와 마찬가지 절차로 헌법을 개정할 수 있는 헌법이다. 연성·경성헌법의 구별이 성문헌법전을 전제하는 것으로서 불문헌법을 연성헌법의 예로 들 수 없다.

---

13) 헌재 2004. 10. 21. 2004헌마554, 판례집 16-2하, 1, 39-41.

14) 이에 관해서 자세한 검토는 허완중, 「관습법과 규범통제」, 『공법학연구』 제10권 제1호, 한국비교공법학회, 2009, 176~184쪽 참조.

15) 대법원 1983. 6. 14. 선고 80다3231 판결(집31-3, 민31; 공1983, 1072) 참조.

16) 성문헌법전이 없는 국가에서는 법형식상 법률과 구별되는 상위법규범을 인정할 수 없어서 위헌법률심판은 논의될 수 없다.

(3) 흠정헌법, 민정헌법, 협약헌법, 국약헌법

① 흠정헌법은 군주가 (일방적으로) 제정한 헌법(예를 들어 1899년 고종이 만든 대한국 국제), ② 민정헌법은 국민이나 국민대표인 제헌의회가 제정한 헌법(예를 들어 1919년 제정된 대한민국 임시정부 헌법과 1948년 제정된 대한민국 헌법), ③ 협약헌법(계약헌법)은 군주와 국민대표의 합의로 제정한 헌법(예를 들어 1898년 제3차 만민공동회를 통해서 고종에게 받아낸 국태민안·칙어), ④ 국약헌법(연방헌법)은 둘 이상의 국가가 국가연합을 구성할 때 국가 사이의 합의로 제정한 헌법이다.

(4) 규범적 헌법과 명목적 헌법 그리고 장식적 헌법

헌법규범이 실제 권력(과정) 현실과 일치하는지를 기준으로 규범적 헌법과 명목적 헌법 그리고 장식적 헌법으로 나눈다. ① 규범적 헌법은 헌법규범이 당위적으로만이 아니라 실제로도 권력(과정) 현실과 일치하는 헌법을 말한다. 헌법이 법적 의미에서만 효력이 있는 것이 아니라 동시에 정치적 현실과도 일치할 때, 이를 규범력이 있다는 의미에서 '규범적' 헌법이라고 명명하면서, '실제 입고 다니는 옷'과 같다고 비유하고 서구 선진제국의 헌법이 이에 해당한다고 한다. ② 명목적 헌법은 헌법은 있으나 현실적 여건 때문에 헌법규범이 권력(과정) 현실과 일치하지 않는 헌법을 말한다. 헌법이 실정법상 효력이 있으나 전혀 적용되지 못하거나 아직은 일부만이 적용될 때, 즉 형식적 효력과 현실적인 실효성 사이에 대립이 있을 때, 이를 유명무실하다는 의미에서 '명목적' 헌법이라고 명명하면서, 마치 더 자란 다음에 입을 요량으로 현재는 '입지 않고 옷장에 걸어둔 옷'과 같은 것이라고 한다. 제1차·제2차 세계대전을 전후하여 신생 각국이 자국 사정을 고려하여 실현할 수 있는지를 따져보지 않은 채 서구 헌법을 계수하여 이상적인 헌법을 채택한 신생입헌주의헌법이 이 유형에 속한다고 한다. ③ 장식적(어의적, 가식적) 헌법은 헌법이 옹글게(완벽하게) 적용되기는 하지만, 국가 집권자의 이익만을 위해서 현재의 정치적 권력상태를 헌법적 용어로 미화한 것에 지나지 않는 것을 말한다. 마치 '입을(려고 만든) 옷이 아닌 변(장)복'이나 '벌거벗은 권력을 가리기 위한 얇은 커튼'에 불과하다고 한다. 권력이 독점되고 전단적으로 행사되도록 제도화한 헌법이 여기에 속할 것인데, 전체주의 체제 국가의 헌법이 이에 해당한다고 한다. 이러한 이른바 존재론적 헌법유형론은 비교헌법적 관점에서 각국 헌법을 비교·고찰하여 대략적인 유형화를 시도한 데 불과하다는 점에서 각국 헌법의 구체적 사정을 정확히 반영하였다고는 볼 수 없다. 따라서 자국 헌법의 역사적 발전단계를 거시적·유형적으로 판단하는 데 이론적 도움을 줄 수 있을 뿐이고, 구체적인 헌법해석학에 이바지하는 것은 아님을 주의하여야 한다.

존재론적 헌법유형론의 창시자인 칼 뢰벤슈타인(Karl Loewenstein)을 따르면, 1948년 헌법은 명목적 헌법의 한 유형에 속하고, 1961년 5월 군사쿠데타 이후 제정된 1963년 헌법은 장식적(어의적) 헌법의 일례에 속한다고 한다. 현행 헌법이 어떠한 유형에 속하는 것인지를 살펴보면, 현행 헌법 아래에서 민주화가 상당히 진행된 오늘날 시점에서는 명목적 헌법 단계에서 규범적 헌법 단계로 어느 정도 이행된 것으로 볼 수 있다.

3. 헌법의 지위

헌법은 하나의 국가질서를 구성하는 국내공법이고, 국가법질서에서 최고 효력이 있는 최고법이다. ① 법질서는 국내법질서와 국제법질서로 나눈다. 헌법의 규범적 효력이 미치는 법질서는 한 국가(하나의 법공동체 단위)의 전체 법령 체계를 가리킨다. 따라서 헌법은 국내법질서에 속한다(국내법). ② 국내법은 공법과 사법으로 갈린다. 양자를 가르는 기준은 법의 규율목적을 기준으로 하는 이익설(공익과 사익), 법적 관계 성질을 기준으로 하는 성질설[(불평등관계(수직관계)와 평등관계(수평관계)], 법적 관계 주체를 기준으로 하는 주체설(국가와 공공단체 서로 간의 관계 그리고 이들과 개인의 관계와 개인 서로 간의 관계), 권리·의무의 귀속주체를 기준으로 하는 신주체설(국가와 다른 공권력주체에 권리·의무를 귀속시킬 수 있는 법과 모든 권리주체에 권리·의무를 귀속시킬 수 있는 법) 등이 있다.[17] 헌법은 어느 기준을 따르더라도 공법에 속한다는 점에 관해서 이론이 없다. 즉 헌법은 공익을 추구하고, 불평등관계를 규율하며, 국가와 공공단체 서로 간의 관계와 이들과 개인의 관계를 다루고, 행정주체에 권리·의무를 귀속시킬 수 있는 법이라는 점에서 공법에 해당한다. 그러나 헌법이 공법이라고 하여서 그 개별 규정이 예외 없이 언제나 공법규정인 것이 아니다. 예를 들어 헌법 제21조 제4항(언론·출판으로 말미암은 피해 배상)은 그 실질이 사법이다. 따라서 개별 규정의 실질에 따라서 공법규정인지 사법규정인지를 다르게 판단할 수 있다. ③ 한 국가의 법질서는 상위법에서 하위법으로 단계화한다. 하위법은 상위법을 근거로 성립되고, 상위법은 하위법에 대해서 우선적 효력이 있다. 그러므로 하위법은 상위법에 어긋나서는 안 된다. 이를 법단계설이라고 한다. 국내법질서는 헌법, 법률(과 긴급재정경제명령, 긴급명령, 국회 동의가 필요한 조약, 법률의 효력이 있는 일반적으로 승인된 국제법규), 명령(국회규칙, 대통령령, 대법원규칙, 헌법재판소규칙, 중앙선거관리위원회규칙, 총리령, 부령, 국회 동의가 필요하지 않은 조약, 명령이나 규칙의 효력이 있는 일반적으로 승인된 국제법규), 자치법규(조례와 규칙)로 단계화한다. 헌법은 법단계상 최상위에 있는 법으로서 최고의 효력이 있다.

---

17) 곽윤직/김재형, 『민법총칙(제9판)』, 박영사, 2018, 3쪽; 김형배/김규완/김명숙, 『민법학강의[이론·판례·사례](제15판)』, 신조사, 2016, 4쪽; Klaus Stern, Das Staatsrecht der Bundesrepublik Deutschland, Bd. I, 2. Aufl., München 1984, S. 6 f. 참조.

제 2 절 헌법의 특성

Ⅰ. 헌법의 최고규범성(법질서 안 서열적 특수성)

헌법은 국가법질서 안에서 최상위 법규범으로서 다른 법규범의 제정근거이자 효력근거이다.[18] 모든 하위법규범은 헌법에 어긋날 수 없고, 헌법은 모든 하위법규범 해석의 기준이 된다. 현행 헌법은 미국 헌법(제6조 제2항), 일본 헌법(제98조 제1항), 독일 기본법(제20조 제3항)처럼 명시적으로 헌법이 최고법임을 명시하지 않는다. 그러나 대한민국은 민주공화국이고(헌법 제1조 제1항), 대한민국의 주권은 국민에게 있으며, 모든 권력은 국민에게서 나온다(헌법 제1조 제2항). 국민은 헌법을 제정함으로써 국가권력을 창설하고 권력담당기관을 조직한다. 따라서 모든 국가권력과 권력담당기관은 자신의 존립·지위·권한 근거인 헌법에 표현된 국민의사에 구속된다. 헌법 제10조 제2문은 "국가는 개인이 가지는 불가침의 기본적 인권을 확인하고 이를 보장할 의무를 진다."라고 함으로써 헌법이 모든 국가권력을 구속한다는 것을 확인한다. 헌법의 목적은 기본권 보호에 있기 때문이다.[19] 이처럼 헌법이 모든 국가권력을 구속한다는 것은 실체법적으로 확정된다. 명령·규칙이나 처분이 헌법에 위반되는지가 재판의 전제가 되면 대법원이 이를 최종적으로 심사하고(헌법 제107조 제2항), 법관은 헌법에 따라 심판한다는(헌법 제103조) 점에서 집행권과 사법권은 헌법에 구속되고 이러한 구속성은 절차적으로 통제된다. 그리고 집행권과 사법권의 활동기준이 되는 법률도 그것이 헌법에 위반되는지가 재판의 전제가 되면 법원의 제청에 따라 헌법재판소가 이를 심판하므로(헌법 제107조 제1항, 제111조 제1항 제1호) 역시 헌법에 구속되고, 이러한 구속성은 규범통제를 통해서 절차적으로 보장된다. 또한, 헌법 개정은 법률 개정보다 더 까다로운 요건 아래에서만 가능하다(헌법 제128조~제130조). 따라서 헌법 우위는 실체법적으로는 물론 절차법적으로도 헌법에서 보장된다.[20]

Ⅱ. 자기보장성(관철방법의 특수성)

현실 속에서 헌법에 어긋나게 침해하는 일은 언제든지 일어날 수 있다. 특히 헌법은 국가

---

18) 헌재 1989. 7. 21. 89헌마38, 판례집 1. 131, 145: "국가의 법질서는 헌법을 최고법규로 하여 그 가치질서에 의하여 지배되는 통일체를 형성하는 것이며 그러한 통일체내에서 상위규범은 하위규범의 효력근거가 되는 동시에 해석근거가 되는 것⋯."

19) 헌재 1996. 2. 29. 93헌마186, 판례집 8−1, 111, 116: "이른바 통치행위를 포함하여 모든 국가작용은 국민의 기본권적 가치를 실현하기 위한 수단이라는 한계를 반드시 지켜야 하는 것이고 ⋯"

20) 이상 김선택, 「국가기능체계에 있어서 헌법재판소의 역할과 한계 − 국가조직관련 헌법재판소판례의 분석과 평가 −」, 『공법연구』 제33집 제4호, 한국공법학회, 2005, 181쪽 참조.

권력이 조직되고 작동하는 정치과정을 직접 규율하다 보니 오히려 헌법을 누구보다 잘 지켜 야 할 정치인이나 국가권력 담당자가 헌법을 무시하거나 침해하기 쉽다. 그런데 민법은 민사 소송법과 민사집행법이, 형법은 형사소송법과 행형법이 실효성을 보장하지만, 헌법보다 우위 에 있는 법이나 권력이 없어서 헌법에 어긋나는 행위에서 헌법을 보호하는 방법이 헌법 밖에 없다. 즉 헌법은 그 효력을 보장할 외부적 수단이 없다. 이는 헌법의 최고규범성에서 비롯하 는 당연한 결과이다. 따라서 헌법 스스로 그 효력을 보장하기 위한 여러 가지 장치(권력분립, 헌법재판제도 등)를 자체 안에 마련하고 규정한다.

Ⅲ. 개방성(추상성, 비완결성: 규정양식적 특수성)

헌법은 다원적 정치세력 사이의 합의라서 구체적이고 개별적인 사항까지 합의할 수 없다. 특히 최고법인 헌법이 너무 구체적이면 헌법이 경직된 법질서가 되어 버리고, 새로운 변화가 요구될 때마다 매번 헌법을 개정하여야 하는 어려움이 있다. 게다가 헌법을 개정하는 일이 쉽지 않다는 점을 고려하면 그렇게 경직된 헌법은 거꾸로 그 기능을 잘 발휘할 수도 없다. 따 라서 헌법은 원칙적인 사항만 규정하고 입법자가 토론을 통해서 사후에 구체화하도록 맡긴 다. 즉 헌법은 골격입법이나 대강입법에 그친다. 이것도 헌법이 최고규범이라서 나타나는 특 성이다.[21] 헌법에는 처음부터 무흠결성이나 체계적 완결성이 요구되지 않는다. 헌법은 중요 하고 확정이 필요한 것만을 규정할 뿐이다. 나머지는 묵시적으로 전제하거나 하위법규범에 맡긴다.[22] 그러나 모든 사항을 다 개방된 상태로 두지는 않는다. 최소한 두 가지는 개방된 상 태로 둘 수 없다. 즉 ① 헌법의 토대를 형성하는 기본적 사항[23]과 ② 개방된 다른 문제를 결 정하기 위한 절차는 헌법이 확정하여야 한다.[24] 헌법의 개방성은 헌법이 끊임없이 바뀌는 현 실에 무리 없이 적응할 수 있게 한다.[25]

Ⅳ. 정치성(성질적 특수성)

헌법은 국가 안에 있는 정치세력들의 투쟁과 타협의 산물이라는 점(따라서 헌법은 제정 당시 의 정치적 현실을 반영한다는 점),[26] 규율대상이 정치적이라는 점 그리고 정치를 규율하는 통제

---

21) 계희열, 『헌법학(상)(신정2판)』, 박영사, 2005, 52쪽.
22) 계희열, 『헌법학(상)(신정2판)』, 박영사, 2005, 53쪽.
23) 계희열, 『헌법학(상)(신정2판)』, 박영사, 2005, 54~55쪽; 홍성방, 『헌법학(상)(제3판)』, 박영사, 2016, 23쪽 참조.
24) 계희열, 『헌법학(상)(신정2판)』, 박영사, 2005, 55쪽.
25) 계희열, 『헌법학(상)(신정2판)』, 박영사, 2005, 53~54쪽; 김학성/최희수, 『헌법학원론(전정5판)』, 피앤씨미디어, 2021, 25쪽; 홍성방, 『헌법학(상)(제3판)』, 박영사, 2016, 23쪽.
26) 한수웅, 『헌법학(제11판)』, 법문사, 2021, 15쪽.

규범이라는 점에서 정치성이 있음을 부정할 수 없다. 그러나 헌법재판은 법을 적용하는 사법작용으로 이해되어야지 정치적 타협의 일종으로 오해되어서는 안 된다. 헌법재판의 심사기준이 정치성이 있는 헌법이고 정치가 심판대상이라서 헌법재판도 정치성을 띠는 것이기 때문이다. 헌법은 정치의 산물이고, 정치는 헌법이 깔아놓은 궤도 위를 달린다. 헌법의 정치적 성격이 헌법을 정치(편의)주의적으로 해석하여도 된다는 것을 뜻하는 것도 아니다.

V. 이념성(내용적 특수성)

모든 헌법은 특유의 이념과 가치질서를 내용으로 한다. 예를 들어 근대 시민국가 헌법은 시민적 자유주의를, 현대 복지국가 헌법은 사회적 법치국가를, 사회주의국가 헌법은 사회주의를 특유의 이념이나 가치질서로 한다.[27] 특히 헌법은 시대정신을 반영하므로 기술적인 법이라기보다는 국민이 추구하는 가치를 담은 법이라서 다른 법보다 강한 이념적 성향이 있다. 즉 헌법에는 국가의 이념적 방향을 설정하거나 시민사회에서 관철되어야 할 기본적 가치를 설정하는 이념성이 있다.

VI. 조직규범성, 권력제한규범성, 생활규범성, 역사성?

헌법이 다른 법과 다른 특성으로 조직·수권규범성과 권력제한규범성을 드는 견해가 있다.[28] 헌법은 통치의 기본구조를 정하는 조직규범이며 조직규범이 권력을 구성하고 권한을 한정하므로 조직규범인 헌법은 동시에 권력제한규범의 성격이 있다고 한다. 그러나 헌법의 조직규범성과 제한규범성은 다른 법과 다른 헌법의 특성이라기보다는 헌법의 내용이나 기능의 범주로 묶어야 한다.[29]

헌법이 다른 법과 다른 특성으로 생활규범성과 역사성을 드는 견해가 있다.[30] 헌법이 관

---

27) 권영성, 『헌법학원론(개정판)』, 법문사, 2010, 12쪽.

28) 고문현, 『헌법학개론(제2판)』, 박영사, 2020, 11쪽; 구병삭, 『신헌법원론(개정판)』, 박영사, 1996, 27쪽; 권영성, 『헌법학원론(개정판)』, 법문사, 2010, 13~14쪽; 김도협, 『헌법학원론(제3판)』, 진원사, 2021, 8~9쪽; 김학성/최희수, 『헌법학원론(전정5판)』, 피앤씨미디어, 2021, 26쪽; 김철수, 『학설·판례 헌법학(전정신판)(상)』, 박영사, 2009, 22~23쪽; 석인선, 『헌법총론』, 세창출판사, 2014, 13쪽; 성낙인, 『헌법학(제21판)』, 법문사, 2021, 29쪽; 심경수, 『헌법(제2판)』, 법문사, 2020, 10~11쪽; 양 건, 『헌법강의(제10판)』, 법문사, 2021, 15~16쪽; 이부하, 『헌법학(상)』, 법영사, 2019, 16~17쪽; 정연주, 『헌법학원론(제2판)』, 법영사, 2021, 7쪽; 정재황, 『신헌법입문(제11판)』, 박영사, 2021, 16~17쪽; 허 영, 『한국헌법론(전정17판)』, 박영사, 2021, 26~28, 31~32쪽; 홍성방, 『헌법학(상)(제3판)』, 박영사, 2016, 21쪽.

29) 같은 견해: 방승주, 『헌법강의 Ⅰ』, 박영사, 2021, 16쪽; 장영수, 『헌법학(제13판)』, 홍문사, 2021, 18쪽.

30) 고문현, 『헌법학개론(제2판)』, 박영사, 2020, 10쪽(역사성); 구병삭, 『신헌법원론(개정판)』, 박영사, 1996, 27, 29쪽(생활규범성과 역사성); 권영성, 『헌법학원론(개정판)』, 법문사, 2010, 12쪽(역사성); 김도협, 『헌법학원론(제3판)』, 진원사, 2021, 7쪽(역사성); 김철수, 『학설·판례 헌법학(전정신판)(상)』, 박영사, 2009, 21~22쪽(역사성);

념의 세계에만 있는 규범이 아니고 국민 생활 속에 있으면서, 국민 일상생활에 따라서 실현되고 발전하는 규범으로서 생활규범성이 있다고 하며,[31] 헌법이 그 내용으로 하는 특유의 이념이나 가치질서는 그때그때의 역사적 조건과 지배상황에 따라서 제약을 받는 역사적 이념이며 가치라고 한다.[32] 그러나 헌법의 생활규범성과 역사성은 다른 법규범과 다른 헌법만의 성격이 아니다. 다른 법규범도 공유하는 성격이므로 (일반 법률과 차별화하는 특징이라는 의미에서) 헌법의 특성이라고 보기 어렵다.[33]

제 3 절 헌법 해석

Ⅰ. 헌법 해석의 의의

해석은 뜻을 명확하게 밝히는 것이다. 헌법 해석은 헌법분쟁을 해결하기 위해서 헌법의 뜻을 명확하게 밝히는 것을 말한다. 따라서 헌법의 뜻이 명확하면 해석은 필요하지 않다.

Ⅱ. 전통적인 법해석방법

전통적인 법해석방법은 일반 법률의 해석방법을 가리킨다. 헌법과 법률의 규범구조가 같다고 보고 오랫동안 법률의 해석방법을 따라서 법률처럼 헌법을 해석해왔다. 일찍이 사비니(Karl Friedrich von Savigny)는 법률의 해석방법으로 문법적, 논리적, 역사적 및 체계적 해석방법을 제시하면서, 이 네 가지 해석방법을 각기 고립시키지 말고 서로 협동하여 해석하여야 한다고 하였다.

1. 해석 목표: 주관론과 객관론

법해석 목표를 입법자의 주관적 의사를 밝히는 데 둘 것인지 아니면 법률에 나타난 법의

석인선, 『헌법총론』, 세창출판사, 2014, 11쪽(역사성); 성낙인, 『헌법학(제21판)』, 법문사, 2021, 27~28쪽(역사성); 심경수, 『헌법(제2판)』, 법문사, 2020, 10쪽(역사성); 이부하, 『헌법학(상)』, 법영사, 2019, 15, 17쪽(역사성과 생활규범성); 정연주, 『헌법학원론(제2판)』, 법영사, 2021, 8쪽(역사성); 정재황, 『신헌법입문(제11판)』, 박영사, 2021, 17쪽(역사성); 허 영, 『한국헌법론(전정17판)』, 박영사, 2021, 28~30, 32쪽(생활규범성과 역사성).

31) 허 영, 『한국헌법론(전정17판)』, 박영사, 2021, 28쪽.

32) 권영성, 『헌법학원론(개정판)』, 법문사, 2010, 12쪽.

33) 같은 견해: 방승주, 『헌법강의 Ⅰ』, 박영사, 2021, 16쪽. 특히 생활규범성을 강조하는 견해는 민법과 형법 등 국민생활과 밀접한 관련 있는 법과 달리 국가조직규범으로서 국민생활과 거리가 있는 것으로 헌법을 좁게 이해하여서는 안 된다는 것을 강조하는 취지이지 헌법이 다른 법보다 생활규범성이 강하다는 것은 아니므로 헌법 특성의 하나로 드는 것은 곤란하다.

객관적 의사를 밝히는 데 둘 것인지에 따라 법해석의 주관론과 객관론으로 나뉜다. 주관론을 따르면 법해석 목표는 입법자의 의사를 확인하는 데 있다. 즉 해석은 입법자가 생각하였던 것을 다시 생각하고 그가 인식하였던 것을 다시 인식하며 입법과 관련된 모든 사항을 가능한 한 정확히 재생하고 확인하는 것이라고 한다. 이를 위해서는 입법자의 견해, 가치관, 입법 동기, 역사적 상황, 입법과정에서 나타난 의견 등을 해명하여야 한다고 한다. 객관론을 따르면 해석은 입법자의 (주관적) 의사가 아니라 법에 표현된 (객관적) 의사를 확인하는 것이다. 법이 일단 제정되면 입법자의 의사에서 벗어나 독자적 의사가 있는 존재가 된다고 한다. 따라서 문자화한 법에 내재하는 의미를 확인하는 것이 해석할 때 결정적으로 중요하며 입법자의 생각이나 기대 같은 것은 아무런 구속력이 없다는 것이다. 객관적 의사를 밝히는 구체적 해석방법으로 규범 문구에서 출발하는 해석(문구해석), 규범의 관계에서 출발하는 해석(체계적 해석), 규범 목적에서 출발하는 해석(목적론적 해석), 입법자료와 성립사에서 출발하는 해석(역사적 해석)을 들 수 있다.

2. 해석의 수단·방법·요소

오늘날 널리 활용되는 해석방법은 전통적 법해석방법을 기초로 한다. 보통은 ① 법조문 문구의 의미를 밝히는 해석(문구해석), ② 법의 의미관계를 밝히는 해석(체계적 해석), ③ 입법자의 입법취지, 목적과 규범에 관한 생각을 밝히는 해석(역사적 해석), ④ 입법자가 그 법을 통해서 실현하고자 한 목적을 밝히는 해석(목적론적 해석)의 네 가지 해석방법이다. 그러나 ① 문법적 해석, ② 논리적 해석, ③ 체계적 해석, ④ 역사적 해석, ⑤ 발생사적 해석, ⑥ 비교법적 해석, ⑦ 목적론적 해석의 일곱 가지 해석방법을 적용할 수 있다고 한다. 헌법실무에서 해석방법 적용은 대개 문법적 해석에서 시작하여 목적론적 해석에 이르게 된다.

Ⅲ. 헌법해석방법론

헌법 해석은 헌법 분쟁을 해결하려고 헌법의 의미를 명확하게 밝히는 것이다. 헌법 해석은 헌법의 특성 때문에 다른 법규범 해석과 구별된다. 즉 헌법의 개방성, 간결성, 추상성, 광범성, 불완전성 그리고 불명확성 때문에 헌법제정자의 주관적 의사가 헌법에 내재한다고 전제하기 어렵다.[34] 또한, 헌법제정자는 주로 개별적·구체적 의미내용을 특정 절차에서 확정하도록 입법자에게 위임하여서 헌법규정에 바뀌지 않는 확정된 의미가 있다는 것을 생각하기도 어렵다. 그러므로 구체적 규율대상을 고려하여 헌법규정의 의미내용을 확정하는 것이 필요하

---

[34] Konrad Hesse, Grundzüge des Verfassungsrechts der Bundesrepublik Deutschland, 20. Aufl., Heidelberg 1995, Rdnr. 56 (콘라드 헷세, 계희열 옮김, 『통일녹일헌법원론』, 박영사, 2001, 32~33쪽) 참조.

다.[35] 이러한 점에서 헌법 해석은 일반적으로 주관적 의사는 물론 객관적 의사도 없다는 것에서 출발하여야 한다. 그래서 헌법 해석은 해석이 아니라 구체화라고 부른다.[36] 즉 해석을 통해서 헌법 내용을 채워 넣어야 한다. 이러한 점에서 헌법과 관련하여 해석과 형성은 구별하기 어렵다. 입법목적에 따라 법률규정의 의미를 밝히는 법률 해석과 달리 헌법 해석은 헌법의 이념과 기본원리는 물론 다른 헌법규정과 맺는 관계 속에서 이루어져야 한다. 그리고 의미내용은 바뀌는 헌법현실에 맞추어 헌법 문언의 범위 안에서 다르게 이해될 수도 있다.[37] 헌법규정은 헌법 변천처럼 심지어 기존 의미내용과 완벽하게 달리 해석될 수도 있다. 이러한 점에서 전통적 법해석방법은 헌법의 해석방법으로 불충분하여서 헌법을 해석할 때 부분적으로만 사용할 가치가 있을 뿐이다. 그러나 헌법 해석은 여전히 법해석이다. 그리고 헌법 해석의 객관성은 보장되어야 한다. 따라서 헌법 해석 중심에는 언제나 헌법규정이 위치하여야 한다. 즉 헌법 해석의 결과는 예외 없이 헌법규정에서 도출되어야 한다.[38] 다만, 헌법규정이 규율하는 대상 영역의 현실을 충분히 고려하여 헌법규정의 의미내용을 확정하여야 한다.

Ⅳ. 헌법해석원칙

헌법해석방법론을 따르면 다양한 해석요소가 동시에 고려될 수밖에 없다. 이러한 해석방법이 서로 다른 해석결과를 낳을 수 있다. 따라서 다양한 해석요소 사이의 비중을 어떻게 고려할 것인지에 관한 판단기준이 개발되었다.

1. 헌법통일성의 원칙

헌법의 개별 요소는 서로 관련되고 의존하므로, 개별 헌법규범만을 따로따로 고찰하여서는 안 되고 언제나 그 규범이 놓인 전체적 관련을 함께 고찰하여야 한다.[39] 예를 들어 기본

---

35) 비슷한 견해: 홍성방, 『헌법학(상)(제3판)』, 박영사, 2016, 33쪽.

36) Konrad Hesse, Grundzüge des Verfassungsrechts der Bundesrepublik Deutschland, 20. Aufl., Heidelberg 1995, Rdnr. 60 (콘라드 헷세, 계희열 옮김, 『통일독일헌법원론』, 박영사, 2001, 36쪽); Hans Huber, Probleme des ungeschriebenen Verfassungsrechts, in: Rechtsquellenprobleme im schweizerischen Recht: Festgabe der Rechts- und Wirtschaftswissenschaftlichen Fakultät der Universität Bern für den schweizerischen Juristenverein, Bern 1955, S. 109. 참조.

37) 헌재 1989. 9. 8. 88헌가6, 판례집 1, 199, 207: "헌법의 해석은 헌법이 담고 추구하는 이상과 이념에 따른 역사적, 사회적 요구를 올바르게 수용하여 헌법적 방향을 제시하는 헌법의 창조적 기능을 수행하여 국민적 욕구와 의식에 알맞는 실질적 국민주권의 실현을 보장하는 것이어야 한다. 그러므로 헌법의 해석과 헌법의 적용이 우리 헌법이 지향하고 추구하는 방향에 부합하는 것이 아닐 때에는, 헌법적용의 방향제시와 헌법적 지도로써 정치적 불안과 사회적 혼란을 막는 가치관을 설정하여야 한다."

38) Konrad Hesse, Grundzüge des Verfassungsrechts der Bundesrepublik Deutschland, 20. Aufl., Heidelberg 1995, Rdnr. 77 (콘라드 헷세, 계희열 옮김, 『통일독일헌법원론』, 박영사, 2001, 43~44쪽) 참조.

39) Konrad Hesse, Grundzüge des Verfassungsrechts der Bundesrepublik Deutschland, 20. Aufl., Heidelberg 1995,

권조항을 해석할 때도 헌법원리조항이나 국가조직조항을 문제 해결과 관련되는 한 조화롭게 고려하여 해석하여야 한다.

2. 실제적 조화의 원칙

실제적 조화의 원칙은 헌법통일성의 원칙과 밀접하게 관련되고, 헌법규범 사이의 상하관계를 부정한다. 이 원칙은 헌법이 보호하는 모든 법익이 문제를 해결할 때 모두 동시에 가장 잘 실현되도록 서로 정서되어야 한다는 것을 말한다. 법익 서로 간에 충돌이 생기면 성급한 법익형량이나 심지어 추상적 가치형량에 따라서 양자택일적으로 하나의 법익만을 실현하고 다른 하나의 법익을 희생시켜서는 안 된다. 오히려 헌법통일성의 원칙에 따라서 양 법익을 모두 최대한 실현하여야 한다는 과제가 제기된다. 그러므로 두 개의 법익이 모두 가장 잘 실현될 수 있는 경계를 그어야 한다. 이러한 경계는 구체적 사건에서 그때그때 비례적으로 정하여야 한다. 그리고 이 경계 획정은 양 법익의 조화를 이루는 데 필요한 한도를 넘어서는 안 된다.[40]

3. 기능 배정 준수의 원칙

헌법은 국가조직규범으로서 국가기관을 창설하여 그 기능을 배정하고 기관 서로 간의 관계를 규정하는 법규범이다. 따라서 헌법을 해석하는 기관은 기능의 분배질서를 바꿔서는 안 된다.[41]

4. 통합 촉진의 원칙

헌법의 중요한 기능 중 하나는 국민을 통합하는 기능이다. 따라서 헌법을 해석할 때 국민 통합에 이바지하는 방향으로 해석하여야 한다. 다만, 헌법 해석의 한계를 넘는 통합 유지 수단을 사용하는 것은 곤란하다.[42]

Rdnr. 71 (콘라드 헷세, 계희열 옮김, 『통일독일헌법원론』, 박영사, 2001, 40쪽).

40) Konrad Hesse, Grundzüge des Verfassungsrechts der Bundesrepublik Deutschland, 20. Aufl., Heidelberg 1995, Rdnr. 72 (콘라드 헷세, 계희열 옮김, 『통일독일헌법원론』, 박영사, 2001, 40~41쪽); 계희열, 『헌법학(상)(신정2판)』, 박영사, 2005, 80~82쪽. 이를 '규범조화적 해석'으로 부르는 견해도 있다(허 영, 『한국헌법론(전정17판)』, 박영사, 2021, 288~290쪽). 법규범을 해석할 때는 이러한 용어도 적절하지만, 충돌하는 법익을 조화롭게 정서하여야 하는 일반원칙으로서 적용되는 모든 경우를 이 용어가 포괄할 수 없다.

41) Konrad Hesse, Grundzüge des Verfassungsrechts der Bundesrepublik Deutschland, 20. Aufl., Heidelberg 1995, Rdnr. 73 (콘라드 헷세, 계희열 옮김, 『통일독일헌법원론』, 박영사, 2001, 42쪽).

42) Konrad Hesse, Grundzüge des Verfassungsrechts der Bundesrepublik Deutschland, 20. Aufl., Heidelberg 1995, Rdnr. 74 (콘라드 헷세, 계희열 옮김, 『통일독일헌법원론』, 박영사, 2001, 42쪽).

5. 헌법 규범력 제고의 원칙

헌법이 규범적 헌법으로서 정치현실을 실제로 통제할 수 있는 실효성을 가지도록 하는 관점을 우선시켜야 한다. 즉 헌법문제를 해결할 때 그때그때의 여러 조건 아래 헌법이 최적으로 작용하도록 이바지하는 관점을 앞에 놓아야 한다.[43]

V. 합헌적 법률 해석

1. 의의

(1) 개념

합헌적 법률 해석(헌법합치적 법률 해석, 법률의 합헌적 해석)은 법률 문언이 다의적이어서 위헌으로도 합헌으로도 해석될 수 있을 때, 합헌으로 해석될 여지가 있는 한, 이를 위헌으로 판단하여서는 아니 되고 헌법에 합치되는 쪽으로 해석하여야 한다는 '법률'의 해석원칙이다. 합헌적 법률 해석은 법률 해석의 방법이지만, 합헌적 법률 해석을 하려면 필연적으로 위헌 판단의 기준이 되는 헌법의 해석이 전제된다는 점에서 헌법 해석과 밀접한 관련이 있다.

합헌적 법률 해석은 미국 연방대법원이 1827년의 오그덴 대 손더스(Ogden v. Saunders) 사건에서 법률의 합헌성을 추정하는 판결[44]을 내린 이래 연방대법원 판례를 통해서 확립된 해석원칙이다. 독일 연방헌법재판소는 미국에서 확립된 법률의 합헌성 추정 원칙을 수용하여 법률을 헌법에 조화롭게 해석할 여지가 있는 한 그 법률을 무효로 선언할 수 없다는 합헌적 법률 해석 원칙으로 발전시켰다. 한국 헌법재판소와 대법원도 이러한 합헌적 법률해석 원칙을 수용하여 판결한다.[45] 1948년 헌법에 따라서 설치된 헌법위원회도 1953년 계엄법 제13조에 관한 합헌결정에서 합헌적 법률 해석에 따른 판단을 한 것으로 볼 수 있다.[46] 합헌적 법

---

43) Konrad Hesse, Grundzüge des Verfassungsrechts der Bundesrepublik Deutschland, 20. Aufl., Heidelberg 1995, Rdnr. 75 (콘라드 헷세, 계희열 옮김, 『통일독일헌법원론』, 박영사, 2001, 42쪽).

44) Ogden v. Saunders, 25 U. S.(12 Wheat.) 213 (1827).

45) 예를 들어 헌법재판소는 "일반적으로 어떤 법률에 대한 여러 갈래의 해석이 가능할 때에는 원칙적으로 헌법에 합치되는 해석 즉 합헌해석을 하여야 한다."라고 판시한 바 있다(헌재 1989. 7. 21. 89헌마38, 판례집 1, 131, 145; 헌재 1997. 7. 16. 97헌마26, 판례집 9-2, 72, 89; 헌재 2002. 11. 28. 98헌바101, 판례집 14-2, 609, 613; 헌재 2007. 4. 26. 2006헌가2, 판례집 19-1, 377, 384). 대법원도 "어떤 법률이 한 가지 해석방법에 의하면 헌법에 위배되는 것처럼 보이더라도 다른 해석방법에 의하면 헌법에 합치되는 것으로 볼 수 있을 때에는 헌법에 합치하는 해석방법을 택하여야 할 것이다."라고 판시한 바 있다[대법원 1992. 5. 8. 선고 91부8 판결(공1992, 2151)].

46) 이 사안에서 헌법위원회는 계엄지구 안에서 군사상 필요한 때에 한하여 체포구금수색거주이전언론출판집회 또는 단체행동에 관한 특별한 조치를 할 수 있음을 규정한 계엄법 제13조 해석에서 동 규정이 영장제도를 규정한 헌법 제9조 제2항을 부정할 수는 없다고 전제하고 나서 그렇게 해석하는 한 헌법에 위반되지 않는다고 판단하였다(헌법위원회 1953. 10. 8. 결정 4286헌위2).

률 해석은 가능한 여러 해석결과 중에서 헌법과 합치될 수 없는 것을 배제하여야 한다는 것이다. 따라서 해석자는 법률 문언이 품을 수 있는 다양한 의미 중에서 법률을 이론 없이 합헌으로 볼 수 있는 의미만 선택할 수 있다. 합헌적 법률 해석으로 말미암아 법률에 처음 부여된 의미는 그 위헌성 때문에 법률의 형식적 폐지에 이르지는 않는다. 그러나 그 법률은 합헌적 법률 해석을 통해서 헌법합치적으로 (재)해석되는 결과에 이를 수 있다.

(2) 합헌적 해석과 헌법정향적 해석의 구별

헌법정향적 해석(헌법지향적 해석)은 종종 합헌적 해석과 혼동된다. 하지만 헌법정향적 해석은 합헌적 해석과 다르다. 헌법정향적 해석은 법규범을 해석하고 적용할 때 헌법의 기본결정을 존중하라고 요구하는 적극적 해석원칙이다. 즉 헌법정향적 해석은 가능한 한 헌법이 최적으로 효력을 발휘하도록 법규범을 해석하고 적용하라고 한다. 결국, 유효하게 인정된 법규범을 헌법에 비추어 구체적 사안에서 어떻게 해석하고 적용할 것인지가 헌법정향적 해석에서 문제 된다.[47] 헌법정향적 해석도 합헌적 해석과 마찬가지로 최고법인 헌법의 권위에 의존한다.[48] 바로 이러한 점 때문에 헌법정향적 해석과 합헌적 해석을 구별하기가 쉽지 않다. 그러나 법규범의 위헌성을 전제하는 합헌적 해석과 달리 위헌성 문제가 제기되지 않는 법규범에서도 헌법정향적 해석은 이루어질 수 있다. 예를 들어 헌법에 들어맞는 다양한 법규범의 해석 가능성이 있고 그러한 가능성 가운데 위헌 의심이 있는 것이 없다면[실제로 선택하고자 하는 (혹은 선택을 고려하는) 해석 가능성에 관해서 위헌성이 문제가 되지 않으면] 합헌적 해석은 문제 되지 않는다. 하지만 법규범의 의미를 확정하려면 그러한 해석 가능성 중 하나를 선택하여야 한다. 이때 여러 해석 가능성 가운데 헌법의 효력을 최적화하는 해석 가능성을 선택하여 법규범 의미를 확정하는 것이 헌법정향적 해석이다. 헌법정향적 해석은 합헌적 해석처럼 법규범의 일부 해석 가능성을 헌법이라는 통제기준에 따라서 배척하라는 것이 아니라 해석 여지가 있는 법규범을 해석하고 적용하는 과정에서 헌법의 기본결정을 제대로 반영하라는 것이다. 즉 합헌적 해석에서 헌법은 (해석기준이면서) 통제기준이지만, 헌법정향적 해석에서 헌법은 해석기준이다.

2. 근거

학설과 판례[49]에서 제시된 합헌적 법률 해석에 관한 근거는 ① 헌법의 최고규범에서 비

---

47) Helmut Simon, Die verfassungskonforme Gesetzesauslegung, in: EuGRZ 1974, S. 87.

48) Helmut Simon, Die verfassungskonforme Gesetzesauslegung, in: EuGRZ 1974, S. 86.

49) 헌법재판소는 합헌적 법률 해석이 헌법을 최고법규범으로 하는 통일적인 법질서 형성을 위해서 필요할 뿐 아니라 입법부가 제정한 법률을 위헌이라고 하여 전면 폐기하기보다는 그 효력을 되도록 유지하는 것이 권력분립 정신에 합치하고 민주주의적 입법기능을 최대한 존중하는 것이라고 한다(헌재 1989. 7. 14. 88헌가5등, 판례집 1, 69, 86; 헌재 1990. 6. 25. 90헌가11, 판례집 2, 165, 170-171).

롯하는 법질서의 통일성 유지, ② 권력분립원칙에 따른 입법권 존중, ③ 법률의 유효 추정(법률의 추정적 효력), ④ 규범유지의 원칙, ⑤ 국가 사이의 신뢰 보호, ⑥ 법적 안정성 유지로 정리할 수 있다. 이중 국가 사이의 신뢰 보호는 조약을 동의법률이라는 법률 형태로 규정하는 독일 기본법에 근거하여 독일에서 논의되는 근거이다. 그러나 조약을 법률과 구별되는 법규범으로 규정하는 한국 헌법에서는 합헌적 법률 해석의 근거가 될 수 없다. 그리고 법적 안정성 유지는 다른 근거와 최소한 부분적으로라도 관련이 있어서 독자적인 근거로 다루는 것은 적절하지 않다.

(1) 합헌적 법률 해석의 전제인 헌법의 최고규범성과 법질서의 통일성

합헌적 법률 해석이 법률의 위헌성을 전제로 한다는 점에서 헌법의 최고규범성과 그로 말미암아 형성되는 법질서의 통일성에 기초한다는 점은 부정할 수 없다. 그러나 합헌적 법률 해석을 통해서만 헌법의 최고규범성을 관철하고 법질서의 통일성을 보장할 수 있는 것은 아니다. 일부라도 위헌성이 확인된 법률 전체를 단순위헌결정을 통해서 폐기하여도 헌법의 최고규범성과 법질서의 통일성은 유지될 수 있기 때문이다. 헌법에 어긋나는 하위법규범을 제거할 수 있다면 헌법의 최고규범성과 법질서의 통일성은 훼손되지 않는다. 그런데 합헌적 법률 해석이 위헌인 하위법규범을 제거하는 유일한 수단은 아니다. 즉 헌법의 최고규범성과 법질서의 통일성에서 필연적으로 합헌적 법률 해석이 도출되지 않는다. 헌법의 최고규범성과 법질서의 통일성은 헌법과 충돌하는 법률 해석을 금지할 뿐이다. 이러한 점에서 헌법의 최고규범성과 법질서의 통일성은 합헌적 법률 해석의 전제나 기초일 수는 있지만 직접 근거가 될 수는 없다.[50]

(2) 위헌상태의 선존성과 법률의 효력

법률은 우위적 효력과 규율우선적 효력을 아우르는 법률의 효력이 있다. 법률의 우위적 효력은 법률 형식으로 표현된 국가의사는 헌법을 제외한 다른 모든 국가의사에 대해서 법적으로 앞서는 힘이 있다는 것을 뜻한다. 그리고 법률의 규율우선적 효력은 법률이 헌법에 어긋나지 않는 한 법적 규율대상을 먼저 규율하는 힘이 있다는 것을 말한다. 따라서 모든 국가기관은 법률 적용을 거부할 수 없다. 법률을 제정하는 국회도 그가 입법절차를 통해서 법률을 폐지하거나 개정하지 않는 한 법률의 구속에서 벗어날 수 없다. 폐지되거나 개정되지 않은 법률이 적용될 수 없는 예외는 법률의 위헌성이 확인된 때이다. 이때는 상위법 우선의 원칙에 따라서 법률 대신 헌법이 적용되어야 한다.

법률이 위헌이라는 것은 법률이 헌법에 어긋나는 상태를 뜻한다. 이러한 상태는 존재가

---

50) 같은 견해: 이부하, 「합헌적 법률해석과 재산권에 대한 해석」, 『토지공법연구』 제45집, 한국토지공법학회, 2009, 230쪽; 한수웅, 『헌법학(제11판)』, 법문사, 2021, 58~59쪽; Andreas Voßkuhle, Theorie und Praxis der verfas-sungskonforemen Auslegung von Gesetzen durch Fachgerichte, in: AöR 125 (2000), S. 183.

확인될 뿐이지 국가기관 행위를 통해서 비로소 창조되지 않는다. 즉 헌법재판소를 비롯한 헌법재판기관의 결정이 법률을 위헌으로 만드는 것이 아니라 헌법재판기관은 이미 있는 법률의 위헌성을 확인할 수 있을 뿐이다. 헌법재판기관은 법률을 합헌으로 만들 권한은 물론 위헌으로 만들 권한도 없다. 그런데 법률이 합헌 부분과 위헌 부분으로 나뉘고, 위헌 부분이 전체를 위헌으로 만들지 않으며, 합헌 부분만으로 해당 법적 분쟁을 법률 목적에 맞게 합리적으로 해결하기에 충분하다면, 법적용기관은 합헌 부분에 구속되어야 한다. 즉 위헌 부분은 구속력을 잃어서 적용될 수 없지만, 합헌 부분은 여전히 구속력이 있어서 법적용기관이 이를 적용하여야 한다. 만약 합헌 부분의 적용도 배제한다면 이는 법률의 효력을 무시하는 것이다. 그리고 위헌 부분도 적용한다면 이는 헌법의 규범력을 무시하는 것이다. 즉 합헌 부분과 위헌 부분이 함께 있는 법률에서 합헌 부분과 위헌 부분을 나눌 수 있다면, 그 법률 전체를 그대로 적용하면 법률의 위헌 부분에서 확인된 위헌성을 무시하게 되어 규범통제 취지에 어긋나게 된다. 반대로 이때 그 법률 전체를 적용하지 않으면 법률의 합헌 부분에 없는 위헌성을 창조하게 되는데, 선존하는 위헌성을 확인하는 권한만 있는 헌법재판소는 이를 할 수 없다. 이러한 점에서 위헌상태의 선존성과 법률의 효력은 합헌적 법률 해석의 근거가 될 수 있다. 해당 법률의 위헌 부분과 합헌 부분을 각각 확인하고 나서 위헌 부분에는 법률의 효력을 배제하고 합헌 부분에만 법률의 효력을 인정하는 것이 합헌적 법률 해석이기 때문이다.

(3) 법적 안정성을 위한 법률의 규범력 유지 원칙

헌법은 법률로 규율하여야 하는 사항을 규정하기도 하지만(예를 들어 제2조, 제7조 제2항, 제8조 제3항, 제37조 제2항 등), 법률을 규정짓는 사항이나 대상을 언급하지 않는다. 오로지 법률을 제정하는 주체와 법률제정절차를 규정할 뿐이다(헌법 제40조, 제52조, 제53조). 이러한 점에 비추어 법률은 헌법에 합치하는 한 규율사항이나 규율대상에 제한이 없다고 보아야 한다. 따라서 입법자인 국회는 매우 넓은 입법형성의 자유가 있다. 입법형성의 자유는 국회가 법률 형식으로 어떤 규율대상을 언제 어떤 내용으로 규율할 것인지를 스스로 결정할 수 있다는 것을 뜻한다. 그래서 법률의 개념은 헌법을 통해서 실질적으로 정의될 수 없고, 형식적으로만 정의될 수 있다. 결국, (형식적) 법률은 국회가 헌법과 법률이 정한 절차를 따라 법률 형식으로 제정한 법규범을 말한다(헌법 제40조, 제52조, 제53조). 따라서 법률은 형식적 요건만 갖추면 (그 내용과 상관없이 일단) 법률로서 효력이 있다. 이는 법률의 효력과 관련하여 헌법이 법치국가원리 구성요소인 법적 안정성과 실질적 정의 중 법적 안정성을 더 중시함을 뜻한다. 그러므로 법률의 효력에 의문이 있으면 법적 안정성을 위해서 법률에 유리한, 즉 법률의 효력이 유지되는 방향으로 법률을 해석하여야 한다. 이를 법률의 규범력 유지 원칙이라고 한다. 이에 따라서 헌법과 합치되도록 법률을 해석할 수 있고, 이러한 해석에서 법률이 의미가 있다면 이러한 해석을 선택하여야 하고 해당 법률을 위헌이라고 선언하여서는 아니 된다. 이러한 점에

서 법적 안정성을 위한 법률의 규범력 유지 원칙은 합헌적 법률 해석의 근거가 될 수 있다.[51]

일단 입법자가 (합법적으로) 제정하여 발효한 법률은 헌법재판소가 그에 대해서 위헌결정을 내리기 전에는 합헌적인 법률로 추정을 받는 법률의 합헌성 추정 원칙이 합헌적 법률 해석의 근거로 제시되기도 한다.[52] 하지만 법률의 합헌성 추정 원칙이 법률의 규범력 유지 원칙과 다른 내용을 담고 있는지 의문이다. 즉 법률의 규범력 유지 원칙과 비교하여 법률의 합헌성 추정 원칙에서 독자적인 내용을 찾기 어렵다. 게다가 법률의 합헌성 추정 원칙이 헌법적으로 정당성을 인정받거나 헌법적 근거를 찾을 수 있는지도 의심스럽다. 이러한 점에서 법률의 합헌성 추정 원칙은 합헌적 법률 해석의 근거가 될 수 없다.

(4) 권력분립원칙과 입법자 존중?

권력분립원칙을 근거로 입법부가 제정한 법률을 다른 국가기관(특히 헌법재판소)이 위헌이라고 판단하는 것은 될 수 있으면 자제하여야 한다는 주장이 있다.[53] 위헌판단 자체가 결과적으로 소극적 입법기능을 하기 때문이라고 한다. 입법자는 국가의사를 1차적으로 형성할 민주적 정당성이 있어서 다른 국가기관은 입법자를 존중하여 그 민주적 정당성의 반영인 법률의 합헌성을 가능한 한 인정하여야 한다는 견해도 같은 맥락이다.[54] 독일 연방헌법재판소는 입법권에 대한 존중은 헌법이 허용하는 범위에서 합헌적 법률 해석을 통하여 '입법자가 의도하는 바의 최대한'이 가능하면 유지될 것을 요청한다고 한다.[55]

민주적 정당성을 국민근접성만으로 이해한다면 입법자를 특별히 존중할 이유가 있다고 볼 수 있다. 그러나 먼저 입법자인 국회뿐 아니라 대통령도 직접선거를 통해서 선출된다. 따라서 국민근접성으로 말미암아 법률의 합헌성이 추정되어야 한다면 대통령 행위의 합헌성도 추정되어야 한다. 이러한 점에서 국민근접성만으로 다른 국가기관의 행위와 달리 입법자의 행위에 합헌성 추정을 부여할 수는 없다. 게다가 민주적 정당성에서는 국민에게 얼마나 가까운지가 아니라 다양한 방식으로 확보되는 정당성의 수준이 중요하다. 그리고 민주적 정당성을 부여하는 방식이 해당 권한에 특별한 의미를 부여하지 않는다. 그래서 국회가 직접선거를 통해서 구성된다는 것이 국회행위에 다른 국가기관의 행위와 다른 의미를 부여하여야 하는 이유

---

51) 비슷한 견해로는 김하열, 『헌법강의(제3판)』, 박영사, 2021, 31쪽; 한수웅, 『헌법학(제11판)』, 법문사, 2021, 58쪽. 법률의 규범력 유지 원칙만 합헌적 법률 해석의 근거가 될 수 있다는 견해로는 Andreas Voßkuhle, Theorie und Praxis der verfassungskonformen Auslegung von Gesetzen durch Fachgerichte, in: AöR 125 (2000), S. 183.

52) BVerfGE 2, 266 (282); 8, 210 (220); 9, 338 (350).

53) 예를 들어 정연주, 『헌법학원론(제2판)』, 법영사, 2021, 27쪽; Konrad Hesse, Grundzüge des Verfassungsrechts der Bundesrepublik Deutschland, 20. Aufl., Heidelberg 1995, Rdnr. 83 (콘라드 헷세, 계희열 옮김, 『통일독일헌법원론』, 박영사, 2001, 47쪽).

54) 예를 들어 김하열, 『헌법강의(제3판)』, 박영사, 2021, 31쪽; 김학성/최희수, 『헌법학원론(전정5판)』, 피앤씨미디어, 2021, 32~33쪽; 정만희, 『헌법학개론』, 피앤씨미디어, 2020, 44쪽; 정연주, 『헌법학원론(제2판)』, 법영사, 2021, 27~28쪽; 한수웅, 『헌법학(제11판)』, 법문사, 2021, 58쪽.

55) BVerfGE 86, 288 (320).

가 되지 못한다. 해당 권한에 적절한 민주적 정당성이 부여되면, 헌법에 따른 그 권한의 내용과 범위 그리고 한계가 문제 될 뿐이다. 따라서 민주적 정당성에 따른 입법자 존중은 합헌적 법률 해석의 근거가 될 수 없다.

권력분립원칙은 헌법재판소에 위헌 판단 자제를 요구하기보다는 오히려 적극적인 위헌 확인을 요구한다. 그리고 헌법재판소가 법률의 위헌성을 확인하면 법률이 폐기되어 법률의 폐지와 비슷한 효과가 발생한다. 하지만 헌법재판소는 소극적 입법자와는 달리 자기 의지에 따라 법률을 폐기하는 것이 아니라 법률의 위헌성만을 확인할 뿐이라서 여전히 사법기관일 뿐이다. 따라서 헌법재판소가 법률의 위헌성을 확인하여도 국회의 권한을 박탈하거나 제한하지 않는다. 국회에는 위헌인 법률을 제정할 권한이 없기 때문이다. 게다가 권력분립원칙은 나누어진 국가권력 사이의 균형과 통제를 내용으로 하고, '기능적'이라는 수식어를 붙여도 특정 권력의 우위를 보장하지 않는다. 다만, 권력분립원칙은 각 국가기관에 부여된 권한이 무엇이고 그것이 제대로 행사되는지에 주목할 뿐이다. 따라서 권력분립원칙은 합헌적 법률 해석의 근거가 되기 어렵다.

3. 한계

(1) 합헌적 법률 해석의 전제 – 법률 문언의 다의성

합헌적 법률 해석은 법률 문언의 뜻이 분명치 아니하여 다의적으로 해석할 여지가 있을 때만 가능한 것이지, 법률 문언이 명백하여 한 가지 뜻으로밖에 달리 해석할 여지가 없는 때는 할 수 없다. 법률 내용의 의문, 다르게 말해서 법률 해석의 여러 가지 가능성이 합헌적 법률 해석의 전제이다. 법률 문언의 다의성은 위헌적 해석 가능성에서 합헌적 해석 가능성을 분리하는 근거이다. 반대로 문언은 동시에 합헌적 법률 해석의 한계를 형성한다.[56]

(2) 합헌적 법률 해석의 한계

문언의 다의적 해석이 가능하더라도 합헌적 해석은 ① 해당 법조문의 문구 의미가 변질하지 아니하도록 하는 범위 안에서만 가능하고[문언적(문의적) 한계],[57] ② 입법목적과 아주 다른 새로운 목적·내용을 가지게 하는 해석이 되어서는 아니 되며(법목적적 한계 – 헌법 취지에 맞추려고 법률이 본래 달성하려던 목적을 일탈한 해석은 목적론적 해석의 한계를 넘으므로 허용되지 않는

---

56) Christoph Gusy, Parlamentarischer Gesetzgeber und Bundesverfassungsgericht, Berlin 1985, S. 214.

57) 헌법재판소는 사회보험법 제5조에 대한 위헌법률심판사건에서 "법률은 원칙적으로 가능한 범위 안에서 합헌적으로 해석함이 마땅하나 그 해석은 법의 문구와 목적에 따른 한계가 있다. … 따라서 위 법 제5조 제1항의 요건에 해당하는 때에는 법원으로 하여금 감호청구와 이유유무 즉, 재범의 위험성의 유무를 불문하고 반드시 감호의 선고를 하도록 강제한 것임이 위 법률조항의 문의임은 물론 입법권자의 의지임을 알 수 있으므로, 위 조항에 대한 합헌적 해석은 문의의 한계를 벗어난 것이라 할 것이다."라고 판시함으로써 심판대상인 법률조항을 합헌적으로 해석할 가능성을 부인하고 단순위헌결정을 하였다(헌재 1989. 7. 14. 88헌가5등, 판례집 1, 69, 86−87).

다), ③ 법률의 효력 유지를 위해서 역으로 (헌법규범의 내용을 과도하게 해석하여) 헌법을 법률에 합치시키는 식으로 해석이 이루어지는, 즉 법률합치적 헌법 해석은 금지되고(헌법수용적 한계),[58] ④ 헌법재판소와 입법자, 헌법재판소와 대법원 등 국가기관은 헌법이 배분·부여한 고유한 기능을 서로 존중하여야 하므로, 합헌적 법률 해석을 한다는 명분으로 이러한 기능적 배분을 벗어나는 방향으로 법률 해석을 하여서는 안 된다(기능적 한계). 헌법재판소가 입법권을 존중한다는 명목 아래 무리하게 법률을 합헌적인 것으로 해석하여 그 효력을 유지한다면 결과적으로 입법자의 법률 개선 기회를 박탈하여 입법권을 몰래 빼앗는 것일 수도 있음을 주의하여야 한다.[59]

4. 합헌적 법률 해석을 적용한 헌법재판소 결정유형

헌법재판소가 합헌적 법률 해석의 원칙을 적용하여 내리는 전형적인 결정유형은 한정합헌결정과 한정위헌결정과 같은 이른바 질적 일부위헌결정이다.[60] 즉 법률의 위헌 여부가 심판 대상이 될 때, 헌법재판소는 법률의 문언·의미·목적 등을 살펴서 한편으로 보면 합헌으로, 다른 한편으로 보면 위헌으로 판단될 수 있는 다의적인 해석 가능성이 있을 때, 일반적인 해석작용이 용인되는 범위 안에서 종국적으로 어느 쪽이 가장 헌법에 합치되는지를 가려, 한정축소적 해석을 통해서 합헌적인 일정한 범위 안의 의미내용을 확정하여 이것이 그 법률의 본래 의미이며 그 의미 범위 안에서는 합헌이라고 결정할 수도 있고(한정합헌결정), 이러한 합헌적인 한정축소적 해석의 영역 밖에까지 법률의 적용 범위를 넓히는 것은 위헌이라는 취지로 법률의 문언 자체는 그대로 둔 채 위헌 범위를 정하여 한정위헌결정을 선고할 수도 있다.[61]

헌법재판소가 심판절차에서 합헌적 법률 해석을 통해서 그 결과로서 한정합헌결정·한정위헌결정을 내리면, 헌법재판소법 제47조 제1항을 따라서 법원을 비롯한 모든 국가기관이 그것에 구속된다. 한정합헌결정이 제청법원에 미치는 효과와 한정합헌결정의 필요성에 관해서 헌법재판소는 "국가보안법은 헌법의 하위규범이므로 헌법에 합치되게 해석운영하여야 할 것이기 때문에 위와 같이 판시한 바이며, 이와 같은 심판이 그 한도 내에서 헌법재판소법 제47

---

58) 예를 들어 사회권이나 민사상 제도를 구체화하는 법률에서 헌법 취지에 어긋나지 않는 이상 합헌적으로 해석하라고 요청하는 법률지향적 헌법 해석은 인정된다는 점을 유의하여야 한다.

59) 헌법의 1차적 해석(구체화)기능은 입법자에게 부여된다. 즉 입법자는 법률을 제정함으로써 헌법을 구체화한다. 반면 법률의 해석권한은 원칙적으로 대법원을 비롯한 법원에 있고(헌법재판소에도 물론 법률해석권한이 있다), 헌법의 최종적 해석권한은 헌법재판소에 있다. 헌법재판소가 법률을 위헌으로 선언하여 입법자에게 새로운 법률을 제정하도록 하여야 하는데도 법률을 합헌적으로 해석함으로써 입법자의 1차적 헌법구체화기능을 침해하여서는 안 된다. 즉 헌법재판소는 입법자의 입법권을 잠탈하여서는 안 된다.

60) 반면에 법률의 다양한 해석 가능성을 전제로 하는 것이 아니라 어떠한 합헌적 해석 가능성도 발견할 수 없어 위헌으로 판단하였지만 여러 가지 사정으로 위헌결정의 효력만을 유보하는 헌법불합치결정은 합헌적 법률 해석을 적용하는 헌법재판소 결정유형이라고 할 수 없다.

61) 헌재 1997. 12. 24. 96헌마172등, 판례집 9－2, 842, 861.

조 제1항에 따라 당해사건인 이 사건을 떠나 널리 법원 기타 국가기관 및 지방자치 단체를 기속하느냐의 여부는 별론으로 하고 제청법원은 적어도 이 사건 제청당사자로서 위 심판의 기판력을 받을 것은 물론 더 나아가 살필 때 헌법 제107조 제1항의 규정상 제청법원이 본안 재판을 함에 있어서 헌법재판소의 심판에 따르게 되어 있는 이상 위 헌법규정에 의하여서도 직접 제청법원은 이에 의하여 재판하지 않으면 안 될 구속을 받는다고 할 것이므로 이 점에서 단순합헌 아닌 합헌해석 내지는 합헌적 제한해석의 이익 내지 필요가 충분하다.”라고 판시한 바 있다[62].

그에 반해서 대법원은 한정위헌결정의 기속력을 부정하였다.[63] 대법원을 따르면 한정위헌결정이 내려졌을 때 해당 법률이나 법률조항은 그 문언이 전혀 달라지지 않은 채 그냥 존속한다고 한다. 따라서 법률이나 법률조항의 문언이 변경되지 아니한 이상 이러한 한정위헌결정은 법률이나 법률조항의 의미, 내용과 그 적용 범위를 정하는 법률 해석이라고 한다. 그러나 구체적 사건에서 해당 법률이나 법률조항의 의미·내용과 적용 범위가 어떠한 것인지를 정하는 권한, 곧 법령의 해석·적용 권한은 바로 사법권의 본질적 내용을 이루는 것으로서, 전적으로 대법원을 최고법원으로 하는 법원에 전속한다고 한다. 따라서 한정위헌결정에 표현되는 헌법재판소의 법률 해석에 관한 견해는 법률의 의미·내용과 그 적용 범위에 관한 헌법재판소 견해를 일단 표명한 것에 불과하여 법원에 전속된 법령의 해석·적용 권한에 어떠한 영향력을 미치거나 기속력도 없다고 한다.

헌법 제107조 제1항은 법원이 개별 법률의 해석권한이 있긴 하지만, 법원이 해석한 개별 법률의 내용이 위헌인지는 법원이 아닌 헌법재판소가 결정한다고 규정한다. 그래서 법원의 개별 법률 해석권한은 제한된다. 그리고 규범통제는 법률의 내용을 확인하는 절차를 불가피하게 포함하고, 헌법재판소법 제45조는 헌법재판소가 제청된 법률이나 법률조항의 위헌 여부만을 결정한다고 규정하였으므로, 법률 일부로 볼 수 있는 법률조항도 위헌으로 결정할 수 있다. 따라서 역시 법률 일부로 볼 수 있는 해석 가능성도 헌법재판소가 위헌으로 결정할 수 있다고 보아야 한다. 이러한 점에서 특정 해석 가능성을 위헌으로 선언하는 한정합헌결정과 한정위헌결정에도 위헌결정의 효력이 부여되어야 한다. 또한, 헌법재판소법 제47조 제1항의 관점에서 헌법재판소가 법률 전체를 위헌으로 결정하는 것과 단지 법률의 특정한 해석이 구체화한 ‘변형규범(Normvariante)’을 위헌으로 결정하는 것은 차이가 없다.[64] 게다가 특히 헌법재판소법 제23조 제2항 단서 제2호는 종전에 헌법재판소가 판시한 헌법 또는 ‘법률의 해석적용’에 관한 의견을 변경할 때 재판관 6명 이상 찬성이 있어야 한다고 규정한다. 이 조항은 헌

---

62) 헌재 1990. 6. 25. 90헌가11, 판례집 2, 165, 171.

63) 대법원 1996. 4. 9. 선고 95누11405 판결(집44-1, 762; 공1996상, 1442); 대법원 2001. 4. 27. 선고 95재다14 판결(공2001상, 1220); 대법원 2009. 2. 12. 선고 2004두10289 판결(공2009상, 343).

64) BVerfGE 40, 88 (94) 참조.

법재판소의 법률해석권한을 실정법적으로 인정한 것이다.[65] 그 밖에 한정합헌결정과 한정위헌결정의 허용은 그 기속력을 전제한다. 따라서 기속력은 한정합헌결정과 한정위헌결정에도 귀속된다. 그러나 합헌으로 해석된 부분은 실질적으로 합헌결정과 같아서, 합헌결정의 기속력이 부정되는 것과 마찬가지 이유로 기속력이 부여되지 되지 않는다. 따라서 한정합헌결정과 한정위헌결정에서 단지 위헌으로 해석된 부분만 기속력이 있다.

---

65) 같은 견해: 빙승주, 「국가배상법 제2조 제1항 단서에 대한 한정위헌결정의 기속력」, 『인권과 정의』 제304호, 한국변호사협회, 2001. 12., 109쪽.

제 2 장

헌법의 제정 · 변천 · 개정

제 2 장 헌법의 제정 · 변천 · 개정

제 1 절 헌법 제정

Ⅰ. 헌법 제정의 의의

헌법 제정은 국가의 법적 기본질서를 마련하는 법창조행위로서, 국가의 기본이념·기본권(국가 안에서 국민의 기본적인 법적 지위)·국가조직의 기본사항에 관한 국민적 합의를 최고법규범으로 정립하는 것을 말한다.[1] 헌법 제정을 실질적·형식적 의미로 나누어 실질적 의미의 헌법 제정은 정치적 공동체의 형태와 기본적 가치질서에 관한 국민적 합의를 법규범체계로 정립한 것이고, 형식적 의미의 헌법 제정은 헌법제정권자가 헌법사항을 성문헌법으로 법전화하는 것(성문헌법전 편찬)을 말한다는 견해도 있다.[2] 그러나 이것은 실질적 의미의 헌법과 형식적 의미의 헌법에 상응하는 설명으로서 헌법 제정에서 국내최고법의 효력이 있는 형식적 의미의 헌법이 실제로 문제 된다는 점을 간과하여 타당하지 않다. 사실적 공동체는 법적 공동체를 형성하여야 정당성을 부여받고 규범적으로 활동할 수 있다. 따라서 사실적 공동체에 규범력을 부여하여 법적 공동체로 전환하는 행위가 필요한데, 이것이 헌법 제정이다. 헌법 제정은 국가의 법적 기본질서를 마련하는 법창조행위일 뿐 아니라 국가권력을 구성하여 사회학적 의미의 정치공동체를 법적 의미의 국가로 승화하는 행위이다.[3]

Ⅱ. 헌법제정권력의 주체

1. 헌법제정권력의 의의

헌법제정권력은 헌법제정주체가 헌법을 시원적으로 창조하는 힘이다(만드는 권력, 형성적 권력). 헌법제정권력이 헌법을 만든다는 점에서 헌법제정권력은 헌법 이전의 권력이다. 그리고 헌법이 제정되어야 비로소 법질서가 만들어지므로 헌법제정권력은 법적 권력이 아니라 정치

---

1) 계희열, 『헌법학(상)(신정2판)』, 박영사, 2005, 92쪽; 김학성/최희수, 『헌법학원론(전정5판)』, 피앤씨미디어, 2021, 36쪽; 방승주, 『헌법강의 Ⅰ』, 박영사, 2021, 63쪽; 정만희, 『헌법학개론』, 피앤씨미디어, 2020, 21쪽; 정연주, 『헌법학원론(제2판)』, 법영사, 2021, 14쪽; 홍성방, 『헌법학(상)(제3판)』, 박영사, 2016, 43쪽; 허 영, 『한국헌법론(전정17판)』, 박영사, 2021, 40쪽 참조.
2) 권영성, 『헌법학원론(개정판)』, 법문사, 2010, 43쪽.
3) 이상 홍성방, 『헌법학(상)(제3판)』, 박영사, 2016, 43쪽.

적 권력이다. 따라서 헌법제정권력은 사실상 힘이라는 권력적 측면과 헌법에 정당성을 부여하는 권위라는 이중적 측면이 있다.

2. 헌법제정권력이론의 역사적 전개

프랑스 대혁명기에 헌법제정권력의 주체가 현실적인 문제로 대두하였다. 1789년 프랑스 혁명 전야에 시예스(Emmanuel Joseph Sieyès)는 제3신분 주도 아래 구체제(Ancien régime)와 옹글게(완벽하게) 결별하는 혁명을 주장하였다.[4] 그를 따르면 헌법 제정 주체는 제3신분, 곧 국민이고, 국민이 보유하는 헌법제정권력은 단일불가분이며, 절차 측면에서 어떠한 법적 제한도 받지 않는 권력이라고 하였다. 헌법제정권력은 선재하는 실정법적 근거 없이도 법창조능력이 있는 시원적인 권력이고, 바로 그 시원성에서 자기정당화의 논리가 나온다고 하였다. 그리고 그는 헌법제정권력을 입법권·집행권·사법권처럼 '헌법이 창설한 권력'으로서 헌법의 구속을 당하는 이른바 통치권과 구별하였다. 시예스가 정립한 헌법제정권력이론은 그때까지 입법권, 집행권, 사법권 3종의 국가권력을 구분하던 3권분립이론에 더하여 국가권력에 선재하는 국민의 권력을 인정함으로써 국민주권과 국가권력의 구조를 체계화하는 데 이바지하였다.

19세기에서 20세기 초까지 독일 법실증주의 헌법학자들은 헌법제정권력 사상을 이론적으로 부정하였다. 헌법제정권력 문제를 법적 문제가 아닌 사회적 현상으로 보았고, 헌법제정권력과 헌법개정권력, 입법권을 구별하지 않았다. 법실증주의 헌법학자들이 부정하였던 헌법제정권력이론을 부활시킨 학자는 슈미트(Carl Schmitt)였다. 그는 헌법제정권력이 헌법을 제정하고, 이 헌법을 기초로 헌법률이 성립한다고 보았다. 시원적 권력인 헌법제정권력은 헌법이 조직한 권력인 헌법개정권력과 입법권의 기초가 되는 권력이고, 헌법개정권력은 입법권보다 가중된 절차적 요건에 따라야 한다는 점에서 입법권보다는 상위에 있다고 하였다. 그래서 헌법제정권력이 제정한 헌법 > 헌법개정권력 > 헌법률> 입법권 > 법률의 도식이 성립한다고 하였다.

3. 헌법제정권력의 주체

누가 헌법제정권력자인지나 헌법제정권력자이어야 하는지는 역사적으로 변천이 있었다. 중세의 헌법제정권력은 신이 군주에게 준다고 여겼다. 프랑스 혁명기에는 정치적 자의식을 지니게 된 시민 계급이 헌법제정권력을 차지하였다. 그 후 왕정복고기(1815~1830)에는 다시금 군주에게 헌법제정권력이 있다고 여겨졌다.[5] 그러나 오늘날 민주국가에서 헌법제정권력자는 국민이다. 프랑스 혁명시기 시예스는 국민(제3신분)이 헌법제정권력의 주체라고 하였다. 그

---

4) 홍성방, 『헌법학(상)(제3판)』, 박영사, 2016, 46쪽.
5) 홍성방, 『헌법학(상)(제3판)』, 박영사, 2016, 45쪽.

러나 슈미트는 이론적으로 개인, 소수인, 국민이 헌법제정권력의 주체가 될 수 있다고 하면서도 현실적으로는 정치적 실존의 종류와 형식에 관해서 근본결단을 내릴 수 있는 사람, 즉 비상사태를 결단하는 주권자로 본다. 그러나 오늘날 민주국가에서는 국민만 헌법제정권력의 주체가 될 수 있다. 헌법은 제1조 제2항에서 "대한민국의 주권은 국민에게 있"다고 규정함으로써 국민이 헌법제정권력자임을 분명히 밝힌다.

Ⅲ. 헌법제정권력의 행사방식

헌법 제정은 공동체가 이른바 자연상태에서 시민상태로, 즉 법질서로 전환하는 계기이다. 사실적 정치공동체가 법적 공동체로 전환하는 한계선 위에 있어서, 헌법 제정 이전에 미리 규정된 절차가 있을 수 없다. 따라서 헌법제정권력이 있는 주체가 스스로 선택하는 절차를 따라서 헌법을 제정할 수 있다. 다만, 헌법사를 돌아보면 몇 가지 대표적인 유형을 발견할 수 있다. 먼저 ① 한국의 1948년 헌법처럼 민주적으로 선출된 제헌의회가 헌법을 의결하는 방식이다. 다음으로 ② 1958년 프랑스 제5공화국 헌법과 같이 제헌의회에서는 헌법안만을 기초하고 헌법안에 관한 결정은 국민투표를 통해서 확정하는 방식이다. 그리고 ③ 1946년 프랑스 제4공화국 헌법과 같이 제헌의회 의결과 국민투표를 함께 시행하는 방식도 있다. 끝으로 ④ 연방국가에서 연방의회 의결과 별도로 연방을 구성하는 주의회 (승인)의결을 거치는 방식이 있다.

Ⅳ. 헌법제정권력과 헌법 제정의 정당성

헌법제정권력과 그가 제정한 헌법의 정당성은 어디에 근거하는가? 즉 헌법제정권력자가 제정한 법규범이 헌법으로서 정당성을 부여받는 것은 무엇 때문인가? 그러한 헌법을 제정하는 권력은 무엇 때문에 정당한 헌법제정권력으로 인정받는가? 시예스는 헌법제정권력은 스스로 정당화한다고 하고, 슈미트는 헌법제정권력은 주권자의 의지가 정당화라고 한다. 이들은 모두 헌법제정권력의 시원성에서 그 정당성의 근거를 찾는다. 그런데 시원성이 왜 정당성의 근거가 되는지에 관해서는 설명이 없다. 이에 대해서 헌법제정권력과 헌법의 정당성 문제는 법적인 질의 문제가 아니라 이념적 질의 문제이므로, 헌법 제정이 구법질서에 들어맞는지에 따라서 그 정당성이 인정될 수 없고, 헌법제정권력과 헌법이 그 시대의 일반적인 (또는 지배적인) 정치적 이념과 들어맞으면 정당성이 있다는 견해가 있다.[6] 다른 한편, 헌법제정권력과 헌법의 정당성 문제를 법적인 질의 문제가 아니라 이념적 질의 문제로 구별하는 것은 불분명하

---

6) Peter Badura, Verfassung, in: Evangelisches Staatslexikon, 2. Aufl., Stuttgart 1975, Sp. 2716.

다고 하면서 헌법에 규정된 기본질서에 관한 국민 합의에서 정당성을 찾아야 한다는 견해도
있다.[7] 오늘날 국민이 제정한 법질서가 헌법으로서 정당성을 인정받으려면 주관적·객관적
정당화 요소를 충족시켜야 한다. 먼저 ① 주관적 정당화 요소로서 국민적 합의가 필요하다.
다음으로 ② 객관적 정당화 요소로서 근대 이후 헌법이 핵심사항으로 인정하는 인권 보장이
라든지 권력분립과 같은 내용이 포함되어야 한다.

V. 헌법 제정(권력)의 한계

헌법제정권력을 시원적 권력으로 보는 시예스의 견해에서 헌법제정권력 행사에 어떠한 한
계도 있을 수 없다. 슈미트에게도 헌법제정권력은 근본결단을 내릴 수 있는 실력과 권위가
있는 의사로서 역시 시원적 권력이고, 시예스와 마찬가지로 헌법제정권력의 혁명적 성격을
인정하므로 헌법제정권력 행사에 한계를 인정하지 않는다. 헌법은 국가공동체를 형성하는 최
초의 법이라서 이미 있는 법을 전제로 하는 실정법적 한계는 인정될 여지가 없다. 다만, 어떤
국가질서가 헌법으로 인정받으려면 일정한 정당화 요소를 갖추어야 하므로 그 한도 안에서
한계가 있다.

1. 초실정법적 시대사상(이념)의 한계

헌법제정권력이 그 시대를 지배하는 초실정법적 시대사상을 초월하여 헌법을 제정할 수는
없고, 민주주의 헌법이든 사회주의 헌법이든 모두 그들의 정치적 이념에 기초하여 그 테두리
안에서 제정되었음을 확인할 수 있다는 견해가 있다.[8] 슈테른(Klaus Stern)은 이러한 이념적
질의 한계가 분명하지 못하다고 하며 '국민의 가치관과 법관념'을 그 한계로 본다.[9] 이와 관
련하여 케기(Werner Kägi)는 불변의 근본가치를 그 한계로 본다.[10] 그러나 이러한 한계가 일
정한 사회와 국가 속에서 성장한 개인이 넘을 수 없는 이념을 가리키는 것이라면 당연한 것
을 표현한 것에 지나지 않고, 그러한 이념은 시대에 따라서 변동하는 것이므로 한계로서 윤
곽을 설정할 수 없다는 점이 문제이다.

2. 기초적인 법원리의 한계

헌법제정권력 행사는 곧 법창조를 뜻하며 법질서가 결합하는 법공동체 형성을 뜻하므로,
법적 이성, 정의, 법적 안정성 등과 같은 법내재적 기본원리에 구속되지 않을 수 없고, 헌법

---

7) Klaus Stern, Das Staatsrecht der Bundesrepublik Deutschland, Bd. I , 2. Aufl., München, 1984, S. 149.
8) 허 영, 『한국헌법론(전정17판)』, 박영사, 2021, 45~46쪽.
9) Klaus Stern, Das Staatsrecht der Bundesrepublik Deutschland, Bd. I , 2. Aufl., München, 1984, S. 146.
10) Werner Kägi, Die Verfassung als rechtliche Grundordnung des Staates, Zürich 1945 (Neudruck 1971), S. 57.

제정권력 행사는 헌정 전통에서 성립된 특별한 법문화에 구속되지 않을 수 없다는 견해가 있다.[11] 전자는 구체적으로 형성될 법이 비로소 보장하여야 할 내용이고, 후자는 기존 법질서에 구속되지 않는 헌법 제정의 본질에 들어맞지 않는다. 다만, 헌법제정주체인 국민을 사실상 지배하는 문화의 영향을 가리키는 것이라면 당연한 것을 말한 것에 지나지 않는다.

3. 초국가적 자연법·인권의 한계

헌법제정권력 행사는 초실정법적인 자연법에 구속된다. 다만, 무엇이 자연법의 내용인지에 관해서 분명한 대답을 하기 어렵다는 문제가 있다. 마운츠(Theodor Maunz)는 전국가적인 인권을 자연법의 내용으로 보고 헌법제정권력은 이를 존중하여야 한다고 한다.[12] '역사적 경험 속에서 증명된 정의의 최소한'을 헌법 제정의 한계선으로 보아야 한다면, 그 내용은 초국가적 자연법과 인권이라고 보지 않을 수 없다. 따라서 이 한계 안에서만 헌법 제정의 법적 한계를 논할 수 있다.

4. 국제법적 한계

헌법제정권력은 예외적으로 국제법적 제약을 받을 수 있다. 예를 들어 전후 서독 헌법과 일본 헌법에서 볼 수 있듯이 패전국이 헌법을 제정하면서 승전국의 의사에 영향을 받는다. 그리고 식민지가 독립하면서 구 보호국의 영향을 받아 헌법을 제정하는 때도 마찬가지이다. 다만, 이때는 사실적인 정치적 영향을 뜻하거나 국내법으로 바꿀 수 없는 국제법적 환경을 가리키는 데 지나지 않는다는 점(이것은 엄격한 법적 의미에서 헌법제정권력의 한계로 볼 수 없다)을 주의하여야 한다.

제 2 절 헌법 변천

I. 의의

1. 개념

헌법 변천은 헌법개정절차에 따라서 헌법조문이 바뀌지 않은 채 존속하면서 해당 헌법조문의 의미내용이 실질적으로 바뀌는 것을 말한다. 단순한 '헌법상황 변화'나 '헌법규범과 헌법현실의 불일치 문제'로 라반트(Paul Laband)가 헌법학에 처음 도입한 헌법 변천 개념(넓은 뜻

---

11) 계희열, 『헌법학(상)(신정2판)』, 박영사, 2005, 102쪽.
12) Maunz/Dürig/Herzog/Scholz (Hrsg.), GG-Kommentar, Präämbel Rdnr. 14, Art. 79 Rdnr. 30.

의 헌법 변천)을 오늘날에는 옐리네크(Georg Jellinek)와 서도린(Hsü Dau-Lin)이 헌법 개정에 대립하는 좁은 개념으로 사용하였다.[13] 헌법 변천을 좁은 뜻으로 이해하면 무의식성이나 의도성을 판단하기 어려울 뿐 아니라 아무도 알 수 없는 상황이라면 헌법 변천을 논의하기 어렵다. 따라서 헌법 변천이 무의식적으로나 의도적으로 이루어져야 하는 것은 아니다(묵시성 불필요).[14] 그리고 헌법이 시행되고 나서 바로 헌법 변천이 일어날 수도 있으므로 헌법 시행일부터 일정한 시간이 지난 후에만 헌법 변천이 발생하는 것은 아니다.[15]

2. 구별개념

헌법 변천은 조문의 의미내용 변화가 헌법 해석 한계를 넘는다는 점에서 헌법 해석과 구별된다. 헌법 변천은 문언의 내용을 해석 한계를 넘어 구체화한다는 점에서 헌법 형성이다.[16] 헌법 형성은 헌법 문언의 한계를 벗어난 구체화로서 헌법 문언 안에서 이루어지는 헌법 해석과 구별된다. 즉 헌법 형성은 본질적으로 헌법 문언에 어긋난다.[17] 그리고 헌법 변천은 명시적인 헌법조문 변경이 없다는 점에서 헌법조문 자체를 변경하는 헌법 개정과 구별된다. 헌법 변천과 헌법 개정의 관계에 관해서 헷세(Konrad Hesse)는 "헌법 변천 가능성이 끝나는 곳에서 헌법 개정 문제가 시작된다."[18]라고 한다. 반면 슈테른은 "헌법 개정이 포기되는 곳에서 헌법 변천이 시작된다."[19]라고 한다. 헌법 변천은 헌법 문언의 한계를 벗어나므로 헌법 형성이지만, 헌법 문언을 기초로 헌법을 구체화하는 과정에서 발생하므로 해석 문제로 볼 수도 있다. 따라서 헌법조문의 의미 있는 이해 가능성이 끝나는 곳에 그 한계가 있고 그때 헌법 개정이 문제 되는 것은 사실이다. 다만, 헌법 변천은 해석 문제일 뿐 아니라 규범외재적으로 발생하는 현실 문제이기도 하고 규범외재적인 현실 변화를 어떻게 수용하느냐의 문제이므로, 헌법 개정이 포기되는 곳에서 헌법 변천 문제가 시작된다고 볼 수도 있다. 위 견해 대립은 헌법

---

13) Klaus Stern, Das Staatsrecht der Bundesrepublik Deutschland, Bd. I, 2. Aufl., München, 1984, S. 160.

14) 콘라드 헷세, 계희열 역, 「헌법변천의 한계」, 『헌법의 기초이론』, 박영사, 2001, 60~61쪽; 양천수, 「헌법변천 재검토 – 헌법 문언에 반하는 헌법형성의 가능성 –」, 『헌법재판연구』 제7권 제1호, 헌법재판소 헌법재판연구원, 2020, 384쪽; 홍일선, 「헌법의 변천」, 고려대학교 법학석사학위논문, 1997, 21쪽.

15) 홍일선, 「헌법의 변천」, 고려대학교 법학석사학위논문, 1997, 21쪽.

16) 양천수, 「헌법변천 재검토 – 헌법 문언에 반하는 헌법형성의 가능성 –」, 『헌법재판연구』 제7권 제1호, 헌법재판소 헌법재판연구원, 2020, 391쪽.

17) 헌법 형성을 헌법을 보충하는 헌법 형성과 헌법에 반하는 헌법 형성으로 나누는 견해도 있다(양천수, 「헌법변천 재검토 – 헌법 문언에 반하는 헌법형성의 가능성 –」, 『헌법재판연구』 제7권 제1호, 헌법재판소 헌법재판연구원, 2020, 392~393쪽). 그러나 이 견해는 헌법 해석과 법률 해석을 질적으로 구별하지 않는 것으로 구체화로 귀결되는 헌법 해석의 특성을 무시한다. 따라서 헌법을 보충하는 헌법 형성은 구체화로 귀결되는 헌법 해석에 속하는 것으로 보아야 한다.

18) Konrad Hesse, Grundzüge des Verfassungsrechts der Bundesrepublik Deutschland, 20. Aufl., Heidelberg 1995, Rdnr. 39 (콘라드 헷세, 계희열 옮김, 『통일독일헌법원론』, 박영사, 2001, 23쪽).

19) Klaus Stern, Das Staatsrecht der Bundesrepublik Deutschland, Bd. I, 2. Aufl., München, 1984, S. 160.

변천 문제를 바라보는 방향이 다른 데서 연유한 것이라고 할 수 있다. 다만, 헌법은 국가(적) 통합의 기본질서이고 질서 안정을 하나의 과제로 하므로 헌법 변천이 정상적인 해석원칙으로까지 되어서는 아니 된다. 그렇게 되면 헌법의 규범력이 공동화할 우려가 있기 때문이다.[20]

3. 유형

헌법 변천 개념을 '헌법상황 변경이나 헌법규범과 헌법현실의 불일치 문제'로 넓게 이해한다면 헌법 변천 유형은 광범위한 영역에서 다양하게 나타난다. 이러한 (넓은 뜻의) 헌법 변천은 헌법규범과 헌법현실이 일치하지 않으면 언제나 일어날 수 있다.[21] 구체적으로 ① 규범에 없는 현실이 있는 때(형식적으로 헌법규범에 어긋나지 않는 관행), ② 규범은 있으나 현실이 없는 때(국가의 부작위로 말미암아 헌법상 특정한 권리 수행 불가능), ③ 현실이 규범에 모순되는 때(헌법에 어긋나는 관행), ④ 현실이 규범 해석에 변화를 가져오는 때(해석을 통한 변경) (넓은 뜻의) 헌법 변천이 일어난다.

그러나 헌법 변천은 오늘날과 같이 헌법 개정과 대립하는 좁은 개념으로 이해하면 이에 해당하는 유형은 그리 많지 않다. 헌법 변천 개념을 '헌법규범 내용 변경'에 한정하고 '헌법상황 변경'을 개념요소에서 제외하기 때문이다. 따라서 헌법규범 내용 변화를 수반하지 않는 ① 규범에 없는 현실이 없는 때, ② 규범은 있으나 현실이 없는 때, ③ 현실이 규범에 모순되는 때는 (좁은 뜻의) 헌법 변천에 해당하지 않는다.

Ⅱ. 원인

헌법 변천은 헌법규범과 헌법 해석의 갈등에서 생긴다. 헌법 변천은 규범 해석 문제일 뿐 아니라 규범외재적으로 발생하는 현실 문제이기도 하다. 따라서 규범외재적인 현실 변화를 어떻게 규범 안으로 끌어들이느냐, 즉 헌법이 수용하느냐가 관건이다. 헌법은 기본적인 합의에 관한 대강을 규정할 뿐이므로 추상적·개방적이고, 그 결과 헌법 해석의 넓은 여지가 있더라도 헌법 해석에는 한계가 있다. 정치적·경제적 상황 변화, 국가비상사태 발생, 기술의 비약적 진보 등으로 말미암아 헌법의 규율 대상 영역이나 국민의 가치관이 바뀌면 헌법규범은 더는 사회적 현실에 맞지 않게 된다. 그래서 헌법규범이 규율 대상 영역을 더는 규율할 수 없는데도 (즉 헌법 해석 한계를 넘었는데도) 헌법 개정을 할 수 없는 상황에서 헌법 변천이 일어난다.

---

20) Klaus Stern, Das Staatsrecht der Bundesrepublik Deutschland, Bd. Ⅰ, 2. Aufl., München, 1984, S. 160.
21) 헌법규범과 헌법현실의 관계에 따른 헌법 변천 유형화에 관해서는 Hsü Dau-Lin, Die Verfassungswandlung, Berlin/Leipzig 1932, S. 20 참조.

Ⅲ. 허용 여부

긍정론은 헌법규범에 어긋나는 국가행위가 반복됨으로써 이것이 관행이 되고, 이 관행에 관해서 국민이 명시적 또는 묵시적으로 법적 확신을 하게 되면, 해당 헌법조항은 그 의미내용이 바뀌고 새로운 사회적 현실에 대해서 규범력이 부여되는 것은 헌법규범과 사회적 현실의 긴장·갈등을 없애고 헌법의 규범력을 고양하는 데 필요하다고 평가한다. 라반트와 옐리네크는 현실정치세력은 어떠한 법적 형식에도 구속되지 않고 독자적 법칙을 따라서 활동하는데, 이러한 정치적 필요에 부응하려고 헌법 변천이 인정될 수 있고 헌법 변천 한계도 인정될 수 없다고 한다. 그리고 스멘트(Rudolf Smend)와 서도린은 국가 전체에서 발전하는 삶의 현실에 보조를 맞추어야 할 헌법의 특성을 고려하면 헌법 변천은 스스로 실현되고 발전하는 국가 생명력의 요청이며 표현으로 인정되어야 한다고 한다.

법실증주의적 견해에서는 헌법과 모순되는 국가행위는 그것이 아무리 반복되더라도 단순한 사실 축적일 뿐이고 규범이 되는 것은 아니며, 헌법의 합법적 변경은 그 개정절차를 통해서만 가능하므로 헌법 변천은 수용될 수 없다고 한다. 헌법의 해석과 구체화 가능성이 넓게 열려 있고, 헌법재판이 활성화하면 헌법은 매우 신축성 있게 해석될 수 있어서 헌법 변천 개념과 이론을 인정할 실익이 없다는 주장도 있다.[22]

헌법 변천을 일률적으로 긍정하거나 부정하기보다는 그 동기와 내용에 따라서 평가하여야 한다. 예를 들어 헌법의 기본이념에 충실한 해석이나 헌법 흠결을 보충하려는 헌법 변천은 긍정할 수 있다. 그러나 정치적 필요에 따른 헌법 변천만은 원칙적으로 부정하되 일정한 한계 안에서만 허용되어야 한다.

Ⅳ. 한계

헌법 변천은 일정한 한계 안에서만 허용될 수 있다. ① 헌법 문구의 명백한 의미에 어긋날 때, ② 헌법제정자의 근본결단에 해당하는 헌법규범에 어긋나는 사항, ③ 헌법의 계속성 보전을 저해하는 사항, ④ 헌법이 규정한 절차규정의 기본사항 및 입법자와 해석자의 기능배분질서에 어긋나는 헌법 변천은 인정될 수 없다.

Ⅴ. 실례

헌법 변천은 각국의 헌법운용과정에서 그 실례를 찾아볼 수 있다. 예를 들어 1803년 마부

---

22) 전광석, 「헌법개정의 역사와 이론」, 『헌법재판연구』 제5권 제1호, 헌법재판소 헌법재판연구원, 2018, 208쪽.

리 대 매디슨(Marbury v. Madison)사건을 담당한 마샬(John Maschall) 대법원장의 판결이 계기가 되어 미국 연방대법원이 위헌법률심사권을 행사하고, 미국 연방헌법 제2조를 따른 대통령선거는 일반 유권자가 각주에 할당된 선거인을 선출하고 선거인이 다시 대통령을 선출하는 간접선거제이지만, 오늘날은 선거인선거가 사실상 직선제대통령선거와 같은 의미로 바뀌었다. 그리고 일본 헌법 제9조의 평화헌법조항이 있는데도 일본이 사실상 군대인 이른바 자위대를 설치하여 운용하는 것도 실례로 들 수 있다. 오늘날 헌법 변천은 특히 헌법의 기본권규정을 해석하고 구체화하는 과정에서 문제가 된다. 이에 해당하는 예로는 ① 기본권이해 변화, ② 재산권의 의미 변화, ③ 방송의 자유에서 '방송'의 개념 변화, ④ 헌법상 경제 개념 변화, ⑤ 학문의 자유에서 '학문'의 개념 변화 등을 들 수 있다.

한국 헌법에서 헌법 변천이 논란이 된 사안은 주로 헌법규범에 어긋나는 국가관행을 중심으로 '헌법규범과 헌법현실의 불일치 문제'로서 (헌법규범 내용 변화를 수반하지 않는) 넓은 뜻의 헌법 변천에 해당할 뿐이고 헌법규범 내용 변화를 가리키는 좁은 뜻의 헌법 변천에는 해당하지 않는다. 예를 들어 이승만 정권 때의 군법회의는 헌법에 명문 규정이 없는 상태에서 설치되었다는 점에서 규범에 없는 현실이 있는 때에 해당한다. 그리고 1948년 헌법의 제1차 개정에 규정된 참의원을 구성하지 않고 단원제로 운용하였던 것은 규범은 있으나 현실이 없는 때에 해당한다. 또한, 국무총리는 국회의 (사전)동의를 얻어 대통령이 임명하여야 하는데도(헌법 제86조 제1항), 대통령이 먼저 이른바 '국무총리서리'로서 국무총리직을 일단 수행하게 하고 나서 나중에 국회 '동의' 형식의 '승인'을 얻어 임명행위를 완료하는 순서로 관례화한 국무총리서리제,[23] 1962년 헌법 이래 역대 헌법에 규정되었던 지방자치를 위한 지방의회 구성이 1991년 상반기까지 이루어지지 못하고 관치행정으로 운용되었던 일은 현실이 규범에 모순되는 때에 해당한다. 이는 '헌법규범 내용 변경'을 가져온다고 평가할 수는 없으므로 헌법위반적 관행이 문제 되지 헌법 변천이 문제 되지 않는다. 그리고 현행 헌법 제3조의 영토조항에 관해서도 제4조의 통일조항으로 말미암아 '한반도와 그 부속도서'가 '군사분계선 이남 지역'으로 그 의미가 변천되었다고 하는 주장이 있다. 하지만 이는 문구상 명백한 지리적 경계의 의미내용을 바꾸어 이해할 수 없다는 점에서 문의의 한계를 넘는 주장으로 보인다.

---

23) 역대 총리 중 모두 21명이 서리를 거쳐 총리로 임명되었다. 내각제를 채택하였던 1960년 헌법과 총리에 대한 국회 동의 제도가 아예 없었던 1962년 헌법, 국회 동의를 얻어 총리를 임명하였던 김영삼 정권 이후를 제외하면 역대 총리 대부분이 서리를 거쳐 총리로 임명된 셈이다[한겨레신문, 2002. 7. 16., 5쪽 참조(당시 기준으로는 모두 20명)]. 1998년 김종필 국무총리'서리'의 임명동의안을 둘러싼 대통령과 국회의원들의 권한쟁의사건에서 헌법재판소는 국회의원들의 심판 청구를 각하하였다(헌재 1998. 7. 14. 98헌라1, 판례집 10-2, 1). 다만, 이영모 재판관이 "국회의 국무총리 임명동의는 사전동의가 원칙이지만 신임 대통령이 새 행정부를 구성해야 하는 예외적 상황에서는 서리 임명이 허용된다."라는 기각 의견을 개진한 바 있다.

제 3 절 헌법 개정

Ⅰ. 헌법 개정의 의의

1. 헌법 개정의 개념

헌법 개정은 사정 변화에 맞추어 헌법의 규범력을 유지하기 위해서 헌법이 정한 개정권자가 헌법이 정한 개정절차를 따라 헌법의 기본적 동일성을 파괴하지 않고 헌법조항을 수정·삭제·추가하는 것을 말한다.[24] 불문헌법 개정은 헌법관행 변화를 뜻하므로 헌법 개정 개념에서 제외되고, 실질적 의미의 개정은 하위법규범 개정 문제이므로 헌법 개정 개념에 포함되지 아니한다.[25] 따라서 헌법 개정은 성문헌법에서만 문제 된다. 그리고 연성헌법도 성문헌법에 속하므로 연성헌법 개정도 헌법 개정임을 부정할 수 없다.[26] 새로운 헌법으로 옛 헌법을 교체하는 결과를 낳는, 헌법 내용 전체의 변경, 즉 헌법의 전면개정도 유효한 헌법 안에서 이루어지는 변경이라서 형식적 측면에서 헌법 제정이 아니라 헌법 개정이다.[27] 그러나 이러한 전면개정이 기존 헌법의 기본적 동일성을 파괴한다면 이는 헌법 개정이 아니다.

2. 구별개념

(1) 헌법 파괴

헌법 파괴(Verfassungsvernichtung)는 기존 헌법전을 폐기할 뿐 아니라 그 헌법의 기초가 되는 헌법제정권력까지도 배제하는 것을 말한다. 헌법 파괴는 보통 혁명의 방법으로 일어나며, 이때 기존 헌법과 새로운 헌법의 동일성은 파괴된다. 헌법 파괴의 예로는 1789년 프랑스 대혁명에 따른 루이 16세의 군주제헌법 파괴, 1918년 독일 11월 혁명에 따른 비스마르크 헌법 파괴 등을 들 수 있다.

(2) 헌법 폐제

헌법 폐제(Verfassungsbeseitgung)는 기존 헌법전을 배제하기는 하지만, 그 헌법의 기초가

---

24) 계희열, 『헌법학(상)(신정2판)』, 박영사, 2005, 106쪽; 권영성, 『헌법학원론(개정판)』, 법문사, 2010, 49~50쪽; 김학성/최희수, 『헌법학원론(전정5판)』, 피앤씨미디어, 2021, 43쪽; 방승주, 『헌법강의 Ⅰ』, 박영사, 2021, 76쪽; 석인선, 『헌법총론』, 세창출판사, 2014, 35쪽; 성낙인, 『헌법학(제21판)』, 법문사, 2021, 50쪽; 심경수, 『헌법(제2판)』, 법문사, 2020, 27쪽; 양 건, 『헌법강의(제10판)』, 법문사, 2021, 68쪽; 이준일, 『헌법학강의(제7판)』, 홍문사, 2019, 42쪽; 장영수, 『헌법학(제13판)』, 홍문사, 2021, 63~64쪽; 정만희, 『헌법학개론』, 피앤씨미디어, 2020, 25쪽; 한수웅, 『헌법학(제11판)』, 법문사, 2021, 33쪽; 홍성방, 『헌법학(상)(제3판)』, 박영사, 2016, 51쪽 참조.

25) 김선택, 「헌법개정의 한계에 관한 고찰」, 『법조』 제36권 제8호(통권 제371호), 법조협회, 1987. 8., 61쪽.

26) 김선택, 「헌법개정의 한계에 관한 고찰」, 『법조』 제36권 제8호(통권 제371호), 법조협회, 1987. 8., 62쪽.

27) Stefan Korioth, Staatsrecht Ⅰ, 5. Aufl., Stuttgart 2020, Rdnr. 54.

되는 헌법제정권력은 유지하는 것을 말한다. 헌법 폐제는 보통 정변이나 쿠데타로 말미암아 정권담당자가 교체될 때 일어나며, 기존 헌법과 새로운 헌법의 동일성은 파괴되지 않는다. 헌법전만을 배제한다는 의미에서 헌법 교체(Verfassungswechsel)라고도 한다. 헌법 폐제의 예로는 1946년 프랑스 헌법이 1958년 드골 헌법으로 교체된 것을 들 수 있다.

(3) 헌법 침해

헌법 침해(Verfassungsdurchbrechung)는 헌법 위반이라는 사실을 인식하면서도 (예외적으로) 특정한 헌법규정에 어긋나는 공권력을 행사하는 것을 말한다. 그로 말미암아 헌법조문의 효력은 일시적으로 중단되거나 폐지되지 않고 계속 유지된다. 이러한 공권력 행사는 위헌이므로 해당 기관은 책임을 면할 수 없다.[28]

(4) 헌법 정지

헌법 정지(Verfassungssuspension)는 특정 헌법조항의 효력을 일시적으로 정지시키는 것을 말한다. 헌법 정지에는 헌법의 명시적 규정에 따라서 특정조항의 효력을 정지시키는 헌법존중적 헌법 정지와 헌법 근거 없이 특정 조항의 효력을 정지시키는 헌법무시적 헌법 정지가 있다. 예를 들어 비상시에 대통령에게 7개의 열거된 기본권의 전부나 일부를 일시적으로 정지시킬 수 있는 권한을 부여한 바이마르 헌법 제48조 제2항과 같은 헌법이 인정한, 헌법존중적 (헌법 파괴임과 동시에) 헌법 정지가 있다. 하지만 1961년 5·16 군사쿠데타 이후 국가비상조치, 1972년 10·17 비상조치, 1980년 국가보위비상대책위원회의 5·17 조치 등에 따른 헌법무시적 헌법 정지도 있었다.

(5) 개념 사이 구별

헌법 파괴와 헌법 폐제는 헌법 자체가 대상이 되고, 헌법 침해와 헌법 정지는 헌법률을 대상으로 하는 개념이다. 슈미트를 따르면, 헌법은 정치적 통일체의 종류와 형태에 관한 전체적 결단, 즉 정치적 통일체가 헌법제정권력 주체가 내리는 의식적인 결단으로서 그에 앞서 실존하는 정치적 의사에 힘입어 효력이 있고, 헌법률은 헌법에 근거하여 비로소 효력이 있고 헌법을 전제로 하는 규정이다. 따라서 헌법 파괴·헌법 폐제와 헌법 개정은 대상이 분명히 다르다는 점에서, 헌법 침해와 헌법 정지는 헌법조문 자체의 명시적 변경이 아니라는 점에서 헌법 개정과 구별된다.

---

28) 한편, 슈미트를 따르면, 예를 들어 비상시에 대통령에게 일정한 기본권의 전부나 일부를 일시적으로 정지시킬 수 있는 권한을 부여한 바이마르 헌법 제48조 제2항과 같은 헌법이 인정한, 헌법존중적 헌법 파괴가 있다고 한다 (Carl Schmitt, Verfassungslehre, 3. Aufl., Berlin 1957, S. 100).

3. 헌법개정권력

(1) 헌법제정권력과 헌법개정권력

시예스가 정립한 헌법제정권력(pouvoir constituant) 이론을 따르면 헌법제정권력은 시원성이 있는 '창설하는 권력(만드는 권력, 형성적 권력)'이고, 헌법개정권력(pouvoir constituant constitué)은 헌법제정권력이 만든 헌법에 그 효력 근거가 있는 '창설된 권력(만든 권력, 형성된 권력)'이다.

(2) 헌법상 헌법개정권력

헌법은 전문에서 "…… 우리 국민은 …… 헌법을 이제 국회의 결의를 거쳐 국민투표에 의하여 개정한다."라고 규정하고, 제1조 제2항에서 "…… 모든 권력은 국민으로부터 나온다."라고 규정하며, 제10장에서 국민의 대표기관이 국회 의결과 국민투표를 거쳐서 헌법 개정이 확정되도록 하는 점에서 헌법개정권력의 주체가 국민임을 분명히 밝힌다.

4. 헌법 개정의 당위성과 한계의 상관관계

헌법은 부단한 역사적 변천 속에서 공동체의 '연속성 유지' 이상의 것을 추구할 수도 실현할 수도 없다(법의 역사성). 이러한 '연속성 유지'라는 과제에 봉사하는 것으로서, (1) 해석을 통해서 시대 변천에 적응할 수 있도록 하는 헌법의 개방성(헌법규정의 광범성·불완전성·구조적 개방성)과 (2) 그러한 개방성으로 역사적인 변천상황에 더는 적응할 수 없을 때를 위한 헌법 개정규정이 있고, (3) 그 개정 형식을 덧입은 '연속성 배제'를 금지하려고 두는 '헌법의 동일성'에 입각한 개정한계가 있다.[29] 즉 헌법은 시대정신 변화에 적응하면서 규범력을 계속 유지하기 위해서 (헌법의 동일성이라는 한계 안에서) 유동성 요청 앞에 서 있다. 따라서 헌법 개정 요청과 그 한계의 관계는 '헌법의 계속성·동일성에 입각한 헌법의 유동성 요청과 안정성 요청의 조화'라는 과제를 제기한다. 이러한 시대적응적 필요성 이외에 헌법 개정은 헌법제정권력에서 혁명적·의지적 성격을 벗겨 내고 진화적·법적으로 헌법질서를 형성하려고 헌법에 규정된다.

Ⅱ. 헌법개정절차

1. 헌법개정절차의 의의

헌법개정절차는 부득이한 때 이외에는 개정을 금지함으로써 헌법의 불가침성에 대한 신뢰를 유지하고 헌법의 규범력을 강화하려고 일반 법률의 개정절차보다 어려운 여러 단계를 거

---

29) Konrad Hesse, Grundzüge des Verfassungsrechts der Bundesrepublik Deutschland, 20. Aufl., Heidelberg 1995, Rdnr. 701 (콘라드 헷세, 계희열 역, 『통일독일헌법원론』, 박영사, 2001, 416쪽).

치게 하는 것이 보통이다(경성헌법). 특히 가중된 개정절차는 헌법 개정을 실제로 어렵게 함으로써(예를 들어 미국은 각주의 3/4 이상 동의를 요구하는데, 이 요건을 충족하기는 매우 어렵다), 헌법의 권위를 높이는 역할을 한다. 그러나 안정성 요청 이외에도 계속 바뀌는 시대적 과제를 수행하여야 하는 헌법의 성격상 그 유동성 요청을 개정절차의 지나친 가중으로 저해하여서는 아니 된다. 헌법개정절차는 각국의 구조(연방국가, 단일국가), 정부형태(대통령제, 의원내각제), 역사적 경험(권력자의 자의적 개정이 있었는지)에 따라 그 실정에 맞게 달리 정한다.30)

2. 헌법개정절차

(1) 제안

헌법은 국회와 대통령에게 헌법 개정 제안권을 부여한다. 국회는 재적 과반수로 헌법개정안을 제안하고(헌법 제128조 제1항), 대통령은 국무회의 심의를 거쳐 헌법개정안을 제안한다(헌법 제89조 제3호).

(2) 공고

제안된 헌법개정안은 대통령이 20일 이상 공고하여야 한다(헌법 제129조). 국민 합의를 만들어내려고 공고절차를 둔다. 공고기간에는 개헌안에 관한 찬반토론과 의사표현이 자유롭게 보장되어야 한다.

(3) 국회 의결

헌법개정안이 공고된 날부터 60일 이내에 국회는 의결하여야 한다(헌법 제130조 제1항). 국회 의결에는 재적의원 3분의 2 이상 찬성을 얻어야 한다. 이때 역사적 책임을 분명히 밝히려고 기명투표로 한다(국회법 제112조 제4항). 수정의결은 공고절차 취지에 어긋나므로 허용되지 않는다.

(4) 국민투표

국회 의결 후 30일 이내에 국민투표에 부쳐 국회의원선거권자 과반수 투표와 투표자 과반수 찬성을 얻으면 헌법 개정이 확정된다(헌법 제130조 제2항과 제3항).

---

30) 헌법 개정 방식도 각 나라 사정에 따라 다르다. 크게 네 가지로 나눌 수 있다. ① 의회에 의한 방법: 독일 기본법, 오스트레일리아 헌법, 한국의 1948년 헌법과 같이 의회가 헌법개정권한을 갖지만, 발의와 의결에서 일반 법률의 개정절차보다 엄격한 절차를 따르게 하는 유형이다. ② 국민투표에 의한 방법: 개헌안에 대해서 의회 의결을 거치거나(오스트리아 헌법, 일본 헌법, 프랑스 제5공화국 헌법, 한국의 현행 헌법과 1980년 헌법), 의회 의결을 거치지 않고(한국의 1972년 헌법) 최종적으로 국민투표를 통해서 확정하는 방법이다. ③ 헌법회의 소집에 의한 방법: 스위스 헌법, 벨기에 헌법, 노르웨이 헌법처럼 헌법개정안을 발의 · 의결하려고 특별한 헌법회의를 소집하는 방법이다. ④ 연방국가의 개헌방법: 연방국가에서는 연방헌법을 개정하려면 지방의 참여나 동의를 얻도록 한다. 미국에서는 모든 주의회의 4분의 3 또는 모든 주헌법회의의 4분의 3 이상의 승인을 얻도록 하고, 독일에서는 연방참사원(Bundesrat) 3분의 2 이상의 동의가 필요하며, 스위스에서는 과반수의 지방(Kanton)에서 과반수 동의를 얻도록 한다.

(5) 공포

대통령은 확정된 헌법개정안을 즉시 공포하여야 한다(헌법 제130조 제3항). 공포는 관보에 게재함으로써 한다('법령 등 공포에 관한 법률' 제11조 제1항). 헌법 개정 공포문에는 전문을 붙여야 하고('법령 등 공포에 관한 법률' 제2조), 동 전문에는 헌법개정안이 국회 재적의원 과반수나 대통령 발의로 제안되어 국회에서 재적의원 3분의 2 이상 찬성을 얻고 국민투표에서 국회의원선거권자 과반수 투표와 투표자 과반수 찬성을 얻은 뜻을 기재하고, 대통령이 서명하고 나서 국새와 대통령인을 찍고, 그 일자를 명기하여 국무총리와 각 국무위원이 부서한다('법령 등 공포에 관한 법률' 제4조).

(6) 시행(발효)

헌법의 시행일자(발효일자)는 헌법에서 부칙 등에 직접 정하는 것이 보통이다. 현행 헌법은 부칙 제1조에서 "이 헌법은 1988년 2월 25일부터 시행한다."라고 규정하여 같은 날 0시부터 효력을 발하도록 하였다.

Ⅲ. 헌법 개정의 내용상 한계

1. 헌법수호 문제인 헌법 개정 한계 문제

헌법 개정에 한계를 인정하여야 하는 이유는 합법성의 가면을 쓴 혁명을 방지함으로써 기존 헌법의 기본원리 폐지를 막고 역사적 발전과정에서 헌법의 연속성과 동일성을 유지하려는 것이다. 그러므로 헌법 개정 한계 문제는 헌법이론상 헌법의 존립 보장을 임무로 하는 헌법수호 문제로 다루어야 한다. 즉 헌법 개정 한계는 '헌법의 기본원리를 중심으로 하는 자유민주적 기본질서'를 보호법익으로 하는 헌법수호의 수단이다.

2. 헌법개정한계 유무에 관한 학설[31]

헌법 개정 한계 문제를 둘러싼 논쟁은 '헌법에 규정된 개정절차를 준수하는 한 어떠한 내용의 헌법 개정이라도 가능한 것인지 아니면 그때도 일정한 내용상 제약 아래에서만 헌법 개정이 가능한 것인지'하는 문제에 집중되었다. 전자가 보통 개정무한계설이라고 부르는 것으로서 과거 독일에서 법실증주의가 풍미하던 시절에 주장되었다.

(1) 법실증주의에서 주장되는 개정무한계설

개정무한계설은 헌법에 규정된 개정절차를 밟기만 하면 어떠한 조항도 어떠한 사항(내용)도 개정할 수 있다고 함으로써 헌법 개정에는 이론상 한계가 없다고 한다.[32] 법실증주의적인

---

31) 김선택, 「헌법개정의 한계에 관한 고찰」, 『법조』 제36권 제8호(통권 제371호), 법조협회, 1987. 8., 72~83쪽.

견해에서 ① 헌법제정권력과 헌법개정권력의 주체가 모두 국민으로서 구별할 수 없다는 점, ② 헌법규정의 효력은 모두 같아서 상하서열이 있을 수 없다는 점, ③ 헌법 개정 한계를 위반하면 무효로 선언할 기관이 없다는 점, ④ 헌법 개정 한계에 해당하는 구체적 내용 선정은 선정자의 주관적 표준에 따른 것일 뿐이지 객관성이 없다는 점, ⑤ 만약 실정법에 개정한계조항이 있더라도 이 조항부터 먼저 개정하는 2중 개정 방식으로 얼마든지 이른바 개정 한계에 해당하는 내용규정을 개정할 수 있다는 점을 들어 헌법 개정에 한계가 있음을 부정하는 견해이다.33)

(2) 결단주의에서 주장하는 개정한계설

① 헌법을 구성하는 헌법 이전의 권력인 헌법제정권력과 헌법이 구성하는 헌법 안의 권력인 헌법개정권력은 개념상 구별되고, ② 가치법규라는 헌법의 성질상 헌법규정은 핵심적인 가치규정과 그것을 구체화한 그 밖의 규정으로 이루어졌다는 점, ③ 절차법적으로 무효선언기관이 없다는 것과 실체법적으로 위헌인지를 판단하는 것은 별개 문제라는 점, ④ 평가학문인 법학에서 요구되는 객관성은 자연과학적인 객관성과는 다른 성질의 것일 수밖에 없다는 점, ⑤ 헌법제정권력이 설정한 실정헌법적 개정한계를, 헌법제정권력이 설정한 헌법개정권력이 개정하는 것은 자기모순이라는 점에서 헌법 개정 한계를 긍정한다. 이는 오늘날 대다수의 견해이다. 다만, 슈미트의 결단주의에서는 헌법제정권력의 의지적 결단을 헌법의 정당성 근거로 보므로 국민투표에 따른 헌법 개정에서도 그 한계를 인정하고 그것을 설명하는 데 어려움이 있다. 나아가 독일처럼 입법자가 헌법개정법률 형식으로 헌법을 개정한다면 모르거니와 한국처럼 국회 의결과 국민투표가 필수적으로 요구되고 헌법개정안 형식으로 헌법이 개정되는 헌법에서는 헌법과 헌법률의 개념 구별부터가 이미 의문시된다.

(3) 헌법개정한계의 내용 – 엠케의 개정한계설

통합론을 제창한 스멘트는 "계속 자기 의미를 충족시켜 나가야 하는 통합체계를 규범화하는 헌법의 성격상 …… 헌법은 계속해서 변화하는 과제 수행을 확보하여야 하므로 헌법의 변경 가능성은 헌법의 특성이다."라고 주장한다.34) 이러한 견해를 따라서 스멘트학파에 속하는 학자들은 헌법 개정(과 헌법 변천)을 예외적이라기보다는 매우 당연한 현상으로, 심지어 요청

---

32) 독일의 대표적인 법실증주의자 라반트, 게하르트 안슈츠(Gerhard Anschütz), 리하르트 토마(Richard Thoma)는 법률실증주의 견해에서 폐지될 수 없는 것으로 최고의 입법기관만을 승인할 뿐이고 헌법에 특별한 가치를 부여하지 아니하며 그 개정 한계를 인정하지 않았다. 엄격한 규범논리적 실증주의자인 한스 켈젠(Hans Kelsen)도 그의 유명한 순수법학적 방법과 법단계설에 따라 법질서의 구속력을 근거 지우려고 논리적으로 전제되지 않을 수 없는 최고단계의 규범(근본규범)을 설명하면서 근본규범은 정립된 것이 아니라 전제된 규범이므로 실정법적인 절차를 따라서 개정될 수 없다고 한다(Hans Kelsen, Allgemeine Staatslehre, Berlin 1925, S. 252). 그러나 켈젠의 근본규범은 위 법질서주의자들이 폐지될 수 없는 최고의 입법기관을 인정하는 것과 마찬가지의 논리로 보이므로 그도 헌법 개정에 한계를 인정한다고 볼 수 없다.

33) 박일경, 『제6공화국 신헌법』, 법경출판사, 1990, 136~141쪽.

34) Rudolf Smend, Verfassung und Verfassungsrecht, München 1928, S. 137.

되는 것으로 보는 적극적인 경향이다. 그러나 국가적 통합의 기본질서인 헌법이 실효성(규범력)을 가지려면 개정이 필요한 것은 사실이나, 그 개정에 한계를 두지 않고 무작정 방임하면 역현상이 나타날 수도 있다. 여기에 전체 헌법의 기능에서 출발하는 (통합론 견해에서 출발하는) 개정한계 논의의 중요성이 있다. 특히 한국 학계의 헌법 개정 한계 문제 논의의 모범이 되는 엠케(Horst Ehmke)의 견해를 살펴봄으로써 통합론 견해에서 출발하는 한 접근방식을 이해할 수 있다.35)

① 헌법초월적 한계

이 한계는 헌법 바깥에 놓인 (헌법초월적인) 요소를 말하는 것인데, 이는 원래 헌법의 대상이 될 수 없으므로 오히려 국가의 한계 문제가 되지 본래 의미의 헌법 개정 한계는 아니다.36) 순수하게 헌법초월적인 요소로서 (ⅰ) 현재의 경제적·기술적 조건, (ⅱ) 국가의 (영역이 아니라) 지역적 상황도 헌법과 헌법생활에 대단히 결정적인 영향력이 있지만, 헌법 개정 범위 너머에 있다. 마지막으로 (ⅲ) 국제법 일반원칙이 있는데 헌법은 이를 국내법으로 변형할 수는 있으나 그것을 개정할 수는 없다.

헌법초월적인 것이긴 하나 동시에 헌법내재적인 것으로 보이는 요소로서 (ⅰ) 정치적 통일체가 국민의 헌법제정권력 실행을 통해서 자기조직을 갖추면 국민의 헌법제정권력 원칙과 진정한 연방국가에서 각주의 정치적 독립, (ⅱ) 보통 헌법제정자가 규정한 정치적 공동체의 포기할 수 없는 일정한 사명과 목표, (ⅲ) 인격적·정치적 자유를 보장하는 기본권과 교회·혼인 및 가족의 권리는 실제로 인간이 처한 역사적 상황에 의존하는 특정한 질서 아래에서만 비로소 가능한 것이어서 그 질서를 가치상대주의적인 도구로 보아서는 안 되므로 이것이 헌법초월적인 헌법 개정의 한계요소로 작용할 수 있다고 한다.

② 실정헌법규정에 따른 한계

이 한계는 헌법개정권을 제한하는 명시적인 헌법규정이 있을 때의 한계인데, 한계무한계설을 주장하는 법실증주의자에게는 창설적 의의가 있다. 그러나 헌법내재적 한계 대상이 되는 요소를 실정헌법에 규정해 놓으면 (이 한계는 명시적 규정 없이도 인정되는 것이므로) 선언적 강조에 지나지 않는다. 반면에 헌법내재적 한계 이외의 한계를 실정헌법에 규정하면 실정헌법규정을 따라 존립하는 헌법 개정 한계가 된다.

③ 헌법내재적 한계(헌법 개정의 본래 한계)

헌법 개정의 본래 한계는 헌법내재적인 것으로서 헌법의 실질적인 맥락 속에 근거가 있다. 헌법개정권력은 개정할 권한만이 있을 뿐이지 헌법을 폐지할 권한은 없다. 따라서 여기서

---

35) Horst Ehmke, Grenzen der Verfassungsänderung, Diss. jur. Göttingen, 1952, S. 90 ff.

36) Horst Ehmke, Grenzen der Verfassungsänderung, Diss. jur. Göttingen, 1952, S. 89.

는 실질적 헌법·전체 헌법을 어떻게 이해할 것인지가 중요한 과제가 된다. 엠케는 헌법의 주된 기능을 (ⅰ) 권력을 제한하고 합리화하는 헌법, (ⅱ) 자유로운 정치적 생활과정을 보장하는 헌법으로 나누고 전자에서 ⓐ 개인의 기본권, ⓑ 집단을 보호하는 기능이 있는 기본권, ⓒ 정치적 의사 형성과 정치적 균형(복수정당제와 의회제도), ⓓ 국가기능 분리와 권력분립을 헌법 개정 한계로 본다. 후자에서 ⓐ 현대의 자유로운 정치적 생활 보장(공동체의 분열을 일으키는 헌법 개정, 헌법 개정에 필요한 다수의 개정 한계로서 원칙적으로 의회 안 반대파의 협력 없는 헌법 개정), ⓑ 다음 세대의 자유로운 정치적 생활 보장(예산법을 폐지하거나 예상할 수 없는 기간의 지출을 승인하는 헌법, 국가채무에서 다음 세대 부담의 한계)을 헌법 개정 한계로 본다.

④ 소결

엠케는 결론적으로 헌법개정한계를 구체적인 때에 개별적으로 규정하는 것은 헌법재판소의 임무라고 보며 권력의 제한과 합리화, 현대와 미래세대의 자유로운 정치적 생활과정 보장이라는 의의가 있는 것으로 '전체의 실질적 헌법'을 이해하는 가운데 개별 문제에 대한 해답이 나올 것이라고 한다.

3. 실정헌법상 헌법 개정 한계(조항)

헌법 개정 한계를 실정헌법 안에 규정하는 입법례는 ① 내용적 한계 ② 상황적(시기적) 한계, ③ 시간적 한계로 나누어 볼 수 있다. 실정헌법상 헌법 개정의 내용적 한계를 규정한 예로는 독일 기본법 제79조 제3항(연방이 여러 주로 나누어지는 것, 입법에 주가 원칙적으로 관여하는 것, 제1조 인간존엄 보장과 제20조에 규정된 원칙, 즉 공화국, 민주주의, 법치국가, 사회국가, 연방국가), 프랑스 제5공화국 헌법 제89조 제5항(공화정체)을 들 수 있다. 포르투갈 헌법 제291조(계엄 또는 비상사태 아래에서 개헌 금지)처럼 상황적 (또는 시기적) 한계를 헌법 개정의 내용적 한계로서 규정한 때도 있고, 포르투갈 헌법 제286조(개헌 후 5년 이내 개헌 금지, 단 의회 재적의원 5분의 4 이상이 찬성할 때는 예외)처럼 시간적 한계규정을 둔 것도 있다.

헌법 개정 한계의 실정화 방식은 ① 개정금지규정을 적시하는 방식과 ② 시기적 한계를 두는 방식의 두 가지가 있다. 전자는 헌법내재적 개정한계에 해당하는 사항을 실정화할 때 선언적 의의만 있을 뿐이고 일정한 내용을 개정금지사항 목록에 열거하더라도 그 밖에 다른 개정 한계에 해당하는 기본원리가 없다고 볼 수는 없으므로 어차피 흠결이 생겨 여전히 헌법내재적 개정 한계 해석이 문제 될 것이다. 그러므로 이러한 실정화 방식이 실익이 있는 것은 헌법내재적 한계 이외의 개정 한계 사항을 실정헌법 안에 규정할 때이다. 한편, 후자는 특수한 상황에서 국민의 판단력에 대한 불신과 비상수단을 통한 집권자의 자의적 개헌 가능성에 관한 우려가 반영되어 참작할 가치가 없지 않다. 그러나 국가적 긴급상황을 포함하여 헌법 개정 필요가 절박하게 요구되면 내용적·절차적 한계를 준수하는 헌법 개정까지도 명문으로 금지하게 되면 국민 다수가 묵인하는 헌법위반적 헌법 개정이 발생할 것이고, 이는 헌법 파괴를 방지하려고 헌법 안에 스스로 개정규정을 둔 헌법 취지에 어긋난다. 자의적 개헌은 절차의 엄격한 준수를 요구함으로써 막을 것이지, 일정한 시기에 하는 헌법 개정의 절대적 금지를 통해서 막으려 하면 오히려 반대 결과가 발생할 위험이 있다.

4. 헌법상 헌법 개정의 내용상 한계

(1) 헌법상 헌법 개정 한계 문제 대상

1954년 11월 27일의 제2차 개정헌법 제98조 제6항에서 "제1조(민주공화국), 제2조(국민투표)와 제7조의2(중대사항의 국민투표)의 규정은 개폐할 수 없다."라는 헌법 개정의 실정법적 한계에 관한 규정이 있었다. 그러나 1962년 제5차 헌법 개정(1962년 헌법 제정) 때 삭제되었다. 현행 헌법상 이처럼 문언 자체만으로도 개정한계조항임이 명백한 규정은 없다. 그러나 입법취지에 비추어 실정헌법적 개정한계조항으로 이해할 수도 있는 조항으로 헌법 제128조 제2항을 들 수 있다(이에 관해서는 아래 5. (2)에서 상론한다).

(2) 헌법상 헌법 개정의 헌법내재적 한계

헌법초월적인 헌법 개정 한계는 애초부터 헌법으로 규정하기 어려운 사항으로 헌법조문 변경인 헌법 개정 문제가 아니므로 헌법 개정 한계의 문제 영역 안에서 다루기는 적당하지 않다. 그러므로 한국 헌법상 헌법 개정 한계 문제는 본래 헌법 개정 한계인 헌법내재적 한계를 찾는 것으로 보아야 할 것이다.

헌법 개정은 역사적 변천 속에서 공동체의 연속성을 유지하려는 것이다. 그러므로 그 한계는 헌법의 동일성을 깨뜨리지 않는 데 있다. 그러므로 헌법을 전체적으로 폐지한다거나 헌법을 근거 지우는 역사적·구체적 질서의 동일성을 상실시키는 헌법 개정은 금지된다. 여기서 동일성은 한국 헌법의 핵심이나 본질적인 내용을 이루는 것으로 그것이 없어지면 그 제도 자체의 구조나 유형 변경이 일어나는 것을 말한다. 한국 헌법의 실질적 핵심은 자유민주적 기본질서로 볼 수 있다. 따라서 이를 구성하는 요소가 헌법 개정의 내재적 한계가 된다. 이는 특히 헌법 개정 한계를 헌법 보호의 한 수단으로 보고 그 보호법익을 자유민주적 기본질서로 이해하는 것과 상응한다. 자유민주적 기본질서의 내용에 해당하는 요소를 구체화하는 것은 어려운 과제이나, 일단은 ① 헌법 전문의 핵심내용, ② 국가형태, ③ 평화국가원리(국제평화주의), ④ 기본권의 본질적 내용, ⑤ 권력분립원칙, ⑥ 민주주의의 내용적·절차적 모든 전제조건, ⑦ 법치국가원리의 기초와 같은 내용을 들 수 있다.

헌법제정자가 헌법개정에 관한 규정을 통해서 헌법개정권자에게 헌법 개정 과제를 맡긴다. 그러나 헌법개정권자가 헌법개정에 관한 규정을 자유롭게 개정할 수 있는 것은 아니다. 헌법개정권자는 만들어진 권력으로서 오직 헌법에 따라서만 개정할 수 있을 뿐이다. 따라서 헌법개정권자는 헌법 개정을 쉽게 하는 개정은 할 수 없으나, 헌법 개정을 어렵게 하는 개정은 할 수 있다.[37]

5. 특별한 문제

(1) 헌법개정조항의 개정 한계 – 특히 가중요건의 개정 한계?

헌법을 개정할 때 국회의 제안과 의결에서 요구되는 가중다수 요건을 개정하는 것 자체는 금지되지 않는다. 그것을 개정한다고 하였을 때 문제는 가중요건을 완화하는 때만이 아니고 강화하는 때도 나타난다는 점에 어려움이 있다. 가중요건을 완화할 때는 헌법의 안정성 요청이, 강화할 때는 유동성 요청이 침해될 것이기 때문이다.

헌법은 국가적 통합의 기본질서로서 국민의 유동적인 참여를 촉진하여야 할 과제가 있다. 그러므로 일단 기준으로서 '헌법 개정이 국회 안의 소수파(국민 통합에 필요한 최소수준으로 헌법이 정한 숫자의 의원)의 의사에 어긋나게 이루어지는 것을 가능하게 하여서는 안 될 것'으로 본다.

(2) 현행 헌법 제128조 제2항의 해석 문제(헌법 제70조와 관련)[38]

① 헌법 제128조 제2항의 입법취지

헌법 제128조 제2항은 "대통령의 임기연장 또는 중임변경을 위한 헌법개정은 그 헌법개정 제안 당시의 대통령에 대하여는 효력이 없다."라고 규정한다. 동 조항은 재직 중인 대통령의 장기집권욕에서 비롯한 잦은 헌법 개정으로 헌법이 규범력을 거의 상실하기에 이른 헌정사에 대한 반성에서 1980년 헌법에 처음 도입된 규정이다. 이 조항은 평화적 정권 교체에 관한 국민적 염원을 담은 것이다. 대통령이나 그의 추종세력이 (설사 국회에서 재적의원 3분의 2 이상 의석을 차지하여 독자적으로 개헌할 수 있다고 하더라도) 개헌을 통해서 대통령 임기를 현행 헌법 임기보다 길게 늘이려고 하거나 단임제를 중임제나 연임제로 변경하려고 시도할 생각을 처음부터 못하게 하려는 것이 입법 취지이다. 따라서 헌법 제128조 제2항은 헌법 제70조 "대통령의 임기는 5년으로 하며, 중임할 수 없다."라는 대통령 5년단임제규정과 맺는 상관관계 속에서 논의되어야 한다.

② 헌법 제128조 제2항 해석에 관한 학설

(ⅰ) 인적효력범위제한설

헌법 제128조 제2항을 헌법개정한계조항이 아니라 다만 개정된 헌법 효력의 인적 (적용)범위를 제한하는 규정이라고 보는 견해이다.[39] 이는 동 조항의 문언이 "···개정을 금지한다."

37) 같은 견해: 권영성, 『헌법학원론(개정판)』, 법문사, 2010, 56쪽; 한수웅, 『헌법학(제11판)』, 법문사, 2021, 37쪽.
38) 김선택, 「집권연장목적의 헌법개정제안 봉쇄조항 –헌법 제128조 제2항의 해석–」, 『법과 국가』(운남 서정호교수 정년기념논문집), 민영사, 1997, 47~71쪽.
39) 계희열, 『헌법학(상)(신정2판)』, 박영사, 2005, 158쪽; 권영성, 『헌법학원론(개정판)』, 법문사, 2010, 59쪽; 김하열, 『헌법강의(제3판)』, 박영사, 2021, 41쪽; 김학성/최희수, 『헌법학원론(전정5판)』, 피앤씨미디어, 2021, 88쪽; 이준일, 『헌법학강의(제7판)』, 홍문사, 2019, 47쪽; 장영수, 『헌법학(제13판)』, 홍문사, 2021, 72쪽; 정만희, 『헌법학개

라는 형식으로 되어 있지 않음을 논거로 한다.

이 견해는 헌법 제128조 제2항의 헌법 개정을 '개정된 헌법'으로 전제한다. 이에 관한 비판으로는 ⓐ 만약 제128조 제2항을 그대로 둔 채 제70조만을 개정하면 개정한계조항도 아닌 제128조 제2항이 신 헌법 제70조에 우선하는 효력을 설명할 수 없다는 점, ⓑ 제70조와 제128조 제2항을 동시에 개정하는 것도 가능하다고 보아야 하므로, 이때 구 헌법 제128조 제2항은 아무런 법적 의미가 없게 되어 동 조항의 헌정사적 의미가 무시된다는 점을 들 수 있다.

(ii) 개정헌법의 효력 소급적용제한설

헌법 제128조 제2항을 헌법개정한계조항으로 보기는 어렵고 개정된 헌법의 효력을 소급적용하는 것을 제한하는 규정으로 보아야 한다는 견해이다.[40]

이 견해도 제128조 제2항의 헌법 개정을 '개정된 헌법'으로 보는 점에서 인적효력범위제한설과 같은 비판이 가해질 수 있다.

(iii) 의미 부정설

헌법 제128조 제2항 자체를 삭제하는 동시에 제70조를 개정하면 되므로 동 조항에 특별한 의미가 없다고 하는 견해이다.[41]

이 견해에 대해서는 ⓐ 헌법정책론이나 헌법입법론이 아닌 한 헌법 해석상 특정 헌법조항을 아무런 의미가 없다고 단정하는 것은 가능한 해석에 대한 노력을 불충분하게 한 것으로 볼 수밖에 없고, ⓑ 헌법 제128조 제2항과 제70조의 동시 개정이 무조건 허용되어야 하는 것으로 보아야 할 필연성이 있는 것은 아니므로 타당하지 않다.

(iv) 개정한계조항설

헌법 제128조 제2항의 헌정사적 의의나 입법취지에 비추어 보면 헌법 개정의 실정법적 한계조항으로 보는 것이 옳다고 한다.[42]

이 견해에 대해서는 ⓐ 비교법적으로 이러한 형태의 개정한계조항이 없다는 점, ⓑ 동 조항의 문구상 헌법 개정 자체를 금지하는 것으로 보기는 어렵다고 비판할 수 있다.

(v) 소결

실정헌법적 개정 한계를 절대적인 것과 상대적인 것으로 나누어 절대적인 개정한계조항은 헌법의 기본적 동일성을 형성하는 요소로서 헌법내재적 개정한계에 해당하는 사항을 실정헌법이 확인한 것으로서 언제나 개정이 금지되지만, 상대적인 개정한계조항은 그 나라의 헌법

론』, 피앤씨미디어, 2020, 35쪽; 정재황, 『신헌법입문(제11판)』, 박영사, 2021, 42~43쪽; 정종섭, 『헌법학원론(제12판)』, 박영사, 2018, 106~107쪽; 한수웅, 『헌법학(제11판)』, 법문사, 2021, 37쪽; 허 영, 『한국헌법론(전정17판)』, 박영사, 2021, 62쪽; 홍성방, 『헌법학(상)(제3판)』, 박영사, 2016, 63쪽.

40) 김철수, 『학설·판례 헌법학(전정신판)(상)』, 박영사, 2009, 100쪽; 안용교, 『한국헌법』, 고시연구사, 1992, 86쪽.

41) 구병삭, 『신헌법원론』, 박영사, 1996, 56쪽.

42) 윤세창, 『신헌법』, 일조각, 1983, 87쪽.

일치한다. 제3절 헌법 개정

이 처한 역사적·정치적 특수상황을 반영하여 잠정적인 개정한계를 둔 것으로서 이러한 특수상황이 제거되어 개정한계조항의 입법목적이 소멸하면 더는 개정이 금지되지 않는다고 볼 수 있다. 이 견해에 대해서도 개정한계조항설에 대한 비판이 적용될 수 있지만, 헌법 제128조 제2항의 문구만으로는 인적 효력범위제한규정으로도 볼 수 있고 개정한계조항으로도 볼 수 있다. "…개정을 금지한다."라는 문구가 없다는 것만으로 개정한계조항으로 볼 가능성이 봉쇄된 것으로 볼 수는 없다. 그리고 헌법 제128조 제2항이 헌법의 기본적 동일성을 형성하는 요소로서 헌법내재적 개정한계에 해당하는 사항이 아님은 분명하다(즉 절대적인 실정법적 개정한계조항은 아니지만). 하지만 헌법에 들어오게 된 연혁이나 대통령 중임금지 규정의 헌정사적 의미를 고려하면 한국 헌법이 처한 역사적·정치적 특수상황을 반영하는 (상대적인 실정법적) 개정한계조항으로 볼 수 있다(상대적인 개정한계조항설).

③ (상대적·실정법적) 개정한계조항의 효력

(i) 현직 대통령에게 적용되는 헌법 제70조 개정 불가

현직 대통령을 적용대상으로 하는 헌법 제70조 개정은 제안 단계부터 무효이다.

(ii) 헌법 제70조와 제128조 제2항의 동시개정 불가

이때도 헌법개정안을 제안할 때 아직 헌법 제128조 제2항이 효력을 유지하므로 이러한 제안을 여전히 무효로 보지 않을 수 없다. 반면에 인적 효력범위제한설을 따르면 이러한 동시개정도 가능한 것으로 볼 수 있다.

(iii) 헌법 제128조 제2항만의 개정

헌법 제128조 제2항 개정이 전면적으로 금지되는 것은 아니다. 동 조항은 절대적인 개정한계조항이 아니라 역사적·정치적 특수상황을 반영하는 상대적인 개정한계조항이므로, 이러한 특수상황이 제거되었다고 판단되면 헌법개정권력 행사를 통해서 개정될 수 있다. 따라서 정치적 상황이 개선되고 평화적 정권교체에 관한 합리적인 의심이 더는 없다고 국민이 판단한다면, 그 기능을 다한 것으로 볼 수 있는 헌법 제128조 제2항만을 먼저 개정하고 나서 별도로 헌법 제70조를 개정하는 것은 헌법에 합치한다.

6. 개정 한계를 위반한 헌법 개정의 효력

(1) 위헌적 헌법의 성립 가능성

① 위헌적 헌법의 두 유형

헌법규정의 위헌성은 그 위헌심사기준을 따라 형식적 위헌성(절차적·형식적 위헌 여부)과 실질적 위헌성(내용적 위헌 여부)으로 나눌 수 있다. 먼저 헌법규정이 (특히 개정을 통해서) 성립할 때 헌법이 규정한 절차나 형식 등의 조건을 위반하면 형식적 위헌이라고 말할 수 있다. 다음으로 헌법규정 중에 어떤 규정이 담은 내용이 헌법의 기본원칙 등에 속하면 다른 헌법규정

이 그 규정에 위반할 때라든지 실정헌법에 선행하는 초실정적 법원칙에 위반할 때 이는 내용을 기준으로 한 것이므로 실질적 위헌이라고 볼 수 있다.[43]

② 헌법개정절차 완료 – 하자의 치유 가능성?

형식적 위헌성이나 실질적 위헌성이 있는 헌법규정이 헌법개정절차를 완료하였다고 하여서 그 하자가 치유될 수 있는가? 헌법규정의 형식적 위헌성은 헌법 개정에서 나타난다고 볼 수 있다. 그러나 그것은 외연적일 뿐이고 자세히 들여다보면 형식적 견지에서 기존 헌법에 어긋난 헌법 개정은 헌법 제정으로서는 몰라도 헌법 개정으로서는 무효일 것이므로 위헌성 여부를 논의할 대상인 헌법규정 자체가 있다고 보기 어렵다. 그리고 헌법 개정은 헌법의 기본원리를 기초로 하여 확정되는 것이므로 헌법개정절차가 완료되었더라도 헌법의 기본원리에 모순되는 헌법규정의 위헌성이 치유될 수는 없다.

③ 국민투표를 통한 확정이 내용적·절차적 하자를 치유할 수 있는가?

헌법상 국민투표로 헌법 개정이 확정된다(헌법 제130조 제2항). 따라서 헌법 개정과 역시 국민의사에 따라야 할 헌법 제정 사이를 구별하기가 어렵거나 무익하지 않은지 오해할 수 있다. 그러나 법적으로는 무(無)인 상태에서, 따라서 특별한 사전적 법적 구속 없이 헌법을 제정하는 이른바 '자연상태에 있는 국민'의 지위와 기왕에 있는 헌법 아래에서 '그 헌법이 조직한 집합체'로서 그 헌법이 인정하는 절차와 실질적 한계 안에서 헌법을 개정하는 국민의 지위를 같다고 볼 수는 없다. 그러므로 비록 국민투표를 거쳤더라도 그것을 헌법 제정으로 볼 특별한 사정이 없는 한 헌법 개정으로 보아야 한다. 따라서 개정한계조항에 어긋나면 헌법 위반으로서 위헌이라고 하지 않을 수 없다. 그리고 헌법 개정이 국민투표를 수반하는지와 상관없이 헌법개정절차 완료만으로 헌법의 기본원리에 모순되는 실질적 위헌성이 있는 헌법규정을 내용상 정당화할 수는 없다.

④ 헌법 '제정'으로 정당화할 수 있는가?

헌법 제정에 따라서 성립한 시원적 헌법에서는 형식적 위헌성을 확인할 수 없다. 헌법을

---

43) 헌법에 헌법제정자의 기본결단에 해당하는 기본원칙과 근본규범에 해당하는 내용이 있는 헌법규정이 있고, 그 밖의 헌법규정은 그러한 기본원칙과 근본규범을 구체화하는 일종의 부수적 역할을 하는 것으로서 그러한 기본원칙과 근본규범에 합치되어야 하며, 하나의 같은 헌법도 그 내부적으로 효력상 서열이 있는 상·하위규범으로 단계구조를 형성하므로 헌법의 기본원칙과 근본규범에 위반되는 위헌적 헌법규범이 존재한다고 보는 견해에 관해서는 전광석, 「국가배상법상 이른바 이중배상금지원칙의 위헌성」, 『공법학의 제문제』(현제김영훈박사화갑기념논문집), 박영사, 1995, 568~570쪽; 정연주, 「법원의 재판 및 헌법규정에 대한 헌법소원」, 『법률행정논문집』 제2집, 전남대학교, 1992, 73~75쪽과 그곳에 인용된 독일 문헌 참조. 그러나 헌법재판소는 ① 현행 헌법에는 헌법 개정 한계에 관한 규정이 없고, ② 현행 헌법 아래에서 헌법핵(헌법제정규범으로서 작용하는 상위규범)과 하위규범을 구별할 수 없으며, 헌법규정은 하나의 가치체계를 구성하므로 모든 헌법규정은 동등한 효력을 지니는 것으로 효력 차이를 인정할 수 있는 아무런 근거가 없고, ③ 헌법규정 사이의 가치서열을 인정할 수는 있으나 어떤 헌법규정이 다른 헌법규정을 무효로 할 수 있을 정도로 효력이 있는 것은 아니라고 하면서 헌법조항을 위헌심판 대상으로 삼을 수 없다고 한다(헌재 1996. 6. 13. 94헌바20, 판례집 8-1, 475, 483).

제정할 때 형식적·절차적 측면의 법적 구속이 인정되지 않기 때문이다. 한편, 헌법제정권력자가 제정한 하나의 같은 헌법 안에 원칙적인 헌법규정과 일견 그와 모순되는 헌법규정이 있으면, 양 헌법규정 모두가 헌법제정자의 자유로운 결단이 낳은 산물로서 상호모순으로 보기보다는 오히려 헌법의 통일성 관점에서 헌법제정자가 원칙과 예외를 정한 것으로 보는 것이 타당하다. 물론 이때 헌법제정자는 그런 식으로 원칙적인 헌법규정에 대한 예외를 인정함으로써 초실정적 법원칙에 위반할 수 있음은 인정하여야 한다. 그리고 (이는 실제적 가능성은 별로 없으나) 만약에 헌법제정자가 어떤 헌법규정이 원칙적인 헌법규정과 모순된다는 것을 부지불식간에 간과하고 그러한 규정을 헌법전에 두었다면 어떻게 되는가? 물론 헌법의 내재적 통일성이라는 견지에서 양자를 서로 조화롭게 해석하여야 하겠지만, 헌법 전체에 나타난 헌법제정자의 전체적 의도에 비추어 보거나 헌법 개별 규정 서로 간의 관계로 보거나 도저히 조화를 이루기 어려운 모순관계가 발견되면 그 적용을 배제하지 않으면 안 될 때도 있을 수 있다. 즉 실질적 위헌성이 있는 헌법규정은 헌법 제정으로서도 정당화하기 어려울 수 있다.

(2) 위헌적 헌법의 실체법적 문제 – 심사기준 문제
① 자연법, 인권, 초실정적 법원칙 위반

헌법은 국가의 법령체계에서 최상위법으로서 실정법질서 안에서 그 이상의 심사기준을 찾기 어렵다. 다만, 자연법론에서 실정법의 정당성을 심사하는 기준으로서 자연법이나 초국가적 인권 등을 주장할 수 있다.

② 헌법규정 사이의 우열관계(상위규정 위반)

자연법론에서 자연법상 일반원칙이 헌법에 도입되면 실정화와 상관없이 논리적으로 실정법보다 효력 우위가 있는 자연법을 확인한 것에 불과한 것으로 인정할 수밖에 없다. 그리고 헌법 개정 한계에 해당하는 조항은 다른 헌법조항과 맺는 관계에서 효력상 우월하다고 볼 수 있다. 따라서 헌법 개정의 내재적 한계에 해당하는 사항을 규정한 헌법규정을 다른 헌법규정보다 우위에 있다고 보게 된다.

③ 헌법의 체계내적 통일성 위반

헌법은 전체로서 하나의 통일된 질서를 추구하는 것이므로 (헌법의 통일성 관점에서) 어떤 헌법조항이 헌법의 내재적 통일성에 어긋나면, 그 효력을 제한·배제하는 것이 헌법의 체계정당성에 합치할 수 있다.

(3) 위헌적 헌법규정의 절차법적 문제(심사의 주체와 절차 문제)

위헌적인 헌법규정 성립을 인정할 수 있다면(어떤 헌법규정이 위헌이라고 실체법적으로 판단할 수 있다면), 그러한 실체법적 판단을 실제로 관철하기 위해서는 위헌적 헌법규정에 대해서 사법심사를 할 주체와 (심판)절차가 문제 된다.

① 위헌적 헌법규정의 위헌심사권 주체 - 법원?, 헌법재판소

헌법규정에 대한 위헌심사는 규범통제의 하나로 볼 수 있다. 헌법은 규범통제 권한을 2원화한다. 법률의 위헌심사는 헌법재판소의 권한(헌법 제107조 제1항)이고, 명령·규칙의 위헌심사는 일반 법원의 권한(헌법 제107조 제2항)이다. 따라서 법률이 헌법에 위반되는지가 재판의 전제가 되면 일반 법원은 헌법재판소에 제청하여 그 결정에 따라서 재판하여야 한다. 이처럼 일반 법률의 위헌여부심판도 하지 못하는 일반 법원이 헌법에 대한 실질적 위헌 여부를 심판할 권한이 있다고 볼 수 없다.

결국, 헌법규정의 실질적 위헌성이 헌법재판소에서 심판할 수 있는 사항인지를 따져보아야 한다. 이때 주권자인 국민이 결단한 산물인 헌법을 헌법재판소와 같은 사법기관이 심판할 수 있는지 의문이 제기될 수 있다. 특히 국민투표를 통해서 확정되는 헌법 개정이 헌법재판소의 심사대상이 될 수 있는지가 문제이다. 그러나 헌법개정행위인 국민투표는 개정헌법에 대해서 기존 헌법의 기본적 동일성과 계속성을 유지하는 한도 안에서 정당화를 수행할 수 있을 뿐이고, 헌법의 기본원리에 어긋나는 위헌적 헌법규정까지 정당화한다고 보기 어려우므로, 헌법재판소가 헌법의 최후 수호자로서 위헌적 헌법규정을 심사하여야 할 것이다.[44]

② 위헌법률심판을 통한 심사 가능성

헌법재판소가 위헌적 헌법규범에 대한 사법심사 주체가 될 수 있다고 하면, 먼저 구체적 규범통제대상인 '법률'에 헌법규정도 포함되는지가 문제 된다. 그 여부에 따라서 헌법의 위헌법률심판 대상적격이 좌우되기 때문이다. 법률을 실질적 의미로 해석하면 헌법도 법률에 포함될 수 있기는 하나, 현행법상 위헌법률심판절차는 국회가 제정한 형식적 의미의 법률을 전제로 한 것이므로 위헌법률심판절차를 통해서 헌법규정을 심사할 수 없다. 즉 헌법 제107조 제1항의 "법률이 헌법에 위반되는 여부"의 '법률'에 헌법까지 포함되는 것으로 보기는 어렵다.[45]

③ 헌법소원심판을 통한 심사 가능성

위헌법률심판을 통해서 심사할 수 없다면 국민투표를 통해서 확정되는 헌법 개정을 헌법소원심판 대상인 공권력 행사로 볼 수 있는지가 문제 된다. 헌법은 전체로서 주권자인 국민 합의의 결과로서 헌법 개별 규정을 따로 떼어서 공권력 행사로 보아 헌법소원심판 대상으로

---

44) 이에 관해서 상세한 내용은 김선택, 「형식적 헌법의 실질적 위헌성에 대한 헌법재판」, 『법학논집』 제32집, 고려대학교 법학연구소, 1996, 347~349쪽 참조.

45) 헌법재판소도 "헌법 제111조 제1항 제1호, 제5호 및 헌법재판소법 제41조 제1항, 제68조 제2항은 위헌심사의 대상이 되는 규범을 '법률'로 명시하고 있으며, 여기서 '법률'이라 함은 국회의 의결을 거쳐 제정된 이른바 형식적 의미의 법률을 의미한다. 따라서 위와 같은 형식적 의미의 법률과 동일한 효력을 갖는 조약 등이 위헌심사의 대상에 포함되는 것은 별론으로 하고 헌법의 개별규정 자체가 위헌심사의 대상이 될 수 없음은 위 각 규정의 문언에 의하여 명백하다."(헌재 1996. 6. 13. 94헌바20, 판례집 8-1, 475, 482; 헌재 2010. 3. 9. 2010헌바97)라고 하여 부정한다. 그러나 '개정된 헌법규범'을 법률에 포함하여 해석함으로써 개정된 헌법규정에 대한 위헌심사를 가능하게 하는 것이 타당하다는 견해도 있다(한수웅, 『헌법학(제11판)』, 법문사, 2021, 42쪽).

할 수 있는지 의문이 제기될 수 있다.

(ⅰ) 헌법재판소법 제68조 제1항의 '공권력의 행사'에는 법원의 재판을 제외한 모든 국가 공권력 작용이 해당하므로 입법작용 등의 규범정립작용도 이에 포함된다.

(ⅱ) 헌법 개정 주체도 국민이지만, '자연상태의' 국민이 헌법제정권력자로서 국민투표를 통해서 헌법을 제정하는 때와 '헌법이 창설한' '일종의 기관인' 국민이 '헌법이 인정한' 헌법개정권력을 가지고 '헌법이 규정한' 절차(국민투표)를 따라서 헌법을 개정하는 때는 구분되어야 한다. 국가를 창설하는 권력인 헌법제정권력을 국가를 전제로 하는 공권력에 포함하기는 곤란하지만, 헌법개정권력은 헌법이 창설하고 조직하는 권력이고 국가내적 권력이므로, 헌법개정권력 행사도 공권력 행사의 범위에 넣을 수 있다.[46]

(ⅲ) 헌법을 전면개정할 때 국민투표를 통한 국민적 합의 확인은 전체 헌법의 맥락 속에서 헌법의 기본가치나 기본내용에 관해서 이루어지는 것이지 헌법 개별 규정 모두에 대해서 이루어지는 것이 아니다. 따라서 국민투표에 따른 직접적·민주적 정당화가 미치지 아니하는 범위 안에서 헌법 개별 규정을 따로 떼어 헌법재판소가 심판할 수 있다. 다만, 헌법의 어떤 조항을 특정해서 개정할 때 국민투표로 그 개정이 확정되었다면 헌법재판소가 심판할 수 없다.

결국, 헌법규정은 자연법적 근거, 헌법조항 사이의 서열 차이, 헌법체계내적 통일성을 근거로 실체법적으로 위헌 여부를 판단할 수 있고, 위헌적 헌법규정에 대한 사법심사는 헌법재판소가 할 수 있으며, 구체적 심판절차인 위헌법률심판절차는 대상적격을 결여하여 적법하지 않지만, 헌법소원심판절차는 국민의 헌법개정권력 행사(국민투표를 통한 헌법개정안 확정)를 공권력 행사로 볼 수 있다면 가능하다. 즉 헌법 제정을 통해서 인정된 기본권을 사후적 헌법 개정이 침해하면 피해 국민은 헌법소원을 제기할 수 있다.

(4) 헌법수호수단 문제
① 대통령의 위헌적 헌법개정안 공고·공포 – 탄핵

대통령이 국회 의결과 국민투표를 통해서 확정된 위헌적 헌법개정안을 공고·공포할 때 대통령에게 책임을 물을 수 있을 것인지 의문이 제기될 수 있다.

이때 헌법 제130조 제3항에서 확정된 헌법 개정에 대한 대통령의 즉시공포의무를 규정하였는데도 대통령이 헌법의 근본가치와 기본원칙을 수호하여야 할 헌법상 의무(제66조 제2항)를 위반하였음을 근거로 대통령에게 책임을 물어 탄핵할 가능성이 있다. 물론 실제로 이러한 가능성을 헌법개정안을 의결한 국회 구성원이 변경되기 전에는 현실화하기 어렵다.

---

46) 헌법재판소는 "헌법은 그 전체로서 주권자인 국민의 결단 내지 국민적 합의의 결과라고 보아야 할 것으로, 헌법의 개별규정을 헌법재판소법 제68조 제1항 소정의 공권력 행사의 결과라고 볼 수도 없다"(헌재 1996. 6. 13. 94헌바20, 판례집 8−1, 475, 483)라고 하여 부정하는 견해에 서 있다.

② 저항권 – 요건 충족?

헌법 개정을 통해서 헌법 안에 헌법의 근본규범과 기본원칙에 어긋나는 위헌적인 헌법규정이 들어왔다면 그 헌법 개정과 관련된 공권력 행사의 불법성을 부인할 수 없다. 만일 위헌적 헌법규정을 도입한 (불법적) 헌법개정행위가 있더라도 그 공권력 행사는 자유민주적 기본질서를 전면적으로 부인하는 것이 아니면 저항권의 요건을 충족하기는 어렵다. 자유민주적 기본질서를 전면적으로 부인하는 때라고 하더라도 위헌적 헌법규정의 위헌심사절차를 밟는 것이 의미가 있는 한 위헌심사절차를 밟지 않고 저항권을 행사하는 것은 보충성 요건에 어긋난다.

제 3 장

헌법사

제 3 장 헌법사

제 1 절 헌법 전사와 대한민국 임시정부

Ⅰ. 한국 헌법사의 출발점

한국 헌법사는 1948년 헌법 제정으로 시작된다. 그러나 1948년 헌법 제정에 직접적 영향을 준 것이 명확할 뿐 아니라 현행 헌법이 전문에서 그 법통을 계승한다고 명시한 대한민국 임시정부 헌법을 한국 헌법사에서 빼놓을 수 없다. 더욱이 대한민국 임시정부 헌법은 1919년에 처음 제정될 때부터 기본권 보장과 권력분립이라는 근대적 의미의 헌법이 담아야 할 필수 내용을 빠짐없이 갖췄다. 하지만 아무런 바탕 없이 옹근(완벽한) 근대적 의미의 헌법이 제정될 수는 없다. 충분한 이론적 축적과 실질적 체화 그리고 다양한 경험이 있어야 근대적 의미의 헌법을 제정할 수 있다. 서양과 비교하여 터무니없이 짧은 시간 안에 진행된 한국의 압축적 근대화는 특정 시점의 극적인 변화를 확인하기 어렵고, 점진적으로 바뀌는 과정을 확인할 수 있을 뿐이다. 따라서 매우 급하게 그리고 과정으로 점철되는 한국 헌법사는 근대 헌법의 요소를 중심으로 맥락 속에서 바라보아야 제대로 이해할 수 있다.

신민이 인민으로 성장하고 있다는 점이 확인되고 신분 해방이 시작되었다는 점에서 영·정조 시대를 헌법사의 출발점으로 볼 여지가 있다. 그러나 영·정조의 헌정적 맹아는 세도정치로 짓밟혀 맥이 끊어졌다는 점에서 헌법사의 시작으로 보기 어렵다. 따라서 인민의 온전한 힘으로 이루어진 것은 아니지만 인민이 세도정치 붕괴에 적지 않은 이바지를 하였고, 인민의 요구가 일부 수용될 정도의 존재감이 확인된, 특히 양반 특권 폐지로 신분 해방의 문이 열리기 시작한 1863년 고종 즉위에 따른 흥선대원군 집권을 헌법사의 출발점으로 볼 수 있다. 흥선대원군 집권은 개화파가 등장할 터전을 마련함으로써 이후 갑신정변과 갑오개혁 그리고 독립협회 등장의 인적 토양을 만들었을 뿐 아니라 자신의 요구를 일부나마 관철할 정도로 신민이 인민으로 각성하였음을 확인할 수 있기 때문이다. 게다가 왕권 강화를 목표로 한 흥선대원군의 복고적 개혁은 이후 개혁의 방향을 군주제 제한으로 설정하게 되는 계기가 되었다. 즉 흥선대원군 집권은 인민 탄생이라는 주체적 측면, 세도정치 붕괴라는 구체제 타파 측면, 신분 해방 시작이라는 기본권 보장적 측면, 군주권 제한 필요성의 실마리 제공이라는 권력분립적 측면을 고려할 때 그리고 개혁의 시작이라는 시원적 측면을 고려할 때 헌법사의 출발점으로 삼기에 부족함이 없다.

II. 헌법 전사

　　조선 후기에 신민은 경제적 성장을 바탕으로 독자적 문화를 누릴 정도로 성장하면서 영·
정조 시대 국왕이 민국 이념을 내세워 이들을 신권에 대항하는 주체로 인정하는 수준까지
이른다. 이것은 신민이 인민으로 성장하고 있음을 가리킨다. 그러나 신민이 인민으로 옹글게
(완벽하게) 성장하기 전에 조선 정치가 세도정치로 타락하면서 민중은 지배층의 극심한 수탈
에 시달렸다. 이에 민중은 지배층에 민란 등으로 저항하면서 개혁을 요구하였다. 구체제인 세
도정치는 지속적인 민란의 영향으로 1863년 고종 즉위와 함께 무너졌다. 1862년 전국적인 임
술민란이 안동김씨 세도정권 붕괴의 중요 원인이라는 점에서 조선 후기에 성장을 거듭하여
신민에서 인민으로 성장해 가던 민중이 정권을 좌우할 정도로 성장해 갔음을 알 수 있다. 이
것은 고종 즉위와 함께 정권을 잡은 흥선대원군이 왕권 강화를 목적으로 복고적 개혁을 할
때 양반사대부를 억누르면서 인민의 요구를 일부 수용하는 모습에서도 드러난다. 지배층에
저항하고 자신의 요구를 관철해 나가면서 민중은 인민으로 옹글게(완벽하게) 각성하였다.

　　위에서 아래로 한 하향적 개혁인 1884년 갑신정변과 아래에서 위로 한 상향적 개혁인
1894년 동학농민혁명이 실패하고 나서 급진개화파로서 갑신정변에 참여하였던 서재필은 이
러한 점을 반성하고 백성과 연대하여 개혁을 추진하였다. 즉 서재필이 주도한 독립협회와 만
민공동회는 인민 참여를 인정하고 널리 독려하였다.[1] 동학농민혁명 때 인민은 군중에게 요구
사항을 전하고 실행해 줄 것을 기다리던 소극적인 태도에서 벗어나 집강소를 통해서 직접 요
구사항을 실천하면서 정치적 의사결정에 실제로 참여하였다. 이어서 1896년에 설립된 독립협
회와 1898년에 세 차례에 걸쳐 열린 만민공동회에서 능동적 인민은 시민이 되었다. 즉 독립
협회와 만민공동회를 통해서 인민은 사회와 관련한 교양이 있으면서 참여하는 사람, 즉 자신
이 나라의 주권자임을 자각하고 주권자로서 행동하고 책임을 지는 사람, 즉 시민이 되었다.
이후 시민은 권력을 나눌 생각이 없던 고종의 반동에 입헌군주제에 대한 기대를 버리고 1907

---

1) 1898년 10월 28일부터 11월 2일까지 6일 동안 종로에서 열린 관민공동회에서 결의한 헌의 6조와 이에 대한 고
　종의 화답인 조칙5조는 완결된 헌법으로 보기는 어렵다. 하지만 헌의 6조에서 이권에 관해서 외국과 계약 및 조
　약을 맺을 때 각 대신과 중추원 의장이 합동 날인하도록 하고(제2조), 칙임관을 임명할 때 정부의 의사를 묻도록
　하며(제5조), 국가 재정은 탁지부에서 전관하고 예산과 결산을 국민에게 공표하고(제3조), 법치행정을 요구함으
　로써(제6조) 황제권을 제한하거나 견제하고, 중대 범죄를 공판할 때 피고의 인권을 존중하도록 한다는 점(제4조)
　에서 헌의 6조는 기본권 보장과 권력분립에 관한 내용을 담고 있다. 그리고 관민공동회라는 열린 공론장에서 대
　한인민과 정부 관료가 정치적으로 합의하여 이를 규범으로 정립하고, 이를 청원하여 전제군주제에서 정당성을
　확보할 수 있는 유일한 수단인 군주 재가를 받아 효력을 발휘하게 한 것은 근대국가의 법규범 제정으로 볼 수
　있다.

년 신민회부터 본격적으로 공화국을 꿈꾸기 시작하였다. 1907년 고종의 강제퇴위와 일제의 군대 강제해산에 맞서 일어난 정미의병은 이전 의병과 달리 일제와 본격적인 전쟁을 시작하였다. 특히 정미의병은 1908년 서울 진공 작전을 전개할 때 서울에 있는 각국 영사관에 의병 전쟁은 고종의 칙령에 따른 독립전쟁임을 강조하면서 의병부대를 국제법상 교전단체이므로 전쟁에 관한 모든 법규가 적용되어야 한다는 격문을 보냈다.[2] 이후 일제의 탄압으로 의병들은 만주, 간도, 연해주 등으로 밀려났다. 이러한 의병 계열이 주도하여 1910년 블라디보스토크(해삼위)에서 13도의군을 편성하여 고종에게 망명정부를 세울 것을 상소하였고, 1914년 (복벽주의에 기초한) 최초의 망명정부인 대한광복군정부를 세우면서 공화주의는 복벽주의에 압도당하였다. 하지만 1917년 러시아 혁명이 발생하고 근왕주의자 중심인물들(유인석과 이상설)이 사망하면서 공화주의자들은 1917년 대동단결선언을 통해서 보황주의와 절연하고 국민주권을 명시적으로 주장하면서 임시정부 수립의 이론적 토대를 세웠다. 이를 바탕으로 1919년 기미 독립선언을 통한 3·1 혁명으로 대한민국이 세워지고 대한민국 임시의정원에서 근대적 의미의 헌법을 만들었다. 이와 함께 대한인민은 옹글지는(완벽하지는) 않지만, 국민이 되었다.

영·정조 때 시작된 신분 해방은 흥선대원군이 1871년 호포제를 실시하여 양반 특권을 폐지하고, 1884년 갑신정변 때 급진개화파의 주장과 1894년 동학농민혁명 때 농민의 요구를 거쳐 1894년 갑오개혁[3]을 통해서 법제상으로 옹글게(완벽하게) 이루어졌다. 이로 말미암아 인민은 평등은 물론 개화파가 소개한 서양 인권사상을 토대로 일반화한 자유도 누리게 되었다. 이는 독립협회와 만민공동회 활동에서 명확하게 확인된다. 이것은 이후 인민이 시민으로 진화하여 개혁을 직접 요구하고 의병전쟁과 독립전쟁의 주체로 나서게 되면서 1917년 대동단결 선언으로 국민주권을 선언하여 1919년 대한민국 임시정부 수립의 주역이 되는 바탕이 되었다. 그리고 1884년 갑신정변 때부터 시도된 입헌군주제를 전제로 한 군주권 제한은 1894년 동학농민혁명과 갑오개혁 그리고 독립협회와 만민공동회를 통해서도 계속 시도되었다. 고종은 1898년 11월 26일 만민공동회 요구를 받아들여 군신 상하가 신과 의를 지키고, 어질고 능한 이를 전국 안에서 구하며, 아름다운 말을 꼴 베고 나무하는 백성에게도 캐어 쓴다는 국태민안·칙어[4]를 발표하여 대한인민과 사회계약을 맺었다. 그러나 고종은 1년도 지나지 않아 (1899년 8월 17일) 대한국이 제국이고, 자신은 무한한 군권(君權)을 누린다는 대한국 국제[5]를

---

2) 대한매일신보 1909년 7월 30일.

3) 제2차 갑오개혁 때 청나라와 절연, 국왕 친정과 법령 준수, 왕비와 종친의 정치관여 배제, 내정개혁 실시 등을 골자로 한 홍범 14조를 반포하였다(1895년 1월 7일). 홍범 14조는 1895년 1월 7일 고종과 왕세자가 종묘에서 개혁 정치의 기본정신으로서 홍범이란 이름을 빌려 자주독립 기초를 굳게 할 결심을 선서하고 개혁요강 14개 항을 널리 알린 것으로, 국정을 개혁하겠다는 약속을 담은 약속된 최초의 근대적 성격이 국가장전이다. 다만, 근대 입헌주의헌법의 핵심요소인 인권 보장, 권력분립, 의회제도 등을 규정하지 않아 체계화한 근대적 의미의 헌법이라고 하기에는 미비한 점이 많았다.

4) 독립신문강독회, 김홍우 감수, 전인권 편집·교열, 『독립신문, 다시 읽기』, 푸른역사, 2004, 286~290쪽.

공포하는 반동을 일으켰다. 이를 통해서 고종이 권력을 제한받거나 나눌 의사가 없다는 것이 명확하게 확인되면서 전제군주제에서 입헌군주제를 뛰어넘어 공화제로 나아가게 되었다. 1907년 신민회에서 처음 명시적으로 주장된 공화제는 1917년 대동단결선언에서 국민주권을 선언하면서 확립되어 1919년 기미독립선언에 따라 수립된 대한민국 임시정부에서 대한민국 임시헌장 제1조로 헌법적으로 확정되었다.

헌법 전사는 흥선대원군의 복고적 개혁으로 시작된 헌정적 근대화가 위로부터의 갑신정변, 아래로부터의 동학농민혁명 그리고 상하합작의 개혁인 독립협회와 만민공동회를 거쳐 인민주권 확립에 따른 대한민국 임시정부 수립으로 시민혁명이 완성된 것으로 간략하게 정리할 수 있다.

Ⅲ. 대한민국 임시정부 시대

1919년 기미독립선언으로 표출된 한민족 혹은 대한인민의 의사에 기반을 두고 건립된 대한민국 임시정부에서는 근대적 헌법을 제정하였다.[6] 대한민국 임시정부 헌법은 한국 역사상 처음으로 민주공화제 정부형태를 채택하였고, 기본권 보장과 권력분립을 규정하였다는 점에서 근대적·입헌주의적 의미의 헌법 계보에 속한다. 대한민국 임시정부 헌법 제정은 개화기 이후 서구 헌법사상을 수용한 선각자들이 끊임없이 주장하고 시도하였던 입헌주의국가 건설이 대한민국 임시정부에 이르러 마침내 그 결실을 이룬 것이다. 그리고 서구 헌법사상을 우리식으로 변용·발전시킨 조소앙의 삼균주의가 대한민국 임시정부 헌법의 이념적 배경이 되었다. 여기서 단순한 서구 헌법사상 수용을 넘어선 독자적인 헌법사상 발전을 엿볼 수도 있다. 다만, 영토와 국민 대부분이 일제 강점 아래에 있는 현실에서 기본권 규정은 유명무실한 것이었고,[7] 사법권 독립과 같은 규정도 사문화하는 것 등 정규 헌법이 아니었던 데서 발생하는 많은 문제점이 있었다. 게다가 대한민국 임시정부 자체가 국제적으로 많은 나라에서 승인

---

5) 대한국 국제는 형식만으로 판단한다면 근대적인 국가헌법에 해당한다. 대한국 국제는 주권자인 황제가 문서로 만들었다는 점에서 최초의 성문헌법으로서 흠정헌법에 해당한다. 그러나 대한국 국제는 갑오개혁과 독립협회의 주장을 받아들여 청국과 사대관계를 청산하고 자주독립국이라는 것을 규정하였지만, 절대군주제 사상으로 점철된 국가조직 장전에 불과하다. 이것은 그동안 외세가 군주권을 과도하게 제한한 것에 대한 반작용으로 볼 수 있다. 대한국 국제는 황제의 권한에 관한 내용만 담고 있을 뿐이고, 국가질서나 국가조직 전반에 관한 규정은 없었다. 그래서 기본권 보장과 권력분립에 관한 내용이 없는 대한국 국제는 근대적 의미의 헌법으로 볼 수 없고, 일종의 전제군주제 헌법으로서 고유한 의미의 헌법에 불과하다.

6) 1919년 기미독립선언 이후 발표된 임시정부 설립안에는 총 7개가 알려졌다. 이 중에서 실제 정부 수립 단계까지 이른 것은 노령의 대한국민의회(1919년 3월 27일), 상해의 대한민국 임시정부(1919년 4월 13일.), 서울의 한성임시정부(1919년 4월 23일)의 세 곳이었다. 이들 각 정부와 이후의 통합임시정부(1919년 9월 11일 상해 대한민국 임시정부 헌법을 개정하는 형식으로 통합)는 다양한 명칭의 헌법전이 있었다.

7) 이러한 문제점 때문에 대한민국 임시정부 헌법 개정 과정에서 기본권 보장과 관련한 조항들이 상당 부분 삭제되기도 하였다.

을 얻지도 못하였다. 그런데도 대한민국 임시정부 헌법은 개화기 이후 한민족 혹은 대한인민
이 국가질서에 관하여 자발적으로 이룩한 커다란 성과이다. 그리고 그 정통성은 이후 대한민
국 헌법 제정으로 이어지는 초석이 되었다.[8]

대한민국 임시정부 헌법은 5차에 걸쳐 개정되었는데, 그 명칭이 임시헌장(1919년 4월 11일)
— 임시헌법[제1차 개헌(1919년 9월 11일)] — 임시헌장[제2차 개헌(1925년 4월 7일)] — 임시약
헌[제3차 개헌(1927년 3월 5일), 제4차 개헌(1940년 10월 9일)] — 임시헌장[제5차 개헌(1944년 4월
22일)]으로 계속 바뀌었다. 그리고 1941년 11월 28일 해방 이후의 헌법 질서에 관한 기본원
칙을 규정한 헌법문서인 건국강령이 대한민국 임시정부 국무회의에서 통과되어 공포되었다.
정부형태도 국무총리제(1919년 4월 11일)에서 시작하여 대통령제(1919년 9월 11일) — 국무령
제(1925년 4월 7일) — 국무위원제(1927년 3월 5일) — 주석제(1940년 10월 9일) — 주석·부주
석제(1944년 4월 22일)로 달라졌다.

'대한민국'이라는 국호에서 '대한'은 '대한'제국에서 비롯한 것이고,[9] '민국'은 대한제국의
정치적 목표였다는 점에서 드러나듯이 대한민국 임시정부는 국호를 통해서 대한제국을 계승
하려는 의사를 명백하게 드러냈다. 특히 1919년 4월 11일 제정된 대한민국 임시헌장 제8조는
"대한민국은 구황실을 우대함"이라고 규정함으로써 이를 명시하였다.[10] 그리고 영토를 대한
제국의 영토로 규정하였고(1919년 9월 11일 제정된 대한민국 임시헌장 제3조, 1944년 4월 22일 제
정된 대한민국 임시헌장 제2조), 그 국민을 대한제국 국민으로 한정하고(1919년 9월 11일 제정된
대한민국 임시헌장 제1조, 1944년 4월 22일 제정된 대한민국 임시헌장 제3조), 대한제국 국기인 태극
기를 국기로 정하였다. 따라서 대한민국 임시정부는 대한제국의 연장선 안에 있다.

대한민국 임시정부는 일제의 영토 강점으로 대한제국 정부가 중국 상해로 옮긴 것이 아니
라는 점에서 전통적인 망명정부[11]는 아니다. 그리고 외국에 있던 사람들이나 한반도에서 탈

---

8) 이와 관련하여 1948년 헌법 초안 작성자인 유진오는 헌법 초안을 작성할 때 대한민국 임시정부 헌법과 건국강령
을 많이 참고하였음을 밝혔고(김영수, 『한국헌법사』, 학문사, 2000, 333쪽; 유진오, 『신고 헌법해의』, 일조각,
1957, 26쪽), 제헌의회의 서상일 헌법기초위원장도 헌법 초안 제안 설명에서 같은 취지의 증언을 하였다(『헌법제
정회의록(헌정사자료 제1집)』, 국회도서관, 1967, 99쪽).

9) 이는 3·1 독립선언에 따른 만세 시위에서 전 국민이 대한독립만세를 외친 뜻을 받드는 것이기도 하다(한영우,
『다시찾는 우리역사 — 근대·현대(제3권)(제2전면개정판)』, 경세원, 2017, 136쪽).

10) 이 조항은 대한민국 임시정부가 대한제국과 맺는 관계에서 그 정통성을 헌법적으로 계승함을 근거 지운다(김명
기/유하영, 「대한민국임시정부의 정통성에 관한 연구」, 『국제법학회논총』 제38권 제1호(통권 제73호), 대한국제
법학회, 1993, 9쪽).

11) 망명정부(government in exile, absentee government, Regierung im Exil, Exilregierung)는 전쟁이나 내란으로 말
미암아 일시적으로 본국을 떠날 수밖에 없어서 본국에서는 주권을 행사하지 못하지만, 그 망명지의 국가와 그
밖의 관련 있는 여러 국가의 승인·동의·협력을 얻어 정통정부로 인정되고 일정 한도의 정부 기능을 행사하는
정부를 말한다[김명기/유하영, 「대한민국임시정부의 정통성에 관한 연구」, 『국제법학회논총』 제38권 제1호(통권
제73호), 대한국제법학회, 1993, 8쪽; 김태원, 「국제법상 망명정부의 승인에 관한 연구 — 대한민국 임시정부의
법적 지위를 중심으로 —」, 『국제법학회논총』 제64권 제2호(통권 제153호), 대한국제법학회, 2019, 51쪽; 나인균,
「대한민국임시정부의 국제법적 성격」, 『현대공법의 제문제』(여산 한창규박사 화갑기념논문집), 삼영사, 1993,

출한 사람들이 모여 만든 정부라는 점에서 임시정부[12]로 볼 수도 있다. 그러나 대한제국이 1910년 일제 강점으로 사라진 것이 아니라 1907년부터 시작된 대일전쟁이 1945년까지 계속되었고, 대한민국 임시정부가 대한제국 마지막 주권자인 고종과 밀접한 관련성 속에서 만들어졌으므로 대한민국 임시정부는 망명정부로 볼 수 있다. 구체적으로 고종은 13도의군의 망명 요청에 긍정적 의사를 표현하여 대한광복군정부 설립에 정당성을 부여하였고, 신한혁명당의 망명 계획에 적극적으로 동조하였으며, (고종의 사망으로 실패하기는 하였지만) 1918년 이회영이 오세창, 한용운, 이상재 등과 만나 밀의한 북경 망명 계획에 승낙하였다는 점에서 대한민국 임시정부는 일제가 제거한 대한제국 정부 대신 주권자인 고종의 명으로 만든 망명정부(대한광복군정부)를 계승하거나 고종이 직접 정당성을 부여한 정부라는 점에서 망명정부임을 부정하기 어렵다. 고종의 아들인 의친왕(이강)이 1921년 상해로 망명하여 대한민국 임시정부에 참여하려다 실패한 사건은 황실이 대한민국 임시정부를 승인하였음을 명확하게 보여준다. 특히 의친왕은 "나는 차라리 자유 한국의 한 백성이 될지언정 일본 정부의 한 친왕(親王)이 되기를 원치 않는다는 것을 우리 한인들에게 표시하고, 아울러 한국 임시정부에 참가하여 독립운동에 몸바치기를 원한다."라고 하였다.[13]

제 2 절 대한민국 헌정사

Ⅰ. 헌정사 시대 구분

1. 시대 구분 기준

헌정의 시대 구분을 하는 기준에는 여러 가지가 있다. 헌법전의 제정·공포·발효연대를 기준으로 한 시대 구분(1948년 헌법, 1960년 헌법, 1962년 헌법 등), 정권이 누구에게 있었는지를 기준으로 한 시대 구분(이승만 정권 시대, 장면 정권 시대, 박정희 정권 시대 등), 헌법의 규범력을 인정할 수 있는지를 기준으로 한 시대 구분(명목적 헌법 시대, 장식적 헌법 시대, 규범적 헌법 시

854쪽; 소재선/안춘수/장 신 감수, 『국제관계법사전』, 아카데미아리서치, 2000, 282쪽; 제성호, 「상해 임시정부의 국제법적 지위」, 『중앙법학』 제14집 제1호, 중앙법학회, 2012, 205쪽; 정인섭, 『신국제법강의 - 이론과 사례(제11판)』, 박영사, 2021, 200쪽].

12) 임시정부 혹은 가정부(provisional government, Provisorische Regierung)는 국권을 상실하거나 본국이 점령당할 때 국외로 피신이나 망명한 일단의 사람들이 독립과 해방을 목표로 혹은 점령국을 축출하여 국권을 옹글게(완벽하게) 회복하기 위해서 자발적으로 수립한 정부이다[김명기/유하영, 「대한민국임시정부의 정통성에 관한 연구」, 『국제법학회논총』 제38권 제1호(통권 제73호), 대한국제법학회, 1993, 51쪽; 이용중, 「대한민국임시정부의 지위와 대일항전에 대한 국제법적 고찰」, 『국제법학회논총』 제54권 제1호(통권 제113호), 대한국제법학회, 2009, 107쪽; 제성호, 「상해 임시정부의 국제법적 지위」, 『중앙법학』 제14집 제1호, 중앙법학회, 2012, 206~207쪽].

13) 중국 상해 민국일보, '한국 태자의 일본에 대한 반감(韓太子對日之反感)', 1919년 12월 4일.

대) 등이 가능하다. 그러나 헌정사를 시대 구분할 때 헌법규범 자체만이 아니라 각 시대의 헌법현실이나 헌정의 현실과 특징을 도외시할 수 없으므로 헌정의 형성과 운영 실제도 기준으로 삼아야 한다. 헌정 형성에서 민주적 정당성을 갖추었는지, 헌법 내용이 국민의 자유와 권리를 보장하는 것이었는지, 국가권력을 행사할 때 실제로 기본권을 존중하는 헌정 운영을 하였는지를 기준으로 하여야 한다. 기존 헌법에 정한 대로 이루어진 헌법 개정과 달리 쿠데타·혁명 등의 방식으로 기존 헌법의 효력을 소멸시킨다든지(헌정 형성), 기존 헌법의 동일성을 훼손하여(헌법 내용) 새로운 헌법을 제정하는 것으로 볼 수 있는 때와 (예를 들어 명목적 헌법에서 규범적 헌법으로 헌정 운영을 바꾸거나 그와 반대로 변화시켜) 헌정을 운영할 때 기존 헌법질서와 공유하는 동일성을 상실한 때(헌정 운영)도 새로운 헌정이 출발하는 것으로 볼 수 있다.

2. 시대 구분과 헌정 시기 유형화

이러한 기준에 따라 헌정을 구분할 때 1960년 헌법은 기존 국회에서 구헌법이 정한 절차를 따랐지만, 사실적 측면에서 4·19 혁명 때문에 기존 헌법규범이 효력을 발하기 어려운 상태에서 제정되었다는 점, 1962년 헌법도 5·16 쿠데타로 기존 헌정이 중단된 상태에서 국가재건최고회의라는 초헌법적인 권력기구 주도로 제정되었다는 점, 1972년 헌법도 대통령이 헌법에 아무런 규정도 없는 비상조치라는 초헌법적 수단을 행사하여 헌정을 중단시킨 집권자의 쿠데타를 통해서 제정되었고 국민의 자유와 권리를 보장하려는 입헌주의적 헌법이라고 보기 곤란하다는 점에서 새로운 헌정 시작으로 볼 수 있다. 1980년 헌법도 12·12 군사반란에서 5·17 내란행위에 이르는 단계적 쿠데타를 기반으로 한 것이고 합헌성을 가장하였지만, 국회 기능을 정지시키고 국가비상대책회의라는 초헌법적 권력기구가 헌정을 장악한 상태에서 정부 주도로 제정되었다는 점에서 새로운 헌정이 출발하였던 것으로 볼 수 있다. 1987년 헌법도 헌정 중단 없이 기존 헌법의 절차를 따랐지만, 6월 시민항쟁의 혁명적 성격, 기존 헌법과 구별되는 내용적 차별성을 고려하면 헌법 제정으로 볼 수 있다. 설령 헌법 제정으로 볼 수 없다는 견해라고 하더라도 헌정 운영에서 기존 헌법질서와 공유하는 동일성이 있다고 볼 수 없으므로 새로운 헌정 출발로 보아야 한다.

한국 헌정을 돌아보면 민주적 정당성이 있는 헌정을 형성하였던 문민헌정 시기의 헌법은 국민의 자유와 권리를 보장하는 입헌국가의 헌법이었지만, 군사헌정 시기의 헌법이라고 하여도 조문을 보면 반드시 입헌국가의 (내용을 담은) 헌법이 아니라고 할 수는 없었고, 헌정 운영 독재는 헌법규범의 내용과 무관하게 자행될 수 있었음을 확인할 수 있다. 따라서 헌정의 시기 구분을 헌법 내용을 기준으로 함과 동시에(입헌주의적 헌법이 있는 정권과 그렇지 않은 정권의 구별), 헌정 형성은 문민통치 여부, 헌정 운영은 독재 여부를 징표로 유형화할 수 있다. 구체적으로 유형화하면, 정부 수립 초기의 문민정부 시대(1948년 7월부터 1961년 5월까지 계속된 이승만·장면 정권)는 문민독재헌정 시기(이승만 정권)와 일시적 문민민주헌정 시기(장면 정권)로 구분할 수 있다. 그리고 5월 군사쿠데타 이후의 군사정부 시대(1961년 5월부터 1993년 2월까지 계속된 박정희·전두환·노태우 정권)는 군사독재헌정 시기(제1기는 박정희 군사독재헌정 전기와 박정희 군사독재헌정 후기, 제2기는 전두환 군사독재헌정 시기)와 헌법이 제한적으로 규범력이 있었던 과도적 군사헌정 시기(노태우 정권)로 구분할 수 있다. 또한, 1993년 2월 25일 문민대통령이 취임함으로써 32년 만에 출범한 새로운 문민정부 시대(1993년 2월 25일 김영삼 정권부터 현재까지)가 현재 계속된다고 볼 수 있다.

Ⅱ. 문민독재헌정 시기

1. 1948년 헌법 제정

(1) 배경과 과정

일제 강점을 종식하려고 끊임없이 노력하던 한국은 제2차 세계대전에서 일본이 패망하면서 1945년 8월 15일 광복을 맞았다. 광복 이후 한반도에 진주한 미군과 소련군은 38선을 경계로 각각 군정을 실시하였다. 1945년 해방부터 1948년 정부 수립까지는 정부수립준비기(이른바 미군정기)이다. 1945년 12월 6일 열강은 모스크바 3상회의를 열어 미·소공동위원회를 통해서 통일임시정부 수립 이전에 미국·소련·영국·중국이 공동관리하는 이른바 신탁통치안을 확정을 지었다. 그러나 미·소공동위원회는 처음부터 난항을 거듭하면서 제 역할을 하지 못하였다. 1946년 5월 6일 제1차 미·소공동위원회가 무기 휴회되자 미국 군정 당국은 김규식과 여운형 등 온건한 중도파 지도자들의 좌우합작운동을 적극적으로 지원하면서 이들을 중심으로 과도입법의원을 구성하였다. 1946년 10월 21일부터 31일에 걸쳐 민선의원 45명을 간접선거로 선출하고 관선의원 45명은 주한 미군 사령관 하지(John Reed Hodge)가 임명하여 1946년 12월 12일 남조선과도입법의원이 설립되었다. 이로써 한국 최초의 대의정치기관이 탄생하였다. 그러나 모스크바3상회의 결정에 따른 통일임시정부가 수립될 때까지 정치적·경제적·사회적 개혁의 기초로 사용될 법령 초안을 작성하는 임무가 있는 남조선과도입법의원이 제정한 법령은 군정장관 동의를 얻어야 효력이 발생하였다. 남조선과도입법의원은 조선임시약헌이라는 임시헌법을 1947년 8월 6일 의결하였으나, 미국 군정이 인준을 보류하여 최종적으로 시행되지 못하였다. 7장 58조로 이루어진 조선임시약헌은 '조선'을 국호로 삼았고, 조선은 민주공화체라고 선언하였다(제1조). 그리고 제2장 국민의 권리의무에서 국민의 생활균등권(제4조), 문화 및 후생의 균등권(제5조), 각종 자유권(제6조)과 요구권(제7조), 참정권(제8조), 의무(제9조)를 규정하였다. 정부형태는 대통령제를 취하여 입법권은 보통·균등·직접·무기명투표의 방법으로 공선되는 임기 3년의 입법의원에(제3장), 행정권은 국민이 선거로 뽑는 임기

4년의 정부주석과 부주석(단 본법 시행 최초의 정부주석과 부주석은 입법의원에서 선거한다)에(제4장), 사법권은 법관으로 조직되는 법원에(제5장) 부여하였다.

한반도 문제에 관한 미·소 양국의 이해 대립으로 [1948년 2월 27일 국제연합(UN) 소총회 결정을 따라] 국제연합 감시 아래 선거가 가능하였던 남한에서만 1948년 5월 10일 국회의원총선거를 하게 되었다. 제헌국회는 5·10 총선거를 통해서 선출된 198명의 의원으로 구성되었다. 제헌국회는 최대과제인 헌법을 제정하려고 국회조직을 정비하자마자 헌법기초위원회를 구성하였다. 헌법기초위원회는 유진오안을 원안으로, 권승렬안을 참고안으로 삼아 초안을 작성하였다.[14] 양 초안은 모두 양원제국회와 의원내각제 정부형태를 기본틀로 국가를 조직하고 법률의 위헌심사권을 대법원에 부여하는 것을 내용으로 하였다. 이렇게 1948년 헌법 제정 때 모든 정치세력의 양해 아래 완성단계에 있었던 의원내각제헌법 초안은 당시 동 헌법 아래에서 초대 대통령으로 내정되다시피 하였던 국회의장 이승만의 강요로 일조일석에 대통령제 권력구조로 변경되었다.[15] 헌법기초위원회가 작성한 헌법안은 1948년 6월 23일 국회 본회의에 상정되었고, 1948년 7월 12일 국회를 통과하였다. 동 헌법은 1948년 7월 17일 공포·시행되었다. 1948년 7월 20일에는 국회에서 대통령(이승만)과 부통령(이시영)이 선출되었고 1948년 8월 15일에 대한민국 정부 수립 선포식이 치러졌다.

1948년 헌법은 35년간의 일제 지배와 미국 군정 지배에 종지부를 찍었을 뿐 아니라 한반도에서 (대한민국 임시정부 헌법과 비교할 때) 정식 국가에 실제 효력이 있는 최초의 국민주권적 헌법국가를 탄생시켰다는 역사적 의의가 있다. 국민의 자유와 평등을 보장하기 위해서 국가권력이 조직되고 행사되는 입헌국가가 비로소 이 땅에도 실현된 것이다.

(2) 내용

1948년 헌법은 전문과 10개장 103개조로 구성되었다. 제1장 총강과 제2장 국민의 권리의무에 이어 제3장부터 제5장까지 국가조직에 관한 규정(국회, 정부, 법원)을 두었고, 제6장에 경제, 제7장에 재정, 제8장에 지방자치, 제9장에 헌법 개정 그리고 제10장에 부칙을 두었다.

전문에서는 헌법 제정의 유래와 헌법의 기본이념을 규정하였고, 제1장 총강에서는 국호와 국가권력, 국민, 영토 그리고 국제법 존중 등을 규정하였다. 제2장 '국민의 권리의무'에서는 자유권은 물론 노동3권, 사기업에서 근로자의 이익분배균점권 등 사회권과 공무원파면청원권

---

14) 유진오, 『신고 헌법해의』, 탐구당, 1957, 25~26쪽.

15) 처음에 의원내각제를 전제로 짠 국가권력의 기본틀을 다른 국가권력구조모델인 대통령제로 바꿀 때는 오랜 숙고와 논의가 꼭 필요하다. 그렇지만 필요한 최소한의 점검 기회조차 없이 국가권력구조가 바뀜으로써 처음부터 있던 의원내각제적인 내용과 새로 들어온 대통령제적인 내용이 일관성 없이 혼합되는 기형적인 모습이 되었다. 게다가 의원내각제에 대한 미련을 떨쳐버리지 못한 헌법기초자(유진오)와 정치세력은 국회 본회의에서 진행되었던 헌법심의과정에서도 의원내각제적인 요소를 제거하기보다는 오히려 실질화하려는 노력을 경주하기까지 하였다. 결국, 한국 헌법은 그 권력구조상 골격에서는 대통령제를 채택하였지만, 대통령제에 이질적인 여러 요소도 함께 담은 태생적 모순을 안고 출발하였다.

을 포함한 기본권을 보장하였다. 제28조에서는 헌법에 열거되지 않은 자유와 권리도 보장된다고 규정하였다. 그리고 기본권에 개별적 법률유보를 두었다.[16] 제3장 국회에서는 임기 4년의 국회의원으로 구성되는 단원제국회의 구성과 권한을 규정하였다. 국회에 입법권을 비롯하여 예산안심의·결정권·국정감사권 등 권한을 부여하였고, 대통령과 법률이 정하는 공무원의 탄핵소추권을 부여하여 국정 운영에서 실질적 기능을 담당하도록 하였다. 제4장 정부에서는 국회에서 간선되는 대통령을 수반으로 하는 행정부의 조직과 권한을 규정하였다. 대통령은 4년 임기에 1차에 한하여 중임을 허용하였다. 부통령제를 두었고, 대통령과 부통령이 국무총리나 국회의원을 겸직하지 못하도록 하였다. 그리고 대통령에게는 긴급명령권과 긴급재정처분권을 부여하였다. 제5장 법원에서는 법원과 헌법위원회의 조직과 구성 등을 규정하였다. 사법권 독립이 인정되었고, 법관은 임기 10년으로 연임할 수 있었다. 대법원에는 명령·규칙·처분에 대한 위헌·위법 심사권이 부여되었고, 헌법위원회와 탄핵재판소의 구성에 참여하도록 규정하였다. 제6장 경제에서는 사회정의 실현과 균형 있는 국민경제 발전을 목표로 하는 경제질서에 관한 규정을 두었다. 통제경제를 중심으로 한 자연자원의 원칙적인 국유화와 공공성을 띤 기업의 원칙적인 국·공영제, 공공필요에 의한 사기업의 국·공유화와 경자유전원칙에 입각한 농지개혁을 규정하였다. 제7장 재정에서는 조세와 예산·결산에 관한 규정을 두었다. 제8장 지방자치에서는 지방자치단체의 사무범위와 지방자치단체의 조직과 운영을 규정하였다. 제9장 헌법 개정에서는 대통령이나 국회 재적의원 3분의 1 이상 찬성으로 헌법 개정을 제안할 수 있게 하고, 그 의결은 국회에서 재적의원 3분의 2 이상 찬성으로 하게 하였다. 그리고 위헌법률심사권을 헌법위원회에, 탄핵심판권을 탄핵재판소에 부여하였다. 제10장 부칙에서는 경과규정 등을 두었다.

2. 1948년 헌법의 제1차 개정(통칭 제1차 헌법 개정, 속칭 발췌개헌)

(1) 배경과 과정

6·25 전쟁을 겪으면서 북한이라는 현실적인 위협에서 국가안보를 수호하려고 (가뜩이나 경험이 짧은) 민주주의가 제한되고 국민의 자유와 권리가 제한되어야 한다는 인식이 팽배해졌다. 이런 가운데 집권세력의 장기집권 의도와 이를 저지하려는 야당의 갈등을 중심으로 현실정치는 파행적으로 흘러갔다.

1950년 야당은 의원내각제를 도입함으로써 대통령의 독재를 막으려는 헌법 개정을 시도하였으나 국회에서 부결되었다. 그 후 1950년 5월 30일 제2대 국회의원선거에서 야당과 무소속 의원이 국회 다수의석을 차지하게 되었고, 이승만이 국회에서 간선으로 재선될 가능성이

---

16) 1948년 헌법 초안을 기초하였던 유진오는 신앙과 양심의 자유, 학문과 예술의 자유에는 법률유보를 붙이지 않고 "법률로써 하더라도 제한할 수 없는 절대적 자유"로 설명하였다.

희박해졌다. 그래서 이승만은 1951년 11월 30일 양원제와 대통령직선제를 골자로 하는 개헌안을 국회에 제출하였으나 부결되었다.[17] 야당은 유리해진 국회의원 수를 이용해 의원내각제 개헌을 하고자 1952년 4월 17일 개헌안을 또다시 국회에 제출하였고 정부·여당도 앞서 부결된 개헌안과 야당의 개헌안을 발췌한 개헌안을 제안하였다. 정부·여당은 대통령직선제 개헌을 관철하려고 폭력과 온갖 불법수단을 동원하여 국회의원들을 폭력으로 위협하고 연금하면서 공포 분위기를 조성하였다. 결국, 국회에서는 폭력이 난무하는 공포 분위기 가운데 정부개헌안의 대통령직선제에 야당개헌안의 국무원불신임제가 가미된 이른바 발췌개헌안이 1952년 7월 4일 밤 기립투표 방식으로 통과되었다.[18]

(2) 내용과 문제점

1948년 헌법의 제1차 개정의 중요내용은 ① 대통령·부통령의 직선제, ② 국회양원제(민의원과 참의원), ③ 국회의 국무원불신임제, ④ 국무위원 임명에 대한 국무총리의 제청권 등이었다. 동 개헌은 ① 1948년 헌법 제98조에 규정된 30일 이상의 공고기간을 지키지 않은 점, ② 표결도 독회절차와 자유토론이 생략된 채 공포 분위기 속에서 강압적으로 진행된 점, ③ 1951년 11월 30일의 정부개헌안과 다시 제출된 정부개헌안은 내용상 별 차이가 없으므로, 동일회기에 동일내용의 두 개의 안을 제출한 것이 되어 일사부재의원칙에 어긋난다는 점에서 위헌적인 헌법 개정이다.

3. 1948년 헌법의 제2차 개정(통칭 제2차 헌법 개정, 속칭 사사오입개헌)

(1) 배경과 과정

위헌적인 발췌개헌으로 1952년 8월 재선에 성공한 이승만은 국무총리 임명에 대한 국회의 승인제를 무시하는 것 등 국무원을 무력화함으로써 권력의 견제·균형을 막고 권력을 인격에 예속시켰다. 독재체제를 고착화하려고 초대 대통령만 삼선 제한을 배제하는 헌법 개정을 시도하였으나 국회 표결에서 좌절되었다. 헌법개정안은 재적 203명의 국회의원 중 136명 발의로 1954년 가을 국회에 제출되어 1954년 11월 27일 국회에서 표결되었다. 그 결과 찬성 135명, 반대 60명, 기권 7명으로 재적 203명의 3분의 2인 136명에서 1표가 부족하여 부결이 선언되었다. 그러나 이틀 후 여당(자유당)의원만 참석한 가운데 203명의 3분의 2는 반올림원칙(사사오입원칙)을 따라 135표라는 억지 주장을 펴서 이미 부결로 선언된 개헌안을 다시금 번복하여 가결로 선포하는 만행을 저질렀다. 같은 날 대통령은 개정된 헌법을 공포하여 효력을 발생시켰다. 이로써 원천적으로 정족수마저 충족하지 못하여 처음부터 성립될 수도 없었던 헌법 개정이 시행되는 불법이 자행되었다.

---

17) 출석의원 163명 중 찬성 19명, 반대 143명, 기권 1명.
18) 출석의원 166명 중 반대자가 1명도 없이 찬성 163명, 기권 3명으로 통과되었다.

(2) 내용과 문제점

이른바 1948년 헌법의 제2차 개정의 중요내용으로는 ① 초대 대통령만 삼선 제한을 배제하고, ② 주권 제약이나 영토 변경에는 국민투표를 시행하며, ③ 국무총리제를 폐지하고 국무위원에 관한 개별적 불신임제를 도입하였다(국무위원의 연대책임제 폐지), ④ 대통령이 궐위하면 부통령이 그 직위를 승계하도록 하였고, ⑤ 특별법원(군법회의)의 헌법적 근거를 마련하였으며, ⑥ 경제체제를 자유시장경제체제로 전환한다고 규정하였다. 그리고 ⑦ 참의원의 대법관 기타 고급공무원에 대한 인준권을 규정하였고, ⑧ 헌법 개정 한계에 관한 명문 규정을 두었다.

동 개헌은 의결정족수를 충족하지 못한 개헌안을 가결로 선포하여 커다란 형식적 흠결이 있었다. 헌법개정안의 국회 의결은 국회 재적의원 3분의 2 이상을 요구하고, 국회 재적의원 203명의 3분의 2 '이상'이면 136명부터 정족수를 충족하게 되기 때문이다.[19] 따라서 136명부터 정족수가 충족하게 된다. 엄격하게 말하면 이 개헌안은 국회에서 부결되었고 그 하자는 치유될 수 없다. 사사오입개헌에서 개헌된 내용은 처음부터 성립하지 않았고 효력도 없다. 그런데도 개정내용이 관철된 것을 법리적으로 정당화할 수 없고, 사실상 힘으로 강제된 데 불과한 것으로 볼 수밖에 없다. 즉 사사오입개헌은 개헌이라고 부를 수 없다.

4. 헌정의 전개와 평가

불법적으로 강제된 이른바 제2차 헌법 개정의 내용을 따라서 이승만은 야당후보(신익희)가 급서한 1956년 5월 15일 제3대 정·부통령선거에서 3선에 성공하였다. 하지만 부통령에는 야당후보(장면)가 당선되었다. 여·야가 첨예하게 대립하는 정치상황에서 자유당 정권의 독재는 점차 심해졌다. 1958년 보안법파동, 1959년 야당지인 경향신문폐간사건, 진보당사건[20] 등을 예로 들 수 있다. 1960년 3월 15일 제4대 정·부통령선거에서도 제한 없이 출마할 수 있었던 이승만은 야당후보(조병옥) 급서로 단독 입후보하여 4선에 성공하였다. 부통령에도 여당후보(이기붕)가 당선된 것으로 공표되었다. 그러나 동 선거는 철저한 부정선거였다. 이 부정선거에 대한 국민 봉기는 정권 탄압 속에서 전국적으로 확산·격화하였고, 4·19 혁명으로 이어져 결국 이승만 정권은 붕괴하였다.

이처럼 이승만의 강력한 희망에 따라서 실권을 장악한 대통령직은 헌법의 국가기관으로 객관화하지 않고 이승만이라는 인격으로 지배되었다. 실제 헌정에서 대통령을 견제하려고 도

---

19) 자유당의 성명서를 따르면 '재적의원 3분의 2의 정확한 수치는 135.333…인데 자연인을 정수 아닌 소수점 이하까지 나눌 수 없으므로 사사오입의 수학원리에 의하여 가장 근사치의 정수인 135명이 의심할 바 없으므로 개헌안은 가결된 것'이라고 하였다(김영수,『한국헌법사』, 학문사, 2000, 446쪽). 그러나 자연인은 나눌 수 없으므로 사사오입의 수학원리를 사람의 수를 헤아릴 때 적용할 수 없다. 즉 203명의 3분의 2 이상은 136명부터이다.

20) 진보당사건이란 이승만 자신이 초대 내각의 농림부장관에 임명하였던 조봉암이 자신의 정적으로 떠오르자 그를 공산주의자로 몰아 사법부를 이용해 정치적으로 매장시킨 사건이었다.

입된 의원내각제적 요소도 대통령과 여당이 무시함으로써 아무런 의미 없이 형해화하였다.[21] 이승만의 노골적인 권력욕은 2차례의 위헌적인 헌법 개정을 통해서 장기집권을 도모한 데서 확인할 수 있다. 이승만 정권은 국민의 자유와 권리를 보장하는 한국 최초의 헌법국가(헌법 내용)에서 국민의 전폭적인 지지와 기대 속에서 민주적 정당성을 획득함으로써 집권하였다(헌정 형성). 그러나 장기집권 야욕을 버리지 못하고 '법의 지배'가 아닌 '힘의 지배'로 흘러갔음을 부인할 수 없다. 따라서 이승만 정권기를 문민독재헌정 시기로 구분하여도 큰 무리가 없다.

Ⅲ. 일시적 문민민주헌정 시기

1. 1960년 헌법(4월혁명 헌법) 제정(통칭 제3차 헌법 개정)

(1) 배경과 과정

4·19 혁명은 이미 군주제에 가깝게 바뀌어 버린 대통령제정부의 1인독재권력을 붕괴시켰고 입헌적 정부를 재건할 계기를 마련해 주었다. 국회는 1960년 4월 26일 헌법을 개정하고 총선거를 함으로써 시국을 수습하기로 하였고, 5월 2일에는 당시 수석국무위원이었던 허정 외무장관을 대통령 직무 대행으로 삼아 과도내각이 출범하였다. 1960년 6월 11일 국회는 의원내각제를 골격으로 하는 개헌안을 제출하였고, 1960년 6월 15일 국회 본회의에서 압도적인 다수로 의결·공포하였다.

(2) 내용과 문제점

1960년 헌법은 비록 부분개정 형식을 취하였으나, 헌법 전반에 걸쳐 대폭 변화가 이루어져 성격상 개헌이라기보다는 제헌으로 볼 수 있다. 먼저 ① 기본권 보장을 강화하였다. 자유권에 대한 유보조항을 삭제하고 언론·출판의 자유에 대한 사전허가제나 검열제 폐지를 명문화하였으며, 기본권의 본질내용에 대한 침해 금지를 규정하였다. 다음으로 ② 정부형태가 대통령제에서 의원내각제로 바뀌었다. 실질적 집행권이 내각(국무원)에 부여되었고, 국무총리는 민의원 동의를 얻어 임명되며 국무총리를 비롯한 국무위원 반수 이상이 국회의원 중에서 임

---

21) 국가권력구조를 헌법 제정 당시의 희망대로 의원내각제로 변경하여 대통령의 권력기반을 붕괴시키거나 아니면 적어도 헌법상 의원내각제적 요소를 강화함으로써 대통령독재에 제동을 걸 수 있을지 모른다는 기대심리가 헌법 개정 논의에 투영되었다. 제1차 개헌 때 국무위원을 국무총리 제청을 받아 임명하도록 한 것(제69조)이라든지 국회(민의원)에서 내각(국무원)의 불신임의결을 할 수 있게 한 것(제70조의2)이 대표적인 예이다. 이는 의원내각제 개헌안을 제출한 반대세력을 회유하기 위한 방책이었다고는 하지만, 국회에서 간선되던 대통령을 국민직선제로 바꾸어 대통령제적 경향을 강화하는 헌법 개정에서 이루어진 것으로, 이론적으로 보면 대통령제적 요소와 의원내각제적 요소를 동시에 강화하여 양자 사이의 종래 모순을 더욱 심화하는 기현상을 나타난 셈이다. 그러나 헌정 실제에서는 강화한 의원내각제적 요소를 대통령과 여당이 무시함으로써 아무런 의미 없이 형해화하였다. 나아가 국회를 장악한 대통령과 여당이 종래 모순을 시정한다는 미명 아래 제2차 개헌에서 헌법상 의원내각제적 요소 중 가장 중요한 것이었던 국무총리제를 폐지하고, 대통령직의 인격화가 극에 이르게 됨으로써 의원내각제개헌에 대한 희망도 최고조에 달하게 되었다.

명되어야 하였다. 국회가 내각을 불신임할 수 있었고(제71조 제3항, 제4항), 역으로 내각도 국회를 해산할 수 있도록 하여(제71조 제1항, 제2항) 전형적인 의원내각제정부형태가 도입되었다. 그리고 ③ 대법원장과 대법관은 법관의 자격이 있는 사람으로 조직되는 선거인단이 이를 선거하고 대통령이 확인하였고, ④ 헌법위원회와 탄핵심판소를 폐지하는 대신 헌법재판소를 신설하였으며, ⑤ 중앙선거관리위원회를 헌법기관으로 하였다. 또한, ⑥ 공무원의 정치적 중립을 명시하였고, ⑦ 지방자치단체장 직선을 헌법에 규정하였다.

1960년 헌법의 문제점으로는 ① 국회를 먼저 해산하고 헌법을 제정하여야 하는데도 혁명 전 국회에서 1960년 헌법을 제정한 점과 ② 국민의 의사 수렴 과정을 거치지 않았고 국회표결행위가 억압적 분위기에서 이루어져 자유롭지 못하였다는 점을 지적할 수 있다.

2. 1960년 헌법 제1차 개정(통칭 제4차 헌법 개정)

(1) 배경과 과정

3·15 부정선거의 주모자와 부정선거에 항의하는 군중을 살상한 관련자들을 처벌하라는 국민 압력이 거세진 상황에서 처벌법규 부재로 3·15 부정선거 관련자 등에 대해서 무거운 처벌을 할 수 없다는 법원 판결이 내려지자, 정부와 국회는 1960년 10월 17일 이들을 처벌하려고 소급입법의 헌법적 근거를 마련하려는 개헌안을 제안하였고, 민의원과 참의원에서 통과되었다.

(2) 내용과 문제점

1960년 헌법 제1차 개정(1960년 11월 29일 제4차 헌법 개정)의 내용은 ① 3·15 부정선거 관련 부정행위자와 그 부정에 항의하는 국민에 대해서 살상 기타 불법행위를 한 자를 처벌하기 위한 특별법 제정 근거, ② 1960년 4월 26일 이전에 특정 지위를 이용하여 반민주행위를 한 사람의 공민권 제한을 위한 특별법 제정 근거, ③ 1960년 4월 26일 이전에 지위나 권력을 이용하여 부정축재한 사람의 행정상 또는 형사상 처리를 위한 특별법 제정 근거, ④ 이러한 형사사건 처리를 위한 특별재판소와 특별검찰부 설치 근거를 마련하는 것 등이었다.

1960년 헌법 제1차 개정의 문제점으로 ① 헌법 개정 내용이 모두 소급입법으로 처벌하거나 참정권과 재산권을 제한하는 것이므로 위헌 논란이 있지만, 헌법 개정으로 소급입법 근거를 규정하였으므로 위헌이라고 할 수는 없다. 그러나 ② 부정선거책임자 처벌 등을 요구하면서 4·19 혁명 부상자들이 국회에 난입하는 것 등 헌법 개정이 강제된 측면이 있음을 부정할 수 없다.

3. 헌정 평가

4·19 혁명은 이미 군주제에 가깝게 바뀌어 버린 대통령제정부의 1인독재권력을 붕괴시켰고 입헌주의적 정부를 재건할 계기를 마련해 주었다. 국민의 자유와 권리를 보장하는 입헌적

정부형태로서 의원내각제가 도입되었고(헌법 내용), 독재정권을 붕괴시켰던 4·19 혁명을 주도하였던 국민이 민주적 정당성을 부여한(헌정 형성), 민주세력이 국정을 운영하려고 하였다. 그러나 이러한 의원내각제 실험은 그 성패 여부를 가늠할 시행착오기간을 누릴 여유도 없이 9개월 만에 5·16 군사쿠데타로 돌연 중단되었다. 결국, 4·19 혁명은 미완성된 상태로 한국헌정의 민주화 과제를 안고 잠복하였다. 짧은 시기였으나 민주적 헌정 운영이 시도되었다는 점에서 이 시기를 일시적 문민민주헌정 시기라고 부르고자 한다.

Ⅳ. 군사독재헌정 시기(제1기) – 박정희 군사독재

1. 박정희 군사독재 전기

(1) 1962년 헌법(5월쿠데타 헌법, 박정희 제1차 헌법) 제정(통칭 제5차 헌법 개정)

① 배경과 과정

박정희를 중심으로 한 일부 군인이 1961년 5월 16일 군사쿠데타를 일으켰다. 군부대를 동원해 서울의 주요기관을 장악하고 나서 군사혁명위원회를 만들어 6개 항의 혁명공약을 선언하고 비상계엄을 선포하였다. 군사혁명위원회는 국회와 지방의회를 해산하고 장면 내각을 강제로 총사퇴하게 하였다. 그 후 1961년 5월 19일 군사혁명위원회를 국가재건최고회의로 이름을 바꾸어 임시내각을 조직하였고, 1961년 6월 6일에는 국가재건최고회의에서 국가재건비상조치법을 제정·공포하였다. 동법에 따라서 국가재건최고회의는 3권을 통합하여 행사하는 최고통치기관이 되었고, 1960년 헌법은 동 비상조치법에 어긋나지 않는 범위 안에서만 효력이 있다고 규정하면서 기존 헌법질서를 파괴하였다.[22] 헌법을 개정하는 데 필요한 국회가 없었던 쿠데타정부는 1962년 11월 5일 헌법심의위원회가 마련한 헌법안을 국가재건최고회의에서 의결·공고하였다. 그리고 새로 제정한 국민투표법에 따라서 1962년 12월 17일 국민투표로 확정하여 12월 26일 공포하였다. 시행일은 부칙 제1조 제1항에 따라서 국회가 처음 집회한 1963년 12월 17일이었다. 이 헌법을 공포일에 맞추어 1962년 헌법으로 부른다. 1962년 헌법부터 전문의 헌법제·개정 연월일을 서기로 표기하기 시작하였다.

② 내용과 문제점

1962년 헌법의 중요한 내용으로는 (ⅰ) 헌법 전문을 개정하여 4·19정신과 5·16정신을

---

22) 따라서 5·16 사건은 주도세력의 주장과 달리 명백한 헌정파괴적 쿠데타라고 할 수 있다. 5·16 사건으로 말미암아 한국 헌정사상 최초로 헌정이 중단되었고, 기존 헌법질서가 파괴되었다는 사실을 부인할 수 없기 때문이다. 이는 박정희가 정권을 획득·유지하는 과정에서 억압적인 강권지배를 한 것으로도 미루어 짐작할 수 있다. 특히 국가재건비상조치법은 이른바 5·16기본법으로서 헌법의 효력을 제한하는 초헌법적 기능이 있었다. 5·16 군사쿠데타는 4·19 혁명으로 마련된 한국 민주주의 발전의 초석을 무너뜨리고 군이 정치에 개입하는 선례를 남겼을 뿐 아니라 그 후의 헌정사를 오랫동안 파행과 왜곡으로 이끌었다.

명시함으로써 쿠데타를 정당화하였다. (ⅱ) 대통령과 국회의원의 입후보에 소속 정당 추천을 요구하였고, 국회의원이 당적을 이탈·변경한 때 또는 정당 해산 때는 의원직을 상실하게 함으로써 정당국가를 지향하였다. (ⅲ) 근로자의 이익분배균점권과 공무원파면청원권을 삭제하고, 인간의 존엄과 가치, 직업선택의 자유, 인간다운 생활을 할 권리, 교육을 받게 할 의무 등을 신설하였다. (ⅳ) 정부형태를 의원내각제에서 대통령제로 환원하였다. 이러한 환원은 종래 의원내각제적 요소의 헌법적 의의에 변화를 가져왔다. 국무총리 임명에 국회 동의를 더는 필요하지 않게 하고(제84조 제1항), 종래 의결기관이었던 내각을 심의기관으로 명시하는 것(제83조) 등 헌법 명문 규정에서 알 수 있듯이 비록 헌정 실제에서 제 기능을 다하지는 못하였지만 적어도 헌법적으로는 집행부 내부 통제수단으로 대통령의 전단적 권력 행사에 대한 견제기능을 맡아줄 것이 기대되었던 의원내각제적 요소가 이때부터 대통령의 국정수행을 보좌하는 기능 측면을 강하게 갖게 되었다. (ⅴ) 국회를 단원제로 바꾸었다. (ⅵ) 헌법재판소를 폐지하고 법원에 위헌법률심사권을 부여하였으며, 법관을 임명할 때 법관추천회의를 거치게 하였고, 비상계엄 아래 군사재판을 일정한 때에 단심으로 할 수 있다는 것을 최초로 명문화하였다. (ⅶ) 헌법 개정에 대해서 국민투표를 도입하였다.

　　1962년 헌법을 헌법 개정으로 본다고 하더라도 1960년 헌법에 규정된 헌법 개정절차를 따르지 않고 국가재건비상조치법에 따라서 개정하였다는 점에서 명백히 위헌적 헌법 개정이다. 1960년 헌법은 국가재건비상조치법에 저촉되지 않는 범위 안에서만 효력이 있다고 함으로써(국가재건비상조치법 제24조) 1960년 헌법의 개정절차가 무시되었기 때문이다.

(2) 1962년 헌법의 제1차 개정(통칭 제6차 헌법 개정, 속칭 3선개헌)

① 배경과 과정

　　1967년 5월 3일 시행된 제6대 대통령선거에서 재선된 박정희는 2년 후인 1969년 장기집권을 위해 3선개헌 작업에 착수하였다. 여·야는 3선개헌을 둘러싸고 원내에서 치열하게 대립하였고, 집권당인 민주공화당 내부에서조차 찬반으로 나뉘어 갈등이 심화하였다. 소속 의원에 대한 설득과 야당의원에 대한 포섭작업에 성공한 민주공화당은 3선개헌안을 집권당에 대한 신임으로 간주하여 개헌안을 발의하였다. 이를 위해서 임시국회를 소집하였고, 국회의장은 개헌안에 대한 본회의 보고를 생략하고 정부에 직송하여 개헌안을 공고하게 하였으며, 여당은 1969년 9월 14일 새벽 국회 제3별관에서 공화당 개헌 찬성자 122명이 참석한 가운데 표결을 강행하여 기습적으로 개헌안을 통과시켰다. 이 개헌안은 그해 10월 17일 시행된 국민투표에서 통과되어(65.1% 찬성) 대통령 박정희의 3선 가능성을 열어 놓았다.

② 내용과 문제점

　　1962년 헌법 제1차 개정의 중요한 내용은 (ⅰ) 대통령의 3선을 허용하고, (ⅱ) 대통령에 대한 탄핵소추의 발의와 의결정족수를 가중하였고, (iii) 국회의원 정수 상한을 250명으로 늘렸으며, (iv) 국회의원은 각료를 겸임할 수 있도록 법률에 위임하였다는 것이다.

동 개헌도 집권 연장을 위한 헌법 개정이었다. 박정희 당시 대통령이 말한 것처럼 개헌안에 대한 국민투표를 대통령에 대한 신임투표로 규정할 수 있는지가 논란이 되었고, 개헌안이 국회개의시간이 아닌 시간(새벽 2시)에 본회의장이 아닌 국회 제3별관에서 기습적으로 통과되었다는 점에서 다수결원칙에 어긋나는 위헌적인 헌법 개정으로 볼 수 있다.[23]

2. 박정희 군사독재 후기 – 1972년 헌법(박정희 제2차 헌법 제정, 통칭 제7차 헌법 개정, 속칭 유신헌법) 제정

(1) 배경과 과정

3선개헌 이후 시행된 1971년 대통령선거에서 재차 당선되었지만, 장기집권으로 말미암은 민심 이반을 경험한 박정희는 1972년 10월 17일 전국에 비상계엄을 선포하고, 약 2개월간 헌법 일부 조항의 효력을 중지시키는 비상조치를 선포하였다.[24] 이러한 초헌법적 비상권은 헌법을 일부 정지하는 것으로 1962년 헌법 질서 안에서는 법적으로 불가능한 조치였다.[25] 비상조치로 헌정이 중단된 상태에서 임시기구인 비상국무회의에서 1972년 10월 23일 비상국무회의법이 통과되었고[26] 1972년 10월 26일 비상국무회의에서 헌법개정안에 관한 심의를 마친 다음 날 헌법개정안을 의결하고 공고하였다. 이어서 1972년 11월 21일 국민투표가 시행되었는데 그 결과 91.9%의 투표율과 91.5%의 찬성률로 개정안이 확정되었고, 1972년 12월 27일

---

23) 정부·여당이 보도기관을 독점하여 일방적으로 선전·보도를 하였고 공무원을 국민투표에 대거 동원함으로써 개헌 후에도 커다란 후유증을 남겼다(김영수, 『한국헌법사』, 학문사, 2000, 535~537쪽 참조).

24) 비상조치 내용은 다음과 같다. ① 국회를 해산하고, 정당과 정치활동 중지 등 현행 헌법의 일부 조항의 효력을 정지시킨다. ② 국회의 기능은 비상국무회의가 수행하고, 비상국무회의 기능을 현행 헌법의 국무회의가 수행한다. ③ 비상국무회의는 1972년 10월 27일까지 조국의 평화통일을 지향하는 헌법개정안을 공고하며, 이 공고일부터 1개월 이내에 국민투표에 부쳐 확정시킨다. ④ 헌법개정안이 확정되면 개정된 헌법절차에 따라 1972년 연말 이전에 헌정질서를 정상화한다.

25) 당시 헌법상 근거가 없었고, '국가보위에 관한 특별조치법'은 대통령에게 국가비상사태선언권을 부여한 것이지만, 대통령에게 국회 해산과 같은 '초비상대권'을 부여한 것은 아니었다. 그러므로 이 법에서도 10·17 특별선언의 근거를 찾을 수 없다는 문제가 있다. 그리고 선언에서 1962년 헌법 일부 조항의 효력을 정지한다고 하였는데, 이것도 어느 조항을 지칭한 것이 아니라 막연하게 규정해 놓았다는 점, 효력이 정지된 헌법조항의 기능을 비상국무회의에서 수행한다고 하였는데, 이는 국회의 입법권을 비롯한 모든 권한을 함께 행사하려는 조치였다는 점, 국민이 헌법개정안을 마련하도록 수권한 바가 없는데 임의로 헌법개정안을 마련하여 공고하고 국민투표를 통해서 확정하겠다고 한 점 등에 미루어 보면, 이러한 일련의 조치는 박정희의 장기집권을 위한 개헌에 그 의도가 있었음을 알 수 있다.

26) 동법은 비상국무회의의 조직과 권한에 관한 사항을 규정하는데, 그 내용은 "① 비상국무회의는 대통령·국무총리·국무위원으로 구성되며, 대통령이 의장, 국무총리가 부의장이 된다. ② 비상국무회의는 해산된 국회에 제출되었던 법안, 예산안, 조약의 체결·비준에 대한 동의안, 국채 모집 또는 예산 외에 국가의 부담이 될 계약체결에 대한 동의안은 이미 처리된 것을 제외하고, 모두 비상국무회의에 제출된 것으로 본다. ③ 의안은 대통령 및 국무총리가 제출한다." 등이다.

새 헌법이 공포·시행되었다.

(2) 제헌의 내용과 문제점

1972년 헌법의 중요한 내용은 다음과 같다. (ⅰ) 기본권 보장을 의도적으로 약화하였다. 일반적 법률유보 외에도 거의 모든 기본권에 개별적 법률유보를 두었을 뿐 아니라 1960년 헌법에서 도입되었던 기본권의 본질적 내용에 대한 침해금지조항을 삭제하였다. (ⅱ) 대통령 권한을 극단적으로 강화하였다. 대통령은 긴급조치권, 의회해산권, 국회의원정수의 3분의 1 추천권(실제로는 임명권),[27) 국민투표부의권, 법관임명권 등 전통적인 대통령제에서는 인정될 수 없는 강력한 (견제와 균형을 전제하는 권력분립의 틀 안에서는 설명될 수 없는) 권한을 보유하였다. (ⅲ) 통일주체국민회의를 설치하였고, 이 기관을 통해서 대통령이 간선되도록 하였다. 그리고 통일주체국민회의는 국회에서 제안된 헌법개정안에 대한 확정권을 보유하였다. (ⅳ) 국회 권한은 상대적으로 많이 약화하였다. 이와 더불어 1962년 헌법이 도입하였던 정당의 의원 등에 대한 구속력을 완화하여 정당 추천을 받지 않은 무소속 출마자의 입후보가 인정되었다. (ⅴ) 대법원의 위헌법률심판권이 박탈되었고, 헌법위원회를 구성하여 위헌법률심판, 위헌정당해산심판, 탄핵심판을 담당하게 되었다. (ⅵ) 부칙으로 조국의 평화적 통일이 이루어질 때까지 지방의회 구성을 연기함으로써 지방자치 시행을 공식적으로 포기하였고, (ⅶ) 헌법개정절차를 2원화하여 대통령이 제안한 헌법개정안은 국민투표로 확정하도록 하였고, 국회 재적의원 과반수가 제안한 헌법 개정은 국회 의결을 거쳐서 통일주체국민회의에서 확정하도록 하였다.

1972년 헌법도 헌법 개정이라고 본다면 1962년 헌법에 따른 정상적인 헌법개정절차를 밟지 않았을 뿐 아니라 10·17 비상조치라는 초헌법적 비상권을 행사하여 헌정을 중단하고 정당성이 없는 비상국무회의가 헌법개정안을 의결하도록 하였다는 점에서 명백히 위헌적인 헌법 개정이었다.

3. 헌정 평가

박정희 정권은 전기와 후기로 나누어 평가할 수 있다. 박정희 정권은 군사쿠데타로 헌정을 중단하는 것 등 헌정파괴적 실력 행사를 통해서 집권하였고 비상조치법을 따라서 헌법을 개정하였다는 점에서 헌정 형성에서 민주적 정당성이 없는 정권이었다. 그리고 헌법 내용도

---

27) 1972년 헌법은 국회의원 정수의 3분의 1에 해당하는 수의 국회의원에 대해서 대통령이 일괄 추천하면 이른바 통일주체국민회의에서 후보자 전체에 대해서 찬반을 투표에 부쳐 당선 여부를 결정한다고 규정하였다(제40조). 그런데 실질적으로는 대통령에게 국회의원 3분의 1의 임명권을 부여한 것이나 마찬가지였다. 따라서 정부의 성립·존속이 국회 신임에 의지하여야 한다는 의원내각제의 기본개념과는 옹글게(완벽하게) 거꾸로 되어 있었을 뿐 아니라, 집행부와 입법부가 엄격히 상호 독립되어 있어야 한다는 대통령제의 기본개념과도 정면으로 충돌하였다. 결국, 1972년 헌법은 입헌주의와는 거리가 먼 전제주의적 정부형태로 보지 않을 수 없다.

국민의 자유와 권리를 보장하는 입헌주의적 헌법의 외양을 띠었지만, 국민의 정치적 자유는 국가안보라는 이름 아래 집권자가 허락하는 한도 안에서만 누릴 수 있었고, 실제 정국 운영에서도 권력분립이 무시되었으며 대통령이 제왕적으로 권력을 행사하였음을 보면, 이 시기를 군사독재 시기라고 부를 수 있다.

10·17 비상조치로 헌정을 중단하고 국회 권한을 대신하였던 비상국무회의에서 개정된 1972년 헌법에 대해서는 아예 헌법성 자체에 의문을 갖지 않을 수 없다. 입헌주의헌법은 국민의 자유와 권리를 보장하려고 국가권력을 조직·행사하도록 하는 헌법인데 1972년 헌법은 권력분립이 이루어지지 않았고 대통령에 권력이 집중되었으며 대통령의 종신집권이 제도적으로 보장되었기 때문이다. 사법심사 대상이 되지 아니하도록 헌법이 스스로 인정한 초헌법적 비상대권인 긴급조치권(제53조), 아무런 발동요건도 통제수단도 마련하지 않은 채 무제한 허용된 국회해산권(제59조), 대상과 시기에 제한 없이 행사할 수 있어 자기재량에 따라서 국민대표기관인 국회를 배제할 수도 있는 국민투표부의권(제49조), 입법부(국회)의 3분의 1에 해당하는 국회의원의 실질적 임명권(제40조), 대법원장을 비롯한 모든 법관의 임명권(제103조) 그리고 정치와 무관한 사람들로 구성된 이른바 통일주체국민회의에서 토론 없이 무기명투표로 대통령을 선출한다는 규정(제37조, 제39조)과 그 실제[28]에 이르면 1972년 헌법이 실질적으로 지향하는 핵심은 권력분립을 배제하고 대통령에게로 권력을 집중하여 독재정권을 유지하는 데 있었음을 확인할 수 있다. (입헌주의적 의미의) 헌법은 이미 없었고, 박정희라는 인격 자체가 그대로 통치체제를 나타내었다. 이 시기는 박정희 정권 전기보다 더욱 억압적인 군사독재 시기로 규정할 수 있다. 1979년 10월 26일 갑작스러운 박정희 피살 이후 나타난 정부 공백과 당황, 혼란은 바로 이러한 사정을 입증해준다.

Ⅴ. 군사독재헌정 시기(제2기) – 전두환 군사독재

1. 10·26 사태 이후 정치상황과 군사정권의 재등장

10·26 사태로 박정희 대통령이 피살되자 제주도를 제외한 전국에 계엄령이 선포되었고, 헌법에 따라서 최규하 국무총리가 대통령 권한을 대행하였다. 최규하 대통령은 1979년 12월 8일 국민 여망에 따라서 긴급조치 제9호를 해제하여 개헌 논의를 가능하게 하였고, 1979년 12월 14일 내각을 새로 구성하여 헌법 개정 전까지 위기관리정부를 유지하고자 하였다. 오랫동안의 독재정치 아래에서 민주주의를 갈망하였던 국민은 10·26 사태 이후 한껏 민주화에

---

28) 두 번 이루어진 통일주체국민회의의 명목상 대통령선거에서 첫 번째는 투표자 2,359명 가운데 2,357표를, 두 번째는 2,578명 가운데 2,577표를 박정희에게 던졌다. 이는 통일주체국민회의의 대통령간선제가 박정희의 영구집권을 위한 음모에 불과하였음을 적나라하게 보여준다.

대한 기대가 부풀어 올랐고 헌법 개정에 관한 논의가 범국민적 기대 속에서 진행되었다. 그러나 1980년 서울의 봄은 다시 군부 개입으로 꽃을 피우지 못하였다. 1979년 12월 12일 전두환 보안사령관을 중심으로 한 일부 군부세력이 군의 주도권을 장악하고 정권을 획득할 목적으로 1979년 12월 12일 서울에 진주하여 당시 계엄사령관이었던 육군참모총장 등 군수뇌부를 불법연행하고 군부 실권을 장악함으로써 최규하 대통령이 이끄는 정부를 사실상 무력화하였다. 12 · 12 당시 비상계엄이 선포되어 모든 행정기관과 사법기관이 계엄사령관의 지휘 · 감독을 받게 되었는데도(계엄법 제8조) 대통령 재가 없이 계엄사령관 겸 육군참모총장을 체포하였고, 대통령을 협박하여 국가의 모든 군권과 수사 · 정보기관을 장악하였다. 따라서 이는 대법원 판결에 나타났듯이 군부 주도권 장악과 정권 탈취 목적의 군사반란으로 형법상 국헌문란목적의 내란죄에 해당하는 사건이었다.

12 · 12 군사반란으로 이른바 '신군부'가 정치 개입을 가시화하자 민주화를 기대하던 국민은 최규하 정부에 국민적 합의에 따른 민주정부 수립을 강하게 요구하였다. 이에 노동자들의 계속적인 파업과 시위, 학생들의 각종 집회가 계속되었다. 이러한 정국 불안정을 빌미로 전두환을 주축으로 한 신군부는 당시 최규하 대통령을 압박하여 1980년 5 · 17 비상계엄 확대로 대표되는 국헌문란행위를 자행하였다. 이에 따라서 정치활동 규제, 사회정화조치, 광주민주화운동 진압 등 일련의 조치와 초헌법적 권력기구인 국가보위비상대책위원회의 설치 · 운영 등 일련의 국헌문란행위가 진행되었다. 이후 1980년 8월 16일 최규하 대통령 하야로 1980년 8월 27일 전두환 보안사령관이 통일주체국민회의에서 제11대 대통령으로 선출되었고 1980년 9월 1일 대통령으로 취임함으로써 정권을 장악하였다. 이러한 일련의 과정을 거친 5 · 17은 전두환을 비롯한 신군부 수뇌부의 사전계획 아래 정권을 불법적으로 찬탈한 것이다. 나아가 5 · 18 광주민주화운동 무력 진압과 1980년 5월 31일 국가보위비상대책위원회 설치로 자의적 개헌을 추진한 것을 보면, 5 · 17도 12 · 12의 연장선 위에 있는 내란행위이다.[29]

2. 1980년 헌법(통칭 제8차 헌법 개정) 제정

(1) 배경과 과정

1979년 10월 26일 대통령 박정희가 당시 중앙정보부장 김재규에게 피살당하여 유신체제가 붕괴함으로써 발생한 권력공백기에 12 · 12 군사반란을 일으켜 군부와 정보기관을 장악한 전두환을 중심으로 한 신군부세력은 헌법 제정작업을 진행하였다. 10 · 26 사태를 계기로 국회 등 각종 단체가 개헌작업을 진행하였다. 하지만 1980년 전국으로 비상계엄을 확대하고 신

---

29) 12 · 12 군사반란과 5 · 17 내란의 위헌성에 관해서 자세한 내용은 김영수, 『한국헌법사』, 학문사, 2000, 618, 621 ~622쪽; 한인섭, 「정치 군부의 내란행위와 '성공한 쿠데타론'의 반법치성」, 박은정/한인섭 엮음, 『5 · 18 법적 책임과 역사적 책임』, 이화여자대학교 출판부, 1995, 102~132쪽; 허 영, 「5 · 18 불기소 처분의 헌법 이론적 문제점」, 박은정/한인섭 엮음, 『5 · 18 법적 책임과 역사적 책임』, 이화여자대학교 출판부, 1995, 83~101쪽 참조.

군부가 정국을 주도하게 된 5·17 내란으로 말미암아 모든 정치활동이 금지되었다. 결국, 정부만이 개헌작업을 진행하였다. 정부에 설치되었던 헌법개정심의위원회는 1980년 9월 9일 개헌안을 확정하고, 이 개헌안은 국무회의 의결을 거쳐서 1980년 9월 29일 공고되었고 1980년 10월 22일에 국민투표가 시행되었다. 이 국민투표에는 유권자 중 95.5%가 투표하였고, 투표자 중 91.6%가 찬성하여 헌법개정안이 확정되었고, 정부는 1980년 10월 27일 공포하여 그날부터 시행되었다.

(2) 내용과 문제점

1980년 헌법의 중요한 내용은 다음과 같다. 먼저 ① 1972년 헌법의 기본권에 대한 개별유보 규정을 많이 삭제하였고, 행복추구권, 사생활의 비밀과 자유, 환경권 등을 비롯한 새로운 기본권을 다수 도입함으로써 기본권 보장을 확대하였다. 그리고 ② 통일주체국민회의를 폐지하였다. 다음으로 ③ 대통령선거방식을 선거인단에 의한 간선제로 변경하였고, ④ 대통령 임기를 7년 단임제로 하며, 임기 연장이나 중임 변경을 위한 헌법 개정은 그 헌법 개정 제안 당시의 대통령에 대해서는 적용할 수 없게 하였다. 또한, ⑤ 1972년 헌법 당시에 가장 많이 남용되었던 제도의 하나인 대통령의 긴급조치권을 비상조치권으로 대체하였고, 그 발동요건과 통제에 관한 규정을 강화하였으며, ⑥ 헌법개정절차를 일원화하였다.

1980년 헌법은 신군부의 5·17 내란으로 말미암아 국회의 개헌활동과 그 밖의 단체들의 개헌활동을 중지시킨 상태에서 정부 단독으로 개헌안을 확정하였다는 것에 문제가 있었다. 물론 당시 헌법상 헌법개정절차(제124조)를 따라서 (동 헌법상 헌법개정절차의 문제점은 차치하고라도) 대통령이 헌법개정안을 제안하면 국민투표만으로 확정되게 되어 있기는 하였다. 그렇지만 국회의원의 헌법개정안 발의 자체를 불가능하게 만들었다는 것 자체부터 문제 된다.

3. 헌정 평가

하나의 인격에 권력이 집중된 통치체제에서는 힘을 제어하고 순화하는 제도적 체제가 그 기능을 상실하므로 통치체제의 구심점이었던 인물이 사라지면 순수한 힘의 무대가 유산으로 남게 된다. 1979년 12·12 군사반란과 1980년의 5·17 쿠데타, 5·18 내란은 제도가 제어하지 않은 힘의 실체를 보여준 사건이다. 그러한 사건을 통해서 실권을 장악한 전두환과 노태우를 비롯한 일부 정치군인이 주도한 1980년 헌법은 그 본질에서 이른바 유신체제를 계승하였다. 1980년 헌법은 외견상으로 보면 1972년 헌법의 제도적 독재 모습을 벗어버리고 1962년 헌법의 모습으로 돌아간 것처럼 보였다. 그렇지만 정작 초미의 관심이었던 대통령선거는 직선이 아닌 간선으로 함으로써 신군부의 권력 장악을 쉽게 만든 것이었다.[30] 더구나 당시

---

30) 특히 통일주체국민회의를 대신하여 대통령선거인단에 의한 대통령간선제가 규정되어 1972년 이래 박탈된 국민의 정부선택권은 회복되지 못하였다. 대의제 민주주의를 원칙으로 하는 나라에서 국민의 주권 행사는 주로 선거

정치현실은 (헌법규정이 달라졌어도) 유신 말기와 큰 차이가 없이 억압적이었다. 긴급조치권은 비상조치권으로 이름을 바꾸어 존속하였고, 국회해산권도 유지되었으며, 여전히 대통령에게 권력이 집중되었으므로 헌법에 규정된 여러 의원내각제적 요소도 집행부 안 통제기능을 기대 하기 어려웠고 대통령보좌적 의미에 더욱 충실하였다. 결국, 1980년 헌법에 대해서도 정상적 으로 입헌주의적 논의를 펴기에는 무리라고 할 수 있다는 점에서 이 시기를 군사독재 시기로 규정하지 않을 수 없다.

Ⅵ. 1987년 헌법 아래의 헌정 – 과도적 군사정부 시기를 거쳐 문민민주 헌정 시기로

1. 1987년 헌법(6월항쟁 헌법) 제정(통칭 제9차 헌법 개정)

(1) 배경과 과정

대통령단임제와 평화적 정권교체 성사를 지상목표로 설정한 전두환 정권이 말기에 이르 자, 새로운 대통령선거를 앞두고 국민은 정부선택권을 돌려받으려는 투쟁에 돌입하였고 대통 령직선제로 헌법 개정을 요구하였다. 이때 정통성 없는 군사정권과 국민적 지지기반 없이 인 위적으로 형성된 여당이 대통령직선제 아래에서 정권을 계속 유지할 수 있을 것인지에 관해 서 자신이 없었는지 갑자기 종래 야당의 전유물과 같았던 의원내각제개헌을 들고 나오기도 하였다.31) 국민은 이러한 정부 제안을 용납하지 않았고, 1987년 6·10 시민항쟁을 통해서 집 권당 대통령후보의 6·29 선언과 대통령의 7·1 담화라는 집권세력 굴복을 끌어내는 데 성공 하였다. 그를 바탕으로 여·야가 협상한 끝에 옹근(완벽한) 합의에 도달하였고 헌법에 규정된 개정절차를 지켜서 대통령직선제헌법이 제정·공포되었고 1988년 2월 25일 발효되었다.

(2) 내용

1987년 6월의 시민항쟁에서 표출된 국민 요구를 따라서 대통령직선제를 도입하였고, 기본 권 보장을 강화하였으며 국가권력 행사의 절차적 정당성을 많이 보완하였다. 전문에 '불의에 항거한 4·19민주이념계승', '조국의 민주개혁'을 강조하였고 평화통일조항(제4조), 국군의 정

권 행사로 한다고 할 수 있다. 1972년 이후 채택된 대통령간선제는 민주적 선거의 대원칙 중 하나인 직접선거원 칙을 부정하는 것에 그친 것이 아니고, 통일주체국민회의나 대통령선거인단의 선거가 실제에서 집권자(나 그가 지명한 후보자)에 대한 신임투표(이른바 쁠레비시트) 이상의 의미가 있을 수 없었고 부결을 기대하기 어렵다. 결 국, 대통령선거권 자체가 박탈된 것에 다름 아니었다. 따라서 실질적으로 보면 국민은 선거권 행사를 통해서 행 사하여야 할 주권을 빼앗긴 것이라고 하여도 과언이 아니다.

31) 1985년 2·12 총선 이후 야당은 대통령직선제개헌을, 여당인 민정당은 의원내각제개헌을 주장하여 대립하였다. 이로써 한국헌법사에서 의원내각제가 하나의 국가권력구조모델로서 아무런 검증 없이 누려왔던 기득권이 걷히 게 되었다. 국민은 여든 야든 집권프로그램으로서는 여하한 정부형태든 상관하지 않으리라는 인식을 체험적으로 획득하였다. 말하자면 의원내각제는 신화의 세계에서 현실세계로 내려온 셈이다.

치적 중립성(제5조 제2항)도 강조하였다. 기본권규정의 중요 내용으로 ① 적법절차조항을 명시하였고, 체포·구속할 때의 고지와 가족에 대한 통지의무를 명문화하였으며, ② 언론·출판·집회·결사에 대한 허가와 검열을 금지하였다. ③ 재산권 수용에 대한 정당보상제도를 도입하였고, ④ 형사보상청구권을 확대하여서 형사피의자와 불기소처분자의 보상청구권도 보장하였다. ⑤ 형사피해자의 재판절차상 진술권과 범죄피해구조청구권을 신설하였고, ⑥ 최저임금제 시행을 명문화하였다. ⑦ 근로자의 단체행동권 제한 사업체 범위를 축소하였고, ⑧ 여자·모성·노인·청소년·생활무능력자의 권익 보호를 강조하였다. 국가조직규정의 중요내용으로 ① 대통령직선제를 도입하면서 대통령 임기를 5년으로 단축하였다. ② 대통령의 비상조치권과 국회해산권을 폐지함으로써 대통령 권한을 상대적으로 약화하였다. ③ 국정감사권을 부활시키는 것 등 국회 권한을 강화하면서도 ④ 국무총리·국무위원에 대한 국회의 해임의결권은 해임건의권으로 약화하였다. ⑤ 대법원판사제를 폐지하고 대법관제를 부활시켰으며, ⑥ 그동안 휴면제도화한 헌법재판제도를 활성화하려고 헌법재판소를 신설하였다.

(3) 헌정 평가

현행 헌법의 헌정사적 의의는 실로 막중하다. 헌법이 그 성립과정에서나 내용에서나 온전하게 정당성을 획득한 헌정사상 최초의 헌법이라는 점에서 그러하고, 그러한 헌법 아래에서 구성되는 정부가 더는 정통성 위기에 시달리지 않게 되어 정국 안정을 기할 수 있게 되었다는 점에서 그러하며, 무엇보다도 맹목적인 헌법 개정 시비 자체를 정당화하기 어렵다는 점에서 그러하다. 현행 헌법은 대통령의 국민직선제를 채택하여 국민주권을 회복시키고, 종전에 대통령에게 부여되었던 비상조치권과 국회해산권을 삭제하며 국회의 국정감사권을 부활시키는 것 등 입법부와 집행부의 불균형을 바로잡았다(권력분립). 나아가 헌법재판소가 설치·운영됨으로써 헌법이 '법'으로서 다른 국가기관과 국민의 존중을 제도적으로 확보할 수 있게 된 것도 커다란 변화였다.

2. 과도적 군사정부 시기 – 군사독재헌정의 끝

그러나 1987년 6월의 시민항쟁은 1987년 헌법 성립으로 바로 완성되지는 못하였다. 국민은 헌법 개정으로 단순히 대통령선출방법의 하나로서 대통령직선제를 얻어내고자 하였던 것이 아니었다. 대통령직선제만이 오랜 군사정권 시대를 종식할 수 있다는 인식이 자리 잡았다. 그러나 결과는 국민 여망을 저버린 야권 분열 때문에 전두환과 함께 12·12 군사반란과 5·17 내란의 주역이었고 전두환이 집권당후보로 지명한 노태우에게 권력이 승계되는 전혀 원치 않았던 상황이 벌어지고 말았다. 대통령결선투표제 도입을 거부하고 3분의 1 승리를 확신하였던 야권인사들의 '역사의식 무지'와 '소아적 권력욕'으로 말미암아 6월 시민항쟁은 그 완성에 5년간의 유예기간을 더 필요로 하게 되었다.

노태우 정권은 국민의 자유와 권리를 보장하는 입헌주의 헌법에 따라서 정당한 절차를 거쳐서 집권하였고, 헌정 운영에서도 '민주화'와 '자유화'의 시대적 요청에 부응하지 못한 면은 있지만 상대적으로 독재정권이라고 평가하기도 어렵다. 다만, 군사독재정권 지원으로 성립하였고 그 태생적 뿌리도 같았던 노태우 정권은 직선제 대통령이었는데도 민주화와 과거청산에 한계를 드러내지 않을 수 없었다. 그리고 오랜 군사독재를 불식하고 문민민주정부를 열망하였던 6월 시민항쟁의 시대적 요청에도 부응하지 못하는 것이었다. 따라서 노태우 정권은 군사독재정부에서 문민민주정부로 이행되는 과도적 군사독재정부의 성격을 지닌다.

3. 문민민주헌정 시기

(1) 문민민주헌정 제1기(김영삼 정부) - 문민민주헌정 시작

장기간의 군사독재를 종식하고 문민정권을 회복하여야 한다는 6월 시민항쟁의 시대적 요청은 1993년 2월 25일 김영삼 대통령이 취임하면서 이루어졌다. 32년 만에 새로운 문민헌정 시대가 열린 것이다. 김영삼 정부는 32년의 군사정부 기간에 누적된 정치적 부정부패에 대해서 과감한 사정활동을 하였고, 과거 군인들이 저지른 헌정파괴범죄에 대해서 사법적 심판을 시도하였다. 12·12 군사반란과 5·18 광주내란사건을 주도한 전두환·노태우 두 전직대통령과 그 추종세력들을 단죄하려고 공소시효에 관한 특별법을 제정하기도 하였다. 김영삼 정부는 1993년 8·12 긴급재정·경제명령을 발동하여서 금융실명제를 시행하여 부정한 지하금융자금을 양성화하려고 노력하였고, 1995년 6·27 지방선거를 통해서 지방자치를 전면적으로 도입하기도 하였다. 그러나 김영삼 정부는 일과성으로 추진한 개혁정책, 측근 인사들의 대형비리사건, 집권 초기 사정처벌하였던 인사들을 복권한 사면권 남용, 국제통화기금(IMF)의 구제금융을 받을 수밖에 없게 된 경제정책 실패 등의 실정으로 많은 정치적 비난을 감수하여야 하였다. 그런데도 문민독재에 대항하여 민주주의를 수호하였던 4·19 혁명과 32년간의 군사정부에 맞서 문민정부를 여망하였던 6월 시민항쟁으로 이어지는 한국 민주주의 발전의 커다란 흐름을 고려하면, 국민의 자유와 권리를 보장하는 입헌주의헌법을 토대로 헌정 형성에서 민주적 정당성을 획득하고, (비록 대화와 타협을 통해서 국가의사를 결정하는 면이 부족하긴 하였지만) 장기집권야욕을 펼치거나 적법절차를 무시한 독단적인 헌정 운영을 하지 않고 비교적 민주적인 헌정 운영을 하였으므로 이 시기를 문민민주헌정이 회복된 제1기라고 부를 수 있다.

(2) 문민민주헌정 제2기(김대중 정부)

1997년 12월 8일 제15대 대통령선거에서는 이른바 '디제이피(DJP)공조'를 성사시킨 야당의 김대중 후보가 당시 여당후보를 근소한 표 차로 누르고 대통령으로 당선되었다. 한국 헌정사상 최초로 민주적 선거를 통한 평화적 정권교체가 실현된 것이다. 이로써 한국의 민주화는 정착단계에 접어들게 되었다. '국민의 정부'임을 자처한 김대중 정부는 강력한 구조조정정책을 시행하여 국제통화기금경제위기를 극복하는 데 대체로 성공하였고, 국가인권위원회를 설치하는 것 등 인권 신장을 위해서 노력한 점 그리고 이른바 햇볕정책과 남북정상회담을 통해서 북한과 관계개선을 도모한 점이 평가받는다.

(3) 문민민주헌정 제3기(노무현 정부)

2002년 12월 19일 제16대 대통령선거에서는 국민경선제로 야당의 대통령후보가 된 노무현 후보가 대통령에 당선되어 2003년 2월 25일 노무현 정부가 '참여정부'의 구호 아래 출범하였다. 그러나 여·야의 극한 대립 속에서 민주당을 깨고 열린우리당을 창당한 노무현 대통령은 한나라당과 민주당의 협공으로 탄핵소추 의결을 받았고, 이에 대한 국민 반발로 2004년 5월 15일에 시행된 제17대 국회의원선거에서 노무현 대통령이 지지를 호소한 열린우리당이 다수당을 차지하였다. 2004년 5월 14일에는 헌법재판소가 탄핵소추를 기각하여[32] 노무현 대통령은 복직하였다. 노무현 대통령은 거침없는 말과 승부사적 기질 때문에 다양한 헌법적 논란의 중심이 되어 탄핵 위기까지 이르기도 하였지만, 적어도 한국 헌정에서 그동안 무소불위의 지위를 누렸던 대통령의 권위를 무너뜨린 점은 커다란 공으로 기억하여야 한다. 그러나 계속 트집을 잡는 야당을 설득하여 대화와 타협 속에서 국정을 운영하지 않은 점과 국민 의사를 두루 수용하고 국민을 이해시키는 것에 실패한 점은 무시할 수 없는 커다란 문제점이었다.

(4) 문민민주헌정 제4기(이명박 정부)

2007년 12월 19일에 시행된 제17대 대통령선거에서 여러 가지 의혹사건으로 특별검사의 수사대상으로까지 내몰렸던 이명박 후보가 당선되었다. 이명박 정부는 정권을 인수하기 전부터 국민 의사를 무시하고 정책을 일방적으로 수립하여 이를 관철하려 함으로써 국민의 직접적인 반발을 불러일으켰다. 이명박 정부는 김대중 정부와 노무현 정부를 '잃어버린 10년'이라고 부르면서 공격·비판하고 경제 부흥을 약속하였지만, 이들 정부보다 오히려 낮은 경제성장률을 기록하였고, 국가부채도 폭발적으로 늘었다. 그리고 임기 내내 4대강 사업, 자원외교, 방위산업 등에 관한 다양한 비리가 문제 되었으나, 이를 중단 없이 강행하여 국민 분열을 일으켰다. 결국, 퇴임 이후 이에 관한 수사가 시작되어 이명박 전 대통령은 구속되기에 이르렀다. 이명박 정부는 광우병 촛불집회 사건에서 볼 수 있는 것처럼 국민의 의사를 수렴하기는커녕 이를 무시하고 자기 의사를 관철하기에 급급하였고, 문화예술계 블랙리스트, 미네르바 수사, 피디수첩 제작진에 대한 기소 등처럼 정부에 반대하는 사람을 지속해서 탄압하였으며, 급기야 국가정보원·사이버사령부 여론조작 사건에서 보는 것처럼 국민의 의사를 왜곡하려고까지 하였다. 이에 따라 국민의 기본권 보장을 부실해지고, 민주주의는 후퇴하고 말았다.

---

32) 헌재 2004. 5. 14. 2004헌나1, 판례집 16−1, 609.

(5) 문민민주헌정 제5기(박근혜 정부)

국가정보원·사이버사령부 여론조작 사건과 북방한계선(NLL) 대화록 논란 등으로 시작부터 민주적 정당성에 타격을 입은 박근혜 정부는 경제민주화를 통해서 양극화를 해소하고 깨끗한 정치를 구현하겠다는 공약을 내세웠다. 하지만 초기부터 국정 현안을 뒤로 한 채 잦은 순방을 다니고, 대통령이 이해하기 어려운 말을 쏟아내면서 임기 내내 불통 논란으로 소통과 화합의 부족을 드러냈다. 특히 세월호 침몰 사건, 통합진보당 해산사건, 메르스 사태, 역사 교과서 국정화 논란, 일본과 위안부 합의, 개성공단 폐쇄, 제주해군기지 사건, 주한미국 사드(THAAD) 배치 논란 등에서 정부의 무능과 반대세력 탄압, 정경유착, 역사인식 부재, 통일의지 부족, 일방적 정책 추진 등의 문제점을 여실히 드러냈다. 결국, '비선 실세' 최순실이 국정 전반에 개입한 것이 드러나 국회는 2016년 12월 9일 박근혜 대통령에 대한 탄핵소추를 의결하였고, 2017년 3월 10일 헌법재판소는 박근혜 대통령에게 탄핵결정을 내려 박근혜 정부는 종지부를 찍었다. 박근혜 정부는 임기 내내 한국 민주주의를 뒷걸음치게 하였다. 특히 실체를 숨기고 겉만 화려하게 꾸민 인물에게 속으면 민주주의가 어떻게 유린당하는지를 박근혜 정부는 명확하게 보여주었다. 하지만 국민은 "이게 나라냐!"라고 외치며 촛불을 들고 평화적 집회를 계속하면서 이러한 후퇴에 저항하였다. 결국, 국민은 촛불혁명을 완성하여 한국 민주주의를 다시 앞으로 나아갈 수 있도록 바로 잡았다. 이를 통해서 국민은 자신이 국가의 주인임을 명확하게 깨닫는 계기가 되었다는 점은 헌정사에서 매우 중요하다. 즉 침묵하여 무시당하는 주인에서 나서서 자신을 지키는 주인으로 국민이 진화한 점은 한국 민주주의의 결정적 발전으로 평가할 수 있다.

(6) 문민민주헌정 제6기(문재인 정부)

박근혜 대통령 탄핵에 따른 조기대선으로 탄생한 문재인 정부는 이명박 정부와 박근혜 정부 동안 후퇴한 민주주의를 회복하고, 그동안 쌓인 적폐를 청산하여 대한민국을 다시 나라답게 하는 만들어야 한다는 국민의 여망에 부응할 책임이 있다. 특히 분열된 국민을 다시 하나로 합치고, 양극화로 힘든 국민의 삶을 개선하여야 하며, 통일의 열차를 출발시켜 대한민국 발전을 위한 이정표 세우기를 문재인 정부에 국민이 요구하고 있다. 특히 역사 앞에 당당한 국가, 자주국방에 기초하여 미국과 일본을 비롯한 다른 나라에 대해서 당당하게 아니오(No)를 외칠 수 있는 진정한 독립국가를 만드는 것은 문재인 정부에 내린 국민의 명령이다.

제 4 장

대한민국의 국가성

제 4 장   대한민국의 국가성

제 1 절 국가의 이해 – 국가란 무엇인가?

Ⅰ. 국가의 형식적 이해

1. 국가3요소설

국가는 시대와 장소에 따라 그리고 접근하는 방법론(학문분과)에 따라 달리 파악될 수 있는 복잡한 사회조직체이다. 여기서 일단 법학적 의미에 국한하면, 국가를 시원적 권력으로 일정한 영역과 일정한 사람들에 대해서 지배권을 행사하는 공동체로 정의하는 것이 일반적이다. 이는 옐리네크의 국가3요소설에 기초한 국가 개념에 바탕을 둔 것이다.[1] 한국 헌법도 제1조 제2항에 국가권력을, 제2조에 국민을 그리고 제3조에 영토를 각각 규정함으로써 기본적으로 국가3요소설에 기초한 국가 개념에 바탕을 둔다. 그러나 이러한 국가 개념은 주로 국가 '권력'을 중심으로 하면서 국가권력·국민·영토라는 형식적 요소만 열거하여 국가생활의 실질적 내용과 운용과정을 포착하지 못하는 문제점이 있다.

2. 법실증주의의 국가 이해

(1) 공법인으로서 국가[알브레히트(Wilhelm Eduard Albrecht), 게르버(Carl Friedrich von Gerber), 옐리네크]

국가는 개개의 국민을 구성요소로 하지만, 개개의 국민과는 다른, 독립한 법인격이 있는 권리주체로서 공법인이라고 한다.

(2) 법질서로서 국가(켈젠)

켈젠(Hans Kelsen)은 순수(하게)법학적인 고찰방법을 원용한다.[2] 공동체는 법을 통해서 국

---

1) 국가3요소설을 주장하는 옐리네크는 존재와 당위를 구분하는 방법론에 기초하여 국가학을 국법학과 사회적 국가학으로 나눈다. ① 사회적 국가 개념에서는 국가를 '시원적 지배력이 있는, 정주하는 인간의 단체통일체'라고, ② 법학적 국가 개념에서는 '시원적인 지배력이 있는, 정주하는 국민의 사단이나 시원적 지배력이 있는 영토사단'이라고 정의한다[이상 Georg Jellinek, Allgemeine Staatslehre, 3. Aufl., Berlin 1960, S. 394–434 (김효전 역, 『일반국가학』, 법문사, 2005, 139~146쪽)].

2) 존재의 세계와 당위의 세계는 서로 연관될 수 없는 별개의 세계라는 것을 전제로, 각 세계를 파악하는 방법이 전혀 다를 수밖에 없다고 한다. 즉 존재의 세계는 인과법칙으로 설명되지만, 당위의 세계, 예를 들어 법의 세계는 규범논리적인 방법으로만 파악할 수 있다고 본다. 결국, 법학의 세계에서 모든 존재론적 전제가 비추어지고,

가가 되므로, 국가는 법질서를 통해서 비로소 구성된다고 할 수 있다. 따라서 국가를 법질서 그 자체로 파악하여 국가와 법질서를 동일시하였다. 켈젠에게 국가와 법은 개념상 동의어에 지나지 않고, 결국 모든 국가는 법치국가라고 하게 된다. 이러한 국가 이해는 형식에 치우쳐 인간공동체를 국가이게 하는 실질을 도외시한 점에서 비판받는다.

Ⅱ. 국가의 실질적 이해

1. 슈미트 - 정치적 통일체로서 국가

슈미트는 정치학적 고찰방법을 원용한다. 그는 국가 개념이 정치 개념을 전제로 한다고 하면서 국가를 '국민의 정치적 통일체'[3]나 '국민의 정치적 현상태'[4]로 파악하였다. 정치에 특유한 구별기준으로 그가 말하는 '동지냐, 적이냐'의 대립관계를 국가개념에도 적용하여 위기 때, 비상 때, 교전 때 등에 동지집단이냐 적의 집단이냐를 결정하는 데 기준이 되는 주권적 통일체로서 국가를 바라본다. 슈미트는 의적 요소나 결단과 같은 실질적 요소를 국가 개념에 끌어들임으로써 형식적 국가 이해를 극복하려고 하였다.

2. 스멘트 - 통합과정으로서 국가

스멘트는 정신과학적 고찰방법을 원용하여 국가를 하나의 정신현상(문화적 현상)으로 바라보고, 정신적 현실로서 국가의 의미를 이해하여야 한다고 주장한다. 국가는 그 자체로 정태적인 전체로서 실체가 아니라 개개인이 정신적으로 전체적 관련이 있고 활동하는 체험 과정에서만 존재한다고 한다. 국가는 개별적인 생활표현, 즉 법률·외교행위·판결·행정행위를 스스로 발생시키는 정태적 전체가 아니라, 국가는 이 생활표현이 정신적으로 전체적 관련이 있는 활동인 한, 바로 이 개별 생활표현 가운데 존재하며 (더욱더 중요한 것은) 이 개별 생활이 계속 새로워지고 형성되는 가운데 존재하는 것이라고 한다.[5] 비유하자면 국가는 매일 반복되는 국민투표와 같다고 한다. 스멘트는 통합을 일으키는 계기로서 인적 요소, 사항적 요소, 기능적 요소의 3가지를 들었다. 즉 ① 영도자, 통치자, 군주를 비롯한 모든 종류의 공적 기능 담당자를 통한 인적 통합, ② 선거, 국회 심의, 내각 형성 등 국가기관 활동을 비롯한 여론 형성, 단체 형성, 정당 형성 등 집단적 삶의 활동양식을 통한 기능적 통합, ③ 국기, 국민축제, 국민의

오로지 규범의 내재적 논리에 따라서만 설명하려고 한다. 이러한 켈젠의 방법을 순수법학이나 규범논리주의라고 부른다.

3) Carl Schmitt, Verfassungslehre (1928), Berlin 1954 (Neudruck), S. 3.

4) Carl Schmitt, Der Begriff des Politischen, Berlin 1963, S. 20.

5) Rudolf Smend, Verfassung und Verfassungsrecht, 1928, in : Staatsrechtliche Abhandlungen und andere Aufsätze, 2. Aufl., Berlin 1968, S. 136.

례, 영토 등 국가의 의미를 나타내는 사항적 요소를 통한 사항적 통합을 설명한다.

3. 헬러 – (의사)결정 및 행동통일체

헬러(Hermann Heller)는 이른바 현실과학이라고도 부르는 사회학적 고찰방법을 원용한다. 그는 국가는 사회현실 속에 존재하는 현실적인 통일체이고, 주권적 영토고권이 있으며 특정 방식에 따라서 조직된 인간의 정치적 결정통일체인 동시에 정치적 작용통일체라고 정의한다.[6] 국가는 조직으로서 영토 안에 사는 인간으로 구성되고, 이들은 국가의 기관을 통해서 행동하고 결정한다고 한다.

Ⅲ. 사견

국가는 여러 가지 요소로 구성된다. 따라서 하나의 요소만으로 이해하거나 특정 요소를 강조하는 것으로는 국가를 제대로 이해할 수 없다. 즉 국가는 외적 성립요소와 내적 구성요소를 함께 지니므로 형식과 실질을 통합하여 이해하여야 한다. 이러한 점에서 보면 국가는 형식적으로는 국민, 국가영역, 국가권력으로 구성되는 독자적 주체로서 나타나지만(국가 개념의 외연, 국가의 외적 성립요소, 국가3요소), 실질적으로는 정치적 통일의 상태이자 의사결정 및 행동의 주체로서 나타난다(국가 개념의 내포, 국가의 내적 구성요소).[7] 따라서 ① 국가는 자신의 영역 안에서 독립적이고 배타적인 국가권력(즉 주권, 최소한도는 대내적 주권)이 있어야 한다. ② 국가는 국민 자격이 있는 구성원으로 조직된 단체이고, 지역을 기초로 한 사단이다. ③ 국가는 (공)법인으로서 구성원인 국민과 구별되는 독자적인 권리와 의무의 주체이다. ④ 국가는 정태적인 조직체일 뿐 아니라 계속 활동하고 변화하는 정치적 작용통일체이다. ⑤ 국가는 일정한 근본적 가치에 대한 국민적 합의를 바탕으로 하여 국가기관(입법·집행·사법기능 행사)과 국민(기본권 행사)이 만들어가는 수많은 의사 결정과 행동 속에서 그 실질이 드러난다.

---

6) 이에 관해서 자세한 것은 Herman Heller, Staatslehre, Leiden 6. Aufl., 1983 (홍성방 역, 『국가론』, 민음사, 1997, 324~337쪽) 참조.

7) 1933년 국가의 권리와 의무에 관한 몬테비데오 협약 제1조에 따르면 ① 항구적인 주민, ② 확정된 영토, ③ 정부, ④ 다른 국가와 관계를 맺을 수 있는 능력이 있어야 국제법상 국가로 인정받는다.

제 2 절　대한민국의 국가성

Ⅰ. 국호: 대한민국

1. 국호의 구성요소와 의미

　　국호(국가명칭 혹은 국명)는 나라를 다른 것과 구별하여 특징지어 부르는 말이다. 즉 국호는 나라에 대한 하나의 고유한 호칭이다. 국호는 ① 지리적 명칭이나 민족(혹은 주민)의 명칭과 ② 국가의 기본성격에 관한 근본결단의 두 가지 뜻을 담는다. 그리고 국호는 법인인 국가의 이름이라는 의미도 있다. 그래서 국가가 소송주체가 되면 국호로서 당사자를 특정하고, 국가가 다른 국제법주체[국가, 국제기구, 비정부기구(NGO) 등]와 조약을 맺을 때도 국호로서 체결주체를 표시한다. 국가는 국호와 관련하여 명칭권이 있어서, 다른 나라에 대해서 이름을 바르게 표기해 달라고 요구할 수 있다. 만약 국가를 모욕할 목적으로 국호를 변경하여 부르거나 표기하면 이를 처벌하는 입법례도 있다.8) 또한, 국호는 나라의 동질성을 확인하는 기본적인 징표이다.9) 따라서 국가의 정체성은 국호를 통해서 전달된다.10)

2. 국가상징의 하나로서 국호

　　상징은 결속시키면서 질서기능을 수행하는 인지와 인식의 표지이다. 상징은 정신적－감각적 현상의 가시화를 가능하게 한다.11) 헌법상 상징은 오로지 국가가 역사적으로 관련을 맺거나 국가의 오늘날 의미와 관련이 있는, 감각적으로 인식할 수 있는 표지만을 가리킨다. 국가는 밖으로는 물론 무엇보다도 국민의 공동체로서 안으로 자신을 표현하는 상징을 창조한다. 국가상징은 국가의 이념과 사상 그리고 가치를 나타내는 표지를 말한다. 국가상징은 관념적－윤리적 현상의 가시화와 구체화에 이바지한다. 즉 국가상징은 국가의 이념과 사상 그리고 가치를 공개적으로 구체화할 수 있는, 즉 보거나 듣거나 느끼게 할 수 있는 표지이다. 국가는 국가상징으로 외부에 자기 자신을 표현하는 것에 그치지 않고, 국가상징을 통해서 국민이 국

---

8) 형법은 대한민국을 모욕할 목적으로 국기나 국장을 손상, 제거 또는 오욕한 자(제105조)와 비방한 자(제106조)에 관한 처벌규정을 두고[(헌법재판소는 형법 제105조 중 국기에 관한 부분은 과잉금지원칙에 위배되어 표현의 자유를 침해하지 않고, 표현의 자유의 본질적 내용을 침해하지도 않아서 헌법에 위반되지 않는다고 한다(헌재 2019. 12. 27. 2016헌바96, 판례집 31－2하, 81)], 외국을 모욕할 목적으로 그 나라 공용에 사용하는 국기나 국장을 손상, 제거 또는 오욕한 자에 관해서도 처벌규정(제109조)을 두지만, 국호에 관해서는 별도 규정이 없다.

9) 성낙인, 「헌법과 국가정체성」, 『법학』 제52권 제1호, 서울대학교 법학연구소, 2011, 115쪽.

10) Karl－Peter Sommermann, in: Hermann von Mangoldt/Friedrich Klein/Christian Starck (Hrsg.), Kommentar zum Grundgesetz, Bd. 2, 7. Aufl., München 2018, Art. 20 Rdnr. 6.

11) Eckart Klein, Staatssybole, in: Josef Isensee/Paul Kirchhof (Hrsg.), Handbuch des Staatsrechts der Bundesrepublik Deutschland, Bd. Ⅱ (Verfassungsstaat), 3. Aufl., Heidelberg 2004, § 19 Rdnr. 1.

가의 존재와 통일성을 인식하거나 체험할 수 있게 하고 국가가 형성하고 정당화하는 가치와 지배사상을 인지할 수 있게 한다. 따라서 상징은 국가의 존재와 통일성을 구체화한다. 결국, 국가상징은 국가성의 본질적 계기이다.[12] 그리고 국가상징은 국민이 추체험할 수 있는 정치적 가치를 부여하여 정치적 의무를 알게 한다. 국가상징은 국민의 동질화과정을 자극하고 촉진하며, 국가 안에서 조직된 공동체의 공감대를 형성할 가능성을 부여한다. 이를 통해서 국민의 공동체의식을 형성하거나 강화할 수 있고 국민감정을 견고하게 만들어서 통합상태에 이르게 하고 통합상태를 유지할 수 있게 된다. 따라서 국가상징은 통합기능이 있다.[13] 국가상징과 관련하여 상징과 대표는 (공통적인 통합 관련성을 제외하면) 서로 구별되어야 한다. 대표는 사람을 통해서, 상징은 주로 표지를 통해서 형상화한다.[14] 더하여 국가상징은 밖으로 다른 나라에 대해서 국가의 고권과 그것을 통해서 구체화한 가치를 표시하는 데도 이바지한다.[15] 국가상징의 대표적인 것으로는 국기,[16] 국가(國歌), 국화(國花), 국색(國色: 국가를 상징하는 색깔), 국장(國章: 국가의 표장), 국새(國璽: 나라를 대표하는 도장), 국가추모지, 제복, 훈장, 휘장, 축제일이나 기념일 등이 있다. 국가는 사물처럼 현실에 실재하는 것이 아니라 다양한 요소의 결합으로 빚어지는 관념의 산물이다. 국호는 상상의 존재에 불과한 국가를 실재하는 것처럼 믿게 만들어서 국민이라는 상상의 공동체를 형성하고 유지할 수 있도록 하는 결정적 요소이다.[17] 즉 국호는 다양한 허구의 결합체인 국가를 하나의 호칭으로 단순화하여 국가가 실재하는 것으로 인식할 수 있게 한다. 이러한 점에서 국호는 국가상징 중 하나이다.[18]

3. 우리나라 국호: '대한민국'

우리나라 국호는 1948년 헌법 이래로 '대한민국(大韓民國)'이다. '대한'이라는 국호는 1897년 10월 13일 대한제국을 선포하면서 처음 사용하였다. '대한민국'이라는 국호는 1919년 대한

---

12) Oliver Pagenkopf, Eine Hauptstadtklausel für das Grundgesetz, in: ZRP 2005, S. 86; Gehard Robbers, in: Wolfgang Kahl/Christian Walter/Christian Walter (Hrsg.), Bonner Kommentar zum Grundgesetz, München 2008, Art. 20 Rdnr. 171.

13) Christian Burkiczak, Geschichte und Rechtsgrundlagen der deutschen Staatssymbole, in: Jura 2003, S. 807; Eckart Klein, Staatssybole, in: Josef Isensee/Paul Kirchhof (Hrsg.), Handbuch des Staatsrechts der Bundesrepublik Deutschland, Bd. Ⅱ (Verfassungsstaat), 3. Aufl., Heidelberg 2004, § 19 Rdnr. 1; Gehard Robbers, in: Wolfgang Kahl/Christian Walter/Christian Walter (Hrsg.), Bonner Kommentar zum Grundgesetz, München 2008, Art. 20 Rdnr. 170.

14) Klaus Stern, Das Staatsrecht der Bundesrepublik Deutschland, Bd. 1, 2. Aufl., München 1984, S. 277.

15) Christian Burkiczak, Geschichte und Rechtsgrundlagen der deutschen Staatssymbole, in: Jura 2003, S. 806.

16) 국기는 '국가를 상징하기 위하여 일정한 형식에 따라 제작된 기'를 말한다(헌재 2019. 12. 27. 2016헌바96, 판례집 31-2하, 81, 86). 대한민국 국기는 태극기(太極旗)이다(대한민국국기법 제4조).

17) 이러한 사고에 관해서는 유발 하라리, 조현욱 옮김, 『사피엔스』, 김영사, 2016 참고.

18) Gehard Robbers, in: Wolfgang Kahl/Christian Walter/Christian Walter (Hrsg.), Bonner Kommentar zum Grundgesetz, München 2008, Art. 20 Rdnr. 169.

민국 임시정부에서 사용하였던 것에서 비롯한다.

대한제국에서 국호 '대한'은 고구려(마한), 백제(변한), 신라(진한)라는 삼한의 땅을 통합하였음을 뜻한다고 한다.[19] 고구려, 백제, 신라 3국 전체를 묶어서 '삼한'으로 불렀던 것을 '삼한일통'의식이라고 한다.[20] '대한'이라는 국호는 이러한 의식에 바탕을 둔 것이다. '삼한'은 때에 따라 고구려·백제·신라라는 지역국가를 가리키는 분립적 의식과 전체를 묶어서 '우리나라'를 가리키는 통일적 의식의 두 가지로 사용되었다.[21] 따라서 삼한을 한강 이남의 남삼한(혹은 후삼한)을 가리키는 것으로 보는 것[22]은 '대한제국'으로 국호를 바꾸는 과정에서 명확하게 드러난 설명과 대한제국이 간도까지 관리를 보내 영토로서 관리하였다는 역사적 사실에 비추어 틀린 주장이다. '대한'이라는 국호는 대한제국이 일제에 강점되면서 빼앗겼다. 즉 대한제국이 1910년 일제에 강제합병되면서 '대한'이라는 국호는 상실되었고, 국호가 아닌 일종의 식민지명인 '조선'으로 대체되었다.[23] 그러다가 1919년 대한민국 임시정부가 수립되면서 '대한'이라는 국호를 되찾아 '대한민국'이 국호로서 공식적으로 등장하였다. 그리고 1948년에 헌법을 만들 때 격렬한 논쟁 끝에 '대한민국'이 국호로 확정되었다.

1948년 헌법을 제정하면서 '대한'의 의미를 밝히거나 그에 특별한 의미를 부여한 것은 확인되지 않는다. 따라서 '대한'이 '대한제국'에서 비롯한 이상 '대한제국'의 '대한'이 어떻게 이해되었는지를 살펴서 그 의미를 확정할 수밖에 없다. '대한'에서 '한'은 우리의 고유한 민족명칭으로서 이를 되살려 민족자주적으로 국호에서 사대주의를 청산한 것이다.[24] '조선'이라는 국호는 명나라와 상의하여 정하였다. 하지만 고종은 '대한'을 청나라와 상의하지 않고 스스로 정하였다는 점에서 국호의 자주성은 명확하게 드러난다. 특히 일본이 '대한'이라는 국호를 폐지하고 '조선'이라는 국호를 다시 사용하였다는 사실[25]에 반발하여 '대한'이라는 국호를 되살

---

19) 고종 실록 제36권 고종 34년 9월 29일 양력 2번째 기사[http://sillok.history.go.kr/id/kza_13409029_002 (2021년 12월 7일 방문)]; 고종실록 제36권 고종 34년 10월 13일 양력 2번째 기사[http://sillok.history.go.kr/id/kza_13410 013_002 (2021년 12월 7일 방문)].

20) 이러한 의식은 이미 남북국시대 신라에서 형성되었다. 이에 관해서는 김부식, 정구복/노중국/신동하/김태식/권덕영 옮김, 『개정증보 역주 삼국사기 2 - 번역편』, 한국학중앙연구원 출판부, 2012, 782쪽: "엎드려 듣건대 동쪽 바다 밖에 삼국이 있었으니 그 이름이 마한, 변한, 진한이었습니다. 마한은 고구려, 변한은 백제, 진한은 신라가 되었습니다." 참조.

21) 박광용, 「우리나라 이름에 담긴 역사계승의식 - 한·조선·고려관」, 『역사비평』 제23호, 역사비평사, 1993, 17쪽.

22) 예를 들어 임대식, 「일제시기·해방후 나라이름에 반영된 좌우갈등」, 『역사비평』 제23호, 역사비평사, 1993, 37쪽.

23) 임대식, 「일제시기·해방후 나라이름에 반영된 좌우갈등」, 『역사비평』 제23호, 역사비평사, 1993, 37쪽. 순종은 칙령 제318호에서 "한국(韓國)의 국호(國號)를 고쳐 지금부터 조선(朝鮮)이라 칭한다."라고 하였고[순종실록 부록 제1권 순종 3년 8월 29일 양력 1번째 기사[http://sillok.history.go.kr/id/kzc_10308029_001 (2021년 12월 7일 방문)]], 이에 응하여 일본 내각총리대신 가쓰라(桂太郞)는 "짐(朕)이 한국의 국호를 개(改)하야 조선이라 칭하는 건을 재가하야 자(玆)에 공포케 하노라."라고 하였다(조선총독부 관보 제1호, 1910. 8. 29., 18쪽).

24) 황태연, 『대한민국 국호의 유래와 민국의 의미』, 청계, 2016, 40쪽.

25) 이로 말미암아 '대한'은 일제가 강제로 없앤 나라를 뜻하는 개념으로 간주하여 그 부흥을 위해서 민족적 항쟁을 계속하였다(윤병석, 「한국근현대사에서 '대한'과 '조선'의 칭호」, 『한국학연구』 제5집, 인하대학교 한국학연구소,

린 것이라는 점에서 더욱 그렇다. 따라서 대한제국 시절 우리나라를 가리키던 통칭인 '대한'
은 대일항쟁기에는 민족 진영의 배일정신을 상징하는 단어였다.[26] 대일항쟁기와 정부수립준
비기에 '조선'이라는 통칭을 많이 썼던 것은, 특히 지하조직에서도 '대한'을 사용하지 않은 것
은 일제가 '대한'이라는 명칭을 불법화하기도 하였지만, 일제의 의도적 반'대한'공작이 성공하
였던 측면도 있다.[27] '대한'은 '대한제국'을 잇는다는 것을 뜻하는 것으로 대한제국의 정통성
을 계승한다는 뜻이 있다.[28] 그러나 '대한'은 대한제국에서 비롯한 것이지만, 전제군주제 계
승은 아니고 민족적 범위와 계속성을 함축한다.[29] [30]

'대한'의 '한(韓)'은 한이지만, 옛날처럼 작은 한이 아니라 커다란 한이라는 뜻이다. 즉 '대
한'은 한강 이남의 좁은 나라가 아니라 삼한, 즉 옛 삼국(즉 고구려, 백제, 신라)의 영토를 아우
르는 큰 나라라는 뜻이다. 따라서 '대한'은 두 글자가 합쳐져 나라 이름이 된 것으로 절대 대
명(大明)이나 대영(大英)처럼 높이는 의미로 대(大)를 붙인 것이 아니다. 즉 '대(大)'자는 분열된
한을 대통합하여 이룬 '큰' 한이나 '전'한(全韓)이나 '모든' 한을 뜻한다. 결국, '대한'은 '대통합
이 된 한국'을 뜻한다.[31] 즉 '대한'은 한민족 모두를 아우르는 국가라는 뜻이다.[32] 그래서 남
조선과 북조선의 '조선'도 마찬가지지만 남한과 북한에서 '한'은 우리나라 일부 지역이 아니라
우리나라 전체를 가리킨다. 이는 '대한제국'으로 국호를 정할 때 고구려, 백제, 신라 삼국의
통일을 강조한 데다가 황제국은 본래 여러 제후를 거느린 국가라는 점에서도 명확하게 드러
난다. '대한민국'을 '한국'으로 약칭하듯이 핵심 의미는 '한'에 있다.[33]

'민국'의 사전적 의미는 민주 정치를 시행하는 나라[34]나 주권이 국민에게 있고 국민의사에
따라 직접 혹은 간접으로 정치가 운용되는 국가[35]이다. 그래서 '민국'은 전제국가가 아니라

    1993, 109~110쪽).

26) 이완범, 「조선에서 대한으로의 국호 변천과 그 의미」, 한국사 속의 나라이름과 겨레이름(단기 4347년 개천절 기
    념학술회의), 한국학중앙연구원 현대한국학연구센터/한민족학회, 2014. 10. 1., 117쪽.

27) 이완범, 「조선에서 대한으로의 국호 변천과 그 의미」, 한국사 속의 나라이름과 겨레이름(단기 4347년 개천절 기
    념학술회의), 한국학중앙연구원 현대한국학연구센터/한민족학회, 2014. 10. 1., 118쪽.

28) 한영우, 『다시찾는 우리역사(제2전면개정판)』, 경세원, 2014, 57, 494쪽.

29) 정상우, 『헌법상 용어의 연원과 의미 및 순화방안 연구』, 한국법제연구원, 2007, 46쪽; 한영우, 『다시찾는 우리역
    사(제2전면개정판)』, 경세원, 2014, 494쪽.

30) 이상 허완중, 「한국 헌법체계에 비춘 헌법 제3조의 해석」, 『저스티스』 제154호, 한국법학원, 2016. 6., 27쪽.

31) 이상 이완범, 「조선에서 대한으로의 국호 변천과 그 의미」, 한국사 속의 나라이름과 겨레이름(단기 4347년 개천
    절 기념학술회의), 한국학중앙연구원 현대한국학연구센터/한민족학회, 2014. 10. 1., 113~115쪽; 정옥자, 「훼손된
    국가정통성 되살아났나」, 『동아일보』 2008. 4. 24., A30쪽; 최남선, 『조선상식문답』, 기파랑, 2011, 27쪽; 황태연,
    『대한민국 국호의 유래와 민국의 의미』, 청계, 2016, 40쪽.

32) 이상 허완중, 「한국 헌법체계에 비춘 헌법 제3조의 해석」, 『저스티스』 제154호, 한국법학원, 2016. 6., 28쪽.

33) 정구복, 「우리나라 국호고」, 『장서각』 제29집, 한국학중앙연구원 출판부, 2013, 323쪽.

34) 국립국어원 표준국어대사전: https://stdict.korean.go.kr/search/searchView.do (2021년 12월 7일 방문); 우리말 샘:
    https://opendict.korean.go.kr/dictionary/view?sense_no=159672&viewType=confirm (2021년 12월 7일 방문).

35) 다음 국어사전: http://dic.daum.net/search.do?q=%EB%AF%BC%EA%B5%AD&dic=kor&searchfirst=Y (2021년 12월 7일 방문).

주권재민의 민주국가 혹은 민주공화국임을 뜻하는 것으로서 중국의 입헌운동이나 신해혁명의 결과로 만들어진 '중화민국'이라는 국호에서 영향받은 것이라고 한다. 따라서 '대한민국'이라는 국호는 '제국'이 '공화국'으로 그리고 군주주권이 국민주권으로 바뀌었음을 표시한다고 한다.[36] 1948년 헌법을 만들 때 "민국이라는 것은 결국 민주국을 의미한 것이요 민국은 역시 공화국을 의미"한다는 것과 같은 개념 파악과 주장은 그동안의 헌법사적 경과에 따른 결과를 반영한 현재의 의미론이다.[37] 하지만 그것이 헌법에 수용될 때의 '민국' 의미로 보기는 어렵다. 오히려 본래 부여한 의미를 무시한 채 잘못된 이해나 평가에 근거한 왜곡된 의미 파악으로 볼 수 있다. 특히 자주적인 독립을 추구하던 독립운동가들이 국호를 정할 때 비자주적이고 사대적인 국호를 골랐다고 볼 수 없을 뿐 아니라 중화민국이 성립하기 전부터 '대한민국'이 비공식 국호로 사용되었다.[38]

'민국'이라는 용어는 영·정조 시대에 '백성은 나라의 근본'이라는 서경(書經)의 민유방본(民惟邦本)에 기초하여 만들어져[39] 조정에서 일반적으로 사용되었다.[40] 그리고 고종 시대에 들어서는 정부 안팎에서 관민공용어로 널리 대중화하였고, 대한제국 14년 동안에는 모든 일간신문에서 일상어로 정착하였다.[41] 또한, 일반적으로 사용되었던 '대한(제)국'과 '민국'이라는 두 단어가 자연스럽게 결합하여 이름 모를 대중이 집단으로 대중적 국호인 '대한민국'을 창작하였다. '민국'은 백성에 속한 나라, 즉 백성의 나라(국민의 국가)로서 신분제국가(양반국가)에 대비되는 민국일체의[백성(국민)과 국가가 하나인] 평등한 탈신분제적 국민국가(평민국가)를 뜻한다. 따라서 민족사적 전통 속 '민국'은 공화국도 민주국도 아니었다. '민국'은 언제나 주권의 소재를 나타내는 국체(국가형태)도 아니고 주권을 행사방법을 가리키는 정체(정부형태)도 아니고 민국일체, 즉 '백성의 나라'라는 국가적 집단주체의 의미로 쓰였다.'[42] 결국, '민국'은 18세기 영·정조 이후 중요시된 소민(小民), 즉 백성 위주의 국가를 지향한다.[43]

36) 이상 박찬승, 『대한민국은 민주공화국이다』, 돌베개, 2013, 139쪽; 신우철, 『비교헌법사』, 법문사, 2008, 299쪽; 이완범, 「국호 대한민국의 명명」, 『황해문화』 제60호, 새얼문화재단, 2008, 64쪽; 같은 사람, 「조선에서 대한으로의 국호 변천과 그 의미」, 한국사 속의 나라이름과 겨레이름(단기 4347년 개천절 기념학술회의), 한국학중앙연구원 현대한국학연구센터/한민족학회, 2014. 10. 1., 119~120쪽; 이충우, 「국호 '대한민국'」, 『인문학연구』 제4집, 관동대학교 인문과학연구소, 2001, 47쪽; 정상우, 『헌법상 용어의 연원과 의미 및 순화방안 연구』, 한국법제연구원, 2007, 46, 57쪽; 한인섭, 「대한민국은 민주공화제로 함」, 『법학』 제50권 제3호, 서울대학교 법학연구소, 2009, 176쪽.

37) 이상 허완중, 「한국 헌법체계에 비춘 헌법 제3조의 해석」, 『저스티스』 제154호, 한국법학원, 2016. 6., 28쪽.

38) 황태연, 『대한민국 국호의 유래와 민국의 의미』, 청계, 2016, 12~13쪽.

39) 18세기에 등장한 '민국' 이념에 관해서는 이태진, 「18세기 한국사에서의 민의 사회적·정치적 위상」, 『진단학보』 제88호, 진단학회, 1999, 257~259쪽 참조.

40) 고대 이래 유교에서 사용한 국가(國家)는 가(家), 즉 왕가와 사대부가들이 나라를 이룬다는 뜻을 품지만, 민국(民國)은 가(家) 대신 민(民)을 넣어 그 존재를 부각한 점에서 중요한 차이가 있다(이태진, 「고종시대의 '민국' 이념의 전개」, 『진단학보』 제124호, 진단학회, 2015, 59쪽).

41) 순조부터 고종까지의 민국 이념 전개에 관해서는 이태진, 「고종시대의 '민국' 이념의 전개」, 『진단학부』 제124호, 진단학회, 2015, 57~86쪽 참조.

42) 이에 관해서 자세한 검토는 황태연, 『대한민국 국호의 유래와 민국의 의미』, 청계, 2016, 75~207쪽.

요컨대 '민국'은 '국민'을 위한 나라를 지향하는 말로서 영·정조 시대부터 신분제 사회를 극복하는 과정에서 생겨나서 대한제국 시대에 확고한 정치용어로 보편화하였다.[44] 따라서 '민국'은 민주국가나 민주공화국이 아니라 '국가가 아우르는 모든 사람을 위한 국가'로 풀이하는 것이 타당하다. 이러한 '민국' 개념을 대한민국 임시정부가 수용하여 국호로 삼은 것이고, 이를 1948년 헌법이 수용하여 현행 헌법까지 이어지는 것으로 이해하여야 한다. 이러한 '민국' 개념에는 국민주권 개념이 포함되지 않는다. 즉 '민국'은 국가권력을 '국민을 위해서' 행사하여야 한다는 뜻은 포함하지만, 국가권력을 '국민이' 행사하여야 한다는 것을 담지 않는다. 따라서 '민국'은 공화국은 물론 군주국으로도 실현될 수 있다. 그래서 헌법 제1조는 대한민국이 공화국임을 선언하고 주권을 국민에게 부여한다. '민국'은 국체나 정체와 무관한 개념이고, 대한민국의 국체나 정체는 헌법 제1조를 비롯한 개별 헌법규정에서 찾아야 한다. '민국'을 이렇게 이해하여야만 대한제국도 '민국'이라고 지칭하였던 이유가 해명된다. 특히 '민국'을 민주국가나 민주공화국으로 이해하면 헌법 제1조를 제대로 이해할 수 없다. '민국'이 민주국가나 민주공화국이라면 헌법 제1조는 민주공화국은 민주공화국이라는 동어반복에 지나지 않게 되기 때문이다.[45] [46] '민국'을 '대한'과 함께 해석하면, 즉 '대한민국'은 '한민족을 중심으로 구성된 국민 모두를 위한 국가'이다.[47] [48]

4. 약칭

우리나라 정식국호는 '대한민국(大韓民國)'이나 편의상 '대한(大韓)'이나 '한국(韓國)'이라고 약칭을 쓸 수 있다.[49] 다만, 북한 정권과 확연히 구별 짓기 위해서 '조선(朝鮮)'은 사용하지 못한다.[50]

Ⅱ. 국가권력

1. '국가권력'의 (국가에서) 의의

국가권력은 국가영역과 그곳에 사는 사람들을 지배하는 국가의 힘이다. 따라서 국가권력

---

43) 정옥자, 「훼손된 국가정통성 되살났나」, 『동아일보』 2008. 4. 24., A30쪽.
44) 한영우, 『다시찾는 우리역사(제2전면개정판)』, 경세원, 2014, 56~57쪽, 363쪽 주 89.
45) 같은 견해: 황태연, 『대한민국 국호의 유래와 민국의 의미』, 청계, 2016, 217, 228쪽.
46) 이상 허완중, 「한국 헌법체계에 비춘 헌법 제3조의 해석」, 『저스티스』 제154호, 한국법학원, 2016. 6., 28~29쪽.
47) '대한민국'은 '위대한 한민족의 국민이 주인인 나라'라고 보는 견해로는 노영돈, 「국호 대한민국의 재음미 ─ 한민족 정통성 계승한 대한민국 국호로 통일돼야」, 『북한』 제371호, 북한연구소, 2002, 159쪽.
48) 이상 허완중, 「한국 헌법체계에 비춘 헌법 제3조의 해석」, 『저스티스』 제154호, 한국법학원, 2016. 6., 29~30쪽.
49) '대한민국'의 약칭은 '대한'이고, '한국'이라는 약칭은 적절하지 않다는 주장이 있다(이충우, 「국호 '대한민국'」, 『인문학연구』 제4집, 관동대학교 인문과학연구소, 2001, 49~56쪽).
50) 국호 및 일부 지방명과 지도색 사용에 관한 건, 국무원고시 제7호, 관보 제261호, 1950. 1. 16., 69쪽.

은 지배력을 전제한다. 국가권력은 특별한 수권 없이 독자적인 권위에 근거하여 인정된다. 여기서 권력은 자신의 의지에 근거한 명령을 관철할 가능성을 말한다. 국가는 자신의 법질서를 법적으로 주장할 수 있을 뿐 아니라 강제적으로 관철할 수 있어야 한다. 이러한 지배력은 어떤 공동체가 국가로 인정받기 위한 필수요소이다. 특히 국가는 권력을 독점한다. 그러나 국제기구가 증가하고 발달하여 국가가 담당하는 일을 일부 담당하기 시작하였고, 경제와 노동, 범죄 등의 문제가 국경을 넘어 연결되어 특정 국가 스스로 그러한 문제를 해결하기 곤란해지면서 국가권력의 의미도 바뀔 수밖에 없는 상황이 도래하였다.

국가권력은 정당성이 있는 권력이라는 점에서 폭력과 구별된다. 정당성이 없는 권력은 폭력에 지나지 않는다. 국가권력의 정당화 주체는 국가가 역사적으로 발전함에 따라서 달라졌다. 중세 유럽에서 국가권력은 신의 권위가, 절대왕정 시대에는 군주가, 시민혁명 이후 입헌국가에서는 국민이 정당화하였다.

2. 국가권력의 역사적 발전과 의미내용

국가권력의 역사적 발전은 주권이론과 맥락을 같이한다. 주권이론은 15~16세기 절대군주국가 탄생과 더불어 성립하였다. 교황과 황제의 권위에 기초하였던 중세 봉건질서가 무너지고 절대군주국가가 탄생하면서 교황과 황제의 권위를 왕권 절대화로 대체할 필요가 생겼다. 대외적으로는 교황권과 황제권에서 독립적이고, 대내적으로는 봉건제후의 영주권에 대해서 최고성이 있는 절대군주 권력의 특수성을 표현하려고 군주주권론이 고안되었다. 이러한 주권이론은 왕에게 절대적 권위를 부여함으로써 새로운 질서를 안정적으로 형성하는 데 강력한 이론적 뒷받침을 제공하였다. 장 보댕(Jean Bodin)과 토마스 홉스(Thomas Hobbes)가 군주주권을 주장한 대표적인 사람이다.

근대적 주권국가는 왕권을 절대화하여 국가질서와 평화를 유지하려고 성립되었다. 하지만 군주의 자의적인 권력 행사로 말미암아 군주주권이 오히려 국가질서와 평화를 위협하는 요소로 작용하기도 하였다. 왕권에 대항하는 사회세력이 늘면서 이러한 문제점은 점차 표면화하였고 이를 해결하려고 본래 주권개념을 유지하면서 그 성격과 주체에 대한 이해를 달리하는 주권이론(국민주권론, 의회주권론, 국가주권론)이 새롭게 대두하였다.

고대 그리스의 아리스토텔레스(Aristoteles)까지 거슬러 올라가는 국민주권론은 근대에 이르러서 사회계약론과 결합하여 주장되었다. 시민의 생명, 자유와 재산을 보장하기 위해서 군주의 절대권은 제한되어야 하고, 결국 주권자는 군주가 아니라 국민이라고 선언하기에 이르렀다. 국민주권론을 주장한 대표자인 장 자크 루소(Jean-Jacques Rousseau)를 따르면 주권자는 사회계약의 당사자인 국민이므로 국민 일반의사의 표현인 법률에 (사회계약이 권력을 위임한) 군주도 복종하여야 한다.

그 밖에 전제군주, 귀족, 시민세력 사이에 이루어진 현실적인 타협의 산물로서 당시 정치 현실을 반영한 의회주권론, 국가주권론 등이 주장되었다. 즉 영국에서는 군주세력이 약화하고 귀족세력과 시민세력이 의회를 장악하면서 의회제정법 우위를 주장하는 의회주권론이 인정되었다. 그리고 독일에서는 국가를 하나의 독립된 법인격으로 보면서 국가 그 자체가 주권을 가지며 군주, 의회나 국민은 국가의 한 기관에 불과하다고 보는 국가주권론이 주장되기도 하였다.

이러한 점에 비추어 주권의 개념과 그 보유자에 관한 주권이론은 시대적·장소적 상황에 따라 변화를 거듭하였음을 확인할 수 있다. 이렇게 특정한 역사적 상황을 배경으로 정치세력 사이의 갈등 속에서 형성된 투쟁적·이념적 개념으로 발전한 주권이론은 오늘날 국민주권 관철로 귀결되었다. 오늘날 주권은 대외적 독립성·대내적 최고성을 본질적 특성으로 하면서, 시원성·자율성·단일불가분성·불가양성·항구성·초실정법성과 같은 속성을 지닌 권력으로 이해된다. 국민주권은 국가의사를 전반적·최종적으로 결정할 수 있는 최고의 권력을 국민이 보유하므로 모든 국가권력의 정당성 원천을 국민에게서 찾아야 한다는 것을 뜻한다.

3. 국가권력의 주권성과 합법성, 정당성

국가권력의 본질적인 특성은 국가권력이 시원적이어서, 스스로 조직할 가능성(자주조직권)이 있다는 것이다. 국가 안에서 국가 이외의 어떤 단체도 이러한 권력을 행사할 수 없다(국가의 권력 독점). 국민은 이러한 국가권력의 보유자이며(헌법 제2조 제1항) 국가권력의 정당화 주체이다(국민주권).

국가권력의 합법성은 국가권력이 합법적 방법으로 형성될 때 존재한다. 국가권력은 합법적(인 방법)으로 창출되는 것이 보통이다. 하지만 합법적인 국가권력 창출이 국가권력의 필수적인 개념표지는 아니다. (기존 헌법질서를 기준으로 판단하면) 불법적(인 방법)으로 기존질서를 파괴하고 새로운 질서를 형성하는 혁명[51]의 방법으로 새로운 국가권력을 창출할 수도 있기 때문이다.

국가권력의 정당성은 국민에게서 동의를 받을 때 생긴다. 그러나 정당성은 국가권력의 본질적 요소는 아니다. 국민의 동의를 받지 못하더라도 새로운 세력이 국가 안에서 유일하게

---

51) 혁명은 혁명 당시까지 권력에 참여하지 못하였던 사람들이 주체이다. 즉 혁명은 아래에서 위로 이루어진다(수직적 정권교체). 반면에 쿠데타는 무력으로 정권을 빼앗는 것이다. 이는 거사 당시에 이미 권력에 참여하던 사람들이 주체이다(수평적 정권교체). 혁명과 쿠데타 모두 ① 소수의 특정 세력이 매우 중요한 역할을 하고, ② 적법한 절차를 따르지 아니하고 폭력으로 정권을 장악하며, ③ 기존 헌법질서를 바꾼다는 점에서 같다. 그러나 혁명은 국민이 직접 주체로 참여하지만, 쿠데타는 쿠데타세력의 강박 때문에 국민이 그 세력의 정권 장악을 소극적으로 인용할 뿐이다. 따라서 혁명과 쿠데타는 기본이념과 목적에서 다르다. 혁명은 민주적 이념에 기초하여 국민이 새로운 질서를 창출하고자 하는 시원적 헌법제정권력 행사이다. 하지만 쿠데타는 현재 집권세력을 새로운 세력으로 대체하면서 국민의사와 무관하게 그 세력이 제정한 헌법을 힘으로 국민에게 강요하는 행위이다.

실효적 지배력이 있으면 이를 국가권력으로 부르지 않을 수 없기 때문이다.

그렇다면 획득과정에서 합법성과 정당성이 없어도 자신의 의지를 사실상 관철할 가능성만 있으면 국가권력을 인정할 수밖에 없다. 이러한 결론에 의문이 없을 수 없다. 불법·부당하게 권력을 찬탈한 새로운 권력이 국민 지지라는 정당성을 얻지 아니하고도 얼마나 유지될 수 있을까? 그들의 의지 관철은 매우 불안하고 잠정적인데 불과한 것은 아닐까? 이때 사실적 관철 가능성이 아직 확보되지 못한 것으로 볼 수도 있다. 설사 국가권력으로 보더라도 잠정적인 것이다. 이는 독재가 기간의 길고 짧음은 있지만, 결국 붕괴하였던 역사가 증명한다.

4. 이른바 '주권'과 '통치권'의 구별

국가권력은 주권과 통치권으로 나뉜다. 주권은 역사적 개념으로서 다양한 내용으로 이해된다. 하지만 주권은 일반적으로는 시원적 지배력으로서 국가의사를 최종적으로 결정하는 최고권력을 뜻한다. 이러한 국가의사는 국민이 헌법 제정을 통해서 반영하므로 주권은 헌법제정권력으로 이해되기도 한다. 주권은 대내적 주권과 대외적 주권으로 나뉜다. 대내적 주권은 국내 최고의 권력으로서 국가의 자주적 조직권능을 말한다. 대내적 주권은 국가권력의 통일성과 밀접한 관련이 있다. 즉 대내적 주권에서 독립한 국가권력은 있을 수 없다.[52] 대외적 주권은 국가가 다른 국제법주체와 맺는 관계에서 국가의 독점적인 법적 자기결정과 자기구속에 대한 가능성이고, 실질적으로는 국제법주체에 대한 국가의 법적 독립성을 가리킨다. 그러나 오늘날 모든 국가가 초국가적 국제조직의 구성원이 되고 수많은 국가가 조약을 통해서 결합하므로 실질적으로 어떤 나라도 옹글게(완벽하게) 독립적이지는 않다. 그런 의미에서 오늘날 대외적 주권은 국가권력의 본질적 요소가 아닌 것으로 본다. 예를 들어 독일은 제2차 세계대전 패전 이후 4대 강국(미국, 영국, 프랑스, 소련)에 점령당하고 나서 대외적 주권을 부분적으로 제약당하였고, 1990년 모스크바 조약에 따라서 비로소 대외적 주권을 옹글게(완벽하게) 회복하였다. 하지만 그동안에도 독일의 국가권력과 국가성은 인정받았다. 주권의 주체는 국민이며 주권은 나눌 수도(단일불가분) 양도할 수도 없는(불가양) 속성을 지닌다. 다만, 주권은 국가가 다른 국제법주체와 맺는 조약에 따라서 제한될 수 있다(헌법 제60조 제1항).

이에 반해서 통치권은 구체적인 국가목적을 수행하려고 주권이 위임한 권력이다. 통치권은 주권에서 파생하며 주권이 조직한다. 통치권은 헌법에 근거하는 국가의사의 힘이므로 헌법이 구성하는 국가기관이 헌법이 정한 범위 안에서 행사할 수 있는 권력이며 주권과는 달리 분할될 수 있고, 양도될 수 있는 권력이다. 국민이 주권자이고 주권은 양도할 수 없다는 점에서 헌법 제1조 제2항 후단의 '권력'은 통치권이다.[53] 통치권은 공권력이라고도 부르며 실질적

---

52) 한수웅, 『헌법학(제11판)』, 법문사, 2021, 93쪽.
53) 같은 견해: 양 건, 『헌법강의(제10판)』, 법문사, 2021, 127쪽; 정만희, 『헌법학개론』, 피앤씨미디어, 2020, 85쪽.

내용에 따라서 국가영역 안에 있는 모든 인적·물적 지배권을 의미하는 영토고권, 국가구성원에 대한 지배권을 의미하는 대인고권(영민고권), 국가조직을 스스로 결정하는 자주조직권으로 나눈다. 그리고 발동형태에 따라서 입법권(헌법 제40조), 집행권(헌법 제66조 제4항), 사법권(헌법 제101조 제1항)으로 나눈다.

Ⅲ. 국민

1. 국민의 의의

(1) 국민의 개념

국민은 국가에 소속한 일정한 범위의 자연인으로서, 그들은 전체로써 국민을 구성한다. 국민은 국가의 인적 요소이며 국가권력의 원천이다. 국민은 국가권력이 미치는 모든 자연인을 가리킨다. 헌법 전문에는 헌법 제정 및 개정의 주체를 '대한국민'이라고 명시하면서, 제1조 제2항에서 국민이 주권자이며 모든 권력의 원천임을 규정하고, 제130조에서 국민이 헌법개정권력자임을 명시한다. 국민은 정치적·법적 개념이므로 혈연을 기초로 하는 인종학적·인류학적 개념인 '민족'과 구별된다. 그리고 국민은 국가적 질서를 전제로 한 국가 구성원을 뜻하므로 사회 구성원을 의미하는 사회적 개념인 '인민'과도 구별된다.

(2) 헌법상 국민 개념

헌법은 국민을 다양한 개념으로 사용한다. 헌법은 국민을 제1조에서는 주권자로, 제2조에서는 국적 보유자로, 제10조에서는 기본권 주체로 규정한다. 주권자인 국민과 국적 보유자인 국민은 자연인만을 대상으로 한다는 점에서 법인과 그 밖의 단체로 아우르는 기본권 주체인 국민보다 좁은 개념이다.[54]

① 능동적 시민의 총체

능동적 시민의 총체로서 국민은 '법규범 정립에 어떠한 방식으로든지 참여하는 사람'이나 '법질서에 능동적으로 관여하는 사람'[55]이다. 이는 국민을 유권자 총체나 주권행사자, 국가기관으로 부를 때의 국민이다. 국민주권론에서는 국가 구성원 총체인 국민(nation)을 주체로 하는 국민주권론과 유권적 시민의 총체인 국민, 즉 인민(peuple)을 주체로 하는 인민주권론을 나누기도 한다.

---

54) 이상경, 「헌법 제2조」, 『헌법주석[Ⅰ]』, 박영사, 2013, 85쪽; 전광석, 『한국헌법론(제16판)』, 집현재, 2021, 181쪽.
55) Hans Kelsen, Vom Wesen und Wert der Demokratie, Tübingen 1929, S. 17 f. 켈젠은 국민의 실제적 개념을 도출하기 위해서 지배권 행사자인 국민을 정치적 권리가 있는 사람에서, 다시 정치적 권리를 행사하는 사람으로 그리고 정당을 구성하거나 의회의 구성원이 되는 것 등 독자적으로 정책을 결정하는 사람으로 개념을 구체화하였다.

② 국가 구성원의 총체

국가 구성원의 총체인 국민은 연령·성별·출신성분이나 유권자인지와 관계없이 모든 국민을 아우른다. 이는 주권자나 주권의 주체로 부를 때의 국민이다. 비록 조직화하지는 않았지만, 헌법제정권력을 지니고 모든 국가권력의 정당성 원천이 된다는 점에서 이는 헌법이 조직한 (행동할 수 있는 크기로서) 능동적 시민의 총체인 국민과 구별된다. '국가 구성원의 총체인 국민'이 바로 국민주권에서 주권의 주체이다.

③ 개인

헌법에서 국민은 개인을 가리키기도 한다. 개인으로서 국민은 기본권의 주체이면서 기본의무의 주체이기도 한다. 즉 이는 권리와 의무의 주체로서 헌법 제10조에서 제39조까지의 국민이다.

(3) 국민 개념의 표지

누가 국민인지는 일반적으로 법률로 정한다. 헌법 제2조 제1항도 "대한민국의 국민이 되는 요건은 법률로 정한다."라고 하여 국적법정주의를 규정한다. 그에 따라서 국적법이 대한민국 국민이 되는 요건을 구체적으로 명시한다. 하지만 이것이 대한민국 국민이 되는 요건을 입법자가 자유롭게 정할 수 있음을 뜻하지 않는다. 국민이 국가 구성요소인 이상 국민이 확정되지 않으면 국가가 성립할 수 없기 때문이다. 따라서 국가 성립 근거인 헌법에서 누가 국민인지가 확정되어야 한다. 법률은 국민에 관한 헌법 내용을 구체화할 뿐이다.

국민은 다른 국가에 속하는 인적 집단과 구별되는 주민의 집단이 있다는 것을 전제한다. 이때 주민의 집단은 느슨한 결합으로 충분하지 않고, 운명공동체의 의미가 있는, 본질적으로 지속적인 결합 형태를 나타내야 한다. 그래서 국가는 국민에게 국가 존속에 필요한 재정 확보를 위한 납세의 의무(헌법 제38조)와 국가 존속을 보장하기 위한 국방의 의무(헌법 제39조)를 부과할 수 있다. 그리고 외국 국적을 자진하여 취득한 사람은 국적을 상실하게 되고(국적법 제15조 제1항), 특히 병역을 기피할 목적으로 국적을 상실하거나 이탈한 자는 국적을 재취득하지 못한다(국적법 제9조 제2항 제3호). 단일민족국가에서는 국민이 혈연공동체이면서 문화공동체이기도 하다. 하지만 다양한 언어와 문화가 있는 다민족국가에서 보듯 혈연공동체나 문화공동체는 국민의 표지로서 필수적인 것은 아니다.

2. 국민의 범위 – 국적

헌법과 법률이 정하는 일정한 요건을 갖추어 국가의 국민으로 인정되는 자격을 국적이라고 한다. 국민은 이러한 국적소유자의 합계를 말한다. 국적을 통해서 국민이 형성되고 주권자가 확정된다(헌법 제1조 제2항, 제2조 제1항). 국적은 국가의 국민임을 증명하므로 국적이 있는 사람을 국민이라고 하고 외국 국적이 있는 사람을 외국인이라고 한다. 그리고 무국적자는 어느 나라의 국적도 없는 사람을 뜻하는데, 이들은 외국인으로 취급된다.

국적 개념은 한 자연인이 특정국가에 소속되는 법적 관계를 말하고, 이러한 법적 관계에서 서로 간의 권리·의무관계가 발생하게 된다. 사회적 집단에 불과한 일정한 인적 집단은 국적을 통해서 국가구성요소로서 특별한 법적 지위를 부여받음과 동시에 헌법원리인 민주주의의 주체가 된다. 국적은 민주적 절차와 참여권에 대한 연결점을 형성한다.

시민권은 시민으로서 모든 권리와 의무를 누릴 수 있는 자격을 가리키므로 국적과 차이가 있다. 영주권은 국가가 자국민이 아닌 외국인 중 특별한 요건과 사정을 갖춘 사람에게 자국 안에서 영구적으로 거주할 수 있도록 부여한 자격이므로 국적과 다르다. 영주권자는 본래 국적을 잃지 아니하고 체류국에 적법하게 영주할 수 있는 자격이 있다.

3. 국적을 부여하는 기준

어떠한 사람에게 국적을 주고 자국민으로 인정하는지는 원칙적으로 국가의 자유로서 각국이 독자적으로 결정할 수 있다.[56] 따라서 국적 결정 문제는 일반적으로 국내문제이다. 그러나 개인의 국적이 국내법에 비추어 유효하더라도 그 국적이 국제법적으로도 실효적으로 기능하려면 국적에 관한 국내법이 국제조약·국제관습 및 국적에 관하여 일반적으로 인정되는 법의 일반원칙에 들어맞는 것으로서 다른 나라가 승인한 것이어야 한다. 여기서 일반적으로 인정되는 법의 일반원칙은 국적이 개인과 국가를 연결하는 기능을 하는 것이므로 합리적 연결점이 없는 국적 인정은 허용되지 않는다는 것을 말한다.

국적 부여에는 객관적인 영토고권과 관련한 연결점이 필요하다. 세대 교체 때문에 지속해서 요구되는 국민 갱신에 관하여 ① 국가영역에서 태어나면 부모 국적에 구애받음 없이 출생지 국적을 취득한다는 출생지주의(속지주의: jus soli)와 ② 국적 소지자 혈통이면 국적을 취득하는 혈통주의(속인주의: jus sanguinis)라는 두 가지 원칙이 있다. 그 밖에 ③ 출생지주의와 혈통주의를 결합한 절충주의가 있다. 출생지주의는 국적 취득 여부를 쉽게 확인할 수 있고 무국적자가 없게 된다는 장점이 있지만, 단기 거주자나 일시 방문자도 국적을 취득하는 단점이 있다. 이는 주로 복수민족국가가 채택하는 방식으로 미국, 남미제국 등이 채택한다. 혈통주의는 보통 단일민족국가[57]나 소수민족국가에서 채택하는 방식이고, 독일, 스위스, 일본 등이 이에 따른다.

한민족이 헌법 제정 주체로서 만든 헌법에 따라서 창설된 대한민국은 한민족을 주된 인적

---

56) 국적법의 저촉에 관련된 약간의 문제에 관한 협약 제1조 "어떤 사람이 자국민인가를 자국의 법령에 의하여 결정하는 것은 각국의 권한에 속한다. 이러한 법령은 국제조약·국제관습 및 국적에 관해서 일반적으로 인정된 법의 일반원칙에 타당하는 한 타국에 의해 승인되어야 한다."

57) 단일민족국가는 하나의 민족만으로 구성된 국가가 아니라 국민 대다수가 하나의 민족인 국가이다.

기반으로 형성되었다. 그리고 헌법은 동포애로써 민족 단결을 공고히 하는 것을 목적으로 하고(헌법 전문), 헌법 개정 주체인 국민은 한민족의 역사를 공유하며(헌법 전문), 국가는 민족문화를 창달할 의무가 있다(헌법 제9조, 제69조). 이러한 점에서 헌법이 창설한 대한민국의 국민은 한민족을 중심으로 확정될 수밖에 없다. 따라서 대한민국 국민을 확정할 때 민족은 주된 확정기준으로 기능하여야 한다. 이러한 점에서 국적 부여 기준을 선택할 때도 출생지주의(속지주의)는 선택할 수 없고, 혈통주의(속인주의)를 선택하여야 한다. 1944년 4월 22일에 제정된 대한민국 임시헌장 제3조는 "대한민국의 인민은 원칙상 한국 민족으로 함."이라고 규정하여 이를 명확하게 표현하였다. 물론 이것이 혈통주의(속인주의)만을 국적 부여 기준으로 삼아야 한다는 것을 뜻하는 것이 아니고, 혈통주의(속인주의)를 중심으로 국적을 부여하여야 한다는 것이다. 그러므로 혈통주의(속인주의)에 출생주의(속지주의)를 가미하는 절충주의를 국적 부여 기준으로 선택하는 것은 무방하다. 그러나 출생주의(속지주의)만으로 국적을 부여하거나 출생주의(속지주의)에 혈통주의(속인주의)를 가미하는 절충주의는 헌법에 어긋난다. 그리고 민족은 대한민국 국적을 원하는 외국인에게 국적을 부여하여야 할 정당한 근거로서 작용할 수 있다. 예를 들어 대한제국 시대나 대일항쟁기에 독립운동을 하는 과정에서는 물론 생계 등을 목적으로 불가피하게 다른 나라 국적을 취득하거나 무국적자가 된 사람들 혹은 남한과 북한 모두를 선택할 수 없어서 다른 나라 국적을 취득한 사람들은 민족 비극의 희생자로서 이들이 대한민국 국적을 취득하기를 원하면 국적법 제1조 제1항 제1호를 근거로 특별귀화를 허가하여야 할 것이다.58) 그리고 베트남전에 참전하였던 한국인과 베트남 사이에서 태어난 혼혈인인 라이따이한(Lai Daihan)이 대한민국 국적을 취득하길 원하면 국적법 제2조 제1항 제1호에 따라 국적을 부여하거나 국적법 제1조 제1항 제1호를 근거로 특별귀화를 허가하여야 할 것이다.

　한국 국적법은 출생 당시 부모가 대한민국 국민인 사람은 대한민국 국적을 취득한다고 하면서(국적법 제2조 제1항 제1호: 혈통주의), 대한민국에서 출생한 사람으로서 부모가 모두 분명하지 아니한 때나 국적이 없어도 대한민국 국적을 취득한다고 하여(국적법 제2조 제1항 제3호: 출생주의) 혈통주의를 원칙으로 하는 절충주의를 취한다. 혈통주의를 원칙으로 하는 한국 국적법은 '최초 국민'(최초 한국인)이 있어야 그것을 기준으로 하여 이들의 자(子)에게 대한민국 국민의 자격을 부여할 수 있다. 그러나 한국 국적법에는 이와 관련한 규정이 없다. 따라서 '최초 국민'에 관한 조항이 신설되지 않는 한 헌법 해석을 통해서 이를 보충하여야 한다. '대

---

58) 참고로 '재외동포의 출입국과 법적 지위에 관한 법률' 제2조를 따르면 대한민국 국민으로서 외국 영주권을 취득한 사람이나 영주할 목적으로 외국에 거주하는 사람(재외국민)뿐 아니라 대한민국 국적을 보유하였던 사람(대한민국 정부 수립 전에 국외로 이주한 동포 포함)이나 그 직계비속으로서 외국 국적을 취득한 사람 중 대통령령으로 정하는 사람(외국국적동포)도 재외동포에 속한다. 그리고 '재외동포의 출입국과 법적 지위에 관한 법률 시행령' 제3조를 따르면 대한민국 국적을 보유하였던 사람(대한민국 정부 수립 이전에 국외로 이주한 동포 포함)으로서 외국 국적을 취득한 사람과 부모 일방이나 조부모 일방이 대한민국 국적을 보유하였던 사람으로서 외국 국적을 취득한 사람이 외국국적동포에 포함된다.

한민국'이 '대한제국'의 국호와 영토를 이어받고, 대한제국을 계승하는 대한민국 임시정부의 법통을 계승하는 이상 '최초 국민'은 '거주지에 관계없이 1910년 일제가 대한제국을 강점할 당시 대한제국의 국민과 그 후손으로서 다른 나라 국적을 합법적으로 취득하지 않은 사람'으로 보아야 한다.

4. 복수국적과 무국적의 문제

(1) 복수국적 문제

복수국적자는 출생이나 그 밖에 국적법에 따라 대한민국 국적과 외국 국적을 함께 가지게 된 사람을 뜻한다(국적법 제11조의2 제1항). 미국과 같은 출생지주의 국적법계 국가에서 태어난 대한민국 국민이나 외국 국적을 취득한 재외국민이 복수국적자가 된다. 국적법은 단일국적을 원칙으로 하고 복수국적을 허용하지 않는다. 대한민국 국적을 취득한 외국인으로서 외국 국적이 있는 사람은 대한민국 국적을 취득한 날부터 1년 안에 그 외국 국적을 포기하여야 한다(국적법 제10조 제1항). 다만, ① 귀화허가를 받은 때 (i) 배우자가 대한민국 국민인 외국인으로서 그 배우자와 혼인한 상태로 대한민국에 2년 이상 계속하여 주소가 있는 사람이거나 (ii) 배우자가 대한민국 국민인 외국인으로서 그 배우자와 혼인하고 나서 3년이 지나고 혼인한 상태로 대한민국에 1년 이상 계속하여 주소가 있는 사람이거나 (iii) 부 또는 모가 대한민국 국민인 외국인(양자로서 대한민국 민법상 성년이 되고 나서 입양된 사람 제외)으로서 대한민국에 주소가 있는 사람이거나 (iv) 대한민국에 특별한 공로가 있는 외국인으로서 대한민국에 주소가 있는 사람, ② 국적회복허가를 받은 사람으로서 (i) 부 또는 모가 대한민국 국민인 외국인(양자로서 대한민국 민법상 성년이 되고 나서 입양된 사람 제외)으로서 대한민국에 주소가 있는 사람이거나 (ii) 대한민국에 특별한 공로가 있는 외국인으로서 대한민국에 주소가 있는 사람이라고 법무부 장관이 인정하는 사람, ③ 대한민국의 민법상 성년이 되기 전에 외국인에게 입양되고 나서 외국 국적을 취득하고 외국에서 계속 거주하다가 국적회복허가를 받은 사람, ④ 외국에서 거주하다가 영주할 목적으로 만 65세 이후에 입국하여 국적회복허가를 받은 사람, ⑤ 본인의 뜻에도 (i) 외국의 법률과 제도로 말미암아 외국 국적 포기가 불가능하거나 그에 준하는 사정이 인정되는 사람이나 (ii) 대한민국 국적을 취득하고 나서 3개월 이내에 외국 국적 포기절차를 개시하였으나 외국의 법률과 제도로 말미암아 대한민국 국적을 취득한 날부터 1년 안에 국적포기절차를 마치기 어려운 사정을 증명하는 서류를 법무부 장관에게 제출한 사람(국적법 시행령 제13조 제1항) 중 하나에 해당하는 사람은 대한민국 국적을 취득한 날부터 1년 안에 외국 국적을 포기하거나 법무부 장관이 정하는 바에 따라 대한민국에서 외국 국적을 행사하지 아니하겠다는 뜻을 법무부 장관에게 서약하여야 한다(국적법 제10조 제2항). 대한민국 국적을 취득한 날부터 1년 안에 외국 국적을 포기하거나 대한민국에서 외국 국적을 행사하지 아니하겠다는 뜻을 법무부 장관에게 서약하지 않으면 그 기간이 지난 때에 대한민국 국적을 상실한다(국적법 제10조 제3항). 그리고 대한민국 국민이 자진하여 외국 국적을 취득하면 외국 국적을 취득한 때에 대한민국 국적을 상실한다(국적법 제15조 제1항). 법무부 장관은 복수국적자로서 대한민국에서 외국 국적을 행사하지 아니하겠다는 뜻을 서약한 사람이 그 뜻에 현저히 반하는 행위를 하면 6개월 안에 하나의 국적을 선택할 것을 명할 수 있다(국적법 제14조의2 제2항).

대한민국 국민으로서 ① 외국인과 혼인으로 그 배우자의 국적을 취득하게 된 사람, ② 외국인에게 입양되어 그 양부나 양모의 국적을 취득하게 된 사람, ③ 외국인인 부나 모에게 인지되어 그 부나 모의 국적을 취득하게 된 사람, ④ 외국 국적을 취득하여 대한민국 국적을 상실하게 된 사람의 배우자나 미성년의 자(子)로서 그 외국의 법률에 따라 함께 그 외국 국적을 취득하게 된 사람 중 하나에 해당하는 사람은 그 외국 국적을 취득한 때부터 6개월 안에 법무부 장관에게 대한민국 국적을 보유할 의사가 있다는 뜻을 신고하지 아니하면 그 외국 국적을 취득한 때로 소급하여 대한민국 국적을 상실한 것으로 본다(국적법 제15조 제2항). 출생이나 그 밖에 국적법에 따라서 복수국적자가 된 사람은 일정한 절차를 거쳐 국적을 선택하여야 한다.59) 특히 개정 국적법은 병역의무를 면탈할 목적으로 국외원정출산 등 편법적인 방법으로 자녀에게 외국 국적을 취득시키는 것을 방지하려고 직계존속이 외국에서 영주할 목적 없이 체류한 상태에서 출생한 사람은 병역의무 이행과 관련하여 ① 현역·상근예비역이나 보충역으로 복무를 마치거나 마친 것으로 보게 되는 때, ② 전시근로역에 편입된 때, ③ 병역면제처분을 받은 때의 어느 하나에 해당하는 때만 국적이탈신고를 할 수 있다(국적법 제12조 제3항). 복수국적자가 국적선택기간 안에 국적을 선택하지 않으면 대한민국 국적을 바로 상실하지 않고, 법무부 장관이 국적을 선택하도록 명령하여야 하며, 그래도 국적을 선택하지 않으면 대한민국 국적을 상실한다(국적법 제14조의2).

---

59) 출생이나 그 밖에 국적법에 따라서 만 20세가 되기 전에 복수국적자(대한민국 국적과 외국 국적을 함께 가지게 된 사람)는 만 22세가 되기 전까지, 만 20세가 되고 나서 복수국적자가 된 사람은 그 때부터 2년 안에 국적 선택·이탈절차(국적법 제13조, 제14조)에 따라서 하나의 국적을 선택하여야 한다(국적법 제12조 제1항 본문). 다만, 국적법 제10조 제2항에 따라 법무부 장관에게 대한민국에서 외국 국적을 행사하지 아니하겠다는 뜻을 서약한 복수국적자는 제외한다(국적법 제12조 제1항 단서). 그러나 병역준비역에 편입된 사람은 편입된 때부터 3개월 이내에 하나의 국적을 선택하거나, 직계존속이 외국에서 영주할 목적 없이 체류한 상태에서 출생한 사람으로서 ① 현역·상근예비역이나 보충역으로 복무를 마치거나 마친 것으로 보게 되는 때, ② 전시근로역에 편입된 때, ③ 병역면제처분을 받은 때 중 어느 하나에 해당하는 때부터 2년 이내에 하나의 국적을 선택하여야 한다. 다만, 대한민국 국적을 선택하려는 때는 이러한 때에 해당하기 전에도 할 수 있다(국적법 제12조 제2항과 제3항). 헌법재판소는 병역준비역에 편입된 복수국적자가 국적선택기간 안에 국적이탈 신고를 하지 못한 것에 그에게 책임을 묻기 어려운 사정, 즉 정당한 사유가 있고, 병역의무 이행의 공평성 확보라는 입법목적을 훼손하지 않음이 객관적으로 인정되면 국적선택기간이 지났다고 하여 일률적으로 국적 이탈을 금지할 수 없다는 것을 주된 이유로 하여 국적법 제12조 제2항 본문과 국적법 제14조 제1항 단서 중에 제12조 제2항 본문에 관한 부분이 헌법에 합치되지 아니한다고 선언하였다(헌재 2020. 9. 24. 2016헌마889, 판례집 32-2, 280).

복수국적자는 대한민국 법령 적용에서 대한민국 국민으로만 처우한다(국적법 제11조의2 제1항). 복수국적자가 관계 법령에 따라 외국 국적을 보유한 상태에서 직무를 수행할 수 없는 분야에 종사하려면 외국 국적을 포기하여야 한다(국적법 제11조의2 제2항). 중앙행정기관의 장이 복수국적자를 외국인과 같이 처우하는 내용으로 법령을 제정 또는 개정하려면 미리 법무부장관과 협의하여야 한다(국적법 제11조의2 제3항).

(2) 무국적 문제

무국적자는 국적이 없는 사람을 가리킨다. 무국적 원인에는 자발적 국적 포기, 국적 박탈, 영토변경에 따른 국적 상실, 출생지주의국적법과 혈통주의국적법의 저촉 등이 있다. 체류국이 무국적자에게 외국인과 동등한 대우와 적절한 보호를 부여하도록 하고, 무국적자 발생을 최대한 감소시키려는 국제적 노력의 결과로 여러 조약이 채택되고 발효되었다.[60)]

5. 국적의 취득과 상실 · 회복

헌법은 제2조 제1항에서 "국민이 되는 요건은 법률로 정한다."라고 규정함으로써 국적법 정원칙을 채택한다. 국적법은 부모양계혈통원칙[61)], 가족(부자 · 부부) 동일국적원칙, (제한적) 복수국적원칙을 규정한다.

(1) 국적 취득
① 선천적 취득

선천적 취득은 출생과 더불어 국적을 취득하는 것을 말한다. 국적법은 부모양계혈통원칙에 기초한 속인주의를 원칙으로 하면서도 속지주의를 일부 가미한다. 즉 속인주의에 따라 출생 당시에 부나 모가 대한민국 국민인 사람과 출생하기 전에 부가 사망하면 그 사망 당시에 부가 대한민국 국민이었던 사람은 출생과 동시에 대한민국 국적을 취득한다(국적법 제2조 제1항 제1호와 제2호). 부모가 모두 분명하지 않거나 국적이 없을 때 대한민국에서 출생한 사람과 대한민국 영역에서 발견된 기아에 한하여 예외적으로 속지주의에 따라 대한민국 국적을 부여한다(국적법 제2조 제1항 제3호와 제4호).

---

60) 1930년 '무국적에 대한 의정서'(Protocol relating to a Certain Case of Statelessness: 1930.4.12 채택, 1937.7.1 발효)와 '무국적에 관한 특별의정서'(Special Protocol Concerning Statelessness: 1930.4.12 채택, 1937.7.1 발효)의 일반조약이 채택되었고, 그 후 1954년 '무국적자지위협약'(Convention relating to the Status of Stateless Persons: 1954.9.23 채택, 1960.6.6 발효)과 1961년 '무국적감소협약'(Convention on the Reduction of Statelessness: 1961.8.28 채택, 1975.12.13 발효)이 채택 · 발효되었다.

61) 헌법재판소는 구 국적법 제2조 제1항 제1호에 대한 위헌법률심판에서 "구법조항은 부계혈통주의를 채택함으로써 헌법 제11조 제1항의 평등원칙과 헌법 제36조 제1항의 가족생활에 있어서의 양성의 평등원칙에 위배되는 조항이고, 그와 같은 차별로 인하여 그 자녀의 기본권에 중대한 제한을 초래한 것이므로 헌법에 위반되는 규정이었다."라고 판시하였다(헌재 2000. 8. 31. 97헌가12, 판례집 12-2, 167, 184). 현행 국적법은 헌법재판소 결정에 따라서 개선된 것이다.

② 후천적 취득

후천적 취득은 출생 이외의 사실 때문에 국적을 취득하는 때를 말한다. 후천적 취득에는 인지, 귀화, 수반취득, 국적 회복에 따른 취득이 있다.

（ⅰ） 인지

인지는 혼인 외의 출생자를 자기 자녀라고 인정하는 의사표시를 말한다. 한국인인 부나 모가 인지한 외국인은 ⓐ 대한민국 민법에 따라서 미성년이고, ⓑ 출생 당시에 그 부 또는 모가 대한민국의 국민이었을 때만 법무부 장관에게 신고함으로써 국적을 취득할 수 있다. 인지된 사람은 법무부 장관에게 신고한 때에 대한민국 국적을 취득한다（국적법 제3조）.

（ⅱ） 귀화

귀화는 일정한 요건을 갖춘 사람이 다른 국적을 가지려는 의사에 따라서 그 국가의 허가를 받아 국적을 취득하는 때를 말한다. 대한민국 국적을 취득한 사실이 없는 외국인은 법무부 장관의 귀화허가를 받아 대한민국 국적을 취득할 수 있다（국적법 제4조 제1항）. 국적법상 귀화에는 일반귀화, 간이귀화 그리고 특별귀화가 있다.

ⓐ 일반귀화

일반귀화 요건은 （가） 5년 이상 계속하여 한국에 주소가 있을 것, （나） 대한민국에서 영주할 수 있는 체류자격이 있을 것, （다） 대한민국 민법상 성년일 것, （라） 법령을 준수하는 것 등 법무부령으로 정하는 품행 단정 요건을 갖출 것, （마） 자신의 자산이나 기능을 통해서나 생계를 같이하는 가족에 의존하여 생계를 유지할 능력이 있을 것, （바） 국어능력과 대한민국의 풍습에 관한 이해 등 대한민국 국민으로서 기본 소양(素養)을 갖출 것, （사） 귀화를 허가하는 것이 국가안전보장·질서유지 또는 공공복리를 해치지 아니한다고 법무부 장관이 인정할 것이다（국적법 제5조）.

ⓑ 간이귀화

간이귀화에는 두 가지 유형이 있다.

첫째, 대한민국에 3년 이상 계속하여 주소가 있는 외국인으로서 （가） 부나 모가 대한민국 국민이었던 사람, （나） 대한민국에서 출생한 사람으로서 부나 모가 대한민국에서 출생한 사람, （다） 대한민국 국민의 양자로서 입양 당시 대한민국 민법상 성년이었던 사람 중 하나에 해당하면 대한민국에 5년 이상 계속하여 주소가 없다고 하더라도 귀화허가를 받을 수 있다（국적법 제6조 제1항）.

둘째, 배우자가 대한민국 국민인 외국인으로서 （가） 그 배우자와 혼인한 상태로 대한민국에 2년 이상 계속하여 주소가 있는 사람, （나） 그 배우자와 혼인하고 나서 3년이 지나고 혼인한 상태로 대한민국에 1년 이상 계속하여 주소가 있는 사람, （다） （가）나 （나）의 기간을 충족하지 못하였으나, 그 배우자와 혼인한 상태로 대한민국에 주소를 두고 있던 중 그 배우자의 사망이나 실종 그 밖에 자신의 귀책사유 없이 정상적인 혼인생활을 할 수 없었던 사람으로서 (가)나 (나)의 잔여기간을 채웠고 법무부 장관이 상당하다고 인정하는 사람, (라) (가)나 (나)의 요건을 충족하지 못하였으나, 그 배우자와 혼인하여 출생한 미성년의 자를 양육하고 있거나 양육하여야 할 사람으로서 (가)나 (나)의 기간을 채웠고 법무부 장관이 상당하다고 인정하는 사람은 대한민국에 5년 이상 계속하여 주소가 없다고 하더라도 귀화허가를 받을 수 있다(국적법 제6조 제2항).

ⓒ 특별귀화

(가) 부나 모가 대한민국 국민인 사람(다만, 양자로서 대한민국의 민법상 성년이 되고 나서 입양된 사람 제외), (나) 대한민국에 특별한 공로가 있는 사람, (다) 과학·경제·문화·체육 등 특정 분야에서 매우 우수한 능력을 보유한 사람으로서 대한민국 국익에 이바지할 것으로 인정되는 사람 중 하나에 해당하는 외국인은 (가) 5년 이상 계속하여 한국에 주소가 있을 것, (나) 대한민국에서 영주할 수 있는 체류자격이 있을 것, (다) 대한민국 민법상 성년일 것, (라) 자신의 자산이나 기능을 통해서나 생계를 같이하는 가족에 의존하여 생계를 유지할 능력이 있을 것(국적법 제5조 제1호, 제1호의2, 제2호, 제4호)의 요건을 갖추지 아니하여도 귀화허가를 받을 수 있다(국적법 제7조).

(ⅲ) 수반취득

수반취득은 일정한 관계에 놓여 있는 다른 사람이 국적을 취득함에 따라서 함께 국적을 얻는 것을 말한다. 외국인의 자로서 대한민국 민법상 미성년인 사람은 그 부나 모가 귀화허가를 신청할 때 함께 국적 취득을 신청할 수 있고, 부나 모가 대한민국 국적을 취득할 때 함께 국적을 취득한다(국적법 제8조).

(ⅳ) 국적 회복에 따른 국적 취득

대한민국 국민이었던 외국인은 법무부 장관의 국적회복허가를 받아 국적을 취득할 수 있다(국적법 제9조 제1항). 국적회복허가를 받은 사람은 법무부 장관이 허가를 한 때에 대한민국 국적을 취득한다(국적법 제9조 제3항). 다만, ⓐ 국가나 사회에 위해를 끼친 사실이 있는 사람, ⓑ 품행이 단정하지 못한 사람, ⓒ 병역을 기피할 목적으로 대한민국 국적을 상실하였거나 이탈하였던 사람, ⓓ 국가안전보장·질서유지 또는 공공복리를 위하여 법무부 장관이 국적 회복을 허가함이 적당하지 아니하다고 인정되는 사람에 대해서는 법무부 장관이 국적 회복을 허가하지 아니한다(국적법 제9조 제2항).

(ⅴ) 국적 취득자의 외국 국적 포기 의무

대한민국 국적을 취득한 외국인으로서 외국 국적이 있는 사람은 대한민국 국적을 취득한 날부터 1년 안에 그 외국 국적을 포기하여야 한다(국적법 제10조 제1항). ⓐ 귀화허가를 받은 때 (가) 배우자가 대한민국 국민인 외국인으로서 그 배우자와 혼인한 상태로 대한민국에 2년 이상 계속하여 주소가 있는 사람이거나 (나) 배우자가 대한민국 국민인 외국인으로서 그 배우자와 혼인하고 나서 3년이 지나고 혼인한 상태로 대한민국에 1년 이상 계속하여 주소가 있는 사람이거나 (다) 부 또는 모가 대한민국 국민인 외국인(양자로서 대한민국 민법상 성년이 되고 나서 입양된 사람 제외)으로서 대한민국에 주소가 있는 사람이거나 (라) 대한민국에 특별한 공로가 있는 외국인으로서 대한민국에 주소가 있는 사람, ⓑ 국적회복허가를 받은 사람으로서 (가) 부 또는 모가 대한민국 국민인 외국인(양자로서 대한민국 민법상 성년이 되고 나서 입양된 사람 제외)으로서 대한민국에 주소가 있는 사람이거나 (나) 대한민국에 특별한 공로가 있는 외국인으로서 대한민국에 주소가 있는 사람이라고 법무부 장관이 인정하는 사람, ⓒ 대한민국의 민법상 성년이 되기 전에 외국인에게 입양되고 나서 외국 국적을 취득하고 외국에서 계속 거주하다가 국적회복허가를 받은 사람, ⓓ 외국에서 거주하다가 영주할 목적으로 만 65세 이후에 입국하여 국적회복허가를 받은 사람, ⓔ 본인의 뜻에도 (가) 외국의 법률과 제도로 말미암아 외국 국적 포기가 불가능하거나 그에 준하는 사정이 인정되는 사람이나 (나) 대한민국 국적을 취득하고 나서 3개월 이내에 외국 국적포기절차를 개시하였으나 외국의 법률과 제도로 말미암아 대한민국 국적을 취득한 날부터 1년 안에 국적포기절차를 마치기 어려운 사정을 증명하는 서류를 법무부 장관에게 제출한 사람(국적법 시행령 제13조 제1항) 중 하나에 해당하는 사람은 대한민국 국적을 취득한 날부터 1년 안에 외국 국적을 포기하거나 법무부 장관이 정하는 바에 따라 대한민국에서 외국 국적을 행사하지 아니하겠다는 뜻을 법무부 장관에게 서약하여야 한다(국적법 제10조 제2항). 대한민국 국적을 취득한 날부터 1년 안에 외국 국적을 포기하거나 대한민국에서 외국 국적을 행사하지 아니하겠다는 뜻을 법무부 장관에게 서약하지 않으면 그 기간이 지난 때에 대한민국 국적을 상실한다(국적법 제10조 제3항). 이렇게 대한민국 국적을 상실한 사람이 그 후 1년 안에 그 외국 국적을 포기하면 법무부 장관에게 신고함으로써 대한민국 국적을 재취득할 수 있다(국적법 제11조 제1항).

(2) 국적 상실

대한민국 국민으로서 자진하여 외국 국적을 취득한 사람은 그 국적을 취득하면 대한민국 국적을 상실한다(국적법 제15조 제1항).[62] 그러나 대한민국 국민이 외국 영주권을 취득하여도

---

62) 대법원 1999. 12. 24. 선고 99도3354 판결(공2000상, 356): "…, 미국은 호주나 캐나다 등과 같이 그 나라의 국민이 되는 자격으로서 국적제도를 두지 아니하고 시민권제도를 두고 있는바, 이러한 국가에서의 시민권은 국적과 그 법적 성격이나 기능이 거의 동일하다고 할 것이어서, 대한민국의 국민이 미국의 시민권을 취득하면 구 국적법(1997. 12. 13. 법률 제5431호로 전문 개정되기 전의 것) 제12조 제4호 소정의 '자진하여 외국의 국적을 취득한 자'에 해당하여 우리 나라의 국적을 상실하게 되는 것이지 대한민국과 미국의 '이중국적자'가 되어 구 국적법 제12조 제5호의 규정에 따라 법무부장관의 허가를 얻어 대한민국의 국적을 이탈하여야 비로소 대한민국의 국적을 상실하게 되는 것은 아니라고 할 것이므로, 대한민국의 국적을 가진 상태에서 미국으로 이민하여 생활하다가 미국의 시민권을 취득한 공소외 최인애는 이 사건 토지 취득 당시 대한민국의 국적을 가지지 아니한 외국인에 해당한다……."

국적을 상실하지 않는다.[63] 그리고 대한민국 국민으로서 ① 외국인과 혼인하여 그 배우자의 국적을 취득하게 된 사람, ② 외국인에게 입양되어 그 양부나 양모의 국적을 취득하게 된 사람, ③ 외국인인 부나 모에게 인지되어 그 부나 모의 국적을 취득하게 된 사람, ④ 외국 국적을 취득하여 대한민국 국적을 상실하게 된 사람의 배우자나 미성년의 자로서 그 외국 법률에 따라 함께 외국 국적을 취득하게 된 사람 중 하나에 해당하는 사람은 그 외국 국적을 취득한 때부터 6개월 안에 법무부 장관에게 대한민국 국적을 보유할 의사가 있다는 뜻을 신고하지 아니하면 그 외국 국적을 취득한 때로 소급하여 대한민국 국적을 상실한 것으로 본다(국적법 제15조 제2항). 그러나 대한민국 남자와 결혼하여 대한민국 국적을 취득하였다가 이혼하여도 대한민국 국적을 상실하지 않는다.[64] 대한민국 국적을 상실한 사람(국적 이탈 신고를 한 사람은 제외)은 법무부 장관에게 국적 상실 신고를 하여야 한다(국적법 제16조 제1항). 대한민국 국적을 상실한 사람은 국적을 상실한 때부터 대한민국 국민만이 누릴 수 있는 권리를 누릴 수 없다(국적법 제18조 제1항). 그러한 권리 중 대한민국 국민이었을 때 취득한 것으로서 양도할 수 있는 것은, 그 권리와 관련된 법령에서 따로 정한 바가 없으면, 3년 안에 대한민국 국민에게 양도하여야 한다(국적법 제18조 제2항).

6. 재외국민을 보호할 국가의 의무

헌법 제2조 제2항은 "국가는 법률이 정하는 바에 의하여 재외국민을 보호할 의무를 진다."라고 함으로써 재외국민을 보호할 국가의 의무를 규정한다. 재외국민은 대한민국 국민으로서 외국 영주권을 취득한 사람이나 영주할 목적으로 외국에 거주하는 사람으로서, 대한민국 국적을 보유하였던 사람(대한민국 정부 수립 전에 국외로 이주한 동포 포함)이나 그 직계비속으로서 외국 국적을 취득한 사람인 외국국적동포와 구별된다('재외동포의 출입국과 법적 지위에 관한 법률' 제2조).[65] 외국의 일정한 지역에 계속하여 90일 이상 거주나 체류할 의사를 가지고 체류하는 대한민국 국민은 재외국민등록법에 따라 등록하여야 한다(재외국민등록법 제2조). 해외공관이 재외국민을 보호할 1차적 의무를 진다. 이러한 의무는 청구가 없더라도 보호하여야 하는 적극적 의무이다.[66] 국가는 영사조력을 통해 사건·사고에서 재외국민의 생명·신체 및

---

63) 대법원 1981. 10. 13. 선고 80다2435 판결(공1981, 14437).
64) 대법원 1976. 4. 23.자 73마1051 결정(공1976, 9147).
65) 재외동포 범위를 대한민국 정부 수립(1948년) 이후에 국외로 이주한 사람으로 제한한 동법 제2조에 대해서 헌법재판소는 헌법불합치결정을 내렸다. 이 결정은 대한민국 정부 수립 시점을 기준으로 정부 수립 이전에 조국을 떠난 동포를 차별하는 것은 자의적인 입법이어서 독립운동을 하거나 일제의 강제징용·수탈 등을 피해 조국을 떠났던 중국 및 구소련 동포가 대부분인데 이들을 돕지는 못할지언정 오히려 차별하는 것은 정당하지 못하다고 하였다(헌재 2001. 11. 29. 99헌마494, 판례집 13-2, 714). 2004년 3월 5일 개정된 국적법 제2조 제2호는 대한민국 국적을 보유하였던 사람에 대한민국 정부 수립 이전에 국외로 이주한 동포를 포함한다. 그러나 이 개정에 대해서도 논란이 있다.
66) 이준일, 『헌법학강의(제7판)』, 홍문사, 2019, 102쪽.

재산을 보호하려고 노력하여야 하며, 이를 위해서 필요한 재외국민보호정책을 수립·시행하여야 한다('재외국민보호를 위한 영사조력법' 제3조 제1항). ① 재외국민이 영사조력을 명백하게 거부하는 때, ② 재외국민이 폭행, 협박 등의 행위를 하여 해당 재외국민에 대한 영사조력 제공에 현저한 지장을 초래하는 때, ③ 재외국민이 허위로 영사조력을 요청한 사실이 밝혀진 때, ④ 재외국민이 영사조력을 남용 또는 악용하는 때는 재외공관의 장은 영사조력 제공을 거부하거나 중단할 수 있다. 다만, 재외국민의 생명·신체에 대한 위해가 중대하여 긴급히 보호할 필요가 있으면 그러하지 아니하다('재외국민보호를 위한 영사조력법' 제18조). 재외국민은 영사조력 과정에서 자신의 생명·신체 및 재산의 보호에 드는 비용을 부담하여야 한다. 다만, 재외국민을 긴급히 보호할 필요가 있는 때로서 사건·사고에 처한 재외국민이 본인의 무자력 등으로 말미암아 비용을 부담하기 어렵다고 판단되거나 해외위난상황에 처한 재외국민이 안전한 지역으로 대피할 수 있는 이동수단이 없어 국가가 이동수단을 투입하면 국가가 그 비용을 부담할 수 있다('재외국민보호를 위한 영사조력법' 제19조).

재외국민을 보호하여야 할 국가의 의무 범위는 재외국민이 체류국에 있는 동안, 조약 그 밖의 일반적으로 승인된 국제법규와 해당 체류국의 법령에 따라서 누릴 수 있는 모든 분야에서 정당한 대우를 받도록, 체류국과 맺는 관계에서 국가가 하는 외교적 보호뿐 아니라 국외 거주 국민에 대하여 정치적인 고려에서 특별히 법률로써 정하여 베푸는 법률·문화·교육 기타 제반영역에서 하는 지원을 포함한다.[67] 예를 들어 재외국민등록법, '재외동포의 출입국과 법적 지위에 관한 법률', '재외국민보호를 위한 영사조력법', 재외동포재단법, '재외국민의 교육지원 등에 관한 법률', '재외국민의 가족관계등록 창설, 가족관계등록부 정정 및 가족관계등록부 정리에 관한 특례법' 등이 구체화한다.

헌법재판소는 대한민국 국적이 있는 영유아 중에서 재외국민인 영유아를 보육료·양육수당 지원대상에서 제외함으로써 국내에 거주하면서 재외국민인 영유아를 양육하는 부모를 차별하는 보건복지부지침은 평등권을 침해하여 위헌이라고 한다.[68] 그리고 헌법재판소는 주민등록이 되어 있지 않고 국내거소신고도 하지 않은 재외국민이라도 추상적 위험이나 선거기술상 이유로 국민투표권을 박탈할 수 없다고 하였다.[69] 또한, 헌법재판소는 정부 수립 이후 이주동포와 달리 정부 수립 이전 이주동포를 재외동포법 적용대상에서 제외한 것은 합리적 이유 없이 정부 수립 이전 이주동포를 차별하는 자의적인 입법이어서 헌법 제11조의 평등원칙에 위배된다고 하였다.[70]

---

67) 헌재 1993. 12. 23. 89헌마189, 판례집 5-2, 622, 646; 헌재 2001. 12. 20. 2001헌바25, 판례집 13-2, 863, 887.
68) 헌재 2018. 1. 25. 2015헌마1047, 판례집 30-1상, 150.
69) 헌재 2014. 7. 24. 2009헌마256등, 판례집 26-2상, 173.
70) 헌재 2001. 11. 29. 99헌마494, 판례집 13-2, 714.

Ⅳ. 국가영역

1. 국가영역의 의의

(1) 국가영역의 개념

국가영역은 구분되고 지배할 수 있으며 사람이 지속해서 살기에 알맞은 지구표면의 일정 부분이다. 국가영역은 국가적 지배(국가권력)의 물적 대상을 뜻하는 국가의 공간적 존립기반이다. 즉 국가영역은 국가적 지배(국가권력)가 미치는 지리적 공간이다. 따라서 국가영역은 특별한 고권적 지배영역이다.[71] 이러한 점에서 국가권력이 효과적으로 그리고 지속해서 행사될 수 있는, 그 핵심 존립이 보장되고 맺어 뭉치며(結合) 지배할 수 있는 지표면의 특정 부분이 국가영역의 출발점이다.[72] 그리고 국민은 국가영역에 정착하므로 국가영역은 국가와 국민을 연결하는 중요한 요소이다.

국가영역은 헌법을 포함한 법규범이 미치는 장소적 효력 범위이다. 국가영역 안에서 국제법은 해당 국가에 주권을 보장한다.[73] 국가영역은 국가의 중요한 지배영역, 즉 지배 행사 무대이다.[74] 그러나 모든 측면에서 모든 국가규범의 적용 범위가 지역에 국한되어야 한다는 것은 원칙적으로 영역국가 개념에 속하지 않는다. 오히려 국가의 법규범은 예를 들어 국민이 외국에서 저지른 형사범죄처럼 사항적합적으로 관련되는 계기가 있는 한 고유한 국가영역 밖에서 사는 사람이나 발생하는 사건에도 국내법 효과를 미칠 수 있다. 그러나 본질적 측면에서 고권행위 실행(예를 들어 형사법에 따른 사법판결의 선고와 집행)을 위한 영역국가 권한은 (다른 국가가 그러한 권한 행사를 자기 영역에서 허용하지 않는 한) 오로지 고유한 국가영역 안에서만 행사할 수 있다. 따라서 국가영역은 법학적으로 국가의 권한 행사 범위이다.[75]

오늘날 영역국가는 법적 판단과 관련하여 이중적 기초가 있다. 한편으로 국가는 국제법의 관련 내용 확정과 한계를 존중하여야 하고, 다른 한편으로는 헌법적 그리고 일반법률적 규범 형성에 기초한다. 국제법은 무엇보다도 영역을 포함한 국가 사이의 관계를 규율하므로 국가영역의 외부적 한계 그리고 국가영역의 획득과 상실을 규율하지만, 그 밖의 공법은 특히 국가영역에서 국가권력의 적용영역과 효력영역을 포섭한다.[76]

국가영역은 안정적이고 한정되며 연속되어야 한다. 국가는 국민이 합의하여 설정한 경계에 따라서 분리되고 그 경계는 다른 국제법주체와 다투지 않는 한 국가영역이 문제 되지 않

---

71) Reinhold Zippelius, Allgemeine Staatslehre, 16. Aufl., München 2010, S. 74.

72) Stefan Korioth, Staatsrecht Ⅰ, 5. Aufl., Stuttgart 2020, Rdnr. 68.

73) Klaus Stern, Das Staatsrecht der Bundesrepublik Deutschland, Bd. Ⅰ, 2. Aufl., München 1984, S. 235.

74) Klaus Stern, Das Staatsrecht der Bundesrepublik Deutschland, Bd. Ⅰ, 2. Aufl., München 1984, S. 75.

75) Reinhold Zippelius, Allgemeine Staatslehre, 16. Aufl., München 2010, S. 75.

76) Wolfgang Graf Vitzthum, Staatsgebiet, in: Josef Isensee/Paul Kirchhof (Hrsg.), HStR, Bd. Ⅱ, 3. Aufl., Heidelberg 2004, § 18 Rdnr. 3.

는다는 점에서 국가영역의 안정성과 한정성이 나타난다. 국가권력은 국경이 명확하지 않으면
제대로 행사될 수 없고 국경이 유동적이면 안정적이거나 확정적으로 행사될 수 없다. 그러므
로 국가영역은 바뀌지 않고 계속 유지되어야 한다.[77]

(2) 국가의 필수적 요소인 국가영역과 그에 대한 지배 가능성

영역 없는 국가는 없다. 국가권력이 유효하게 행사되려면 필수적으로 영역이 있어야 하기
때문이다. 따라서 국가영역은 국가의 기본적 구성요소이다. 즉 국가영역은 국가의 권한영역이
고 국가지배의 필수적 요소이며 다른 나라와 맺는 관계에서 국가 존재의 기초이다.[78] 그래서
현대국가는 필연적으로 지역공동체이다.[79] 그리고 국가는 국가영역과 그 안에 사는 주민, 즉
국민에 대해서 권력을 행사하는 정치조직이 있어야 하므로, 영역적 토대 없이 국가는 창설되
고 유지될 수 없다. 이러한 점에서 모든 영역 상실은 곧 국가 소멸을 뜻한다. 즉 영역은 국가
가 그 권력을 행사하는 필수적 대상이라서 그 공간적 범위가 좁을 수는 있어도 없을 수는 없
다. 국가권력은 구체적으로 행사되는 것이지 추상적으로 행사될 수는 없기 때문이다.[80] 여기
서 모든 영역 상실은 실질적으로 이해하여야 하므로 그것은 회복 가능성이나 (현실 속에서 구체
화할 수 있는) 회복하고자 하는 의지의 완벽한 소멸을 뜻한다. 망명정부는 그가 대표한다고 주
장하는 국가영역을 실효적으로 지배할 수 없어서 '온전한' 국가로서 성립할 수 없다. 다만, 망
명정부 활동이 결국 국가 회복이라는 결과로 이어진다면 망명정부는 본래 국가와 회복된 국가
를 이어주는 매개체로서 제한된 의미로나마 국가로 인정받아서 국가 단절을 부정하고 국가 존
속을 증명하는 결정적 증거가 될 수 있다. 이러한 망명정부는 국가 회복[81]을 정지조건으로 제
한된 범위일지라도 국가로 인정받을 수 있다. 그래서 망명정부 활동은 활동 당시에 대표성을
부분적이나마 인정받아서 국민 일부에게라도 (제한된 범위에 그치더라도) 구체적인 국가권력을
행사하여서 국가가 회복되면 이러한 활동이 회복된 국가에 그대로 승계된다. 예를 들어 망명
정부인 대한민국 임시정부가 항일독립운동을 위한 자금을 조달하려고 발행한 독립공채를 대한
민국 정부가 1983년 12월 29일 '독립공채상환에 관한 특별조치법'을 제정하여 상환해 주었다.

국가가 존재하려면 (최소한) 국가 3요소 모두가 실현되어야 한다. 따라서 국가영역은 필연
적으로 국가권력이 원칙적으로 행사될 수 있는 영역에 국한된다. 이는 영역에 대한 국가의
지배 가능성을 전제한다.[82] 그러나 지배 가능성이 일시적으로 사라지거나 그에 대한 다툼이

---

77) 강경근, 「헌법적 국가의 존립조건과 권력양태」, 『고시계』 제35권 제12호(통권 제406호), 고시계사, 1990. 11., 72쪽.

78) Klaus Stern, Das Staatsrecht der Bundesrepublik Deutschland, Bd. Ⅰ, 2. Aufl., München 1984, S. 235; Wolfgang Graf Vitzthum, Staatsgebiet, in: Josef Isensee/Paul Kirchhof (Hrsg.), HStR, Bd. Ⅱ, 3. Aufl., Heidelberg 2004, § 18 Rdnr. 6.

79) Martin Kriele, Einführung in die Staatslehre, 6. Aufl., Stuttgart/Berlin/Köln 2003, S. 68; Reinhold Zippelius, Allgemeine Staatslehre, 16. Aufl., München 2010, S. 73.

80) 강경근, 「헌법적 국가의 존립조건과 권력양태」, 『고시계』 제35권 제12호(통권 제406호), 고시계사, 1990. 11., 70쪽.

81) 물론 옹근(완벽한) 국가영역 회복만을 뜻하는 것이 아니라 최소한 국가영역 일부 회복을 포함한다.

있다고 하여 해당 지역이 국가영역에서 제외되는 것은 아니다. 일부 지역에 반란이 일어나 점거되었다고 하여도 그것이 국가영역이 아닌 것은 아니다. 그리고 다른 나라가 강제로 국가 영역을 점령하여도 그것이 국가영역에서 제외되는 것도 아니다. 예를 들어 명나라 장수 모문룡이 1622년 가도에 들어가 동강진을 건설하고 1629년까지 점령하였어도 가도는 여전히 조선 땅이었다. 그리고 영국 동양함대가 1885년 4월부터 1887년 2월까지 거문도를 점령하였어도 그동안 거문도가 조선 땅이 아니었던 것은 절대 아니다.

(3) 통합요소인 국가영역과 그 온전성

국가영역은 국가 사이의 지역적 경계라는 단순한 물리적 의미에 그치지 않는다. 국가영역은 그 안에서 공동체를 이루어 살아가는 사람들의 지역적 기반으로서 역사 속에서 형성되어 이어져 온 공간이다. 그리고 국가영역은 현재는 물론 앞날에도 사람들이 그 위에서 어울려 살면서 사회를 이루고 문화를 만들며 정치를 펼치고 운명을 같이하는 공간이다. 또한, 국가영역은 사람들이 이러한 삶 속에서 갈등을 겪고 동질성을 확인하면서 서로 보듬고 어울리는 하나의 공동체를 만들어가는 공간이다. 그래서 국가영역은 규범적 측면뿐 아니라 사회학적 측면에서도 공동의 고향으로서, 함께 사는 자연공간과 문화공간으로서 그리고 문화적이고 문명적–기술적 파장과 유용성이 있는 공동 활동무대와 정치적 운명의 공통토대로서 공동체에 중요한 통합적 요소이다.[83] 이러한 지역적 기반이 변함없이 그대로 유지되어야 한다는 당위적 의미에서 국가영역의 온전성도 요구된다.[84] 이러한 점은 특히 국가영역을 확정할 때 중요한 의미가 있다. 이러한 국가영역의 온전성은 국가영역을 지키고 유지해나갈 의무는 물론 빼앗기거나 현재 실효적 지배를 하지 못하는 국가영역을 되찾아올 의무도 국가에 부여한다.

2. 영역고권

(1) 개념

국가영역과 국가권력이 결합하여 국가는 국가영역 안에서 배타적 권력이 있다. 이러한 국가영역에 대한 국가권력을 영역고권이나 영토고권이라고 한다. 영토를 좁은 뜻으로 이해하는 한 영토고권보다는 영역고권이라는 용어가 더 적절한 용어이다. 따라서 여기서는 영역고권이라는 용어를 사용하고자 한다.

(2) 영역고권과 영역주권

국제법에서는 영역고권을 영역주권과 구별한다. 영역주권은 영역에 대한 처분권을 포함하

---

82) Stefan Korioth, Staatsrecht Ⅰ, 5. Aufl., Stuttgart 2020, Rdnr. 70.
83) Reinhold Zippelius, Allgemeine Staatslehre, 16. Aufl., München 2010, S. 76.
84) 정재황, 『신헌법입문(제11판)』, 박영사, 2021, 79쪽.

여 독점적이고 포괄적인 권한이라는 뜻이 있는, 국가영역인 지역의 국가 귀속을 말한다. 이러한 귀속에서 특히 다른 나라의 영역을 처분할 수 없다는 것이 도출된다. 처분권을 배제한 영역주권의 한 단면이 영역고권으로 나타난다[영역주권 = 영역고권(영역에 대한 지배권) + 영역에 대한 처분권]. 영역고권은 자기 영역에서 다른 국제법주체의 방해 없이 자기 권력을 행사할 권한을 국가에 부여한다. 따라서 영역고권은 국가가 특정 영역 안에서 행사할 수 있는 권한을 가리키지만, 영역주권은 국가가 영역과 관련하여 행사할 수 있는 실질적 권한을 뜻한다.[85]

(3) 영역고권과 대인고권

대인고권은 특별한 신뢰관계와 보호관계에 근거하여 고유한 국민에게 권리와 의무를 부과할 수 있는 권한이지만, 영역고권은 자기 영역에 있는 사람과 사물 그리고 일어날 수 있는 사건을 규율할 수 있는 국가의 권한이다. 영역고권과 대인고권은 규범의 지역적 그리고 인적 적용영역에서 서로 중첩되고 보완된다. 영역고권의 권한영역은 한편으로는 규범의 구성요건이 실현되는 공간까지, 다른 한편으로는 특정한 법적 효과가 미칠 수 있는 공간까지이다. 국가의 권한영역을 서로 확정할 때 국제법에 따라서 오로지 법적 효과(제재)를 목적으로 한 공간이 고려된다. 국가기관은 이러한 확정을 (헌법과 법률이 1차적으로 확정할 수 있지만 그러한 확정도 국제적으로 인정받지 못하면 실효성이 없으므로) 오로지 국제법에 따라서만 할 수 있다.[86]

(4) 영역고권 내용

영역고권에는 적극적 측면과 소극적 측면이 있다. 먼저 적극적으로는 국가의 지배력은 국가영역에 있는 모든 사람과 사물 그리고 일어날 수 있는 사건에 미친다. 국가는 자기 영역 자체를 자유로이 사용하고 수익할 권한이 있다. 소극적으로는 어떤 국가의 영역 안에서는 다른 국가의 어떠한 공권력도 행사될 수 없다. 즉 해당 국가에 배타적 통치권이 보장된다. 따라서 원칙적으로 국내 권력에서 도출되지 않는 모든 영향이 배제된다.[87]

영역고권은 국가 스스로 자기 권력에 기초하여 예를 들어 외국 외교관을 고권적 체포에서 배제하고 그에게 치외법권을 보장하거나(동시에 그 국제법적 한계가 충족되는 한) 국가가 특정한 기관, 예를 들어 공무수탁사인에게 특정한 고권적 권한(예를 들어 세금 징수)을 자기 영역 안에서 부여하는 것을 제외하지 않는다. 나아가 국가가 예를 들어 국제법적으로 체결된 적극적이거나 소극적인 국가지역권에 근거하여 다른 국가에 고권적 개별 권한을 자기 영역에 허용하거나 자기 영역에서 고유한 고권적 권한을 행사하도록 할 수 있다(예를 들어 비무장지역 설치).

---

85) Martin Kriele, Einführung in die Staatslehre, 6. Aufl., Stuttgart/Berlin/Köln 2003, S. 70; Wolfgang Graf Vitzthum, Staatsgebiet, in: Josef Isensee/Paul Kirchhof (Hrsg.), HStR, Bd. Ⅱ, 3. Aufl., Heidelberg 2004, § 18 Rdnr. 4.

86) Wolfgang Graf Vitzthum, Staatsgebiet, in: Josef Isensee/Paul Kirchhof (Hrsg.), HStR, Bd. Ⅱ, 3. Aufl., Heidelberg 2004, § 18 Rdnr. 5.

87) Reinhold Zippelius, Allgemeine Staatslehre, 16. Aufl., München 2010, S. 75.

국가는 자국 영내에 있는 다른 나라 영토나 예를 들어 자국보다 이웃 국가가 더 쉽게 도달할 수 있는 영역 일부(예를 들어 협곡)에 관세면제지역의 지위를 부여할 수 있고, 이웃 국가와 합의하여 통화권과 관세권을 그 지역에 맡길 수 있다.[88]

무엇보다도 국제법적 관계 속에서 국가는 국내에 직접적 효력이 있는 법적 행위를 할 권한을 초국가적 기구에 부여할 수 있다. 여기서 법적 행위 중 어떤 것이 초국가적 기관에 인정될 수 있는지, 즉 여기서 오로지 일반 법규범 제정만 문제가 되거나 국내적으로 구속적인 개별 명령과 사법재판이나 심지어 집행행위도 문제가 되는지를 구별하여야 한다. 국가는 매우 명백하게 자기 권력독점 제한을 감수하여야 하는 후자 행위에 관한 권한까지 넘기는 것을 주저할 것이다.[89]

(5) 영역고권 제한

영역고권에 입각하여 국가가 자기 영역을 자유로이 사용할 수 있는 것이 원칙이다. 하지만 여기에도 제한이 따른다. 특히 인접국가에 손해를 야기해서는 아니 된다. 국가는 자기 영역을 사용하는 과정에서 발생하는 손해에 대해서 책임이 있다(국제적 상린권). 특히 국제적 환경 보호와 관련하여 이러한 영역고권 제한은 의미가 있다. 그리고 국제조약에 근거한 국제지역권은 영역고권 예외에 해당한다. 적극적 국제지역권은 한 국가가 다른 국가에 자기 영역에서 자기 국가권력을 사용할 수 있도록 하는 것이다. 그리고 소극적 국제지역권은 한 국가가 다른 국가에 대해서 자기 영역에서 자신이 고권적 권한을 행사하지 않을 의무를 지는 것을 말한다.[90]

헌법의 효력 범위는 지배할 수 있는 국가영역에 국한한다. 이러한 영역고권이 처음에 무제한일지라도 영역고권을 특히 국제법적 조약을 통해서 사실적으로나 지역적으로 제한하는 것은 주권국가에 맡겨진다. 특정 권한을 허용함으로써 영역고권이 제한되는 사실적 제한의 예는 비행통과권이나 관세구역 편입이다. 특정 지역에서 영역고권이 제한되는 장소적 제한은 예를 들어 군사기지에 관한 조약이나 외국 대사관의 치외법권이라는 국제법원칙을 통해서 발생한다(이른바 본국과 떨어져 다른 나라에 둘러싸인 영토).[91] 이처럼 영역고권을 제한하는 예가 넓게 인정되면서 국가영역 안에서 국가권력의 배타성은 추정되는 것에 그친다.[92] 그리고 경제활동이 특정 국가만이 아닌 전 세계를 대상으로 이루어지면서 경제영역에서 국경이라는 개념이 무의미해지고, 국제범죄조직이 크게 발달하면서 국가 사이의 협조 없이는 이에 대응할

---

88) Reinhold Zippelius, Allgemeine Staatslehre, 16. Aufl., München 2010, S. 75.

89) Reinhold Zippelius, Allgemeine Staatslehre, 16. Aufl., München 2010, S. 75 f.

90) 외교사절 등에 부여되는 특별한 보호를 영역고권 예외로 설명한다(이른바 치외법권). 그러나 이는 특정 국가 영역에 제한되지 않으므로 국가영역과 관련하여 설명할 것이 아니라 외교관 임무 수행이 해당국 국가권력에서 광범위한 해방이 있어야 하는 것으로 보는 것이 오늘날 통설이다.

91) Stefan Korioth, Staatsrecht Ⅰ, 5. Aufl., Stuttgart 2020, Rdnr. 71.

92) Martin Kriele, Einführung in die Staatslehre, 6. Aufl., Stuttgart/Berlin/Köln 2003, S. 69 f.

수 없게 되면서 영역고권도 그 의미가 퇴색해가고 있다.

3. 국가영역 범위

(1) 국가영역의 구성요소와 확정

① 국가영역의 구성요소

국가영역은 영토, 영해, 영공으로 구성된다. 즉 국가영역은 지표면에 국한되는 것이 아니라 지표면 위의 대기층과 영토를 감싸는 바다를 아우른다. 따라서 국가영역은 2차원이 아니라 3차원의 영역이다. 이러한 영역은 반드시 연결되어야 하는 것은 아니다. 국가영역은 자연적인 상태(바다를 통한 섬처럼)를 통해서 나누어질 수도 있고 다른 나라 영역을 통해서 차단될 수도 있어서 본국과 떨어져 다른 나라에 둘러싸인 영토나 자국 영내에 있는 다른 나라 영토가 있을 수 있다.[93]

② 국가영역 확정

국가영역은 사실적으로 미리 확정되어서 이것에 법적 효과가 따르는 것이 아니라 국가영역 자체가 법규범을 통해서 비로소 명확하게 정해진다. '자연적인' 국가영역은 없다. 지리적 사정도 민족의 거주 공간도 (국가영역 범위 확정의 한 기준이 될 수는 있어도) 국가영역 범위를 결정할 수 없다.[94] 국가영역 범위는 국경을 통해서 확정된다. 국경은 자연적 경계(해안, 하천, 산맥)를 중심으로 하여 역사적으로 그리고 국제법에 따라 정해지는 것이 보통이다. 즉 국가영역 범위는 역사적 발전과 국제법의 결과물이다.[95] 영토를 중심으로 국가영역 경계가 확정되지만, 영해와 영공의 경계 확정에 관해서 많은 논란이 있다.

국가권력은 그 유효한 행사의 사실적 가능성을 통해서 작용하고 한계지어진다. 이는 국가영역의 법적 경계에서도 마찬가지이다. 정확하게 확정된 국가영역 경계가 유효하게 주장될 수 있는 장소에서 사실적 측면에서 정립될 수 있을 때 국가권력은 사실적으로 행사될 수 있다. 국가영역에 특정 지역이 귀속되는 최소한의 전제로서 이러한 사실적 지배 가능성은 특히 영해의 외부경계를 확정할 때 결정적인 역할을 한다.[96] 그러나 국가지배권 관철 가능성이 어떤 공간의 국가영역에 대한 법적 편입을 위한 불가결의 요건일지라도 이는 국가영역이 다른 측면에서 언제나 지배할 수 있는 영역에 미친다는 것을 뜻하지는 않는다.[97] 즉 국가가 지배할 수 없는 영역이라도 국가영역에 속할 가능성이 옹글게(완벽하게) 배제되는 것은 아니다.

---

93) Klaus Stern, Das Staatsrecht der Bundesrepublik Deutschland, Bd. Ⅰ, 2. Aufl., München 1984 S. 236.

94) Martin Kriele, Einführung in die Staatslehre, 6. Aufl., Stuttgart/Berlin/Köln 2003, S. 67.

95) Stefan Korioth, Staatsrecht Ⅰ, 5. Aufl., Stuttgart 2020, Rdnr. 68.

96) Reinhold Zippelius, Allgemeine Staatslehre, 16. Aufl., München 2010, S. 76.

97) Reinhold Zippelius, Allgemeine Staatslehre, 16. Aufl., München 2010, S. 76 f.

(2) 영토

영토는 국가영역의 기초가 되는 일정한 범위의 토지를 말한다. 영토는 아니지만 통치권의 전부나 일부가 행사되는 지역이 있다. 예를 들어 군사점령지, 신탁통치지, 조차지,[98] 보호국 등이다. 대륙은 해안에 이르기까지 영토에 포함된다. 이때 해안은 썰물 때 가장 낮은 수위가 측정되는 곳까지이다. 내륙수로는 이른바 고유수역으로서 국가영역에 속한다. 국경을 이루는 호수에서 국경은 달리 합의하거나 확정되지 않는 한 그 중앙이 국경이다. 하천은 항해할 수 있는 수역과 항해할 수 없는 수역이 구별된다. 항해할 수 있는 하천에서는 원칙적으로 가장 깊은 수로의 지점에, 항해할 수 없는 하천에서는 수로 사이의 중앙을 각각 경계로 한다.[99] 지하는 형식논리적으로 말하면 지구중심점까지라고 하겠지만, 과학기술 한계로 말미암아 사실상 지배할 수 있는 범위까지 영토에 포함된다.

영토에 관해서는 헌법이 직접 규정하는 때와 그렇지 않은 때로 나뉜다. 헌법이 영토에 관해서 규정하면 영토를 변경하려할 때 헌법을 개정하여야 한다. 그러나 헌법이 영토를 규정하더라도 영토 변경에 언제나 헌법 개정이 따라야 하는 것은 아니다. 즉 영토를 축소할 때는 헌법 개정이 있어야 하는 것은 당연하지만, 국가의 정체성에 영향을 미치지 않거나 사소한 영토 확대에 그친다면 조약이나 법률만으로도 영토를 변경할 수 있다. 예를 들어 작은 무인도 하나를 편입시키거나 다툼이 있는 국경선을 자국에 유리한 쪽으로 명확하게 확정할 때도 반드시 헌법을 개정하여야 하는 것은 아니다. 특히 바다에 갑자기 생겨난 섬을 선점할 때는 점유라는 사실행위만으로 충분하다.

(3) 영해

영해는 영토에 접속한 일정한 범위의 해역으로서 국제법이 정한 조건에 따라 연안국이 영역고권을 행사하는 수역이다. 영해 범위는 18세기 이후 이른바 착탄거리설을 따라 영토에서 3해리까지로 보는 것이 원칙이었다. 하지만 바다의 경제적 효용가치가 높아지면서 이를 배타적으로 이용하려고 6해리·12해리·200해리 등으로 확대하자는 주장이 등장하였다. 제3차 국제연합해양법회의에서 참가국들은 영해 폭을 측정기선에서 12해리로 하는 데 합의하였다 ('1982년 해양법에 관한 국제연합 협약' 제3조). 영해에는 바다위(海上)뿐 아니라 바다바닥(海床)과 바다밑땅속(海底地下)도 포함된다.

영해 안이라고 하더라도 무해통항권이 인정되어 외국선박은 연안국의 안전, 공공질서와 재산상 이익을 해치지 않는 한도 안에서 자유롭게 지나다닐 수 있다. 이는 국제관습법적으로

---

98) 조약을 통해서 한 국가가 빌린 다른 나라 영토의 일부 지역.

99) 정인섭, 『신국제법강의(제11판)』, 박영사, 2021, 547쪽; Klaus Stern, Das Staatsrecht der Bundesrepublik Deutschland, Bd. Ⅰ, 2. Aufl., München 1984 S. 237; Wolfgang Graf Vitzthum, Staatsgebiet, in: Josef Isensee/Paul Kirchhof (Hrsg.), HStR, Bd. Ⅱ, 3. Aufl., Heidelberg 2004, § 18 Rdnr. § 18 Rn. 25; Reinhold Zippelius, Allgemeine Staatslehre, 16. Aufl., München 2010, S. 77.

인정되다가 1921년 바르셀로나규약 제2조를 통해서 성문화하였고, 1958년 체결된 '영해 및 접속수역에 관한 제네바협약' 제14조와 제23조에 상세히 규정되었다. 외국선박의 무해통항권 등이 인정되더라도 연안국 법령을 준수할 의무는 배제되지 않는다. 영해와 접해 있는 수심 200m 이하의 완만한 해역인 대륙붕은 국제조약을 따라서 연안국에 탐사 및 자원개발권이 부여된다('1958년 대륙붕에 관한 조약').

(4) 영공

영공은 영토와 영해의 수직 상공을 말한다. 역사적으로 보면 일정한 고도 이상은 자유라는 자유설이 주장되기도 하였다. 그러나 20세기 초에 이르러 영공 역시 국가의 배타적 지배에 속하는 공간이라는 주권설이 받아들여졌다. 문제는 어느 정도 상공까지를 영공으로 인정할 것인지이었다. 이와 관련하여 영공무한설, 인공위성설, 인력설, 대기권설, 실효적 지배설 등이 주장되었다. 국제조약 형식으로 영공 범위가 입법되지 않은 상태이고, 다수설이 영공은 지배할 수 있는 상공에 한한다는 실효적 지배설에 동의하여서 영공 범위는 해당 국가 영역 위 상공 80~120km까지로 볼 수 있다.[100] 이 높이 이상에서는 항공교통이 물리적으로 가능하지 않기 때문이다. 해당 국가 관할에 속하는 이러한 대기권 상공과는 달리 외기권(外氣圈) 공간은 보통 우주라고 부르며 어느 국가의 배타적 관할권에 속하지 않고 모든 국가의 자유이용에 맡겨지는 공간이다. 영공에 대한 고권은 외국 국가영역에 대한 영공통과비행을 가능하게 하려고 여러 국제법적 조약, 특히 1944년 국제민간항공협약(일명 시카고협약)[101]에 근거하여 제한된다. 다른 한편 영공에 대한 국가고권에 근거하여 체결된 국제민간항공협약을 위반하여 외국항공이 영공을 침입하면 개별 국가에 대한 주권 침해로 간주한다. 영공에서는 무해통항권이 원칙적으로 인정되지 않는다. 국제법상으로 민간항공기에는 일정한 때에 무해통항이 인정되나, 국가항공기에는 원칙적으로 무해통항이 인정되지 않는다(국제민간항공협약 제3조).

4. 국가영역 변경

(1) 변경 원인

국가영역 변경은 국가영역이 늘어나거나 줄어드는 것을 말한다. 국가영역 변경에서 무주지역 선점과 첨부(자연적 영토 형성)처럼 다른 나라 영토를 승계하지 않는 것은 시원적 취득이고, (취득)시효, 할양, 정복처럼 다른 나라 영토를 승계하는 것은 파생적 취득이다. 그리고 국가영역 변경은 국제조약을 통해서 이루어질 수도 있고, 자연조건이나 사실행위에 따라서 이루어질

---

100) 1967년 우주조약(정식명칭은 '달과 기타 전체를 포함한 외기권의 탐색과 이용에 있어서의 국가활동을 규율하는 원칙에 관한 조약': Treaty on Principles Governing the Activities of States in the Exploration and Use of Outer Space, including the Moon and Other Celestial Bodies)에서는 영공 범위에 관한 결정이 없었다.

101) 1944년 11월 시카고에서 열린 국제민간항공회의 결과로 성립된 조약으로 시카고협약이라고도 부른다. 1947년 4월 4일 발효하였고, 한국에서는 1952년 12월 11일 발효하였다.

수도 있다. 현재 국가에 속하지 않는 영역이 발견되는 것은 극히 드물다. 따라서 일반적으로 국가영역 변경은 본질적 측면에서 완벽한, 국경조약이나 지속적이고 분쟁 없는 소유를 통하여 생기는 지구표면 분할에서 한편의 획득과 다른 편의 상실을 뜻한다.[102] 국가영역이 바뀌어도 국가 동일성에는 변화가 없고 국가권력이 행사되는 인적·지역적 범위가 달라질 뿐이다.

① 국제조약에 따른 변경

국제조약에 따른 영토 변경에는 영토의 할양과 병합, 재정 등이 있다. ⓛ 할양은 양도국과 양수국의 합의에 따른 영토 일부 이전을 말한다. 할양은 보통 매매, 교환, 증여 등의 방법으로 성립한다. 할양이 국제법상 유효하게 성립하려면 할양은 (ⅰ) '국가 사이'의 합의에 따른 것이어야 하므로 국가 이외의 조직이나 사인은 할양주체가 될 수 없다. (ⅱ) 합의(조약)에 따른 이전이어야 한다는 점에서 정복과 구별된다. (ⅲ) 개별 국가의 헌법에 따라서 국민투표를 요건으로 할 수도 있다(예를 들어 1954년 헌법 제7조의2, 프랑스 제4공화국 헌법 제17조). (ⅳ) 할양이 제3국에 불이익을 주더라도 제3국 동의를 받아야 할 법적 의무를 지지 않는다. 다만, 제3국과 불할양 조약을 체결하면 제3국 동의가 필수적이다. ② 병합은 양도국과 양수국의 합의에 따른 전체 영역 이전을 말한다. 병합이 국제법상 유효하게 성립하려면 (ⅰ) '국가 사이'의 '합의'가 있어야 한다. (ⅱ) 전체 영역 이전이 있어야 한다는 점에서 할양과 구별된다. ③ 재정은 중재판결을 통해서 영토를 다른 나라에 넘기는 것을 뜻한다.[103]

② 자연조건이나 사실행위에 따른 변경

자연조건이나 사실행위에 따른 영토 변경으로는 무주지 선점, 첨부와 정복, (취득)시효 등을 들 수 있다. (ⅰ) 선점은 어느 국가에도 속하지 않는 지역 획득이다. 선점은 획득이 아닌 점거인 국제법적인 전쟁 점령 그리고 오랜 시간 계속되고 반대 없이 받아들여지며 획득의사로 이루어진 점유, 즉 점거하는 동안 아직 다른 국가의 국가영역에 속하였거나 그 소유에 다툼이 있었던 지역이 문제가 되는 취득시효와 구별되어야 한다.[104] 새로 발견된 무주지는 국제법상 선점국 영토로 인정된다. 예를 들어 공해상에 새로운 섬이 만들어질 수 있다. 화산 폭발이나 영토의 침식이나 퇴적 등 자연적 조건에 따라서 영토가 변경될 수도 있다. (ⅱ) 영토가 자연적으로 확대되면 해당 국가의 공식적인 선점행위 없이 확장된 영토는 해당 국가에 귀속된다(첨부).[105] 국가의 영역고권이 새로 창설된 영토까지 자동 확장되는 것으로 추정되기 때문이다. 그러나 바다를 메우는 것처럼 인위적으로 영토를 확장할 때는 매립국가가 새로 창설된 영토에 대해서 실효적 점유[106]를 통해서 국가적 권한을 표시하여야 한다.[107] (ⅲ) 정복

---

102) Klaus Stern, Das Staatsrecht der Bundesrepublik Deutschland, Bd. Ⅰ, 2. Aufl., München 1984, S. 237.

103) Klaus Stern, Das Staatsrecht der Bundesrepublik Deutschland, Bd. Ⅰ, 2. Aufl., München 1984, S. 238.

104) Klaus Stern, Das Staatsrecht der Bundesrepublik Deutschland, Bd. Ⅰ, 2. Aufl., München 1984, S. 237.

105) 김대순, 『국제법론(제20판)』, 삼영사, 2019, 960쪽; 정인섭, 『신국제법강의(제11판)』, 박영사, 2021, 566쪽.

은 국가가 무력으로 다른 나라의 전체 영역을 강제적으로 취득하는 것을 말한다. (ⅳ) (취득) 시효는 다른 나라 영토 일부를 시간 경과에 따라 취득하는 것을 말한다.

　　국가의 영유의사(나 주권자로서 행위하려는 의사)와 실효적 지배(통제)가 요구된다는 점에서 선점과 시효는 같다. 그러나 (ⅰ) 선점 대상은 무주지이지만, 시효점유 대상은 주인국가가 있는 영토이고, (ⅱ) 그래서 선점보다 시효가 실효적 지배(통제)가 더 엄격하게, 특히 '오랜 기간' 요구되는데, 다만 관습법상 확립된 시효완성기간은 없으며, (ⅲ) 시효 완성에는 금반언 효과가 있는 원소유국 묵인이 필요하다. (ⅳ) 그러나 시효는 실효적 지배, 즉 점유 개시 전의 선의일 것이 요구되지 않아서 최초 점유에 기망이나 폭력이 섞여 있었더라도 이는 시효의 진행과 성립을 방해하지 않는다.[108]

(2) 법적 효과

　　① 영토를 할양하면 양도국은 할양지를 상실하고 양수국이 이를 취득한다. 할양지 주민은 양수국 국적을 취득하는 것이 원칙이지만, 조약에 특별한 규정을 두는 것이 보통이다. 일반적으로 주민에게 일정한 기한을 주어 국적을 자유로이 선택하도록 한다. 할양 이후에도 양도국은 국가로서 존속하므로 양도국의 국제법상 권리의무가 양수국으로 승계되지 않는 것이 원칙이다.[109] 다만, 양도국이 체결한 조약 중 할양지와 불가분의 관계에 있는 속지적 조약은 원칙적으로 양수국에 승계된다. ② 국가를 병합하면 병합국은 피병합국 전체 영역을 취득하고 피병합국은 소멸한다. 피병합국 국민은 종래 국적을 상실하고 병합국 국적을 취득한다. 피병합국의 모든 권리·의무가 포괄적으로 이전(국내법상 상속과 같이 포괄승계)된다. ③ 무주지 선점과 같은 자연적 조건에 따라서 영토가 변경되면 국가가 해당 지역을 원시취득한다. ④ 1928년 부전조약, 국제연합헌장 등은 원칙적으로 무력 행사를 금지하므로 이에 어긋난 전쟁을 통한 정복은 단순한 사실행위에 따른 영토 변경에 지나지 않고, 강화조약 체결을 통한 할양·병합의 형식으로 영토 변경을 정당화할 수는 없다.

　　영토 변경은 그 지역 법질서에 영향을 미칠 수 있다. 이때도 바뀌는 지역의 법은 국가조직에 관한 법질서를 제외하고는 당연히 효력을 상실하는 것이 아니라 신법에 따라서 변경될 때까지 계속 시행된다. 그리고 이때도 할양지의 종래 법은 구영유국의 법으로서 시행되는 것이 아니고 신영유국의 법으로서 인계·시행된다. 그러나 구 국가조직법은 지배권 상실과 함께 효력을 상실하여 구 국가조직법은 당연히 그 기능을 상실하고 신영유국이 제정한 국가조직법

---

106) 실효적 점유는 실질적·계속적 및 평화적인 국가기능 표시를 가리킨다. 주권의 행사나 표시가 ① 평화적이고, ② 실제적이며, ③ 주권에 대해서 유효한 권원을 부여하기에 충분한 것이고, ④ 계속적일 때 실효적 점유는 인정된다(이한기, 『한국의 영토』, 서울대학교 출판부, 1996, 290~296쪽).

107) 김대순, 『국제법론(제20판)』, 삼영사, 2019, 960쪽.

108) 김대순, 『국제법론(제20판)』, 삼영사, 2019, 965쪽.

109) 이에 관해서 자세한 내용은 이병조/이중범, 『국제법신강(제9개정 제2보완수정판)』, 일조각, 2008, 452쪽 참조.

이 시행된다.

5. 영토조항인 헌법 제3조

(1) 영토조항을 둔 의의

헌법 제3조는 대한민국 영토는 한반도와 그 부속도서라고 규정한다. 대한민국 영토를 이렇게 명시한 이유는 먼저 국가의 정체성을 확인하려면 영토를 확정할 필요가 있었기 때문이다.[110] 근대국가를 지향하며 1897년 10월 12일 성립한 대한제국은 종래 신민이었던 인민을 국민으로 묶지 못하였을 뿐 아니라 인민의 자유와 안전을 보장하여야 하는 기본적인 기능마저 제대로 수행하지 못하였다. 그에 따라 근대국가의 국민이 되지 못한 인민은 사실상 국가가 없는 자연상태[111]에서 민족 개념을 토대로 스스로 새로운 국가를 도모할 수밖에 없었다. 하지만 인민이 새로운 국가를 자주적으로 만들기 전에 대한제국이 1910년 일본에 강점되면서 껍데기만 남은 국가조직마저 무너지고 말았다. 이러한 상황에서 인민은 민족으로 뭉쳐서 일제 지배에서 벗어나 공화국 형태로 국가를 회복하고자 하였다. 이러한 투쟁은 대한민국 임시정부를 세워 구심점을 만드는 데까지는 성공하였지만, 자력으로 독립하는 데 이르지는 못하였다. 대일항쟁기에 인민은 대한제국 고유영토에서 벗어나 중국, 일본, 소련, 미국 등의 여러 나라로 흩어질 수밖에 없는 상황을 맞이하였다. 결국, 끈질긴 독립운동과 연합국 도움으로 일제 지배에서 벗어났으나 미국과 소련의 군정을 피할 수 없었다. 이러한 상황에서 헌법 제정을 통해서 정부를 수립할 때 대한제국과 대한민국 임시정부를 계승함을 밝혀 국가의 정통성을 바로 세우고 흩어진 인민을 모아 하나의 국가를 만들기 위해서 국가의 정체성을 명확하게 밝힐 필요가 있었다. 그것은 헌법에 국가의 3요소를 명시하는 것으로 나타났다. 이러한 점에서 영토조항의 우선적 목적은 국가의 정체성을 확립하는 데 있다. 대한민국 임시정부가 헌법에 영토조항을 둔 것도 일제 강점을 부정하여 일제에 저항하면서 이를 고리로 모든 인민이 원하는 국가를 세우려면 그 국가의 정체성을 명시할 필요가 있었기 때문이다.

다음으로 영토조항은 대한민국이 평화국가라는 것을 나타낸다.[112] 즉 헌법 제3조는 대한

---

110) 도회근, 「헌법의 영토조항에 관한 비교헌법적 연구」, 『법조』 제59권 제11호(통권 제638호), 법조협회, 2009, 319쪽; 같은 사람, 「헌법 제3조」, 『헌법주석[Ⅰ]』, 박영사, 2013, 100쪽; 이상훈, 「헌법상 북한의 법적 지위에 대한 연구」, 『법제』 제563호, 법제처, 2004. 11., 77쪽 참조. 비슷한 견해로는 전광석, 『한국헌법론(제16판)』, 집현재, 2021, 193~194쪽.

111) 구한말을 홉스의 자연상태로 평가하는 것으로는 최정운, 『한국인의 탄생』, 미지북스, 2013, 67~173쪽. 구한말을 인민과 시민의 탄생이란 관점에서 살펴보는 것(송호근, 『인민의 탄생』, 민음사, 2011; 같은 사람, 『시민의 탄생』, 민음사, 2013)도 이러한 맥락과 다르지 않다.

112) 같은 견해: 계희열, 『헌법학(상)(신정2판)』, 박영사, 2005, 174쪽; 권영성, 『헌법학원론(개정판)』, 법문사, 2010, 122쪽; 김학성/최희수, 『헌법학원론(전정5판)』, 피앤씨미디어, 2021, 114쪽; 이부하, 「영토조항에 대한 규범적 평가」, 『통일정책연구』 제15권 제1호, 통일연구원, 2006, 319쪽; 이상훈, 「헌법상 북한의 법적 지위에 대한 연구」, 『법제』 제563호, 법제처, 2004. 11., 77쪽; 전광석, 『한국헌법론(제16판)』, 집현재, 2021, 194쪽; 정만희, 『헌법학

민국 영토를 명시함으로써 대한민국이 다른 영토에 욕심이 없음을 밝힌다. 따라서 영토조항
인 헌법 제3조는 헌법 제5조 제1항과 더불어 평화국가원리의 근거조항이 된다. 이는 대한민
국이 자민족의 이익 극대화에 목적을 두어 다른 나라와 민족을 침략하는 것마저 묵인하는 제
국주의로 쉽게 변질하는 서양 민족주의가 아니라 다른 나라 및 민족과 공존하면서 민족의 안
전과 번영을 도모하는 '방어적' 민족주의에서 출발한 것에서 비롯한다. 헌법 제5조 제1항이
영토 확장을 위한 무력 행사를 직접 금지하는 규정이므로 헌법 제3조를 굳이 간접적인 규정
으로 해석할 필요가 없다는 주장이 있다.113) 그러나 헌법 제5조 제1항과 같은 규정이 없던
대한민국 임시정부 헌법에도 영토조항은 있었을 뿐 아니라 헌법사적 배경에서 이러한 해석은
중요한 의미가 있다는 점을 부정할 수 없을 뿐더러 주변국가와 여러 영토분쟁이 있(거나 있을
수 있)는 현실에서 영토조항의 의미를 강조할 필요성이 있다는 점에서 그리고 특히 방어적 전
쟁과 침략적 전쟁을 가르는 명확한 기준을 제공한다는 점에서 영토조항을 평화국가 근거로
볼 필요성은 충분하다.

　　끝으로 영토조항은 헌법이 남한은 물론 북한에도 미친다는 것을 명확하게 밝힌다. 즉 영토
조항은 헌법의 적용 범위를 명시한다.114) 따라서 북한에도 헌법을 비롯한 모든 법규범의 효력
이 미친다. 영토조항인 헌법 제3조는 현실 상황이나 변화에 상관없이 대한민국 영토를 규범적
으로 확정한다. 따라서 북한이 다른 나라와 영토에 관한 조약을 맺어도 이는 대한민국 영토에
아무런 영향이 없다. 그래서 북한이 중국과 맺은 1962년 '조중변계조약(朝中邊界條約)'과 1964
년 '조중변계의정서(朝中邊界議定書)'는 물론 북한과 소련 사이에 체결한 '소비에트사회주의공화
국연방과 조선민주주의인민공화국 사이의 국경선에 관한 협정'도 대한민국에 효력을 미치지
못한다.115) 그리고 헌법 제3조가 있어도 북한에 헌법을 포함한 남한의 법규범이 '전면적으로'
적용되지 못하는 것은 아니다. 즉 북한 지역이나 북한 주민과 관련한 사건을 남한 지역에서
다루게 되면 헌법을 포함한 남한 법규범이 재판규범이 된다. 예를 들어 타인의 저작물을 복제
·배포·발행할 때 필요한 요건과 저작재산권의 존속기간을 규정한 저작권법 제36조 제1항,
제41조, 제42조, 제47조 제1항의 효력은 헌법 제3조를 따라서 북한 지역에도 미친다.116)

　　나아가 헌법 제3조는 대한민국이 대한제국과 대한민국 임시정부의 영토를 계승한다는 것

개론』, 피앤씨미디어, 2020, 82쪽.

113) 이부하, 「영토조항에 대한 규범적 평가」, 『통일정책연구』 제15권 제1호, 통일연구원, 2006, 326쪽 주 38.

114) 국회도서관 입법조사국 편집, 『헌법제정회의록(제헌의회)』(헌정사자료 제1집), 국회도서관, 1967, 134쪽; 김철
　　수, 『학설·판례 헌법학(상)(전정신판)』, 박영사, 2009, 338쪽; 도회근, 「헌법의 영토조항에 관한 비교헌법적 연
　　구」, 『법조』 제59권 제11호(통권 제638호), 법조협회, 2009, 319쪽; 심경수, 「영토조항의 통일지향적 의미와 가
　　치」, 『헌법학연구』 제7권 제2호, 한국헌법학회, 2001, 162쪽; 유진오, 『신고 헌법해의』, 일조각, 1957, 50쪽; 이
　　상훈, 「헌법상 북한의 법적 지위에 대한 연구」, 『법제』 제563호, 법제처, 2004. 11., 77쪽; 장명봉, 「제3조[영토]」,
　　김철수 외, 『주석 헌법(개정판)』, 법원사, 1996, 65쪽.

115) 정종섭, 『헌법학원론(제12판)』, 박영사, 2018, 113쪽.

116) 대법원 1990. 9. 28. 선고 89누6396 판결(집38-3, 161; 공1990, 2187).

을 담는다.117) 이는 헌법 전문의 '유구한 역사와 전통'이라는 말과 대한민국 임시정부의 법통을 계승한다고 한 점에서도 확인할 수 있다. 따라서 군사분계선(휴전선) 이남 지역은 물론 이북 지역(즉 북한 지역)도 대한민국 영토에 포함된다. 그래서 북한 지역에는 대한민국이 아닌 국가가 성립할 수 없다. 특히 대한민국이 대한제국과 대한민국 임시정부의 영토를 계승한다는 것은 대한민국이 신생국가가 아니라는 것을 뜻한다. 즉 대한제국이 대한민국 임시정부를 거쳐 대한민국까지 이어졌다는 것이 헌법 제3조에서 드러난다. 대한제국과 대한민국 임시정부의 영토를 계승한다는 것을 구체적으로 보면, 적극적 측면에서 대한제국과 대한민국 임시정부의 고유영토를 모두 회복하여야 한다는 당위를 포함한다는 것을 부정하기는 어렵다. 국가영역은 헌법에 규정하는 것만으로 인정되는 것이 아니다. 국제법적으로, 정확하게는 주변국가의 승인이나 동의를 받아야 비로소 국가영역이 확정된다. 그런데 대한민국이 당장 고유영토를 실질적으로 모두 회복하는 것은 현재 국제법적 관계에 비추어 매우 어렵다. 그리고 영토 문제에 집착하면 자칫 통일이 어려워질 뿐 아니라 전쟁의 빌미가 될 수도 있다. 따라서 통일과정에서 영토 문제는 유보되거나 추상적으로 선언되는 것에 그칠 수밖에 없을 것이다. 이러한 실질적 가능성과 국제법적 상황에 비추어 대한제국 고유영토를 계승한다는 것의 구체적 의미는 소극적 측면, 즉 대한제국의 영토이었거나 대한제국이 영토로 주장하였던 것을 포기하지 않는 것에 중점이 있는 것으로 볼 수밖에 없다. 결국, 통일과정에서 대한민국 고유영토를 조금이라도 명시적으로 포기하는 것은 헌법 제3조로 말미암아 허용되지 않는다. 즉 헌법 제3조에 근거한 통일은 영토적 측면에서 대한민국 고유영토를 포기하지 않는다는 점에 핵심적 의미가 있다.118)

(2) 영토조항인 제3조에서 기본권 도출 여부

영토조항인 제3조는 국가에 의무를 부과한다. 즉 영토조항으로 말미암아 국가는 국가영역에 대한 외부 침입을 막아 외적 안전119)을 지킬 의무가 있고 다른 나라가 점령한 국가영역을 찾아야 할 의무가 있다. 다만, 헌법 제5조 제1항은 침략적 전쟁을 부인하므로 무력전쟁을 통한 영역 변경은 금지된다.120) 그러나 대한민국 영역을 점령하려는 침략을 무력으로 퇴치하는 것은 방어적 전쟁으로서 허용된다. 헌법 제3조가 규정한 대한민국 고유영토를 지키려는 것은 방어적 전쟁이고, 이러한 영토가 아닌 지역을 얻으려는 전쟁은 침략적 전쟁이다. 헌법 제5조

117) 같은 견해: 권영성, 『헌법학원론(개정판)』, 법문사, 2010, 122쪽; 김주환, 「영토변증설」, 『세계헌법연구』 제17권 제2호, 세계헌법학회 한국학회, 2011, 4쪽; 이부하, 「영토조항에 대한 규범적 평가」, 『통일정책연구』 제15권 제1호, 통일연구원, 2006, 319쪽; 이상훈, 「헌법상 북한의 법적 지위에 대한 연구」, 『법제』 제563호, 법제처, 2004. 11., 78쪽; 전광석, 『한국헌법론(제16판)』, 집현재, 2021, 194쪽; 정만희, 『헌법학개론』, 피앤씨미디어, 2020, 82쪽.
118) 허완중, 『한국헌법체계에 비춘 헌법 제4조의 해석』, 헌법재판소 헌법재판연구원, 2014, 26~27쪽.
119) 이에 관해서는 허완중, 「국가의 목적이면서 과제이고 의무인 안전보장」, 『강원법학』 제45권, 강원대학교 법학연구소, 2015, 75~78쪽 참조.
120) 허 영, 『한국헌법론(진징17판)』, 박영사, 2021, 206쪽; 홍성방, 『헌법학(상)(제3판)』, 박영사, 2016, 80쪽.

제2항은 국군은 국가의 안전보장과 국토방위의 신성한 의무를 수행함을 사명으로 한다고 하고, 제66조 제3항이 대통령에게 영토의 보전 책무를 부여함으로써 영토에 관한 국가의 의무를 명확하게 밝힌다. 그런데 영토조항이 국가에 의무를 부과하는 객관법을 넘어서 국민에게 기본권을 부여하는 주관적 권리 규정인지가 다투어진다.

헌법재판소는 대한민국과 일본국간의 어업에 관한 협정비준 등 위헌확인사건에서 "헌법 제3조의 영토조항은 우리나라의 공간적인 존립기반을 선언하는 것인바, 영토변경은 우리나라의 공간적인 존립기반에 변동을 가져오고, 또한 국가의 법질서에도 변화를 가져옴으로써, 필연적으로 국민의 주관적 기본권에도 영향을 미치지 않을 수 없는 것이다. 이러한 관점에서 살펴본다면, 국민의 개별적 기본권이 아니라 할지라도 기본권보장의 실질화를 위하여서는, 영토조항만을 근거로 하여 독자적으로는 헌법소원을 청구할 수 없다할지라도, 모든 국가권능의 정당성의 근원인 국민의 기본권 침해에 대한 권리구제를 위하여 그 전제조건으로서 영토에 관한 권리를, 이를테면 영토권이라 구성하여, 이를 헌법소원의 대상인 기본권의 하나로 간주하는 것은 가능한 것으로 판단된다."[121]라고 판시하여 영토권을 기본권으로 볼 가능성을 인정한 바 있다.

이에 대해서는 헌법재판소가 국가적 권한(영토권)을 토지에 대한 개인의 권리(기본권)와 혼동한 것으로 올바른 해석이라고 할 수 없다는 비판이 있다.[122] 영토는 국가의 구성요소로서 영토권의 주체는 국가이지 개인이 될 수 없으므로 국민이 국가에 자국 영토임을 주장하거나 자국 영토를 튼실히 지키라고 주장하거나 영토가 국민 삶과 기본권 향유의 터전이라고 하여 국가에 그 보장을 요구할 수 있는, 국민의 국가에 대한 기본권으로 이해할 수 없다는 주장도 있다.[123] 그리고 영토는 공동체에 유보된 객관적 성질이 있어서 무엇보다도 개인의 주관적 판단에 따라서 결정될 수 없으므로 영토에 관한 주관적 권리는 성립할 여지가 없고, 영토에 관해서는 영토의 합병이나 할양에 관하여 국민투표로 결정할 때 국민투표권이 인정될 수 있을 뿐이라는 견해도 있다.[124] 또한, 영토는 주관적 권리의 내용이 될 수 있는 개인적 법익이 아니고, 영토규정은 국가권력이 함부로 처분할 수 없는 개인의 법적 지위를 창설하고 보장하는 헌법규범도 아니며, 헌법재판소 판례를 따르면 헌법 제3조는 헌법소원심판을 청구할 영토권의 독자적 근거도 되지 못하는데, 이는 헌법 제3조를 객관적 기본권규범으로 구체화할 수 없고 여기서 주관적 권리인 영토권이 될 수 없다는 것을 뜻하므로 영토권은 헌법 제111조 제1항 제5호와 헌법재판소법 제68조 제1항을 따라 헌법소원심판을 청구할 수 있는 '헌법이 보장한 기본권'이 아니라는 견해도 있다.[125] 생각건대 헌법에는 영토에 관한 주관적 권리를 인

---

121) 헌재 2001. 3. 21. 99헌마139등, 판례집 13－1, 676, 694－695.

122) 권영성, 『헌법학원론(개정판)』, 법문사, 2010, 121쪽 주 2.

123) 김학성/최희수, 『헌법학원론(전정5판)』, 피앤씨미디어, 2021, 111쪽.

124) 정종섭, 『헌법학원론(제12판)』, 박영사, 2018, 115쪽.

정하는 규정이 없는데다가 영토는 영역고권 대상으로서 개인에게 그에 관한 직접적인 사익을 인정할 수 없어서 영토에 관한 기본권은 성립될 수 없을 뿐 아니라 영토권이 기본권으로 인정된다면 개인에게 그에 대한 처분을 인정한다는 것인데 이는 영토의 속성상 인정할 수 없다. 따라서 영토권(이나 영역고권)은 기본권으로 볼 수 없고 국가의 권력이나 권한으로 이해하는 것이 타당하다.

(3) 헌법 제3조상 '영토'의 의미
① 헌법 제3조의 영토가 품은 뜻

헌법 제3조의 '영토'와 관련하여 이를 좁은 뜻의 영토로 이해하는 견해[126]와 넓은 뜻의 영토, 즉 좁은 뜻의 영토와 영해·영공을 아우르는 영역으로 이해하는 견해[127]가 다투어진다. 영해와 영공은 영토를 기준으로 결정된다. 즉 영토가 확정되면 영해가 결정되고, 영토와 영해가 확정되어야 영공이 확정된다. 따라서 전통적으로 (국가)영역이라는 말은 넓은 뜻의 영토와 같은 의미로 사용되었다. 그러나 영토가 영해와 영공을 결정하는 기초가 되고, "한반도와 그 부속도서"를 영토를 넘어 영해와 영공을 아우르는 것으로 보기는 어렵다는 점에서 헌법 제3조 영토는 좁은 뜻의 영토로 이해하는 것이 타당하다. 그리고 영토를 좁은 뜻과 넓은 뜻으로 나누어 넓은 뜻에 (국가)영역의 의미를 부여하면 영토라는 용어를 사용할 때 그 뜻이 모호해질 수 있다. 따라서 영토를 넓게 이해하여 (국가)영역과 영토를 혼용하기보다는 영토를 좁은 뜻에 국한함으로써 (국가)영역과 명확하게 구별하는 것이 바람직하다. 결론적으로 헌법 제3조의 영토는 좁은 뜻의 영토를 뜻한다. 헌법 제3조에서 영토만 규정하고 영해와 영공을 규정하지 않은 이유는 영토가 확정되면 그에 따라 영해와 영공이 결정되기 때문이다.[128] 영토에 관한 이해는 처음부터 확정되어 있지만, 영해 범위에 관한 합의는 비교적 최근에 확정되었고, 영공의 개념과 범위는 아직 형성 중이라서 불확정한 상태에 있어서 헌법의 규율대상이 될 수 없어서 헌법 제3조가 영토만 규정하였다는 견해도 있다.[129]

② 영해 범위

헌법 제3조의 영토를 좁은 뜻으로 이해하면, 한국 헌법은 영해와 영공을 직접 규정하지 않는다. 법률을 살펴보면 영해 및 접속수역법을 통해서 영해가 규율될 뿐이고 영토와 영공을 규율하는 법률은 찾을 수 없다.

---

125) 김주환, 「영토변증설」, 『세계헌법연구』 제17권 제2호, 세계헌법학회 한국학회, 2011, 5~6쪽.
126) 김주환, 「영토변증설」, 『세계헌법연구』 제17권 제2호, 세계헌법학회 한국학회, 2011, 4쪽; 장명봉, 「제3조[영토]」, 김철수 외, 『주석 헌법(개정판)』, 법원사, 1996, 65쪽; 전광석, 『한국헌법론(제16판)』, 집현재, 2021, 193쪽; 최창동, 『법학자가 본 통일문제Ⅰ』, 푸른세상, 2002, 37쪽 주 1; 홍성방, 『헌법학(상)(제3판)』, 박영사, 2016, 78쪽.
127) 허 영, 『한국헌법론(전정17판)』, 박영사, 2021, 206쪽.
128) 같은 견해: 장명봉, 「제3조[영토]」, 김철수 외, 『주석 헌법(개정판)』, 법원사, 1996, 65쪽; 홍성방, 『헌법학(상)(제3판)』, 박영사, 2016, 78~79쪽.
129) 전광석, 『한국헌법론(제16판)』, 집현재, 2021, 193쪽.

（ⅰ） 대한민국 영해는 기선, 즉 썰물 때 바다와 육지의 경계선인 해안의 저조선에서 측정하여 그 바깥쪽 12해리의 선까지에 이르는 수역이다. 다만, 대통령령이 정하는 바에 따라 일정수역에서는 12해리 이내에서 영해 범위를 따로 정할 수 있다('영해 및 접속수역법' 제1조). 일본 영해와 중복되는 지역 문제로 말미암아 대한해협에서 영해의 바깥쪽 한계는 12해리 이내에서 별도로 정한다(영해및접속수역법시행령 제3조 참조).

（ⅱ） 대한민국 영해에서도 외국선박은 대한민국의 평화·공공질서 또는 안전보장을 해치지 아니하는 한 무해통항할 수 있다. 다만, 외국의 군함이나 비상업용 정부선박이 영해를 통항하려면 대통령령이 정하는 바에 따라 관계 당국에 미리 알려야 한다('영해 및 접속수역법' 제5조 제1항).[130] 대한민국의 안전보장을 위해서 필요하다고 인정되면 대통령령이 정하는 바에 따라 일정수역을 정하여 외국선박의 무해통항을 일시적으로 정지시킬 수 있다('영해 및 접속수역법' 제5조 제3항).

（ⅲ） 접속수역은 해안의 저조선에서 측정하여 그 바깥쪽 24해리의 선까지에 이르는 수역에서 영해를 제외한 수역으로 한다. 다만, 대통령령이 정하는 바에 따라 일정 수역에서는 24해리 이내에서 접속수역 범위를 따로 정할 수 있다('영해 및 접속수역법' 제3조의2). 접속수역에서는 대한민국의 영토나 영해에서 관세·재정·출입국관리 또는 보건·위생에 관한 대한민국의 법규를 위반하는 행위 방지와 대한민국의 영토나 영해에서 관세·재정·출입국관리 또는 보건·위생에 관한 대한민국의 법규를 위반한 행위 제재의 목적에 필요한 범위에서 법령이 정하는 바에 따라 그 직무권한을 행사할 수 있다('영해 및 접속수역법' 제6조의2).

（ⅳ） 배타적 경제수역(EEZ)은 협약에 따라 '영해 및 접속수역법' 제2조에 따른 기선에서 그 바깥쪽 200해리의 선까지에 이르는 수역 중 대한민국 영해를 제외한 수역으로 한다('배타적 경제수역법' 제2조). 배타적 경제수역에서 대한민국은 ⓐ 해저의 상부 수역, 해저 및 그 하층토에 있는 생물이나 무생물 등 천연자원의 탐사·개발·보존 및 관리를 목적으로 하는 주권적 권리와 해수, 해류 및 해풍을 이용한 에너지 생산 등 경제적 개발 및 탐사를 위한 그 밖의 활동에 관한 주권적 권리, ⓑ 인공섬·시설 및 구조물의 설치·사용, 해양과학 조사, 해양환경의 보호와 보전에 관한 관할권, ⓒ 해양법에 관한 국제연합 협약에 규정된 그 밖의 권리가 있다('배타적 경제수역법' 제3조).

(4) 헌법 제3조상 '한반도와 그 부속도서'의 의미
① 대한민국 고유영토를 가리키는 '한반도와 그 부속도서'
헌법 제3조는 대한민국 영토는 '한반도와 그 부속도서'라고 한다. 여기서 한반도와 그 부

---

130) '1982년 해양법에 관한 국제연합 협약'이 군함의 사전통고제도를 채택하지 않아서 동 협약이 적용되면 대한민국 '영해 및 접속수역법'상 군함의 사전통고제도와 '해양법에 관한 국제연합 협약'상 무해통항제도의 조화가 문제될 소지가 있다.

속도서는 특정한 지역을 가리키는 것이 아니라 대한민국 고유영토를 대신 표현한 것이다. 즉 한반도와 그 부속도서는 특정 지역을 구체적으로 지칭하는 것이 아니라 대한민국 고유영토를 상징적으로 가리킨다. 이는 우리나라 영토는 역사상 명료하므로 헌법에 영토규정을 둘 필요가 없다는 주장도 일리가 있지만, (현행 헌법 제3조와 완벽하게 같은) 1948년 헌법 제4조는 대한민국 헌법이 절대 남한에만 시행되는 것이 아니고 '우리나라의 고유영토 전체'에 시행되는 것이라고 1948년 헌법 초안 작성자인 유진오가 설명하는 점에서 뚜렷하게 드러난다.[131] 그리고 1948년 헌법의 실제 심의 과정을 살펴보아도 '대한민국의 고유한 판도'를 어떻게 표현할 것인지가 다투어졌을 뿐이지 대한민국의 지역적 범위가 구체적으로 어디인지가 논의되지는 않았고,[132] 1948년 헌법을 제정할 때도 영토와 관련하여 만주의 북간도[133]와 대마도[134]가 우리 땅으로 언급되었다. 또한, 현행 헌법이 법통을 계승한 대한민국 임시정부가 1919년 9월 11일 제정한 대한민국 임시헌법 제3조는 대한민국 강토는 구한국(대한제국) 판도로 한다고 규정하였고, 1944년 4월 22일 제정한 대한민국 임시헌장 제2조는 대한민국 강토는 대한의 고유한 판도로 한다고 규정하였다는 점에 비추어 헌법사적 맥락에서도 한반도와 그 부속도서는 대한민국 고유영토를 대신 표현하는 것으로 이해하여야 한다. 특히 '반도'라는 용어는 본래 우리가 사용하던 말이 아니라 일제가 일본을 내지라고 부르면서 그에 대응하여 조선을 가리키는 용어로 사용한 점[135]에 비추어 한반도(와 그 부속도서)를 구체적으로 확정된 지역으로 보기는 어렵다. 더하여 대한제국을 일제가 불법 점령한 것에 불과하다는 점에서도 이러한 해석은 타당하다. 즉 1905년 을사늑약은 물론 1910년 국권침탈늑약은 강제로 체결되었을 뿐 아니라 절차적 측면에서 문제가 있는 것은 물론 결정적으로 그 당시 주권자인 황제가 승인하지 않았다는 점에서, 특히 형식적 측면에서 황제 옥새가 찍히지 않았다는 점에서 모두 무효로 볼 수 있다. 이미 1965년 '대한민국과 일본국 간의 기본관계에 관한 조약' 제2조를 따라 이들은 '이미

---

131) 유진오, 『신고 헌법해의』, 일조각, 1957, 50쪽. 그리고 국회도서관 입법조사국 편집, 『헌법제정회의록(제헌의회)(헌정사자료 제1집)』, 국회도서관, 1967, 134쪽: 전문위원(유진오) "영토에 관한 것은 안넣을수도 있겠읍니다. 아까 말씀드린것과 같이 우리는 연방국가가 아니고 단일국가이니까 안넣을 수도 있읍니다. 그러나 이 헌법의 적용된 범위가 38선이남뿐만 아니라 우리 조선고유의 영토전체를 영토로 삼아가지고 성립되는 국가의 형태를 표시한 것입니다."

132) 국회도서관 입법조사국 편집, 『헌법제정회의록(제헌의회)(헌정사자료 제1집)』, 국회도서관, 1967, 351~358쪽 참조.

133) 박기운 의원, 국회도서관 입법조사국 편집, 『헌법제정회의록(제헌의회)(헌정사자료 제1집)』, 국회도서관, 1967, 353~354쪽.

134) 김경배 의원, 국회도서관 입법조사국 편집, 『헌법제정회의록(제헌의회)(헌정사자료 제1집)』, 국회도서관, 1967, 354쪽.

135) 1948년 헌법 제정 과정에서 왜적이 이 땅에 들어와서 우리 민족을 모욕하고 우리 영토를 자기 나라 영토라는 의미로 반도라고 불렀다고 하면서 "한반도와 그 부속도서"를 "고유한 판도"로 수정하자는 주장이 있었다(이귀수 의원, 국회도서관 입법조사국 편집, 『헌법제정회의록(제헌의회)(헌정사자료 제1집)』, 국회도서관, 1967, 351~353쪽).

무효'인 것으로 확인되었다. 따라서 법적 측면에서 대한제국은 소멸하지 않고 존속한 것이 된다. 그런데 1712년 백두산정계비 이후 조선과 대한제국은 물론 대한민국도 스스로 다른 나라와 국경에 관한 어떠한 조약도 체결한 바가 없다. 그러므로 대한제국 고유영토는 그대로 유지되어 대한제국을 계승한 대한민국에 이어진다고 보아야 한다.[136]

헌법 제3조처럼 대한민국 영토를 한반도와 그 부속도서로 제한하면 그 밖의 지역, 특히 간도는 대한민국 영토가 아니라는 해석이 가능하다는 주장이 있다.[137] 이 견해는 헌법 제3조가 영토 범위 제한을 명시함으로써 간도에 대한 영유권 주장을 묵시적으로 포기하였다고 해석될 소지가 있다고 한다. 그러나 이 견해는 '한반도와 그 부속도서'의 의미를 제대로 살펴보지 않고 잘못된 이해를 바탕으로 한 주장으로서 타당하지 않다. 특히 설사 이러한 해석이 형식상 가능할지라도 대한제국과 대한민국 임시정부를 이은 대한민국이 고유영토 일부를 포기하는 것으로 이해될 수 있는 내용을 헌법에서 도출할 수는 없다. 즉 전체 헌법체계에 비추어 이러한 해석 가능성은 처음부터 배제될 수밖에 없다.

② 고유영토의 의미

(ⅰ) 고유영토의 개념

고유영토는 국가가 성립할 때 해당 국가에 속하였거나 본래 해당 국가에 속하였던 영토를 가리킨다. 고유영토는 국가가 성립하면 당연히 해당 국가에 귀속되는 영토이다. 따라서 고유영토는 국가가 성립하고 나서 취득한 영토를 뜻하는 취득영토와 구별된다.[138]

고유영토는 먼저 ⓐ 시간적·역사적 측면에서 근대국가가 성립하기 이전부터 영유한 국가영토이다. 즉 고대나 중세부터 근대국가에 앞선 국가에 속한 영토이었다가 근대국가로 이어지거나 근대 이전에 선행 주권자의 계속적 지배 아래 있던 영토가 고유영토이다. 다음으로 ⓑ 영토 취득 측면에서 근대 국제법에 따른 영토 취득 방식 중 하나를 통해서 취득한 영토가 아니라 그와 다른 본래 혹은 오랜 옛날부터 해당 국가 영토로 확립되어야 고유영토가 될 수 있다. 끝으로 ⓒ 다른 나라 지배 측면에서 고유영토는 역사적으로 다른 나라 영토인 적이 없는 영토이다. 마지막 요건은 언제나 명확하다고 할 수는 없다. 근대국가 성립할 때가 기준인 점에 비추어 이때 해당 지역이 영토로서 확고하게 인정될 정도의 충분한 기간 동안 다른 나라의 영토인 적이 없었다면 설혹 그 기간 전에 다른 나라의 영토인 적이 있었어도 고유영토로 인정된다.[139]

---

136) 허완중, 『한국헌법체계에 비춘 헌법 제4조의 해석』, 헌법재판소 헌법재판연구원, 2014, 25~26쪽.

137) 제성호, 『남북한 특수관계론』, 한울아카데미, 1995, 119~120쪽. 이를 따르는 견해로는 최경옥, 「한국 헌법 제3조와 북한과의 관계」, 『공법학연구』 창간호, 영남공법학회, 1999, 194~195쪽 주 5.

138) 이상 김명기, 「이사부와 우산국 복속에 의한 독도의 고유영토론 검토」, 『이사부와 동해』 제3호, 한국이사부학회, 2011, 57~60쪽; 제성호, 「독도와 고유영토론」, 『법조』 제64권 제12호(통권 세711호), 법조협회, 2015. 12., 106~107쪽.

(ⅱ) 고유영토의 성립요건

ⓐ 고유영토가 성립하려면 먼저 역사성이 있어야 한다. 즉 해당 국가 영토로 의심 없이 굳어지기에 충분한 시간 동안 해당 지역을 해당 국가가 점유하였거나 그 나라 영토로 편입되었어야 한다. 영토로서 점유한 시점을 명확하게 특정할 수 있는지는 중요하지 않다. 판단 시점은 근대국가가 성립한 시점이다. 고유영토라는 개념 자체가 근대법의 소산이라서 근대국가 성립을 전제하기 때문이다. 조선은 1392년에 건국되어 1897년 근대국가인 대한제국이 선포될 때까지 500년이 넘도록 영토 변경 없이 존속하였다. 그러므로 조선이나 그를 계승한 대한제국의 고유영토를 따질 때 고려 이전의 점유나 영토 편입을 굳이 살펴보지 않아도 역사성 요건은 충족될 수 있다. 다음으로 ⓑ 해당 국가가 해당 지역을 계속 점유하거나 이러한 영토 편입 상태가 계속 유지되어야 한다. 점유는 통상, 발견, 점유 그리고 이용으로 이어지고 단계적으로 형상화한다. 여기서 점유가 일시적이어서는 아니 되고 계속되어야 한다는 것이 중요하다. 영토권원이 유지되려면 당연히 점유 계속이 있어야 한다. 따라서 해당 지역을 점령하고도 얼마 후 이를 내버려두었다면 고유영토가 되기 어렵다. 점유는 반드시 근대 국제법상 '실효적 지배'이어야 하는 것은 아니다. 근대 이전의 점유라는 점에서 '상대적 원시성'이 인정되어야 한다. 즉 실효적 지배에 해당하면 당연히 고유영토로 인정될 수 있다. 하지만 '완화한/상징적 지배'도 예외적으로 점유 요건을 충족할 수 있다. 따라서 조선이 자치를 허용하면서 해당 지역 지배자에 관직을 주어 간접적으로 다스리는 방식으로 간도와 대마도를 지배한 것도 점유요건을 충족할 수 있다. 점유를 어떠한 방식으로 시작하여야 하는지는 정해져 있지 않다. 따라서 선점, 정복이나 시효, 병합 등 어떠한 방식으로도 최초 점유가 이루어질 수 있다. 그리고 ⓒ 해당 국가가 해당 지역을 오랫동안 점유한 역사적 사실이 국제사회에 일반적으로 널리 알려지거나 드러나야 한다. 이는 해당 국가가 해당 지역을 영토로서 점유하거나 지배하는 것을 다른 나라들이 승인하거나 인정·묵인한다는 것을 뜻한다. 끝으로 ⓓ 점유가 평온하여야 한다. 즉 해당 국가가 해당 지역을 영토로서 점유할 때부터 상당 기간 다른 나라가 경쟁적 점유나 지배를 시도하지 않아야 한다. 이러한 평온성은 관련 국가들이 해당 지역 점유를 최소한 묵인한다는 뜻을 지닌다. 해당 지역을 점유할 때부터 상당 기간 계속해서 다른 나라가 경쟁적 지배를 시도하거나 영유권 시비가 있었다면, 이러한 지역은 고유영토로 보기 어렵다. 이때 관련 당사자 중 어느 일방이 다른 당사자들의 경쟁적 지배를 완벽하게 물리침으로써 기존 점유를 지속하거나 새로운 점유를 시작하여 이러한 점유가 상당 기간 계속되고 다른 나라는 물론 국제사회가 널리 알게 되면 이러한 점유는 고유영토의 연원이 될 것이다.[140]

---

139) 이상 제성호, 「독도와 고유영토론」, 『법조』 제64권 제12호(통권 제711호), 법조협회, 2015. 12., 107쪽 참조.

140) 이상 제성호, 「독도와 고유영토론」, 『법조』 제64권 제12호(통권 제711호), 법조협회, 2015. 12., 110~112쪽 참조.

(iii) 고유영토 확립의 법적 효과

ⓐ 고유영토로 확립되면 해당 지역은 해당 국가 영토로 인정되거나 창설된다. ⓑ 일단 고유영토로 확립된 지역은 다른 나라가 일시적으로 그 점유를 침해하거나 침탈을 기도하더라도 영유권에 아무런 영향이 없다. ⓒ 국가가 고유영토에 대한 지배를 계속 유지하면 적절한 방법을 통해서 근대 국제법상 영유권으로 바뀐다. 역사적으로 근대국가가 성립하거나 근대 국제법 체제에서 새로운 국가로 승인되면 승인 당시 해당 국가 영토는 고유영토로 간주한다. 이때 국가 승인에 따른 고유영토 인정은 창설적 효과가 아니라 선언적·확인적 효과가 있다. 따라서 고유영토라는 영토적 권원이 인정되는 시점은 근대국가체제에서 고유영토로 승인되거나 확인되는 시점과 다르다. 즉 고유영토로서 인정되고 나서 고유영토로 승인되거나 확인된다. ⓓ 고유영토로 확립되면 근대 이전 시기에 관련 국가들 사이에 있었던 영유권 시비를 일단 확정적으로 정리하는 법적 효과가 발생한다.[141]

③ 대한민국 고유영토

(i) 대한제국 고유영토를 이어받은 대한민국

국가 승계는 영토 승계를 포함한다. 따라서 대한민국이 대한제국과 대한민국 임시정부를 계승하면, 대한민국은 당연히 대한제국과 대한민국 임시정부의 고유영토도 승계한다. 대한민국 임시정부는 대한제국 고유영토를 그 영토로 삼았다(1919년 대한민국 임시헌법 제3조, 1944년 대한민국 임시헌장 제2조). 따라서 대한민국 고유영토는 대한제국 고유영토이다. 결국, 대한민국 고유영토는 대한제국 고유영토를 확인하면 저절로 밝혀진다.

세종 때 4군과 6진을 개척하면서 조선 국경은 압록강과 두만강까지 확장되었고, 이로 말미암아 조선 영토는 압록강과 두만강 이남인 것으로 인식되곤 한다. 그러나 태종 때 명에 사신을 보내 두만강 북쪽 공험진[142]까지 조선 강역이라고 알렸다.[143] 여기서 태종은 "지정(至正) 16년(1356년)에 이르러 공민왕(恭愍王) 왕전(王顓)이 원나라 조정에 신달(申達)하여 모두 혁파(革罷)하고, 인하여 공험진(公嶮鎭) 이남을 본국(本國)에 환속(還屬)시키고 관리를 정하여 관할하여 다스렸습니다."라고 하면서 공험진이 고려와 원나라 사이에 합의된 국경선임을 환기하였다. 그리고 이 국경선은 명나라 홍무 21년, 즉 고려 우왕 14년(1388년) 요동의 소유권을 두고 고려와 명나라 사이에 분쟁이 발생하였을 때 고려에서 사신을 보내 공험진 이북은 요동에 환속하고, 공험진 이남에서 철령까지는 고려에 환속시켜달라고 요구하여 이전처럼 관리를 정하여 관할해 다스리도록 허락받았다고 하여 공험진은 원나라뿐 아니라 명나라 시조 주원장

---

141) 이상 제성호, 「독도와 고유영토론」, 『법조』 제64권 제12호(통권 제711호), 법조협회, 2015. 12., 113쪽.

142) 공험진은 고려 시대 윤관이 1107년에 세운 9성 중 하나이다.

143) 태종실록 4년 5월 19일 기미 4번째 기사[http://sillok.history.go.kr/id/kca_10405019_004 (2021년 12월 7일 방문)]: "본국의 동북 지방(東北地方)은 공험진(公嶮鎭)으로부터 공주(孔州)·길주(吉州)·단주(端州)·영주(英州)·웅주(雄州)·함주(咸州) 등 고을이 모두 본국의 땅에 소속되어 있습니다."

도 고려 강역으로 인정하였다는 사실을 지적하였다. 그러나 이 강역에 여진족이 살고 있어서 세종은 김종서를 시켜 6진을 개척하게 함으로써 이 강역을 실질적으로 지배하고 나서, 1439 년 명나라에 사신을 보내 공험진이 조선 경계라고 선언하면서 태종이 사신을 보내 공험진 남 쪽이 조선 영토라고 말했음을 상기시켰다.144) 세종실록 지리지 함길도 편에서는 함길도의 "북쪽은 야인(野人)의 땅에 연하였는데, 남쪽은 철령으로부터, 북쪽은 공험진(公險鎭)에 이르기 까지 1천 7백 여 리이다."라고 하였다.145) 세종실록 지리지 길주목 경원도호부 조에서는 "사 방 경계[四境]는 …… 북쪽으로 공험진에 이르기 7백 리, 동북쪽으로 선춘현(先春峴)에 이르기 7백여 리"146)라고 하여 공험진의 정확한 위치를 알려준다. 세종 때 작성한 동국지도 역시 공 험진과 선춘령을 두만강 북쪽으로 표시하였다.147) 1451년 완성된 고려사 지리지 제10권 지리 서문도 "그 사방 경계[四履]는, 서북은 당(唐) 이래로 압록(鴨綠)을 한계로 삼았고, 동북은 선 춘령(先春嶺)을 경계로 삼았다."148)라고 하였다. 이는 선춘령 이남이 조선 때 비로소 영토가 된 것이 아니라 이미 고려 영토였고 이를 조선이 이어받았다는 것을 뜻한다. 따라서 조선 과 청나라의 국경선을 표시하려고 1712년에 세운 백두산정계비에서 서쪽의 압록강과 동쪽의 토문강(송화강 상류)149)을 국경으로 삼은 것은 이러한 조선 영토를 확인받은 것에 불과한 것 으로 보인다. 물론 백두산정계비는 조선이 체결한 유일한 국경조약으로서 두만강 너머 조선 과 청나라의 명확하지 않던 국경선을 명확하게 밝혔다는 점에서 매우 중요하다. 그래서 대한 제국 고유영토를 확인할 때 백두산정계비는 가장 중요한 기준이다. 이러한 점을 토대로 고종 은 대한제국을 선포하는 반조문(頒詔文)에서 영토를 북쪽으로는 말갈의 지경, 즉 두만강 너머 간도 지방150)에 이르고 남쪽으로는 탐라국을 차지하였다고 하면서 '4천 리 강토'라고 하였 다.151) 그리고 고종은 관리(간도시찰사/간도관리사 이범윤)를 파견하여 간도 지방을 실효적으로

---

144) 세종실록 21년 3월 6일 갑인 2번째 기사 [http://sillok.history.go.kr/id/kda_12103006_002 (2021년 12월 7일 방문)]: "신의 아비 선신(先臣) 공정왕(恭靖王) 아무개가 홍무 21년간에 태조 고황제의 성지(聖旨)를 받으니, '공험진(公 險鎭) 이북은 도로 요동(遼東)에 부속시키고, 공험진 이남 철령(鐵嶺)까지는 그대로 본국에 소속하라.'는 사유 를 허락하시매,"

145) http://sillok.history.go.kr/id/kda_400110 (2021년 12월 7일 방문).

146) http://sillok.history.go.kr/id/kda_40011004_001 (2021년 12월 7일 방문).

147) 이에 관해서는 이덕일, 『조선 왕을 말하다 2』, 위즈덤하우스, 2012, 249~258쪽.

148) http://db.history.go.kr/KOREA/item/level.do?itemId=kr&bookId=志&types=r#detail/kr_056r_0010_0010 (2021년 12월 7일 방문).

149) 백두산정계비에는 분수령상에 이를 세운다고 하였는데, 이 비가 세워진 곳은 송화강 상류의 발원지이고 여기서 두만강 발원지는 보이지도 않는다고 한다. 그리고 '용비어천가'에는 토문이 두만강 북쪽에 있다고 적었고["투문 (土門)은 지명으로, 두만강 북쪽에 있다. 남쪽으로 경원(慶源)과는 60리의 거리에, 서쪽으로는 샹갸하(常家下)와 는 하루 정도의 거리에 있다."(박창희 역주, 『역주 용비어천가 하』, 한국학중앙연구원 출판부, 2015, 277쪽 주 51), 청나라보다 앞선 명나라 때 만들어진 '요동지'도 토문강 근원은 백두산이고 송화강으로 흘러든다고 분명하 게 전한다(KBS HD역사스페셜 원작, 박기현 해저, 「간도의 미스터리, 백두산정계비」, 『HD역사스페셜 5: 실리인 가 이상인가, 근대를 향한 역사의 선택』, 효형출판, 2007, 137쪽).

150) 황태연, 『대한민국 국호의 유래와 민국의 의미』, 청계, 2016, 41쪽.

계속 지배하였다. 요컨대 조선과 그를 이은 대한제국의 두만강 너머 국경선은 고려 때 확립되어 조선을 건국하면서 거듭 확인되었으며 늦어도 세종 때 이러한 국경 이남 지역에 대한 실효적 지배까지 이루어졌고, 1712년 백두산정계비를 통해서 토문강－송화강－흑룡강(아무르강)선으로 확인되었다. 세종이 실효적 지배를 하면서 이를 명나라에 통보한 1439년부터 따져도 우리 역사상 최초의 근대국가라고 볼 수 있는 대한제국이 세워진 1897년까지 450년이 넘는 세월 동안 이러한 국경선은 아무런 방해 없이 계속 유지되었고, 이러한 국경선을 조선은 반복해서 주장하고 원나라부터 명나라를 거쳐 청나라까지 줄곧 승인을 받아왔으며, 그 사이에 아무런 방해를 받지 않고 계속 점유를 이어왔다. 특히 대한제국이 성립된 시점에 이러한 국경선 이남 지역을 실효적으로 계속 지배하였고 이후 대한제국 스스로 이러한 지역에 대한 영유권을 포기한 적이 없다. 따라서 압록강－토문강－송화강－흑룡강선 이남을 대한제국 고유영토로 보아야 한다. 결국, 대한민국 고유영토는 압록강－토문강－송화강－흑룡강선 이남이다.152)

(ⅱ) 영토 분쟁 지역

한국의 고유영토와 관련하여 일본과는 독도153)와 대마도,154) 중국과는 간도155)와 이어

---

151) 고종 34년 10월 13일 양력 2번째 기사[http://sillok.history.go.kr/id/kza_13410013_002 (2021년 12월 7일 방문)]: "우리 태조(太祖)가 왕위에 오른 초기에 국토 밖으로 영토를 더욱 넓혀 북쪽으로는 말갈(靺鞨)의 지경까지 이르러 상아, 가죽, 비단을 얻게 되었고, 남쪽으로는 탐라국(耽羅國)을 차지하여 귤, 유자, 해산물을 공납(貢納)으로 받게 되었다. 사천 리 강토에 하나의 통일된 왕업(王業)을 세웠으니, 예악(禮樂)과 법도는 당요(唐堯)와 우순(虞舜)을 이어받았고 국토는 공고히 다져져 우리 자손들에게 만대토록 길이 전할 반석같은 터전을 남겨 주었다."

152) 명나라가 설치하려던 철령위가 오늘날 중국 요녕성 본계시이고(복기대, 「칠령위 위치에 대한 재검토」, 『선도문화』 제9권, 국제뇌교육종합대학원대학교 국학교육원, 2010, 297~325쪽), 고려시대 서북 국경인 압록강이 鴨綠江이 아니라 현재 철령 부근 요하 지류로 비정되는 鴨淥江임이 실증되었으며(윤한택, 「고려 서북 국경에 대하여 －요·금 시기의 압록(鴨淥)과 압록(鴨綠)을 중심으로－」, 책임저자 윤한택/복기대, 『압록(鴨淥)과 고려의 북계』, 주류성, 2017, 13~82쪽), 청나라 때 서양신부가 작성한 지도에서 조선의 서북영토는 압록강 너머였고(레지선, 당빌선, 본느선), 1897년 대한제국 정부는 압록강 대안의 조선인 촌락을 32개 면으로 확대하고, 조선인들의 신변을 보호하려고 서상무를 서변계관리사로 임명한 점 등에 비추어 서북 국경도 압록강 너머로 볼 수 있다.

153) 이에 관해서는 고봉준, 「독도·이어도 해양영토분쟁과 한국의 복합 대응」, 『한국정치연구』 제22집 제1호, 서울대학교 한국정치연구소, 2013, 193~201쪽; 노계현, 『증보 조선의 영토』, 한국방송통신대학교 출판부, 2001, 273~293쪽; 양태진, 『우리나라 영토이야기(개정증보판)』, 예나루, 2007, 220~268쪽; 신용하, 『독도의 민족영토사 연구』, 지식산업사, 1996; 같은 사람, 『한국의 독도영유권 연구』, 경인문화사, 2006; 이한기, 『한국의 영토』, 서울대학교 출판부, 1996, 227~308쪽 참조.

154) 이에 관해서는 김상훈, 『(일본이 숨겨오고 있는) 대마도·독도의 비밀』, 양서각, 2012; 노계현, 『증보 조선의 영토』, 한국방송통신대학교 출판부, 2001, 187~227쪽; 양태진, 『우리나라 영토이야기(개정증보판)』, 예나루, 2007, 276~300쪽; 황백현, 대마도 통치사, 발해, 2012 참조.

155) 이에 관해서는 노계현, 『증보 조선의 영토』, 한국방송통신대학교 출판부, 2001, 1~46, 129~145, 296~376쪽; 노영돈/이일걸/김현영/김우준/최장근/이성환, 『한국 근대의 북방영토와 국경문제』(한국사론 41), 국사편찬위원회, 2004; 박선영, 「간도문제의 시대성」, 『역사교육논집』 제35집, 역사교육학회, 2005, 287~323쪽; 양태진, 『우리나라 영토이야기(개정증보판)』, 예나루, 2007, 135~152쪽; 이성환, 『간도는 누구의 땅인가』, 살림, 2005; 이한기, 『한국의 영토』, 서울대학교 출판부, 1996, 309~351쪽; KBS HD역사스페셜 원작, 박기현 해저, 「간도의 미스터리, 백두산정계비」, 『HD역사스페셜 5: 실리인가 이상인가, 근대를 향한 역사의 선택』, 효형출판, 2007, 125~

도156) 그리고 러시아와는 녹둔도157)와 연해주158)가 문제 된다. 영토 분쟁과 관련하여 주의할 것은 이러한 지역의 영유권 문제를 지금 당장이나 통일과정에서 주장하는 것은 통일을 위한 국제환경 구축에 도움이 되지 않을 수도 있으므로 전략적으로 접근할 필요가 있다는 점이다. 따라서 이러한 지역의 영유권을 국가 차원에서 적극적으로 주장하는 것은 한계가 있다. 이 지역에 대한 다른 나라의 문제 제기에 방어적으로 대응하면서 이러한 지역이 대한민국의 고유영토라는 자료를 수집하고 대응논리를 개발하는 것이 최선의 태도로 보인다. 이러한 지역의 영유권은 통일이 실현되고 나서 차분한 국경협상을 통해서 해결하는 것이 합리적 대응이다.159) 통일과정에서 독일이 영토 일부를 포기한 것은 제2차 세계대전 패전에 대한 책임 때문이라는 점을 명심하여야 한다. 그리고 남·북한이 분단되고 그 상태가 유지되는 데 주변국 책임을 부정할 수 없다. 따라서 통일과정에서 대한민국이 영토 일부를 포기할 이유는 전혀 없다는 것을 잊지 말아야 한다.

150쪽 참조.

156) 이에 관해서는 고봉준, 「독도·이어도 해양영토분쟁과 한국의 복합 대응」, 『한국정치연구』 제22집 제1호, 서울대학교 한국정치연구소, 2013, 201~207쪽; 김병렬, 「이어도의 해양법상 지위와 개발 필요성」, 『영토해양연구』 제8권, 동북아역사재단, 2014, 30~57쪽; 양태진, 『우리나라 영토이야기(개정증보판)』, 예나루, 2007, 301~308쪽 참조.

157) 이에 관해서는 노계현, 『증보 조선의 영토』, 한국방송통신대학교 출판부, 2001, 81~111쪽; 박명용, 「연해주를 둘러싼 한국과 러시아 영토문제」, 『북방사논총』 제4호, 동북아역사재단(2005), 37－86면; 양태진, 『우리나라 영토이야기(개정증보판)』, 예나루, 2007, 120~134쪽; 이왕무, 「조선시대 녹둔도의 역사와 영역 변화」, 『정신문화연구』 제34권 제1호(통권 제122호), 한국학중앙연구원, 2011, 119~150쪽 참조.

158) 이에 관해서는 노계현, 『증보 조선의 영토』, 한국방송통신대학교 출판부, 2001, 154~159쪽; 양태진, 『우리나라 영토이야기(개정증보판)』, 예나루, 2007, 309~337쪽 참조.

159) 같은 견해: 최창동, 「헌법상 ‘영토조항’과 ‘통일조항’의 올바른 헌법해석론」, 『정책연구』 제144호, 국제문제조사연구소, 2005, 311쪽.

제 5 장

대한민국의 정통성과 남·북한관계 그리고 국제관계

제 5 장   대한민국의 정통성과 남·북한관계 그리고 국제관계

제 1 절   대한민국의 정통성

Ⅰ. 대한제국 존속 여부와 계속성

1. 문제 제기

대한민국 정부는 미국 군정 아래에서 북위 38도선 이남지역의 자유총선거를 기초로 수립되었다. 소련 군정 아래의 이북지역에는 북한정권이 수립되어 오늘날에도 존속하여 남북분단이 계속된다. 대한민국의 국가로서 정통성·정체성, 북한정권과 맺는 관계 문제는 남북분단 이전, 즉 광복 후 정부 수립을 준비하던 시기(정부수립준비기), 그 이전의 대일항쟁기, 대한민국임시정부 건립 그리고 더 이전의 대한제국과 대한민국이 어떠한 관계에 놓이는지에 달렸다.

먼저 대한제국과 대한민국의 관계와 관련하여 먼저 제기되는 의문은 대한제국을 일제가 강제로 점령함으로써 대한제국이 국가로서는 옹글게(완벽하게) 소멸한 것으로 보면, 양자의 관계를 논의할 실익이 없다(이렇게 보면 새로운 국가인 대한민국의 건국 시점이 문제 된다). 대한제국이 소멸하지 않고 존속하였다면 양자의 관계를 검토하여야 한다. 대한제국은 1905년 11월 17일 을사늑약 조인과 1910년 8월 22일 국권침탈늑약 조인으로 말미암아 국가권력을 상실함으로써 외견상 국가성이 일단 소멸한 것으로 볼 여지가 있다. 따라서 대한제국 존속 여부는 먼저 이러한 조약들이 유효한지에 달렸다.

2. 구한말 한일 사이에 체결된 조약의 유효성

경술국치 이전에 체결된 조약들은 일단 유효하였다가 국권침탈늑약으로 소멸하였고, 국권침탈늑약도 유효하였다가 1948년 대한민국 정부 수립이나 1952년 샌프란시스코 대일강화조약 제2조[1]에서 일본이 한반도에 대한 권리를 포기함에 따라서 비로소 소멸하였다고 주장하는 일본 측 견해를 따르면, 대한제국 시기 한·일 사이에 체결된 조약은 일단 유효한 것으로 주장된다. 이러한 조약들이 유효하다면 대한제국은 1910년에 소멸하고 일본이 대한제국을 승

---

[1] 1951. 9. 8. 서명, 1952. 4. 28. 발효된 샌프란시스코 대일평화조약 제2조: "일본은 한국의 독립을 승인하고 제주도, 거문도 및 울릉도를 포함하는 한국에 대한 모든 권리, 권원 및 청구권을 포기한다."

계하게 될 것이다. 그러나 대한제국 시기 한·일 사이의 조약 체결은 조약체결권자에 대한 강박으로 이루어졌으므로, 오늘날 국제법이론에 따라서는 물론이고, 조약 체결 당시의 국제법이론에 따라서도 국제법상 무효에 해당한다.[2] 특히 국권침탈늑약은 일제가 임명한 내각총리대신 이완용과 통감 데라우치 마사타게(寺內正毅)의 합의로 은밀히 서명되어 일방적으로 강제체결되었는데, 이것은 일제가 자신과 체결한 조약으로서 국제법상 무효이다.[3] 게다가 을사늑약과 국권침탈늑약은 주권자인 황제의 직인이 찍히지 않아 조약의 형식적 요건도 갖추지 못하였다는 점에서 조약 성립 자체가 없는 것으로 볼 수 있고,[4] 그렇지 않더라도 최소한 주권자인 황제의 의사에 어긋나는 것으로 볼 수 있다. 1965년 한일기본관계에 관한 조약 제2조에서도 "이미 무효임을 확인한다."라는 문구를 통해서 이를 확인한 바 있다.[5] 대한제국 당시에 한·일 사이에 체결된 조약들은 강제된 조약(늑약)으로서 성립 때부터 원천무효라면 대한제국은 소멸하지 않고 존속한 것이다.[6]

---

2) 김명기, 『정부수립론의 타당성과 한국의 독도 영토주권』, 선인, 2019, 58~61쪽; 김명기/유하영, 「대한민국임시정부의 정통성에 관한 연구」, 『국제법학회논총』 제38권 제1호(통권 제73호), 대한국제법학회, 1993, 16쪽. 을사늑약과 국권침탈늑약의 불법성에 관한 자세한 근거는 이헌환, 「대한민국의 법적 기초」, 『법학연구』 제31집, 전북대 법학연구소, 2010, 11~13쪽. 특히 대한제국 유일의 주권자인 고종 자신이 헤이그특사 위임장에서 "일본이 아국에 대하여 공법을 위배하여 비리를 감행하여 주약을 위반하고 우리의 외교대권을 강탈하여 우리의 열국우의를 단절케 하였다."(이영철 엮음, 『사료로 읽는 한국근현대사』, 메티스, 2020, 76쪽)라고 하여 을사늑약의 불법성을 주장하였다. 그리고 무오독립선언서에서도 국권침탈늑약의 불법성을 지적하면서 한일합방의 무효를 선포하였다(안모세 편저, 『대한독립선언서총람』, 위드라인, 2019, 26~27쪽).

3) 김명기/유하영, 「대한민국임시정부의 정통성에 관한 연구」, 『국제법학회논총』 제38권 제1호(통권 제73호), 대한국제법학회, 1993, 5, 16쪽; 이헌환, 「대한민국의 법적 기초」, 『법학연구』 제31집, 전북대 법학연구소, 2010, 13쪽.

4) 이에 관해서 자세한 검토는 김명기, 『정부수립론의 타당성과 한국의 독도 영토주권』, 선인, 2019, 67~93쪽. 이미 안중근 의사도 최후 진술에서 "5개조의 보호조약이 일본측의 폭력에 의해 체결된 것으로서 왕의 옥새가 찍힌 것도 아니며, 총리대신이 보증한 것도 아니"라고 지적하였다(이영철 엮음, 『사료로 읽는 한국근현대사』, 메티스, 2020, 95쪽).

5) 1965. 6. 22. 조인, 동년 12. 18. 발효된 한일기본관계조약 제2조: 1910년 8월 22일 및 그 이전에 대한제국과 대일본제국 사이에 체결된 모든 조약 및 협정은 이미 무효임을 확인한다(It is confirmed that all treaties or agreements concluded between the Empire of Korea and the Empire of Japan on or before August 22, 1910 are already null and void). 물론 여기서 '이미 무효'라는 문구에 대한 해석을 둘러싸고 한일 사이에 견해 대립이 있다. 즉 한국 정부는 "1910년 8월 22일의 소위 한일합방조약과 그 이전에 대한제국과 일본제국간에 체결된 모든 조약, 협정, 의정서등 명칭여하를 불문하고 국가간의 합의문서는 모두 무효이며, 또한 정부간 체결된 것이건 황제간 체결된 것이건 무효이다."(대한민국정부, 『대한민국과 일본국 간의 조약 및 협정 해설』, 1965, 11면)라고 주장하지만, 일본 정부는 그 무효 시점을 1948년 8월 15일이라고 해석하여 "병합조약은 대한민국이 독립한 시점에서 효력을 상실하며 병합이전의 제조약·협정은 각각 소정의 조약 성취 또는 병합조약 발효와 더불어 실효되었음이 확인된다."라고 하여 1910년의 국권침탈늑약과 그것을 가능하게 해준 이전의 조약들이 모두 유효하였던 것이라고 주장하였다. '무효 시점'에 대한 양국 정부의 이러한 견해 차이는 한일국교정상화에서 일본이 한국에 지불하기로 한 청구금에 관한 해석도 달라지게 하였는바, 한국은 일제의 불법적 지배에 대한 배상금으로, 일본은 이른바 독립축하금으로 규정하였다.

6) 같은 견해: 이헌환, 「대한민국의 법적 기초」, 『법학연구』 제31집, 전북대 법학연구소, 2010, 13~15쪽.

Ⅱ. 대한제국과 대한민국의 관계

국가의 동일성은 국가의 구성요소가 바뀌어도 그로 말미암아 국가가 소멸하지 않고 같은 국제법주체로 인정되는 것을 말한다.[7] 국가의 동일성 문제는 국가의 구성요소, 특히 영토와 정부형태에 중대한 변경이 생길 때 제기된다.[8] 국가의 동일성이 인정되면 국가의 국제법상 권리와 의무는 승계된다. '국가의 권리 및 의무에 관한 협약'(몬테비데오협약) 제1조[9]를 따르면 영구적 주민, 명확한 영역, 정부와 외교능력이 국가의 요건이다. 이들 요건 중에서 외교능력은 일반적으로 독자적인 국가요건으로 보지 않는다.[10] 합법적인 방법으로 정부나 국내법질서가 바뀌면 국가의 동일성에 아무런 영향이 없다. 혁명이나 쿠데타처럼 비합법적인 방법으로 정부나 국내법질서, 국호, 정부형태가 바뀌어도 국민과 영토에 큰 변화가 없으면 국가의 동일성은 인정된다.[11] 전통적으로 전쟁 상태에 있는 국가 사이에서 이루어지는 점령을 군사점령이라고 한다. 군사점령으로 한 나라가 다른 나라 영토 전부를 장악하고 통제하더라도 전쟁의 최종적인 결과가 나오지 않으면 군사점령에 따른 영토 병합은 국제법적으로 인정되지 않는다. 따라서 영토 전체가 군사점령되어도 해당 국가는 소멸하지 않고, 당연히 국가의 동일성에 군사점령은 영향을 미치지 않는다.[12]

① 한반도에는 일제 식민통치를 받는 신민만 있을 뿐이지 대한민국 임시정부로 대표되는 영구적 주민이 없었고, ② 대한민국 임시정부가 직접 관할권을 행사하는 자체 영토가 없었으며, ③ 스스로 정부라는 명칭을 사용하고 외형상 입법부, 집행부, 사법부의 조직을 갖춤으로써 일단 국제법상 정부 요건을 갖춘 것으로 보이나, 대한민국 임시정부는 실효적인 정부가 아니었고, ④ 대한민국 임시정부를 중국을 비롯한 그 어떤 나라도 승인하지 않았다는 점에서 대한민국 임시정부 수립은 국가 수립이나 건국이 아니라는 견해가 있다.[13]

---

7) 박배근, 「국제법상 국가의 동일성과 계속성」, 『저스티스』 제90호, 한국법학원, 2006. 4., 253쪽.
8) 박배근, 「국제법상 국가의 동일성과 계속성」, 『저스티스』 제90호, 한국법학원, 2006. 4., 252쪽.
9) "국제법상 주체로서 국가는 영구적 주민, 명확한 영역, 정부 그리고 다른 나라와 관계를 맺는 능력이 있어야 한다."("The state as a person of international law should possess the following qualifications: (a) a permanent population; (b) a defined territory; (c) government; and (d) capacity to enter into relations with the other states.")
10) 박배근, 「대한민국임시정부의 국제법적 지위와 대한민국의 국가적 동일성(상)」, 『법학연구』 제13권 제4호, 연세대학교 법학연구소, 2003, 81~82쪽; 같은 사람, 「국제법상 국가의 동일성과 계속성」, 『저스티스』 제90호, 한국법학원, 2006. 4., 255쪽.
11) 김명기, 『정부수립론의 타당성과 한국의 독도 영토주권』, 선인, 2019, 94쪽; 나인균, 「대한민국과 대한제국은 법적으로 동일한가? - 국가의 동일성 내지 계속성에 관한 국제법적 고찰 -」, 『국제법학회논총』 제44권 제1호(통권 제85호), 대한국제법학회, 1999, 131쪽; 박배근, 「국제법상 국가의 동일성과 계속성」, 『저스티스』 제90호, 한국법학원, 2006. 4., 260쪽; 이근관, 「국제법상 한국의 동일성 및 계속성에 대한 고찰」, 『법학』 제61권 제2호, 서울대학교 법학연구소, 2020, 147쪽; 한명섭, 『통일법제 특강(개정증보판)』, 한울아카데미, 2019, 55~56쪽.
12) 박배근, 「국제법상 국가의 동일성과 계속성」, 『저스티스』 제90호, 한국법학원, 2006. 4., 261~262쪽; 한명섭, 『통일법제 특강(개정증보판)』, 한울아카데미, 2019, 56쪽.

그러나 ① 일제 식민통치는 군사점령일 뿐이고 이를 통해서 한반도 주민이 일본 국민이 되는 것이 아닐 뿐 아니라 그 주민의 정체성이 사라지거나 바뀌는 것이 아니다. 특히 한반도 주민이 일본인과 구별되는 한민족이라는 정체성을 줄곧 유지한 점은 부정할 수 없다. 그리고 그들 중 대다수가 대한민국 임시정부를 지지하였다는 점에서 대한민국 임시정부로 대표되는 영구적 주민은 있었다. ② 한반도는 대한제국의 영토이고, 군사점령인 일제의 대한제국 강점으로 대한제국 영토가 일본에 병합되는 것이 아닐 뿐 아니라 대일항쟁기에도 한반도를 '외지'라고 부르면서 '내지'인 일본 영토와 구별하였으며, 망명정부인 대한민국 임시정부의 속성상 영토를 실효적으로 지배하지 못함은 당연하여 특별히 문제 되지 않는다. ③ 망명정부인 대한민국 임시정부가 통상적인 정부처럼 활동할 수 없는 것은 피할 수 없고, 문제는 대한민국 임시정부가 가능한 범위에서 적극적으로 활동하였는지, 즉 본토에 대한 지배권을 회복하려는 노력의 실효성이다. 대한민국 임시정부는 광복 때까지 다양한 외교활동과 군사활동을 통해서 세계 어느 망명정부보다 적극적으로 활동하였다는 점에서 대한민국 임시정부의 실효성을 부정할 수 없다. ④ 망명정부인 대한민국 임시정부가 다른 나라의 승인을 얻지 못한다는 것이 대한민국 임시정부의 지위를 부정하는 것이 아닐 뿐 아니라 대한민국 임시정부는 중국 정부의 승인을 얻었고 연합국 일원으로 제2차 세계대전에 참전함으로써 적어도 미국과 영국의 사실상 승인을 받았으며, 비록 망명정부이지만 이후 본토의 지배권을 회복한 프랑스와 폴란드 그리고 체코슬로바키아의 승인도 받았다. 이러한 점에서 대한민국 임시정부가 승인받지 못하였다는 것은 지나친 폄하이다. 이러한 점에서 이 견해는 타당하지 않다.

1910년 일제의 대한제국 강점 이후에도 대한제국은 을사늑약과 국권침탈늑약의 원천무효로 소멸하지 아니하고 존속한다. 국가성이 유지되므로 국가로서 권리능력은 여전히 인정된다. 그러나 1907년 일제가 고종을 강제퇴위시키면서 대한제국 정부는 사실상 사라진다. 물론 이러한 강제퇴위는 법적 효력이 없어서 고종은 그 후에도 여전히 대한제국의 유일한 주권자이다. 특히 순종을 내세운 일제의 괴뢰정부도 국권침탈늑약 이후 순종이 황위에서 물러나면서 대한'제국'에 더는 제도화한 정부는 존속하지 않게 되었으므로, 행위능력은 없다고 볼 수밖에 없다. 다만, 고종의 승인 아래 1914년 세워진 대한광복군정부는 망명정부에 해당하고 이를 통해서 대한제국의 행위능력은 부분적으로 회복된 것으로 볼 수 있다. 무효인 조약에 따른 점령은 불법이고, 무효인 조약에 따른 내정간섭은 위법하며, 이러한 점령과 내정간섭은 침략일 뿐이다.[14] 특히 일제의 대한제국 점령은 법적 병합이 아니라 사실상 점령에 불과하다.[15]

---

13) 제성호, 「상해 임시정부의 국제법적 지위」, 『중앙법학』 제14집 제1호, 중앙법학회, 2012, 199~201쪽.

14) 1910년 당시에는 무력에 따른 정복과 병합의 의사표시는 일반적으로 유효한 영토 획득 권원이라는 주장[나인균, 「대한민국과 대한제국은 법적으로 동일한가? ─ 국가의 동일성 내지 계속성에 관한 국제법적 고찰 ─」, 『국제법학회논총』 제44권 제1호(통권 제85호), 대한국제법학회, 1999, 135~136쪽]은 당시 제국주의 국가들이 자신들의 식민지 정책을 정당화하려는 변명에 불과하다. 이를 긍정하면 대일항쟁기에 독립운동을 벌인 수많은 애국지사와

이러한 침략에 대한 무력투쟁은 정당한 방어권의 행사이다.

1919년 3·1 독립선언 이후 1919년 4월 11일 중국 상해에 대한민국 임시정부가 수립됨으로써 대한제국은 대한민국으로 국호가 바뀌고 국가형태도 공화국으로 바뀌긴 하였으나, 국가의 실체는 똑같이 유지되었다. 다만, 정부가 수립됨으로써 상실하였던 행위능력이 부분적으로나마 회복되었다. 이것은 공립협회와 신민회를 통해서 시도된 시민혁명이 3·1 혁명으로 성공하여 국가가 유지된 채 정부가 교체된 것이다. 그러나 대한민국 임시정부는 영토 위에 자리 잡지 못한 망명정부에 불과하여서, 매우 제한된 범위 안의 유효한 국가행위를 할 수 있었을 뿐이므로 제한된 행위능력이 있었던 것으로 보아야 한다.

1945년 8월 15일 일본 패망(대연합국 무조건 항복)이 자동으로 한국의 독립정부로 연결되지 못하고, 북위 38도선을 경계로 남쪽에 미국 군정, 북쪽에 소련 군정이 각각 성립하였다. 이러한 미·소군의 한국 점령은 국제법적으로 '해방된 국가의 평화적 점령'으로서 순군사적 조치에 불과한 것이었고, 미·소·영·중 연합국은 1944년 12월 1일의 카이로 선언과 1945년 7월 26일의 포츠담 선언에 따라서 한국의 자유독립을 성취하게 할 (최소한 정치적인) 의무가 있었다. 남북으로 분리된 미·소 군사정부의 사실상 신탁통치로 말미암아 그리고 기왕의 대한민국 임시정부도 해산되었으므로, 한국의 행위능력은 여전히 회복되지 못한 상태에 머무르게 되었다. 물론 이때도 대한제국 이래 한국의 국가성, 국가로서 권리능력은 유지되었던 것으로 보아야 한다.

1948년 7월 17일 헌법이 제정·시행되고, 그에 따라 1948년 7월 24일 초대 대통령 이승만이 취임하여 독립정부가 구성됨으로써, 한국은 비로소 옹근(완벽한) 행위능력을 회복하였다. 1948년 8월 15일에 정식으로 정부수립선포식을 거행하였으나, 이미 1948년 7월 24일부터 정부가 구성되어 활동을 개시하였으므로 엄격히 말하여 그때부터 대한민국은 국가로서 권리능력과 더불어 행위능력이 있게 된다. 그리고 대한민국은 헌법 전문에서 '3·1운동으로 건립된 대한민국 임시정부의 법통을 계승'한다고 명시하고, 대한민국 임시정부는 대한제국의 상실된 행위능력의 부분적 회복이었으므로 대한제국 정부－대한민국 임시정부－대한민국 정부로 그 정통성이 승계된 것으로 볼 수 있다. 따라서 대한민국은 대한제국과 같은 실체라는 점을 인정할 수 있다. 즉 대한제국과 대한민국 사이에 동일성은 인정될 수 있다. 특히 대한민국은 대한제국의 영토를 상당 부분 회복하였고, 주민에서도 큰 차이가 없었다.

1940년 이전 국가와 동일성이 인정되는 발트해 남동 해안에 있는 라트비아, 에스토니아, 리투아니아의 발트 3국[16]은 1940년에 소련에 합병되고 나서 1991년에 독립함으로써 영토를

열사의 모든 활동은 불법이고 범죄가 될 수밖에 없다(한명섭, 『통일법제 특강(개정증보판)』, 한울아카데미, 2019, 62쪽).

15) 김현식, 「헌법상 통일에 관한 규정: 독일과 한국에서의 분단과 통일의 헌법 논의」, 서강대학교 박사학위논문, 2010, 61쪽.

지배할 수 없었던 기간이 50년이 넘는다. 게다가 발트 3국의 인구 구성은 크게 바뀌었다. 즉 1991년 독립할 당시 리투아니아에서는 20%, 에스토니아에서는 39% 그리고 라트비아에서는 48%의 주민이 다수 국민과 다른 민족이었다. 이와 비교하면 대한민국은 일본의 강점 기간이 35년에 불과하고, 강점 기간에 한민족 비율이 97%를 넘어 일본인을 포함한 외국인 비율이 3%를 넘은 적이 없었다. 더하여 한반도는 외지로서 강점 기간 내내 일본 본토인 내지와 구별되었다. 이러한 점에서 대한제국과 대한민국의 동일성을 부정하고 대한제국이 1910년 일제 강점으로 소멸하였다는 주장은 형식적인 논리에 지나치게 치우친 것으로 타당하지 않다.[17]

더하여 대한제국이 1900년 1월 1일에 가맹한 만국우편연합(Universal Postal Union) 사무국은 1949년 12월 17일 자로 'Republic of Korea'라는 국호를 사용하여 한국의 만국우편연합 회원자격 회복을 통보하였다.[18] 그리고 1864년 8월 22일에 채택한 제1회 적십자협약에 대한제국은 1903년에 가입한 바 있다. 이 조약을 대체하는 1906년 제2회 적십자협약, 1929년 제3회 적십자협약 그리고 1949년 '전쟁희생자 보호에 관한 네 개의 제네바협약'의 제1협약인 '육전에 있어서의 군대의 부상자 및 병자의 상태 개선에 관한 1949년 8월 12일 자 제네바협약'과 관련하여 한국은 1929년 협약에는 가입하지 못하였으나, 1949년 제네바 제1협약에는 1966년 8월 16일 자로 가입하였다. 그러나 조약 수탁국인 스위스는 대한민국이 1949년 제네바 제1협약에 가입한 1966년까지는 대한민국과 다른 조약 당사국 사이에는 1864년의 조약이 적용되는 것으로 보았다.[19] 또한, 1987년 8월 4일에 대한민국은 대한제국이 당사국이었던 ① '전시 병원선에 대한 국가이익을 위하여 부과되는 각종의 부과금 및 조세의 지불면제에 관한 협약', ② '육전의 법 및 관습에 관한 협약(헤이그 제2협약)', ③ '1864년 8월 22일 자 제네바협약의 제원칙을 해전에 적용하기 위한 협약(헤이그 제3협약)'이 대한민국에도 효력이 있다는 조치를 취한 바 있다.[20]

---

16) 이에 관해서 자세한 내용은 박배근, 「대한민국임시정부의 국제법적 지위와 대한민국의 국가적 동일성(하)」, 『법학연구』 제14권 제1호, 연세대학교 법학연구소, 2004, 263~269쪽 참조.

17) 이상 박배근, "대한민국임시정부의 국제법적 지위와 대한민국의 국가적 동일성(하)", 연세대 법학연구 제14권 제1호, 2004, 66~67쪽.

18) 대한제국이 체결한 다자조약의 효력확인 설명자료, 김명기, 『정부수립론의 타당성과 한국의 독도 영토주권』, 선인, 2019, 362쪽.

19) 대한제국이 체결한 다자조약의 효력확인 설명자료, 김명기, 『정부수립론의 타당성과 한국의 독도 영토주권』, 선인, 2019, 362쪽.

20) 관보 제10409호, 1986. 8. 8., 67~95쪽.

제 2 절 남북(한)관계에 관한 헌법의 태도

Ⅰ. 정부 수립의 역사적 배경과 대한민국의 한반도 전체대표성

1. 대한민국 정부 수립의 역사적 배경

1943년 12월 1일 미·영·중 3국 대표가 카이로에서 한국 독립에 관한 내용을 포함하는 카이로 선언을 발표하였다. 1945년 7월 26일 미·영·중 3국 대표는 다시 포츠담에서 카이로 선언 이행을 촉구하고 일본 영토를 한정하는 (한반도를 일본 영토에서 배제하는) 내용의 포츠담 선언을 발표하였다. 소련의 대일전쟁 참가를 계기로 일본은 포츠담 선언에 담긴 연합국 요구를 수용하였다. 일본의 포츠담 선언 수용은 한국 독립을 인정한다는 것을 뜻하였다.

제2차 세계대전에서 일본이 패망함으로써 1945년 8월 15일 한국이 일본의 무력에서 벗어나게 되었다. 소련군이 대일전에 참가하여 한반도 북부에 이미 진입한 상태에서 일본이 예상보다 조기에 항복하였다. 따라서 미국은 소련의 한반도 단독점령을 막으려고 38도선 분할점령안을 제안하였고, 이를 소련이 수용함으로써 남북분단의 실마리가 되었다. 미군은 일본군의 무장해제를 위한 일시적 점령을 내용으로 하는 맥아더의 일반명령 제1호를 근거로 한반도에 진주하여 군정을 시행하였다. 그 후 한반도에서 국가 수립과 점령 해제를 위해서 1945년 12월 28일 모스크바에서 미·영·소 3국의 외무부 장관 회담이 열렸고, 이 회담에서 ① 한국을 일본 지배에서 해방시켜 민주주의에 따라서 독립국가로 발전시킬 것, ② 이를 달성하는 방법으로 미소공동위원회를 설치하고 임시정부 수립을 도모할 것, ③ 한국이 완전히 독립하기까지의 임시조치로 (임시정부와 협의하여) 미·소·영·중의 4개국 공동관리를 최장 5년 이내로 시행할 것을 결정하였다.

이른바 모스크바 3국장관회의 결정 중 한반도의 신탁통치 문제가 한국 안에서 크게 두드러져 지지(찬탁)와 반대(반탁)운동이 전개되는 가운데, 임시정부 수립에 관한 문제로 미소공동위원회가 두 번 개최되었으나 미·소간 이해관계 대립으로 결렬되었다. 미국은 모스크바협정 위반이라고 소련이 반대하는데도 한반도 문제를 국제연합 총회에 상정하여 1947년 11월 14일 '국제연합 감시 아래의 인구비례에 따른 남·북한 총선거' 결의안을 통과시켰다. 이 결의에 따라 국제연합 감시 아래 총선거를 시행하려 하였다. 그러나 (총선거 감시를 위한) 국제연합 한국임시위원단 입북을 소련 군정이 허락하지 않아서(정확하게는 북한지역에서 활동에 대한 안전보장을 거부하여) 북한 지역에서 선거를 시행하는 것이 사실상 불가능하게 되었다. 이에 1948년 2월 27일 국제연합 소총회는 (선거가) 가능한 지역 안에서 선거를 시행하여 정부를 수립할 것을 결정하였다. 이 결정에 따라서 미국 군정 아래의 남한에서는 1948년 5월 10일 국회의원총선거가 국제연합 한국임시위원단 감시 아래 시행되었다. 그리고 1948년 5월 31일 국회가 구성되어 1948년 7월 17일 대한민국헌법을 제정·시행하였다. 이 헌법에 따라서 국회에서 선출된 이승만이 1948년 7월 24일 대통령에 취임함으로써 정부가 활동을 개시하였고, 1948년 8월 15일 대한민국 정부 수립이 정식으로 선포되었다.

2. 대한민국의 한반도 전체 대표성

한편, 북한에서도 1948년 9월 9일 독자적으로 조선민주주의인민공화국이라는 분단정권이 수립되었다. 이로써 남북분단이 고착화하였다. 여기서 한반도에 국가로서 볼 수 있는 것이 대한민국뿐인지 아니면 조선민주주인민공화국도 그러한지 하는 의미에서 한국이라는 국가의 대표성 문제가 불거지게 되었다.

(1) 제3차 국제연합총회에서 채택된 결의 제195(Ⅲ)호: 국제연합은 1948년 12월 12일 "임시위원단이 감시와 협의를 할 수 있었고 한국 국민 절대다수가 거주하는 한국지역에 대한 유효한 지배권과 관할권이 있는 합법정부(대한민국 정부)가 수립되었다는 것과 동 정부는 동 지역 선거인들 자유의사의 정당한 표현이고 임시위원단이 감시한 선거에 기초를 둔 것이라는 것과 대한민국 정부는 한국 안의 유일한 정부임을 선언하며…"라고 하여 대한민국이 당시 한반도 안에서 유일한 합법정부라고 결의를 하였고, 이 결의가 그동안 대한민국이 한국 전체에 대한 단독대표권이 있다는 주장의 유력한 근거가 되었다.

(2) 북한정권에 대한 대한민국 정부의 정통성은 1950년 한국전쟁이 발발할 때 국제연합 안전보장이사회가 채택한 일련의 결의를 통해서도 확인되었다. 안전보장이사회 결의는 북한을 '교전단체'로 보고 북한에 대해서는 '북한'이나 '북한당국'이라고 표현하면서 대한민국에 대해서는 국제연합 총회가 대한민국을 한반도의 유일합법정부로서 승인하였다는 사실에 관해서 회원국들의 주의를 환기시켰다.

이처럼 대한민국은 국제사회가 한반도의 유일합법정부로 승인하였고, 특히 국제사회는 대한제국이 체결한 다자조약과 관련하여 다수의 관행으로 대한민국이 대한제국의 동일성과 계속성이 있는 국가임을 인정하였다.

(3) 그러나 이러한 국제연합 결의들은, 1991년 9월 17일 남·북한이 각각 별개의 회원국으로서 국제연합에 동시 가입하여 적어도 국제연합과 맺는 관계에서 양측 모두가 (특히 북한이) 국가성을 인정받는 결과가 발생하였으므로, 더는 대한민국의 한반도 안 전체대표성을 주장할 근거로서 원용하기 어렵게 되었다.

Ⅱ. 북한에 대한 헌법의 태도

1. 영토조항(헌법 제3조)에 관한 종래의 확립된 해석(판례)

영토조항에 관한 종래의 확립된 해석(판례)은 대한민국 국가권력이 군사분계선 이남지역에만 미치는 현실에도 한반도에서 유일한 합법정부는 대한민국 정부이고, 북한지역은 이른바 반국가단체인 북한정권이 불법적으로 점령 중인 미수복지역에 불과하다는 것이다. 대법원을 따르면 "헌법 제3조의 법리상 한반도와 그 부속도서 내에서는 대한민국의 주권과 부딪치는 어떠한 국가단체도 인정할 수 없으므로 북한은 대한민국의 영토고권을 침해하는 반국가단체이다."[21](이러한 법리를 따르면 대한민국법률은 시행될 때부터 당연히 북한지역에도 효력을 발생하는 것으로 볼 수밖에 없다)

2. 통일조항에 관한 해석

① 헌법상 통일에 관한 조항

헌법은 통일(정책)조항(제4조) 이외에도 평화적 통일(전문), 대통령의 평화통일을 위한 의무조항(제66조 제3항), 대통령의 취임선서내용인 평화통일(제69조), 대통령의 중요정책 국민투표 부의권에서 중요정책의 한 내용인 통일(제72조), 민주평화통일회의의 자문 내용인 평화통일(제92조)을 규정한다.

특히 통일조항(제4조)은 (ⅰ) 국가기관에 통일을 지향하도록 의무를 부과하는 국가목표규정으로 이해할 수 있다. 국가기관은 입법, 집행, 사법의 모든 과정에서 자유민주적 기본질서에 입각한 평화적 통일을 지향하도록 기능을 행사할 것이 요청된다. 헌법은 국가기관이 단순히 통일을 지향하도록 하는 데 그치는 것이 아니라 그 (ⅱ) 통일정책의 내용은 자유민주적 기본질서를 기초로 하여야 하고 (ⅲ) 통일의 수단은 평화적이어야 한다는 것을 밝힌다.

② 통일의 개념

헌법학적 측면에서 통일은 본래 하나였던 국가가 둘 이상으로 나누어진 것을 전제로 나뉜 것을 합쳐서 다시 하나의 국가로 만드는 것을 말한다.[22] 이러한 점에서 통일은 분단국을 전제한다. 분단국은 일정 지역의 주민이 '하나의 국가'로 인식하여도, 그 지역이 여러 부분으로 분리되어 별개의 정치단체가 실효적으로 지배하는 지역을 말한다.[23] 따라서 해당 부분지역 서로 간에는 국가성을 부인하고, 통일을 당연한 사명으로 인정할 것을 전제한다.[24] 통일은

---

21) 대법원 1990. 9. 25. 선고 90도1451 판결(공1990, 2225).
22) 고일광, 「한국의 통일에 관한 헌법적 좌표 개관」, 『통일과 사법[1]』, 법원행정처, 2011, 9쪽; 성낙인, 『헌법학(제21판)』, 법문사, 2021, 321쪽 참조.
23) 분단국은 과거 통일된 국가에서 분리되어 현재는 외견상 복수의 주권국가로 성립되었으나, 언젠가는 재통일을 지향하는 국가라는 국제법적 견해도 있다(정인섭, 『신국제법강의(제11판)』, 박영사, 2021, 162쪽).

나뉘어 있는 현재 상태가 비정상이라는 기본인식에 기초한다. 남한과 북한은 대한제국(혹은 이를 계승한 1919년부터 1945년 사이의 대한민국)의 고유한 영토를 휴전선을 경계로 나누어 각각 한쪽을 실효적으로 지배하고 서로 국가성을 부인하면서 통일을 당연히 이루어야 할 목표로 삼는다. 그러므로 한국은 현재 전 세계 유일의 분단국이다.[25] 통일은 단일한 영토와 불가분의 국민을 전제로 이러한 영토와 국민을 다스리기 위한 단일한 국가권력을 창설할 것을 목표로 한다.[26] 요컨대 통일은 별개 정치단체의 실효적 지배상태에 놓인 서로 분리된 국토를 '하나의 국가권력' 지배 아래에 가져오는 것(과 그 과정)을 말한다. 따라서 최소한 지역 전체를 대표하는 공동체에 대해서 국가구성요소인 주권·국민·영토·정부의 일치성이 필요하다.[27] 헌법학적 측면에서 결국 통일은 (새로운 헌법을 제정하거나 일방의 헌법을 개정하여) 하나의 헌법을 만들어 분단국가에 적용함으로써 일단 완성된다.[28] 통일은 하나의 국가 성립으로 형식적으로 완성된다. 하지만 국민이 하나로 합쳐지지 않으면 통일은 실질적으로 완성된 것으로 볼 수 없다. 따라서 통일은 통합을 수반하여야 한다. 통합은 주체가 국가이든 분단국 안의 정치단체이든 불문하고, 복수의 주체 안에 있는 주민의 사실적인 일체화(와 그 과정)나 주권국가들이 하나의 공동체로 결합하는 것(과 그 과정)을 뜻한다.[29] 보통 형식적 통일이 먼저 이루어지고 실질적 통합이 따르는 것이 일반적이지만, 상황에 따라서는 실질적 통합이 먼저 이루어지고 형식적 통일이 이루어질 수도 있다. 통일은 하나의 국가를 만드는 것이므로, 통일이 이루어지면 국제법적 주체는 오로지 하나만 남게 된다.

③ 통일의 가치적·내용적 한계: 자유민주적 기본질서

자유민주적 기본질서는 대한민국이 지향하는 통일의 이념적 기초이자 모든 통일정책의 헌법적 한계이다. 따라서 어떠한 국가기관이라도 이러한 한계를 넘어서는 내용의 통일을 추진하는 것은 헌법에 어긋나므로 허용되지 않는다. 그래서 통일은 자유민주적 기본질서를 부인하는 전체주의에 따라서 이루어질 수 없다. 통일은 반드시 자유민주적 기본질서에 기반을 두고 이루어져야 한다.[30] 따라서 헌법 제4조로 말미암아 통일헌법은 현행 헌법을 개정하여 만

---

24) 김선택, 「통일대비와 헌법의 역할 – 중층 헌법 구조에 의한 통일론」, 2011 제주 한국공법학자대회 통일세션, 2011. 4. 22., 2쪽.

25) 중국도 분단국으로 볼 여지가 있으나, 1국가 2체제라는 견해가 있어 논란이 있다.

26) 통일이란 궁극적으로 별개의 실체가 있는 복수의 정치단위가 하나의 주권국가에 들어가는 것일 수밖에 없다는 견해(최대권, 『통일의 법적문제』, 법문사, 1990, 76, 116쪽; 같은 사람, 「장차 전개될 남북관계의 형성과 통일의 법적 문제」, 『공법연구』 제22집, 한국공법학회, 1994, 263쪽)가 있다.

27) 김선택, 「통일대비와 헌법의 역할 – 중층 헌법 구조에 의한 통일론」, 2011 제주 한국공법학자대회 통일세션, 2011. 4. 22., 2쪽.

28) 전광석, 「통일헌법상의 경제사회질서」, 『한림법학 FORUM』 제3권, 한림대학교 법학연구소, 1994, 28쪽 참조.

29) 김선택, 「통일대비와 헌법의 역할 – 중층 헌법 구조에 의한 통일론」, 2011 제주 한국공법학자대회 통일세션, 2011. 4. 22., 2쪽.

30) 헌재 1990. 4. 2. 89헌가113, 판례집 2, 49, 60: "셋째로 제7조 제1항의 찬양·고무죄를 문언 그대로 해석한다면

들든 새로운 헌법을 제정하든 상관없이 반드시 자유민주적 기본질서를 바탕으로 하여야 한다. 즉 자유민주적 기본질서에 어긋나지 않는다면, 통일헌법은 현행 헌법을 개정하여 만들 수도 있고 아예 새로운 헌법 제정을 통해서 만들 수 있다. 그러나 현행 북한헌법은 명백하게 자유민주적 기본질서에 어긋나므로 북한헌법을 개정하여 통일헌법을 만들 수는 없을 것이다. 그리고 자유민주적 기본질서가 민주주의의 핵심을 담고 있다는 점에서 통일은 남한과 북한의 합의를 통해서만 가능하다. 즉 남한주민과 북한주민을 비롯한 대한국민 전체 의사에 따른 통일만 허용된다.

자유민주적 기본질서는 통일과정에 국가기관만이 아니라 대한국민 전체가 참여할 것을 요구한다. 이러한 점에서 자유민주적 기본질서에 입각한 통일은 대한국민 전체의 의사를 모아 통일을 달성하여야 한다는 것을 뜻한다. 이는 통일의 주체가 대한국민 전체이고, 통일정책의 수립과 추진이 반드시 민주적 정당성에 바탕을 두어야 한다는 점에서 비롯한다. 물론 이 때의 참여가 대한국민 전체가 직접 참여하여야 함을 뜻하지는 않는다. 그리고 대한국민 전체가 사전적으로 통일과정에 참여하여야 하는 것을 요구하지도 않는다. 오히려 대표자 사이에서 합의된 내용을 대한국민 전체가 사후적으로 승인하는 것이 일반적일 것이다. 그러나 자유민주적 기본질서에 입각한 통일은 이러한 대한국민 참여에 한계를 설정한다. 즉 대한국민 다수가 합의한 통일이더라도 그것이 자유민주적 기본질서와 충돌하면 그러한 통일은 허용되지 않는다.[31]

한국의 통일과정에서 자유민주적 기본질서와 관련하여 통일 이후에 공산당을 전면적으로 부정할 수 있는지가 문제 될 수 있다. 특히 북한노동당이 몰락하지 않는 이상 북한의 통일협상대표는 북한노동당 대표일 수밖에 없는데, 과연 통일과정에서 공산당을 전면적으로 불법화하는 것이 사실적 측면에서 가능할 것인지에 관한 의문이 제기되고, 통일이 이루어지면 북한이라는 반국가단체가 사라져서 현재 공산당이 지닌 위험성과 같은 정도의 위험성이 있다고

헌법전문의 "평화적 통일의 사명에 입각하여 정의·인도와 동포애로써 민족의 단결을 공고히 하고"의 부분과 헌법 제4조의 평화적 통일지향의 규정에 양립하기 어려운 문제점이 생길 수도 있다. 물론 여기의 통일은 대한민국의 존립과 안전을 부정하는 것은 아니고 또 자유민주적 기본질서에 위해를 주는 것도 아니며 오히려 그에 바탕을 둔 통일인 것이다."

헌재 2000. 7. 20. 98헌바63, 판례집 12-2, 52, 62: "우리 헌법은 그 전문에서 "……우리 대한국민은……평화적 통일의 사명에 입각하여 정의·인도와 동포애로써 민족의 단결을 공고히 하고……"라고 규정하고 있고, 제4조에서는 "대한민국은 통일을 지향하며, 자유민주적 기본질서에 입각한 평화적 통일정책을 수립하고 이를 추진한다"고 규정하고 있으며, 제66조 제3항에서는 "대통령은 조국의 평화적 통일을 위한 성실한 의무를 진다"고 규정하고 있다. 위와 같은 헌법상 통일관련 규정들은 통일의 달성이 우리의 국민적·국가적 과제요 사명임을 밝힘과 동시에 자유민주적 기본질서에 입각한 평화적 통일 원칙을 천명하고 있는 것이다. 따라서 우리 헌법에서 지향하는 통일은 대한민국의 존립과 안전을 부정하는 것이 아니고, 또 자유민주적 기본질서에 위해를 주는 것이 아니라 그것에 바탕을 둔 통일인 것이다."

31) 장영수, 「통일헌법 논의의 의의와 필요성」, 『헌법규범과 헌법현실』(권영성교수 정년기념논문집), 법문사, 1999, 78~79쪽.

보기는 어려울 것이라는 점에서, 인민민주주의를 고수하는 공산당은 자유민주적 기본질서로 말미암아 당연히 불법화할 수밖에 없지만, '의회제도와 선거제, 복수정당제를 긍정하고 폭력성과 혁명성이 거세된' 공산당의 허용 여부와 허용된다면 그 범위는 통일과정에서 사상의 자유의 충실한 보장과 관련하여 논란이 될 가능성이 크다.

④ 통일의 방법적 한계: 평화통일

(i) 헌법 제5조 1항과 대비한 헌법 제4조 평화통일의 독자성

먼저 헌법 제4조와 제5조 제1항은 적용영역이 다르다. 즉 헌법 제4조는 남한과 북한의 관계라는 특수한 국내문제를 규율하지만, 헌법 제5조 제1항은 국제문제를 다룬다. 이러한 점에서 헌법 제5조 제1항의 유추적용은 별론으로 하고 헌법 제5조 제1항을 통일문제에 바로 적용할 수는 없다. 물론 통일문제에 국제문제도 일부 포함된다는 점에서 헌법 제4조와 제5조 제1항의 적용영역이 일부 겹칠 수는 있지만, 헌법 제5조 제1항의 적용영역이 헌법 제4조의 적용영역을 모두 아우르지는 못한다. 그리고 평화국가원리(국제평화주의)는 두 차례 세계대전에 대한 반성에 따른 각종 국제조약과 국제기구로 말미암아 국제법의 기본원칙으로 자리 잡았다. 그러나 국내문제에서 무력을 동원하여 공권력을 부정하는 행위에 대해서는 경찰과 군대를 통해서 진압하는 것이 불가피하고 통상적인 방법이다. 경찰과 군대의 강제력은 헌법의 규범력을 관철하는 기본적인 수단이기 때문이다. 그런데 경찰과 군대가 사용하는 공권력의 본질은 (정당성이 인정되는) 폭력이다. 이러한 점에서 헌법 제4조는 헌법 제3조로 말미암아 국가공권력에 저항하는 반국가단체일 수밖에 없는 북한이라는 정치적 실체를 통상적인 공권력 행사로 맞서지 말라고 명령한다. 따라서 헌법 제4조는 헌법 제5조 제1항에 대해서 독자성이 있다. 물론 헌법 제4조가 대한민국이 국제사회의 성실한 구성원으로서 국제문제성을 완벽하게 부정할 수 없는 통일을 무력으로 추구한다는 것이 국제정치적 상황에서 가능하지 않다는 현실인식에 기초한다는 점도 부정할 수 없다. 즉 헌법 제4조는 국제평화질서 안에서 전쟁이 국제분쟁의 해결방법으로서 허용될 수 없는 것처럼 국가가 통일과제를 수행할 때도 무력 사용을 포기하여야 한다는 것을 명백하게 밝힌다.

(ii) 평화통일의 구체적 내용

평화적 방식은 정규적인 군사력을 포함한 어떠한 무력수단도 사용할 수 없다는 것을 뜻한다. 따라서 평화통일은 무력이나 강압을 통한 통일을 배격한다는 뜻이 있다. 즉 평화통일은 전쟁을 통한 통일만 배제하는 것이 아니라 북한의 의사 형성에 강제력을 미치거나 미칠 수 있는 모든 형식의 제재나 조치를 통일의 수단과 방법에서 제외한다는 것을 뜻한다. 그러나 이것이 북한에 대한 비판과 문제 제기가 모두 금지된다는 것은 아니다. 필요하다면 정당한 범위에서 남한도 북한에 대해서 비판하거나 문제를 제기할 수 있다. 그리고 헌법 제5조 제1항에서 방어적 전쟁이 인정되는 것처럼 북한이 대한민국을 상대로 전쟁을 개시하거나 무력적

이거나 강압적 수단을 쓰면, 남한이 이에 대응하여 반격하거나 북한의 무력적이거나 강압적
수단을 무력화하는 대응수단을 사용하는 것은 평화통일원칙에 어긋나지 않는다. 여기서 북한
의 남침에 대한 방어적 무력 대응이 평화통일원칙으로 말미암아 언제나 휴전선을 지키는 것
에 국한되는 것은 아니다. 북한의 무력도발 가능성이 여전히 크고 직접적이라면 그 위험성을
종국적으로 제거하려고 때에 따라서는 휴전선을 넘어 북한지역에 진군하는 것도 허용될 수
있다. 그리고 북한 붕괴에 따른 중국이나 러시아의 군사적 개입에 대응하는 무력 행사도 허
용될 수 있다. 이는 헌법 제3조에 따른 영토보존행위로서 국가의 당연한 의무이기도 하다. 또
한, 현재 다른 나라의 실효적 지배 아래에 있는 대한민국의 고유한 영토를 회복하려는 무력
사용도 금지된다. 물론 현재 남한과 북한의 실효적 지배 아래에 있는 고유한 영토를 지키려
는 방어적 무력 사용은 허용된다.

　　그러나 평화통일원칙이 구체적 통일방안으로서 일방이 상대방의 체제 안에 들어가는 흡수
통일을 완벽하게 배제하는 것은 아니다. 독일통일과정에서 나타났듯이 흡수통일도 실질적으
로 일방적인 의사 강제가 아니라 정치적·법적 및 사회경제적 동질성을 회복하기 위해서 분
단국 사이의 긴밀한 협의를 전제로 하지 않고는 불가능하다. 따라서 이러한 전제 아래에서
흡수통일도 평화통일의 한 유형이 될 수 있다. 이러한 점에서 헌법 제4조가 배제하는 흡수통
일은 (북한지배층 의사만 아니라) 북한주민의 의사를 무시하고 남한주민이 자기 의사를 관철하
는 것에 국한된다.[32]

　　북한정권이 갑작스럽게 붕괴하면 남한은 헌법 제3조를 근거로 북한지역을 접수할 수 있
다. 이때 다른 나라 간섭을 배제하고 북한지역의 질서를 유지하려고 경찰과 군대를 동원할
수밖에 없다. 그러면 이러한 방식의 통일은 평화통일에 어긋나는 것이 아닌지 의문이 제기될
수 있다. 이러한 때에는 북한지역의 질서를 유지하는 소극적 범위에서만 경찰과 군대 동원이
허용될 수 있다. 따라서 북한지역에 대한민국 헌법을 강제로 적용하려는 적극적 범위에서는
경찰과 군대를 동원하는 것은 허용되기 어렵다. 이러한 점에서 북한주민의 투표로 대표를 뽑
아 그들과 통일협상을 진행하여서 통일을 완성해 나가거나 최소한 북한주민을 대상으로 대한
민국 헌법을 수용할 것인지에 관한 국민투표를 실시하여야 한다. 이러한 합의절차를 거친다
면 평화통일원칙은 준수된다고 볼 수 있다. 그러나 이러한 합의절차 없이 대한민국 헌법을
바로 북한지역에 적용하는 것은 평화통일원칙에 어긋난다. 이는 대한민국 헌법에 대해서 북
한주민이 한 번도 정당성을 부여한 적이 없다는 민주적 정당성 측면에서도 타당성을 인정받
기 어렵다.

---

32) 같은 견해: 김선택, 「헌법과 통일정책」, 『한국법학50년 – 과거·현재·미래(Ⅰ)』(대한민국 건국 50주년 기념 제1
　　회 한국법학자대회 논문집), 한국법학교수회, 1998, 372~373쪽.

3. 영토조항(헌법 제3조)과 통일조항(헌법 제4조)의 관계

(1) 헌법해석론[33]

① 제3조와 제4조가 모순·충돌된다고 보는 견해[34]

(ⅰ) 상·하위관계로서 통일조항이 영토조항에 우선한다는 견해[35]

헌법이념상으로나 헌법정책상으로 통일조항이 우선하는 효력이 있다는 견해이다. 이에 대해서는 ⓐ 정책에 따른 우열관계 인정은 법적 논거로 허용될 수 없고, ⓑ 양 조항의 이념상 우열관계는 분명치 않으며, ⓒ 국가를 확정하는 조항이 통일정책조항보다 하위에 들어가는 것은 사리에 맞지 않고, ⓓ 헌법조항 사이의 가치서열을 인정하더라도 그것이 조항 사이의 효력관계에 영향을 주지는 않는다고 비판할 수 있다.

(ⅱ) 일반·특별의 관계로서 통일조항(특별조항)이 영토조항(일반조항)에 우선한다는 견해[36]

일반—특별의 관계로 보아 통일조항이 특별조항으로서 일반조항인 영토조항에 우선한다는 이 견해에 대해서는 특별법우선원칙이 적용되려면, 일정한 범위에서 적용 범위가 중복되어 좁은 범위의 법이 먼저 적용되어야 하는데, 영토조항과 통일조항은 광협의 다른 적용 범위가 있는 법규가 아니라는 점에서 비판할 수 있다.

② 제3조와 제4조의 조화로운 해석을 모색하는 견해

(ⅰ) 영토조항이 역사성의 표현이라면 통일조항은 하나의 가치지향적 개념으로서 상충하지 않는다는 견해[37]가 있는데 이는 법리적 설명이라고 보기 어렵다.

(ⅱ) 통일의 의미를 지리적으로 읽지 않고 정부의 통일이라고 이해하는 견해[38]를 따르면 영토조항에서 도출되는 통일의 의미와 통일조항에서 도출되는 통일의 의미를 다르게 이해할 우려가 있다.

(ⅲ) 영토조항을 프로그램적 규정으로, 통일조항을 현실적·구체적·법적 규정으로 보아

---

33) 김선택, 「헌법과 통일정책」, 『한국법학50년 – 과거·현재·미래(Ⅰ)』(대한민국 건국 50주년 기념 제1회 한국법학자대회 논문집), 한국법학교수회, 1998, 361~364쪽.

34) 신법 또는 현실인 통일조항이 구법 또는 비현실인 영토조항보다 우선한다는 견해가 주장된 바 있었다(권영성, 『헌법학원론(신판)』, 법문사, 1998, 122쪽). 그러나 이에 대해서는 ① 현행 헌법은 부칙 제1조에서 정한대로 1988년 2월 25일부터 동시에 효력을 발생하는 것이고, ② 신법우선원칙은 동위의 효력이 있는 2개의 법 사이에서 적용되는 원칙으로서 단일한 헌법 안의 2개 조항 사이에서는 적용될 수 없으며, ③ 국제법상 원칙은 남북관계가 국가 서로 간의 관계임을 전제로 한 것인데, 이는 남북관계의 특수성을 외면한 것이고, ④ 당위질서의 법규범은 언제나 비현실로서 오히려 현실을 지도하는 원칙으로 가능한 것이므로 현실에 들어맞는다고 하여 우선시될 수는 없다고 비판할 수 있는바, 실제로 이 학설은 이미 포기되었다.

35) 장명봉, 「통일문제와 관계법의 괴리 – 통일정책과 헌법문제를 중심으로 –」, 『사상과 정책』 제24호, 경향신문사, 1989, 11쪽.

36) 계희열, 『헌법학(상)(신정2판)』, 박영사, 2005, 173~175쪽.

37) 허 영, 「유엔가입과 통일의 공법문제」, 한국공법학회(토론내용), 1991. 12., 162쪽.

38) 김명기, 『북방정책과 국제법』, 국제문제연구소, 1989, 143쪽.

영토조항의 현실적인 법적 효력을 부인하는 견해[39]에 대해서는 영토조항의 규범력을 부인함으로써, 헌법의 규범력을 높이는 방향으로 해석하여야 한다는 헌법해석원칙에 어긋난다고 비판할 수 있다.

(ⅳ) 영토조항과 통일조항은 남·북한 관계의 대내적 측면과 대외적 측면을 각기 다른 차원에서 규정한 것이라는 견해[40]가 있다. 이 견해의 근거는 남·북한 관계가 단순한 국내관계도 아니고 국제관계도 아니라는 특수성을 든다. ⓐ 이 견해는 양 조항은 각각 대내적 관계와 대외적 관계로 나뉘어 규율대상을 달리하는 것으로 파악하는데, 통일조항을 국제적 측면에서 남북관계를 규정한 것이라고 해석할 수 있는 것인지 의심스럽다. 그리고 ⓑ 이 견해는 북한의 국가성을 전제하는 것으로 보이는데, 통일조항에는 북한의 국제법상 지위에 관한 어떠한 언급도 없을 뿐 아니라 북한이 국제사회에서 독립된 국가로 인정되는지의 문제는 헌법의 규율대상이 아니라는 점을 간과한다. 이 견해의 맹점은 예를 들어 북한주민이 탈북하였을 때 바로 대한민국 국민으로서 대한민국 보호를 요청할 수 없게 되는 문제점이라든지, 남북 사이의 교역을 국제무역으로 볼 수밖에 없게 만드는 문제점 등에서 분명하게 드러난다.

(ⅴ) 헌법 제3조는 분단을 부정하고 우리 영토의 온전성과 통일지향을 명시한 것이고, 헌법 제4조는 통일이라는 과제를 확인하고 통일 방식을 규정한 것이므로 서로 모순되지 않는다는 견해가 있다.[41] 이 견해는 통일이 분단을 전제한다는 점에서 해석상 모순이 있다.

(ⅵ) 헌법 제3조는 통일의 영토적 범위, 헌법 제4조는 통일의 방법과 전제조건을 가리킨다고 봄으로써 양 조항 모두 앞날의 통일에 대비한 조문으로 이해하여 양 조항을 모순관계에 있다고 볼 필요 없이 충분히 조화롭게 해석할 수 있다는 견해가 있다.[42] 이 견해는 헌법 제3조의 현재적 의미와 통일에서 헌법 제4조의 우위성을 소홀히 하는 문제점이 있다.

(ⅶ) 남북관계의 특수성인 2중적 성격을 고려하여 영토조항과 통일조항의 양축 사이에서 어느 한 조항이 옹글게(완벽하게) 무시되지 않도록 하면서 동시에 그 밖의 일정한 헌법적 한계 안에서 그때그때의 규율대상 영역, 즉 남북한관계의 현실에 적응하여 입법이 형성되면 헌법에 위반되지 아니하는 것으로 보아야 한다는 견해가 있다.[43]

---

39) 도희근, 「헌법과 통일문제」, 『사회과학논집』 제5집 제3호, 울산대학교, 1996, 60~61쪽; 같은 사람, 「북한주민의 헌법상 지위에 관한 연구」, 『헌법학연구』 제4집 제2호, 한국헌법학회, 1998, 346~347쪽. 이 견해는 "헌법 제3조의 기초가 된 전제, 즉 대한민국헌법이 북한지역을 포함한 전한반도에 타당하다는 명제는 우리 헌법의 효력(타당성)의 범위를 선언한 법적 원칙이라기 보다는 전한반도에 그 정통성을 주장하는 정치적 선언이라고 보는 것이 타당하다."라는 견해(최대권, 『통일의 법적 문제』, 법문사, 1990, 62쪽)와 맥을 같이한다.

40) 장영수, 『헌법학(제13판)』, 홍문사, 2021, 122~123쪽.

41) 정재황, 『신헌법입문(제11판)』, 박영사, 2021, 82쪽.

42) 방승주, 『헌법강의 Ⅰ』, 박영사, 2021, 91~92쪽.

43) 김선택, 「헌법과 통일정책」, 『한국법학50년 ― 과거·현재·미래(Ⅰ)』(대한민국 건국 50주년 기념 제1회 한국법학자대회 논문집), 한국법학교수회, 1998, 366~369쪽.

③ 판례

(ⅰ) 대법원

대법원은 "우리헌법이 전문과 제4조, 제5조에서 천명한 국제평화주의와 평화통일의 원칙은 자유민주적 기본질서라는 우리헌법의 대전제를 해치지 않는 것을 전제로 하는 것이므로, 아직도 북한이 막강한 군사력으로 우리와 대치하면서 우리 사회의 자유민주적 기본질서를 전복할 것을 포기하였다는 명백한 징후는 보이지 않고 있어 우리의 자유민주적 기본질서에 대한 위협이 되고 있음이 분명한 상황에서 국가의 안전을 위태롭게 하는 반국가활동을 규제함으로써 국가의 안전과 국민의 생존 및 자유를 확보함을 목적으로 하는 국가보안법이 헌법에 위배되는 법률이라고 할 수 없"[44]다고 하여 제3조와 제4조가 모순된다는 전통적 견해를 따른다.

(ⅱ) 헌법재판소

"북한이 남·북한의 유엔동시가입, 소위 남북합의서의 채택·발효 및 남북교류협력에관한법률 등의 시행 후에도 적화통일의 목표를 버리지 않고 각종 도발을 자행하고 있으며 남·북한의 정치, 군사적 대결이나 긴장관계가 조금도 해소되고 있지 않음이 현실인 이상, 국가의 존립·안전과 국민의 생존 및 자유를 수호하기 위하여 신·구 국가보안법의 해석·적용상 북한을 반국가단체로 보고 이에 동조하는 반국가활동을 규제하는 것 자체가 헌법이 규정하는 국제평화주의나 평화통일의 원칙에 위반된다고 할 수 없다."[45]라고 하여 대법원과 원칙적으로 같은 견해를 취한다. 그러나 헌법재판소는 북한은 조국의 평화적 통일을 위한 대화와 협력의 동반자임과 동시에 대남적화노선을 고수하면서 우리자유민주체제의 전복을 획책하는 반국가단체라는 성격도 함께 있음이 엄연한 현실인 점에 비추어, 헌법 제4조가 천명하는 자유민주적 기본질서에 입각한 평화적 통일정책을 수립하고 이를 추진하는 한편 국가의 안전을 위태롭게 하는 반국가활동을 규제하려는 법적 장치로서, 남북교류협력에관한법률은 전자에 대처하고 국가보안법은 후자에 대처하고 있는 것이라고 하여,[46] 헌법 제3조와 제4조의 동시 규정이 남북관계의 이중성을 드러냄을 전제로 한다.

(2) 헌법 변천을 주장하는 견해

영토조항의 의미내용이 오랜 분단현실에서 통일정책을 통해서 최초의 의미내용이 바뀌었다고 하여 헌법 변천을 주장하는 견해[47]로서 이에 대해서는 헌법 변천의 어의적 한계를 넘었

44) 대법원 1997. 5. 16. 선고 96도2696 판결(공1997상, 1802).

45) 헌재 1997. 1. 16. 92헌바6, 판례집 9−1, 1, 2.

46) 헌재 1993. 7. 29. 92헌바48, 판례집 5−2, 65, 75.

47) 장명봉, 「통일문제와 관계법의 괴리 − 통일정책과 헌법문제를 중심으로 −」, 『사상과 정책』 1989년 가을호, 경향신문사, 1989, 11쪽.

다고 비판할 수 있다.

(3) 헌법입법론적 해결을 주장하는 견해

현실에 맞지 않는 영토조항을 삭제하거나 현실에 맞게 영토 범위를 (군사분계선 이남지역으로) 축소개정하자는 견해[48]가 있다. 그러나 현행 헌법이 유효하다면 일단 해석의 의무가 있고, 그러한 개정이 아직은 가능성이 커 보이지 않으므로, 이는 해결책이 될 수 없다.

(4) 소결

헌법 제4조가 현행 헌법에 들어옴으로써 헌법 제3조는 통일 중심 조항의 지위를 잃었다. 헌법 제3조에는 통일 관련 내용이 내포된 것에 불과하여 해석을 통해서 비로소 그 내용이 도출되지만, 헌법 제4조는 통일 관련 내용을 명시적으로 직접 규정하기 때문이다. 그리고 헌법 제3조와 제4조를 충돌하는 것으로 보는 것은 헌법전에서 상반구조적 규범구조가 드물지 않고, 헌법 해석은 양자가 충돌하지 않도록 하면서 양자의 규범적 의미를 밝히는 것을 목적으로 한다는 점에서 적절하다고 보기 어렵다. 따라서 헌법 제4조 도입으로 말미암아 헌법 제3조의 의미에 변화가 있는 것으로 볼 수 있다. 이러한 점에서 헌법 제3조와 제4조가 조화를 이루면서 양자 모두 충분한 규범적 의미가 있도록 하는 것이 헌법 해석의 본질에 들어맞는다.

요컨대 헌법 제3조와 제4조는 충돌하거나 대립하는 것이 아니라 통일과 관련하여 각자 역할을 하면서 서로 보완적으로 기능한다고 이해하는 것이 합리적이다. 다만, 이때 헌법 제4조가 통일과 관련한 주된 조항으로 통일문제를 1차적으로 해결하고, 헌법 제3조는 관련되는 부분에서 통일에 관여하는 부차적인 조항으로 볼 수 있다. 물론 남·북한 관계가 통일을 위한 협력관계가 아니라 서로 적대적인 대립관계에 있으면 제4조보다는 제3조가 남북관계를 주로 규율한다. 이러한 점에 주목하여 헌법 제4조 신설 이후에도 여전히 헌법 제3조가 통일의 중심조항이라고 볼 수도 있다. 그러나 이러한 상황은 통일을 달성하려면 반드시 극복되어야 하는 것으로서 통일문제 중심에 있다고 보기는 어렵다.

---

48) 예를 들어 이장희, 「남북한사회의 교류협력을 위한 법적 대책, 90년대 한국사회의 당면문제와 법적 대응방안」, 한국법제연구원 법제세미나자료, 1991, 27쪽; 같은 사람, 「남북합의서의 법제도적 실천과제」, 『남북합의서의 후속조치와 실천적 과제』, 아시아사회과학연구원 통일문제학술세미나자료, 1992, 3쪽: "대한민국은 한민족의 고유한 영토와 그 부속도서가 1953년의 정전협정의 군사분계선을 경계로 2개의 분단체로 되어 있다는 사실을 잠정적으로 인정하고, 가능한 조속히 이 분단의 현실을 평화적으로 해결하여 통일을 완수하는 것은 국가의 기본정책의 하나이다." 그리고 장명봉, 「남북한기본관계정립을 위한 법적 대응」, 『유엔가입과 통일의 공법과제』, 한국공법학회 학술대회자료, 1991, 131쪽: "제3조의 영토조항을 삭제하는 방안 … 대한민국의 영토를 단순히 '휴전선이남'으로 수정하는 방안…이 바람직할 것이라 할 수 있다."

Ⅲ. 남·북한 관계의 기본적인 법질서

1. 국제연합 동시 가입과 북한의 국가 승인 문제

(1) 국제법상 국가 승인의 특성

① 상대성

어떤 정치적 조직체든 국제사회의 기존 국가들이 국가로 승인하여야 비로소 국제법상 국가로 인정된다. 그런데 국제법상 국가 승인 효과는 승인하는 국가와 승인받는 국가 사이에서만 발생하여 상대적이다. 이를 국가승인의 '상대적 효력'이라고 한다.

② 가변성

가변성은 시간 변화에 따라 국가 승인의 효력이 바뀔 수 있음을 가리킨다. 예를 들어 오늘날 대한민국 견해에서 보아 북한은 국가가 아니지만 이제부터는 북한을 국가로 승인할 수도 있다.

(2) 남·북한 국제연합 동시 가입의 법적 해석

① 대한민국(남한)과 국제연합의 관계 및 북한과 국제연합의 관계

1948년 12월 12일 국제연합 총회는 대한민국(남한) 정부가 한반도 안의 유일한 합법정부임을 승인하는 결의를 채택하였다. 따라서 당시 국제연합은 대한민국(남한)만을 한반도 전 영역을 영토로 하는 국가로 본 것이고, 북한은 국가가 아닌 것으로 보았다. 그러나 1991년 9월 17일 대한민국(남한)과 조선민주주의인민공화국(북한)이 모두 국제연합에 가입하였고 국제연합헌장 제4조에는 국가만이 국제연합에 가입할 수 있도록 규정되어서 대한민국(남한)과 조선민주주의인민공화국(북한)은 각각 국제연합과 맺는 관계에서는 국가로 승인된 것으로 보아야 한다. 이제 더는 대한민국(남한)만이 '국제연합과 맺는 관계에서' 한반도 안의 정통성을 갖춘 유일한 합법정부라고 주장할 수는 없게 되었다.

② 남한과 북한의 관계

남·북한의 국제연합 동시 가입은 대한민국(남한)과 국제연합, 북한과 국제연합의 관계에서만 법적인 의미가 있을 뿐이지, 국제법상 국가 승인의 특성인 상대성을 따르면 대한민국이 북한을 국가로 승인한 것도 북한이 대한민국을 국가로 승인한 것도 아니다.49) 물론 국제연합

---

49) 헌재 1997. 1. 16. 92헌바6등, 판례집 9-1, 1, 18. 대법원도 "북한이 우리의 자유민주적 기본질서에 대한 위협이 되고 있음이 분명한 상황에서 우리 정부가 북한당국자의 명칭을 쓰면서 남북동포간의 화해와 협력, 그리고 통일을 논의하기 위한 정상회담을 제의하고, 7·4남북공동성명과 7·7선언 등 정부의 대북관련 개방정책 선언이 있었으며 남북한이 유엔에 동시에 가입하였고 이로써 북한이 국제사회에서 하나의 주권국가로 승인받았거나 남북한 총리들이 남북 사이의 화해, 불가침 및 교류 협력에 관한 합의서에 서명하고 위 합의서가 발효되었다고 하더라도 북한이 같은 법(국가보안법)상의 반국가단체가 아니라고 할 수는 없다."[대법원 1994. 5. 24. 선고 94도930 판결(공1994하, 1872)]라고 하여 같은 견해를 취한다.

과 맺는 관계에서 북한의 국가성을 인정하여서, 국제연합은 (그리고 국제사회에서는) 한반도 안의 2국가체제를 국제법적으로는 인정할 수밖에 없게 되었다. 그러나 이러한 사실이 국내법적으로도 같게 볼 것을 논리필연적으로 요구하는 것은 아니다. 따라서 한국민 대다수가 참여하여 시행된 자유선거에 따라서 수립된 대한민국 정부는 대한제국의 현대적 실존체이고, 대한제국은 대한민국을 통해서 그 존재가 계속되며 대한제국과 대한민국은 국제법상 같은 법인격체라고 파악해 온 종전 견해에 근본적인 수정이 반드시 요구되는 것은 아니다.

2. 남북기본합의서의 법적 성격

(1) 남북기본합의서의 의의

남북기본합의서('남북사이의 화해와 불가침 및 교류·협력에 관한 합의서')는 분단 반세기 만에 1991년 12월 13일 제5차 남북 고위급회담에서 채택되어 1992년 2월 19일 발효된 민족화해와 협력을 약속한 문서이다. 남·북한이 평화체제를 공고히 하고 통일을 대비하려고 평화공존을 위한 원칙, 남·북한 관계 개선, 군사적 긴장 완화, 경제교류·협력을 능동적·주체적으로 합의하였다는데 큰 의미가 있다. 특히 남북관계를 '특수관계'로 재설정하고 현 정전상태에서 평화상태로 전환하는 규정을 두어 남·북한 평화공존을 위한 중요한 합의를 이끌어 냈다.[50]

(2) 남북기본합의서의 법적 성격
① 조약으로 보는 견해

조약의 당사자는 특별한 사정이 없는 한 국가이긴 하지만, 반드시 국가일 필요는 없으므로, 남북기본합의서는 체결주체나 내용 측면에서 조약으로 봄이 타당하므로 국회의 비준동의가 필요하다는 견해이다.[51]

② 조약으로 보지 않는 견해

남북합의서는 남북관계를 "나라와 나라 사이의 관계가 아닌 통일을 지향하는 과정에서 잠정적으로 형성되는 특수관계"(동합의서 전문 참조)임을 전제로 하여 이루어진 합의문서이고 이는 한민족공동체 내부의 특수관계를 바탕으로 한 당국 사이의 합의로서 남북당국의 성의 있는 이행을 상호 약속하는 일종의 공동성명이나 신사협정에 준하는 성격이 있음에 불과하다는

---

50) 남북기본합의서 전문: "남과 북은 …… 쌍방사이의 관계가 나라와 나라 사이의 관계가 아니니 통일을 지향하는 과정에서 잠정적으로 형성되는 특수관계라는 것을 인정하고 …"; 남북기본합의서 제5조: "남과 북은 현 정전상태를 남북사이의 공고한 평화상태로 전환시키기 위하여 공동으로 노력하며 이러한 평화상태가 이룩될 때까지 현 군사정전협정을 준수한다."

51) 도회근,『남북한관계와 헌법』, UUP(울산대학교출판부), 2009, 117~118쪽; 제성호,『남북한 특수관계론』, 한울아카데미, 1995, 51~62쪽. 남한과 북한이 체결하는 합의서를 조약으로 볼 수 있다는 견해(이효원,『남북교류협력의 규범체계』, 경인문화사, 2006, 249~251쪽; 같은 사람,『통일법의 이해』, 2014, 146~150쪽)와 남북기본합의서를 남·북한의 특수관계에 상응하는 특수한 성격의 조약으로 보는 견해(김주환,「영토변증설」,『세계헌법연구』제17권 제2호, 국제헌법학회 한국학회, 2011, 17~18쪽)도 있다.

견해이다.52)

③ 소결

개별 주도 국가에 해당하여 연방관계가 곧 국가 사이의 관계인 연방국가와 달리 단일국가인 한국에서 국가는 오직 하나뿐이라서 통일과 관련한 남·북한 사이의 합의를 국가 사이의 합의라는 좁은 뜻의 조약으로 볼 수는 없다. 그러나 헌법에서 규정하는 조약을 국가 사이의 합의로 국한하여야 할 근거는 찾을 수 없다.53) 오히려 국제관계가 국가 사이의 관계에 국한되지 않는다는 점에서 국제법에서와 마찬가지로 헌법에서도 조약을 국제법주체54) 사이에 권리와 의무를 창설·변경·소멸시키려고 체결된 합의문서로 보는 것이 타당하다. 즉 조약이라는 개념이 국가 사이의 합의에서 비롯하였지만, 조약을 국가 사이의 합의에 국한하여야 하는 것은 아니다. 조약을 이러한 의미로 이해하면, 북한을 반국가단체55)로 보더라도 통일과 관련하여 북한과 합의하여 법규범을 만들 필요성이 인정되면 북한을 조약을 체결할 권한이 있는 국제법주체로 보지 못할 이유는 없다.56) 특히 남·북한 사이의 관계는 국제법관계가 아니라 국제법관계와 비슷한 점이 많은 특수관계이어서 국제법상 일반적인 조약체결 주체성에 엄격하게 구속될 필요성도 없다. 따라서 북한을 (반국가단체로 보더라도) 국제법주체로 인정하고, 남한과 북한 사이의 합의를 조약으로 보는 데 법규범적 장애는 없다.57)

통일과 같은 중요한 헌법적 과제는 집행부 단독으로 수행할 수 없고, 입법적 사전통제와 사법적 사후통제가 수반되어야 한다는 점에서도 남·북한 사이의 합의를 조약으로 보아 국회동의를 요구하는 것이 타당하다.58) 이는 남·북한 사이의 합의를 집행하려면 법률적 뒷받침

---

52) 헌재 1997. 1. 16. 92헌바6등, 판례집 9－1, 1, 21－22; 헌재 2000. 7. 20. 98헌바63, 판례집 12－2, 52, 65－66; 대법원 1999. 7. 23. 선고 98두14525 판결(공1999하, 1803). 남한과 북한의 합의서를 조약으로 볼 수 없다는 견해로는 김승대, 「헌법개정과 남북한 통일」, 『공법연구』 제39집 제2호, 한국공법학회, 2010, 137~138쪽.

53) 남북기본합의서는 국가 사이의 국제조약이 아니어서 헌법 제60조 제1항을 적용할 수 없다는 견해로는 고일광, 「한국의 통일에 관한 헌법적 좌표 개관」, 『통일과 사법[1]』, 법원행정처, 2011, 28~29쪽.

54) 국제법주체는 국제법상 권리와 의무를 누릴 수 있는 실체를 가리킨다. 20세기 초엽까지는 국가만 국제법주체로 인정되었으나, 현재는 국제기구, 비정부기구(NGO), 개인, 사기업 등도 국제법주체로 인정된다. 국가 이외의 국제법주체를 파생적 주체라고 부른다(정인섭, 『신국제법강의(제11판)』, 박영사, 2021, 148~149쪽).

55) 대법원 1990. 9. 25. 선고 90도1451 판결(공1990, 2225).

56) 반란단체도 제한된 범위 안에서나마 조약체결 능력이 있다(김대순, 『국제법론(제20판)』, 삼영사, 2019, 357쪽).

57) 그러나 남북기본합의서에 관해서 남한은 물론 북한도 조약체결절차를 거치지 않았다. 따라서 남북기본합의서를 조약으로 보아야 한다는 당위성과 상관없이 절차적 측면에서 남북기본합의서에 조약의 효력을 인정할 수 없다. '남북관계 발전에 관한 법률' 제21조 제3항은 "국회는 국가나 국민에게 중대한 재정적 부담을 지우는 남북합의서 또는 입법사항에 관한 남북합의서의 체결·비준에 대한 동의권을 가진다."라고 규정한다.

58) 남북기본합의서는 적어도 남한이 종래 주장해온 영토주권 행사 범위를 남한으로 제한하므로 '주권의 제약에 관한 조약'이고, 현 정전상태를 평화상태로 전환시킬 것을 내용으로 하므로 '강화조약'의 준비단계에 해당하는 조약이라서 국회의 동의를 얻었어야 하였던 조약이라는 견해로는 김주환, 「영토변증설」, 『세계헌법연구』 제17권 제2호, 국제헌법학회 한국학회, 2011, 18~19쪽. 남북기본합의서에 관한 국회 동의 필요 여부는 헌법 제60조 제1항에 따라 판단하여야 한다는 견해로는 이효원, 『남북교류협력의 규범체계』, 경인문화사, 2006, 251~253쪽. 그리고 남북기본합의서에 관한 국회동의필요설과 국회동의불요설 모두 나름의 타당성이 있다고 인정하면서 법적 논

이 필요하다는 점에서도 필연적인 것으로 보인다. 만약 남·북한 사이의 합의가 신사협정에 불과하다면 그 내용을 실현하기 위해서 결국 그 내용을 담은 법률을 제정하여야 한다. 물론 합의 내용이 헌법개정사항에 해당하면 헌법개정절차를 거쳐야 하고, 통일에 부여된 헌법적 가치에 비추어 남·북한 합의는 충분한 민주적 정당성을 확보하기 위해서 헌법 제72조의 국민투표를 거치는 것이 바람직하다.

3. 북한 주민의 국적 문제

국적법은 혈통주의를 취하면서도(제2조) '최초의 한국민'에 관한 명문 규정을 두지 않아서 국적법이 제정된 1948년 12월 20일 이전 주민을 국민화하는 선행조치를 할 근거 규정을 두지 않은 법적 흠결이 있다. 남조선과도정부가 제정한 1948년 5월 1일 국적에 관한 임시조례는 국가적 공백기간에 해당하여서 국적법 제2조의 흠결을 메울 수 없는 것이 아닌지 하는 의문이 있을 수 있다.59) 그러나 1910년 국권침탈늑약은 법률상 무효이므로 국가로서 대한제국은 존속하였다고 보아야 한다. 따라서 1910년 이후 1948년(대한민국 정부 수립) 이전에 출생한 사람이라도 출생 당시 부가 한국 국민이면 그도 (일본 국적이 아니라) 한국 국적을 취득한다고 보아야 할 것이다. 남조선과도정부법률 제11호 국적에 관한 임시조례 제2조 제1호는 "조선인을 부친으로 하여 출생한 자는 조선의 국적을 가진다."라고 규정하고, 1948년 헌법 제3조에서 "대한민국의 국민이 되는 요건을 법률로 정한다."라고 규정하면서 제100조에서 "현행법령은 이 헌법에 저촉되지 아니하는 한 효력을 가진다."라고 규정하므로 임시조례에 따라서 국적을 취득한 사람은 1948년 7월 17일 헌법 공포와 동시에 대한민국 국적을 취득한다고 보는 것이 타당하다.60)

리뿐 아니라 국가정책적 필요와 정치적 고려를 통해서 어느 하나를 선택할 수 있다는 견해로는 제성호,『남북한 특수관계론』, 한울아카데미, 1995, 62~74쪽. 또한, 남·북한 사이의 조약은 그 형식을 따르면 국제법적인 의미가 있는 조약의 성격이 있지만, 그 특별한 내용을 기준으로 한다면 내부관계를 규율하는 조약의 성격이 있어서, 남·북한 사이에 체결되는 조약이 국제법상 조약이 아니라는 이유를 들어 국회 동의를 받을 필요가 없다고 주장하는 것은 헌법이론적인 뒷받침을 받기 어렵다는 견해로는 허 영, 「남·북한간 조약체결의 헌법적 검토」,『헌법판례연구』 제3권, 박영사, 2001, 119쪽. 그러나 합의서 내용만으로는 헌법 제60조 제1항에 열거된 사항만큼 혹은 그 이상의 중요성이 있다고 보이지만, 헌법상 명문 규정이 없다는 점, 남북관계와 합의서의 특수성 등을 고려하여 국회 동의라는 형식적 절차는 거치지 않아도 좋다고 해석할 수 있다는 견해도 있다(도회근,『남북한관계와 헌법』, UUP(울산대학교출판부), 2009, 117~119쪽).

59) 권영설, 「헌법의 국민조항과 국적법」,『고시계』 제42권 제7호(통권 제485호), 국가고시학회, 1997. 7., 96~97쪽; 제성호, 「한국 국적법의 문제점 및 개선방안」,『국제인권법』 제4호, 국제인권법학회, 2001, 134~137쪽.

60) 대법원 1996. 11. 12. 선고 96누1221 판결(집44-2, 703; 공1996하, 3602): "원고는 조선인인 위 이승호를 부친으로 하여 출생함으로써 위 임시조례의 규정에 따라 조선국적을 취득하였다가 1948.7.17. 제헌헌법의 공포와 동시에 대한민국 국적을 취득하였다 할 것이고, 설사 원고가 북한헌법의 규정에 따라 북한국적을 취득하여 1977.8.25. 중국주재 북한대사관으로부터 북한의 해외공민증을 발급받은 자라 하더라도 북한지역 역시 대한민국의 영토에 속하는 한반도의 일부를 이루는 것이어서 대한민국의 주권이 미칠 뿐이요, 대한민국의 주권과 부딪치는 어떠한 국가단체나 주권을 법리상 인정할 수 없는 점에 비추어 볼 때 이러한 사정은 원고가 대한민국국적을

1997년 1월 13일 제정한 '북한이탈주민의 보호 및 정착지원에 관한 법률' 제2조 제1항에 서는 '북한이탈주민'을 북한에 주소·직계가족·배우자·직장 등을 둔 사람으로서 북한을 벗어 나고 나서 외국 국적을 취득하지 아니한 사람으로 정의함으로써 북한 주민이 대한민국 국민 임을 간접적으로 표명한다.

제 3 절   국제법질서에 관한 헌법의 태도

Ⅰ. 평화국가원리(국제평화주의)와 침략전쟁 금지

1. 국제평화주의의 전개와 법제화

평화국가는 국제법을 존중하여 국제적 차원에서 평화를 달성하려는 국가이다. 따라서 평화 국가원리(국제평화주의)는 국가가 국제법을 존중함으로써 국제적 차원에서 평화를 달성하려는 원리이다. 국제질서를 확립하여 국제평화를 이루려는 노력은 세계국가의 사상적 기초를 모든 인간에게 도덕적·법적 규범인 '로고스(logos)'를 동등하게 부과하는 데 두었던 고대 그리스의 스토아학파에서 그 근원을 찾을 수 있다. 근대에 이르러 국제평화와 국제질서 확립을 위한 노 력을 후고 그로티우스(Hugo Grotius) 등 국제법학자들과 임마누엘 칸트(Immanuel Kant) 등 사 상가들이 전개하였다.[61] 이들의 노력은 평화국가원리(국제평화주의)를 성립시키는 이론적 기초 가 되었다.

평화를 국제사회에 정착시키려는 노력은 조약상 의무 이행을 강제하기 위한 수단으로서 전쟁을 금지하였던 1907년 헤이그평화회의에서도 찾아볼 수 있었다. 하지만 제1차 세계대전 이후 창설된 국제연맹이 구체적으로 평화를 실현하기 시작하였다. 제1차 세계대전 이후 체결 된 국제연맹규약(1919)에서는 국가 사이에 분쟁이 일어났을 때 일정한 조건 아래 전쟁에 호 소하지 않을 것을 동의한다고 규정하여 분쟁의 평화적 해결을 의무화함으로써 간접적으로 전 쟁을 금지하였고, 군비 축소 필요를 인정하였으며, 서로 간에 독립과 영토 보전을 옹호할 것 을 약속하였다. 그리고 1928년에는 국제연맹의 결함을 보완하고자 전쟁 포기를 선언하고 분 쟁 때 평화적 해결 이외의 방법에 따르지 않을 것을 약속하는 부전조약(不戰條約)이 체결되었 다. 그러나 이러한 노력도 조약위반국에 대한 제재 미비로 실효성이 없어서 제2차 세계대전 발발을 막을 수 없었다. 제2차 세계대전 이후 창설된 국제연합은 국제연합헌장(1945)에서 침 략전쟁과 무력 행사나 무력을 통한 위협을 금지하고, 분쟁 해결 수단으로서 전쟁이나 무력에

취득하고, 이를 유지함에 있어 아무런 영향을 미칠 수 없다."
61) 국제평화주의사상의 역사적 전개에 관한 내용은 계희열, 『헌법학(상)(신정2판)』, 박영사, 2005, 211~213쪽; 홍성 방, 『헌법학(상)(제3판)』, 박영사, 2016, 275~276쪽 참조.

호소하는 행위까지 금지하며, 국제연맹 실패를 교훈 삼아 헌장 위반에 대한 제재까지 마련함으로써 국제평화를 실효적으로 보장하는 방안을 마련하였다. 국제적으로 평화를 보장하려는 노력은 각국 실정헌법에도 반영되어 제2차 세계대전 이후 각국 헌법은 평화국가원리(국제평화주의)를 다양한 내용으로 수용한다.[62]

2. 헌법의 태도

현행 헌법은 전문에 "항구적인 세계평화와 인류공영에 이바지함으로써"라고 하고 제5조 제1항은 "대한민국은 국제평화의 유지에 노력하고 침략적 전쟁을 부인한다."라고 하여 평화국가원리(국제평화주의)를 구체화한다. 영토조항인 헌법 제3조도 대한민국 영토를 명시하여 대한민국이 다른 나라 영토에 욕심이 없음을 밝힌다는 점에서 평화국가원리(국제평화주의)를 표현한다.

(1) 국제평화 유지에 노력할 국가의 의무

평화국가원리(국제평화주의)가 국가목표규정으로 명시됨으로써 모든 국가기관은 평화국가원리(국제평화주의)에 어긋나는 활동을 하지 않을 의무를 진다.

(2) 침략전쟁 금지

침략전쟁은 다른 나라 영역을 아무런 합법적 근거 없이 무력으로 공격하는 것을 말한다. 헌법은 '침략'전쟁을 금지하지 '모든' 전쟁을 금지하지 아니한다. 부당한 공격에 대항하여 자신을 지킬 권리라는 의미에서 자위권은 개인이든 집단이든 누구나 자연법적으로 누리는 권리일 뿐 아니라, 국제연합헌장 제51조에서도 이를 명문으로 인정한다.[63] 헌법 제5조 제2항 전단도 국가의 안전보장과 국토방위를 국군의 신성한 의무로 명시함으로써 이를 확인한다. 따라서 정당방위 차원의 자위권 발동인 자위전쟁은 개별 국가 단독으로 하는 것이든 군사동맹

---

62) 각국 헌법이 평화국가원리(국제평화주의)를 규정하는 유형을 살펴보면 다음과 같다(계희열, 『헌법학(상)(신정2판)』, 박영사, 2005, 213~214쪽 참조).
　① 침략전쟁 거부를 규정하는 유형이다. 그 예로는 한국 현행 헌법(제5조 제1항), 1949년 독일 기본법(제26조 제1항), 1946년의 브라질 헌법, 1950년의 니카라과 헌법 등이 있다.
　② 1947년 일본 헌법(제9조)처럼 전쟁 포기와 군비 금지까지를 규정하는 것이다.
　③ 1949년 독일 기본법(제26조 제1항)처럼 평화교란행위까지 금지하는 규정을 두는 것이다.
　④ 1949년 독일 기본법(제26조 제2항)처럼 군수물자의 생산, 수송과 유통을 통제하는 것이다.
　⑤ 네덜란드 헌법, 1931년 스페인 헌법처럼 국제분쟁의 평화적 해결을 규정하는 때이다.
　⑥ 독일 기본법(제4조 제3항), 1963년 네덜란드 헌법(제196조), 1946년 브라질 헌법처럼 양심적 이유에 기초한 병역거부권을 규정하는 것이다.
　⑦ 1947년 이탈리아 헌법(제11조)처럼 국제평화를 위한 주권 제한과 주권의 부분적 이양을 규정하는 것이다.
　⑧ 1955년 오스트리아 헌법처럼 영세중립국을 선언하는 것이다.
63) 국제연합헌장 제51조: "이 헌장의 어떠한 규정도 국제연합회원국에 대하여 무력공격이 발생한 경우, 안전보장이사회가 국제평화와 안전을 유지하기 위하여 필요한 조치를 취할 때까지 개별적 또는 집단적 자위의 고유한 권리를 침해하지 아니한다."

국 사이의 공조 아래 집단적으로 이루어지는 것이든 허용된다. 적국 공격을 받고 나서 그에 대응한 방어전쟁은 당연히 허용된다. 그러나 선제공격은 적국 공격이 임박하였음이 증거를 통해서 명백한 때 등 자위전쟁 범위 안에 포섭되는 한도 안에서만 제한적으로 허용된다.

Ⅱ. 국제법존중주의

1. 국제법의 의의

헌법 제6조 제1항은 "헌법에 의하여 체결·공포된 조약과 일반적으로 승인된 국제법규는 국내법과 동등한 효력을 갖는다."라고 규정한다. 국제법의 효력을 어느 정도로 인정할 것인지는 국가마다 달리 정한다. 프랑스 제5공화국 헌법처럼 조약의 효력이 법률보다 상위에 있음을 규정하거나 해석으로 인정하는 나라도 있다. 그러나 미국을 비롯한 대다수 국가는 조약에 대해서 법률과 동등한 효력을 인정한다.

국제법의 법원(法源)으로는 일반적으로 ① 국제조약법, ② 국제관습법, ③ 법의 일반원칙을 들 수 있다.[64]

(1) 헌법에 의하여 체결·공포된 조약

① 의의

조약은 국제법주체[국가·국제기구·비정부기구(NGO) 등] 사이에 권리·의무를 창설·변경·소멸시키려고 체결한 합의문서를 말한다.[65] 명시적으로 조약이라는 명칭이 붙은 것만이 아니라 협정, 협약, 약정, 규약, 헌장, 의정서, 선언, 메모 등 그 명칭과 상관없이 모든 국제법주체 사이의 문서를 통한 합의를 말한다. 헌법에 의하여 체결·공포된 조약은 한국이 당사자로서 헌법이 정한 절차에 따라서 성립시킨 조약을 말한다.

② 체결절차

조약의 체결권은 대통령 권한에 속하고(헌법 제73조), 대통령은 조약을 체결·비준함에 앞서 국무회의 심의를 거쳐야 하며(헌법 제89조 제3호), 특히 헌법이 정하는 중요한 사항에 관한 조약의 체결·비준에는 사전에 국회 동의를 얻어야 한다(헌법 제60조 제1항). 이때 교섭당사국에 대한 신뢰 문제 때문에 국회는 수정동의를 할 수 없다.[66] 그 밖의 조약, 즉 국가 사이의

---

64) 국제사법재판소규정 제38조 제1항: "법원의 임무는 제기된 분쟁을 국제법에 따라 해결하는 것으로, 다음을 적용한다. ① 분쟁당사국들이 명시적으로 승인한 규칙을 설정하는 일반 또는 특별조약, ② 법으로 인정된 일반관습임을 증명하는 국제관습, ③ 문명국이 승인한 법의 일반원칙, ④ 법규칙을 결정하는 보조수단으로 제59조의 조건(기판력의 상대성)하에서 여러 나라의 사법판결 및 가장 우수한 공법학자들의 학설"

65) 헌재 2019. 12. 27. 2016헌마253, 판례집 31－2하, 212, 218－219: "국제법적으로, 조약은 국제법 주체들이 일정한 법률효과를 발생시키기 위하여 체결한 국제법의 규율을 받는 국제적 합의를 말하며 서면에 의한 경우가 대부분이지만 예외적으로 구두합의도 조약의 성격을 가질 수 있다."

단순한 행정협조적 또는 기술적 사항에 관한 조약(통칭하여 행정협정이라고 한다)의 체결·비준에는 국회 동의를 필요로 하지 않는다.

(2) 일반적으로 승인된 국제법규

① 의의

일반적으로 승인된 국제법규는 국제법의 법원(法源) 중에서 세계의 의미 있는[67] 다수국가가 승인한 국제법규를 말한다. 여기서 '승인된'이란 말은 한국의 승인과 상관없이 일반적으로 승인된 때를 말한다.

② 내용

일반적으로 승인된 국제법규에는 주로 국제관습법과 문명국이 인정한 법의 일반원칙이 해당한다.[68] 예를 들어 세계인권선언은 조약으로서 법적 구속력은 없으나 그 핵심내용이 국제관습법으로서 일반적으로 승인된 국제법규이고,[69] '약속은 지켜져야 한다(pacta sunt servanda)'라는 법의 일반원칙도 일반적으로 승인된 국제법규로 볼 수 있다. 대법원은 본국에서 정치범죄를 범하고 소추를 면하려고 다른 국가로 피난해오면 이른바 정치범 불인도의 원칙에 따라 보호를 받을 수 있는데, 이를 국제법상 확립된 원칙이라고 하였고,[70] 국제관습법을 따르면 국가의 주권적 행위는 다른 국가의 재판권에서 면제되는 것이 원칙이라고 하였다.[71]

③ 판단

일반적으로 승인된 국제법규인지 아닌지를 구체적으로 누가 확인할 것인지에 관해서 헌법은 아무런 규정도 두지 않는다. 따라서 사건이 계속된 법원이 당사자의 주장이 있을 때나 직권으로 '국제법규 존재'와 '일반적으로 승인된 것인지'를 검토하여 적용 여부를 결정할 수밖에 없고, 다툼이 있으면 최종 판단은 대법원에서 한다.

---

66) 김학성/최희수, 『헌법학원론(전정5판)』, 피앤씨미디어, 2021, 279쪽; 정종섭, 『헌법학원론(제12판)』, 박영사, 2018, 1162쪽.

67) 여기서 '의미 있는' 다수국가는 세계 200여 개 국가 가운데에서 근대적인 법문화를 공유하는 주요 선진제국을 포함한 다수국가를 뜻한다. 이들을 외면한 채 단순히 수적으로만 다수국가 승인이 있다고 일반적으로 승인받았다고 하기에는 현실상 어려운 점이 있기 때문이다.

68) 헌법재판소는 강제노동의 폐지에 관한 국제노동기구(ILO)의 제105호 조약은 우리나라가 비준한 바가 없고, 헌법 제6조 제1항에서 말하는 일반적으로 승인된 국제법규로서 헌법적 효력이 있는 것으로 볼 만한 근거도 없다고 한다(헌재 1998. 7. 16. 97헌바23, 판례집 10-2, 243, 265).

69) 그러나 헌재 2008. 12. 26. 2005헌마971, 판례집 20-2하, 666, 699: "세계인권선언은 그 전문에 나타나 있듯이 "인권 및 기본적 자유의 보편적인 존중과 준수의 촉진을 위하여 … 사회의 각 개인과 사회 각 기관이 국제연합 가맹국 자신의 국민 사이에 또 가맹국 관할하의 지역에 있는 시민들 사이에 기본적인 인권과 자유의 존중을 지도교육함으로써 촉진하고 또한 그러한 보편적, 효과적인 승인과 준수를 국내적·국제적인 점진적 조치에 따라 확보할 것을 노력하도록, 모든 국민과 모든 나라가 달성하여야할 공통의 기준"으로 선언하는 의미는 있으나, 그 선언내용인 각 조항이 바로 보편적인 법적 구속력을 가지거나 국제법적 효력을 갖는 것으로 볼 것은 아니다."

70) 대법원 1984. 5. 22. 선고 84도39 판결(집32-3, 634; 공1984, 1163).

71) 대법원 1998. 12. 17. 선고 97다39216 전원합의체 판결(집46-2, 334; 공1999상, 121).

2. 국제법과 국내법의 관계

(1) 이원설

국제법과 국내법은 별개의 각기 독립된 법질서로서 제정 및 효력 근거, 규율대상 영역, 법원(法源)과 규범의 수범자가 다르다고 한다. 국제법의 타당 근거는 국가 사이의 의사 합치에 있고, 국내법의 타당 근거는 한 국가의 단독의사에 있다는 것이다.

(2) 일원설

일원설은 국내법과 국제법이 하나의 통일적인 법질서를 이룬다고 한다. 일원설을 따르면 하나의 법질서 안에서 어느 법이 우위에 서는지가 문제 되므로, 다시 국제법 우위의 일원설과 국내법 우위의 일원설로 나뉜다.

① 국제법 우위의 일원설

국제법 우위의 일원설을 따르면 국내법은 단지 국제법에서 도출되거나 위임된다고 한다. 급진적 국제법 우위론자를 따르면 국제법에 어긋나는 모든 국내법은 무효라고 하고, 온건한 국제법 우위론자를 따르면 국제법에 어긋나는 국내법은 단지 국내에서만 잠정적으로 구속력이 있을 뿐이라고 한다.

② 국내법 우위의 일원설

국내법 우위의 일원설을 따르면 국제법은 단지 국내법에서 도출되거나 위임되는 대외적 법규에 지나지 않는다고 한다. 즉 조약의 체결권한이 직접 국내 헌법에서 유래한다든지, 국제법은 국내 헌법에 따라서 승인되어야 비로소 국내적으로도 효력이 있게 된다는 것을 근거로 국내법이 국제법보다 우위에 선다는 것이다.

(3) 소결

헌법 제6조 제1항을 따르면 그 제정과 효력에서 일단 두 법질서 사이의 이원성을 전제로 한 것으로 보인다. 그러나 오늘날 이원설과 일원설의 대립은 완화하는 경향에 있고 효력에 관한 다툼에서도 거의 비슷한 결론에 이른다. 즉 효력 문제는 국가기관이 국제법을 특별한 절차 없이 국내에서도 적용할 수 있는지와 개별적일 때 국제법과 국내법의 충돌을 어떻게 해결할 것인지에 관한 것이다. 그런데 오늘날 주장되는 일원설이나 이원설 모두, 국제법과 저촉하는 국내법은 국제법이 국내규정에 따라서 수용되고 국제법 위반의 국내법이 국내절차의 규정에 따라서 배제될 때까지는 잠정적으로 유효하다고 하는 절충적 견해에서 일치한다. 그리고 국제법을 국내적으로 강제할 법적 방법이 아직은 없다. 따라서 일원설과 이원설의 대립은 실무상으로는 큰 의미가 없고 이론적인 성격만 있는 것으로 보인다.

3. 국제법의 국내적 적용방식(국제법의 국내법적 효력)

(1) 국제법의 국내 적용이 문제 되는 전제

국제법(예를 들어 조약)상 의무를 이행하려고 국내 입법절차가 별도로 필요한 때라면 그렇게 제정된 국내법을 적용하면 된다. 따라서 여기서 문제가 되는 국제법규는, 국내적 효력이 인정될 때 그 자체로서 권리·의무의 발생·변경·소멸 등 법률효과를 발생시킬 수 있다는 의미에서 자기집행력(self-executing)이 있는 것이어야 한다.

(2) 국제법의 국내 적용을 위한 입법례 유형

① 국제법의 국내 적용을 위해 별도의 국내법을 제정하는 방식

국제법규를 그 자체로서 그대로 국내에 적용하는 것을 거부하고 국내 적용을 위해서 해당 국제법과 같은 내용이 있는 별도의 국내법을 제정하는 방식이다. 그러나 이를 따르면 새로 제정된 국내법만이 효력이 있고 국제법 자체의 국내 적용은 더는 문제가 되지 않게 된다. 이러한 방식은 국제법질서에 대한 불신을 드러내는 것으로 보인다. 따라서 국제법질서에 대한 비우호적인 태도로 평가된다.

② 국제법을 국내에 도입하는 방식

국제법규의 국내 적용을 위해서 국제법 자체를 국내에 도입하는 방식이다. 대다수 국가가 이러한 방식을 택하고, 이에는 국제법을 그대로 국내에 도입하는 방식과 국제법을 국내법으로 변형시켜 도입하는 방식이 있다. 양 방식의 차이는 법규의 발효·효력·해석·종료에서 국제법을 기준으로 할 것인지 또는 국내법을 기준으로 할 것인지에 있다.

③ 헌법의 태도

헌법 제6조 제1항은 국제법 자체를 국내에 도입하는 방식을 취하는 것으로 보인다. 따라서 아래에서는 국제법규의 국내적 도입방식 유형을 살펴보고 나서 헌법의 태도를 검토하기로 한다.

(3) 국제법을 국제법으로 국내에서 적용하는 방식

① 편입이론(수용이론)

편입이론을 따르면 국제법규범이 국내적으로 유효하기 위해서 매개하는, 국가의 (집행)행위가 요구되지 않는다. 국제법규범은 직접 국내에서 유효하고 행정기관이나 법원이 직접 적용하는데, 그렇다고 해서 국제법이 국내법으로 변형되는 것이 아니고 국제법의 성격을 잃지 않는다. 편입이론은 국제법·국내법 일원설과 연관된다. 이러한 편입이론은 영미법계 국가에서 채택하는데 미국 헌법 제6조 제2항은 "미국의 헌법, 법률 및 조약은 국가의 최고법"이라고 규정한다. 미국에서 조약이 그 내용에서 국내 적용에 적당하면(자기집행력이 있으면) 별노의

절차 없이 미국 안에서 준수된다.

② 집행이론

국제법규범이 국내적으로 집행되려면 국제법을 그 자체로 국내에 적용하라는 국가기관의 집행명령이 필요하다는 이론이다. 그러나 집행명령에 따라서 국내 법적용기관에 단지 국내법 질서 안에서 국제법규범을 적용할 수 있는 권한이 부여되고, 이러한 국내적 집행을 통해서 국제법규범은 국내법으로 변형되지 않고 본래의 법적 성격을 보유한다. 따라서 이 설은 편입이론과 같이 국내에서 적용되는 국제법규범의 발효, 효력, 해석, 종료 등에서 국제법을 기준으로 한다.

(4) 국제법을 국내법으로 변형하여 국내법으로서 국내에서 적용하는 방식 – 변형이론

변형이론은 국제법·국내법 이원설을 전제로 하는 것으로서 국제법은 그대로 (즉 국제법규의 성질을 유지한 채로) 국내에서 적용될 수 없고, 국내적으로 적용되려면 국내법으로 그 성질을 바꾸는 변형이 있어야 한다고 한다. 따라서 국내입법자는 국제법규범을 같은 내용의 국내법으로 탈바꿈시키는(성질을 바꾸는) 국내적인 특별(입법)절차를 거쳐야 한다. 이렇게 성립된 국내법은 그 효력의 근거와 범위가 본래 국제법과 다르게 된다. 국제법규범이 국제법법원에 근거를 두지만, 변형·성립된 국내법규범은 국내법에 그 효력의 근거가 있다. 그 결과 국내법으로 변형된 조약은 그 발효, 효력, 해석, 종료 등에서 국내법을 기준으로 판단되어야 한다.

(5) 소결 – 헌법의 태도: 헌법 제6조 제1항 해석
① 헌법 제6조 제1항의 규정 내용

헌법 제6조 제1항은 "헌법에 의하여 체결·공포된 조약과 일반적으로 승인된 국제법규는 국내법과 같은 효력을 가진다."라고 규정하여 편입이론, 집행이론, 변형이론의 어느 쪽으로도 해석할 여지가 있다.[72] 그러나 편입이론으로 보려면 헌법의 명문 규정이 있어야 하는데 외국 입법례(국제법규는 '미국법의 일부로서' 인정된다)에 비추어 "국내법과 같은 효력을 가진다."라는 문구는 편입을 명시한 것으로 보기에는 불충분하다. 따라서 헌법이 편입이론을 택한 것으로 보기는 어렵다. 그리고 헌법 제6조 제1항의 '국내법과 같은 효력'이라는 문구에 비추어 볼 때 그리고 헌법 제60조 제1항의 국회 동의절차만으로 독일의 동의법률과 같은 변형이 이루어진다고 보기도 불충분하다. 그러므로 헌법이 변형이론을 택한 것으로 보기도 어렵다. 결국, 집행이론에 따르는 것이 적절하다.[73]

---

72) 헌법 제6조 제1항은 편입이론 관점에서 더 잘 설명할 수 있다는 견해로는 계희열, 『헌법학(상)(신정2판)』, 박영사, 2005, 182쪽. 특별한 언급 없이 "국내법과 같은 효력을 가진다."라는 것은 조약의 성격을 그대로 유지한 채 국내적 효력을 발휘한다는 것이고, 국제법에 우호적인 태도를 취한다면 수용 방식을 취한다고 해석함이 합리적이라는 견해로는 양   건, 『헌법강의(제10편)』, 법문사, 2021, 167쪽; 정문식, 「제6조」, 『헌법주석[I]』, 박영사, 2013, 168쪽.

② 헌법에 의하여 체결·공포된 조약

합헌적 절차를 따라서 성립된 조약 중 헌법 제60조 제1항에 해당하는 조약은 국회 동의가 필요하다. 이때의 국회 동의는 개개 조약이 국내법적 효력이 있고 국내에서 적용될 수 있게 하는 개별적 조치이다. 그러므로 그 법적 성격을 '개별적' 집행명령으로 볼 수 있다. 국회 동의가 필요 없는 조약은 위 조약의 구체적 집행을 위한 것이면 위 조약의 개별적 집행명령의 효력 아래 있는 것으로 볼 수 있다.

③ 일반적으로 승인된 국제법규

일반적으로 승인된 국제법규는 헌법 제6조 제1항을 따라서 곧바로 국내법과 같은 효력이 있고 국내법원에서 재판규범으로 원용될 수 있다. 따라서 문제가 된 국제법규가 일반적으로 승인된 국제법규에 해당하는지가 확인되기만 하면, 별도의 개별적 조치 없이도 헌법 제6조 제1항 자체에 따라서 국내법적 효력이 있고 국내에서 적용될 수 있어서, 헌법 제6조 제1항의 법적 성격을 일반적으로 승인된 국제법규에 대한 '일반적' 집행명령으로 볼 수 있다.

4. 국제법규를 국내에 적용할 때 국내법규와 맺는 관계에서 나타나는 효력서열

국제법규를 국내에 적용할 수 있더라도, 즉 법원(法源)으로서 이를 재판에 원용할 수 있더라도, 국내법원이 이를 구체적 사건에 적용하려면 (특히 국제법규와 충돌하는 국내법규가 있을 때 그) 관련 국내법규와 맺는 (효력서열)관계를 먼저 살펴보아야 한다.

(1) 헌법에 의하여 체결·공포된 조약

① 조약과 헌법의 관계

(i) 조약우위설

평화국가원리(국제평화주의)를 논거로 조약이 헌법에 우월하다고 한다.

(ii) 헌법우위설

ⓐ 조약 우위를 인정하는 명문의 헌법규정이 없다는 점, ⓑ 조약의 체결권은 헌법에 따라서 인정·부여된 권한이라는 점, ⓒ 헌법의 최고규범성, ⓓ 헌법부칙 제5조가 "이 헌법시행 당시의 법령과 조약은 이 헌법에 위배되지 아니하는 한 그 효력을 지속한다."라고 하는 점에 비추어 헌법이 조약보다 우위라고 한다.[74]

---

73) 같은 견해: 김학성/최희수, 『헌법학원론(전정5판)』, 피앤씨미디어, 2021, 277쪽.

74) 계희열, 『헌법학(상)(신정2판)』, 박영사, 2005, 187쪽; 구병삭, 『신헌법원론(개정판)』, 박영사, 1996, 306쪽; 권영성, 『헌법학원론(개정판)』, 법문사, 2010, 176~177쪽; 성낙인, 『헌법학(제21판)』, 법문사, 2021, 338쪽; 이준일, 『헌법학강의(제7판)』, 홍문사, 2019, 190~191쪽; 장영수, 『헌법학(제13판)』, 홍문사, 2021, 243~244쪽; 정문식, 「제6조」, 『헌법주석[I]』, 박영사, 2013, 170쪽; 홍성방, 『헌법학(상)(제3판)』, 박영사, 2016, 280쪽.
헌재 2001. 4. 26. 99헌가13, 판례집 13-1, 761, 773: "헌법 제6조 제1항의 국제법 존중주의는 우리나라가 가입한 조약과 일반적으로 승인된 국제법규가 국내법과 같은 효력을 가진다는 것으로서 조약이나 국제법규가 국내법

(ⅲ) 소결

ⓐ 헌법의 수권으로 성립한 조약이 헌법보다 우위에 있다는 것은 법이론적으로 모순된다는 점, ⓑ 모든 국가기관은 헌법준수의무를 지므로 조약의 체결·비준 등의 과정에서 위헌적인 조약을 체결할 수 없다는 점, ⓒ 헌법의 최고규범성의 관점, 특히 ⓓ 헌법 부칙 제5조는 헌법입법자가 명시적으로 헌법의 조약에 대한 우위를 인정한 실정법적 근거로서 볼 수 있다는 점에 비추어 헌법우위설이 타당하다. 따라서 조약은 일단 헌법보다 하위인 점이 인정된다. 다만, 법률이나 명령과 맺는 관계에서 상·하위관계가 다시 문제 된다.

② 국회 동의가 필요한 조약

국회 동의가 필요한 조약은 내용이 법률로 제정되어야 할 사항이고 절차가 입법절차와 거의 같다는 점에서 그 효력도 법률과 같다고 할 수 있다. 따라서 국회 동의가 필요한 조약은 법률과 동위의 효력이 있다.

③ 국회 동의가 필요 없는 조약의 효력서열

국회 동의가 필요 없는 조약은 헌법 제6조 제1항에 따라서 국내법과 같은 효력이 있을 뿐이고, 국내법률의 제정절차와 무관하게 대통령이 체결·공포하여 효력이 있게 되므로, 일단 대통령령과 동위의 효력이 있다.

(2) 일반적으로 승인된 국제법규

① 학설

(ⅰ) 헌법에는 하위이나 법률보다는 우위라는 설

일반적으로 승인된 국제법규가 헌법과 법률의 중간단계에 놓인다고 보는 견해[75]는, 그와 같은 효력 단계의 법형식을 인정하지 않는 현행 법체계에서는 실무상 관철되기 어렵다.

(ⅱ) 법률과 동위라는 설

국제법규범 사이에 순위의 우열관계는 없고 일반적으로 승인된 국제법규는 모두 법률과 같은 효력이 있다고 보는 견해는 일반적으로 승인된 국제법규의 내용이 다양할 수 있고, 국회 동의절차 없이도 곧바로 국내 적용이 가능하다는 점에서 일률적인 효력 인정이 불합리한 결과를 가져올 수 있다는 점을 간과한다.

(ⅲ) 개별적으로 효력의 차이가 있다는 설

일반적으로 승인된 국제법규는 그 내용에 따라 개별적으로 그 효력 차이가 있을 수 있어서 획일적으로 판단하기는 어렵다는 견해이다.[76]

에 우선한다는 것은 아니다."

75) 계희열, 『헌법학(상)(신정2판)』, 박영사, 2005, 184~185쪽; 방승주, 『헌법강의 Ⅰ』, 박영사, 2021, 108쪽; 정영수, 『헌법학(제13판)』, 홍문사, 2021, 245쪽; 홍성방, 『헌법학(상)(제3판)』, 박영사, 2016, 282~283쪽.

(ⅳ) 소결

일반적으로 승인된 국제법규가 국내적으로 적용될 효력단계를 일반적으로 획정할 수는 없고, 구체적 사건이 계속된 법원이 그 구체적 내용에 따라서 판단하여야 한다.

② 일반적으로 승인된 국제법규의 효력[77]

일반적으로 승인된 국제법규는 내용상 개별적으로 그 효력의 차이가 있을 수 있으므로 획일적으로 판단할 수 없다. 일반적으로 승인된 국제법규 중에는 심지어 헌법 제정 한계로서 효력이 있는 것도 있고 헌법 개정 한계가 되는 것과 헌법률과 동위의 효력을 인정할 수 있는 국제법규도 있다. 그리고 개별적 내용에 따라 법률이나 명령과 같은 효력을 인정할 수 있는 국제법규도 있을 수 있다.

(3) 법원이 국제법규를 적용하는 구체적인 방식

① 헌법에 의하여 체결 · 공포된 조약

(ⅰ) 법원은 먼저 조약이 합헌적인 절차를 따라서 성립되었는지를 검토하여 국내법적 효력 유무를 결정하여야 한다.[78]

(ⅱ) 국회 동의가 필요한 조약은 법률과 같은 효력이 있으므로 이보다 하위의 국내법에 우선하여 적용되고, 국내의 다른 법률과 저촉하면 규범 충돌의 일반원칙인 신법 우선의 원칙과 특별법 우선의 원칙을 따라 적용법규를 결정하여야 한다.

(ⅲ) 국회 동의가 필요 없는 조약은 대통령령과 같은 효력이 있으므로 이보다 하위의 국내법에 우선하여 적용되고, 국내의 다른 (법규)명령과 저촉하면 규범 충돌의 일반원칙인 신법 우선의 원칙과 특별법 우선의 원칙을 따라 적용법규를 결정하여야 한다.

---

76) 김철수, 『학설 · 판례 헌법학(전정신판)(상)』, 박영사, 2009, 696쪽; 김학성/최희수, 『헌법학원론(전정5판)』, 피앤씨미디어, 2021, 283쪽; 성낙인, 『헌법학(제21판)』, 법문사, 2021, 335쪽; 양 건, 『헌법강의(제10판)』, 법문사, 2021, 174쪽; 이준일, 『헌법학강의(제7판)』, 홍문사, 2019, 194쪽; 정재황, 『신헌법입문(제11판)』, 박영사, 2021, 201~202쪽; 허 영, 『한국헌법론(전정17판)』, 박영사, 2021, 198쪽.

77) 한국이 체결 · 공포한 조약을 일반적으로 승인된 국제법규로도 볼 수 있을 때의 적용 문제: ① 이러한 조약이 국내 하위법령과 충돌하면 어느 쪽으로 보나 적용상 문제는 발생하지 않는다. ② 그러나 헌법이나 법률과 충돌하면 일반적으로 승인된 국제법규로 볼 때는 그 내용에 따라서 효력도 상이하므로 실무상 적용이 달라진다. 일반적으로 승인된 국제법규는 한국의 가입 여부와 상관없이 헌법 제6조 제1항을 따라서 국내적 효력이 인정되므로 이러한 때는 일반적으로 승인된 국제법규로서 적용하여야 한다.

78) 헌재 2019. 12. 27. 2016헌마253, 판례집 31－2하, 212, 219: "국가는 경우에 따라 조약과는 달리 법적 효력 내지 구속력이 없는 합의도 하는데, 이러한 합의는 많은 경우 일정한 공동 목표의 확인이나 원칙의 선언과 같이 구속력을 부여하기에는 너무 추상적이거나 구체성이 없는 내용을 담고 있으며, 대체로 조약체결의 형식적 절차를 거치지 않는다. 이러한 합의도 합의 내용이 상호 준수되리라는 기대 하에 체결되므로 합의를 이행하지 않는 국가에 대해 항의나 비판의 근거가 될 수는 있으나, 이는 법적 구속력과는 구분된다. 조약과 비구속적 합의를 구분함에 있어서는 합의의 명칭, 합의가 서면으로 이루어졌는지 여부, 국내법상 요구되는 절차를 거쳤는지 여부와 같은 형식적 측면 외에도 합의의 과정과 내용 · 표현에 비추어 법적 구속력을 부여하려는 당사자의 의도가 인정되는지 여부, 법적 효력을 부여할 수 있는 구체적인 권리 · 의무를 창설하는지 여부 등 실체적 측면을 종합적으로 고려하여야 한다."

(ⅳ) 조약이 헌법에 위반하는 의심이 있으면 적용하기 전에 별도의 절차를 거쳐야 한다(아래 5. 참조).

② 일반적으로 승인된 국제법규

(ⅰ) 법원은 재판에 원용할 ⓐ 국제법규 자체의 존재 여부와 ⓑ 그것이 일반적으로 승인된 것인지를 검토하여 국내 적용 여부를 결정하여야 한다.

(ⅱ) 개별적으로 그 내용을 검토하여 헌법, 법률, 명령 중 어느 것과 같은 단계의 효력이 있는지를 확정하여야 한다.

(ⅲ) 같은 사안을 규율하는 국내법조항보다 우위의 효력을 인정할 수 있다면 국내법조항 적용을 배제하여야 하고, 동위의 효력이 있다면 규범 충돌의 일반원칙인 신법 우선의 원칙과 특별법 우선의 원칙을 따라 적용법규를 결정하여야 한다.

(ⅳ) 이 일반적으로 승인된 국제법규가 헌법에 위반하는 의심이 있으면 적용하기 전에 별도의 절차를 거쳐야 한다(아래 5. 참조).

5. 국제법규에 위헌 의심이 있을 때 사법심사

(1) 헌법에 의하여 체결·공포된 조약

조약이 헌법이 정한 절차를 위반하여 체결·공포되면 국내법적으로 효력을 획득할 수 없어서 소송절차에서 동 조약을 원용할 수 없다. 그러나 조약이 합헌적 절차에 따라서 성립되어 국내법적 효력이 있으나 그 내용이 헌법에 합치되는지가 의심스러우면 조약도 국내법규와 마찬가지로 규범통제 대상이 되는지가 문제 된다.

① 조약의 사법심사 가능성

조약의 체결, 비준 등의 외교행위 자체는 국가이익을 먼저 고려하여야 하는 고도의 정치성을 띤 정치적 문제(이른바 통치행위)로서 사법심사 대상으로 삼기에는 적절하지 않은 면이 있는 것이 사실이다. 그러나 일단 성립되어 국내법질서 안에서 적용되어야 하는 조약의 내용에 위헌 의심이 있으면 그에 관해서 사법부가 심사할 수 있는지에 관해서는 견해가 대립한다.

(ⅰ) 사법심사부정설

조약은 국가 사이의 합의라는 특수성이 있으므로 어느 한 쪽 당사국이 일방적으로 그 효력을 상실시킬 수는 없다고 하여 사법심사 대상이 되지 않는다거나 국제법 우위의 견해에서 사법심사를 부정하는 견해가 있다.

(ⅱ) 사법심사긍정설

헌법에 따라서 체결·공포된 조약은 법률이나 대통령령과 동위의 효력이 있는데 헌법은 이보다 상위규범이므로 사법심사 대상이 된다는 견해이다.[79]

(ⅲ) 판례

헌법재판소는 위헌법률심판 대상에는 형식적 의미의 법률과 같은 효력이 있는 조약이 포함된다고 판시한 바 있다.[80] 그리고 헌법재판소는 대한민국과아메리카합중국간의상호방위조약제4조에의한시설과구역및대한민국에서의합중국군대의지위에관한협정 제2조 제1의(나)항 위헌제청사건에서 대한민국과아메리카합중국간의상호방위조약제4조에의한시설과구역및대한민국에서의합중국군대의지위에관한협정은 그 명칭이 '협정'으로 되어 있어 국회 관여 없이 체결되는 행정협정처럼 보이기도 하나 한국의 견해에서 보면 외국군대 지위에 관한 것이고, 국가에 재정적 부담을 지우는 내용과 근로자의 지위, 미군에 대한 형사재판권, 민사청구권 등 입법사항을 포함하므로, 국회 동의가 필요한 조약으로 취급되어야 한다고 하면서 이에 대해서 심판한 바 있다.[81]

(ⅳ) 소결

헌법은 조약에 대해서 우월적 효력이 있으므로, 조약이 헌법에 합치하는지가 의심스러우면 사법심사 대상이 된다고 보아야 한다. 다만, 위헌법률심판은 국내법질서 안에서 규범통제 절차인 것이므로, 위헌으로 결정되어 국내법적 효력이 일반적으로 상실되어 더는 국내에서 적용되지 못하더라도, 국제법규로서 국제법질서 안에서 가지는 효력에 관해서는 영향을 미치지 않는다는 점을 주의하여야 한다. 즉 조약상 의무 이행 곤란으로 국가 사이의 신뢰문제를 일으킬 수 있으므로, 사법심사 때 조약의 헌법합치적 해석(favor conventionis)이나 사법자제(judicial self-restraint)가 요청된다.

② 국회 동의가 필요한 조약

법원은 재판에서 원용된 국제법규가 헌법에 위반된다는 의심이 있고 재판의 전제성을 갖추면 헌법재판소에 위헌법률심판을 제청하여 헌법재판소 결정에 따라 재판하여야 한다(헌법 제107조 제1항).

③ 국회 동의가 필요 없는 조약

대통령령과 같은 효력이 있는 조약은, 명령·규칙의 위헌·위법 여부가 재판의 전제가 되면 대법원이 최종적 심사권이 있으므로(헌법 제107조 제2항), 각급 법원이 판단할 수 있다. 따라서 법원은 재판에서 원용된 국제법규가 헌법에 합치하지 않는다고 판단되면 해당 사건에서

---

79) 계희열, 『헌법학(상)(신정2판)』, 박영사, 2005, 189쪽; 석인선, 『헌법총론』, 세창출판사, 2014, 118~119쪽; 성낙인, 『헌법학(제21판)』, 법문사, 2021, 339쪽; 이준일, 『헌법학강의(제7판)』, 홍문사, 2019, 192쪽; 장영수, 『헌법학(제13판)』, 홍문사, 2021, 244쪽; 전광석, 『한국헌법론(제16판)』, 집현재, 2021, 171쪽; 정문식, 「제6조」, 『헌법주석[Ⅰ]』, 박영사, 2013, 171~172쪽; 정연주, 『헌법학원론(제2판)』, 법영사, 2021, 89쪽; 정종섭, 『헌법학원론(제12판)』, 박영사, 2018, 264~265쪽.

80) 헌재 1995. 12. 28. 95헌바3, 판례집 7-2, 841, 846.

81) 헌재 1999. 4. 29. 97헌가14, 판례집 11-1, 273, 281-282.

그 적용을 거부하여야 한다.

(2) 일반적으로 승인된 국제법규

① 헌법 제정이나 개정 한계에 해당하는 것

이는 헌법적 효력이 있는 규범 사이의 충돌이므로 실체법적 판단과는 상관없이 현행 헌법 아래에서는 사법심사가 어렵다.

② 법률과 동위의 효력이 있는 것

법률과 동위의 효력이 있는 국제법규라면 헌법재판소에 위헌법률심판을 제청하여 그 결정에 따라서 재판하여야 한다.

③ 명령과 동위의 효력이 있는 것

명령과 동위의 효력이 있는 국제법규라면 각급 법원이 위헌 여부를 판단하며 대법원이 최종적으로 판단한다. 위헌으로 판단하면 법원은 해당 국제법규의 해당 사건에 대한 적용을 거부하여야 한다.

Ⅲ. 외국인의 법적 지위

1. 외국인의 개념

헌법 제2조의 국적조항은 국민이 되는 요건을 국적법에 위임한다. 따라서 외국인과 대한민국 국민의 경계는 헌법 제2조가 위임한 국적법이 정한다. 국적법을 따르면 외국인은 대한민국 국민이 아닌 사람을 뜻한다(국적법 제3조 제1항). 무국적자도 대한민국 국적이 없는 사람이므로 외국인이다. 출생이나 그 밖에 국적법에 따라 대한민국 국적과 외국 국적을 함께 있는 사람으로서 ① 외국국적불행사서약을 한 사람이거나 ② 대한민국 국민으로서 외국 국적을 취득하게 된 후 6개월 안에 법무부 장관에게 대한민국 국적의 보유 의사를 신고한 사람이나 ③ 법무부 장관에게 외국국적불행사서약을 하고 대한민국 국적을 재취득하거나 외국 국적을 재취득한 후 외국국적불행사서약을 한 사람(복수국적자)은 대한민국 법령 적용에서 대한민국 국민으로만 처우한다(국적법 제11조의2 제1항). 그리고 복수국적자는 대한민국 법을 본국법으로 한다(국제사법 제3조 제1항). 그 밖에 복수국적자를 대한민국 국민으로 볼 것인지에 관해서 법령에 별도 규정을 두지 않으면 개별법의 입법취지 등에 비추어 해석하여 판단할 수밖에 없다.

외국인은 특별한 보호를 받는지를 기준으로 국가원수, 외교사절, 영사 등 특별한 보호를 받는 외국인과 일반외국인으로, 생활의 터전을 외국에 두는지를 기준으로 통과외국인과 정착외국인으로 분류할 수 있다.

2. 외국인의 일반적 지위

(1) 2중적 국가권력(체류국의 영역고권과 자국의 대인고권)에 복종할 지위

국가의 대인고권은 자기 영토 밖에 있는 자기 국적의 자연인·법인 등에게 효력이 미친다. 외국인은 체류국의 영역고권에 복종하여야 할 지위에 있는 동시에 자국의 대인고권에도 복종하여야 할 지위에 있다. 즉 2중적 국가권력(체류국의 영역고권과 자국의 대인고권)에 복종하여야 할 지위에 있다.

(2) 차별대우를 받지 않을 지위: 상호주의와 평등주의

외국인 보호를 위한 입법례에는 상호주의와 평등주의가 있다. 상호주의는 외국이 자국인에 대해서 인정하는 것과 같은 정도로 해당 외국인의 권리·의무를 인정하는 외국인 보호에 대한 입법정책을 뜻하고, 평등주의는 외국인에 대해서 내국인과 동등한 권리를 누리게 하는 입법정책을 의미한다. 다수 학설은 헌법 제6조 제2항("외국인은 국제법과 조약이 정하는 바에 의하여 그 지위가 보장된다.") 규정을 외국인의 법적 지위에 대한 상호주의를 규정한 것이라고 한다. 오늘날 외국인 보호에 관해서 국제법적으로 확립된 관례는 상호주의이므로, 헌법도 상호주의를 존중하겠다는 뜻을 분명히 밝힌 것이라고 볼 수 있다는 것이다. 물론 자국 이익 보호와 외국인의 법적 지위에 관한 국제법적 관례에 따라서 외국인 보호를 위한 입법례의 한 형태로서 상호주의를 취할 수는 있다. 그러나 상호주의는 외국인의 법적 지위를 정하는 입법을 할 때 고려될 수 있는 하나의 원칙일 뿐이고, 헌법 제6조 제2항에 따라서 강제되는 것은 아니라는 점을 유의하여야 한다.

(3) (체류)국가의 외국인보호의무

① 국제법상 (체류)국가의 외국인보호의무: 국제법상 외국인법 두 원칙의 대립

(체류)국가의 외국인보호의무에 대한 원칙에는 국가가 외국인에게 단지 상대적인 보호만을 부여하는, 즉 국내법질서가 내국인(자국민)에게 부여하는 정도의 보호만을 할 수 있을 뿐이라는 내국인취급원칙(국내적 표준주의)과 내국인이 어떻게 취급되는지와 상관없이 최소한의 인권기준에 따라 절대적 보호를 부여하는 인권최소수준보호원칙(국제적 표준주의: 일반문명국가 국민과 같은 정도)이 대립한다.[82]

② 인권최소수준 적용 전제와 (보호하여야 할) 인권최소수준 내용

국가는 외국인 보호에 관한 입법정책에 관해서 상호주의나 평등주의 중 어떤 견해를 취하든지 간에 일단 입국과 체류를 허용한 외국인에게는 국제적인 최소한의 인권기준을 따라서

---

82) 이에 관해서 자세한 내용은 류병화/박노형/박기갑, 『국제법 Ⅰ』, 법문사, 2005, 623~624쪽; 이병조/이중범, 『국제법신강(제9개정 제2보완수정판)』, 일조각, 2008, 569쪽 참조.

보호하여야 한다. 국가는 외국인을 자국 영토로 받아들여야 할 의무는 없지만(외국인에게는 입국과 체류의 권리가 없지만) 일단 외국인을 그의 영토 안에 받아들인 이상(인권최소수준 적용 전제) 최소한의 문명화한 양식으로 그를 대우하여야 한다는 것이다.[83] 외국인에 대한 처우가 이러한 최소한의 국제기준에 들어맞지 못하면 피해자의 국적국은 외교적 보호권을 행사할 수 있다. 이러한 외교적 보호권 행사의 전제로서 외국인 처우에 관한 기준으로 제시된 최소한의 국제기준으로는 다음과 같은 일곱 가지를 들 수 있다.[84]

(i) 외국인은 누구든지 권리주체이다. (ii) 외국인은 원칙적으로 사권을 취득할 수 있다. (iii) 합법적으로 취득한 외국인의 사권은 원칙적으로 존중되어야 한다. (iv) 국내법적 사법구제절차는 외국인에게도 개방된다. (v) 체포는(신체구속은) 가벌적 행위의 진지한 의심이 있는 때만 허용된다. (vi) 체류국가는 외국인의 생명, 자유, 재산, 명예에 대한 공격에서 그를 보호할 의무가 있다. (vii) 외국인은 정치적 권리를 주장할 수 없고, 일정한 직업에 대해서도 권리를 주장할 수 없다.

3. 망명권과 망명권 부여 의무

(1) 망명권의 의의

난민(망명자)은 정치적 망명자를 지칭하며 정치적 사상·인종·종교·국적 등을 이유로 국적국에서 박해를 받거나 박해를 받을 현저한 우려가 있어 외국에 거주하며 국적국으로 송환되는 것을 희망하지 않고 외국 비호를 구하는 사람을 말한다.[85] 난민법 제2조 제1호를 따르면 난민은 인종, 종교, 국적, 특정 사회집단의 구성원인 신분 또는 정치적 견해를 이유로 박해를 받을 수 있다고 인정할 충분한 근거가 있는 공포로 말미암아 국적국 보호를 받을 수 없거나 보호받기를 원하지 아니하는 외국인 또는 그러한 공포로 말미암아 대한민국에 입국하기 전에 거주한 국가로 돌아갈 수 없거나 돌아가기를 원하지 아니하는 무국적자인 외국인을 말한다. 이렇게 난민(망명자)이 외국에 대해서 국적국의 박해 등에서 도피할 수 있도록 비호받고 국적국으로 송환 당하지 않을 권리를 망명권이라고 한다.

(2) 법적 근거(망명권 부여 의무?)

망명권과 그에 상응하는 해당 국가의 망명권 부여 의무는 아직 관철되지 않았으므로 망명권 부여 여부는 해당 국가의 권한에 속한다. 망명권을 인정하는 헌법상 명문 규정이 없는 한국은 1992년 12월 3일 '난민의 지위에 관한 협약'(1993년 3월 3일 발효)과 '난민의 지위에 관한

---

83) M. Akehurst, 박기갑 역, 『현대국제법개론』, 한림대학교 출판부, 1997, 141쪽.

84) Klaus Stern, Das Staatsrecht der Bundesrepublik Deutschland, Bd. Ⅲ/1, München, 1988, S. 1036 f.

85) 넓은 뜻으로는 재해나 경제적 이유에 의한 일반적 망명자도 포함한다(이병조/이중범, 『국제법신강(제9개정 제2보완수정판)』, 일조각, 2008, 625쪽).

의정서'(1992년 12월 3일 발효)에 가입하였고, 2012년 2월 10일 난민법(2013. 7. 1. 시행)을 제정하여 난민의 지위와 처우 등에 관한 사항을 규정한다.

4. 외국인의 입·출국과 체류

외국인의 입·출국과 체류는 출입국관리법에 따른다. 입국금지사유(제11조)에 해당하지 않는 외국인이 유효한 여권과 법무부 장관이 발급한 사증(査證, 한국 정부의 입국 허가)이 있으면 입국할 수 있다(제7조). 외국인은 체류자격별 체류기간 한도 안에서(제10조, 제17조) 체류할 수 있고, 사증기간과 별도로 법무부 장관에게 허락을 받아야 체류기간을 연장받을 수 있다(제25조). 체류외국인의 정치활동은 금지되고(제17조 제2항), 체류자격에 해당하는 활동과 함께 다른 체류자격에 해당하는 활동을 하려면 미리 법무부 장관의 허가를 받아야 한다(제20조). 외국인은 입국한 날부터 90일을 초과하여 체류하려면, 입국한 날부터 90일 이내에 체류지 관할 지방출입국·외국인관서의 장에게 외국인등록을 하여야 한다(제31조). 이 등록을 한 17세 이상의 외국인에게는 외국인등록증이 발급된다(제33조).

5. 외국인 추방과 외국인 인도의 문제

(1) 외국인 추방

외국인이 일단 합법적으로 입국·체재하기 시작하면 체류국가가 일방적으로 배제할 수 없는 일정한 법적 지위를 획득한다. 체류국가는 정당한 근거 없이 외국인 출국을 금지할 수 없고 외국인의 자발적 출국을 보장하여야 한다.[86] 그러나 추방의 정당한 근거가 있으면 체류국가는 헌법적·국제법적 한계 안에서 외국인에게 일정 기간을 정하여 자유로이 출국하게 명하거나 강제처분으로 출국시킬 수 있다.[87] 이를 추방권이나 강제퇴거권이라고 한다. 체류국가

---

86) 출입국관리법은 국민의 출국금지사유를 외국인의 출국정지사유로 정한다(출입국관리법 제29조, 제4조 제1항). 출입국관리법 제29조 "법무부장관은 제4조제1항 또는 제2항 각 호의 어느 하나에 해당하는 외국인에 대하여는 그 출국을 정지할 수 있다"; 제4조 제1항 "법무부장관은 다음 각 호의 어느 하나에 해당하는 국민에 대하여는 6개월 이내의 기간을 정하여 출국을 금지할 수 있다. 1. 형사재판에 계속(係屬) 중인 사람, 2. 징역형이나 금고형의 집행이 끝나지 아니한 사람, 3. 대통령령으로 정하는 금액 이상의 벌금이나 추징금을 내지 아니한 사람, 4. 대통령령으로 정하는 금액 이상의 국세·관세 또는 지방세를 정당한 사유 없이 그 납부기한까지 내지 아니한 사람 5. 그 밖에 제1호부터 제4호까지의 규정에 준하는 사람으로서 대한민국의 이익이나 공공의 안전 또는 경제질서를 해칠 우려가 있어 그 출국이 적당하지 아니하다고 법무부령으로 정하는 사람"

87) 출입국관리법 제46조는 외국인 입국(제7조), 허위초청(제7조의2), 체류자격(제11조 제1항), 입국심사요건(제12조 제1항, 제2항, 제12조의3), 조건부입국 허가요건(제13조 제2항), 승무원의 상륙허가 등(제14조 제1항, 제14조의2 제1항, 제15조 제1항, 제16조 제1항, 제16조의2 제1항/제14조 제3항, 제15조 제2항, 제16조 제2항, 제16조의2 제2항), 외국인의 체류 및 활동범위(제17조 제1항·제2항), 외국인고용 제한(제18조), 체류자격외 활동(제20조), 근무처 변경·추가(제21조 제1항 본문), 활동범위 제한(제22조), 체류자격 부여(제23조), 체류자격 변경허가(제24조), 체류기간 연장허가(제25조), 허위서류 제출 등의 금지(제26조), 출국심사(제28조 제1항 및 제2항), 외국인등록(제31조), 외국인등록증 등의 채무이행 확보수단 제공 등의 금지(제33조의2)에서 해당 규정을 위반한 외국인이나 금고 이상의 형을 받고 석방된 외국인, 이러한 사유에 준하는 사로서 법무부령이 정하는 사람을 강제퇴거

에는 외국인을 추방할 재량이 있고 외국인은 체류목적과 관계없이 추방 대상이 될 수 있다.

(2) 외국인 범죄인 인도

　　범죄인 인도는 체류국가 이외의 다른 국가 이익을 위해서 체류외국인을 형사소추하거나 형을 집행할 인도요청국에 외국인을 인도함으로써(추방) 하는 국가 사이의 사법공조조치이다.

　　체류국가의 외국인 범죄인 인도의무는 국제법상 확립되어 있지 않다. 다른 국가와 개별적으로 조약을 체결하거나 국내법을 제정하여 범죄인 인도를 규정하는 것이 보통이다. 한국도 1990년 9월 5일 호주와 범죄인인도조약을 체결한 이후 2018년 11월 14일 키르기스스탄까지 총 78개국과 범죄인인도조약을 체결하였다. 그리고 '범죄인 인도법'을 제정하여 범죄인 인도를 규율한다. 인도조약이 체결되지 아니한 때도 범죄인 인도를 청구하는 국가가 같은 종류 또는 유사한 인도범죄에 대한 대한민국의 범죄인 인도청구에 응한다는 보증이 있으면 '범죄인 인도법'이 적용된다(제4조). 대한민국과 청구국의 법률에 따라서 인도범죄가 사형, 무기징역, 무기금고, 장기 1년 이상의 징역 또는 금고에 해당하는 때만 범죄인을 인도할 수 있다(제6조). 그 밖에 절대적·임의적 범죄인인도거절사유를 두고 있고,[88] 특히 정치범, 정치적 박해 대상자에 대해서는 범죄인 인도를 거절하는 규정을 둔다.[89]

대상자로 정한다.

88) 제7조(절대적 인도거절사유) "다음 각 호의 어느 하나에 해당하는 경우에는 범죄인을 인도하여서는 아니 된다.
　1. 대한민국 또는 청구국의 법률에 따라 인도범죄에 관한 공소시효 또는 형의 시효가 완성된 경우
　2. 인도범죄에 관하여 대한민국 법원에서 재판이 계속(係屬) 중이거나 재판이 확정된 경우
　3. 범죄인이 인도범죄를 범하였다고 의심할 만한 상당한 이유가 없는 경우. 다만, 인도범죄에 관하여 청구국에서 유죄의 재판이 있는 경우는 제외한다.
　4. 범죄인이 인종, 종교, 국적, 성별, 정치적 신념 또는 특정 사회단체에 속한 것 등을 이유로 처벌되거나 그 밖의 불리한 처분을 받을 염려가 있다고 인정되는 경우"
　제9조(임의적 인도거절사유) "다음 각 호의 어느 하나에 해당하는 경우에는 범죄인을 인도하지 아니할 수 있다.
　1. 범죄인이 대한민국 국민인 경우
　2. 인도범죄의 전부 또는 일부가 대한민국 영역에서 범한 것인 경우
　3. 범죄인의 인도범죄 외의 범죄에 관하여 대한민국 법원에 재판이 계속 중인 경우 또는 범죄인이 형을 선고받고 그 집행이 끝나지 아니하거나 면제되지 아니한 경우
　4. 범죄인이 인도범죄에 관하여 제3국(청구국이 아닌 외국을 말한다. 이하 같다)에서 재판을 받고 처벌되었거나 처벌받지 아니하기로 확정된 경우
　5. 인도범죄의 성격과 범죄인이 처한 환경 등에 비추어 범죄인을 인도하는 것이 비인도적(非人道的)이라고 인정되는 경우"
89) 제8조(정치적 성격을 지닌 범죄등의 인도거절) "① 인도범죄가 정치적 성격을 지닌 범죄이거나 그와 관련된 범죄인 경우에는 범죄인을 인도하여서는 아니 된다. 다만, 인도범죄가 다음 각 호의 어느 하나에 해당하는 경우에는 그러하지 아니하다.
　1. 국가원수(國家元首)·정부수반(政府首班) 또는 그 가족의 생명·신체를 침해하거나 위협하는 범죄
　2. 다자간 조약에 따라 대한민국이 범죄인에 대하여 재판권을 행사하거나 범죄인을 인도할 의무를 부담하고 있는 범죄
　3. 여러 사람의 생명·신체를 침해·위협하거나 이에 대한 위험을 발생시키는 범죄
　② 인도청구가 범죄인이 범한 정치적 성격을 지닌 다른 범죄에 대하여 재판을 하거나 그러한 범죄에 대하여 이미 확정된 형을 집행할 목적으로 행하여진 것이라고 인정되는 경우에는 범죄인을 인도하여서는 아니 된다."

6. 외국인의 권리 제한

(1) 사법상 권리 – 특히 부동산소유권과 관련한 제한

외국인은 대한민국 안의 부동산을 취득하는 계약을 체결하였을 때는 계약체결일부터 60일 이내에 대통령령으로 정하는 바에 따라 신고관청에 신고하여야 한다('부동산 거래신고 등에 관한 법률' 제8조 제1항). 토지거래계약에 관한 허가를 받을 때를 제외하고, 예외적으로 토지를 취득하기 위해서 계약을 체결하기 전에 대통령령으로 정하는 바에 따라 신고관청에서 토지취득 허가를 받아야 하는 지역으로는 '군사기지 및 군사시설 보호구역, 그 밖에 국방목적을 위하여 외국인등의 토지취득을 특별히 제한할 필요가 있는 지역으로서 대통령령으로 정하는 지역', '지정문화재와 이를 위한 보호물 또는 보호구역', 생태·경관보전지역, 야생생물 특별보호구역이 있다('부동산 거래신고 등에 관한 법률' 제9조 제1항). 그리고 상호주의를 따라서 외국인의 토지취득 등을 제한하기도 한다. 즉 국토교통부장관은 대한민국 국민, 대한민국의 법령에 따라 설립된 법인 또는 단체나 대한민국 정부에 대하여 자국(自國) 안의 토지의 취득 또는 양도를 금지하거나 제한하는 국가의 개인·법인·단체 또는 정부에 대하여 대통령령으로 정하는 바에 따라 대한민국 안의 토지의 취득 또는 양도를 금지하거나 제한할 수 있다. 다만, 헌법과 법률에 따라 체결된 조약 이행에 필요하면 그러하지 아니하다('부동산 거래신고 등에 관한 법률' 제7조).

(2) 공법상 권리

① 외국인의 기본권주체성 인정 여부

(i) 부정설

ⓐ 기본권을 '법률 속의 자유'로 파악하여 기본권 주체는 법적 생활공동체 구성원인 국민에 한하고 외국인은 여기서 제외된다는 법실증주의적 견해, ⓑ 기본권을 일정한 국민의 가치체계·문화체계로서 공동체의 사항적 통합요소로 이해하므로 외국인에 대해서는 기본권주체성을 원칙적으로 인정할 수 없다는 통합론의 견해, ⓒ 헌법 제2장의 표제와 개별 기본권 조항이 '국민'이라는 문언을 사용함을 이유로 기본권은 국민의 권리를 의미할 뿐이고 외국인의 권리는 헌법 제6조 제2항에 별도로 규정된다고 보는 견해(헌법문언설)[90]가 있다.

(ii) 긍정설

ⓐ 기본권을 그 성질에 따라서 분류하여 천부적·전국가적 성격이 있는 권리는 인간으로서 외국인에게도 인정되고 참정권과 사회권 등은 인정되지 아니한다는 견해(결단주의적 견해), ⓑ 한민족의 동화적 통합을 해치지 않고 그들을 한국 사회에 동화시키는 데 필요한 범위 안

---

90) 박일경, 『제6공화국 신헌법』, 법경출판사, 1990, 199쪽.

에서 외국인에게도 기본권주체성을 인정하자는 견해[91]가 있다.

(ⅲ) 소결

헌법조문상 기본권 주체로서 '국민'이란 표현에 충실하여 외국인의 지위는 헌법 제6조 제2항에만 따른다는 견해는 문리상으로도 지나치게 편협한 해석일 뿐 아니라 역사적(발생사적) 해석관점에서 보아도 '국민'을 곧바로 '대한민국 국민'으로만 해석하는 것은 곤란하다.

권리주체를 규정할 때 그 대상을 특히 내국인에 제한할 때 '대한민국 국민'이라고 명확히 표현하는 입법기술을 사용할 수 있었는데도 단순히 '국민'이라고 규정한 점,[92] 기본권 주체의 '국민'을 대한민국 국민으로 해석하면 체계해석상 기본권 목록에 규정된 기본권 주체의 범위를 확정하기 어렵다는 점,[93] 유진오의 헌법초안에는 기본권 주체가 '인민'으로 규정되었으나 단순히 북한에서 쓰는 표현이라는 이유로 '국민'으로 변경되었던 점[94]을 생각하면 헌법조문상 기본권 주체로서 '국민' 개념의 확장 가능성을 고려하지 않을 수 없다.

그리고 한국 헌법상 기본권은 자연법적 연원이 있고, 그것을 헌법에 실정화하였다고 하여 본래 성격이 바뀌는 것은 아니다(이른바 자연법적 권리설). 따라서 성질상 자연법적·인권적 성격의 기본권(주로 자유권적 기본권과 평등권)에 관한 한 원칙적으로 외국인에게도 기본권주체성이 인정되어야 한다. 그리고 사법절차적 기본권(재판청구권 등 – 이 기본권은 개인의 주관적 권리를 보장한다는 의미 외에도 사법제도와 사법절차 보장이라는 성격이 강하므로 법적 분쟁의 당사자가 될 수 있는 한 외국인 개인뿐 아니라 외국법인 심지어 다른 나라에 대해서도 인정된다)은 외국인도 주체가 될 수 있다. 다만, 주체성이 인정되더라도 구체적인 사항의 특수성 및 상호주의와 관련

---

91) 허 영, 『한국헌법론(전정17판)』, 박영사, 2021, 259~261쪽.

92) 현행법상 외국인과 구별되는 내국인을 '대한민국 국민'이라고 기술한 법률로는 형법 제6조, 재외국민등록법 제1조와 제2조, 재외동포재단법 제2조, 부동산 거래신고 등에 관한 법률 제7조 등 다수가 있다.

93) 기본권의 성질에 따라 주체를 달리 규정하는 독일 기본법 및 일본 헌법과는 달리 한국 헌법은 제2장의 기본권 목록의 극히 일부에서 기본권 주체를 '국민'과 '누구든지'로 나누어 규정하지만, 그나마 하나의 기본권에서도 그 주체를 '국민'과 '누구든지'로 나누어 규정하여서 기본권의 성질에 따른 기본권 주체 범위를 나누는 데 이바지하지 못한다. 예를 들어 제11조 평등권에서 제1항 제1문의 주체는 '모든 국민', 제2문의 주체는 '누구든지', 제2항의 주체는 '모든 국민', 제4항~제5항의 주체는 '누구든지'로 규정되어 오히려 기본권 주체의 범위를 나누는 데 장애가 될 뿐이다. 이러한 상황에서 제2장의 기본권 목록에서 기본권 주체로 규정한 '국민' 개념의 확장 가능성을 염두에 두지 않고 '대한민국 국민'으로 해석하면 기본권 주체의 범위를 확정하기가 더욱 곤란할 것이다. 이에 관해서 자세한 내용은 공진성, 「외국인에 대한 지방선거권부여의 헌법합치성」, 고려대학교 법학석사학위논문, 1998, 23~24쪽 참조.

94) 유진오는 당시 헌법초안 제2장 권리와 의무의 주체로서 '인민'이 '국민'으로 변경된 데 대해서 다음과 같이 회고한다. "'인민'이라는 용어에 대하여 후에 국회본회의에서 윤치영의원은 인민이라는 말은 공산당 용어인데 어째서 그러한 말을 쓰려 했느냐, 그러한 말을 쓰고 싶어 하는 사람의 '사상이 의심스럽다'고 공박하였지만, 인민이라는 말은 구대한제국 절대군권하에서도 사용되었던 말이고, 미국 헌법에서도 인민(people, person)은 국가의 구성원으로서의 시민(citizen)과는 구별되고 있다. '국민'은 국가의 구성원으로서의 인민을 의미하므로, 국가우월의 냄새를 풍기어, 국가라 할지라도 함부로 침범할 수 없는 자유와 권리의 주체로서의 사람을 표현하기에는 반드시 적절하지 못하다. 결국 우리는 좋은 단어 하나를 공산주의자에게 빼앗긴 셈이다."(유진오, 『헌법기초회고록』, 일조각, 1980, 65쪽)

하여 대한민국 국민과 비교해서 더 폭넓은 기본권 제한을 받을 수 있다.

② 참정권(선거권 · 피선거권 · 공무담임권)

(ⅰ) 외국인의 참정권주체성?

참정권은 정치적 통일체로서 국가를 조직하고 그러한 국가조직을 정당화하는 데 능동적으로 참여하는 권리이다. 참정권은 국가를 전제로 하여서야 의미가 있는, 국민의 권리인 기본권으로 성질상 외국인에게 부여할 수 없는 것으로 이해되었다. 현행법상 외국인에게는 참정권이 인정되지 않는다.[95] 국가 차원의 참정권뿐 아니라 지방자치단체 차원에서도 헌법 제117조는 지방자치단체의 구성원을 '주민'이라고 규정함으로써 국적 개념을 전제로 하지 않으며 외국인도 지방자치단체의 주민 자격이 부여되고(지방자치법 제16조), 지방선거에서 선거권 · 피선거권은 국민인 주민에게만 유보된다(지방자치법 제17조 제3항). 그러나 최근 공직선거법 제15조 제2항을 개정하여 '출입국관리법 제10조에 따른 영주의 체류자격 취득일 후 3년이 지난 외국인으로서 출입국관리법 제34조에 따라 해당 지방자치단체의 외국인등록대장에 올라 있는 사람'에게 선거권을 부여하여 외국인에 대한 지방선거권 부여에 관한 논란을 입법적으로 해결하였다.[96] 물론 외국인의 피선거권은 인정하지 않았다(공직선거법 제16조 제3항).

(ⅱ) 외국의 입법례와 판례 – 비교법적 검토

ⓐ 일본

일본 최고재판소는 1995년 2월 28일 외국인의 참정권 관련 소송에서 일본 헌법상 참정권 보장에 관한 조항은 일본 국민에 대해서만 적용된다는 종전 일본 법원 견해를 뒤집으면서 지방자치의 중요성을 고려하여 일본에 체류하는 외국인 중 그 거주하는 구역의 지방자치단체와 특별히 밀접한 관련이 있는 지방자치단체의 공공사무 처리에 반영시키기 위해서 (일본에 생활의 본거가 있고 영주 자격이 있는) 정주외국인에게 법률에 따라서 지방선거권을 부여하는 것이 헌법상 금지되지 않고 단지 입법정책 문제일 뿐이라는 판결을 내렸다.[97]

ⓑ 독일

독일 함부르크주(1989년 2월 20일)와 슐레스비히 – 홀슈타인주(1989년 2월 21일)에서는 선거법 개정으로 일정 기간 이상 독일에 거주한 외국인에게 지방선거권을 부여하였다. 이 개정선

---

95) 현행법은 대통령과 국회의원의 선거권과 피선거권을 국민에게만 인정할(공직선거법 제15조, 제16조) 뿐 아니라 국내체류외국인의 정치활동을 금지하고(출입국관리법 제17조 제2항), 정당원자격 취득도 금지하며(정당법 제22조 제2항), 외국인의 정치자금 기부도 불허한다(정치자금법 제31조 제1항).

96) 개정 전에는 모든 외국인을 일률적으로 파악하여 권리를 부여하기보다는 외국인의 성질(예를 들어 생활실태 등)을 고려하여 현거주지와 강력한 유대관계를 맺고 있는 외국인을 특별히 보호할 필요가 있지 않은지, 특히 지방영역에서 지방주민으로서 대한민국 국민인 주민과 같은 의무를 질 뿐 아니라 자신들이 뿌리를 내리고 사는 지방자치단체가 내리는 결정과 밀접한 생활연관을 맺고 사는 정착외국인에게 지방선거권을 부여하여서 그러한 결정에 참여하게 하는 것이 지방자치단체의 본질인 주민자치에 들어맞는 것이 아닌지가 문제 되었다.

97) 정인섭, 『재일교포의 법적지위』, 서울대학교출판부, 1996, 423쪽.

거법은 1990년 10월 31일 연방헌법재판소에서 위헌무효판결을 받았다.[98] 그러나 동 판결은 외국인에게 지방선거권을 부여하는 것이 헌법 개정 한계에는 포함되지 아니하는 사항이라고 하여, 헌법 개정을 통해서는 도입할 수 있는 것으로 보았다.

ⓒ 유럽연합

서유럽국가들은 1970년대부터 외국인에 대한 지방참정권을 인정하기 시작하였다. 그러나 유럽공동체 차원에서 외국인의 지방참정권 도입은 마스트리히트조약을 통해서 실현되었다. 1992년 2월 조인된 마스트리히트조약은 유럽연합 시민이 자기가 국적을 가지지 않은 다른 유럽공동체회원국에 거주할 때 그 국가의 국민과 같은 조건 아래 지방선거의 선거권과 피선거권이 있게 하고 이에 들어맞지 아니하는 회원국 헌법은 개정하도록 의무화하였다. 이에 따라서 독일은 1992년 2월 21일 기본법 제38차 개정에서 제28조 제1항 중 "지방자치단체의 선거에서는 유럽공동체회원국 국적이 있는 사람도 유럽공동체법에 정한 바에 따라서 선거권과 피선거권이 있다."라는 규정을 삽입하였고, 이제 '유럽연합 시민인' 외국인에 대한 지방선거권 부여의 헌법합치성 문제는 더는 논의할 필요가 없게 되었다.

③ 사회권

사회권은 자연법적 연원을 갖고 헌법이 실정화한 기본권이 아니라서 외국인에 대한 사회보장 급부 참여 기회는 단순히 개별 법률에 따라서 보장될 수 있을 뿐이다. 즉 국내에 사는 외국인에 대한 사회보장제도 적용은 상호주의원칙에 따르되, 관계 법령이 정하는 바에 따른다(사회보장기본법 제8조).

국민연금은 '국민'만을 대상으로 한다(국민연금법 제6조). 공무원연금은 외국인의 공무원 취임이 가능할 때 문제가 된다. 다만, 외국인이 사립학교 교직원 신분을 취득하면 사립학교교직원연금에서 내국인과 동등한 대우를 받을 수 있다(사립학교교직원 연금법 제3조). 국민건강보험도 '국민'만을 대상으로 하고 국적을 잃으면 그 다음 날로 자격을 상실하게 된다(국민건강보험법 제5조 제1항, 제10조 제1항 제2호). 다만, 산업재해보상보험은 적용대상 사업장에 외국인이 근무하면 적용될 수 있다(산업재해보상보험법 제6조).

국민기초생활보장법은 각종 급여(생계급여, 주거급여, 의료급여 등)를 받을 수 있는 대상자의 범위를 '국민'으로 한정하지는 않으나 실무상 국민인 수급권자에게만 급여한다. 그 밖의 복지제도(아동복지, 장애인복지, 모·부자복지 등)에서도 마찬가지로 적용대상자 범위를 '국민'으로 한정하는 명문 규정은 없으나 실무상 국민에게만 적용된다. 기초연금법상 연금수급권은 국적을 잃으면 상실하도록 한다(기초연금법 제17조 제2호).

---

98) BVerfGE 83, 37; 83, 60.

(3) 일정한 직업에 대한 제한

① 공직

(ⅰ) 개별법에 따른 명시적 제한

경찰공무원(경찰공무원법 제7조 제2항 제1호), 장교·준사관·부사관(군인사법 제10조 제2항 제1호), 군무원(군무원인사법 제10조 제1호), 국가정보원 직원(국가정보원직원법 제8조 제2항 제1호), 대통령경호실 직원('대통령 등의 경호에 관한 법률' 제8조 제2항 제1호), 외무공무원(외무공무원법 제9조 제2항 제2호).

(ⅱ) 외국인제한조항이 없는 때

국가공무원법·지방공무원법은 공무원 임용에서는 외국인제한조항을 두지 않는다. 그러나 공권력 행사나 국가 또는 공공단체의 의사결정에 참여하는 공무원으로 외국인을 임용하기는 곤란하다. 다만, 일정 기간 연구 또는 기술업무에 종사하는 과학자·기술자와 특수분야 전문가를 전문직 공무원으로 채용할 수 있다.

(ⅲ) 국·공립학교 교원(교육공무원)

대학은 교육이나 연구를 위해서 외국인을 교원으로 임용할 수 있다(교육공무원법 제10조의2).

② 공익성이 강한 공공단체 임원 취임 제한

공익성이 강한 공공단체 임원으로 외국인이 취임하는 것은 개별법상 금지된다. 예를 들어 금융통화위원회(한국은행법 제17조 제1호), 공무원연금관리공단(공무원연금법 제10조 제1호), 대한법률구조공단(법률구조법 제15조 제1호), 한국방송공사(방송법 제48조 제1항 제1호) 등의 임원을 들 수 있다.

③ 전문직·자격증 제한

변호사 자격을 대한민국 국민으로 제한하는 규정은 삭제되었다(1996년 12월 12일). 그리고 도선사(도선법 제6조 제1호)는 대한민국 국민에 유보된다.

④ 의료직

의사, 치과의사, 한의사, 조산사, 간호사, 약사, 수의사, 의료기사, 의무기록사, 안경사 등 의료직은 외국인에게 개방된다.

⑤ 언론직

외국인은 언론직에 종사할 수 있으나, 일정한 책임자 직위에 종사할 수는 없다. 예를 들어 신문 등 정기간행물 발행인 또는 편집인("신문 등의 진흥에 관한 법률" 제13조 제1항 제1호), 방송국의 장, 편성책임자, 유선방송사업자(방송법 제13조 제2항 제1호, 제13조 제3항 제1호) 등은 대한민국 국적이 있어야 한다.

⑥ 국민경제에 영향이 큰 상당 규모의 사업에 대한 외국인 참여 제한

외국인 소유의 항공기나 선박은 국적항공기·선박으로 등록할 수 없다(항공안전법 제10조 제1항 제1호, 선박법 제2조 제2호). 그리고 항공운송사업은 내국인에게 유보된다(항공사업법 제9조 제1호). 또한, 시·도지사나 시장·군수 또는 자치구의 구청장은 외국인에게 어업의 면허나 어업허가를 하려면 미리 해양수산부 장관과 협의하여야 한다(수산업법 제5조 제1항).

7. 외국인의 의무

(1) 외국인에게 면제되는 공적 의무

외국인에게 면제되는 공적 의무로는 병역법상 병역의무, 민방위기본법상 민방위대편성의무, 전시근로동원법상 근로동원의무 등이 있다.

(2) 외국인도 부담하는 공적 의무

외국인도 부담하는 공적 의무로는 비상시 징발법상 징발에 응할 의무, 재해구호법상 주민협력의무, 지방자치법상 주민비용분담의무 등이 있다.

(3) 특히 납세의무 부담

국내에 주소를 두거나 1년 이상 거소를 둔 외국인은 그 원천의 국내외를 불문하고 모든 소득에 대해서 납세의무를 부담한다. 비거주외국인은 국내원천의 소득에 대해서는 납세의무가 있으나 외국과 2중과세방지를 위한 협약을 체결하면 일정소득이 면세된다.

제 6 장

헌법의 기본원리

제 6 장 헌법의 기본원리

제 1 절 헌법의 기본원리의 의의

I. 헌법의 기본원리의 개념

헌법의 기본원리는 ① 헌법의 이념을 실현하는 헌법적 과제를 수행하기 위한 것으로서 ② 전체 헌법질서를 형성·유지하는 데 기준이 될 만큼 비중이 있는 ③ 헌법의 (지도적인) 원리를 말한다.[1] 헌법의 기본원리는 1차적으로 국가와 국가조직의 형태를 결정하는 원리를 중심으로 논의되었으므로 국가(를)구성(하는)원리라고도 부른다. 헌법의 기본원리는 헌법 제정이라는 시원적 행위를 통하지 않고는 포기할 수 없는 규범적 내용으로서 헌법이 창설하는 국가의 본질을 형성하는 내용이다.

헌법의 기본원리는 먼저 ① 헌법의 이념을 실현하는 헌법적 과제를 수행하기 위한 것이어야 한다. 헌법의 기본원리는 헌법이 지향하는 이념과 가치를 실현하기 위한 헌법의 원리이다. 헌법의 기본원리는 이러한 이념과 가치를 구체화하는 헌법적 과제(기능)를 하나의 원리 안에 묶어주고 그 과제를 전체 헌법질서 안에서 헌법이 지향하는 이념과 가치를 실현하는 데 지향되도록 연결해 준다. 예를 들어 헌법이 국가기능을 입법, 집행, 사법으로 나누고 각기 다른

---

[1] 헌법의 기본원리를 ① 헌법질서의 전체적 형성에서 그 기초나 지주가 되는 원리(계희열, 『헌법학(상)(신정2판)』, 박영사, 2005, 194쪽), ② 헌법의 이념적 기초가 되는 것이면서 헌법을 총체적으로 지배하는 지도원리(권영성, 『헌법학원론(개정판)』, 법문사, 2010, 125쪽), ③ 정치적 통일과 정의로운 경제질서를 형성하고 국가의 과제를 수행하는 데 준거가 되는 지도적 원리(홍성방, 『헌법학(상)(제3판)』, 박영사, 2016, 112쪽), ④ 정치적 공동체의 기본골격과 조직을 마련하고, 마련된 법적 토대가 올바르게 유지될 수 있도록 기본적이고 구조적이며, 기초를 이루는 원리(김학성/최희수, 『헌법학원론(전정5판)』, 피앤씨미디어, 2021, 122쪽), ⑤ 헌법의 이념적 기초인 동시에 헌법을 지배하는 지도원리(성낙인, 『헌법학(제21판)』, 법문사, 2021, 132쪽), ⑥ 헌법제정권자의 근본결단에 관한 사항으로서 헌법과 국가의 정체성 및 성격을 구성하는 원리(정만희, 『헌법학개론』, 피앤씨미디어, 2020, 92쪽), ⑦ 국가질서를 실질적으로 형성하고 유지하는 기준이나 지침이 되는 원리(장영수, 『헌법학(제13판)』, 홍문사, 2021, 137쪽), ⑧ 헌법 전체를 지배하는 기초적 원리이자, 헌법질서의 지주가 되는 원리(김하열, 『헌법강의(제3판)』, 박영사, 2021, 51쪽), ⑨ 헌법의 기본이 되어 헌법 전반을 관통하는 원리(이준일, 『헌법학강의(제7판)』, 홍문사, 2019, 114쪽), ⑩ 헌법의 이념적 기초가 되는 것이면서 헌법을 총체적으로 지배하는 지도원리(고문현, 『헌법학개론(제2판)』, 박영사, 2020, 29쪽), ⑪ 정치적 통일을 형성하고 국가 과제를 수행하는 데 준거가 되는 지도원리[Konrad Hesse, Grundzüge des Verfassungsrechts der Bundesrepublik Deutschland, 20. Aufl., Heidelberg 1995, Rdnr. 114 (콘라드 헷세, 계희열 옮김, 『통일독일헌법원론』, 박영사, 2001, 77쪽), ⑫ 국가조직 형태를 결정하는 지도적 헌법원리(Klaus Stern, Das Staatsrecht der Bundesrepublik Deutschland, Bd. I, 2. Aufl., München 1984, S. 552)라고도 정의한다.

기관에 기능을 귀속시키는 것(권력분립)과 기본권 보장의 관계를 법치국가원리라는 헌법의 기본원리 틀 안에서 이해할 수 있다. 이렇게 헌법이 부여한 과제(기능)가 하나의 헌법원리 안에서 이해됨으로써 그것이 지향하는 이념과 가치를 분명하게 밝힐 수 있다.

다음으로 ② 전체 헌법질서를 형성·유지하는 데 기준이 될 만큼 비중이 있는 것이어야 한다. 헌법의 기본원리는 헌법의 특정 영역에만 적용되는 원리가 아니라 전체 헌법질서를 형성하고 유지하는 데 기준이 될 정도로 전체 헌법질서에서 차지하는 비중이 큰 것이어야 한다. 예를 들어 비례성원칙이나 보충성원칙은 중요한 헌법(해석)의 원리이지만 헌법의 기본원리라고 할 수는 없다. 이렇게 오늘날 헌법국가에서 전체 헌법질서에서 차지하는 비중이 커서 거의 이론(異論) 없이 합의될 수 있는 헌법의 기본원리로는 민주(국가)원리(민주주의), 법치국가원리, 사회국가원리를 들 수 있다. 그 밖에 평화국가원리, 문화국가원리, 환경국가원리 등이 논의된다. 헌법의 기본원리가 전체 헌법질서에 관련된다는 점에서 전체 헌법질서에 관련되면 '원리', 헌법질서 일부와 관련되면 '원칙'이라고 구별하여 사용하는 것이 바람직하다.

끝으로 ③ 헌법의 지도적인 '원리'를 말한다. 헌법의 기본'원리' 그 자체는 헌법의 기본'이념'과 구별된다. 원리는 이념을 지향하며 이념을 실현하기 위한 틀이다. 그리고 '원리'는 객관적인 것으로 주관적인 '권리'와 구별된다. 원리는 추상적이거나 일반적 내용을 담는 점에서 그 자체에서 구체적인 권리를 도출할 수는 없다. 물론 원리도 개별 헌법규정과 결합하여 구체적인 권리의 근거가 될 수는 있다.

주의할 것은 헌법의 기본원리는 서로 구별되는 영역에서 발전해 온 것이 아니라 다른 기본원리와 독립적으로 또는 서로 영향을 주고받으면서 발전해 왔다. 따라서 각 기본원리는 일정 영역에서 서로 겹치는 내용을 담기도 하고, 때로는 어떤 내용이 어느 기본원리에 해당하는지가 모호하기도 하다. 그리고 이러한 되먹임(feedback) 현상은 현재진행형이다. 이는 헌법의 기본원리가 지닌 포괄성에서 비롯하는 피할 수 없는 결과이기도 하다. 다만, 기본원리의 내용이 중첩되고 서로 제어하고 보완하더라도 각자의 고유한 내용은 있어야 한다.[2] 그리고 구체적인 위헌심사기준을 도출하기 어렵다는 것이 기본원리성을 부정하는 근거가 되지 못한다. 법치국가원리를 제외한 다른 기본원리들도 구체적인 위헌심사기준을 거의 담고 있지 못하기 때문이다. 법치국가원리가 구체적인 위헌심사기준을 다수 포함하는 것은 법치국가원리가 법의 해석과 적용을 직접 대상으로 한다는 특수성에서 비롯한다.

---

2) 방승주, 「민주공화국 100년의 과제와 현행헌법」, 김선택/정태호/방승주/김광재, 『3·1대혁명과 대한민국헌법』, 푸블리우스, 2019, 209쪽 참조.

Ⅱ. 헌법 기본원리의 규범적 의의

헌법의 기본원리는 헌법규정을 비롯한 모든 법령을 해석하고 적용하는 기준이 된다는 데 규범적 의의가 있다. 따라서 먼저 ① 법적으로 의심스러운 문제를 해결할 때 해석상 보조수단이 되고, ② 법규정의 흠결이 있을 때 그를 메울 수 있는 포괄적 구성요건이 된다. 그리고 헌법의 기본원리는 ③ 국가기관과 국민이 존중하고 준수하여야 할 최고의 가치규범으로서 ④ 입법권 행사의 범위와 한계를 확정하고 국가정책결정의 방향을 제시하는 기준이 될 뿐 아니라 헌법재판을 포함한 모든 재판의 심사기준이며, ⑤ 그 핵심 부분은 헌법 개정의 내재적 한계가 된다.3)

제 2 절 헌법 전문

Ⅰ. 헌법전 일부로서 헌법 전문

헌법 전문은 헌법 본문 앞에 있는 문장이다. ① 헌법 제정의 역사적 의미와 제정연혁, ② 헌법이 지향하는 기본적 가치가 여기에 주로 기술된다. 일반 법령과 달리 공포문 이외에 헌법 본문 앞에 헌법 전문을 붙여서 공포된다. 그리고 헌법 전문은 가볍게 보기 어려운 내용을 포함한다. 이러한 점에서 헌법 전문이 헌법 본문처럼 헌법규범으로서 효력이 있는지, 효력이 있다면 그 정도는 어떠한지, 즉 법실무상 헌법 전문에서 어떠한 구체적인 법적 효력을 도출할 수 있는지가 문제 된다.

---

3) 계희열, 『헌법학(상)(신정2판)』, 박영사, 2005, 194~195쪽; 권영성, 『헌법학원론(개정판)』, 법문사, 2010, 125~126쪽; 고문현, 『헌법학개론(제2판)』, 박영사, 2020, 29쪽; 김선택, 「공화국원리와 한국헌법의 해석」, 『법제』제609호, 법제처, 2008. 9., 71쪽; 석인선, 『헌법총론』, 세창출판사, 2014, 83쪽; 홍성방, 『헌법학(상)(제3판)』, 박영사, 2016, 112쪽 참조.

헌재 1991. 3. 11. 91헌마21, 판례집 3, 91, 103: "우리 헌법은 그 전문과 제1조에서 헌법의 최고이념 내지 기본원리가 국민주권주의와 자유민주주의임을 천명하고 있으며 이는 헌법조문을 비롯한 모든 법령해석의 근거 내지 기준이 되는 부동의 최고원리이고 모든 국가작용이 이에 기속되므로 법률의 제정 및 정책의 시행도 위 기본원리를 일탈할 수는 없는 것이다."

헌재 1996. 4. 25. 92헌바47, 판례집 8-1, 370, 380: "헌법의 기본원리는 헌법의 이념적 기초인 동시에 헌법을 지배하는 지도원리로서 입법이나 정책결정의 방향을 제시하며 공무원을 비롯한 모든 국민·국가기관이 헌법을 존중하고 수호하도록 하는 지침이 되며, 구체적 기본권을 도출하는 근거로 될 수는 없으나 기본권의 해석 및 기본권제한입법의 합헌성 심사에 있어 해석기준의 하나로서 작용한다."

헌재 2001. 9. 27. 2000헌마238등, 판례집 13-2, 383, 400: "대한민국의 주권을 가진 우리 국민들은 헌법을 제정하면서 국민적 합의로 대한민국의 정치적 존재형태와 기본적 가치질서에 관한 이념적 기초로서 헌법의 지도원리를 설정하였다. 이러한 헌법의 지도원리는 국가기관 및 국민이 준수하여야 할 최고의 가치규범이고, 헌법의 각 조항을 비롯한 모든 법령의 해석기준이며, 입법권의 범위와 한계 그리고 국가정책결정의 방향을 제시한다."

Ⅱ. 법적 효력 인정 여부

19세기 독일[대표적으로 안슈츠(Gerhard Anschütz)] 및 미국[위어(Kenneth Clinton Wheare), 코윈(Edward Samuel Corwin) 등]의 일부 공법학자와 미국 연방대법원이 취하는 효력부정설은 헌법 전문은 헌법의 유래와 목적을 선언하는 데 지나지 않아서 법적 규범력이 없다고 한다. 그러나 효력긍정설은 헌법 전문은 국민적 합의에 기초하여 결정된 헌법의 기본적인 내용을 담으므로 헌법 본문처럼 법적 규범력이 있다고 한다.4) 헌법재판소도 헌법 전문의 재판규범성을 인정하여 법률이 헌법 전문에 어긋나면 위헌임을 인정한다.5) 공포문과 달리 헌법 전문은 헌법전 일부이고 헌법의 유래와 목적을 선언하는 데 그치지 않으므로 헌법으로서 효력이 있다. 따라서 헌법재판소와 법원도 이를 재판규범으로 원용하여 재판을 하여야 한다.

Ⅲ. 법적 효력 정도

헌법 전문이 헌법규범인지와 헌법 전문에 어떠한 법적 효력이 있는지는 별개의 문제이다. 따라서 헌법 전문이 헌법 본문과 더불어 헌법전을 구성하여 헌법으로서 효력이 있고 재판규범으로 재판에 원용되더라도, 구체적으로 어떠한 수준의 어떠한 내용이 도출될 수 있는지는 다시 검토되어야 한다. 헌법 전문의 규정목적이나 내용은 주로 헌법 제정의 역사적 배경이나 헌법을 통해서 형성하려는 국가의 기본이념이나 기본성격을 밝힌다. 이러한 점에 비추어 ① 헌법 전문 내용은 헌법과 그 밖의 모든 법령의 해석기준이 되고, ② 거기서 국가목표규정 등 객관법적 내용이 도출될 수 있다. 그리고 ③ 헌법 전문의 핵심내용은 헌법 개정의 내재적 한계로 작용한다.6) 그러나 헌법 전문의 입법취지나 내용에 비추어 헌법 전문에서 국민 개인의 구체적인 주관적 권리를 직접 끌어내기는 어렵다.7) 다만, 헌법 전문이 헌법 본문의 다른 구

---

4) 계희열, 『헌법학(상)(신정2판)』, 박영사, 2005, 199쪽; 권영성, 『헌법학원론(개정판)』, 법문사, 2010, 126쪽; 성낙인, 『헌법학(제21판)』, 법문사, 2021, 129쪽; 이준일, 『헌법학강의(제7판)』, 홍문사, 2019, 86쪽; 홍성방, 『헌법학(상)(제3판)』, 박영사, 2016, 118쪽.

5) 헌재 1990. 4. 2. 89헌가113, 판례집 2, 49.

6) 이상 권영성, 『헌법학원론(개정판)』, 법문사, 2010, 130~131쪽; 성낙인, 『헌법학(제21판)』, 법문사, 2021, 130쪽; 심경수, 『헌법(제2판)』, 법문사, 2020, 65쪽; 양 건, 『헌법강의(제10판)』, 법문사, 2021, 104쪽; 정만희, 『헌법학개론』, 피앤씨미디어, 2020, 90쪽; 정재황, 『신헌법입문(제11판)』, 박영사, 2021, 22~23쪽; 정종섭, 『헌법학원론(제12판)』, 박영사, 2018, 219~220쪽; 홍성방, 『헌법학(상)(제3판)』, 박영사, 2016, 118~119쪽 참조.
   헌재 2006. 3. 30. 2003헌마806, 판례집 18-1상, 381, 391: "헌법 전문은 헌법의 이념 내지 가치를 제시하고 있는 헌법규범의 일부로서 헌법으로서의 규범적 효력을 나타내기 때문에 구체적으로는 헌법소송에서의 재판규범인 동시에 헌법이나 법률해석에서의 해석기준이 되고, 입법형성권 행사의 한계와 정책결정의 방향을 제시하며, 나아가 모든 국가기관과 국민이 존중하고 지켜가야 하는 최고의 가치규범이다(헌재 1989. 9. 8. 88헌가6, 판례집 1, 199, 205)."

7) 헌재 2001. 3. 21. 99헌마139등, 판례집 13-1, 676, 693: "… 청구인들이 침해받았다고 주장하는 기본권 가운데

체적 규정과 결합하여 구체적인 주관적 권리의 근거가 될 수는 있다.

Ⅳ. 대한민국 헌법 전문의 내용

1. 헌법개정권력의 소재

"… 우리 대한국민은 … 1948년 7월 12일에 제정되고 8차에 걸쳐 개정된 헌법을 이제 국회의 의결을 거쳐 국민투표에 의하여 개정한다."라고 함으로써 '국민'이 헌법 개정의 주체임을 밝힌다.

2. 대한민국 법통 확인

"유구한 역사와 전통에 빛나는 우리 대한국민은 3·1운동으로 건립된 대한민국임시정부의 법통과 불의에 항거한 4·19 민주이념을 계승하고, … 1948년 7월 12일에 제정되고 8차에 걸쳐 개정된 헌법을 …개정한다."라고 하여 대한민국이 대한민국 임시정부의 법통을 계승한 한반도 안 유일한 합법정부가 있는 국가로서 정통성이 있음을 밝힌다. 여기서 법통을 계승한다는 의미는 '법적 주체성의 동일화'를 뜻한다. 동 규정에 따라 대한민국 정부가 대한민국 임시정부의 법적 주체성을 계승하므로, 대한민국 임시정부의 권리와 의무를 승계하는 법적 효과가 발생한다.

3. 4·19 민주이념 계승

"불의에 항거한 4·19 민주이념을 계승하고"라는 문구는 1987년 개헌 협상 과정에서 저항권에 관한 규정을 명시하는 것 대신에 헌법 전문에 추가되었다. 당시 개정안작성자들이 동 문구를 저항권에 관한 완곡한 표현으로 추가하였다는 점을 근거로 동 문구를 저항권의 근거 규정으로 해석할 수도 있다는 견해[8]도 있다. 하지만 개인의 주관적 권리인 저항권을 여기서 도출할 수 있다고 보기는 어렵다.

4. 조국의 민주개혁

"조국의 민주개혁 …의 사명에 입각하여"라고 함으로써 과거 독재정권에서 이루어진 비민주적인 질서를 배격하고 (참된) 민주주의를 구현하여야 한다는 과제, 즉 민주주의적 국가 구성을 국가목표의 하나로 인정한다.

"헌법전문에 기재된 3.1정신"은 우리나라 헌법의 연혁적·이념적 기초로서 헌법이나 법률해석에서의 해석기준으로 작용한다고 할 수 있지만, 그에 기하여 곧바로 국민의 개별적 기본권성을 도출해낼 수는 없다……."

8) 권영성, 『헌법학원론(개정판)』, 법문사, 2010, 80~81쪽; 김철수, 『학설·판례 헌법학(전정신판)(상)』, 박영사, 2009, 261쪽.

5. 평화적 통일의 사명

"조국의 … 평화적 통일의 사명에 입각하여"라고 함으로써 조국의 분단된 현실을 인정하고, 민족의 과제인 통일을 평화적으로 달성할 것, 즉 평화통일원칙을 국가목표의 하나로 인정한다.

6. 정의·인도와 동포애로써 민족의 단결 – 국민의식

"정의·인도와 동포애로써 민족의 단결을 공고히 하고"라고 함으로써 민족을 중심으로 정의·인도와 동포애를 기반으로 한 국민의식 함양을 선언한다. 대한민국이 정의·인도와 동포애로써 민족이 단결하는 민족주의를 기본정신으로 한다는 것을 알 수 있다. 이는 민족 단결을 기피하고 계급적 분열을 기도하는 공산주의에 반대하여 당파심, 이기심, 특권의식, 계급적 적개심, 지방적 편견, 다른 민족 배척 등의 편향된 의식을 버리고 정의·인도와 동포애에 기초하는 민족국가 지향을 뜻한다.9)

7. 모든 사회적 폐습과 불의를 타파하며 … 능력을 최고도로 발휘하게 하며

"모든 사회적 폐습과 불의를 타파하며, 자율과 조화를 바탕으로 자유민주적 기본질서를 더욱 확고히 하여 정치·경제·사회·문화의 모든 영역에 있어서 각인의 기회를 균등히 하고, 능력을 최고도로 발휘하게 하며"라고 함으로써 자유와 평등을 기초로 한 민주주의를 규정한다. 대한민국의 민주적 성격을 표시함과 동시에 민주주의를 실현하는 여러 제도를 수립하기 위해서 전통이라는 이름으로 전래하였던 봉건적·비민주적 또는 식민지적인 모든 폐습을 타파하라고 요청하는 규정이다.10)

8. 자유와 권리에 따르는 책임과 의무 – 책임윤리, 공동체내재적 인간상

"자유와 권리에 따르는 책임과 의무를 완수하게 하여"라고 함으로써, 국민의 자유와 권리뿐 아니라 그와 동시에 책임윤리를 강조한다. 이로써 개인과 국가의 관계를 기준으로 헌법의 인간상을 파악하면, 헌법이 지향하는 인간상은 국가와 무관한 이기적인 인간이 아니라 국가공동체에 공동으로 책임을 지는 인간상(공동체내재적 인간상)을 채택하였음을 알 수 있다. 헌법재판소는 헌법의 인간상으로서 "자기결정권을 지닌 창의적이고 성숙한 개체", "스스로 선택한 인생관·사회관을 바탕으로 사회공동체 안에서 각자의 생활을 자신의 책임하에서 스스로 결정하고 형성하는 성숙한 민주시민"이라고 규정한다.11)

---

9) 유진오, 『신고 헌법해의』, 탐구당, 1957, 41~42쪽.
10) 유진오, 『신고 헌법해의』, 탐구당, 1957, 41~42쪽.

9. 안으로는 국민생활의 균등한 향상 – 민주주의 실질화, 사회국가

"안으로는 국민생활의 균등한 향상을 기하고"라고 함으로써 민주주의를 형식적으로만이 아니라 실질적으로 보장하려는 국가목표, 즉 사회국가를 실현하자는 내용을 담았다.

10. 밖으로는 항구적인 세계평화와 인류공영 – 평화국가원리(국제평화주의)

"밖으로는 항구적인 세계평화와 인류공영에 이바지함으로써"라고 함으로써 평화국가원리 (국제평화주의)를 선언한다.

11. 우리들과 우리들의 자손의 안전과 자유와 행복 – 국가목적 집약

"우리들과 우리들의 자손의 안전과 자유와 행복을 영원히 확보할 것을 다짐하면서"라고 함으로써 대한민국이 실현하여야 할 국가목적을 셋으로, 즉 ① 안전, ② 자유, ③ 행복 = 복 지로 집약한다.

제 3 절 국가형태

Ⅰ. 자유민주적 기본질서

1. 헌법규정

헌법 전문("자유민주적 기본질서를 더욱 확고히 하여")과 제4조("… 자유민주적 기본질서에 입각 한 평화적 통일정책을 수립하고 이를 추진한다.")에는 '자유민주적 기본질서'를 규정하고, 헌법 제8 조 제4항("정당의 목적이나 활동이 민주적 기본질서에 위배될 때에는 … 해산된다.")은 '민주적 기본 질서'라고 규정한다.

2. 자유민주적 기본질서의 의의

자유민주적 기본질서라는 개념은 독일 기본법상 '자유롭고 민주적인 기본질서'[12]에서 비 롯한다. 자유민주적 기본질서는 자유로운 기본질서와 민주적인 기본질서의 결합으로 이해되 어야 한다.[13] 여기서 자유로운 기본질서란 자유가 보장되는, 즉 기본적 인권이 보장되는 기

---

11) 헌재 1998. 5. 28. 96헌가5, 판례집 10-1, 541, 555.

12) Freiheitliche demokratische Grundordnung (독일 기본법)이나 Freiheitlich-demokratische Grundordnung.

13) 제4대 제35회 제34차 국회본회의 회의록 17쪽 헌법개정안기초위원장(정헌주): "그 다음에 물으신 것은 헌법에 민주적 기본질서의 한계는 무엇인가 이것을 불으셨는데 이것은 여러번 되풀이해서 말씀드리는 것입니다마는 자

본질서를 말한다. 이때의 기본질서는 헌법질서를 가리킨다. 따라서 자유민주적 기본질서란 기본적 인권이 보장되는 민주주의 헌법질서를 뜻한다. 이러한 점에서 자유민주적 기본질서는 사회민주주의가 아니라 국민의 기본적 인권을 보장하지 아니하고, 민주적 정당성도 확보되지 아니하는 전체주의(특히 파시즘과 나치즘, 인민민주주의)와 대립한다. 요컨대 기본적 인권 보장이 법치국가원리의 핵심내용인 점에 비추어 자유민주적 기본질서는 민주주의와 법치국가의 결합, 즉 법치국가적 민주주의를 가리킨다. 이러한 내용은 헌법의 핵심사항이므로, 자유민주적 기본질서를 '요약한 헌법'이라고 부를 수도 있다. 따라서 자유민주적 기본질서는 헌법개정의 한계에 해당한다.[14]

자유민주적 기본질서를 법치국가적 민주주의로 이해하면, 법치국가의 주요 내용인 자유와 평등의 보장에서 평등은 실질적으로 이해된다. 이러한 실질적 평등으로 말미암아 헌법 해석상 '자유민주적 기본질서'의 개념에는 사회국가원리의 핵심내용도 포함된다.[15] 이러한 점을 고려하면, 민주적 기본질서에 사회민주적 기본질서가 포함되는지를 다투는 것은 무의미할 뿐 아니라 유해하기까지 하다.[16] 그리고 헌법 제8조 제4항의 주된 목적은 정당의 특별한 보호라는 점을 고려하면, 정당해산요건인 '민주적 기본질서'는 가능한 한 좁게 이해할 수밖에 없다. 특히 정당해산제도가 가치구속주의의 산물이라는 점에서 '민주적 기본질서'는 절대 포기할 수 없는 헌법의 핵심이어야 한다. 이러한 점에 비추어 헌법 제8조 제4항의 '민주적 기본질서'는 '자유민주적 기본질서'로 이해할 수밖에 없다.[17]

자유민주적 기본질서는 자유민주주의와 구별하여야 한다. 자유민주주의는 다양한 민주주의의 구체적 형태 중 하나이지만, 자유민주적 기본질서는 민주주의가 기능할 수 있게 하는 기초에 해당한다. 따라서 자유민주주의나 사회민주주의와 같은 민주주의의 구체적 형태는 자유민주적 기본질서와 직접적 관련성이 없다. 자유민주적 기본질서는 자유민주주의와 사회민주주의를 비롯한 모든 민주주의 형태의 토대가 될 뿐이다. 더욱이 자유민주주의 개념에 관해서는 다양한 견해가 있고, 구체적으로 자유민주주의의 내용이 무엇인지는 명확하지 않다. 따라서 자유민주주의는 핵심적 가치가 지녀야 할 명확성을 갖추지 못하였다. 나아가 가치상대주의를 강조하는 자유민주주의가 가치절대주의에 기반한 자유민주적 기본질서와 직접적 관련성이 있다고 보는 것은 타당하지 않다. 따라서 자유민주주의가 자유민주적 기본질서에 토대

유스럽고 민주적인 사회질서와 정치질서를 말하는 것입니다."

14) 이상 허완중, 『한국헌법체계에 비춘 헌법 제4조의 해석』, 헌법재판소 헌법재판연구원, 2014, 40쪽.

15) 한수웅, 「자유민주주의에서 정당해산심판의 헌법적 문제점」, 『헌법재판연구』 제3권 제2호, 헌법재판소 헌법재판연구원, 2016, 192쪽 참조.

16) 비슷한 견해: 김학성/최희수, 『헌법학원론(전정5판)』, 피앤씨미디어, 2021, 173쪽; 이성환/정태호/송석윤/성선제, 『정당해산심판제도에 관한 연구』(헌법재판연구 제15권), 헌법재판소, 2004, 140~142쪽; 한수웅/정태호/김하열/정문식(정태호 집필), 『주석 헌법재판소법』, 헌법재판소 헌법재판연구원, 2015, 747~748쪽.

17) 이상 허완중, 『한국헌법체계에 비춘 헌법 제4조의 해석』, 헌법재판소 헌법재판연구원, 2014, 44~45쪽.

를 둠은 당연하지만, 자유민주적 기본질서를 자유민주주의와 동일시하거나 자유민주적 기본 질서와 자유민주주의의 직접적 관련성을 강조하는 것은 적절하지 않다.[18]

3. 자유민주적 기본질서의 구성요소

헌법재판소는 "자유민주적 기본질서에 위해를 준다 함은 모든 폭력적 지배와 자의적 지배 즉 반국가단체의 일인독재 내지 일당독재를 배제하고 다수의사에 의한 국민의 자치, 자유·평 등의 기본원칙에 의한 법치주의적 통치질서의 유지를 어렵게 만드는 것이고, 이를 보다 구체 적으로 말하면 기본적 인권의 존중, 권력분립, 의회제도, 복수정당제도, 선거제도, 사유재산과 시장경제를 골간으로 한 경제질서 및 사법권의 독립 등 우리의 내부체제를 파괴·변혁시키려 는 것으로 풀이할 수 있을 것이다."[19]라고 판시하여 자유민주적 기본질서의 적극적 내용을 독일 연방헌법재판소[20]와는 다소 다르게 구성하였다. 특히 사유재산과 시장경제를 골간으로 한 경제질서를 포함한 점이 특이하다.[21] 자유민주적 기본질서는 정치질서를 가리킬 뿐 아니 라 경제질서는 양 극단 사이에서 다양한 형태가 있어서 그 자체로 불명확한 개념이라는 점에 서 자유민주적 기본질서에 경제질서를 포함하는 것은 타당하지 않다.[22] 헌법재판소도 헌재 2004. 5. 14. 2004헌나1 결정에서 "구체적으로, 탄핵심판절차를 통하여 궁극적으로 보장하고 자 하는 헌법질서, 즉 '자유민주적 기본질서'의 본질적 내용은 법치국가원리의 기본요소인 '기

---

18) 이상 허완중, 「통일의 이념적 기초인 자유민주적 기본질서」, 『통일과 헌법재판 3』, 헌법재판소 헌법재판연구원, 2018, 105쪽.

19) 헌재 1990. 4. 2. 89헌가113, 판례집 2, 49, 64; 헌재 2001. 9. 27. 2000헌마238, 판례집 13－2, 383, 400－402.

20) 독일 연방헌법재판소는 자유민주적 기본질서를 구성하는 적극적 내용을 "독일 기본법에서 내려진 헌법정책적 결 단을 따르면, 결국 자유민주적 기본질서의 기초가 되는 것은 인간은 창조질서 안에서 고유의 독자적 가치를 지 니며 자유와 평등은 국가적 통일의 항구적 기본가치라는 생각이다. 그러므로 기본질서는 가치구속적인 질서이 다. 이는 인간의 존엄과 자유와 평등을 거부하는 배타적인 통치권력으로서 전체국가의 반대개념이다. … 그러므 로 자유민주적 기본질서는 모든 폭력적 지배와 자의적 지배를 배제하고 그때그때의 다수의사에 따른 국민의 자 기 결정과 자유 및 평등에 기초하는 법치국가적 통치질서를 말한다. 이 질서의 기본적 원리에는 적어도 다음과 같은 것이 포함되어야 한다: 기본법이 구체화하는 기본적 인권, 특히 생명권과 인격의 자유로운 발현권 존중, 국 민주권, 권력분립, 정부의 책임성, 행정의 합법률성, 사법권 독립, 복수정당제의 원리와 헌법상 야당을 결성하고 활동할 권리를 포함하는 정당에 대한 기회균등."이라고 판시한 바 있다[BVerfGE 2, 1 (12 f.); 5, 85 (140)].

21) 이에 관해서 부정적인 견해로는 송석윤, 「정당해산심판의 실체적 요건 － 정당해산심판제도의 좌표와 관련하여 －」, 『법학』 제51권 제1호, 서울대학교 법학연구소, 2010, 57~59쪽; 이성환/정태호/송석윤/성선제, 『정당해산심 판제도에 관한 연구』(헌법재판연구 제15권), 헌법재판소, 2004, 149~153쪽.

22) 제4대국회 제35회 국회임시회의속기록 제34호, 국회사무처, 1960. 6. 11., 17쪽(정헌주 헌법개정안기초위원장: "그 다음에 물으신 것은 헌법에 민주적 기본질서의 한계는 무엇인가 이것을 물으셨는데 이것은 여러 번 되풀이 해서 말씀드리는 것입니다다마는 자유스럽고 민주적인 사회질서와 정치질서를 말하는 것입니다. 그렇기 때문에 이 경제적 질서를 말하는 것은 아닙니다. 헌법에 있어서 가지고도 자유로운 기본질서라고 하는 것은 이것은 정치적 사회적 질서를 말하는 것이지 경제적 질서까지를 말하는 것은 아니다 이렇게 본 위원회는 해석하고 있습니다.") 참조. 같은 견해로는 이재희, 「전투적 민주주의로부터의 민주주의 수호」, 『공법학연구』 제15권 제2호, 한국비교 공법학회, 2014, 124~125, 127~128쪽; 이황희, 「민주적 기본질서 위배의 의미 － 헌법재판소의 해석(2013헌다1) 에 관한 분석 －」, 『법조』 제65권 제5호(통권 제716호), 법조협회, 2016. 5., 25~28쪽.

본적 인권의 존중, 권력분립, 사법권의 독립'과 민주주의원리의 기본요소인 '의회제도, 복수정당제도, 선거제도' 등으로 구성되어 있다는 점에서(헌재 1990. 4. 2. 89헌가113, 판례집 2, 49, 64),"23)라고 하여 자유민주적 기본질서를 법치국가원리의 기본요소와 민주주의원리의 기본요소로 나누어 이전 선례에서 언급한 요소들을 모두 그대로 반복하면서도, 두 기본요소 어디에도 포함하기 곤란한 '사유재산과 시장경제질서를 골간으로 하는 경제질서'만 빼버렸다.24) 헌재 2014. 12. 19. 2013헌다1 결정에서는 "입헌적 민주주의의 원리, 민주 사회에 있어서의 정당의 기능, 정당해산심판제도의 의의 등을 종합해 볼 때, 우리 헌법 제8조 제4항이 의미하는 민주적 기본질서는, 개인의 자율적 이성을 신뢰하고 모든 정치적 견해들이 각각 상대적 진리성과 합리성을 지닌다고 전제하는 다원적 세계관에 입각한 것으로서, 모든 폭력적·자의적 지배를 배제하고, 다수를 존중하면서도 소수를 배려하는 민주적 의사결정과 자유·평등을 기본원리로 하여 구성되고 운영되는 정치적 질서를 말하며, 구체적으로는 국민주권의 원리, 기본적 인권의 존중, 권력분립제도, 복수정당제도 등이 현행 헌법상 주요한 요소라고 볼 수 있다."라고 하여25) 국민주권의 원리를 추가하면서 '사유재산과 시장경제질서를 골간으로 하는 경제질서'뿐 아니라 의회제도와 선거제도까지 제외하였다.

   민주(국가)원리(민주주의)에서 나오는 국민주권, 다원주의와 그것을 집단적 측면에서 반영하는 복수정당제, 헌법상 야당을 결성하고 활동할 권리를 포함하는 정당에 대한 기회균등과 법치국가원리에서 도출되는 기본적 인권의 존중과 권력분립 그리고 국가권력의 법기속성을 자유민주적 기본질서의 구성요소로 볼 수 있다. 그러나 이러한 요소들의 내용이 모두 자유민주적 기본질서의 내용을 구성한다고 볼 수는 없다. 즉 이러한 요소들도 핵심영역이 보장되어 본질이 훼손되지 않으면, 그 구체적 내용이 달라져도 자유민주적 기본질서에 어긋난다고 볼 수 없다. 예를 들어 기본적 인권 보장 자체를 부정할 수는 없으나 기본적 인권 목록을 조정하는 것은 가능하고, 권력분립만 이루어진다면 3권분립이든 4권분립이든 5권분립이든 그 실현방식에 구애되지 않는다. 그리고 자유민주적 기본질서 위배 여부는 구성요소별로 단편적으로 심사되어서는 아니 되고, 종합적으로 검토되어 판단되어야 한다. 자유민주적 기본질서의 개별요소 하나의 탈락만으로 자유민주적 기본질서가 바로 무너진다고 볼 수는 없기 때문이다.26)

---

23) 헌재 2004. 5. 14. 2004헌나1, 판례집 16-1, 609, 656.

24) 헌법재판소 판례에 관한 비판적 평가로는 한수웅/정태호/김하열/정문식(정태호 집필), 『주석 헌법재판소법』, 헌법재판소 헌법재판연구원, 2015, 750~753쪽.

25) 헌재 2014. 12. 19. 2013헌다1, 판례집 26-2하, 1, 22-23.

26) 이에 관해서 자세한 검토는 허완중, 「통일의 이념적 기초인 자유민주적 기본질서」, 『통일과 헌법재판 3』, 헌법재판소 헌법재판연구원, 2018, 113~125쪽.

Ⅱ. 민족국가원리

1. 민족주의의 개념

민족이란 같은 혈통과 언어, 문화 그리고 역사를 바탕으로 같은 지역에 살면서 강한 연대감이 있는 사람들의 정치적 공동체를 말한다. 민족을 구성하는 중요한 요소는 ① 공통된 혈연, ② 같은 언어, ③ 같은 문화, ④ 역사 공유, ⑤ 같은 장소적 생활 기반, ⑥ 연대감이다.27) 한국에서는 민족이 민족주의보다 먼저 있었다. 물론 민족을 전근대적 민족과 근대적 민족으로 구별한다면, 전근대적 민족이 민족주의보다 먼저 있었음은 분명하다. 그러나 근대적 민족이 민족주의보다 먼저 있었는지는 명확하지 않다. 근대적 민족과 민족주의가 (선후를 명확하게 정할 수 없을 정도로 거의) 동시에 만들어졌다는 것이 정확할 것이다. 근대적 민족이 형성되면서 민족주의가 나타났고, 민족주의를 통해서 근대적 민족이 뚜렷하게 정립되었기 때문이다. 민족은 공동체가 역사적으로 발전하면서 형성된 산물이다. 따라서 민족은 언제나 변동하고 절대 고정되지 않는다.28) 이는 민족주의 주체가 유동적임을 뜻하고, 민족주의 내용이 가변적임을 가리킨다. 특히 민족주의는 해당 민족의 다양한 역사적 경험과 과정을 통해서 형성되고 발전된 것이라서 일의적으로 이해하고 평가하기 어렵다.

민족주의는 내셔널리즘(Nationalism)의 번역어이다.29) 내셔널리즘의 운반체인 내이션(Nation)은 국가, 국민, 민족이라는 세 가지 뜻이 있다. 그에 따라 내셔널리즘은 국가주의, 국민주의, 민족주의로 번역될 수 있다.30) 즉 내셔널리즘은 오로지 민족주의로만 번역되는 것은 아니다. 국가주의는 국가를 으뜸으로 여겨 그 권위와 의사에 절대적 우위를 인정함으로써 국가의 부강을 꾀하는 사상과 운동이고, 국민주의는 국민 권익을 옹호하고 확립하기 위해서 근대국가 형성을 지향하는 사상과 운동을 가리킨다.31) 민족주의는 민족이 주체로서 국가를 만들어 민족의 안전과 발전을 도모하는 사상과 운동으로 정의할 수 있다. 한국어에서 국가와 국민, 민족은 엄격하게 구별되고, 민족주의는 오로지 민족을 토대로 이해된다는 점에서 민족주의는 국가주의나 국민주의로 이해될 수는 없다. 게다가 민족주의는 고립적·폐쇄적 개념이 아니라 상관적·개방적 개념이다. 세계라는 전체를 구성하는 한 부분으로서 민족을 생각하며, 다른 민족 및 국가와 맺는 관계 속에서 민족의 의미를 찾는 것이 민족주의이다. 이처럼 민족주의

---

27) 민족의 개념에 관해서 자세한 것은 허완중, 「헌법상 민족의 의미」, 『법과 정책』 제23집 제2호, 2017, 334~342쪽 참조.

28) 한스 콘, 박순식 옮김, 「민족주의 개념」, 백낙청 엮음, 『민족주의란 무엇인가』, 창작과비평사, 1995, 29쪽.

29) 한국에서 민족주의는 국가에 근거한 내셔널리즘(nationalism)이라기보다는 오랜 기간 공유되었던 종족에 근거하고 역사, 언어, 지역을 공유하였던 네이셔니즘(nationism)으로 정의되는 것이 더 타당하다는 견해로는 문상석, 「아나키즘과 민족주의의 접촉점」, 금인숙/문상석/전상숙, 『한국 민족주의와 변혁적 이념체계』, 나남, 2010, 21쪽.

30) 차기벽, 『민족주의원론』, 한길사, 1990, 15쪽.

31) 차기벽, 『민족주의원론』, 한길사, 1990, 15쪽.

는 다른 민족이나 국가와 공존을 도모한다는 점에서 민족우월주의나 배타주의 그리고 제국주
의로 발전할 수 있는 국민주의와 명확하게 구별된다. 다만, 민족주의도 국가주의와 국민주의
처럼 자결원리에 기초한다.[32] 이러한 점에서 민족자결은 민족주의의 핵심 내용이다. 민족주
의는 국수주의와 혼동되기도 한다. 그러나 국수주의는 자기도취나 침략성·폐쇄성 등의 속성
이 있다는 점에서 민족주의와 구별되어야 한다.[33]

헌법 전문에서는 "조국의 민주개혁과 평화적 통일의 사명에 입각하여 정의·인도와 동포
애로써 민족의 단결을 공고히 하고"라고, 헌법 제9조는 "국가는 전통문화의 계승·발전과 민
족문화의 창달에 노력하여야 한다."라고 규정한다. 그리고 대통령은 취임에 즈음하여 "나는
헌법을 준수하고 국가를 보위하며 조국의 평화적 통일과 국민의 자유와 복리의 증진 및 민족
문화의 창달에 노력하여 대통령으로서의 직책을 성실히 수행할 것을 국민 앞에 엄숙히 선서
합니다."라고 선서를 한다(헌법 제69조). 이러한 규정들에 비추어 한국 헌법에서 민족주의를
도출하는 것은 어렵지 않다. 특히 한국 헌법의 아버지인 유진오는 1948년 헌법 전문에서 "정
의 인도와 동포애로써 민족의 단결을 공고히" 한다는 것은 우리가 지금 세우는 국가가 민족
주의를 기본으로 삼는 국가라는 점을 뜻한다고 명확하게 확인한다.[34]

2. 2차적 이념으로서 민족주의

민족주의가 짧은 기간 논의된 것은 아니지만 아직 구체화가 충분히 이루어지지 않아서 그
내용이 추상적일 뿐 아니라 주로 목적을 제시하는 것에 그치고 그 실현방법에 관해서 구체적
으로 말하는 바가 없다. 따라서 민족주의를 다른 이념과 같은 수준으로 이해하는 것은 무리
이다. 먼저 민족주의는 이념으로서 자기완결적 논리 구조를 갖추지 못한다. 즉 민족주의는 목
적을 제시할 뿐이지 그 목적을 달성할 수단을 구체화하지 않는다. 특히 민족주의는 구체적·
이념적 내용을 표방하기보다는 막연히 권리주체만 제시한다. 이러한 점에서 민족주의는 이념
적 가변성이 있다. 이러한 이념적 가변성은 민족주의가 다른 정치이념과 결합하거나 정치이
념 사이의 이질성을 한 단계 높은 차원에서 아우를 수 있게 한다.[35] 구체적 측면에서 민족주
의는 국가의 형성과 형태를 다룬다. 즉 민족주의는 국가를 왜 만들어야 하고, 어떠한 국가를
만들어야 하는지에 관한 이념이다. 그러나 만들어진 국가를 어떻게 조직하고 운영하여야 하
는지는 말하지 않는다. 이러한 내용에 관해서는 민주주의나 사회주의, 자유주의, 보수주의 등
이 이야기한다. 따라서 민족주의는 단독으로 기능할 수 없고 필연적으로 구체적 수단을 제시

---

32) 차기벽, 『민족주의원론』, 한길사, 1990, 15쪽.
33) 정영훈, 「한국사 속의 민족·민족주의·탈민족주의」, 정영훈/유병용/강병수/남광규/임형진, 『한국의 민족주의와
   탈민족주의』, 한국학중앙연구원출판부, 2014, 102쪽.
34) 유진오, 『신고 헌법해의』, 일조각, 1957, 41쪽.
35) 김동성, 『한국민족주의 연구』, 오름, 1996, 347쪽.

하는 다른 이념과 결합하여 나타난다. 정확하게 말하면 근대적 민족주의는 다른 이념보다 늦게 등장하여 이미 구체성을 확보한 다른 이념과 결합하면서 1차적 이념으로 발전할 기회를 잃었다. 따라서 민족주의는 다른 이념을 이끌고 조화하는 수준에 머물렀다. 이러한 점에서 민족주의는 다른 이념으로 보완할 필요가 있는, 옹글지 못한(완벽하지 못한) 이념이다. 민족주의를 '2차적 이념'이라고 부르는 이유도 여기에 있다.[36] 2차적 이념으로서 민족주의는 1차적 이념과 자유롭게 결합할 수 있다. 즉 보수주의자도 자유주의자도 민주주의자도 사회주의자도 모두 민족주의자가 될 수 있다. 이러한 점에서 민족주의는 단순한 하나의 이념이라기보다는 '이념의 이념' 혹은 이념의 모체나 배경이다.[37]

3. 민족주의의 주된 기능

민족주의의 1차적 기능은 타자화가 아니라 우리화이다. 즉 다른 민족이나 국가를 배척하는 것이 아니라 민족이라는 울타리 안에 사람들을 하나로 묶는 것이 민족주의이다. 궁극적으로는 하나의 민족이 하나의 민족국가를 만들어 독자적 주체로서 기능하도록 하는 것이 민족주의이다. 이러한 점에서 통합이 민족주의의 핵심 기능이다. 따라서 배제나 배타는 민족주의가 말하는 바가 아니다. 통합은 동화와 다르다. 통합은 나를 버리고 남과 같아지는 것이 아니라 나를 지키면서 남과 더불어 사는 것, 즉 사람들이 자기 정체성을 지키면서 다른 사람들과 어울려 살면서 공동체를 형성하는 것을 말한다. 이러한 점에서 배타성은 민족주의의 부작용이나 남용일 수는 있어도 민족주의의 (진정한) 기능이나 목적이 될 수는 없다. 어떠한 공동체이든 필연적으로 공동체의 안과 밖을 나눌 수밖에 없는데, 유독 민족이나 민족주의에만 배타성이 있다고 비판하는 것은 이해할 수 없다. 오히려 배타성을 강조하면 그것은 민족주의라고 볼 수 없다.

4. 민족주의의 기본원리성

민족주의는 ① 헌법이 지향하는 구체적 국가상을 제시하면서 그를 위해서 무엇을 하여야 하는지를 밝혀줌으로써 다양한 헌법적 과제를 수행하는 기준과 방향을 결정한다. 그리고 ② 민족주의는 국가의 정체성을 확정하고 국가의 기본3요소를 확정하는 객관적 기준을 세울 뿐 아니라 헌법의 기본원리를 하나로 연결하여 통일적으로 이해될 수 있게 함으로써 전체 헌법질서를 형성하고 유지하는 중요한 뼈대가 된다. 또한, ③ 민족주의는 단순한 지향점이나 존재와 인식의 근거에 머무는 것이 아니라 현실적으로 달성할 수 있는 목표와 그를 실현할 구체적

36) 이상 김영명, 『우리 눈으로 본 세계화와 민족주의』, 오름, 2002, 39쪽; 임지현, 「민족주의」, 김영한/임지현 편, 『서양의 지적 운동 Ⅰ』, 지식산업사, 2002, 539~540쪽; 같은 사람, 『민족주의는 반역이다』, 소나무, 2008, 24쪽; 차기벽, 『민족주의원론』, 한길사, 1990, 68쪽.
37) 장문석, 『민족주의』, 책세상, 2011, 69·70쪽.

방향과 수단을 확정할 수 있는 행위의 기준이 되므로 이념이 아니라 원리이다. 이러한 점에 비추어 민족주의는 다른 기본원리들을 이끄는 지도적 임무를 수행하는 헌법의 기본원리로 볼 수 있다. 물론 다문화사회라는 관점에서 민족주의의 시대적 착오성을 비판할 수도 있다. 그러나 아직 한국은 (다문화사회에 대한 대비가 필요함은 별론으로 하고) 다문화사회로 진입도 하지 못하였을 뿐 아니라 국내에 있는 외국인보다 국외에 있는 동포(특히 대한민국 국적이 없는 동포만 따져도)가 비교할 수 없을 만큼 많고, 더욱이 평화통일을 국가의 중요과제를 명시하는 헌법에 따라서 2천5백만이 넘는 북한동포를 무시할 수 없다는 점에서 민족주의는 현재의 중요한 헌법 문제임을 부정할 수 없다. 게다가 민족을 단위로 한 많은 신생국가가 최근에도 탄생하였고, 지금도 민족국가를 건설하려는 움직임이 계속된다는 점은 국제적 측면에서 민족주의의 현재성을 뒷받침한다. 이러한 점에 비추어 민족주의가 헌법의 기본원리라는 점은 부정하기 어렵다.

5. 민족국가원리라는 용어의 사용 필요성

민족주의는 너무도 다양한 의미로 사용된다. 즉 민족주의는 민족과 관련되거나 민족을 매개로 논의할 수 있는 모든 내용을 아우르는 것으로 이해된다. 특히 부정적인 일을 민족과 관련 지을 빌미가 있으면 민족주의를 거론한다. 그래서 민족주의에 다양한 부정적 의미가 덕지 덕지 붙었다. 그러나 민족주의는 개념상 민족우월주의, 국수주의나 민족 차별, 민족 혐오와는 어울릴 수 없다. 따라서 민족주의를 이러한 것들과 구별하여 이해하여야 한다. 더하여 백인에 대한 차별이 대두하지 않을 뿐 아니라 조선족처럼 같은 한민족에 대한 차별도 문제가 된다는 점에서 이러한 문제는 민족주의나 심지어 민족과 관련이 있다고 보기 어렵다. 이것은 대부분 한국에서 구조적이거나 확고한 의식 문제가 아니라 소수 사람의 일탈로 보아야 한다. 그런데도 적지 않은 시간 동안 쌓인 민족주의에 관한 부정적 인상은 씻어내기가 쉽지 않다. 따라서 민족주의라는 용어를 사용할 때 따르는 부정적 시각을 떨쳐 내기 어렵다. 이러한 점에서 민족주의에 붙은 부정적 이미지를 벗겨낼 새로운 용어가 필요하다.

민족과 관련하여 헌법상 문제가 되는 것은 결국 민족이 주축이 되어 민족의 안전과 발전, 번영을 보장할 수 있는 민족국가를 수립하고 유지하여 나가는 것이다. 즉 민족국가를 어떻게 형성하고 유지할 것인지가 관건이다. 따라서 핵심은 민족국가이다. 이러한 점에서 민족주의 대신 민족국가원리라는 용어를 제안하고자 한다. 민족국가원리는 다른 민족 및 국가와 조화롭게 함께 어울리는 가운데 한민족이 안전하게 모여 살면서 자유와 행복을 누릴 수 있는 국가를 한민족 중심으로 세우고 지켜나가려는 헌법의 기본원리라고 정의할 수 있다.[38] 민족국가원리라는 용어는 공화국원리, 민주국가원리, 법치국가원리, 사회국가원리, 문화국가원리, 평화국가원리와 같은 다른 헌법의 기본원리와 같은 단어구성으로 이들과 잘 어울린다. 민족국

---

38) 허완중, 『한국헌법체계에 비춘 헌법 제4조의 해석』, 헌법재판소 헌법재판연구원, 2014, 19쪽 주 44.

가원리라는 새로운 용어를 통해서 민족주의와 관련하여 논의되는 내용 중 헌법에 어긋나거나 헌법상 수용하기 어려운 것은 제거된다. 따라서 민족국가원리는 민족주의 내용으로 논의되는 것 중 헌법상 수용할 수 있는 내용만을 모은 것이다.

6. 민족국가원리의 내용

(1) 대인고권 확장 근거로서 민족

민족은 국민을 대체하거나 흡수하지도 않는다. 민족국가원리에 따라 국민이 아닌 민족 구성원에게도 대인고권이 확장된다. 즉 헌법의 효력이 국민이 아닌 민족 구성원에게도 미친다. 이때 민족국가원리는 국민에 대한 보호는 건드리지 않는다. 국민에게는 당연히 헌법의 효력이 미치고 더하여 민족국가원리로 말미암아 국민이 아닌 민족 구성원에게도 헌법의 효력이 미친다. 다만, 이때 국민이 아닌 민족 구성원에게 헌법의 효력이 옹글게(완벽하게) 미치진 않는다. 즉 국민이 아닌 민족 구성원에게는 헌법의 효력이 부분적으로 미치는 것에 그친다. 따라서 국민이 아닌 민족 구성원도 외국인이지만, 이들을 국민에 버금가게 대우하거나 일반 외국인보다 우대할 수 있고, 때로는 우대하여야 한다.

(2) 민족 구성원 사이의 평등 보장

민족국가는 민족을 전제한다. 여기서 민족은 민족인지만 확인되면 다른 조건을 요구하지 않는다. 따라서 어떤 사람이든 민족에 속하면 당연히 민족국가원리에 따라서 주체로 인정되고 존중받는다. 이러한 점에서 민족국가원리는 민족 구성원 사이의 평등, 구체적으로 형식적 평등을 보장한다. 민족이라는 것 이외에 다른 것이 끼어들면 우리라는 민족의식이 생길 수 없기 때문이다.[39]

(3) 민족의 자주성

민족국가원리는 민족자결주의에 기반한다. 즉 민족국가원리는 민족의 운명은 민족 스스로 결정하고, 민족에 관한 일의 결정주체는 민족 자신이라고 한다. 민족의 독립과 자결 그리고 통합이 민족주의의 근본이다.[40] 민족자결권은 민족의 자연권과 같다.[41] 민족주의가 발생한 주된 원인은 민족 사이의 경쟁과 억압이다.[42] 식민지전쟁에서 볼 수 있듯 민족 사이의 경쟁 과정에서 약한 민족은 자신의 결정권을 제대로 행사할 수 없거나 빼앗길 수밖에 없었다. 이때 약한 민족이라도 그 자결권은 보장되어야 한다고 부르짖은 것이 민족국가원리의 근간이 되는 저항적 혹은 방어적 민족주의이다. 따라서 민족국가원리는 민족이 강하든 약하든 상관

39) 권혁범, 『민족주의는 죄악인가』, 아로파, 2014, 48쪽.
40) 김영명, 「한국 민족주의의 쟁점」, 『한국정치외교사논총』 제38집 제1호, 한국정치외교사학회, 2016, 230쪽.
41) 김영명, 『우리 눈으로 본 세계화와 민족주의』, 오름, 2002, 35쪽.
42) 강철구, 「민족주의 이론과 유럽 중심주의」, 정수일 외, 『재생의 담론, 21세기 민족주의』, 통일뉴스, 2010, 96~98쪽.

없이 그 자결권을 보장한다. 이러한 민족의 자주성에 기반한 민족자결권은 각 민족과 민족을 중심으로 형성된 민족국가의 독자적 발전을 보장하고 탈민족주의나 신자유주의 등을 통한 무자비한 외세와 자본의 침략에 효과적으로 대응하는 수단이 된다.[43] 민족국가원리는 민족이 민족국가를 만든다는 것을 전제한다. 따라서 민족자결권은 민족국가원리에서 민족국가의 자주성으로 나타난다. 특히 이는 민족의 주권으로 구체화한다.

(4) 민족의 정체성 유지

민족의 정체성 유지가 문제가 되는 것은 민족이 고립되었을 때가 아니라 개방되었을 때이다. 따라서 민족국가원리는 열린 사회를 전제한다. 즉 민족국가원리는 닫힌 민족주의가 아니라 열린 민족주의를 기반으로 한다. 열린 민족주의는 민족주의가 다른 여러 이념과 경쟁하면서 그 단점을 보완하고 완화하는 방향으로 나아감으로써 이루어질 수 있다. 따라서 민족주의가 다른 모든 이념을 압도하는 절대적 이념이어서는 아니 된다. 안으로는 고유성을 만들면서 다양성에 적응하고 그에 대응하여 내성을 쌓고, 밖으로는 주체성과 정체성을 지키면서 다른 민족 및 국가와 활발히 교류하면서 평화 공존을 모색할 때 열린 민족주의는 꽃을 피운다. 이러한 점에서 민족국가원리는 스스로 정체성을 잃지 않으면서 다른 민족 및 국가의 권리와 이익을 서로 인정하는 토대 위에 협조·경쟁·타협하며 단점을 보완한다.[44] 그리고 민족의 정체성은 대내적으로 수많은 개인과 집단의 이해관계를 조정하고 갈등을 해결하는 중대한 지렛대이고, 대외적으로 민족은 구성원을 하나로 묶는 중요한 계기가 된다.[45]

(5) 민족국가의 형성과 유지를 통한 민족의 안전 보장과 발전 도모

민족국가원리는 민족 단위로 하나의 국가를 형성하고 유지함으로써 대내적 평등과 통합을 실현하면서 민족의 자주독립과 통일 그리고 발전을 꾀한다.[46] 즉 민족국가원리에서 민족은 민족국가를 만들어 민족의 안전을 보장하고 민족 발전을 도모하는 것을 목적으로 한다.

Ⅲ. 공화국원리

1. 공화국의 개념

공화국은 고대 로마 공화정에서 시작되어 발전한 역사가 오랜 개념이다. 공화국은 라틴어

---

43) 안병욱, 「초국적 자본 견제할 힘 저항적 '민족의식'에 있다, 우리시대 지식논쟁 – 진보적 민족주의 유효한가」, 『한겨레신문』, 2007. 11. 9. (http://www.hani.co.kr/arti/culture/book/249179.html) (2021년 12월 7일 방문).
44) 이상 김동성, 『한국민족주의 연구』, 오름, 1996, 349쪽; 김영명, 「한국 민족주의의 쟁점」, 『한국정치외교사논총』 제38집 제1호, 한국정치외교사학회, 2016, 239쪽 참조.
45) 박찬승, 『민족·민족주의』, 소화, 2011, 127쪽.
46) 류시조, 「한국 헌법상의 민족국가의 원리」, 『공법학연구』 제5권 제1호, 한국비교공법학회, 2004, 124쪽; 이만열, 「민족주의」, 『한국사 시민강좌』 제25집, 일조각, 2003, 3쪽; 차기벽, 『민족주의원본』, 한길사, 1990, 15쪽 참조.

res publica에서 비롯한다. res publica는 '공공의 것'이나 '공공의 재산'을 뜻한다. 따라서 공화국은 국가를 공적인 것(res publica, public thing)으로 여긴다. 즉 공화국은 국가를 사적인 것(res privata, private thing)으로 보지 않는다. 따라서 공화국은 국가를 사적으로 소유하거나 운영하는 것을 반대한다. 이러한 점에서 어떤 나라를 공화국이라고 부르면 그 나라가 한 명이나 소수의 권력자에게 속하는 것이 아니라 모든 구성원에게 속한다는 것을 가리킨다. 황제나 군주라는 한 명의 주권자가 어떤 나라를 소유하면 그 나라는 공화국이 아닌 군주국이다. 그리고 공화국에 따라서 국가가 공공의 것, 즉 구성원 모두의 것이라면 국가 활동은 구성원 모두의 이익, 즉 공동의 이익을 위한 것이어야 한다. 또한, 국가의 권력은 누구의 것이 아니라 모두의 것이므로 공동으로 행사되어야 한다. 따라서 공화국은 공동의 이익을 위해서 공동으로 운영되는 국가이다.

　　동아시아에서 '공화'라는 말이 처음 나온 것은 사기 주나라 본기이다. 즉 기원전 841년 주나라 여왕이 폭정에 따른 민란으로 체 땅으로 달아나자 왕이 없는 가운데 14년간 주공과 소공이 협화를 하여 정치를 잘하였다는 의미로서 '공화'라는 단어를 사용하였다. 이처럼 중국 고전에 나타나는 '공화'는 본래 '군주가 없는 상태에서 공동 협의로 이루어지는 정치'를 뜻하는 말이다. 그런데 이때는 왕이 없을 때 신하들이 다스린 것이라서 왕정 아래에서 '공화'를 말하는 것은 불경이나 반역에 해당하는 말로 받아들여질 수 있었다.[47] 그러나 조선에서 이러한 의미보다는 화평과 단합을 내포하는 것으로 공화를 더 자주 사용하였다.[48] 즉 조선왕조실록에서 공화는 '여러 사람이 화합하여 일하는 것'을 가리켰다.[49] 이러한 중국 고전상 '공화'를 republijk(영어로는 republic)의 번역어로 전용한 것은 일본의 지식인들이었다. 결국 '공화국'은 일본에서 쓰기 시작한 신생한자어이다.[50] 이것을 조선에서 받아들인 것이다.

　　공화국은 공동의 이익을 위해서 공동으로 운영되는 국가이고, 어떠한 대내·외적 지배가 없는 국가이며, 모든 구성원이 주권자로서 주인인 나라이다. 즉 공화국은 대내·외적 지배 없이 주권자인 모든 구성원이 공동의 이익을 위해서 공동으로 운영하는 국가를 말한다. 부산지방법원은 공화국을 구성원이 함께 어울려 살아가는 정치공동체, 즉 구성원 중 누구도 특정인의 자의적 의지에 예속되지 않고 공공선에 기반을 둔 법에 따라 구성원의 행동과 삶이 규율

---

47) 박찬승, 「한국의 근대국가 건설운동과 공화제」, 『역사학보』 제200집, 역사학회, 2008, 308쪽; 박현모, 「일제시대 공화주의와 복벽주의의 대립」, 『정신문화연구』 제30권 제1호(통권 제106호), 한국학중앙연구원, 2007, 61쪽; 이영록, 「한국에서의 민주공화국의 개념사」, 『법사학연구』 제42호, 한국법사학회, 2010, 52쪽; 조승래, 「공화국과 공화주의」, 『역사학보』 제198집, 역사학회, 2008, 227쪽.

48) 정상호, 「한국에서 공화 개념의 발전 과정에 대한 연구」, 『현대정치연구』 제6권 제2호, 서강대학교 현대정치연구소, 2013, 10쪽.

49) 박혜진, 「개화기 한국 자료에 나타난 신개념 용어 '민주'와 '공화' - 수용과 정착과정을 중심으로」, 『일본어교육연구』 제26집, 한국일어교육학회, 2013, 35쪽.

50) 송　민, 「'합중국'과 '공화국'」, 『새국어생활』 제11권 제3호, 국립국어연구원, 2001, 98쪽.

되는 정치공동체라고 한다.[51]

2. 공화국규정 해석

(1) 역사적 배경

구한말까지 전제군주제적 국가형태에서 벗어나지 못하였던 한국[52]은 1910년 일제 강점 이후 독립운동가들이 중심이 되어 설립한 대한민국 임시정부에서 1919년 4월 11일 제정한 대한민국 임시헌장 제1조 "대한민국(大韓民國)은 민주공화제(民主共和制)로 함"에서 처음으로 오랜 군주제 전통과 결별하고 적극적으로 공화제적 국가형태로 결단하였다. 실제로 한국에서 공화제적 국가형태의 입헌국가가 성립한 것은 자신의 영토와 국민 그리고 국가권력을 회복한 후인 1948년 대한민국 헌법을 제정하면서이다. 1948년 헌법 제1조에 "대한민국(大韓民國)은 민주공화국(民主共和國)이다."라고 규정함으로써 대한민국의 국가형태는 공화제로 결정되었다.

(2) 헌법 제1조 제1항에 관한 기존 해석

헌법 제1조 제1항의 민주공화국이 대한민국의 국가형태를 지칭하는 것임에는 이론(異論)이 없다. 그러나 '민주'와 '공화국'이 국가형태의 분류기준과 관련하여 어떤 의미가 있는지에 관해서는 ① 헌법 제1조 제1항의 민주공화국이라는 규정에서 민주는 정체를, 공화국은 국체를 뜻하고, 제1조 제2항의 국민주권에 관한 규정은 제1항을 부연한 것이라는 설,[53] ② 헌법 제1조 제1항의 민주공화국이라는 규정에서 민주는 민주정체를, 공화국은 공화정체를 뜻하므로, 제1조 제1항은 오로지 정체에 관한 규정이고 제1조 제2항의 국민주권에 관한 규정이 국체를 규정한 것이라는 설,[54] ③ 국체와 정체의 구별을 부인하면서 헌법 제1조 제1항에서 민주공화국은 국가형태를 공화국으로 규정한 것이고, 민주라는 말은 공화국의 정치적 내용을 민주주의적으로 형성하라고 요구하는 공화국의 내용에 관한 규정이라는 설[55]이 있다. 부산지방법원은 민주국을 주권자인 국민이 동의한 법에 따라 국민의 행동과 삶이 규율되는 정치공동체이고, 공화국은 구성원이 함께 어울려 살아가는 정치공동체라고 하면서, 이 세상에서 가장 민주적인 절차에 따른 법일지라도 사회의 한 부분에게 다른 부분의 의사를 강요하고 의사를 강요

---

51) 부산지법 2017. 1. 20. 선고 2016고단3264 판결(각공2017상, 115).

52) 이는 1899년 8월 17일 제정된 대한국 국제 제2조 "대한제국(大韓帝國)의 정치(政治)는 유전즉오백년전래(由前卽五百年傳來)이며 유후즉만세불변(由後卽互萬世不變)의 전제정치(專制政治)라"에서도 확인된다.

53) 유진오, 『신고 헌법해의』, 탐구당, 1957, 45쪽; 문홍주, 『제6공화국 한국헌법』, 해암사, 1987, 106~107쪽 등. 특히 헌법초안을 작성하였던 유진오는 "대한민국의 국체는 '공화국'이며 정체는 '민주국'인데 그를 합하여 '민주공화국'이라 한 것이다."라고 하였다.

54) 박일경, 『제6공화국 신헌법』, 법경출판사, 1990, 70~72쪽.

55) 권영성, 『헌법학원론(개정판)』, 법문사, 2010, 111쪽; 김철수, 『학설·판례 헌법학(전정신판)(상)』, 박영사, 2009, 356쪽; 김학성/최희수, 『헌법학원론(전정5판)』, 피앤씨미디어, 2021, 97쪽; 석인선, 『헌법총론』, 세창출판사, 2014, 62~63쪽; 성낙인, 『헌법학(제21판)』, 법문사, 2021, 122쪽; 한수웅, 『헌법학(제11판)』, 법문사, 2021, 104쪽.

당한 구성원의 자율성을 박탈하는 자의적인 법이 될 수 있어서 대한민국 헌법 제1조 제1항은
대한민국이 지향하는 공동체가 민주국임과 동시에 공화국이어야 함을 규정한다고 한다.[56]

　　①과 ②의 견해는 국체와 정체를 구별하는 것을 전제로 하는데, 보통 국체는 주권자가 누
구인지에 따른 국가형태 분류이고, 정체는 주권을 어떻게 행사하는지에 따른 분류를 말한다.
그러나 오늘날의 실제는 주권은 국민에게 있으면서 군주제도가 있는 영국, 네덜란드, 일본 등
을 공화국이라고 하지 않고 군주국[이나 왕관을 쓴 공화국(Crowned Republic)]이라고 부른다.
그리고 권력 행사가 민주적인지 독재적인지의 문제는 권력의 사실적 행사에 관한 평가를 통
해서 분류할 문제이지 권력을 행사하는 방법에 관한 규정으로 분류하기는 어렵다. 더욱이 국
민주권 확립으로 말미암아 국체와 정체의 구별이 더는 실익이 없게 되었다. 따라서 국체·정
체구별론은 따를 수 없다.[57] ③의 견해도 공화국만을 국가형태규정으로 본다는 점에서 국가
형태에 관한 군주국·공화국 2분론을 고수한 것으로 현대적인 문제 중심 변동에 부응하지 못
하는 해석으로 수용할 수 없다.

(3) 헌법 제1조 제1항의 실질적 의미
① 민주공화국의 소극적·형식적 의미에 국한하는 해석의 문제점

　　헌법 제1조 제1항에 관한 기존 해석은 민주공화국을 군주제 부정이라고 소극적·형식적
의미만으로 해석한다. 이것은 1948년 헌법안을 기초한 유진오의 해석에 바탕을 둔 것으로 보
인다. 이러한 점에서 그동안 헌법 제1조 제1항에 관한 해석은 헌법제정자의 의사를 밝히는
데 몰두한 것으로 볼 수 있다.[58] 그러나 1910년 일제가 대한제국을 강제 점령하면서 황실이
사라졌고, 1919년 대한민국 임시헌장을 통해서 국가형태를 공화국으로 확정하면서 대한민국
이 군주제로 회귀할 가능성은 사실상 사라졌다. 이러한 상황에서 민주공화국을 비군주국이라
는 형식적·소극적 이해에 국한하는 것은 법학적으로 의미 있는 구체적 결과를 낳기 어렵다.
한국 헌법전의 맨 앞에 계속 위치할 정도로 중요성을 인정받은 헌법 제1조 제1항의 민주공화
국을 별 의미가 없다고 해석하는 것은 헌법 제1조 제1항 자체를 사실상 유명무실하게 하며
그 규범적 효력을 부정하는 결과를 낳는다. 그리고 이것은 헌법 체계에 비추어 이후 다른 헌
법조문을 해석할 때 길잡이 역할을 하여야 하는 헌법 제1조 제1항의 헌법체계적 의미를 부정
하는 것이다. 또한, 이것은 아직도 대한민국이 민주공화국임이 왜 강조되어야 하는지에 관한
고민이 부족한 것으로 볼 수밖에 없다. 더하여 이것은 공화국에 관해서 구한말부터 시작된
헌법사적 맥락, 특히 1919년 대한민국 임시헌장부터 현행 헌법까지 계속된 헌법조문상 연결

---

56) 부산지법 2017. 1. 20. 선고 2016고단3264 판결(각공2017상, 115).
57) 같은 견해: 계희열, 『헌법학(상)(신정2판)』, 박영사, 2005, 207~208쪽; 홍성방, 『헌법학(상)(제3판)』, 박영사,
　　2016, 139쪽.
58) 이러한 태도가 엘리트주의적이라는 비판으로는 정상호, 「한국에서 공화 개념의 발전 과정에 대한 연구」, 『현대
　　정치연구』 제6권 제2호, 서강대학교 현대정치연구소, 2013, 6쪽.

고리를 무시한다. 이러한 점에 비추어 헌법 제1조 제1항 민주공화국의 적극적·실질적 의미를 탐구할 필요성이 있다.

　　구한말 공화국이라는 개념이 도입되었을 때 공화국은 군주제인 조선과 대한제국에서 군주제의 배격 혹은 부정이라는 의미를 띠었다. 그리고 외세의 침략이 본격화하면서 외세 배격이라는 의미도 있었다. 특히 공화국은 일본에 주권을 빼앗기면서 외국 지배에서 벗어난다는 의미를 강하게 품었다. 이것은 1948년 광복 후 신탁통치 반대라는 전국민적 의사 표현에서 외국 이외에 국제기구 지배까지도 배제하는 것으로 발전하였다. 그리고 이승만의 문민독재와 박정희 및 전두환의 군사독재를 경험하면서 공화국의 의미는 독재에 대한 부정으로까지 확장되었다. 1987년 민주화 이후에는 공화국에 국민 참여라는 의미가 강조되었다. 즉 민주화 이후 탄생한 정부도 여전히 국민의사를 무시하자 이제 공화국은 국민이 자기 의사를 직접 표현하여 정치에 반영한다는 의미까지 포함하게 되었다. 이러한 변화는 2000년부터 시작된 시민단체의 낙선·낙천운동으로 표출되었다. 이후 시민단체가 다양해지면서 시민단체에 대한 일방적인 신뢰가 아닌 시민단체를 선별하여 지지하는 단계까지 발전하였다. 그리고 촛불집회에서는 시민단체 매개 없이 시민이 직접 자기 의사를 드러내 실현하려는 단계까지 공화국이 발전하였다. 촛불혁명에서 시민이 외친 헌법 제1조는 국민이 정치에 직접 참여하여 국가의사를 결정하고 관철함을 명확하게 드러낸 것이다. 이러한 헌법사적 맥락은 헌법 제1조 제1항 민주공화국을 소극적·형식적 의미로만 해석할 수 없는 이유를 명확하게 제시한다.

　　민주공화국을 군주제 부정이라고 소극적으로 이해하여도 헌법 제1조 제1항 공화국규정에 이어 헌법 제1조 제2항에 국민주권규정이 위치한 것에서도 확인할 수 있듯이 민주공화국은 국민주권원칙을 전제한다. 국민주권원칙은 공화국 구성원 모두가 주권자로서 평등함을 뜻한다. 여기서 평등한 주체가 구성하는 국가로서 민주공화국을 적극적으로 이해할 필요가 드러난다. 그리고 민주공화국에서 적어도 혈연적 세습이라는 모든 세습적 권력 이전 금지와 개인적 인격에 따른 국가권력의 자의적 행사 금지라는 의미를 도출할 수 있다.[59) 따라서 민주공화국을 군주제 부정으로 이해하여도 여기서 다양한 적극적 의미를 찾을 수 있다.

② 민주공화국에서 민주와 공화국의 관계

　　먼저 민주공화국에서 민주와 공화와 결합하였다는 것 자체에서 민주와 공화가 같은 것이 아님이 드러난다. 즉 민주와 공화는 같거나 유사한 용어가 아니다. 동어반복을 할 이유가 없기 때문이다. 그리고 민주(국가)원리(민주주의)와 공화국원리가 구분된다면 '민주공화국'의 '민주'를 굳이 민주(국가)원리(민주주의)와 연결하여 해석할 필요는 없다. 헌법 제1조 제1항은 민주(국가)원리(민주주의)와 공화국원리를 병렬적으로 나열한 것으로 볼 수도 없다. 즉 헌법 제1

---

59) 이상 이승택, 「한국 헌법과 민주공화국」, 고려대학교 법학박사학위논문, 2013, 242쪽 참조.

조 제1항의 민주공화국을 민주(국가)원리(민주주의)와 공화국원리의 병렬적 결합으로 이해하면 공화국원리의 독자성이 위태로워진다. 따라서 '민주공화국'에서 '민주'는 공화국을 수식하는 의미로 해석하여야 한다. 문법상으로도 '민주'는 '공화국'을 수식한다. 즉 민주공화국은 공화국 중 특정한 형태를 가리키는 것으로 보아야 한다. 이렇게 해석하지 않으면 공화국원리를 민주(국가)원리(민주주의)와 구별하기 어렵다. 또한, 헌법전의 '민주'라는 용어가 반드시 민주(국가)원리(민주주의)로 수렴되거나 민주(국가)원리(민주주의)와 직접 관련되어야 하는 것은 아니다. 이러한 점에 비추어 인민이 주인이라는 '민주'가 군주제 부정이라는 '공화국'과 결합하여 공화국을 한정하여 인민이 주인인 공화국을 가리킨다.

1907년 신민회에서 본격적으로 제시된 공화국은 1910년대에 복벽주의 도전을 이겨내고 민족국가의 국가형태로서 국내·외 독립운동가 대부분이 공감대를 형성하였다. 여기에 1911년 중국에서 일어난 신해혁명과 1917년 러시아혁명, 1918년 독일혁명 같은 세계사적 흐름 속에서 공화국에 관한 관심은 점점 더 커졌다. 그래서 1919년 3·1 혁명 이후 대한민국 임시정부를 만들면서 대한민국 임시헌장 제1조에 공화국을 명시하였다. 이때 지주나 자본가 등 일부가 공화국의 주도권을 쥐는 것을 막으려고 단순히 '공화제'를 명기하는 것을 넘어 '민주공화제'이라고 못 박았다.[60] 대한제국을 복원하려고 3·1 혁명이 일어난 것도 대한민국 임시정부를 수립한 것도 아니었다. 대한민국 임시헌장에서 국가형태를 민주공화제로 정하였다는 것은 황제가 아닌 인민이 주인인 나라를 염원한 것이다. 구한말에 소개된 공화제는 민주정과 귀족정으로 나눌 수 있다.[61] 일부 국민에게 주권이 인정되면 귀족공화제, 모든 국민에게 주권이 부여되면 민주공화제이다. 대한민국 임시헌장은 이중 민주공화제를 선택한 것이다. 즉 대한민국 임시헌장 제1조는 귀족공화제를 부정한 것이다. 그리고 1948년 헌법 제1조가 민주공화국을 규정한 것은 좌우가 대립하는 당시 상황에 비추어 인민공화국으로 대표되는 전체주의와 공산주의를 반대한다는 의미를 담은 것이다.[62] 비록 나중에 수용되기는 하였지만(1972년 헌법), 헌법에서 찾을 수 있는 (자유)민주적 기본질서도 인민공화국을 부정하는 근거이다.

③ 국가의 정당성 근거로서 민주공화국

대한민국 헌법 제1조 제1항은 대한민국 임시헌장 제1조에서 비롯한다. 대한민국 임시헌장 제1조의 민주공화제 규정은 일본뿐 아니라 중국의 수많은 헌법문서 가운데서도 유래를 찾아볼 수 없는 독창적인 형식과 내용이다.[63] 유럽에서도 민주공화국이라는 용어가 헌법전에 명

---

60) 김병록, 「대한민국의 탄생과 공화주의 실현의 과제」, 『국가법연구』 제16집 제2호, 한국국가법학회, 2020, 24쪽.

61) 예를 들어 나 진/김상연 역술, 윤재왕 옮김, 『국가학』, 2019, 99쪽. 참고로 유길준은 정치 체제를 임금이 마음대로 하는 정치 체제, 임금이 명령하는 정치 체제, 귀족이 주장하는 정치 체제, 임금과 국민이 함께 다스리는 정치 체제, 국민이 함께 다스리는 정치 체제로 나누었다(유길준, 허경진 옮김, 『서유견문』, 한양출판, 1995, 143~145쪽).

62) 같은 견해: 이영록, 「제헌헌법의 동화주의이념과 역사적 의의」, 『한국사연구』 제144호, 한국사연구회, 2009, 49쪽.

63) 신우철, 『비교헌법사』, 법문사, 2008, 300쪽.

기되기 시작한 것은 1920년 2월 체코슬로바키아 헌법과 1920년 10월의 오스트리아 연방헌법이었던 것으로 알려진다.[64] 물론 민주공화국이라는 용어가 대한민국 임시헌장 제정 이전에 등장한 것을 확인할 수는 있다.[65] 그러나 이러한 용어를 헌법전에 수용하여 적시한 것은 대한민국 임시헌장이 처음으로 보인다. 이것만으로도 헌법사적 의미는 충분하다.

공화국의 기본적 의미는 군주제 부정이다. 이것은 먼저 군주제도 자체를 부정한다. 공화국은 일단 군주제가 없는 국가를 뜻하므로, 의례적 권한만 있더라도 군주가 있는 입헌군주국은 공화국이 아니다. 예를 들어 (세습)군주제도가 여전히 유지되는 영국이나 네덜란드, 일본 등은 군주국에 속한다. 부정되는 군주는 세습된 군주뿐 아니라 선출된 군주도 포함한다. 군주국에서 정부형태는 의원내각제일 수밖에 없다.[66] 따라서 군주제 배척은 의원내각제가 아닌 정부형태, 예를 들어 대통령제나 이원정부제, 의회정부제 등을 선택할 가능성을 제공한다. 군주제도는 전제적 권력이 있는 군주가 위에서 일방적으로 지배하는 제도를 가리킨다. 이것은 왕권신수설처럼 지배의 정당성을 초월적이거나 선험적이거나 형이상적인 근거에서 찾는다. 그러나 공화국에서는 오로지 인민 혹은 국민만이 지배를 정당화한다.

군주제의 중요 특징으로는 종신제와 세습제, 파면 불가, 군주 무책임을 들 수 있다.[67] 따라서 ① 공화국에서는 명칭과 상관없이 모든 지배자는 임기가 있어야 한다. 아무리 선거를 통하더라도 계속 집권 연장을 도모하거나 종신집권을 꾀하는 것은 금지된다. 이것은 한 번의 선거로 이루어지든 반복적인 선거로 이루어지든 상관없다. 그리고 ② 지배자는 자신의 권력을 후손에게 마음대로 넘겨서도 아니 된다. 그리고 지배자는 후손이 아닌 후계자를 지명할 수도 없다. 즉 세습은 혈연을 통한 것은 물론 국민의 의사를 따르지 않은 정당이나 종교를 비롯한 집단을 통한 것도 부정한다. 여기에는 재산 상속이나 특정 교육을 통한 후계자 양성 부정도 포함된다. 권력이 어떠한 방식으로든 세습된다면 공화국이 아니다. ③ 지배자는 잘못이 있으면 쫓겨날 수도 있어야 한다. 즉 지배자의 임기가 절대적으로 보장되는 것은 아니다. 지배자의 임기는 상대적으로 보장될 뿐이다. 최고지배자라고 하더라도 통제에서 벗어날 수 없기 때문이다. 이를 실현하려고 헌법은 대통령·국무총리·국무위원·행정 각부의 장·헌법재판소 재판관·법관·중앙선거관리위원회 위원·감사원장 기타 법률이 정한 공무원에 대한 탄핵제도(헌법 제65조)를 두고, 국회의 국무총리나 국무위원 해임건의권(헌법 제63조)과 국무총리의 국무위원 해임건의권(헌법 제87조 제3항)을 인정한다. 그리고 주민은 그 지방자치단체의 장

---

64) 이영록, 「한국에서의 민주공화국의 개념사」, 『법사학연구』 제42호, 한국법사학회, 2010, 58쪽.

65) Rudolf Hermann von Herrnritt, Die Staatsform als Gegenstand der Verfassungsgesetzgebung und Verfassungsänderung, Tübingen/Leipzig 1901, S. 2.

66) 성낙인, 「한국 헌법사에 있어서 공화국 순차(서수)」, 『법학』 제46권 제1호, 서울대학교 법학연구소, 2005, 136쪽.

67) Rudolf Hermann von Herrnritt, Die Staatsform als Gegenstand der Verfassungsgesetzgebung und Verfassungsänderung, Tübingen/Leipzig 1901, S. 26.

과 지방의회의원(비례대표 지방의회의원 제외)을 소환한 권리가 있다(지방자치법 제25조 제1항). 더하여 촛불혁명 과정에서 강하게 대두하였듯 대통령과 국회의원에 대한 국민소환제도 도입이 요구된다. ④ 지배자는 자신의 결정이나 행위에 대해서 책임을 져야 한다. 오히려 지배자는 일반 공무원보다도 더 강한 책임을 져야 한다. 권한은 책임에 비례하기 때문이다. 따라서 최고지배자는 가장 강한 책임 아래 있다.[68]

하지만 공화국은 군주제 부정을 넘어 군주 지배 배척, 즉 군주제 지배 속성이 있는 지배 배척을 뜻한다. 따라서 공화국은 형식적 군주는 물론 실질적 군주도 부정한다. 즉 공화국은 군주가 아니라 군주적 지배 부정이다.[69] 군주적 지배는 위에서 아래로 일방적으로 지배하는 구조라는 특색이 있다. 아래에서가 아니라, 즉 국민에 의해서가 아니라 어떤 초월적인·선험적인·형이상학적인 근거에서 정당성을 획득함으로써 이러한 지배구조가 가능하게 된다. 세습 왕조의 혈통, 신의 은총, 이념 등이 스스로 절대성이 있는 근거이다. 오늘날 공화국은 세속적·경험적 차원의 정당화(인민 혹은 국민 선출)로만 지배가 가능한 국가이다. 따라서 공화국은 종교적·이념적 차원에서 이미 고차원적 권한이 있고, 이러한 고유한 권한을 통해서 자신의 지배권력을 정당화하는 모든 정치체제를 반대한다. 이러한 의미에서 전제정의 반대명제인 공화국이 독재, 전체주의, 인민공화국의 반대명제로 확대된다.[70] 그리고 공화국원리는 국가 안에서 나타나는 군주나 군주유사적 존재를 부정하는 것을 넘어 국가 밖에서 영향을 미치는 군주나 군주유사적 존재도 부정한다. 즉 외국이나 국제기구를 비롯한 국제법주체의 지배도 공화국은 허용하지 않는다. 이는 공화국이 처음 소개된 구한말에 외세 배격이 일반적인 국민의 요구였다는 점, 3·1 혁명을 비롯한 대일항쟁기(이른바 일본강점기) 독립전쟁의 목표가 일제의 강점체제를 무너뜨리는 것이었다는 점, 8·15 광복 이후 불길처럼 타올랐던 신탁통치 반대 등에서 헌법사적으로 확인된다. 그러나 헌법 제60조 제1항에서 국회 동의가 필요한 조약 중에 '주권의 제약에 관한 조약'이 있다는 점에서 국제법주체가 한국의 주권을 제약할 가능성은 헌법적으로 인정된다. 다만, 이는 공화국규정에 비추어 헌법적으로 정당성을 인정받을 수 있는 불가피한 근거가 있을 때 국민 동의를 전제로 최소한의 범위 안에서만 허용된다. 나아가 2004년 새로이 선출된 대통령을 임기 만료 직전의 국회에서 탄핵소추하고, 이러한 소추에 대해서 헌법재판소가 파면 여부의 최종 결정을 담당하게 되자, 자기 손으로 선출한 대통령을 지키겠다고 국민이 촛불을 들고 거리에 나오는 일이 벌어졌다. 그리고 2008년 4월 대통령이 미국산 쇠고기의 전면수입개방을 결정하자 다시 촛불을 들고 거리로 나오는 일이 벌어졌다.

---

68) 이상 방승주, 「민주공화국 100년의 과제와 현행헌법」, 김선택/정태호/방승주/김광재, 『3·1대혁명과 대한민국헌법』, 푸블리우스, 2019, 207~208쪽 참조.
69) 같은 견해: 서장은, 「공화주의적 통치구조의 헌법적 구현」, 중앙대학교 법학박사학위논문, 2011, 95쪽; 성낙인, 「한국 헌법사에 있어서 공화국 순차(서수)」, 『법학』 제46권 제1호, 서울대학교 법학연구소, 2005, 135쪽.
70) 이상 김선택, 「공화국원리와 한국헌법의 해석」, 『법제』 제609호, 법제처, 2008. 9., 72쪽.

또한, 2016년 9월 박근혜 대통령의 비선 실세인 최순실이 국정에 개입하였다는 의혹으로 불거진 이른바 박근혜·최순실 게이트를 계기로 시작된, 박근혜 대통령의 퇴진을 요구하는 촛불집회는 결국 2017년 3월 10일 헌법재판소의 박근혜 대통령 탄핵결정으로 마무리되었다(촛불혁명). 이는 국민이 민주주의의 '형식'만이 아니라 국민이 주권자임을 실질적으로 존중하라고 요구하면서 국가의사 결정 과정에 직접 참여하려는 것으로 볼 수 있다. 즉 국가의사 결정을 자기 책임으로 인식하고 자기 참여와 토론을 통해서 관철하고자 하는 의지와 요구가 있는 국민이 목격된다.[71] 이는 갑자기 나타난 것이 아니라 1898년에 세 차례에 걸친 만민공동회부터 대일항쟁기(이른바 일본강점기)의 1919년 3·1 혁명, 1926년 6·10 만세운동, 1929년 광주학생운동을 거쳐 8·15 광복 이후 1945년 신탁통치반대운동, 1960년 4·19 혁명, 1979년 부마민주항쟁, 1980년 5·18 광주민주화운동, 1987년 6월 시민항쟁, 2000년 총선시민연대의 낙천낙선운동, 2002년 미선과 효순 두 여중생을 추모하는 촛불집회, 2004년 노무현 대통령 탄핵 반대 촛불집회, 2008년 미국산 소고기 수입 반대 촛불집회, 2016년 박근혜 대통령의 탄핵결정을 끌어낸 촛불혁명까지 국민이 보호되지 않거나 국민의 의사가 무시되면 국민 스스로 자기 의사를 표현하고 관철하려고 하였던 전통의 연장선에 있다. 이러한 점에서 공화국은 단순히 국가의사를 결정하는 대표자를 선출하는 것을 넘어 대표자를 통제하고 국가의사 결정 과정에 직접 참여하는 것까지 포함하는 내용으로 발전하였거나 적어도 발전하는 중이라고 보아야 한다. 이러한 참여의 극단에는 시민불복종은 물론 저항권도 있다.

3. 공화국원리의 의의

(1) 공화국원리의 개념

헌법은 제1조 제1항에 "대한민국은 민주공화국이다."라고 규정함으로써 공화국원리를 국가구성원리로 하는 결단을 내렸다. 따라서 민주공화국은 대한민국의 국가적 성격을 규정함으로써 (국가형태를 단순한 형식이 아니라 실질적 기준으로 이해하면) 국가형태를 결단한 것이다. 국민이 헌법 제1조를 반복하여 외치는 것은 먼저 대한민국이 아직 민주공화국이 아니라는 것이다. 다음으로 대한민국이 민주공화국이어야 하고, 그것을 국민 스스로 달성하겠다는 것이다. 끝으로 대한민국이 민주공화국이라는 것이 헌법의 핵심이고 기본원리라는 것이다.

공화국은 구성원 모두가 소유하는 국가이다. 그래서 공화국 활동은 구성원 모두의 이익, 즉 공공의 이익을 위한 것이어야 한다. 공공의 이익을 달성하려면 특정 개인이나 집단, 계급이 아니라 구성원 모두가 공동으로 국가의사를 결정하고 실현하여야 한다. 이를 위해서는 구성원이 서로 지배하지도 지배받지도 않으면서 동등한 지위에 있어야 한다. 이러한 점에서 헌법원리로서 공화국원리는 국가 구성원인 국민이 공동으로 공공의 이익을 추구함으로써 어떠

---

71) 이상 김선택, 「공화국원리와 한국헌법의 해석」, 『법제』 제609호, 법제처, 2008. 9., 46~47쪽.

한 지배도 하거나 받지 않도록 하라는 것이다. 여기서 공공의 이익은 다수의 이익이 아니라 국민 모두의 이익이다. 공공의 이익을 추구한다는 것이 개인의 이익을 무시하라거나 무시할 수 있다는 것이 아니다. 좋은 공동체를 만드는 것이 개인의 이익을 누리는 데 '도구적 의미'에서 절실하다는 것이다.[72] 그리고 공화국원리는 결과보다는 과정과 그 조건에 초점을 맞춘다. 공화국원리는 특정한 국가를 가리키는 것이 아니라 특정한 국가를 만들기 위한 조건이다. 이로 말미암아 공화국원리는 민족국가원리처럼 다른 기본원리보다 구체성이 떨어진다. 이러한 점에 비추어 공화국원리는 어떠한 지배도 받지 않는 국민이 공공의 이익을 공동으로 추구하기 위한 기본조건이다. 헌법재판소는 공화주의 이념은 특정인이나 특정세력에 의한 전제적 지배를 배제하고 공동체 전체의 동등한 구성원의 통치를 이상으로 한다고 하면서, 공민으로서 시민의 지위를 강조하고 이들에 의해서 자율적으로 이루어지는 공적 의사결정을 중시하고 시민의 정치적 동등성, 국민주권, 정치적 참여 등의 관념을 내포한다고 한다.[73]

공화국원리의 직접적 근거는 헌법 제1조 제1항이다. 그러나 헌법전 여기저기서 공화국원리의 근거를 찾을 수 있다. 이것은 공화국원리가 헌법의 기본원리라는 점에 비추어 당연하다. 먼저 대한민국 임시정부가 처음 공화국원리를 받아들이고 줄곧 공화국원리를 고수하였다는 점에서 그리고 4·19 혁명은 민주공화국을 국민이 처음으로 실현한 것이라는 점에서 헌법 전문의 대한민국 임시정부 법통과 4·19 민주이념 계승도 공화국원리의 근거가 된다. 그리고 공화국원리가 국민주권원칙을 전제한다는 점에서 헌법 제1조 제2항도 공화국원리의 근거이다. 특히 대한민국 임시정부 헌법에서 공화국규정을 두지 않을 때도 국민주권규정을 둔 점(1919년 대한민국 임시헌법 제2조, 1940년 대한민국 임시약헌 제1조)을 주목하여야 한다. 이것은 대한민국이 공화국임을 포기한 것이 아니라 국민주권규정으로 공화국규정을 대신한 것으로 볼 수 있다. 또한, 공화국이 공공의 이익 추구를 목적으로 한다는 점에서 공공의 이익 추구를 명시한 전문의 "안으로는 국민생활의 균등한 향상을 기"한다는 헌법 전문과 헌법 제23조 제2항과 제3항, 제37조 제2항, 제119조 제2항 등도 공화국원리의 근거가 될 수 있다.

(2) 공화국원리의 기본원리성

먼저 ① 공화국원리는 헌법이 창설한 국가형태를 확정하면서 이러한 국가를 만들기 위해서 국가를 어떻게 조직하고 운영하여야 하는지를 제시한다. 이러한 과정에서 공화국원리는 공화국 건설이라는 헌법적 이념을 실현하려는 다양한 헌법적 과제를 구체화한다. 이러한 헌법적 과제는 공화국원리로 하나로 묶여 통일적인 지향점을 가지게 된다. 특히 기본권과 국가조직 사이의 긴밀한 결합을 통해서 헌법 전반에 해석 지침을 제공한다. 따라서 공화국원리는

---

72) 김병록, 「대한민국의 탄생과 공화주의 실현의 과제」, 『국가법연구』 제16집 제2호, 한국국가법학회, 2020, 23쪽 참조.
73) 헌재 2014. 12. 19. 2013헌다1, 판례집 26-2하, 1, 16-17.

헌법의 이념을 실현하는 헌법적 과제를 수행하려는 것이다. 다음으로 ② 공화국원리는 국가
형태를 확정하는 데 그치지 않고 기본권을 어떻게 이해하고 실현하여야 하는지와 국가기관을
어떻게 조직하고 운영하는지를 다룬다. 즉 공화국원리는 기본권 보호는 물론 국가조직에 관
한 전반적인 사항과 관련이 있다. 따라서 공화국원리는 전체 헌법질서를 형성하고 유지하는
기준이어서 헌법상 비중이 매우 크다. 특히 공화국원리는 민주(국가)원리(민주주의), 법치국가
원리, 사회국가원리와 문화국가원리의 근거와 필요성을 제공하고 그 내용을 수정하고 보완하
는 기능을 수행한다. 끝으로 ③ 공화국원리는 직접 기본권을 도출하고 확정하는 기능을 수행
하는 것이 아니라 개별 기본권의 내용을 확정하는 길잡이 역할을 할 뿐이다. 따라서 공화국
원리는 주관적인 권리와 직접적인 관련이 없다. 그리고 공화국원리는 끝없이 추구하여야 할
무엇이 아니라 특정한 국가형태를 완성하기 위한 구체적 틀이다. 따라서 공화국원리는 원리
에 해당한다. 이러한 점에 비추어 공화국원리는 헌법의 기본원리에 해당한다. 공화국원리를
기본원리로 보는 것은 기존에 없던 내용을 공화국원리를 매개로 헌법적 지위로 끌어올리려는
것이라기보다는 헌법전 여기저기에 흩어져 있던 내용을 유기적으로 종합하는 상위원리로서
공화국원리를 설정하고 그 내용을 구체화하려는 것이므로 설령 그 내용과 관련하여 의견 차
이가 있더라도 이는 헌법의 규범성이라는 차원에서 큰 문제가 되지 않는다.[74] 공화국원리는
기존 헌법규정을 실질적 측면에서 체계적으로 충실하게 해석하자는 것이다.

(3) 헌법내재적 개정 한계인 공화국원리

공화국원리가 헌법의 근본적 동일성을 구성하는 핵심적인 사항으로서 헌법내재적 개정 한계
에 해당하는지가 문제 된다. 국가형태는 과거에 군주국인지 공화국인지와 관련한 국가의 외형적
인 형태를 가리켰다. 그러나 오늘날에 국가형태는 국가의 기본적인 성격이나 질서를 지칭한다.
따라서 민주국가(민주주의), 법치국가, 사회국가, 문화국가 등을 고려하여 국가형태의 의미를 파
악하여야 한다. 예를 들어 민주(국가)원리(민주주의)를 해치지 않으면서 상징적 존재로서 군주제
를 도입하는 것은 고전적 의미의 국가형태 변경일 뿐이고, 국가의 본질에 변화가 없으므로 헌법
개정 한계인 국가형태 변경이라고 할 수는 없다. 그러나 ① 대한민국 국민이 공화제를 채택하여
70년이 넘도록(1919년 대한민국 임시정부에서 공화국을 채택한 이래로는 100년이 넘도록) 특별한 이
의 제기가 없었고, ② 촛불혁명에서 명확하게 드러났듯이 국민 스스로 공화국을 헌법에서 제일
중요한 내용으로 이해할 뿐 아니라 ③ 공화국원리를 1954년 헌법에서 실정헌법적 개정한계로 규
정한 적도 있었다. 따라서 이제 공화국원리는 국민의 기본적 합의사항으로서 헌법의 동일성을 결
정하는 핵심적 사항이 되었다. 그러므로 이를 헌법 개정의 한계사항으로 보아야 하고, 헌법개정
절차에 따르더라도 (입헌)군주제로 이행하는 것은 허용되지 아니한다.[75]

---

74) 이계일, 「헌법상 공화국 원리의 도그마틱적 함의에 관한 연구」, 『헌법학연구』 제17권 제1호, 한국헌법학회, 2011,
   89~90쪽.

4. 공화국원리의 내용

(1) 지배 배제

공화국원리는 모든 대내·외적 지배를 부정한다. 공화국원리는 모든 국민이 지배받지 않는 것은 물론 지배하는 것도 인정하지 않는다. 하지만 주관적 지배, 즉 자의적 지배만이 부정될 뿐이고, 객관적 지배, 즉 법을 통한 지배인 법치는 허용된다. 지배받지도 지배하지도 못하는 사람들은 서로 평등하다. 따라서 공화국원리는 실질적 평등을 중시한다. 평등한 사람들이 주권자인 공화국은 국민주권원칙에 기초한다.

(2) 비지배적 자유

공화국원리는 인간의 자유를 정치공동체 속에서 이루어지는 자기실현으로 파악하고, 그것을 정치공동체에 대한 자율적이고 적극적인 참여와 동일시한다. 연대성을 중시하는 공화국의 핵심은 공화국 구성원 사이의 자격 대등성에 있다. 이것은 누군가가 시혜적으로 주는 자유나 누군가를 지배하는 자유가 아닌 진정한 자유로서 '지배자가 없는 자유'를 보장한다. 모든 형태의 지배를 부정하는 공화국에서는 자유도 비지배에 이바지하여야 하기 때문이다. 주종적 지배(예속) 부재를 가리키는 비지배적 자유는 공동체 속의 자유이고, 관계 속에서 누리는 자유이며, 다른 사람과 관계를 맺지만 구속되지 않을 자유이다.

(3) 공공복리

개념적 측면에서 공화국의 본질은 공공복리 추구이다. 국가가 국민의 것이라서 국가가 국민을 위해서 존재한다는 공화국에서는 누군가의 이익이 아니라 모두의 이익을 추구할 수밖에 없다. 공공복리에서 '공공'은 모든 국민과 두루 관련이 있거나 모든 국민에게 영향을 미치는 성질을 뜻한다. '복리'는 서로서로 배려하는 가운데 구성원 모두의 최소한의 행복과 이익을 보장하여 행복과 이익을 공유함을 가리킨다. 따라서 복리는 단순한 사적 이익의 총합이 아니다. 그리고 공공복리에서 공익은 다수의 이익이 아니라 정당한 이익이다.

(4) 시민적 덕성

공화국에서 정치의 목적은 덕성을 보존하고 타락을 방지하는 것이다. 하지만 공화국은 국민이 현재 선호하는 것이 무엇인지를 고려하지 않고, 그것을 충족하려고도 않는다. 이러한 점에서 공화국원리는 국민의 이익이 아니라 국민의 정체성에 주목한다. 그리고 국가는 시민적 덕성을 함양할 수 있을 뿐이지 국민에게 시민적 덕성을 강요할 수 없다. 시민적 덕성은 시민

---

75) 국민정서상으로도 군주제는 도입할 수 없다. 그리고 세습이 아닌 종신직대통령제를 도입하더라도 민주적 체계 안에서 한시적 정당성을 부여하는 임기제가 적용되지 않는 국가기관은 군주와 달리 판단할 수 없고, 마찬가지로 그러한 헌법 개정도 허용되지 않는다.

이 정치공동체에 자율적이고 적극적으로 참여할 수 있게 하는 조건으로서 비지배적 자유와 공공복리를 판단하고 그 실현에 책임이 있는 자율적 주체로서 갖추어야 할 최소한의 지적·윤리적 토대를 말한다.

(5) 공직에 맞는 품격

공공복리의 추상성·가변성으로 말미암아 공무를 직접 수행하는 '공직자'라는 매개체가 필요하다. 비지배적 조건이 달성되려면 국가권력은 인격화하여서는 아니 되고, 공공복리 달성을 위해서 제도화하여 행사되어야 한다. 따라서 공직자의 인격에 따른 권력 행사는 허용되지 않고 공공복리를 지향하도록 제정된 법에 따른 공직 수행만이 정당성을 인정받는다. 그래서 공직자는 자의적 권한 행사가 아니라 공공복리 구체화를 위해서 구조화한 '합의된 법에 따른 권한 행사'만 할 수 있다. 이에 따라 권한을 부여받은 공직자는 공직에 맞는 품격[공직에토스(Ethos)]을 갖추도록 요구받는다. 공무를 수행하는 공직자에게 헌신 자세를 요구하는 것이 공직에 맞는 품격이고, 역으로 주권자인 국민 모두에게 적용되는 것이 시민적 덕성이다. 공직에 맞는 품격은 공공복리를 추구하기 위해서 공직기능 수행 이외에 요구되는 공직자 특유의 공동체에 대한 헌신이다.

제 4 절   민주(국가)원리(민주주의)

I . 민주(국가)원리(민주주의)의 개념

민주(국가)원리(민주주의)는 국가질서를 형성하고 유지하는 데 중추적 역할을 하는 헌법원리이며 국민의 자기지배를 이상으로 한다. 민주(국가)원리(민주주의)는 국민의 지배를 뜻한다. 이는 국민이 국가권력 보유자임을 가리킨다. 여기서 권력의 핵심은 자원 배분에 관한 통제력이다.[76] 국민이 자원 배분을 결정하지 못하면 국민 대다수의 생존과 안전을 위협받기 때문이다. 인간은 스스로 결정하고 그 결정에 따라서 행동할 때 비로소 자유로우므로 (국가)공동체생활에서도 자기지배 이상을 관철할 필요가 있다. 다만, 현대국가에서 국민 개개인이 스스로 국가권력을 담당하고 행사할 수는 없다. 따라서 자기지배의 이상은 선거를 통해서 국가권력을 담당하고 행사할 대표(기관)를 정당화하는 데 초점이 모인다. 그러나 루소의 지적처럼 선거기간에만 국민이 자유로울 수 있는 것이 대의제 민주주의의 숙명이라면, 이는 '국민의 자기지배'를 이상으로 하는 민주(국가)원리(민주주의)에서는 받아들일 수 없다. 물론 국민의 자기지배라는 이상이 국민의 직접 지배로 실현되지 못하고, 지배를 담당하는 대의기관을 국민이 정당화

---

76) EBS 다큐프라임 <민주주의> 제작팀/유규오, 『민주주의』, 후마니타스, 2016, 14~19, 56~70쪽.

하는 체제가 오늘날의 (대의제) 민주주의 현실임을 부인할 수 없다. 하지만 이러한 정당화절차인 선거를 일정 시점의 1회적인 행위로만 보아 선거가 속해있는 국민의 전체적 정치 참여과정의 맥락을 도외시한다거나 선거로 표출된 국민의사의 영향력을 대표자 선출에만 국한하여 너무 좁게 이해하여서도 안 된다. 오히려 선거를 국정 운영에 관한 국민 참여의 하나로 파악하여 국민주권 실현을 위한 국민참정권 행사의 전체 과정의 맥락에서 그 의미를 이해할 것이 요청된다. 이렇게 보면 민주(국가)원리(민주주의) 개념의 표지는 국민의 '지배 정당화'(민주적 정당성 – 정당성의 사슬)와 국가권력 행사에서 국민의 참여와 자율(모든 국민의 평등과 다수결원칙)로 볼 수 있다. 이러한 개념 표지를 중심으로 정의하면 민주(국가)원리(민주주의)는 국민이 정당화하는 기관을 통해서 국가의 지배가 제도적으로 조직화하여 행사되고, 모든 국민이 평등에 기초하여 대부분 다수결로 내려지는 결정에 참여하는 국가형태이다. 간단히 민주(국가)원리(민주주의)는 국민의 자기지배를 구현하는 국가의사 결정 체계라고 정의할 수 있다.[77]

다만, 민주주의(democracy)는 인민을 뜻하는 'demos'와 지배로 해석되는 'cracy'의 합성어로서 '인민의 지배'를 지향한다. 따라서 민주주의는 국민 모두의 지배가 아니라 다수자의 지배라는 점을 주의하여야 한다. 이것은 민주주의가 다수결원칙에 따라서 국가의사를 결정한다는 점에서 확인된다. 간접민주주의가 아니라 직접민주주의를 채택한다고 다수정으로서 민주주의의 성격은 바뀌지 않는다. 직접민주주의에서도 국가의사는 다수결원칙으로 결정하기 때문이다. 그리고 국민, 즉 주권자 전체가 유권자나 국민투표권자가 되지 않는 한 민주주의는 다수자의 지배가 될 수밖에 없다. 다수정으로서 민주주의는 소수가 적극적으로 모든 권한을 행사하는 것도 반대하지만, 소수가 소극적으로 거부권을 행사하는 것도 인정하지 않는다. 즉 적극적으로든 소극적으로든 소수가 전체를 좌우하는 것은 민주주의에서 있을 수 없다.[78] 이러한 점에서 민주주의에서는 시끄러운 소수가 전체 의사를 결정하는 것을 막기 위해서 다수 의견을 제대로 파악하는 체제를 구축하는 것이 중요하다.[79] 그리고 다수와 소수가 영원히 바뀌지 않거나 다수나 소수에 속하는 것이 자신의 선택과 상관없이 태생적으로 결정된다면 다수정으로서 민주주의는 성립할 수 없다.[80] 즉 민주주의에서 다수와 소수는 고정되어서는 아니 되고, 다수와 소수는 결정의 산물이어야 한다. 그렇지 않다면 민주주의는 다수자의 폭정에 지나지 않는다.

---

77) 김선택, 「민주주의의 구조변화와 헌법개혁」, 『안암법학』 제25호, 안암법학회, 2007, 5쪽.

78) 최정욱, 「Democracy는 민주주의가 아니라 다수정이다」, 『비교민주주의연구』 제5집 제1호, 비교민주주의연구센터, 2009, 50~51쪽 참조.

79) 최정욱, 「Democracy는 민주주의가 아니라 다수정이다」, 『비교민주주의연구』 제5집 제1호, 비교민주주의연구센터, 2009, 55쪽 참조.

80) 최정욱, 「Democracy는 민주주의가 아니라 다수정이다」, 『비교민주주의연구』 제5집 제1호, 비교민주주의연구센터, 2009, 58쪽.

Ⅱ. 한국 헌법상 민주주의 유형

1. 고전적 · 서구민주주의

한국 헌법상 민주주의는 (국민의사의) 다원성과 자유주의에 기초한 고전적인 서구민주주의 계보에 속한다. 국민주권을 기초로 하고 대의제를 이상으로 하는 서구식 자유민주주의와 달리 이른바 동구식 인민민주주의는 인민주권론을 따라서 주권자가 직접 주권을 행사하는 것을 이상으로 하여 대표(평의원)가 '인민의 의사'에 따를 것을 요청하였다(이른바 평의원민주주의). 그러나 실제로는 공산당이 절대적인 지위를 확보한 일당독재체제에 불과하였고, 이러한 왜곡된 (장식적인데 불과하였던) 정치체제는 동부 유럽에 자유화 바람이 불면서 붕괴하여 그 기반을 상실하였다. 물론 아직도 분단체제를 사는 한국으로서는 인민민주주의 명목 아래 봉건왕조 형태를 취하는 북한체제와 대립하는 현실을 잊어서는 아니 된다.

2. 간접민주주의를 원칙으로 하고 직접민주주의 가미

한국 헌법상 민주주의는 간접민주주의(대의제 민주주의)를 원칙으로 하면서 직접민주주의를 가미한 형태이다. 국민은 선거를 통해서 국가기관(국회의원, 대통령)에 국민을 대표하여 국가권력을 행사할 수 있도록 민주적 정당성을 부여한다(헌법 제24조, 제41조, 제67조). 하지만 국민투표를 통해서 헌법개정권력을 행사하고(헌법 130조), 대통령이 부의한 중요정책에 대해서 직접 자신의 의사를 표명하기도 한다(헌법 제72조).

원칙인 간접민주주의가 직접민주제 도입을 막지는 않는다. 민주주의 실현에 이바지하는 범위에서는 직접민주제 도입은 허용되어야 한다. 한국 헌법이 비록 제72조와 제130조에서 국민투표를 규정하는 데 그치지만 이것이 명시적 예외를 제외하고는 대의제만으로만 민주주의를 실현하여야 함을 뜻하는 것은 아니다. 오히려 헌법이 명시한 내용 이외에는 민주주의 실현방법에 관해서 개방되었다고 해석하여야 한다. 따라서 대의제에 관한 조항을 비롯한 헌법 조항에 어긋나지 않는다면 원칙인 간접민주주의를 무너뜨리지 않는 범위에서 직접민주제를 도입할 수 있다.[81] 이미 법률로써 주민투표(지방자치법 제18조)와 주민소환(지방자치법 제25조와

---

81) 비슷한 견해: 김하열, 『헌법강의(제3판)』, 박영사, 2021, 64~65쪽.
　헌재 2009. 3. 26. 2007헌마843, 판례집 21–1상, 651, 666: "근대국가가 대부분 대의제를 채택하고도 후에 이르러 직접민주제적인 요소를 일부 도입한 역사적인 사정에 비추어 볼 때, 직접민주제는 대의제가 안고 있는 문제점과 한계를 극복하기 위하여 예외적으로 도입된 제도라 할 것이므로, 헌법적인 차원에서 직접민주제를 직접 헌법에 규정하는 것은 별론으로 하더라도 법률에 의하여 직접민주제를 도입하는 경우에는 기본적으로 대의제와 조화를 이루어야 하고, 대의제의 본질적인 요소나 근본적인 취지를 부정하여서는 아니된다는 내재적인 한계를 지닌다 할 것이다."
　그러나 헌법재판소는 국민투표 허용 가능성을 매우 좁게 본다(헌재 2004. 5. 14. 2004헌나1, 판례집 16–1, 609, 650: "헌법은 명시적으로 규정된 국민투표 외에 다른 형태의 재신임 국민투표를 허용하지 않는다. 이는 주권자인 국민이 원하거나 또는 국민의 이름으로 실시하더라도 마찬가지이다. 국민은 선거와 국민투표를 통하여 국가권력

'주민소환에 관한 법률')이라는 직접민주제도를 도입하였다.

3. 정당제 민주주의

한국 헌법상 민주주의는 정당이 국민의사를 예비적으로 먼저 형성하고 그러한 의사를 국정 운영에 매개하는 역할을 하는 정당제 민주주의이다. 대의제 민주주의는 오늘날 정당제 민주주의로 발전하였다. 정당제 민주주의에서는 선거가 시행될 때만 간헐적으로 투표에 참가하였던 주권적 국민이 정당이라는 중개체를 통해서 실질적이고 현실적인 행동통일체가 되는 경향, 권력분립을 특징으로 유지되었던 국가권력(입법부와 집행부)이 집권당을 중심으로 통합되는 경향, 전 국민의 대표로서 독립성을 유지하였던 의원이 정당에 예속됨으로써 의원의 무기속원칙이 명목적으로 바뀌는 경향이 나타난다.

4. 방어적 · 가치구속적 민주주의

한국 헌법상 민주주의는 방어적 · 가치구속적 민주주의이다. 국민 다수 의사에 따라서 나치 집권과 바이마르 공화국 붕괴를 경험하였던 독일에서 그에 대한 반성으로 '민주주의의 적'에게서 민주주의를 보호하려고 방어적 · 가치구속적 민주주의가 주장되었다. 이러한 민주주의를 구체화하는 제도적 수단으로 독일 기본법에 기본권실효제도와 위헌정당해산제도가 도입되었다. 한국 헌법도 위헌정당해산제도를 도입함으로써 민주주의의 가치중립성에 한계를 그었다(제8조 제4항). 다만, 헌법이 방어적 · 가치구속적 민주주의를 도입하더라도 여러 정치세력이 정당으로 조직화하여 집권경쟁을 벌이는 것이 민주국가의 전제조건인 만큼, 정당의 강제해산을 정당화할 정도의 실질적 기준은 이론(異論)의 여지 없이 국가의 존립기반에 해당하는 국민의 기본적 가치 합의에 국한되어야 한다. 이는 헌법의 핵심내용으로서 헌법 개정의 내재적 한계에 해당하는 (헌법전문과 제4조, 제8조 제4항에 규정된) '(자유)민주적 기본질서'이다.

Ⅲ. 민주(국가)원리(민주주의)의 기본조건(골간)

1. 국민주권: 국가권력의 주체 문제

인민(국민)의 지배라는 민주주의의 어원에서 알 수 있듯이 국민주권은 민주주의의 출발점이다. 모든 국가권력은 국민에서 출발하여 국민에게로 귀속된다. 국민이 국가권력의 주체이므로 국가권력의 형성 · 유지 · 행사에서 국민의사가 중심이 된다. 다만, 공화국원리에서는 국민

을 직접 행사하게 되며, 국민투표는 국민에 의한 국가권력의 행사방법의 하나로서 명시적인 헌법적 근거를 필요로 한다. 따라서 국민투표의 가능성은 국민주권주의나 민주주의원칙과 같은 일반적인 헌법원칙에 근거하여 인정될 수 없으며, 헌법에 명문으로 규정되지 않는 한 허용되지 않는다.").

주권이 국가의 주인이 누구인지에 관한 관점에서 궁극적으로 누구의 이익을 추구하여야 하는 지를 결정하는 기준이라는 점에 초점이 있지만, 민주주의에서 국민주권은 누가 국가의사를 결정하는지에 주목한다.

2. 국가권력과 그 행사의 민주적 정당성(대의제 민주주의)

전체 국민이 언제나 국가권력 행사에 개별적·구체적·직접적으로 정당성을 부여할 수는 없다. 따라서 국민의사는 일반적으로 국가권력에 민주적 정당성을 부여하는 방식으로 반영된다. 현대국가의 정치적 조건 아래에서 국민은 국가권력 보유자이지만, 제한된 범위에서만 스스로 국가권력을 행사할 수 있다. 따라서 주기적으로 되돌아오는 선거를 통해서 국민은 권력을 행사할 대표(기관)에 직접적으로 (인적인) 민주적 정당성을 부여한다.82) 국가권력에 민주적 정당성을 부여하는 국민의사는 국민의 개별적인 의사도 아니고 개별 국민의사의 총합도 아니고 추정적인 국민의사이다.

3. 국가권력 행사에 관한 국민 참여의 법적 보장

국민주권을 실현하고 대의제 민주주의를 형해화하지 않으려면 국가권력 행사에 관한 국민 참여가 지속해서 이루어지고, 이에 대한 법적 보장이 마련되어야 한다. 국민의사에 관한 지속적인 확인과 반영이 이루어지지 않는다면, 국민의사와 (이미 정당화한) 국가권력 행사가 유리되고 틈새가 벌어져 결국 국민이 (국가권력에 대해서) 주권자의 지위를 실현할 수 없기 때문이다.

4. 형식적·제도적 요소와 실질적 요소의 결합

민주주의는 형식적·제도적 요소만으로 충족되지 아니하고, 일정한 실질적 내용과 결합하여 일체를 이룬다. 대의제도, 정당제도, 선거제도, 다수결에 따른 의사 결정 방식 등 형식적·제도적 요소가 민주주의를 가능하게 하는 요소이다. 하지만 이를 구체화할 때(일정한 형태를 갖추도록 형성되고 실제로 적용됨) 민주주의가 달성하고자 하는 이념적 지표인 자유와 평등을 비롯하여 인간의 존엄과 가치를 바탕으로 한 기본적 인권 보장(법치국가적 내용)과 조화를 이

---

82) 헌재 2009. 3. 26. 2007헌마843, 판례집 21-1상, 651, 666: "이러한 국민주권주의는 국가권력의 민주적 정당성을 의미하는 것이기는 하나, 그렇다고 하여 국민전체가 직접 국가기관으로서 통치권을 행사하여야 한다는 것은 아니므로 주권의 소재와 통치권의 담당자가 언제나 같을 것을 요구하는 것이 아니고, 예외적으로 국민이 주권을 직접 행사하는 경우 이외에는 국민의 의사에 따라 통치권의 담당자가 정해짐으로써 국가권력의 행사도 궁극적으로 국민의 의사에 의하여 정당화될 것을 요구하는 것이다. 이러한 대의제는 국민주권의 이념을 존중하면서도 현대국가가 지니는 민주정치에 대한 현실적인 장애요인들을 극복하기 위하여 마련된 통치구조의 구성원리로서, 기관구성권과 정책결정권의 분리, 정책결정권의 자유위임을 기본적 요소로 하고, 특히 국민이 선출한 대의기관은 일단 국민에 의하여 선출된 후에는 법적으로 국민의 의사와 관계없이 독자적인 양식과 판단에 따라 정책 결정에 임하기 때문에 자유위임 관계에 있게 된다는 것을 본질로 하고 있다."

루는 범위에서만 정당성이 인정된다.

Ⅳ. 민주(국가)원리(민주주의)의 출발점인 국민주권

1. 의의

주권이론은 중세 말의 혼란과 무질서에서 벗어나 안정된 새로운 질서를 형성하기 위해서 탄생하였다. 중세를 지탱하였던 (교황과 황제의) 낡은 권위로 더는 내전 등 혼란상황을 종식하기 어려워지자 왕권이라는 새로운 권위를 절대화함으로써 안정된 질서를 수립하고자 하였다. 대외적으로 (교황과 황제에게서) 독립되고 대내적으로는 (봉건영주 등 내부 귀족·승려세력에 대해서) 최고 권력을 의미하는 주권이 군주에게 귀속되었다. 그러나 국가와 군주라는 인격이 동일시되는 상황에서 군주가 멋대로 주권을 행사하자 질서와 평화를 유지하여야 할 '주권'이 본래 목적을 상실하고 오히려 질서와 평화를 교란하게 되었다. 이러한 군주주권론의 문제점을 해결하려고 여러 가지 주권이론이 주장되었다. 하지만 근대 시민혁명 이후 헌법국가에서는 주권이 국민에게 있다는 국민주권론이 확립되었다. 국민주권은 국가의사를 전반적·최종적으로 결정할 수 있는 원동력·근원이 국민에게 있고, 국가권력의 민주적 정당성 원천이 국민에게 있다는 것을 뜻한다(제1조 제2항).[83]

민주주의의 핵심요소로 인정되는 국민주권은 군주주권에 대항하는 항의적·투쟁적 이념으로 출발하였고, 이제는 대부분 국가질서의 중심이념으로 인정되기에 이르렀다는 점에서 역사적 임무를 끝냈다는 평가를 받기도 한다. 하지만 국민주권은 오늘날에도 국가질서의 정당성에 대한 기준으로 작용하고 정당성을 부여받은 국가권력이 국민이 명목상으로만이 아니라 실제로도 주권자로서 유지될 수 있도록 행사되라고 요청한다는 측면에서 여전히 규범적인 의미가 있다.

2. 현행 헌법상 국민주권 구현

한국 헌법을 따르면 국민주권은 간접민주주의(대의제 민주주의)를 원칙으로 하면서도 직접민주주의를 가미하는 방식으로 실현된다. 국민은 주기적으로 돌아오는 선거를 통해서 대표를 선출하고 그가 국민을 대표하여 권력을 행사할 수 있도록 민주적 정당성을 부여한다. 그리고 중요정책에 대한 국민투표(제72조)와 헌법 개정에 대한 국민투표(제130조)를 도입함으로써 국민이 직접적으로 국가의사를 형성할 수 있는 직접민주주의를 가미한다. 다만, 국민발안제와

---

83) 헌재 1989. 9. 8. 88헌가6, 판례집 1, 199, 205: "우리 헌법의 전문과 본문의 전체에 담겨 있는 최고이념은 국민주권주의와 자유민주주의에 입각한 입헌민주헌법의 본질적 기본원리에 기초하고 있다. 기타 헌법상의 제원칙도 여기에서 연유되는 것이므로 이는 헌법전을 비롯한 모든 법령해석의 기준이 되고, 입법형성권 행사의 한계와 정책결정의 방향을 제시하며, 나아가 모든 국가기관과 국민이 존중하고 지켜 나가야 하는 최고의 가치규범이다."

국민소환제 같은 직접민주주의는 채택되지 않았다. 그리고 헌법은 개인에게 정치적 기본권을 보장하고 의회제도, 선거제도, 복수정당제도, 지방자치제도, 직업공무원제도 등을 보장함으로써 국민주권을 실질화하는 민주주의를 지향한다.

V. 민주(국가)원리(민주주의)의 형식적·제도적 (구체화)요소

민주(국가)원리(민주주의)의 기본조건을 실현하기 위한 형식적 견지에서 구체적인 제도는 ① 국민주권의 행사방법 제도화, ② 민주주의의 대의제적 형성, ③ 다수결원칙, ④ 국민(구성원)의 정치적 참여에서 법적 평등 보장, ⑤ (국가에서) 자유롭고 개방적인 국민 여론 형성, ⑥ 다원주의와 그에 따른 복수정당제로 나누어 살펴볼 수 있다.

1. 국민주권의 행사방법 제도화: 민주적 정당성과 국민 참여 보장

국민은 대의제와 국민투표의 형식으로 국가권력에 민주적 정당성을 부여하고 국가권력에 참여함으로써 국민주권을 실현하므로 그 행사방법을 제도화할 것이 요청된다. 이처럼 국민주권의 행사방법을 제도화하기 위해서 ① 국민대표기관을 선거하는 데 필요한 선거제도와 ② 국민이 헌법개정권력을 직접 행사하거나 대통령이 부의한 중요정책에 대한 (찬반)의사를 분명히 밝히기 위한 국민투표제도를 마련하여야 한다.

2. 민주주의의 대의제적 형성(대의제 민주주의, 간접민주주의)

한국 헌법상 민주주의는 대의제를 중심으로 형성된다. 대의제 아래에서 국민이 대의기관의 국가권력 행사를 정당화하려면 별도의 위임절차가 있어야 한다. 국민은 자신의 정치적 기본권을 행사하는 선거라는 제도를 통해서 그들 자신 중 일부에게 대의기관을 구성하여 국가권력 행사 임무를 맡도록 정당화한다(선출된 국민대표기관 존재). 이러한 정당화는 민주공화국의 특성상 한시적일 수밖에 없다. 따라서 정해진 기간마다 주기적으로 되풀이된다(한시적 정당성 부여, 대의기관의 규칙적인 기간마다 재정당화). 이러한 점에서 민주(국가)원리(민주주의)는 한시적 지배를 가리킨다.

선거는 국민의사에 따른 대의기관 구성을 목표로 하므로 국민의사를 있는 그대로 정확하게 반영하도록 조직되어야 한다는 요청 아래에 놓이게 된다(국민의사가 정확히 반영되도록 선거제도 조직). 동시에 선거를 통해서 '대의기관이 구성'되고, 그렇게 구성된 대의기관은 국정을 운영할 임무를 부여받게 된다. 만약 주어진 임무를 원활하게 수행할 수 있도록 대의기관이 구성되지 않으면 국정이 마비될 수도 있으므로, 임무를 수행할 수 있는 능력을 갖춘 대의기관이 구성되도록 선거를 제도학하여야 한다는 요청이 있게 된다(국정수행능력을 갖춘 대의기관

구성을 위한 선거제도 조직). 그렇게 구성된 대의기관은 멋대로 자신에게 위임된 임무를 제3자에게 양도할 수 없으므로, 스스로 국정을 실질적으로 운영하여야 한다(대의기관의 실질적 국정운영).

3. 다수결원칙

(1) 민주(국가)원리(민주주의)와 다수결원칙

① 다수결의 개념

다수결원칙은 수적 우열관계에 기초한 공동체의 의사결정방식이다. 다수결원칙은 단지 '다수의' 결정이기만 하면 된다는 양적 개념으로 이미 충분한 것이 아니라(즉 결과의 원리만이 아니라), 의사 형성 과정에서 소수파가 토론에 참가하여 다수파의 견해를 비판하고 반대의견을 밝힐 기회를 보장하여 다수파와 소수파가 공개적이고 합리적인 토론을 거칠 것을 전제조건으로 그 가운데 다수와 소수가 변경될 가능성이 있어야 한다는 의미에서 과정의 원리이다(질적 의미의 다수결원칙).

중세유럽에서는 전체 국민이 합의를 하려는 의사 결정 방식이 아니라 (등족과 같은) 특정 집단의 합의에 한정된 의사 결정 방식에 불과하였다. 하지만 다수결원칙은 오늘날 민주적 의사 결정 방식으로 일반적으로 받아들여진다.

② 민주주의에서 의사 결정 방법

민주주의는 가치상대주의에 입각하므로, 서로 대립하는 가치관 사이에 모종의 절대적이고 고정적인 우열관계를 인정할 수 없다. 따라서 다수결방식은 민주적 공동체 안의 구성원이 상호 대등한 지위에 있음을 전제로 일정한 조건 아래에서 형성되는 다수 의사를 공동체 의사로 간주하는 의사 결정 방법이다.

③ 헌법적 근거: 헌법 제49조

헌법 제49조의 의결정족수규정은 의회민주주의의 기본원리인 다수결원칙을 선언한다. 헌법 제49조는 단순히 재적의원 과반수 출석과 출석의원 과반수 찬성을 형식적으로 요구하는 것에 그치지 않는다. 예를 들어 통지할 수 있는 국회의원 모두에게 회의에 출석할 기회가 부여된 바탕 위에서 재적의원 과반수 출석과 출석의원 과반수 찬성으로 국회 의결이 이루어져야 한다는 식으로 실질적인 면을 함께 고려하여야 한다. 이는 헌법을 개정할 때 가중정족수를 요구하는 헌법 제130조 제2항도 마찬가지이다.

(2) 다수결의 정당화 근거

민주적 의사결정이 곧 다수결을 뜻하면서 다수결은 민주적 질서의 정당성을 확보하는 데 큰 역할을 한다. 모든 국가권력이 다수의 이름으로 행사된다. 그렇다면 왜 소수는 다수의 결정에 복종하여야 하는가? 다수결원칙의 정당화 근거와 관련하여 ① 다수의 (수적 우세에 기초한 사실적) 힘이 다수결원칙의 정당성 근거가 된다는 견해, ② 다수결에 따른 결정이 올바른 결정이 내려질 개연성이 크다는 것을 다수결의 정당성 근거로 제시하는 견해, ③ 가능한 한 많은 사람이 자신의 의사에 따르게 된다는 측면에서, 즉 자유의 원리를 근거로 다수결의 정당성을 주장하는 견해, ④ 다수결은 동등한 자격이 있는 사람이 결정에 참여할 기회 보장이 가장 잘 실현되는 의사 결정 방식이라는 점에서 평등의 원리를 근거로 다수결의 정당성을 주장하는 견해가 제시될 수 있다.

이러한 견해는 각각의 관점에서 다수결원칙의 정당화 근거를 설명한다. 그러나 ① 사실적 힘이 결정에 규범적 정당성을 부여할 수 없고, ② 다수가 내린 결정이 소수의 전문가가 내린 결정보다 언제나 합리적일 수 있는 것은 아니고 사안에 따라서는 그 반대일 수도 있다. 그리고 민주주의는 자유와 평등의 이념에 기초하여 국민의 자기지배를 최대화하라고 요청하므로 다수결의 정당화 근거는 민주주의 기본이념인 자유와 평등에서 찾아야 한다.[84]

(3) 다수결의 전제조건

다수의 결정을 전체 의사로 간주하려면 이를 정당화하는 전제조건이 필요하다. 다수결원칙이 그 전제조건을 충족시키지 않는다면 민주주의 이념에 어긋나는 의사 결정 방식으로 전락한다. 그리고 다수결로 의사를 결정하려면 먼저 다수결원칙에 따른 의사 결정에 관해서 사전에 합의하여야 하고, 전체 구성원의 수를 확정할 수 있어야 한다.

① 결정참여자 사이의 평등이 보장될 것

결정참여자 사이에 다수결원칙의 정당화 근거인 평등이 보장되어야 한다. 모든 사람이 동등한 자격으로 의사 결정에 참여할 수 있어야 한다. 특히 국민이 대표기관을 선출하거나 자신이 직접 대표기관이 되는 데 자기 의사를 반영할 기회를 왜곡시키지 않도록 선거권·피선거권·선거운동 기회 등을 균등하게 부여할 것이 요청된다(국민의 정치적 평등). 그리고 국민대표기관에서 의사결정을 할 때 구성원 사이의 법적 지위를 평등하게 보장할 것이 요청된다.

② 다수 형성과 다수의 결정과정이 자유롭고 공정할 것

결정참여자가 대화와 토론의 과정을 거쳐서 자유롭고 공정하게 의사를 표명하는 과정에서 다수(의사)가 형성되어야 한다. 자유롭고 공정한 결정 과정을 위해서 의사 형성 과정 자체가 자유롭고 개방적·공개적일 것이 요청된다. 여기에는 이성과 토론에 입각한 합리적인 절차와 공개성 보장이 포함된다.

---

84) 계희열, 『헌법학(중)(신정2판)』, 박영사, 2007, 251쪽; 방승주, 『헌법강의 Ⅰ』, 박영사, 2021, 188쪽; 장영수, 『헌법학(제13판)』, 홍문사, 2021, 162쪽; 홍성방, 『헌법학(상)(제3판)』, 박영사, 2016, 207~208쪽.

③ 다수와 소수 사이에 실질적인 기회 균등 보장(소수파 보호)

결정참여자가 자유롭고 공정한 의사 소통 과정을 거쳐서 다수(의사)를 형성하였더라도 다수결이 다수의 횡포로 전락하지 않으려면 다수와 소수 사이에 실질적인 기회 균등이 보장되어야 한다. 소수자 보호는 '공동체에서 중요한 가치'를 다수라고 하여도 일방적으로 바꿀 수 없도록 하는 방식으로 이루어질 수도 있다. 하지만 소수자에 대한 억압으로 다수의 자유와 평등을 보장하는 것이 아니라 모든 국민의 자유와 평등을 실현하려면 다수와 소수 사이에 실질적 기회균등이 이루어져야 한다.

④ 다수와 소수 관계의 변경 가능성

다수의 결정에 따라야 하는 소수가 다수의 결정에 승복하려면 다수(의사) 형성이 그때그때 바뀔 수 있어야 한다. 다수와 소수 관계의 실질적 변경 가능성을 확보하려면 다수와 소수 사이의 실질적인 기회 균등을 보장할 뿐 아니라 다수(의사) 형성과 의사 결정 과정에서 절차적 공정성·투명성이 확보되어야 한다.

(4) 다수결원칙 적용의 한계
① 결정대상의 적격성

결정대상이 다수에 의한 결정을 하기에 적절하지 않은 때는 대안의 다원성이 없을 때이다. 즉 자연현상으로서 누구나 확인할 수 있는 객관적 진리가 있으면 다수의 결정은 의미가 없다. 그리고 결정참여자 범위가 제한되는 것이 합리적일 때도 다수에 의한 결정을 할 사항이 아니다. 예를 들어 고도의 전문지식이 필요한 사안은 전문가집단에 맡겨야 한다.

② 정치적 공동체의 기초에 해당하는 국민의 기본적 합의사항

다수결에 따른 처분 가능성에 맡기지 아니한 국가공동체의 기초에 해당하는 국민의 기본적인 합의사항은 다수에 의해서 결정되지 않는다. 예를 들어 헌법 개정의 내재적 한계에 속하는 사항인 자유민주적 기본질서를 다수의 처분에 맡길 수는 없다.

③ 소수자의 지위를 존중하고 보호하는 데 관련된 사항

마찬가지로 소수자의 지위를 존중하고 보호하는 데 관련된 사항도 다수의 처분에 맡길 수 없다. 다수결이 다수의 횡포가 되지 않으려면 소수자의 지위를 보호하는 사항은 다수라고 하더라도 일방적으로 바꿀 수 없도록 하여야 한다.

4. 국민(구성원)의 정치적 참여에서 법적 평등 보장

(1) 선거권과 투표권의 평등

국민 구성원이 정치적 참여를 할 때 법적 평등이 보장되어야 한다. 특히 평등원칙을 구체화한 헌법상 선거원칙으로는 선거권·피선거권의 자격요건에 중점이 있는 보통선거원칙과 투

표가치의 평등에 중점이 있는 평등선거원칙이 있다. 오늘날 선거원칙 중에서 가장 중요한 문제는 평등선거원칙이다. 평등선거원칙은 투표권의 수적 평등, 즉 모든 선거인에게 1인 1표가 인정되어야 하고, 나아가 투표의 성과가치 평등, 즉 1표의 투표가치가 대표자 선정이라는 선거 결과에 대해서 이바지하는 정도에서도 평등하여야 함을 뜻할 뿐 아니라[85] 일정한 집단 의사가 정치과정에서 반영될 수 없도록 선거구를 획정하는 자의적 선거구 획정[이른바 게리맨더링(Gerrymandering)]에 대한 부정을 의미하기도 한다.[86] 투표의 성과가치 평등은 다수대표제에서는 선거구 사이의 인구 불균형, 비례대표제에서는 의석 배분 방식 문제로 나타난다. 투표가치 평등에 어긋나는 선거구 획정은 원칙적으로 헌법 제11조의 평등원칙에 위반된다. 그러나 전 선거구의 투표가치를 평등하게 하는 것은 현실적으로 어렵기도 하고, 자의적 선거구 획정[이른바 게리맨더링(Gerrymandering)]의 위험을 가져올 수도 있다. 결국, 이 문제는 어떠한 사유가 투표가치 차이를 정당화하는지(선거구 획정 기준) 그리고 어느 정도의 차이를 정당화할 수 있는지(허용되는 인구편차 한계)의 문제가 된다.

(2) 공무 담임(기회)의 평등

각종 선거에 입후보하여 당선될 수 있는 피선거권과 공직에 임명될 수 있는 공직취임권을 포괄하는 공무 담임(기회)의 평등도 보장되어야 한다. 국민은 법률이 정하는 바에 따라서 선거에서 당선되거나 임명에 필요한 자격을 갖추거나 선발시험 등에 합격하고 나서 (일정 기간의 직무연수 과정을 거쳐서) 공무를 담임할 수 있다. 따라서 이러한 선거나 자격 및 선발시험이 공정하게 치러질 것도 공무담임권의 내용에 포함된다. 그래서 직업공무원에서 이러한 공직취임 조건이 되는 자격 및 선발시험은 임용희망자의 능력, 전문성, 적성, 품성을 기준으로 하는 이른바 능력주의나 성과주의를 바탕으로 하여야 한다. 공직자 선발에 관해서 능력주의에 바탕을 둔 선발기준을 마련하지 아니하고 해당 공직이 요구하는 직무수행능력과 무관한 요소, 예를 들어 성별, 종교, 사회적 신분, 출신 지역 등을 기준으로 삼는 것은 국민의 공직취임권을 침해한다.

5. (국가에서) 자유롭고 개방적인 국민 여론 형성

(1) 국가기관을 통한 국가의사 형성(체계)

국가의사는 국가기관을 통해서 형성되고 집행된다. 국가기관이 국민의사를 반영하더라도 공익을 위해서 최종적으로 구속력 있는 의사결정을 내리는 주체는 국가기관이기 때문이다. 국민에게서 직접 민주적 정당성을 부여받은 국가기관과 그 국가기관을 매개로 간접적으로 민주적 정당성을 부여받은 국가기관이 국가의사 결정 구조의 틀 안에서 국민의사에 기속되지

---

85) 헌재 1995. 12. 17. 95헌마224등, 판례집 7-2, 760, 771.
86) 헌재 1998. 11. 26. 96헌마54등, 판례집 10-2, 742, 747.

않고 독립적으로 국가의사를 형성하고 집행한다.

(2) 비국가적인 영역에서 국민의사 형성(체계)

비국가적인 영역(시민사회 영역)에서 국민이 그에게 공통되고 중요한 문제에 관해서 표명하는 국민의사 형성은 국가에서 자유로워야 한다.[87] 국가기관이 국민의사 형성을 주도하려는 활동을 하여서는 안 될 뿐 아니라 국민의사 형성에 영향을 미치려는 어떠한 개입도 금지된다. 특히 표현의 자유는 인격 발현의 전제가 되는 인격적 기본권인 동시에 자유민주주의 정치체제 아래에서 여론형성과 권력 통제의 기능을 하는 정치적 기본권으로서 기본권질서의 핵심으로 평가받았고, 현대 정보화사회에서 그 중요성이 더욱 강조된다.

(3) 두 의사 형성 체계의 되먹임과정(매개체: 대중언론, 사회단체, 정당)

국가의사 형성 체계와 국민의사 형성 체계는 각각 별도의 영역에서 작동하지만, 양자가 서로 아무런 영향을 주고받지 않는 것이 아니라 다양하게 펼쳐진 공론의 장 영역에서 역동적으로 상호 관련을 맺으며 영향을 주고받는다. 대중언론, 사회단체, 정당 등이 매개가 되어 (다양한 국민의사가 조정되어 합의에 이르는 동시에) 국가의사와 국민의사가 공론의 장에서 상호 영향을 끼치며 합의과정[되먹임(feedback)과정]에 이른다. 공론의 장 영역에서 이루어지는 국가의사와 국민의사 사이의 합의 과정에서 어떤 한 요소가 다른 요소를 흡수하거나 무시하여서는 안 된다는 점을 주의하여야 한다.

(4) 국민 여론의 두 측면

국민 여론은 공론의 장 영역에서 국가의사 형성에 영향을 끼침으로써 국가권력 행사의 공공성을 보장하는 역할을 할 수 있을 뿐이고, 국가의사를 결정하는 대표기관을 법적으로 구속할 수는 없다. 국가의사를 형성할 때 대표기관을 여론에서 독립시킬 것이 요청된다.

6. 다원주의와 그에 따른 복수정당제

(1) 민주적 의사 형성과 다원주의

민주적 의사 형성은 국민 개개인의 다양한 이해관계의 경합을 인정하는 다원성을 기초로 한다. 개개인의 서로 다른 이해는 집단활동을 중심으로 상호 대립하여 갈등을 일으키며 합의·조정의 과정에서 각종 대안을 요청한다. 집단적 이해관계의 극한 대립은 국가의 공동이익(공동선)을 무시하고 대립하는 사익만을 중요하게 생각하여 국가의 공적 기능을 약화한다는 비판을 받기도 한다. 그렇지만 다원주의에 반작용으로 나타난 전체주의가 (절대적 가치에 기초

---

87) 헌재 1995. 7. 21. 92헌마177등, 판례집 7-2, 112, 122: "선거의 결과는 여론의 실체인 국민의 의사가 표명된 것이기 때문에 민주국가에서 여론의 중요성은 특별한 의미를 가진다. 민주국가에서 여론이란 국민이 그들에게 공통되고 중요한 문제에 관하여 표명하는 의견의 집합체를 말한다."

하여) 자신의 이념에 반대하는 다른 모든 이념을 배격하고 이를 위해서 사회를 전체적으로 통제함으로써 결국 국민의 자유와 권리를 억압하는 결과를 가져오자 다원주의에서도 다양한 이해관계가 전체 사회를 분열시키는 극단적인 결과에 이르지 않도록 공동의 가치와 이익의 중요성이 재인식되고 대화와 타협의 정치를 강조하게 되었다.[88] 오늘날 다원주의는 많은 약점이 있는데도 국민의 자유와 평등을 실현하는 민주주의 이념을 가장 잘 실현하는 체제로 이해된다.[89]

(2) 다원적 국민의사 반영과 복수정당제 요청

현대의 정당국가적 현실 아래에서 집단적으로 나타나는 다원적인 국민의사를 가장 잘 반영하기 위해서 복수정당제가 요청된다. 개인은 자신의 다양한 이해관계를 반영할 정당을 선택하여 지지함으로써 자신의 의사를 국가의사에 반영하도록 한다.

국민의 다양한 이해관계를 수용하고 조정하여 국가의사에 반영하려면 (다양한 이해관계를 반영해 줄) 다수의 인물그룹과 다수의 정치적 견해 사이에서 자유로운 선택 가능성이 보장되어야 한다. 이를 위해서는 반대되는 대안이 있고, 정당 사이의 경쟁이 있어야 하며, 너무 길지 않은 기간마다 지배자 교체 가능성이 있어야 한다.

---

[88] 제2차 세계대전 이후 전체주의가 붕괴된 독일에서 종래 다원주의에 관한 회의적인 시각을 바꾸고자 노력하였던 프랭켈(Ernst Fraenkel)은 사회 안에서 언제나 다양한 이해관계 경합이 불가피할 뿐 아니라 필요하기도 하지만, 이러한 이해관계 다양성이 전체 사회의 분열을 가져오지 않도록 하기 위해서 다원주의에서도 침해될 수 없는 일정한 공동의 기초로서 공공복리라는 개념을 인정한다. 프랭켈에게 공공복리는 각종 집단과 정당의 다양한 이념과 이해관계 사이에서 일어나는 변증법적 과정의 결과로 이해된다(Ernst Fraenkel, Pluralismus als Strukturelement der freiheitlich-rechtsstaatlichen Demokratie, Vortrag am 45. Juristentag 1964, wieder abgedruckt in: ders., Deutschland und die wesentlichen Demokratien, S. 199 f.). 다원주의의 발전과 비판에 관해서 자세한 내용은 장영수, 「헌법의 기본원리로서의 민주주의」, 『안암법학』 창간호, 안암법학회, 1993, 125~131쪽 참조.

[89] 헌재 2014. 12. 19. 2013헌다1, 판례집 26-2하, 1, 17-18: "… 민주주의 원리는 하나의 초월적 원리가 만물의 이치를 지배하는 절대적 세계관을 거부하고, 다양하고 복수적인 진리관을 인정하는 상대적 세계관(가치상대주의)을 받아들인다. 이 원리에서는 사회가 본질적으로 복수의 인간'들'로 구성되고 각 개인들의 생각은 서로 상이할 수밖에 없다고 보므로, 결국 정견의 다양성은 민주주의의 당연한 전제가 된다. 그래서 개인들의 의견은 원칙적으로 그 나름의 합리성에 기초한 것으로서 존중되어야 하므로, 이 체제에서는 누구나 다양한 정치적 견해를 가질 수 있고 이를 자유로이 표현할 수 있다. 경우에 따라서는 이러한 견해들 사이에 대립이 발생하기도 하지만, 이는 본질적으로 자연스러운 현상이다. 민주주의 원리는 억압적이지 않고 자율적인 정치적 절차를 통해 일견 난립하고 서로 충돌하기까지 하는 정견들로부터 하나의 국가공동체적 다수의견을 형성해 가는 과정으로 실현된다는 점에서 비민주적인 이념들과 근본적으로 구분된다. 설혹 통념이나 보편적인 시각들과 상충하는 듯 보이는 견해라 하더라도 원칙적으로 논쟁의 기회가 부여되어야 하고, 충돌하는 견해들 사이에서는 논리와 설득력의 경합을 통해 보다 우월한 견해가 판명되도록 해야 한다는 점이 민주주의 원리가 지향하는 정치적 이상이다. 요컨대, 다원주의적 가치관을 전제로 개인의 자율적 이성을 존중하고 자율적인 정치적 절차를 보장하는 것이 공동체의 올바른 정치적 의사형성으로 이어진다는 신뢰가 우리 헌법상 민주주의 원리의 근본바탕이 된다. 우리 헌법도 개인의 자율성이 오로지 분열로만 귀착되는 상황을 피하고 궁극적으로 공존과 조화에 이르고자 하는 노력을 중시하고 있다. "자율과 조화를 바탕으로 자유민주적 기본질서를 더욱 확고히" 한다고 규정한 헌법 전문은 우리의 민주주의가 지향하는 방향을 단적으로 보여주는 것이다."

Ⅵ. 민주(국가)원리(민주주의)와 법치국가원리 및 기본권의 결합

1. 법치국가원리와 결합

민주주의와 법치국가는 불가분적 관계에 놓인다. 민주주의는 법치국가적 민주주의로서만, 법치국가는 민주적 법치국가로서만 유효하게 보장된다. 자유민주적 기본질서와 민주적 법치국가의 관계도 마찬가지이다.[90] 헌법은 형식적 합법률성만을 요청하는 형식적 법치국가를 요구하는 것이 아니라 법치국가의 내용적 정당성까지도 묻는 실질적 법치국가를 요구한다.

2. 기본권과 결합

민주(국가)원리(민주주의)는 기본권과 결합함으로써 강화하기도 하고 (일정 부분) 제한되기도 한다. 오늘날 기본권은 더는 단순한 주관적 권리로서뿐 아니라 객관적 원칙규범(객관적 질서의 요소)으로도 인정된다. 따라서 기본권은 특히 정치적 기본권을 통해서 민주주의를 창설하는 기능을 하기도 하고, 민주적 다수결을 일정한 (기본권적) 가치에 구속함으로써 통제규범으로서 작용하기도 한다.

Ⅶ. 공화국원리와 민주(국가)원리(민주주의)의 관계

헌법재판소는 공화주의 이념이 자유주의 이념과 함께 민주주의 체제에 큰 영향을 주었다고 하면서 공화주의 이념은 민주주의원리로 표현되고, 자유주의 이념은 법치주의원리로 반영되어 있다고 한다.[91] 이러한 헌법재판소 의견은 민주주의는 공화주의에서, 법치주의는 자유주의에서 기원하는 것으로 이해한다. 그러나 공화주의와 민주주의는 서로 내용이 다르고 구별될 뿐 아니라 공화주의는 법치를 강조하여 법치주의와도 밀접한 관련이 있다는 점에서 이러한 의견은 문제가 있다.[92]

민주(국가)원리(민주주의)는 일반적으로 '다수파에 의한 소수파 지배(다수결 지배)'를 인정하는 체제를 말한다. 그러나 공화국원리는 다수파와 소수파의 존재를 모두 인정하면서 누가 정권을 잡더라도 '비지배적 자유 상태'를 추구하는 견제와 균형을 통한 공생상태, 즉 국민통합을 추구하는 체제이다.[93] 따라서 민주(국가)원리(민주주의)는 권력의 소재를 강조하지만, 공화

---

90) 독일 연방헌법재판소와 헌법재판소가 정의한 자유민주적 기본질서의 요소를 보면 '자유'민주적 기본질서의 내용으로 법치국가원리의 구성요소가 강조됨을 확인할 수 있다. 특히 자유민주적 기본질서가 개인의 인권과 이를 보장하려는 권력분립을 기초로 함을 알 수 있다.

91) 헌재 2014. 12. 19. 2013헌다1, 판례집 26−2하, 1, 16−17.

92) 같은 견해: 신용인, 「민주공화주의에 대한 헌법적 고찰」, 『법학논총』 제28권 제3호, 국민대학교 법학연구소, 2016, 356~357쪽.

93) 채진원, 「민주주의, 민족(국가)주의, 세계시민주의 그리고 공화주의」, 『공화주의의 이론과 실제』, 인간사랑, 2019,

국원리는 권력의 행사방식에 중점을 둔다.[94] 민주(국가)원리(민주주의)는 다수가 의사를 결정한다고 하지만, 공화국원리는 다수 의견의 정당성에 관한 검토를 요구한다. 즉 공화국원리는 다수 의견이라고 하더라도 잘못된 것일 수 있다는 점을 강조한다. 다수의 의사와 이익이 모두의 의사와 이익은 아니기 때문이다. 공화국원리는 끝까지 소수의 의사와 이익을 포기하지 말 것을 주문한다.[95] 이를 통해서 공화국원리는 일방 다수의 자의적 지배를 차단하고자 한다.[96] 따라서 다수의 지지로 선출된 대표자의 행위라도 언제나 정당성이 인정되는 것은 아니다. 즉 공공의 이익 실현에 어긋나는 대표자의 행위는 정당성이 부정된다. 공화국원리로 말미암아 대표자는 자신을 지지한 다수의 대표가 아니라 자신을 지지하지 않은 소수도 끌어안는 국민 전체의 대표가 되어야 한다. 그리고 민주(국가)원리(민주주의)는 어떠한 목적을 달성하기 위한 절차를 다룬다. 이와 비교하여 공화국원리는 달성하여야 하는 목표를 제시한다. 즉 민주(국가)원리(민주주의)는 주어진 문제를 해결하기 위한 공론장을 만들고 운영하는 원리이지만, 이러한 공론장이 지향하는 것은 공화국원리에 따른 공공의 이익이다.[97]

민주(국가)원리(민주주의)는 국민의 정치 참여를 양적 측면에서 적극적으로 확대하는 데 이바지한다. 하지만 다수파 지배와 다수결에 따른 의사 결정을 내용으로 하는 민주(국가)원리(민주주의)는 다수파 전횡에 따른 소수파 무시, 중우정치, 대중영합주의(Populism), 선동정치에 취약하여 과두정과 중우정, 참주정 등으로 타락할 수 있다. 즉 민주(국가)원리(민주주의)는 국민의 정치 참여를 질적 측면에서 확대하는 데 어려움을 겪는다. 그러나 공화국원리는 시민 참여를 양적 측면에서 확대할 뿐 아니라 숙의와 국민 통합을 추구하는 덕성 있는 시민의 참여를 강조함으로써 민주(국가)원리(민주주의)의 이러한 타락을 방지할 수 있다. 그리고 공화국원리는 끝까지 소수파의 의사와 이익을 존중함으로써 공공의 의사와 이익이 다수파의 의사와 이익만으로 남지 않도록 함으로써 국민주권원칙이 단순한 정당성 근거로 전락하는 것을 막아준다. 즉 공화국원리는 국민주권원칙의 실질화를 요구한다. 또한, 공화국원리는 공공의 이익을 강조하여 공공의 이익에 어긋나는 의사 결정을 인정하지 않는다. 이러한 점에서 공화국원리는 상대주의를 부분적으로 배제하여 방어적 민주주의나 전투적 민주주의를 대체할 수 있다. 그리고 공공의 이익을 침해하는 가치를 인정하지 않음으로써 다원주의를 제한한다. 이러한 점에서 공화국원리는 민주(국가)원리(민주주의)를 제한하고 보완하는 기능을 수행한다.

공화국원리는 비지배적 자유와 공공복리라는 추상적·가변적 개념을 제시한다. 하지만 비

125쪽.

94) 신용인, 「민주공화주의에 대한 헌법적 고찰」, 『법학논총』 제28권 제3호, 국민대학교 법학연구소, 2016, 356쪽.

95) 이동수, 「민주화 이후 공화민주주의의 재발견」, 『동양정치사상사』 제6권 제2호, 한국동양정치사상사학회, 2006, 6~7쪽; 같은 사람, 「개화와 공화민주주의」, 『정신문화연구』 제30권 제1호(통권 제106호), 한국학중앙연구원, 2007, 7~8쪽 참조.

96) 서장은, 「공화주의적 통치구조의 헌법적 구현」, 중앙대학교 법학박사학위논문, 2011, 53쪽 참조.

97) 전민형, 「공화국원리와 공무원의 공익의무」, 고려대학교 법학석사학위논문, 2013, 77~78쪽 참조.

지배적 자유와 공공복리의 구체적 의미가 무엇인지 그리고 이를 어떻게 구체적으로 확정할 것인지에 관해서 말하지 않는다. 비지배적 자유와 공공복리의 구체적 개념은 결국 국민의 합의를 통해서 확정할 수밖에 없다. 이렇게 합의에 이르는 과정은 민주(국가)원리(민주주의)가 채운다.

제 5 절 법치국가원리

Ⅰ. 법치국가원리의 의의

1. 개념

법치국가는 '힘'이 아니라 '법'이 지배하는 국가이다. 권력자의 주관적인 자의(恣意)에 따른 지배가 아닌 법이라는 객관적인 제도를 통해서 지배되는 국가가 법치국가이다.[98] 따라서 법치국가는 권력국가, 절대국가, 덕치국가, 인치국가, 독재국가를 부정한다. 헌법원리로서 법치국가원리는 국가권력이 법에 따라서 조직되고 (그렇게 조직된) 권력 행사도 법에 따르도록 함으로써 권력자의 자의적 권력 행사를 막고(국가권력의 분립·통제) 이를 통해서 국민의 자유와 권리를 보장하려는 것이다(기본권 보장). 여기서 법치국가원리가 단순히 법이라는 '형식'에 따른 지배에 만족하는 것이어서는 안 된다. 법에 따른 지배가 '법이라는 형식'을 수단으로 하는 자의적 지배로 전락하지 않으려면 '법의 내용'이 정의로워야 한다(실질적 법치국가원리). 따라서 법치국가는 법의 내용을 따지지 않는 합법국가 이상의 의미가 있다.[99] 결국, 법치국가원리는 정의로운 법이 모든 국가작용·국가생활에 기준과 형식을 부여하는 헌법원리이다.[100]

2. 발전사

(1) 중세 - 근본법 사상

법치국가는 중세의 근본법 사상(lex fundamentales)에서 시작한다. 근본법 사상은 인간세상 질서는 신이 만든 영원한 질서에 포함되고 군주의 지위도 신에게서 부여받은 것이므로 군주도 바꿀 수 없는 국가의 근본법에 구속된다고 한다. 이것은 "군주는 누구의 밑에도 서지 않는다. 그러나 국왕은 신과 법 아래에서 통치한다."[13세기 영국의 재판관 브랙튼(Henry Brachton)][101]라

---

98) 장영수, 「헌법의 기본원리로서의 법치주의」, 『안암법학』 제2집, 안암법학회, 1994, 136쪽.

99) 김문현, 「헌법상 법치국가와 사회(복지)국가의 관계에 관한 고찰」, 『법학논집』 제2권 제1호, 이화여자대학교 법학연구소, 1997, 6쪽.

100) 유럽에서 전개되었던 법치국가적 공통관념에 해당하는 요소로는 ① 절대권력에 대한 부정, ② 법의 지배에 대한 지향, ③ 국가권력 분립과 사법적 통제를 통한 자유 보장을 들 수 있다(Klaus Stern, Das Staatsrecht der Bundesrepublik Deutschland, Bd. Ⅰ, 2. Aufl., München, 1984, S. 765).

는 말에서 확인할 수 있다.

(2) 영국법상 법의 지배

영국에서 법의 지배(rule of law)는 판례법으로 축적된 보통법이 국왕까지도 구속한다는 사상에서 발달하였다. 보통법 우위와 보통법 지배를 중심으로 전개된 법의 지배 사상은 에드워드 코크(Edward Coke)가 "의회의 제정법이 보편적 정의와 이성에 어긋나거나 보통법에 어긋나는 때 또는 그 자체가 모순이거나 집행할 수 없을 때, 보통법은 그것을 억제하고 이러한 법을 무효라고 판단할 수 있다."라고 한데서 잘 드러난다. 17세기 이래 국왕의 권한을 약화하고 의회 권한을 강화하여 의회가 국가권력의 실질적인 중심으로 활동할 무렵 보통법 우위는 의회제정법 우위에 자리를 내어주었다. 의회주권이 관철되면서 모든 국가권력은 제정법을 근거로 행사될 것이 요청되었고 제정법이 국가질서를 형성하는 중심축이 되었다. 법의 지배는 더는 보통법의 지배를 뜻하지 않게 되었고 민주화한 의회의 법정립활동에 좌우되었다. 19세기 말에는 다이시(Albert Venn Dicey)가 법의 지배 의미를 정규법 우위, 법 앞의 평등, 영국 헌법의 특수성이라는 세 가지로 체계화하였다. 이러한 법의 지배에 관한 다이시의 이해는 오늘날 영국 법의 지배에 관한 이해에도 큰 영향을 미친다. 법의 지배를 개인의 자유를 확보하기 위한 절차법을 중심으로 한 원리로 이해한다. 그런데도 법의 지배가 형식적인 것에 치우치지 않는 이유는 민주주의를 통한 법의 지배 보완에서 찾을 수 있다.[102]

(3) 독일법상 법치국가

① 고전적 · 시민적 · 형식적 법치국가론

독일의 법치국가 사상은 기존 질서를 유지하고자 하였던 관헌적 군주세력 때문에 자유주의 세력이 약화하면서 형식화하였다. 입헌군주제가 도입되었던 19세기 중엽 이후 법치국가 개념은 국가의 목적이나 내용과 상관없이 국가활동 형식을 법으로 정함으로써 국가권력을 완화하는 (형식)원리로 이해되었다[프리드리히 율리우스 스탈(Friedrich Julius Stahl)]. 시민적 법치국가는 행정의 법률적합성[오토 마이어(Otto Mayer)], 사법적 권리 보장[오토 배어(Otto Bähr)]을 통해서 확보되는 합법성에 기초한 형식적 법치국가로 발전하였다. 20세기 초 바이마르 공화국 아래의 법치국가원리도 국가와 국가권력을 창설하는 원리가 아니라 이미 존재하는 국가권력을 통제하는 비정치적인 원리로서 이해되었다. 따라서 (정치적 자유와 관련된) 민주주의와 맺는 관련성이 명시적으로 부정되었다(칼 슈미트). 법실증주의 관점에서 법치국가를 엄격한 합법성 체계로 파악하고 특별한 내용과 관계없이 국가행위의 기초를 법질서에 두는 국가로 이해하기도 하였다(한스 켈젠). 국가질서는 합법성원칙에만 따르면 충분하고 내용적 정당성은 묻지

---

101) 계희열, 「한국법학의 기본원리로서의 법치주의」, 『법학논집』 제30집, 고려대학교 법학연구소, 1994, 3쪽.
102) 장영수, 「헌법의 기본원리로서의 법치주의」, 『안암법학』 제2집, 안암법학회, 1994, 143쪽.

않으므로 국가는 형식적 법치국가일 수밖에 없었다.

② 실질적 법치국가로 발전

합법적인 방법으로 불법을 자행하였던 나치 정권을 경험하고 나서 법치국가를 더는 형식적 합법성이 지배하는 국가로 보는 것이 아니라 개인의 자유와 권리를 보장하는 정의로운 법, 즉 법다운 법인 정법을 내용으로 하는 실질적 법치국가로 이해하여야 한다는 요구가 강력하게 나타났다. 법률 형식을 갖추고 그 법률을 근거로 국가권력을 행사하는 것(형식적 합법성)만으로는 부족하고 그 법률이 일정한 가치, 즉 인간의 존엄, 자유와 평등, 법적 안정성 등의 가치를 지향하는 것이어야 한다는 점을 인식한 것이다. 실질적 법치국가는 형식적 합법성은 물론 법의 정당성, 더 나아가 실질적 정의를 문제 삼는다.[103] 이에 따라 법치국가원리는 이미 존재하는 국가권력을 제한하여 개인의 자유를 보장하는 소극적 원리에 머물지 않고, 법질서를 형성하고 국가권력을 조직하는 적극적 구성원리로 진화하여서 정치적 요소가 없는 비정치적 원리가 아니라 정치적 구성원리로 이해하여야 한다.[104]

3. 현대적 법치국가원리의 개념

형식적 법치국가와 실질적 법치국가, 자유주의적 법치국가와 사회적 법치국가는 서로 대립하는 명제(반명제)가 아니라 오히려 결합(종합)하는 명제(합명제)이다. 법치국가에 관한 이해가 바뀌었지만 법치국가원리의 형식적 요소가 무시되어서는 아니 된다. 실질적 법치국가 아래에서도 법치국가원리의 형식적 요소(권력분립, 행정의 법률적합성, 사법적 권리 보장 등)는 여전히 중요하다. 법치국가원리의 형식적 요소는 내용상으로 정당한 법으로써 그 (형식의) 내용을 채움으로써 기본권을 보장하는 수단으로서 이바지한다. 법치국가의 실질적 내용인, 내용상으로 정당한 법은 국민의 자유와 권리를 실질적으로 보장할 수 있도록 제정되어야 한다. 이러한 의미에서 오늘날 법치국가는 '헌법 및 형식상·실질상 합헌적으로 성립한 법률에 따라서만 그리고 인간의 존엄과 가치, 자유, 정의, 법적 안정성 보장이라는 목표 아래에서만 국가권력 행사가 허용되는 국가'로 이해할 수 있다. 따라서 현대적 법치국가는 형식적 요소와 내용적 요소, 절차적 요소와 내용적 요소가 결합한 모습으로 나타난다.[105]

4. 헌법 규정

한국 헌법에서 '법치국가'라는 용어는 찾을 수 없다. 그러나 한국 헌법은 법치국가의 중요한 내용을 담고 있다. 즉 법치국가의 목적인 기본권 보장에 관한 내용을 제2장 국민의 권리

---

103) 계희열, 「한국법학의 기본원리로서의 법치주의」, 『법학논집』 제30집, 고려대학교 법학연구소, 1994, 2쪽.
104) 계희열, 「한국법학의 기본원리로서의 법치주의」, 『법학논집』 제30집, 고려대학교 법학연구소, 1994, 15~16쪽.
105) 장영수, 「헌법의 기본원리로서의 법치주의」, 『인임법학』 제2집, 안암법학회, 1994, 156쪽.

와 의무(제10조~제37조, 특히 헌법 제10조와 제37조 제2항)에서 규정하고, 권력분립을 3권분립으로 구체화하여 명시한다(헌법 제40조, 제66조 제4항, 제101조 제1항, 제111조 제1항). 이러한 점에 비추어 한국 헌법이 법치국가원리를 수용한다는 점은 의심할 수 없다.

Ⅱ. 헌법상 법치국가원리의 구성요소

법치국가원리의 실현단계	법치국가원리의 구성요소
제1단계 : 이 념	1. 헌법국가성(최고규범인 헌법의 존재)
	2. 기본권 보장(인간의 존엄과 가치, 자유, 평등)
	3. 권력분립
제2단계 : 권력의 법기속성	4. 합법성(헌법 우위, 법률 우위, 법률유보)
	5. 법률에 대한 법치국가적 요청(법적 안정성과 신뢰보호) 명확성 요청/소급효 금지/입법구상의 체계정당성
제3단계 : 국가책임	6. 사법적 권리구제와 사법절차적 기본권 보장
	7. 공법상 손해전보체계
제4단계 : 비례성원칙	8. 비례성원칙

1. 헌법국가성(헌법의 최고규범성)

(실질적) 법치국가원리는 최고규범인 헌법이 있다고 전제한다. 그래야 전체 법질서의 기초로서 헌법이 지배할 수 있기 때문이다. 헌법의 지배를 위해서 (국가권력 행사의 법적 근거를 마련하고 통제하기 위해서) 먼저 국가의 기본법전이 제정되어야 한다. 즉 헌법사항을 법전 형식으로 실정화한 성문헌법이 요청된다(법적 기본질서이며 최고규범인 헌법의 존재). 이 헌법은 한 국가의 최고규범으로서 실정법질서의 정점에 있어 국민의 자유와 권리를 보장하고 국가권력을 조직·행사하는 최고기준이 된다. 법의 우위는 더는 입법자 우위(법률 우위)가 아니라 헌법 우위를 뜻하게 되었다. 법률에 따른 집행과 사법만이 문제 되는 것이 아니라 법률 자체의 합헌성까지 문제가 된 것이다. (입법자를 포함한) 모든 국가권력은 인간의 존엄과 가치 및 이를 구체화하는 개별 기본권 보장을 이념으로 하는 최고규범인 헌법에 구속된다. 모든 국가기관은 (헌)법의 (내용적·형식적) 기준에 따라서 권력을 행사하여야 하고, 권력을 남용하여 국민의 자유와 권리를 공동화하여서는 안 된다. 헌법재판은 헌법을 기준으로 국가권력이 국민의 기본권을 침해하였는지를 심사함으로써 국가권력에 대한 헌법 우위를 보장한다. 헌법 우위는 헌법이 다른 어떠한 기준보다 우위에 있음을 뜻한다. 그리고 지배자와 피지배자, 다수자와 소수자를 가리지 않고 모두가 헌법에 구속되며 헌법에 근거하지 않은 권력 행사는 부정된다. 헌법 우위는 모든 국민과 국가의 행위가 헌법을 벗어나지 못하게 함으로써 정치적 통일을 가능하게 한다.

2. 기본권 보장

법치국가원리는 국민의 기본권 보장을 목적으로 한다. 기본권이야말로 실질적 법치국가의
내용을 이루는 중요한 헌법적 가치이다. 합법성에 기초한 형식적 법치국가에서도 국가권력의
자의적인 침해에서 국민의 자유와 권리를 어느 정도 보장할 수 있다. 그러나 형식적 합법성
이 인정되는 법이라도 정의 요청에 어긋나는 것이 명백하다면 법치국가원리의 목적이자 헌법
상 중요한 가치인 기본권을 기준으로 통제되어야 한다.

시민적·형식적 법치국가에서 기본권은 국가권력의 (개인의 자유 영역에 대한) 간섭에 대한
주관적 방어권으로 이해되었다. 그리고 법치국가원리의 목적은 이미 존재하는 국가권력을 제
한하고 통제함으로써 개인의 자유 영역을 보장하는 것이었다. 정치 영역에서 입법자가 제정
한 법률에 다른 국가권력이 구속됨으로써 국민의 자유와 권리가 보장될 뿐이고, 모든 국가권
력이 기본권에 구속된다는 관념은 없었다. 그러나 오늘날 실질적 법치국가에서는 기본권이
적극적으로 국가를 창설하고 구성하는 원동력이 되고 입법자를 포함한 모든 국가권력을 구속
하는 것으로 이해되면서, 법치국가원리의 목적도 전체 국가질서 안에서 실질적인 자유와 평
등을 실현하는 것으로 바뀠다.

3. 권력분립(국가권력·국가기능의 분리와 상호통제)

(1) 권력분립의 의의

권력분립은 국가권력을 그 성질에 따라 둘 이상으로 나누고 이들을 해당 기능에 맞게 구
성된 다른 기관(입법부, 집행부, 사법부)에 배정하여 이들 서로 간에 견제와 균형을 이룰 수 있
도록 하는 '기능 분리와 기능 사이의 상호통제 체계'이다. 권력분립을 통해서 국가권력 행사
를 예측할 수 있고, 통제할 수 있으며, 책임을 질 수 있게 된다.[106] 권력 분리는 원칙적으로
기능상·조직상·인적으로 이루어져야 한다.[107]

(2) 자유보장원리인 권력분립원칙

국가는 국민의 자유와 권리를 보장하기 위해서 권력을 조직하고 행사하여야 한다. 하지만 권
력의 속성상 남용되어 국민의 자유와 권리를 침해하기 쉽다. 그래서 권력자의 자의적인 권력 행
사에서 국민의 자유와 권리를 보호하는 방안이 헌법원리로서 모색되었다. 먼저 국가권력을 법에
따라서 행사하라고 요청한다. 권력자의 권력 행사가 국민의사가 반영된 법에 구속되면 자의적인
권력 행사에서 국민의 기본권을 보장할 수 있다는 것이다. 그러나 권력을 법적 절차에 따라서 행
사하는 것만으로 권력자의 자의적인 권력 행사를 막기에 충분하지 않다. 권력 집중은 권력의 부

---

106) Christoph Degenhart, Staatsrecht Ⅰ – Staatsorganisationsrecht, 37. Aufl., Heidelberg 2021, Rdnr. 297.
107) Christoph Degenhart, Staatsrecht Ⅰ – Staatsorganisationsrecht, 37. Aufl., Heidelberg 2021, Rdnr. 297.

패와 타락을 발생시킨다는 사실은 역사적 경험을 통해서 충분히 입증되었다. 따라서 권력을 분립시켜 각기 다른 기관에 배분하여야 한다는 권력분립원칙은 역사적 원리로서 법치국가원리의 내용을 이룬다. 법치국가원리의 이념적 구성요소로서 권력분립원칙은 자기목적적 원리가 아니라 개인의 자유 보장을 목적으로 하는 원리이다.

(3) 국가조직원리인 권력분립원칙

오늘날 권력분립원칙은 국민의 자유 보장을 위해서 '이미 존재하는 국가권력'을 분립시키고 견제와 균형을 이루게 하는 것으로만 이해되지는 아니한다. 현대의 민주국가에서는 이미 존재하는(선재된) 국가권력은 (최소한 이론상으로) 인정될 수 없다. 국가권력도 국민이 창설한다. 여기서 국민이 어떠한 조직원리에 기초하여 국가를 건설할 것인지가 문제 된다. 권력분립원칙은 국민이 다양한 국가과제를 수행하는 서로 다른 권력으로 국가권력을 조직하는 원리로도 기능한다. 국가기능을 입법, 집행, 사법으로 나누고 각각의 기능을 해당 기능에 맞게 구성된 서로 다른 국가기관, 즉 국회, 대통령과 정부, 법원과 헌법재판소에 배정하여 국민의 자유와 권리를 보장하는 국가과제를 수행하도록 한다. 이들 기관은 국가적 과제를 수행하기 위해서 상호협력과 권력균형을 이룸으로써 국가권력을 합리적·안정적으로 행사하는 역할을 한다.

(4) 권력분립원칙의 구체적 모습: 한국 헌법상 권력분립

권력분립원칙은 국가기능을 구별하고 그 기능에 맞는 국가기관을 창설하여 그 기능을 행사할 권한을 부여하는 국가권력의 조직원리인 동시에 그러한 조직을 통해서 국민의 자유를 보장하는 원리이기도 하다. 권력분립원칙의 구체적 모습은 기능 분리와 기능 사이의 상호통제로 나타난다. 국가의 기능을 법정립기능, 법집행기능, 법확인선언기능으로 구별하고 각각의 기능에 맞는 국가기관으로 국회, 정부, 법원을 창설하여 그 기능을 행사할 수 있도록 권한을 부여한다. 한국 헌법은 입법권은 국회에(제40조), 집행권은 대통령을 수반으로 하는 정부에(제66조 제4항), 사법권은 법관으로 구성된 법원과 헌법재판소에 부여한다(제101조 제1항과 제111조 제1항). 그리고 국가기관은 자신의 고유한 기능을 수행함으로써 또는 상호견제수단을 통해서 (예를 들어 탄핵소추 발의·의결, 해임 건의 등) 균형을 이룬다.

(5) 현대적 권력분립모델

근대적 권력분립원칙이 기초로 하였던 전통적인 국가모델이 현대에 들어와 행정국가화경향, 정당국가화경향 등 때문에 변화를 겪으면서 권력분립을 현대의 국가모델에 맞도록 새롭게 이해하려는 시도가 있다. 이러한 시도의 하나로 뢰벤슈타인은 입법, 집행, 사법의 고전적 3권분립 대신에 정책 결정, 정책 집행, 정책 통제의 세 단계로 구성되는 '동태적 권력분립론'을 주장하였고, 기관 서로 간의 수평적 통제뿐 아니라 '수직적 통제'(연방국가에서 중앙정부와 지방정부 사이의 통제, 이익집단의 정부 통제, 여론을 통한 통제 등)를 강조하기도 하였다. 베르너

캐기(Werner Kägi)는 헌법제정권과 일반입법권의 2원화, 양원제를 통한 입법부의 2원화, 집행부 내부의 권력분립, 국가기능담당자의 임기제, 복수정당제를 통한 여당과 야당 사이의 권력분립, 국가적 권한 영역과 사적 권한 영역 사이의 권력분립, 연방제와 지방자치제를 통한 수직적 권력분립, 국가와 교회의 2원화, 민간권력과 군사권력의 분리, 경제적·사회적 권력 집중 방지 등을 내용으로 하는 '포괄적 권력분립론'을 주장하였다. 슈테른은 종래 수평적 권력분립론의 한계를 지적하면서 국가와 사회의 구별(정당과 각종 단체의 활동, 여론, 공직담당자들의 공동결정권 등), 수직적 권력분립인 연방국가적 구조, 지방분권적 행정구조인 자치행정, 정치적 지도와 관료적 행정의 분화 등 '다차원적 권력분립론'을 주장하였다.

(6) 권력분립원칙의 법적 보호내용

권력분립원칙을 따라서 기관별로 국가기능을 배정하는 것이 원칙인데도 실제로는 입법기능이 오로지 국회에, 집행기능이 오로지 정부에만 주어지지 아니하고 양자가 뒤섞인다. 그렇게 기능과 기관 사이의 일치가 명확하지 아니하다면 권력분립원칙 침해를 어떻게 판단하고 침해에 대한 사법적 구제가 가능할 것인지가 문제 된다. 오늘날 권력분립원칙이 침해되었다고 판단되려면 입법, 집행, 사법 각 기능의 핵심영역이 국회, 정부, 법원과 헌법재판소에 각각 배정되어야 한다. 예를 들어 입법기능 가운데 핵심영역, 즉 국민의 권리의무에 직접 영향을 미치는 중요사항에 관해서는 국회가 법률 형식으로써 직접 입법권을 행사할 수 있어야 하고, 그러한 사항이 행정입법사항으로 되었다면 이는 권력분립원칙, 나아가 법치국가원리 위반이 된다.

4. 국가권력의 법기속성 – 국가권력 행사의 근거와 한계인 법

(1) 법이념과 법률의 합법성 및 정당성

실질적 법치국가원리는, 집행(권)과 사법(권)을 법률에 기속시킴으로써 형식적 합법률성만 강조하는 것이 아니라 입법(권)을 헌법에 기속시킴으로써 실질적으로도 정의로운 법규범이 창설·유지될 수 있도록 국가질서를 형성한다. 인간의 존엄과 가치 및 이를 구체화하는 개별 기본권을 보장하는 헌법에 입법권을 기속시킴으로써 국가권력 행사의 근거와 한계가 되는 법 자체를 정당화한다. 대한민국 임시정부에서도 모든 활동은 의정원의 법령을 근거로 이루어졌다. 의정원은 모두 5회에 걸쳐 헌법을 개정하고, 법령 제정을 위해서 39회의 회의를 열었다.

(2) 법치행정(행정의 법률적합성)
① 법치행정원칙

법치행정(행정의 법률적합성)은 행정작용이 합헌적인 법률에 따라서 수행되어야 한다는 것으로, 일반적으로 법률 우위, 법률의 법규창조력, 법률유보를 그 내용으로 한다.[108] 이때 법

---

108) 행정기본법 제8조는 법치행정의 원칙을 "행정작용은 법률에 위반되어서는 아니 되며, 국민의 권리를 제한하거

률은 국민에게 법적 안정성을 확보해 주고, 국가권력 행사에 대한 민주적 정당성을 창출한다. 법률 우위는 법률에 대한 구속성으로서 법률의 집행 여부가 집행부의 임의에 맡긴 것이 아니라 의무로서 집행부에 부과되고, 집행부가 법률에 위반한 활동을 하지 못하도록 하는 것을 뜻한다. 그리고 법률의 법규창조력은 국민의 권리의무관계에 구속력이 있는 법규범, 즉 법규를 창조할 권한은 국민의 대표기관인 의회의 전속적 권한이므로 의회에서 제정한 법률만이 법규로서 구속력이 있다는 것을 뜻한다. 헌법 제107조 제2항은 명령, 규칙, 처분에 대한 위헌·위법심사를 규정하여 법치국가원리의 한 내용으로서 법치행정원칙을 인정한다.

② 법률 우위

(ⅰ) 의의

법률 우위는 법률 형식으로 표현된 국가의사는 헌법을 제외한 다른 모든 국가의사에 대해서 법적으로 앞선다는 것이다. 법률 우위에 따라 법률은 적극적으로는 모든 하위법규범을 구속하고, 소극적으로는 법률에 어긋나는 모든 하위법규범의 효력을 제거할 수 있다. 법률이 헌법을 제외한 다른 모든 국가행위보다 효력적 우위에 있는 것은 법률이 직접적인 민주적 정당성에 기초하여 정치적 의사 형성의 민주적 형식을 통해서 성립되고, 법률 우위가 법률을 합리화하고 국민의 자유와 권리를 보장하는 작용의 전제이기 때문이다.[109] 입법자는 법률을 제정할 수 있고, 집행권과 사법권은 법률에 구속되므로, 법률 우위는 동시에 입법자 우위를 뜻한다.[110] 한국 헌법에서 법률 우위는 헌법 우위를 통해서 보충된다. 헌법 우위는 입법자에 대한 광범위한 통제권이 있는 헌법재판소 설치를 통해서 관철된다(헌법 제107조 제1항, 헌법 제6장). 이러한 점에서 헌법 우위는 법률 열위와 헌법제정자뿐 아니라 헌법을 최종적으로 해석하는 기관에 대한 입법자 열위를 가리킨다.[111] 그러나 법률 우위는 헌법 우위 때문에 폐지되는 것이 아니라 오히려 더 중요해진다.[112] 헌법 우위는 헌법을 구체화한 법률 우위를 통해서 구체화가 이루어지고 실현될 수 있기 때문이다.

나 의무를 부고하는 경우와 그 밖에 국민생활에 중요한 영향을 미치는 경우에는 법률에 근거하여야 한다.”라고 규정한다. 전단은 법률 우위를, 후단은 법률유보를 표현한다.

109) 계희열, 「국가기능으로서의 입법권」, 『헌법논총』 제13집, 헌법재판소, 2002, 291쪽; 이강혁, 「법률의 우위」, 『고시계』 제29권 제3호(통권 제325호), 국가고시학회, 1984. 3., 94~95, 99~100쪽; Konrad Hesse, Grundzüge des Verfassungsrechts der Bundesrepublik Deutschland, 20. Aufl., Heidelberg 1995, Rdnr. 508 (콘라드 헷세, 계희열 역, 『통일독일헌법원론』, 박영사, 2001, 316쪽) 참조.

110) 이강혁, 「법률의 우위」, 『고시계』 제29권 제3호(통권 제325호), 국가고시학회, 1984. 3., 91쪽; Christoph Gusy, Der Vorrang des Gesetzes, in: JuS 1983, S. 189 참조.

111) Fritz Ossenbühl, Vorrang und Vorbehalt des Gesetzes, in: Josef Isensee/Paul Kirchhof (Hrsg.), HStR, Bd. V, 3. Aufl., Heidelberg 2007, § 101 Rdnr. 2; Rainer Wahl, Der Vorrang der Verfassung, in: Der Staat 20 (1981), S. 487.

112) Fritz Ossenbühl, Vorrang und Vorbehalt des Gesetzes, in: Josef Isensee/Paul Kirchhof (Hrsg.), HStR, Bd. V, 3. Aufl., Heidelberg 2007, § 101 Rdnr. 1 참조.

(ii) 헌법적 근거

대한민국의 주권은 국민에게 있고, 모든 권력은 국민에게서 나오며(헌법 제1조), 공무원은 국민 전체에 대한 봉사자이며, 국민에 대해서 책임이 있다(헌법 제7조 제1항). 집행권과 사법권은 국민에게서 나오고, 국민 의사는 법률을 통해서 1차적으로 형성되어 표현되므로, 모든 공무원은 법률에 구속되어야 한다. 따라서 집행권과 사법권은 법률에 구속된다. 대한민국의 주권이 국민에게 있고 입법권도 국민에게서 나오는 것이므로(헌법 제1조 제2항), 국민을 구속하는 법률이 국민에게서 입법권을 위임받아 행사하는 국회를 구속하는 것은 당연하다. 그리고 법률은 국회가 형성한 (추정적) 국민의사이므로, 국민 전체에 대한 봉사자이며 국민에 대해서 책임을 지는 국회와 그 구성원인 국회의원은 이에 따라야 한다(헌법 제7조 제1항). 그래서 국회의원은 국가이익을 우선하여 양심에 따라 직무를 수행하여야 하고, 이러한 국가 이익은 법률이 구체화한다(헌법 제46조 제2항). 게다가 헌법은 국회가 법률을 제정할 수 있다는 것만을 규정할 뿐이고, 법률의 구속성과 관련하여 국회를 다른 국가기관과 달리 다루지 않는다. 따라서 헌법을 제정하고 개정할 수 있는 국민이 헌법에 구속되는 것처럼 법률을 제정하고 개정할 수 있는 국회와 그 구성원인 국회의원도 법률에 구속된다. 즉 국회도 그의 직무사항에 관해서는 물론 입법절차에 관해서도 법률에 구속된다. 그리고 대통령의 각종 권한은 법률이 정하는 바에 따라서 행사할 수 있고(헌법 제74조 제1항, 제77조 제1항, 제78조, 제79조 제1항, 제80조), 국가원로자문회의, 국가안전보장회의, 민주평화통일자문회의, 국민경제자문회의, 행정 각부, 감사원의 조직·직무범위 기타 필요한 사항은 법률로 정한다(헌법 제90조, 제91조, 제92조, 제94조, 제96조, 100조). 그리고 법관의 자격 및 대법원과 각급법원의 조직은 법률로 정하고(헌법 제101조 제3항, 제102조 제3항), 군사법원의 조직·권한과 재판관의 자격은 법률로 정하며(헌법 제110조), 헌법재판소의 조직과 운영 기타 필요한 사항은 법률로 정한다(헌법 제113조 제3항). 또한, 헌법재판소 재판관을 포함한 모든 법관은 헌법과 법률에 의하여 그 양심에 따라 독립하여 심판한다(헌법 제103조, 헌법재판소법 제4조). 그 밖에 국민의 자유와 권리는 법률로써 제한할 수 있으므로(헌법 제37조 제2항), 모든 국가행위는 법률에 근거하지 않는 한 국민의 자유와 권리를 제한하는 행위를 할 수 없다. 이러한 점에 비추어 한국 헌법에서 법률은 모든 국가행위에 대해서 효력적 우위에 있다.

국회는 법률에 어긋나지 아니하는 범위 안에서 의사와 내부규율에 관한 규칙을 제정할 수 있고(헌법 제64조 제1항), 대통령은 법률에서 구체적으로 범위를 정하여 위임받은 사항과 법률을 집행하는 데 필요한 사항에 관해서 대통령령을 발할 수 있다(헌법 제75조). 그리고 국무총리는 대통령을 보좌하며, 행정에 관해서 대통령의 명을 받아 행정 각부를 통할하고(헌법 제86조 제2항), 행정 각부의 설치·조직과 직무범위는 법률로 정하며(헌법 제96조), 국무총리 또는 행정 각부의 장은 소관사무에 관해서 법률이나 대통령령의 위임 또는 직권으로 총리령 또는 부령을 발할 수 있다(헌법 제96조). 또한, 대법원은 법률에 어긋나지 아니하는 범위 안에서 소송에 관한 절차, 법원의 내부규율과 사무처리에 관한 규칙을 제정할 수 있고(헌법 제108조), 헌법재판소는 법률에 어긋나지 아니하는 범위 안에서 심판에 관한 절차, 내부규율과 사무처리에 관한 규칙을 제정할 수 있다(헌법 제113조 제2항). 그 밖에 중앙선거관리위원회는 법령의 범위 안에서 선거관리·국민투표관리 또는 정당사무에 관한 규칙을 제정할 수 있고, 법률에 어긋나지 아니하는 범위 안에서 내부규율에 관한 규칙을 제정할 수 있으며(헌법 제114조 제6항), 지방자치단체는 법령 범위 안에서 자치에 관한 규정을 제정할 수 있다(헌법 제117조 제1항 후문). 이처럼 한국 헌법을 따르면 모든 국가기관은 법률의 범위 안에서만 명령이나 규칙 혹은 자치에 관한 규정을 제정할 수 있다. 이러한 점은 헌법이 명령이나 규칙이 법률에 위반되는지가 재판의 전제가 되면, 대법원에 이를 최종적으로 심사할 권한을 부여하여 사법적으로 보장한다(헌법 제107조 제2항). 따라서 하위법규범에 대한 법률 우위는 헌법적으로 인정된다. 다만, 법률이 헌법에 위반되는지가 재판의 전제가 되면 법원은 헌법재판소에 제청하여 그 심판에 따라서 재판하여야 하므로(헌법 제107조 제1항, 헌법 제111조 제1항), 법률 우위는 헌법 우위 아래에서만 인정된다.

(ⅲ) 내용

법률 우위는 집행권과 사법권은 물론 입법권에 대한 적용 명령과 위반 금지를 포함한다. 즉 모든 국가기관은 법률이 규정한 대로 하여야 하고(적용 명령 – 적극적 작위의무), 국가기관은 법률이 규율하지 않는 행위를 할 때도 법률을 위반할 수 없다(위반 금지 – 소극적 부작위의무).[113] 적용 명령과 위반 금지는 법률 우위를 구체화할 때 서로 필수적으로 보완한다. 즉 구속받는 국가기관이 제정된 법규범을 적용할 필요가 없다면 적용 금지는 의미가 없고, 의무를 지는 기관이 고유한 재량에 따라 법률 규정에서 벗어날 수 있다면 적용 명령은 가치가 없다.[114]

ⓐ 적용 명령

법률 우위는 집행권과 사법권은 물론 입법권을 포함한 모든 국가기관이 법률을 적용하여야 한다는 강제적 명령이다. 사안이 법률 요건에 포섭되자마자 국가기관은 이러한 법률의 법적 효과를 적용할 의무가 있다. 어떤 국가기관도 실효된 이전 법률을 적용할 수 없고, 현재 유효한 법률을 적용하여야 한다. 나아가 국가기관은 법률과 일치하지 않는 관행을 지속하거나 법률을 위반하는 규정을 근거로 삼을 수 없다.[115] 법률의 효력이 발생하면, 구속되는 국가

---

113) Steffen Detterbeck, Vorrang und Vorbehalt des Gesetzes, in: Jura 2002, S. 235; Christoph Gusy, Der Vorrang des Gesetzes, in: JuS 1983, S. 191; Fritz Ossenbühl, Vorrang und Vorbehalt des Gesetzes, in: Josef Isensee/Paul Kirchhof (Hrsg.), HStR, Bd. V, 3. Aufl., Heidelberg 2007, § 101 Rdnr. 4 참조.

114) Christoph Gusy, Der Vorrang des Gesetzes, in: JuS 1983, S. 191.

115) 이강혁, 「법률의 우위」, 『고시계』 제29권 제3호(통권 제325호), 국가고시학회, 1984. 3., 95쪽; Christoph Gusy,

기관은 자기 행위를 법률에 근거 지울 의무를 진다.[116) 따라서 법률 집행은 행정의 처분 아래에 있지 않다. 오히려 국가기관은 법률 집행을 구체적으로 이행하여야 할 의무가 있다. 행정기관은 입법자의 의사를 실현하기 위한 모든 것을 하여야 한다. 이것은 개별 결정을 하고 실제 처분을 내리는 것뿐 아니라 명령, 규칙이나 조례와 같은 행정법규범을 제정하는 것도 포함한다.[117) 법률의 위헌성은 헌법재판소의 위헌결정에 따라서 비로소 확인되므로, 행정기관은 원칙적으로 헌법재판소가 위헌결정을 내릴 때까지는 위헌으로 의심하는 법률도 적용할 의무가 있다.[118)

법원도 재판할 때 법률에 강제적으로 구속된다. 사법권의 독립은 법관의 법구속을 넘어설 수 없고, 나아가 그것을 해체할 수 없으며, 법관이 (헌법과) 법률에 구속됨으로써(헌법 제103조, 헌법재판소법 제4조) 비로소 실현될 수 있다. 법률과 재판 사이에 어떤 종류의 기관이나 지침도 없다. 법원은 개별 사건과 관련된 분쟁을 해결할 때 일반적으로 법이 명령한 것을 인식하는 데 옹글게(완벽하게) 집중함으로써 사법권의 독립은 성공할 수 있다. 사법권의 독립은 추상적 법규범과 구체적 판결 사이에서 그렇게 중계된다.[119) 법률이 헌법에 위반될 때 법원은 헌법재판소에 위헌여부심판을 제청하거나 제청요건이 갖춰지지 않으면 이러한 법률을 적용하는 두 가지 가능성만 있을 뿐이다. 그 밖에 제3의 길은 없다. 어떤 법원도 헌법재판소가 법률을 위헌으로 선언하지 않는 한 법률의 적용이나 그에 대한 복종을 거부할 권한이 없다. 따라서 어떤 법원도 헌법재판소가 법률을 위헌으로 선언하지 않으면 그 법률을 무시하거나 그것에서 벗어날 수 없다.[120) 적용의무는 법률의 효력 발생과 더불어 시작되고, 법률이 실효하는 시점에 사라진다.[121)

ⓑ 위반 금지

집행권과 사법권은 물론 입법권도 법률을 위반할 수 없다. 오히려 그들은 자기 행위가 내용상으로 법률 규정과 일치하도록 하여야 한다. 나아가 행정기관과 법원은 법률이 미리 규정한 법적 효과가 단지 예정된 사안에서 나타나도록 할 수 있다. 행정기관과 법원은 법률을 적용할 의무를 질 뿐 아니라 그것을 옳게 적용할 의무도 진다.[122) 집행에서 법률은 위임과 수

Der Vorrang des Gesetzes, in: JuS 1983, S. 191.

116) Christoph Gusy, Der Vorrang des Gesetzes, in: JuS 1983, S. 191.

117) Fritz Ossenbühl, Vorrang und Vorbehalt des Gesetzes, in: Josef Isensee/Paul Kirchhof (Hrsg.), HStR, Bd. V, 3. Aufl., Heidelberg 2007,, § 101 Rdnr. 5.

118) Fritz Ossenbühl, Vorrang und Vorbehalt des Gesetzes, in: Josef Isensee/Paul Kirchhof (Hrsg.), HStR, Bd. V, 3. Aufl., Heidelberg 2007, § 101 Rdnr. 5.

119) Christoph Gusy, Der Vorrang des Gesetzes, in: JuS 1983, S. 192.

120) Christoph Gusy, Der Vorrang des Gesetzes, in: JuS 1983, S. 193 f.

121) 이강혁, 「법률의 우위」, 『고시계』 제29권 제3호(통권 제325호), 국가고시학회, 1984. 3., 95~96쪽; Christoph Gusy, Der Vorrang des Gesetzes, in: JuS 1983, S. 191.

122) 이강혁, 「법률의 우위」, 『고시계』 제29권 제3호(통권 제325호), 국가고시학회, 1984. 3., 96~97쪽; Christoph

권의 근거일 뿐 아니라 한계이다. 법률의 한계 기능은 특히 이른바 법에서 자유로운 행정에서 중요한 의미가 있다. 집행이 스스로 설정한 목적에 따라, 즉 특별한 형식적인 법률위임 없이, 공익을 실현하는 곳에서 행정은 법률을 집행하지는 않지만, 한계를 설정하는 법률을 존중하여야 한다.[123] 법률구속적 행정 영역에서 해당 면제 규정이 특별히 미리 규정되었을 때만 위반 문제가 발생하지 않는다. 위반 금지에서 위반은 명백한 법률 위반인 법률 무시는 물론 해석 과정에서 나타나는 법률 경시도 포함한다. 법률은 늘 해석이 필요하므로, 집행이 의식적으로든 무의식적으로든 관련 해석을 통해서 법률 의사를 소홀히 할 위험성이 있다. 이러한 위험은 규범의 명확성원칙을 법률 우위의 요소로 포함하여도 옹글게(완벽하게) 제거되지 않는다. 사고 내용을 해석이 불필요한 언어로 표현할 수 없기 때문이다. 그래서 위반 금지는 법적 안정성과 법률적 안정성의 주제가 된다. 그것은 최종해석권이 있는 해석기관을 포함한 결정 체계를 통해서만 보장될 수 있다. 이러한 권한은 헌법에 대해서는 헌법재판소에 귀속되고(헌법 제111조 제1항), 법률에 대해서는 법원에 부여된다(헌법 제101조 제1항).[124] 그러나 법률에 대한 구속과 그와 결부된 위반 금지는 최상급법원의 해석결과에 대한 구속과 같은 뜻은 아니다. 헌법재판소 결정(헌법재판소법 제47조 제1항, 제67조 제1항, 제75조 제6항)을 제외한 사법재판은 원칙적으로 개별 법분쟁의 당사자만을 구속한다(당사자 사이의 구속력). 법규범을 자기 책임 귀속 안에서 해석하고 적용하는 행정기관은 기판력과 기속력(헌법재판소법 제47조 제1항과 제75조 제6항, 행정소송법 제30조)에 구속되지 않는 한 최상급판결과 관련하여 존중의무과 고려의무를 질 뿐이다.[125]

③ 법률유보
(ⅰ) 개념

법률유보는 행정작용은 법률에 근거가 있을 때만 그에 근거하여서만 발동할 수 있다는 원칙으로서, 행정작용에 대해서 적극적으로 법률적 근거가 있을 것을 요구한다. 법률유보는 의회가 제정한 형식적 법률과 관련된다. 따라서 법률유보는 내용상으로 실질적 의미의 법률유보로서 이해되는 법규유보와 구별된다. 법규유보는 형식적 법률보다 하위인 법규범의 규율, 예를 들어 법규명령이나 조례의 규율도 허용하지만, 형식적 법률도 법규이므로 법규유보는 법률유보도 포함한다. 따라서 법규유보는 법률유보보다 넓은 개념이다. 법률유보는 법률에 근

　　Gusy, Der Vorrang des Gesetzes, in: JuS 1983, S. 191.

123)　Fritz Ossenbühl, Vorrang und Vorbehalt des Gesetzes, in: Josef Isensee/Paul Kirchhof (Hrsg.), HStR, Bd. V, 3. Aufl., Heidelberg 2007, § 101 Rdnr. 6.

124)　Fritz Ossenbühl, Vorrang und Vorbehalt des Gesetzes, in: Josef Isensee/Paul Kirchhof (Hrsg.), HStR, Bd. V, 3. Aufl., Heidelberg 2007, § 101 Rdnr. 7.

125)　Fritz Ossenbühl, Vorrang und Vorbehalt des Gesetzes, in: Josef Isensee/Paul Kirchhof (Hrsg.), HStR, Bd. V, 3. Aufl., Heidelberg 2007, § 101 Rdnr. 8 참조.

거한 규율을 허용하고, 의회유보는 법률에 따른 규율을 요구하지만, 법규유보는 법률이 아닌
법규에 근거한 규율도 허용한다.126)

(ⅱ) 형식유보와 사항유보

법률유보는 역사적으로 군주의 자의적인 행정권 행사에서 시민사회를 보호하는 기능을 수
행하였다. 군주가 사라지고 국민주권에 바탕을 둔 민주주의가 보편화한 이후 법률유보는 행
정권이 기본권을 제한할 때 법률의 수권을 요구함으로써 기본권 침해를 예방하는 역할을 담
당하였다. 그러나 이때 법률의 수권은 구체적인 방법이 아닌 수권 여부만을 요구하였고, 입법
부가 무분별하게 행정입법에 기본권 제한을 위임하여 기본권이 행정권 침해에서 효과적으로
방어될 수 없었다. 이에 따라 기본권 행사에 관한 모든 본질적인 결정은 입법부가 집행부에
위임하지 말고 스스로 하여야 한다는 '본질성이론'127)이 확립되었다. 그러나 본질성이론이 기
본권 보장을 강화하려는 것이라고 하여 기본권을 직접 제한하는 내용이 아닌 것은 집행부에
맡길 수 있다고 이해되어서는 안 된다. 오히려 기본권 제한뿐 아니라 국가의 조직·절차·급
부·이행에 관한 모든 분야에 걸쳐 본질적인 기본 방침은 입법부가 형성하여야 한다는 것으
로 이해되어야 한다. 이제 법률유보는 기본권 제한과 직접 관련이 없는 사항이라도 국가의
본질적 법규범에 속하는 사항은 의회가 스스로 결정하여야 한다는 '의회유보'로 발전하였
다.128) 헌법재판소도 "오늘날 법률유보원칙은 단순히 행정작용이 법률에 근거를 두기만 하면
충분한 것이 아니라, 국가공동체와 그 구성원에게 기본적이고도 중요한 의미를 갖는 영역, 특
히 국민의 기본권실현에 관련된 영역에 있어서는 행정에 맡길 것이 아니라 국민의 대표자인
입법자 스스로 그 본질적 사항에 대하여 결정하여야 한다는 요구까지를 내포하는 것으로 이
해하여야 한다(이른바 의회유보원칙)."라고 하여 법률유보를 의회유보로 이해한다.129) 따라서
법률유보는 단순히 행정행위가 법률에 근거하여야 한다는 형식유보(Formvorbehalt)로 이해될
수 없다. 의회유보 안에 있는 영역에서는 사항유보(Sachvorbehalt)가 문제 된다. 즉 행정작용

---

126) 조태제, 「법률의 유보원칙 ― 본질성이론에 근거한 의회유보를 중심으로 ―」, 『한양법학』 제1호, 한양법학회,
　　　1990, 108~109쪽; Fritz Ossenbühl, Vorrang und Vorbehalt des Gesetzes, in: Josef Isensee/Paul Kirchhof
　　　(Hrsg.), HStR, Bd. Ⅴ, 3. Aufl., Heidelberg 2007, § 101 Rdnr. 16 참조.
127) 이에 대한 비판은 Michael Kloepfer, Der Vorbehalt des Gesetzes im Wandel, in: JZ 1984, S. 692 f. 참조.
128) 이에 관해서 자세한 것은 강태수, 「기본권의 보호영역, 제한 및 제한의 한계」, 『한국에서의 기본권이론의 형성
　　　과 발전』(연천허영박사화갑기념논문집), 박영사, 1997, 117~118쪽; 김민호, 「법률유보의 한계와 위임입법」, 『공
　　　법연구』 제28집 제4호 제2권, 한국공법학회, 2000, 211~215쪽; 송동수, 「중요사항유보설과 의회유보와의 관계」,
　　　『토지공법연구』 제34집, 한국토지공법학회, 2006, 101~110쪽; 장영수, 「국회입법권의 약화와 행정입법의 증가
　　　에 대한 비판적 고찰」, 『안암법학』 제8호, 안암법학회, 1998, 32~34쪽; 한수웅, 「본질성이론과 입법위임의 명확
　　　성원칙」, 『헌법논총』 제14집, 헌법재판소, 2003, 574~594쪽 참조.
129) 헌재 1999. 5. 27. 98헌바70, 판례집 11-1, 633, 643-644. 헌재 1991. 2. 11. 90헌가27, 판례집 3, 11, 27; 헌재
　　　1998. 5. 28. 96헌가1, 판례집, 509, 515-516도 참조. 그런데 헌법재판소는 법률유보원칙 준수는 기본권과 관련
　　　하여 국가 행정권의 기본권 침해가 문제 되는 때에 요청되는 것이지 기본권규범과 관련 없는 때까지 적용되어
　　　야 하는 것은 아니라고 한다(헌재 2010. 2. 25. 2008헌바160, 판례집 22-1상, 256, 268).

이 그 본질적 사항에 관한 한 국회가 제정하는 법률에 근거를 두는 것만으로 충분한 것이 아니라 국회가 직접 결정함으로써 실질에서도 법률에 의한 규율이 되도록 하여야 한다.130) 이러한 점에서 헌법 제40조의 의미는 적어도 국민의 권리와 의무에 관한 사항을 비롯한 국가의 조직과 작용에 관한 기본적이고 본질적인 사항은 반드시 국회가 정하여야 한다는 것이다.131) 요컨대 법률유보는 사항유보와 형식유보를 포함한다. 사항유보는 규율대상과, 형식유보는 규율형식과 각각 관련이 있다.

(ⅲ) 위임 금지가 강화한 법률유보와 강화한 규율밀도 명령

의회유보 때문에 공동체에 대한 기본적인 의미가 있는 결정은 의회 동의 없이 결정될 수 없다. 물론 권력분립원칙은 의회유보에 한계를 설정한다. 즉 집행부와 사법부의 본질적 권한은 남아있어야 한다. 의회유보 대상은 위임할 수 없다. 따라서 의회유보에서는 위임 금지가 강화한 법률유보가 문제 된다. 종래 법률유보 논의에서는 집행부 스스로 고유한 권력을 통해서 무엇을 할 수 있는지와 무엇에 법률 형식의 수권이 필요한지가 문제 되었다. 그에 반해서 새로운 논의에서는 의회 스스로 어떤 규율을 하여야 하는지와 그로 말미암아 어떤 규율이 집행부에 위임될 수 없는지가 문제 된다. 이에 따라 절대적 의회 권한, 위임할 수 있는 의회 권한, 본래의 행정 권한으로 서로 구별될 수 있다.132) 법치국가적 법률유보는 절대적 의회 권한과 위임할 수 있는 의회 권한을 포함하지만, 민주주의적 법률유보는 단지 절대적 의회 권한만을 포함한다.133) 의회유보에서 입법자는 규율에 대한 의무를 진다. 그래서 입법자는 자신의 입법 권한을 넘기거나 위임할 수 없다. 의회유보는 법률에 근거한 규율이 아닌 법률에 따른 규율을 요구한다.134)

강화한 규율밀도 명령도 의회유보의 핵심을 이룬다. 의회유보는 입법자가 명백한 위임뿐 아니라 일반규정과 불분명한 법개념의 형식 속에 은폐한 위임을 통해서 그에 부여된 입법과제에서 벗어날 수 있는 출구를 봉쇄하는 결과를 낳는다.135) 그래서 입법자는 단순히 규율의무를 지는 것이 아니라 규율대상에 적합하도록 정확하고 엄밀하게 규율하여야 한다. 즉 의회

---

130) 헌재 1999. 5. 27. 98헌바70, 판례집 11-1, 633, 643-644.

131) 헌재 1998. 5. 28. 96헌가1 판례집 10-1, 509, 515-516; 헌재 2001. 4. 26. 2000헌마122, 판례집 13-1, 962, 971.

132) Fritz Ossenbühl, Vorrang und Vorbehalt des Gesetzes, in: Josef Isensee/Paul Kirchhof (Hrsg.), HStR, Bd. V, 3. Aufl., Heidelberg 2007, § 101 Rdnr. 14.

133) Fritz Ossenbühl, Vorrang und Vorbehalt des Gesetzes, in: Josef Isensee/Paul Kirchhof (Hrsg.), HStR, Bd. V, 3. Aufl., Heidelberg 2007, § 101 Rdnr. 51.

134) 조태제, 「법률의 유보원칙 - 본질성이론에 근거한 의회유보를 중심으로 -」, 『한양법학』 제1호, 한양법학회, 1990, 108, 118~121쪽 참조.

135) 고영훈, 「법률유보원칙의 이론과 실제(상)」, 『판례월보』 271호, 판례월보사, 1993. 4., 12쪽; Fritz Ossenbühl, Vorrang und Vorbehalt des Gesetzes, in: Josef Isensee/Paul Kirchhof (Hrsg.), HStR, Bd. V, 3. Aufl., Heidelberg 2007, § 101 Rdnr. 53.

유보는 법률에 충분한 규율밀도를 요구하고 불명확한 법개념과 재량 규정 사용을 제한한다. 이러한 점에서 법률의 명확성원칙은 의회유보의 중요한 요소이다.[136]

　　결론적으로 의회유보는 어떤 사항을 반드시 의회가 규율하여야 하는지와 그 사항을 어떠한 밀도로 규율하여야 하는지라는 두 가지 심사를 요구한다. 이에 대한 심사기준은 일반적으로 제시될 수 없고, 헌법규정(특히 추상적 기준은 헌법 제37조 제2항, 제75조, 제95조)의 해석을 통해서 확정될 수밖에 없다.[137]

(ⅳ) 법계속형성의 한계인 법률유보

　　헌법재판소를 포함한 법원도 법률에 구속되고(헌법 제103조, 헌법재판소법 제4조), 법원은 권력분립원칙에 따른 입법자의 권한을 존중하여야 한다(헌법 제40조). 따라서 법률유보는 법원에도 미친다. 그러나 법률유보는 사법에 집행과 같은 의미로 적용될 수는 없다. 즉 법률에 근거가 없으면 행위를 할 수 없다는, 집행에서 발전한 법률유보 개념은 법원에 그대로 적용될 수는 없다.[138] 법률에 빈틈이 있으면 재판을 거부할 수 없는 법원은 법을 계속 형성하여 이러한 빈틈을 메워야 할 뿐 아니라 메우는 것이 강제되기 때문이다. 헌법 제103조의 '양심'이나 민법 제1조의 '조리' 등은 법원이 법을 계속 형성하는 것을 인정하거나 허용하는 것으로 볼 수 있다. 그러나 법원의 법계속형성은 법률유보 때문에 한계에 부딪힌다. 즉 법원의 행위는 입법자의 평가와 결정을 보충하고 체계내적으로 계속 발전시키고 헌법적 지침을 개별법적으로 전환하는 것에 국한된다.[139] 따라서 법에 빈틈이 있을 때 법원이 법을 계속 형성할 수 있다는 것은 법원에 창조적 자유재량을 허용하거나 법률유보에서 도출되는 한계를 벗어날 권한을 부여하지는 않는다. 법원은 오로지 헌법을 중심으로 한 유효한 법체계 안에서만 법률의 빈틈을 메울 수 있다. 법원이 법률의 빈틈을 메울 때, 오직 이미 있는 유효한 법질서, 즉 헌법 질서의 구성요소인 평가 수용만이 문제 된다. 모든 규범적 확정, 즉 헌법에서 벗어난 법의 계속형성은 있을 수 없다. 특히 법관은 고유한 법정치적 평가를 할 수 없다.[140] 그리고 법원은 재판의 기능적 한계 때문에 경제적·사회적·기술적 평가와 같은 사실적 평가를 할 수 없고, 법적 구성의 계속 발전이 문제 되었을 때 이것을 고려할 수 있을 뿐이다. 이러한 점을 고

---

136) 장영수, 「국회입법권의 약화와 행정입법의 증가에 대한 비판적 고찰」, 『안암법학』 제8호, 안암법학회, 1998, 35~36쪽; 조태제, 「법률의 유보원칙 – 본질성이론에 근거한 의회유보를 중심으로 –」, 『한양법학』 제1호, 한양법학회, 1990, 121~125쪽; 한수웅, 「본질성이론과 입법위임의 명확성원칙」, 『헌법논총』 제14집, 헌법재판소, 2003 573~574쪽 참조.

137) Carl–Eugen Eberle, Gesetzesvorbehalt und Parlamentsvorbehalt, in: DÖV 1984, S. 486 ff. 참조.

138) Claus Dieter Classen, Gesetzesvorbehalt und Dritte Gewalt, in: JZ 2003, S. 696.

139) Claus Dieter Classen, in: Hermann von Mangoldt/Friedrich Klein/Christian Starck (Hrsg.), Kommentar zum Grundgesetz, 5. Aufl., München 2005, Art. 97 Rdnr. 14 참조.

140) BVerfGE 49, 304 (322). 이에 관해서 자세한 것은 Bodo Pieroth/Tobias Aubel, Die Rechtsprechung des Bundesverfassungsgerichts zu den Grenzen richterlicher Entscheidungsfindung, in: JZ 2003, S. 506 ff. 참조.

려하면 법률유보 때문에 법원은 순수한 기본권 제약이 생기는 법계속형성을 할 수 없다(헌법 제37조 제2항 참조). 그 밖에 법계속형성의 제한은 엄격하게 도출되지 않는다. 그러나 기본권 제약이 문제 되지 않을 때(본질성이론 범위에 국한하지 않는다)도 입법자가 광범위한 입법형성의 자유가 있으면 법원은 법을 계속 형성할 수 없다. 입법자가 의도적으로 어떤 사항에 대한 법률적 규율을 배제하고 이에 관한 규율을 법원에 넘길 때도 법원의 법계속형성은 법률유보의 한계에서 벗어날 수 없다. 권력분립원칙에 따른 권한 배분은 처분될 수 없기 때문이다. 따라서 입법권은 포기되거나 위임될 수 없다. 입법권 행사는 의무이다. 이러한 의무 불이행은 헌법소원심판에 따른 헌법재판소의 위헌결정을 통해서 강제될 수 있을 뿐이고 법원이 입법자 대신 이러한 의무를 이행할 수는 없다.[141] 그래서 헌법재판소는 법률의 빈틈(진정입법부작위)이나 잘못(부진정입법부작위)이 위헌임을 확인할 수 있을 뿐이고, 법률의 제·개정은 입법자에게 맡겨야 한다. 다만, 입법자가 법률을 제정할 수 없거나 제정하려고 하지 않으면 필요한 때만 헌법재판소는 긴급입법자로서 임시규율을 제정할 수 있다. 이러한 임시규율은 법률의 빈틈이 있을 때 법관에게 인정되는 긴급권 행사에 불과한 것으로서 법률의 빈틈을 메우기 위해서 법률이 제·개정될 때까지만 임시로 적용될 뿐이다.

(3) 위임입법 제한(포괄적 위임입법 금지원칙)
① 위임입법의 불가피성과 그 한계

현대에 들어와 행정국가화·사회국가화 경향에 따라서 행정이 관여하여야 할 영역이 대폭 넓어지면서 모든 행정을 국회법률에 따라서 규율할 수 없게 되었다. 이에 따라서 일정 사항을 행정입법에 위임하는 입법기술이 요청되었다. 그러나 이때도 권력분립원칙과 국회입법의 원칙적 요청을 근거로 포괄적 위임입법은 금지되는데 헌법 제75조에서 이를 규정한다.

② 위임입법의 한계인 포괄적 위임입법 금지
(ⅰ) 헌법규정

헌법 제75조는 "대통령은 법률에서 구체적 범위를 정하여 위임받은 사항 … 에 관하여 대통령령을 발할 수 있다."라고 규정함으로써 위임입법의 근거를 마련함과 동시에 위임은 '구체적으로 범위를 정하여' 하도록 함으로써 그 한계를 설정한다. 헌법 제95조는 "국무총리 또는 행정 각부의 장은 소관 사무에 관하여 법률이나 대통령령의 위임 또는 직권으로 총리령 또는 부령을 발할 수 있다."라고 규정한다.[142] 이는 법률에 미리 대통령령으로 규정될 내용과 범위의 기본사항을 구체적으로 규정함으로써 행정권의 자의적인 법률의 해석과 집행을 방지하고

---

141) Claus Dieter Classen, Gesetzesvorbehalt und Dritte Gewalt, in: JZ 2003, S. 699 ff.; ders., in: Hermann von Mangoldt/Friedrich Klein/Christian Starck (Hrsg.), Kommentar zum Grundgesetz, 5. Aufl., München 2005, Art. 97 Rdnr. 14 ff.; Christian Hillgruber, Richterliche Rechtsfortbildung als Verfassungsproblem, in: JZ 1996, S. 123 ff.

142) 헌법 제75조 "구체적으로 범위를 정하여"의 제한은 체계해석상 헌법 제95조에도 마찬가지로 적용된다.

의회입법원칙과 법치국가원리를 달성하기 위한 규정이다. 특히 집행부에 입법을 위임하는 수권법률의 명확성원칙, 즉 합리적인 법률 해석을 통해서 수권법률에 포함된 입법자의 객관화한 의사, 즉 위임의 내용, 목적과 정도가 밝혀질 수 있다면 위임입법의 한계를 일탈한 것은 아니라는 법률의 명확성원칙을 행정입법에 관해서 구체화한 특별규정으로 볼 수 있다.[143]

(ⅱ) '법률에서 구체적 범위를 정하여'의 의미

이처럼 입법을 위임할 때는 법률에 미리 대통령령 등으로 규정될 내용과 범위에 관한 기본사항을 구체적으로 규정하여 집행권이 자의적인 법률의 해석과 집행을 할 수 없도록 한다. 여기서 '구체적으로 범위를 정하여'는 의회입법원칙과 법치국가원리를 달성하고자 하는 헌법 제75조의 입법취지에 비추어 보면, 법률에 대통령령 등 하위법규에 규정될 내용과 범위의 기본사항이 가능한 한 구체적이고도 명확하게 규정되어서 누구라도 해당 법률에서 대통령령 등에 규정될 내용의 대강을 예측할 수 있어야 함을 뜻한다.[144]

(ⅲ) 예측 가능성의 판단기준

ⓐ 예측 가능성 유무는 해당 특정조항만으로 판단할 것이 아니라 관련 법률조항 전체를 유기적·체계적으로 종합·판단하여야 하고, 각 대상 법률의 성질에 따라 구체적·개별적으로 검토하여야 한다.[145] ⓑ 그리고 이러한 위임의 구체성·명확성의 요구 정도는 그 규율대상의 종류와 성격에 따라서 달라질 것이지만, 특히 처벌법규나 조세법규와 같이 국민의 기본권을 직접적으로 제한하거나 침해할 소지가 있는 법규에서는 구체성·명확성의 요구를 강화하여 그 위임과 요건의 범위가 일반적인 급부행정보다 더 엄격하게 제한적으로 규정되어야 한다. 하지만 규율대상이 지극히 다양하거나 수시로 변화하는 성질의 것이면 위임의 구체성·명확성의 요건을 완화하여야 할 것이다.[146] ⓒ 또한, 위임조항 자체에서 위임의 구체적 범위를 명백히 규정하지 않더라도 해당 법률의 전반적 체계와 관련 규정에 비추어 위임조항의 내재적인 위임의 범위나 한계를 분명히 확정할 수 있다면 이를 포괄적인 백지위임에 해당하는 것으로 볼 수 없다.[147]

(4) 행정조직 법정원칙

법률유보를 따라서 행정조직은 입법부가 제정한 법률에 근거하여 구성된다. 헌법 제96조

---

143) 같은 견해: 방승주, 『헌법강의 Ⅰ』, 박영사, 2021, 210, 214쪽. 헌재 2011. 12. 29. 2010헌바385등, 판례집 23−2 하, 673, 687−688; 헌재 2016. 10. 27. 2015헌바360등, 판례집 28−2상, 639−640; 헌재 2019. 11. 28. 2017헌가 23, 공보 278, 1213, 1215 참조.

144) 헌재 1991. 7. 8. 91헌가4, 판례집 3, 336, 341.

145) 헌재 1994. 7. 29. 93헌가12, 판례집 6−2, 53, 59.

146) 헌재 1991. 2. 11. 90헌가27, 판례집 3, 11, 29−30; 헌재 1994. 7. 27. 92헌바49등, 판례집 6−2, 64, 101.

147) 헌재 1997. 12. 24. 95헌마390, 판례집 9−2, 817, 829−830; 헌재 2003. 10. 30. 2000헌마801, 판례집 15−2하, 106, 136; 헌재 2019. 2. 28. 2017헌바245, 판례집 31−1, 73, 78.

도 "행정각부의 설치·조직과 직무범위는 법률로 정한다."라고 하여 법률에 근거한 행정조직을 규정한다.

(5) 행정심판절차 법정원칙(헌법 제107조 제3항 제2문)

헌법 제107조 제3항은 "재판의 전심절차로서 행정심판을 할 수 있다. 행정심판의 절차는 법률로 정하되, 사법절차가 준용되어야 한다."라고 하여 행정소송의 전심절차로서 법률에 근거한 행정심판절차를 규정한다.

5. 법률에 대한 법치국가적 요청

(1) 처분적 법률과 입법권의 한계

① 처분적 법률의 의의와 유형

처분적 법률은 일반적·추상적 법률과는 달리 개별적·구체적 사항을 규율하는 법률, 즉 입법자가 구체적인 사안과 관련하여 특정한 구체적인 목적을 실현하려고 제정한 법률을 말한다. 처분적 법률을 행정적 집행이나 사법적 재판을 매개로 하지 아니하고 직접 국민에게 권리나 의무를 발생하게 하는 법률, 즉 자동집행력이 있는 법률이라고 하는 견해가 있다.148) 그러나 처분적 법률의 본질은 일반적 법률이 보편적 정의 추구라는 목적이 있는 것과 비교하여 구체적인 목적(정치적·경제적·사회적·문화적 목적)에 대한 수단이라는 점에 있으므로 반드시 자동집행력을 가져야 하는 것은 아니다.149)

처분적 법률에는 (ⅰ) 일정 범위의 국민만을 대상으로 하는 '개별인(규율)법률', (ⅱ) 개별적·구체적인 상황이나 사건을 대상으로 하는 '개별사건(규율)법률', (ⅲ) 시행기간이 한정된 '한시법'의 세 유형이 있다.150) '개별인(규율)법률'로는 부정선거관련자처벌법, 정치활동정화법, 부정축재처리법 등이 있다. '개별사건(규율)법률'로는 긴급금융조치법, 긴급통화조치법 등이 있다. '한시법'으로는 재외국민취적·호적정정및호적정리에관한임시특별법 등이 있다.

② 처분적 법률의 필요성과 문제점

현대 국가에서 일반적 법률만으로는 전쟁 등 국가위기 때의 비상상황을 적절하게 대처하

---

148) 헌재 1989. 12. 18. 89헌마32등, 판례집 1, 343, 352; 고문현, 『헌법학개론(제2판)』, 박영사, 2020, 278쪽; 권영성, 『헌법학원론(개정판)』, 법문사, 2010, 799쪽; 김철수, 『학설·판례 헌법학(전정신판)(중)』, 박영사, 2009, 252쪽; 한수웅, 『헌법학(제11판)』, 법문사, 2021, 1154쪽.

149) 같은 견해로는 홍성방, 『헌법학(하)(제3판)』, 박영사, 2014, 134쪽.

150) 헌법재판소는 구 국가보위입법회의법 부칙 제4항 후단에 대해서 "소속공무원의 귀책사유의 유무라든가 다른 공무원과의 관계에서 형평성이나 합리적인 근거 등을 제시하지 아니한 채 임명권자의 후임자 임명이라는 처분에 의하여 그 직을 상실하는 것을 규정"하였으므로 처분적 법률의 일례로 볼 수 있다고 하였다(헌재 1989. 12. 18. 89헌마32등, 판례집 1, 343, 352). 그리고 보훈기금법 부칙 제5조에 대해서도 "분조합 또는 분조합원의 사유재산을 박탈하여 보훈기금에 귀속시키기 위한 개별적 처분법률"이라고 하였다(헌재 1994. 4. 28. 92헌가3, 판례집 6-1, 203, 220).

거나 사회적 정의 요청에 따른 권리 보장을 충분히 하기 곤란하다. 개별 사안에서 구체적 타당성을 기하기 위해서 처분적 법률을 제정할 필요가 있다. 다만, 처분적 법률이 권력분립원칙이나 평등원칙에 위반되는지가 문제 된다. 처분적 법률은 일반적·추상적 법규범 정립을 본질로 하는 입법 형식으로 개별적 처분과 같은 효과가 발생한다. 따라서 처분적 법률은 입법의 한계를 일탈하여 집행권을 행사하는 것으로 권력분립원칙에 어긋나는지가 문제 된다. 하지만 그것이 극단적인 내용으로서 집행기능의 핵심영역을 침해하는 것이 아닌 한 권력분립원칙을 어긋난다고 할 수 없다. 처분적 법률은 일정한 범위 안의 대상인물이나 대상사항에 관련하여서만 규정을 두는 것이다. 그러므로 처분적 법률은 그와 유사한 다른 인물이나 사항과 비교하여 특별한 취급을 하는 것으로 되어 평등원칙에 어긋나는 것이 아닌지가 문제 된다. 하지만 입법자가 국가위기의 비상상황을 적절히 대처하기 위해서 또는 사회적 정의를 실현하기 위해서 구체적 타당성이 있는 처분적 법률을 제정하여 특정한 범위의 인적·사항적 대상에 법적 효과를 부여하더라도 입법의 합리적 근거가 있는 한 '실질적' 평등원칙에 어긋난다고 할 수 없다.[151]

③ 처분적 법률 논의에 대한 비판

헌법 제40조는 "입법권은 국회에 속한다."라고 규정한다. 법률의 개념을 2중적으로 나누어 형식적 법률 개념 이외에 일반·추상적 법규범 정립이라는 실질적 법률 개념을 인정한다면 처분적 법률 문제가 발생한다. 그러나 헌법 제40조 법률의 개념은 국회가 헌법이 규정하는 절차에 따라서 심의·의결하고 대통령이 서명·공포함으로써 효력을 발생하는 형식적 의미의 법률로 이해할 수 있다.[152] 이러한 절차적인 법률 개념을 따르면, 그것이 규율하는 내용과 범위에 상관없이 헌법이 규정한 절차를 거쳐서 성립하면 법률로 인정되므로 법률이 '처분적' 성격을 띤다고 하여서 별도로 문제가 될 것은 없고, 다른 일반 법률과 똑같은 기준으로 위헌성 여부를 심사하면 된다. 그리고 모든 법률은 일정한 목적을 추구하므로 법률의 목적이 개념적인 분류의 명확한 기준이 될 수 없다. 게다가 처분적 법률이 다른 법률과 비교해서 엄격한 심사대상이 되어야 하지만, 그것은 단지 정도의 차이에 지나지 않는다. 또한, 이른바 처분적 법률로 부르는 것도 사실상 대부분 규율범위가 개별적인 법률에 지나지 않으므로, 이들에 대한 새로운 용어는 불필요한 것으로 보인다. 따라서 처분적 법률이라는 법률유형을 별도로 설정하여 논할 실익은 거의 없다.

---

151) 헌재 1996. 2. 16. 96헌가2등, 판례집 8－1, 51, 69: "개별사건법률은 원칙적으로 평등원칙에 위반되는 자의적인 규정이라는 강한 의심을 불러일으키는 것이지만, 개별법률금지의 원칙은 법률제정에 있어서 입법자가 평등원칙을 준수할 것을 요구하는 것이기 때문에 특정규범이 개별사건법률에 해당한다 하여 곧바로 위헌을 뜻하는 것은 아니며, 이러한 차별적 규율이 합리적인 이유로 정당화될 수 있는 경우에는 합헌적일 수 있다."
152) 헌재 1991. 2. 11. 90헌가27, 판례집 3, 11, 27.

(2) 법률의 명확성 요청

① 의의

법률의 명확성원칙은 행정부가 법률에 근거하여 국민의 자유와 권리를 제한할 때, 법률이 수권 범위를 명확하게 확정하여야 하고, 법원이 공권력 행사의 합법성 여부를 심사할 때는 법률이 그 심사기준으로서 충분히 명확하여야 한다는 것을 뜻한다.

② 명확성의 요청 정도

법률의 명확성원칙은 입법자가 법률을 제정할 때 일반조항이나 불확정개념을 사용하는 것을 금지하는 것은 아니다. 수권법률의 명확성에 대한 요구는 규율대상의 특수성 그리고 수권법률이 당사자에게 미치는 기본권 제한 효과에 따라 다르다. 즉 다양한 형태의 사실관계를 규율하거나 규율대상이 상황에 따라서 자주 변화하리라고 예상된다면 규율대상인 사실관계의 특성을 고려하여 엄격하게 명확성 요구를 할 수 없으며, 다른 한편 기본권 제한 효과가 진지하면 할수록 수권법률의 명확성에 대해서 더욱 엄격한 요구를 하여야 한다.153) 법문언이 법관의 보충적인 가치판단을 통해서 그 의미내용을 확인할 수 있고, 그러한 보충적 해석이 해석자의 주관에 따라서 좌우될 가능성이 없다면 명확성원칙에 어긋난다고 할 수 없지만,154) 일반적으로 법률 해석을 통해서도 행정청과 법원의 자의적인 법적용을 배제하는 기준을 얻는 것이 불가능하다면 그 수권법률은 명확성원칙에 어긋난다고 보아야 한다.155) 156)

---

153) 헌재 1992. 2. 25. 89헌가104, 판례집 4, 64, 78-79: "일반론으로는 어떠한 규정이 부담적 성격을 가지는 경우에는 수익적 성격을 가지는 경우에 비하여 명확성의 원칙이 더욱 엄격하게 요구된다고 할 것이고 따라서 형사법이나 국민의 이해관계가 첨예하게 대립되는 법률에 있어서는 불명확한 내용의 법률용어가 허용될 수 없으며, 만일 불명확한 용어의 사용이 불가피한 경우라면 용어의 개념정의, 한정적 수식어의 사용, 적용한계조항의 설정 등 제반방법을 강구하여 동 법규가 자의적으로 해석될 수 있는 소지를 봉쇄해야 하는 것이다."; 헌재 1999. 9. 19. 97헌바73등, 판례집 11-2, 285, 300: "기본권제한입법이라 하더라도 규율대상이 지극히 다양하거나 수시로 변화하는 성질의 것이어서 입법기술상 일의적으로 규정할 수 없는 경우에는 명확성의 요건이 완화되어야 할 것이다."

154) 헌재 1998. 4. 30. 95헌가16, 판례집 10-1, 327, 342; 헌재 1999. 7. 22. 97헌바9, 판례집 11-2, 112, 124.

155) 헌재 2002. 6. 27. 99헌마480, 판례집 14-1, 616, 616-617: "표현의 자유를 규제하는 입법에 있어서 명확성의 원칙은 특별히 중요한 의미를 지닌다. 무엇이 금지되는 표현인지가 불명확한 경우에, 자신이 행하고자 하는 표현이 규제의 대상이 아니라는 확신이 없는 기본권주체는 대체로 규제를 받을 것을 우려해서 표현행위를 스스로 억제하게 될 가능성이 높기 때문에 표현의 자유를 규제하는 법률은 규제되는 표현의 개념을 세밀하고 명확하게 규정할 것이 헌법적으로 요구된다. 그런데, '공공의 안녕질서 또는 미풍양속을 해하는'이라는 불온통신의 개념은 너무나 불명확하고 애매하다. 여기서의 '공공의 안녕질서'는 위 헌법 제37조 제2항의 '국가안전보장·질서유지'와, '미풍양속'은 헌법 제21조 제4항의 '공중도덕이나 사회윤리'와 비교하여 볼 때 동어반복이라고 해도 좋을 정도로 전혀 구체화되어 있지 아니하다. 이처럼, '공공의 안녕질서', '미풍양속'은 매우 추상적인 개념이어서 어떠한 표현행위가 과연 '공공의 안녕질서'나 '미풍양속'을 해하는 것인지, 아닌지에 관한 판단은 사람마다의 가치관, 윤리관에 따라 크게 달라질 수밖에 없고, 법집행자의 통상적 해석을 통하여 그 의미내용을 객관적으로 확정하기도 어렵다."

헌재 1992. 4. 14. 90헌바23, 판례집 4, 162, 171-172: "구법 제9조 제2항에서 규제대상이 되는 편의제공은 그 문언해석상 그 적용범위가 넓고 불명확하므로 헌법 제10조 소정의 행복추구권에서 파생하는 일반적 행동자유권은 물론, 도움은 말로도 줄 수 있는 것이라면 제21조 소정의 표현의 자유마저 위축시킬 수 있다. 비록 대한민국의 체제전복이나 자유민주적 기본질서에 위해를 초래할 염려가 없는 무해의 편의제공이라 하여도 편의제공죄로 의율될 수 있는데 문제가 있다. 원래 사회생활이란 사회구성원간에 서로 편의를 제공하고 제공받는 협동

③ 처벌법규의 명확성원칙[죄형법정원칙(죄형법정주의)]

죄형법정원칙(죄형법정주의)은 처벌하고자 하는 행위가 무엇이며 그에 대한 형벌이 어떠한 것인지를 누구나 예견할 수 있고, 그에 따라서 자기 행위를 결정할 수 있게끔 구성요건을 명확하게 규정하라고 요구한다. 그러나 처벌법규의 구성요건이 다소 광범위하여 어떤 범위에서는 법관의 보충적인 해석이 필요할지라도 그 점만으로는 헌법이 요구하는 처벌법규의 명확성에 배치되는 것은 아니다. 처벌법규의 명확성이 어느 정도 명확하여야 하는지는 일률적으로 정할 수 없고, 각 구성요건의 특수성과 그러한 법적 규제의 원인이 된 여건이나 처벌의 정도 등을 고려하여 종합적으로 판단하여야 한다.[157]

(3) 소급입법과 신뢰보호 문제

① 신뢰보호원칙의 의의

법치국가의 중요한 구성부분인 법적 안정성의 객관적 요소는 법질서의 신뢰성, 항구성, 법

생활일진대, 국가보안법위반 범인에 대한 편의제공이 무차별하게 여기의 구성요건에 해당된다면 안심하고 사회 생활을 영위해 나가는데 커다란 장애요인이 아닐 수 없다. 특히 국가의 안전과는 무관한 남북간의 경제·사회·문화·체육 등의 영역에 있어서의 교류에 큰 걸림돌이 될 수밖에 없으며, 또 헌법 제4조에서 천명한바 평화적 통일정책의 추구에도 지대한 지장을 줄 소지가 있다. 뿐만 아니라 적용범위가 이처럼 과도하게 광범위하다면 법운영당국에 의한 자의적 집행의 가능성도 배제할 수 없다(당 재판소 1992.1.28. 선고, 89헌가8 결정 참조). … 그러나 한편 대한민국의 체제전복이나 자유민주적 기본질서의 파괴를 시도하는 자에 대한 협조적 편의제공의 행위까지 기본권이라는 이름으로 보호하는 것이 헌법이 아닌 것도 유의할 필요가 있다. 그렇다면 처벌의 대상으로 되어야 할 것은 제9조 제2항 소정의 편의제공행위 가운데서 국가의 존립·안전이나 자유민주적 기본질서에 실질적 해악을 미칠 구체적이고 명백한 위험성이 있는 경우로 축소제한하여야 할 것이고, 그와 같은 위험성이 있다고 단정하기 어려운 것은 처벌의 대상에서 배제시켜야 할 것이다."

156) 명확성 판단 기준에 관해서는 헌재 2005. 3. 31. 2003헌바12, 판례집 17-1, 340, 349-350: "법률 명확성의 원칙은 법치주의와 신뢰보호의 원칙에서 비롯되는 것이며, 불명확한 법률이 무효가 되어야 하는 것은 그것이 수범자에 대하여 '공정한 경고'를 흠결하기 때문이다. 여기서의 수범자는 준법정신을 가진 사회의 평균적 일반인을 의미하는데, 준법정신을 가진 평균인은 애매한 법문을 자신이 해석할 수 없을 때 자신만의 판단에 의할 것이 아니라 법률전문가나 당해 법령에 보다 정통한 지식을 가진 사람 등의 의견이나 조언을 직접, 간접적으로 듣거나 참조하여 자신의 행동 여부를 결정하게 된다. 특정의 금지규정 내지 처벌규정의 내용을 파악함에 있어서 평균인의 견해에서 전문가의 조언이나 전문서적 등을 참고하여 자기의 책임하에 행동방향을 잡을 수 있고 그러한 결론이 보편성을 띠어 대부분 같은 결론에 도달할 수 있다면 명확성을 인정할 수 있고, 법률전문가 등의 조언을 구하여도 자신의 행위가 금지되는 것인지 아닌지를 도저히 정확히 예측할 수 없다면 그 규정은 불명확하여 무효가 될 수밖에 없는 것이다. 이처럼 법령 특히 형벌법규의 내용은 일반인에게 명확한 고지가 이루어져야 하는 것이나, 다만 당해 법령의 특성에 맞추어 그 일반인이 어떤 행위를 결정할 때 통상 어느 정도 법적 전문지식에 의한 보완을 받게 된다는 점을 감안하여 명확성 여부를 판단하여야 한다. 한편 명확성 원칙의 준수 여부는 문제 된 법령의 문구가 확실하지 않음으로써 자의적이고 차별적인 적용을 가져올 수 있는지 여부에 의하여서도 판별될 수 있다. 다만 법령이 그 집행자에게 어느 정도의 재량을 부여한다는 이유만으로 바로 무효로 할 것은 아니고, 집행자에게 신뢰할 수 있는 확고한 기초를 제시하여 그 법령이 원래 의미하고 목적하는 것 이상의 자의적 적용을 방지할 수 있어야 할 것이다. 또한, 당해 법령의 성질 및 규제대상 등에 비추어 입법기술상 최고의 상태로 작성되었는지 여부가 명확성 판단의 또 하나의 기준이 될 수 있다. 일반 추상적 표현을 불가피하게 사용한다 하더라도 예시의 방법, 정의규정을 별도로 두는 방법, 주관적 요소를 가중하는 방법 등으로 보다 더 구체적 입법이 가능함에도 불구하고 이러한 입법적 개선을 하지 아니하고 있는지 여부가 헌법위반의 판단기준이 될 수 있는 것이다."

157) 헌재 1999. 2. 25. 97헌바3, 판례집 11-1, 122, 136-137.

적 투명성과 법적 평화이다. 법적 안정성의 주관적 측면을 이루는 신뢰보호원칙은 이와 내적인 상호연관관계에 있다.158) 신뢰보호원칙은 국가공권력 행사에 대한 개인의 보호가치 있는 신뢰가 있으면 이를 보호하여야 한다는 원칙이다. 신뢰보호원칙에 대한 개념 정의와 관련하여 국민이 법률적 규율이나 제도 혹은 행정기관이 한 결정의 정당성이나 존속에 대해서 신뢰를 하면, 그 신뢰가 보호받을 가치가 있을 때 보호하여 주어야 한다는 원칙이라는 견해159)와 한 번 제정된 법규범은 원칙적으로 존속력이 있고 자신의 행위기준으로 계속 적용하여야 한다는 원칙이라는 견해160)가 있다. 그러나 신뢰보호원칙은 법치국가원리의 파생원칙으로서 헌법의 보편적 원칙이므로 모든 공권력이 준수하여야 한다. 따라서 입법, 집행,161) 사법에 모두 적용하여야 하는데 전자는 사법이, 후자는 집행과 입법이 빠져 있으므로 적절한 개념 정의라고 보기 어렵다.

신뢰보호원칙은 법치국가원리의 요소인 법적 안정성에서 도출되므로 신뢰보호원칙은 모든 공권력 영역에 적용된다. 이에 따라 입법부에서는 법률에 대한 신뢰 보호로, 집행부에서는 행정행위에 대한 신뢰 보호로 그리고 사법부에서는 기판력 문제로 각각 구체화한다. 헌법재판소도 "신뢰보호원칙은 법률이나 그 하위법규 뿐만 아니라 국가관리의 입시제도와 같이 국·공립대학의 입시전형을 구속하여 국민의 권리에 직접 영향을 미치는 제도운영지침의 개폐에도 적용되는 것이다."162)라고 하여 신뢰보호원칙이 입법에 국한되는 원칙이 아님을 밝힌다.

법적 안정성과 신뢰보호원칙에서 특히 중요한 것은 시간적인 요소이다. 일정 법률의 효력 아래에서 발생한 법률관계는 또한 이 법에 따라서 파악되고 판단되어야 하며, 개인은 과거의 사실관계가 사후적으로 새로운 기준에 따라서 평가되지 않으리라고 신뢰할 수 있어야 한다. 그러므로 법치국가적 요청으로서 신뢰보호원칙과 법적 안정성은 무엇보다도 바로 소급효가 있는 법률에 민감하게 저촉된다.

② 소급입법의 종류와 금지범위

(ⅰ) 소급입법의 종류와 개념

소급입법에는 진정소급입법과 부진정소급입법이 있다. 진정소급입법은 과거에 이미 완성

---

158) 헌재 1996. 2. 16. 96헌가2등, 판례집 8-1, 51, 84; 한수웅, 「신뢰보호와 경과규정」, 『법과 국가』(운남서정호교수정년기념논문집), 민영사, 1997, 371쪽; 같은 사람, 「법률개정과 신뢰보호」, 『인권과 정의』제250호, 대한변호사협회, 1997. 6., 77쪽.

159) 권영성, 『헌법학원론(개정판)』, 법문사, 2010, 811쪽.

160) 헌재 1996. 2. 16. 96헌가2등, 판례집 8-1, 51, 84; 한수웅, 「신뢰보호와 경과규정」, 『법과 국가』(운남서정호교수정년기념논문집), 민영사, 1997, 371쪽; 같은 사람, 「법률개정과 신뢰보호」, 『인권과 정의』제250호, 대한변호사협회, 1997. 6., 77쪽.

161) 행정기본법 제12조 제1항은 "행정청은 공익 또는 제3자의 이익을 현저히 해칠 우려가 있는 경우를 제외하고는 행정에 대한 국민의 정당하고 합리적인 신뢰를 보호하여야 한다."라고 신뢰보호원칙을 규정한다.

162) 헌재 1997. 7. 16. 97헌마38, 판례집 9-2, 94, 110.

된 사실관계나 법관계를 규율하는 입법형식이고, 부진정소급입법은 이미 과거에 시작되었으나 아직 완성되지 아니한 사실관계나 법관계를 규율하는 입법형식이다.

(ⅱ) 소급입법금지원칙의 범위

ⓐ 원칙

새로운 입법을 이미 종료된 사실관계나 법관계에 적용하게 하는 진정소급입법은 헌법 제13조 제2항이 금지하는 소급입법으로서 헌법적으로 허용되지 않는 것이 원칙이며 특별한 사정이 있을 때만 예외적으로 허용될 수 있다. 하지만 현재 진행 중인 사실관계나 법관계에 적용하도록 하는 부진정소급입법은 원칙적으로 허용되지만, 소급효를 요구하는 공익적 사유와 신뢰 보호 요청 사이의 교량과정에서 신뢰 보호 관점이 입법자의 형성권에 제한을 가하게 된다.163)

ⓑ 진정소급입법이 허용되는 예외적인 때

일반적으로 (가) 국민이 소급입법을 예상할 수 있었거나 (나) 법적 상태가 불확실하고 혼란스러웠거나 하여 보호할 만한 신뢰 이익이 적은 때와 (다) 소급입법에 따른 당사자의 손실이 없거나 아주 가벼울 때 그리고 (라) 신뢰 보호 요청에 우선하는 심히 중대한 공익적 사유가 소급입법을 정당화할 때는 예외적으로 진정소급입법이 허용된다.164)

ⓒ 부진정소급입법

헌법 제13조 제1항에서 가벌성을 결정하는 범죄구성요건과 형벌의 영역(이에 관한 한 절대적 금지)을 제외하고는 부진정소급입법은 원칙적으로 허용된다. 다만, 법치국가원리의 중요한 요소인 법적 안정성에 따른 제한을 받을 뿐이다. 헌법재판소 판례도 형벌규정에 관한 법률 이외의 법률은 부진정소급효가 원칙적으로 허용되고, 단지 소급효를 구하는 공익상 사유와 신뢰 보호의 요청 사이의 교량과정에서 신뢰 보호 관점이 입법자의 형성권에 제한을 가할 뿐이라고 한다.165)

부진정소급입법이 허용된다는 것은 그 한도 안에서는 입법자가 입법형성권 범위 안에서 자유로이 입법할 수 있다는 것인데, 이러한 부진정소급입법도 굳이 소급입법이라고 할 필요가 있는지가 의문이다. 즉 진정소급입법만이 소급입법금지의 원리가 적용되고 부진정소급입법은 신뢰보호원칙에 따른 제한을 받을 뿐이라면 이를 소급입법 범위에서 제외하여 진정소급입법 남용을 막는 것이 오히려 실익이 있을 것이다. 헌법재판소 판례 중에서도 "… 법의 위와 같은 규제는 법률이 이미 종결된 과거의 사실 또는 법률관계에 사후적으로 적용함으로써

---

163) 헌재 1998. 11. 26. 97헌바58, 판례집 10−2, 673, 680.

164) 헌재 1996. 2. 16. 96헌가2등, 판례집 8−1, 51, 87−88; 헌재 1998. 9. 30. 97헌바38, 판례집 10−2, 530, 539; 헌재 1999. 7. 22. 97헌바76등, 판례집 11−2, 175, 193−194; 헌재 2011. 3. 31. 2008헌바141등, 판례집 23−1상, 276, 305.

165) 헌재 1995. 10. 26. 94헌바12, 판례집 7−2, 447, 458−459.

과거를 법적으로 새로이 평가하는 진정소급효의 입법과는 다른 것으로서, 이는 아래에서 보는 바와 같이 종래의 법적 상태의 존속을 신뢰한 기존의 택지소유자에 대한 신뢰보호의 문제일 뿐, 소급입법에 의한 재산권 침해의 문제는 아니다."166)라고 하여 이를 분명히 밝힌 것이 있다. 그러나 실무상으로는 이러한 논의 실익은 매우 낮고 부진정소급입법이 문제가 될 때 그 명칭 여하를 불문하고 법개정의 공익과 신뢰 보호 이익의 비례성 심사를 통해서 해결될 것이다.

(4) 경과규정에서 경과적 정의

① 소급입법에서 경과규정 요청: 판단기준

과거에 발생한 (그러나 아직 완성되지 아니한) 법적 관계에 신법이 적용될 때, 즉 부진정소급효 문제는 소급효 문제가 아닌, 신법을 기존 법적 관계에 적용하는 문제, 구법에서 신법으로 이행하는 문제, 결국 경과규정 문제이다. 신뢰보호의 구체적 실현수단으로 사용하는 경과규정에는 (ⅰ) 기존 법률이 적용되던 사람들에게 신법 대신 구법을 적용하도록 하는 방식과 (ⅱ) 적응보조규정을 두는 방식 등이 있다. 법치국가적 신뢰 보호는 기본권 범주에서도 고유한 의미가 있으므로, 새로운 규정을 과거에 발생한 사실관계에 확대하여 적용하는 것이 허용되는지의 관점에서 독자적인 기준으로 판단되어야 한다.167)

② 경과적 정의 실현과 그 심사

개인의 보호가치 있는 신뢰가 인정되는데도 신뢰 보호의 사회적 기속성 관점에서 신뢰 보호가 국가의 법률개정이익에 양보하여야 한다면, 개인의 신뢰는 적어도 적절한 경과규정을 통해서 고려되어야 한다.168) 입법자는 경과규정에서 광범위한 형성의 자유가 부여되므로 헌법재판소는 단지 헌법적으로 경과규정이 요구되는지, 입법자가 선택한 경과규정이 충분하고 적당한지만을 심사하게 된다.

(5) 입법(자의)구상에서 요구되는 체계정당성

입법자는 다양한 생활영역을 규율하는 많은 법률의 체계적 해석을 고려하여 상호 모순이

---

166) 헌재 1999. 4. 29. 94헌바37, 판례집 11−1, 289, 318.
167) 구체적으로 ① 보호가치 있는 신뢰가 있는지(이때 신뢰 가치를 결정하는 중요한 척도는 법규범에 내재된 국가행위의 예견 가능성이다), ② 공익이 이러한 새로운 규정의 확대 적용을 요구하는지, ③ 법률존속이익과 공익적 법률개정이익 중 구체적으로 어떠한 법익이 우위를 차지하는지(신뢰구성요건 존재는 국가가 곧 국민의 신뢰를 존중하여야 한다는 것을 뜻하지 않는다. 기본권이 공익을 이유로 일정 한도 안에서 제한될 수 있듯이 개인이 신뢰 보호를 요구할 수 있는 주관적 권리도 공공복리의 유보 아래에 있다. 이때 중요한 기준은 개인의 처분적 행위가 국가가 일정 방향으로 유인한 신뢰 행사인지, 아니면 단지 법률이 부여한 기회를 활용한, 원칙적으로 사적 위험부담에 속하는지이다)가 심사되어야 한다.
168) 헌재 1999. 4. 29. 94헌바37, 판례집 11−1, 289, 332: "입법사는 재산권의 내용을 새로이 규율할 수는 있으나, 법률개정으로 말미암아 과거에 이미 적법하게 취득한 권리가 장래에 허용되지 않게 된 사람들의 신뢰이익을 경과규정을 통하여 적절히 고려하여야 한다."

발생하지 않도록 법률을 제정하여야 한다. 한 법률에서 확인될 수 있는 입법(자가 의도하는)목적이 다른 법률의 입법목적과 서로 충돌하면, 이러한 법률은 입법자의 구상에서 체계정당성을 확보하지 못한 법률이다. 이는 다양한 헌법적 가치를 통일적으로 조화롭게 해석하여 법률을 제정하여야 할 입법자의 의무를 게을리한 것으로 볼 수 있다.[169]

6. 사법적 권리구제 보장

법치국가적 이념에 따라 국가권력은 법에 기속되지만 국가권력이 위법하게 개인의 자유와 권리를 침해할 때 사법절차적 기본권 실현을 통한 사법적 권리구제방안이 마련되어야 한다.

(1) 사법적 권리구제 가능성에 대한 헌법적 요청 – 사법적 구제에 대한 접근 보장
① '국가법원'에 의한 '재판'

먼저 사법적 권리구제는 국가기관인 법원이 하여야 한다. 헌법 제40조("입법권은 국회에 속한다."), 제66조 제4항("행정권은 대통령을 수반으로 하는 정부에 속한다."), 제101조 제1항("사법권은 법관으로 구성된 법원에 속한다.")은 3권분립을 기조로 하는 한국 헌법상 권력분립을 분명히 밝힌다. 특히 헌법 제101조 제1항은 사법권을 법관으로 구성된 법원에 맡긴다고 규정한다. 그렇다면 결국 사법적 권리구제 보장은 법관으로 구성된 법원에 의한 권리구제를 뜻할 수밖에 없다. 다른 국가기관, 그 밖의 공법적 제도가 헌법이 보장한 사법적 권리구제 기능을 담당하여서는 안 되는 것이 원칙이다. 따라서 집행부는 원칙적으로 최종결정권을 가져서는 아니 된다.

② '헌법과 법률이 정한 법관'에 의한 재판

헌법 제27조 제1항 전단의 헌법과 법률이 정한 법관에 의한 재판을 받을 권리에서 보장되

---

169) 헌재 2005. 6. 30. 2004헌바40등, 판례집 17-1, 946, 962-963: "'체계정당성'(Systemgerechtigkeit)의 원리라는 것은 동일 규범 내에서 또는 상이한 규범간에 (수평적 관계이건 수직적 관계이건) 그 규범의 구조나 내용 또는 규범의 근거가 되는 원칙면에서 상호 배치되거나 모순되어서는 안된다는 하나의 헌법적 요청(Verfassungspostulat)이다. 즉 이는 규범 상호간의 구조와 내용 등이 모순됨이 없이 체계와 균형을 유지하도록 입법자를 기속하는 헌법적 원리라고 볼 수 있다. 이처럼 규범 상호간의 체계정당성을 요구하는 이유는 입법자의 자의를 금지하여 규범의 명확성, 예측가능성 및 규범에 대한 신뢰와 법적 안정성을 확보하기 위한 것이고 이는 국가공권력에 대한 통제와 이를 통한 국민의 자유와 권리의 보장을 이념으로 하는 법치주의원리로부터 도출되는 것이라고 할 수 있다. 그러나 일반적으로 일정한 공권력작용이 체계정당성에 위반한다고 해서 곧 위헌이 되는 것은 아니다. 즉 체계정당성 위반(Systemwidrigkeit) 자체가 바로 위헌이 되는 것은 아니고 이는 비례의 원칙이나 평등원칙위반 내지 입법의 자의금지위반 등의 위헌성을 시사하는 하나의 징후일 뿐이다. 그러므로 체계정당성위반은 비례의 원칙이나 평등원칙위반 내지 입법자의 자의금지위반 등 일정한 위헌성을 시사하기는 하지만 아직 위헌은 아니고, 그것이 위헌이 되기 위해서는 결과적으로 비례의 원칙이나 평등의 원칙 등 일정한 헌법의 규정이나 원칙을 위반하여야 한다. 또한, 입법의 체계정당성위반과 관련하여 그러한 위반을 허용할 공익적인 사유가 존재한다면 그 위반은 정당화될 수 있고 따라서 입법상의 자의금지원칙을 위반한 것이라고 볼 수 없다. 나아가 체계정당성의 위반을 정당화할 합리적인 사유의 존재에 대하여는 입법의 재량이 인정되어야 한다. 다양한 입법의 수단 가운데서 어느 것을 선택할 것인가 하는 것은 원래 입법의 재량에 속하기 때문이다. 그러므로 이러한 점에 관한 입법의 재량이 현저히 한계를 일탈한 것이 아닌 한 위헌의 문제는 생기지 않는다고 할 것이다."

는 내용은 다음의 세 가지이다.

(ⅰ) '법관에 의한' 재판을 통해서 권리구제를 받을 수 있다. 따라서 "법관에 의한 재판을 받을 권리를 보장한다고 함은 결국 법관이 사실을 확정하고 법률을 해석·적용하는 재판을 받을 권리를 보장한다는 뜻이고, 그와 같은 법관에 의한 사실 확정과 법률의 해석적용 기회에 접근하기 어렵도록 제약이나 장벽을 쌓아서는 아니 된다고 할 것이며, 만일 그러한 보장이 제대로 이루어지지 아니한다면 헌법상 보장된 재판을 받을 권리의 본질적 내용을 침해하는 것으로서 우리헌법상 허용되지 아니한다."170) 그러나 대법원이 법관에 대한 징계처분 취소청구소송을 단심으로 재판할 때는 법률심인 상고심으로서 사실 확정에는 관여하지 않는 다른 재판과 달리 심리 범위에 관하여 아무런 제한이 없어 사실 확정도 대법원의 권한에 속하므로, 법관에 의한 사실 확정 기회가 박탈되었다고 볼 수 없다.171)

(ⅱ) '헌법과 법률이 정한' 법관에 의해서 재판이 이루어져야 한다. 여기서 헌법과 법률이 정한 법관은 "헌법과 법률이 정한 자격과 절차에 의하여 임명되고(헌법 제104조, 법원조직법 제41조 내지 제43조), 물적 독립(헌법 제103조)과 인적 독립(헌법 제106조, 법원조직법 제46조)이 보장된 법관"172)을 뜻한다.

(ⅲ) 헌법과 법률이 '정한' 법관이 재판을 담당하여야 한다. 구체적·개별적인 재판이 문제되기 이전에 미리 사무 분담과 담당재판을 결정할 객관적·합리적 기준을 정하여야 재판담당 법관의 조작을 방지하여 공정한 재판을 받을 수 있다. 법관의 사무 분담과 사건 배당은 법원의 내부규율을 정한다는 의미에서 법원의 고유한 자치행정사무의 성격만 있는 것은 아니다. 그것은 개개 사건에 관해서 권한 있는 법관을 정하는 것이므로 헌법과 법률에 정한 법관에 의한 재판이 헌법상 보장됨에 비추어 일반적 구속력 있는 법규의 성격이 있다. 따라서 사무 분담과 사건 배당은 임의적 조작 가능성이 배제되도록 추상적 징표에 따라서 결정되어야 하고, 불가피하게 변경하여야만 할 때 그것을 정당화할 충분한 합리적 사유가 있어야 한다.

③ '법률에 의한' 재판

헌법 제27조 제1항 후단 법률에 의한 재판의 구체적 의미는 다음과 같다.

(ⅰ) '법률에 의한다' 함은 "법관에 의한 재판은 받되 법대로의 재판, 즉 절차법이 정한 절차에 따라 실체법이 정한 내용대로의 재판을 받을 권리를 보장하자는 취지라고 할 것이므로, 이는 재판에 있어서 법대로가 아닌 자의와 전단에 의하는 것을 배제한다는 것"173)이다.

---

170) 헌재 1995. 9. 28. 92헌가11등, 판례집 7-2, 264, 278.
171) 헌재 2012. 2. 23. 2009헌바34, 판례집 24-1상, 80, 91.
172) 헌재 1992. 6. 26. 90헌바25, 판례집 4, 343, 349.
173) 헌재 1992. 6. 26. 90헌바25, 판례집 4, 343, 349.

(ⅱ) 어떠한 '법률'에 의해서 재판을 받는가? 원칙적으로 법원으로서는 성문법과 불문법을 가리지 않고 원용할 수 있는 전체 법질서를 기초로 재판하여야 한다. 다만, 재판의 성질에 따라서 준거하여야 할 법규범의 범위에 제한이 있을 수 있다. 예를 들어 형사재판에는 죄형법정원칙(죄형법정주의)이 적용되므로 형식적 의미의 법률(법률의 효력이 있는 대통령의 긴급명령 및 긴급재정경제명령과 국회 동의가 필요한 조약 포함)만을 적용할 수 있다. 형사절차에서도 형사절차법정원칙이 적용되므로 형사절차도 형식적 의미의 법률에 규정된 대로 진행되어야 한다. 민사재판이라든지 행정재판에서는 실체법적으로나 절차법적으로나 법원(法源)으로서 성문법 외에 관습법과 조리가 적용된다.

(ⅲ) 법률에 의한 재판을 요구할 권리와 적법절차 요청은 어떠한 관계에 놓이는가? 법률에 의한 재판의 실질을 규정하는 헌법원리의 하나로 적법절차를 파악할 수 있는 한편,[174] 법률에 의한 재판의 기초가 되는 법률도 그러한 실체적 적정성이라는 헌법적 요구를 외면하기도 곤란하다.[175] 문제는 실체적 적정성을 충족시켰는지를 가늠할 잣대를 어디서 찾아야 하는지이다. 헌법의 원칙규정이라든지 다른 기본권규정에 저촉되지 않았는지 살필 수밖에 없다.

(2) 사법적 권리구제의 실효성에 대한 헌법적 요청 - 유효한 사법적 권리 보장
① 권리구제절차법규정의 명확성
사법적 권리구제 보장은 법원에 청구할 가능성을 인정하는 것만으로는 충분하다고 말할 수 없다. 권리구제 보장이 실효성 있을 것도 요구된다. 먼저 사법적 권리구제절차를 정한 법규가 권리를 침해당한 당사자라면 누구나 오해 없이 파악할 수 있도록 명확하게 규정되어야 한다.[176]

② 법원의 포괄적 심사권한
계쟁물은 법관의 사실상·법률상 포괄적인 심사를 받아야 하고, 이러한 심리는 구속력 있는 판결로 끝나야 한다. 최초의 재판을 받을 기회가 있을 때(제1심) 법관의 심리는 반드시 해

---

174) 헌재 1993. 7. 29. 90헌바35, 판례집 5-2, 14, 31.

175) 헌재 1996. 1. 25. 95헌가5, 판례집 8-1, 1, 14.

176) 헌법재판소는 특히 제소기간과 관련하여 해당 법규정이 불명확한 때 법치국가원리에 대한 침해와 동시에 재판청구권에 대한 침해가 될 수 있다는 판례를 내 놓은 바 있다: "원래 제소기간과 같은 불변기간은 늘일 수도 줄일 수도 없는 기간이며, 국민의 기본권인 재판을 받을 권리행사와 직접 관련되기 때문에 그 기간계산에 있어서 나무랄 수 없는 법의 오해로 재판을 받을 권리를 상실하는 일이 없도록 쉽사리 이해되게, 그리고 명확하게 규정되어야 한다. 그것이 재판을 받을 권리의 기본권 행사에 있어서 예측가능성의 보장이요, 재판을 받을 권리의 실질적 존중이다(헌법재판소 92.7.23. 선고, 90헌바2 등 결정 참조). 그런데 이 사건 심판대상조항 부분은 통상의 주의력을 가진 이의신청인이 심사청구기간에 관하여 명료하게 파악할 수 없을 정도로 그 규정이 모호하고 불완전하며 오해의 소지가 충분하다. 알아보기 어려운 법률, 오해로 불복신청권 상실 등의 함정에 빠질 소지가 있는 법률은 국민을 규율하기에 적합한 법률일 수 없다. 이는 법치주의의 피생인 불변기간 명확성의 원칙에 반한다."(헌재 1993. 12. 23. 92헌바11, 판례집 5-2, 606, 619)

당 사건의 사실관계를 확인하는 것도 내용으로 한다.

법원에 의한 권리구제는 발생한 권리 침해를 실효적으로 제거해 주는 법관의 판결권한을 전제로 한다. 권리구제를 구하는 사람은 적절한 기간 안에 확정력과 집행력 있는 사법판결을 얻어낼 수 있어야 한다. 사법적 권리구제를 구할 기본권이 보장됨으로써 법관은 구체적 사안에서 법의 적용과 그에 따른 구제를 거부할 수 없게 된다. 이러한 재판거부금지원칙 때문에 입법자가 분쟁해결기준을 마련해 놓지 않을 때, 즉 입법에 빈틈이 있을 때도 법관은 사법판결을 하지 않을 수 없다. 이때 법관은 마치 입법자와 같은 역할을 하고 법관법이 형성된다.

③ 심급제와 상고 제한

사법적 권리구제가 헌법상 보장됨으로써 국민은 법률에 의한 정당한 재판을 받을 권리가 있고, 하급심에서 잘못된 재판을 하였을 때 상소심이 이를 바로잡게 하는 것이 재판청구권을 실질적으로 보장하는 방법이 된다는 의미에서 심급제도는 재판청구권을 보장하려는 하나의 수단으로 이해할 수 있다. 다만, '헌법과 법률이 정한 법관에 의하여 법률에 의한 재판을 받을 권리'가 사건의 경중을 가리지 않고 모든 사건에 대해서 대법원을 구성하는 법관에 의한, 즉 상고심절차에 의한 재판을 받을 권리까지도 당연히 포함한다고 단정할 수는 없다. 모든 사건에 대해서 획일적으로 상소할 수 있게 하는지는 특별한 사정이 없는 한 입법정책 문제로서 입법부의 광범위한 입법재량이나 형성의 자유가 인정되어야 한다는 것이 헌법재판소의 확립된 판례이다.177) 178)

④ 사법판결의 확정력과 법적 안정성

법원의 판결이 구속력과 존속력을 가질 때 비로소 사실상 유효한 권리구제가 있을 수 있다. 입법자는 법원에 의한 권리구제절차가 그러한 존속력이 있는 결정으로 끝나도록 규정하여야 한다. 이는 법치국가원리의 이념적 요청인 법적 안정성이라는 헌법적 요청을 반영한 것이다. 판결의 확정력이 가지는 주관적 · 객관적 한계가 헌법상 구체적으로 확정되는 것은 아니다. 일정한 범위 안에서 입법자에게 형성의 자유가 주어진다.

⑤ 신속한 권리구제 – 제소기간과 재판 지연

사법적 권리구제가 현실적으로도 실효적이려면 시간이라는 요소를 고려하지 않을 수 없다. 헌법도 제27조 제3항에 신속한 재판을 받을 권리를 명시하여 '재판청구권의 또 다른 측면'을 특별히 강조하고, 헌법재판소도 헌법 제27조 제1항과 제3항을 묶어서 재판청구권이 보장된 것으로 본다.179)

---

177) 헌재 1996. 2. 26. 92헌바8등, 판례집 8-1, 98, 106-107.
178) 재심청구권도 헌법 제27조의 재판을 받을 권리에 포함된다고 볼 수 없고, 입법정책 문제라고 본 판례로 헌재 1996. 3. 28. 93헌바27, 판례집 8-1, 179, 187; 헌재 2004. 12. 16. 2003헌바105, 판례집 16-2하, 505, 513.
179) 헌재 1994. 4. 28. 93헌바26, 판례집 6-1, 348, 355.

신속한 권리구제를 위해서는 (ⅰ) 사법적 권리구제를 구할 기회를 너무 빨리 종료시켜서는 안 된다. 예를 들어 제소기간을 지나치게 짧게 설정하여 실질적인 권리구제 청구가 기간 안에 이루어질 수 없으면 아니 된다. (ⅱ) 사법적 권리구제 청구에 관한 실질적 심사를 부당하게 지연하여서는 안 된다. 예를 들어 사안을 법원이 아닌 기관에서 시간 제한 없이 다룰 수 있도록 하는 전심절차를 두고 그러한 전심절차를 법원에 대한 권리구제 청구를 위해서 필수적으로 거치게 함으로써 사법적 권리구제를 장기간 지체하게 하면 권리구제의 실효성을 기대하기 어렵다. (ⅲ) 재판절차 기간을 장기화하여서는 안 된다. 재판이 장기간 지연되면 권리구제 청구에 대한 법원의 최종적 판결이 그 청구인에게 더는 소용이 없거나 감수를 기대하기 어려운 손해를 발생시킬 수 있다. 판결이 권리 침해를 더는 제거할 수 없게 되면 재판 지연은 곧 재판 거부나 마찬가지가 된다.

⑥ 공개재판과 공격·방어권이 충분히 보장되는 재판을 받을 권리

헌법 제109조 제1문은 재판의 심리와 판결의 원칙적인 공개를 규정하고, 특히 형사피고인과 관련하여서 제27조 제3항 제2문에 "형사피고인은 상당한 이유가 없는 한 지체없이 공개재판을 받을 권리를 가진다."라고 강조한다. 재판청구권은 형사피고인이 공정한 재판을 받을 권리를 포함하고 그 권리는 "재판의 공정을 보장하기 위하여 비밀재판을 배제하고 일반 국민의 감시 아래에 재판의 심리와 판결을 받을 권리도 내용으로 하는 바, 이로부터 공개된 법정의 법관의 면전에서 모든 증거자료가 조사·진술되고 이에 대해서 피고인이 공격·방어할 수 있는 기회를 보장받을 권리가, 즉 원칙적으로 당사자주의와 구두변론주의가 보장되어 당사자에게 공소사실에 대한 답변과 입증 및 반증의 기회가 부여되는 등 공격·방어권이 충분히 보장되는 재판을 받을 권리가 파생되어 나온다."[180]

⑦ 법원판결의 집행력 확보

권리구제가 실효적으로 되기 위해서는 법원의 확정판결을 얻어내기 이전이라도 긴급하면 잠정적인 권리 보호가 필요하다. 그대로 내버려 두면 회복할 수 없는 상태나 손해가 발생할 우려가 있으면 이를 효과적으로 저지하기 위해서 법원의 잠정적인 결정을 구하는 보전절차가 요구된다. 임시적인 권리보호조치는 그것이 없을 때 달리 피할 길 없는, 기대할 수 없는 손해가 발생할 것이라면 보장되어야 한다. 그 구체적인 규정은 입법자에게 맡겨야 한다.

법원의 확정판결이 있으면 그 실효성 있는 집행이 확보되어야 실효적인 권리구제를 보장할 헌법적 의무에 충실한 것이다. 이러한 실효적인 집행이 보장되어야 한다는 요청이 집행할 수 있는 원판결의 집행업무 모두를 반드시 법원 자신이 스스로 하여야 한다는 것을 뜻하지는 않는다. 국가기관이 집행업무를 담당하고 집행에 관해서 법원이 통제할 가능성이 열려 있으면 된다.

---

180) 헌재 1996. 1. 25. 95헌가5, 판례집 8-1, 1, 14.

(3) 사법적 권리구제 관련 제도 보장

① 사법에서 권력분립원칙의 엄격한 구현

사법권의 독립은 형식적 의미에서는 권력분립 차원에서 사법부를 입법부와 집행부에서 조직상·운영상 분리·독립하게 한다는 것(법원의 독립)을 뜻한다. 하지만 사법권의 독립은 실질적 의미에서는 사법권을 행사하는 법관이 구체적 사건을 재판할 때 누구의 지시나 명령에도 구속당하지 아니하고 독자적으로 심판한다는 원리(법관의 독립)를 말한다. 사법권의 독립은 그 자체가 목적이 아니라 공정하고 정당한 재판을 통해서 인권보장과 질서유지, 헌법 수호라는 목적을 달성하려는 것이다

② 법원의 국가적 조직(법원의 독립)

국가적 조직으로서 법원은 권력분립원칙에 따라서 그 조직·운영과 기능 측면에서 입법부·집행부에서 독립하여야 한다. 이는 "사법권은 법관으로 구성된 법원에 속한다."라고 규정한 헌법 제101조 제1항에 표현된다. 이러한 법원의 독립을 유지하려면 법원의 내부규율과 사무처리가 다른 국가기관의 간섭을 받지 아니하고 법원이 이를 자율적으로 처리할 수 있어야 한다. 따라서 헌법 제108조는 국회에 대한 법원의 자치와 자율성을 보장하려고 대법원에 규칙제정권을 부여하고, 사법부에 대한 행정부의 간섭을 배제하려고 헌법 제102조 제3항은 "대법원과 각급법원의 조직은 법률로 정한다."라고 하며, 제101조 제3항은 "법관의 자격은 법률로 정한다."라고 규정한다.

③ 법관의 지위 보장(법관의 독립)

(ⅰ) 법관의 직무상(재판상) 독립

법관의 지위와 관련하여 직무상(재판상)·신분상 독립이 보장된다. 먼저 헌법 제103조는 "법관은 헌법과 법률에 의하여 그 양심에 따라 독립하여 심판한다."라고 규정하여 법관의 재판상 독립을 보장한다. 법관의 재판상 독립은 헌법과 법률 및 양심에 따른 심판과 내·외부의 작용에서 독립한 심판을 그 내용으로 한다.

(ⅱ) 법관의 신분상 독립

법관의 신분상 독립은 재판의 독립을 확보하기 위해서 법관의 인사 독립 및 법관의 자격과 임기를 법률로 규정함으로써 법관의 신분을 보장하는 것을 말한다. 법관의 신분상 독립은 ⓐ 법관인사의 독립(헌법 제104조 제3항, 법원조직법 제44조), ⓑ 법관 자격의 법정원칙(헌법 제101조 제3항), ⓒ 법관의 임기제와 정년제(헌법 제105조, 법원조직법 제45조 제4항), ⓓ 법관의 신분보장(헌법 제106조) 등을 그 내용으로 한다.

(ⅲ) 법관인사권과 법관 신분보장의 대립

법원의 독립성을 확보하기 위해서 법관인사에 대한 사법부의 자율성이 인정된다. 특히 법

원조직법 제44조는 대법원장에게 법관의 보직권한을 인정한다. 이러한 대법원장의 인사권을 법관의 통제수단으로 남용하면 헌법 제106조에서 인정한 파면·불리한 처분·강제퇴직을 받지 않을 법관의 신분 보장과 대립하게 된다. 그러나 헌법 제106조 제1항이 법관의 인적 독립에 관해서 "법관은 탄핵 또는 금고 이상의 형의 선고에 의하지 아니하고는 파면되지 아니하고 징계처분에 의하지 아니하고는 정직, 감봉 기타 불리한 처분을 받지 아니한다."라고 규정하는 취지에 비추어 보면 대법원장의 법관에 대한 인사권을 자유재량행위라고 보기는 어렵다.

④ 법관의 중립성 확보

법관의 중립성을 확보함으로써 사법부의 독립을 보장하기 위해서 헌법은 법관의 자격을 헌법과 법률이 정한 법관으로 규정하고(제27조 제1항), 예외법원을 금지한다(제27조 제2항).

⑤ 법원의 절차에 관한 사법절차적 요청(사법절차적 기본권)

헌법은 법원의 사법절차를 형해화하여 개인의 자유를 침해하지 않도록 보장한다. 즉 사법절차적 기본권을 보장한다. 신속한 재판을 받을 권리, 형사피해자의 재판(절차)상 진술권을 규정하고 형사절차에 대한 소급효 금지, 이중처벌 금지, 영장제도를 규정하여(제12조) 사법절차를 통해서 보호하고자 하는 기본권을 실질적으로 보장할 수 있도록 한다.

7. 공법적 손해전보체계: 국가기관의 책임체계 – 2가지 기본모델

국가권력 행사로 말미암아 개인의 기본권(특히 신체의 자유)이 제약될 때 사법절차적 기본권을 보장하고 사법적 권리구제방안을 마련함으로써 그러한 국가적 제약을 제거할 수 있다. 그런데도 여전히 남아 있는 손해까지 구제하여야 온전한 법치국가가 실현된다. 이를 위해서 손해전보 형식으로 국가가 책임을 진다. 국가기관의 책임체계로서 공법적 손해전보체계는 2가지 기본모델로 구성된다. 위법한 국가권력 행사로 말미암아 발생한 손해를 배상하는 국가배상제도와 적법한 국가권력 행사로 말미암아 발생한 손실을 보상하는 손실보상제도가 있다.

(1) 국가의 위법행위로 말미암은 손해배상제도

헌법 제29조 제1항은 "공무원의 직무상 불법행위로 손해를 받은 국민은 법률이 정하는 바에 의하여 국가 또는 공공단체에 정당한 배상을 청구할 수 있다. 이때에 공무원 자신의 책임은 면제되지 아니한다."라고 하여 국가배상청구권을 보장한다. 국가배상법은 공무원의 직무상 불법행위로 말미암은 손해를 받은 때(제2조)와 함께 영조물의 설치·관리상의 하자로 손해를 받은 때(제5조)도 국가배상청구권을 보장한다. 권력 행사의 근거를 법률에 두고 법률에 적합한 권력을 행사하여야 할(행정의 합법률성) 집행부가 위법한 권력 행사를 하여 국민의 기본권을 침해하면 국가는 권력 행사의 위법성을 확인하고 침해된 권리를 회복시킬 책임을 진다. 이러한 국가책임은 법치국가원리에서 직접 파생한다.

(2) 국가의 적법행위로 말미암은 손실보상제도

헌법 제23조 제3항은 "공공필요에 의한 재산권의 수용·사용 또는 제한 및 그에 대한 보상은 법률로써 하되, 정당한 보상은 지급하여야 한다."라고 규정하여 손실보상청구권을 보장한다. 국가가 공용필요에 따라서 개인의 재산권을 (합법적으로) 수용·사용 또는 제한할 때 수반되는 개인의 재산상 손실을 국가는 보상하여야 한다. 수용·사용 또는 제한은 법률의 근거를 두고 행사된 것이지만 보상이 없다면, (사유재산을 보장하는) 법치국가원리 이념에 어긋나는 결과에 이르므로, 수용·사용 또는 제한의 근거가 되는 법률은 보상규정을 반드시 두어야 한다.

8. 비례성원칙

(1) 의의

법치국가원리의 구성요소인 비례성원칙은 수단과 목적 사이의 관계를 나타낸다. 수단과 실현하려는 공익(보호이익)의 관계, 수단과 제약되는 사익(제약이익)의 관계, 수단으로 실현하려는 공익과 제약되는 사익의 관계를 나타낸다. 국가기관이 선택한 수단은 추구하는 공익을 실현하는 데 적합하여야 하고(적합성), 사익 제약이 필요한 정도에 그쳐야 하며, 즉 공익을 같은 정도로 실현하면서 사익을 덜 제약하는 다른 수단이 없어야 하며(필요성·최소제약성[181]), 수단으로 실현하려는 공익이 수단으로 제약되는 사익보다 우월할 것이 요청된다(협의의 비례성·상당성).[182]

(2) 적용 영역

비례성원칙은 19세기 자유주의국가에서 경찰권을 구속하여 수단을 제한하는 원칙이었다. 국민의 자유를 제한하는 집행부의 처분은 법률에 근거하여야 할 뿐 아니라 달성하려는 목적과 맺는 관계가 비례적인 수단만을 허용한다는 것이다. 경찰법 영역에서 자유와 재산권에 대한 제한의 한계원리로 출발한 이 원칙은 점차 입법을 포함한 모든 국가권력을 모든 법영역에서 구속하는 원칙으로 발전하였다. 국가가 국민의 자유와 재산권을 제한할 때뿐 아니라 국민에게 급부를 제공하거나 국가기관 서로 간의 권한을 규율하는 때 등 모든 국가활동에 비례성원칙이 적용된다. 국가권력 행사는 추구되는 목적을 달성하는 데 적합하고, 그 목적이 어떤 다른 수단을 통해서 마찬가지 정도로 달성되면서도 개인에게 덜 부담이 되는 그런 수단이 없

---

181) 비례성원칙의 부분원칙인 최소'침해'성이라는 용어는 '침해'를 기본권 제한의 한계를 넘은 것으로 이해하면 부적절한 면이 있다. '침해'는 이미 정당화의 한계를 넘어선 것이기 때문이다. 정당화하는 국민생활 영역에 대한 국가 개입을 '제한'으로, 정당화 한계를 넘어선 국민생활 영역에 대한 국가 개입을 '침해'로, 국가 개입 자체는 ('제한'과 '침해'를 포괄하는 의미인) '제약'으로 이해하면, 비례성원칙의 부분원칙인 최소'침해'성이라는 용어는 최소'제약'성으로 바꾸어 부르는 것이 바람직하다.

182) 행정기본법 제10조는 비례의 원칙을 ① 행정목적을 달성하는 데 유효하고 적절할 것, ② 행정목적을 달성하는 데 필요한 최소한도에 그칠 것, ③ 행정작용으로 인한 국민의 이익 침해가 그 행정작용이 의도하는 공익보다 크지 아니할 것으로 구체화한다.

어야 하며, 개인에 대한 부담 정도가 공익과 합리적인 비례관계에 있어야 한다는 것이다.

(3) 하위원칙

① 목적의 정당성?

국가권력 행사의 목적을 확인하고 헌법에 들어맞아서 정당한 것인지에 관한 검토가 비례성원칙 심사에 선행되어야 한다. 목적의 정당성을 비례성원칙의 하위원칙으로 보는 견해도 있지만,[183] 비례성은 목적과 수단 사이의 관계를 전제로 하므로 관계의 개념을 전제로 하지 않는 목적의 정당성은 비례성심사 이전에 판단되어야 하지 비례성원칙의 부분원칙이 될 수는 없다.[184]

② 수단(방법)의 적합성(적정성)

적합성원칙은 수단이 목적 달성에 적합하라고 요청한다. 적합성은 수단이 목적 실현에 이바지하는 영향을 주는지의 심사척도이므로 수단이 목적 달성에 적합할 것 이상을, 즉 수단이 목적 달성에 '효과적'일 것까지 요구할 수는 없다. 따라서 적합성원칙은 수단이 목적 달성을 촉진할 수 있는지, 전적으로 부적합한 것은 아닌지를 통제하는 것으로 충분하다.[185]

③ 필요성(방법의 적절성, 피해의 최소성)

필요성원칙은 가능한 최소한의 불이익을 가져오는 수단을 요청한다. 같은 효과를 내면서 덜 제한적인 다른 수단이 없어야 한다. 적합성원칙이 수단과 실현하려는 공익의 관계에 관한 원칙이라면, 필요성원칙은 수단과 제약되는 사익의 관계에 관한 원칙이다. 다만, 수단으로 실현하려는 공익의 정도가 같을 것을 조건으로 한다. 필요성원칙은 사익을 덜 제한하는 다른 수단이 없어야 한다고 요청하지만, 사익을 덜 제한하는 수단이 있더라도 공익 실현에 같은 효과를 내는 수단이 아니면(공익실현 정도가 더 크면) 필요성 심사에서 위헌판단을 할 수 없기 때문이다.

④ 협의의 비례성원칙(법익의 균형성, 상당성)

협의의 비례성원칙은 수단으로 실현하려는 공익이 수단으로 제약되는 사익보다 우월하여야 한다고 요청한다. 총체적으로 보아 이익이 불이익을 넘어야 한다는 것이다. 적합성원칙과 필요성원칙이 수단과 공익, 수단과 사익 사이의 관계를 나타내는 것이라면 협의의 비례성원칙은 수단으로 실현하려는 공익과 제약되는 사익 사이의 관계를 나타낸다.

---

183) 권영성, 『헌법학원론(개정판)』, 법문사, 2010, 354쪽.
184) 비례성(Verhältnismäßigkeit)이라는 말 자체가 '관계를 맺는 복수의 대상'을 전제로 함에 유의하여야 한다(이준일, 「기본권제한에 관한 결정에서 헌법재판소의 논증도구」, 『헌법학연구』 제4집 제3호, 1998, 276쪽 참조).
185) 같은 견해로는 계희열, 『헌법학(중)(신정2판)』, 박영사, 2007, 156쪽과 그 곳에 언급된 판례 참조; 황치연, 「헌법재판의 심사척도로서의 과잉금지원칙에 관한 연구」, 연세대학교 법학박사학위논문, 1996, 71쪽.

Ⅲ. 민주(국가)원리(민주주의)와 법치국가원리

민주(국가)원리(민주주의)와 법치국가원리는 상호 밀접하게 관련을 맺으면서 헌법의 전 영역에 효력을 미치는 중추적인 헌법원리이다. 물론 시민적 형식적 법치국가에서 법치국가원리와 민주(국가)원리(민주주의)가 서로 규율영역이 다른 원리로 이해되기도 하였다. 자유주의 사상을 기초로 하였던 시민적 법치국가원리가 국가권력에서 시민사회를 방어하려는 수단으로 축소되면서 법치국가원리는 형식화하였고, 민주(국가)원리(민주주의)는 정치 영역을 규율하는 원리로, 법치국가원리는 시민사회의 생활 영역을 규율하는 원리로 이해되었다. 정치체제로서 민주(국가)원리(민주주의)가 달성되지 않은 군주국가에서도 형식적인 법치국가원리가 가능하였던 까닭이 여기에 있다.

그러나 오늘날 민주(국가)원리(민주주의)와 법치국가원리는 강조점은 다르지만, 기본권이라는 헌법적 가치를 중심으로 상호 밀접하게 관련을 맺는다. 민주(국가)원리(민주주의)는 다원적 이해관계가 대립하는 민주적 의사 결정 과정에서 국민의사를 확인하고 반영하여 국가의사를 결정하는 기능을 한다. 민주적 의사 결정 과정은 국가공동체 안에서 발생하는 (사익 사이, 사익과 공익 사이, 공익과 공익 사이의 충돌 등) 수많은 이익 사이의 충돌과 갈등 가운데서 국민 개개인의 기본권이 조화롭게 실현될 수 있도록 조정하는 과정이다. 한편, 법치국가원리는 민주적 의사 결정 과정과 민주적 의사 결정 자체를 법적 형식으로 보장한다. 나아가 민주적 의사 결정 자체를 (기본권적 가치를 이념으로 하는) 헌법에 기속시킨다. 오늘날 법치국가원리는 국민의 자유와 권리에 개입하는 집행부의 활동 근거를 법률에 두는 것만으로 충분하지 않고 (민주적 의사결정의 결과물인) 입법까지도 헌법에 기속시킨다. (입법부를 포함한) 모든 국가권력은 (기본권적 가치가 반영된) 객관적이고 정의로운 법에 구속되어 권력을 행사한다. 국가가 이를 위반하면 제약된 국민의 자유와 권리를 회복시켜야 할 국가책임이 뒤따른다(사법절차와 손해전보체계). 이러한 국가권력 행사의 법적 구속은 국가질서를 안정적으로 계속하여 유지·형성하도록 하는 뒷받침이 된다.

민주(국가)원리(민주주의)와 법치국가원리는 기본권적 가치를 중심으로 상호결합·보충하는 관계이지만 민주(국가)원리(민주주의)가 헌법상 기본권적 가치를 지향하면서 적극적으로 국가의사를 형성·결정하는데 강조점을 두지만, 법치국가원리는 마찬가지로 헌법상 기본권 실현을 목적으로 하면서도 소극적으로 입법권을 헌법에, 집행권과 사법권을 법률에 기속시킴으로써 국가질서를 안정적·실질적으로 보장하는 데 강조점을 둔다.

제 6 절 사회국가원리와 문화국가원리

I. 국가를 이해하는 체계 변경의 역사적 · 이념적 배경

근대 이후 시민혁명과 산업혁명을 계기로 전개된 사회(경제적) 구조 변화는 근대법 이념을 바꾸는 동인이 되었을 뿐 아니라 국가와 기본권의 이해에도 큰 변화를 가져왔다.[186] 시민혁명 이후(18세기 말) 재산과 교양을 갖춘 유산계급을 중심으로 형성된 시민사회는 자유주의 사상에 입각하여 '개인'의 '사적 자치'를 먼저 보장하는 시민법질서를 형성하려고 하였다(이념모델, 법모델). 국가권력에서 개인을 자유롭게 하는 것, 즉 '국가로부터의 자유' 요청이 근대 입헌국가의 1차적인 과제였다. 이러한 요청은 '국가와 사회의 이원론'을 전제로 하는 근대 시민국가에서 국가의 사회에 대한 개입을 가능한 한 배제하는 형식으로 헌법에 보장되었다. 경제영역에서는 국가의 시장에 대한 개입을 배제하고 시장을 '보이지 않는 손'의 지배에 맡기는 자본주의 시장경제를 보장하는 것으로 수용되었다(경제모델). 국가는 개인의 자유 영역을 최대한 보장하려고 가능한 한 국민의 자율적 생활 영역에 대한 개입을 최소화할 것이 요청되는 소극국가일 수밖에 없었다(국가모델). 국가권력이 국민의 자유를 제한할 때는 반드시 법률의 근거를 필요로 하였다. 즉 국민 대표로 구성된 의회 동의를 받아야 하였다. 이러한 근대 시민국가에서는 헌법을 자유주의적─시민적─법치국가적 헌법이라고 부른다(헌법모델). 국민과 국가의 관계의 중심축인 기본권은 '국가권력이 개인의 자유 영역에 개입하여 나타난 침해'에 대

---

186) 이하의 내용을 간략히 표로 정리하면 다음과 같다.

시대 구분	18세기 말 ─ 19세기	19세기 말 ─ 현대
계 기	시민혁명	산업혁명
사회구조	시민사회	산업사회
중심계층	유산계급(재산+교양)	유산계층(과 무산노동계층 사이 갈등)
질서체계		
인 간 상	개인 추상적 · 이념적 인간관	인격/사회주의적 인간 구체적 · 현실적 인간관
이념모델	자유주의 형식적인 존엄 · 자유 · 평등	수정주의/사회주의(공산주의) 존엄─자유─평등의 실질화
국가모델	소극국가(근대시민국가) 국가 · 사회 2원론	적극국가 = 사회국가/공산국가 국가 · 사회 2원론의 극복 노력
경제모델	자본주의 시장경제: '보이지 않는 손'	사회적 시장경제/중앙계획경제 '보이는 손' 보완적/계획적
법 모 델	시민법질서 = 사적 자치	사회법질서 = 법의 사회화/사회주의법
헌법모델	자유주의적─시민적─법치국가적 헌법	사회국가헌법/사회주의국가헌법
기본권모델	자유권(적 기본권)	사회권/사회주의 권리 기본권 이해 수정

한 '방어권'으로서 자유권(적 기본권)을 중심으로 이해되었다(기본권모델).

한편, 이러한 근대 시민국가는 유산계급과 무산계급 사이의 갈등요소를 내재하였다. 군주세력을 배제하는 데 크게 이바지하였던 유산계급이 시민사회 권익 보호를 중심으로 근대 시민국가 체계를 형성하였기 때문이었다. 이러한 갈등요소는 산업혁명 이후(19세기 말) 부의 불평등한 배분이 심화한 산업사회에 들어와서 폭발하였다. 자율적인 경쟁이 심화하면서 살아남은 소수의 자본가가 시장을 지배하였고 시장은 가격조정기능을 상실하였다. 자본가는 이윤을 극대화하려고 노동자를 착취하면서 많은 사회 문제를 일으켰다. 노동자는 부익부 빈익빈의 악순환에서 벗어날 수 없었고 비인간적인 근로조건, 임금 착취, 질병, 빈곤, 실업 등으로 말미암아 자유를 누릴 수 있는 현실적 여건을 박탈당하였다. '국가로부터의 자유'는 자유를 실제로 누릴 수 있도록 하는 생산수단을 소유한 유산계층만의 자유로 전락하였고, 그러한 생산수단을 소유하지 못한 무산계층에게는 종잇조각에 불과한 '형식적인 자유'에 지나지 않았다. 무산계층이 점차 성장하면서 이러한 모순을 해결하려는 노력이 국가적 차원에서 시도되었다. 실제로 자유를 누릴 수 있도록 여건을 마련하기 위한 국가권력의 적극적 개입, 즉 '국가에 의한 자유'가 요청되었다. 추상적·이념적으로 상정된 개(별)인(간)이 아니라 구체적·현실적 인격으로서 개인이 '자유를 실제로 누릴 수 있는지'에 관심을 두게 된 것이다(헌법적 인간상 변화). 이러한 요청은 역사적으로 자본주의 틀 안에서 모순을 극복하기 위한 '수정주의'와 사적 소유권을 부정함으로써 자본주의 모순을 극복하기 위한 '사회주의(공산주의)'로 나뉘어 각각 사회법질서와 사회주의법질서로 수용되었다. 더는 시장을 '보이지 않는 손'의 지배에만 맡기지 않고 '보이는 손'인 국가가 보완(수정주의) 또는 계획(사회주의)하도록 하였다(경제모델). 국가는 더는 소극국가가 아니라 적극국가(사회국가)와 공산국가로 바꿨다. 다만, 공산국가가 중앙계획경제를 기초로 '형식화한 자유'와 '부의 불균등한 배분'의 문제를 해결하려고 하였던 시도가 실패하면서 중국·북한·쿠바 등 일부를 제외하고는 역사 속으로 사라졌다.187) 사회국가(적극국가)는 법치국가와 결합하면서(사회적 법치국가) 국가권력이 형식적 법률에만 구속되는 데 만족하지 않고 '연대성'을 기초로 한 정의로운 법에 구속되라고 요청한다. 이를 보장하는 헌법을 사회국가헌법이라고 한다(헌법모델). 이러한 요청은 헌법상 사회권과 사회적 시장경제질서로 수용되었다. 이로써 국민은 '국가에 의한 자유'를 주장할 수 있었고(기본권모델) 국가는 적극적으로 국민의 자율적인 생활 영역에 개입하여 국민이 실질적 자유와 평등을 누릴 수 있는 여건을 마련해 주었다.

---

187) 다만, 여전히 공산국가에 해당하는 국가도 말 그대로 중앙계획경제에 입각한 공산국가라고 더는 말하기 어렵다.

Ⅱ. 사회국가원리

1. 사상사적 배경

사회국가 사상 연원은 정의로운 이상사회 건설을 주장하였던 생시몽(Claude Henri de Rou-vroy, comte de Saint–Simon), 뿌리에(François Marie Charles Fourier), 쁘루동(Pierre–Joseph Proudhon) 등 프랑스 초기 사회주의자에서 찾을 수 있다. 사회적 행정 차원에서 사회국가를 실현하고자 하였던 로렌츠 폰 슈타인(Lorenz von Stein) 등 강단사회주의자가 사회국가모델을 어느 정도 구체적으로 제시하였다. 슈타인은 국가가 사회적 행정을 통해서 자본가와 노동자의 갈등으로 발생하는 사회적 문제를 해결하려고 노력할 때 군주의 지위도 공고해 질 수 있다고 주장하면서 군주에게 사회국가 실현을 기대하였다. 그리고 강단사회주의자 중에는 사회국가 실현에 대한 기대를 선거제도 개혁 등 민주주의 발전에 두기도 하였다. 노동자가 선거권과 피선거권을 획득할 때 노동자의 의사가 반영된 의회입법을 통해서 사회국가가 실현될 수 있다는 것이다.

바이마르 공화국에 들어와서 ‘사회국가’가 처음으로 헌법이론 차원에서 논의되었다.[188] 1930년 헤르만 헬러가 ‘법치국가와 독재’라는 논문을 발표할 때 처음으로 사회적 법치국가라는 용어를 사용하면서 사회국가와 법치국가의 결합이 논의되었다.[189] 그러나 사회국가원리가 독일 기본법의 기본원리로 채택된 오늘날에도 구체적인 내용에 관해서는 논란이 종식되지 않는다.

2. 헌법 규정(헌법상 사회국가 구현)

한국 헌법은 ‘사회국가’[190]라는 용어 자체를 사용하지는 않는다. 그러나 한국 헌법은 사회

---

188) 19세기 후반 유럽, 특히 1914년 이전까지 독일의 사회문제와 사회보험의 발전사에 관해서는 Gerhard A. Ritter, 전광석 역, 『복지국가의 기원』, 법문사, 2005, 1~151쪽 참조.

189) 이 논문은 독재를 막으려면 자유주의적·시민적 법치국가가 사회적 법치국가로 발전하여야 한다는 것을 내용으로 하였으나 사회국가의 구체적인 내용에 관한 자세한 설명은 없었다.

190) 복지국가는 오늘날 적극적인 국가작용을 통칭하는 개념으로 국제적으로 확립되었지만, 사회국가는 비교적 독일에 한정하여 사용되는 국지적인 용어라고 하면서 ① 한국 헌법상 국가작용의 범위와 내용에 관한 논의가 독일의 역사와 헌법에 의존한 것이 아니고, ② 독일과 달리 사회과학계에서 사회국가는 극히 낯선 용어이며, 복지국가가 보편화하였고, ③ 국가작용의 한계와 위기 그리고 개편에 관한 범세계적인 논의에 한국이 동참하려면 보편화한 용어를 사용할 필요가 있으므로 사회국가보다 복지국가가 더 타당한 용어라는 주장도 있다(전광석, 「헌법재판소가 바라 본 복지국가원리」, 『공법연구』 제34집 제4호 제1권, 한국공법학회, 2006, 227~229쪽). 헌법재판소는 사회국가 이외에 민주복지국가(헌재 1991. 2. 11. 90헌가27, 판례집 3, 1, 18; 헌재 1992. 10. 1. 92헌마68등, 판례집 4, 659, 786 등), 문화복지국가(헌재 1992. 10. 1. 92헌마68등, 판례집 4, 659, 682 등), 사회복지국가(헌재 1990. 1. 15. 89헌가103, 판례집 2, 4, 13; 헌재 1993. 3. 11. 92헌바33, 판례집 5-1, 29, 40 등)와 복지국가(헌재 2001. 1. 18. 2000헌바7, 판례집 13-1, 100, 109; 헌재 2003. 12. 18. 2001헌마543, 판례집 15-2하, 581, 596 등)라는 용어도 사용한다.

국가를 구현하려는 내용을 광범하게 규정한다.[191] 헌법 전문에서 "안으로는 국민생활의 균등한 향상을 기하고"라고 규정하고, 제10조의 "모든 국민은 인간으로서의 존엄과 가치를 가지며, 행복을 추구할 권리를 가진다."라는 규정을 이어받아 헌법 제34조 제1항에서 "모든 국민은 인간다운 생활을 할 권리를 가진다."라고 규정하고 나서, 같은 조 제2항에서 "국가는 사회보장·사회복지의 증진에 노력할 의무를 진다."라고 규정함으로써 '국가의 사회적 의무'를 명시한다.

사회국가 구현을 위한 구체적 규정으로 제23조 제2항은 "재산권의 행사는 공공복리에 적합하도록 하여야 한다."라고 함으로써 재산권의 사회적 구속성을 언급하고, 무엇보다도 제31조부터 제36조에 걸쳐서 사회권을 목록화한다. 그리고 제119조는 한국 헌법이 경제모델로서 사회적 시장경제질서를 채택함을 밝히면서 균형 있는 국민경제의 성장·안정·적정한 소득분배·시장지배 및 경제력 남용 방지·경제에 관한 규제와 조정을 규정한다. 제120조부터 제127조에 걸쳐서 천연자원 국유화, 농지 소작 금지, 농지·산지 이용 제한, 사영기업의 국·공유화 가능성 등 사회적 시장경제질서를 구체화하는 내용을 규정한다.

3. 목표와 내용

(1) 목표

사회국가는 모든 국민이 자주적 책임 아래에 자기 인격을 발전시켜 나갈 수 있도록 국가가 모든 국민에게 기초적 생활조건을 조성하여 주고, 사회적 약자를 그들이 처한 위기상황에서 보호·배려하며 나아가 모든 국민의 복지를 가능한 한 균등하게 촉진함으로써 사회정의를 실현하는 국가를 말한다.[192] 따라서 사회국가원리는 자본주의 발달에 따른 부의 편재(偏在) 문제를 해결하여 자유와 평등을 더 실질화하려는 헌법원리이다. 이를 통해서 자유와 평등은 새롭게 이해될 뿐 아니라 프랑스 대혁명 3대 구호 중 거의 잊힌 연대가 부분적이기는 하지만 수용된다.[193] 즉 사회국가는 사회의 긴장과 갈등, 대립을 해소하고 극복하여 사회적 통합을 이루는 국가이다.

사회국가는 가능하면 국민이 자주적 책임 아래에 스스로 생활을 설계하도록 하고 국민의

---

191) 헌재 2002. 12. 18. 2002헌마52, 판례집 14-2, 904, 909: "우리 헌법은 사회국가원리를 명문으로 규정하고 있지는 않지만, 헌법의 전문, 사회적 기본권의 보장(헌법 제31조 내지 제36조), 경제 영역에서 적극적으로 계획하고 유도하고 재분배하여야 할 국가의 의무를 규정하는 경제에 관한 조항(헌법 제119조 제2항 이하) 등과 같이 사회국가원리의 구체화된 여러 표현을 통하여 사회국가원리를 수용하였다."

192) 헌재 2002. 12. 18. 2002헌마52, 판례집 14-2, 904, 909: "사회국가란 한마디로, 사회정의의 이념을 헌법에 수용한 국가, 사회현상에 대하여 방관적인 국가가 아니라 경제·사회·문화의 모든 영역에서 정의로운 사회질서의 형성을 위하여 사회현상에 관여하고 간섭하고 분배하고 조정하는 국가이며, 궁극적으로는 국민 각자가 실제로 자유를 행사할 수 있는 그 실질적 조건을 마련해 줄 의무가 있는 국가이다."

193) 홍성방, 「사회국가 해석 모델에 대한 비판적 검토 - 사회국가 연구 서설 -」, 『안암법학』 창간호, 안암법학회, 1993, 150~151쪽 참조.

자율적 생활 영역에 개입하여 개인의 안전과 복지를 보장하는 것은 보충적이라는 점에서, 국가의 국민에 대한 전면적 부양을 의미하는 북유럽형의 복지국가와 구별된다. 그리고 사회국가의 보호법익은 국민의 생존과 밀접하게 관련된 이익이고 이를 실현하기 위해서 국가의 적극적 개입을 요청하지만, 자유주의적·시민적 법치국가의 보호법익은 ‘국가에서 국민의 자유와 재산’을 보장하는 데 있고, 이를 실현하기 위해서 국가 개입을 방어하는 데 중점을 둔다는 것에 차이가 있다.

(2) 내용

① 기초적인 생활조건 조성(기초생활 보장)

사회국가원리는 국가에 국민의 기초적인 생활조건을 조성할 의무를 부과한다. 국가는 재정능력을 고려하여 국민의 기초생활을 보장하여야 한다. 국민생활에 필요한 최저한의 생존조건을 보장하여야 하고 그 밖에 생존 배려를 위한 방안을 마련하여야 한다. 생활에 필요한 최저한의 생계비를 지원하여야 할 뿐 아니라 국민이 기초생활을 할 수 있도록 주택시설, 교육시설, 부양시설, 교통시설 등 생활하는 데 필요한 기본적인 수요를 충족시키는 조치를 취하여야 한다.

② 사회적 보장(사회적 안전 창출, 생존 배려)

사회국가원리는 국가에 개인적인 조건이나 사회적인 상황으로 말미암아 자신의 인격적·사회적 발전에서 장애를 받는 개인이나 집단을 배려하라고 요청한다. 국가는 모든 국민을 질병·노령·생활무능력·실업 등 위기상황에서 보호하는 데 필요한 제도를 마련하고 유지하여야 할 의무를 진다. 이를 국가의 사회적 보장(사회적 안전 창출, 생존 배려)의무라고 한다. 국가는 광범한 사회적 급부체계를 마련함으로써 사회적 보장의무를 이행한다. 특히 의료, 사고, 실업 및 연금보험 그리고 조세 부담 조정 등과 같은 사회입법은 일상생활에서 발생할 수 있는 (사회적) 위험에서 사회적 생존을 보호한다.

③ 사회적 정의(사회적 평등 구현)

사회국가 이념인 사회적 정의는 사회적 평등을 구현함으로써 비로소 실현될 수 있으므로 사회국가원리는 평등원칙과 결합한다. 따라서 사회국가원리는 국가에 모든 국민의 복지를 가능한 한 균등하게 촉진하도록 요청한다. 국민을 구성하는 모든 계층에 대해서 ‘그들의 몫’을 주는 배분을 요청한다. 이는 개인의 능력에 따라서 사회적 급부와 사회적 부담을 차등화하여야 한다는 것을 뜻한다. 특히 사회적 약자 보호를 고려하면서 조세 부담 등 사회적 조정과 급부를 통해서 사회적 불평등을 없애고 사회적 재분배를 실현하도록 하여야 한다. 그리고 사회국가원리는 소득 분배와 더불어 적정 수준의 경제적·문화적 생활 수준을 보장하라고 요청한다. 다만, 구체적으로 어느 수준까지 보장할 수 있는지는 국가의 재정능력을 고려하여서 결정할 수밖에 없다. 마지막으로 사회국가원리는 경제 성장까지도 요청하기에 이른다. 복지 수준을 계속 향상하려면 꾸준한 경제성장을 통한 재정능력 확충이 전제되어야 하므로, 사회국가원리는 국가에 대해서 경제성장을 위하여 노력할 의무를 부과하기에 이른다.

(3) 실제적 의의

사회국가원리는 객관적인 헌법원리이므로 여기서 구체적인 권리가 도출되지는 않는다. 하지만 사회국가원리는 단순한 정치적 선언에 지나지 않는 백지개념이 아니라, 모든 국가권력에 의무를 부과하는 헌법규범으로서 사회국가 과제를 준수하고 실행하도록 명령하는 법규범이다. 사회국가는 객관적인 국가목표규정의 성격이 있다. 이러한 사회국가 과제를 구체화할 의무는 1차적으로 입법자에게 있다. 국민의 (집단적) 대표로서 민주적 정당성을 갖고 주도적으로 국가의사를 형성하여야 할 입법자에게 사회국가원리의 헌법적 요청에 따라서 사회정의를 구현하여야 할 1차적 책임이 있다. 입법자는 사회 변화에 맞는 '사회정의' 실현을 위한 정책을 입법형성의 자유 범위 안에서 입법하여야 할 의무를 부담한다.

그리고 사회국가원리는 집행과 사법에 대해서도 구속력 있는 해석기준으로 기능한다. 사회국가원리는 헌법원리로서 입법을 포함한 모든 국가권력을 직접 구속하는 법규범이다. 집행부와 사법부는 집행작용과 사법작용을 할 때 사회적 정의의 사회국가적 요청을 고려하여서 법을 해석·적용하여야 할 것이다.

4. 구체화

(1) 사회적 보장

헌법은 제34조 제2항~제6항에 걸쳐서 국가의 사회보장의무를 규정한다. 국민 일반에 대한 사회보장·사회복지 증진에 노력할 국가의 의무를 규정하면서, 특히 여자, 노인, 청소년, 신체장애인, 생활능력이 없는 국민 등 사회적 약자에 대한 복지와 보호, 재해 예방과 그 위험에서 국민을 보호하여야 할 국가의 의무를 규정한다. 입법자는 이러한 국가의 사회보장의무를 입법 형식으로 구체화하여서 국민에게 사회보장(수급)권을 부여한다. 이에 따라서 "모든 국민은 사회보장에 관한 관계법령이 정하는 바에 의하여 사회보장의 급여를 받을 권리(사회보장수급권)를 가진다."(사회보장기본법 제9조). 구체적으로 국민은 사회보험법률에 따른 사회보험청구권, 공공부조법률에 따른 공공부조청구권, 사회복지서비스법률에 따른 사회복지조치청구권을 행사할 수 있다.

① 사회보험

사회보험은 국민에게 질병·상해·사망 등 인간다운 생활을 위협받을 정도의 심각한 재산상 부담이 되는 사고가 발생할 때, 거기서 발생하는 위험부담을 국가적 보험제도를 통해서 다수인에게 분산시킴으로써, 국민의 인간다운 생활을 보장하기 위한 사회보장작용을 말한다. 사회보험은 보험 대상인 위험 유형에 따라서 (ⅰ) 연금보험(국민연금법, 공무원연금법, 사립학교교직원 연금법, 군인연금법, '어선원 및 어선 재해보상보험법'), (ⅱ) 의료보험(국민건강보험보험법), (ⅲ) 고용보험(고용보험법), (ⅳ) 산재보험(산업재해보상보험법)으로 나뉜다.

② 공공부조

공공부조는 생활능력이 없거나 생계 유지가 곤란한 국민에게 국가가 최저생활에 필요한 급여를 제공하는 제도를 말한다. 공공부조는 (ⅰ) 생활보장사업('국민기초생활 보장법'), (ⅱ) 의료보호사업(의료급여법), (ⅲ) 국가보훈사업('국가유공자 등 예우 및 지원에 관한 법률'), (ⅳ) 재해구호사업(재해구호법)의 형식으로 실행된다.

③ 사회복지서비스

사회복지서비스는 공공부조대상자·아동·신체장애인·노인 등 보호대상자가 자립생활을 할 수 있도록 능력을 배양하는 데 필요한 수용 보호·생활 지도·갱생 보호·원호 지원 등을 하는 국가활동을 말한다. 사회복지사업 일반에 대해서는 사회복지사업법, 사회복지공동모금회법이 규율하고, 구체적으로 아동복지사업(아동복지법), 장애인복지사업(장애인복지법), 노인복지사업(노인복지법), 한부모가족복지사업(한부모가족지원법), 영유아보육사업(영유아보육법), 성매매 등 방지사업('성매매알선 등 행위의 처벌에 관한 법률'), 갱생보호사업('보호관찰 등에 관한 법률')의 형식으로 실행된다.

④ 근로 보호

근로 보호는 기업주와 비교해서 상대적으로 열등한 지위에 있는 (취업)근로자를 보호하거나 (미취업)근로자가 근로기회를 획득할 수 있도록 능력을 개발하고 훈련하도록 함으로써 (미취업)근로자를 보호하는 것을 뜻한다. 취업근로자 보호는 근로기준법이 규율하고, 미취업근로자 보호는 직업안정법과 근로자직업능력개발법이 규율한다.

⑤ 범죄피해자구조

타인의 범죄행위로 말미암아 생명·신체에 대한 피해를 받은 국민은 법률이 정하는 바에 따라서 국가에서 구조를 받을 수 있다(헌법 제30조). 이러한 범죄피해자구조제도의 사회보장적 측면을 간과할 수 없다. 범죄피해자구조제도는 폭력범죄피해자가 가해자에게서 배상을 받기 어려울 때 국가에 대해서 일정액의 금전을 청구할 수 있도록 하는 제도이기 때문이다.

⑥ 사회복지관련법

그 밖에 국민의 사회복지를 도모하는 관련 법률에는 환경관련법, 주택관련법('공공주택 특별법'), 임금·고용관련법(최저임금법) 등이 있다.

(2) 사회적 정의

사회국가원리는 사회적 보장 범위를 넘어서 사회적 정의를 실현하는 다른 수단을 요청한다. 사회국가원리는 예를 들어 독과점과 경제력 집중을 규제하는 방식 등으로 경제를 사회국가적으로 형성하는 것이라든지, 중산층 형성을 위한 입법, 의무교육 확대 시행, 교육시설 확충 등 교육정책 등에도 영향을 미친다.

(3) 기타

그 밖에 사회국가원리는 주택임대차보호법을 규율하는 사법(私法) 분야, 법률구조를 규율하는 절차법 분야, 행형제도 개선을 규율하는 형사법, 경제성장을 위한 국가정책(경제에 관한 규제와 조정)을 규율하는 법, 환경보호를 규율하는 법의 제정·해석·적용에 영향을 미친다.

5. 한계

(1) 개념본질적 한계

사회국가는 사회주의와 다르다. 사회국가는 산업사회에서 나타난 계급 갈등을 사회혁명이 아니라 사회개량으로 해소하려는 국가이다.[194] 따라서 사회국가 개념에 비추어 사회국가의 목표를 실현할 때 사회개량적·사회개혁적 방법에 국한되어야 하며 혁명적 방법이어서는 안 된다.

(2) 법치국가원리에 따른 한계와 기본권의 본질적 내용 침해 금지

사회국가원리를 실현할 1차적 책임은 입법자가 진다. 입법자는 넓은 입법 형성의 자유를 갖고 사회국가원리를 실현하는 입법을 할 수 있다. 하지만 이때도 입법자는 법치국가의 요청인 형식과 내용의 한계를 지켜야 한다. 사회국가원리를 실현하기 위해서 꼭 필요한 범위 안에서 자유와 권리를 제한하더라도 그 본질적 내용을 침해하여서는 안 된다. 집행과 사법에서 사회국가원리를 실현하는 법률을 해석·적용할 때도 법치국가적 한계를 당연히 지켜야 한다.

(3) 국가의 재정능력에 따른 한계

사회국가를 실현하려면 재원이 필요하고 이는 국가의 재정능력에 의존할 수밖에 없다. 국가는 재정을 충당하려고 조세를 징수할 수 있다(이를 조세고권이라고 부른다). 하지만 과도한 조세 부과는 오히려 경제 성장을 방해하여 사회국가 실현을 어렵게 할 수 있다. 따라서 국가는 경제 성장에 따라서 적절한 조세를 부과함으로써 사회국가 실현을 위한 재원을 마련하여야 한다.

---

194) 김문현, 「헌법상 법치국가와 사회(복지)국가의 관계에 관한 고찰」, 『법학논집』 제2집 제1호, 이화여자대학교 법학연구소, 1997, 7쪽.

(4) 보충성에 따른 한계

사회국가는 가능하면 국민이 자주적 책임 아래에 스스로 생활을 설계·운영하도록 하고, 보충적으로만 국민의 자율적 생활 영역에 개입하여 개인의 안전과 복지를 보장한다. 자율적 능력을 상실하는 기간에만 보충적으로 지원하는 데 그쳐야 한다.[195] 사회국가는 국민의 자유와 평등을 보장하는 민주적 법치국가를 전제로 사회적 정의 실현을 요청하는 원리이기 때문이다. 사회국가원리는 민주주의와 법치국가원리를 보충·보완하는 원리로서 민주적 법치국가의 구체적 형성 방향을 사회적 정의 요청에 맞게 정하는 원리이다.

(5) 민주(국가)원리(민주주의)와 맺는 관계에 따른 한계

민주(국가)원리(민주주의)는 민주적 의사 결정을 통한 국가질서 형성을 요청한다. 사회국가원리도 국민적 합의를 거쳐서 헌법에 반영된 것이고 구체적으로 사회국가원리가 실현되는 과정에서도 민주적 정당성이 있는 입법자를 통해서 민주적 의사 결정 과정을 거쳐야 한다. 따라서 사회국가원리는 민주(국가)원리(민주주의)와 결합할 때만 실현될 수 있다. 사회국가적 요청에 대한 민주적 합의가 없으면 (입법에 난항을 겪게 될 것이므로) 사회국가를 실현하기 어렵다.

6. 법치국가와 사회국가

법치국가를 과거의 시민적·형식적 법치국가로 이해하면 법치국가와 사회국가는 상호 대립·갈등하는 것처럼 보일 수 있다.[196] 역사적 배경에서 법치국가는 국가에 대한 시민사회의 투쟁에서 성립하였지만, 사회국가는 산업사회의 국가에 대한 투쟁에서 성립하였다. 보호법익에서 법치국가는 시민의 생명, 자유와 재산의 보호에 초점을 두지만, 사회국가는 사회적 약자의 생존 보장, 완전고용과 노동력 보호를 내용으로 한다. 법치국가는 (개인의 자유에 개입하는) 국가의 간섭에서 개인의 자유를 방어함으로써 사회생활을 자유롭게 형성하려 하지만, 사회국가는 (개인의 자유를 실질적으로 보장하도록) 국가의 적극적 간섭을 요구함으로써 사회 영역에도 국가의 형성적 개입을 요구한다.

그러나 현대 법치국가를 실질적 법치국가로 이해하면 법치국가와 사회국가는 더는 상호 대립·갈등관계로 이해될 수 없다. 나아가 어느 하나의 원리가 다른 원리를 포괄하는 것으로 이해하여서도 안 된다. 현대 법치국가는 단순히 국가권력의 행사 근거를 법률에 두도록 함으

---

195) 헌재 2011. 3. 31. 2009헌마617등, 판례집 23-1상, 416: "그러나 생활이 어려운 국민에게 필요한 급여를 행하여 이들의 최저생활을 보장하기 위해 제정된 '국민기초생활 보장법'은 수급자가 자신의 생활의 유지·향상을 위하여 그 소득·재산·근로능력 등을 활용하여 최대한 노력하는 것을 전제로 이를 보충·발전시키는 것을 기본원칙으로 하며 부양의무자에 의한 부양과 다른 법령에 의한 보호가 이 법에 의한 급여에 우선하여 행하여지도록 하는 보충급여의 원칙을 채택하고 있다('국민기초생활 보장법' 제3조)."

196) 법치국가와 사회국가의 대립 가능성과 관계에 관한 상세한 논의는 김문현, 「헌법상 법치국가와 사회(복지)국가의 관계에 관한 고찰」, 『법학논집』 제2집 제1호, 이화여자대학교 법학연구소, 1997, 8~22쪽 참조.

로써 국민의 자유에 대한 국가의 개입에 한계를 긋는 것으로 그치는 것이 아니라 국가권력 행사 근거를 객관적이고 정의로운 법에 두라고 요청한다. 이 요청은 입법자를 인간의 존엄과 가치 및 이를 실현하려는 법치국가원리의 핵심적 내용에 구속한다. 사회국가원리는 국가가 적극적으로 국민의 자율적인 생활 영역에 개입하여 '자유의 조건'을 마련하라고 요청하는 헌법원리라는 점에서 법치국가원리가 추구하는 '정의로운 법'에 들어맞는 측면이 있음을 알 수 있다. 정의로운 법은 국민이 실제로 자유를 누릴 수 있도록 '자유의 조건'이 마련되는 것과 밀접한 관련을 맺기 때문이다. 그리고 법치국가가 아닌 사회국가는 자유가 보장되지 않는 생존이며 전체주의국가로 빠질 위험이 있으므로, 사회국가원리는 법치국가적 형식과 절차, 한계 안에서 실현되어야 한다는 점에서 양 원리는 관련을 맺는다.

다만, '실질적' 법치국가원리를 자유의 조건을 실현하는 것으로 넓게 해석하여서 사회국가원리를 포괄하는 것으로 해석할 수는 없다. 자유보장원리로서 법치국가의 '실질'은 입법자에 대한 법치국가적 구속을 통해서 법률 형식으로 담아야 할 최소한의 내용을 뜻하고, 여기에 사회국가원리가 추구하는 연대성을 기초로 한 폭넓은 사회적 정의 실현까지를 포괄하지는 않는다. 실질적 법치국가를 말 그대로 자유를 실질화하는 자유의 조건을 마련해 주는 법치국가로 해석하면, 사회국가원리에 사회적 정의 요청을 모두 포괄하므로 헌법원리로서 사회국가원리의 의미를 퇴색시키기 때문이다.

Ⅲ. 문화국가원리

1. 문화와 국가의 관계

문화는 사람들이 만들고 공유하는 모든 것을 말한다.[197] 언어, 문자, 노래, 음악, 춤, 예술, 전통, 관습, 법, 윤리나 도덕, 종교 등과 같이 사람이 만들고 어떤 범위에서든 공유하면 그것이 뭐든 문화로 볼 수 있다. 모방도 창조의 출발점이 될 수 있다는 점에서 독창성은 문화의 필수요소는 아니다. 국가와 문화의 관계는 국가가 문화에 개입하는 목적과 정도에 따라서 크게 '문화가 국가에 종속하였던 시기', '국가에서 문화적 자율성을 확보하였던 시기', '문화조성국가로 발전하는 시기'의 세 단계로 나눌 수 있다.[198]

근대 이전에는 문화가 국가에 종속하였다. 문화의 자율성과 독자성은 없고 문화는 오로지

---

197) 문화기본법 제3조는 문화를 "문화예술, 생활 양식, 공동체적 삶의 방식, 가치 체계, 전통 및 신념 등을 포함하는 사회나 사회 구성원의 고유한 정신적·물질적·지적·감성적 특성의 총체"라고 정의한다.

198) 후버(Ernst Rudlof Huber)는 문화와 국가의 상호관계를 중심으로 문화국가의 의미를 ① 문화의 국가적 자유, ② 문화에 대한 국가적 이바지, ③ 국가의 문화형성력, ④ 문화의 국가형성력, ⑤ 문화현싱으로서의 국가의 다섯 가지로 나누어 분석한다(Ernst Rudlof Huber, Zur Problematik des Kulturstaats, Tübingen 1958, S. 6 ff.; 김수갑, 「헌법상 문화국가원리에 관한 연구」, 고려대학교 법학박사학위논문, 1993, 48~59쪽 참조).

지배체제의 목적에 봉사하는 수단에 불과하였다. 학문·예술·교육·종교 등은 모두 지배체제의 잣대에 따라서 생산되고 평가되었다. 그러나 시민계급이 성장하여 시민사회를 형성하면서 국가에서 문화적 자율성이 확보되기 시작하였다. 문화는 더는 국가적 지배의 수단으로 이해되지 않았고 '문화 자체를 위한 문화활동'이 가능하였다. 특히 시민혁명을 계기로 개인의 자유와 평등을 보장하는 입헌국가가 성립하면서 개인은 더는 국가 간섭을 받지 않고 독자적·자율적으로 문화를 창조하였다. 국가는 경제영역에서 자유방임을 원칙으로 하였듯이 문화영역에서도 가능한 한 개입하지 않고 개인의 자유를 최대한 보장하였다. 문화적 자율성에 대한 헌법적 보장이 이루어진 것이다.

문화활동이 시장 논리를 따르면서 문화의 경제 종속성, 전통문화 상실과 외래문화에 대한 종속성, 문화적 불평등 같은 병폐가 대두하였다. 경제 영역에서 자유방임정책이 시장 실패를 가져왔듯이 문화 영역에서도 자유방임정책은 문화 실패를 가져왔다. 시장 수요를 충족하지 못하는 문화활동이 점차 위축되고 상업성 있는 대중문화만 확대재생산되었다. 그러자 시장 수요를 충족하지 못하는 전통문화가 점차 사라지고 상업성 있는 대중(외래)문화가 확산하였다. 문화적 균형이 파괴된 것이다. 그리고 부의 편중은 문화를 누릴 기회 자체를 유산계층으로 한정하였고, 대다수 무산계층은 최소한의 문화생활에 참여하기도 어려워졌다.

이러한 문화적 균형 파괴, 문화적 불평등 문제를 해결하고 건전한 문화를 육성·진흥하려고 국가는 자율적인 문화 영역에 개입하기 시작하였다. 문화적 자율성을 존중하면서도 문화적 방임주의가 가져온 현대국가의 문화적 과제를 해결하려는 적극적으로 문화를 형성·보호하는 문화조성국가로 발전한 것이다. 오늘날 국가가 어떤 문화현상도 선호하거나 우대하는 경향을 보이지 않는 불편부당원칙이 가장 바람직한 정책이다. 그리고 문화국가에서 문화정책은 그 초점이 문화 그 자체에 있는 것이 아니라 문화가 생겨날 수 있는 문화풍토를 조성하는 데 두어야 한다.[199]

2. 헌법 규정

헌법은 '문화국가' 자체를 명시적으로 규정하지는 않지만, 문화국가 구현을 위한 중요한 규정을 담았다. 헌법재판소도 문화국가원리를 헌법의 기본원리로 인정한다.[200] 헌법 전문에서 '정치·경제·사회·문화의 모든 영역에 있어서 각인의 기회를 균등히 하고…'라고 규정함으로써 문화 영역에서 평등 실현을 확인한다. 특히 헌법 제9조를 문화국가조항이라고 부르는데, "국가는 전통문화의 계승발전과 민족문화의 창달에 노력하여야 한다."라고 규정한다(1980년 헌법 제8조 최초 신설). 헌법 제10조는 "모든 국민은 인간으로서의 존엄과 가치를 가지며,

---

199) 헌재 2004. 5. 27. 2003헌가1등, 판례집 16-1, 670, 679.
200) 헌재 2004. 5. 27. 2003헌가1등, 판례집 16-1, 670, 679.

행복을 추구할 권리를 가진다."라고 규정하고 헌법 제34조 제1항은 인간다운 생활을 할 권리를 규정하는바, 인간의 존엄성은 인간의 개인으로서 물질적 생존뿐 아니라 최소한의 사회적 관련성을 유지하는 생존을 요청하므로 최저한의 물질적 보장 외에 최소한의 사회생활적 수요가 충족될 것이 요청된다. 여기에 최소한의 문화적 생활 수준을 누릴 권리가 포함되는지는 생각해 볼 문제이다. 그리고 문화적 기본권을 규정함으로써 문화국가 실현을 도모한다. 좁은 뜻의 문화 영역에 해당하는 문화기본권에는 학문의 자유(제22조), 예술의 자유(제22조), 종교의 자유(제20조), 교육을 받을 권리(제31조)가 있다.[201] 그 밖에 대통령은 취임에 즈음하여 '민족문화의 창달에 노력'할 의무를 선서하도록 함으로써 대통령의 민족문화창달의무를 규정한다 (제69조).

3. 문화국가원리의 의의

(1) 문화국가의 개념

문화국가는 문화의 자율성을 최대한 보장하면서 문화 영역에서 건전한 문화를 육성하고 문화향유권을 실질적으로 실현하는 국가이다.[202] 여기서 문화는 헌법의 가치와 내용에 들어맞는 문화이다.[203] 문화국가는 국가와 문화의 옹근(완벽한) 분리를 추구하지 않는다. 즉 문화가 국가에 종속되어서도 아니 되지만, 국가가 문화를 자유방임상태에 두거나 문화자유시장에 맡겨서도 아니 된다. 따라서 문화국가는 일정한 한계 안에서 문화에 대한 국가의 개입, 즉 국가의 문화 보호, 부양, 조정, 촉진 등을 허용한다. 그러나 국가가 문화를 전체적으로 계획하고 조직하고 규제하는 문화적 독재는 문화국가에서 인정될 수 있다.

(2) 헌법 제9조 문화국가조항의 의의

헌법 제9조(문화국가조항)는 "국가는 전통문화의 계승발전과 민족문화의 창달에 노력하여야 한다."라고 규정한다. 동 조항은 문화국가원리의 근거 규정인데, 국가목표규정으로 이해된다. 문화국가적 과제를 구체화할 의무는 1차적으로 입법자에게 있다. 국민의 (집단적) 대표로서 민주적 정당성이 있고 주도적으로 국가의사를 형성하여야 할 입법자에게 문화국가원리의 헌법적 요청에 따라서 문화적 자율성을 존중하면서도 문화적 불평등을 없애야 할 1차적 책임

---

201) 헌재 2004. 5. 27. 2003헌가1등, 판례집 16－1, 670, 679: "… 헌법은 문화국가를 실현하기 위하여 보장되어야 할 정신적 기본권으로 양심과 사상의 자유, 종교의 자유, 언론·출판의 자유, 학문과 예술의 자유 등을 규정하고 있는바, 개별성·고유성·다양성으로 표현되는 문화는 사회의 자율영역을 바탕으로 한다고 할 것이고, 이들 기본권은 견해와 사상의 다양성을 그 본질로 하는 문화국가원리의 불가결의 조건이라고 할 것이다…"

202) 김수갑, 『문화국가론』, 충북대학교 출판부, 2012, 82쪽; 성낙인, 「헌법상 문화국가원리와 문화적 기본권」, 『유럽헌법연구』 제30호, 유럽헌법학회, 2019, 10쪽; 이세주, 「헌법상 문화국가원리에 대한 고찰」, 『세계헌법연구』 제21권 제2호, 세계헌법학회 한국학회, 2015, 41쪽 참조.

203) 이세주, 「헌법상 문화국가원리에 대한 고찰」, 『세계헌법연구』 제21권 제2호, 세계헌법학회 한국학회, 2015, 41~42쪽 참조.

이 있다. 입법자는 사회 변화에 걸맞은 문화 조성을 위한 정책을 입법형성의 자유 범위 안에서 입법하여야 할 의무를 부담한다. 그리고 문화국가원리는 입법을 포함한 모든 국가권력을 직접 구속하는 법규범이므로 집행과 사법에 대해서도 구속력 있는 해석기준으로 기능한다. 집행부와 사법부는 집행작용과 사법작용을 할 때 적극적으로 문화를 보호하고 형성하여야 할 문화국가적 요청을 고려하여 법을 해석·적용하여야 한다.

헌법 제9조는 문언만으로 보면 다양한 문화 중에서 전통문화에 치우친 인상을 줄 수 있다.204) 205) 그렇지만 헌법 제9조를 '민족문화' 창달과 '전통문화' 계승·발전을 강조하는 형태로 규정한 것은 외래문화 영향으로 말미암은 한국문화의 동질성 파괴에 관한 위기의식에서 민족의 동질성을 느낄 수 있는 전통문화를 북돋우고 그 문화를 앞날에 이어주기 위함이요, 한민족 통일에 대비하여 통일문화 형성에 관한 국가적 과제, 즉 문화적 동질성을 회복하기 위한 통일문화를 지향하여야 한다는 것에 의미가 있을 뿐이다.206) 특히 헌법 제9조는 대일항쟁기를 지나 해방 이후의 분단 상황과 정부수립준비기를 거치는 근현대사에서 고유한 전통문화와 민족문화가 왜곡되었던 점을 고려하여 향후 국가생활에서 그 점을 특별히 강조하고자 한 것으로 볼 수 있다.207) 즉 헌법 제9조는 민족적 동질성을 형성하고 유지하려는 것이다. 그

---

204) 문화육성 대상에는 원칙적으로 모든 '문화'가 포함되므로, 문화조성은 문화 다양성을 해치지 않는 범위 안에서 실현되어야 한다고 하면서도 "특이하게 우리헌법은 민족문화, 전통문화의 육성을 명시적으로 규정하고 있으므로 이른바 대중문화에 대한 민족문화, 전통문화의 우선적 보호라는 보호의 우선순위에 따른 차별은 적어도 우리 헌법 제9조에 의해서는 정당화될 수 있을 것이다."라고 주장하는 견해가 있다(전광석, 「헌법과 문화」, 『공법연구』 제17집, 한국공법학회, 1990, 175쪽).

205) 헌법 제9조 전통·전통문화의 의미에 관해서는 헌재 2005. 2. 3. 2004헌가9등, 판례집 17-1, 1, 17-18: "헌법 전문과 헌법 제9조에서 말하는 '전통', '전통문화'란 역사성과 시대성을 띤 개념으로 이해하여야 한다. 과거의 어느 일정 시점에서 역사적으로 존재하였다는 사실만으로 모두 헌법의 보호를 받는 전통이 되는 것은 아니다. 전통이란 과거와 현재를 다 포함하고 있는 문화적 개념이다. 만약 전통의 근거를 과거에만 두는 복고주의적 전통 개념을 취한다면 시대적으로 특수한 정치적·사회적 이해관계를 전통이라는 이름 하에 보편적인 문화양식으로 은폐·강요하는 부작용을 낳기 쉬우며, 현재의 사회구조에 걸맞는 규범 정립이나 미래지향적 사회발전을 가로막는 장애요소로 기능하기 쉽다. 헌법재판소는 이미 "헌법 제9조의 정신에 따라 우리가 진정으로 계승·발전시켜야 할 전통문화는 이 시대의 제반 사회·경제적 환경에 맞고 또 오늘날에 있어서도 보편타당한 전통윤리 내지 도덕관념이라 할 것이다."(헌재 1997. 7. 16. 95헌가6등, 판례집 9-2, 1, 19)라고 하여 전통의 이러한 역사성과 시대성을 확인한 바 있다. 따라서 한국 헌법에서 말하는 '전통' '전통문화'란 오늘날의 의미로 재해석된 것이 되지 않으면 안 된다. 그리고 오늘날의 의미를 포착함에 있어서는 헌법이념과 헌법의 가치질서가 가장 중요한 척도의 하나가 되어야 할 것임은 두 말할 나위가 없고 여기에 인류의 보편가치, 정의와 인도의 정신 같은 것이 아울러 고려되어야 할 것이다. 따라서 가족제도에 관한 전통·전통문화란 적어도 그것이 가족제도에 관한 헌법이념인 개인의 존엄과 양성의 평등에 반하는 것이어서는 안 된다는 자명한 한계가 도출된다. 역사적 전승으로서 오늘의 헌법이념에 반하는 것은 헌법 전문에서 타파의 대상으로 선언한 '사회적 폐습'이 될 수 있을지언정 헌법 제9조가 '계승·발전'시키라고 한 전통문화에는 해당하지 않는다고 보는 것이 우리 헌법의 자유민주주의원리, 전문, 제9조, 제36조 제1항을 아우르는 조화적 헌법해석이라 할 것이다."

206) 김수갑, 「한국헌법에서 문화국가조항의 법적 성격과 의의」, 『공법연구』 제32집 제3호, 한국공법학회, 2004, 193~195쪽; 같은 사람, 『문화국가론』, 충북대학교 출판부, 2012, 195~200쪽; 오세탁/김수갑, 「문화국가원리의 실현구조」, 『법학연구』 제5권, 충북대학교 법학연구소, 1993, 35~38쪽; 이준일, 『헌법학강의(제7판)』, 홍문사, 2019, 198쪽.

207) 김상겸, 「헌법 제9조」, 『헌법주석[Ⅰ]』, 박영사, 2013, 277쪽.

리고 이러한 민족적 동질성은 국가의 정체성을 확립하고 유지하는 기초가 된다. 또한, 범람하는 외래문화 속에서 고유한 전통문화와 민족문화를 보호하고 유지·발전시켜 후세에 계승하는 것은 문화의 고유성과 다양성이라는 관점에서 세계문화 발전에 이바지할 수 있다.[208) 헌법 제9조가 '민족문화' 창달과 '전통문화' 계승·발전을 강조하였다고 하여서 민족우월적인 국수주의를 지향하는 것이 아님은 명백하다. 그러므로 국가는 모든 사람에게 (평등한) 문화 창달 기회를 부여하여야 한다는 의미에서 민족문화·대중문화·엘리트문화를 포함한 모든 문화를 대상으로 편중됨 없이 육성하여야 한다.209) 다문화사회는 한국 문화를 포기하고 모든 문화를 똑같이 대우하라는 것이 아니라 한국 문화를 제대로 정립하면서 다른 문화를 포용하는 사회를 건설하라는 것이다. 다른 문화를 존중하여야 한다면 당연히 한국 문화도 존중하여야 한다. 그것은 한국 문화를 포기하거나 무시하는 것이 아니다. 한국 문화를 포기하지 않는 한 다른 문화보다 한국 문화를 절대화할 수는 없지만 우선할 수는 있다. 이러한 점에서 다문화사회와 민족이나 민족문화가 충돌하는 것은 아니다.

(3) 문화 배려의 국가적 의무

문화국가원리에 따라서 국가는 문화(영역을)배려(할)의무를 진다. 문화 창조, 문화 보호·관리, 문화적 산물 향유, 문화의 (미래세대로) 전승에 이르는 문화의 전체 순환과 관련하여 국가의 특별한 배려를 요청한다. 문화배려의무는 국가에 적극적으로 문화를 보호하고 형성하여야 할 문화국가적 요청을 고려하여 국가작용을 하도록 의무를 지우는 것을 말한다. 문화 일부 영역이 아니라 문화의 전체 순환을 고르게 고려하라고 요청한다. 문화를 창조하거나 문화를 보호·관리하거나 문화적 산물 향유에 이바지하거나 문화를 전승하는 것 등의 모든 작업에 국가가 지원하는 형식으로 개입할 수 있다. 입법자는 헌법상 다른 이익을 고려하면서 문화의 전체 순환을 배려하는 입법을 하여야 할 의무를 부담한다. 집행부와 사법부도 집행작용과 사법작용을 할 때 적극적으로 문화를 보호하고 형성하여야 할 문화국가적 요청을 고려하여서 법을 해석·적용하여야 한다.

---

208) 계희열, 『헌법학(상)(신정2판)』, 박영사, 2005, 428쪽.

209) 계희열, 『헌법학(상)(신정2판)』, 박영사, 2005, 429~430쪽; 김상겸, 「헌법 제9조」, 『헌법주석[Ⅰ]』, 박영사, 2013, 270쪽; 이세주, 「헌법상 문화국가원리에 대한 고찰」, 『세계헌법연구』 제21권 제2호, 세계헌법학회 한국학회, 2015, 54쪽; 홍성방, 『헌법학(상)(제3판)』, 박영사, 2016, 271쪽 참조.
  헌재 2004. 5. 27. 2003헌가1등, 판례집 16-1, 670, 679: "문화국가원리의 이러한 특성은 문화의 개방성 내지 다원성의 표지와 연결되는데, 국가의 문화육성의 대상에는 원칙적으로 모든 사람에게 문화창조의 기회를 부여한다는 의미에서 모든 문화가 포함된다. 따라서 엘리트문화뿐만 아니라 서민문화, 대중문화도 그 가치를 인정하고 정책적인 배려의 대상으로 하여야 한다."

4. 문화국가원리의 구체화

(1) 문화의 자율성 보장(문화의 국가에 대한 자유)

문화는 개인의 자율과 창의를 바탕으로 창조되므로 문화적 자율성 보장은 문화국가의 출발점이다. 여기서 문화적 자율성은 자유로운 문화활동 보장으로서 다양한 형태와 내용의 문화활동이 보장됨을 뜻한다.[210] 문화에 국가에서 벗어날 자유가 보장되어야 비로소 개인은 개별 문화 영역에서 창조적 문화활동을 할 수 있다. 개성과 다원성 속에서 누리는 개인의 문화적 자율성을 침해하지 않으려면 국가는 최대한 '문화정책적 중립성'과 '관용'을 지켜야 한다. 즉 국가는 특정 문화를 우대하거나 선호하거나 억제하거나 무시하여서는 아니 된다.

그러나 문화적 자율성 보장이 국가가 문화에 관해서 옹글게(완벽하게) 자유방임함을 뜻하지는 않는다. 자유주의적 시장경제질서에서 독점기업이 노동자를 착취하고 시장경제를 어지럽히듯이 문화의 공급과 수요를 사회집단이 관여하면서 자기 이익을 위해서 문화를 지배하려는 현상을 어렵지 않게 발견할 수 있다. 국가는 이러한 현상에서 문화적 자율성을 보호하려면 일정한 책임을 져야 한다. 그러나 이러한 때도 꼭 필요한 최소한도의 개입에 그침으로써 문화적 자율성이 위협받지 않도록 유의하여야 한다.

(2) 국가의 적극적인 문화 진흥(문화 참여의 국가적 보장)

국가는 적극적인 문화진흥의무를 진다. 이는 국민의 문화참여권을 국가재정능력의 한계 안에서 최대한 보장하는 것을 가리킨다. 구체적으로 문화진흥의무에는 전통문화와 민족문화의 계승과 수호, 자유로운 문화 형성과 저해 요소 제거, 강제적이고 인위적인 문화 형성 방지, 외래문화에 대한 무의미하거나 일방적인 종속이나 고유문화 퇴조와 소멸 방지, 문화의 경제와 자본에 대한 일방적 종속 방지, 문화적 불평 해소 등이 있다. 그러나 문화 진흥은 문화를 박제화하거나 문화의 자립성을 말소하는 데 이르러서는 아니 된다. 문화 진흥은 건전하고 다양한 문화가 독자적으로 형성되고 발전할 수 있는 문화적 기반을 다지는 것이어야 한다.[211] 이러한 점에서 사회국가원리에서 국가 개입은 조성적이지만, 문화국가에서 국가 개입은 조정적이다.[212] 즉 문화국가에서 국가는 보호 · 조성 · 육성 · 계승 · 발전 · 지원 차원에서 개입하여야 하고, 직접적 규제는 최소한으로 이루어져야 한다.[213] '문화산업진흥 기본법',

---

210) 이세주, 「헌법상 문화국가원리에 대한 고찰」, 『세계헌법연구』 제21권 제2호, 세계헌법학회 한국학회, 2015, 44쪽.
211) 헌재 2004. 5. 27. 2003헌가1등, 판례집 16-1, 670, 679: "문화국가원리는 국가의 문화국가실현에 관한 과제 또는 책임을 통하여 실현되는바, 국가의 문화정책과 밀접 불가분의 관계를 맺고 있다. 과거 국가절대주의사상의 국가관이 지배하던 시대에는 국가의 적극적인 문화간섭정책이 당연한 것으로 여겨졌다. 그러나 오늘날에 와서는 국가가 어떤 문화현상에 대하여도 이를 선호하거나, 우대하는 경향을 보이지 않는 불편부당의 원칙이 가장 바람직한 정책으로 평가받고 있다. 오늘날 문화국가에서의 문화정책은 그 초점이 문화 그 자체에 있는 것이 아니라 문화가 생겨날 수 있는 문화풍토를 조성하는 데 두어야 한다."
212) 성낙인, 「헌법상 문화국가원리와 문화적 기본권」, 『유럽헌법연구』 제30호, 유럽헌법학회, 2019, 12쪽.

문화예술진흥법, '박물관 및 미술관 진흥법', 방송문화진흥회법, 영상진흥기본법, '영화 및 비디오물의 진흥에 관한 법률', 지방문화원진흥법 등의 법률을 통해서 문화 진흥이 실현된다. 국가의 적극적인 문화 육성과 진흥은 문화의 자율성 보장을 전제로 이루어지는 것이므로 간섭이 아닌 지원 형식으로 이루어져야 한다. 지원 내용은 문화 창작에 대한 지원, 문화 보호·관리에 대한 지원, 문화적 산물 향유를 위한 지원, 문화 전승에 대한 지원 등 다양하다. 그러나 국가 재정능력에는 한계가 있다. 따라서 지원의 우선순위를 정하지 않을 수 없다. 지원에 순서를 둠으로써 차별이 발생할 때 지원방식과 관련하여 합리적인 근거와 기준이 제시되어야 한다.[214) 다양한 문화의 고른 진흥은 문화향유권을 누리기 위한 전제이다.

(3) 문화적 평등권 보장

국가는 모든 국민이 문화를 누릴 기회를 평등하고 충분하게 얻도록 보장하여야 한다. 그리고 모든 국민이 문화활동에 참여할 균등한 기회를 얻어야 한다. 자유권 형태로 규정된 개별 문화적 기본권에 근거를 두는 문화향유권은 평등권과 결합한다. 그러나 부의 편중현상으로 말미암아 무산계층은 최소한의 문화생활에 참여하기도 어려워서, 문화활동에 참여할 균등한 기회를 부여하는 것은 형식적 평등을 확보하는 데 그쳤을 뿐이고 실질적 평등에 이르지는 못하였다. 국민 문화향유권의 실질적 평등을 보장하려면 국가가 적극적인 문화적 지원활동을 통해서 문화향유권의 계층 사이와 지역 사이의 차별을 제거하고 모든 국민이 최소한의 문화적 생활을 할 수 있는 여건을 조성하여야 한다.

제 7 절 경제헌법

I. 국가와 경제의 관계(경제질서모델)와 사회적 시장경제질서

1. 개요

(1) 국가와 경제의 관계(경제질서모델) 변화

경제질서는 민주(국가)원리(민주주의)에 따른 결정 대상이다.[215) 경제질서는 국가와 경제의

관계, 특히 자본의 소유형태와 운영관계에 따라서 크게 자본주의적 시장경제질서와 사회주의적 계획경제질서 그리고 양자를 혼합한 혼합경제질서로 분류할 수 있다. 그러나 이러한 분류는 경제질서를 유형화하려는 기준에 그치고 순수한 형태로 현실에 나타나지 않는다는 점을 주의하여야 한다. 따라서 이는 고찰의 편의를 제공할 뿐이지 여기서 규범적 기초를 도출할 수 없다. 경제질서에 관한 규범적 기초는 헌법규정에서 끄집어내야 한다.216)

① 시민국가 – 자본주의적 시장경제질서

자본주의적 시장경제질서는 개인의 자유권, 특히 재산권을 절대적으로 보장하였던 근대 시민적 법치국가질서를 토대로 형성되었다. 근대 시민혁명 이후 자유주의적－시민적 법치국가에서 시민은 재산권의 절대적 보장 아래에서 자유로운 경제활동을 할 수 있게 되었다. 근대국가의 경제질서로 자리 잡은 자본주의적 시장경제질서는 사유재산제와 자유경쟁을 보장함으로써 개인이 최대한 자유롭고 창의적으로 경제활동을 할 수 있도록 하였다.217) 국가는 국민의 경제활동에 간섭하지 않고 시장의 자율적인 가격체제에 따라서 가격이 결정되도록 하였다. 그 결과 능률과 이윤을 극대화하여 국가경제가 성장하고 부가 창출될 여건이 조성되었다.

② 사회국가 – 사회적 시장경제질서(혼합경제질서)

그러나 자유시장경제가 계속되면서 많은 문제점이 드러났다. 노동과 자본의 불균등한 분배가 심화하면서 자본가와 노동자 사이에 심각한 갈등이 일어났다. 갈등 원인은 노동력은 많지만, 자본은 소수에게 집중되는 상황에서 시장에서 결정되는 노동 가치가 급격히 낮아지고 자본 가치는 높아진 것에 있었다. 생산수단을 소유한 자본가는 값싼 노동력을 이용하여 더욱 많은 부를 축적하고, 생산수단을 소유하지 못한 노동자는 자본가의 요구대로 더욱 열악한 환경과 낮은 임금으로 노동하지 않을 수 없었다. 그 결과 부익부 빈익빈의 악순환이 계속되어 소득불균형은 더욱 심화하였고, 그 빈부 격차만큼이나 사회적 갈등의 골이 깊어졌다. 이러한 자본주의 모순을 극복하려는 체제개혁 노력은 한편으로는 수정자본주의와 이에 기초한 사회적 시장경제질서로 나타났다. 독점자본 횡포가 심해지고 자본가와 노동자 사이의 사회적 갈등이 고조되는 상황에서 발생할지 모르는 체제 위협을 극복하려고 노동자를 포용하여 생존권을 보장하고, 자본가의 경제활동에 일정한 제한을 가하는 체제 개혁이 필요하였다. 이렇게 성립한 사회적 시장경제질서는 사회국가라는 국가유형에 대응하는 경제질서로서 사유재산권 보장과 자유경쟁을 기본원리로 하는 시장경제질서를 기본으로 하면서 사회적 약자를 보호하고 정의로운 사회를 형성하기 위해서 국가가 경제에 대한 규제와 조정을 가하는 경제체제라고

---

215) 전광석, 「헌법 제119조」, 『헌법주석[법원, 경제질서 등]』, 경인문화사, 2018, 1475쪽.
216) 이상 전광석, 「헌법 제119조」, 『헌법주석[법원, 경제질서 등]』, 경인문화사, 2018, 1482쪽.
217) 근대민법 3대원칙으로 일컬어지는 소유권절대의 원칙, 사적 자치의 원칙, 과실책임의 원칙은 근대국가 경제질서의 바탕을 형성하였다.

할 수 있다.

③ 사회주의국가 사회주의적 계획경제질서

자본주의적 시장경제질서의 바탕을 유지하면서 그 단점만을 수정하여 나가는 사회적 시장경제질서와는 달리, 사회주의적 계획경제질서는 자본주의적 시장경제를 전면적으로 부정함으로써 자본주의 모순을 극복하려고 하였다. 생산수단을 포함하는 사유재산제도를 철폐하고 자유로운 경제활동도 인정하지 않았다. 모든 생산수단을 사회화하고 계획경제에 따른 생산과 분배를 통해서, 모든 사람이 능력에 따라서 일하고 필요에 따라서 분배받는 정의로운 이상사회를 이룩할 수 있다고 믿었다. 그러나 사회주의적 계획경제질서는 경제활동의 가장 큰 원동력이 되는 이익 추구 동기를 고려하지 않았다. 따라서 사람들은 능력대로 일하지 않게 되었고 결과적으로 경제 성장이 자본주의국가와 비교해서 크게 뒤처져 국가경제를 운영하기 어려운 지경에 이르렀다. 사회주의적 계획경제질서를 채택하였던 국가들은 점차 붕괴하였고 현재 남아 있는 국가들도 순수한 사회주의적 계획경제를 포기하고 시장경제체제를 상당 부분 수용하는 실정이다.

(2) 헌법상 경제질서규정: 1919년 바이마르 헌법 경제질서에 관한 장

사회적 시장경제질서를 헌법 차원에서 최초로 도입한 것은 1919년 독일 바이마르 헌법으로 알려졌다. 바이마르 헌법 제151조(경제상 자유 보장)에서는 "경제생활질서는 모든 사람에게 인간의 존엄에 합치하는 생활을 보장하는 것을 목적으로 하는 정의의 원칙에 들어맞아야 한다. 각인의 경제상 자유는 이 한도 안에서 보장된다."(제1항)라고 규정하였다.[218] 그리고 계약자유의 원칙(제152조), 소유권 보장과 공용수용(제153조), 상속권 보장(제154조)을 규정함으로써 경제활동의 자유와 사유재산제도를 보장하면서도, 토지의 분배와 이용에 관한 국가의 감독(제155조), 기업의 공유화와 공공경제의 원칙(제156조), 노동력 보호(제157조), 정신적 노작·저작자·발명자와 미술가 보호(제158조), 노동조건의 유지 개선·결사의 자유 보장(제159조), 노동자의 공민권 행사 보호(제160조), 보험제도 설치(제161), 국제법상 노동계급의 사회적 권리 보장(제162조), 인신의 자유와 사회적 보장(제163조), 중산계층 보호(제164조), 노사의 동등권·노동자회의·경제회의(제165조)를 규정함으로써 사회정의를 위해서 국가가 경제적 약자인 노동자를 보호하고 개인과 기업의 경제활동에 개입할 근거를 마련하였다.

(3) 사회적 시장경제질서의 특징

사회적 시장경제질서는 ① 사유재산제와 (자유경쟁을 원칙으로 하는) ② 시장경제를 기본으

---

218) 1948년 헌법 제84조와 비슷하다. "대한민국의 경제질서는 모든 국민에게 생활의 기본적 수요를 충족할 수 있게 하는 사회정의의 실현과 균형 있는 국민경제의 발전을 기함을 기본으로 삼는다. 각인의 경제적 자유는 이 한도 내에서 보장된다."

로 하되 ③ 사회적 정의에 따른 보완을 한다. 먼저 ① 사유재산제는 자본주의적 시장경제질
서의 바탕을 이룬다. 사유재산 없이는 어떠한 경제적 자유도 누릴 수 없게 되고 시장을 형성
할 수도 없다. 다음으로 ② 자본주의경제는 시장을 중심으로 한 경제질서이다. 시장경제는 자
유경쟁원칙에 따른 생산·고용·분배가 이루어지는 경제구조이다. 자유경쟁을 통해서 화폐를
매개로 시장에서 결정되는 가격체제는 경제활동을 촉진하는 기능을 한다. ③ 경제 영역에서
사회적 정의는 사유재산제와 시장경제질서에서 발생하는 자본주의 모순을 극복하려고 보충적
으로 실현된다. 재화를 공정하게 배분하고 경제적 불평등요인을 제거함으로써 구조적으로 경
제주체 사이의 빈부 격차 악순환을 막고, 경제적으로 우월적 지위에 있는 경제주체가 자신의
우월적 지위를 남용하지 못하도록 하며, 경제적 약자를 위해서 국가가 적극적으로 배려하는
정책을 통해서 사회적 정의를 실현한다.[219]

2. 경제헌법사 – 헌법상 경제조항(경제헌법) 변천

(1) 1948년 헌법 – 통제경제체제

1948년 헌법은 사회정의 실현과 균형 있는 국민경제 발전을 위해서 국유화와 사회화를 폭
넓게 규정하고 경제활동에 대한 광범한 국가통제를 규정하여 사회주의적 (균등)경제원리를 상
당한 비중으로 도입함으로써 국가통제경제체제를 채택한 것으로 이해된다.[220] 시장경제 경험
이 없고 국민이 전반적으로 빈곤하였던 당시 상황에서 국민생활의 균등한 향상과 부의 균등
한 분배가 경제질서의 기본목표로 강조되었음은 이해할 수 있다.[221] 그러나 과도한 통제경제
를 시행함으로써 기업의 창의적인 의욕을 저해하였을 뿐 아니라 시장을 위축시켜 외자 도입

---

219) 예를 들어 공정거래, 독과점 배제, 사회보장제 강화, 최저임금제 도입, 생산재의 부분적 유상국유화, 사회정책적
조세제도 시행 등을 통해서 구체적으로 실현된다.

220) 제84조: "대한민국의 경제질서는 모든 국민에게 생활의 기본적 수요를 충족할 수 있게 하는 사회정의의 실현과
균형있는 국민경제의 발전을 기함을 기본으로 삼는다. 각인의 경제상의 자유는 이 한계 내에서 보장된다."
제85조: "광물 기타 중요한 지하자원, 수산자원, 수력과 경제상 이용할 수 있는 자연력은 국유로 한다. 공공필요
에 의하여 일정한 기간 그 개발 또는 이용을 특허하거나 또는 특허를 취소함은 법률의 정하는 바에 의하여
행한다."
제86조: "농지는 농민에게 분배하며 그 분배의 방법, 소유의 한도, 소유권의 내용과 한계는 법률로써 정한다."
제87조 제1항: "중요한 운수, 통신, 금융, 보험, 전기, 수리(水利), 수도, 가스 및 공공성을 가진 기업은 국영 또
는 공영으로 한다." 제2항: "대외무역은 국가의 통제하에 둔다."
제88조: "국방상 또는 국민생활상 긴절한 필요에 의하여 사영기업을 국유 또는 공유로 이전하거나 또는 그 경
영을 통제, 관리함은 법률의 정하는 바에 의하여 행한다."

221) 유진오, 『신고 헌법해의』, 탐구당, 1957, 254쪽: "즉 우리나라는 경제문제에 있어서 개인주의적 자본주의국가체
제에 편향함을 회피하고 사회주의적 균등경제의 원리를 아울러 채택함으로써 개인주의적 자본주의의 장점인
각인의 자유와 평등 및 창의의 가치를 존중하는 한편 모든 국민에게 인간다운 생활을 확보케 하고 그들의 균등
생활을 보장하라는 사회주의적 균등경제의 원리를 또한 존중하여 말하자면 정치적 민주주의와 경제적 사회적
민주주의라는 일견 대립되는 두 주의를 한층 높은 단계에서 조화하고 융합하려는 새로운 국가형태를 실현함을
목표로 삼고 있는 것이다."

제 6 장 헌법의 기본원리

에 상당한 어려움을 가져옴으로써 경제 발전에 장애요인이 되기도 하였다.

(2) 1954년 헌법

그리하여 1954년 헌법에서는 경제질서를 자본주의적 시장경제체제로 전환하였다. 국유화와 사회화 규정을 삭제하거나 개정하였고, 통제경제적 요소를 상당 부분 완화하였다.[222]

(3) 1962년 헌법

1962년 헌법은 국가경제질서의 바탕을 시장경제로 하면서도 사회정의 실현과 균형 있는 국민경제 발전을 위해서 국가가 경제에 관해서 규제와 조정을 할 수 있음을 규정하였다.[223]

(4) 1972년 헌법

1972년 헌법은 국가의 경제에 대한 규제와 조정 범위를 더욱 확대하였다. 1962년 헌법 제115조에 규정되었던 협동조합의 정치적 중립성 규정을 삭제하였고, 국토와 자원의 개발과 이용에 관한 계획 수립 규정을 추가하였다(제117조 제2항). 1972년 헌법의 경제질서는 정부가 직접 경제에 개입하여 지원·보호·육성하는 관주도형 경제정책을 특징으로 하였다.

(5) 1980년 헌법 – 민간주도경제체제로 전환

1980년 헌법에서 수정·보완된 경제조항은 그동안의 경제 성장에 수반되었던 시장경제의 부정적인 요소를 제거하고, 새로운 경제상황에 맞는 경제질서를 수립하려는 것이었다. 1970년대 경제성장정책에 힘입어 성장한 대기업과 독과점기업의 폐해가 커졌을 뿐 아니라 고도성장의 그늘에서 억압적 노동정책으로 혹사당하였던 노동자 복지에 관한 목소리가 커졌기 때문이었다. 경제 규모가 확대되면서 정부 지원에 의존하던 기업활동도 한계에 이르러 민간주도형 경제체제로 전환하지 않을 수 없었다. 이러한 시대적 요청에 부응하여 1980년 헌법은 독과점규제조항(제120조 3항), 중소기업보호육성조항(제124조 제2항), 소비자운동보장조항(제125조)을 신설하고 농지의 임차권과 위탁경영을 예외적으로 인정하였으며(제122조) 국가표준제도

---

222) 제87조의 개정: 제1항 삭제, 제2항: "대외무역은 법률의 정하는 바에 의하여 국가의 통제 하에 둔다."
　　제88조의 개정: "국방상 또는 국민생활상 긴절한 필요로 인하여 법률로써 특히 규정한 경우를 제외하고는 사영기업을 국유 또는 공유로 이전하거나 그 경영을 통제 또는 관리할 수 없다."
　　제85조의 개정: "광물 기타 중요한 지하자원, 수산자원, 수력과 경제상 이용할 수 있는 자연력은 법률의 정하는 바에 의하여 일정한 기간 그 채취·개발 또는 이를 특허할 수 있다."
223) 제111조 제1항: "대한민국의 경제질서는 개인의 경제상의 자유와 창의를 존중함을 기본으로 한다." 제2항: "국가는 모든 국민에게 생활의 기본적 수요를 충족시키는 사회정의의 실현과 균형있는 국민경제의 발전을 위하여 필요한 범위 안에서 경제에 관한 규제와 조정을 한다."
　　제116조: "국가는 대외무역을 육성하며 이를 규제·조정할 수 있다."
　　1948년 헌법 이래의 제86조 삭제 후 제113조 신설
　　제113조: "농지의 소작제도는 법률이 정하는 바에 의하여 금지된다."
　　제115조: "국가는 농민·어민과 중소기업자의 자조를 기반으로 하는 협동조합을 육성하고 그 정치적 중립성을 보장한다."

를 확립하였다(제128조 제2항).

(6) 현행 헌법상 경제조항

1987년 헌법은 경제조항에 부분적인 수정만을 하였다. 당시 6월 시민항쟁을 계기로 전국적 규모로 발생한 노사분규는 심각한 사회문제를 일으켰고, 자주적인 조합활동 보장, 근로조건 개선, 생계비 수준에 맞는 적정임금 지불, 근로자의 경영 참가를 통한 경제민주화 실현 등이 핵심적 쟁점이었다. 이러한 문제를 해결하려고 경제 민주화, 국민생활 안정, 경제 성장 혜택의 균등한 배분 등에 역점을 두어 경제정책을 수립하였다. 경제 영역에서 사회정의 실현과 경제민주화를 위해서 재산권에 대한 규제와 조정을 확인하고, 경제활동에 대한 공적 규제를 강화하는 정책을 펼쳤다.

① 신설조항

국가의 농·어촌종합개발계획 수립·시행(제123조 제1항), 지역경제육성의무(제123조 제2항), 농수산물의 수급 균형과 유통구조개선의무(제123조 제4항)를 신설함으로써 경제활동에 대한 국가적 통제와 계획을 확대하였다.

② 경제헌법조항

현행 헌법에서 경제질서와 관련되는 규정은 헌법 전문, 직업선택의 자유를 규정한 제15조, 재산권 보장 규정인 제23조 제1항, 지적 재산권을 보장한 제22조 제2항, 경제에 관한 제9장을 들 수 있다. 그리고 대통령의 긴급재정·경제처분권 및 긴급재정·경제명령권을 규정한 제76조 제1항도 경제헌법 관련 조항으로 볼 수 있다.

Ⅱ. 현행 헌법상 경제질서의 원칙

1. 사유재산제의 제도적 보장

헌법은 재산권 보장에 관한 일반적인 원칙(제23조 제1항)을 규정하는 동시에 소급입법에 따른 재산권 박탈 금지(제13조 제2항)를 규정함으로써 사유재산제도를 보장한다.

2. 시장경제원칙 선언

헌법은 개인과 기업의 경제상 자유와 창의를 존중하는 경제질서(제119조 제1항)[224]를 규정

---

224) 헌재 2012. 8. 23. 2010헌가65, 판례집 24-2상, 369, 392: "'대한민국의 경제질서는 개인과 기업의 경제상의 자유와 창의를 존중함을 기본으로 한다.'고 규정한 헌법 제119조 제1항에 비추어 보더라도, 개인의 사적 거래에 대한 공법적 규제는 되도록 사전적·일반적 규제보다는, 사후적·구체적 규제방식을 택하여 국민의 거래자유를 최대한 보장하여야 할 것이다."
헌재 2015. 3. 26. 2014헌바202, 판례집 27-1상, 287, 292: "고의나 과실로 타인에게 손해를 가한 경우에만 그

함과 동시에 (직업선택과 직업행사의 자유를 내용으로 하는) 직업의 자유(제15조)를 보장함으로써 헌법의 경제질서가 자유경쟁의 원리를 전제로 경제활동에 관한 사적 자치 원칙을 보장하는 시장경제질서를 바탕으로 함을 명백히 밝힌다.

3. 자본주의적 시장경제질서

그리하여 헌법은 사유재산제도와 경제활동에 대한 사적 자치 원칙을 기초로 하는 자본주의적 시장경제질서를 기본으로 함을 선언한다.[225] 이는 국민 개개인에게 자유로운 경제활동을 통해서 생활의 기본적 수요를 스스로 충족시킬 수 있도록 하고 사유재산과 그 처분 및 상속을 보장하여 주는 것이 인간의 자유와 창의를 보장하는 지름길이고 궁극에는 인간의 존엄과 가치를 증대시키는 제일 나은 방법이라는 이상을 배경으로 한다.

4. 현행 헌법상 사회적 시장경제질서

(1) 헌법상 경제질서

헌법은 경제질서의 기본원리로서 자유시장경제를 채택(제119조 제1항, 제15조, 제14조)하고, 사유재산제를 보장(제23조)하며, 예외적으로 경제에 대한 국가 개입(규제와 조정)을 인정한다 (제119조 제2항, 제120조, 제126조).[226] 따라서 한국 경제질서는 사유재산제를 바탕으로 하면서 사회정의를 실현하기 위해서 법치국가원리에 입각한 재산권의 사회성과 공공성을 강조하는 사회적 시장경제질서라고 할 수 있다.[227]

손해에 대한 배상책임을 가해자가 부담한다는 과실책임원칙은 헌법 제119조 제1항의 자유시장 경제질서에서 파생된 것으로(헌재 1998. 5. 28. 96헌가4등 참조) 오늘날 민사책임의 기본원리이다."

225) 헌재 1989. 12. 22. 88헌가13, 판례집 1, 357, 368.

226) 헌재 1996. 4. 25. 92헌바47, 판례집 8-1, 370, 380; 헌재 1991. 6. 3. 89헌마204, 판례집 3, 268, 281 재판관 변정수, 김양균의 반대의견.

227) 헌법상 경제질서를 '사회적 시장경제질서'로 이해할 수 있는지에 관해서는 논란이 있다. 사회적 시장경제질서를 혼합경제의 독일식 적용이라는 독일의 특수한 경제질서모델로 이해하면 독일과는 다른 헌법상 경제조항이 있을 뿐 아니라 독일과 다른 사회(복지)국가의 발전과 현실을 갖는 한국의 경제질서를 독일의 특수한 사정을 반영한 사회적 시장경제질서로 설명하는 것이 타당한지에 관해서 의문이 제기된다(헌법상 경제질서를 사회적 시장경제질서로 이해하는 것이 부적절하다는 견해로는 권영설, 「국가와 경제-경제질서의 헌법적 기초」, 『공법연구』 제16집, 한국공법학회, 1988, 10쪽; 김문현, 「현행헌법상의 경제질서의 성격」, 『고시계』 제42권 제9호(통권 제487호), 국가고시학회, 1997. 9., 94쪽; 정순훈, 「우리 헌법상 경제질서와 경제규제의 한계」, 『공법연구』 제16집, 한국공법학회, 1988, 173쪽; 전광석, 「헌법 제119조」, 『헌법주석[법원, 경제질서 등]』, 경인문화사, 2018, 1493쪽). 다만, 사회적 시장경제질서를 독일의 특수한 경제질서모델이 아니라 수정자본주의와 사회복지국가를 추구하는 혼합경제질서의 보편적 경제질서모델로 인식하면 헌법상 경제질서를 사회적 시장경제질서로 이해하더라도 무리가 없다(헌법상 경제질서를 사회적 시장경제질서로 이해하는 견해로는 계희열, 『헌법학(상)(신정2판)』, 박영사, 2005, 394쪽; 권영성, 『헌법학원론(개정판)』, 법문사, 2010, 167쪽; 김철수, 『학설·판례 헌법학(전정신판)(상)』, 박영사, 2009, 615~617쪽; 김하열, 『헌법강의(제3판)』, 박영사, 2021, 175~176쪽; 방승주, 『헌법강의 Ⅰ』, 박영사, 2021, 262쪽; 석인선, 『헌법총론』, 세창출판사, 2014, 133쪽; 성낙인, 『헌법학(제21판)』, 법문사, 2021, 292쪽; 이준일, 『헌법학강의(제7판)』, 홍문사, 2019, 182쪽; 한수웅, 『헌법학(제11판)』, 법문사, 2021, 324쪽; 허 영, 『한

(2) 사유재산제의 부분적 제한

헌법은 재산권의 사회적 구속성(제23조 제2항), 국토의 이용·개발, 토지소유권의 공공성(제122조), 자연자원의 부분적 사회화(제120조 제1항), 기업의 국유화와 공유화(제126조) 등을 규정하여 사유재산제에 부분적 제한을 가한다.

① 재산권의 사회적 구속성·사회적 의무성

헌법은 "재산권의 행사는 공공복리에 적합하도록 하여야 한다."(제23조 제2항)라고 하여 재산권의 사회적 구속성·사회적 의무성을 규정함으로써 재산권의 절대성을 인정하지 아니하고 재산권도 상대적인 권리임을 분명히 밝힌다.

② 토지소유권의 공공성·사회적 구속성·사회적 의무성

헌법은 "국가는 국민 모두의 생산 및 생활의 기반이 되는 국토의 효율적이고 균형 있는 이용·개발과 보전을 위하여 법률이 정하는 바에 의하여 그에 관한 필요한 제한과 의무를 과할 수 있다."(제122조)라고 하여 토지소유권의 공공성·사회적 구속성·사회적 의무성을 규율한다.[228] 특히 토지소유권의 공공성과 관련하여 '토지공개념' 제도화가 문제 된다.[229]

③ 자연자원의 부분적 사회화

헌법은 "광물 기타 중요한 지하자원·수산자원·수력과 경제상 이용할 수 있는 자연력은 법률이 정하는 바에 의하여 일정한 기간 그 채취·개발 또는 이용을 특허할 수 있다."(제120조 제1항)라고 하여 자연자원의 사회화를 전제로 한 특허를 규정한다. 여기서 사회화는 공법적 수단을 통해서 개인 소유의 재산을 국·공유화하거나 그 재산권의 성질 또는 내용에 변경을 가하는 것으로서, 특히 자연자원의 사회화를 광업법, 수산업법, 전기사업법, 공유수면관리법이 구체화한다.

④ 기업의 예외적 사회화

헌법은 "국방상 또는 국민생활상 긴절한 필요로 인하여 법률이 정하는 경우를 제외하고

국헌법론(전정17판)』, 박영사, 2021, 180쪽; 홍성방, 『헌법학(하)(제3판)』, 박영사, 2014, 415쪽). 헌법재판소도 헌법상 경제질서를 사회적 시장경제로 본다(헌재 1995. 7. 21. 94헌마125, 판례집 7-2, 155, 162; 헌재 1996. 4. 25. 92헌바47, 판례집 8-1, 370, 380; 헌재 2001. 2. 22. 99헌마365, 판례집 13-1, 301, 316; 헌재 2001. 6. 28. 2001헌마132, 판례집 13-1, 1441; 헌재 2009. 9. 24. 2006헌마1264, 판례집 21-2상, 659, 676).

228) 헌재 1989. 12. 22. 88헌가13, 판례집 1, 357, 376: "토지거래허가제는(토지 등의 거래계약이 허가되었을 경우에는 제한의 해제로서 별 문제 될 것이 없고 토지 등의 거래계약이 불허가되었을 경우에도) 사유재산제도의 부정이라 보기는 어렵고 다만 그 제한의 한 형태라고 봐야 할 것… 토지거래허가제는 헌법이 명문으로 인정하고 있는(헌법 제122조) 재산권의 제한의 한 형태로서 재산권의 본질적인 침해라고는 할 수 없는 것이다."

229) 토지공개념은 토지는 그 소유자가 누구든 그것의 기능·적성이나 그것이 위치하는 지역에 따라 공공복리를 위해서 가장 효율적으로 이용되지 않으면 안 되고, 이를 위해서 국가의 적절한 규제가 있어야 한다는 원칙이다. 헌법적 근거로서 제23조 제2항, 제119조 제2항, 제120조 제2항, 제122조를 들 수 있다. 이를 구체화하는 법률로서 국토기본법·'개발이익 환수에 관한 법률'·'국토의 계획 및 이용에 관한 법률'이 있다(택지소유상한에관한법률과 토지초과이득세법은 폐지되었다).

는, 사영기업을 국유 또는 공유로 이전하거나 그 경영을 통제 또는 관리할 수 없다.”(제126조)라고 하여 기업의 예외적 사회화를 규정한다. 사유재산제를 기초로 하는 자유시장경제질서에서 기업의 국유화나 공유화는 원칙적으로 인정될 수 없지만, 특별한 때에 법치국가원리에 따른 예외적 사회화가 인정될 수 있다. 법률이 정하는 바에 따라서 사기업을 국유화·공유화하면 그에 대한 정당한 보상을 지급하여야 한다(헌법 제23조 제3항).

(3) 시장경제보완적 제한
① 경제계획

헌법은 시장경제의 폐해를 막고 보완하기 위해서 시장경제를 제한하는 경제계획을 규정한다. “… 경제에 관한 규제와 조정을 할 수 있다.”(제119조 제2항)라고 하여 경제에 대해 국가가 개입할 수 있음을 규정하면서, “국토와 자원은 국가의 보호를 받으며, 국가는 그 균형 있는 개발과 이용을 위하여 필요한 계획을 수립한다.”(제120조 제2항), “국가는 농업 및 어업을 보호·육성하기 위하여 농·어촌종합개발과 그 지원 등 필요한 계획을 수립·시행하여야 한다.”(제123조 제1항)라고 하여 특히 국토와 자원, 농업 및 어업에 관한 경제계획을 규정한다. 이러한 국가의 경제계획을 국토기본법, ‘국토의 계획 및 이용에 관한 법률’, 농지법, ‘한국농어촌공사 및 농지관리기금법’이 구체화한다.

② 독과점적 시장 지배와 경제력 남용 방지

헌법은 “… 시장의 지배와 경제력의 남용을 방지하며 …”(제119조 제2항)라고 규정하여 시장경제의 커다란 단점인 독점 및 독과점적 시장 지배와 경제력 남용을 규제한다. 독과점 폐해를 방지하려는 법률로는 ‘독점규제 및 공정거래에 관한 법률’이 있다.

③ 대외무역의 규제·조정

헌법은 “국가는 대외무역을 육성하며, 이를 규제·조정할 수 있다.”(제125조)라고 하여 대외무역을 규율한다. 국가는 대외무역의 경쟁력을 강화하는 데 필요한 조치를 취할 수 있고 무역활동에 관한 규제뿐 아니라 일정한 계획에 따른 조정도 할 수 있다. 대외무역에 관한 규제와 조정을 대외무역법이 구체화한다.

④ 소비자보호운동 보장

헌법 제124조는 “국가는 건전한 소비행위를 계도하고 생산품의 품질향상을 촉구하기 위한 소비자보호운동을 법률이 정하는 바에 의하여 보장한다.”라고 규정하여 소비자보호운동을 보장한다. 이는 현대 자유시장경제질서 아래에서 생산물품이나 용역의 가격이나 품질 결정, 그 유통구조 등의 결정 과정이 지나치게 사업자 중심으로 왜곡되어 소비자들이 사회적 약자의 지위에 처하게 되는 결과 구조적 피해를 입을 수 있음을 인식하고, 미약한 소비자들의 역량을 사회적으로 결집시키기 위해서 소비자보호운동을 최대한 보장·촉진하도록 국가에 요구함으로써, 소비자 권익을 옹호하고 나아가 시장 지배와 경제력 남용을 방지하며 경제주체 사이의 조화를 통해서 균형 있는 국민경제 성장을 도모할 수 있도록 소비자 권익에 관한 헌법적 보호를 창설한 것이다.[230] 헌법 제124조에 따라 소비자의 권리를 마련하고 구체적으로 보장하려고 제정된 법률로는 소비자기본법, '제조물 책임법', '전기용품 및 생활용품 안전관리법', '부정경쟁방지 및 영업비밀보호에 관한 법률', 식품위생법 등이 있다.

현행 헌법이 보장하는 소비자보호운동은 '공정한 가격으로 양질의 상품 또는 용역을 적절한 유통구조를 통해 적절한 시기에 안전하게 구입하거나 사용할 소비자의 제반 권익을 증진할 목적으로 이루어지는 구체적 활동'을 뜻한다. 단체를 조직하고 이를 통해서 활동하는 형태, 즉 근로자의 단결권이나 단체행동권과 비슷한 활동뿐 아니라, 하나 또는 그 이상의 소비자가 같은 목표로 함께 의사를 합치하여 벌이는 운동이면 모두 이에 포함된다. 이 소비자보호운동이 보장됨으로써 비로소 소비자는 단순한 상품이나 정보의 구매자로서가 아니라 상품의 구매와 소비 과정에서 발생하는 생산자나 공급자에게서 부당한 지배와 횡포를 배제하고 소비자 이익을 수호하는 소비주체가 될 수 있다.[231]

5. 그 밖의 경제조항

헌법은 경제질서와 관련하여 그 밖에도 다양한 경제원칙과 경제정책을 규정한다. 경자유전 원칙·소작제 금지와 농지임대차·위탁경영 허용(제121조), 지역경제의 균형발전 원칙과 국가의 지역경제육성의무(제123조 제2항), 국가의 중소기업 보호·육성의무(제123조 제3항), 농·어민 보호(제123조 제1항, 제4항, 제5항), 과학기술 혁신과 정보·인력 개발(제127조 제1항), 국가표준제도 확립(제127조 제2항), 과학기술 혁신과 정보·인력개발을 위한 자문기구 설치(제127조 제3항) 등을 규정한다.

6. 경제민주화의 의미

헌법 제119조 제2항은 "경제주체간의 조화를 통한 경제의 민주화를 위하여 경제에 관한 규제와 조정을 할 수 있다."라고 규정한다. 여기서 '경제주체간의 조화를 통한 경제의 민주화'는 경제영역에서 의사결정권 집중을 완화한다는 의미이다.[232] 헌법재판소는 "헌법 제119조 제2항에 규정된 '경제주체간의 조화를 통한 경제민주화'의 이념도 경제영역에서 정의로운 사회질서를 형성하기 위하여 추구할 수 있는 국가목표로서 개인의 기본권을 제한하는 국가행위를 정당화하는 헌법규범"이라고 한다.[233]

---

230) 헌재 2011. 12. 29. 2010헌바54등, 판례집 23-2하, 558, 574-575.
231) 헌재 2011. 12. 29. 2010헌바54등, 판례집 23-2하, 558, 575-576.
232) 양 건, 『헌법강의(제10판)』, 법문사, 2021, 224쪽.
233) 헌재 2004. 10. 28. 99헌바91, 판례집 16-2하, 104.

7. 사회적 시장경제질서에서 국가 개입(간섭)의 한계

(1) 보충성(원칙): 사유재산제와 사적 자치가 존중되는 범위 안에서 허용

헌법상 경제질서는 사회적 '시장경제'질서이므로 국가의 경제에 대한 규제와 조정에는 일정한 한계가 있다. 먼저 시장경제질서는 경제주체의 경제상 자유를 최대한 보장하라고 요청하므로, 국가의 경제에 대한 규제와 조정도 보충성원칙에 입각하여, 시장경제질서의 기초인 사유재산제도와 경제행위에 대한 사적 자치 원칙이 존중되는 범위 안에서만 허용된다.234)

(2) 전면적 사회화 · 계획화 불허용

헌법상 경제질서에서 사유재산의 사회화와 경제계획은 자본주의의 기본틀 안에서 국민경제의 균형 있는 발전을 위해서 허용될 수 있을 뿐이다. 사회주의적 계획경제와 같이 전면적으로 사유재산을 사회화한다든지 국가경제를 계획하는 것은 인정되지 않는다.

(3) 법치국가원리의 한계

국가가 시장경제질서의 바탕을 이루는 사유재산제와 사적 자치가 존중되는 범위 안에서 사유재산과 경제활동의 자유에 관해서 규제와 조정을 할 때도 법치국가원리에 따라야 한다. 국가는 적법절차에 따라서 규제 · 조정행위를 하여야 하고, 수권 범위 안에서 정당한 목적에 비례적인 수단으로만 경제에 관한 규제와 조정을 할 수 있다.

(4) 사유재산권의 본질적 내용 침해금지/재산권을 제한 · 수용할 때의 보상

특히 국가가 개인의 사유재산권을 제한할 때, 재산권을 제한하여서 얻는 이익과 침해되는 재산권 사이에 실제적 조화가 이루어져야 하고, 제한에 관해서는 정당한 보상을 하여야 한다(헌법 제23조 제3항). 그러나 사유재산권의 본질적 내용을 침해하는 것은 허용될 수 없다.

---

234) 헌재 1989. 12. 22. 88헌가13, 판례집 1, 357, 376-377.

제 7 장

기본제도

제 7 장   기본제도

제 1 절   정당제도

Ⅰ. 헌법과 정당

1. 정당에 대한 헌법 태도 변천

정당이 헌법에 규정되기까지는 오랜 시간이 걸렸다. 헌법이나 헌법학은 정당에 관해서 오랫동안 무관심하였다. 하인리히 트리펠(Heinrich Triepel)은 정당에 대한 국가 태도를 ① 적대시단계, ② 무시단계, ③ 승인과 합법화단계, ④ 헌법에 편입하는 단계로 나눈다.[1] 이러한 발전단계는 독일 정당발전사에 해당하는 것이지만, 부분적으로 다른 나라에서도 비슷한 현상을 찾아볼 수 있다.

2. 한국 헌법상 정당규정 변천

1948년 헌법은 정당에 관한 규정을 두지 않고 묵인하였다. 1960년 헌법은 제13조 제2항에서 정당 보호를 규정하고 위헌정당 해산은 헌법재판소 판결을 따르도록 규정하여 정당을 헌법에 수용하였다. 그리고 1962년 헌법은 정당국가를 지향하여 대통령이나 국회의원 후보자는 정당 추천을 받아야 입후보할 수 있고, 정당이 해산하거나 정당을 탈당하면 의원직을 상실하도록 하였다. 그러나 1972년 헌법은 국회의원의 무소속 입후보를 허용하고 통일주체국민회의 대의원선거에는 당원의 입후보를 금지함으로써 정당국가적 경향을 약화하였다. 1980년 헌법은 정당에 대한 국고보조조항을 신설하고(제7조 제3항) 정당 추천을 받은 대통령이나 국회의원 후보자는 무소속 후보자와 차별하여 우대하는 규정을 두었다(제39조 제2항; 대통령선거법 제110조 제2항, 제100조 제2항; 국회의원선거법 제27조 제2항, 제33조, 제34조 등 참조). 현행 헌법은 제8조 제2항에서 정당의 조직과 활동뿐 아니라 그 목적도 민주적이어야 한다고 규정한다.

3. 헌법 제8조의 정당과 헌법 제21조의 결사의 관계

정당은 단순히 단체 혹은 단체 구성원의 의사 소통과 관련된 기본권에 기초하여 국가의사

---

[1] Heinrich Triepel, Die Staatsverfassung und die politischen Parteien, 2. Aufl., Berlin 1930, S. 12, 자세한 것은 S. 13 ff. 참조.

형성에 영향을 미치는 것에 그치지 않고, 일반 단체와는 달리 여러 형태로 국가의사 형성과 정에 '직접 참여'한다는 점에 그 특수성이 있다. 그리고 정당은 자신의 정강·정책에 관해서 선거라는 형태로 국민의 정당성 심사를 받는다. 따라서 정당은 한편으로는 이익단체의 성격을 띠지만, 다른 한편으로는 순수한 이익단체 단계에 머물지 않고, 다원적인 가치공동체인 국가에서 자신의 정치적 이념에 기초하여 공익을 지향한다는 의미에서 공공성을 내재한다.[2] 이러한 의미에서 정당은 다른 결사와는 구별된다.

Ⅱ. 정당의 개념과 의의·기능

1. 정당의 개념

정당법을 따르면 정당은 형식상으로는 정당법 제17조(법정시·도당수)와 제18조(시·도당의 법정당원수)의 요건을 갖추어 중앙선거관리위원회에 등록한 결사체를 일컫는다(정당법 제4조).[3] 그러나 헌법 자체에는 정당의 개념 정의가 없다. 하지만 헌법 우위로 말미암아 정당법의 정당 개념이 헌법에 합치하는지가 심사되어야 한다. 따라서 정당법에 따라 정당 개념을 정의하는 것은 타당하지 않다. 정당 개념은 헌법을 해석하여 정의되어야 한다.[4]

먼저 ① 어떤 결사가 정당이 되려면 국민의 정치적 의사 형성에 직접 참여하여야 한다(헌법 제8조 제2항 참조). 대의제를 중심으로 민주(국가)원리(민주주의)를 구체화하는 한국 헌법에서 국민이 자신의 정치적 의사를 공식적으로 표현하는 핵심 방식은 선거이다. 따라서 정당이 국민의 정치적 의사 형성에 참여한다는 것은 무엇보다 정당이 선거에 참여한다는 것을 뜻한다. 이는 정당이 정치적 견해를 주장하여 유권자의 의사 형성에 영향을 미치거나 공직선거에 후보를 추천하고 지원하는 것으로 나타난다. 최종적으로 정당은 국민 다수의 지지를 얻어 정권을 획득하는 것을 목표로 한다. 따라서 선거에 후보자를 내지 않고 이념만을 내세우는 결사는 헌법상 정당으로 볼 수 없다. 그러나 선거에 참여하여 원내의석을 얻지 못하여도 정당 개념에서 배제되는 것은 아니다.[5] 단독 수권능력(정권을 인수할 능력)이 정당 자격을 가늠하는 기준도 아니다. 정당이 선거에 참여한다는 점에서 정당은 선거 준비 조직의 속성이 있다. 그러나 정당은 유권자의 의사를 선거 이외의 방법으로도 국가의사 형성에 반영되도록 한다는 점에서 선거 준비 조직 이상의 의미가 있다.

---

2) 헌재 2003. 10. 30. 2002헌라1, 판례집 15-2하, 17, 32; 헌재 2004. 12. 16. 2004헌마456, 판례집 16-2하, 618, 630 등 참조.

3) 헌재 1991. 3. 11. 91헌마21, 판례집 3, 91, 113도 헌법 제8조의 정당 개념을 이렇게 정의한다.

4) 이에 관해서 자세한 검토는 정태호, 「정당설립의 자유와 현행 정당등록제의 위헌성에 대한 관견」, 『인권과 정의』 제343호, 대한변호사협회, 2005. 3., 98~105쪽.

5) 정만희, 「제8조」, 『헌법주석[Ⅰ]』, 박영사, 2013, 216쪽.

다음으로 ② 정당은 국민의 정치적 의사 형성에 참여하는 데 필요한 객관적 조건을 확보하여야 한다(헌법 제8조 제2항 참조). 정당이 국민의 정치적 의사 형성에 직접 참여하려면 적지 아니한 인적·물적 자원이 필요하다. 그러나 이를 모든 정당이 같은 정도로 확보할 수는 없다. 특히 창당 과정에 있거나 갓 만들어진 신생 정당에 기성정당과 같은 정도의 객관적 조건을 갖추라고 요구할 수는 없다. 창당을 통해서 국민의 정치적 의사 형성에 참여하려는 의도의 진지성을 표출하고 나서(이때 참여의지가 중요하다) 이후 자신의 사실적 상태, 특히 조직의 범위와 공고성, 구성원의 수, 대중 앞에 출현하는 빈도, 국민의 인지도 등을 기준으로 목표 추구의 진지성을 충분히 보증하여야 한다. 이러한 점에서 어떤 정치적 결사의 존속기간을 포함한 그 사실적 상태를 종합적으로 평가하여, 그 결사가 천명한 국민의 정치적 의사 형성에 참여하려는 의도를 진지하게 추구한다고 추론할 수 있으면, 그 결사는 헌법상 정당이다. 따라서 그 조직의 정도와 활동에 비추어 보면 명백히 국민의 정치적 의사 형성에 영향을 미칠 수 없고 이 목표 추구가 명백히 비현실적이고 가망이 없어서 진지성이 있다고 볼 수 없는 정치적 결사는 헌법상 정당으로 볼 수 없다.

끝으로 ③ 정당은 국민의 자발적 조직이어야 한다(헌법 제8조 제1항 참조). 정당이 국민의 정치적 참여 수단이라는 점에서 정당의 구성원은 대한민국 국적자이어야 한다. 따라서 외국인은 헌법이 보장한 정당설립의 자유 주체가 될 수 없다(정당법 제22조 제2항). 그리고 주권자인 국민에 대한 직접적인 영향력 행사를 위해서 자연인만 정당 구성원이 될 수 있다. 또한, 정당설립의 자유라는 측면에서 정당은 국민의 '자발적 조직'이어야 한다. 따라서 관권이 강제로 조직한 정치단체는 헌법상 정당이 될 수 없다.

요컨대 헌법 제8조의 정당은 지속해서 또는 비교적 장기간 대한민국 영역 안에서 국민의 정치적 의사 형성에 영향을 미치고 대의기관에 관여하려는 목적이 있으며, 그 사실적 상태, 특히 조직의 범위와 공고성, 구성원의 수, 대중 앞에 출현하는 빈도, 국민의 인지도 등을 종합하면, 자신의 정치적 목적에 대한 진지성을 충분히 보증할 수 있는 국민의 자발적인 정치적 결사를 말한다. 정당법은 정당법에 따라서 등록된 정당만 '정당'이라는 명칭을 사용할 수 있다고 규정한다(제41조 제1항). 그러나 정당이라는 명칭을 사용하는지는 어떤 조직이 정당인지를 가리는 기준이 될 수 없다. 그리고 어떤 조직의 이름 자체도 그 조직이 정당인지를 판명하는 기준이 될 수 없다. 정당의 등록 여부도 정당 개념의 표지가 아니다. 현행 정당법이 등록을 정당의 성립요건으로 규정하나(제4조), 이는 헌법에 어긋난다. 정당의 지위, 특히 헌법 제8조 제4항의 특권은 헌법이 요구하는 정당 표지를 충족함으로써 자동으로 발생하는 것이지, 법률상 제도인 등록 여부에 따라서 좌우되는 것이 아니기 때문이다.[6] 정당이 여타의 견

---

6) 김하열, 『헌법소송법(제4판)』, 박영사, 2021, 750쪽; 정태호, 「정당설립의 자유와 현행 정당등록제의 위헌성에 대한 관견」, 『인권과 정의』 제343호, 대한변호사협회, 2005. 3., 104~105, 113쪽.

지에서 사실상 헌법적 질서에 어긋나지 않는다는 것도 정당의 개념 표지는 아니다.[7] 어떤 조직이 설사 자유민주적 기본질서를 침해하더라도, 그것은 헌법적 의미의 정당이다. 헌법재판소는 헌법과 정당법상 정당의 개념적 징표로서 ① 국가와 자유민주주의나 헌법질서를 긍정할 것, ② 공익 실현에 노력할 것, ③ 선거에 참여할 것, ④ 정강이나 정책이 있을 것, ⑤ 국민의 정치적 의사 형성에 참여할 것, ⑥ 계속적이고 공고한 조직을 구비할 것, ⑦ 구성원들이 당원이 될 수 있는 자격을 구비할 것 등을 든다.[8]

2. 정당의 기능

오늘날 민주주의의 형태가 다종다양한 정치적 의사가 있는 일반 대중의 정치 참여가 이루어지는 대중민주주의로 변모됨에 따라서, 국민의사를 효율적으로 형성하는 데 필연적으로 정당의 역할이 증대된다. 이에 따라서 정당은 ① 국민의 의사를 수렴하여 국가의사에 반영될 수 있도록 교량 역할을 하는 중개적 기능, ② 적극적으로 국민의 정치적 의사 형성 과정에 관여하여 이를 올바른 방향으로 유도하는 계도적 기능, ③ 공직선거 후보자 추천 등을 통해서 앞날의 새로운 정치지도자를 발굴·지원하는 정치지도자 양성기능, ④ 여당과 야당 사이의 견제와 균형을 통한 권력분립적 기능 등을 수행한다.[9]

Ⅲ. 정당의 헌법상 지위와 정당의 법적 존재형식

1. 정당의 헌법상 지위

(1) 공공의 지위[10]

정당의 헌법상 지위와 관련하여, ① 정당이 국정 운영에서 수행하는 기능에 비추어 국가기관 중의 하나로 보는 국가기관설, ② 정당은 국가기관처럼 법이 정하는 권한 범위 안에서 법이 정하는 절차에 따라서만 활동하는 것이 아니라 사회적 영역에서 자유롭게 활동하는 것을 본질로 한다는 사적 결사설 등이 있다. 그러나 ③ 정당이 정치적 의사 형성이라는 공적

---

7) 헌법상 정당이 되려면 먼저 그것이 국가와 헌법질서를 긍정하는 정치단체이어야 한다는 견해도 있다(정만희, 「제8조」, 『헌법주석[Ⅰ]』, 박영사, 2013, 216쪽).

8) 헌재 2006. 3. 30. 2004헌마246, 판례집 18-1상, 40, 412-413.

9) 헌법재판소는 "정당은 자발적 조직이기는 하지만 다른 집단과는 달리 그 자유로운 지도력을 통하여 무정형적(無定型的)이고 무질서적인 개개인의 정치적 의사를 집약하여 정리하고 구체적인 진로와 방향을 제시하며 국정을 책임지는 공권력으로까지 매개하는 중요한 공적 기능을 수행"한다고 한다(헌재 1991. 3. 11. 91헌마21, 판례집 3, 91, 113).

10) 계희열, 『헌법학(상)(신정2판)』, 박영사, 2005, 277~278쪽; 콘라드 헷세, 계희열 역, 「현대 국가에 있어서 정당의 헌법상 지위」, 『헌법의 기초이론』, 박영사, 2001, 113~121쪽; Konrad Hesse, Grundzüge des Verfassungsrechts der Bundesrepublik Deutschland, 20. Aufl., Heidelberg 1995, Rdnr. 177 (콘라드 헷세, 계희열 역, 『통일독일헌법원론』, 박영사, 2001, 111~112쪽).

기능을 수행하는 점에서 보면, 국가와 국민(사회)을 매개하는 중간자로 보는 중개체설이 타당하다.[11] 즉 정당의 헌법상 지위는 국가기관의 지위와 같을 수 없다. 헌법재판소도 중개체설을 따르는 것으로 보인다.[12] 그렇지만 정당의 법적 지위는 사적 단체의 법적 지위와 같다고 할 수도 없다. 즉 정당은 확실히 국가활동에 관해서 광범한 영향력 행사 가능성과 국가기관과 이루어지는 밀접한 결합으로 말미암아 정치적 의사 형성 과정에 참여한 다른 요소와 분명히 구별되고 국가에 아주 가깝게 접근하는 것이 사실이다. 정당은 '국가'기관적 성질이 있음을 볼 수 있다. 그러나 정당은 국가조직 일부는 아니다. 여기서 정당의 헌법상 지위가 독특한 공적 지위라는 것이 표현된다. 이 공적 지위는 조직화한 국가제도 영역이 아니라, 비국가적인 것과 국가적인 것의 과도영역에 그 뿌리를 둔다. 이 과도영역은 바로 정치적 통일 형성 분야이다. 이 분야에서 정당의 임무와 활동은 정치적 의사의 예비형성에 참여하는 다른 요소와는 본질적으로 구별된다. 그래서 정당은 다른 요소와 구별되는 공공의 지위가 있다.

(2) 자유의 지위[13]

정당은 헌법상 자유의 지위가 있다. 정당의 자유의 지위는 대외적 자유와 대내적 자유를 포함한다.

① 대외적 자유

정당의 대외적 자유는 국가의 침해와 영향에서 벗어날 자유를 뜻한다. 즉 정당의 설립,[14] 가입, 탈퇴는 자유이고 국가권력은 이에 간섭하거나 영향력을 행사할 수 없다(헌법 제8조 제1

---

11) 같은 견해: 구병삭, 『신헌법원론(개정판)』, 박영사, 1996, 232~233쪽; 권영성, 『헌법학원론(개정판)』, 법문사, 2010, 190쪽; 김철수, 『학설·판례 헌법학(전정신판)(상)』, 박영사, 2009, 402쪽; 김학성/최희수, 『헌법학원론(전정5판)』, 피앤씨미디어, 2021, 159~160쪽; 석인선, 『헌법총론』, 세창출판사, 2014, 162쪽; 성낙인, 『헌법학(제21판)』, 법문사, 2021, 240쪽; 정만희, 「헌법 제8조」, 『헌법주석[Ⅰ]』, 박영사, 2013, 241쪽; 한수웅, 『헌법학(제11판)』, 법문사, 2021, 213~214쪽; 홍성방, 『헌법학(상)(제3판)』, 박영사, 2016, 181쪽.

12) 헌재 2003. 10. 30. 2002헌라1, 판례집 15-2하, 17, 32: "정당은 국민과 국가의 중개자로서 정치적 도관(導管)의 기능을 수행하여 주체적·능동적으로 국민의 다원적 정치의사를 유도·통합함으로써 국가정책의 결정에 직접 영향을 미칠 수 있는 규모의 정치적 의사를 형성하고 있다."

13) 계희열, 『헌법학(상)(신정2판)』, 박영사, 2005, 272~276쪽; 콘라드 헷세, 계희열 역, 「현대 국가에 있어서 정당의 헌법상 지위」, 『헌법의 기초이론』, 박영사, 2001, 100~109쪽; Konrad Hesse, Grundzüge des Verfassungsrechts der Bundesrepublik Deutschland, 20. Aufl., Heidelberg 1995, Rdnr. 172 ff. (콘라드 헷세, 계희열 역, 『통일독일 헌법원론』, 박영사, 2001, 109~110쪽).

14) 헌재 2004. 12. 16. 2004헌마456, 판례집 16-2하, 618, 625: "헌법 제8조 제1항이 명시하는 정당설립의 자유는 설립할 정당의 조직형태를 어떠한 내용으로 할 것인가에 관한 정당조직 선택의 자유 및 그와 같이 선택된 조직을 결성할 자유(이하 이를 포괄하여 '정당조직의 자유'라 한다)를 포함한다. 정당조직의 자유는 정당설립의 자유에 개념적으로 포괄될 뿐만 아니라, 정당조직의 자유가 완전히 배제되거나 임의적으로 제한될 수 있다면, 정당설립의 자유가 실질적으로 무의미해지기 때문이다. 또한 헌법 제8조 제1항은 정당활동의 자유도 보장한다. 정당의 설립만이 보장될 뿐 설립된 정당이 언제든지 다시 금지될 수 있거나 정당활동이 임의로 제한될 수 있다면, 정당설립의 자유는 사실상 아무런 의미가 없기 때문이다(헌재 1999. 12. 23. 99헌마135, 판례집 11-2, 800, 812; 1996. 3. 28. 96헌마9 등, 판례집 8-1, 289, 304; 2001. 10. 25. 2000헌마193, 판례집 13-2, 526, 537 참조). 이와 같이 헌법 제8조 제1항은 정당설립의 자유, 정당조직의 자유, 정당활동의 자유 등을 포괄하는 정당의 자유를 보장하고 있다."

항과 제2항). 따라서 정당조직의 국가화·관제화는 금지되므로 공무원은 정당활동을 할 수 없고(정당법 제22조 제1항 제1호), 누구든지 정당의 가입이나 탈당을 강요당하지 않으며(정당법 제42조), 복수정당제는 보장된다(헌법 제8조 제1항). 그리고 정당은 그 해산에서 일반 결사와는 달리 특별한 보호를 받는다(정당의 특권). 즉 정당은 그 목적이나 활동이 민주적 기본질서에 위배될 때만 해산될 수 있고, 그러한 때도 헌법재판소 해산결정을 통해서만 해산될 수 있다(헌법 제8조 제4항). 또한, 정당활동의 자유도 보장된다(정당법 제37조). 정당에 대한 국가 간섭을 배제하고 정당을 자유로운 조직체로 유지할 때만 정당은 국민의 정치적 의사 형성 담당자로서 그리고 중개자로서 부여받는 임무를 수행할 수 있다. 따라서 정당에 대한 국가권력의 간섭과 영향을 방지하기 위한 법적 보장이 필요하다.

오늘날 선진민주국가에서 정당의 대외적 자유와 관련하여 크게 문제가 되는 것은 국가 영향에서 벗어나는 정당의 자유를 유지하는 것보다 거대해진 노동조합과 같은 비국가적 단체의 영향에서 벗어나는 정당의 자유를 보호하는 것이다. 이러한 조직과 영향력은 정당을 통해서가 아니라 직접 자기 이익을 관철하려고 하고 정당을 압도할 정도가 되었기 때문이다. 이때 정당의 자유를 법적으로 보장할 수 없으므로 정당이 스스로 이에 대처할 능력을 갖추는 것이 중요하다.

② 대내적 자유

정당의 대내적 자유는 정당 안에서 자유로운 정치적 의사 형성이 가능하여야 한다는 것을 뜻한다(헌법 제8조 제2항). 자유롭게 정치적 의사를 형성하려면 당내민주주의가 확립되어야 한다. 오늘날 정당은 정치적 의사 형성의 담당자이고 중개자로서 민주주의의 불가결한 핵심적 요소이다. 따라서 정당의 민주화 없이 민주주의가 실현될 수 없다는 것은 단순한 논리적 추론이 아니라 실제적 명제이다. 그래서 정당의 대내적 자유는 결국 당내민주주의를 가리킨다.

자유로운 민주적 정치의사 형성은 상향식의 자유로운 의사 형성을 뜻한다. 먼저 정당은 상향식 의사 형성이 가능한 조직이 있어야 한다. 그러한 조직은 세포조직이나 군대식 조직에 기초하여서는 아니 되고 지역 단위의 상향식 조직이어야 한다. 각 지역 단위 조직도 최소한 당원의 총의를 반영할 수 있는 대의기관과 집행기관이 있어야 한다(정당법 제29조 제1항). 그리고 대의기관 결의는 서면이나 대리인을 통해서 의결할 수 없다(정당법 제32조). 다음으로 당내의 정치적 의사 형성에 자유롭게 참여할 수 있는 당원의 지위가 보장되어야 한다. 그리고 정당의 각급 지도기관은 정기적인 민주적 정당화가 이루어져야 한다. 무엇보다도 공직선거 후보자 결정은 당원이 가능한 한 직접 또는 당원의 직접 선출이 어려우면 공천을 위해서 당원이 특별히 선출한 기구에서 하여야 한다. 선거제도에 따라서 차이는 있지만, 공천이 곧 선거의 상당 부분을 차지하므로, 당원이 후보자를 결정하는 것만으로는 민주적 정당성을 갖기는 어렵다. 당원의 수는 선거권자의 수와 비교해서 매우 적은데다가 그나마 모든 당원이 공천과정에 참여하지도 않기 때문이다. 이를 보완하기 위한 여러 가지 시도(예를 들어 미국의 예비선거제도 등)에 관해서 관심을 기울일 필요가 있다.

(3) 평등의 지위[15]

정당에 부여된 국민의 정치적 의사 형성이라는 헌법적 과제 수행은 헌법상 자유의 지위를 전제하듯이, 기회균등원리 실현은 정당의 평등 지위를 전제로 한다.[16] 여기서 먼저 정당의 평등 지위는 정당에 자유의 지위가 보장될 때 함께 보장된다. 즉 정당의 설립, 존립과 활동의 자유가 보장될 때 정당의 기회 균등이 보장된다. 반대로 정당의 기회 균등은 정당의 자유를 보장한다. 여기서 자유와 평등은 서로 밀접한 내적 관련이 있음이 확인된다.

정당의 평등은 원칙적으로 도식적 평등을 뜻한다. 즉 대정당과 소정당이나 여당과 야당을 법적으로 차별하는 것은 원칙적으로 허용되지 않는다. 그러나 이러한 평등이 예외 없이 실현될 수는 없고 그 변형이 허용될 수밖에 없다. 즉 선거를 통해서 확실한 다수가 형성되고 능률적인 의회가 성립될 수 있어야 하고, 그럼으로써 통치할 수 있는 안정된 정부를 탄생시키는 것은 민주주의에서 필수적이다. 그리고 정치적 의사 형성 과정이 투명하여야 하고 명확한 책임을 지울 수 있어야 한다는 것도 민주적 질서의 과제이다. 따라서 평등원칙이 예외 없이 실현될 수는 없다. 이러한 평등원칙 변형이 정치권력을 장악할 때 기득권으로 작용하거나 기존 정당구도를 고정하는 작용을 하더라도 그 변형은 허용된다. 이러한 변형 기준이 구체적으로 어디에 있는지를 확정하기는 쉽지 않다. 예를 들어 선거법이나 국회법을 형성할 때 평등 기준과 정당에 대한 국고보조나 전파매체를 통한 선거운동에서 평등 기준은 같을 수는 없다.

2. 정당의 법적 존재형식(법적 지위)

정당의 법적 성격을 파악할 때 정당법이 규정하는 '국민의 자발적 조직'이라는 개념에 초점을 두어야 한다. 즉 정당은 국민 일반의 주도로 자생하고 국민 자신의 힘으로 조직되어야 한다. 정당을 제도화한 국가에 편입시키는 것은 정당에서 그 본질을 빼앗는 일이 된다. 따라

---

15) 계희열, 『헌법학(상)(신정2판)』, 박영사, 2005, 276~277쪽; 콘라드 헷세, 계희열 역, 「현대 국가에 있어서 정당의 헌법상 지위」, 『헌법의 기초이론』, 박영사, 2001, 110~113쪽; Konrad Hesse, Grundzüge des Verfassungsrechts der Bundesrepublik Deutschland, 20. Aufl., Heidelberg 1995, Rdnr. 176 (콘라드 헷세, 계희열 역, 『통일독일헌법원론』, 박영사, 2001, 110~111쪽).

16) 헌재 1991. 3. 11. 91헌마21, 판례집 3, 91, 113-114: "… 정당은 후보자의 추천과 후보자를 지원하는 선거운동을 통하여 소기의 목적을 추구하는데, 이 경우 평등권 및 평등선거의 원칙으로부터 나오는(선거에 있어서의) 기회균등의 원칙은 후보자에 대하여서는 물론 정당에 대하여서도 보장되는 것이며, 따라서 정당추천의 후보자가 선거에서 차등대우를 받는 것은 바로 정당이 선거에서 차등대우를 받는 것과 같은 결과가 되는 것이다. 이처럼 정당이 선거에 있어서 기회균등의 보장을 받을 수 있는 헌법적 권리는 정당활동의 기회균등의 보장과 헌법상 참정권보장에 내포되어 있다고 할 것이므로 헌법 제8조 제1항 내지 제3항, 제11호 제1항, 제24조, 제25조는 그 직접적인 근거규정이 될 수 있는 것이며, 헌법 전문과 제1조, 제41조 제1항, 제67조 제1항, 제37조 제2항, 제116조 제2항은 간접적인 근거규정이 될 수 있는 것이다."

서 정당은 기본적으로 사회 영역에 그 뿌리를 내리는 국민의 자발적 조직체로서 그 법적 지위는 민법상 권리능력 없는 사단이다. 헌법재판소도 정당의 법적 지위에 대해서 민법상 법인격 없는 사단이라고 본다.[17] 따라서 정당에는 헌법, 정당법, 민법, 당헌과 당규 순으로 적용된다. 그리고 정당과 관련된 법적 분쟁은 민사소송으로 다룬다.

Ⅳ. 정당의 성립과 소멸

1. 정당의 성립

정당법 제4조를 따르면 정당은 5 이상의 시·도당을 가지고(정당법 제17조), 시·도당은 1천명 이상의 당원이 있을 때(정당법 제18조) 중앙당이 중앙선거관리위원회에 등록함으로써 성립한다. 선거관리위원회는 정당법에 규정된 정당 등록 요건을 구비하여 등록을 신청하면 이를 수리하여야 하고, 정당의 설립 목적, 조직과 활동, 정치적 성격 등을 이유로 정당 등록을 거부할 수 없다.[18] 따라서 특정 정당의 위성정당이라는 것은 정당 등록 거부 사유가 아니다. 다만, 형식적 요건을 갖추지 못하면 상당한 기간을 정하여 그 보완을 명하고, 2회 이상 보완을 명하여도 응하지 아니하면 그 신청을 각하할 수 있다(정당법 제15조). 그러나 정당 등록은 헌법상 정당의 성립요건이 아니므로 정당은 헌법상 개념 표지를 충족할 때 등록 여부와 관계없이 성립한다.

16세 이상의 국민만 당원이 될 수 있다. 다만, ① 국가공무원 제2조나 지방공무원법 제2조에 규정된 공무원(다만, 대통령, 국무총리, 국무위원, 국회의원, 지방의회의원, 선거로 취임하는 지방자치단체의 장, 국회 부의장의 수석비서관·비서관·비서·행정보조요원, 국회 상임위원회·예산결산특별위원회·윤리특별위원회 위원장의 행정보조요원, 국회의원의 보좌관·비서관·비서, 국회 교섭단체대표의원의 행정비서관, 국회 교섭단체의 정책연구위원·행정보조요원과 고등교육법 제14조 제1항·제2항에 따른 교원은 제외), ② 사립의 초·중·고등학교의 교장, 교감, 교사, ③ 법령 규정에 따라서 공무원 신분이 있는 사람, ④ 선거권이 없는 사람은 당원이 될 수 없다(정당법 제22조). 그리고 18세 미만인 사람이 정당에 가입할 때는 법정대리인의 동의가 필요하다(정당법 제23조 제1항 제2문).

2. 정당의 소멸

정당은 해산을 통해서 소멸한다. 정당의 해산에는 자진해산과 강제해산이 있다.

(1) 자진해산

정당은 국민의 자발적인 결사이므로 당원의 자발적 해산 결의에 따라서 자유롭게 해산될

---

17) 헌재 1993. 7. 26. 92헌마262, 판례집 5-2, 211, 216; 홍성방, 『헌법학(상)(제3판)』, 박영사, 2016, 187쪽.
18) 대법원 2021. 8. 19. 선고 2020수5325 판결.

수 있다. 정당 설립이 자유인 것처럼 해산도 자유라는 것은 당연하다. 정당은 그 대의기관 결의로써 자유롭게 해산할 수 있고, 정당이 자진해산하면 그 대표자는 즉시 그 뜻을 관할 선거관리위원회에 신고하여야 한다(정당법 제45조). 자진해산 신고가 있으면 해당 선거관리위원회는 그 정당의 등록을 말소하고 즉시 그 뜻을 공고하여야 한다(정당법 제47조).

(2) 강제해산

정당은 헌법상 국민의 정치적 의사 형성이라는 중대한 과제를 지므로 함부로 강제해산될 수는 없다. 따라서 정당은 헌법재판소 심판에 따라서만 해산될 수 있다. 이는 일반 결사와 달리 정당만이 갖는 특권이다.

① 위헌정당해산제도의 의의

정당은 오늘날과 같은 민주주의에서 불가결한 요소이지만, 동시에 민주주의의 잠재적 파괴자이다. 즉 오늘날 권력이 있는 개인보다 (전체주의적) 정당이 민주주의를 더 위협하는 것이 현실이다. 따라서 헌법 제8조 제4항은 "정당의 목적이나 활동이 민주적 기본질서에 위배될 때에는 정부는 헌법재판소에 그 해산을 제소할 수 있고, 정당은 헌법재판소의 심판에 의하여 해산된다."라고 규정한다. 정당의 강제해산을 규정한 이 조항은 정당의 의무와 정당활동의 자유의 한계를 명시함으로써 정당 형식으로 조직된 자유민주주의의 적에게서 자유민주주의를 수호함과 동시에, 정당 해산에 엄격한 요건과 절차를 요구함으로써 정당에 다른 일반 결사보다 강력한 존속을 가능하게 하는 이른바 존립특권을 보장한다. 따라서 헌법 제8조 제4항의 위헌정당 해산은 헌법수호 수단으로서 방어적 민주주의(이나 전투적 민주주의)를 선언한 것으로 이해된다.[19] 위헌정당해산제도는 민주주의 방어를 위한 비민주적 수단으로서 '양날의 칼'

---

19) 계희열, 『헌법학(상)(신정2판)』, 박영사, 2005, 296쪽; 김대환, 『헌법재판론』, 서울시립대학교출판부, 2020, 106쪽; 김문현, 「정당해산심판에 관한 소고」, 『성균관법학』 제19권 제2호, 성균관대학교 비교법연구소, 2007, 3쪽; 김철수, 『학설판례 헌법학(상)』, 박영사, 2009, 177쪽; 김하열, 『헌법소송법(제4판)』, 박영사, 2021, 747쪽; 김학성/최희수, 『헌법학원론(전정5판)』, 피앤씨미디어, 2021, 169쪽; 박승호, 「헌법 제111조」, 『헌법주석[법원, 경제질서 등]』, 경인문화사, 2018, 1242쪽; 방승주, 『헌법강의 Ⅰ』, 박영사, 2021, 177, 643쪽; 성낙인/권건보/정 철/전상현/박진우/허진성/김용훈, 『헌법소송론(제2판)』 법문사, 2021, 428쪽; 신 평, 『헌법재판법(전면개정판)』, 법문사, 2011, 504쪽; 양 건, 『헌법강의(제10판)』, 법문사, 2021, 200쪽; 오호택, 『헌법소송법(제9판)』, 동방문화사, 2018, 228쪽; 이성환/정태호/송석윤/성선제, 『정당해산심판제도에 관한 연구』(헌법재판연구 제15권), 헌법재판소, 2004, 25쪽; 이준일, 『헌법학강의(제7판)』, 홍문사, 2019, 222, 1152쪽; 장영수, 『헌법학(제13판)』, 홍문사, 2021, 274, 1311쪽; 전광석, 『한국헌법론(제16판)』, 집현재, 2021, 136쪽; 정만희, 「제8조」, 『헌법주석[Ⅰ]』, 박영사, 2013, 260쪽; 정연주, 『헌법소송론(개정판)』, 법영사, 2019, 221쪽; 정종섭, 『헌법소송법(제9판)』, 박영사, 2019, 467~468쪽; 조재현, 『헌법재판론』, 박영사, 2013, 179쪽; 최희수, 『헌법소송법 요론(개정판)』, 대명출판사, 2015, 323쪽; 한수웅, 『헌법학(제11판)』, 법문사, 2021, 233, 1565쪽; 한수웅/정태호/김하열/정문식(정태호 집필), 『주석 헌법재판소법』, 헌법재판소 헌법재판연구원, 2015, 704쪽; 허 영, 『헌법소송법론(제16판)』, 박영사, 2021, 294쪽; 홍성방, 『헌법소송법』, 박영사, 2015, 180쪽; 같은 사람, 『헌법학(상)(제3판)』, 박영사, 2016, 193~194쪽 참조. 한국 헌법이 방어적 민주주의를 채택하고 있다는 헌법재판소 판례로는 헌재 1999. 12. 23. 99헌마135, 판례집 11-2, 800, 814; 헌재 2006. 4. 27. 2004헌마562, 판례집 18-1상, 574, 584; 헌재 2014. 12. 19. 2013헌다1, 판례집 26-2하, 1, 113.

과 같은 제도이다. 즉 이 제도는 오·남용될 때 본래 취지와는 반대로 민주주의를 위협할 수 있는 지극히 위험한 제도이다. 따라서 그 행사에 가장 엄격한 요건을 요구하여 엄격한 해석을 하여야 한다. 그리고 요건이 충족되더라도 이를 행사할 때 최대한 자제하고 신중을 기하여야 한다.

② 위헌정당 해산의 실질적 요건

(ⅰ) 정당

ⓐ 헌법적 의미의 정당

해산 대상은 헌법적 의미의 정당이다. 정당법 제4조에서 요구하는 등록을 마친 기성정당은 물론이고 헌법상 정당의 개념 표지를 충족하는 모든 정치적 결사도 정당해산심판의 대상이다. 정당 등록은 국고보조금이나 기탁금 분배 등에서는 창설적 효력이 있지만, 정당 성립과 관련하여서는 확인적 성격만 있기 때문이다. 정당의 방계조직, 위장조직, 대체정당 등은 정당 개념에서 제외된다. 이들은 일반 결사에 해당하므로 헌법 제21조가 적용된다.

ⓑ 창당준비위원회

창당준비위원회는 발기인이 구성되어 중앙선거관리위원회에 신고한 때부터 창당 등록을 마칠 때까지 창당을 목적으로 하는 정치결사를 뜻하고, 결성 단계에 있는 정당이다. 창당준비위원회의 법적 성격과 관련하여 일반결사설과 준정당설이 대립한다. 일반결사설은 창당준비위원회는 정치적 목적이 있는 일반 결사로서 법인격 없는 사단의 성격이 있는 것이라는 견해이다. 그 논거로는 (가) 정당법상 등록을 하지 못하였다는 점, (나) 정당법상 활동 범위가 창당의 목적 범위 안이라는 점(정당법 제8조 제1항)과 활동기간도 6월로 한정되고(정당법 제8조 제2항), 그 기간 안에 등록 신청을 하지 아니하면 소멸한 것으로 판단된다는 점(정당법 제8조 제3항)을 든다. 준정당설은 창당준비위원회를 정당에 준하는 것으로 보아야 한다고 한다. 그 논거로는 (가) 창당준비위원회는 정당 활동과 연속성이 있고, (나) 창당준비위원회를 아직 정당의 성격을 취득하지 못한 일반 정치결사로 보면 헌법재판소의 독점적 결정이 요구되는 정당해산과는 달리 정부 단독으로도 발할 수 있는 해산처분을 통해서 집권여당과 정부가 반대당 성립을 사전에 봉쇄할 수 있게 된다는 우려를 든다.

정당은 중앙당이 중앙선거관리위원회에 등록함으로써 성립한다. 정당 등록 때까지 이러한 정당의 업무를 담당하려고 창당준비위원회가 구성되고(정당법 제6조), 이 창당준비위원회는 선거관리위원회에 일정한 사항을 신고하여야 한다(정당법 제7조). 창당준비위원회는 오로지 창당의 목적 범위 안에서만 활동할 수 있고, 결성 6개월 안에만 활동할 수 있으며 그 이후 등록 신청을 하지 않으면 소멸하고, 정당으로 등록된 때도 소멸하게 된다(정당법 제8조). 따라서 모든 창당준비위원회에 곧 정당과 같은 지위를 부여할 수는 없다. 그러나 중앙선거관리위원회는 정당 등록 요건에 관한 실질적 심사권은 없고 형식적 요건만 갖추면 등록을 거부할 수 없으므로(정당법 제15조 본문), 등록은 확인적 성질이 있는 데 불과하다. 따라서 등록 여부가 정당의 실질을 결정하는 것은 아니다. 위헌정당해산제도를 통해서 정당의 존립특권을 보장하는 것은 헌법(제8조 제4항)이므로, 창당준비위원회에 헌법상 존립특권이 미치는지는 헌법(제8조 제4항) 해석에 따라서 결정될 문제이다. 따라서 헌법상 정당의 개념 표지를 충족하고 있는 한 창당준비위원회도 헌법 제8조 제4항의 '정당'에 포함된다고 해석하여야 한다. 그리고 창당준비위원회는 창당을 준비하는 단체이고 창당은 일련의 과정이며 창당 과정을 통해서 비로소 정당이 성립한다는 점에서 헌법상 정당의 개념 표지를 곧 충족할 예정이거나 충족해 나가는 창당준비위원회도 헌법 제8조 제4항의 '정당'에 포함된다고 보아야 한다. 결론적으로 정당의 실질을 갖추거나 갖추어 나가는 '결성 중의 정당'도 헌법상 정당으로 보아야 한다. 반대당 결성에 대한 사전방해를 방지하고 정당설립의 자유를 실질적으로 보장하기 위해서도 이러한 해석이 타당하다.

(ii) 목적과 활동

ⓐ 목적

정당의 목적은 어떤 정당이 추구하는 정치적 방향이나 지향점 혹은 현실 속에서 구현하고자 하는 정치적 계획 등을 통칭한다.[20] 정당의 목적은 정당의 공식적인 강령, 기본적인 정책과 당헌·당규, 당수와 당간부의 연설, 당기관지, 당의 출판물, 선전자료 등을 통해서 인식될 수 있다.[21] 만약 정당의 진정한 목적이 숨겨진 상태라면 공식 강령은 이른바 허울이나 장식에 불과할 것이다. 이러한 때는 강령 이외의 자료를 통해서 진정한 목적을 파악하여야 한다.[22]

ⓑ 활동

정당의 활동은 정당 기관의 행위나 주요 정당관계자, 당원 등의 행위로서 그 정당에게 귀속시킬 수 있는 활동 일반을 뜻한다.[23] 정당 활동에는 당수와 당간부의 활동뿐 아니라 당의

---

20) 헌재 2014. 12. 19. 2013헌다1, 판례집 26−2하, 1, 21; 김현철, 「정당해산심판의 목적 및 해산사유」, 『헌법학연구』 제22권 제2호, 한국헌법학회, 2016, 377쪽; 방승주, 『헌법강의 Ⅰ』, 박영사, 2021, 179쪽; 한수웅/정태호/김하열/정문식(정태호 집필), 『주석 헌법재판소법』, 헌법재판소 헌법재판연구원, 2015, 742쪽.

21) 김문현, 「정당해산심판에 관한 소고」, 『성균관법학』 제19권 제2호, 성균관대학교 비교법연구소, 2007, 5쪽; 김현철, 「정당해산심판의 목적 및 해산사유」, 『헌법학연구』 제22권 제2호, 한국헌법학회, 2016, 377쪽; 방승주, 『헌법강의 Ⅰ』, 박영사, 2021, 179~180쪽; 이성환/정태호/송석윤/성선제, 『정당해산심판제도에 관한 연구』(헌법재판연구 제15권), 헌법재판소, 2004, 128쪽; 정만희, 「제8조」, 『헌법주석[Ⅰ]』, 박영사, 2013, 261쪽.

22) 헌재 2014. 12. 19. 2013헌다1, 판례집 26−2하, 1, 21; 방승주, 『헌법강의 Ⅰ』, 박영사, 2021, 180쪽; 한수웅/정태호/김하열/정문식(정태호 집필), 『주석 헌법재판소법』, 헌법재판소 헌법재판연구원, 2015, 743쪽. 은폐된 목적을 찾아내 그것을 정당에 귀속시키는 입증작업이 지극히 어려울 뿐 아니라 그러한 정당을 해산할 실익 자체가 별로 없을 것이라는 견해로는 김선택, 「정당해산의 실체적 요건의 규범적합적 해석」, 『헌법연구』 제1권 제1호, 헌법이론실무학회, 162~163쪽.

23) 헌재 2014. 12. 19. 2013헌다1, 판례집 26−2하, 1, 21; 방승주, 『헌법강의 Ⅰ』, 박영사, 2021, 180쪽; 한수웅/정태호/김하열/정문식(정태호 집필), 『주석 헌법재판소법』, 헌법재판소 헌법재판연구원, 2015, 743쪽.

막후 실세, 나아가 평당원의 활동도 포함된다. 다만, 평당원의 활동은 개인적인 동기에 따른 활동이 아니라 당명에 따른 활동과 같이 정당의 활동으로 간주할 수 있는 범위 안의 것만 검토대상이 될 수 있다.24) 정식 당원이 아닌 정당 추종자의 활동까지 고려할 수 있는지가 문제되는데, 명문 규정은 없지만, 정당의 활동은 당원뿐 아니라 대외적으로 명백하게 그 정당을 지지하고 옹호하는 추종자를 통해서도 추정될 수 있다. 다만, 추종자임을 자처하는 사람의 소행이라는 이유로 당연히 검토대상이 되는 것은 아니고 그의 행위가 정당이나 정당원의 목적 및 활동과 일정한 관련이 인정되는 때로 제한할 필요가 있다.25)

(ⅲ) 민주적 기본질서 위배

헌법 전문과 제4조의 '자유민주적 기본질서'와는 달리 헌법 제8조 제4항은 '민주적 기본질서'라고 규정하므로 그 의미가 문제 된다. 이것의 해석과 관련하여, 사회민주적 기본질서까지 포함한다는 견해26)와 자유민주적 기본질서만을 뜻한다는 견해27)가 대립한다. 전자는 민주적 기본질서는 자유민주적 기본질서의 상위개념으로, 사회민주적 기본질서까지 포함한다는 견해로서, ⓐ 헌법이 '민주적' 기본질서라고 규정하므로 자유민주적 기본질서라고 한정할 이유가 없고, ⓑ 이를 자유민주적 기본질서라고 해석하면 복지와 사회정의의 요소를 무시하는 결과가 되며, ⓒ 사회적 복지국가원리에 어긋나는 극단적인 정당의 존립까지 보장할 수는 없다는 점을 근거로 든다. 후자는 민주적 기본질서와 자유민주적 기본질서는 같은 내용을 규정한 것이라는 견해로서, ⓐ 헌법상 경제질서 등의 내용 가운데 사회민주주의까지 수용하더라도, 정당의 해산사유는 자유민주주의 위배만으로 해석할 수 있고, ⓑ 정당 해산의 구실을 극소화하기 위해서는 제한적 해석이 필요하다는 점을 근거로 든다.

정당의 강제해산제도는 상대주의철학에 근거하여 절대적 가치를 인정하지 아니하는 민주주의 국가에서 '양쪽에 날이 있는 칼'처럼 지극히 위험한 제도이다. 특히 그 악용 가능성을 염두에 둔다면 적용의 실질적 요건은 가능한 한 엄격히 새겨야 한다. 현행 헌법상 복수정당제가 제도적으로 보장되고, 헌법 제8조 제4항은 정당존립 특권을 보장하는 것으로서 역으로 정당 해산 구실로 넓게 해석되어서는 안 된다. 그리고 국정 운영 철학이 다른 모든 세력이 정당으로 조직화하여 집권 경쟁을 벌이는 것이 민주국가의 전제조건인 만큼, 어느 정당도 더는

24) 김현철, 「정당해산심판의 목적 및 해산사유」, 『헌법학연구』 제22권 제2호, 한국헌법학회, 2016, 382쪽; 이성환/정태호/송석윤/성선제, 『정당해산심판제도에 관한 연구』(헌법재판연구 제15권), 헌법재판소, 2004, 132쪽; 정만희, 『헌법학개론』, 피앤씨미디어, 2020, 148쪽; 정연주, 『헌법소송론(개정판)』, 법영사, 2019, 227쪽.

25) 헌재 2014. 12. 19. 2013헌다1, 판례집 26−2하, 1, 21−22.

26) 김철수, 『학설판례 헌법학(상)』, 박영사, 2009, 419쪽; 정재황, 『신헌법입문(제11판)』, 박영사, 2021, 105, 140, 927쪽.

27) 계희열, 『헌법학(상)(신정2판)』, 박영사, 2005, 298쪽 주 207; 권영성, 『헌법학원론(개정판)』, 법문사, 2010, 195쪽; 성낙인, 『헌법학(제21판)』, 법문사, 2021, 149~150쪽; 양 건, 『헌법강의(제10판)』, 법문사, 2021, 201쪽; 이준일, 『헌법학강의(제7판)』, 홍문사, 2019, 224쪽; 정만희, 「제8조」, 『헌법주석[Ⅰ]』, 박영사, 2013, 261쪽; 한수웅, 『헌법학(제11판)』, 법문사, 2021, 1572~1574쪽; 홍성방, 『헌법학(상)(제3판)』, 박영사, 2016, 131~132, 196쪽.

다툴 수 없는 것으로서 만약 이를 다투면 해당 정당이 강제해산을 감수하여야 할 정도의 사항이려면 이론의 여지 없는 국가의 존립 기반인 국민의 기본적 가치 합의에 국한되어야 한다. 이러한 사항은 한국 헌법의 핵심내용으로서 헌법 개정의 내재적 한계에 해당하는 헌법 전문과 제4조의 '자유민주적 기본질서'이다. 따라서 민주적 기본질서는 자유민주주의와 사회민주주의의 어느 한 내용을 뜻하는 것으로 보기보다는, 민주주의와 법치국가의 기본적 요소를 결합한 한국 헌법의 중추적 핵심사항을 뜻하는 것으로 보아야 한다는 점에서, 이 개념에 관한 학설 대립은 무의미할 뿐 아니라 유해하기까지 하다. 위배는 헌법질서를 자유민주적이게 하는 헌법의 기초적 원리를 정당이 폐지하려는 의도를 가지고 배척함을 말한다.

민주적 기본질서의 내용은 매우 광범하고 추상적이다. 따라서 이를 옹글게(완벽하게) 실현하거나 실현할 수 있는 정당이 있을 수 있는지가 매우 의심스럽다. 이러한 점에서 이 내용을 어느 정도 침해하거나 위반한 때에 해산할 것인지는 애매할 뿐 아니라 어느 정도의 위반이 불가피하므로 야당 탄압의 수단이 될 위험성이 있다. 따라서 이 제도의 남용을 막고 정치적 자유를 필요 이상으로 제한하지 못하도록 하려면 민주적 기본질서의 내용도 축소해석하여야 한다.

먼저 한 정당의 정치노선이 자유민주적 기본질서에 계속 대항하여 투쟁하는 '경향'을 보이거나 이 투쟁이 '계획적으로' 추진되는 것으로 인식할 수 있다는 것만 갖고서는 정당 금지가 선언되어서는 안 된다. 정당 해산에는 자유민주적 기본질서의 '침해'나 '제거'의 '구체적 위험'이 요구된다. 그리고 정당이 헌법 개별 규정이나 특정 제도 전체를 부인하는 것만으로는 아직 정당의 위헌성 근거가 될 수 없다. 정당이 자유민주적 기본질서라는 헌법의 기본원리에 적대적일 때 그것은 위헌성의 사유가 된다. 헌법상 민주(국가)원리(민주주의)가 의미 있게 기능하려면 적어도 이 기본원리에 관해서는 모든 정당이 긍정하여야 하기 때문이다. 이러한 적대적 사실이 있는지는 정당의 강령·당헌·지도부 및 당원의 행동 그리고 발언 등을 종합적으로 고려하여 판단하여야 한다. 이것 중 일부를 기준으로 민주적 기본질서에 대한 위배 여부를 판단하면 정당해산제도가 남용될 우려가 있기 때문이다. 예를 들어 공천이 비민주적인 방법과 절차에 따라서 이루어지면 헌법 제8조 제2항의 요청에 위반한다는 이유로 공천의 효력을 상실시킬 수는 있다. 그러나 이러한 행태를 유일한 이유로 위헌정당 해산의 요건을 충족시키는 것은 아니다.

(ⅳ) 헌법 제37조 제2항의 보충적 적용 가능성

위헌정당의 해산요건으로 제8조 제4항 이외에 일반 결사에 적용되는 제37조 제2항의 '국가안전보장, 질서유지, 공공복리'를 보충적용할 수 있는지가 문제 될 수 있다. 헌법 제21조의 일반결사규정과 제8조의 정당규정은, 정당이 일반 결사보다 제한된 범위의 물적 적용 범위가 있는 조항이므로, 일반－특별의 관계에 놓인다. 따라서 특별조항인 헌법 제8조 제4항이 먼저 적용되고, 제21조와 중복되는 요건 규정은 적용이 배제된다. 정당의 특권으로 강제해산요건을 엄격하게 제한하는 것은, 국민의 정치적 의사 결정에 참여하는 것을 목적으로 한 정당의 특수한 성격에 비추어 정당을 헌법적으로 보호하려는 것이다. 따라서 '민주적 기본질서'는 일반적인 기본권 제한사유인 '국가안전보장, 질서유지, 공공복리'와는 별개의 개념으로 이해되어야 한다. 따라서 정당의 해산요건으로 제37조 제2항이 보충적으로 적용될 여지는 없으며 배제된다. 그러나 헌법재판소는 정당해산심판제도에서는 헌법재판소 정당해산결정이 정당의 자유를 침해할 수 있는 국가권력에 해당하므로 헌법재판소가 정당해산결정을 내리려면 그 해산결정이 비례성원칙에 부합하는지를 고려하여야 한다고 한다.[28]

③ 위헌정당 해산의 절차(적 요건) - 정부 제소

정당 해산의 제소권자는 정부이다(헌법 제8조 제4항). 대통령은 제소에 앞서 국무회의 심의를 거쳐야 한다(헌법 제89조 제14호, 헌법재판소법 제55조). 이로써 정당의 위헌 여부에 관한 제1차적 판단은 정부의 권한에 속한다. 이때 어떤 정당이 위헌정당 해산의 실질적 요건을 충족하는 것으로 정부가 판단하면 반드시 제소하여야 하는지는 학설 대립이 있다. 의무설은 정부는 국가 존립과 헌법질서 유지에 대한 제1차적 책임이 있으므로, 어떤 정당이 위헌정당 해산의 실질적 요건을 갖추면 반드시 제소하여야 한다고 한다.[29] 재량설은 헌법 제8조 제4항이 제소'할 수 있다'라고 규정하는 점, 강제해산보다는 민주적인 공개 경쟁을 통해서 해당 정당의 지지층이나 사회적 기반을 붕괴시키는 것이 민주주의 보호에 더 효과적일 것이라는 점 등을 고려하여 정부는 해산 제소를 보류할 수 있다고 한다.[30]

헌법문언을 보나 제도의 성격을 보나 정부의 제소의무는 원칙적으로 인정하기 어렵다. 다만, 예외적으로 자유민주적 기본질서를 위협하는 세력의 조직화가 상당히 진전되어 활동을 광범위하게 전개함으로써 자유민주적 기본질서에 대한 위험이 명백하게 현재 존재하여 그 중심에 있는 위헌정당의 강제해산 외에는 효과적인 다른 수단이 없는 때까지 정부가 이를 내버려 둔다면 이는 헌법 수호의 1차적 책임을 지는 정부의 의무를 유기하는 것이라고 보지 않을 수 없다. 이때 국민 측의 저항권 발동이 가능하다.

④ 헌법재판소 결정과 그 효력인 정당 해산

헌법재판소는 9명의 재판관 중 6명 이상 찬성으로 정당의 해산결정을 할 수 있다(헌법재판

---

28) 헌재 2014. 12. 19. 2013헌다1, 판례집 26-2하, 1, 24-25.

29) 권영성, 『헌법학원론(개정판)』, 법문사, 2010, 196쪽; 김문현, 「정당해산심판에 관한 소고」, 『성균관법학』 제19권 제2호, 성균관대학교 비교법연구소, 2007, 10쪽; 정만희, 「제8조」, 『헌법주석[Ⅰ]』, 박영사, 2013, 262쪽.

30) 김학성/최희수, 『헌법학원론(전정5판)』, 피앤씨미디어, 2021, 174쪽; 양 건, 『헌법강의(제10판)』, 법문사, 2021, 212쪽; 이준일, 『헌법학강의(제7판)』, 홍문사, 2019, 226쪽; 장영수, 『헌법학(제13판)』, 홍문사, 2021, 277~278쪽; 전광석, 『한국헌법론(제16판)』, 집현재, 2021, 139쪽; 정만희, 『헌법학개론』, 피앤씨미디어, 2020, 150~151쪽; 한수웅, 『헌법학(제11판)』, 법문사, 2021, 1568~1569쪽; 허 영, 『한국헌법론(전정17판)』, 박영사, 2021, 937쪽; 홍성방, 『헌법학(하)(제3판)』, 박영사, 2014, 364쪽.

소법 제23조 제2항 제1호). 헌법재판소가 정당 해산을 명하는 결정을 선고하면 그 정당은 해산
된다(헌법재판소법 제59조). 따라서 해산결정 선고를 받은 정당은 선고와 동시에 불법결사가 된
다. 헌법재판소가 일단 위헌이 아니라고 결정하면, 정부는 동일정당에 대해서 같은 사유로 제
소할 수 없다(일사부재리원칙: 헌법재판소법 제39조). 이때 동일성은 정당 명칭과 같은 외관이 아
니라 구성원이나 추진하는 정강정책 등의 실질에 변경이 있는지를 기준으로 판단하여야 한
다. 그러한 변경이 인정되면 다시 적법하게 제소할 수 있다.

⑤ 해산결정 집행과 정당 해산 효과

(ⅰ) 헌법재판소가 정당 해산을 명하는 결정을 내리면 그 결정서 등본을 해당 정당의 대표
자 이외에 국회·정부와 중앙선거관리위원회에 송달하여야 한다(헌법재판소법 제58조 제2항).
해산결정 통지를 받은 중앙선거관리위원회는 그 정당 등록을 말소하고 그 뜻을 즉시 공고하
여야 한다(정당법 제47조). 헌법재판소의 정당해산결정은 창설적 효력이 있고, 중앙선거관리위
원회 해산 공고는 선언적·확인적 효력이 있는 것에 불과하다.

(ⅱ) 헌법재판소의 해산결정에 따라서 해산된 정당의 잔여재산은 국고에 귀속한다(잔여재
산 국고 귀속: 정당법 제48조 제2항).

(ⅲ) 정당이 헌법재판소 결정으로 해산되면 그 정당의 대표자와 간부는 해산된 정당의 강
령(기본정책)과 같거나 비슷한 것으로 정당을 창설하지 못한다(대체정당 금지: 정당법 제40조).
대체정당의 판단기준은 강령(이나 기본정책), 대표자·간부 등 인적 조직과 명칭의 동일·유사
성을 종합적으로 검토하여 판단하여야 한다. 대체정당에는 정당특권이 인정되지 않으므로 행
정처분으로 대체정당을 해산할 수 있다.

(ⅳ) 헌법재판소 결정에 따라서 해산된 정당의 명칭과 같은 명칭은 정당의 명칭으로 다시
사용하지 못한다(동일명칭 사용금지: 정당법 제41조 제2항).

(ⅴ) 헌법재판소 결정에 따라서 해산된 정당의 목적을 달성하기 위한 집회나 시위는 누구
도 주최할 수 없다('집회 및 시위에 관한 법률' 제5조 제1항 제1호).

(ⅵ) 헌법재판소 결정에 따라서 해산된 정당에 소속된 국회의원의 의원직이 해산결정에
따라서 어떤 영향을 받는지가 문제 된다. 이에 관한 명문의 법률규정이 없으므로 학설·판례
에 맡긴 문제이다. 먼저 국회의원의 전국민대표성과 자유위임원칙을 강조하면서 정당이 해산
되어도 해산정당 소속 국회의원들은 의원직을 상실하지 않고 무소속으로 남는다는 견해가 있
다.31) 그리고 비례대표 국회의원은 지역구 국회의원과 비교하면, 정당이 작성한 명부에 기초

---

31) 김철수, 『학설판례 헌법학(상)』, 박영사, 2009, 421쪽; 같은 사람, 『학설·판례 헌법학(전정신판)(중)』, 박영사,
2009, 1298쪽; 양 건, 『헌법강의(제10판)』, 법문사, 2021, 213쪽; 이준일, 『헌법학강의(제7판)』, 홍문사, 2019,
227, 1156쪽; 전광석, 『한국헌법론(제16판)』, 집현재, 2021, 141~142쪽; 정재황, 『국가권력규범론』, 박영사, 2020,
16~17쪽; 같은 사람, 『신헌법입문(제11판)』, 박영사, 2021, 141쪽.

하여 선출되고, 정당이 자신의 필요에 따라서 직능대표적 성격의 인물을 추천하는 것이므로
정당기속성이 강하다고 보아 정당과 운명을 함께 하여야 한다는 견해가 있다.[32] 이러한 견해
를 따르면 비례대표 국회의원만이 의원직을 상실한다고 한다. 또한, 의원직을 상실한다는 견
해도 있다.[33] 국회의원이 어떤 정당에 소속되어 있다면 통상적으로 그는 소속정당에서 일정
수준 이상의 지위를 인정받고 정당의 목적을 설정하거나 정당 활동에도 중요한 역할을 수행
할 것이다. 만약 정당 해산과 무관하게 그의 의원직을 유지할 수 있도록 한다면, 국회의원으
로서 그가 누리는 면책특권, 불체포특권 등을 이용하여 여전히 자유민주적 기본질서를 해하
는 활동을 계속할 것이다. 그러한 때에 정당 해산이 과연 실효성이 있을 것인지 의문이 있다.
따라서 정당해산제도의 실효성을 높이려면 위헌정당 해산의 효과로 소속 의원의 의원직을 자
동상실시켜야 한다는 것이다. 헌법재판소는 정당 해산이 이루어지는 상황에서는 국회의원의
국민대표성이 부득이 희생될 수밖에 없다고 보면서, 헌법재판소 해산결정으로 해산되는 정당
소속 국회의원의 의원직 상실은 정당해산심판제도의 본질에서 인정되는 기본적 효력이므로,
지역구에서 당선된 국회의원이든 비례대표로 당선된 국회의원이든 모두 명문 규정 없이도 의
원직을 상실시킬 수 있다고 하였다.[34]

    헌법재판소의 해산결정으로 위헌정당이 해산되면 그 정당 소속 국회의원이 그 의원직을
유지하는지 혹은 상실하는지에 관하여 헌법이나 법률에 명문 규정이 없는데도 피청구인 정당
소속 국회의원들이 의원직을 상실한다고 하면서 내세우는 근거는 '국회의원의 국민대표성과
정당기속성의 관계' 그리고 '정당해산심판제도의 본질적 효력'이다.[35] 국회의원의 국민대표성
과 정당기속성의 관계, 특히 국회의원의 정당기속성과 정당해산심판제도의 본질적 효력은 피
청구인 정당 소속 국회의원들의 의원직을 상실하여야 하는 필요성을 근거 지울 수는 있다.
그러나 의원직 상실이라는 형성력을 부여할 필요성을 설명하는 것만으로는 실정법적 근거가
필수적인 형성력을 실정법 없이도 부여할 수 있는 충분한 근거를 제시한 것으로 볼 수 없다.
이러한 점에서 헌법재판소는 정당해산결정과 관련하여 형성력에 관한 진지한 고민이 없었던
것으로 보인다. 따라서 적어도 소송법적 측면에서 헌법재판소가 정당해산결정을 내리면서 피
청구인 정당 소속 국회의원들이 의원직을 상실한다고 한 것은 헌법재판소 권한 밖의 행위로
보인다.

---

32) 김학성/최희수, 『헌법학원론(전정5판)』, 피앤씨미디어, 2021, 176, 1206~1207쪽.
33) 권영성, 『헌법학원론(개정판)』, 법문사, 2010, 1165쪽; 심경수, 『헌법(제2판)』, 법문사, 2020, 622쪽; 장영수, 『헌
    법학(제13판)』, 홍문사, 2021, 278~279, 1312쪽; 정만희, 「제8조」, 『헌법주석[Ⅰ]』, 박영사, 2013, 264쪽; 같은 사
    람, 『헌법학개론』, 피앤씨미디어, 2020, 151~152, 538쪽; 정종섭, 『헌법학원론(제12판)』, 박영사, 2018, 1564쪽;
    한수웅, 『헌법학(제11판)』, 법문사, 2021, 1581~1582쪽; 허 영, 『한국헌법론(전정17판)』, 박영사, 2021, 938쪽;
    홍성방, 『헌법학(하)(제3판)』, 박영사, 2014, 365쪽; 같은 사람, 『헌법학(상)(제3판)』, 박영사, 2016, 199쪽.
34) 헌재 2014. 12. 19. 2013헌다1, 판례집 26-2하, 1, 113-114.
35) 헌재 2014. 12. 19. 2013헌다1, 판례집 26-2하, 1, 112-114.

⑥ 정당해산제도의 문제점

（ⅰ） 정당해산제도는 헌법보호수단으로서 민주질서를 어느 정도 보호할 수 있으나 민주적 정당성을 얻거나 강화하지는 못한다. （ⅱ） 자유민주주의를 이런 방법으로 보호하려고 하면 정치적 자유 제한이라는 대가를 치름으로써만 가능하다. 즉 민주주의의 기본적 전제조건인 자유의 대가로만 가능하다. （ⅲ） 정당해산제도는 정당제도를 위축시킬 위험성이 있다. 즉 모든 정치적 조류를 흡수하지 못하고 기존 정당이 국외자(신정당, 신정치세력)와 접하고 대결할 기회가 없어서 자극, 활력, 활기를 상실하고 정치생활 후퇴를 가져올 위험이 있다. （ⅳ） 자유민주주의와 헌법 보호를 구실로 야당을 탄압하는 수단이 될 위험성이 있다. 즉 자유의 탄압수단이 될 위험성이 있다. 현실에 대한 모든 비판을 자유의 이름으로 탄압하면 민주주의는 스스로 무덤을 파는 것이 된다. （ⅴ） 이 제도의 가장 큰 현실적 문제점은 이미 강력해진 헌법적대적 정당은 해산이 곤란하고, 별로 문제 되지 않는 헌법적대적 정당은 해산해 보았자 헌법 보호 관점에서 보면 불필요한 일이라는 것이다. 그런데도 이 제도가 전혀 유용성이 없다고 할 수는 없다. 민주주의가 아직 뿌리내리지 못한 초기 단계에서는 민주주의와 헌법을 보호하는 것에 적지 않게 이바지할 수 있기 때문이다. 어쨌든 이 제도 활용은 될 수 있으면 자제되는 것이 바람직하다.

3. 정당의 등록 취소

① 정당 성립의 형식적 요건(정당법 제17조와 제18조)을 구비하지 못하게 된 때(다만, 요건 흠결이 공직선거의 선거일 전 3월 이내에 생기면 선거일 후 3월까지, 그 밖에는 요건 흠결 시부터 3월까지 그 취소를 유예한다), ② 최근 4년간 임기 만료에 따른 국회의원선거 또는 임기 만료에 따른 지방자치단체의 장선거나 시·도의회의원선거에 참여하지 아니한 때, ③ 임기 만료에 따른 국회의원선거에 참여하여 의석을 얻지 못하고 유효투표 총수의 100분의 2 이상을 득표하지 못한 때에는 정당은 등록이 취소된다(정당법 제44조 제1항). 이는 정당이 국민의 정치적 의사 형성에 참여하는 데 필요한 조직을 갖추도록 하고(헌법 제8조 제2항 후문), 정당제 민주주의의 기능을 유지하기 위해서 인정된다. 그러나 선거 참여 거부가 정당의 정치적 의사 표현일 수 있으므로, 선거에 대한 참여를 정당의 존립 요건으로 하는 것은 타당하지 않다. 그리고 헌법 재판소는 임기 만료에 따른 국회의원선거에 참여하여 의석을 얻지 못하고 유효투표 총수의 100분의 2 이상을 득표하지 못할 때 정당 등록을 취소한다고 규정한 정당법 제44조 제1항 제3호는 과잉금지원칙에 위반되어 청구인의 정당설립의 자유를 침해한다고 하면서 위헌이라고 선언하였다.[36] 등록이 취소된 정당의 명칭과 같은 명칭은 등록 취소된 날부터 최초로 실시하는 임기만료에 따른 국회의원선거의 선거일까지는 정당 명칭으로 사용할 수 없다(정당법

---

36) 헌재 2014. 1. 28. 2012헌마431등, 판례집 26-1상, 155.

제41조 제4항).

Ⅴ. 정당의 내부질서 - 당내 민주주의

1. 현대 정당민주주의에서 당내 민주주의의 중요성과 헌법적 보장

오늘날 민주주의는 고전적·대의제적 민주주의에서 대중민주주의 나아가 정당국가적 민주주의로 변천되었다고 한다. 국가의사를 국민이 직접 결정하지 아니하고 국민이 대표자로 선출한 대의기관이 결정하는 것이 대의제 민주주의 체제였다면, 이러한 대의기관의 의사결정행위가 정당으로 이행하여 실질적으로는 정당내부적으로 결정이 내려지고 대의기관은 그와 같이 이미 결정된 의사를 통과시키기만 하는 장소로 변질하였다고 보는 것이 정당국가적 민주주의 체제이다. 나아가 대중이 정치에 참여하는 오늘날 대중의 정치적 의사는 다종다양하기 그지없어서 이것이 통일된 국민의사 형태로 정리되려면 정당의 예비적 의사 형성이 불가피하다고 한다. 그렇게 본다면 정당 내부의 의사 형성 및 결정 과정이 민주적으로 이루어지지 않으면, 즉 당수나 그 주변 인물이 정당의 의사를 멋대로 결정하면, 국민의사의 예비적 형성, 국가의사 결정 모두가 왜곡될 가능성이 매우 크다. 이때 정당을 매개로 하는 국민의 지배(정당민주주의)가 아니라 유력 정치인 개인이나 과두적 소수가 정당을 이용하여 하는 인적 지배(독재정, 과두정)로 변질할 가능성이 크다. 따라서 당내 민주주의는 정당민주주의가 민주주의로서 정당성을 부여받기 위한 기본전제라고 할 수 있다. 이처럼 중요한 의의가 있는 당내 민주주의를 보장하려고 헌법은 정당의 목적·조직과 활동이 민주적이어야 한다고 규정하고(헌법 제8조 제2항), 나아가 만약 정당의 목적이나 활동이 민주적 기본질서에 위배되면 정부 제소와 헌법재판소 결정으로 해산시키는 것까지도 가능하도록 한다(헌법 제8조 제4항). 당내 민주주의를 보장하는 규정은 정당법이 구체화한다.

2. 정당의 공개성

당내 민주주의를 위해서는 무엇보다도 정당의 실체가 공개되어야 한다.

(1) 강령과 당헌 공개

정당법은 정당이 그 강령(이나 기본정책)과 당헌을 공개하도록 요구한다(정당법 제28조 제1항). 이러한 강령과 당헌의 공개의무를 통해서 정당은 자신이 기본적으로 어떠한 정견에 입각하는지 그리고 내부적으로 어떻게 조직되는지를 일반에게 포괄적으로 드러내 놓게 된다.

(2) 창당집회 공개

정당법을 따르면 정당은 창당집회를 공개하여야 하고(정당법 제10조 제1항), 창당집회를 공개하기 위해서 중앙당의 창당준비위원회는 집회 개최일 전 5일까지 일간신문에 집회개최공고를 하여야 한다(정당법 제10조 제2항).

(3) 정당 재정 공개

정치자금법은 정치자금의 적정한 제공을 보장하고 그 수입과 지출 내역을 공개하여 투명성을 확보하며 정치자금과 관련한 부정을 방지함으로써 민주정치의 건전한 발전에 이바지함을 목적으로 하며(제1조), 정치자금은 국민의 의혹을 사는 일이 없도록 공명정대하게 운용되어야 하고, 그 회계는 공개되어야 한다고(제2조 제2항) 규정한다. 정당 재정 공개는 정치자금 흐름을 투명하게 함으로써 정치자금이 특정 그룹이나 특정인에게 독점되어 그 배분과 관련하여 발생할 수 있는 당내 의사 결정 구조 왜곡을 차단하는 효과가 있다.

3. 정당의 기구 구성과 의결 방법의 민주성

정당이 민주적이기 위해서 가장 중요한 것은 당내 의사 형성이 아래에서 위로 이루어지는지이다. 이는 정당의 기층을 구성하는 일반 평당원의 의사가 정당의 의사 결정에 반영되는 기구 구성이라든지 의결권·의사방식 그 밖의 체제가 보장되는지에 따라서 판단될 수 있다.

(1) 하의상달을 위한 정당 기구 구성

정당법은 정당이 민주적인 내부질서를 유지하기 위해서 당원의 총의를 반영할 수 있는 대의기관과 집행기관 그리고 소속 국회의원이 있으면 의원총회가 있어야 한다고 규정하고(정당법 제29조 제1항), 이들 기관의 조직, 권한 그 밖의 사항에 관해서는 당헌으로 정하도록 한다(정당법 제29조 제3항). 특히 정당의 지도부 구성은 대의기관에서 민주성을 확보할 의결방법으로 이루어져야 할 것이다.

(2) 의결방법의 민주성

정당법은 나아가 대의기관 결의는 서면이나 대리인에 의해서 의결할 수 없도록 규정하여(정당법 제32조 제1항), 당원의 총의가 중간에서 왜곡되는 일이 없도록 한다.

4. 당원의 법적 지위 보장

당내 민주주의는 민주주의의 일반 원칙에 따라서 정당을 구성하는 당원의 자유와 평등이 보장되는 가운데, 즉 당원 개개인이 모두 평등하게 정당의 자유로운 의사 형성 및 결정 과정에 참여할 수 있을 것을 요청한다.

(1) 입당·탈당의 자유(강제입당·탈당 금지)

누구든지 본인의 자유의사에 따른 승낙 없이 정당 가입을 강요당하지 아니하고, 제명처분

을 제외하고는 누구든지 본인의 자유의사에 따른 승낙 없이 탈당을 강요당하지 아니한다(정당
법 제42조 제1항).

(2) 활동의 자유

정당의 설립은 자유이고(헌법 제8조 제1항), 정당은 헌법과 법률에 따라서 활동의 자유가
있다(정당법 제37조 제1항).

(3) 당원의 권리·의무, 제명 그 밖의 징계

당원의 입당·탈당·제명과 권리 및 의무에 관한 사항은 당헌으로 정하여야 한다(정당법
제28조 제2항 제4호). 그러나 당원의 징계, 특히 제명에 관해서는 당원 개인의 정치적 운명과
직결되는 매우 중요한 사안이므로, 당헌에 일방적으로 유보할 것이 아니라 제명에 요구되는
해당 행위 정도를 엄격하게 하여 요건을 정할 것과 그에 대한 구제절차를 갖추어야 할 것을
당헌에 요구하는 것이 바람직하다. 정당이 그 소속 국회의원을 제명하려면 당헌이 정하는 절
차를 거치는 것 외에 그 소속 국회의원 전원의 2분의 1 이상 찬성이 있어야 한다(정당법 제
33조).

5. 공직선거 후보자 추천의 민주성

선거에 관한 참여는 정당이 국민의 정치적 의사 형성에 참여하는 활동으로서 가장 중요하
다. 정당은 공직선거에 후보자를 추천함으로써 그리고 정당 차원의 정책을 제시하고 선거운
동을 지원함으로써 선거에 참여한다. 그런데 정당의 공직선거 후보자 추천이 비민주적으로
이루어지면 주로 정당추천후보자 가운데에서 선택권이 있는 유권자의 선거행위는 투표권 행
사 이전에 이미 상당 부분 왜곡되는 셈이 될 것이다. 정당 내부적인 과정이기는 하지만, 정당
에서 추천할 공직선거 후보자를 결정하는 과정을 민주화하지 않고는 국민의사를 충실히 반영
한 국민대표기관 구성이라는 선거의 중요한 목표를 달성할 가능성이 불투명하게 된다. 따라
서 정당공천의 민주화는 당내 민주주의의 중요한 구성 부분이다.

(1) 정당공천의 대상과 방법

현행법상 정당은 대통령선거와 국회의원선거 그리고 지방자치단체장의 선거와 지방의회의
원선거에 후보자를 추천할 수 있다(공직선거법 제47조 제1항).[37] 공천은 정당의 중요한 기능이
다. 따라서 민주적인 의사결정의 방법과 절차를 적용하여야 하는 대표적인 영역이다. 선거법

---

37) 2005년 선거법 개정 이전까지는 기초지방의회의원선거에서는 정당이 후보자 추천을 할 수 없었다. 다만, 후보자
   가 특정 정당의 지지 혹은 추천을 받고 있음을 표방할 수는 있었다. 이를 금지하였던 선거법 규정에 대해서 헌
   법재판소는 위헌결정을 하였다(헌재 2003. 1. 30. 2001헌가4, 판례집 15-1, 7; 헌재 2003. 5. 15. 2003헌가9등,
   판례집 15-1, 503 등 참조). 이는 헌법재판소가 기존 견해를 바꾼 것이다(헌재 1999. 11. 25. 99헌바28, 판례집
   11-2, 543 참조).

은 이러한 원칙을 선언한다. 즉 정당의 공직후보자 추천은 민주적인 절차에 따라야 한다. 2005년 정당법과 공직선거법 개정 전에는 선거법은 공천에 관해서 민주적인 절차에 따라야 한다는 원칙적인 선언만을 하고, 이에 관한 규율은 정당법에 위임하였다. 그리고 정당법은 당내경선에 관해서 규율하였다. 그런데 개정 정당법에서는 공천에 관한 규정을 삭제하고, 공직선거법이 당내경선에 대해서 자세한 규정을 두었다. 정당법에 공천에 관한 규율을 둘 때 정당이 자율적인 조직이라는 이유로 임의규정으로 해석될 가능성이 있었으므로 이러한 입법이 타당하다.

(2) 당내경선

공직선거법은 민주적인 절차에 따른 공천 방법인 당내경선을 규율한다. 정당은 공직선거후보자를 추천하기 위해서 경선(당내경선)을 실시할 수 있다(공직선거법 제57조의2 제1항). 당내경선은 정당의 당헌·당규 또는 경선후보자 사이의 서면 합의에 따라서 여론조사로 대체할 수 있다(공직선거법 제57조의2 제2항). 당내경선에서 정당은 정당 당원이 아닌 사람에게도 투표권을 부여할 수 있다. 그러나 당원이 될 수 없는 사람은 당내경선의 선거인이 될 수 없다(공직선거법 제57조의2 제3항). 보조금 배분 대상이 되는 정당은 당내경선사무 중 경선운동, 투표 및 개표에 관한 사무의 관리를 관할선거구선거관리위원회에 위탁할 수 있고, 이때 비용은 국가가 부담한다(투표 및 개표참관인의 수당은 해당 정당이 부담)(공직선거법 제57조의4). 이처럼 당내경선을 시행하면 당내경선에서 선출되지 않은 사람은 해당 선거의 같은 선거구에서 후보자로 등록할 수 없다(공직선거법 제57조의2 제2항). 이에 위반하여 등록하면 이러한 등록은 무효이다(공직선거법 제52조 제1항 제8호). 당내경선에 불복하는 문제를 방지하려는 규정이다.

(3) 여성할당제

공직선거법은 여성할당제를 법제화한다. 즉 정당은 비례대표 국회의원선거와 비례대표 지방의회의원선거에 후보자를 추천하는 때에 후보자 중 100분의 50 이상을 여성으로 추천하여야 한다. 그리고 실제 여성의 참여비율을 보장하기 위해서 후보자명부순위의 매홀수에 여성을 추천하여야 한다(공직선거법 제47조 제3항). 선거관리위원회는 위 규정을 위반하는 후보자 등록 신청을 수리하지 않는다(공직선거법 제49조 제8항). 후보자 등록 후에도 위 규정에 위반되는 사유가 있는 때에는 후보자 등록을 무효로 한다(공직선거법 제52조 제1항 제2호).

임기 만료에 따른 지역구 국회의원후보자나 지역구 지방의회의원후보자를 추천할 때도 정당은 100분의 30 이상을 여성으로 추천하도록 노력하여야 한다(공직선거법 제47조 제4항). 이를 유도하기 위해서 여성할당제를 실천한 정당에 대해서는 통상의 보조금 외에 별도의 규정에 따라서 여성추천보조금을 추가로 지급한다(정치자금법 제26조).

6. 정당 내부의 의사 결정에 관한 사법심사 가능성과 사법심사기준

(1) 정당 내부의 의사 결정에 관한 사법심사 가능성 – 정당의 자율과 부분사회 법리 적용 가능성

① 정당의 자율

정당은 법인격 없는 사단으로서 사법상 사적 자치를 누린다. 따라서 정당은 그의 활동에 대해서 원칙적으로 국가의 간섭을 받지 않고 자율성이 있다.

② 부분사회 법리의 의의

부분사회 법리는 종교단체, 경향기업 등 일반 시민사회와 다른 특수한 성질이 있는 사회(부분)는 그 내부의 법적 관계에 관해서 자치권이나 자율권이 인정되므로 그 법적 관계의 사법심사가 인정될 수 없다는 이론이다. 이를 따르면 일반 시민법질서와 직접적인 관계가 있는지를 기준으로 사법심사 가능성을 판단한다.

③ 부분사회 법리의 인정 여부

ⓐ 사법부에 모든 법적 쟁송을 재판하는 권한을 부여한 헌법규정 등(헌법 제101조 제1항, 법원조직법 제2조 제1항)에 어긋나고, 나아가 국민의 재판을 받을 권리(헌법 제27조)를 침해할 여지가 있으며, ⓑ 부분사회라는 것은 공적 단체에서 사적 단체에 이르기까지 다양한 것이 있는데, 실질적으로 전혀 다른 것을 형식적인 면에서 일반적·포괄적으로 파악하여 그 모든 것을 사법심사에서 제외하려는 것은 부당할 뿐 아니라 ⓒ 부분사회 법리에 따른 사법심사 부정은 단체 구성원의 권리구제를 봉쇄할 가능성이 있다. 따라서 부분사회 법리를 일반적으로 인정할 수는 없고, 각 경우에 사법권의 한계 문제로서 검토할 여지는 있다. 즉 각 단체의 성질과 법적 분쟁의 특질을 개별적·구체적으로 살펴서 법령 적용에 따라서 종국적인 해결이 가능한지(쟁송성)를 검토하여 사법심사 가능성을 판단하는 것이 옳다.

판례를 보면 신민당총재단 직무정지가처분신청사건에서 "정당 내의 내부적 의사결정과정에 다툼이 있는 경우 정당의 특수성과 자율성을 강조하여 독일 정당법에서처럼 별도의 중재재판제도를 두고 있지 아니(한) … 우리 법제하에서는 통상의 민사사건과 마찬가지로 법원의 사법심사의 대상이 된다."라고 판시하였으나,[38] 신민주당의 의장직무행사정지가처분신청사건에서는 "정당이란 국민의 이익을 위하여 책임있는 정치적 주장이나 정책을 추진하고 공직선거의 후보자를 추천 또는 지지함으로써 국민의 정치적 의사형성에 참여함을 목적으로 하는 … 정치단체로서 정당에는 고도의 자치권 내지 내부자율권이 보장된다고 할 것인 바 … 정당대표의 선출이나 중임 또는 개임 등은 정당 내부인사의 대화, 토론, 설득, 조정, 타협 내지 대

---

38) 서울민사지법 1979. 9. 8. 선고 79카21709 판결.

결 등의 과정을 거쳐 정당의 자치규범인 당헌에 따라 결정하여야 할 사항이므로 … 정당대표의 당무행사를 정지시켜 달라는 가처분신청 등의 정당의 내부문제는 사법심사의 대상에 속한다고 할 수 없다."라고 하였다.39)

(2) 사법심사기준(정당규율법제)

정당에 관한 사법심사는 헌법, 정당법, 민법의 강행규정 그리고 당헌·당규에 따라서 이루어진다. 다만, 심사 순서는 직접 적용되는 순이다. 즉 당헌·당규에 들어맞는지를 먼저 검토하고, 그것이 인정되면 당헌·당규가 정당법과 민법의 강행규정에 들어맞는지를 검토하고, 그것이 인정된다면 정당법 규정이 헌법에 들어맞는지를 검토하여야 한다.

(3) 사법심사 형식

정당은 민법상 법인격 없는 사단이므로 원칙적으로 사법규정이 심사규정으로 적용되고, 정당과 관련된 법률관계는 원칙적으로 사법상 법적 관계가 된다. 따라서 정당과 관련된 사법심사는 민사소송에 의한다.

VI. 정당의 재정과 정치자금

1. 정당의 재정에 관한 의무

정당은 정치적 의사 형성이라는 중대한 임무를 헌법상 부여받는다. 이 임무를 수행하려면 막대한 경비가 필요하다. 이 막대한 정당의 활동경비를 당원이 내는 당비만으로 충당하기는 어려우므로 정당활동 경비는 개인이나 단체의 기부금에 의존할 수밖에 없다. 기부금으로 정당이 필요한 경비를 조달하다 보면 정당 활동은 기부자의 영향을 받지 않을 수 없고, 심지어는 기부자가 정당을 조종할 수도 있다. 즉 정당자금 조달과 관련하여 온갖 부조리현상이 나타날 수밖에 없다. 특정 정당에 대한 거액의 자금 지원은 곧바로 집권과 연결될 수 있고, 이 정당의 집권은 한 국가의 운명만이 아니라 세계사를 바꾸어 놓을 수도 있다는 사실을 인류는 경험하였다. 정당의 활동경비, 특히 선거비용이 합리적으로 규제되지 않으면 민주주의는 슈펭글러(Oswald Spengler)의 말처럼 결국 돈에 의해서 파괴되고 말 것이고, 민주주의는 자본가가 그의 지배를 은폐하려고 창안해 낸 교활한 제도에 지나지 않을 것이다. 민주주의가 진정으로 금권정치로 전락하지 않으려면 합리적인 정치자금 조달방법이 확립되어야 한다. 그런데 문제는 어떻게 원활한 정치자금 조달을 확보하면서 동시에 이를 통제할 수 있는 지이다.

---

39) 서울민사지법 1987. 7. 30. 선고 87카30864 판결.

2. 자기재정과 자금조달방법의 유형

당비, 후원금, 기탁금, 보조금, 당헌·당규 등에서 정한 부대수입, 정치활동을 위해서 정당 (중앙당창당준비위원회 포함), 공직선거법에 따른 후보자가 되려는 사람, 후보자 또는 당선된 사람, 후원회·정당의 간부 또는 유급사무직원, 그 밖에 정치활동을 하는 사람에게 제공되는 금 전이나 유가증권 또는 그 밖의 물건과 그러한 사람의 정치활동에 소요되는 비용을 정치자금 이라고 한다(정치자금법 제3조 제1호). 정치자금조달 유형에는 당비, 후원금, 기탁금, 국고보조 금, 정당의 당헌·당규 등에서 정한 부대수입이 있다. 정치자금법이 정하지 아니한 방법으로 정치자금을 기부하거나 기부 받은 자는 처벌된다(정치자금법 제45조).

(1) 당비

'당비'는 명목여하에 불구하고 정당의 당헌·당규 등에 따라서 정당 당원이 부담하는 금전 이나 유가증권 그 밖의 물건이다(정치자금법 제3조 제3호). 정당이 국민의 정치적 의사 형성에 참여하기 위한 자발적 조직이라고 한다면 정당은 당원의 당비에 따라서 운영되는 것이 원칙 이다. 그러나 정당의 막대한 경비를 당비만으로 충당하기는 (정당에 따라서 차이는 있지만) 어려 운 것이 현실이다. 한국의 정당처럼 아직 당내 민주주의가 전혀 시행되지 못한 상태에서 당 원에게서 당비를 거두어 당을 운영한다는 것은 현실적으로 불가능하다. 즉 당원이 당내에서 아무런 권리(가령 당직자나 공직선거후보자를 선출할 수 있는 권리 등)도 행사하지 못하게 되어 있 는 상태에서 당비만을 내도록 의무를 지운다면 이 의무를 지키는 당원의 수는 아주 적을 수 밖에 없다.

(2) 후원금

정당이 정치자금을 조달할 때 현실적으로 중요한 제도의 하나가 후원금제도이다. 그러나 이 제도가 제대로 기능하려면 야당의 후원회에 자유로이 참여할 수 있는 정치풍토가 전제되 어야 한다. 후원회는 정치자금에 규정에 따라서 정치자금 기부를 목적으로 설립·운영되는 단 체로서 관할 선거관리위원회에 등록된 단체를 말한다(정치자금법 제3조 제7호). '후원금'은 후원 회에 기부하는 금전이나 유가증권 그 밖의 물건을 말한다(정치자금법 제3조 제4호). 누구든지 자유의사로 하나 또는 둘 이상의 후원회 회원이 될 수 있다. 그러나 외국인, 국내·외의 법인 이나 단체와 같이 기부할 수 없는 사람(정치자금법 제31조)과 정당의 당원이 될 수 없는 사람 (정당법 제22조)은 후원회 회원이 될 수 없다(정치자금법 제8조 제1항). 후원인이 후원회에 기부 할 수 있는 후원금은 연간 2천만원을 초과할 수 없다(정치자금법 제11조 제1항). 후원인은 대통 령후보자등·대통령선거경선후보자의 후원회에는 각각 1천만원(후원회지정권자가 동일인인 대통 령후보자등후원회에는 합하여 1천만원), 그 밖의 후원회(중앙당창당준비위원회후원회가 중앙당후원회로 존속하는 때와 후원회지정권자가 동일인인 국회의원후보자등후원회와 국회의원후원회는 각각 합하여 500만원)에는 연간 500만원을 초과하여 기부할 수 없다(정치자금법 제11조 제2항). 후원인은 1회 10만원 이하, 연간 120만원 이하의 후원금을 익명으로 기부할 수 있고(정치자금법 제11조 제3항) 후원회 회원은 연간 1만원 또는 그에 상당하는 가액 이상의 금품을 내야 한다(정치자금법 제11조 제5항).

(3) 기탁금

'기탁금'은 정치자금을 정당에 기부하고자 하는 개인이 선거관리위원회에 기탁한 금전이나 유가증권 그 밖의 물건을 말한다(정치자금법 제3조 제5호). 정당에 정치자금을 기탁하고자 하는 사람은 기명으로 선거관리위원회에 기탁하여야 한다(정치자금법 제22조). 개인이 기탁할 수 있는 기탁금은 1회 1만원이나 그에 상당하는 가액 이상이고, 연간 기탁할 수 있는 한도액은 1억원이나 전년도소득의 100분의 5 중 다액이다(정치자금법 제22조 제2항). 중앙선거관리위원회는 기탁된 정치자금을 기탁 당시 국고보조금비율에 따라서 배분·지급한다(정치자금법 제23조 제1항).

(4) 국고보조금
① 의의

'(국고)보조금'은 정당의 보호·육성을 위해서 국가가 정당에 지급하는 금전이나 유가증권이다(정치자금법 제3조 제6호). 정당은 국민의 사전적인 정치적 의사 형성을 위한 자발적 조직이다. 이를 기준으로 보면 적어도 규범적으로 정당은 구성원의 재정적 이바지, 즉 당비를 통해서 재정을 운영하여야 한다. 내부적인 재정자립도가 높을수록 자율적인 권한이 확보되고, 재정자립도가 낮을수록 조직의 자율성 정도는 낮아지기 때문이다. 그러나 정당문화가 아직 확립되지 않은 상황에서 전적으로 당비를 재원으로 정당이 운영되는 것을 기대하기는 어렵다. 이러한 현실을 무시하면 정당의 재정 운영이 특정한 개인의 이바지에 의존하여 금권정치의 폐해가 나타날 수 있고, 정당의 의사 결정이 정당 재정을 의존하는 특정인의 의사에 종속될 위험이 있다. 이러한 위험을 방지하려고 헌법은 명시적으로 정당 육성을 위한 재정적 기초를 보호한다. 이러한 이유에서 국고보조금이 지급되지 않는 일반 단체와 비교해서 정당에 대한 국고 보조가 헌법해석론적으로는 물론이고 헌법이론적으로도 평등 이념에 어긋난다고는 할 수 없다. 정당이 수행하는 공적 기능을 고려하면 더욱 그렇다. 그러나 국고보조금은 정당의 대외적 자유를 침해할 수 있다. 정당은 자유롭고 비국가적인 조직체의 성격을 유지하여야 그 임무를 수행할 수 있는데 국가권력의 간섭과 영향을 받게 될 위험이 있다. 그리고 정치적 세력관계 변화를 가져올 수 있다. 반대로 기성정당의 세력 판도를 고착할 수도 있다. 그 밖에도 분배에서 기회 균등을 기하기 어렵다는 문제점이 있다. 분배기준으로 생각할 수 있는 것은 당원, 의원 또는 선거인의 수 등이 있다. 당원의 수는 정확하게 파악하기 어렵고 의석의 수는 선거제도에 따라서 상당한 차이가 나타난다. 기회 균등을 가장 잘 기할 수 있는 것이 선거인의 수이다. 그러나 이때는 정당 밖에 있는 선거인을 기준으로 한다는 점과 선거에 참여하지 않았던 정당이 제외된다는 문제점이 있다. 끝으로 국고보조제도가 있어도 익명 기부자의 자금 지원을 없앨 수 없으므로 기회의 불균등이 여전히 존속한다는 문제점이 있다. 국고보조금은 '보조금'이므로 정당 재정 일부를 보조하는 데 그쳐야 하고, 국고보조금이 정당 운영의 주된 자금이 되어서는 아니 된다. 따라서 국고보조금이 최소한 정당 재정의 50% 이상을 차지하여서는 아니 된다. 다만, 선거의 공공성을 고려하면 선거자금 지원은 국고보조금 범주에서 제외할 수 있다. 즉 선거자금을 제외한 정당 재정의 50% 이상을 국가가 보조금으로 지원할 수 없다. 그리고 국고보조금이 정치적 경쟁관계에서 달성된 정당의 업적을 왜곡하여서는 아니 되고, 거기에 보조를 맞추어야 한다. 정당의 성취결과를 무시하거나 왜곡하는 국가의 재정 지원은 헌법에 어긋난다.[40]

② 계상과 배분

국가는 정당에 대한 보조금으로 최근 실시한 임기만료에 따른 국회의원선거의 선거권자 총수에 보조금 계상단가를 곱한 금액을 매년 예산에 계상하여야 한다(경상보조금). 이때 임기만료에 따른 국회의원선거 실시로 선거권자 총수에 변경이 있으면 해당 선거가 종료된 이후에 지급되는 보조금은 변경된 선거권자 총수를 기준으로 계상하여야 한다(정치자금법 제25조 제1항). 대통령선거, 임기 만료에 따른 국회의원선거 또는 동시지방선거가 있는 연도에는 각 선거(동시지방선거는 하나의 선거로 본다)마다 보조금 계상단가를 추가한 금액을 예산에 추가로 계상하여야 한다(선거보조금: 정치자금법 제25조 제2항). 보조금 계상단가는 전년도 보조금 계상단가에 통계법 제3조에 따라 통계청장이 매년 고시하는 전전년도와 대비한 전년도 전국소비자물가변동률을 적용하여 산정한 금액을 증감한 금액으로 한다(정치자금법 제25조 제3항). 중앙선거관리위원회는 경상보조금은 매년 분기별로 균등 분할하여 정당에 지급하고, 선거보조금은 해당 선거의 후보자등록마감일 후 2일 이내에 정당에 지급한다(정치자금법 제25조 제4항). 경상보조금과 선거보조금은 동일 정당 소속 의원으로 교섭단체를 구성한 정당에 대해서 그

---

40) 헌재 2015. 12. 23. 2013헌바168, 판례집 27-2하, 511, 530: "그러나 국가보조는 정당의 공적 기능의 중요성을 감안하여 정당의 정치자금 조달을 보완하는 데에 그 의의가 있으므로, 본래 국민의 자발적 정치조직인 정당에 대한 과도한 국가보조는 정당의 국민의존성을 떨어뜨리고 정당과 국민을 멀어지게 할 우려가 있다. 이는 국민과 국가를 잇는 중개자로서의 정당의 기능, 즉 공당으로서의 기능을 약화시킴으로써 정당을 국민과 유리된 정치인들만의 단체, 즉 사당으로 전락시킬 위험이 있다. 뿐만 아니라 과도한 국가보조는 국민의 지지를 얻고자 하는 노력이 실패한 정당이 스스로 책임져야 할 위험부담을 국가가 상쇄하는 것으로서 정당간 자유로운 경쟁을 저해할 수 있다. 정당 스스로 재정충당을 위하여 국민들로부터 모금 활동을 하는 것은 단지 '돈을 모으는 것'에 불과한 것이 아니라 궁극적으로 자신의 정강과 정책을 토대로 국민의 동의와 지지를 얻기 위한 활동의 일환이며, 이는 정당의 헌법적 과제 수행에 있어 본질적인 부분의 하나인 것이다." 그리고 독일 연방헌법재판소는 정당에 대한 국가 지원은 정당의 자유를 침해하지 않는 부분적 지원이어야 하고, 그 규모는 정당 스스로 조달한 액수를 초과하여서는 아니 된다고 하였다(BVerfGE 85, 264).

100분의 50을 정당별로 균등하게 분할하여 배분·지급한다(정치자금법 제27조 제1항). 교섭단체를 구성하지는 못하였으나 5석 이상 의석을 얻은 정당에 대해서는 100분의 5씩을 배분·지급한다. 5석 미만 의석을 얻었거나 의석을 얻지 못한 정당이라도 (ⅰ) 최근에 실시된 임기 만료에 따른 국회의원선거에 참여한 정당 중 국회의원선거의 득표수 비율이 100분의 2 이상인 정당, (ⅱ) 최근에 시행된 국회의원총선거에 참여하였으나 득표수 비율이 100분의 2 미만인 정당으로서 의석이 있는 정당은 최근에 전국적으로 시행된 후보 추천이 허용되는 비례대표 시·도의회의원선거, 지역구 시·도의회의원선거 또는 자치구·시·군의 장 선거에서 해당 정당이 득표한 득표수 비율이 100분의 0.5 이상인 정당 그리고 (ⅲ) 최근에 시행된 국회의원총선거에 참여하지 아니한 정당이면 최근에 전국적으로 시행된 후보 추천이 허용되는 비례대표 시·도의회의원선거, 지역구 시·도의회의원선거, 시·도지사선거 또는 자치구·시·군의 장 선거에서 해당 정당이 득표한 득표수 비율이 100분의 2 이상인 정당에는 보조금의 100분의 2씩을 배분·지급한다(정치자금법 제27조 제2항). 이상에서 지급하고 난 잔여분 중 100분의 50은 지급 당시 국회 의석이 있는 정당에 그 의석수 비율에 따라서 배분·지급하고, 그 잔여분은 최근에 시행된 국회의원선거의 득표수 비율에 따라서 배분·지급한다(정치자금법 제27조 제3항). 선거에 참여하지 않은 정당에 대해서는 선거보조금(선거연도에 추가하여 계상한 보조금)을 배분·지급하지 아니한다(정치자금법 제27조 제4항).

③ 여성추천보조금

국가는 임기 만료에 따른 지역구 국회의원선거, 지역구 시·도의회의원선거 및 지역구 자치구·시·군의회의원선거에서 여성후보자를 추천하는 정당에 지급하기 위한 보조금(여성추천보조금)으로 최근 실시한 임기 만료에 따른 국회의원선거의 선거권자 총수에 100원을 곱한 금액을 임기 만료에 따른 국회의원선거, 시·도의회의원선거 또는 자치구·시·군의회의원선거가 있는 연도의 예산에 계상하여야 한다(정치자금법 제26조 제1항: 여성추천보조금). 여성후보자를 전국지역구 총수의 100분의 30 이상 추천한 정당이 있으면 여성추천보조금 총액의 100분의 40은 지급 당시 정당별 국회의석수 비율에 따라, 총액의 100분의 40은 최근 실시한 임기 만료에 따른 국회의원선거에서 득표수 비율[비례대표전국선거구와 지역구에서 해당 정당이 득표한 득표수 비율의 평균을 말한다(국회의원선거의 득표수 비율)]에 따라, 그 잔여분은 각 정당이 추천한 지역구 여성후보자수의 합에 대한 정당별 지역구 여성후보자수의 비율에 따라 배분·지급한다. 여성후보자를 전국 지역구 총수의 100분의 30 이상 추천한 정당이 없으면 여성후보자를 전국 지역구 총수의 100분의 15 이상 100분의 30 미만을 추천한 정당에는 여성추천보조금 총액의 100분의 50을 여성후보자를 전국지역구 총수의 100분의 30 이상 추천한 정당이 있는 때의 기준에 따라서 배분·지급하고, 여성후보자를 전국 지역구 총수의 100분의 5 이상 100분의 15 미만을 추천한 정당에는 여성추천보조금 총액의 100분의 30을 여성추천보조금 총액의 100분의 50을 여성후보자를 전국지역구 총수의 100분의 30 이상 추천한 정당이 있는 때의 기준에 따라서 배분·지급한다(이때 하나의 정당에 배분되는 여성추천보조금은 전국 지역구 총수의 100분의 15 이상 100분의 30 미만을 추천한 정당이 있을 때 각 정당에 배분되는 여성추천보조금 중 최소액을 초과할 수 없다)(정치자금법 제26조 제2항).

④ 장애인추천보조금

국가는 임기 만료에 따른 지역구 국회의원선거, 지역구 시·도의회의원선거 및 지역구 자치구·시·군의회의원선거에서 장애인후보자를 추천한 정당에 지급하기 위한 보조금으로 최근 실시한 임기 만료에 따른 국회의원선거의 선거권자 총수에 20원을 곱한 금액을 임기 만료에 따른 국회의원선거, 시·도의회의원선거 또는 자치구·시·군의회의원선거가 있는 연도의 예산에 계상하여야 한다(정치자금법 제26조의2 제1항: 장애인추천보조금). (ⅰ) 장애인후보자를 전국 지역구 총수의 100분의 5 이상 추천한 정당이 있으면 장애인추천보조금 총액의 100분의 40은 지급 당시 정당별 국회의석수의 비율에 따라, 총액의 100분의 40은 최근 실시한 국회의원선거의 득표수 비율에 따라, 그 잔여분은 각 정당이 추천한 지역구 장애인후보자수의 합에 대한 정당별 지역구 장애인후보자수의 비율에 따라 배분·지급한다. (ⅱ) 장애인후보자를 전국 지역구 총수의 100분의 5 이상 추천한 정당이 없으면 ⓐ 장애인후보자를 전국 지역구 총수의 100분의 3 이상 100분의 5 미만을 추천한 정당에는 장애인추천보조금 총액의 100분의 50을 (ⅰ)의 기준에 따라 배분·지급한다. ⓑ 장애인후보자를 전국 지역구 총수의 100분의 1 이상 100분의 3 미만을 추천한 정당에는 장애인추천보조금 총액의 100분의 30을 (ⅰ)의 기준에 따라 배분·지급한다. 이 경우 하나의 정당에 배분되는 장애인추천보조금은 가목에 따라 각 정당에 배분되는 장애인추천보조금 중 최소액을 초과할 수 없다(정치자금법 제26조의2 제2항).

⑤ 용도

국고보조금은 정당 운영에 드는 경비 이외에는 사용할 수 없다. 경비는 인건비, 사무용 비품 및 소모품비, 사무소 설치·운영비, 공공요금, 정책개발비, 당원 교육훈련비, 조직활동비, 선전비, 선거관계비용 등이다(정치자금법 제28조 제1항). 경상보조금을 받은 정당은 그 경상보조금 총액의 100분의 30 이상은 정책연구소에, 100분의 10 이상은 시·도당에 배분·지급하여야 하고, 100분의 10 이상은 여성정치 발전을 위하여 사용하여야 한다(정치자금법 제28조 제2항). 정당은 소속 당원인 공직선거의 후보자·예비후보자에게 보조금을 지원할 수 있고, 경비에 해당하지 않아도 여성추천보조금은 여성후보자의, 장애인추천보조금은 장애인후보자의 선거경비로 사용하여야 한다(정치자금법 제28조 제3항). 각급 선거관리위원회(읍·면·동선거관리위원회 제외) 위원·직원은 보조금을 받은 정당 및 이의 지출을 받은 사람 그 밖에 관계인에 대하여 감독상 또는 정치자금법 위반 여부를 확인하는 데 필요하다고 인정하면 보조금 지출에 관하여 조사할 수 있다(정치자금법 제28조 제4항). 중앙선거관리위원회는 보조금을 받은 정당(정책연구소 및 정당선거사무소 포함)이 보조금에 관한 회계보고를 허위·누락하면 허위·누락에 해당하는 금액의 2배에 상당하는 금액, 정치자금법 제28조(보조금의 용도제한 등) 제1항의 규정에 따른 용도 외의 용도로 사용하면 그 용도를 위반하여 사용한 보조금의 2배에 상당하는 금액, 정치자금법 제28조 제2항의 규정에 따른 용도 외의 용도로 사용하면 용도를 위반한 보조금의 2배에 상당하는 금액, 정치자금법 제28조 제3항의 규정에 따른 여성추천보조금 또는 장애인추천보조금의 용도 외의 용도로 사용하면 용도를 위반한 보조금의 2배에 상당하는 금액, 정치자금법 제40조(회계보고)의 규정을 위반하여 회계보고를 하지 아니하면 중앙당은 지급한 보조금의 100분의 25에 상당하는 금액, 시·도당은 중앙당에서 지원받은 보조금의 2배에 상당하는 금액을 회수하고, 회수가 어려우면 그 이후 해당 정당에 지급할 보조금에서 감액하여 지급할 수 있다(정치자금법 제29조). 보조금을 받은 정당이 해산되거나 등록이 취소된 때 또는 정책연구소가 해산 또는 소멸하면 정당은 받은 보조금 잔액이 있으면 이를 반환하고, 정책연구소는 보조금의 사용잔액을 소속 정당에 인계하며, 이때 정당은 새로이 설립하는 정책연구소에 그 잔액을 인계하여야 하고, 정당이 해산 또는 등록이 취소될 때 보조금 지출내역을 중앙선거관리위원회에 보고하고 잔액이 있으면 이를 반환한다(정치자금법 제30조 제1항).

⑥ 회계와 회계보고

정치자금의 투명하고 민주적인 관리를 위해서 정당은 회계 처리에 관한 절차를 당헌·당규에 정하여야 한다. 중앙당의 예산결산위원회는 회계와 관련된 사항을 확인·검사하고 그 결과를 당원에게 공개하여야 한다(정치자금법 제38조). 그 밖에 정당의 대표자, 후원회의 대표자, 후원회를 둔 국회의원, 대통령선거경선후보자, 당대표경선후보자등, 공직선거의 후보자·예비후보자(선거사무소와 선거연락소의 회계책임자를 선임하는 때를 말한다)(이때 대통령선거의 정당추천후보자, 비례대표 국회의원선거 및 비례대표 지방의회의원선거에서는 그 추천정당이 선임권자가 되며, 그 선거사무소와 선거연락소의 회계책임자는 각각 정당의 회계책임자가 겸한다), 선거연락소장(선거연락소의 회계책임자에 한) 등은 정치자금의 수입과 지출을 담당하는 회계책임자 1명을 선임하여 관할 선거관리위원회에 서면으로 신고할 의무가 있다(정치자금법 제34조). 위와 같은 정당의 회계책임자 등은 관할선거관리위원회에 정치자금의 수입과 지출에 관한 회계보고를 하여야 한다(정치자금법 제40조).

(5) 그 밖에 국가의 재정보조

정당은 선거에 관한 경비를 원칙적으로 부담하지 않는다(선거공영제: 헌법 제116조 제2항). 그리고 정당이 받는 정치자금에 대해서는 조세특례제한법에 따라서 면세 혜택을 받는다(정치자금법 제59조).

Ⅶ. 정당의 법적 지위의 사법적 구제

정당은 법인이 아닌 사단이므로 대표자 이름으로 민사소송 당사자가 될 수 있다(민사소송법 제52조). 그리고 정당은 기본권 주체가 될 수 있으므로 헌법소원심판의 당사자능력이 있다.[41] 그러나 정당은 국가기관이나 국가조직이 아니므로 권한쟁의심판의 당사자능력은 없다.[42]

제 2 절 선거제도

Ⅰ. 대의제 민주주의에서 선거의 의의와 기능

1. 현대의 정치적 조건과 대의(대표)제 민주주의

전체 국민의 통일된 의사는 현실적으로 없고, 계층 사이나 이해집단 사이의 갈등이 있다. 그리고 넓은 국토에 흩어져 사는 수많은 국민이 모두 참여하여 의사 결정을 한다는 것은 기술적으로 불가능하다. 또한, 고도로 발전한 현대 사회에서 각종 사안을 결정할 때 필요한 지식을 충분히 확보하는 것도 어렵다. 따라서 민주주의는 현실적으로는 국민의 직접 지배가 아니라 국민의 대표자를 통한 지배, 즉 대의(대표)제 민주주의로 현실화한다. 대의제 민주주의는 국정운영능력이 있는 대표기관을 구성하고 국민의사를 정확하게 반영(대표의 정확성)할 수 있는 선거제도 구성을 요청한다.

2. 선거의 의의와 기능

(1) 선거의 의의

선거는 주권자인 국민이 투표로 대의기관을 구성할 인물을 선택하는 행위이다. 오늘날과 같이 주권자인 국민이 국가의사나 국가정책을 직접 결정하지 않고 대표자를 선출하여 그가 국민을 대신하여 국가의사나 국가정책 등을 결정하게 하는 대의제 민주주의에서 선거는 주권자인 국민이 그를 대신해서 국정을 담당할 대표자를 선출하는(대표기관을 선임하는) 집합적 합성행위로서 국민이 정치에 참여하는 본질적 수단이고 민주주의를 실현하기 위한 기본적 전제이다. 선거는 창설적 행위로서 그 본질은 국정을 담당하는 국가기관 구성이다. 선거를 통해서 형성되는 선거인과 대표기관 사이의 대표관계는 자유위임관계이다. 따라서 이러한 관계는 정치적 대표관계이지, 법적 대표관계는 아니다.

---

41) 헌재 1991. 3. 11. 91헌마21, 판례집 3, 91, 98-99.
42) 헌재 2020. 5. 27. 2019헌바6등, 판례집 32-1하, 214, 231.

(2) 선거의 기능

선거는 형식적으로는 대표자를 선출하여 대표기관을 구성하는 기능을 수행한다. 선거에는 정당에 대한 신임투표적 성격이 어느 정도 있다. 그러나 이는 어디까지나 보충적 의미이고, 선거는 기본적으로 대표자, 즉 공직자를 선출하는 기능이 있다.43) 선거를 통해서 나타난 국회 세력 분포는 헌법적 존속력이 없다.44) 그래서 이러한 세력 분포에 변화를 가져오는 국회의원 당적 변경에 정치적 비난을 할 수는 있어도, 이때 국회의원 신분을 박탈하는 것은 헌법적으로 허용되지 않는다. 따라서 국민의 직접선거로 국회의 정당 사이의 의석 분포, 즉 국회 구도를 결정하는 권리인 국회구성권은 헌법상 인정되지 않는다. 민주주의에서 공직자 선출은 동시에 헌법과 법률이 정한 권한을 위임하는 의미가 있다. 국회의원에게는 헌법 제46조 제2항에 따라서 그리고 그 밖의 선출직 공무원에게는 헌법 제7조 제1항에 따라서 국민 전체의 이익을 위해서 공직을 수행할 권한이 위임된다.

선거는 실질적으로는 먼저 주권의 실질적 행사를 보장한다. 주권자인 국민은 선거를 통해서 국정에 참여하고 정치적 의사를 표현할 기회를 보장받는다. 선거를 통해서 국민이 국가권력의 담당자를 선출할 때 국가권력을 담당하려는 후보자는 국민의 의사를 살피고 국민의 동의와 지지를 얻으려고 경쟁적으로 노력하지 않을 수 없다. 이러한 과정에서 국민은 진정한 주권자가 된다. 그리고 선거를 계기로 국민은 적극적으로 정치적 의견을 형성하고 특정 후보자를 지지하며, 다른 정치적 의견과 나누는 의사소통을 통해서 자기 의견을 개선할 수 있다. 따라서 선거에서 투표행위 자체뿐 아니라 투표라는 의사 결정에 이르는 전 단계인 의사 형성 과정을 보호하여야 한다. 이러한 의사 형성 과정에서 선거는 국민이 일체감을 형성할 수 있도록 함으로써 객관적으로 국민통합 기능을 수행할 수 있다.45) 또한, 모든 국가권력의 근원인 국민이 질서 있고 공정한 선거를 통해서 국가권력 담당자를 선출하면 국가권력의 정당성을 확보될 수 있다. 그리고 임기 이후 선거를 통해서 새로운 대표자를 선출함으로써 국가권력에 대한 간접적 민주적 통제를 한다. 게다가 정치적 의견의 형성과 표현 및 전달은 그 자체로 국정에 대한 비판적 통제의 효과가 있다. 이처럼 선거는 표현의 자유를 활성화하는 중요한 계기이다. 그 밖에 선거는 국정 비판 욕구를 분출시키는 통로로서 민주사회질서를 유지하는 제도이므로 평화유지기능도 수행한다.46) 더하여 선거는 소수자가 다수자가 될 수 있는 기회 균등을 보장하여 주는 제도이며 동시에 소수자를 보호하는 제도이다. 민주주의에서는 영원한 여당도 영원한 야당도 없고 여당은 잠재적 야당이며 야당은 잠재적 여당이다. 이를 가능하게 하는 것도 선거이다.

---

43) 헌재 2001. 7. 19. 2000헌마91등, 판례집 13-2, 77, 97 참조.
44) 헌재 1998. 10. 29. 96헌마186, 판례집 10-2, 600, 605-606 참조.
45) 선거의 국민통합기능에 관해서는 헌재 1995. 7. 21. 92헌마177등, 판례집 7-2, 112, 122 참조.
46) 헌재 1989. 9. 8. 88헌가6, 판례집 1, 199, 212-213.

(3) 선거가 (민주적으로) 기능하기 위한 전제조건

선거가 민주적으로 기능하려면 선거에 대한 국민 참여가 가능한 한 최대한으로 이루어져야 한다. 그리고 다원적인 대안(인물·정책사항 모두) 가운데서 선택할 수 있는 실질적 가능성이 있어야 한다. 선택할 수 없는 선거는 선거가 아니다.

(4) 선거의 공개성

공정한 개표절차를 통해서 정확한 선거결과로 나타나야 국민의 의사는 선거를 통해서 왜곡없이 반영된다. 따라서 개표절차의 공정성 확보도 선거제도의 중요한 요소이다. 이를 위해서 선거행위부터 선거결과 확정까지 선거의 모든 본질적 단계(과정)는 공개적으로 검증할 수 있어야 한다.[47] 이때 검증은 전문가가 아닌 일반인이 할 수 있어야 한다. 이러한 점에서 조작 가능성을 배제할 수 없는 전자개표기 사용은 (수개표를 검증하는 수단으로 사용하는 것이 아니라면) 위헌의 소지가 있다.

II. 헌법상 선거원칙

민주주의의 올바른 실현은 선거의 올바른 기능에 의지하는 바가 크다. 그러나 어떤 선거이든 선거라는 이름으로 치러지기만 하면 모두 민주적 선거가 되는 것은 아니다. 민주적 선거가 되려면 선거와 관련되는 모든 사항, 즉 선거 준비에서 당선이 확정되기까지 전체 과정에서 모든 구체적 사항이 민주선거원칙에 들어맞아야 한다. 다시 말하자면 선거제도, 선거구, 선거의 절차와 운영(후보자 공천, 선거운동, 투·개표, 당선 확정) 등 모든 것이 민주선거원칙에 들어맞아야 한다. 대법원은 정당의 당내경선에도 헌법상 선거원칙이 적용된다고 한다.[48] 그러나 구체적으로 민주선거원칙에 들어맞는지 그리고 구체적으로 보면 이 원칙에 어긋나도 전체적으로 보면 민주적 선거로 받아들일 수 있는지를 판단하기는 쉽지 않다. 민주선거원칙으로는 보통·평등·직접·비밀·자유선거의 원칙을 들 수 있는데, 헌법은 자유선거원칙을 명시적으로 규정하지 않지만, 이는 전제된 것으로 볼 수 있다(헌법 제41조 제1항, 제67조 제1항).[49]

1. 보통선거원칙

(1) 의의

'국민'에 대한 귀속 여부가 원칙상 선거권·피선거권 자격도 매개한다. 따라서 선거권·피

---

47) 독일 연방헌법재판소는 이러한 관점에서 전자개표기 사용은 선거공개원칙에 어긋나서 위헌이라고 선언하였다(BVerfGE 123, 39).
48) 대법원 2013. 11. 28. 선고 2013도5117 판결(공2014상, 145).
49) 헌재 1989. 9. 8. 88헌가6, 판례집 1, 199, 211, 248; 헌재 1994. 7. 29. 93헌가4등, 판례집 6-2, 15, 28; 헌재 1995. 4. 20. 92헌바29, 판례집 7-1, 499, 506; 헌재 1999. 9. 16. 99헌바5, 판례집 11-2, 326, 336 등 참조.

선거권이라는 국민의 권리는 형식상 가능한 한 최대한 평등하게 행사될 수 있어야 한다. 보통선거는 제한선거에 대응하는 것으로서 원칙적으로 모든 국민에게 선거권이 인정되는 선거를 뜻한다. 따라서 보통선거원칙에 따라서 모든 국민은 재산, 사회적 신분, 인종, 성별, 교육정도 등에 상관없이 일정한 연령에 달하면 선거권과 피선거권이 있다.[50] 이는 헌법 제11조 제1항 제1문 일반적 평등원칙이 선거에 적용된 것으로서 보통선거원칙에 어긋나면 헌법 제11조 제1항 제1문도 어긋난다. 보통선거원칙과 비밀선거원칙이 충돌하면 비밀선거 자체는 목적이 아니라서 보통선거원칙이 우월하다.[51]

(2) 선거권 제한

보통선거는 오늘날 일정한 연령에 도달한 모든 국민에게 원칙적으로 선거권을 인정하는 제도이고, 재력이나 납세액 또는 그 밖의 사회적 신분·인종·신앙·성별·교육 등을 이유로 한 선거권 제한은 인정되지 않는다. 불가피한 근거, 즉 인정할 만한 가치가 있는 중요한 근거가 있으면 보통선거원칙은 제한될 수 있다. 그러나 헌법 제11조 제2문의 사유나 경제적 사유 또는 교육 정도의 사유를 근거로 보통선거원칙을 제한할 수는 없다. 다만, 선거권을 행사하려면 국내 정치상황에 관한 이해가 필요하다는 점에서 거주나 체류를 선거권 행사 요건으로 삼을 수 있다. 헌법재판소는 재외국민의 선거권 행사를 전면적으로 부정하는 공직선거법이 보통선거원칙에 어긋난다고 하였다.[52]

18세 이상 국민은 대통령과 국회의원의 선거권이 있고(공직선거법 제15조 제1항), 18세 이상 국민으로서 선거인명부작성기준일 현재 해당 지방자치단체의 관할 구역 안에 주민등록이 되어 있는 사람은 그 구역에서 선거하는 지방자치단체 의회의원과 장의 선거권이 있다(공직선거법 제15조 제2항 제1호). 선거일 현재 5년 이상 국내에 거주하는 40세 이상 국민은 대통령의

---

50) 헌재 1997. 6. 26. 96헌마89, 판례집 9-1, 674, 679; 헌재 1999. 1. 28. 97헌마253등, 판례집 11-1, 54, 60 등 참조.

51) 헌재 2007. 6. 28. 2005헌마772, 판례집 19-1, 899, 909; 방승주, 『헌법강의 Ⅰ』, 박영사, 2021, 137쪽.

52) 헌재 2007. 6. 28. 2004헌마644등, 판례집 19-1, 859, 879: "국민이면 누구나 그가 어디에 거주하든지 간에 주권자로서 평등한 선거권을 향유하여야 하고, 국가는 국민의 이러한 평등 선거권의 실현을 위해 최대한의 노력을 기울여야 할 의무를 진다는 것은 국민주권과 민주주의의 원리에 따른 헌법적 요청이다. 입법자는 국민의 선거권 행사를 제한함에 있어서 주권자로서의 국민이 갖는 선거권의 의의를 최대한 존중하여야만 하고, 선거권 행사를 제한하는 법률이 헌법 제37조 제2항의 과잉금지원칙을 준수하고 있는지 여부를 심사함에 있어서는 특별히 엄격한 심사가 행해져야 한다. 따라서 선거권의 제한은 그 제한을 불가피하게 요청하는 개별적, 구체적 사유가 존재함이 명백할 경우에만 정당화될 수 있으며, 막연하고 추상적 위험이라든지 국가의 노력에 의해 극복될 수 있는 기술상의 어려움이나 장애 등의 사유로는 그 제한이 정당화될 수 없다. 그런데 법 제37조 제1항은 단지 주민등록이 되어 있는지 여부에 따라 선거인명부에 오를 자격을 결정하여 그에 따라 선거권 행사 여부가 결정되도록 함으로써, 엄연히 대한민국의 국민임에도 불구하고 주민등록법상 주민등록을 할 수 없는 재외국민의 선거권 행사를 전면적으로 부정하고 있는바, 그와 같은 재외국민의 선거권 행사에 대한 전면적인 부정에 관해서는 위에서 살펴본 바와 같이 어떠한 정당한 목적도 찾기 어렵다. 그러므로 법 제37조 제1항은 헌법 제37조 제2항에 위반하여 재외국민의 선거권과 평등권을 침해하고 헌법 제41조 제1항 및 제67조 제1항이 규정한 보통선거원칙에도 위반된다."

피선거권이 있고(헌법 제67조 제4항, 공직선거법 제16조 제1항), 18세 이상 국민은 국회의원의 피선거권이 있으며(공직선거법 제16조 제2항), 선거일 현재 계속하여 60일 이상 해당 지방자치단체 관할 구역 안에 주민등록이 되어 있는 주민으로서 18세 이상 국민은 그 지방의회의원과 지방자치단체장의 피선거권이 있다(공직선거법 제16조 제3항). 국회의원입후보자와는 달리 지방선거입후보자에게 거주기간을 요건으로 하는 것은 지방의회의원이나 지방자치단체의 장이 주민자치원리에 따라서 행정사무를 처리할 때 지방자치 차원에서 민주성과 능률성을 도모하는 데 필요하다.53) 국회의원 피선거권을 25세 이상 국민으로 정한 구 공직선거법 제16조 제2항에 대해서 헌법재판소는 위헌이 아니라고 하였다.54) 하지만 성년인 국민에게 공직을 담당할 능력이 없다고 볼 수 없고, 연령이 공직을 담당할 능력을 담보하는 것도 아니라는 점에서 피선거권 행사연령을 성년연령 이상으로 정하는 것은 위헌 의심이 있었다. 특히 피선거권의 행사 연령은 선거권 제한이 아닌 선거권 행사능력과 관련되는 것으로 보는 관점에서는 더욱 엄격한 해석이 요구된다. 최근에 공직선거법이 개정되어 국회의원 선거와 지방선거의 피선거권 제한 연령이 18세로 낮아졌다. 선거권과 피선거권은 국민의 권리이므로 외국인에게는 원칙적으로 인정되지 않는다(공직선거법 제15조 제1항, 제16조 제1항 참조). 다만, 부분적으로 외국인에게 선거권이 인정된다. 즉 출입국관리법상 영주의 체류자격을 취득하고 나서 3년이 지난 18세 이상의 외국인으로서 선거인명부작성기준일 현재 출입국관리법 규정에 따라 해당 지방자치단체의 외국인등록대장에 올라 있는 사람은 지방선거에서 선거권이 있다(공직선거법 제15조 제2항 제2호).

　　공직선거법을 따르면, ① 금치산선고를 받은 사람, ② 1년 이상 징역이나 금고의 형 선고를 받고 그 집행이 종료되지 아니하거나 그 집행을 받지 아니하기로 확정되지 아니한 사람(다만, 그 형의 집행유예를 선고받고 유예기간 중에 있는 사람은 제외),55) ③ 선거범, 정치자금법 제45조(정치자금부정수수죄)와 제49조(선거비용 관련 위반행위에 관한 벌칙)에 규정된 죄를 범한 사람 또는 대통령·국회의원·지방의회의원·지방자치단체의 장으로서 그 재임 중의 직무와 관련하여 형법(특정범죄가중처벌 등에 관한 법률 제2조에 의하여 가중처벌되는 때 포함) 제129조(수뢰, 사전수뢰) 내지 제132조(알선수뢰)·특정범죄가중처벌 등에 관한 법률 제3조(알선수재)에 규정된 죄를 범한 사람으로서, 100만원 이상의 벌금형 선고를 받고 그 형이 확정되고 나서 5년 또는 형의 집행유예 선고를 받고 그 형이 확정되고 나서 10년을 지나지 아니하거나 징역형 선고를 받고 그 집행을 받지 아니하기로 확정되고 나서 또는 그 형 집행이 종료되거나 면제되고 나서 10년을 지나지 아니한 사람(형이 실효된 자도 포함), ④ 법원의 판결이나 다른 법률

---

53) 이에 관해서는 헌재 1996. 6. 26. 96헌마200, 판례집 8-1, 550, 557, 563 참조.

54) 헌재 2005. 4. 28. 2004헌마219, 판례집 17-1, 547.

55) 집행유예자와 수형자에 대해서 전면적·획일적으로 선거권을 제한하는 것에 대해서 헌법재판소는 위헌 및 헌법불합치결정을 내린 바 있다(헌재 2014. 1. 28. 2012헌마409등, 판례집 26-1상, 136).

에 따라서 선거권이 정지 또는 상실된 사람은 선거권이 없다(제18조 제1항). 그리고 ① 금치산 선고를 받은 사람, ② 선거범, 정치자금법 제45조(정치자금부정수수죄)와 제49조(선거비용 관련 위반행위에 관한 벌칙)에 규정된 죄를 범한 자 또는 대통령·국회의원·지방의회의원·지방자치단체의 장으로서 그 재임 중의 직무와 관련하여 형법(특정범죄가중처벌 등에 관한 법률 제2조에 의하여 가중처벌되는 때를 포함한다) 제129조(수뢰, 사전수뢰) 내지 제132조(알선수뢰)·특정범죄가중처벌 등에 관한 법률 제3조(알선수재)에 규정된 죄를 범한 사람으로서, 100만원 이상의 벌금형 선고를 받고 그 형이 확정되고 나서 5년 또는 형의 집행유예 선고를 받고 그 형이 확정되고 나서 10년을 지나지 아니하거나 징역형 선고를 받고 그 집행을 받지 아니하기로 확정되고 나서 또는 그 형 집행이 종료되거나 면제되고 나서 10년을 지나지 아니한 사람(형이 실효된 자도 포함), ③ 법원의 판결이나 다른 법률에 따라서 선거권이 정지 또는 상실된 사람, ④ 금고 이상의 형 선고를 받고 그 형이 실효되지 아니한 사람, ⑤ 법원의 판결이나 다른 법률에 따라서 피선거권이 정지되거나 실효된 사람, ⑥ 국회법 제166조(국회 회의 방해죄)의 죄를 범한 사람으로서 (ⅰ) 500만원 이상의 벌금형 선고를 받고 그 형이 확정되고 나서 5년이 지나지 아니한 사람, (ⅱ) 형의 집행유예 선고를 받고 그 형이 확정된 후 10년이 지나지 아니한 사람, (ⅲ) 징역형 선고를 받고 그 집행을 받지 아니하기로 확정된 후 또는 그 형의 집행이 종료되거나 면제된 후 10년이 지나지 아니한 사람 중 하나에 해당하는 사람(형이 실효된 사람 포함)은 피선거권이 없다(제19조).

　금치산자는 정치적 판단능력이 없으므로 선거권이 부여될 수 없다. 그리고 선거범에 대해서 일정 기간 선거권을 인정하지 않는 것도 합리성이 있다. 그러나 일반적인 범죄를 이유로 법적 비난을 받은 때도 고도의 직무적합성을 요구하는 피선거권은 몰라도 선거권을 부인하는 것에 관해서는 합리적인 논거가 발견되지 않는다. 헌법재판소는 지나친 고액의 기탁금이 입후보자의 평등권, 피선거권과 유권자의 후보자선택의 자유를 침해하여 위헌이라는 견해를 취하고,[56] 재외국민에 대해서 선거권을 인정하지 아니한 것과 국외거주자에게 부재자투표제도를 인정하지 아니하는 것에 대해서는 위헌이라고 결정하였다.[57] 피선자격을 정할 때 지나치게 많은 추천자 서명을 요구하는 것이나 지나치게 높은 기탁금국고귀속비율[58]은 위헌이다. 그리고 입후보할 기회를 제한하거나 방해하는 것도 보통선거원칙에 어긋난다. 헌법재판소는 지방자치단체장이 임기 중 대통령과 국회의원의 선거 등에 입후보할 수 없도록 하는 것[59]과

---

56) 헌재 2001. 7. 19. 2000헌마91등, 판례집 13-2, 77.

57) 헌재 2007. 6. 28. 2004헌마644등, 판례집 19-1, 859.

58) 헌법재판소는 유효투표 총수의 3분의 1을 얻지 못할 때 기탁금 국고 귀속(헌재 1989. 9. 8. 88헌가6, 판례집 1, 199)과 유효투표 총수의 100분의 20을 얻지 못할 때 기탁금 국고 귀속(헌재 2001. 7. 19. 2000헌마91등, 판례집 13-2, 77)은 위헌이라고 하였고, 유효투표 총수의 100분의 15를 얻지 못할 때 기탁금 국고귀속(헌재 2003. 8. 21. 2001헌마687등, 판례집 15-2상, 214)은 합헌이라고 하였다.

59) 헌재 1999. 5. 27. 98헌마214, 판례집 11-1, 675.

지방자치단체장이 해당 지방자치단체 관할 구역과 같거나 겹치는 선거구역에서 실시되는 지역구 국회의원선거에 입후보하고자 할 때 선거일 전 180일까지 그 직을 사퇴하도록 한 것[60]은 위헌이라고 하였다.

(3) 장애인에 대한 적극적인 보호

선거권이 제한되는 때를 제외하고는 국가는 모든 유권자가 실제 투표권을 행사할 수 있도록 시설을 갖추고, 편의를 제공하여야 한다. 예를 들어 장애인이 투표장에 사실상 접근할 수 없다는 이유로 투표권을 행사할 수 없는 사태를 사전에 방지하여야 한다. 국가와 지방자치단체는 장애인이 선거권을 행사하는 데 불편함이 없도록 편의시설·설비를 설치하고, 선거권 행사에 관하여 홍보하며, 선거용 보조기구를 개발·보급하는 것 등 필요한 조치를 강구하여야 한다(장애인복지법 제26조).

2. 평등선거원칙

(1) 의의

평등선거는 차등선거나 불평등선거에 대응하는 개념으로, 모든 선거권자가 행사하는 한 표 한 표가 동등한 비중, 동등한 계산가치가 있고, 나아가 원칙적으로 동등한 결과가치가 있는 것, 결국 선거결과에서 어느 표나 동등한 영향을 미치는 선거를 말한다.[61] 이는 헌법 제11조 제1항 제1문의 일반적 평등원칙이 선거에 적용된 것이지만, 절대적 평등을 지향한다. 따라서 평등선거원칙을 위반하는 것은 헌법 제11조 제1항 제1문도 위반한다. 이러한 점에서 평등선거원칙은 그 자체로서 기본권성도 있다. 평등선거는 입후보에서 투표, 개표, 의석 배분에 이르는 선거의 모든 과정에서 요청된다. 보통선거원칙도 평등원칙을 구체화한 것이나, 선거권·피선거권의 자격요건에 중점이 있다는 점에서 투표가치의 평등에 중점이 있는 평등선거원칙과 차이가 있다.

(2) 내용

정치적 의사결정능력이 있는 모든 국민은 동등한 투표가치가 있다. 모든 국민은 정치적 의사의 가치에서 평등하기 때문이다. 이는 제도적으로는 1인 1표제로 실현된다. 평등선거에

---

60) 헌재 2003. 9. 25. 2003헌마106, 판례집 15-2상, 516.
61) 헌재 1995. 12. 27. 95헌마224등, 판례집 7-2, 760, 771: "평등선거의 원칙은 평등의 원칙이 선거제도에 적용된 것으로서 투표의 수적(數的) 평등 즉 복수투표제 등을 부인하고 모든 선거인에게 1인 1표(one man, one vote)를 인정함을 의미할 뿐만 아니라 투표의 성과가치(成果價値)의 평등 즉 1표의 투표가치가 대표자선정이라는 선거의 결과에 대하여 기여한 정도에 있어서도 평등하여야 함(one vote, one value)을 의미한다. 그러나 이러한 투표가 치의 평등은 모든 투표가 선거의 결과에 미치는 기여도 내지 영향력에 있어서 숫자적으로 완전히 동일할 것까지를 요구하는 것이라고는 보기 어렵다. 왜냐하면 투표가치는 그 나라의 선거제도의 구조와 밀접하게 관련되어 있고 따라서 그 구조가 어떠하냐에 따라 결과적으로 선거의 결과에 미치는 투표의 영향력에 어느 정도의 차이가 생기는 것은 면할 수 없기 때문이다."

서 '평등'의 의미는 던져진 표 모두가 선거결과에 동등한 영향을 미쳐야 한다는 것이다. 따라서 평등선거원칙은 무엇보다 투표가치의 평등을 요구한다. 투표가치의 평등은 1차적으로 모든 사람의 표가 형식상 같은 비중이 있는 것, 즉 흔히 말하는 1인 1표의 원칙에 따라서 모든 사람에게 똑같이 한 표씩만 인정하라고 요구한다.[62] 따라서 성별이나 재산·학력·사회적 신분 등을 이유로 특정계층의 선거인에게는 복수의 투표권을 인정하는 차등선거는 헌법상 허용될 수 없다. 그러나 투표가치의 평등은 이러한 표면가치(산술적 계산가치)뿐 아니라 결과가치(성과가치)의 평등도 요구한다. 결과가치의 평등은 모든 투표자가 행사한 하나하나의 표가 선거결과에 미치는 비중까지도 실질적으로 평등하여야 한다는 것이다.[63]

(3) 문제가 되는 때

정치적 의사 형성 영역에서 모든 국민은 절대적으로 동등하게 평가되어야 하고, 이 원칙 파괴는 매우 엄격한 조건 아래에서만 허용되어야 한다. 따라서 선거법에서 차별은 특별히 이를 정당화하는 불가피한 근거가 있어야 한다.

① 선거구인구 불평등

국회의원선거구는 기존 행정구역을 기준으로 확정되므로 행정구역의 동질성을 훼손하면서 인구 비례에 엄격하게 맞추어 선거구를 획정하는 것은 현실적으로 불가능하다. 따라서 인구 불균형이 어느 정도까지 헌법적으로 허용되는지가 문제 된다. 초기 헌법재판소는 국회의원 지역선거구와 관련하여 인구편차가 4:1까지는 허용된다고 보았으나,[64] 이후 편차가 3:1을 넘으면 평등선거원칙에 위반된다고 보았다가,[65] 인구편차 상하 33⅓%, 인구비례 2:1을 넘어서지 않는 것으로 변경하였다.[66] 헌법재판소는 지방의회의원선거구의 인구편차 허용기준은 평균 인구수 기준 상하 50%(인구비례 3:1)로 설정한다.[67]

② 자의적인 선거구 획정

자의적인 선거구 획정으로 말미암아 특정 지역의 선거인이 정치과정에 참여할 기회를 잃게 되었거나 그가 지지하는 후보가 당선될 가능성을 의도적으로 박탈하는 것이 명확하면 해당 지역의 선거인을 차별하는 것으로서 성과가치의 평등에 위반된다.[68] 이러한 점과 관련하

---

62) 그러나 1인 1표의 원칙이 절대적인 것이 아니다. 모든 사람에게 똑같이 인정된다는 전제 아래 1인 2표도 평등선거원칙에 어긋나지 않기 때문이다.

63) 헌재 1995. 12. 17. 95헌마224등, 판례집 7-2, 760, 771.

64) 헌재 1995. 12. 27. 95헌마224등, 판례집 7-2, 760, 777-788.

65) 헌재 2001. 10. 25. 2000헌마92등, 판례집 13-2, 502, 511-512.

66) 헌재 2014. 10. 30. 2012헌마192등, 판례집 26-2상, 668, 682-690.

67) 시·도의회의원지역선거구와 관련하여서는 헌재 2018. 6. 28. 2014헌마189, 판례집 30-1하, 627, 632-634, 자치구·시·군의회의원선거구와 관련하여서는 헌재 2018. 6. 28. 2014헌마166, 판례집 30-1하, 616, 623-624.

68) 헌재 1998. 11. 26. 96헌마54, 판례집 10-2, 742, 748-749.

여 헌법재판소는 자의적 선거구 획정[이른바 게리맨더링(Gerrymandering)]에 관한 헌법적 평가를 명확히 밝힌다. 즉 선거구 획정은 사회적 · 지리적 · 역사적 · 경제적 · 행정적 연관성과 생활권 등을 고려하여 특별히 불가피한 사정이 없는 한 인접지역이 1개의 선거구를 구성하여야 한다. 따라서 인접지역이 아닌 지역을 1개의 선거구로 구성하면 특별한 사정이 없는 한 입법재량 범위를 일탈한 자의적인 선거구 획정으로서 헌법에 어긋난다.[69]

③ 선거운동에서 기회균등원칙

평등선거원칙은 입후보자와 정당을 중심으로 보면 기회균등원칙과 선거운동평등원칙으로 나타난다.[70] 정당 소속 입후보자와 무소속 입후보자 사이에 선거운동 기회에서 차별하거나 기탁금 액수를 차등화하는 것 등은 모두 평등선거원칙에 위반된다.[71] 헌법은 경제적 능력 차이가 선거운동 불평등을 낳고, 그 결과 경제적 불평등이 대표 선출에 그대로 반영되는 것을 방지하려고 선거공영제를 원칙으로 한다. 즉 선거에 관한 경비는 법률이 정하는 때를 제외하고는 정당이나 후보자에게 부담시킬 수 없다(헌법 제116조 제2항). 다만, 법률이 정하는 바에 따라서 선거경비를 부분적으로 정당이나 입후보자에게 부담시킬 수 있다.

선거운동에서 기회균등원칙이 예외 없이 모든 입후보자를 동등하게 취급하라고 요청하는 것은 아니다. 특히 정당 사이의 경쟁에서 국가의 엄격한 중립성원칙은 불가피한 근거에 따른 차별화로 수정되어야 한다. 즉 도식적 · 산술적 평등에서 비례적 평등으로 바뀐다. 이때 정당의 중요성, 규모 등이 고려된다. 예를 들어 최소한의 당선 가능성, 선거권자의 관심도를 기준으로 그리고 주요 정당 추천으로 일부 후보자만을 방송토론회나 언론사의 대담 · 토론회에 선정 혹은 초청하는 것이 헌법에 어긋나지는 않는다.[72]

④ 저지조항 문제

저지조항(봉쇄조항: Sperrklausel)은 비례대표제에서 일정 비율 이상 득표한 정당만 의석을 배분받을 수 있는 제도로서 군소정당 난립을 방지하여 정국을 안정화하려는 것이다. 공직선거법은 지역구에서 5석 이상 의석을 차지하였거나 유효투표의 3% 이상을 차지한 정당만 비례대표의석 배분에 참여시킴으로써 저지조항을 둔다. 이러한 저지조항은 형식적 · 기계적인 평등 취급을 내용으로 하는 평등선거원칙을 제한한다. 따라서 이를 특별히 정당화할 만한 사유가 있어야 한다. 이는 국회가 의사결정능력을 갖추려면 국회 구성 파편화가 방지되어야 한다는 추상적인 논리만으로는 정당성을 인정받기 어렵다. 저지조항이 없다면 실제 국회 구성 파

---

69) 헌재 1995. 12. 27. 95헌마224등, 판례집 7-2, 760, 788-789.
70) 헌재 1996. 8. 29. 96헌마99, 판례집 8-2, 199, 207.
71) 헌재 1989. 9. 8. 88헌가6, 판례집 1, 199, 249; 헌재 1992. 3. 13. 92헌마37등, 판례집 4, 137, 147-148 등 참조.
72) 헌재 1998. 8. 27. 97헌마372등, 판례집 10-2, 461, 476; 헌재 1999. 1. 28. 98헌마172, 판례집 11-1, 84, 93-94 등 참조.

편화가 나타나고, 그 결과 국회가 의사결정능력을 상실하는지를 구체적으로 검토하여야 한다. 그리고 대통령(중심)제에서는 군소정당의 원내 진입이 곧바로 정국불안을 가져오지 않고, 오히려 건전하고 균형 잡힌 정치발전을 위해서 진보정당을 제도권 안에서 육성할 필요가 있다는 점도 고려되어야 한다.

3. 직접선거원칙

(1) 의의

간접선거와 반대되는 직접선거는 선출되는 대표자가 결정적으로 선거인에 의해서, 즉 투표로 그리고 투표할 때 확정되는 것이 보장되는 선거를 말한다. 어떤 기관이 사후적으로 개입하여 그 기관 재량에 따라서 의원을 선출하는 것은 직접선거가 아니다. 이는 중간선거인이 개입하는 간접선거로 국민의사가 왜곡될 위험을 막기 위한 것이다. 따라서 어떤 기관 개입으로 선거 결과가 좌우되는 것은 허용되지 않는다. 즉 선거인단이 선거결과를 최종적으로 결정한다든지 혹은 유권자 대신 제3자가 기표하는 방법으로 하는 투표는 직접선거가 아니다. 예를 들어 시각장애인의 투표권 행사를 보호하려고 보조인이 유권자 의사에 따라 기표를 하게 하는 방법은 유권자의 의사를 보조인이 왜곡할 가능성이 있어서 직접선거원칙에 어긋난다. 직접선거원칙은 선거결과를 확정할 때 투표자 의사를 직접 반영하여야 한다는 원칙이다. 정당 그 밖의 선거 관련 조직의 법적 영향력이 투표 개시 전이나 투표 개시와 동시에 종결될 때만 선거인은 직접선거의 의미에서 최종적 결정권이 있다. 직접선거원칙은 국가 차원은 물론 지방 차원에서도 권력담당자를 선출하고 국가기관을 구성하기 위한 일반적 법원리로서, 민주주의라는 헌법상 근본결단의 구체적 표현이다. 헌법적으로 요구되는 민주적 정당성은 국민에서 국가기관이나 기관담당자에 이르는 끊어지지 않는 정당성 사슬을 요청하기 때문이다. (모사전송 시스템을 이용하여 선상에서 투표를 하는) 선상투표는 선거권자가 직접 의사 결정을 하고 단지 그 송부만 모사전송 시스템을 통해서 이루어지므로 직접선거원칙에 어긋나지 않는다.[73] 비례대표제 아래에서 선거결과 결정에는 정당 의석 배분이 필수적 요소이다. 따라서 비례대표제를 채택하는 한 직접선거원칙은 의원 선출뿐 아니라 정당의 비례적인 의석 확보도 선거권자의 투표를 통해서 직접 결정될 것을 요구한다.[74]

(2) 정당선거와 비례대표의석 배분 문제

개정 전 선거법에서는 지역선거구 입후보자에 대한 투표를 해당 입후보자가 소속한 정당에 대한 지지로 의제하여 비례대표의석 배분에 반영하였다. 이때는 비례대표의원을 선출할 때 정당의 명부작성행위가 최종적이고 결정적인 의미가 있다. 그러나 이는 직접선거원칙에

---

73) 헌재 2007. 6. 28. 2005헌마772, 판례집 19-1, 899, 910.
74) 헌재 2001. 7. 19. 2000헌마91등, 판례집 13-2, 77, 96.

어긋나고, 실제 헌법재판소는 이러한 규정을 위헌으로 결정한 바 있다.[75] 현행 공직선거법은 유권자가 두 표를 행사하도록 하여, 한 표는 인물 선택 기능을 그리고 다른 한 표는 정당 선택 기능을 수행하도록 한다.

(3) 정당명부 작성과 직접선거원칙

현행 공직선거법상 정당명부 작성방식인 고정명부제가 직접선거원칙에 어긋나는지가 문제 된다. 고정명부제에서는 정당에 대한 지지에 기초하여 정당이 작성한 명부에 따라서 국회의원을 선출하고, 선거권자가 직접 비례대표의원 후보자를 선택하지는 않는다. 그러나 비례대표제가 시행되는 한 이러한 의원선출절차는 제도필연적이다. 그리고 적극적으로 보면 고정명부제에서 비례대표후보자명단과 그 순위 그리고 의석 배분 방식은 이미 선거 시점에 확정되고, 투표 이후 정당이 후보자명부 순위를 변경하는 것 등의 사후 개입은 허용되지 않는다 (공직선거법 제50조). 따라서 고정명부제에서도 선거행위로 표출된 선거권자 의사가 직접적인 영향을 미치므로, 고정명부제 자체가 직접선거원칙에 어긋나는 것은 아니다.[76]

4. 비밀선거원칙

공개선거를 배척하는 비밀선거는 선거인이 누구에게 투표하였는지를 제3자가 알 수 없도록 하는 것이다. 이때 비밀은 선거인에게 자신의 선거에 관한 결정을 밝히지 않을 권리가 있다는 것을 말한다. 비밀선거원칙은 투표과정뿐 아니라 선거 준비 과정에도 적용된다.[77] 비밀선거원칙은 선거의 자유(자유선거)에서 가장 중요한 제도적 보장으로서, 선거인의 결정에 영향을 미칠 수 있는 직접·간접의 강제나 압력에서 선거권자인 국민의 자유로운 결정을 보장하고자 하는 것이다.[78] 이를 통해서 선거권자는 다른 사람의 간섭을 받지 않고 선거권자의 독자적인 판단에 따라서 선거를 할 수 있도록 보호받는다. 이러한 비밀 유지는 국가가 (조직상) 보장하여야 한다. 이에 따라서 용지비밀투표제, 투표용지관급제, 투표내용에 관한 진술거부권 보장 등이 비밀선거원칙을 구체화한다. 선거인도 선거할 때 비밀리에 선거하여야만 하고, 선거 비밀 포기는 허용되지 않는다. 공직선거법 제167조는 비밀선거원칙을 구체적으로 보장한다. 즉 투표의 비밀은 보장된다. 따라서 선거인은 투표한 후보자의 성명이나 정당명을 진술할

---

75) 헌재 2001. 7. 19. 2000헌마91등, 판례집 13−2, 77, 96−97.

76) 헌재 2001. 7. 19. 2000헌마91등, 판례집 13−2, 77, 96.

77) BVerfGE 4, 375 (386 f.); 12, 33 (35 f.); 12, 135 (139).

78) 헌재 2020. 5. 27. 2017헌마867, 판례집 32−1하, 364, 371: "헌법은 국회의원선거와 대통령선거에서 비밀선거 원칙을 명시적으로 규정하고 있다(제41조 제1항, 제67조 제1항). 비밀선거란 선거인의 의사결정이 타인에게 알려지지 않도록 하는 선거를 말한다. 비밀선거를 보장하는 이유는 투표내용의 비밀을 보장함으로써 선거권의 행사로 인하여 선거인이 불이익을 입는 것을 방지하기 위해서이다. 비밀선거는 유권자의 정치적 의사결정을 국가의 상세와 사회의 압력으로부터 보호하기 위한 필수적이고도 효과적인 수단이며, 자유선거 원칙을 실질적으로 보장하기 위한 전제조건이다."

의무가 없고, 누구든지 선거일의 투표 마감 시각까지 이를 질문하거나 진술을 요구할 수 없다. 다만, 언론기관이 선거결과를 예상하기 위한 목적으로 선거일에 투표소에서 100미터 밖에서 질문할 수는 있다. 이때 언론기관은 투표의 비밀을 침해하지 않는 방법으로 질문하여야 하고, 그 결과를 투표 마감 시각까지 공표할 수 없다. 그리고 선거인은 자신이 기표한 투표지를 공개할 수 없고, 공개된 투표지는 무효이다. 공직선거법 제146조 제2항과 제158조의2는 거소에서 우편으로 투표하는 방법을 허용한다. 우편투표는 선거의 비밀을 지키기가 쉽지 않고 제3자의 감시나 부당한 영향력 행사를 배제하기 어렵지만, 모든 선거원칙을 옹글게(완벽하게) 순수한 형태로 지키는 것이 언제나 가능한 것은 아니므로, 필요한 안전장치를 충분히 갖춘다면 허용될 수 있다.[79] 선거용 보조기구를 이용하여 기표할 수 없는 정도의 신체 장애로 말미암아 자신이 기표할 수 없는 선거인이 투표보조인이 가족이 아니면 반드시 본인이 지명한 2명을 동반하여 투표를 보조하게 하는 것은 장애인의 선거권을 실질적으로 보장하고 투표보조인이 장애인 선거권 행사에 부당한 영향력을 미치는 것을 방지하여 선거의 공정성을 확보하려는 것으로서 비밀선거원칙의 예외이기는 하지만 필요하고 예외적인 때에 한하므로 과잉금지원칙에 어긋나 장애인의 선거권을 침해하지 않는다.[80]

5. 자유선거원칙

(1) 의의

자유선거는 강제선거 금지를 뜻한다. 즉 선거인의 결정의 자유를 침해할 수 있는 직접적 또는 간접적 강제나 압력이 없는 선거를 말한다. 물론 선거 선전을 통해서 영향을 미치려는 시도는 이에 어긋나지 않는다. 여기서 자유의 의미는 각 선거인은 자기 선거권을 자유롭게, 즉 강제 그 밖의 허용되지 않는 외부 영향 없이 행사할 수 있다는 것을 뜻한다. 자유는 모든 선거에서 기본요건이다. 따라서 자유가 없다면 선거도 없다. 자유가 보장되지 않으면, 평등, 보통, 직접, 비밀 모두 의미가 없기 때문이다. 자유선거는 선거의 비밀이 엄격하게 지켜진다는 것을 전제로 한다. 따라서 한국 헌법은 자유선거원칙을 명시하지 않지만, 비밀선거 규정으로 보아 전제된 것으로 볼 수 있다.[81] 헌법재판소는 선거자유의 원칙은 민주국가의 선거제도에 내재하는 법원리로서 국민주권의 원리, 대의민주주의의 원리 및 참정권에 관한 헌법규정들(제1조, 제24조, 제25조, 제41조 제1항, 제67조 제1항 등)을 근거로 한다고 한다.[82]

---

79) 한수웅, 『헌법학(제11판)』, 법문사, 2021, 172~173쪽.

80) 헌재 2020. 5. 27. 2017헌마867, 판례집 32-1하, 364, 372-377.

81) 헌재 1994. 4. 20. 92헌바29, 판례집 7-1, 499, 506; 헌재 1999. 9. 16. 99헌바5, 판례집 11-2, 326, 336.

82) 헌재 2006. 7. 27. 2004헌마215, 판례집 18-2, 200, 204; 헌재 2008. 10. 30. 2005헌바32, 판례집 20-2상, 750, 764.

(2) 내용

자유선거원칙은 선거의 모든 과정에 요구되는 선거권자의 의사형성 자유와 의사실현 자유를 말하고, 구체적으로는 투표의 자유, 입후보의 자유 나아가 선거운동의 자유를 뜻한다.[83] 여기서 자유는 선거권 행사 그 자체가 자유로워야 한다는 것이다. 따라서 선거행위 자체를 부자유하게 만들지 않는 한 영향력 행사는 허용된다. 예를 들어 사회단체나 교회에서 선거에 대해서 영향력을 행사하려고 성명을 발표하는 것은 자유선거원칙에 어긋나지 않는다. 그러나 공직선거후보자추천권을 정당에 독점시키는 것은 선거권을 정당이 천거한 후보자들 사이에서만 인정되는 선택권으로 법적으로 강제 축소하는 것이다. 이는 어느 당에도 소속되지 않은 국민을 무력화하는 것으로 자유선거원칙에 어긋난다. 공직선거법 제6조 제4항은 "선거권자는 성실하게 선거에 참여하여 선거권을 행사하여야 한다."라고 규정하여 선거권 행사를 법적 의무를 규정하나, 이에 관한 제재조항은 없다. 다만, 공직선거법 제6조 제2항 제1문은 "각급선거관리위원회(읍·면·동선거관리위원회는 제외한다)는 선거인의 투표참여를 촉진하기 위하여 교통이 불편한 지역에 거주하는 선거인 또는 노약자·장애인 등 거동이 불편한 선거인에게 교통편의를 제공하거나, 투표를 마친 선거인에게 국공립 유료시설의 이용요금을 면제·할인하는 등의 필요한 대책을 수립·시행할 수 있다."라고 규정한다. 헌법재판소는 최소투표율제도를 도입하면 최소투표율에 도달하도록 선거인의 투표를 강제할 수 있어 자유선거원칙을 위반할 우려가 있으므로 최소투표율제를 채택하지 않더라도 국민주권원칙에 어긋나지 않는다고 한다.[84]

(3) 유권자의 자유로운 후보자선택권 보장

자유선거원칙은 소극적으로는 선거권자가 외부에서 간섭을 받지 않고 자유롭게 후보자를 선택할 수 있어야 한다는 내용을 품는다.[85] 여기에는 선거에 참여하지 않을 자유가 포함된다.

---

83) 헌재 1994. 4. 20. 92헌바29, 판례집 7-1, 499, 506-507; 헌재 2006. 7. 27. 2004헌마215, 판례집 18-2, 200, 205; 헌재 2008. 10. 30. 2005헌바32, 판례집 20-2상, 750, 764.

84) 헌재 2003. 11. 27. 2003헌마259등, 판례집 15-2하, 339, 349: "그리고 차등 없이 투표참여의 기회를 부여했음에도 불구하고 자발적으로 투표에 참가하지 않은 선거권자들의 의사도 존중해야 할 필요가 있다. 만약 청구인들이 주장하는 바와 같은 최소투표율제도를 도입하게 되면 투표실시결과 그러한 최소투표율에 미달하는 투표율이 나왔을 때 그러한 최소투표율에 도달할 때까지 투표를 또 다시 실시하지 않을 수 없게 되는데, 그것을 막기 위해 선거권자들로 하여금 투표를 하도록 강제하는 과태료나 벌금 등의 수단을 채택하게 된다면 자발적으로 투표에 참가하지 않은 선거권자들의 의사형성의 자유 내지 결심의 자유를 부당하게 축소하고 그 결과로 투표의 자유를 침해하여 결국 자유선거의 원칙을 위반할 우려도 있게 된다(헌재 1994. 7. 29. 93헌가4등, 판례집 6-2, 15, 2; 헌재1995. 4. 20. 92헌바29, 판례집 7-1, 499, 506 참조). 그럼에도 불구하고 저조한 투표율이 지니는 의미를 단지 재·보궐선거일이 평일이거나 투표시간이 근무시간 이후까지 연장되지 않았다는 것만에 기인한다고 여겨 당선인 결정방식을 선거권자들의 일정 비율 이상이 반드시 투표에 참여해야만 가능하다는 최소투표율제에 의해야 한다고 하면 결과적으로 선거인의 결정의 자유 내지 결심의 자유를 침해할 수도 있게 되는 것이다. 그러므로 저조한 투표율에 의해 실시된 재·보궐선거에서 유효투표의 다수를 얻은 후보자를 당선인으로 결정하는 것이 선거의 대표성을 훼손한다고 하기는 어렵다."

따라서 선거 참여가 국민의 정치적 의무일 수는 있지만, 법적 의무라고는 할 수 없다. 자유선거원칙의 더 의미 있는 내용은 그 적극적인 측면이다. 선거권자의 자유로운 선택권이 실제 실현될 수 있도록 후보자가 입후보할 때 장애가 있어서는 안 된다. 따라서 기탁금이 고액이어서 경제적인 이유로 입후보 기회가 차단되면 그만큼 유권자의 후보선택권이 좁아지므로 자유선거원칙에 어긋난다.[86]

(4) 선거운동의 자유

자유선거원칙은 선거운동의 자유를 내용으로 한다. 선거를 통해서 국가권력에 정당성을 부여하는 실체는 선거결과 자체이다. 그러나 선거결과가 국가권력 행사에 관한 실질적인 근거로서 수용되고, 기능하기 위해서는 선거 과정에서 모든 국민이 의사를 자유롭게 표현하며 설득과 공감의 과정이 보호되어야 한다. 이때 비로소 선거의 통합기능이 실현된다. 그런데 선거의 자유를 효율화·극대화하려면 일정한 질서형성적 규율이 필요하다. 무한정의 자유는 필연적으로 자유에 내포된 평등하게 자유로울 수 있는 권리와 상충하기 때문이다. 이러한 구조에서 보면 선거에서 자유와 기회균등원칙은 규범적으로는 동전의 양면과도 같은 관계에 있다. 정치적 주의·주장의 설득력과 같은 선거 내적 요소보다는 정치적·경제적 및 사회적 세력구도 등 선거 외적 요소가 선거에 그대로 반영되거나 적어도 과다대표될 가능성을 방지하여 기회균등원칙을 실현할 때 선거의 자유가 효율적으로 보장된다. 선거의 자유와 기회균등원칙은 규범적으로는 상호 대립하는 관계가 아니라 같은 목적을 위해서 상호 보완하는 관계에 있다. 그러나 현상적으로 보면 두 원칙은 상호 충돌하는 원칙이기도 하다. 따라서 실제에서는 입법자가 이들 원칙 사이에 조화점을 찾아야 한다. 선거 제한, 특정 공직자의 피선거권 제한, 입후보자에 요구되는 기탁금제도 자체 혹은 그 액수 규율, 선거운동주체 문제 등이 모두 선거의 자유와 공정성이 대립하는 문제 영역이다. 현행 공직선거법은 자유선거원칙이 독자적인 가치가 있고, 기회균등원칙과 조화하여야 한다는 사실을 적극적으로 반영하지는 못한다. 먼저 ① 선거자유원칙과 공정성원칙을 대립적인 것으로 보고 후자에 정책적 비중을 둔다. 다음으로 ② 국민의 정치적 의사소통과 그 결과 나타나는 국민의 정치적 의사를 정확히 확인하는 기능보다는 입후보와 선거운동 제한을 통해서 안정적인 선거질서를 형성하는 것에 좀 더 중점을 둔다. 여론조사결과의 공표 금지가 좋은 예이다.[87]

(5) 입후보의 자유와 입후보하지 아니할 자유

선거의 자유에는 입후보의 자유가 포함되는바, 입후보의 자유는 공직선거의 입후보에 관

---

85) 헌재 1994. 7. 29. 93헌가4등, 판례집 6−2, 15, 28; 헌재 1995. 4. 20. 92헌바29, 판례집 7−1, 499, 506 등 참조.
86) 헌재 2001. 7. 19. 2000헌마91등, 판례집 13−2, 77, 89−90.
87) 그러나 이 문제에 관해서 헌법재판소는 합헌결정을 한 바 있다(헌재 1995. 7. 21. 92헌마177, 판례집 7−2, 112).

한 사항은 개인의 주관적인 판단에 기초하여 자유로이 결정하여야 할 사항으로서 직접적 내지 간접적인 법적 강제가 개입되어서는 아니 된다는 뜻이 있다. 입후보의 자유는 선거의 전 과정에서 입후보와 관련한 의사형성 및 의사실현의 자유를 가리키는 것인바, 이에는 공직선거에 입후보할 자유뿐 아니라 입후보하였던 자가 참여하였던 선거 과정에서 이탈할 자유도 포함된다.[88]

Ⅲ. 선거권 · 피선거권

선거의 기본구조는 누가 선거에 참여하는지, 즉 누구에게 선거권과 피선거권이 인정되는지에 따라서 결정된다. 따라서 선거권과 피선거권은 선거제도의 유형, 선거의 기본원칙 등은 물론이고 선거의 의의 및 기능과도 밀접하게 관련된다.

1. 선거권

선거권은 선거에 참여할 수 있는 권리이다(헌법 제24조). 현행 공직선거법을 따르면 원칙적으로 국적, 연령(공직선거법 제15조 제1항을 따라서 만 18세 이상), 주소 등의 요건을 갖춘 모든 국민에게 선거권이 인정된다. 다만, 일정한 결격사유(금치산자, 수형자 등)에 해당하면 선거권이 제한된다(공직선거법 제18조). 그러나 이와 관련하여 선거권 부여 기준연령으로 현행법상 18세가 적당한지에 관한 논란이 있다. 선거는 국민의 가장 중요하고 기본적인 주권 행사이므로, 선거권 부여 기준연령을 될 수 있으면 하향조정하여 더욱 많은 국민이 선거에 참여할 수 있도록 하는 것이 선거의 민주화를 위해서도 필요하다. 그리고 수형자 등에 대한 선거권 제한에 관해서도 (선거사범을 제외하면) 형사책임과 주권자로서 가지는 권리는 별개라는 점을 강조하면 위헌 소지가 있다.[89]

2. 피선거권

피선거권은 선거를 통해서 대표기관(국가기관 · 지방자치단체기관) 구성원으로 선출될 수 있는 자격을 말한다. 피선거권도 선거권과 마찬가지로 성별 · 종교 · 재산 · 사회적 신분 등에 따른 차별 없이 모든 국민에게 평등하게 인정되어야 한다. 그러나 피선거권은 국민의 대표자로서 공무를 수행할 수 있는 능력과 결부되므로 선거권보다 엄격한 요건을 요구하는 것이 일반적이다. 현행 공직선거법도 연령 제한, 결격사유 등에서 더 엄격한 기준을 정하고 (공직선거법 제16조, 제19조), 일정 금액의 기탁금 납부를 입후보 요건으로 정한다(공직선거법 제56조, 제57

---

88) 헌재 2009. 12. 29. 2007헌마1412, 판례집 21-2하, 846, 862.
89) 같은 견해: 홍성방, 『헌법학(상)(제3판)』, 박영사, 2016, 147쪽.

조). 그리고 헌법상 겸직 금지도 피선거권 제한으로 작용한다(헌법 제43조, 제83조).

Ⅳ. 대표제와 선거구제

1. 의의

선거제도의 구체적인 모습은 대표제와 선거구제를 통해서 나타난다. 대표제는 대표를 결정하는 방식을 말하고, 선거구제는 선거인단을 지역 단위로 분할하는 방식을 뜻한다. 대표제와 선거구제는 선거결과에 미치는 영향을 고려하면 선거기술상 문제 이상의 의미가 있다.

2. 대표제

(1) 대표제의 유형

① 다수대표제

다수대표제는 다수자의 의사에 따라서 대표를 결정하는 방식이다. 다수대표제는 정당 분열 방지, 양당제 구축을 향한 정당 사이의 집중화 촉진, 정부 안정화, 정권 교체 가능성 확대, 유권자와 대표자 사이의 높은 친밀감 등의 장점이 있다. 다수대표제에는 유효투표 중 가장 많은 표를 얻은 후보자를 당선자로 결정하는 상대다수대표제(비교다수대표제)와 유효투표의 과반수를 얻은 최다득표자를 당선자로 정하는 절대다수대표제가 있다.

② 소수대표제

소수대표제는 다수대표제의 결함인 소수파를 무시하는 결점을 보완하여 소수파에도 그 수에 따라서 대표자를 선출할 수 있도록 하는 제도이다. 소수대표제 방식으로는 제한연기투표제(유한투표제), 누적투표제, 단기투표제(비이양식), 당선최저한제 등이 있다. 제한연기투표제는 대선거구 연기투표제의 변형으로 3명 이상 정수가 있는 대선거구를 전제로 각 선거인이 연기할 수 있는 후보자의 수를 의원정수보다 적게 하는 제도이다. 이 제도는 다수파 독점을 방지한다는 장점이 있으나, 소수파 모두를 보호할 수 없고 유력한 소수파에만 혜택이 부여되는 단점이 있다. 누적투표제는 연기다수대표제와 같이 선거인은 그 선거구 안의 의원정수와 동수의 후보자에게 연기투표할 수 있으나 반드시 다른 후보자명을 연기할 필요가 없고, 그 표의 전부나 일부를 동일후보자에게 누적시킬 수 있는 제도이다. 이 제도는 소수파 보호 목적이 어느 정도 달성되지만, 선거인과 정당 사이에 일체감이 있는 곳이 아니면 소수파가 더 많은 의석을 갖게 되는 모순을 가져올 수 있다. 단기투표제는 대선거구를 전제로 각 선거인에게는 단기투표(1인 1표)만을 허용하여 비교다수득표수를 얻은 후보자를 의원정수까지 당선시키는 방법으로 단기이양식 비례대표제와 구별하기 위해서 단기비이양식 투표제라고도 한다. 단기투표제는 대선거구 완전연기다수투표제를 수정하여 단기제를 유지하면서 의원정수를 증가시켜 소선거구 단기다수대표제를 보완한 제도로서 한국의 제11대, 제12대 국회의원선거와 일본의 중의원선거에서 채택한 사례가 있다. 당선최저한제는 소선거구제에서 잔여표를 이용할 수 있도록 소선거구제를 수정한 제도로, 후보자는 수 개의 선거구에서 입후보하는 것이 허용되고 그 후보자가 입후보한 각 선거구에서 득표한 득표수의 합계가 일정한 당선최저한수에 달하면 그 후보자가 입후보한 어느 선거구에서도 다수를 차지하지 못할 때도 당선자가 되는 제도이다. 당선최저한제는 소선거구제와 대선거구단기투표제를 결합한 것으로 할당(Quota)를 인정하는 점에서 비례대표제와 유사하나 투표 이양이 인정되지 않는다는 점에서 소수대표제로 분류된다.

③ 비례대표제

비례대표제는 각 정당의 득표에 비례하여 의석을 배분하는 방식이다. 비례대표제는 다수대표제의 문제점인 사표 문제와 투표가치의 등가성 문제 그리고 소수파를 위해서 인위적·작위적 방법에 의존하는 소수대표제의 결함을 바로잡으려고 고안된 제도이다. 비례대표제는 소수파에도 그 득표 비례에 따라서 의석을 부여하여 소수대표를 보장하고, 당선기수(당선자가 되는 데 필요하고도 충분한 최저득표수)를 초과하는 표를 사장하지 않고 이양시켜 선거인의 의사를 존중하여 사표를 방지한다. 그리고 득표수와 의석수 사이의 비례관계를 유지하는 의석비례를 보장하고, 유권자의사를 존중하여 여론의 복합성을 인정한다. 그러나 비례대표제의 많은 장점에도 비례대표제를 채택할 때 적지 않은 문제점도 지적된다. 비례대표제의 단점으로 가장 많이 지적되는 것은 군소정당 난립을 가져온다는 것인데, 이 문제를 해결하기 위해서 저지조항 도입 등이 이용된다. 그리고 비례대표제에 따른 선거는 기술적으로 시행하기 곤란하고 절차가 번잡하다는 문제가 지적되기도 한다. 그러나 비례대표제의 장점과 비교하면 이는 본질적인 문제가 아니다. 비례대표제의 본질적인 문제점은 선거의 직접성원칙, 즉 직접선거원칙과 관련하여 제기된다. 비례대표제는 명부 형태에 따라서 정당이 당선 순위를 정한 후보자의 명부를 작성·등록하고 투표자는 정당의 명부에 투표하는 고정명부식(구속명부식), 정당이 후보자 명부를 작성하되 투표자가 후보자 순위에 구애받음이 없이 순위를 변경하여 투표하는 가변명부식, 유권자가 각 정당이 작성한 후보자 명부에 구애됨이 없이 정당의 경계를 넘어 후보자를 선택하여 결정하는 자유명부식(개방명부식)이 있다. 자유명부식에서 정당이 작성한 명부는 후보자에게 정보를 제공하는 참고자료 역할만 하게 된다.

비례대표제가 기능하려면 여러 조건이 갖추어져야 한다. ① 비례대표제의 내용 자체가 헌법에 충실하여야 한다. 예를 들어 지역선거구에서 입후보자의 지지를 그대로 해당 입후보자의 소속 정당에 대한 지지로 의제하는 것은 헌법에 어긋난다.[90] ② 비례대표제가 실제 기능

---

90) 헌재 2001. 7. 19. 2000헌마91등, 판례집 13-2, 77, 96-97.

하기 위한 환경이 조성되어야 한다. 정당의 민주화가 여기에 해당하는 대표적인 요소이다. 비례대표제에서 정당정치를 활성화한다는 점은 부정적으로 보면 정당이 후보자명부를 작성할 때 독점적인 역할을 하면서 정당의 관료화가 조장될 염려가 있다. 따라서 정당의 민주화가 필수적으로 실현되어야 한다. ③ 비례대표제에서는 다수대표제를 채택하는 때와 비교해서 적어도 상대적으로는 국회의 다원적인 세력 분포가 나타날 가능성이 크다. 그런데 사회의 다원적인 정치세력과 이념이 지지도에 비례하여 모두 국회 구성에 반영되면서 사회의 정치이념과 세력이 구심점이 없이 파편화하면 국회가 의사결정능력을 상실할 수도 있다. 역사적으로 보면 1919년 출범한 바이마르 공화국의 경험이 좋은 예이다. 이를 방지하려고 일반적으로 이른바 저지조항을 둔다.

④ 할증제와 직능대표제

할증제는 일정득표율 이상을 획득한 정당에 대해서 득표수와 관계없이 일정 의석을 증감할 수 있도록 하는 것이다. 과거에 1988년 국회의원선거법 제133조에서 시행한 바 있으나, 이는 선거의 본질에 어긋나는 것으로 많은 비판을 받았고 결국 폐지되었다. 직능대표제는 선거인단을 직능별로 분할하고 직능을 단위로 대표를 선출하는 제도이다. 오늘날에는 직능별로 선거인단을 구성하기 어려우므로, 비례대표제에 따른 정당후보 가운데 직능대표성이 있는 후보를 포함하는 선에서만 채택된다.

(2) 대통령선거

대통령선거는 상대다수대표제를 채택하여 유효투표의 다수를 얻은 사람을 당선인으로 결정한다. 다만, 후보자가 1명이면 그 득표수가 선거권자 총수의 3분의 1 이상에 달해야 당선인으로 결정된다(헌법 제67조 제3항, 공직선거법 제187조 제1항). 최다득표자가 2명 이상이면 국회 재적의원 과반수가 출석한 공개회의에서 다수표를 얻은 사람이 당선자가 된다(헌법 제67조 제2항, 공직선거법 제187조 제2항). 그러나 이 규정은 대통령제에서 체계모순적이다.

(3) 국회의원선거

국회의원선거 중 지역구 국회의원선거에서는 상대다수대표제를 채택하여 해당 국회의원지역구에서 유효투표의 다수를 얻은 사람이 당선인으로 결정된다. 다만, 최다득표자가 2명 이상이면 연장자를 당선인으로 결정한다(공직선거법 제188조 제1항). 비례대표 국회의원선거에서는 유효투표 총수의 100분의 3 이상을 득표하였거나 지역구 국회의원총선거에서 5석 이상의 의석을 차지한 각 정당에 대해서 해당 의석할당정당이 비례대표 국회의원선거에서 얻은 득표비율에 따라서 비례대표 국회의원의석을 배분한다(공직선거법 제189조 제1항). 정당은 비례대표 국회의원 후보자명부에 후보자를 추가하거나 그 순위를 변경할 수 없으므로 고정명부식을 채택한다(공직선거법 제50조 제1항 본문 후단).

(4) 지방자치단체선거

지역구 시·도의원 및 지역구 자치구·시·군의원의 선거에서는 상대다수대표제를 채택하여 유효투표의 다수를 얻은 사람을 당선인으로 결정한다. 다만, 최다득표자가 2명 이상이면 연장자 순으로 당선인을 결정한다(공직선거법 제190조 제1항). 비례대표 지방의원선거에서는 유효투표 총수의 100분의 5 이상을 득표한 각 정당에 대해서 해당 선거에서 얻은 득표비율에 비례대표 지방의회 의원정수를 곱하여 산출된 수의 정수의 의석을 그 정당에 먼저 배분하고 잔여의석은 단수가 큰 순으로 각 의석 할당 정당에 1석씩 배분하되 같은 단수가 있으면 그 득표수가 많은 정당에 배분하고 그 득표수가 같으면 정당 사이의 추첨에 의한다. 이때 득표비율은 각 의석할당 정당의 득표수를 모든 의석 할당 정당의 득표수 합계로 나누고 소수점 이하 제5위를 반올림하여 산출한다(공직선거법 제190조의2 제1항). 정당은 비례대표 국회의원 후보자명부에 후보자를 추가하거나 그 순위를 변경할 수 없으므로 고정명부식을 채택한다(공직선거법 제50조 제1항 본문 후단).

3. 선거구제

(1) 선거구제의 유형

선거구제의 유형에는 소선거구제, 중선거구제, 대선거구제가 있다. 소선거구제는 1선거구에서 1명의 대표를 선출하는 방식이다. 소선구제는 1명만 선출하여서 대표자를 결정하기 쉽다. 그러나 소선거구제는 사표 발생을 막을 수 없고, 선거구의 인구를 균등하게 획정하기 어려우며, 자의적 선거구 획정[이른바 게리맨더링(Gerrymandering)]의 위험이 도사린다. 중선거구제는 1선거구에서 2~4명을 선출하는 방식이다. 중선거구제는 선거구 획정으로 말미암은 인구불평등 문제를 수월하게 해결할 수 있고, 새로운 정당의 국회 진입을 수월하게 하며, 현격하게 사표를 줄일 수 있다. 그리고 소선구제에서 발생할 수 있는 특정 정당 독식을 방지할 수 있고, 공동체의 이해관계가 이질적이고 갈등지수가 높을 때 갈등을 약화하며 이해관계를 조정하는 데 적합하다. 그러나 기존 정치권의 패권세력인 거대한 양대정당이 서로 국회의원 자리를 나누어 가지는 폐단이 발생할 수 있다. 대선거구제는 1선거구제에서 5명 이상을 선출하는 방식이다. 대선거구제 방식은 상당히 많은 후보자가 생겨나 유권자가 후보자를 충분히 알기 어려운 상황을 가져올 수 있어 국민의 투표권 행사를 실질적으로 왜곡할 우려가 있다. 그리고 대선거구제에서는 정당의 복수 공천을 허용할 수밖에 없는데, 이러한 때는 후보자 사이의 싸움이 아니라 동일 선거구에서 정당 사이에 의석을 얼마나 확보하느냐 하는 정당 사이의 싸움이 되어 지역구 선거의 성질이 변질할 우려가 있다. 대표제는 선거구와 밀접하게 관련된다. 일반적으로 1개 선거구에서 1명을 선출하는 소선거구제는 다수대표제에 적합하고, 2~4명을 선출하는 중선거구제와 5명 이상을 선출하는 대선거구제는 소수대표제와 결합한다.

(2) 현행법상 선거구제

대통령과 비례대표 국회의원은 전국을 단위로 하여 선거한다. 비례대표 시·도의원은 해당 시·도를 단위로 선거하고, 비례대표 자치구·시·군의원은 해당 자치구·시·군을 단위로 선거한다. 지역구 국회의원과 지역구 지방의회의원은 해당 의원의 선거구를 단위로 선거한다. 지방자치단체의 장은 지방자치단체의 관할 구역을 단위로 선거한다(공직선거법 제20조). 지역구 국회의원은 소선거구제를 채택하여 하나의 국회의원 지역선거구에서 1명의 국회의원을 선출한다(공직선거법 제21조 제2항). 시·도의회의원선거는 소선거구제를 채택하여 하나의 시·도의원 지역구에서 선출할 지역구 시·도의원정수는 1명으로 한다(공직선거법 제26조 제1항). 자치구·시·군의원선거는 중선거구제를 채택하여 하나의 자치구·시·군의원지역구에서 선출할 지역구 자치구·시·군의원정수는 2명 이상 4명 이하로 한다(공직선거법 제26조 제2항).

(3) 선거구획정위원회

국회의원지역구의 공정한 획정을 위하여 임기 만료에 따른 국회의원선거의 선거일 전 18개월부터 해당 국회의원선거에 적용되는 국회의원 지역구의 명칭과 그 구역이 확정되어 효력을 발생하는 날까지 국회의원선거구획정위원회를 설치·운영한다(공직선거법 제24조 제1항). 국회의원선거구획정위원회는 중앙선거관리위원회에 두되, 직무에 관해서 독립의 지위를 가진다(공직선거법 제24조 제2항). 국회의원선거구획정위원회는 중앙선거관리위원회 위원장이 위촉하는 9명의 위원으로 구성하되, 위원장은 위원 중에서 호선한다(공직선거법 제24조 제3항). 국회 소관 상임위원회 또는 선거구 획정에 관한 사항을 심사하는 특별위원회는 중앙선거관리위원회 위원장이 지명하는 1명과 학계·법조계·언론계·시민단체·정당 등에서 추천받은 사람 중 8명을 의결로 선정하여 국회의원선거구획정위원회 설치일 전 10일까지 중앙선거관리위원회 위원장에게 통보하여야 한다(공직선거법 제24조 제4항). 국회의원선거구획정위원회 위원 임기는 국회의원선거구획정위원회의 존속기간으로 한다(공직선거법 제24조 제6항). 국회의원 및 정당의 당원(국회의원선거구획정위원회의 설치일부터 과거 1년 동안 정당의 당원이었던 사람 포함)은 위원이 될 수 없다(공직선거법 제24조 제7항). 국회의원선거구획정위원회는 국회의원 지역구를 획정할 때 국회에 의석이 있는 정당에게 선거구 획정에 관한 의견 진술 기회를 부여하여야 한다(공직선거법 제24조 제10항). 국회의원선거구획정위원회는 공직선거법 제25조 제1항에 규정된 기준에 따라 작성되고 재적위원 3분의 2 이상 찬성으로 의결한 선거구획정안과 그 이유 및 그 밖에 필요한 사항을 기재한 보고서를 임기 만료에 따른 국회의원선거 선거일 전 13개월까지 국회의장에게 제출하여야 한다(공직선거법 제24조 제11항). 국회의장은 제출된 선거구획정안을 위원회에 회부하여야 한다(공직선거법 제24조의2 제2항). 선거구획정안을 회부받은 위원회는 이를 즉시 심사하여 국회의원지역구의 명칭과 그 구역에 관한 규정을 개정하는 법률안을 제안하여야 하는데, 이때 위원회는 국회의원선거구획정위원회가 제출한 선거구획정안을 그대로 반영하되, 선거구획정안이 공직선거법 제25조 제1항의 기준에 명백하게 위반된다고 판단하면 그 이유를 붙여 재적위원 3분의 2 이상 찬성으로 국회의원선거구획정위원회에 선거구획정안을 다시 제출하여 줄 것을 한 차례만 요구할 수 있다(공직선거법 제24조의2 제3항).

자치구·시·군의원 지역선거구의 공정한 획정을 위하여 시·도에 자치구·시·군의원선거구획정위원회를 둔다(공직선거법 제24조의3 제1항). 자치구·시·군의원선거구획정위원회는 11명 이내의 위원으로 구성하되, 학계·법조계·언론계·시민단체와 시·도의회 및 시·도선거관리위원회가 추천하는 사람 중에서 시·도지사가 위촉하여야 한다(공직선거법 제24조의3 제2항). 지방의회의원 및 정당의 당원은 자치구·시·군의원선거구획정위원회 위원이 될 수 없다(공직선거법 제24조의3 제3항). 자치구·시·군의원선거구획정위원회는 선거구획정안을 마련할 때 국회에 의석이 있는 정당과 해당 자치구·시·군의 의회 및 장에 의견 진술 기회를 부여하여야 한다(공직선거법 제24조의3 제4항). 자치구·시·군의원선거구획정위원회는 공직선거법 제26조 제2항에 규정된 기준에 따라 선거구획정안을 마련하고, 그 이유나 그 밖의 필요한 사항을 기재한 보고서를 첨부하여 임기 만료에 따른 자치구·시·군의원선거의 선거일 전 6개월까지 시·도지사에게 제출하여야 한다(공직선거법 제24조의3 제5항). 시·도의회가 자치구·시·군의원지역구에 관한 조례를 개정할 때는 자치구·시·군의원선거구획정위원회의 선거구획정안을 존중하여야 한다(공직선거법 제24조의3 제6항).

V. 선거일, 입후보, 선거운동

1. 선거일·선거기간·선거 연기

(1) 선거일

임기 만료에 따른 선거의 선거일은 대통령선거는 그 임기만료일 전 70일 이후 첫 번째 수요일, 국회의원선거는 그 임기만료일 전 50일 이후 첫 번째 수요일, 지방의회의원과 지방자치단체의 장 선거는 그 임기만료일 전 30일 이후 첫 번째 수요일이다. 각각의 선거일이 국민생활과 밀접한 관련이 있는 민속절이나 공휴일인 때와 선거일 전일이나 그 다음 날이 공휴일인 때는 그 다음 주의 수요일로 한다(공직선거법 제34조). 대통령 궐위로 말미암은 선거 또는 재선거(선거의 일부무효로 말미암은 재선거 제외)는 그 선거의 실시사유가 확정된 때부터 60일 이내에 실시한다(공직선거법 제35조 제1항). 지역구 국회의원·지방의회의원 및 지방자치단체의 장 보궐선거·재선거, 지방의회의원의 증원선거는 4월 중 첫 번째 수요일에 실시하고, 이때 선거일이 국민생활과 밀접한 관련이 있는 민속절이나 공휴인인 때와 선거일 전일이나 그 다음 날이 공휴일인 때는 그 다음 주의 수요일로 하고, 선거일 전 30일 후에 실시사유가 확정된 선거는 그 다음 보궐선거 등의 선거일에 실시한다(공직선거법 제35조 제2항 제1호). 여기서

'실시사유가 확정된 때'는 지역구 국회의원의 보궐선거는 중앙선거관리위원회가, 지방의회의원과 지방자치단체장의 보궐선거는 관할 선거구선거관리위원회가 그 사유 통지를 받은 날을 가리킨다(공직선거법 제35조 제5항 제2호). 임기 만료에 따른 국회의원선거나 지방의회의원과 지방자치단체장의 선거가 실시되는 연도에 보궐선거는 위 선거일(4월 중 첫 번째 수요일)에 실시하지 아니하고 임기 만료에 따른 선거의 선거일에 동시 실시하며, 대통령선거가 실시되는 연도에는 선거일 전 30일 후부터 대통령선거의 선거일 전 30일까지 실시사유가 확정될 때 치러지는 보궐선거는 대통령선거의 선거일에 동시 실시한다(공직선거법 제203조 제3항과 제4항). 국회의원, 지방자치단체장, 지방의회의원의 보궐선거는 그 선거일부터 잔여임기가 1년 미만이거나 지방의회의원 정수의 4분의 1 이상이 궐원되지 않으면 실시하지 않을 수 있다(공직선거법 제201조 제1항 본문).

지방자치단체의 설치·폐지·분할 또는 합병에 따른 지방자차단체의 장 선거는 그 선거의 시행사유가 확정된 때부터 60일 이내의 기간 중 관할 선거구선거관리위원회 위원장이 해당 지방자치단체의 장(직무대행자 포함)과 협의하여 정하는 날에 실시한다(공직선거법 제35조 제2항 제2호). 선거의 일부무효로 말미암은 재선거는 확정판결이나 결정의 통지를 받은 날부터 30일 이내에 실시한다(공직선거법 제35조 제3항).

(2) 선거기간

선거운동은 선거기간개시일부터 선거일 전일까지만 할 수 있다. 다만, 예비후보자 등의 선거운동, 문자메세지를 전송하는 방법으로 선거운동[이때 자동 동보통신의 방법(동시 수신대상자가 20명을 초과하거나 그 대상자가 20명 이하인 경우에도 프로그램을 이용하여 수신자를 자동으로 선택하여 전송하는 방식)으로 전송할 수 있는 사람은 후보자와 예비후보자에 한하되, 그 횟수는 8회(후보자는 예비후보자로서 전송한 횟수 포함)를 넘을 수 없으며, 중앙선거관리위원회규칙에 따라 신고한 1개의 전화번호만을 사용하여야 한다], 인터넷 홈페이지 또는 그 게시판·대화방 등에 글이나 동영상 등을 게시하거나 전파우편(컴퓨터 이용자끼리 네트워크를 통하여 문자·음성·화상 또는 동영상 등의 정보를 주고받는 통신시스템)을 전송하는 방법으로 하는 선거운동(이때 전자우편 전송대행업체에 위탁하여 전자우편을 전송할 수 있는 사람은 후보자와 예비후보자에 한한다)은 그러하지 아니하다(공직선거법 제59조). 선거기간은 대통령선거는 후보자등록마감일의 다음 날부터 선거일까지를, 국회의원선거와 지방자치단체의 의회의원 및 장의 선거는 후보자등록마감일 후 6일부터 선거일까지를 말한다(공직선거법 제33조 제3항). 선거기간은 대통령선거는 23일, 국회의원선거와 지방자치단체의 의회의원 및 장의 선거는 14일이다(공직선거법 제33조 제1항).

(3) 선거 연기

천재·지변 기타 부득이한 사유로 말미암아 선거를 시행할 수 없거나 시행하지 못한 때는 대통령선거와 국회의원선거에서는 대통령이, 지방의회의원과 지방자치단체의 장 선거에서는 관할 선거구선거관리위원회 위원장이 해당 지방자치단체의 장(직무대행자 포함)과 협의하여 선거를 연기하여야 한다(공직선거법 제196조 제1항). 선거를 연기한 때는 처음부터 선거절차를 다시 진행하여야 하고, 선거일만을 다시 정한 때는 이미 진행된 선거절차에 이어 계속하여야 한다(공직선거법 제196조 제2항). 선거를 연기하는 때는 대통령이나 관할 선거구선거관리위원회 위원장은 연기할 선거명과 연기사유 등을 공고하고, 즉시 대통령은 관할 선거구선거관리위원회 위원장에게, 관할 선거구선거관리위원회 위원장은 해당 지방자치단체의 장에게 각각 통보하여야 한다(공직선거법 제196조 제3항).

2. 입후보

(1) 후보자 추천

① 정당의 후보자 추천

정당은 선거에서 선거구별로 선거할 정수 범위 안에서 그 소속 당원을 후보자로 추천할 수 있다. 다만, 비례대표 자치구·시·군의원은 그 정수 범위를 초과하여 추천할 수 있다(공직선거법 제47조 제1항). 기초자치단체의원선거에서 정당 공천 금지는 2005년 8월 4일 폐지되었고, 과거 후보자의 정당 표방 금지에 관해서는 헌법재판소가 위헌결정을 내렸다.[91] 정당이 후보자를 추천하는 때는 민주적 절차에 따라야 한다(공직선거법 제47조 제2항). 정당이 비례대표 국회의원선거와 비례대표 지방의회의원선거에 후보자를 추천하는 때는 그 후보자 중 100분의 50 이상을 여성으로 추천하되, 그 후보자명부의 순위 매 홀수에는 여성을 추천하여야 한다(공직선거법 제47조 제3항). 정당이 임기 만료에 따른 지역구 국회의원선거 및 지역구 지방의회의원선거에 후보자를 추천하는 때는 각각 전국 지역구 총수의 100분의 30 이상을 여성으로 추천하도록 노력하여야 한다(공직선거법 제47조 제4항). 정당이 지역구 선거와 비례대표 선거에 동시에 참여할 의무는 없다.[92] 따라서 정당은 지역구 선거와 비례대표 선거 중 하나만 골라서 참여할 수 있다.

② 선거권자의 후보자 추천

관할 선거구 안에 주민등록이 된 선거권자는 각 선거(비례대표 국회의원선거와 비례대표 지방의회의원선거 제외)별로 정당 당원이 아닌 사람을 해당 선거구의 후보자로 추천할 수 있다(공직선거법 제48조 제1항). 무소속후보자가 되고자 하는 사람은 대통령선거에서는 5 이상의 시·도에 나누어 하나의 시·도에 주민등록이 되어 있는 선거권자의 수를 500명 이상으로 한 3천 500명 이상 6천명 이하, 지역구 국회의원선거와 자치구·시·군의 장 선거에서는 300명 이상

---

91) 헌재 2003. 1. 30. 2001헌가4, 판례집 15-1, 7, 16-21.
92) 대법원 2021. 8. 19. 선고 2020수5325 판결.

500명 이하, 지역구 시·도의원선거에서는 100명 이상 200명 이하, 시·도지사선거에서는 해당 시·도 안의 3분의 1 이상의 자치구·시·군에 나누어 하나의 자치구·시·군에 주민등록이 되어 있는 선거권자의 수를 50명 이상으로 한 1천명 이상 2천명 이하, 지역구 자치구·시·군의원선거에서는 50명 이상 100명 이하(다만, 인구 1천명 미만의 선거구에서는 30명 이상 50명 이하)의 추천을 받아야 한다(공직선거법 제48조 제2항).

(2) 후보자 등록

후보자 등록은 대통령선거에서는 선거일 전 24일, 국회의원선거와 지방자치단체의 의회의원 및 장의 선거에서는 선거일 전 20일부터 2일간 관할 선거구선거관리위원회에 서면으로 신청하여야 한다(공직선거법 제49조 제1항). 대통령선거에서 정당추천후보자가 후보자 등록 기간에 또는 후보자등록기간이 지나고 나서 사망하면 후보자등록마감일 후 5일까지 후보자 등록을 신청할 수 있다(공직선거법 제51조). 정당법에 규정된 요건을 갖추어 정당 등록을 마친 정당이 후보자 등록에 필요한 서류를 갖추어 등록을 신청하면 정당의 설립, 조직과 활동 또는 후보자 추천의 목적 등을 이유로 선거관리위원회는 후보자 등록 수리를 거부할 수 없다.[93]

(3) 후보자재산 공개와 후보자병역사항 신고

후보자 등록을 신청하는 사람은 공직자윤리법 제10조의2 제1항의 규정에 따른 등록대상재산에 관한 신고서와 '공직자 등의 병역사항 신고 및 공개에 관한 법률' 제9조 제1항의 규정에 따른 병역사항에 관한 신고서를 관할 선거구선거관리위원회에 제출하여야 한다(공직선거법 제49조 제4항 제2호, 제3호).

(4) 기탁금

후보자 등록을 신청하는 사람은 등록 신청할 때 후보자 1명마다 기탁금을 관할 선거구선거관리위원회에 내야 한다. 기탁금은 대통령선거는 3억원, 국회의원선거는 1천500만원, 시·도의회의원선거는 300만원, 시·도지사선거는 5천만원, 자치구·시·군의 장선거는 1천만원, 자치구·시·군의원선거는 200만원이다(공직선거법 제56조 제1항). 선거구관리위원회는 대통령선거, 지역구 국회의원선거, 지역구 지방의회의원선거와 지방자치단체의 장선거에서 후보자가 당선되거나 사망한 때와 유효투표 총수의 100분의 15 이상을 득표하면 기탁금 전액, 후보자가 유효투표 총수의 100분의 10 이상 100분의 15 미만을 득표하면 기탁금의 100분의 50에 해당하는 금액, 예비후보자가 사망하거나 공직선거법 제57조의2 제2항 본문에 따라 후보자로 등록될 수 없으면 공직선거법 제60조의2 제2항에 따라 납부한 기탁금 전액[94] 그리고 비례대

---

93) 대법원 2021. 8. 19. 선고 2020수5325 판결.

94) 지역구 국회의원선거 예비후보자의 기탁금 반환 사유로 예비후보자가 당의 공천심사에서 탈락하고 후보자 등록을 하지 않았을 때를 규정하지 않은 공직선거법 제57조 제1항 제1호 다목 중 지역구 국회의원선거와 관련된 부

표 국회의원선거와 비례대표 지방의회선거에서 해당 후보자명부에 올라 있는 후보자 중 당선인이 있으면 기탁금 전액 중에서 공직선거법 제56조 제3항의 규정에 따라서 기탁금에서 부담하는 비용을 뺀 나머지 금액(당선인 결정 전에 사퇴하거나 등록이 무효된 후보자의 기탁금은 제외)을 선거일 후 30일 이내에 기탁자에게 반환한다(공직선거법 제57조 제1항). 반환하지 아니하는 기탁금은 국가 또는 해당 지방자치단체에 귀속한다(공직선거법 제57조 제1항 2문).

기탁금제도는 헌법 제25조와 제37조 제2항에 근거한다. 기탁금제도는 선거를 효과적으로 공정하게 운영하고 입후보 난립과 과열을 방지하며 당선자에게 다수표를 획득하도록 제도적으로 보완함으로써 선거의 신뢰성과 정치적 안정성을 확보하기 위한 것이므로 그 자체는 일단 합헌이다. 그러나 과도한 고액의 기탁금은 무자력계층의 공직 진출을 봉쇄하여 경제력에 따른 실질적 차등선거를 일으킨다. 따라서 기탁금은 필요한 최소한도의 공영비용부담금에 성실성 담보와 과열 방지를 위한 약간의 금액이 가산된 범위 안에서만 헌법상 그 정당성이 인정될 수 있다.[95] 기탁금의 구체적 확정은 입법재량권 범위에 속한다.

3. 선거운동

(1) 개념

선거운동은 당선되거나 되게 하거나 되지 못하게 하려는 행위이다.[96] 그러나 선거에 관한 단순한 의견 개진과 의사표시, 입후보와 선거운동을 위한 준비행위, 정당의 후보자 추천에 관한 단순한 지지·반대의 의견 개진과 의사표시 그리고 통상적인 정당활동과 설날·추석 등 명절 및 석가탄신일·기독탄신일 등에 하는 의례적인 인사말을 문자메시지로 전송하는 행위는 선거운동에서 제외된다(공직선거법 제58조 제1항). 그리고 공직선거법이나 다른 법률 규정에 따라서 금지 또는 제한되지 않는 이상 누구든지 자유롭게 선거운동을 할 수 있다(공직선거법 제58조 제2항).

(2) 원칙

선거는 입후보자를 위해서 있는 것이 아니고 국민을 위해서 있는 것이다. 따라서 선거운동도 국민 관점에서 평가하여야 한다. 자유로운 선거 보장은 동시에 자유로운 선거운동 보장

분이 청구인의 재산권을 침해하여 헌법에 합치되지 아니한다고 선언하였다(헌재 2018. 1. 25. 2016헌마541, 판례집 30-1상, 173).

95) 헌재 1996. 8. 29. 95헌마108, 판례집 8-2, 167, 176-178.

96) 헌법재판소는 공직선거법상 선거운동을 특정 후보자의 당선이나 이를 위한 득표에 필요한 모든 행위 또는 특정 후보자의 낙선에 필요한 모든 행위 중 당선이나 낙선을 위한 것이라는 목적의사가 객관적으로 인정될 수 있는 능동적·계획적 행위로 풀이할 수 있다고 하면서, 단순한 의견 개진 등과 구별되는 가벌적 행위로서 선거운동의 표지로 당선이나 득표(반대후보자의 낙선)에 대한 목적성, 그 목적성의 객관적 인식 가능성, 능동성과 계획성이 요구된다고 한다(헌재 1994. 7. 29. 93헌가4등, 판례집 6-2, 15, 33-34; 헌재 2001. 8. 30. 2000헌마121등, 판례집 13-2, 263, 274 ; 헌재 2008. 10. 30. 2005헌바32, 판례집 20-2상, 750, 763).

을 전제로 한다. 국민이 선거에 참여하는 정당과 후보자에 대한 폭넓은 정보를 얻으려면 자유로운 선거운동 보장도 필요하다. 그러나 선거는 무엇보다도 공정하게 치러져야만 그 정당성을 확보할 수 있다. 따라서 선거 관련 법규는 한편으로는 선거운동의 자유를 최대한 보장하면서, 다른 한편으로는 선거의 공정성을 확보하여야 하는 미묘한 긴장관계에 놓인다. 선거운동은 각급 선거관리위원회 관리 아래 법률이 정하는 범위 안에서 하되, 균등한 기회가 보장되어야 한다(헌법 제116조 제1항). 선거에 관한 경비는 법률이 정하는 때를 제외하고는 정당이나 후보자에게 부담시킬 수 없다(선거공영제: 헌법 제116조 제2항).

(3) 선거운동 규제

선거운동 규제는 종전의 포괄적 제한방식에서 개별적 제한방식으로 전환되었다.

① 시간적 제한

선거기간 개시일부터 선거일 전일까지에 한하여 선거운동할 수 있다. 그러나 ① 예비후보자 등이 공직선거법 제60조의3 제1항과 제2항을 따라서 선거운동을 하는 때, ② 문자메시지를 전송하는 방법으로 선거운동을 하는 때,[97] ③ 인터넷 홈페이지나 그 게시판·대화방 등에 글이나 동영상 등을 게시하거나 전자우편(컴퓨터 이용자끼리 네트워크를 통하여 문자·음성·화상 또는 동영상 등의 정보를 주고받는 통신시스템)을 전송하는 방법으로 선거운동을 하는 때[98]는 그러하지 아니하다(이상 공직선거법 제59조 제1항). 이러한 선거운동의 시간적 제한 취지는 한편으로는 선거운동을 보장하면서, 다른 한편으로는 지나친 선거운동을 통한 공정성 침해를 방지하려는 것이다. 그러나 선거일을 오래전에 사실상 확정한 상태에서 후보자 등록은 선거일부터 1개월도 채 남지 않은 기간부터 받기 시작함으로써 법적으로 인정되는 선거운동기간을 지나치게 짧게 인정하면 적지 않은 문제가 발생할 수 있다. 이때 자유로운 선거운동 보장이라는 기본적 요청이 상당 부분 소홀히 될 뿐 아니라 이는 결과적으로 불법적인 사전선거운동을 음성적으로 하도록 조장하는 것이 되기도 한다. 단순히 선거운동기간을 축소함으로써 선거운동 과열과 그에 따른 공정성 침해에 효과적으로 대응할 수 있다고 믿는다는 것은 너무 소박한 생각이다.[99]

---

97) 이때 자동 동보통신의 방법(동시 수신대상자가 20명을 초과하거나 그 대상자가 20명 이하인 때도 프로그램을 이용하여 수신자를 자동으로 선택하여 전송하는 방식)으로 전송할 수 있는 사람은 후보자와 예비후보자에 한하되, 그 횟수는 8회(후보자는 예비후보자로서 전송한 횟수 포함)를 넘을 수 없고, 중앙선거관리위원회규칙에 따라 신고한 1개의 전화번호만을 사용하여야 한다.

98) 이때 전자우편 전송대행업체에 위탁하여 전자우편을 전송할 수 있는 사람은 후보자와 예비후보자에 한한다.

99) 이러한 시간적 제한은 예외적인 때를 제외하면 나머지 긴 선거운동기간 동안 일반 유권자에 대해서는 거의 전면적으로 선거운동을 금지하여서 유권자인 국민의 선거운동의 자유를 지나치게 제한하여 위헌이라는 주장이 있다(방승주, 「헌법 제41조」, 『헌법주석[국회, 정부]』, 경인문화사, 2018, 57~58쪽). 그러나 헌법재판소는 기간 제한 없이 선거운동을 무한정 허용하면 후보자 사이의 지나친 경쟁이 선거관리 곤란으로 이어져 부정행위 발생을 막기 어렵게 되고, 후보자 사이의 무리한 경쟁 장기화는 경비와 노력이 지나치게 들어 사회경제적으로 많은 손실

② 인적 제한

(i) 대한민국 국민이 아닌 사람(지방자치단체의 의회의원 및 장의 선거권이 있는 외국인이 해당 선거에서 선거운동을 하는 때는 제외), (ii) 18세 미만인 미성년자, (iii) 선거권이 없는 사람, (iv) 국가공무원 제2조에 규정된 국가공무원과 지방공무원법 제2조에 규정된 지방공무원[정당 당원이 될 수 있는 공무원(국회의원과 지방의회의원 외의 정무직공무원 제외) 제외], (v) ⓐ 각급 선거관리위원회 위원이나 교육위원회의 교육위원, ⓑ 다른 법령 규정에 따라서 공무원 신분이 있는 사람, ⓒ '공공기관의 운영에 관한 법률' 제4조 제1항 제3호에 해당하는 기관 중 정부가 100분의 50 이상 지분이 있는 기관(한국은행 포함)의 상근 임원, ⓓ 농업협동조합법·수산업협동조합법·산림조합법·엽연초생산협동조합법에 따라서 설립된 조합의 상근 임원과 이들 조합의 중앙회장, ⓔ 지방공기업법 제2조에 규정된 지방공사와 지방공단의 상근 임원, ⓕ 정당법 제22조 제1항 제2호의 규정에 따라서 정당 당원이 될 수 없는 사립학교 교원(ⓔ와 ⓕ는 그 상근직원 포함),100) (vi) 예비군 중대장급 이상 간부, (vii) 통·리·반의 장과 읍·면·동주민자치센터에 설치된 주민자치위원회 위원, (viii) 특별법에 따라서 설립된 국민운동단체로서 국가나 지방자치단체의 출연이나 보조를 받는 단체(바르게살기운동협의회·새마을운동협의회·한국자유총연맹)의 상근 임·직원과 이들 단체 등(시·도조직과 구·시·군조직 포함)의 대표자, (ix) 선상투표신고를 한 선원이 승선하고 있는 선박의 선장은 선거운동을 할 수 없다. 대한민국 국민이 아니더라도 예비후보자·후보자의 배우자이거나 (iv) 내지 (viii)에 해당하더라도 예비후보자·후보자의 배우자이거나 후보자의 직계존비속이면 선거운동을 할 수 있다(공직선거법 제60조 제1항).

(i) 국가·지방자치단체, (ii) 공직선거법 제53조 제1항 제4호 내지 제6호에 규정된 기관·단체, (iii) 향우회·종친회·동창회, 산악회 등 동호인회, 계모임 등 개인 사이의 사적 모임, (iv) 특별법에 따라서 설립된 국민운동단체로서 국가나 지방자치단체의 출연이나 보조를 받는 단체(바르게살기운동협의회, 새마을운동협의회, 한국자유총연맹), (v) 법령에 따라서 정치활동이나 공직선거에 대한 관여가 금지된 단체, (vi) 후보자나 후보자 가족이 임원으로 있거나 후보자나 후보자 가족의 재산을 출연하여 설립하거나 후보자나 후보자 가족이 운영경비를 부담하

을 가져올 뿐 아니라 후보자 사이의 경제력 차이에 따른 불공평이 생기게 되며 아울러 막대한 선거비용을 마련할 수 없는 젊고 유능한 신참 후보자의 입후보 기회를 빼앗는 결과를 가져올 수 있으며, 선거운동 기간 제한은 제한의 입법목적, 제한의 내용, 우리나라에서 선거의 태양, 현실적 필요성 등을 고려할 때 필요하고도 합리적인 제한이고, 선거운동의 자유를 형해화할 정도로 과도하게 제한하는 것으로 볼 수 없다고 한다(헌재 2008. 10. 30. 2005헌바32, 판례집 20-2상, 750, 764-766).

100) 헌법재판소는 정치적 중립성이 요구되지 않고 정당 가입이 허용되는 언론인의 선거운동을 전면적으로 금지한 구 공직선거법 제60조 제1항 제5호 중 '제53조 제1항 제8호에 해당하는 자' 부분이 포괄위임금지원칙에 위반되고, 이 조항과 그 위반을 처벌하는 구 공직선거법 제255조 제1항 제2호 가운데 제60조 제1항 제5호 중 '제53조 제1항 제8호에 해당하는 자' 부분이 선거운동의 자유를 침해하여 양 조문이 위헌이라고 선언하였고(헌재 2016. 6. 30. 2013헌기1, 판례집 28-1하, 413), 이에 따라 공직선거법 제60조 제1항 제5호에서 제53조 제1항 제8호가 삭제되었다.

거나 관계법규나 규약에 따라서 의사결정에 실질적으로 영향력을 행사하는 기관·단체, (vii) 구성원 과반수가 선거운동을 할 수 없는 사람으로 이루어진 기관·단체는 그 명의나 그 대표의 명의로 선거운동을 할 수 없다. 그리고 누구도 선거에서 후보자(후보자가 되고자 하는 사람 포함)의 선거운동을 위해서 연구소·동우회·향우회·산악회·조기축구회, 정당의 외곽단체 등 그 명칭이나 표방하는 목적 여하를 불문하고 사조직 기타 단체를 설립하거나 설치할 수 없다 (공직선거법 제87조).

③ 방법상 제한

(ⅰ) 허용되는 선거운동방법

공직선거법을 따라서 선전벽보(제64조), 선거공보(제65조), 선거공약서(제66조), 현수막(제67조), 어깨띠(제68조 – 후보자만 착용 가능에서 확대), 신문광고(제69조), 방송광고(제70조), 방송연설(제71조, 제72조), 경력방송(제73조, 제74조), 공개장소에서 하는 연설·대담(제79조), 단체의 후보자 등 초청대담·토론회(제81조), 언론기관 초청 대담·토론회(제82조), 선거방송토론위원회 주관 대담·토론회(제82조의2 – 대통령선거: 3회 이상, 비례대표 국회의원선거: 2회 이상), 선거방송토론위원회 주관 정책토론회(제82조의3), 정보통신망을 이용한 선거운동(제82조의4), 인터넷광고(제82조의7)는 선거운동방법으로 허용된다.

(ⅱ) 금지되는 선거운동방법

공직선거법을 따라서 금지되는 선거운동방법에는 무소속후보자의 정당 표방(제84조), 지위를 이용한 선거운동(제85조), 공무원 등의 선거에 영향을 미치는 행위(제86조), 단체의 선거운동(제87조), 다른 후보자를 위한 선거 운동(제88조), 확성장치와 자동차 등 사용 제한(제91조), 영화 등 이용(제92조), 탈법방법에 따른 문서·도화의 배부·게시 등(제93조),[101] 공직선거법에 규정하지 않은 방법의 방송·신문 등을 통한 광고(제94조), 신문·잡지 등의 통상방법 외의 배부(제95조), 허위 논평·보도(제96조), 구내방송 등(제99조), 녹음기 등의 사용(제100조), 야간연설[(오후 11시부터 다음날 오전 7시까지(다만, 공개장소에서 연설·대담에서 자동차에 부착된 확성장치나 휴대용 확성장치는 오전 7시부터 오후 9시까지 사용 가능), 제102조 제1항], 각종 집회(제103조), 행렬 등(제105조), 호별 방문(제106조), 서명·날인운동(제107조), 여론조사의 결과 공표(제108조 – 금지기간 축소: 선거일 전 6일부터 선거일의 투표마감시각까지), 서신·전보 등을 통한 선거운동(제109조), 후보자 등 비방(제110조), 의정활동 보고(제111조), 기부행위(제112조–제117조), 선거일 후 답례(제118조)가 있다. 텔레비전방송국·라디오방송국·일간신문사가 선거의 결과를 예상하기 위하여 선거일에 투표소에서 50미터 밖에서 투표의 비밀이 침해되지 않는 방법으로

---

101) 헌법재판소는 제93조 제1항의 '그 밖에 이와 유사한 것'에, '정보통신망을 이용하여 인터넷 홈페이지 또는 그 게시판·대화방 등에 글이나 동영상 등 정보를 게시하거나 전자우편을 전송하는 방법'이 포함되는 것으로 해석하는 한 헌법에 위반된다고 하였다(헌재 2011. 12. 29. 2007헌마1001등, 판례집 23-2하, 739).

질문하는 것(출구조사)은 허용된다. 이때 투표 마감 시각까지 결과공표는 금지된다(공직선거법 제167조 제2항 단서).

④ 비용상 제한

선거비용은 선거에서 선거운동을 위해서 소요되는 금전·물품 및 채무 기타 모든 재산상 가치가 있는 것으로서 해당 후보자가 부담하는 비용이다. 민주적 선거에서 선거비용 문제는 중대한 실질적 의의가 있다. 합리적인 선거 운용을 위해서는 합리적인 선거비용 조달과 지출이 필수적 전제이다. 이러한 문제는 각국에 공통이어서 미국, 일본, 독일 등의 외국에서도 선거비용을 (그리고 나아가 선거의 실질적 주체인 정당의 자금을) 합리적으로 조절하려는 많은 노력이 각종 법률로 나타난다. 한국에서도 이러한 노력을 "선거에 관한 경비는 법률이 정하는 때를 제외하고는 정당 또는 후보자에게 부담시킬 수 없다."라는 헌법 제116조 제2항의 규정과 공직선거법 그리고 정치자금에 관한 법률 등이 구체화한다.

그러나 선거공영제원칙을 따라서 선거비용의 국고 부담을 규정한 헌법 제116조 제2항은 공직선거법 제120조(선거비용으로 인정되지 아니하는 비용)에 따라서 사실상 유명무실해진다. 동법은 제122조 이하에서 선거비용을 엄격하게 제한하고, 이를 통해서 금력에 따라서 선거결과가 좌우되지 않도록 하고자 한다. 그러나 선거비용을 이렇게 제한하는 것만으로 문제가 해결되지 않고, 선거공영제 취지에 따라서 일정 범위의 선거비용을 국가가 직접 부담하도록 하는 것이 필요하다.

물론 선거비용을 제한 없이 국고에서 보조하는 것은 가능하지도 바람직하지도 않다. 그러나 선거공영제의 기본취지에 따라서 적어도 후보자의 정상적인 선거운동을 위한 기본적인 비용 대부분은 국고에서 지원되어야 마땅하다. 만약에 단순히 국가재정상 이유로 국고 지출을 줄이는 데만 주안점을 두어 이렇게 선거비용 대부분을 정당과 후보자의 부담으로 돌리게 된다면, 그것은 결국 능력이나 자질이 있는 정치인보다 재력이 있는 정치인이 후보자가 될 가능성이 커지는 불합리한 결과를 가져올 것이고, 선거비용 조달을 위한 각종 불법적 행위와 이권 청탁 등을 조장하는 것이 될 것이다. 이러한 사태가 일으킬 전체 국가 손실은 선거비용의 국고 지출과 비교할 수 있는 정도에 그치지는 않을 것이다.

그뿐 아니라 이러한 상황에서는 정당과 후보자의 자체적 비용 조달을 상당한 정도까지 허용할 수밖에 없어서 선거비용에 대한 국가적 통제도 상대적으로 많이 어려워질 수밖에 없다. 따라서 선거비용액수 한정과 출납책임 법정, 수입지출 보고와 회계장부 등의 보존과 같은 방법만으로 합리적인 선거비용 지출을 담보하기 어렵다.

선거비용과 관련하여 현행 공직선거법은 선거비용 지원보다 선거비용 규제에 중점을 둔다. 즉 선거구선거관리위원회는 선거별로 선거비용제한액을 산정하여 공고하여야 한다(공직선거법 제122조). 공고된 선거비용제한액의 200분의 1 이상을 초과지출한 이유로 선거사무장, 선

거사무소의 회계책임자가 징역형 또는 300만원 이상의 벌금형 선고를 받으면 그 후보자 당선
은 무효로 한다. 다만, 다른 사람의 유도 또는 도발에 의하여 해당 후보자 당선을 무효로 되
게 하려고 지출한 때는 그러하지 아니하다(공직선거법 제263조 제1항). 정치자금법 제49조(선거
비용 관련 위반행위에 관한 벌칙) 제1항 또는 제2항 제6호의 죄를 범하여 선거사무소의 회계책
임자가 징역형 또는 300만원 이상의 벌금형의 선고를 받으면 그 후보자(대통령후보자, 비례대
표 국회의원후보자와 비례대표 지방의회의원후보자 제외)의 당선은 무효로 한다. 다만, 다른 사람
의 유도 또는 도발에 의하여 해당 후보자 당선을 무효로 되게 하려고 지출한 때는 그러하지
아니하다(공직선거법 제263조 제2항).

4. 선거사범 처벌

　　각급 선거관리위원회(읍·면·동선거관리위원회 제외) 위원·직원은 선거범죄에 관해서 그 범
죄의 혐의가 있다고 인정되거나 후보자(경선후보자 포함)·예비후보자·선거사무장·선거연락소
장 또는 선거사무원이 제기한 그 범죄의 혐의가 있다는 소명이 이유 있다고 인정되는 때 또
는 현행범 신고를 받은 때는 그 장소에 출입하여 관계인에 관해서 질문·조사하거나 관련 서
류 기타 조사에 필요한 자료 제출을 요구할 수 있다(공직선거법 제272조의2). 당선인이 해당 선
거에서 선거법상 선거범죄와 정치자금법 제49조의 죄로 징역 또는 100만원 이상의 벌금형을
선고받으면 그 당선은 무효가 된다(공직선거법 제264조). 선거사무장·회계책임자·후보자 직계
존비·속과 배우자의 선거범죄로 징역형 또는 300만원 이상의 벌금형을 선고받으면 그 후보
자 당선은 무효가 된다. 다른 사람의 유도 또는 도발로 말미암아 해당 후보자 당선을 무효로
되게 하려고 죄를 범한 때는 그러하지 아니하다(공직선거법 제265조). 여기서 이 조항이 헌법
제13조 제3항 연좌제 금지에 위반되는지가 문제 되는데, 대법원은 연좌제 금지에 어긋나지
아니한다고 하였다.[102] 공직선거법 제263조 내지 제265조의 규정에 따라서 당선무효된 사람
(그 기소 후 확정판결 전에 사직한 사람 포함)과 당선되지 아니한 사람으로서 제263조부터 제265
조까지에 규정된 자신 또는 선거사무장 등의 죄로 당선무효에 해당하는 형이 확정된 사람은
공직선거법 제57조와 제122조의2의 규정에 따라서 반환·보전받은 금액을 반환하여야 한다.
이때 대통령선거에서 정당추천후보자 당선이 무효로 된 때와 비례대표 국회의원선거 및 비례
대표 지방의회의원선거에서 후보자 당선이 모두 무효로 된 때는 그 추천 정당이 반환한다(공
직선거법 제265조의2 제1항). 선거범과 다른 죄의 경합범에 대해서는 분리하여 심리·선고한다
(공직선거법 제18조 제3항). 선거범죄자는 공무담임권이 제한된다(공직선거법 제266조). 공직선거
법이 규정한 죄의 공소시효는 해당 선거일 이후 6월(선거일 이후에 한 범죄는 그 행위가 있는 날
부터 6월)이 지나면 완성한다. 다만, 범인이 도피한 때나 범인이 공범 또는 범죄의 증명에 필

---

102) 대법원 1997. 4. 11. 선고 96도3451 판결(공1997상, 1514).

요한 참고인을 도피시키면 그 기간은 3년으로 한다(공직선거법 제268조).

Ⅵ. 선거쟁송

　　선거운동 과정이나 투·개표 과정에서 선거법에 어긋나는 행동이 발생하면 당사자가 공직
선거법에 정한 절차에 따라서 쟁송을 제기할 수 있다. 이러한 선거에 관한 쟁송은 그 파급효
과가 매우 클 수 있어서 일반적인 쟁송절차와는 조금 다르게 규정된다.

1. 이의신청

　　선거권자는 누구든지 선거인명부에 누락 또는 오기가 있거나 자격이 없는 선거인이 올라
있다고 인정되면 열람기간 안에 구술이나 서면으로 해당 구·시·군의 장에게 이의를 신청할
수 있다. 이러한 신청이 있으면 구·시·군의 장은 그 신청이 있는 날의 다음 날까지 심사·결
정하여야 한다. 이때 그 신청이 이유가 있다고 결정하면 즉시 선거인명부를 정정하고 신청인
·관계인과 관할 구·시·군선거관리위원회에 통지하여야 한다. 이유 없다고 결정하면 그 뜻
을 신청인과 관할 구·시·군선거관리위원회에 통지하여야 한다(공직선거법 제41조). 이러한 결
정에 관해서 불복이 있는 이의신청인이나 관계인은 그 통지를 받은 날의 다음 날까지 관할
구·시·군선거관리위원회에 서면으로 불복을 신청할 수 있다. 이러한 신청이 있으면 관할 구
·시·군선거관리위원회는 그 신청이 있는 날의 다음 날까지 심사·결정하여야 한다. 이때 그
신청이 이유가 있다고 결정하면 즉시 관계 구·시·군의 장에게 통지하여 선거인명부를 정정
하게 하고 신청인과 관계인에게 통지하여야 한다. 이유가 없다고 결정하면 그 뜻을 신청인과
관계 구·시·군의 장에게 통지하여야 한다(공직선거법 제42조).

2. 선거소청

　　선거소청은 선거에 관한 다툼을 해결하는 절차로서 법원에 선거소송이나 당선소송을 제기
하기 전의 전심절차이다. 즉 선거소청은 선거소송에 선행하는 전치적 구제절차이다. 이러한
선거소청은 지방의회의원과 지방자치단체장 그리고 교육감의 선거에서 선거와 당선의 효력에
이의가 있는 때 허용된다. 선거소청에는 선거절차의 흠을 이유로 그 선거 전부나 일부의 효
력을 다투는 선거무효소청(공직선거법 제219조 제1항)과 선거 그 자체는 유효하게 시행되었음
을 전제로 선거관리위원회의 당선인 결정행위를 위법이라고 하여 그 효력을 다투는 당선무효
소청(공직선거법 제219조 제2항)이 있다.

　　지방의회의원과 지방자치단체의 장의 선거에서 선거의 효력에 관하여 이의가 있는 선거인
·정당(후보자를 추천한 정당에 한한다)이나 후보자는 해당 선거구선거관리위원회위원장을 피소

청인으로 하여 지역구 시·도의원선거(지역구 세종특별자치시의회의원선거는 제외), 자치구·시·군의원선거와 자치구·시·군의 장 선거에서는 시·도선거관리위원회에, 비례대표 시·도의원선거, 지역구 세종특별자치시의회의원선거와 시·도지사선거에서는 중앙선거관리위원회에 소청할 수 있다(공직선거법 제219조 제1항).

지방의회의원과 지방자치단체의 장의 선거에서 당선의 효력에 관하여 이의가 있는 정당이나 후보자는 제52조 제1항부터 제3항까지 또는 제192조 제1항부터 제3항까지의 사유에 해당함을 이유로 하면 당선인을, 제190조(지역구 지방의회의원당선인의 결정·공고·통지) 내지 제191조(지방자치단체의 장의 당선인의 결정·공고·통지)의 규정에 따른 결정의 위법을 이유로 하면 해당 선거구 선거관리위원회 위원장을 각각 피소청인으로 하여 지역구 시·도의원선거(지역구 세종특별자치시의회의원선거는 제외), 자치구·시·군의원선거와 자치구·시·군의 장 선거에서는 시·도선거관리위원회에, 비례대표 시·도의원선거, 지역구 세종특별자치시의회의원선거와 시·도지사선거에서는 중앙선거관리위원회에 소청할 수 있다(공직선거법 제219조 제2항).

선거소청은 선거일(선거무효소청)이나 당선인결정일(당선무효소청)부터 14일 이내에 제기되어야 하고, ① 소청인의 성명과 주소, ② 피소청인의 성명과 주소, ③ 소청의 취지와 이유, ④ 소청 대상이 되는 처분의 내용, ⑤ 대리인이나 선정대표자가 있으면 그 성명과 주소를 각기 기재하고 기명하고 날인한 서면으로 하여야 한다(공직선거법 제219조). 소청을 접수한 중앙선거관리위원회나 시·도선거관리위원회는 소청을 접수한 날부터 60일 이내에 그 소청에 관한 결정을 하여야 하고(공직선거법 제220조), 선거소청 절차에 관해서는 행정심판법 규정이 많이 준용된다(공직선거법 제221조).

3. 선거소송

선거소송은 선거나 당선의 효력을 다투는 재판절차를 말한다.[103] 즉 선거소송은 선거절차와 당선인 결정의 위법을 이유로 그 효력을 다투는 소송을 모두 아우른다. 여기서 선거는 국민이 국가권력을 행사할 대표자를 선출하는 절차로서 국가기관을 구성하는 행위이다. 그리고 당선은 선거 결과로서 대표자를 확정하는 것을 가리킨다. 선거소송에는 선거무효소송과 당선무효소송이 있다.

(1) 선거무효소송

선거무효소송은 선거절차의 흠을 이유로 그 선거 전부나 일부의 효력을 다투는 소송이다.

대통령선거와 국회의원선거에서 선거의 효력에 관해서 이의가 있는 선거인·정당(후보자를 추천한 정당에 한한다)이나 후보자는 선거일부터 30일 이내에 해당 선거구선거관리위원회 위원

---

103) 이준일, 「선거관리와 선거소송: 헌법적 쟁점을 중심으로」, 『저스티스』 제130호, 한국법학원, 2012. 6., 49쪽.

장을 피고로 하여 대법원에 소를 제기할 수 있다(공직선거법 제222조 제1항).

지방의회의원과 지방자치단체의 장 선거에서는 선거의 효력에 관한 소청에 대한 결정에 불복이 있는 소청인(당선인을 포함)은 해당 소청에 대하여 기각 또는 각하 결정이 있으면(제220조 제1항의 기간 안에 결정하지 아니한 때 포함) 해당 선거구선거관리위원회 위원장을, 인용결정이 있으면 그 인용결정을 한 선거관리위원회 위원장을 피고로 하여 그 결정서를 받은 날(제220조 제1항의 기간 안에 결정하지 아니하면 그 기간이 종료된 날)부터 10일 이내에 비례대표 시·도의원선거와 시·도지사선거에서는 대법원에, 지역구 시·도의원선거, 자치구·시·군의원선거와 자치구·시·군의 장 선거에서는 그 선거구를 관할하는 고등법원에 소를 제기할 수 있다(공직선거법 제222조 제2항). 선거무효소송에서 피고로 될 위원장이 궐위되면 해당 선거구 선거관리위원회위원 전원을 피고로 한다(공직선거법 제222조 제3항).

(2) 당선무효소송

당선무효소송은 선거 그 자체는 유효하게 시행되었음을 전제로 선거관리위원회의 당선인 결정행위를 위법이라고 주장하여 그 효력을 다투는 소송이다.

대통령선거와 국회의원선거에서 당선의 효력에 이의가 있는 정당(후보자를 추천한 정당에 한한다)이나 후보자는 당선인결정일부터 30일 이내에 공직선거법 제52조 제1항·제3항 또는 제192조 제1항부터 제3항까지의 사유에 해당함을 이유로 하면 당선인을, 제187조(대통령당선인의 결정·공고·통지) 제1항·제2항, 제188조(지역구 국회의원당선인의 결정·공고·통지) 제1항 내지 제4항, 제189조(비례대표 국회의원의석의 배분과 당선인의 결정·공고·통지) 또는 제194조(당선인의 재결정과 비례대표 국회의원의석 및 비례대표 지방의회의원의석의 재배분) 제4항의 규정에 따른 결정의 위법을 이유로 하면 대통령선거에서는 그 당선인을 결정한 중앙선거관리위원회 위원장이나 국회의장을, 국회의원선거에서는 해당 선거구 선거관리위원회 위원장을 각각 피고로 하여 대법원에 소를 제기할 수 있다.

지방의회의원과 지방자치단체의 장의 선거에서 당선의 효력에 관한 소청에 대한 결정에 불복이 있는 소청인이나 당선인인 피소청인(제219조 제2항 후단에 따라 선거구 선거관리위원회 위원장이 피소청인이면 당선인 포함)은 해당 소청에 대하여 기각 또는 각하 결정이 있으면(제220조 제1항의 기간 안에 결정하지 아니한 때 포함) 당선인(제219조 제2항 후단을 이유로 하면 관할선거구선거관리위원회 위원장을 말한다)을, 인용결정이 있으면 그 인용결정을 한 선거관리위원회 위원장을 피고로 하여 그 결정서를 받은 날(제220조 제1항의 기간 안에 결정하지 아니하면 그 기간이 종료된 날)부터 10일 이내에 비례대표 시·도의원선거와 시·도지사선거에서는 대법원에, 지역구 시·도의원선거, 자치구·시·군의원선거와 자치구·시·군의 장 선거에서는 그 선거구를 관할하는 고등법원에 소를 제기할 수 있다(공직선거법 제223조 제2항).

당선무효소송에서 피고로 될 위원장이 궐위되면 해당 선거구 선거관리위원회위원 전원을,

국회의장이 궐위되면 부의장 중 1인을 피고로 한다(공직선거법법 제223조 제3항). 당선무효소송에서 피고로 될 당선인이 사퇴·사망하거나 피선거권의 상실 등의 사유로 당선의 효력이 상실되거나 당선이 무효가 되면 대통령선거에서는 법무부 장관을, 국회의원선거·지방의회의원과 지방자치단체의 장 선거에서는 관할 고등검찰청 검사장을 피고로 한다(공직선거법 제223조 제4항).

5. 선거쟁송에서 하는 사정판결

소청이나 소장을 접수한 선거관리위원회 또는 대법원이나 고등법원은 선거쟁송에서 선거에 관한 규정에 위반된 사실이 있는 때라도 선거의 결과에 영향을 미쳤다고 인정되는 때만 선거 전부나 일부의 무효 또는 당선의 무효를 결정하거나 판결한다(공직선거법 제224조).

6. 선거쟁송의 신속처리

선거에 관한 소청이나 소송은 다른 쟁송에 우선하여 신속히 결정하거나 재판하여야 한다. 소송에서 수소법원은 소가 제기된 날부터 180일 이내에 처리하여야 한다(공직선거법 제225조).

제 3 절   공무원제도

Ⅰ. 공무원

1. 개념

넓은 뜻의 공무원은 국가나 지방자치단체의 공무를 수행하는 모든 사람을 말한다.[104] 좁은 뜻의 공무원은 국가나 지방자치단체와 공법적 근무관계에 있는 모든 사람을 말한다(공무원법의 공무원).

2. 종류

(1) 국가공무원과 지방공무원

공무원은 공무원법에서 국가공무원과 지방공무원으로 나뉜다. 국가공무원은 국가와 직접 공법적 근무관계에 있는 공무원이고, 지방공무원은 지방자치단체와 공법적 근무관계를 맺는 공무원이다. 이들은 각기 국가공무원법과 지방공무원법에 따라서 규율된다.

---

[104] 헌재 1992. 4. 28. 90헌바27, 판례집 4, 255, : "일반적으로 말하여 공무원이란 직접 또는 간접적으로 국민에 의하여 선출 또는 임용되어 국가나 공공단체와 공법상의 근무관계를 맺고 공공적 업무를 담당하고 있는 사람들을 가리킨다…."

(2) 경력직공무원과 특수경력직공무원

국가공무원법 제2조와 지방공무원법 제2조에 따라서 공무원은 경력직과 특수경력직으로 구별된다. 경력직공무원은 실적과 자격에 의해서 임용되고 그 신분이 보장되며 평생 동안(근무기간을 정하여 임용되는 공무원은 그 기간 동안) 공무원으로 근무할 것이 예정되는 공무원을 말한다(국가공무원법 제2조 제2항, 지방공무원법 제2조 제2항). 이에는 일반직공무원[105]과 특정직공무원[106]이 있다. 특수경력직공무원은 경력직공무원 이외의 공무원을 말한다(국가공무원법 제2조 제3항, 지방공무원법 제2조 제3항). 이에는 정무직공무원[107]과 별정직공무원[108]이 있다.

Ⅱ. 제도보장인 (직업)공무원제도의 일반론

1. 공무원제도의 헌법적 수용과 제도보장

공무원제도가 헌법제도로 정착한 것은 바이마르 헌법 제130조 제1항이다. 칼 슈미트는 여기서 제도보장을 끌어냈다.

2. (직업)공무원제도의 본질적 징표

(1) 직업공무원제도의 개념

직업공무원제도는 일관성 있는 공무 수행의 독자성을 유지하고, 정권 교체에 따른 국가작용의 중단과 혼란을 예방하기 위해서 헌법과 법률에 따라 공무원의 신분이 보장되는 공직구조에 관한 제도이다.[109]

(2) 기능유보

기능유보는 일정한 기능을 직업공무원이 전담하도록 하는 것이다. 즉 기능유보는 국가기

---

105) 기술·연구 또는 행정 일반에 대한 업무를 담당하는 공무원(국가공무원법 제2조 제2항 제1호, 지방공무원법 제2조 제2항 제1호).

106) 법관, 검사, 외무공무원, 경찰공무원, 소방공무원, 교육공무원, 군인, 군무원, 헌법재판소 헌법연구관, 국가정보원의 직원과 특수 분야의 업무를 담당하는 공무원으로서 다른 법률에서 특정직공무원으로 지정하는 공무원(국가공무원법 제2조 제2항 제2호)과 공립 대학 및 전문대학에 근무하는 교육공무원, 교육감 소속의 교육전문직원, 자치경찰공무원 및 지방소방공무원과 그 밖에 특수 분야의 업무를 담당하는 공무원으로서 다른 법률에서 특정직공무원으로 지정하는 공무원(지방공무원법 제2조 제2항 제2호).

107) ① 선거로 취임하거나 임명할 때 국회의 동의가 필요한 공무원과 ② 고도의 정책결정 업무를 담당하거나 이러한 업무를 보조하는 공무원으로서 법률이나 대통령령(대통령비서실과 국가안보실의 조직에 관한 대통령령만 해당)에서 정무직으로 지정하는 공무원(국가공무원법 제2조 제3항 제1호) 그리고 ① 선거로 취임하거나 임명할 때 지방의회의 동의가 필요한 공무원과 ② 고도의 정책결정업무를 담당하거나 이러한 업무를 보조하는 공무원으로서 법령이나 조례에서 정무직으로 지정하는 공무원(지방공무원법 제2조 제3항 제1호).

108) 비서관·비서 등 보좌업무 등을 수행하거나 특정한 업무 수행을 위하여 법령에서 별정직으로 지정하는 공무원(국가공무원법 제2조 제3항 제2호, 지방공무원법 제2조 제3항 제2호).

109) 헌재 1989. 12. 18. 89헌마32등, 판례집 1, 343, 352.

능 가운데서 어떤 부분을 직업공무원이 담당하여야 할 것인지에 관한 문제이다. 그것은 (신분적 안정성과 독립성이 있는) 직업공무원이 국가작용, 특히 집행작용 수행을 담당하도록 하면 행정의 합법률성과 정치적 중립성이 가장 잘 보장될 수 있어서 매우 큰 현실적 의미가 있다. 그러나 직업공무원에 유보되는 행정작용의 구체적 범위에 관해서는 아직도 논란이 있다. 권력작용에만 미친다는 견해, 급부적 작용에도 미친다는 견해, 공적 과제를 수행하는 모든 국가작용에 미친다는 견해 등이 대립한다. 국가작용이 객관성과 공정성 확보라는 측면에서는 모든 국가작용을 직업공무원에게 맡기는 것이 바람직하다. 그러나 현실적으로 정치적 지도작용(이나 통치작용)이 해결하여야 할 국가과제도 있어서, 모든 국가작용으로 확장하는 것은 문제가 있다. 정치적 지도작용을 제외한 행정작용 영역에서는 직업공무원제원칙이 적용되어야 한다.

(3) 직업공무원제의 구조적 보장 요소

구조적 보장은 국가와 공무원의 특별한 관계를 설정하고 이를 유지하는 것, 즉 국가와 공무원이 주고받는 보장과 부담의 상응관계이다. 즉 공무원은 국가에 대한 성실한 근무와 충성을 제공하고, 이에 대한 반대급부로서 국가는 공무원에 대한 법적·경제적 안정을 제공한다. 먼저 공무원이 국가에 대해서 제공하는 공법적 근무 및 충성관계의 내용으로는 ① 국가와 헌법에 대한 충성의무, ② 공직 수행의 효율성[실적(능력·성적)주의], ③ 정치적 중립성, ④ 파업 기타 집단행동 금지, ⑤ 품위 유지 등이 기본적으로 인정된다. 이에 대응하여 국가가 공무원에게 제공하는 공무원의 법적·경제적 안정의 내용으로는 ① 종신제나 정년 보장의 원칙, ② 신분 보장과 징계절차의 엄격성, ③ 생계 보장, ④ 적정한 직위 표시, ⑤ 공무원의 직무에 관한 불법행위에 대한 국가(배상)책임 등이 인정된다. 직업공무원제도를 유지하기 위해서 공무원에게 보수청구권이 인정되지만, 공무담당자의 지위, 공무의 특수성, 국가재정적 상황 등 공무원법관계의 특성으로 말미암아 그 보수청구권의 구체적 내용을 형성할 때는 입법자에게 폭넓은 재량이 헌법상 허용된다. 이러한 공무원의 보수청구권은 법률과 법률의 위임을 받은 하위법령에서 보수의 구체적 수준이 형성되면 직업공무원제도의 한 내용으로서 재산권적 성격이 인정되는 공법상 권리가 된다.[110]

Ⅲ. 현행(헌)법의 공무원제도

1. 공무원제도의 존재의의

(1) 헌법의 기본원리와 공무원제도

① 공무원제도와 공화국원리

공화국원리에서는 권력자가 아닌 권한과 의무를 부여받은 공직자가 등장한다. 공직자는

---

110) 헌재 2008. 12. 26. 2007헌마444, 판례집 20-2하, 820, 830.

국가의사 결정에 참여하는 것에 그치는 것이 아니라 직접 공무를 수행한다. 공공복리의 추상성·가변성으로 말미암아 '공직자'라는 매개체가 필요하다. 공공복리를 현실에서 실현하려면 공익을 형량하고 구체화하는 과정이 필요한데, 이러한 기능을 수행할 공직자라는 기관이 필요하기 때문이다.111) 비지배적 조건이 달성되려면 국가권력은 인격화하여서는 아니 되고, 공공복리 달성을 위해서 제도화하여 행사되어야 한다.112) 이러한 제도화가 곧 공직제도이다. 따라서 공직자의 인격에 따른 권력 행사는 허용되지 않고 공공복리를 지향하도록 제정된 법에 따른 공직 수행만이 정당성을 인정받는다. 그래서 헌법은 공무원이 국민 전체에 대한 봉사자임을 확인하고, 그에게 국민에 대한 책임을 지우고(제7조 제1항), 공무원의 신분과 정치적 중립성을 보장함으로써(제7조 제2항) 공무원제도를 구체화한다.

② 공무원제도와 민주(국가)원리(민주주의)

공무원제도는 공직 행사에서 민주적 정당성을 명확히 밝히려는 의미가 있다. 민주국가는 기본적으로 국가권력의 정당성이 국민에 있는 국가형태이다. 이때 전체 국민의 의사는 정적이고 사실적이 아니라 동적이고 규범적이다. 따라서 민주(국가)원리(민주주의) 실현은 국민 개개인의 의사와는 독립해서 국민 전체의 의사를 형성하는 그리고 국민 전체의 이익을 지향하여 공직을 수행하는 집단에 의존한다. 헌법 제7조 제1항은 이를 표현한 것이다. 이러한 점은 국회의원과 관련하여 헌법 제46조 제2항에 이른바 자유위임 형태로 선언된다. 이러한 요청은 국회의원에 한하지 않고, 행정공무원에게도 마찬가지로 적용된다. 이는 모든 공무원은 자신이 소속한 정당, 자신의 지지기반인 유권자 그리고 부분사회 이익에서 독립하여 국민 전체에 봉사하여야 한다는 민주주의적 직무의무를 표현한 것이다.

③ 공무원제도와 법치국가원리

공무원제도는 법치국가원리를 보충하는 기능을 수행한다. 법치국가에서 기본권 실현과 관련된 중요한 사항은 법률이 규율하여야 한다. 하지만 모든 사항을 법률이 규율할 수는 없다. 입법자가 앞날에 발생할 수 있는 모든 상황을 예측할 수는 없기 때문이다. 설혹 예측할 수 있더라도 법문이 품은, 또 품어야 하는 추상성 때문에 법의 집행을 담당하는 공직자에게는 재량판단 여지를 부여하여야 한다. 이러한 상황에서 기본권 실현은 공무원의 적극적인 활동에 의존한다. 기본권은 국가권력의 부작위와 함께 적극적인 행위를 통해서 실현되기 때문이다.

④ 공무원제도와 사회국가원리

사회국가원리가 헌법의 구조적 원리로 발전하면서 국가 기능이 확대되어, 이제 국가는 국민의 필수적인 생활재를 안정적으로 공급하는 임무를 담당한다. 오늘날 국가는 일부 생활공

---

111) 이상 전민형, 「공화국원리와 공무원의 공익의무」, 고려대학교 법학석사학위논문, 2013, 29쪽.
112) 전민형, 「공화국원리와 공무원의 공익의무」, 고려대학교 법학석사학위논문, 2013, 34쪽.

공재에 대한 국영화·가격정책·독과점정책 등을 사용하여 사회국가 이념을 실현하고, 나아가 국가는 산업구조조정 기능을 수행한다. 이러한 기능을 실제 공무원이 담당한다. 이처럼 오늘날 국가기능이 확대되어 공무원의 기능과 국민 일상생활의 관계가 밀접해지고 사회국가 실현이 공무원의 공권적 결정에 의존할수록 공무원제도의 헌법적 의미는 더 중요해진다.

(2) 정책의 안정성과 계속성 보장

공무원은 기본적으로 국민 전체에 대한 봉사자의 지위에 있지만, 모든 공무원의 구체적인 기능방식이 같은 것은 아니다. 공무원 중에는 정치적 이념이나 신조에 기초하여 직무를 수행하는 집단이 있는가 하면, 전문지식에 기초하여 주로 집행기능을 수행하는 집단이 있다. 후자를 직업공무원이라고 부른다.

직업공무원은 정치적 이념에서 독립하여 정권 교체가 있어도 정치적으로 중립적인 지위에서 정책의 안정성과 계속성을 실현하여야 한다.[113] 따라서 직업공무원은 정치적인 이유로 신분상 불이익을 받아서는 안 된다. 헌법 제7조 제2항의 태도이다. 물론 현실적으로 보면 전통적으로 공무원에게 요구되던 국가에 대한 충성의무, 헌신적인 직업윤리 등이 오늘날에는 희석되어서 공무원제도에 대한 근본적인 개혁이 요청되기도 한다. 그러나 전통적인 국가기능 일부분을 사회 영역으로 이전하고, 국가기능을 축소하는 과제는 별개 문제이며, 이러한 특성이 있는 공무원제도 자체에 의문이 제기되는 것은 아니다.

(3) 권력분립의 제도화

오늘날 집행권이 비대해지는 상황에서 집행권을 정치적 관점에서 주도적으로 형성하는 것은 바람직하지 않다. 즉 정치적 판단과 전문적 판단을 균형 있게 행정 실현에 반영하여야 한다. 그러기 위해서 공무원은 정치적 판단에 종속되어서는 안 되고, 이러한 점은 신분 보장을 통해서 담보된다. 이러한 행정 실현 구조 속에서 공무원제도는 집행부 안에서 권력분립의 한 축을 형성하는 의미가 있다.

2. 국민 전체에 대한 봉사자인 공무원(헌법 제7조 제1항)

(1) 헌법 제7조 제1항의 공무원의 범위: 넓은 뜻의 공무원

헌법 제7조 제1항의 공무원은 넓은 뜻의 공무원으로서 국가나 공공단체와 공법적 근무관계에 있는 모든 사람이다.[114] 그러나 이러한 개념에 헌법 제7조의 공무원이 모두 포섭되는 것은 아니다. 헌법 제7조 제1항의 국민 전체에 대한 봉사자인 공무원은 좀 더 넓은 범위를

---

113) 헌재 1989. 12. 18. 89헌마32등, 판례집 1, 343, 352-353; 헌재 1997. 4. 24. 95헌바48, 판례집 9-1, 435, 442-443; 헌재 1998. 4. 30. 96헌마7, 판례집 10-1, 465, 473-474.

114) 헌재 1992. 4. 28. 90헌바27등, 판례집 4, 255, 264: "공무원이란 직접 또는 간접적으로 국민에 의하여 선출 또는 임용되어 국가나 공공단체와 공법상의 근무관계를 맺고 공공적 업무를 담당하고 있는 사람들을 가리킨다."

포괄한다. 국가공무원법과 지방공무원법의 공무원뿐 아니라 공무원의 신분은 없지만, 공무를 위탁받아 수행하는 사인(공무수탁사인)도 해당 공무를 수행하는 순간 공무원에 포함된다.

(2) 국민 전체에 대한 봉사자

공무원은 국민 전체에 대한 봉사자이므로,[115] 특정 개인·당파·계급·종교·지역 등 부분 이익에 봉사하여서는 안 된다. 즉 공무원은 자신이 소속한 정당, 자신을 선출한 유권자 그리고 부분사회 이익에서 독립하여 국민 전체를 위해서 공정하고 균형 있게 업무를 수행하여야 한다. 이때 국민과 공무원의 관계는 정치적 대표관계이다.

(3) 국민에 대한 책임

공무원은 국민에 대해서 책임을 진다. 이때 지는 책임에 관해서 법적 책임설과 윤리적·정치적 책임설이 대립한다.[116] 정치적·윤리적 책임이 원칙이고 예외적으로 법적 책임을 진다. 정치적 책임은 선거에서 낙선하거나 국회의 국무총리·국무위원 해임 건의나 공무원 해임·처벌을 청원하는 것 등을 통해서 추궁된다. 법적 책임은 국회의 탄핵소추, 국민의 손해배상 청구, 징계·변상·형사처벌·해임 등을 통해서 추궁된다.

3. 직업공무원제(도) 보장(헌법 제7조 제2항)

(1) 헌법 제7조 제2항 공무원의 범위

직업공무원제도는 정권교체와 상관없이 행정의 독자성을 유지하려고 헌법이나 법률로 공무원의 신분을 보장하는 제도를 말한다. 직업공무원제도에서 말하는 공무원은 국가나 공공단체와 근로관계를 맺고 이른바 특별권력관계나 특별행정법관계 아래에서 공무를 담당하는 것을 직업으로 하는 좁은 뜻의 공무원을 말한다.[117] 공무를 수탁받아 수행하는 사인은 신분 보장을 논의할 여지가 없다. 그리고 정치적 공무원은 정치적 이념과 주장에 기초하여 업무를 수행하는 특성이 있어서, 정치적 중립성은 그 속성이 될 수 없다.

(2) 직업공무원제도의 요소

직업공무원제도는 공무원이 집권세력이 벌이는 논공행상의 제물이 되는 엽관제도를 지양하고 정권교체에 따른 국가작용의 중단과 혼란을 예방하고 일관성 있는 공무 수행의 독자성을 유지하려고 헌법과 법률이 공무원의 신분을 보장하는 공직구조에 관한 제도이다.[118] 직업

---

115) 국민 전체에 대한 봉사는 국민 전체의 이익을 위한 봉사를 뜻한다(홍성방, 『헌법학(하)(제3판)』, 박영사, 2014, 60쪽).

116) 정치적·윤리적 책임과 법적 책임을 아우른다는 견해로는 홍성방, 『헌법학(하)(제3판)』, 박영사, 2014, 61쪽.

117) 헌재 1989. 12. 18. 89헌마32등, 판례집 1, 343, 352.

118) 헌재 1989. 12. 18. 89헌마32등, 판례집 1, 343, 352: "우리나라는 직업공무원제도를 채택하고 있는데, 이는 공무원이 집권세력의 논공행상의 제물이 되는 엽관제도(獵官制度)를 지양하고 정권교체에 따른 국가작용의 중단과

공무원제는 ① 직무와 책임의 정도에 상응한 합리적 직위분류제, ② 정치적 중립성 보장, ③ 신분 보장, ④ 능력 본위의 실적주의에 입각한 인사의 합리적 운영 등을 내용으로 하고, 그중에서도 신분 보장과 정치적 중립성 보장이 그 중추적 요소이다.[119]

① 신분 보장

공무원의 신분 보장은 정권 교체 때나 같은 정권 아래에서 정당한 이유 없이 자기 의사에 어긋나게 퇴직, 휴직 · 강임이나 면직 등 불리한 조치를 받지 않는 것을 말한다.[120] 공무원의 신분은 무제한 보장되는 것이 아니고 그 지위와 공무의 특수성을 고려하여 헌법이 정한 신분보장원칙에 따라 법률로 그 내용을 정할 수 있다.[121] 따라서 국가공무원법이나 지방공무원법 개정으로 신분 보장 내용이 바뀔 수 있다.[122] 특정 분야 공무원(법관 · 검사 · 군인 · 교육공무원 등)은 헌법이나 특별법의 해당 규정에 따라서 일반 공무원보다 그 신분을 더 두텁게 보장받을 수 있다.[123]

공무원의 신분 보장은 공무원의 정치적 중립성과 기능적 상관관계에 있다. 정치적으로 중립적인 관점에서 직무를 수행하기 위해서는 그러한 판단이 정치적 관점과 충돌하더라도 이를 이유로 신분상 불이익을 받지 말아야 하기 때문이다. 따라서 공무원은 형의 선고 · 징계처분이나 법에 정한 사유에 해당하지 않는 한 의사에 반하여 휴직 · 강임이나 면직을 당하지 않고(국가공무원법 제68조, 지방공무원법 제60조), 정년[124]까지 근무할 권리가 있다.[125]

국가공무원법은 이에 대한 예외를 둔다. 즉 직제와 정원 개폐나 예산 감소 등으로 폐직이나 과원이 되면 공무원은 직권으로 면직될 수 있다(국가공무원법 제70조 제1항 제3호, 지방공무원법 제62조 제1항 제3호).[126] 다만, 이때 면직기준을 정하여야 하고, 면직기준을 정하거나 면직대상자를 결정할 때 심사위원회를 구성하여 심의 · 의결을 거쳐야 한다. 그리고 직권면직처분

혼란을 예방하고 일관성있는 공무수행의 독자성을 유지하기 위하여 헌법과 법률에 의하여 공무원의 신분이 보장되는 공직구조에 관한 제도이다."

119) 헌재 1989. 12. 18. 89헌마32등, 판례집 1, 343, 352−353.

120) 홍성방, 『헌법학(하)(제3판)』, 박영사, 2014, 67쪽.

121) 헌재 1990. 6. 25. 89헌마220, 판례집 2, 200, 205.

122) 헌재 1992. 11. 12. 91헌가2, 판례집 4, 713, 725.

123) 헌재 1992. 11. 12. 91헌가2, 판례집 4, 713, 725−727.

124) 헌재 1997. 3. 27. 96헌바86, 판례집 9−1, 325, 331−332: "이처럼 국가공무원법상의 정년제도는 해당 공무원으로 하여금 정년연령의 도달과 동시에 당연퇴직하게 하는 제도임에도 불구하고 앞에서 본 바와 같이 한편으로 공무원에게 정년까지 계속 근무를 보장함으로써 그 신분을 보장하고 다른 한편으로 공무원에 대한 계획적인 교체를 통하여 조직의 능률을 유지·향상시킴으로써 직업공무원제를 보완하는 기능을 수행하고 있는 것이므로 이 사건 심판대상조항이 헌법 제7조에 위반된다고 할 수 없다."

125) 헌재 1994. 4. 28. 91헌바15등, 판례집 6−1, 317, 336−337 참조.

126) 헌재 2004. 11. 25. 2002헌바8, 판례집 16−2하, 282, 294−295 참조. 이러한 사정이 없는데도 국가보위입법회의 법 부칙 제4항에서 임명권자가 후임자를 임명함으로써 공무원은 자동으로 공무원직을 상실하도록 한 것은 헌법에 위반된다(헌재 1989. 12. 18. 89헌마32등, 판례집 1, 343, 354).

에 관해서는 소청과 행정소송의 권리구제절차를 마련하여야 한다(국가공무원법 제70조 제3항, 제4항 그리고 제5항). 구체적인 정년연령은 입법적으로 형성된다.127) 그리고 공무원임용연령에 제한을 두는 것도 입법정책 문제이고 그 자체를 위헌이라고 할 수는 없다.

② 정치적 중립성 보장

공무원의 정치적 중립은 정치활동 금지, 구체적으로 집권당의 영향에서 벗어난 독립과 정당에 대한 불간섭·불가담을 의미하는 소극적 중립을 말한다.128) 따라서 공무원은 정당 기타 정치단체 결성에 관여하거나 이에 가입할 수 없고(국가공무원법 제65조 제1항, 지방공무원법 제57조 제1항, 정당법 제1항 제1호),129) 선거에서 특정정당이나 특정인의 지지나 반대를 할 수 없다(국가공무원법 제65조 제2항, 지방공무원법 제57조 제2항, 국가공무원복무규정 제27조, 법원공무원규칙 제90조). 공무원의 정치적 중립성을 규정하는 헌법 제7조가 있는데도 헌법 제5조 제2항이 국군의 정치적 중립성을 다시 한 번 명시적으로 강조한 것은 우리 헌정사에서 다시는 군의 정치 개입을 되풀이하지 않겠다는 의지를 표현한 것이다.130)

③ 실적(능력)주의

공무원은 시험성적·근무성적·경력평정 기타 능력의 실증에 따라서 임용되고 승진되어야 한다(국가공무원법 제26조, 지방공무원법 제25조). 따라서 엽관제나 정에 끌린 인사는 금지된다.

Ⅳ. 공무원관계에서 기본권의 효력(공무원에 대한 기본권 제한의 특수성)

1. 제한의 이론적 근거

(1) 특별권력관계 – 공무원이라는 특수한 지위

국가기관 내부의 관계, 즉 공무원과 국가의 관계는 국가와 국민의 관계처럼 일반권력관계가 아니라 특별권력관계이므로, 법치국가원리가 배제되고 포괄적인 명령복종관계가 있다고 보아서 공무원의 기본권이 제한된다는 견해가 있다.

---

127) 헌재 1994. 4. 28. 91헌바15등, 판례집 6−1, 317, 336−338; 헌재 1997. 3. 27. 96헌바86, 판례집 9−1, 325, 330; 헌재 2000. 12. 14. 99헌마112등, 판례집 12−2, 399, 410 참조.
128) 홍성방, 『헌법학(하)(제3판)』, 박영사, 2014, 66쪽.
129) 헌법재판소는 공무원의 정당 가입을 금지하는 것은 공무원의 정치적 중립성을 보장하고 초·중등학교 교육의 중립성을 확보한다는 점에서 입법목적의 정당성이 인정되고, 정당에 대한 가입을 금지하는 것은 입법목적 달성을 위한 적합한 수단이며, 공무원은 정당의 당원이 될 수 없을 뿐이지, 정당에 대한 지지를 선거와 무관하게 개인적인 자리에서 밝히거나 투표권을 행사하는 것 등의 활동은 허용되므로 침해의 최소성 원칙에 반하지 않고, 정치적 중립성, 초·중등학교 학생들에 대한 교육기본권 보장이라는 공익은 공무원이 제한받는 불이익과 비교하여 크므로 법익균형성도 인정되어 공무원의 정당가입의 자유를 침해하지 않으며, 초·중등학교 교원의 정당 가입을 금지하면서 대학교원에게는 허용하는 것은, 기초적인 지식전달, 연구기능 등 직무의 본질이 서로 다른 점을 고려한 합리적 차별이므로 평등원칙에 반하지 아니한다고 한다(헌재 2014. 3. 27. 2011헌바42, 판례집 26−1상, 375, 386−390).
130) 헌재 2016. 2. 25. 2013헌바111, 판례집 28−1상, 42, 53; 헌재 2018. 7. 26. 2016헌바139.

그러나 종래 특별권력관계로 인정되었던 각 영역에 법치국가원리가 더는 배제될 수 없다는 것에 관해서는 이론이 없다는 점에 비추어, 특별권력관계에 해당한다는 것이 공무원의 기본권을 제한하는 결정적 근거가 되기 어렵다.

(2) 국민 전체에 대한 봉사자 – 공무원근무관계의 특수성

헌법이나 공무원법에서 공무원의 지위를 국민 전체에 대한 봉사자로 규정함을 근거로 일반 국민과 다른 특수성을 강조하여 공무원의 기본권을 제한하려는 견해가 있다.

그러나 공무원이 국민 전체의 봉사자라는 의미는 국민 전체의 이익을 위해서 공무를 수행하여야 한다는 것에 지나지 않아 기본권과 충돌되는 개념이 아니므로 공무원의 기본권을 제한할 합리적 이유가 되지 못한다.

(3) 직무의 성질 – 공공성이 짙은 직무

공무원과 국가의 관계는 일반 국민과 국가의 관계와는 달리 그 직무의 성질이 공공성을 띠므로 특수성이 있다는 견해가 있다. 즉 공공성이 강하여 공공의 이익이나 국민생활과 밀접한 관련성이 있으므로 공무원의 기본권이 제한될 수 있다고 한다.

그러나 직무의 공공성은 공무원만의 직무 특성으로 볼 수 없다. 일반 사기업체에도 공공성이 강한 직무가 있고, 공무원 직무 중에도 공공성이 약한 것도 있다. 따라서 직무의 공공성만을 이유로 공무원의 기본권을 제한하기 어렵다.

2. 정당 가입을 비롯한 정치활동 제한

정치적 기본권이 제한되는 공무원은 전문지식에 기초하여 임용되고 업무를 집행하는 직업공무원에 한한다. 이들은 정치적 이념과 주의·주장에 따른 정책 결정과 집행에 관해서 정치적으로 중립적인 지위에서 전문지식에 기초하여 균형 있는 국가정책을 입안·집행하여야 한다. 따라서 이들이 정치적 기준에 따라서 신분상 불이익을 받아서는 안 된다. 직업공무원에게 구체적으로 제한되는 정치적 기본권의 내용이 무엇인지에 관해서는 논란이 있다. 국가공무원법 제65조와 지방공무원법 제57조 그리고 정당법 제22조는 직업공무원에게 정당 기타 정치단체의 결성에 관여하거나 이에 가입할 수 없게 하고 선거운동을 금지한다.

선거운동은 가장 밀도 높은 정치활동이고, 정치적 중립을 저해하는 가장 대표적인 활동이다. 따라서 공무원의 선거운동 금지는 공무원의 특수신분이 정당화할 수 있다. 이러한 점을 공직선거법은 다시 확인하여 규정한다. 즉 공무원 기타 정치적 중립을 지켜야 하는 사람(기관·단체 포함)은 선거에 부당한 영향력을 행사하거나 기타 선거결과에 영향을 미치는 행위를 하여서는 안 된다(공직선거법 제9조 제1항). 공무원에게 금지되는, 선거에 영향을 미치는 행위에 관해서는 공직선거법 제86조가 자세히 규율한다.[131] 이러한 선거중립의무가 있는 공무원에 직업공무원이 포함되는 것은 물론이고 각부 장관 등 정치적 공무원도 집행업무를 수행하는 지위에 있으므로 선거중립의무가 있다.[132] 그러나 대통령이 선거중립의무가 있는지는 의문이다. 헌법재판소는 이를 긍정한 바 있다.[133] 물론 대통령이 선거를 관리하는 최고책임자로서 선거에 직접적인 영향을 주는 행위를 하여서는 안 된다. 그러나 대통령은 국회와 견제 및 대립 그리고 협력관계에 있는 국가기관이다. 이러한 관계가 효율적으로 형성될 수 있도록 자신의 정치적 의견을 표현하는 형태로 영향력을 행사하는 것이 대통령의 선거중립의무 위반이라고 보기는 어렵다. 이러한 점에서 보면 위 선거법 해당 조항은 엄격하게 해석·적용되어야 한다.[134]

공무원의 정당 가입 금지에 관해서는 다른 평가가 필요하다. 공무원의 정당 가입은 정치적 활동을 할 잠재성을 징표 하는 사실이다. 그러나 아직 정치활동이 실재하는 것은 아니므로, 선거운동과는 그 성격이 다르다. 그런데 현행법은 이를 정치활동에 근접한 사실로 보고 금지한다. 공무원의 정당 가입을 금지하는 현행법 규정이 명백히 헌법에 위반되는 것은 아니지만, 그렇다고 헌법필연적인 요청도 아니다. 이는 입법정책적 문제로 보아야 한다.

정당 가입이나 선거운동 범주에 속하지 않지만, 일반적으로 정치적 기본권의 보호범위에 속하는 행동, 예를 들어 정치적 표현의 자유도 공무원에게 일반 국민과 같은 정도로 보장되지는 않는다. 기본적으로 공무원이 현실의 정치적 문제에 관해서 공개적으로 정치적 발언을 하는 것은 허용되지 않는다. 다만, 이러한 정치적 발언이 공무원의 정치적 중립을 구체적으로 저해하는지는 개별적인 판단을 하여야 하고, 이에 관한 일반적인 기준을 제시하기는 어렵다. 공무원의 정치적 중립 의무는 신분적 의무이고, 단순히 직무적 의무에 그치는 것은 아니다. 직무시간 외에 혹은 직무와 관련이 없는 맥락에서 정치적 발언과 선거운동을 공개적으로 하면 이미 공무원의 정치적 중립에 대한 신뢰가 상실되고, 직무에서 정치적 중립을 더는 기대하기 어렵기 때문이다.

3. 근로3권 제한

(1) 공무원과 일반 근로자의 비교

공무원의 근로목적은 국민 전체의 봉사이지만, 일반 근로자의 근로목적은 사적 이익 추구이다. 그리고 보수의 성격은 공무원에게는 공직의 효과적 수행 보장이지만, 일반 근로자에게는 제공된 근로에 대한 대가이다. 또한, 공무원 임금은 법령 규율대상이지만, 일반 근로자 임금은 단체협약 대상이다. 그 밖에 공무원은 공법적 권리와 의무가 문제 되지만, 일반 근로자는 사법적 권리와 의무가 문제 된다.

---

131) 이 규정에 관한 헌법적 평가로는 헌재 2005. 10. 27. 2004헌바41, 판례집 17-2, 292 참조.
132) 지방자치단체의 장이 지는 선거중립의무에 관해서는 대법원 2004. 6. 25. 선고 2003도2932 판결.
133) 헌재 2004. 5. 14. 2004헌나1, 판례집 16-1, 609, 637-638.
134) 같은 견해: 전광석, 『한국헌법론(제16판)』, 집현재, 2021, 600쪽.

(2) 현행법에서 공무원의 근로3권 제한

공무원의 근로3권에 관한 헌법규정으로는 근로자의 근로3권을 보장하는 근거조문인 헌법 제33조 제1항과 공무원에 대한 제한의 특칙인 헌법 제33조 제2항 그리고 일반적인 기본권 제한의 근거조문인 헌법 제37조 제2항이 있다. 법률조항으로는 '노동조합 및 노동관계조정법' 제5조, 국가공무원법 제66조, 지방공무원법 제58조 등이다. 이를 따르면 사실상 노무에 종사하는 공무원만 근로3권을 보장받는다. 사실상 노무에 종사하는 공무원은 과학기술정보통신부 소속 현업기관의 작업 현장에서 노무에 종사하는 우정직공무원(우정직공무원의 정원을 대체하여 임용된 일반임기제공무원 및 시간선택제일반임기제공무원 포함)으로서 ① 서무·인사와 기밀 업무에 종사하는 공무원, ② 경리와 물품출납 사무에 종사하는 공무원, ③ 노무자 감독 사무에 종사하는 공무원, ④ 보안업무규정에 따른 국가보안시설의 경비 업무에 종사하는 공무원, ⑤ 승용자동차와 구급차의 운전에 종사하는 공무원 중 하나에 해당하지 아니하는 공무원('국가공무원 복무규정' 제28조), 법원일반직공무원 중 고용직공무원으로서 ① 서무·인사와 기밀업무에 종사하는 사람, ② 경리와 물품 출납사무에 종사하는 사람, ③ 노무자의 감독사무에 종사하는 사람, ④ 보안업무규정에 의한 보안목표시설의 경비업무에 종사하는 사람, ⑤ 승용자동차의 운전에 종사하는 사람 중 하나에 해당되지 아니하는 사람(법원공무원규칙 제91조)이다.

(3) 헌법 제33조 제2항의 성격과 국가공무원법 제66조 제1항 및 지방공무원법 제58조 제1항의 위헌성

① 헌법 제33조 제2항의 성격 및 제37조 제2항과 맺는 관계

(ⅰ) 개별적 헌법유보설

헌법 제33조 제2항을 개별적 헌법유보로 보아 공무원인 근로자의 근로3권을 헌법이 직접 제한하는 것으로 보는 전통적 견해이다. 이 견해를 따르면 헌법 제33조 제2항은 근로3권 주체의 범위, 즉 인적 구성요건 측면에서 공무원을 광범하게 배제한 것이 된다. 다만, 공무원의 지위에 있더라도 법률이 정하는 사람만 다시 근로3권의 주체가 될 자격을 회복하므로 입법자에게 입법재량 여지를 부여하는 것으로 본다.

(ⅱ) 개별적 법률유보설

헌법 제33조 제2항을 기본권 제한의 개별적 법률유보로 보고, 일반적 법률유보조항인 제37조 제2항과는 일반-특별의 관계에 놓이나, 헌법 제37조 제2항을 배제하면 헌법의 기본권을 입법자에게 백지위임을 하는 것이 되므로, 헌법 제37조 제2항 기본권 제한의 한계 일탈 여부도 필요한 범위 안에서 검토하여야 한다는 견해이다.

(ⅲ) 위헌적 헌법조항설

헌법 제33조 제2항을 공무원 신분이 있다는 이유만으로 근로3권을 박탈하는 위헌적인 헌법조항으로 보아 이 조항 적용을 배제하고 일반적 법률유보조항인 제37조 제2항만으로 공무원의 노동기본권을 제한하는 것이 옳다는 견해이다. 헌법재판소의 소수의견도 "공무원신분이라는 이유만으로 원칙적으로 노동3권을 박탈하고 예외적으로 법률로써 인정할 수 있도록 규정한 헌법 제33조 제2항은 그보다 상위규정이며 민주주의헌법의 기본이념이고 헌법핵이라고 할 수 있는 헌법 제11조 제1항 소정의 평등원칙에 위배되는 조항일뿐더러 인간의 존엄과 가치 및 행복추구권을 규정한 헌법 제10조에도 위배되는 조항으로서 앞으로 헌법 개정 등을 통해 재검토되어야 할 매우 부당한 위헌적인 헌법규정이다."라고 한 것이 있다.[135]

(iv) 사견

헌법 제33조 제2항을 개별적 헌법유보로 보는 견해는 ⓐ 동 조항의 표현형식이 구 헌법의 표현형식과는 달리 공무원에 관해서도 근로3권을 인정하는 긍정형식을 취하는 점, ⓑ 근로자인 공무원의 노동기본권이 헌법적 차원에서 보장되지 아니하고 법률적 권리로만 인정될 우려가 있는 점, ⓒ 헌법이 직접 기본권을 제한하는 것으로 보면 기본권의 보장범위가 좁아진다는 점, ⓓ 무엇보다도 헌법제정자가 공무원인 근로자의 근로3권 인정범위를 입법자에게 백지위임하는 것으로 해석될 우려가 있다는 점에서 타당하지 못하다. 그리고 위헌적 헌법조항설은 입법론으로서는 몰라도 현행 헌법 해석론으로서는 실용성을 결여하므로, 다른 해석 가능성이 없고 그 위헌성이 명백한 때를 제외하고는 채택하기 곤란하다. 따라서 현재로서는 헌법 제33조 제2항을 공무원인 근로자에 관해서 근로3권을 인정하되 '법률이 정하는 자'를 제외한 공무원의 근로3권을 제한할 수 있다는 취지로 해석하여 개별적 법률유보로 보고, 이 조항을 근거로 규정된 법률조항의 합헌성을 심사할 때 헌법 제37조 제2항의 기본권 제한 요건을 적용하는 것이 타당하다.

② 국가공무원법 제66조와 지방공무원법 제58조 제1항의 위헌 여부

(ⅰ) 헌법재판소 견해

헌법재판소는 "헌법 제33조 제2항이 공무원의 근로3권을 제한하면서 근로3권이 보장되는 주체의 범위를 법률로 정하도록 위임한 것… 위 법률조항(국가공무원법 제66조 제1항)이 근로3권이 보장되는 공무원의 범위를 사실상의 노무에 종사하는 공무원에 한정하고 있는 것은 근로3권의 향유주체가 되는 공무원의 범위를 정함에 있어서 공무원이 일반적으로 담당하는 직무의 성질에 따른 공공성의 정도와 현실의 국가·사회적 사정 등을 아울러 고려하여 사실상 노무에 종사하는 자와 그렇지 아니한 자를 기준으로 삼아 그 범위를 정한 것… 헌법 제33조 제2항이 입법권자에게 부여하고 있는 형성적 재량권의 범위를 벗어난 것이 아니"라고 하여 합헌결정을 내렸다.[136]

---

135) 헌재 1992. 4. 28. 90헌바27등, 판례집 4, 255, 273 재판관 변정수의 별개의견.
136) 헌재 1992. 4. 28. 90헌바27등, 판례집 4, 255, 265－268.

(ii) 사견

비례성원칙 위반 여부와 관련하여 먼저 근로3권이 보장되는 공무원의 범위를 사실상 노무에 종사하는 공무원으로 한정한 국가공무원법 제66조와 지방공무원법 제58조 제1항은 공무원이 일반적으로 담당하는 직무의 공공성과 현실의 국가·사회적 사정 등을 고려한 결과로 일단 그 목적의 정당성이 인정된다. 그리고 직무의 공공성과 국가·사회적 사정이라는 공익목적을 달성하려고 공무원 대부분의 근로3권을 부정하는 것은 일단 수단으로서는 적합하다고 볼 수 있다. 그러나 공무원의 단체행동권을 제한하는 것만으로도 대부분 입법목적을 달성할 수 있고, 각 공무원의 직무성질 차이를 고려하지 않고 일률적으로 제한하여 근로3권을 더 제한받을 수 있는 공무원이나 덜 제한받아야 할 공무원이나 같은 제한을 받는 점에 비추어 피해의 최소성은 충족되지 않는다. 그리고 사실상 노무에 종사하는 공무원 이외의 공무원에게 노동기본권을 보장할 때 침해되는 공익(안정적인 공직사회조직)은 적정한 근로3권 행사나 단체행동권 제한만으로도 쉽게 달성할 수 있으나, 이러한 공익 달성을 위해 제한되는 사익(근로3권 박탈)은 근로3권이 근로자에 대해서 가지는 중요성에 비추어 중대한 침해이므로 법익의 균형성을 충족시키지 못한다. 따라서 국가공무원법 제66조 제1항과 지방공무원법 제58조 제1항은 피해의 최소성과 법익의 균형성을 충족하지 못하여 비례성원칙에 위반되므로 헌법에 위반된다. 그리고 근로3권을 제한할 때도 본질적 내용은 침해할 수 없는데, 노동조합 결성을 금지하거나 복수노조 설립을 금지하고 노동조합의 내부적 인사 문제에 관해서 국가가 간섭하는 행위, 긴급조정권('노동조합 및 노동관계조정법' 제76조) 남용 등 단체교섭 과정에 국가권력이 부당하게 간섭하여 단체교섭의 자율성을 침해하는 행위, 쟁의행위를 심히 제한하는 법률을 제정하는 행위 등을 본질적 내용을 침해하는 것으로 볼 수 있다. 따라서 사실상 노무에 종사하는 공무원 이외의 공무원에 대해서 노동조합을 결성조차 못 하게 하는 것은 본질내용을 침해하는 것으로 볼 수밖에 없다. 요컨대 국가공무원법 제66조 제1항과 지방공무원법 제58조 제1항은 비례성원칙에 위반하여 공무원의 근로3권을 침해하고 근로3권의 본질내용을 침해하므로 헌법에 위반된다.

(4) '공무원의 노동조합 설립 및 운영 등에 관한 법률'

'공무원의 노동조합 설립 및 운영 등에 관한 법률'은 공무원의 단결권과 단체교섭권을 부분적으로 보장한다. 이 법에 따라서 ① 다른 공무원에 대하여 지휘·감독권을 행사하거나 다른 공무원의 업무를 총괄하는 업무에 종사하는 공무원, ② 인사·보수에 관한 업무를 수행하는 공무원 등 노동조합과 맺는 관계에서 행정기관 입장에서 업무를 수행하는 공무원, ③ 교정·수사 또는 그 밖에 이와 유사한 업무에 종사하는 공무원, ④ 업무의 주된 내용이 노동관계의 조정·감독 등 노동조합의 조합원 지위를 가지고 수행하기에 적절하지 아니하다고 인정되는 업무에 종사하는 공무원이 아닌 (i) 6급 이하의 일반직공무원과 이에 상당하는 일반직공무원, (ii) 특정직공무원 중 6급 이하의 일반직공무원에 상당하는 외무행정·외교정보관리직 공무원, (iii) 6급 이하의 일반직공무원에 상당하는 별정직공무원은 노동조합을 설립하고 이에 가입이나 탈퇴할 수 있다(제3조, 제6조). 공무원노동조합은 일반 노동조합과 비교하면 조직과 기능에서 제한이 있다. 공무원은 노동조합을 국회·법원·헌법재판소·선거관리위원회·행정부·특별시·광역시·특별자치시·도·특별자치도·시·군·구(자치구를 말한다)와 특별시·광역시·특별자치시·도·특별자치도의 교육청을 최소단위로 설립할 수 있다(제5조 제1항). 노동조합의 대표자는 그 노동조합에 관한 사항 또는 조합원의 보수·복지, 그 밖의 근무조건에 관해서 국회 사무총장·법원행정처장·헌법재판소 사무처장·중앙선거관리위원회 사무총장·인사혁신처장(행정부를 대표한다)·특별시장·광역시장·특별자치시장·도지사·특별자치도지사·시장·군수·구청장(자치구의 구청장을 말한다) 또는 특별시·광역시·특별자치시·도·특별자치도의 교육감 중 어느 하나에 해당하는 사람과 각각 교섭하고 단체협약을 체결할 권한이 있다. 다만, 법령 등에 따라 국가나 지방자치단체가 그 권한으로 하는 정책결정에 관한 사항, 임용권 행사 등 그 기관의 관리·운영에 관한 사항으로서 근무조건과 직접 관련되지 아니하는 사항은 교섭 대상이 될 수 없다(제8조 제1항). 단체협약 내용 중 법령·조례 또는 예산에 따라서 규정되는 내용과 법령이나 조례에 따라서 위임을 받아 규정되는 내용은 단체협약으로서 효력이 없다. 다만, 정부교섭대표는 단체협약의 효력이 없는 내용에 관해서는 그 내용이 이행될 수 있도록 성실하게 노력하여야 한다(제10조). 공무원노동조합과 그 조합원은 정치활동을 할 수 없고(제4조), 파업·태업이나 그 밖에 업무의 정상적인 운영을 방해하는 모든 행위를 하여서는 아니 된다(제11조).

(5) 공무원직장협의회

'공무원직장협의회'는 그 목적이 공무원의 근무환경 개선, 업무능률 향상과 고충처리 등을 위해서 설치하는 단체('공무원직장협의회의 설립·운영에 관한 법률' 제1조)로 규정되어서 근로조건의 유지·개선을 통한 근로자들(공무원)의 지위 향상을 도모함을 주된 목적으로 하지 않는다. 그뿐 아니라 공무원직장협의회와 기관장 사이의 협의('공무원직장협의회의 설립·운영에 관한 법률' 제6조)와 관련하여 그 협의를 기관장이 정당한 이유 없이 거부할 때 이에 대한 구제제도가 마련되지도 않았고, 합의된 사항에 관해서도 단체협약과 같이 규범적 효력이 부여되지 않는다. 따라서 공무원직장협의회는 노동조합과 성격이 다른 것이고, '공무원직장협의회의 설립·운영에 관한 법률'은 일종의 노사협의법이라고 할 수밖에 없다.

V. 공무원의 권리와 의무·책임

1. 공무원의 권리

공무원의 권리에는 신분적 권리와 재산적 권리가 있다. 공무원의 신분적 권리에는 형의 선고·징계처분이나 법에 정하는 사유에 의하지 아니하고는 휴직·강임이나 면직을 당하지 아니할 신분보유권(국가공무원법 제68조, 지방공무원법 제60조), 법에 정한 사유에 의하지 아니하고는 직위를 해제당하지 아니할 직위보유권(국가공무원법 제73조의3, 지방공무원법 제65조의2), 방해받지 아니하고 담당직무를 자율적으로 수행할 직무수행권(형법 제136조, 제137조), 직명사용권과 제복·제모착용권(군인, 경찰, 교도, 소방, 세관), 위법·부당하게 신분상 불이익을 받으면 소청·행정소송을 통해서 구제받을 수 있는 행정쟁송권 등이 있다. 공무원의 재산적 권리에는 보수청구·수령권(국가공무원법 제46조 제1항, 지방공무원법 제44조 제1항), 연금청구·수령권(국가공무원법 제77조, 지방공무원법 제68조 → 공무원연금법, 군인연금법), 직무수행에 소요되는 실비변상을 받을 수 있는 실비변상청구권(국가공무원법 제48조 제1항, 지방공무원법 제46조 제1항), 소속 기관장 허가를 받아 특수한 연구 과제를 위탁받아 처리할 때 보상금을 지급받을 수 있는 보상수령권(국가공무원법 제48조 제2항, 지방공무원법 제46조 제2항) 등이 있다.

2. 공무원의 의무

(1) 기본의무: 성실의무

공무원은 최대한으로 공공의 이익을 도모하고 그 불이익을 방지하기 위해서 전인격과 양심을 바쳐서 성실히 직무를 수행하여야 한다(국가공무원법 제56조 후단, 지방공무원법 제48조 후단).

(2) 직무적 의무

공무원은 직무에 전념할 의무가 있다. 따라서 공무원은 소속 상관의 허가나 정당한 이유 없이 직장을 이탈하지 못하고(국가공무원법 제58조 제1항, 지방공무원법 제50조 제1항), 공무 이외의 영리를 목적으로 하는 업무에 종사하지 못하며, 소속 기관의 장 허가 없이 다른 직무를 겸직할 수 없다(국가공무원법 제64조 제1항, 지방공무원법 제56조 제1항). 그리고 공무원은 법령을 준수할 의무가 있고(국가공무원법 제56조 전단, 지방공무원법 제48조 전단), 공무원은 국민 전체의 봉사자로서 친절하고 공정하게 직무를 수행하여야 한다(국가공무원법 제59조, 지방공무원법 제51조). 또한, 공무원은 재직 중은 물론 퇴직 후에도 직무와 관련하여서 알게 된 비밀을 엄수하여야 한다(국가공무원법 제60조, 지방공무원법 제52조).

(3) 신분적 의무

공무원은 취임할 때 소속 기관장 앞에서 선서를 하여야 하고(국가공무원법 제55조, 지방공무원법 제47조), 외국 정부에서 영예나 증여를 받으면 대통령의 허가를 받아야 한다(국가공무원법 제62조, 지방공무원법 제54조). 그리고 공무원은 직무의 내외를 불문하고 그 품위를 손상하는 행위를 하여서는 아니 되고(국가공무원법 제63조, 지방공무원법 제55조), 직무와 관련하여 직접 또는 간접을 불문하고 사례·증여 또는 향응을 수수할 수 없으며, 직무적 관계 여하를 불문하고 그 소속 상관에 증여하거나 소속 공무원에게서 증여를 받아서는 아니 된다(국가공무원법 제 61조, 지방공무원법 제53조).

3. 공무원의 책임

공무원은 국민에 대해서 책임을 진다. 이는 공무원의 국민 전체에 대한 의무에 상응하는 것으로 책임을 묻는 기준은 다양하다. ① 정치적 기준에 따른 책임은 정치적 공무원에 대해서 적용된다. 이와 비교해서 직업공무원의 업무 수행 기준이 정치적 관점이 아니므로 직업공무원에 대해서 정치적 관점에 따라서 책임을 묻는 것은 헌법에 어긋난다. ② 정치적 공무원과 직업공무원은 모두 법령준수의무가 있으므로 모든 공무원은 법적 기준에 따른 책임을 진다. 특히 대통령, 국무총리 등 헌법 제65조 제1항이 규정한 고위직 공무원의 법적 책임을 통상적인 사법절차에 따라서 묻는 것이 사실적으로 어렵다. 따라서 이들에게는 정치적 기관인 국회가 탄핵소추의 발의와 의결을 하도록 법적 기준에 따른 책임을 묻고, 공직에서 파면할 수 있도록 한다. 이에 관한 최종적인 결정은 헌법재판소가 한다. 이와 독립하여 법적 기준에 따른 민·형사법상 책임을 물을 수 있는 것은 물론이다. ③ 공무원에 대한 징계책임은 특히 조직 안의 위계질서에서 상명하복의 복무규율을 운용하는 직업공무원에게 적용된다. 다만, 상명하복의 복무규율이 절대적인 효력이 있는 것은 아니다. 공무원은 법령준수의무와 성실의무가 있으므로, 법령에 어긋나는 상관의 명령을 거부할 의무와 권한이 있다. 그리고 국가기관을 최적화하는 데 필요하면 조직 내부의 행위준칙을 배제할 의무도 있다.

제 4 절   지방자치제도

I. 지방자치(행정) 일반론

1. 개념

지방자치제도는 일정 지역을 기초로 하는 단체나 일정 지역의 주민이 지방적 사무를 국가기관 간섭 없이 자기 책임 아래 자신이 선출한 독자적인 기관을 통해서 처리하는 제도이다.[137] 지방자치는 민주주의의 요체이고, 현대의 복잡한 사회가 요구하는 정치적 다원주의를

---

[137] 헌재 1996. 6. 26. 96헌마200, 판례집 8−1, 550, 557: "지방자치제도란 일정한 지역을 단위로 일정한 지역의 주민이 그 지방주민의 복리에 관한 사무·재산관리에 관한 사무·기타 법령이 정하는 사무(헌법 제117조 제1항)를 그들 자신의 책임 하에서 자신들이 선출한 기관을 통하여 직접 처리하게 함으로써 지방자치행정의 민주성과 능률성을 제고하고 지방의 균형 있는 발전과 아울러 국가의 민주적 발전을 도모하는 제도이다(헌법재판소 1991.3.11. 선고, 91헌마21 결정 참조)."

실현하려는 제도적 장치로서, 지방의 공동 관심사를 자율적으로 처리함과 동시에 주민의 자치역량을 배양하여 국민주권원칙과 민주주의의 이념 구현에 이바지함을 목적으로 하는 제도이다. 이러한 지방자치의 헌법적 보장은 국민주권원칙에서 출발하여 주권의 지역적 주체인 주민의 자기 지배를 실현하려는 것이다.[138] 지방자치의 3요소는 인적 요건으로서 주민과 자치를 위한 권능으로서 '자치사무 처리, 재산 관리, 자치입법에서 지방자치단체가 국가의 지시나 감독을 받지 않고 법이 정하는 바에 따라 독자적인 책임 아래 처리할 수 있는 권한'인 자치권한 그리고 '지방자치단체가 자치권한을 행사할 수 있는 장소적 범위'인 관할 구역이다.[139] 지방자치단체의 관할 구역[140]은 적극적으로는 그 구역 안에 주소가 있는 주민을 구성원으로 하여 이를 지방자치단체 권한에 복종하게 하고, 소극적으로는 자치권한이 일반적으로 미치는 범위를 장소로 한정하는 효과가 있다.[141]

2. 역사적 배경

지방자치는 연혁적으로 영국의 지방정부이론, 프랑스의 단체권력과 지방분권사상, 독일의 조합과 단체사상 등에서 기원한다. 프랑스와 독일 등에서 형성된 지방자치사상은 지역에 관한 고유사무의 자율적인 처리가 주로 지역단체의 고유권한이라는 측면에서 주장(단체자치)되었지만, 영국의 지방자치사상은 지역에 관한 고유사무의 자율적인 처리가 주로 그 지역주민의 고유권한이라는 측면(주민자치)에서 주장되었다.[142] 헌법상 자치단체 보장은 외형상 단체자치에 기초하는 것처럼 보이지만 주민자치적 본질을 부인하는 것은 아니므로 단체자치와 주민자치를 아우른다.[143]

---

138) 헌재 2009. 3. 26. 2007헌마843, 판례집 21-1상, 651, 666; 헌재 2019. 8. 29. 2018헌마129, 판례집 31-2상, 218, 224.

139) 헌재 2006. 8. 31. 2004헌라2, 판례집 18-2, 356, 366; 헌재 2020. 7. 16. 2015헌라3, 판례집 32-2, 1, 11.

140) 자치권이 미치는 관할 구역 범위에는 육지는 물론 바다도 포함되므로 공유수면에도 지방자치단체의 자치권한이 미친다. 공유수면에 대한 지방자치단체의 관할 구역 경계에 관한 명시적인 법령상 규정이 있으면 그에 따르고, 명시적인 법령상 규정이 없으면 불문법에 따라야 한다. 이러한 불문법마저 없으면, 주민, 구역과 자치권을 구성요소로 하는 지방자치단체의 본질에 비추어 지방자치단체의 관할 구역에 경계가 없는 부분이 있다는 것을 상정할 수 없으므로, 권한쟁의심판권이 있는 헌법재판소가 지리상 자연적 조건, 관련 법령 현황, 연혁적인 상황, 행정권한 행사 내용, 사무처리 실상, 주민의 사회·경제적 편익 등을 종합하여 형평의 원칙에 따라 합리적이 공평하게 해상경계선을 확정할 수밖에 없다(헌재 2021. 2. 25. 2015헌라7, 판례집 33-1, 169, 178-179).

141) 헌재 2006. 8. 31. 2004헌라2, 판례집 18-2, 356, 367.

142) 헌재 2009. 3. 26. 2007헌마843, 판례집 21-1상, 651, 667: "지방자치는 지역 중심의 지방자치단체가 독자적인 자치기구를 설치하여 그 고유사무를 국가기관의 간섭 없이 스스로의 책임 아래 처리하는 것을 말한다. 전통적으로 지방자치는 주민의 의사에 따라 지방행정을 처리하는 '주민자치'와 지방분권주의를 기초로 하여 국가내의 일정한 지역을 토대로 독립된 단체가 존재하는 것을 전제로 하여 그 단체의 의회와 기관이 그 사무를 처리하는 '단체자치'를 포함하고, 이러한 지방자치는 국민의 기본권이 아닌 헌법상의 제도적 보장으로 이해되고 있다."

143) 헌재 2006. 2. 23. 2005헌마403, 판례집 18-1상, 320, 334.

단체자치의 특색은 다음과 같다.

① 지방분권을 기초이념으로 하고, 법인인 지방자치단체가 사무 주체가 된다.

② 자치권은 통치권에서 전래한 실정법적 권리이다.

③ 자치기관은 국가에서 독립한 기관으로서, 의결기관과 집행기관이 분리된다.

④ 자치단체 고유사무와 위임사무는 명확하게 구별된다.

⑤ 자치단체의 권한은 국가가 일반적·포괄적으로 부여한다.

⑥ 지방세는 부가세이다.

⑦ 행정청이 적극적으로 자치단체를 통제한다.

주민자치의 특색은 다음과 같다.

① 민주주의를 기초이념으로 하고, 주민의 자치기관이 사무 주체가 된다.

② 자치권은 자연법적 고유권이다.

③ 자치기관은 국가행정조직 일부로 의결기관과 집행기관이 분리되지 않는다.

④ 자치단체 고유사무와 위임사무의 구별이 명확하지 않다.

⑤ 자치단체의 권한은 법률이 개별적으로 부여한다.

⑥ 지방세는 독립세이다.

⑦ 법원이 소극적으로 자치단체를 통제한다.

3. 연혁

1948년 헌법부터 지방자치에 관한 규정이 있었다. 그러나 6·25 전쟁 때문에 1952년이 되어서야 지방의회가 최초로 구성되었다. 1960년 헌법 아래에서는 시·읍·면장까지 주민이 직접 선거하였다. 그러나 이는 1년도 채우지 못한 짧은 기간에 그쳤다. 1962년 헌법은 부칙에서 지방의회 구성시기를 법률로 정하도록 하였으나, 지방자치는 실시되지 못하였다. 1972년 헌법은 조국의 평화통일 시까지 지방의회 구성을 미루어 사실상 지방자치를 폐지하였다. 1980년 헌법은 지방의회 구성을 지방자치단체의 재정자립도를 고려하여 차례대로 하되 그 구성시기는 법률로 정한다는 규정을 두었다. 그러나 지방의회는 구성되지 않았다. 1987년 헌법 아래에서 1991년 지방의회선거가 실시되어 지방의회가 구성되고, 1995년에 지방자치단체장 선거가 치러짐으로써 지방자치에 관한 헌법규정이 실제로 적용되어 지방자치 시대가 본격적으로 열렸다.

4. 본질

지방자치(행정)는 간접적인 국가행정이라는 견해(자치권위임설)[144]는 지방자치행정도 궁극

---

144) 권영성, 『헌법학원론(개정판)』, 법문사, 2010, 238쪽; 방승주, 「헌법 제117조」, 『헌법주석[법원, 경제질서 등]』,

적으로는 국가행정에서 나오는 것이고 국가의 지배권력에서 빌려 온 것이라고 한다. 국가 이외의 권리능력 있는 주체가 처리하는 행정이라는 점에서 직접적인 국가행정과 차이가 있다고 한다. 지방자치(행정)는 직접·간접 국가행정 이외의 제3의 행정형식이라는 견해(자치고유권설)는 지방자치행정은 국가에서 도출되는 것이 아니라 시원적인 것이라고 한다. 즉 지방자치행정은 고유한 것으로서 자기 책임 아래 자기 사무를 처리한다는 점을 강조한다. 헌법이 지방자치제도를 보장할 때 지방주민의 자치권을 최대한으로 보장하여야 하므로, 특히 주민의 참정권은 기본권이므로 최대한 보장하여야 하므로 실정헌법 해석상 자연권이라는 신고유권설도 있다.145) 지방자치는 헌법과 법률의 범위 안에서 이루어지고, 국가와 절연된 지방자치를 생각할 수 없다. 따라서 자치권위임설이 타당하다. 그러나 양 학설의 대립은 이론적 성격이 있을 뿐이고, 실무상 결론의 차이가 없다. 즉 양 학설 다 지방자치행정을 국가가 규범적으로 통제할 수 있고 원칙적으로 국가 감독을 받는다는 점을 인정한다.

5. 이념과 기능

지방자치는 국가 차원에서 제공되지 않는 구체적인 정치적 참여 가능성을 지역주민에게 부여한다. 정치적 공동체의 의사 형성 단위가 분화하면 구성원의 민주적 참여와 정치적 영향력을 향상하고, 지역주민은 지역행정의 고유한 상황과 지역공직자에 대한 직접적인 평가를 할 수 있다. 이에 따라 지방자치는 민주시민 양성과 풀뿌리 민주주의 실현에 큰 역할을 한다. 그리고 지방자치는 주민 복지를 실현하고, 지역주민의 결속과 연대를 통한 주민의 조정과 통합이라는 공동사회적 기능도 수행한다.146)

(1) 민주적 정당성 보충

지방자치는 국민 전체의 의사를 형성할 때 지방의 이해와 관심을 반영하는 기능을 수행한다. 이를 통해서 지방자치는 적극적으로는 대의기관의 민주적 정당성을 지방 차원에서 높여 전국 차원에서 빈틈이 생길 수밖에 없는 국가기관의 민주적 정당성을 보충하는 기능을 수행한다.

(2) 수직적 권력분립

지방자치는 권력 분산과 견제·균형의 중요한 수단이다. 지방자치를 통해서 지역의 고유한 사무를 사항적·지역적으로 근접한 지방행정이 수행되면서 중앙정부의 불합리한 정책 결

경인문화사, 2018, 1388~1389쪽; 석인선, 『헌법총론』, 세창출판사, 2014, 226~227쪽; 정만희, 『헌법학개론』, 피앤씨미디어, 2020, 178쪽; 정재황, 『국가권력규범론』, 박영사, 2020, 883쪽; 홍성방, 『헌법학(하)(제3판)』, 박영사, 2014, 75쪽; 홍정선, 『신지방자치법(제4판)』, 박영사, 2018, 11쪽.
145) 김철수, 『학설·판례 헌법학(전정신판)(중)』, 박영사, 2009, 724쪽.
146) 헌재 2019. 8. 29. 2018헌마129, 판례집 31-2상, 218, 224.

정과 집행을 통제한다. 권력분립 관점에서 보면 지방자치는 중앙정부의 입법·집행과 사법 사이의 수평적 권력분립의 실효성을 수직적 권력분립을 통해서 보충·실효화하는 기능을 수행한다. 특히 오늘날 정당을 매개로 중앙정부의 수평적 권력분립이 약화하는 점을 고려하면 지방자치를 통한 수직적 권력분립 가능성은 헌법의 규범력을 높이는 중요한 계기가 된다.

(3) 민주적 정치의식 제고

지방자치는 국민의 정치의식을 자극하고 책임의식을 높이는 기능을 수행한다.147) 일반적으로 개별 주민이 전국적인 주제에 관해서 직접 의견을 형성하고 스스로 책임의식을 갖지는 못한다. 그러나 지방자치를 통해서 주민은 자기 주변의 작은 문제에 관해서 현실적인 일체감을 느끼고 결정 과정에 참여한다. 이러한 결정은 직접적으로 주민의 권리와 의무에 영향을 미치고, 정책 결정 효과를 주민 자신에게 귀속시킴으로써 주민의 책임의식을 기르는 데 이바지한다.

(4) 국가의사 선도기능

특히 전국적 주제와 지역적 주제가 융합될 때 지방자치를 통해서 지역주민의 의사를 형성하고, 이를 계기로 국민 전체의 의사를 선도할 수 있다. 그리고 이러한 과정을 거쳐서 국민 전체의 의사를 형성하면, 국가정책 결정 과정이 투명하게 되는 효과가 있다.

6. 지방자치(행정)의 개념

지방자치(행정)는 2원적으로 구성된 국가 구조 안에서, 민주주의와 수직적 권력분립을 정당화하고, 분권화를 통해서 국가 부담을 경감시키며, 자치를 보장하는, 자기 지역의 공공사무를 자기 책임 아래 처리하도록 하는 행정형태를 말한다.

Ⅱ. 지방자치(행정)의 헌법적 보장

헌법은 제8장에서 독립적으로 지방자치를 규정한다. 제117조에서 지방자치단체의 기능범위와 지방자치단체의 종류에 관한 법정주의를 그리고 제118조에서 지방의회를 규율한다. 이를 통해서 주민자치와 지방분권 그리고 주민 참여를 통한 지방행정은 헌법적으로 보장된다.

1. 지방자치의 헌법적 보장이 갖는 성격

지방자치의 헌법적 보장이 갖는 성격과 관련하여 기본권보장설과 제도적 보장설148)이 대

---

147) 헌재 1999. 11. 25. 99헌바28, 판례집 11-2, 543, 550-551 참조.
148) 홍성방, 『헌법학(하)(제3판)』, 박영사, 2014, 75쪽.

립한다. 독일에서 지방자치는 사회 영역에 뿌리내리는 반국가적 제도에서 시작하여 헌법의 국가조직 부분에 편입되어서 국가 안의 조직이 되었다. 따라서 국가에 대항하는 기본권이 아니다. 지방자치를 제도적 보장으로 보면, ① 지방자치단체라는 제도의 제도적 주체 보장, ② 지방자치제의 객관적인 제도 보장, ③ 지방자치단체의 권리구제를 위한 지방자치단체의 주관적 지위 보장149)이라는 3차원적으로 이해하여야 한다.150) 지방자치단체를 제도적 보장으로만 보면 지방자치단체는 개별적으로가 아니라 오로지 제도적으로만 보장된다. 따라서 이러한 조직형태는 존속하여야 하지만, 개개의 지방자치단체가 해산에서 보호되어야 하는 것은 아니라는 점을 주의하여야 한다.151) 즉 헌법은 지방분권과 주민자치 그리고 주민참여를 제도적으로 보장하므로, 지방자치를 시행하지 않거나 지방자치를 폐지하는 것은 허용되지 않는다. 그러나 기존의 구체적인 지방자치 존속을 헌법이 보장하는 것은 아니다. 예를 들어 법률이 정하는 절차에 따라서 지방자치단체를 폐지하거나 설치하거나 나누거나 합칠 수 있다.152)

2. 객관적 제도보장의 내용

(1) 자치권의 전권능성

지방자치단체는 지방적 공공사무에 관한 포괄적인 자치권이 있다. 구체적으로 지방자치단체는 관할 구역 안에서 고권(공권력)을 행사할 권능(지역고권), 지방자치단체공무원의 임면을 할 권능(인사고권·자주적 인사권), 법정 예산 범위 안에서 인정되는 자주적 수입·지출권(재무고권·자주재정권), 자기 기관의 창설 및 내부기관 형성 권능(조직고권·자주조직권), 자치법규제정권(입법고권·자치입법권)이 있다.153) 이러한 포괄적인 자치권에서 헌법이나 법률이 다른 기관에 준 것이 아니라면 그 지역 안의 모든 자치사무는 지방자치단체가 담당한다는 것이 추정된다. 이러한 추정은 자치사무에 국한하는 것이고, 국가의 위임사무에는 미치지 않는다.154)

(2) 자기책임성

지방자치는 자신의 사무를 자기책임으로 수행하는 것이다. 따라서 지방자치단체는 국가의 지시나 후견 없이 법에 따라 합목적적으로 보이는 대로 자기 사무를 처리한다. 이러한 자기

---

149) 이는 사인의 기본권 보장과 달리 침해에 대한 소송상 법적 지위를 가리킨다.

150) 홍정선, 『신지방자치법(제4판)』, 박영사, 2018, 43~44쪽.

151) 헌재 1995. 3. 23. 94헌마175, 판례집 7－1, 438, 452.

152) 지방자치법을 따르면 폐지하거나 설치하거나 나누거나 합칠 때 또는 그 명칭이나 구역을 변경할 때는 관계 지방자치단체의 의회 의견을 들어야 한다. 다만, 주민투표법을 따라서 주민투표가 시행되면 지방의회 의견을 듣는 절차를 대신할 수 있다(제5조 제3항). 이에 관한 헌법소원심판으로는 헌재 1994. 12. 29. 94헌마201, 판례집 6－2, 510.

153) 지역고권, 조직고권, 인사고권(인적고권), 재정고권, 자치입법권에 관한 자세한 내용은 홍정선, 『신지방자치법(제4판)』, 박영사, 2018, 60~67쪽 참조.

154) 홍정선, 『신지방자치법(제4판)』, 박영사, 2018, 50~51쪽.

책임성은 지방자치단체가 결정에서 자유로움을 뜻한다. 자기책임성은 법령 범위 안에서 인정된다. 이는 자치사무에 대한 국가 감독이 적법성 감독에 한정됨을 뜻한다(지방자치법 제188조 제5항 참조). 자기책임성은 민주적 정당성이 있는 지방자치단체의 정치적 형성 영역에도 인정된다.[155)]

(3) 법령유보

지방자치행정의 기능영역과 제도영역은 헌법, 법률, 법규명령이나 관습법에 따라서 제한될 수 있다.[156)] 이러한 법령유보는 법령이 제거하지 못하는 침해에서 지방자치행정을 보호한다. 그리고 법률의 합헌성 요청, 공공복리목적 요청, 비례성원칙, 신뢰보호원칙 등은 위헌적인 법률적 침해에서 지방자치행정을 보호한다.

3. 제도의 본질내용 보장

제도의 핵심영역, 본질내용, 불가침적 최소한을 규정하는 것은 어렵다. 본질내용은 제도의 구조와 유형을 바꾸지 않고는 제도에서 분리할 수 없는 제도의 주요 내용을 말한다. 지방자치행정의 본질내용은 (우연적-잠정적이지 않은) 본질적·실체적으로 지방자치행정의 성격을 규정하는 유형결정적 구성부분, 지방자치행정의 전형적인 현상태이다. 이러한 내용을 구체적·개별적으로 확정하는 방법은 침해 이후 남는 것이 무엇인지를 확인하는 소거법과 역사적 발전과 역사적 현상 형식을 고찰하는 역사적 방법 두 가지가 있다. 지방자치의 본질내용은 질적 이해가 기준이 되어야 한다. 따라서 지방자치의 본질내용 침해는, 그것이 지방자치행정의 역사적으로 생성된 실체를, 지방자치행정이 침해된 사항 영역에서 그 유형결정적 구성부분을 상실한 정도로 침해하였는지를 심사되어야 한다. 헌법재판소는 지방자치의 본질적 내용을 "국민주권의 기본원리에서 출발하여 주권의 지역적 주체로서의 주민에 의한 자기통치 실현"으로 본다.[157)] 즉 헌법재판소는 헌법 제117조과 제118조가 보장하는 본질적인 내용은 자치단체의 존재 보장, 자치기능 보장 및 자치사무 보장으로 어디까지나 지방자치단체의 자치권이라고 한다.[158)] 자치단체 존재 보장은 자치단체 그 자체의 보장을, 자치기능 보장은 자치단체

---

155) 이상 홍정선, 『신지방자치법(제4판)』, 박영사, 2018, 57쪽.

156) 헌재 2010. 10. 28. 2007헌라4, 판례집 22-2상, 77, 780-781: "… 헌법 제117조 제1항에 의해 지방자치단체에게 보장된 지방자치권은 절대적인 것이 아니고 법령에 의하여 형성되는 것이므로, 입법자는 지방자치에 관한 사항을 형성하면서 지방자치단체의 지방자치권을 제한할 수 있다. 그러나 법령에 의하여 지방자치단체의 지방자치권을 제한하는 것이 가능하다고 하더라도, 지방자치단체의 존재 자체를 부인하거나 각종 권한을 말살하는 것과 같이 그 제한이 불합리하여 지방자치권의 본질적인 내용을 침해하여서는 아니된다(헌재 2001. 11. 29. 2000헌바78, 판례집 13-2, 646, 657-658; 2002. 10. 31. 2002헌라2, 판례집 14-2, 378, 386-387). 따라서 국회의 입법에 의하여 지방자치권이 침해되었는지 여부를 심사함에 있어서는 지방자치권의 본질적 내용이 침해되었는지 여부만을 심사하면 족하고, 기본권침해를 심사하는 데 적용되는 과잉금지원칙이나 평등원칙 등을 적용할 것은 아니다."

157) 헌재 1998. 4. 30. 96헌바62, 판례집 10-1, 380, 385.

가 국가의 감독을 받지 않고 독립하여 독자적인 책임 아래 자기 업무를 수행함을, 자치사무 보장은 자치단체의 고유한 업무처리를 자치단체가 스스로 할 수 있도록 하는 것을 말한다.

Ⅲ. 현행법이 구체화한 지방자치(지방자치법)

1. 연혁

1948년 헌법 제정 당시부터 지방자치 시행을 규정하였다[제8장 지방자치(제96조, 제97조)]. 이에 따라서 1949년 7월 4일 법률 제32호로 지방자치법이 제정되었다. 하지만 6·25 전쟁 반발로 최초의 지방의회는 1952년에 비로소 구성되었다. 그 후 1948년 헌법 아래에서 4차에 걸친 지방자치법 개정이 있었다. 1960년 헌법에서는 지방자치 확대를 위해서 제97조 제2항을 신설하여 "지방자치단체의 장의 선임방법은 법률로써 정하되 적어도 시, 읍, 면의 장은 그 주민이 직접 이를 선거한다."라고 규정하였다. 그러나 민주주의와 지방자치에 관한 경험과 인식 부족으로 말미암아 지방자치의 민주적 기능보다 역기능 측면이 더욱 두드러졌다. 그 결과 5·16 군사쿠데타 이후 지방자치의 사실적 폐지에 명분을 제공하였다. 5·16 군사쿠데타 이후 군정을 거쳐 만들어진 1962년 헌법은 지방자치에 관해서 시·읍·면장의 주민직접선거제를 법률로 정하도록 국회에 위임하였고(제109조, 제110조), 지방의회의 구성시기는 법률로 정한다고 부칙 제7조 제3항에 추가로 규정하였다. 그런데 국회에 위임된 지방의회 구성은 여당이 다수인 국회에서 법률을 제정하지 않음으로써 무산되었고, 결국 지방자치는 실현되지 않았다. 그리고 1972년 헌법에서는 지방의회 구성을 아예 조국의 평화적 통일이 있을 때까지 미루어 버렸다(부칙 제10조). 이로써 헌법상 지방자치에 관한 규정은 사문화하였고, 1980년 헌법은 부칙 제10조에서 지방의회 구성은 재정자립도를 고려하여 차례대로 하되 그 시기는 법률로 정한다고 규정하였으나, 역시 법률이 제정되지 않음으로써 그 실현을 보지 못하였다. 결국, 현행 헌법에 따라서 지방자치법이 새로이 제정됨으로써 비로소 지방자치가 30여 년 만에 부활하였다. 1991년에 지방의회가 구성되고 1995년에는 지방의회의원선거와 지방자치단체의 장 선거가 동시에 치러짐으로써 지방자치에 관한 헌법규정은 현실이 되었다.

2. 지방자치단체

(1) 개념

지방자치단체는 국가 아래 있는 지역단체로서, 국가영토 일부를 그 지역으로 하고 그 지역 안에 있는 모든 국민(주민)을 국법이 인정하는 범위 안에서 지배할 권능(자치권)이 있고 지

---

158) 헌재 1994. 12. 29. 94헌마201, 판례집 6−2, 510, 522; 헌재 2001. 6. 28. 2000헌마735, 판례집 13−1, 1431, 1436.

방사무를 수행하는 공법적 법인이다(지방자치법 제3조 제1항).

(2) 종류

지방자치단체의 종류는 법률로 정한다(헌법 제117조 제1항). 지방자치법은 지방자치단체의 종류를 일반지방자치단체와 특별지방자치단체로 나눈다. 일반지방자치단체로 특별시, 광역시, 특별자치시, 도, 특별자치도(광역지방자치단체) 그리고 시, 군, 구(기초지방자치단체)를 설치한다(지방자치법 제2조 제1항).

특별지방자치단체는 특정한 목적을 수행하기 위해서 설치·운영한다(지방자치단체법 제2조 제3항). 특별지방자치단체로 '지방교육자치에 관한 법률'을 따라서 시·도 단위에 교육감을 설치한다('지방교육자치에 관한 법률' 제18조 제1항). 지방교육지방자치단체는 지역적 자치와 영역적 자치를 결합하여 실현하기 위한 조직이다.[159] 국가의 교육과제를 지방자치단체에 위임하는 것은 이중적으로 교육의 원리와 관련된다. ① 교육은 국가의 과제영역에 속하지만, 국가의 통일적인 기준에 따른 교육이 이루어져야 하는 것은 아니다. 오히려 해당 지역의 특수한 상황과 이에 관한 평가를 위한 관점이 교육되어야 한다. 그리고 중앙의 일방적인 기준에 따른 교육이 이루어지면, 이는 교육에 대한 정치적 간섭 창구를 일원화한다는 점에서 정치적으로 취약한 교육구조가 될 수 있다. 그 결과 교육의 자주성과 전문성이 희생될 수 있다. ② 교육의 과제를 지방에 위임할 때도 헌법에 따른 교육의 원리는 충실히 실현되어야 한다. 즉 지방교육의 중요한 사항이 일반적인 지방정치의 기준에 따라서 일방적으로 결정되어서는 안 된다. 그리고 더 적극적으로 보면 지방교육에 관한 중요한 결정이 교육당사자의 전문적인 기준에 따라서 자주적으로 판단될 수 있어야 한다. 지방교육자치의 의미이다. 그 밖에 2개 이상의 지방자치단체가 하나 또는 둘 이상의 사무를 공동으로 처리할 필요가 있을 때 설치하는 지방자치단체조합이 있는데(지방자치법 제176조), 현재는 수도권매립지운영관리조합 하나만 있다. 지방자치단체의 명칭과 구역은 종전과 같이 하고, 명칭과 구역을 바꾸거나 지방자치단체를 폐지하거나 설치하거나 나누거나 합칠 때는 법률로 정한다. 다만, 지방자치단체의 관할 구역 경계 변경과 한자 명칭 변경은 대통령령으로 정한다(지방자치법 제5조 제2항).

(3) 기관

지방자치의 의결기관은 지방의회이고, 집행기관은 지방자치단체의 장이다. 그 밖에도 광역자치단체에는 시·도의 교육·학예에 관한 사무의 집행기관으로 교육감이 있다.

3. 지방의회(헌법 제118조)

지방의회는 주민의 보통·평등·직접·비밀선거로 선출되는 임기 4년의 지방의회의원으로

---

159) 헌재 2002. 3. 28. 2000헌마283등, 판례집 14-1, 211, 222.

구성한다(지방자치법 제38조, 제39조). 지방의회와 지방자치단체장의 선거에서는 일정한 주거요
건을 갖춘 외국인도 선거권이 있다(공직선거법 제15조 제2항 제3호). 지방의회는 전체 국가기구
에서 보면 행정기관의 성격이 있다. 따라서 지방의회를 구성하는 지방의회의원은 국회의원과
는 달리 불체포특권과 면책특권이 없다. 개정 전 지방자치법은 지방의회의원을 무보수·명예
직 공무원으로 하였다. 하지만 2003년 개정으로 이 규정은 삭제되었다. 지방의회의원에게는
① 의정 자료를 수집하고 연구하거나 이를 위한 보조 활동에 사용되는 비용을 보전(補塡)하기
위하여 매월 지급하는 의정활동비, ② 본회의 의결, 위원회 의결 또는 의장의 명에 따라 공무
로 여행할 때 지급하는 여비, ③ 지방의회의원의 직무활동에 대하여 지급하는 월정수당이 지
급된다(지방자치법 제40조). 지방의회는 조례의 제정과 개폐 등의 자치입법권, 예산의 심의·확
정과 결산승인 등 자치재정권(지방자치법 제47조), 지방자치단체사무의 행정감사 및 조사권(지
방자치법 제49조) 등이 있다.

4. 지방자치단체의 장

특별시에 특별시장, 광역시에 광역시장, 특별자치시에 특별자치시장, 도와 특별자치도에
도지사를 두고, 시에 시장, 군에 군수, 자치구에 구청장을 둔다(지방자치법 제106조). 지방자치
단체의 장은 주민의 보통·평등·직접·비밀선거로 선출(지방자치법 제107조)되는 지방자치단체
의 대표기관이다. 지방자치단체의 장 임기는 4년이고, 계속 재임은 3기에 한한다(지방자치법
제108조). 지방자치단체의 장은 해당 지방자치단체를 대표하고, 그 사무를 총괄하며(지방자치법
제114조) 그 지방자치단체의 사무와 법령에 따라 그 지방자치단체의 장에 위임된 사무를 관리
하고 집행한다(지방자치법 제116조). 그리고 지방자치단체의 장은 소속 직원을 지휘·감독하고
법령과 조례·규칙으로 정하는 바에 따라 그 임면·교육훈련·복무·징계 등에 관한 사항을
처리한다(지방자치법 제118조). 또한, 지방자치단체의 장은 주민에게 과도한 부담을 주거나 중
대한 영향을 미치는 지방자치단체의 주요 결정사항 등에 대해서 주민투표에 부칠 수 있다(지
방자치법 제18조). 지방자치단체의 장이 기관위임사무를 처리할 때는 국가하급행정기관의 지위
에 있다.

지방자치단체의 부단체장은 주민이 선거하지 않고 임명한다. 즉 특별시·광역시 및 특별
자치시의 부시장, 도와 특별자치도의 부지사는 정무직이나 일반직 국가공무원으로 보하며, 해
당 시·도지사의 제청으로 행정안전부 장관을 거쳐 대통령이 임명하도록 하되 제청된 사람에
게 법적 결격사유가 없는 한 30일 이내에 그 임명절차를 마치도록 하였다(지방자치법 제123조
제2항과 제3항). 다만, 특별시의 부시장은 3명, 광역시·특별자치시의 부시장과 도 및 특별자치
도의 부지사는 2명[인구 800만 이상이면(경기도) 3명]을 둘 수도 있는데(지방자치법 제123조 제1항
제1호와 제2호, 지방자치법 시행령 제73조 제1항), 이때 1명은 정무직·일반직이나 별정직 지방공

무원으로 보하되 그 자격기준은 해당 지방자치단체의 조례로 정한다(지방자치법 제123조 제2항 단서). 그러나 시의 부시장과 군의 부군수 및 자치구의 부구청장은 일반직 지방공무원으로 보하되 그 직급은 대통령령으로 정하며 해당 지방자치단체의 장이 임명한다(지방자치법 제123조 제4항). 이처럼 지방자치단체의 장을 보좌하는 부단체장의 임명방법을 이원화시켜 놓은 것은 일관성이 없는 태도일 뿐 아니라 부단체장을 중앙행정기관이 임명하는 것은 지방자치단체의 지방자치적 본질, 특히 지방자치기능 보장과 조화되기 어렵다.160)

5. 지방교육자치단체

지방자치단체의 교육·과학·기술·체육 그 밖의 학예에 관한 사무는 특별시·광역시와 도의 사무로 한다('지방교육자치에 관한 법률' 제2조). 시·도의 교육·학예에 관한 사무의 집행기관으로 시·도에 교육감을 둔다('지방교육자치에 관한 법률' 제18조 제1항). 교육감은 교육·과학·기술·체육 그 밖의 학예에 관한 소관 사무로 말미암은 소송이나 재산의 등기 등에 관해서 해당 시·도를 대표한다('지방교육자치에 관한 법률' 제18조 제2항). 교육감 임기는 4년이고, 교육감 계속 재임은 3기에 한한다('지방교육자치에 관한 법률' 제21조). 교육감은 주민의 보통·평등·직접·비밀선거로 선출한다('지방교육자치에 관한 법률' 제43조). 교육감 소속 아래 국가공무원으로 보하는 부교육감 1명(인구 800만명 이상이고 학생 170만명 이상인 시·도는 2명)을 두되, 대통령령이 정하는 바에 따라 국가공무원법 제2조의2에 따른 고위공무원단에 속하는 일반직공무원 또는 장학관으로 보한다('지방교육자치에 관한 법률' 제30조 제1항). 부교육감은 해당 시·도의 교육감이 추천한 사람을 교육부 장관 제청으로 국무총리를 거쳐 대통령이 임명한다('지방교육자치에 관한 법률' 제30조 제2항). 부교육감은 교육감을 보좌하여 사무를 처리한다('지방교육자치에 관한 법률' 제30조 제3항). 시·도의 교육·학예에 관한 사무를 분장하려고 1개 또는 2개 이상의 시·군 및 자치구를 관할 구역으로 하는 하급교육행정기관으로서 교육지원청을 둔다('지방교육자치에 관한 법률' 제34조 제1항). 교육지원청에 교육장을 두되 장학관으로 보한다('지방교육자치에 관한 법률' 제34조 제3항).

Ⅳ. 지방자치단체의 권능

지방자치단체는 주민의 복리에 관한 사무를 처리하고(자치행정권) 재산을 관리하며(자치재정권) 법령의 범위 안에서 자치에 관한 규정을 제정(자치입법권)할 수 있다(헌법 제117조 제1항).

---

160) 홍성방, 『헌법학(하)(제3판)』, 박영사, 2014, 80~81쪽.

1. 자치입법권

지방자치단체의 자치입법권은 지방자치단체가 법령 범위 안에서 지방자치에 관하여 일반·추상적인 규정을 제정하는 권한을 말한다. 헌법 제117조 제1항 후단은 "지방자치단체는 … 법령의 범위안에서 자치에 관한 규정을 제정할 수 있다."라고 규정하여 자치입법권을 명시한다. 그리고 지방자치법 제3장은 '자치에 관한 규정'을 조례와 규칙으로 구체화한다. 지방자치단체에 자치입법권을 부여함으로써 지방공동체의 능력을 활성화하고, 자기 자신과 관련이 있고 조망할 수 있는 범위에서 가장 잘 판단할 수 있는 지방사무 규율을 해당 지방자치단체의 책임 아래 맡기고 그를 통해서 입법자와 수범자 사이의 거리를 줄일 뿐 아니라 상위입법자는 자신에게 종종 어렵게 인식되는, 사항적·장소적 다양성을 고려하여야 하고 그 변화에 재빠르게 반응하여야 할 부담을 줄일 수 있다.[161]

지방자치의 본질과 같은 맥락에서 자치입법권이 법률 위임 없이 자주적으로 규율할 수 있는 권한인지 혹은 법률 위임이 필요한 파생적인 권한인지가 다투어진다. 자치입법권은 일찍이 중세 도시법에서 비롯하는 지방자치단체의 권한으로서, 법률 위임 없이 자주적으로 규율할 수 있는 원시적인 권한으로 보아야 한다. 따라서 자치입법권은 헌법이 지방자치제도를 제도보장으로 규정하면 그에 당연히 따르는 원시적인 권한이다. 이러한 점에서 헌법 제117조 제1항은 지방자치제의 제도적 보장의 한 내용으로서 원시적인 권한인 자치입법권을 규정한 것이다.[162]

(1) 조례제정권(지방자치법 제28조)
① 조례의 개념

조례는 지방의회가 헌법과 법률이 정한 절차에 따라 제정하는 지방자치단체의 자치법규이다. 조례는 지방자치단체가 국가 입법을 대신하는 것이 아니라 자기 입법을 자기 의사에 따라 스스로 한다는 점에서 자율적 법규범이다.[163] 조례 제정을 통해서 지방자치단체는 지역 상황에 적합하고 그 대의기관이 수렴한 의사에 들어맞는 지역사회의 법규범을 만들 수 있다.[164] 그리고 조례는 입법자와 수범자 사이의 거리를 좁히는 것은 물론 입법권을 나누어 국회의 입법 부담을 덜어준다.[165] 자치조례는 지방의회가 법령 범위 안에서 법령의 직접적이고 개별적인 위임 없이 자기 판단에 따라 제정하는 조례이다. 위임조례는 지방의회가 법령의 개별적 위임에 따라 제정하는 조례이다. 이때 법령은 법률과 대통령령, 총리령, 부령을 아우르는 법

---

161) BVerfGE 33, 125 (156 f.) 참조.

162) 류지태, 「제15조(조례)」, 『지방자치법주해』, 박영사, 2004, 135쪽 참조.

163) 홍정선, 『신지방자치법(제4판)』, 박영사, 2018, 322쪽.

164) 이기우/하승수, 『지방자치법』, 대영문화사, 2007, 309쪽; 홍정선, 『신지방자치법(제4판)』, 박영사, 2018, 319쪽.

165) 이기우/하승수, 『지방자치법』, 대영문화사, 2007, 309쪽; 홍정선, 『신지방자치법(제4판)』, 박영사, 2018, 319쪽.

규명령을 가리킨다. 하지만 법령의 직접적인 위임에 따라 수임행정기관이 그 법령을 시행하는 데 필요한 구체적 사항을 정하면, 그 제정형식은 비록 법규명령이 아닌 고시, 훈령, 예규 등과 같은 행정규칙이더라도, 그것이 상위법령의 위임한계를 벗어나지 아니하는 한, 상위법령과 결합하여 대외적인 구속력이 있는 법규명령으로 기능한다.166) 따라서 법규명령으로 기능하는 행정규칙도 위임조례의 근거가 될 수 있다.167) 기관위임사무에 관한 규율을 위임할 때만 위임조례로 보기도 한다.168) 그러나 개념상 법령의 위임이 있다면 사무의 성질과 관련 없이 위임조례로 볼 수 있다.

지방자치법 제28조 전단은 "지방자치단체는 법령의 범위에서 그 사무에 관하여 조례를 제정할 수 있다."라고 규정하고, 지방자치법 제13조 제1항은 "지방자치단체는 관할 구역의 자치사무와 법령에 따라 지방자치단체에 속하는 사무를 처리한다."라고 규정하므로 결국 조례로 제정할 수 있는 사무는 고유사무인 자치사무와 개별 법령이 지방자치단체에 위임한 단체위임사무에 한정된다. 따라서 국가사무로서 지방자치단체의 장에 위임된 기관위임사무에 관해서는 조례 제정이 원칙적으로 허용되지 않는다.169) 자치사무와 기관위임사무의 구별이 명확하지 않으면, 그에 관한 법령의 규정형식과 취지를 먼저 고려하되, 사무의 성질상 전국적으로 통일적 처리가 요구되는 것인지와 경비 부담이나 최종적인 책임귀속의 주체는 누구인지 등도 아울러 고려하여 판단하여야 한다.170) 그러나 개별 법령에서 조례로 정하도록 위임하면 기관위임사무에 대해서도 조례를 제정할 수 있다(위임조례).171) 법률이 명확히 국가사무로 유보하지 아니하여도 국가 전체를 통해서 획일적으로 규율하여야 할 사항과 그 영향이 미치는 범위가 특정 지역을 넘어 국토 전반이나 국민 전체에 걸친다고 생각되는 사항은 성질상 조례 제정이 허용되지 않는다(지방자치법 제15조 참조).

② 조례의 법적 성질

행정입법설은 지방자치단체의 자치입법권은 입법권과 행정권 가운데서 행정권에 속한다고 한다. 따라서 조례는 법치국가 행정을 지배하는 원칙인 법률우위원칙과 법률유보원칙 아래에 있다고 본다. 이에 반해서 준법률설은 조례는 법규의 성질이 있는 자주권으로서 국회입법원칙의 예외로, 법률과 구별되는 독자적 법영역을 형성한다고 한다. 헌법 제117조 제1항에서 법령 범위 안에서 자치에 관한 규정을 제정할 수 있다고 규정하여 법령 우위를 규정하지만,

---

166) 헌재 1992. 6. 26. 91헌마25, 판례집 4, 444, 449.
167) 헌재 2002. 10. 31. 2001헌라1, 판례집 14-2, 362, 371.
168) 대법원 2007. 12. 13. 선고 2006추52 판결(공2008상, 61).
169) 대법원 2001. 11. 27. 선고 2001추57 판결(공2002상, 182).
170) 대법원 2001. 11. 27. 선고 2001추57 판결(공2002상, 182); 대법원 2014. 2. 27. 선고 2012추145 판결(공2014상, 736).
171) 대법원 2000. 5. 30. 선고 99추85 판결(공2000하, 1547).

조례는 법률과 명령의 성질을 공유하여서 법률의 성질과 유사하다는 견해도 있다.[172] 조례는 헌법적 근거(헌법 제117조 제1항)가 있고 조례는 주민의 대표기관인 지방의회가 자치사무에 관해서 법규범을 제정하는 것인 이상, 국회입법원칙에 어긋나지 않고 헌법이 인정하는 것으로 보아야 한다. 지방자치단체의 자치입법은 행정의 한 부분이므로, 그것이 당연히 행정의 법률적합성 원칙을 적용받는 것이지만, 지방의회의 자치입법적 성질도 부정할 수 없어서 명령 등의 행정작용과는 차이가 있다.

③ 조례제정권의 근거

헌법 제117조 제1항은 지방자치단체가 법령의 범위 안에서 자치에 관한 규정을 제정할 수 있다고 규정한다. 이를 구체화한 지방자치법 제28조를 따르면 지방자치단체는 법령의 범위 안에서 그 사무에 관해서 조례를 제정할 수 있지만, 주민의 권리 제한이나 의무 부과에 관한 사항이나 벌칙을 정할 때는 법률의 위임이 있어야 한다. 따라서 지방자치단체는 그 내용이 주민의 권리 제한이나 의무 부과에 관한 사항이거나 벌칙에 관한 사항이 아니면 국가의 사무와 성질에 비추어 전국적으로 통일되어야 할 사항을 제외한 모든 사무에 관해서 법률의 위임이 없더라도 조례를 제정할 수 있다.[173]

④ 조례의 효력

조례는 헌법·법률·법규명령보다 하위의 효력이 있다(법단계설). 그러나 조례는 규칙보다 상위의 법적 효력이 있다.[174] 그리고 해당 지방자치단체 안에서만 유효하다. 따라서 지방자치단체별로 다른 내용의 조례를 시행하더라도 평등권 침해 문제는 발생하지 않는다. 조례는 특별한 규정이 없으면 공포한 날부터 20일이 지나면 효력이 발생한다(지방자치법 제32조 제8항).

⑤ 조례의 제정절차

조례안이 지방의회에서 의결되면 의장은 의결된 날부터 5일 이내에 그 지방자치단체의 장에게 이를 이송하여야 한다(지방자치법 제32조 제1항). 지방자치단체의 장은 조례안을 이송받으면 20일 이내에 공포하여야 한다(지방자치법 제32조 제2항). 지방자치단체의 장은 이송받은 조례안에 대해서 이의가 있으면 20일 이내에 이유를 붙여 지방의회로 환부하고, 재의를 요구할 수 있다. 이때 지방자치단체의 장은 조례안 일부에 대해서 또는 조례안을 수정하여 재의를 요구할 수 없다(지방자치법 제32조 제3항). 재의 요구를 받은 지방의회가 재의에 부쳐 재적의원 과반수 출석과 출석의원 3분의 2 이상 찬성으로 전과 같은 의결을 하면 그 조례안은 조례로서 확정된다(지방자치법 제32조 제4항). 지방자치단체의 장이 20일 이내에 공포하지 아니하거나

---

172) 고헌환, 「조례의 사법적 통제와 주요쟁점에 관한 법리의 검토」, 『법학논총』 제33집, 숭실대학교 법학연구소, 2015, 33쪽.
173) 대법원 1992. 6. 23. 선고 92추17 판결(공1992, 2287).
174) 대법원 1995. 7. 11. 선고 94누4615 전원합의체판결(집43-2, 495; 공1995하, 2633).

재의 요구를 하지 아니할 때도 그 조례안은 조례로서 확정된다(지방자치법 제32조 제5항). 지방자치단체의 장은 확정된 조례를 즉시 공포하여야 한다. 20일 이내에 공포하지 아니하거나 재의 요구를 하지 아니하여 조례가 확정되고 나서 또는 재의결로 확정된 조례가 지방자치단체의 장에게 이송되고 나서 5일 이내에 지방자치단체의 장이 공포하지 아니하면 지방의회 의장이 이를 공포한다(지방자치법 제32조 제6항). 지방자치단체의 장이 조례를 공포하면 즉시 해당 지방의회 의장에게 통지하여야 하고, 지방의회 의장이 조례를 공포하면 이를 즉시 해당 지방자치단체의 장에게 통지하여야 한다(지방자치법 제32조 제7항).

⑥ 조례제정권의 한계

조례 제정은 지방자치단체의 고유사무인 자치사무와 개별 법령이 지방자치단체에 위임한 단체위임사무에 관해서 허용된다(자치조례). 따라서 국가사무로서 지방자치단체의 장에 위임된 기관위임사무에 관해서는 조례 제정이 원칙적으로 허용되지 않는다.[175] 자치사무와 기관위임사무의 구별이 명확하지 않으면, 그에 관한 법령의 규정형식과 취지를 먼저 고려하되, 사무의 성질상 전국적으로 통일적 처리가 요구되는 것인지와 경비 부담이나 최종적인 책임 귀속의 주체는 누구인지 등도 아울러 고려하여 판단하여야 한다.[176] 그러나 개별 법령에서 조례로 정하도록 위임하면 기관위임사무에 관해서도 조례를 제정할 수 있다(위임조례).[177] 법률이 명확히 국가사무로 유보하지 아니하여도 국가 전체를 통해서 획일적으로 규율하여야 할 사항과 그 영향이 미치는 범위가 특정 지역을 넘어 국토 전반이나 국민 전체에 걸친다고 생각되는 사항은 성질상 조례 제정이 허용되지 않는다(지방자치법 제15조 참조).

조례제정권도 제한 없는 권한이 아니라 일정한 한계가 있다. 먼저 조례 제정은 법령의 범위 안에서만 허용된다. 여기서 법령은 형식적 법률과 대통령령, 총리령, 부령을 아우르는 법규명령뿐 아니라 법규명령으로 기능하는 행정규칙까지 포함한다.[178] 이는 성문법 서로 간의 위계질서에서 도출되는 것으로 법령에 이러한 내용이 규정되었는지와 상관없이 인정된다. 따라서 지방자치단체는 상위법규범인 헌법·법률·법규명령에 어긋나는 조례를 제정할 수는 없다(상위법령 우위). 이를 통해서 헌법을 토대로 형성된 국가법질서는 통일성을 확보한다. 다만, 조례가 지방자치권 인정의 결과물이라는 점에서 조례는 지방별로 다른 규율 가능성을 인정한다. 조례가 규율하려는 사항을 규율하는 법령이 있고 조례 내용이 그와 다르다는 사실만으로 바로 조례의 법령 위반을 확정할 수는 없다. 조례가 법령에 어긋나는지는 법령과 조례 각각의 규정 취지, 규정의 목적과 내용, 효과 등을 비교하여 둘 사이에 모순·저촉이 있는지에 따

---

175) 대법원 2001. 11. 27. 선고 2001추57 판결(공2002상, 182).

176) 대법원 2001. 11. 27. 선고 2001추57 판결(공2002상, 182); 대법원 2014. 2. 27. 선고 2012추145 판결(공2014상, 736).

177) 대법원 2000. 5. 30. 선고 99추85 판결(공2000하, 1547).

178) 헌재 2002. 10. 31. 2001헌라1, 판례집 14−2, 362, 371.

라서 개별적·구체적으로 결정하여야 한다.179) 해당 사항을 규율하는 상위법령이 없는 옹근 (완벽한) 법규범 공백 상태일 때 조례는 그 사항을 규율할 수 있다. 조례가 규율하는 특정 사항에 관해서 그것을 규율하는 국가 법령이 이미 있어도 조례가 법령과 별도의 목적으로 규율하려는 것으로서 그 적용을 통해서 법령 규정이 의도하는 목적과 효과를 전혀 저해하는 바가 없는 때나 양자가 같은 목적에서 출발한 것이라고 할지라도 국가 법령이 반드시 그 규정에 따라서 전국에 걸쳐 일률적으로 같은 내용을 규율하려는 취지가 아니고 각 지방자치단체가 그 지방 실정에 맞게 별도로 규율하는 것을 용인하는 취지라고 해석되는 때에는 그 조례가 국가 법령에 위반되는 것은 아니다.180) 그러나 ① 법령이 정한 기준보다 더 높은 기준을 설정하는 조례와 ② 법령이 규율하는 사항을 법령과 같은 목적으로 더 엄격하게 규율하는 조례 그리고 ③ 법령의 위임 범위를 넘어 규율하는 조례는 허용되지 않는다.181) 시·군과 자치구의 조례는 시·도의 조례를 위반할 수 없다(지방자치법 제30조). 그러나 이는 양자가 상하관계가 아니라 대등관계라는 점에서 위헌 의심이 있다. 특히 지방자치법 제14조 제3항은 시·도와 시·군 및 자치구 사무가 서로 경합하면 시·군 및 자치구에서 먼저 처리한다고 하여 기초자치단체 우선의 원칙을 분명히 밝힌다. 이러한 점에서 사무 처리에 관한 규정(조례와 규칙)도 기초자치단체 규정이 우선하여야 한다. 이러한 점에서 지방자치법 제30조는 중앙정부나 광역자치단체에서 위임한 사무에만 적용하고, 자치사무에는 적용되지 않는 것으로 새겨야 한다.182) 지방자치단체가 그 자치사무에 관하여 조례로 제정할 수 있더라도 특별한 규정이 없는 한 조례로 지방자치법이 규정하는 지방자치단체의 집행기관과 지방의회 고유권한을 침해할 수 없고, 나아가 지방의회가 지방자치단체장의 고유권한이 아닌 사항도 그 사무집행에 관한 집행권을 본질적으로 침해하는 것은 지방자치법 관련 규정에 어긋나서 허용되지 않는다.183)

⑦ 조례로 기본권을 제한할 때 국가법령 위임 요부(법률유보원칙 적용 여부)

(ⅰ) 법률의 위임이 필요하지 아니하다는 견해

조례의 성질을 준법률로 이해하는 견해에서는 헌법 제117조 제1항의 '법령의 범위 안에서'를 법률우위원칙을 규정한 것에 불과하고 법률유보는 조례를 제정할 때 요구되지 않는다고 한다. 이 견해는 헌법 제117조 제1항은 지방자치를 제도적으로 보장하는 것으로, 헌법 제37조 제2항의 법률유보원칙이나 헌법 제10조의 기본권 보장 이념이 헌법 제117조 제1항에 우선하는 것으로 보지 않는다. 이 견해를 따르면 조례는 지방자치단체가 제정한 자주법으로서

---

179) 대법원 2004. 4. 23. 선고 2002추16 판결; 대법원 2009. 10. 15. 선고 2008추32 판결(공2009하, 1879).

180) 대법원 1997. 4. 25. 선고 96추244 판결(집45-2, 460; 공1997상, 1626).

181) 김성호/김상미, 『조례의 법적 지위 및 제정범위에 관한 입법정책적 방안』, 한국지방행정연구원, 1995, 63쪽 참조.

182) 같은 견해: 김병록, 「조례제정권의 문제점과 개선방향」, 『토지공법연구』 제43집 제2호, 한국토지공법학회, 2009, 446쪽.

183) 대법원 2001. 11. 27. 선고 2001추57 판결(공2002상, 182).

국회가 제정한 법률과는 구별되는 독자적인 법영역을 형성하는 준법률적 성질이 있으므로 이를 단순히 법률이나 명령의 하위에 두지 않는다. 이 견해를 따르면 지방자치법 제28조 단서는 위헌이 될 것이다.

(ⅱ) 법률의 위임이 필요하다는 견해

이 견해는 조례의 성질을 행정입법으로 보며, 헌법 제117조 제1항의 '법령의 범위 안에서'를 법률 우위와 법률유보의 원칙을 모두 규정한 것이라고 해석하여 지방자치단체의 조례 제정에도 법률의 위임이 있어야 한다고 한다.

(ⅲ) 기본권 제한, 특히 조세 및 처벌관련사항에 법률의 위임을 요한다는 견해

기본적으로 헌법 제117조 제1항의 '법령의 범위 안에서'를 법률 우위와 법률유보를 모두 규정한 것이라는 견해를 따르되, 법률유보원칙이 적용되는 때는 기본권을 제한하는 때에 한정하자는 견해이다.[184] 헌법 제37조 제2항은 기본권 제한을 '법률로써'만 할 수 있도록 규정하여 기본권 제한의 법률유보원칙을 규정한다. 법률유보원칙은 기본권을 제한할 때 법률의 수권이 있어야 한다는 것을 뜻하는 것으로, 명령·규칙·조례 등 형식적인 법률에 해당하지 아니한 것이라도 법률의 수권, 즉 위임이 있다면 그에 따른 기본권 제한은 허용된다고 한다.

(ⅳ) 대법원

대법원은 "지방자치단체는 법령의 범위 안에서 그 사무에 관하여 조례를 제정할 수 있되 주민의 권리제한 또는 의무의 부과에 관한 사항이나, 벌칙을 정할 때에는 법률의 위임이 있어야 한다고 규정하므로 지방자치단체는 그 내용이 주민의 권리의 제한 또는 의무의 부과에 관한 사항이거나 벌칙에 관한 사항이 아닌 한 법률의 위임이 없더라도 조례를 제정할 수 있다."라고 하거나[185] "지방자치법 제15조가 원칙적으로 헌법 제117조 제1항의 규정과 같이 지방자치단체의 자치입법권을 보장하면서, 국민의 권리 제한·의무 부과에 관한 사항을 규정하는 조례의 중대성에 비추어 입법정책적 고려에서 법률의 위임을 요구한다고 규정하고 있는 바, 이는 기본권 제한에 대하여 법률유보원칙을 선언한 헌법 제37조 제2항의 취지에 부합한다고 할 것이므로 조례제정에 있어서 위와 같은 경우에 법률의 위임근거를 요구하는 것이 위헌성이 있다고 할 수는 없"다고 하여[186] 기본권을 제한하는 조례에만 법률의 위임이 필요하다는 견해이다.

---

184) 김학성/최희수, 『헌법학원론(전정5판)』, 피앤씨미디어, 2021, 231쪽; 김하열, 『헌법강의(제3판)』, 박영사, 2021, 160~161쪽; 성낙인, 『헌법학(제21판)』, 법문사, 2021, 691쪽; 심경수, 『헌법(제2판)』, 법문사, 2020, 138쪽; 양건, 『헌법강의(제10판)』, 법문사, 2021, 1532쪽; 이준일, 『헌법학강의(제7판)』, 홍문사, 2019, 279쪽; 전광석, 『한국헌법론(제16판)』, 집현재, 2021, 767쪽; 정종섭, 『헌법학원론(제12판)』, 박영사, 2018, 1022쪽; 한수웅, 『헌법학(제11판)』, 법문사, 2021, 1353쪽; 허 영, 『한국헌법론(전정17판)』, 박영사, 2021, 895쪽; 홍성방, 『헌법학(하)(제3판)』, 박영사, 2014, 85쪽; 홍정선, 『신지방자치법(제4판)』, 박영사, 2018, 335~336쪽.
185) 대법원 1992. 6. 23. 선고 92추17 판결(공1992 2287).
186) 대법원 1995. 5. 12. 선고 94추28 판결(공1995상, 2134).

（ⅴ) 헌법재판소

헌법재판소도 헌법 제117조 제1항과 지방자치법 제28조 단서를 그대로 적용하여, 주민의 권리·의무에 관한 사항을 규율하는 조례를 지방자치단체가 제정할 때 법률의 위임이 필요하다고 한다.[187]

（ⅵ) 사견

조례에는 법률유보원칙 적용이 없다고 보는 견해는 지방자치를 최대한 보장하려는 견해로서, 지방자치단체가 제정한 조례나 국회가 제정한 법률과 차이가 없어서 조례만으로도 기본권을 제한할 수 있다는 견해이다. 그러나 헌법 제37조 제2항이 말하는 법률은 엄연히 국회가 제정한 형식적 법률을 상정하는 것이지 조례까지 포함하는 것이라고 할 수 없다. 그리고 국민의 전체의사인 법률과 지역주민의 의사인 조례의 차이를 인정하지 않을 수 없다. 지방자치단체의 모든 고유사무에 관한 조례를 제정할 때 법률의 위임이 필요하다는 견해는 헌법적 제도보장으로 규정되는 지방자치제를 형해화할 우려가 있다는 점에서 문제가 있다. 국가입법 미비를 이유로 조례 제정을 막아서는 곤란하기 때문이다. 따라서 기본권을 제한하는 조례를 제정할 때만 법률의 위임이 필요하다는 견해가 헌법 제10조, 제37조 제2항, 제117조 제1항의 조화로운 해석을 기할 수 있다는 점에서 타당하다. 따라서 조례를 통해서 형벌을 부과하는 것은 지방자치법 제28조 단서와 제34조뿐 아니라 헌법 제12조에도 어긋난다.[188]

⑧ 법규명령의 조례에 대한 위임 정도

（ⅰ) 구체적·개별적 위임이 필요하다는 견해

명령은 법률에서 구체적인 범위를 위임받은 사항에만 제정할 수 있다(헌법 제75조). 조례도 위임명령과 다를 바 없으므로 구체적·개별적 위임이 필요하다는 견해이다.[189]

（ⅱ) 일반적·포괄적 위임으로 충분하다는 견해

집행부의 예외적인 입법작용인 명령·규칙과는 달리, (비록 행정입법 영역에 속하더라도) 조례는 지방자치단체의 입법으로서 헌법이 보장한 지방자치단체의 자치권을 보장한다는 측면에서 기본권을 제한할 때 법률의 일반적·포괄적 위임으로 조례 제정이 가능하다는 견해이다.[190]

---

187) 헌재 1995. 4. 20. 92헌마264등, 판례집 7-1, 564, 572.

188) 대법원 1995. 6. 30. 선고 93추83 판결(공1995하, 2613) 참조.

189) 권영성, 『헌법학원론(개정판)』, 법문사, 2010, 248쪽; 이준일, 『헌법학강의(제7판)』, 홍문사, 2019, 279쪽. 헌법 제75조가 행정입법권 위임과 관련하여 의회유보원칙을 구체화한 헌법적 표현이라는 점을 고려하면, 조례에 입법권을 위임하는 법률의 명확성은 행정입법에 입법권을 위임하는 때와 비교하여 위임의 명확성을 다소 완화할 수 있으나 포괄적인 위임은 허용되지 않는다는 견해도 있다(한수웅, 『헌법학(제11판)』, 법문사, 2021, 1353~1354쪽).

190) 김학성/최희수, 『헌법학원론(전정5판)』, 피앤씨미디어, 2021, 232쪽; 방승주, 「헌법 제117조」, 『헌법주석[법원, 경제질서 등]』, 경인문화사, 2018, 1406~1407쪽; 성낙인, 『헌법학(제21판)』, 법문사, 2021, 692쪽; 홍정선, 『신지방자치법(제4판)』, 박영사, 2018, 322, 349쪽. 지방의회는 합의체기관이며, 의원 사이의 자유로운 토론과 표결을

(ⅲ) 판례

헌법재판소는 ⓐ 조례의 제정권자인 지방의회는 선거를 통해서 그 지역적인 민주적 정당
성이 있는 주민의 대표기관이고,191) ⓑ 헌법이 지방자치단체에 포괄적인 자치권을 보장하는
취지로 볼 때 조례제정권에 대한 법률의 위임은 법규명령에 대한 법률의 위임과 같이 반드시
구체적으로 범위를 정하여야 할 필요가 없으며 포괄적인 것으로 충분하다고 한다.192)

(ⅳ) 사견

지방자치단체의 전권능성에 비추어 보면 일반적인 조례 제정에는 법률의 위임이 필요하지
않다. 그러나 포괄적인 자치권에 비추어 지방자치법 제28조 단서에 해당하면 일반적·포괄적
위임으로 충분하지만, 벌칙 규정에는 죄형법정원칙(주의)에 비추어 개별적·구체적 위임이 필
요하다.

(2) 규칙제정권

① 규칙의 의의와 효력

규칙은 지방자치단체의 장이 헌법과 법률이 정한 절차에 따라 제정하는 지방자치단체의
자치법규이다. 지방자치단체의 장은 법령이나 조례가 위임한 범위에서 그 권한에 속하는 사
무에 관하여 규칙을 제정할 수 있다(지방자치법 제29조). 기초자치단체의 규칙은 광역자치단체
의 규칙을 위반하여서는 안 된다(지방자치법 제30조). 하지만 이것도 조례와 마찬가지로 위헌
의 의심이 있다. 규칙은 특별한 규정이 없으면 공포한 날부터 20일이 지나면 효력이 발생한
다(지방자치법 제32조 제8항). 규칙을 제정하거나 개정하거나 폐지할 때 규칙은 공포예정 15일
전에 시·도지사는 행정안전부 장관에게, 시장·군수와 자치구의 구청장은 시·도지사에게 그
전문을 첨부하여 각각 보고하여야 하며, 보고를 받은 행정안전부 장관은 이를 관계 중앙행정
기관의 장에게 통보하여야 한다(지방자치법 제35조). 조례와 규칙이 같은 사항을 병립하여 규
율하면 내용상 서로 모순되지 않으면 모두 유효하나, 서로 충돌하면 조례가 우선한다.

② 규칙의 제정범위

규칙은 법령이나 조례의 개별적·구체적 위임이 있을 때만 제정할 수 있다.193) 이러한 점

통해서 조례가 제정되므로 위임입법권이 남용될 소지가 작고, 지방의회는 헌법상 자치입법권이 보장되므로 위
임의 구체성 정도를 어느 정도 완화하여야 한다는 견해도 있다(전광석, 『한국헌법론(제16판)』, 집현재, 2021,
768쪽).

191) 이러한 논리라면 대통령령에 대한 포괄위임도 허용되어야 하므로, 지방의회가 민주적 정당성이 있다는 사실은
위임의 구체성을 완화하는 이유가 되지 못한다는 비판이 있다(전광석, 『한국헌법론(제16판)』, 집현재, 2021,
768쪽).

192) 헌재 1995. 4. 20. 92헌마264등, 판례집 7－1, 564, 572.

193) 류지태, 「제15조(조례)」, 『지방자치법주해』, 박영사, 2004, 137쪽; 류지태/박종수, 『행정법신론(제18판)』, 박영사,
2021, 974쪽; 홍준형, 『행정법(제2판)』, 법문사, 2017, 1308쪽.

에서 규칙은 상위법령 수권이 필수적이지 않은 조례와 구별된다. 이것은 지방자치법이 헌법 제117조 제1항의 '자치에 관한 규정'을 조례를 주된 것으로 하면서 규칙을 부수적으로 덧붙이는 식으로 구체화한 결과이다. 그리고 지방의회의 지방자치단체의 장에 대한 통제에 중점을 두면서 국회보다 적은 수의 의원으로 구성된 지방의회의 신속성을 신뢰한 결과로 볼 수 있다. 그러나 법령이나 조례의 명시적인 위임이 없어도 규칙을 제정할 수 있고, 규칙이 언제나 외부적 효력이 있는 것이 아니라서 내부적 효력만 있는 규칙도 있다는 견해가 있다.194) 이 견해는 규칙을 지방자치단체의 장이 법령이나 조례가 위임한 범위 안에서 그 권한에 속하는 사무에 관하여 발하는 위임규칙과 법령이나 조례 시행을 위한 직권규칙으로 구분한다.195) 그러나 규칙을 제외한 다른 법률하위법규범은 근거 규정에서 직권으로 제정할 가능성을 명시하거나 최소한 위임 필요성을 명시하지 않는다는 점에서 이러한 견해는 타당하지 않다. 즉 다른 법규범과 달리 지방자치법 제29조는 지방자치단체의 장은 법령이나 조례가 위임한 범위에서 그 권한에 속하는 사무에 관하여 규칙을 제정할 수 있다고 하여 위임이 있어야 함을 명시한다. 따라서 지방자치단체의 장은 직권으로 규칙을 제정할 수 없다고 보아야 한다. 이러한 점에서 직권규칙은 있을 수 없다. 직권규칙이 규칙의 제정절차를 통해서 제정되더라도 이것은 행정규칙에 불과하다. 대법원도 위임하는 법령이 없는 규칙은 행정청 내부에서 그 권한 행사의 방법을 정한 지침에 불과하고 국민에 대한 법규적 성질이 없다고 한다.196)

(3) 교육규칙제정권

교육감은 법령 또는 조례의 범위 안에서 그 권한에 속하는 사무에 관하여 교육규칙을 제정할 수 있다('지방교육자치에 관한 법률' 제25조 제1항). 교육감은 시·도의 공보 또는 일간신문에 게재하거나 시·도 교육청의 게시판에 게시함과 동시에 해당 교육청의 인터넷 홈페이지에 게시하는 방법으로 교육규칙을 공포하여야 한다('지방교육자치에 관한 법률' 제25조 제2항 전단, '지방교육자치에 관한 법률 시행령' 제3조 제4항). 교육규칙의 공포일은 교육규칙을 게재한 공보 또는 일간신문이 발행된 날이나 게시판에 게시된 날로 한다('지방교육자치에 관한 법률 시행령' 제3조 제5항). 교육규칙은 특별한 규정이 없는 한 공포한 날부터 20일이 지나면 효력이 발생한다('지방교육자치에 관한 법률' 제25조 제2항 후단).

2. 자치행정권 - 지방자치단체의 사무

(1) 고유사무와 자치사무

고유사무는 국민복리에 관한 사무를 말한다. 지방자치단체는 관할 구역의 자치사무(지방자

---

194) 정하중/김광수, 『행정법개론(제15판)』, 법문사, 2021, 920쪽; 홍정선, 『신지방자치법(제4판)』, 박영사, 2018, 425쪽.
195) 홍정선, 『신지방자치법(제4판)』, 박영사, 2018, 424쪽.
196) 대법원 1985. 12. 24. 선고 84누343 판결(집33-3, 502; 공1986, 331).

치법 제13조 제1항), 즉 고유의 지역적 공공사무를 처리한다. 이에 관해서 국가는 소극적 감독만 할 수 있다. 소요경비는 지방자치단체 스스로 부담한다.

(2) 단체위임사무

단체위임사무는 법령에 따라서 지방자치단체에 속하는 사무를 말한다(지방자치법 제13조 제1항). 이는 고유사무가 아닌 것으로서 법령에 따라서 국가나 상급지방자치단체에서 위임된 사무이다. 이에 관해서 국가는 소극적 감독과 합목적성의 감독만 할 수 있다. 소요경비는 국가나 지방자치단체가 부담한다(지방자치법 제158조 단서).

(3) 기관위임사무

기관위임사무는 전국적 이해관계가 있는 사무로서 국가나 광역지방자치단체에서 지방자치단체의 집행기관에 위임된 사무이다. 이때 지방자치단체의 집행기관은 국가의 하급행정기관의 지위가 있다. 이에 관해서 국가는 적극적 감독을 할 수 있다. 소요경비는 국가(광역지방자치단체)가 부담한다(지방자치법 제158조 단서).

3. 자치재정권

지방자치단체는 행정목적을 달성하기 위한 때나 공익에 비추어 필요한 때는 재산을 보유하거나 특정한 자금 운용을 위한 기금을 설치할 수 있고(지방자치법 제159조), 주민의 복지를 증진하기 위해서 공공시설을 설치할 수 있으며(지방자치법 제161조), 주민의 복지 증진과 사업의 효율적 수행을 위해서 지방공기업을 설치·운영할 수 있다(지방자치법 제163조). 그리고 지방자치단체는 법률이 정하는 바에 따라 지방세를 부과·징수할 수 있고(지방자치법 제152조), 공공시설 이용이나 재산 사용에 대한 사용료(지방자치법 제153조)와 특정인을 위한 사무에 대한 수수료(지방자치법 제154조) 그리고 그 재산이나 공공시설 설치로 주민 일부가 특히 이익을 받으면 이익을 얻은 사람에게서 그 이익 범위에서 분담금(지방자치법 제155조)을 징수할 수 있다.

V. 지방자치단체에 대한 국가적 통제

1. 입법적 통제

지방자치단체는 법령의 범위 안에서 자치에 관한 규정을 제정할 수 있고(헌법 제117조 제1항), 지방자치단체 종류는 법률로 정한다(헌법 제117조 제2항). 그리고 지방의회의 조직·권한·의원선거와 지방자치단체의 장 선임 방법, 그 밖의 지방자치단체의 조직과 운영에 관한 사항은 법률로 정한다(헌법 제118조 제2항). 이로써 국가는 법률을 통해서 지방자치단체의 권한과 조직 그리고 그 권한을 어떻게 행사할 것인지를 정할 수 있다. 따라서 지방자치단체는 국회가 제정한 법률에 따라서 통제받을 수 있다. 그리고 대통령, 국무총리, 각부 장관은 그에게 부여된 행정입법권을 통해서 지방자치단체 업무 수행에 관한 근거와 한계 및 업무 수행의 프로그램을 설정함으로써 지방자치단체 업무 수행에 영향력을 행사한다. 다만, 행정입법은 법률이 구체적으로 범위를 정하여 위임한 때만 그 범위에서만 행사할 수 있다.

2. 행정적 통제

행정적 통제는 권력수단과 비권력적 수단을 통해서 이루어진다. 권력적 통제수단에는 사전예방적 수단인 승인과 사후교정적 수단인 취소, 정지, 직무이행명령이 있다. 비권력적 통제수단에는 보고, 조언, 권고, 지원이 있다.

① 중앙행정기관의 장이나 시·도지사는 지방자치단체 사무에 관해서 조언 또는 권고하거나 지도할 수 있으며, 이를 위해서 필요하면 지방자치단체에 자료 제출을 요구할 수 있다(지방자치법 제184조 제1항). 국가나 시·도는 지방자치단체가 그 사무를 처리하는 데 필요하다고 인정하면 재정 지원이나 기술 지원을 할 수 있다(지방자치법 제184조 제2항).

② 지방자치단체나 그 장이 위임받아 처리하는 국가사무에 관해서 시·도에서는 주무부 장관의, 시·군과 자치구에서는 1차로 시·도지사의, 2차로 주무부 장관의 지도·감독을 받는다(지방자치법 제185조 제1항). 시·군과 자치구나 그 장이 위임받아 처리하는 시·도의 사무에 관해서는 시·도지사의 지도·감독을 받는다(지방자치법 제185조 제2항).

③ 중앙행정기관의 장과 지방자치단체의 장이 사무를 처리할 때 의견을 달리하면 이를 협의·조정하려고 국무총리 소속으로 행정협의조정위원회를 둔다(지방자치법 제187조 제1항).

④ 지방자치단체의 사무에 관한 그 장의 명령이나 처분이 법령에 위반되거나 현저히 부당하여 공익을 해친다고 인정되면 시·도에 대해서는 주무부 장관이, 시·군과 자치구에 대해서는 시·도지사가 기간을 정하여 서면으로 바로잡을 것을 명하고, 그 기간에 이행하지 아니하면 이를 취소하거나 정지할 수 있다(지방자치법 제188조 제1항). 이때 자치사무에 관한 명령이나 처분에 관해서는 법령을 위반하는 것에 한한다(지방자치법 제188조 제5항). 지방자치단체의 장은 이러한 자치사무에 관한 명령이나 처분의 취소 또는 정지에 대해서 이의가 있으면 그 취소처분이나 정지처분을 통보받은 날부터 15일 이내에 대법원에 소를 제기할 수 있다(지방자치법 제188조 제6항).

⑤ 지방자치단체의 장이 법령에 따라 그 의무에 속하는 국가위임사무나 시·도위임사무의 관리와 집행을 명백히 게을리한다고 인정되면 시·도에 대해서는 주무부 장관이, 시·군과 자치구에 대해서는 시·도지사가 기간을 정하여 서면으로 이행할 사항을 명령할 수 있다(지방자치법 제189조 제1항). 주무부 장관이나 시·도지사는 해당 지방자치단체의 장이 정한 기간에 이행명령을 이행하지 아니하면 그 지방자치단체의 비용 부담으로 대집행이나 행정상·재정상

필요한 조치를 할 수 있다(지방자치법 제189조 제2항). 지방자치단체의 장은 이행명령에 이의가 있으면 이행명령서를 접수한 날부터 15일 이내에 대법원에 소를 제기할 수 있다. 이때 지방자치단체의 장은 이행명령 집행을 정지하게 하는 집행정지결정을 신청할 수 있다(지방자치법 제189조 제6항).

⑥ 행정안전부 장관이나 시·도지사는 지방자치단체의 자치사무에 관해서 보고를 받거나 서류·장부 또는 회계를 감사할 수 있다. 이때 감사는 법령위반사항에 대해서만 시행한다(지방자치법 제190조 제1항). 행정안전부 장관이나 시·도지사는 이러한 감사를 하기 전에 해당 사무 처리가 법령에 위반되는지 등을 확인하여야 한다(지방자치법 제190조 제2항).

⑦ 지방의회 의결이 법령에 위반되거나 공익을 현저히 해친다고 판단되면 시·도에 대해서는 주무부 장관이, 시·군과 자치구에 대해서는 시·도지사가 재의를 요구하게 할 수 있고, 재의 요구를 받은 지방자치단체의 장은 의결사항을 이송받은 날부터 20일 이내에 지방의회에 이유를 붙여 재의를 요구하여야 한다(지방자치법 제192조 제1항). 시·군과 자치구의회의 의결이 법령에 위반된다고 판단되는데도 시·도지사가 이러한 재의를 요구하게 하지 아니하면 주무부 장관이 직접 시장·군수와 자치구의 구청장에게 재의를 요구하게 할 수 있고, 재의 요구 지시를 받은 시장·군수와 자치구의 구청장은 의결사항을 이송받은 날부터 20일 이내에 지방의회에 이유를 붙여 재의를 요구하여야 한다(지방자치법 제192조 제2항). 이러한 요구에 대해서 재의한 결과 재적의원 과반수 출석과 출석의원 3분의 2 이상 찬성으로 전과 같은 의결을 하면 그 의결사항은 확정된다(지방자치법 제192조 제3항). 지방자치단체의 장은 재의결된 사항이 법령에 위반된다고 판단되면 재의결된 날부터 20일 이내에 대법원에 소를 제기할 수 있다. 이때 필요하다고 인정되면 그 의결 집행을 정지하게 하는 집행정지결정을 신청할 수 있다(지방자치법 제192조 제4항). 주무부 장관이나 시·도지사는 재의결된 사항이 법령에 위반된다고 판단되는데도 해당 지방자치단체의 장이 소를 제기하지 아니하면 그 지방자치단체의 장에게 제소를 지시하거나 직접 제소 및 집행정지결정을 신청할 수 있다(지방자치법 제192조 제5항). 제소 지시는 재의결된 날부터 20일이 지난날부터 7일 이내에 하고, 해당 지방자치단체의 장은 제소 지시를 받은 날부터 7일 이내에 제소하여야 한다(지방자치법 제192조 제6항). 주무부 장관이나 시·도지사는 이러한 기간이 지난 날부터 7일 이내에 직접 제소할 수 있다(지방자치법 제192조 제7항). 지방의회 의결이 법령에 위반된다고 판단되어 주무부 장관이나 시·도지사에게서 재의 요구 지시를 받은 지방자치단체의 장이 재의를 요구하지 아니하면(법령에 위반되는 지방의회 의결사항이 조례안인 때로서 재의 요구 지시를 받기 전에 그 조례안을 공포한 때 포함) 주무부 장관이나 시·도지사는 이송받은 날부터 20일이 지난 날부터 7일 이내에 대법원에 직접 제소와 집행정지결정을 신청할 수 있다(지방자치법 제192조 제8항). 지방의회가 의결하거나 재의결한 사항이 둘 이상의 부처와 관련되거나 주무부 장관이 불분명하면 행정안전부 장관이

재의 요구 또는 제소를 지시하거나 직접 제소 및 집행정지결정을 신청할 수 있다(지방자치법 제192조 제9항).

3. 사법적 통제

사법통제는 직접통제인 기관소송(행정소송법 제3조 제4호)과 헌법소원심판 그리고 간접통제인 항고소송(행정소송법 제3조 제4조)이 있다. 기관소송에서 대법원이 조례가 위법하다고 결정하면 조례는 무효가 된다. 항고소송에서 위법한 조례에 근거하여 내려진 행정처분이 개인의 권리를 침해하면 위법한 조례는 해당 사건에서 적용이 배제되기는 하지만, 무효가 되지는 않는다. 조례는 지방자치단체가 그 자치입법권에 근거하여 자주적으로 지방의회 의결을 거쳐 제정한 법규이므로 조례 제정은 공권력 행사에 해당하고, 조례 자체의 효력을 다툴 수 있는 구제절차가 별도로 없어서 조례가 기본권을 직접·현재 침해하면 조례에 대한 헌법소원심판 청구가 허용된다.[197] 헌법재판소가 이러한 헌법소원심판을 인용하면 조례는 효력을 상실한다.

① 지방자치단체의 장은 지방의회 의결이 월권이거나 법령에 위반되거나 공익을 현저히 해친다고 인정되면 그 의결사항을 이송받은 날부터 20일 이내에 이유를 붙여 재의를 요구할 수 있다(지방자치법 제120조 제1항). 이러한 요구에 대해서 재의한 결과 재적의원 과반수 출석과 출석의원 3분의 2 이상 찬성으로 전과 같은 의결을 하면 그 의결사항은 확정된다(지방자치법 제120조 제2항). 지방자치단체의 장은 재의결된 사항이 법령에 위반된다고 인정되면 대법원에 소를 제기할 수 있다. 이때 필요하다고 인정되면 그 의결 집행을 정지하게 하는 집행정지결정을 신청할 수 있다(지방자치법 제120조 제3항).

② 지방자치단체의 장은 지방의회 의결이 예산에 비추어 집행할 수 없는 경비를 포함한다고 인정되면 그 의결사항을 이송받은 날부터 20일 이내에 이유를 붙여 재의를 요구할 수 있다(지방자치법 제121조 제1항). 지방의회가 법령에 따라 지방자치단체에서 의무적으로 부담하여야 할 경비나 비상재해로 말미암은 시설을 응급 복구하는 데 필요한 경비를 줄이는 의결을 할 때도 지방자치단체의 장은 그 의결사항을 이송받은 날부터 20일 이내에 이유를 붙여 재의를 요구할 수 있다(지방자치법 제121조 제2항). 이러한 요구에 대해서 재의한 결과 재적의원 과반수 출석과 출석의원 3분의 2 이상 찬성으로 전과 같은 의결을 하면 그 의결사항은 확정된다(지방자치법 제121조 제3항).

③ 지방의회 의결이 법령에 위반되거나 공익을 현저히 해친다고 판단되면 시·도에 대해서는 주무부 장관이, 시·군과 자치구에 대해서는 시·도지사가 재의를 요구하게 할 수 있고, 재의 요구를 받은 지방자치단체의 장은 의결사항을 이송받은 날부터 20일 이내에 지방의회에 이유를 붙여 재의를 요구하여야 한다(지방자치법 제192조 제1항). 시·군 및 자치구의회 의결이

---

197) 헌재 1994. 12. 29. 92헌마216, 판례집 6-2, 451, 457.

법령에 위반된다고 판단되는데도 시·도지사가 제1항에 따라 재의를 요구하게 하지 아니하면 주무부 장관이 직접 시장·군수와 자치구의 구청장에게 재의를 요구하게 할 수 있고, 재의 요구 지시를 받은 시장·군수와 자치구의 구청장은 의결사항을 이송받은 날부터 20일 이내에 지방의회에 이유를 붙여 재의를 요구하여야 한다(지방자치법 제192조 제2항). 이러한 요구에 대해서 재의한 결과 재적의원 과반수 출석과 출석의원 3분의 2 이상 찬성으로 전과 같은 의결을 하면 그 의결사항은 확정된다(지방자치법 제192조 제3항). 지방자치단체의 장은 재의결된 사항이 법령에 위반된다고 판단되면 재의결된 날부터 20일 이내에 대법원에 소를 제기할 수 있다. 이때 필요하다고 인정되면 그 의결 집행을 정지하게 하는 집행정지결정을 신청할 수 있다(지방자치법 제192조 제4항). 주무부 장관이나 시·도지사는 재의결된 사항이 법령에 위반된다고 판단되는데도 해당 지방자치단체의 장이 소를 제기하지 아니하면 그 지방자치단체의 장에게 제소를 지시하거나 직접 제소와 집행정지결정을 신청할 수 있다(지방자치법 제192조 제5항). 제소 지시는 재의결된 날부터 20일이 지난 날부터 7일 이내에 하고, 해당 지방자치단체의 장은 제소 지시를 받은 날부터 7일 이내에 제소하여야 한다(지방자치법 제192조 제6항). 주무부 장관이나 시·도지사는 이러한 기간이 지난 날부터 7일 이내에 직접 제소할 수 있다(지방자치법 제192조 제7항). 지방의회 의결이 법령에 위반된다고 판단되어 주무부 장관이나 시·도지사에게서 재의 요구 지시를 받은 지방자치단체의 장이 재의를 요구하지 아니하면(법령에 위반되는 지방의회의 의결사항이 조례안인 때로서 재의 요구 지시를 받기 전에 그 조례안을 공포한 때 포함) 주무부 장관이나 시·도지사는 이송받은 날부터 20일이 지난 날부터 7일 이내에 대법원에 직접 제소 및 집행정지결정을 신청할 수 있다(지방자치법 제192조 제8항). 지방의회가 의결하거나 재의결한 사항이 둘 이상의 부처와 관련되거나 주무부 장관이 불분명하면 행정안전부 장관이 재의 요구 또는 제소를 지시하거나 직접 제소 및 집행정지결정을 신청할 수 있다(지방자치법 제192조 제9항).

4. 주민 통제

(1) 조례의 제정과 개정·개폐 청구

주민은 지방자치단체의 조례를 제정하거나 개정하거나 폐지할 것을 청구할 수 있다(지방자치법 제19조 제1항). 조례 제정·개정 또는 폐지 청구의 청구권자·청구대상·청구요건 및 절차 등에 관한 사항은 따로 법률로 정한다(지방자치법 제19조 제2항). 이에 따라 '주민조례발안에 관한 법률'이 제정되었다.

18세 이상 주민으로서 해당 지방자치단체의 관할 구역에 주민등록이 되어 있는 사람이나 영주할 수 있는 체류자격 취득일 후 3년이 지난 외국인으로서 해당 지방자치단체의 외국인등록대장에 올라 있는 사람(선거권이 없는 사람 제외)(주민조례청구권자)은 해당 지방자치단체의 의회에 조례를 제정하거나 개정 또는 폐지할 것을 청구할 수 있다('주민조례발안에 관한 법률' 제2조). 다만, ① 법령을 위반하는 사항, ② 지방세·사용료·수수료·부담금을 부과·징수 또는 감면하는 사항, ③ 행정기구를 설치하거나 변경하는 사항, ④ 공공시설 설치를 반대하는 사항은 주민조례청구 대상에서 제외한다('주민조례발안에 관한 법률' 제4조). 법령에 위반되는지는 사법기관이 확인하기까지는 유권적으로 확인할 수 없다는 점에서 그리고 지방세·사용료·수수료·부담금의 부과·징수 또는 감면에 관한 사항, 행정기구를 설치하거나 변경하는 것에 관한 사항이나 공공시설 설치를 반대하는 사항은 주민생활과 밀접한 관련이 있는 사항이라는 점에서 이러한 사항을 청구 대상에서 배제하는 것은 문제가 있다.[198) 주민조례청구권자가 주민조례청구를 하려면 ① 특별시와 인구 800만 이상의 광역시·도는 주민조례청구권자 총수의 200분의 1, ② 인구 800만 미만의 광역시·도, 특별자치시, 특별자치도와 인구 100만 이상의 시는 주민조례청구권자 총수의 150분의 1, ③ 인구 50만 이상 100만 미만의 시·군과 자치구는 주민조례청구권자 총수의 100분의 1, ④ 인구 10만 이상 50만 미만의 시·군과 자치구는 주민조례청구권자 총수의 70분의 1, ⑤ 인구 5만 이상 10만 미만의 시·군과 자치구는 주민조례청구권자 총수의 50분의 1, ⑥ 인구 5만 미만의 시·군과 자치구는 주민조례청구권자 총수의 20분의 1 이상이 연대 서명하여야 한다('주민조례발안에 관한 법률' 제5조 제1항). 주민조례청구권자 총수는 전년도 12월 31일 현재의 주민등록표와 외국인등록표에 따라 산정한다('주민조례발안에 관한 법률' 제5조 제2항). 지방자치단체의 장은 매년 1월 10일까지 청구권자 총수를 공표하여야 한다('주민조례발안에 관한 법률' 제5조 제3항). 주민조례청구권자가 주민조례청구를 하려면 청구인의 대표자를 선정하여야 하고, 선정된 대표자는 ① 주민조례청구의 취지·이유 등을 내용으로 하는 조례의 제정·개정·폐지 청구서와 ② 조례의 제정안·개정안·폐지안을 첨부하여 지방의회 의장에게 대표자 증명서 발급을 신청하여야 한다. 이때 대표자는 그 발급을 신청할 때 전자서명 요청에 필요한 정보시스템 이용을 함께 신청할 수 있다('주민조례발안에 관한 법률' 제6조 제1항). 지방의회 의장은 이러한 신청을 받으면 대표자가 주민조례청구권자인지를 확인하여 대표자 증명서를 발급하고 그 사실을 공표하여야 한다. 이때 정보시스템 이용 신청을 받은 지방의회 의장은 ① 전자서명을 할 수 있는 정보시스템의 인터넷 주소와 ② 전자서명 방법과 전자서명 취소 방법을 함께 공표하고, 정보시스템에 ① 청구서나 그 사본, ② 주민청구조례안이나 그 사본, ③ 대표자 증명서(수임자이면 위임신고증 포함)나 그 사본을 게시하여야 한다('주민조례발안에 관한 법률' 제6조 제2항). 대표자(서명요청권을 위임하면 수임자 포함)는 주민조례청구권자에게 청구인명부에 서명할 것을 요청할 수 있다('주민조례발안에 관한 법률' 제7조 제1항). 대표자는 주민조례청구권자에게 서명요청권을 위임할 수 있고, 이를 위임하면 수임자의 성명과 위임 연월일을 해당 지방의회 의장에게 신고하여야 한다. 이때 지방의회 의

---

198) 홍정선, 『신지방자치법(제4판)』, 박영사, 2018, 174쪽.

장은 즉시 위임신고증을 발급하여야 한다('주민조례발안에 관한 법률' 제7조 제2항). 대표자나 수임자는 서명을 요청할 때 청구인명부에 ① 청구서나 그 사본, ② 주민청구조례안이나 그 사본, ③ 대표자 증명서(수임자이면 위임신고증 포함)나 그 사본을 첨부하여야 한다('주민조례발안에 관한 법률' 제7조 제3항). 대표자는 주민조례청구권자에게 서명을 갈음하여 전자적 방식으로 생성된 청구인서명부에 정보시스템을 이용하여 전자서명을 할 것을 요청할 수 있다('주민조례발안에 관한 법률' 제7조 제4항). 대표자나 수임자는 대표자 증명서 발급 공표가 있은 날부터 특별시·광역시·특별자치시·도와 특별자치도는 6개월 이내에, 시·군과 자치구는 3개월 이내에 서명과 전자서명을 요청하여야 한다. 이때 서명과 전자서명의 요청 기간을 계산할 때 선거기간은 산입하지 아니한다('주민조례발안에 관한 법률' 제8조 제1항). 대표자나 수임자는 선거기간에는 서명과 전자서명을 요청할 수 없다('주민조례발안에 관한 법률' 제8조 제2항). 대표자나 수임자가 아닌 자는 서명과 전자서명을 요청할 수 없다('주민조례발안에 관한 법률' 제8조 제3항). 대표자는 청구인명부에 서명(전자서명 포함)한 청구권자의 수가 해당 지방자치단체의 조례로 정하는 청구권자 수 이상이 되면 서명요청 기간이 지난 날부터 시·도는 10일 이내에, 시·군과 자치구는 5일 이내에 지방의회 의장에게 청구인명부를 제출하여야 한다. 다만, 전자서명은 대표자가 지방의회 의장에게 정보시스템에 생성된 청구인명부를 직접 활용하도록 요청하여야 한다('주민조례발안에 관한 법률' 제10조 제1항). 지방의회 의장은 청구인명부를 제출받거나 청구인명부 활용을 요청받은 날부터 5일 이내에 청구인명부 내용을 공표하여야 하고, 공표한 날부터 10일간 청구인명부나 그 사본을 공개된 장소에 갖추어 두어 열람할 수 있도록 하여야 한다('주민조례발안에 관한 법률' 제10조 제2항).

　　지방의회 의장은 청구인명부 서명이 ① 주민조례청구권자가 아닌 사람의 서명, ② 누구의 서명인지 확인하기 어려운 서명, ③ 서명요청권이 없는 사람이 받은 서명, ④ 한 사람이 동일한 사안에 대하여 2개 이상의 유효한 서명을 할 때 그 중 하나의 서명을 제외한 나머지 서명, ⑤ 서명요청 기간 외의 기간이나 서명요청 제한 기간에 받은 서명, ⑥ 청구권자가 서명 취소를 요청한 서명, 강요·속임수나 그 밖의 부정한 방법으로 받은 서명이면 해당 서명을 무효로 결정하고 청구인명부를 수정한 후 그 사실을 즉시 대표자에게 알려야 한다('주민조례발안에 관한 법률' 제11조 제1항). 청구인명부 서명에 이의가 있는 사람은 열람기간에 지방의회 의장에게 이의를 신청할 수 있다('주민조례발안에 관한 법률' 제11조 제2항). 지방의회 의장은 이의신청을 받으면 열람기간이 끝난 날부터 14일 이내에 이를 심사·결정하여야 한다. 이때 이의신청이 이유 있다고 결정하면 청구인명부를 수정하고, 그 사실을 이의신청을 한 사람과 대표자에게 알려야 하며, 이의신청이 이유 없다고 결정하면 그 뜻을 즉시 이의신청을 한 사람에게 알려야 한다('주민조례발안에 관한 법률' 제11조 제3항). 지방의회 의장은 청구인명부에 서명한 청구권자의 수가 청구요건에 미치지 못하면 대표자가 ① 시·도는 15일 이상, ② 시·군과 자치구는 10일 이상의 기간 범위에서 해당 지방자치단체의 조례로 정하는 기간 안에 보정하게 할 수 있다('주민조례발안에 관한 법률' 제11조 제4항). 보정된 청구인명부 제출, 공표와 이의신청 등에 관하여는 청구인명부 제출 규정을 준용한다('주민조례발안에 관한 법률' 제11조 제5항). 지방의회 의장은 ① 이의신청이 없는 때, ② 제기된 모든 이의신청에 대한 결정이 끝난 때로서 요건에 적합하면 주민조례청구를 수리하고, 요건에 적합하지 아니하면 주민조례청구를 각하하여야 한다. 이때 수리나 각하 사실을 대표자에게 알려야 한다('주민조례발안에 관한 법률' 제12조 제1항). 지방의회 의장은 주민조례청구를 각하하려면 대표자에게 의견을 제출할 기회를 주어야 한다('주민조례발안에 관한 법률' 제12조 제2항). 지방의회 의장은 주민조례청구를 수리한 날부터 30일 이내에 지방의회 의장 명의로 주민청구조례안을 발의하여야 한다('주민조례발안에 관한 법률' 제12조 제3항).

지방의회는 주민청구조례안이 수리된 날부터 1년 이내에 주민청구조례안을 의결하여야 한다. 다만, 필요하면 본회의 의결로 1년 이내의 범위에서 한 차례만 그 기간을 연장할 수 있다('주민조례발안에 관한 법률' 제13조 제1항). 지방의회는 심사 안건으로 부쳐진 주민청구조례안을 의결하기 전에 대표자를 회의에 참석시켜 그 청구의 취지(대표자와 하는 질의·답변 포함)를 들을 수 있다('주민조례발안에 관한 법률' 제13조 제2항). 주민청구조례안은 주민청구조례안을 수리한 당시 지방의회의원 임기가 끝나더라도 다음 지방의회의원 임기까지는 의결되지 못한 것 때문에 폐기되지 아니한다('주민조례발안에 관한 법률' 제13조 제3항).

(2) 규칙의 제정과 개정·폐지 의견 제출

주민은 규칙(권리·의무와 직접 관련되는 사항으로 한정)의 제정, 개정 또는 폐지와 관련된 의견을 해당 지방자치단체의 장에게 제출할 수 있다(지방자치법 제20조 제1항). 법령이나 조례를 위반하거나 법령이나 조례에서 위임한 범위를 벗어나는 사항은 의견 제출 대상에서 제외한다(지방자치법 제20조 제2항). 지방자치단체장은 제출된 의견에 관해서 의견이 제출된 날부터 30일 이내에 검토 결과를 그 의견을 제출한 주민에게 통보하여야 한다(지방자치법 제20조 제3항). 의견 제출, 의견 검토와 결과 통보의 방법 및 절차는 해당 지방자치단체의 조례로 정한다(지방자치법 제20조 제3항).

(3) 주민의 감사 청구

지방자치단체의 18세 이상 주민으로서 해당 지방자치단체 관할 구역에 주민등록이 있는 사람이나 영주할 수 있는 체류자격 취득일 후 3년이 지난 외국인으로서 해당 지방자치단체의 외국인등록대장에 올라 있는 사람(선거권이 없는 사람은 제외)은 시·도는 300명, 인구 50만 이상 대도시는 200명, 그 밖의 시·군과 자치구는 150명을 넘지 아니하는 범위에서 그 지방자치단체의 조례로 정하는 18세 이상 주민 수 이상의 연서로, 시·도에서는 주무부 장관에게,

시·군과 자치구에서는 시·도지사에게 그 지방자치단체와 그 장의 권한에 속하는 사무 처리가 법령에 위반되거나 공익을 현저히 해친다고 인정되면 감사를 청구할 수 있다(지방자치법 제21조 제1항). 다만, 수사나 재판에 관여하게 되는 사항, 개인의 사생활을 침해할 우려가 있는 사항, 다른 기관에서 감사하였거나 감사 중인 사항(다른 기관에서 감사한 사항이라도 새로운 사항이 발견되거나 중요 사항이 감사에서 빠진 때와 주민소송 대상이 되는 때 제외), 같은 사항에 관해서 주민소송이 진행 중이거나 그 판결이 확정된 사항은 감사 청구 대상에서 제외한다(지방자치법 제21조 제2항). 이러한 청구는 사무처리가 있었던 날이나 끝난 날부터 3년이 지나면 제기할 수 없다(지방자치법 제21조 제3항). 지방자치단체의 18세 이상의 주민이 감사를 청구하려면 청구인의 대표자를 선정하여 청구인명부에 적어야 하며, 청구인의 대표자는 감사청구서를 작성하여 주무부 장관이나 시·도지사에게 제출하여야 한다(지방자치법 제21조 제4항).

　　주무부 장관이나 시·도지사는 감사 청구를 받으면 청구를 받은 날부터 5일 이내에 그 내용을 공표하여야 하고, 청구를 공표한 날부터 10일간 청구인명부나 그 사본을 공개된 장소에 갖추어 두어 열람할 수 있도록 하여야 한다(지방자치법 제21조 제5항). 청구인명부의 서명에 관하여 이의가 있는 사람은 열람기간에 해당 주무부 장관이나 시·도지사에게 이의를 신청할 수 있다(지방자치법 제21조 제6항). 주무부 장관이나 시·도지사는 이의신청을 받으면 열람기간이 끝난 날부터 14일 이내에 심사·결정하되, 그 신청이 이유 있다고 결정하면 청구인명부를 수정하고, 그 사실을 이의신청한 사람과 청구인의 대표자에게 알려야 하며, 그 이의신청이 이유 없다고 결정하면 그 사실을 즉시 이의신청한 사람에게 알려야 한다(지방자치법 제21조 제7항).

　　주무부 장관이나 시·도지사는 이의신청이 없는 때나 제기된 모든 이의신청에 관해서 결정이 끝난 때로서 요건을 갖추면 청구를 수리하고, 그러하지 아니하면 청구를 각하하되, 수리나 각하 사실을 청구인의 대표자에게 알려야 한다(지방자치법 제21조 제8항). 주무부 장관이나 시·도지사는 감사 청구를 수리한 날부터 60일 이내에 감사 청구된 사항에 대하여 감사를 끝내야 하며, 감사 결과를 청구인의 대표자와 해당 지방자치단체의 장에게 서면으로 알리고, 공표하여야 한다. 다만, 그 기간에 감사를 끝내기가 어려운 정당한 사유가 있으면 그 기간을 연장할 수 있으며, 기간을 연장할 때는 미리 청구인의 대표자와 해당 지방자치단체의 장에게 알리고, 공표하여야 한다(지방자치법 제21조 제9항). 주무부 장관이나 시·도지사는 주민이 감사를 청구한 사항이 다른 기관에서 이미 감사한 사항이거나 감사 중인 사항이면 그 기관에서 한 감사 결과 또는 감사 중인 사실과 감사가 끝난 후 그 결과를 알리겠다는 사실을 청구인의 대표자와 해당 기관에 즉시 알려야 한다(지방자치법 제21조 제10항).

　　주무부 장관이나 시·도지사는 주민 감사 청구를 처리(각하 포함)할 때 청구인의 대표자에게 반드시 증거 제출 및 의견 진술의 기회를 주어야 한다(지방자치법 제21조 제11항). 주무부 장관이나 시·도지사는 감사 결과에 따라 기간을 정하여 해당 지방자치단체장에게 필요한 조치를 요구할 수 있다. 이때 그 지방자치단체장은 이를 성실히 이행하여야 하고, 그 조치 결과를 지방의회와 주무부 장관 또는 시·도지사에게 보고하여야 한다(지방자치법 제21조 제12항). 주무부 장관이나 시·도지사는 조치 요구 내용과 지방자치단체장의 조치 결과를 청구인의 대표자에게 서면으로 알리고, 공표하여야 한다(지방자치법 제21조 제13항).

(4) 주민소송

공금 지출에 관한 사항, 재산의 취득·관리·처분에 관한 사항, 해당 지방자치단체를 당사자로 하는 매매·임차·도급 계약이나 그 밖의 계약 체결·이행에 관한 사항 또는 지방세·사용료·수수료·과태료 등 공금의 부과·징수를 게을리한 사항을 감사 청구한 주민은 ① 주무부 장관이나 시·도지사가 감사 청구를 수리한 날부터 60일(감사기간이 연장되면 연장된 기간이 끝난 날)이 지나도 감사를 끝내지 아니한 때, ② 감사 결과나 조치 요구에 불복하는 때, ③ 주무부 장관이나 시·도지사의 조치 요구를 지방자치단체장이 이행하지 아니한 때, ④ 지방자치단체장의 이행 조치에 불복하는 때 중 어느 하나에 해당하면 그 감사 청구한 사항과 관련이 있는 위법한 행위나 업무를 게을리한 사실에 대하여 해당 지방자치단체장(해당 사항의 사무처리에 관한 권한을 소속 기관의 장에게 위임하면 그 소속 기관의 장)을 상대방으로 하여 소송을 제기할 수 있다(지방자치법 제22조 제1항).

주민은 ① 해당 행위를 계속하면 회복하기 어려운 손해를 발생시킬 우려가 있으면 그 행위의 전부나 일부를 중지할 것을 요구하는 소송, ② 행정처분인 해당 행위의 취소나 변경을 요구하거나 그 행위의 효력 유무나 존재 여부 확인을 요구하는 소송, ③ 게을리한 사실의 위법 확인을 요구하는 소송, ④ 해당 지방자치단체장 및 직원, 지방의회의원, 해당 행위와 관련이 있는 상대방에게 손해배상청구 또는 부당이득반환청구를 할 것을 요구하는 소송(다만, 그 지방자치단체 직원이 변상책임을 져야 하면 변상명령을 할 것을 요구하는 소송)을 제기할 수 있다(지방자치법 제22조 제2항). 중지청구소송은 해당 행위를 중지할 때 생명이나 신체에 중대한 위해가 생길 우려가 있거나 그 밖에 공공복리를 현저하게 해칠 우려가 있으면 제기할 수 없다(지방자치법 제22조 제3항).

① 주무부 장관이나 시·도지사가 감사 청구를 수리한 날부터 60일(감사기간이 연장되면 연장된 기간이 끝난 날)이 지나도 감사를 끝내지 아니하면 해당 60일이 끝난 날(감사기간이 연장되면 연장기간이 끝난 날), ② 감사 결과나 조치 요구에 불복하면 해당 감사 결과나 조치 요구 내용에 대한 통지를 받은 날, ③ 주무부 장관이나 시·도지사의 조치 요구를 지방자치단체장이 이행하지 아니하면 해당 조치를 요구할 때 지정한 처리기간이 끝난 날, ④ 지방자치단체장의 이행 조치에 불복하면 해당 이행 조치 결과에 대한 통지를 받은 날부터 90일 이내에 제기하여야 한다(지방자치법 제22조 제4항).

이러한 소송이 진행 중이면 다른 주민은 같은 사항에 대하여 별도의 소송을 제기할 수 없다(지방자치법 제22조 제5항). 소송 계속 중에 소송을 제기한 주민이 사망하거나 주민 자격을 잃으면 소송절차는 중단된다. 소송대리인이 있는 때도 같다(지방자치법 제22조 제6항). 감사 청구에 연대 서명한 다른 주민은 이러한 사유가 발생한 사실을 안 날부터 6개월 이내에 소송절차를 수계할 수 있다. 이 기간에 수계절차가 이루어지지 아니하면 그 소송절차는 종료된다(지방자치법 제22조 제7항). 법원은 소송이 중단되면 감사 청구에 연대 서명한 다른 주민에게 소송절차를 중단한 사유와 소송절차 수계방법을 즉시 알려야 한다. 이때 법원은 감사 청구에 적힌 주소로 통지서를 우편으로 보낼 수 있고, 우편물이 통상 도달할 수 있을 때 감사 청구에 연대 서명한 다른 주민은 이러한 사유가 발생한 사실을 안 것으로 본다(지방자치법 제22조 제8항). 주민소송은 해당 지방자치단체의 사무소 소재지를 관할하는 행정법원(행정법원이 설치되지 아니한 지역에서는 행정법원의 권한에 속하는 사건을 관할하는 지방법원 본원) 관할로 한다(지방자치법 제22조 제9항).

해당 지방자치단체장은 ① 해당 행위를 계속하면 회복하기 어려운 손해를 발생시킬 우려가 있으면 그 행위의 전부나 일부를 중지할 것을 요구하는 소송, ② 행정처분인 해당 행위의 취소나 변경을 요구하거나 그 행위의 효력 유무나 존재 여부 확인을 요구하는 소송, ③ 게을리한 사실의 위법 확인을 요구하는 소송이 제기될 때 그 소송 결과에 따라 권리나 이익의 침해를 받을 제3자가 있으면 그 제3자에 대하여, 해당 지방자치단체장 및 직원, 지방의회의원, 해당 행위와 관련이 있는 상대방에게 손해배상청구 또는 부당이득반환청구를 할 것을 요구하는 소송이 제기되면 그 직원, 지방의회의원 또는 상대방에 대하여 소송고지를 해 줄 것을 법원에 신청하여야 한다(지방자치법 제22조 제10항).

해당 지방자치단체장 및 직원, 지방의회의원, 해당 행위와 관련이 있는 상대방에게 손해배상청구 또는 부당이득반환청구를 할 것을 요구하는 소송이 제기되면 지방자치단체장이 한 소송고지 신청은 그 소송에 관한 손해배상청구권 또는 부당이득반환청구권의 시효중단에 관하여 청구로 본다(지방자치법 제22조 제11항). 이러한 시효중단의 효력은 그 소송이 끝난 날부터 6개월 이내에 재판상 청구, 파산절차참가, 압류 또는 가압류, 가처분을 하지 아니하면 효력이 생기지 아니한다(지방자치법 제22조 제12항).

국가, 상급 지방자치단체 및 감사 청구에 연대 서명한 다른 주민과 소송고지를 받은 자는 법원에서 계속 중인 소송에 참가할 수 있다(지방자치법 제22조 제13항). 주민소송에서 당사자는 법원의 허가를 받지 아니하고는 소 취하, 소송 화해나 청구 포기를 할 수 없다(지방자치법 제22조 제14항). 법원은 이러한 허가를 하기 전에 감사 청구에 연대 서명한 다른 주민에게 그 사실을 알려야 하며, 알린 때부터 1개월 이내에 허가 여부를 결정하여야 한다(지방자치법 제22조 제15항). 주민소송은 비재산권을 목적으로 하는 소송으로 본다(지방자치법 제22조 제16항). 주민소송을 제기한 주민은 승소(일부 승소를 포함한다)하면 그 지방자치단체에 대하여 변호사 보수

등의 소송비용, 감사 청구절차 진행 등을 위하여 사용된 여비, 그 밖에 실제로 든 비용을 보상할 것을 청구할 수 있다. 이때 지방자치단체는 청구된 금액 범위에서 그 소송을 진행하는 데 객관적으로 사용된 것으로 인정되는 금액을 지급하여야 한다(지방자치법 제22조 제17항).

(5) 주민투표

지방자치단체의 장은 주민에게 과도한 부담을 주거나 중대한 영향을 미치는 지방자치단체의 주요 결정사항 등에 관해서 주민투표에 부칠 수 있다(지방자치법 제18조 제1항). 주민투표는 주민에게 직접 지방자치단체의 의사결정권을 보장하는 제도이다. 이를 통해서 주민의 지방자치단체에 대한 책임을 강화한다.

① 주민투표권자

19세 이상 주민으로서 투표인명부 작성기준일 현재 그 지방자치단체 관할 구역에 주민등록이 되어 있는 사람과 출입국관리 관계 법령에 따라 대한민국에 계속 거주할 수 있는 자격(체류자격변경허가나 체류기간연장허가를 통해서 계속 거주할 수 있는 때 포함)을 갖춘 외국인으로서 지방자치단체의 조례로 정한 사람(선거권이 없는 사람 제외)은 주민투표권이 있다(주민투표법 제5조 제1항). 주민투표권자 연령은 투표일 현재를 기준으로 산정한다(주민투표법 제5조 제2항).

국가와 지방자치단체는 주민투표권자가 주민투표권을 행사할 수 있도록 필요한 조치를 취하여야 한다(주민투표법 제2조 제1항). 그리고 공무원·학생이나 다른 사람에게 고용된 사람이 투표인명부를 열람하거나 투표를 하는 데 필요한 시간은 보장되어야 하며, 이를 휴무나 휴업으로 보지 아니한다(주민투표법 제2조 제3항).

② 주민투표 대상
(ⅰ) 지방자치단체의 주요결정사항

주민에게 과도한 부담을 주거나 중대한 영향을 미치는 지방자치단체의 주요결정사항으로서 그 지방자치단체의 조례로 정하는 사항은 주민투표에 부칠 수 있다(주민투표법 제7조 제1항). 그러나 ⓐ 법령에 위반되거나 재판 중인 사항, ⓑ 국가나 다른 지방자치단체의 권한이나 사무에 속하는 사항, ⓒ 지방자치단체의 예산·회계·계약 및 재산관리에 관한 사항과 지방세·사용료·수수료·분담금 등 각종 공과금의 부과 또는 감면에 관한 사항, ⓓ 행정기구의 설치·변경에 관한 사항과 공무원의 인사·정원 등 신분과 보수에 관한 사항, ⓔ 다른 법률에 따라서 주민대표가 직접 의사결정주체로서 참여할 수 있는 공공시설 설치에 관한 사항(지방의회가 재적의원 과반수 출석과 출석의원 3분의 2 이상 찬성으로 그 지방자치단체의 장에게 주민투표 실시를 청구하는 때는 제외), ⓕ 같은 사항(그 사항과 취지가 같은 때 포함)에 관해서 주민투표가 실시되고 나서 2년이 지나지 아니한 사항은 주민투표에 부칠 수 없다(주민투표법 제7조 제2항). 법령에 위반되는지는 사법기관이 확인하기 전까지는 유권적으로 확인할 수 없다는 점에서 그리고 지방자치단체의 예산·회계·계약과 재산관리에 관한 사항은 지방자치단체의 주요 사항이라서 이를 주민투표 대상에서 배제하는 것은 주민투표 자체를 무력화한다는 점에서 문제가 있다.199)

　　（ⅱ）국가정책에 관한 사항

　중앙행정기관의 장은 지방자치단체의 폐치·분합이나 구역 변경, 주요시설 설치 등 국가정책 수립에 관해서 주민의 의견을 듣는 데 필요하다고 인정하면 주민투표 시행구역을 정하여 관계 지방자치단체의 장에게 주민투표 실시를 요구할 수 있다. 이때 중앙행정기관의 장은 미리 행정안전부 장관과 협의하여야 한다(주민투표법 제8조 제1항).

　　③ 주민투표의 실시요건

　　（ⅰ）지방자치단체의 주요결정사항에 대한 주민투표

　지방자치단체의 장은 주민이나 지방의회의 청구에 따르거나 직권으로 지방자치단체의 주요결정사항에 대한 주민투표를 실시할 수 있다(주민투표법 제9조 제1항). 주민투표청구권자는 주민투표청구권자 총수의 20분의 1 이상 5분의 1 이하의 범위 안에서 지방자치단체의 조례로 정하는 수 이상의 서명으로 그 지방자치단체의 장에게 주민투표 실시를 청구할 수 있다(주민투표법 제9조 제2항). 주민투표청구권자 총수는 전년도 12월 31일 현재의 주민등록표와 외국인등록표에 따라서 산정한다(주민투표법 제9조 제3항). 지방자치단체의 장은 매년 1월 10일까지 산정한 주민투표청구권자 총수를 공표하여야 한다(주민투표법 제9조 제4항). 지방의회는 재적의원 과반수 출석과 출석의원 3분의 2 이상 찬성으로 그 지방자치단체의 장에게 주민투표 실시를 청구할 수 있다(주민투표법 제9조 제5항). 지방자치단체의 장은 직권으로 주민투표를 실시하고자 하면 그 지방의회 재적의원 과반수 출석과 출석의원 과반수 동의를 얻어야 한다(주민투표법 제9조 제6항).

　주민이 주민투표 실시를 청구하고자 하면 주민투표청구인대표자를 선정하여야 하고, 선정된 청구인대표자는 인적사항과 주민투표 청구의 취지 및 이유 등을 기재하여 그 지방자치단체의 장에게 청구인대표자증명서 교부를 신청하여야 한다(주민투표법 제10조 제1항). 청구인대표자증명서 교부 신청을 받은 지방자치단체의 장은 청구인대표자가 주민투표청구권자인지를 확인하고 나서 청구인대표자증명서를 내주고 그 사실을 공표하여야 한다(주민투표법 제10조 제2항). 청구인대표자와 서면으로 청구인대표자에게서 서명요청권을 위임받은 사람은 그 지방자치단체의 조례가 정하는 서명요청기간 동안 주민에게 청구인서명부에 서명하라고 요청할 수 있다. 이때 지방자치단체 관할 구역의 전부나 일부에 대해서 공직선거법 규정에 따른 선거가 실시되면 그 선거의 선거일 전 60일부터 선거일까지 그 선거구에서는 서명을 요청할 수 없

---

199) 홍정선, 『신지방자치법(제4판)』, 박영사, 2018, 167~168쪽.

고, 그 기간은 서명요청기간에 산입하지 아니한다(주민투표법 제11조 제1항, 제10조 제3항). 공무원(그 지방의회 의원 제외)은 청구인대표자가 될 수 없고, 서명요청활동을 하거나 서명요청활동을 기획·주도하는 등 서명요청활동에 관여할 수 없다(주민투표법 제11조 제2항). 청구인대표자는 서명요청기간이 만료되는 날부터 특별시·광역시나 도에서는 10일 이내에, 자치구·시나 군에서는 5일 이내에 주민투표청구서와 청구인서명부를 지방자치단체의 장에게 제출하여야 한다(주민투표법 제12조 제1항). 그러나 ⓐ 주민투표청구권자가 아닌 자의 서명, ⓑ 누구의 서명인지 확인하기 어려운 서명, ⓒ 서명요청권이 없는 자의 요청으로 한 서명, ⓓ 동일인이 동일한 사안에 관해서 2 이상의 유효한 서명을 할 때 그 중 하나의 서명을 제외한 나머지 서명, ⓔ 서명요청기간 외의 기간에 하였거나 서명요청이 제한되는 기간에 한 서명, ⓕ 강요·속임수 그 밖의 부정한 방법으로 한 서명, ⓖ 주민투표법의 위임으로 그 지방자치단체의 조례가 정하는 방식과 절차에 위배되는 서명은 무효로 한다(주민투표법 제12조 제2항).

지방자치단체의 장은 주민투표청구서와 청구인서명부가 제출되면 즉시 주민투표청구사실을 공표하고, 청구인서명부나 그 사본을 7일간 공개된 장소에 비치하여 주민이 열람할 수 있도록 하여야 한다(주민투표법 제12조 제3항). 청구인서명부의 서명에 관해서 이의가 있는 사람은 공람기간 안에 그 지방자치단체의 장에게 서면으로 이의를 신청할 수 있다(주민투표법 제12조 제4항). 지방자치단체의 장은 제출된 청구인서명부의 서명이 무효인 서명으로 판정되어 서명 수가 요건에 미달하게 되면 청구인대표자가 그 지방자치단체의 조례가 정하는 기간 이내에 이를 바로잡게 할 수 있다(주민투표법 제12조 제7항).

지방자치단체의 장은 주민의 주민투표가 ⓐ 유효한 서명의 총수(보정을 요구하면 그 보정된 서명 포함)가 요건에 미달하는 때, ⓑ 주민투표청구서와 청구인서명부가 제출기간을 지나서 제출된 때, ⓒ 보정기간 이내에 바로잡지 아니한 때는 이를 각하하여야 한다. 이때 지방자치단체의 장은 청구인대표자에게 그 사유를 통지하고 이를 공표하여야 한다(주민투표법 제12조 제8항).

(ⅱ) 국가정책에 관한 주민투표

중앙행정기관의 장은 지방자치단체의 폐치·분합이나 구역 변경, 주요시설 설치 등 국가정책 수립에 관해서 주민의 의견을 듣는 데 필요하다고 인정하면 주민투표 시행구역을 정하여 관계 지방자치단체의 장에게 주민투표 실시를 요구할 수 있다. 이때 중앙행정기관의 장은 미리 행정안전부 장관과 협의하여야 한다(주민투표법 제8조 제1항). 지방자치단체의 장이 중앙행정기관의 장에게서 주민투표 실시를 요구받으면 즉시 이를 공표하고, 공표일부터 30일 이내에 그 지방의회 의견을 들어야 한다(주민투표법 제8조 제2항). 지방의회 의견을 들은 지방자치단체의 장은 그 결과(주민투표 발의 여부)를 관계 중앙행정기관의 장에게 통지하여야 한다(주민투표법 제8조 제3항).

④ 주민투표 발의

지방자치단체의 장은 (ⅰ) 관계 중앙행정기관의 장에게 국가정책에 관한 주민투표를 발의하겠다고 통지한 때, (ⅱ) 주민이나 지방의회의 주민투표 청구가 적법하다고 인정되는 때, (ⅲ) 지방자치단체의 장이 직권으로 주민투표를 실시하고자 하는 것에 관해서 지방의회 동의를 얻은 때는 즉시 그 요지를 공표하고 관할선거관리위원회에 통지하여야 한다(주민투표법 제13조 제1항). 지방자치단체의 장은 주민투표를 발의하고자 할 때는 공표일부터 7일 이내(주민투표 발의가 금지되는 기간은 불산입)에 투표일과 주민투표안을 공고하여야 한다. 다만, 지방자치단체의 장이나 지방의회가 주민투표 청구의 목적을 수용하는 결정을 하면 주민투표를 발의하지 아니한다(주민투표법 제13조 제2항). 지방자치단체 관할 구역의 전부나 일부에 대해서 공직선거법 규정에 따른 선거가 실시되면 그 선거의 선거일 전 60일부터 선거일까지의 기간에는 주민투표를 발의할 수 없다(주민투표법 제13조 제3항).

주민투표의 투표일은 주민투표발의일부터 20일 이상 30일 이하(투표일을 정할 수 없는 기간은 불산입)의 범위 안에서 지방자치단체의 장이 관할선거관리위원회와 협의하여 정한다(주민투표법 제14조 제1항). 지방자치단체 관할 구역의 전부나 일부에 대해서 공직선거법 규정에 따른 선거가 시행되는 때는 그 선거의 선거일 전 60일부터 선거일까지의 기간은 투표일로 정할 수 없다(주민투표법 제14조 제2항). 같은 사항에 대해서 2 이상의 지방자치단체에서 주민투표를 실시하여야 하면 관계 지방자치단체의 장이 협의하여 동시에 주민투표를 실시하여야 한다. 다만, 협의가 이루어지지 아니하면 특별시·광역시 또는 도에서는 행정안전부 장관이, 자치구·시나 군에서는 특별시장·광역시장이나 도지사가 정하는 바에 따른다(주민투표법 제14조 제3항).

⑤ 주민투표사무 관리

주민투표사무는 주민투표법에 특별한 규정이 있는 때를 제외하고는 특별시·광역시나 도에서는 특별시·광역시·도 선거관리위원회가, 자치구·시나 군에서는 구·시·군 선거관리위원회가 관리한다(주민투표법 제3조 제1항). 행정기관 그 밖의 공공기관은 주민투표관리기관에서 주민투표사무에 관해서 필요한 협조를 요구받으면 먼저 이에 응하여야 한다(주민투표법 제3조 제2항).

⑥ 주민투표 실시

주민투표는 특정한 사항에 관해서 찬성이나 반대의 의사표시를 하거나 두 가지 사항 중 하나를 선택하는 형식으로 실시하여야 한다(주민투표법 제15조). 투표인이 투표용지에 기표를 하는 때는 "⑴"표가 각인된 기표용구를 사용하여야 한다(주민투표법 제18조 제1항). 투표는 직접 또는 우편으로 하되, 1인 1표로 한다(주민투표법 제18조 제2항). 투표 및 개표사무 관리는 전산화하여 시행할 수 있다(주민투표법 제18조 제3항). 투표할 때 투표인의 성명 등 투표인을 추정할 수 있는 표시를 하여서는 아니 된다(주민투표법 제18조 제4항). 투표시간, 투표용지, 투표구·개표구 설치, 투표·개표의 절차 및 참관 등 투표·개표의 관리에 관해서는 공직선거법의 관련 규정을 준용한다(주민투표법 제19조).

⑦ 주민투표의 효력

주민투표에 부쳐진 사항은 주민투표권자 총수의 3분의 1 이상 투표와 유효투표수 과반수 득표로 확정된다. 다만, (ⅰ) 전체 투표수가 주민투표권자 총수의 3분의 1에 미달하는 때, (ⅱ) 주민투표에 부쳐진 사항에 관한 유효득표수가 동수이면 찬성과 반대 양자를 모두 수용하지 아니하거나, 양자택일 대상이 되는 사항 모두를 선택하지 아니하기로 확정된 것으로 본다(주민투표법 제24조 제1항). 전체 투표수가 주민투표권자 총수의 3분의 1에 미달하면 개표하지 아니한다(주민투표법 제24조 제2항). 관할선거관리위원회는 개표가 끝나면 즉시 그 결과를 공표하고 나서 지방자치단체의 장에게 통지하여야 한다. 개표하지 아니한 때도 마찬가지이다(주민투표법 제24조 제3항). 지방자치단체의 장은 주민투표결과를 통지받으면 즉시 이를 지방의회에 보고하여야 하고, 국가정책에 관한 주민투표일 때는 관계 중앙행정기관의 장에게 주민투표결과를 통지하여야 한다(주민투표법 제24조 제4항).

지방자치단체의 장과 지방의회는 주민투표결과 확정된 내용대로 행정·재정상 필요한 조치를 하여야 한다(주민투표법 제24조 제5항). 지방자치단체의 장과 지방의회는 주민투표결과 확정된 사항에 관해서 2년 이내에는 이를 변경하거나 새로운 결정을 할 수 없다. 다만, 찬성과 반대 양자를 모두 수용하지 아니하거나 양자택일 대상이 되는 사항 모두를 선택하지 아니하기로 확정된 때는 그러하지 아니하다(주민투표법 제24조 제6항). 즉 투표 결과는 지방자치단체의 장과 지방의회에게 구속력이 있다. 다만, 국가정책에 관한 주민투표에는 그러한 구속력이 인정되지 않는다. 즉 국가정책에 관한 주민투표는 자문적 효력만 있다.

⑧ 주민투표소송

주민투표의 효력에 관해서 이의가 있는 주민투표권자는 주민투표권자 총수의 100분의 1 이상 서명으로 주민투표결과가 공표된 날부터 14일 이내에 관할선거관리위원회 위원장을 피소청인으로 하여 시·군과 자치구에서는 특별시·광역시·도 선거관리위원회에, 특별시·광역시와 도에서는 중앙선거관리위원회에 소청할 수 있다(주민투표법 제25조 제1항). 소청에 관한 결정에 관해서 불복이 있는 소청인은 관할선거관리위원회 위원장을 피고로 하여 그 결정서를 받은 날(결정서를 받지 못하면 결정기간이 종료된 날)부터 10일 이내에 특별시·광역시와 도에서는 대법원에, 시·군과 자치구에서는 관할 고등법원에 소를 제기할 수 있다(주민투표법 제25조 제2항).

⑨ 재투표와 투표연기

지방자치단체의 장은 주민투표의 전부나 일부 무효의 판결이 확정되면 그날부터 20일 이내에 무효로 된 투표구의 재투표를 실시하여야 한다. 이때 투표일은 늦어도 투표일 전 7일까지 공고하여야 한다(주민투표법 제26조 제1항). 재투표를 실시할 때 그 판결에 특별한 명시가 없는 한 당초 투표에 사용된 투표인명부를 사용한다(주민투표법 제26조 제2항). 천재·지변으로 말미암아 투표를 실시할 수 없거나 실시하지 못하면 지방자치단체의 장은 관할선거관리위원회와 협의하여 투표를 연기하거나 다시 투표일을 지정하여야 한다(주민투표법 제26조 제3항).

⑩ 주민투표경비

주민투표사무에 필요한 (ⅰ) 주민투표의 준비·관리와 시행에 필요한 경비, (ⅱ) 주민투표 공보 발행, 설명회 등의 개최와 불법투표운동 단속에 필요한 경비, (ⅲ) 주민투표에 관한 소청 및 소송과 관련한 경비, (ⅳ) 주민투표결과에 대한 자료 정리, 그 밖에 주민투표사무 관리를 위한 관할선거관리위원회의 운영과 사무처리에 필요한 경비는 주민투표를 발의한 지방자치단체의 장이 속하는 지방자치단체(국가정책에 관한 주민투표에서는 국가. 다만, 구역변경에 관한 주민투표에서는 지방자치단체)가 부담한다(주민투표법 제27조 제1항). 지방자치단체는 경비를 주민투표발의일부터 3일 이내에 관할선거관리위원회에 내야 한다(주민투표법 제27조 제2항).

⑪ 현행 주민투표법의 문제점

(ⅰ) 국가정책에 관한 주민투표에 대한 중앙행정기관만의 실시요구권

국가정책에 관한 주민투표에 관해서는 중앙행정기관만 실시요구권이 있다(주민투표법 제8조). 그러나 근본적으로 주민투표요구권이 중앙행정기관에 있는 주민투표제도는 주민직접참정제도라는 주민투표제도의 본질과 맞지 않는다. 특정 사안에 관한 주민투표 필요 여부부터 주민 스스로 판단하는 것이 주민직접참여의 본질에 들어맞기 때문이다. 외국 입법례를 보더라도 주민투표요구권은 주민에게 있는 것이 원칙이고, 확대하더라도 지방의회에 있는 정도에 불과하다. 주민의견 수렴을 위해서 국책사업에 관한 '자문적 주민투표'가 필요하더라도, 이는 지방자치 차원에서 주민 청구에 따라서 이루어져야 한다. 중앙행정기관의 장에게 주민투표요구권이 있게 되면 정부에 유리한 시점과 투표 실시구역을 정해서 투표를 실시하게 되어 근본적으로 주민투표의 공정성을 확보하기 어렵다. 따라서 국가사무에 관한 '자문적 주민투표'를 인정하더라도, 중앙행정기관에 주민투표실시요구권을 부여하여서는 아니 되고, 국책사업에 관한 주민투표도 지방자치 차원에서 자율적 판단으로 실시될 수 있도록 하여야 하며, 주민의 투표청구권이 반드시 보장되어야 한다.200)

(ⅱ) 지나치게 엄격한 주민 청구에 따른 주민투표의 요건

주민이 주민투표 실시를 청구하기 위한 요건이 지나치게 엄격하여 실제로 주민 청구에 따른 주민투표는 실시되지 못한다. 현행 주민투표법 제7조에서는 주민이 주민투표 실시를 청구

---

200) 이상 이기우/하승수, 『지방자치법』, 대영문화사, 2007, 113~114쪽.

하려면 주민투표청구권자 총수의 20분의 1 이상 5분의 1 이하의 범위 안에서 조례로 정하는 수 이상의 서명을 받아야 하는 것으로 규정한다. 그러나 이러한 수치는 지나치게 높다. 유권자 총수가 700만명을 넘는 서울특별시나 경기도에서는 20분의 1이라고 하더라도 35만명 이상의 서명이 필요하다. 그리고 기초지방자치단체에서도 각 지방자치단체가 지나치게 높은 숫자를 요구하는 조례를 통과시켜(10분의 1 내외) 실제로 주민의 주민투표 청구는 매우 어려운 상황이다. 이는 유권자의 1~5%의 서명을 요구하는 미국이나 10%의 서명을 요구하되 인구 규모에 따라서 일정한 절대 숫자(상한선 48000명)를 채우면 주민투표 청구가 가능하도록 하는 독일의 노르트－베스트팔렌 주에 비추어 보아도 지나치게 높다.201)

(ⅲ) 과도하게 제한된 주민투표 대상

주민투표 대상도 과도하게 제한된다. 주민투표법 제7조 제2항에서 주민투표에 부칠 수 없는 사항으로 나열하고 있는 것 중에는 '지방자치단체의 예산·회계·계약에 관한 사항'도 있다. 그러나 지방자치단체의 예산·회계·계약에 관한 사항이야말로 지방자치단체 정책이 핵심이므로 주민투표가 필요할 수 있다.202)

(6) 주민소환

주민은 그 지방자치단체의 장과 지방의회의원(비례대표 지방의회의원 제외)을 소환할 권리가 있다(지방자치법 제25조 제1항). 주민소환은 선거를 통해서 선출된 대표자를 유권자의 해임투표에 따라서 임기 중에 해임할 수 있는 제도이다. 주민소환제도야말로 주권재민원칙의 상징이고, 주민직접참정제도의 핵심 중 하나이다. 주민소환제도가 필요한 이유는, 선출직 공직자는 일단 선출이 되면 그 임기 중에는 유권자의 의사와 이익에 어긋나는 의사결정을 하더라도 자리를 유지할 수 있는 문제점 때문이다. 그래서 선출직 공직자의 부패, 독단, 전횡을 억제하려고 도입한 제도가 주민소환제도이다.

① 주민소환투표권자

주민소환투표인명부 작성기준일 현재 (ⅰ) 19세 이상 주민으로서 해당 지방자치단체 관할 구역에 주민등록이 되어 있는 사람(선거권이 없는 사람 제외)과 (ⅱ) 19세 이상 외국인으로서 영주의 체류자격 취득일 후 3년이 지난 사람 중 해당 지방자치단체 관할 구역 외국인등록대장에 등재된 사람은 주민소환투표권이 있다('주민소환에 관한 법률' 제3조 제1항). 주민소환투표권자의 연령은 주민소환투표일 현재를 기준으로 계산한다('주민소환에 관한 법률' 제3조 제2항).

국가와 지방자치단체는 주민소환투표권자가 주민소환투표권을 행사할 수 있도록 필요한 조치를 취하여야 한다('주민소환에 관한 법률' 제5조 제1항). 공무원·학생이나 다른 사람에게 고

---

201) 이상 이기우/하승수, 『지방자치법』, 대영문화사, 2007, 114쪽.
202) 이상 이기우/하승수, 『지방자치법』, 대영문화사, 2007, 114쪽.

용된 사람이 주민소환투표인명부를 열람하거나 투표를 하는 데 필요한 시간은 보장되어야 하고, 이를 휴무나 휴업으로 보지 아니한다('주민소환에 관한 법률' 제5조 제3항).

② 주민소환 대상

주민소환 대상이 되는 공직자 범위는 지방자치단체의 장과 지역구 지방의원이다. 따라서 비례대표 지방의원은 소환 대상에서 제외된다('주민소환에 관한 법률' 제7조 제1항). 교육감 직선제가 도입되었지만, 제주특별자치도를 제외한 다른 지방자치단체에서는 교육감은 주민소환 대상에서 제외된다('제주특별자치도 설치 및 국제자유도시 조성을 위한 특별법' 제30조).

③ 주민소환 사유

주민소환제도의 입안 과정에서 주민소환 사유를 일정한 때로 제한할 것인지가 논란이 되었다. 주민소환의 남용 가능성 때문에 주민소환사유를 제한하려는 주장이 있었으나, 결국 국회에서는 주민소환사유를 제한하지 않는 것으로 결론지었다. 그래서 '주민소환에 관한 법률'에서는 주민소환의 사유를 언급하지 않는다. 따라서 부패, 무책임, 정책결정 과정에서 나타나는 독선이나 전횡 등 다양한 사유로 주민소환이 이루어질 수 있다.

④ 주민소환투표의 사무관리

주민소환투표사무는 해당 지방자치단체의 장선거와 지방의회의원선거의 선거구선거사무를 담당하는 선거관리위원회가 관리한다('주민투표에 관한 법률' 제2조 제1항). 관할선거관리위원회는 주민소환투표인의 투표참여를 보장하기 위하여 교통이 불편한 지역에 거주하는 주민소환투표인 또는 노약자·장애인 등 거동이 불편한 주민소환투표인에게 교통편의를 제공하거나 투표소 접근 편의를 위한 제반 시설을 설치하는 등 필요한 대책을 수립·시행할 수 있다('주민소환에 관한 법률' 제5조 제2항). 관할선거관리위원회는 그 주관 아래 문서·도화·시설물·신문·방송 등의 방법으로 주민소환투표 참여·투표방법 그 밖에 주민소환투표에 관하여 필요한 계도·홍보를 시행하여야 한다('주민소환에 관한 법률' 제5조 제4항).

⑤ 주민소환투표 청구

(ⅰ) 청구에 필요한 주민 서명

전년도 12월 31일 현재 주민등록표와 외국인등록표에 등록된 주민소환투표청구권자는 ⓐ 특별시장·광역시장·도지사에 대해서는 해당 지방자치단체 주민소환투표청구권자 총수의 100분의 10 이상, ⓑ 시장·군수·자치구의 구청장에 대해서는 해당 지방자치단체 주민소환투표청구권자 총수의 100분의 15 이상, ⓒ 지역선거구시·도의회의원과 지역선거구자치구·시·군의회의원에 대해서는 해당 지방의회의원 선거구 안 주민소환투표청구권자 총수의 100분의 20 이상에 해당하는 주민의 서명으로 그 소환사유를 서면에 구체적으로 명시하여 관할선거관리위원회에 주민소환투표 실시를 청구할 수 있다('주민소환에 관한 법률' 제7조 제1항).

시·도지사에 대한 주민소환투표를 청구할 때 해당 지방자치단체 관할 구역 안의 시·군·자치구 전체의 수가 3개 이상이면 3분의 1 이상의 시·군·자치구에서 각각 주민소환투표청구권자 총수의 1만분의 5 이상 1천분의 10 이하의 범위 안에서 대통령령이 정하는 수 이상의 서명을 받아야 한다. 다만, 해당 지방자치단체 관할 구역 안 시·군·자치구 전체의 수가 2개이면 각각 주민소환투표청구권자 총수의 100분의 1 이상의 서명을 받아야 한다('주민소환에 관한 법률' 제7조 제2항).

시장·군수·자치구의 구청장과 지역구 지방의회의원(지역구 시·도의원과 지역구 자치구·시·군의원)에 대한 주민소환투표를 청구할 때 해당 시장·군수·자치구의 구청장과 해당 지역구 지방의회의원 선거구 안의 읍·면·동 전체의 수가 3개 이상이면 3분의 1 이상의 읍·면·동에서 각각 주민소환투표청구권자 총수의 1만분의 5 이상 1천분의 10 이하의 범위 안에서 대통령령이 정하는 수 이상의 서명을 받아야 한다. 다만, 해당 시장·군수·자치구의 구청장과 해당 지역구지방의회의원 선거구 안의 읍·면·동 전체의 수가 2개이면 각각 주민소환투표청구권자 총수의 100분의 1 이상의 서명을 받아야 한다('주민소환에 관한 법률' 제7조 제3항).

주민소환투표청구권자 총수는 전년도 12월 31일 현재의 주민등록표와 외국인등록표에 따라서 산정한다('주민소환에 관한 법률' 제7조 제4항). 지방자치단체의 장은 매년 1월 10일까지 산정한 주민소환투표청구권자 총수를 공표하여야 한다('주민소환에 관한 법률' 제7조 제5항).

(ii) 주민소환투표의 청구 제한 기간

ⓐ 선출직 지방공직자 임기개시일부터 1년이 지나지 아니한 때, ⓑ 선출직 지방공직자 임기만료일부터 1년 미만일 때, ⓒ 해당 선출직 지방공직자에 대한 주민소환투표를 실시한 날부터 1년 이내인 때는 주민소환투표 실시를 청구할 수 없다('주민소환에 관한 법률' 제8조).

(iii) 주민소환투표 청구 각하

관할선거관리위원회는 소환청구인대표자가 제출한 주민소환투표 청구가 ⓐ 유효한 서명의 총수(보정을 요구한 때는 그 보정된 서명 포함)가 법정요건에 미달하는 때, ⓑ 주민소환투표의 청구제한기간 이내에 청구한 때, ⓒ 주민소환투표청구서와 소환청구인서명부가 정해진 기간을 지나서 제출된 때, ⓓ 보정기간 이내에 바로잡지 아니한 때는 이를 각하하여야 한다. 이때 관할선거관리위원회는 소환청구인대표자에게 그 사유를 통지하고 이를 공표하여야 한다('주민소환에 관한 법률' 제11조).

⑥ 주민소환투표 발의

관할선거관리위원회는 주민소환투표 청구가 적법하다고 인정하면 즉시 그 요지를 공표하고, 소환청구인대표자와 해당 선출직 지방공직자에게 그 사실을 통지하여야 한다('주민소환에 관한 법률' 제12조 제1항). 그리고 관할선거관리위원회는 주민소환투표 청구가 적법하다고 인정하면 즉시 주민소환투표대상자에게 서면으로 소명하라고 요청하여야 한다('주민소환에 관한 법률' 제14조 제1항). 소명 요청을 받은 주민소환투표대상자는 그 요청을 받은 날부터 20일 이내에 500자 이내의 소명요지와 소명서(필요한 자료를 기재한 소명자료 포함)를 관할선거관리위원회에 제출하여야 한다. 이때 소명서나 소명요지를 제출하지 아니하면 소명이 없는 것으로 본다('주민소환에 관한 법률' 제14조 제2항).

관할선거관리위원회는 주민소환투표대상자에 대한 주민소환투표를 발의하고자 할 때는 주민소환투표대상자의 소명요지나 소명서 제출기간이 지난 날부터 7일 이내에 주민소환투표일과 주민소환투표안(소환청구서 요지 포함)을 공고하여 주민소환투표를 발의하여야 한다('주민소환에 관한 법률' 제12조 제2항). 주민소환투표일은 공고일부터 20일 이상 30일 이하의 범위 안에서 관할선거관리위원회가 정한다('주민소환에 관한 법률' 제13조 제1항 본문). 주민소환투표일과 주민소환투표안을 공고할 때 주민소환대상자의 소명요지를 함께 공고하여야 한다('주민소환에 관한 법률' 제14조 제3항).

⑦ 주민소환투표 실시

주민소환투표대상자가 자진사퇴, 피선거권 상실이나 사망 등으로 궐위되면 주민소환투표를 실시하지 아니한다('주민소환에 관한 법률' 제13조 제1항 단서). 주민소환투표 공고일 이후 90일 이내에 (ⅰ) 주민투표법에 따른 주민투표, (ⅱ) 공직선거법에 따른 선거·재선거와 보궐선거(대통령과 국회의원 선거 제외), (ⅲ) 동일 또는 다른 선출직 지방공직자에 대한 주민소환투표가 있으면 주민소환투표를 그에 병합하거나 동시에 실시할 수 있다('주민소환에 관한 법률' 제13조 제2항).

주민소환투표는 찬성이나 반대를 선택하는 형식으로 실시한다('주민소환에 관한 법률' 제15조 제1항). 지방자치단체의 동일 관할 구역에 2명 이상의 주민소환투표대상자가 있으면 관할선거관리위원회는 하나의 투표용지에 그 대상자별로 찬성이나 반대를 선택하는 형식으로 주민소환투표를 실시할 수 있다('주민소환에 관한 법률' 제15조 제2항).

지방자치단체의 장에 대한 주민소환투표는 해당 지방자치단체 관할 구역 전체를 대상으로 한다('주민소환에 관한 법률' 제16조 제1항). 지역구 지방의회의원에 대한 주민소환투표는 해당 지방의회의원의 지역선거구를 대상으로 한다('주민소환에 관한 법률' 제16조 제2항).

⑧ 주민소환투표 대상자의 권한 정지

주민소환투표대상자는 관할선거관리위원회가 주민소환투표안을 공고한 때부터 주민소환투표결과를 공표할 때까지 그 권한 행사가 정지된다('주민소환에 관한 법률' 제21조 제1항). 지방자치단체의 장 권한이 정지되면 부지사·부시장·부군수·부구청장이 (부지사나 부시장이 2명이면 시·도에서는 대통령령이 정하는 순서에 따라) 그 권한을 대행하고, 부지사·부시장·부군수·부구청장이 권한을 대행할 수 없으면 그 지방자치단체 규칙에 정해진 직제 순서에 따른 공무원이 그 권한을 대행한다('주민소환에 관한 법률' 제21조 제2항). 권한 행사가 정지된 지방의회의원은 그 정지기간에 의정활동 보고를 할 수 없다. 다만, 인터넷에 의정활동보고서를 게재할 수는 있다('주민소환에 관한 법률' 제21조 제3항).

⑨ 주민소환투표의 효력

주민소환은 주민소환투표권자 총수의 3분의 1 이상 투표와 유효투표 총수 과반수 찬성으로 확정된다('주민소환에 관한 법률' 제22조 제1항). 전체 주민소환투표자의 수가 주민소환투표권자 총수의 3분의 1에 미달하면 개표하지 아니한다('주민소환에 관한 법률' 제22조 제2항). 관할선거관리위원회는 개표가 끝나면 즉시 그 결과를 공표하고 나서 소환청구인대표자, 주민소환투표대상자, 관계중앙행정기관의 장, 해당 지방자치단체의 장(지방자치단체의 장이 주민소환투표대상자이면 권한을 대행하는 해당 지방자치단체의 부지사·부시장·부군수·부구청장 등)과 해당 지방의회 의장(지방의회의원이 주민소환투표대상자인 때에 한하며, 지방의회 의장이 주민소환투표대상자이면 해당 지방의회 부의장)에게 통지하여야 한다. 개표하지 아니한 때도 마찬가지이다('주민소환에 관한 법률' 제22조 제3항). 주민소환이 확정되면 주민소환투표대상자는 그 결과가 공표된 시점부터 그 직을 상실한다('주민소환에 관한 법률' 제23조 제1항). 그 직을 상실한 사람은 그로 말미암아 시행하는 '주민소환에 관한 법률'이나 공직선거법에 따른 해당 보궐선거에 후보자로 등록할 수 없다('주민소환에 관한 법률' 제23조 제2항).

⑩ 주민소환투표 소송

주민소환투표의 효력에 관해서 이의가 있는 해당 주민소환투표대상자나 주민소환투표권자(주민소환투표권자 총수의 100분의 1 이상 서명을 받아야 한다)는 주민소환투표결과가 공표된 날부터 14일 이내에 관할선거관리위원회 위원장을 피소청인으로 하여 지역구 시·도의원, 지역구 자치구·시·군의원이나 시장·군수·자치구의 구청장을 대상으로 한 주민소환투표에서는 특별시·광역시·도선거관리위원회에, 시·도지사를 대상으로 한 주민소환투표에서는 중앙선거관리위원회에 소청할 수 있다('주민소환에 관한 법률' 제24조 제1항).

소청에 대한 결정에 관하여 불복이 있는 소청인은 관할선거관리위원회 위원장을 피고로 하여 그 결정서를 받은 날(결정서를 받지 못하면 공직선거법 제220조 제1항 규정에 따른 결정기간이 종료된 날)부터 10일 이내에 지역구 시·도의원, 지역구 자치구·시·군의원이나 시장·군수·자치구의 구청장을 대상으로 한 주민소환투표에서는 그 선거구를 관할하는 고등법원에, 시·도지사를 대상으로 한 주민소환투표에서는 대법원에 소를 제기할 수 있다('주민소환에 관한 법률' 제24조 제2항).

⑪ 보궐선거

주민소환투표에 관한 소청과 소송이 제기되거나 재투표가 실시되면 그 결과가 확정되고 나서 보궐선거를 실시하여야 한다('주민소환에 관한 법률' 제25조 제1항).

⑫ 주민소환투표 경비

주민소환투표사무 관리에 필요한 (ⅰ) 주민소환투표의 준비·관리와 실시에 필요한 비용, (ⅱ) 주민소환투표공보 발행, 토론회 등의 개최와 불법 주민소환투표운동의 단속에 필요한 경비, (ⅲ) 주민소환투표에 관한 소청 및 소송과 관련된 경비, (ⅳ) 주민소환투표결과에 관한 자료 정리, 그 밖에 주민소환투표사무의 관리를 위한 관할선거관리위원회의 운영과 사무 처리에 필요한 경비는 해당 지방자치단체가 부담하되, 소환청구인대표자와 주민소환투표대상자가 주민소환투표운동을 위해서 지출한 비용은 각자 부담한다('주민소환에 관한 법률' 제26조 제1항). 지방자치단체는 이러한 경비를 주민소환투표 발의일부터 5일 이내에 관할선거관리위원회에 내야 한다('주민소환에 관한 법률' 제26조 제2항).

⑬ 주민소환제의 문제점

(ⅰ) 소환대상

'주민소환에 관한 법률'에서는 지방의회 해산청구제도를 인정하지 않는다. 그리고 소환대상이 되는 공직자 범위가 상대적으로 좁다. 입법론적으로 주민 직선으로 선출되는 교육감에 대해서도 주민소환제가 적용될 필요가 있다.[203]

(ⅱ) 주민소환 청구에 필요한 법정 서명 수

시·도지사는 주민소환투표 청구권자의 10% 이상, 시장·군수·구청장은 15% 이상, 지역구 지방의원은 20% 이상의 서명을 받아야 한다. 서명요건이 지나치게 높으면 주민소환제도를 사문화하고, 지나치게 낮으면 주민소환제도가 남용될 위험성이 있다. 어느 정도의 서명을 요구할 것인지는 그 나라의 서명에 관한 주민 의식과 소환의 빈도를 고려하여 적정선을 찾아야 한다.[204]

(ⅲ) 주민소환 청구의 제한기간

주민소환투표의 시행 청구가 제한되는 기간이 지나치게 길다. 주민소환에 관한 법률에서는 임기 개시일부터 1년이 지나지 아니한 때와 임기 만료일부터 1년 미만이 남은 때는 주민소환 청구를 할 수 없도록 하였다. 그리고 해당 공직자에 대한 주민소환투표를 실시한 날부터 1년 이내인 때도 주민소환투표를 청구할 수 없도록 하였다. 결국, 지방자치단체의 장과 지역구 지방의원의 임기 4년 중 앞의 1년과 뒤의 1년 동안에는 주민소환투표 청구를 하지 못하도록 하였으므로 실질적으로 주민소환투표 청구를 할 수 있는 기간은 4년의 임기 중 가운데 있는 2년으로 제한되었다.[205]

---

203) 이상 이기우/하승수, 『지방자치법』, 대영문화사, 2007, 128쪽.
204) 이상 이기우/하승수, 『지방자치법』, 대영문화사, 2007, 128~129쪽.
205) 이상 이기우/하승수, 『지방자치법』, 대영문화사, 2007, 129~130쪽.

(ⅳ) 소환대상자의 권한 행사 정지

주민소환 발의만으로 소환대상자의 권한 행사 정지를 규정하는 것은 다수의 의사로 결정하기도 전에 소수의 서명만으로 행정 공백을 가져올 수 있어 바람직하지 않다.206)

Ⅵ. 위법한 조례에 대한 권리구제

1. 주민의 위법한 조례의 개폐 청구

주민은 위법한 조례에 관해서 지방자치단체의 장에게 개정하거나 폐지하라고 청구할 수 있다(지방자치법 제19조).

2. 행정소송(항고소송)

조례에 근거하여 내려진 처분에 대해서 취소나 무효를 주장하여 간접적으로 조례의 적법성을 다툴 수 있다. 대법원은 예외적으로 두밀분교조례의 처분성을 인정하여 시·도 교육감을 피고로 무효확인소송이 가능하다고 하였다.207)

3. 헌법소원심판

헌법재판소법 제68조 제1항에서 말하는 '공권력'에는 입법작용이 포함되고, 입법작용에는 형식적 의미의 법률을 제정하는 행위뿐 아니라 법규명령·규칙을 제정하는 행위도 포함된다. 지방자치단체에서 제정하는 조례도 불특정다수인에 대해서 구속력이 있는 법규이므로 조례제정작용도 입법작용의 일종이다. 따라서 조례도 헌법소원심판 대상이 될 수 있다.208)

---

206) 김학성/최희수, 『헌법학원론(전정5판)』, 피앤씨미디어, 2021, 220쪽; 이기우/하승수, 『지방자치법』, 대영문화사, 2007, 130쪽.
207) 대법원 1996. 9. 20. 선고 95누8003 판결(집44-2, 686; 공1996하, 3210).
208) 헌재 1994. 12. 29. 92헌마216, 판례집 6-2, 451, 457.

제 8 장

헌법수호

제 8 장 헌법수호

제 1 절 헌법수호의 개념과 보호법익

헌법수호는 헌법적대적 행위(상황)에서 (성문·불문)헌법이 정한 일정한 가치질서를 보호하는 것을 말한다. 이와 비교해서 국가수호는 주로 외부의 적에게서 '국가 존립' 그 자체를 보호하는 것을 말한다. 양자의 개념이 비슷하지만, 헌법수호는 헌법이 정한 가치에 중점을 두지만, 국가수호는 가치가 아니라 국가 존립 그 자체에 중점을 둔다. 좁은 뜻의 헌법수호는 헌법의 기본가치인 '자유민주적 기본질서'를 보호법익으로 한다.[1] 외부 또는 내부 헌법적대적 세력의 직접적 침해를 사후적으로 제거하거나 사전적으로 예방하는 방식으로 자유민주적 기본질서를 보호한다. 넓은 뜻의 헌법수호는 '최고법인 헌법의 규범력'을 보호법익으로 한다. 헌법적대적 세력의 직접적 침해에서 자유민주적 기본질서를 수호하는 헌법수호수단뿐 아니라 헌법의 규범력 강화에 이바지하는 모든 조직적·절차적 수단으로도 '최고법인 헌법의 규범력'이 확보될 수 있다.

제 2 절 헌법수호 주체 – 모든 국가기관과 국민 전체

'누가 헌법을 수호하는 자인지'는 헌법의 위기 때마다 제기되었다. 헌법수호 주체에 관한 문제가 비중 있게 논의된 사례로 바이마르 헌법 당시에 바이마르 헌법 제48조의 긴급권규정을 둘러싸고 헌법학자들 사이에 벌어진 논쟁을 들 수 있다. 켈젠은 법단계설에 근거하여 헌법수호를 위헌법률을 저지함으로써 확보할 수 있는 것으로 파악하고, 특히 헌법수호 유형으

---

[1] 헌재 2001. 9. 27. 2000헌마238등, 판례집 13 – 2, 383, 402; "(5) 따라서 우리 헌법은 폭력적, 자의적인 지배 즉 일인 내지 일당독재를 지지하거나, 국민들의 기본적 인권을 말살하는 어떠한 지배원리도 용인하지 않는다. 형식적으로는 권력분립·의회제도·복수정당제도·선거제도를 유지하면서 실질적으로는 권력집중을 획책하여 비판과 견제기능을 무력화하고, 자유·비밀선거의 외형만을 갖춰 구성된 일당독재를 통하여 의회제도를 형해화하거나, 또는 헌법상 보장된 기본권을 인정하지 아니함으로써 사유재산 및 시장경제질서를 부정하는 공산주의를 신봉하는 정당이나 집단은 우리 헌법의 이념과 배치되고, 이러한 이념을 추구한 정당 또는 단체와 그 구성원들의 활동도 헌법과 법률에 의하여 보호되지 아니한다고 할 것이다. (6) 결국 우리 국민들의 정치적 결단인 자유민주적 기본질서 및 시장경제원리에 대한 깊은 신념과 준엄한 원칙은 현재뿐 아니라 과거와 미래를 통틀어 일관되게 우리 헌법을 관류하는 지배원리로서 모든 법령의 해석기준이 되므로 이 법의 해석 및 적용도 이러한 틀안에서 이루어져야 할 것이다."

로 사전적·예방적 수호보다 사후적·교정적 수호를 강조하면서 '바이마르 헌법상 중립적 사법기관인 국사재판소(헌법재판을 담당한 법원)가 헌법의 수호자가 되어야 한다고 주장하였다.[2] (이에 대해서 트리펠은 헌법분쟁의 본질은 정치적 분쟁이므로, 헌법재판은 본질적으로 사법적 형식으로 판단할 수 없는 분쟁에 대한 판단이라고 주장하였다.[3]) 반면 슈미트는 당시 바이마르 공화국의 헌법상태를 정치적 다원주의라고 부르면서, 정당의 각축장인 국회나 국사재판소가 헌법상태 통일을 가져올 수는 없다고 하였다. 법원도 궁극적으로는 각 정당의 자의적인 헌법 해석 대변자에 불과하다는 것이다. 헌법상태 통일을 위해서 헌법수호자 역할은 국민이 직접 선출한 '중립적 권력'인 대통령이 담당하여야 한다고 주장하였다.[4] 이에 대해서 켈젠은 헌법의 수호자는 헌법침해행위에서 헌법을 보호하는 것이라고 하면서, 법률 제정과 집행을 담당하는 의회나 정부에 헌법수호 책임을 맡기면 헌법을 침해할 법적 기회와 정치적 충동을 갖게 될 것이므로, 의회나 정부에 헌법수호 책임을 떠맡길 수 없고, 헌법수호 역할은 사법부에 기대할 수밖에 없다고 하였다.[5] 그를 따르면 대통령을 의회와 행정부 사이 권력 대립을 중개하는 권력으로 보는 태도는 정치적 이념에 지나지 않는다는 것이다. 비슷한 시기에 영국에서도 헌법의 수호자는 국왕이라는 케이드(Arthur Berriedale Keith)와 헌법수호자는 내각이어야 한다는 라스키(Harold Joseph Laski) 사이에 논쟁이 전개된 바 있다.

헌법수호 주체에 관한 논란은 오늘날 이미 일단락된 것으로 보인다. 더는 어느 하나의 국가기관만을 헌법의 수호자로 보려고 하지 않고, 모든 국가기관, 나아가 국민 전체가 헌법의 수호자로 파악된다. 평상시와 비상시를 나누어 특정 국가기관의 역할이 강조될 수는 있으나,[6] 헌법의 수호자 자체를 시기별로 나누어 생각할 수는 없으며, 시기를 막론하고 모든 국가기관과 국민 전체가 헌법의 규범력을 존중하려는 '헌법준수의지(헌법에 대한 의지)'를 갖는 것이 중요하다고 보는 데 견해가 일치한다.

제 3 절   헌법수호수단

헌법수호수단은 다양한 유형으로 분류될 수 있다. 헌법수호의 뜻을 기준으로 하면 '넓은 뜻의 헌법수호를 위한 수단'과 '좁은 뜻의 헌법수호를 위한 수단'으로 나눌 수 있다. 넓은 뜻의 헌법수호를 위한 수단으로는 '헌법의 규범력을 확보하기 위한' 다양한 헌법상 제도를 들 수

---

2) Hans Kelsen, Wesen und Entwicklung der Staatsgerichtsbarkeit, in: VVDStRL 5, Berlin/Leipzig 1929, S. 39 f.
3) Heinrich Triepel, Wesen und Entwicklung der Staatsgerichtsbarkeit, in: VVDStRL 5, Berlin/Leipzig 1929, S. 3 f., 8.
4) Carl Schmitt, Der Hüter der Verfassung, 4. Aufl., Berlin 1996, S. 13 ff.
5) Hans Kelsen, Wer soll der Hüter der Verfassung sein?, Die Justiz 6, 1931 (1971), S. 43.
6) 예를 들어 홍성방, 『헌법학(상)(제3판)』, 박영사, 2016, 90~91쪽.

있다. 그중에서도 '헌법의 기본가치를 직접 침해하는 것에 대한' 수호수단을 좁은 뜻의 헌법
수호를 위한 수단이라고 한다.

Ⅰ. 넓은 뜻의 헌법수호수단

1. 헌법규정의 원칙적인 직접적인 법적 구속력

최고규범으로서 헌법은 모든 국가기관과 국민에 대해서 원칙적으로 직접적인 효력을 미치
며 법적 구속력이 있다. 헌법의 법적 구속력은 헌법의 규범력을 확보하는, 가장 기본적인 조
건으로 인정된다.

2. 헌법준수의지(헌법에 대한 의지)

헌법의 규범력은 모든 국가기관, 나아가 국민에게 헌법을 지키려는 의지, 즉 헌법에 대한
의지가 있어야 확보될 수 있다. 헌법에 대한 의지는 국가생활을 자의에서 벗어나게 하는 객
관적이고 규범적인 질서 필요성과 그 고유가치를 인식하고, 헌법이 구성한 질서를 단순한 사
실적 질서 이상의 것, 즉 정당화하고 언제나 새롭게 정당화하여야 하는 질서라는 확신을 하
며, 이런 질서는 인간적 욕구에서 독립하여 효력이 있을 수 있는 것이 아니라 오직 의지행위
를 통해서만 효력이 있게 되고 유지된다는 의식에 기초를 둘 때만 작용할 수 있음에 유의하
여야 한다.[7]

3. 헌법 개정 한계

헌법 개정에 한계를 부여하는 이유는 '합법성의 가면을 쓴 혁명'을 방지함으로써 기존 헌
법의 기본원리 폐지를 막고 역사적 발전과정에서 헌법의 연속성과 동일성을 유지하려는 것이
다. 그러므로 헌법 개정 한계 문제는 헌법이론상 헌법의 존립 보장을 임무로 하는 헌법수호
문제로 다루어야 한다. 즉 헌법 개정 한계는 '헌법의 기본원리를 중심으로 하는 자유민주적
기본질서'를 보호법익으로 하는 헌법수호의 수단이다.

4. 헌법재판제도

헌법재판소는 헌법재판을 통해서 헌법의 기본가치를 확인하고 국가기관의 헌법 준수 여부
에 대한 사법적 통제를 함으로써 모든 국가기관이 헌법을 준수하도록 강제한다.

---

7) 콘라드 헷세, 계희열 옮김, 「헌법의 규범력」, 『헌법의 기초이론』, 박영사, 2001, 22~23쪽.

5. 권력분립적 국가조직

권력분립원칙을 따라서 국가권력이 조직되면, 국가권력 서로 간에 견제와 균형을 이룸으로써 국가권력 오·남용이 방지되어서 헌법의 규범력이 높아진다.

6. 국가기관의 합의제적 구성

국가기관을 대등한 지위가 있는 복수의 공무원으로 구성하여 그들의 합의로 결정을 내리도록 하는 합의제는 권력의 오·남용을 막고 헌법의 규범력을 확보하는 것에 이바지한다.

7. 직업공무원제도

직업공무원제도는 공무원에 대해서 일정 기간마다 되풀이되는 선거에도 엽관제에 희생되지 않도록 신분을 보장함으로써 정치적 영향에서 독립하여 국정을 안정적으로 일관성 있게 행사하도록 한다는 점에서 헌법의 규범력을 확보하는 데 이바지한다.

8. 국가긴급권

헌법의 규범력을 유지하려면 비상사태를 극복하기 위한 비상수단, 즉 국가긴급권을 헌법에 규정해 놓을 것이 요구된다. 헌법이 비상사태를 극복하기 위해서 아무런 배려도 하지 않는다면, 그러한 상황을 극복하여야 할 책임 있는 국가기관으로서는 초헌법적 수단을 행사하는 방법 이외에 길이 없게 되기 때문이다.

9. 공개(성)원칙

국가의사 결정의 공개원칙은 국가기관에 대해서 그 의사 결정 과정의 투명성을 요청하여 의사 결정의 공정성을 확보함으로써 헌법의 규범력을 확보한다.

10. 국가기관의 위헌행위에 대항할 수 있는 국민의 권리

국민은 국가기관의 위헌행위에 대해서 국가배상청구제도, 헌법재판제도 등의 절차를 통해서 국가기관의 헌법위반적 행위에 대해서 대항할 수 있다. 이러한 제도 보장을 통해서 국가기관의 헌법위반적 행위를 제어하고 헌법의 규범력을 확보할 수 있다.

Ⅱ. 좁은 뜻의 헌법수호수단

1. 방어적 민주주의의 의의

민주주의는 가치상대주의와 다원성을 전제로 한다. 민주적 의사 결정을 통해서 얻고자 하는 개개인의 자유와 평등 실현은 다양한 이해관계를 상호 인정하고 조정하는 가운데 이루어질 수 있기 때문이다. 다만, 민주주의가 가치상대주의와 다원성을 원칙으로 하더라도 극단적인 때에 이르기까지 이를 맹목적으로 보장하면, 때에 따라서는 '자유와 평등을 실현하기 위한 민주주의'의 기본적 합의가 파괴될 수도 있다. 그래서 이러한 극단적인 때를 예방 또는 배제하려는 시도가 이론적으로 정립되기에 이르렀다. 자유의 명목 아래 자유 자체가, 민주주의의 명목 아래 민주주의 자체가 파괴되지 않도록 민주주의의 다원적 개방성에 일정한 한계를 그으려는 시도이다. 이는 민주주의의 이름으로 민주주의의 기본가치를 공격하거나 파괴하려는 헌법질서의 적에게서 민주주의의 기본가치를 방어하고자 하는 것으로서 '투쟁적 민주주의'나 '방어적 민주주의'라고 부른다.

2. 방어적 민주주의의 연원

방어적 민주주의는 가치중립적 민주주의에 대한 반성에서 비롯하였다. 독일 최초의 민주 공화국인 바이마르 공화국에서 민주주의는 다수가 의사를 결정하는 형식적 방법으로만 이해되었고 민주주의 내용에 관심을 두지 않았다. 그러던 중에 민주주의가 스스로 인정한 합법적인 방법으로 나치가 집권하자 바이마르 공화국은 붕괴하였고 민주주의도 파괴되었다. 그 결과 나치가 패전하고 나서 서독 기본법을 제정할 때 바이마르 공화국 붕괴에 소극적이나마 이바지하였던 가치중립적 민주주의에 관해서 반성을 하게 되었다. 민주주의를 단순히 형식적 의사 결정의 절차로만 이해하였던 절대적 상대주의에서 벗어나서 일정한 민주주의의 내용적 가치를 모든 침해에서 수호하는 가치구속적 민주주의를 지향하게 되었다. 이러한 민주주의의 내용적 가치는 나치 침략에 시달렸던 제2차 세계대전의 와중에, 즉 1930년대 말부터 칼 뢰벤슈타인이나 칼 만하임(Karl Manheim)('전투적 민주주의'라고 이름 지음) 등이 방어적 민주주의론으로 주장하였고 '자유민주적 기본질서'의 개념 아래 서독 기본법에 구체적으로 규정되기에 이르렀다.

3. 방어적 민주주의의 구체화: 기본권실효제도와 위헌정당해산제도

민주주의 실현을 위해서 침해되어서는 안 될 '자유민주적 기본질서'를 수호하려고 독일 기본법은 기본권실효제도와 위헌정당해산제도를 도입하였다. ① 기본권실효제도는 특정인이나 특정단체가 헌법적 가치질서를 파괴하려는 목적으로 정치적 기본권을 행사하는 구체적인 상황에서 헌법소송절차에 따라서 헌법이 보장한 일정한 기본권을 그들만 실효시킴으로써 헌법 질서의 적에게서 헌법을 수호하려는 제도를 말한다. 독일 기본법 제18조는 "의사표현의 자유, 특히 신문의 자유(제5조 제1항), 교수의 자유(제5조 제3항), 집회의 자유(제8조), 결사의 자유(제 9조), 서신·우편과 전신의 비밀(제10조), 재산권(제14조)이나 망명권(제16a조)을 자유민주적 기 본질서에 대한 공격을 위해서 남용하는 사람은 이 기본권의 효력을 상실한다. 실효(여부)와 그 범위는 연방헌법재판소가 선고한다."라고 하여 기본권실효제도를 규정한다. ② 위헌정당해 산제도는 헌법적 가치질서를 파괴하려고 조직되거나 활동하는 헌법적대적 정당을 일정한 헌 법소송절차에 따라서 강제해산시킴으로써 정당 형식으로 조직된 헌법질서의 적에게서 헌법을 수호하기 위한 제도를 말한다. 독일 기본법은 정당의 민주적 활동을 헌법적 차원에서 고도로 보장하면서도, 제21조 제2항에 "정당의 목적이나 추종자의 행태에서 자유민주적 기본질서를 침해 또는 폐제하려 하거나 독일 연방공화국 존립을 위태롭게 하려는 정당은 위헌이다. 위헌 성 문제에 관해서는 연방헌법재판소가 결정한다."라고 하여 위헌정당해산제도를 규정한다. 독 일에서 기본권실효는 아직 받아들여진 예가 없으나(실무상 2건의 각하결정이 있었을 뿐이다),[8) 위헌정당강제해산은 1952년 10월 23일 독일 연방헌법재판소가 사회주의국가당(SRP)을 독일 기본법 제21조 제2항의 요건을 충족하는 정당으로 규정하고 강제해산을 선고하면서 처음으로 받아들였고,[9] 1956년 8월 17일 독일공산당위헌판결에서도 원용되었다.[10] 그 밖에 연방헌법 재판소의 군인판결,[11] 도청판결,[12] 급진주의자판결[13] 등에서도 기본법이 방어적 민주주의를 수용함을 확인할 수 있다.

한국 헌법은 제8조 제4항에서 "정당의 목적이나 활동이 민주적 기본질서에 위배될 때에는 정부는 헌법재판소에 그 해산을 제소할 수 있고, 정당은 헌법재판소의 심판에 의하여 해산된 다."라고 하여 위헌정당해산제도를 규정한다. 이에 따라 2014년 통합진보당이 위헌정당으로 해산되었다.[14] 일련의 국가보안법 위반사건에서 헌법재판소와 대법원은 자유민주적 기본질서 를 수호할 것을 강조하는바, 이에 비추어 헌법재판소와 대법원이 방어적 민주주의를 수용함을 알 수 있다.

4. 방어적 민주주의의 한계

방어적 민주주의는 다원적·민주적 의사결정을 원칙으로 하되 옹글게(완벽하게) 개방적인

---

 8) BverGE 11, 282; 38, 23 참조.

 9) BverfGE 2, 1.

10) BverfGE 5, 85.

11) BverfGE 28, 36.

12) BverGE 30, 1.

13) BverGE 39, 334.

14) 헌재 2014. 12. 19. 2013헌다1, 판례집 26-2하, 1.

것으로 내버려 두지 않고 헌법적 결단을 통해서 '자유민주적 기본질서'라고 표현되는 가치에 이를 구속한다. 따라서 방어적 민주주의 이름 아래 민주주의의 본질인 다원성·개방성을 적극적으로 침해하여서는 안 된다는 것을 한계로 들 수 있다. 자유민주적 기본질서는 민주주의가 실현하여야 할 가치를 전체적으로 그리고 적극적으로 규정하는 것이 아니라 오히려 민주주의 실현을 위해서 침해되어서는 안 될 최소한의 핵심요소를 소극적으로 규정하는 것이기 때문이다.15) '방어적인 것'에 그쳐야 할 방어적 민주주의가 민주주의 수호라는 목적을 넘어서 확대 적용된다면, 국가 개입을 폭넓게 정당화하려는 시도로 변질할 수 있고, 특정한 가치를 절대화하여서 다원성을 억압한다든지 다른 헌법상 기본원리의 본질을 침해하는 결과를 가져올 것이다. 이는 민주주의 수호가 아닌 민주주의의 자기파괴, 민주주의의 자기부정이 될 것이다. 그리고 방어적 민주주의에 따른 각종 제한은 비례성원칙에 따라야 한다. 비례성원칙에 위반된 제한은 정당성을 인정받을 수 없기 때문이다.16)

Ⅲ. 현행 헌법과 헌법수호수단

1. 평상시 헌법수호제도

현행 헌법의 헌법수호수단을 분류하는 방식은 다양하다.17) 평상시와 비상시의 헌법수호제도로 나누어 보면, 평상시의 헌법수호제도로는 사전예방적 헌법수호제도와 사후교정적 헌법수호제도의 두 가지 유형이 있다.

(1) 사전예방적 헌법수호제도

사전예방적 헌법수호제도는 헌법이 현실적으로 침해되기 전에 헌법에 대한 위협이나 침해

---

15) 장영수, 「헌법의 기본원리로서의 민주주의」, 『안암법학』 창간호, 안암법학회, 1993, 136쪽.

16) 이상 홍성방, 『헌법학(상)(제3판)』, 박영사, 2016, 104~105쪽 참조.

17) 먼저 헌법보장의 수단·방법을 정치적 보장방법, 사법적 보장방법, 선언적 보장방법, 미조직적 보장방법으로 나누어 설명하면서도, 한국의 헌법보장수단을 헌법규정에 따라서 분류할 때는 사법적 보장방법에서 헌법재판소의 보장방법을 분리하여 정치적 보장방법, 사법적 보장방법, 헌법재판소에 의한 보장방법, 선언적 보장방법으로 나누는 견해가 있다. 이 견해는 ① 정치적 보장방법으로는 권력분립제도, 국무총리와 국무위원해임건의제도, 공무원의 정치적 중립보장, 헌법 개정의 국민투표, 국가긴급권제도, ② 사법적 보장방법으로는 위헌명령심사제도, 국헌문란자 처벌제도, ③ 헌법재판소의 보장방법으로는 탄핵제도, 위헌정당해산제도, 위헌법률심사제도, ④ 선언적 보장방법으로는 헌법준수의무 선서제도, 경성헌법제도를 든다(김철수, 『학설·판례 헌법학(전정신판)(상)』, 박영사, 2009, 136~138쪽). 다음으로 헌법수호의 수단을 하향식 헌법 침해에 대한 보호수단, 상향식 헌법 침해에 대한 보호수단, 국가비상사태에서 헌법보호비상수단으로 나누어 설명하는 견해가 있다. 이 견해는 ① 하향식 헌법 침해에 대한 보호수단으로는 헌법개정권력에 대한 헌법의 보호, 기타 국가권력에 대한 헌법의 보호(헌법소송제도, 권력분립제도 등), 헌법보호수단으로서 저항권, ② 상향식 헌법 침해에 대한 보호수단으로는 헌법내재적 보호수단(기본권실효제도, 위헌정당해산제도), 헌법외적 보호수단(형사법적 보호수단, 행정법적 보호수단), ③ 국가비상사태에서 헌법보호비상수단으로는 헌법 제76조와 제77조의 국가긴급권을 언급한다(허 영, 『한국헌법론(전정17판)』, 박영사, 2021, 84~93쪽).

를 예방함으로써 헌법의 최고규범성과 규범력을 확보하려는 제도를 말한다. 현행 헌법에 명문으로 규정된 또는 해석으로 인정될 수 있는 사전예방적 헌법수호제도로는 ① 대통령의 헌법준수의무 선서, ② 권력분립, ③ 경성헌법(헌법 개정의 절차적 한계), ④ 공무원·군의 정치적 중립성을 들 수 있다.[18]

(2) 사후교정적 헌법수호제도

사후교정적 헌법수호제도는 이미 헌법이 침해될 때 그 침해행위를 배제하거나 효력을 부인함으로써 헌법의 최고규범성과 규범력을 회복하려는 제도를 말한다. 현행 헌법에 명문으로 규정된 사후교정적 헌법수호제도로는 ① 위헌법령심사제도, ② 탄핵제도, ③ 위헌정당해산제도, ④ 헌법소원제도, ⑤ 국무총리·국무위원 해임건의권, ⑥ 국회의 긴급명령 등의 승인권, ⑦ 국회의 계엄해제 요구권, ⑧ 국회의 국정감사·조사권, ⑨ 공무원의 책임제도(국가배상청구권)를 들 수 있다.

2. 비상시 헌법수호제도

국가가 비상사태에 처한 때와 같이 평상시의 통상적 헌법수호제도로는 헌법수호가 불가능할 때 이용되는 특수한 헌법수호제도를 말한다. 헌법상 비상시 헌법수호제도로는 ① 긴급재정·경제처분권, ② 긴급재정·경제명령권, ③ 긴급명령권, ④ 계엄선포권 같은 국가긴급권제도와 ⑤ 저항권을 들 수 있다.

3. 헌법외적 헌법수호수단

평상시와 비상시 헌법수호수단 같은 헌법에 규정되었거나 해석으로 인정되는 헌법적 헌법수호수단 외에 헌법외적 헌법수호수단으로는 형사법적 헌법수호수단과 행정법적 헌법수호수단을 들 수 있다. ① 형사법적 헌법수호는 형사법이 정하는 형벌을 수단으로 하여, 헌법침해행위에서 헌법을 수호하는 것을 말한다. 형법상 내란죄(제87조)와 외환죄(제92조)처럼 일반 형사법에서 헌법침해범죄를 규정하는 때도 있고, 국가보안법처럼 특별형법에서 별도로 법률을

---

18) 헌법의 최고규범성과 규범력 확보는 헌법수호제도를 통해서 도달하여야 할 목표이므로 헌법수호제도 그 자체라고 보기는 어렵다. 헌법의 최고규범성 선언을 사전예방적 헌법수호제도라고 보는 견해(권영성, 『헌법학원론(개정판)』, 법문사, 2010, 64쪽)도 있다. 그러나 헌법상 헌법의 최고규범성을 명문으로 선언하여 헌법의 최고규범성을 강조하는 입법례에서도 '헌법의 최고규범성의 선언규정' 자체를 사전예방적 헌법수호'제도'라고 보기는 어렵다. 한편, "방어적 민주주의의 헌법적 수용은 동전의 양면처럼 한편으로는 민주주의의 수호를 강조하고 있다는 의미에서 사전예방적 헌법수호의 측면을 가지는 것이면서, 다른 한편으로는 현실적으로 민주주의를 위협하거나 공격할 경우에는 반민주주의적 행위를 배제한다는 의미에서 사후교정적 헌법수호의 측면도 가지는 것이다."라고 하여 방어적 민주주의 채택을 사전예방적 헌법수호제도라고 보는 견해(권영성, 『헌법학원론(개정판)』, 법문사, 2010, 64~65쪽)가 있다. 그러나 다른 모든 사후교정적 헌법수호제도도 위헌정당해산제도와 마찬가지로 민주주의 수호를 강조한다는 의미에서는 사전예방적 헌법수호 측면이 있으므로, 방어적 민주주의의 헌법적 수용(으로 제도화한 위헌정당해산제도)만을 별도로 사전예방적 헌법수호제도에도 해당하는 것으로 보기는 어렵다.

제정하여 규율하기도 한다. ② 행정법적 헌법수호는 경찰권 등의 행정권을 발동하여 헌법침해행위에서 헌법을 보호하는 것을 말한다. 공무원임용 때의 신원조회제도, 사회단체의 설립·변경·해산 신고제도를 시행하는 것도 행정작용을 통해서 헌법질서를 수호하는 측면이 있다.

제 4 절   비상시 헌법수호수단인 국가긴급권

Ⅰ. 의의와 유형

1. 개념과 정당화근거

전쟁·내란 또는 경제공황과 같이 정상적인 헌법적 규율로 극복하기 어려운 비상사태가 발생하면 국가는 평시를 전제로 한 권력(배분)행사방식과는 달리 특정 국가기관에 권한을 집중시켜 국가적 위기를 극복할 필요가 있다. 이렇게 위기를 극복하기 위한 정부체제를 '위기정부'라고 하고, 위기정부에 부여되는 비상수단을 발동할 수 있는 권한을 '국가긴급권'이나 비상적 권한이라고 한다. 국가긴급권은 전쟁·내란·경제공황 등과 같이 국가의 존립과 안전을 위태롭게 한 비상사태가 발생하여 정상적인 헌법수호수단으로 수습할 수 없을 때 국가원수가 국가의 존립과 안전을 확보하는 데 필요한 긴급조치를 마련할 수 있는 비상적 권한이라고 정의할 수 있다.[19]

국가긴급권은 국가비상사태, 즉 그 본질상 정상적인 헌법수호수단으로 수습할 수 없는 국가 존립이나 헌법질서에 대한 외부 위협이나 비정상상태에서만 행사될 수 있다. 따라서 헌법장애상태, 즉 헌법기관이 자신의 헌법상 기능을 수행할 수 없지만, 헌법이 정하는 정상적인 방법으로 없앨 수 있는 상태를 수습할 목적으로 국가긴급권을 행사할 수는 없다.[20] 이러한 국가긴급권을 헌법적으로 정당화하는 이유는 먼저 ① 효율적으로 국가위기상황을 극복하기 위함이다. 평상시의 복잡한 법치국가적 국가조직으로는 국가적 비상사태를 효율적으로 대처하기 어렵기 때문이다. 다음으로 ② 헌법의 규범력을 유지하려면 비상사태를 극복할 수 있는 비상수단을 헌법에 규정해 놓을 것이 요구된다. 헌법이 비상사태를 극복하기 위해서 아무런

---

19) 헌재 2015. 3. 26. 2014헌가5, 판례집 27—1상, 226, 230: "국가긴급권은 국가의 존립이나 헌법질서를 위태롭게 하는 비상사태가 발생한 경우에 국가를 보전하고 헌법질서를 유지하기 위한 헌법보장의 한 수단이지만, 평상시의 헌법질서에 따른 권력 행사방법만으로는 대처할 수 없는 중대한 위기상황에 대비하여 헌법이 중대한 예외로서 인정한 비상수단이므로, 헌법이 정한 국가긴급권의 발동요건·사후통제 및 국가긴급권에 내재하는 본질적 한계는 엄격히 준수되어야 한다."

20) 같은 견해로는 김학성/최희수, 『헌법학원론(전정5판)』, 피앤씨미디어, 2021, 58쪽; 허 영, 『한국헌법론(전정17판)』, 박영사, 2021, 93~94쪽 참조. 헌법장애상태를 수습할 목적으로 비상사태를 전제로 하는 국가긴급권을 행사하는 것은 긴급권의 과잉행사가 된다고 한다.

배려도 하지 않다면, 그러한 상황을 극복하여야 할 책임 있는 국가기관으로서는 초헌법적 수단을 행사하는 방법 외에 다른 길이 없게 되기 때문이다. 끝으로 ③ 집행부에 특별한 권한을 부여할 때 헌법적 근거, 요건과 한계를 명시함으로써 국가긴급권 남용을 막는 데 있다. 국가긴급권을 행사할 때 정상적인 법치국가원리 (구성요소) 일부가 배제될 수 있다고 해서 국가긴급권을 법치국가의 예외로 인정하여서는 안 된다는 점에 유의하여야 한다. 국가긴급권도 기본적인 법치국가적 요청이 지켜지는 가운데 헌법의 수권 범위 안에서 이루어지는 것이기 때문이다.

2. 유형

국가긴급권 유형을 여러 가지 기준으로 다양하게 분류할 수 있다. 위기정부의 기능이나, (영미, 대륙)법계, 발동시기, 헌법적 근거를 기준으로 하여 분류할 수 있다.[21] 그 가운데 헌법적 근거 유무를 기준으로 한 분류를 살펴보기로 한다.

(1) 합헌적 국가긴급권

합헌적 국가긴급권은 헌법 자체가 국가비상사태를 미리 예상하여 일정한 비상사태가 발생할 때 특정 국가기관에 일정한 조건 아래에서 특별한 권력 행사를 인정하는 국가긴급권을 말한다. 헌법상 국가긴급권(계엄선포권, 긴급명령권, 긴급재정·경제명령/처분권)이 이에 해당한다. 합헌적 국가긴급권을 국가비상사태가 발생할 때 '입헌주의를 일시적으로 정지'하는 국가긴급권이라고 이해하는 견해[22]가 있다. 그러나 국가긴급권을 법치국가원리의 예외로 볼 수 없는 한 입헌주의를 벗어나지 않는 헌법의 수권 범위 안에 있는 것으로 이해하여야 한다.[23]

---

21) 먼저 위기정부의 기능을 기준으로 하여 ① 국민의 자유와 권리를 제한하고 집행권을 강화하는 집행형긴급권(계엄제도), ② 의회가 집행부에 입법권을 이양하여 위기입법을 신속히 마련하게 하는 입법형긴급권(긴급입법권 위임), ③ 양자를 절충한 절충형긴급권(전시내각 구성) 등으로 분류할 수 있다. 다음으로 법계를 기준으로 하여 ① 헌법이 아니라 개별 입법으로 국가긴급권을 규정하는 영미법계형, ② 헌법이 국가긴급권을 명문으로 제도화하는 대륙법계형으로 분류할 수 있다. 그리고 발동시기를 기준으로 하여 ① 비상사태가 발생한 연후에 발동하는 사후교정적 긴급권(계엄제도 등), ② 비상사태가 발생할 우려가 있을 때도 이를 예방하려고 발동하는 사전예방적 긴급권으로 분류할 수 있다. 끝으로 헌법적 근거 유무를 기준으로 하여 ① 합헌적 국가긴급권, ② 초헌법적 국가긴급권으로 분류할 수 있다(권영성, 『헌법학원론(개정판)』, 법문사, 2010, 69쪽; 김철수, 『학설·판례 헌법학(전정신판)(상)』, 박영사, 2009, 181~184쪽 참조).

22) 권영성, 『헌법학원론(개정판)』, 법문사, 2010, 69~70쪽; 김철수, 『학설·판례 헌법학(전정신판)(상)』, 박영사, 2009, 182쪽.

23) 헌재 1994. 6. 30. 92헌가18, 판례집 6-1, 557, 568: "주지하다시피 입헌주의적 헌법은 국민의 기본권 보장을 그 이념으로 하고 그것을 위한 권력분립과 법치주의를 그 수단으로 하기 때문에 국가권력은 언제나 헌법의 테두리 안에서 헌법에 규정된 절차에 따라 발동되지 않으면 안된다. 그러나 입헌주의국가에서도 전쟁이나 내란, 경제공황 등과 같은 비상사태가 발발하여 국가의 존립이나 헌법질서의 유지가 위태롭게 된 때에는 정상적인 헌법체제의 유지와 헌법에 규정된 정상적인 권력행사방식을 고집할 수 없게 된다. 그와 같은 비상사태하에서는 국가적·헌법적 위기를 극복하기 위하여 비상적 조치가 강구되지 않을 수 없다. 그와 같은 비상적 수단을 발동할 수 있는 권한이 국가긴급권이다. 즉 국가긴급권은 국가의 존립이나 헌법질서를 위태롭게 하는 비상사태가 발생한 경우에

(2) 초헌법적 국가긴급권

초헌법적 국가긴급권은 국가긴급권이 헌법에 규정되어 있는지와 상관없이 극도의 국가적 비상사태 아래에서 헌법적 제한을 넘어서 독재적 조치를 하는 국가긴급권을 말한다.[24] 초헌법적 국가긴급권 인정 여부에 관해서는 논란이 있다.[25] 헌법이 국가긴급권을 규정하여도 합헌적 국가긴급권만으로 극복하기 어려운 비상사태가 발생할 때 초헌법적 국가긴급권을 발동할 수 있는지가 문제 된다. 국가긴급권은 국가 존립과 전체 법질서를 수호하기 위해서 비상적 조치를 통하여 정상적인 법질서를 회복하려는 것으로 인정된다. 그러나 정상적인 법치질서에 모순되는 수단을 쓴다는 점에서 헌법에 근거를 두지 아니한 국가긴급권은 헌법 파괴를 뜻하는 것이므로, 최소한 '헌법적으로는' 정당성을 인정받기 어렵다.[26]

Ⅱ. 한국 헌법상 국가긴급권

1. 한국 헌법상 국가긴급권제도 변천

(1) 1948년 헌법

1948년 헌법은 대통령의 계엄선포권(제64조), 긴급재정명령권 및 긴급재정처분권(제57조)

국가를 보전하고 헌법질서를 유지하기 위한 헌법보장의 한 수단이다. 그러나 국가긴급권의 인정은 국가권력에 대한 헌법상의 제약을 해제하여 주는 것이 되므로 국가긴급권의 인정은 일면 국가의 위기를 극복하여야 한다는 필요성 때문이기는 하지만 그것은 동시에 권력의 집중과 입헌주의의 일시적 정지로 말미암아 입헌주의 그 자체를 파괴할 위험을 초래하게 된다. 따라서 헌법에서 국가긴급권의 발동기준과 내용 그리고 그 한계에 관해서 상세히 규정함으로써 그 남용 또는 악용의 소지를 줄이고 심지어는 국가긴급권의 과잉행사 때는 저항권을 인정하는 등 필요한 제동장치도 함께 마련해 두는 것이 현대의 민주적인 헌법국가의 일반적인 태도이다."

24) 박정희가 장기집권을 위해서 하였던 1971년 12·6 국가비상사태선언, 1972년 10·17 비상조치선언이 이에 해당한다.

25) "입헌주의 또는 법치주의를 절대적인 것으로 고집한다면 초헌법적 국가긴급권은 위헌이라는 이유로 부인되어야 할 것이다. 하지만 전쟁이 발발한 경우와 같이 국가의 존립과 안전이 파국에 직면한 극한적 상황에서는 합목적적인 관점에서 초헌법적 비상수단도 정당화될 수 있다고 본다."라고 하여 초헌법적 국가긴급권을 법적으로 정당한 것으로 인정하는 견해(권영성, 『헌법학원론(개정판)』, 법문사, 2010, 71쪽; 정만희, 『헌법학개론』, 피앤씨미디어, 2020, 52쪽)와 적어도 법적으로는 인정될 수 없다는 견해(김철수, 『학설·판례 헌법학(전정신판)(상)』, 박영사, 2009, 187쪽; 김학성/최희수, 『헌법학원론(전정5판)』, 피앤씨미디어, 2021, 59~60쪽; 정종섭, 『헌법학원론(제12판)』, 박영사, 2018, 66쪽; 홍성방, 『헌법학(하)(제3판)』, 박영사, 2014, 211쪽)가 대립한다.

26) 헌재 1994. 6. 30. 92헌가18, 판례집 6-1, 557, 557-558: "위 특별조치법(글쓴이 주: 국가보위에관한특별조치법)은 초헌법적인 긴급권을 대통령에게 부여하고 있다는 점에서 이는 헌법을 부정하고 파괴하는 반입헌주의적, 반법치주의적 위헌법률이고, 국가긴급권 발동(비상사태선포)의 조건을 규정한 특별조치법 제2조의 '국가안전보장에 대한 중대한 위협에 효율적으로 대처하고 사회의 안녕질서를 유지하여 국가를 보위하기 위하여 신속한 사태대비조치를 취할 필요가 있을 경우'라는 규정내용은 너무 추상적이고 광범위한 개념으로 되어 있어 남용·악용의 소지가 매우 크므로 기본권제한법률 특히 형벌법규의 명확성의 원칙에 반하고 그럼에도 국회에 의한 사후통제장치도 전무하다는 점에서 비상사태선포에 관한 위 특별조치법 제2조는 위헌·무효이고, 이 사건 심판대상 법률조항을 포함하여 비상사태선포가 합헌·유효인 것을 전제로 하여서만 합헌·유효가 될 수 있는 위 특별조치법의 그 밖의 규정은 모두 위헌이다."

을 규정하였다. 내우·외환·천재·지변 또는 중대한 재정·경제상 위기에 처하여 공공의 안녕질서를 유지하기 위해서 긴급한 조치를 할 필요가 있으면 대통령은 국회 집회를 기다릴 여유가 없는 때에 한하여 법률의 효력이 있는 명령을 발하거나 재정상 필요한 처분을 하게 하였다. 그러나 이 명령이나 처분은 즉시 국회에 보고하여 승인을 받아야 하였고, 만일 국회 승인을 받지 못하면 그때부터 효력을 상실하였으며, 대통령은 바로 이를 공포하도록 하였다(제57조). 그리고 대통령은 법률이 정하는 바에 의해서 계엄을 선포할 수 있게 하였다(제64조). 국가긴급권이 처음으로 행사된 때는 계엄법이 제정되기도 전인 1948년 10월 17일 제주 4·3 사건과 1948년 10월 21일 여수·순천 반란 사건에 대해서 발동한 것이었다.[27] 1950년 한국전쟁 발발로 선포되었던 비상계엄은 효력을 계속 인정하여 남용되기도 하였다.[28]

(2) 1960년 헌법

1960년 헌법은 긴급명령권을 규정하지 않고 계엄선포권(제64조)과 긴급재정처분권 및 긴급재정명령권(제57조, 제58조)만을 규정하였다. 계엄선포권과 긴급재정처분권 및 긴급재정명령권 모두 대통령이 국무회의 의결을 통해서 발동하도록 하였다. 특히 계엄에 대해서 "대통령은 … 계엄의 선포가 부당하다고 인정될 때에는 국무회의의 의결에도 그 선포를 거부할 수 있다.…"라고 하여 대통령에게 계엄선포거부권을 인정하였다.

(3) 1962년 헌법

1962년 헌법은 대통령의 긴급재정경제처분권과 긴급재정명령권(제73조 제1항)을 더욱 상세히 규정하였으며 긴급명령권(제73조 제2항)을 부활시켰다. 특히 종래 계엄법에 규정되었던 내용을 헌법규범화하여 계엄선포권의 요건과 효과를 상세하게 규정하였다. 박정희는 1964년 6·3 사태 당시 비상계엄령을 선포한 바 있고, 찬탈한 정권의 장기독점을 위해서 1971년 12·6 국가비상사태선언, 1972년 10·17 비상조치선언, 이른바 10월 유신 같은 초헌법적(헌법파괴적인) 비상권한을 행사하였다. 1971년 12월 6일 당시 박정희 대통령은 국가비상사태를 선언하였다.[29] 그러나 비상사태의 법적 근거가 없어 1971년 12월 27일에는 야당의 격렬한 반대 속에 '국가보위에 관한 특별조치법'을 변칙적으로 국회에 통과시켰다. 그 후속조치로 1972년 10월 17일 전국에 비상계엄을 선포하고 약 2개월간 헌법 조항 일부의 효력을 정지시키는 비상조치를 선포하였다.[30] 이는 헌법을 일부 정지시키는 것으로 당시 헌법상 근거가 없는 초

---

27) 1948년 헌법 제64조를 근거로 하면서도 근거법률이 없어 일본의 계엄령을 의용(依用)하여 이 지역에 합위지경(合圍地境)계엄을 선포하였다(이상철, 「계엄법에 관한 문제점 고찰」, 『안암법학』 제12호, 안암법학회, 2001, 32쪽).
28) 1950년 7월 8일을 기하여 전국에 비상계엄이 선포되어 1953년 7월 23일까지 3년이 넘게 계엄을 시행하였다.
29) 국가비상사태를 선언하는 특별담화 내용을 간추리면 "① 정부시책은 안보를 최우선으로 하여 만전의 태세를 확립한다. ② 일체의 사회불안요소를 배제한다. ③ 언론의 무책임한 안보논의를 삼가야 한다. ④ 국민은 안보 책임을 성실히 수행해야 한다. ⑤ 안보위주의 새 가치관을 확립해야 한다. ⑥ 최악의 경우 자유의 일부를 유보할 결의를 가져야 한다."라는 것이었다(『동아연감』, 동아일보사, 1972, 316~317쪽 참조).

헌법적(헌법파괴적인) 비상권한에 해당한다.[31] 이 비상조치에 따라서 비상계엄이 선포되고 비상국무회의가 열렸고, 1972년 10월 23일 비상국무회의법이 통과되어 비상국무회의가 국회 기능을 대행하게 되었다. 비상국무회의는 국회에 제출된 법률안까지 처리하여 270여 건의 법률안을 통과시켰다.[32]

(4) 1972년 헌법

1972년 헌법은 대통령에게 계엄선포권(제54조)뿐 아니라 긴급조치권(제53조)이라는 유례가 없는 신종 비상권한을 부여하였다. 긴급조치권은 국가비상사태선언을 사후법인 '국가보위에 관한 특별조치법'으로 법적 근거와 효력을 만들어 놓은 것을 헌법상 대통령의 비상대권으로 명문화한 것이다. 긴급조치권은 ① 대통령이 사후교정적 비상조치뿐 아니라 사전예방적 비상 조치까지 단행할 수 있고, ② 헌법에 규정된 국민의 자유와 권리를 잠정적으로 정지할 수 있을 뿐 아니라 정부나 법원의 권한에 관해서도 조치를 할 수 있으며, ③ 긴급조치를 할 때 대통령은 즉시 국회에 통고하는 것으로 충분하고 국회 승인을 구할 필요가 없을 뿐 아니라 국회는 그 해제를 건의할 수 있을 뿐이지 해제를 요구할 수가 없고, ④ 사법적 심사 대상도 되지 아니한다는 점에서 국가위기 때 국가의 존립과 안전을 유지하기 위한 최소한의 통제장치가 아니라 긴급조치권이 아니면 유지될 수 없었던 유신체제에서 체제유지수단으로 사용된 반입헌주의적인 권위주의적 비상대권이라고 볼 수 있다. 이러한 비상식적인 긴급조치가 유신정권 동안 무려 9차례나 발동되었다. 1979년 10월 26일 박정희 대통령이 살해되자 제주도를 제외한 전국에 계엄령이 선포되었고 헌법에 따라서 최규하 국무총리가 대통령의 권한을 대행하게 되었다. 그 후 1979년 12월 12일 전두환 보안사령관을 중심으로 한 일부 정치성향 군인들이 군의 주도권을 장악하고 정권을 획득할 목적으로 군사반란을 일으키고 나서 최규하 대통령을 압박하여 1980년 5월 17일 비상계엄을 전국으로 확대하였다.[33]

---

30) ① 국회를 해산하고, 정당 및 정치활동의 중지 등 현행 헌법 일부 조항의 효력을 정지시킨다. ② 국회의 기능은 비상국무회의가 수행하며, 비상국무회의의 기능을 현행 헌법의 국무회의가 수행한다. ③ 비상국무회의는 1972년 10월 27일까지 조국의 평화통일을 지향하는 헌법개정안을 공고하며, 이 공고일로부터 1개월 이내에 국민투표를 부쳐 확정시킨다. ④ 헌법개정안이 확정되면 개정된 헌법절차에 따라 1972년 연말 이전에 헌정질서를 정상화시킨다.

31) 그리고 '국가보위에 관한 특별조치법'은 대통령에게 국가비상사태선언권을 부여한 것이지만 대통령에게 국회 해산과 같은 '초비상대권'을 부여한 것은 아니므로, 이 법에서도 10·17 특별선언의 근거를 찾을 수 없다는 문제가 있다. 또한, 선언에서 제3공화국 헌법 일부 조항의 효력을 정지한다고 하였는데, 이것도 어느 조항을 지칭한 것이 아니라 막연하게 표현하여 놓았다는 점, 효력이 정지된 헌법조항의 기능을 비상국무회의에서 수행한다고 하였는데 이는 국회의 입법권을 비롯한 모든 권한을 함께 행사하기 위한 조치였다는 점, 국민이 헌법개정안을 마련하도록 수권한 바가 없는데 임의로 헌법개정안을 마련하여 공고하고 국민투표로 확정시키겠다고 한 점을 미루어 보면 이러한 일련의 조치는 박정희가 장기집권을 위한 개헌에 그 의도가 있었음을 알 수 있다.

32) 비상국무회의의 성격 자체가 다가올 유신헌법질서체제에 맞는 법률을 입법하려는 것이서 주로 처리된 법률도 '국민투표에 관한 특별법', '선거관리위원회에 관한 특별법', 법원조직법개정, 정부조직법개정 등이었다(진재훈, 「한국 입법과정에 대한 고찰」, 『국회보』 제242호, 국회사무처, 1986. 12., 39쪽).

422   제 8 장 헌법수호

(5) 1980년 헌법

1980년 헌법은 그 본질에서 이른바 유신체제를 계승한 것으로서 1972년 헌법과 마찬가지로 대통령에게 계엄선포권(제52조)과 긴급조치권을 대체한 비상조치권(제51조)을 부여하였다. 비상조치권은 긴급조치권보다 그 발동요건과 통제에 관한 규정이 강화되었을 뿐이고 본질에서 1972년 헌법의 긴급조치권이 이름을 바꾸어 존속한 것에 불과하다.[34] 12·12 군사쿠데타로 실권을 잡은 전두환 보안사령관이 1980년 5월 17일 지역계엄을 전국계엄으로 확대하면서 국가보위비상대책위원회를 설치하였다.[35] 중앙정보부장과 국군보안사령관을 전두환이 겸직하였고, 비상대책위원회 위원 임명직 10명이 모두 현역군인이었으므로 실질적으로 국가보위비상대책위원회는 보통 군사쿠데타 이후에 설치되는 군사독재위원회(junta)로서 당시 정치는 군이 일방적으로 주도하였다. 이 위원회는 국가보위입법회의로 명칭을 바꾸어 1980년 헌법에 따라서 국회 권한을 대행하는 비상입법기구의 역할을 하였는데(1980년 헌법 부칙 제1항), 약 154일간 189건의 법률안을 입법하였다.[36]

(6) 1987년 헌법

현행 헌법은 계엄선포권(제77조)과 긴급명령권, 긴급재정·경제명령권 및 긴급재정·경제처분권(제76조)을 규정한다. 1993년 8월 13일 당시 김영삼 대통령이 긴급재정·경제명령권으로 '금융실명거래및비밀보장에관한긴급재정경제명령'을 발동한 예가 있다.[37]

---

33) 이에 따라서 정치활동 규제, 사회정화조치, 광주민주화운동 진압 등 일련의 조치와 초헌법적 권력기구인 국가보위비상대책위원회의 설치·운영 등 일련의 국헌문란행위가 진행되었다.

34) 발동요건을 제한하여 사전조치를 불가능하게 하였고, 사후적으로도 '교전상태나 그에 준하는 중대한 비상사태'로 한정하였으며, 발동기간을 비상조치의 목적을 달성할 수 있는 최단기간 안으로 한정하였고, 국회의 사후승인을 필요로 하게 하였으며, 국회 해제 요구가 있으면 즉시 해제토록 하였고, 사법심사를 가능하게 하였다는 점에서 긴급조치보다 강한 통제를 받는다. 그러나 여전히 국정 전반에 걸쳐서 비상조치를 행사하여 헌법에 규정된 국민의 자유와 권리를 잠정적으로 정지할 수 있고, 정부나 법원의 권한에 특별한 조치를 할 수 있도록 규정함으로써 본질상 긴급조치를 계승한 것으로 볼 수 있다.

35) 국가보위비상대책위원회는 대통령직속기관으로서 국무총리, 경제기획원 장관, 외무부 장관, 내무부 장관, 법무부 장관, 국방부 장관, 문교부 장관, 문화공보부 장관, 중앙정보부장(당시 중앙정보부장 서리 전두환), 대통령비서실장, 계엄사령관, 합동참모회의의장, 각군 참모총장, 국군보안사령관과 대통령이 임명하는 10명 이내의 위원으로 구성되었다(국가보위비상대책위원회설치령 제2조).

36) 국가보위입법회의는 정치관계특별위원회를 구성하여 각각 제1소위원회와 제2소위원회를 두었는데 제1소위원회에서는 정당법 개정, 정치자금에 관한 법 개정, 선거관리위원회법 개정 등을, 제2소위원회에서는 대통령선거법, 국회의원선거법, 국회법 등을 제정하거나 개정하였다. 그리고 법원조직법개정 기초소위원회를 두어 법원조직법, 법관징계법, 집달리법 등을 개정하였다. 그리고 국가보위입법회의는 정치자문위원회법과 평화통일자문위원회법을 제정하고, 동 입법회의 법제사법위원회가 정치풍토에 관한 특별조치법을 통과시킴으로써 구정치인의 정치활동을 규제하는 법률을 제정하기도 하였다(국회사무처, 「국가보위입법회의경과보고서」, 1987, 1쪽).

37) 헌법재판소는 금융실명제와 관련한 대통령의 긴급재정경제명령에 대한 헌법소원사건에서 고도의 정치적 결단에 따라서 하는 국가작용이라고 할지라도 그것이 국민의 기본권 침해와 직접 관련이 있으면 헌법재판소 심판대상이 된다고 하여 적극적인 견해를 취한다(헌재 1996. 2. 29. 93헌마186, 판례집 8-1, 111, 116).

2. 긴급재정 · 경제처분권과 긴급재정 · 경제명령권

헌법 제76조 제1항은 "대통령은 내우·외환·천재·지변 또는 중대한 재정·경제상의 위기에 있어서 국가의 안전보장 또는 공공의 안녕질서를 유지하기 위하여 긴급한 조치가 필요하고 국회의 집회를 기다릴 여유가 없을 때에 한하여 최소한으로 필요한 재정·경제상의 처분을 하거나 이에 관하여 법률의 효력을 가지는 명령을 발할 수 있다."라고 하여 대통령의 긴급재정·경제처분권과 긴급재정·경제명령권을 규정한다. 긴급재정·경제처분권과 긴급재정·경제명령권은 재정과 경제사항만을 내용으로 한다는 점에서 대상 범위가 한정되지 않은 긴급명령권과 다르다. 긴급재정·경제처분권과 긴급재정·경제명령권을 행사하려면 ① 내우·외환·천재·지변 또는 중대한 재정·경제상 위기에서 ② 국가의 안전보장 또는 공공의 안녕질서를 유지하기 위해서 긴급한 조치가 필요하고 ③ 국회의 집회를 기다릴 여유가 없을 것이라는 발동요건이 충족되어야 한다. 긴급재정경제처분권과 긴급재정·경제명령권은 국회와 법원·헌법재판소가 통제한다. 동 처분권과 명령권은 ① 즉시 국회에 보고하여 그 승인을 얻어야 한다 (헌법 제76조 제3항). 만일 이러한 승인을 얻지 못하면 그 처분 또는 명령의 효력이 상실되고, 이때 그 명령으로 개정 또는 폐지되었던 법률은 그 명령이 승인을 얻지 못한 때부터 당연히 효력을 회복한다(헌법 제76조 제4항). 그리고 대통령은 국회에 대한 보고와 승인 여부에 대한 사항을 즉시 공포하여야 한다(헌법 제76조 제5항). ② 법원은 긴급명령이 헌법에 위반되는지가 재판의 전제가 되면 헌법재판소에 위헌법률심판을 제청할 수 있다(헌법 제107조 제1항). ③ 헌법재판소도 위헌법률심판이나 헌법소원심판을 통해서(헌법 제111조 제1항 제1호, 제5호) 긴급명령을 통제할 수 있다.

3. 긴급명령권

헌법 제76조 제2항은 "대통령은 국가의 안위에 관계되는 중대한 교전상태에 있어서 국가를 보위하기 위하여 긴급한 조치가 필요하고 국회의 집회가 불가능한 때에 한하여 법률의 효력을 가지는 명령을 발할 수 있다."라고 규정한다. 긴급명령권을 행사하려면 ① 국가의 안위에 관계되는 중대한 교전상태가 발생하여야 하고, ② 국가를 보위하기 위해서 긴급한 조치가 필요하여야 한다. 그리고 ③ 국회의 집회가 불가능하여야 한다고 한정함으로써 긴급재정·경제처분권과 긴급재정·경제명령권보다 발동요건을 강화한다. 긴급명령권도 긴급재정·경제명령과 마찬가지로 법률의 효력을 인정하지만, 재정·경제상 사항에 한정되지 않는다는 점에서 더 포괄적인 권한으로 볼 수 있다. 긴급명령권도 긴급재정·경제처분권과 긴급재정·경제명령권과 마찬가지로 ① 즉시 국회에 보고하여 그 승인을 얻어야 하고, 만일 이러한 승인을 얻지 못하면 명령의 효력이 상실된다. 이때 그 명령으로 개정 또는 폐지되었던 법률은 그 명령이

승인을 얻지 못한 때부터 당연히 효력을 회복한다(헌법 제76조 제3항과 제4항). 그리고 대통령
은 국회에 대한 보고와 승인 여부에 관한 사항을 즉시 공포하여야 한다(헌법 제76조 제5항).

4. 계엄선포권

헌법 제77조 제1항은 "대통령은 전시·사변 또는 이에 준하는 국가비상사태에 있어서 병
력으로써 군사상의 필요에 응하거나 공공의 안녕질서를 유지할 필요가 있을 때에는 법률이
정하는 바에 의하여 계엄을 선포할 수 있다."라고 규정한다. 계엄을 선포하려면 ① 전시·사
변 또는 이에 준하는 국가비상사태가 이미 발생한 때에 ② 병력으로써 군사상 필요에 응하거
나 공공의 안녕질서를 유지할 필요가 있어야 한다. 계엄은 비상계엄과 경비계엄으로 유형이
나뉜다(제77조 제2항). 비상계엄은 "대통령이 전시·사변 또는 이에 준하는 국가비상사태에 있
어서 적과 교전상태에 있거나 사회질서가 극도로 교란되어 행정 및 사법기능의 수행이 현저
히 곤란한 때에 군사상의 필요에 응하거나 공공의 안녕질서를 유지하기 위하여 선포"(계엄법
제2조 제2항)하고, 경비계엄은 "대통령이 전시·사변 또는 이에 준하는 국가비상사태에 있어서
사회질서가 교란되어 일반행정기관만으로는 치안을 확보할 수 없는 경우에 공공의 안녕질서
를 유지하기 위하여 선포"(계엄법 제2조 제3항)하도록 규정한다.

경비계엄이 선포되면 해당 지역 안의 군사에 관한 행정사무와 사법사무를 담당하는 기관
은 계엄사령관의 지휘·감독을 받는다(계엄법 제7조 제2항). 경비계엄으로는 헌법과 법률에 근
거한 정상적인 조치가 아니고서는 국민의 자유와 권리를 제한할 수 없다. 비상계엄이 선포되
면 ① 법률이 정하는 바에 의하여 … 정부나 법원의 권한에 관하여 특별한 조치를 할 수 있
다(헌법 제77조 제3항). 즉 행정사무와 사법사무를 군대 관할 아래에 두는 것 등의 특별한 조
치를 할 수 있다. 비상계엄 선포와 동시에 계엄지역 안의 행정기관과 사법기관은 즉시 계엄
사령관의 지휘·감독을 받게 된다. 그리고 ② 법률이 정하는 바에 의하여 영장제도, 언론·출
판·집회·결사의 자유 …에 관하여 특별한 조치를 할 수 있다(헌법 제77조 제3항). 다만, 계엄
법에서는 비상계엄지역 안에서 계엄사령관은 군사상 필요하면 체포·구금·압수·수색, 거주·
이전, 언론·출판·집회·결사 또는 단체행동에 대해서 특별한 조치를 할 수 있다고(제9조 제1
항 제1문) 규정함으로써 헌법 제77조 제3항에 명시되지 않은 제한을 규정한다.

비상사태가 평상사태로 회복되면 대통령은 계엄을 해제하고 이를 공고하여야 한다(헌법 제
77조 제5항). 그리고 국회가 재적의원 과반수 찬성으로 계엄 해제를 요구하면, 대통령은 국무
회의 심의를 거쳐 계엄을 해제하여야 한다(헌법 제77조 제5항). 국회는 재적의원 과반수 찬성
으로 계엄 해제를 요구하거나, 입법 등의 형식으로 계엄을 통제할 수 있다. 그리고 법원은 대
통령의 계엄에 대해서도 국민의 기본권 침해와 직접 관련이 있으면 사법심사 대상으로 삼을
수 있다.[38]

제 5 절 초실정법적 헌법수호수단 - 저항권

Ⅰ. 의의

1. 개념

저항권은 민주적·법치국가적 기본질서를 위협하는 세력에 대해서 국민이 이를 저지하기 위해서 행사할 수 있는 주관적 권리로서 헌법수호수단의 하나이다. 국가권력이 헌법의 기본원리를 중대하게 침해하고 그 침해가 헌법의 존재 자체를 부인하는 것으로서 다른 합법적인 구제수단으로는 목적을 달성할 수 없으면, 국민이 자신의 자유와 권리를 지키기 위해서 실력으로 저항할 수 있는 권리를 말한다.[39] 저항권은 주로 국가권력 담당자에 대한 것이지만(위에서 국가찬탈), 아래에서 국가찬탈에 대한 것이기도 하다.[40] 저항권은 개인의 기본권이면서 헌법수호수단이다.[41]

2. 구별개념

저항권과 구별하여야 할 개념으로 시민불복종(준법거부운동[42]), 혁명권, 국가긴급권이 있다.

시민불복종은 양심상 부정의하다고 확신하는 법이나 정책을 개선할 목적으로 기존 법을 위반하여 비폭력적 방법으로 하는 공적이고 정치적인 집단적 항의행위이다. 하지만 이는 어디까지나 전체 법질서의 정당성을 승인하면서 개별 법규정에 대해서만 불복종을 하는 것이

---

38) 계엄선포권 행사에 관한 사법심사와 관련하여 대법원은 과거에는 "대통령의 계엄선포행위는 고도의 정치적, 군사적 성격을 띠는 행위라고 할 것이어서, 그 선포의 당, 부당을 판단할 권한은 헌법상 계엄의 해제요구권이 있는 국회만이 가지고 있다 할 것이고 그 선포가 당연무효의 경우라면 모르되, 사법기관인 법원이 계엄선포의 요건 구비여부나, 선포의 당, 부당을 심사하는 것은 사법권의 내재적인 본질적 한계를 넘어서는 것이 되어 적절한 바가 못된다."[대법원 1979. 12. 7. 선고 79초70 판결(집27-3, 형43; 공1980, 12379)]라고 한데서 알 수 있듯이 소극적 태도를 취하였다. 그러나 헌법재판소가 이른바 통치행위라고 하여도 국민의 기본권 침해와 직접 관련되면 사법심사 대상이 될 수 있다고 보는 이상(헌재 1996. 2. 29. 93헌마186, 판례집 8-1, 111, 116) 대법원의 종래 판례는 유지되기 어렵다. 최근에 대법원은 "대통령의 비상계엄의 선포나 확대 행위는 고도의 정치적·군사적 성격을 지니고 있는 행위라 할 것이므로, 그것이 누구에게도 일견하여 헌법이나 법률에 위반되는 것으로서 명백하게 인정될 수 있는 등 특별한 사정이 있는 경우라면 몰라도, 그러하지 아니한 이상 그 계엄선포의 요건 구비 여부나 선포의 당·부당을 판단할 권한이 사법부에는 없다고 할 것이나, 비상계엄의 선포나 확대가 국헌문란의 목적을 달성하기 위하여 행하여진 경우에는 법원은 그 자체가 범죄행위에 해당하는지의 여부에 관하여 심사할 수 있다."[대법원 1997. 4. 17. 선고 96도3376 전원합의체 판결(집45-1, 1; 공1997상, 1303)]라고 하여 통치행위에 관한 사법심사 가능성을 한정적으로 인정한다.

39) 헌재 1997. 9. 25. 97헌가4, 판례집 9-2, 332, 338.

40) Christoph Degenhart, Staatsrecht Ⅰ - Staatsorganisationsrecht, 37. Aufl., Heidelberg 2021, Rdnr. 472.

41) 석인선, 『헌법총론』, 세창출판사, 2014, 45쪽; 정만희, 『헌법학개론』, 피앤씨미디어, 2020, 54쪽; 한수웅, 『헌법학(제11판)』, 법문사, 2021, 72쪽.

42) 정재황, 『신헌법입문(제11판)』, 박영사, 2021, 54쪽.

다. 체제내적이고 체제옹호적이라는 점에서 시민불복종은 기존 체제를 전복시키고 새로운 체제를 창설하는 혁명권과는 성격을 달리한다. 그리고 시민불복종에서는 폭력적 수단을 사용하는 것이 인정되지 않는다는 점, 개별 법규정이 양심상 부정의하다고 확인되는 순간 다른 합법적인 구제수단이 있는지를 묻지 않고 불복종할 수 있다는 점에서, 수단의 한계가 미리 정해져 있지 않은 저항권과 구별된다. 저항권을 행사할 때는 폭력적 수단을 동원할 수 있고, 다른 합법적인 구제수단으로 목적을 달성할 수 없는 예외적인 때만 보충적으로 행사할 수 있다.

저항권과 혁명권 모두 폭력적 수단을 동원하는 것이 통례이지만, 혁명은 기존 (헌)법질서를 전복시키고 새로운 헌법질서를 창설하고자 한다는 점에서 기존 법질서를 유지하고 회복하려는 성격이 있는 저항권과 구별된다.

국가긴급권은 국가의 존립과 안전을 위협받는 국가적 위기상황에서 발동되는 국가의 조치이지만, 저항권은 자유민주적 기본질서의 위기가 발생할 때 국민이 행사하는 국민의 권리라는 점에서 다르다.

Ⅱ. 저항권사상의 발전과 입법례

1. 저항권사상의 역사적 발전

폭군방벌론에 사상적 뿌리를 두는 저항권은 중세 전기부터 게르만 민족법, 봉건법, 교회법상 성문이나 불문의 형식으로 인정되었다. 특히 봉건법에서는 가신이 일정한 때에 영주에 대한 충성관계 해지를 통지하고 나서 공식적으로 투쟁할 수 있도록 하였다. 그러나 왕의 결정에 대해서 절대적으로 복종할 수밖에 없었던 절대국가시대에는 실정법적으로 저항권이 인정될 여지도 없었고 현실적으로도 관철되지 못하였다. 다만, 자연법에 기초한 저항권사상이 이론적으로 논의되었으나 19세기 이후 (특히 독일에서) 자연법사상이 퇴조하면서 저항권사상도 약화하였다. 1215년 대헌장(Magna Carta)(제61조)에서 최초로 저항권을 명문으로 인정하였던 영국은 독자적인 저항권사상이 발전하였고, 미국도 독립선언을 하면서 저항권을 인정하였다. 프랑스도 1789년 혁명으로 구체제를 전복하고 저항권을 인정하였다.

2. 저항권에 관한 입법례와 판례

(1) 영국

영국에서 저항권을 성문화한 것은 1215년의 대헌장(Magna Carta)부터라고 할 수 있다. 대헌장 제61조에는 왕이 법적 의무를 지키지 않으면 귀족들이 저항할 권리를 인정하였다. 이후 1628년의 권리청원(Petition of Rights), 1679년 인신보호법(Habeas-Corpus-Act), 1689년 권리장전(Bill of Rights) 등의 헌법적 문서는 대헌장의 저항권을 확인하였다. 이러한 영국의 저항권은 사회계약론과 인권사상에 기초하였다. 왕도 국민과 체결한 일정한 지배계약에 구속되고, 이를 파기하였을 때는 저항권이 인정될 수 있다는 사상에 기초하였다. 그리고 '국가권력도 침해할 수 없는 천부적이고 대국가적인 불가양의 자연적 인권'이라는 인권사상도 저항권의 사상적 배경이 되었다.

(2) 미국

미국에서는 1776년 독립선언과 각주의 권리장전에 인권을 선언하고 저항권에 관한 규정을 두었다. 독립선언은 "어떠한 정부형태이든 천부적 인권을 확보하려는 목적을 훼손할 때는 정부를 변경하거나 폐지하고, 안전과 행복을 보장해 줄 원리에 따라서 신정부를 수립하는 것이 국민의 권리임을 확신한다."라고 규정한다. 그리고 각주의 권리장전 중 1776년 버지니아 권리장전 제3조는 "… 어떠한 정부라도 이러한 목적을 달성하는 데 부적당하다고 인정되고 이러한 목적에 어긋난다고 인정되면 사회 다수인은 공공복리에 가장 적합하다고 인정되는 방법에 따라서 정부를 개혁하고 변경하고 폐지하는 명백하고 절대적인 권리가 있다."라고 규정한다.

(3) 프랑스

1789년 '인간과 시민의 권리선언' 제2조는 "모든 정치적 결사의 목적은 인간의 자연적이고 소멸할 수 없는 권리를 확보하려는 데 있다. 그 권리는 자유·재산·안전 그리고 압제에 저항하는 권리를 말한다."라고 선언하여 저항의 권리를 명문화하였다. 저항권은 1791년 헌법 이래 여러 헌법에서 인정되었다. 1958년 제5공화국 헌법에서는 저항권에 관한 규정이 없지만, 그 전문에서 1789년 인권선언을 계승하는 규정을 둠으로써 저항권을 수용하였다.

(4) 독일

독일은 나치의 불법적 통치를 경험하기 이전까지 실정헌법에 저항권을 규정하지 않았다. 19세기 입헌주의시기에도 저항권을 인정하지 않았고, 1919년 바이마르 헌법에서도 마찬가지였다. 제2차 세계대전 이후에서야 비로소 저항권을 실정화하는 경향이 나타났다. 예를 들어 1946년 헷센 헌법(제147조), 1947년 브레멘 헌법(제19조)과 1950년 베를린 헌법(제23조 제3항) 등은 저항권을 규정하였다. 다만, 1949년 독일 기본법에서는 저항권에 관한 규정을 두지 않았으나, 1968년 국가긴급권 수용과 함께 제20조 제4항에 "모든 독일인은 이 질서(=헌법질서)를 폐제하려고 기도하는 모든 자에 대해서 다른 구제수단이 불가능하면 저항할 권리가 있다."라고 규정하여 저항권을 수용하였다.

Ⅲ. 헌법상 저항권 인정 여부

1. 문제의 소재

현행 헌법상 저항권을 인정하는 명문 규정이 없으므로 헌법상 저항권을 인정할 수 있는 지가 문제 된다. 헌법상 저항권을 인정할 수 있는지와 관련하여 헌법 전문상 "불의에 항거한 4·19 민주이념을 계승하고"라는 문구를 근거로 또는 헌법 제37조 제1항의 열거되지 않은 권리를 근거로 인정할 수 있는지가 문제 된다.

2. 헌법상 저항권의 인정 여부 – 헌법 전문의 '불의에 항거한 4·19민주이념을 계승하고'라는 문구에서 도출할 가능성

(1) 긍정설

'불의에 항거한 4·19민주이념을 계승하고'라는 문구를 실정헌법상 저항권을 규정한 것으로 보는 견해로서, 동 "문언의 객관적 문의는 저항권에 관한 규정이라고 보기 어렵다 한다. 그러나 한국헌정사의 특수성에 비추어 4·19혁명은 민주이념을 구현하기 위한 저항권 행사였다는 국민적 공감대가 형성되어 있고, 당시 개헌안작성자들의 의도가 동 문구를 저항권에 관한 완곡한 표현이라는 점에 양해하였음을 상기할 때, 헌법전문의 동 문구를 저항권에 관한 근거규정으로 해석하여도 무방할 것"이라고 한다.[43]

(2) 부정설

동 문구의 객관적 문의는 저항권 인정으로 볼 수 없고, 개헌안작성자 의도는 저항권이 논의되었는데도 이의 명시적 규정을 회피한 것으로 보아 오히려 저항권을 규정하지 않은 것으로 볼 수 있다는 견해이다.

(3) 판례

대법원은 현행 헌법에 관한 것은 아니지만, 세칭 10·26사건 판결에서 유사한 문구에 관해서 "헌법 및 법률에 저항권에 관하여 아무런 규정도 없는(소론 헌법전문 중 「4.19의거운동」은 저항권규정으로 볼 수 없다) 우리나라의 현단계에서는 … 이 저항권이론을 재판의 준거규범으로 채용하기를 주저 아니할 수 없다."[44]라고 하여 실정헌법상 저항권을 부인하였다.

(4) 검토

"불의에 항거한 4·19 민주이념을 계승하고"라는 문구의 객관적 의미는 주관적인 '권리'를

---

43) 권영성, 『헌법학원론(개정판)』, 법문사, 2010, 80~81쪽. 간접적으로 저항권을 인정하는 실정법적 근거로 볼 수 있다는 견해도 있다(김도협, 『헌법학원론(제3판)』, 진원사, 2021, 66쪽; 방승주, 『헌법강의 Ⅰ』, 박영사, 2021, 436쪽; 양 건, 『헌법강의(제10판)』, 법문사, 2021, 113, 1049쪽; 한수웅, 『헌법학(제11판)』, 법문사, 2021, 74쪽).
44) 대법원 1980. 5. 20. 선고 80도306 판결(전원합의체판결집[형2], 49).

규정한 것으로 보기보다는 객관적인 질서관념인 '이념'을 규정한 것이다. 그리고 제정연혁적으로 보면 저항권을 실정헌법상 인정하려고 하였다기보다는 오히려 저항권의 명문규정화를 회피한 것이다. 나아가 이론적으로 보더라도 헌법 전문에서 주관적 권리까지 도출할 수는 없으므로 이를 저항권의 실정헌법상 근거로 볼 수는 없다. 헌법 제37조 제1항의 열거되지 않은 권리규정은 헌법전에 명시되지 않은 자유와 권리를 헌법 제10조(인간의 존엄과 가치 또는 행복추구권)에 비추어 실정헌법적 권리로 인정할 것을 염두에 둔 규정이다. 따라서 저항권이 열거되지 않은 권리로서 인정될 수 있으려면 그것을 실정헌법적 권리로 인정하여야 할 실익이 있어야 한다. 그런데 저항권은 본질상 자연법적 권리로서 인정되고 실정법에 명문으로 규정되더라도 이는 초실정법적 권리의 주의적·선언적 확인규정에 불과하다.[45] 따라서 실정헌법에 명문 규정이 있다면 모르지만, 저항권의 성격상 굳이 실정헌법상 근거를 찾을 실익이 없으므로 열거되지 않은 권리로 보든 보지 않든 큰 의미는 없다.

3. 초실정법적인 권리로서 저항권 인정 여부

(1) 문제의 소재

초실정법적인 자연법상 권리로서 저항권이 인정되는지는 헌법상 저항권 인정 여부와는 별개 문제이다. 헌법상 저항권을 인정할 수 없다면 초실정법적인 권리인 저항권을 인정할 수 있는지를 검토할 필요하다.

(2) 초실정법적 권리로서 저항권 인정 여부에 관한 학설

① 긍정설

초실정법적 권리로서 저항권을 인정하는 견해는 공권력 담당자가 민주적 기본질서를 근본적으로 침해할 때 그에 저항할 권리는 주권자인 국민에게 자연법상 당연히 인정되는 권리이고 실정헌법규정 존부와 관계없다고 한다.[46] 이러한 취지로 세칭 10·26 사건에서 대법원의 '소수의견'(대법원판사 임항준 등)은 "형식적으로 보면 합법적으로 성립된 실정법이지만 실질적으로는 국민의 인권을 유린하고 민주적 기본질서를 문란케 하는 내용의 실정법상의 의무이행이나 이에 대한 복종을 거부하는 등을 내용으로 하는 저항권은 헌법에 명문화되어 있지 않더라도 일종의 자연법상의 권리로서 이를 인정하는 것이 타당하다 할 것이고 이러한 저항권이 인정된다면 재판규범으로서의 기능을 배제할 근거가 없다."[47]라고 하였다.

---

45) 같은 견해: 김학성/최희수, 『헌법학원론(전정5판)』, 피앤씨미디어, 2021, 65쪽.
46) 석인선, 『헌법총론』, 세창출판사, 2014, 45쪽; 정만희, 『헌법학개론』, 피앤씨미디어, 2020, 54쪽; 정연주, 『헌법학원론(제2판)』, 법영사, 2021, 37~38쪽; 홍성방, 『헌법학(상)(제3판)』, 박영사, 2016, 93쪽.
47) 대법원 1980. 5. 20. 선고 80도306 판결(전원합의체판결집[형2], 49).

② 부정설

저항권을 부정하는 견해는 (i) 저항권은 본질적으로 이념적 개념이지 (실정)법적 개념이 아니므로 그것이 헌법에 규정되든 안되든 (실정)법적 권리로 인정될 수 없다거나, (ii) 법실증주의적 관점에서 실정법이 아닌 자연법에 근거한 권리로서 저항권은 인정될 수 없다거나, (iii) 국가권력 남용은 제도적으로 국민의 기본권 보장과 권력분립을 통해서 방지할 수 있고 법적 안정성을 파괴할 위험이 있는 저항권은 인정할 필요가 없다거나, (iv) 헌법이 저항권을 인정하는 명문 규정을 두지 않는다는 점 등을 논거로 든다.

(3) 판례

대법원은 ① 저항권의 개념이나 요건이 막연하고 모호하다는 점, ② 실정법적 근거 없이 자연법에 따라서만 주장된다는 점을 근거로 저항권을 재판규범으로 원용할 수 없는 것으로 본다. 즉 대법원은 "소위 저항권에 의한 행위이므로 위법성이 조각된다고 하는 주장은 그 저항권자체의 개념이 막연할 뿐 아니라 … 실존하는 헌법적 질서를 무시하고 초법규적인 권리개념으로써 현행 실정법에 위배된 행위의 정당화를 주장하는 것은 이를 받아들일 수 없는 것"[48]이라거나 "현대 입헌 자유민주주의 국가의 헌법이론상 자연법에서 우러나온 자연권으로서의 소위 저항권이 헌법 기타 실정법에 규정되어 있든 없든 간에 엄존하는 권리로 인정되어야 한다는 논지가 시인된다 하더라도 그 저항권이 실정법에 근거를 두지 못하고 오직 자연법에만 근거하고 있는 한 법관은 이를 재판규범으로 원용할 수 없다고 할 것인 바, 헌법 및 법률에 저항권에 관하여 아무런 규정이 없는 우리나라의 현 단계에서는 저항권이론을 재판의 근거규범으로 채용, 적용할 수 없다."[49]라고 판시하였다.[50] 헌법재판소는 "저항권이 헌법이나 실정법에 규정이 있는지 여부를 가려볼 필요도 없이 제청법원이 주장하는 국회법 소정의 협

---

48) 대법원 1975. 4. 8. 선고 74도3323 판결.

49) 대법원 1980. 5. 20. 선고 80도306 판결(전원합의체판결집[형2], 49).

50) 대법원은 이른바 12·12, 5·18사건에서 "원심이 명시적으로 '저항권'이론을 수용한다는 취지로 판시하고 있는 것은 아니므로, 원심이 대법원 판례를 위반하여 '저항권'이론을 수용하였다는 주장을 받아들일 수 없다."라고 하여 기존 견해를 견지하면서도 "피고인들이 1980. 5. 17. 24 : 00를 기하여 비상계엄을 전국으로 확대하는 등 헌법기관인 대통령, 국무위원들에 대하여 강압을 가하고 있는 상태에서, 이에 항의하기 위하여 일어난 광주시민들의 시위는 국헌을 문란하게 하는 내란행위가 아니라 헌정질서를 수호하기 위한 정당한 행위"라고 보았다[대법원 1997. 4. 17. 선고 96도3376 판결(집45-1, 1; 공1997상, 1303)]. 그리고 입법절차 하자를 규탄하는 것이 저항권 행사에 해당하는지와 관련하여 "저항권이란 초실정법적 자연법질서 내의 권리주장으로서 실정법을 근거로 국가사회의 법질서위반 여부를 판단하는 재산권 행사에 있어 이를 주장하는 것은 허용되지 아니한다는 것이 당원의 견해이고, 저항권은 국가권력에 의하여 헌법의 기본원리에 대한 중대한 침해가 행하여지고 그 침해가 헌법의 존재 자체를 부인하는 것으로서 다른 합법적인 구제수단으로서는 목적을 달성할 수 없는 때에 국민이 자기의 권리, 자유를 지키기 위하여 실력으로 저항하는 권리이므로, 국회가 법률을 제정 개폐함에 있어 입법절차를 무시한 하자가 있다고 하더라도 이는 저항권 행사의 대상이 되지 않는 것이며, 이러한 입법과정의 하자를 규탄하고 시정하려는 집회 및 시위라고 하더라도 집회및시위에관한법률에 정한 절차를 따르지 아니한 이상 그 죄책을 면할 수 없다."라고 하여 저항권 행사요건을 검토하면서도 저항권의 원용 가능성을 부정하였다(대법원 2000. 9. 5. 선고 99도3865 판결).

의없는 개의시간의 변경과 회의일시를 통지하지 아니한 입법과정의 하자는 저항권행사의 대상이 되지 아니한다. 왜냐하면 저항권은 국가권력에 의하여 헌법의 기본원리에 대한 중대한 침해가 행하여지고 그 침해가 헌법의 존재 자체를 부인하는 것으로서 다른 합법적인 구제수단으로는 목적을 달성할 수 없을 때에 국민이 자기의 권리·자유를 지키기 위하여 실력으로 저항하는 권리이기 때문이다."라고 판시한 바 있다.[51]

(4) 검토

저항권은 그 본질이 인간에 고유한 인권, 즉 자연법적 권리로서 인정될 수 있고 저항권이 실정법에 명문으로 규정되더라도 이는 초실정법적 권리 확인에 불과하다. 따라서 초실정법적 권리로서 저항권은 인정될 수 있다. 다만, 저항권 행사 요건을 갖추었는지는 별도로 검토하여야 한다.

Ⅳ. 행사 요건

1. 주체와 객체

저항권 행사 주체는 궁극적으로 주권자인 국민이다. 주권자가 아닌 외국인은 동조자나 협조자가 될 수 있을 뿐이다. 따라서 국가기관은 저항권 행사 주체가 될 수 없다. 이때의 국민은 개개인으로서 국민이고 단체, 정당 등은 포함되지 않는다.[52] ① 저항권은 자연법적 권리로서 그 출발점이 정법이나 정의에 대한 확신·신념에 있으므로 이런 확신·신념을 형성·보유할 것이 주체성 인정의 전제가 되기 때문이다. 따라서 노동단체·정당 등은 그 단체의 이름으로서가 아니라 구성원이 개인 자격으로 주체가 될 수 있다. 그리고 ② 이러한 때는 법적 형태를 불문하고 인적 단체가 문제 될 터인데, 해당 단체 구성원 전원이 저항권 행사에 관한 같은 신념이나 그 행사 정도에 대한 합의가 언제나 있다고 보기는 곤란하여서, 그 명의로 저항권을 행사할 수 있다고 하기는 어렵다. 물론 저항권이 개인의 권리라는 사정이 이 권리를 다른 사람과 연대하여 공동으로 행사하는 것을 막는 것은 아니다. 저항권이 집단적으로 행사되면 성공 가능성이 더 높다는 것은 동구권혁명에서 노동조합이나 교회단체가 보여준 바와 같이 역사적으로 증명된 바 있다. 공무원도 사인 자격으로 저항권을 행사할 수 있지만, 국가긴급권이 있는 상황에서 국가권력에 저항권의 주체성을 인정하기는 어렵다.[53]

저항권 행사 객체는 위헌적인 공권력 행사를 통해서 민주적 기본질서를 파괴하거나 위협

---

51) 헌재 1997. 9. 25. 97헌가4, 판례집 9-2, 332.
52) 그러나 단체와 정당도 포함된다는 견해도 있다(권영성, 『헌법학원론(개정판)』, 법문사, 2010, 79쪽; 김철수, 『학설·판례 헌법학(전정신판)(상)』, 박영사, 2009, 202쪽; 석인선, 『헌법총론』, 세창출판사, 2014, 45~4546쪽; 성낙인, 『헌법학(제21판)』, 법문사, 2021, 74쪽; 홍성방, 『헌법학(상)(제3판)』, 박영사, 2016, 95쪽).
53) 같은 견해: 홍성방, 『헌법학(상)(제3판)』, 박영사, 2016, 95쪽.

하는 모든 공권력 담당자는 물론 민주적 기본질서를 파괴하거나 위협하는 개인이나 단체도
포함된다.[54]

2. 상황

(1) 민주적 기본질서를 전면적으로 부인하는 때일 것

저항권 행사는 공권력에 대한 저항이므로 질서교란 위험을 수반한다. 따라서 저항권 행사
는 개별 헌법조항에 대한 단순한 위반이 아니라 자유민주적 기본질서나 기본권 보장 체계가
중대하게 침해되어서 그 질서나 체계가 전면적으로 부인되는 때이어야만 하고, 그러한 점에
서 시민불복종과 구별된다. 다만, 민주적 기본질서 전부가 침해되어야 하는 것은 아니고 그
일부가 침해되는 것만으로 충분하다.[55]

(2) 불법의 객관적 명백성

공권력 행사가 민주적 기본질서를 침해함이 객관적으로 명백할 때 저항권을 행사할 수 있
다. 구체적 상황에서 명백성이 결여되면 개인의 자의적 판단에 따른 저항이 있게 되고, 이로
말미암은 사회적 혼란과 무질서를 가져올 우려가 있기 때문이다. 이때 헌법에 적대적인 사람
들이 헌법을 파괴하려는 주관적 동기가 있어야 하는 것은 아니다.[56]

(3) 최후수단성 – 보충성

저항권은 다른 법적 수단을 전부 행사하더라도 공권력의 헌법 침해를 막을 길이 없는 때
만 보충적으로 행사되어야 한다. 이는 다른 모든 합법적인 수단을 실제로 다 행사하고 나서
야 저항권 행사가 가능하다는 것은 아니다. 헌법이나 법률이 규정하는 다른 법적 수단이 있
더라도 그러한 합법적 수단이 이미 그 기능을 발휘할 수 없는 지경에 이르러 그 행사의 의미
가 없게 되었을 때, 즉 저항권 행사만이 최후의 (의미 있는) 헌법수호수단으로 남았을 때 저항
권 행사가 인정된다.

(4) 성공 가능성?

저항권은 성공 가능성 요건이 충족되어야 행사될 수 있다고 하여 성공 가능성을 저항권
행사 요건으로 드는 견해가 있다.[57] 헌법질서에 대한 명백한 침해행위를 제거할 가능성이 없

---

54) 같은 견해: 김철수, 『학설·판례 헌법학(전정신판)(상)』, 박영사, 2009, 202쪽; 홍성방, 『헌법학(상)(제3판)』, 박영
   사, 2016, 95~96쪽. 사회세력의 헌법 침해는 국가긴급권으로 충분하므로 저항권 대상은 국가권력으로 한정하여
   야 한다는 견해는 김학성/최희수, 『헌법학원론(전정5판)』, 피앤씨미디어, 2021, 65쪽.
55) 홍성방, 『헌법학(상)(제3판)』, 박영사, 2016, 97쪽.
56) 홍성방, 『헌법학(상)(제3판)』, 박영사, 2016, 97쪽.
57) Josef Isensee, Das legalisierte Widerstandsrecht, Berlin/Zürich 1969, S. 74 ff.; 홍성방, 『헌법학(상)(제3판)』, 박영
   사, 2016, 96~100쪽[이슨제(Josef Isensee)의 견해를 따라서 성공 가능성을 서항권 행사의 요건으로 들지만, 저항
   권 행사의 요건이 충족되기 어려움을 들어 새로운 해석을 소개한다]; 허 영, 『한국헌법론(전정17판)』, 박영사,

다면 행사될 수 없다는 것이다. 그러나 권리 행사 정당화 문제(로서 권리 행사 요건 문제)와 사실상 관철 가능성 문제는 구별되어야 한다. 저항권의 성공 가능성은 사실상 관철 가능성의 문제이고 저항권 행사의 정당화 문제가 아니므로 저항권 행사 요건으로 볼 수 없다.[58]

3. 목적

저항권 행사의 목적은 혁명권과는 달리 자유민주적 기본질서에 바탕한 입헌주의적 헌법체제를 수호하려는 것이고, 기존 체제를 부정하고 새로운 체제를 지향하는 저항은 인정되지 않는다. 저항권 행사는 소극적·보전적 의미의 헌법수호수단으로서만 인정된다.

4. 방법

저항권 행사 방법은 미리 규정할 수 없다. 다만, 평화적인 방법으로는 민주적 기본질서를 회복할 수 없다고 판단될 때만 필요한 실력 행사를 할 수 있고 이때 비례성원칙을 존중하여야 한다.

2021, 89쪽("저항권의 행사가 성공하기 위해서는 대부분 헌법 침해의 초기에 시작해야 할 것이지만, 이 단계에서는 아직 최후수단성의 요건이 충족되지 않는 것이 보통이고, 반대로 최후수단성의 요건이 충족된 경우에는 이미 불법권력이 뿌리를 깊게 내리고 있기 때문에 성공가능성이 희박"하므로 성공 가능성 요건은 충족되기 어렵다고 하면서도 여전히 성공가능성을 저항권 행사의 요건으로 든다); Arthur Kaufmann, Rechtsphilosophie, 2. Aufl., München 1997. S. 208 (아르투어 카우프만, 김영환 옮김, 『법철학』, 나남, 2007, 442~443쪽)(처음부터 완전히 가망 없고 의미 없는 것으로 나타날 때 저항권은 허용되지 않는다고 한다).

58) 같은 견해로는 김학성/최희수, 『헌법학원론(전정5판)』, 피앤씨미디어, 2021, 66쪽: "저항권행사는 상황조건(명백성)과 올바른 수단(최후수단성)에 의하여 정당화되는 것이지 성공 가능성에 의하여 정당화되는 것은 아니다."; 장영수, 『헌법학(제13판)』, 홍문사, 2021, 412쪽: "저항권 행사의 정당성은 그 규범으로서의 타당성에 기초하는 것이지, 사실적 조건에 따라 그 정당성 여부를 결정할 수는 없기 때문이다"; 정종섭, 『헌법학원론(제12판)』, 박영사, 2018, 72쪽: "저항권은 피지배자인 국민이 폭력을 합법적으로 독점하고 있는 국가권력에 대항하여 최후의 방어선을 펼치는 것이기 때문에 성공가능성의 여부를 판단할 수 없다. 따라서 가능성이 있을 때 저항권의 행사가 정당화된다는 논리는 저항권의 법리와는 합치하지 않는다고 할 것이다."; 그밖에 "비상상황이 인정되는 한 저항권은 행사될 수 있는 것이지, 성공가능성을 내세워 저항권의 행사조건으로 보는 것은 극도의 헌법침해사태를 허용하게 하여 저항권개념 자체를 부정당하는 결과를 맞을 수 있다는 점에서 받아들일 수 없다."(유제열, 「헌법규범에 있어서의 저항권」, 『법과 사회 연구』 7집, 한일「법과 사회」연구회, 1988, 145~146쪽)라고 하거나 "저항행위의 성공가능성을 요구하는 것은, 저항상황의 출현이 저항권행사의 또 다른 요건들, 특히 보충성 요건에 비추어 볼 때 자칫 불법체제를 감수하고 견디어 낼 것을 요구하는 것이나 다름없어 오히려 불법체제를 강화시켜주는 결과를 초래할 것이다"(정태호, 「5·18 광주민주화운동과 저항권」, 『공법연구』 제20집 제2호, 한국공법학회, 2000, 237쪽)라는 논거로 저항권 행사 요건으로서 성공 가능성 요건을 부정하기도 한다.

제 9 장

국가조직원칙

제 9 장   국가조직원칙

제 1 절   국민주권원칙

I. 국민주권의 의의

주권이론은 중세 말의 혼란과 무질서에서 벗어나 안정된 새로운 질서를 형성하기 위해서 탄생하였다. 중세를 지탱하였던 (교황과 황제의) 낡은 권위로 더는 내전 등 혼란상황을 종식하기 어려워지자, 왕권이라는 새로운 권위를 절대화함으로써 안정된 질서를 수립하고자 하였던 것이다. 대외적으로는 (교황과 황제에게서) 독립을, 대내적으로는 (봉건영주 등 내부 귀족·사제 세력에 대해서) 최고 권력을 뜻하는 주권이 군주에게 귀속되었다. 그러나 국가와 군주라는 인격이 동일시되는 상황에서 군주가 멋대로 주권을 행사하자 질서와 평화를 유지하여야 할 '주권'이 본래 목적을 상실하고 오히려 질서와 평화를 교란하게 되었다. 이러한 군주주권론의 문제점을 해결하려고 여러 가지 주권이론이 주장되었다. 하지만 근대 시민혁명 이후 헌법국가에서는 주권이 국민에게 있다는 국민주권론이 확립되었다. 국민주권은 국가의사를 전반적·최종적으로 결정할 수 있는 원동력·근원이 국민에게 있고, 국가권력의 민주적 정당성 원천이 국민에게 있다는 것을 뜻한다(헌법 제1조 제2항).[1] 즉 모든 국가권력은 국민으로 소급되고, 국민은 국가권력의 주체이다. 따라서 국민은 국가 안에서 권력의 (세속적) 최후 원천이다. 그래서 국가권력과 국가공동체는 절대 선존하는 것이 아니라 국민적 정당성이라는 기반 위에서 형성되고 유지된다.[2]

민주(국가)원리(민주주의)의 핵심요소로서 인정되는 국민주권은 군주주권에 대항하는 항의적·투쟁적 이념으로 출발하였고, 이제는 국가질서 대부분의 중심이념으로 인정되기에 이르렀다는 점에서 역사적 임무를 끝냈다는 평가를 받기도 한다. 하지만 오늘날에도 국가질서의 정당성에 관한 기준으로 작용하며 정당성을 부여받은 국가권력이 국민이 명목상으로만이 아니라 실제로도 주권자로서 유지될 수 있도록 행사될 것을 요청한다는 측면에서 국민주권은 여

---

[1] 헌재 1989. 9. 8. 88헌가6, 판례집 1, 199, 205: "우리 헌법의 전문과 본문의 전체에 담겨 있는 최고이념은 국민주권주의와 자유민주주의에 입각한 입헌민주헌법의 본질적 기본원리에 기초하고 있다. 기타 헌법상의 제원칙도 여기에서 연유되는 것이므로 이는 헌법전을 비롯한 모든 법령해석의 기준이 되고, 입법형성권 행사의 한계와 정책결정의 방향을 제시하며, 나아가 모든 국가기관과 국민이 존중하고 지켜 나가야 하는 최고의 가치규범이다."

[2] 전광석, 『한국헌법론(제16판)』, 집현재, 2021, 77쪽 참조.

전히 규범적인 의미가 있다.

Ⅱ. 국민주권 행사와 대표(제)

1. 국민주권과 국민의 2중적 지위

국민은 헌법을 제정하는 권력이면서 헌법에 복종하는 권력이기도 한다. 즉 하나의 국민이 헌법제정권력으로서 헌법외적 존재인 동시에 헌법이 구성한 권력이다. 따라서 국민의사의 무제한성은 더는 없고 국민도 일단 제정된 헌법에 구속된다. 국민은 헌법제정권력의 주체로서 행동할 때만 실제 주권자로 행동한다.

2. 국민의 형태화

국민은 헌법제정자로서는 (아직) 헌법적으로 형태화한 단위가 아니지만, 국가권력 행사자로서는 (이미) 헌법(률)적으로 '형태화'한다. 국민이 헌법(률)적으로 형태화하면, (그러한) 국민은 국가권력 행사에서도 일정한 행위에 국한될 수 있다(예를 들어 선거와 국민투표). 그리고 모든 국가권력은 조직된 실체가 특정절차를 통해서 행사하여야 한다. 이러한 원칙은 헌법제정권력이나 헌법개정권력에도 적용된다. 이러한 점에서 여론이나 관습법 등의 형성주체인 자연적 의미의 국민은 헌법제·개정권력자이거나 국가기관구성권자인 정치적 의미의 국민과 다르다.

3. 국민에서 유래하는 국가권력

국민주권은 직접 국민이 국가권력을 행사한다는 것까지 뜻하진 않는다. 다만, 국민주권은 국가권력이 국민에게서 비롯한다는 것을 가리킬 뿐이다. 헌법 제1조 후단 "모든 권력은 국민으로부터 나온다."라는 규정은 이러한 취지이다. 이때 국가권력이 국민에게서 비롯한다는 것은 국민이 국가권력을 구성하고 그에 정당성을 부여한다는 뜻이다.

4. 정당성 사슬

헌법적으로 필요한(헌법이 요구하는) 민주적 정당성은 국민부터 국가적 과제를 담당하는 기관과 공직담당자까지 끊어지지 않고 이어진 정당성 사슬을 요구한다. 즉 모든 국가권력 행사는 궁극적으로 국민의 의사에 따라서 정당성을 부여받아야 한다. 그러나 정당성이 언제나 국민의 직접선거로 주어져야 하는 것은 아니다. 보통은 간접적으로 국가권력의 주체인 국민에게 소급될 수 있는 것으로 충분하다.[3] 하지만 중요한 국가의사결정이나 국가권력 행사에는 더 높은 수준의 정당성이 부여되는 것이 바람직하다.

---

3) BVerfGE 47, 253 (275).

5. 국민의 자기지배 실현

국민이 국가권력을 행사하기 위해서 통일적인, 그 자체로 (내적으로) 동질적인 국민의사가 헌법적으로 의제되지 않는다. '국민의 자기지배'는 칼 슈미트(Carl Schmitt)의 동일성이나 동질성 개념에 따라 이루어지지 않는다. 오히려 국민주권 실현은 다원적이고 갈등이 가득한 사회라는 현실적 조건에 적합한 '대표제(대의제)'에 따라 이루어진다.

Ⅲ. 국민주권의 실질화(국민주권과 인민주권)

국민 개념을 주권자로 기능하는 전체 국민인 국민(nation)과 유권자인 시민의 총체로 기능하는 인민(peuple)으로 구분하여 전자를 국민주권론(nation주권)으로, 후자를 인민주권론(peuple주권)으로 달리 이해하려는 견해가 있다. 이러한 주권2분론은 프랑스 헌법학에서 비롯한다. 국민주권론은 시예스(Emmanuel Joseph Sieyès)가, 인민주권론은 루소(Jean-Jacques Rousseau)가 대표한다. 국민주권론은 프랑스 대혁명 당시 시예스가 주장하였던 헌법제정권력론에서 확인할 수 있다. 국가를 창설하는 시원적 권력인 (주권을 징표하는) 헌법제정권력은 추상적 이념적 통일체인 전체 국민에게 귀속된다는 것이다. 한편 인민주권론은 루소의 사회계약론에서 확인할 수 있다. (주권을 징표하는) 인민의 '일반의사'는 사회계약의 당사자인 구체적·현실적인 유권자인 시민에게 귀속되고, 사회계약을 통해서 국민의 위임을 받은 사람을 구속한다는 것이다.

① 국민주권론에서는 추상적인 이념적 통일체인 전체 국민이 구체적·개별적으로 주권을 행사할 수 없어서, 주권의 주체와 행사자를 분리함으로써 국민주권 이념을 구현하고자 한다. 즉 주권 행사자로서 유권자인 시민은 대표를 선출하고 임기 동안 그들에게 정당성을 부여함으로써 그들이 자유롭게 국민을 대표하여 권한을 행사할 수 있도록 한다(대의제). 따라서 선출된 대표는 임기 동안 국민의 지시나 명령에 구속되지 아니한다(무기속위임, 자유위임). 국민주권론에서는 대표의 권력 남용과 자의적 행사를 방지하기 위해서 권력분립이 요청된다. 그리고 최적의 대표를 선출하기 위해서 (예를 들어 교양과 재산이 있는 사람에게만 선거권을 부여하는 방식으로) 유권자를 제한하는 제한선거도 무방하다.

반면 ② 인민주권론에서는 개별적이고 능동적인 유권자로서 시민 총체가 주권을 행사하게 되므로, 주권의 주체와 행사자가 일치하는 동일성민주주의를 지향한다(동일성원리, 직접민주제). 인민은 주권을 자기 스스로 행사할 수 있는 존재이고, 주권은 유권자 총체에 있으며, 개개의 유권자는 1/유권자총수 만큼의 주권을 가지고 행사한다. 유권자인 시민이 직접 선출한 대표는 자신에게 위임된 권한을 행사할 때 인민의 일반의사에 구속된다(기속위임, 명령적 위임). 인민주권론에서는 주권자가 직접 주권을 행사하므로 권력집중의 원리가 요청된다. 그리고 제한

선거는 주권자인 인민의 주권을 제한하는 것이므로 용납될 수 없다.

국민주권론은 추상적 · 명목적 · 형식적인 주권이론으로서, 인민주권론은 구체적 · 능동적 · 실질적인 주권이론으로 부르지만, 국민주권론이 실질적 대표의 개념과 결합하면 인민주권론과 대동소이한 효과를 낼 수 있다는 점에서 구별 실익이 크지는 않다.[4] 물론 실질적 주권이론을 따를 때 국민 개개인을 정치적 의사 형성 과정에 참여시키는 제도적 수단이 강조된다는 점은 주의하여야 한다.[5] 그리고 국민주권 – 인민주권 2분론은 매우 애매모호하고 불명확한 이론이라는 점을 명심하여야 한다. 현실의 국민은 절대 추상적 존재도 아니고 이념적으로 통일되어 있지도 않다. 현실의 국민은 개개의 사람들 그 자체이며, 이들은 다양한 개성과 능력, 생활관계가 있고, 다양한 이념과 가치를 추구하며 나름의 생활을 영위한다. 이러한 국민에는 의사무능력자도 행위무능력자도 포함된다. 이들은 국가 안에서 생활하는 사람, 개개인으로서 철저하게 구체적으로 존재하고 현실적으로 활동한다. 국민의 실체는 단지 이것이며 국민이 통일된 형태로 존재한다는 것은 처음부터 현실에 있을 수 없는 허구에 불과하다. 이러한 국민을 국적 보유자 총체나 유권자 총체로 이해하는 것은 하나의 인식방법에 불과하고 실체를 파악하는 것은 아니다. 국민의 실체는 다양한 여러 개체에 지나지 않으므로, 이러한 개체가 모여 하나의 통일된 형태가 된다는 것은 완벽한 거짓에 불과하다. 따라서 국민 전체이든 유권자만이든 이러한 개체들이 모여 하나의 기관이 되어 스스로 통일된 행동을 할 수 없다. 이러한 점에서 프랑스의 헌정사와 헌법이론에서 등장한 국민주권 – 인민주권 2분론을 한국 헌법에 수용하는 것은 문제가 있다.[6]

IV. 현행 헌법의 국민주권 구현

헌법은 먼저 국민에게 주권이 있고, 모든 권력이 국민에게서 나옴을 명시적으로 확인한다 (제1조 제2항). 주권자인 국민은 주기적으로 돌아오는 선거를 통해서 대표(국회의원과 대통령)를 선출하고 그가 국민을 대표하여 권력을 행사할 수 있도록 민주적 정당성을 부여한다(제41조 제1항, 제67조 제1항). 그리고 국민은 헌법을 제정하고 개정하였고(헌법 전문), 국민투표를 통해

---

4) 유권자는 결국 나머지 비유권자나 선거나 투표에 참여하지 아니한 나머지 유권자의 뜻까지도 반영하는 차원에서 선거와 투표를 한다고 보면, 이 유권자의 뜻이 결국 전체 국민의 뜻으로 볼 수 있어서 추상적 의미의 주권 소지자는 전체 국민으로 그리고 실체적인 통치권의 구성주체는 유권자로 굳이 나누어 볼 실익이나 의미는 별반 없다는 견해로는 방승주, 『헌법강의 Ⅰ』, 박영사, 2021, 131쪽.

5) 헌재 1989. 9. 8. 88헌가6, 판례집 1, 199, 208: "헌법상의 국민주권론을 추상적으로 보면 전체국민이 이념적으로 주권의 근원이라는 전제 아래 형식적인 이론으로 만족할 수 있으나, 현실적으로 보면 구체적인 주권의 행사는 투표권의 행사인 선거를 통하여 이루어지는 것이다. 실질적 국민주권을 보장하기 위하여 유권자들이 자기들의 권익과 전체국민의 이익을 위해 적절하게 주권을 행할 수 있도록 민주적인 선거제도가 마련되어야 하고, 국민 각자의 참정권을 합리적이고 합헌적으로 보장하는 선거법을 제정하지 않으면 안된다."

6) 정종섭, 「대의제에 관한 비판적 연구」, 연세대학교 법학박사학위논문, 1989, 151~152쪽.

서 헌법 개정을 확정할 수 있으며(제130조 제3항 전단). 중요정책에 대한 국민투표제도도 도입되었다(제72조). 이러한 점에서 한국 헌법을 따를 때 국민주권은 간접민주주의(대의제 민주주의)를 원칙으로 하면서도 국민이 직접적으로 국가의사를 형성할 수 있는 직접민주주의를 가미하는 방식으로 실현된다. 또한, 헌법은 개인에게 정치적 기본권을 보장하고 의회제도, 선거제도, 복수정당제도, 지방자치제도, 직업공무원제도 등을 보장함으로써 국민주권을 실질화하는 민주주의를 지향한다.

제 2 절 대의제원칙

Ⅰ. 유래와 정당화근거

1. 유래

최초의 대표기구는 13－14세기의 전환기에 영국에서 발전하였다. 이어서 프랑스, 스페인, 독일, 이탈리아에서도 발전하였다. 이러한 점에서 대표는 전형적인 서유럽 이념이다. 그 근원은 명확히 밝힐 수 없지만, 그 발생에 중요한 이바지를 한 것은 영국의 신분제 회의였다. 근대적 대표제는 18세기 후반 영국에서 등장하였고, 에드워드 버크(Edmund Burke)의 대표이론이 사상적 바탕이 되었다. 버크는 대표이론을 통해서 의원 개개인은 그의 선거구민만을 대표하는 것이 아니고 전체 국민을 대표할 뿐 아니라 그 선거구민 지시에 따라 움직이는 것이 아니고 독자적인 양식과 판단에 따라 행동한다는 점을 강조하였다.

2. 정당화근거

모든 국민이 의사 결정을 위한 올바른 사고력과 판단력이 있는지에 관한 깊은 회의가 있고, 현대 사회가 고도로 발전함에 따라 국민이 사회의 모든 것을 올바르게 인식하고 이해하는 것이 어려워졌다는 문제가 있다. 그리고 지리적 조건과 기술적인 조건 때문에 국민이 직접 의사를 결정할 수 없다. 대의제는 국민주권을 존중하면서도 현대 사회가 지닌 이러한 장애요인들을 합리적으로 극복하려고 창안한 제도이다.

Ⅱ. 개념과 본질

1. 개념

'대표한다'라는 것은 보이지 않는 존재를 어떤 공(개)적으로 현존하는 존재를 통해서 보이게 하고 현존하게 하는 것이다(예를 들어 결석한 사람을 대신하여 출석한 사람의 출석행위). 따라서 대표의 본질은 나타나지 않는 것을 나타나게 만드는 것이다. 대표의 특별한 변증법적 성격은 어떤 것이 결석이면서도(현재 나타나 있지 않으면서도) 동시에 출석한 것으로(나타난 것으로) 관념되는 것에 있다. 그러나 이는 피대표자의 현존을 대표자의 현존으로 단순히 대체하는 것이 아니라 대표자의 현존을 물리적 상태를 넘어서 피대표자와 일정한 유대 속에서 피대표자의 현존으로 간주할 수 있는 구조를 통한 기능적 정당화를 요구한다.7)

한 개인이나 어떤 형식으로든 인격화한 단위가 대표(자)를 통해서 다시 한 번 현재하게(나타나게) 된다면, 대표에서 인적 실존의 2중성이 본질적이라고 말할 수 있다. 따라서 대표의 개념은 2원성이 아니라 단일성(일원성)에 기초한 동일성 개념하고는 원칙적으로 구별되어야 한다. 대의제원칙(국민대표주의8))은 주권자인 국민이 국가의사나 국가정책을 직접 결정하지 아니하고 대표자를 선출하여 그들이 국민을 대신하여 국가의사나 국가정책을 결정하도록 하는 국가조직원칙을 말한다.

2. 대표관계의 법적 성질

(1) 학설

① 법정대표설(법적 효과설)

국민은 선거로 국회를 조직하는 제1차적 국가기관이고, 국회는 국민의 의사를 대신하여 표시하는 제2차적 국가기관이라고 보아 국민과 국회는 법적으로 하나의 통일체를 형성한다고 보는 견해이다. 이를 따르면 통일체로서 국민은 국가작용 일부분을 자기 스스로 하고 다른 부분은 국민의 법정대리인인 국회가 하게 하는데, 이때 국회 의사는 국민 의사로 간주되는 법적 효과를 낳는다고 한다.

② 헌법적 대표설

대표하는 국민대표기관과 대표되는 국민의 사이에는 어떠한 위임관계도 없고, 국민대표기관의 권한은 국민의 위임행위가 아닌 헌법에서 직접 나오는 것이라고 보는 견해이다.9) 이를 따르면 국회의 국민대표성은 헌법 그 자체를 전체적인 입장에서 이해하는 결과로서 나오는 것이라고 한다.

---

7) 윤정인, 「대표의 민주화 - 지속가능한 민주주의를 위한 헌법적 조건 -」, 『저스티스』 제182-2호, 한국법학원, 2021. 2., 404쪽.

8) 정재황, 『신헌법입문(제11판)』, 박영사, 2021, 671쪽.

9) 김철수, 『학설·판례 헌법학(전정신판)(상)』, 박영사, 2009, 439쪽; 같은 사람, 『학설·판례 헌법학(전정신판)(중)』, 박영사, 2009, 37쪽; 김학성/최희수, 『헌법학원론(전정5판)』, 피앤씨미디어, 2021, 830~831쪽; 정재황, 『국가권력 규범론』, 박영사, 2020, 7~8쪽; 같은 사람, 『신헌법입문(제11판)』, 박영사, 2021, 674쪽.

③ 정치적 대표설

오늘날 국민과 국회의원 사이에는 명령적 위임관계나 사법적 의미의 대리관계가 없고, 국회의원이 그를 선출해준 지역구민의 의사에 어긋나게 발언·표결에 임하더라도 그들에 대하여 법적 책임을 지지 않는다는 견해이다.[10] 이 견해는 국회의원은 오로지 국민 전체의 이익을 위해서 활동하여야 한다는 의미의 정치적·도의적 의무를 질 뿐이므로, 그 대표관계도 단지 정치적 대표의 성격이 있는데 지나지 않는다고 본다.

④ 기타

(ⅰ) 오늘날 정당국가적 민주주의 아래에서 국민 의사는 동일성의 원리에 따라 정당이 구체화하므로, 정당이 국민의 대표기관으로 대두하며 국회의원은 정당의 대표자라는 견해도 있고, (ⅱ) 국회의원이 국민의 전체의사를 대표한다는 고전적 대표관념은 그 현실적 기초를 결여하므로, 대표는 국회가 국민 사이의 복잡한 이해관계를 가능한 한 충실히 반영하여야 한다는 것을 뜻한다고 보아 사회학적 개념으로 파악하는 견해도 있다. (ⅲ) 대표관계의 법적 성질에 관한 논의는 실익도 없고 학설로서 성립하기도 어렵다는 견해도 있다.[11] 이 견해는 대의 원리에서 말하는 대표관계는 어떤 법적 요건을 충족되면 그에 따른 법적 효과가 발생하는 법적 관계가 아니므로, 국민과 대표자 사이에는 아무런 법적 요소도 없다고 한다. 대표자의 정책결정권은 국민의 법적 행위를 통해서 대표자에게 부여되거나 위임되는 것이 아니라 헌법이 대의제도를 채택함으로써 헌법이 부여하는 것이라고 한다. 대표자는 이러한 권한을 헌법에 합당하게 행사하여 전체 국민의 이익을 실현하는 정책을 결정하고, 이에 대해서 차기선거에서 심판을 받을 뿐이므로, 국민과 맺는 관계에서 구체적으로 국민의 경험적 의사나 선거구민의 이익과 같은 어떤 무엇을 대표하는 관계에 있지 않다고 한다.

(2) 소결

대의제 민주주의 아래에서 국민이 선출한 대표자는 이념적 통일체인 전체 국민을 정치적·이념적으로 대표한다는 점에 비추어 정치적 대표설이 타당하다. 따라서 대표자의 정책결정에 대해서 국민은 법적 책임이 아닌 정치적 책임만 물을 수 있다.

---

10) 구병삭,『신헌법원론(개정판)』, 박영사, 1996, 834~835쪽; 권영성,『헌법학원론(개정판)』, 법문사, 2010, 740~741쪽; 김도협,『헌법학원론(제3판)』, 진원사, 2021, 101쪽(그러나 389~390쪽에서는 헌법적 대표설이 타당하다고 한다); 김하열,『헌법강의(제3판)』, 박영사, 2021, 62쪽; 심경수,『헌법(제2판)』, 법문사, 2020, 380쪽; 홍성방,『헌법학(하)(제3판)』, 박영사, 2014, 107~108, 176쪽.

11) 정종섭,『헌법학원론(제12판)』, 박영사, 2018, 934쪽. 국회가 국민대표기관이라면 그것은 어디까지나 대의 이념을 전제로 한 개념 형식이라서 엄격한 법적 대리나 법적 대표 관계가 성립된 것을 뜻하지 않으므로, 국회의 국민대표기관성에 관한 학설 대립은 무용한 논쟁에 지나지 않는다는 견해도 있다(허　영,『한국헌법론(전정17판)』, 박영사, 2021, 961~962쪽).

3. 대표의 본질적 징표(구성요소)

(1) 치자와 피치자의 구별(2원성)

치자인 대표기관과 피치자인 주권적 국민이 구별된다. 대의제에서 국민이 선출한 국민의 대표자인 치자와 이를 선출하는 국민인 주권자가 국가질서 안에서 구별된다. 치자에게는 정책결정권과 책임이, 피치자에게는 기관구성권과 통제가 주어진다.

(2) 국가기관구성권과 국가정책결정권의 구별

국가기관구성권과 국가정책결정권이 분리된다. 대의제에서 주권자인 국민은 치자를 선출하는 국가기관구성권만을 보유하고, 국가의사와 국가정책은 국민이 선출한 대표자가 결정한다. 따라서 국민은 직접 정책 결정에 참여하지 않고, 그 대표를 통해서 간접적으로만 정책 결정에 참여한다.

(3) 선거를 통한 대표자 선출

대표자는 선거로 선출된다(헌법 제41조 제1항, 제67조 제1항). 대의제에서 국가기관을 구성하는 방법은 민주적 정당성 때문에 국민이 직접 대표자를 선출하는 직접선거제이어야 한다.[12] 선거제가 민주적 정당성을 부여하는 과정으로 이해된다는 점에서 선거참여율이 저조해지는 현상은 간과할 수 없다. 이러한 맥락에서 선거참여의무제 도입 문제가 논의될 필요가 있다.

(4) 국민 전체의 대표자

선출된 대표자는 국민 전체의 대표자이다. 대의제에서 통치자는 자신을 선출한 선거구민만의 대표가 아니라 전체 국민을 대표한다.

(5) 명령적 위임 배제(자유위임)

국민이 대표자에게 위임하는 것은 국민 전체의 의사를 형성할 '권한'이다. 따라서 대표자가 형성하는 의사의 실질적인 '내용'이 위임관계에 포함되지 않는다. 그래서 대의제에서는 명령적(기속적) 위임이 배제되고 자유위임의 원리가 지배한다. 대의제에서 대표자는 직무를 수행할 때 자신을 선출한 주권적 국민의 지시나 명령에 구속되지 아니하고 오로지 양심에 따라 독립하여 행동한다.

---

[12] 헌재 2001. 10. 25. 2000헌마92, 판례집 13-2, 502, 509: "우리 헌법 제1조 제2항은 국민주권주의 원리를 명문으로 규정하고 있으나, 오늘날의 대의제민주주의하에서는, 예외적인 경우를 제외하고는, 주권자인 국민이 다른 국가기관에 국가권력을 위탁하여 이를 행사하고 있다. 대의제민주주의의 성공 여부는 국민들의 의사가 얼마나 정확히, 그리고 효과적으로 정치의사결정에 반영되는지 여부에 달려 있다고 할 것이므로, 선거에 있어 선거구의 획정은 선거결과가 가능한 한 국민의 의사를 바르게 반영할 수 있도록 마련되어야 함은 물론이다. 그릇된 선거구 획정으로 말미암아 선거에 있어서 선거권의 평등이 침해된다면, 국민의 의사가 왜곡되는 결과가 되고, 이로 인하여 대의제민주주의의 본질과 정당성이 훼손된다고 할 것이다."

(6) 전체이익 우선

부분이익보다 전체이익을 우선하여야 한다(헌법 제46조 제2항, 제7조 제1항). 대의제에서는 전체이익이 부분이익이나 개별의사에 우선하여야 한다.

(7) 국민에 대한 책임

대표자는 국민에 대해서 책임을 진다(헌법 제7조 제1항, 제46조 제1항과 제3항). 다만, 대표자가 국민에 대해서 지는 책임은 정치적 책임이고, 이 책임은 차기선거에서 평가받게 된다. 그러나 주기적으로 실시되는 선거를 통해서 대표자의 책임을 묻는 것은 한계가 있을 수밖에 없다. 따라서 수시로 대표자의 책임을 물을 수 있는 국민소환제가 대안으로 제시된다. 그리고 조직적으로 대표자의 책임을 묻는 방법으로 낙선운동이 있다.

Ⅲ. 대표의 구체화와 요청

1. 형식적 대표

정당성과 귀속 그리고 의무(부여)의 근거는 대표기관이 국민을 대표하기 때문에 창설된다. 국민을 대표하는 대표기관은 책임과 신임에 기초한 시한부 권력 행사를 통해서 국가를 운영한다. 이때 대표기관은 선거를 통한 계속적인 정당화(정당성 부여)가 필요하고 공개되어야 한다. 그리고 대표하는 자의 행동은 그에 의해서 대표되는 자(예를 들어 국민, 민족, 국가)에게 정치적으로 법적으로 귀속된다.

2. 실질적 대표

대표기관은 전체 국민의 지배를 실현하여야 한다. 전체 국민의 일구성원으로서 대표자는 통일된 국민의사를 형태화할 수 있고, 그러한 국민의사를 국민이 자기 의사표현으로 느끼고 지지하도록 형태화할 수 있다. 이는 대표자에게 지도력과 지도의사가 있을 것을 요구한다. 그러나 이는 동시에 통합지향적 과제로서 국민과 계속되는 되먹임(feedback)을 필요로 한다. 따라서 실질적(내용적) 대표는 대표기관과 대표되는 자의 연결을 요구한다. 대표기관의 공개성과 위임의 한시성은 이를 실현하기 위한 중요한 수단이다.

Ⅳ. (국민)대표기관인 국가기관(의 범위)

좁은 뜻의 대표기관은 개인적 대표 유형인 대통령과 집단적 대표 유형인 국회이다. 그러나 넓은 뜻의 대표기관은 모든 국가기관이다. 국민이 국회를 직접 선출하여 구성한다는 점과 국회 자체의 구성노 국민의사의 다원적 수렴과 통일적 국민의사의 집약에 적합하다는 점에서 국회가 국민대표기관임은 의심의 여지가 없다. 국회와 더불어 국민이 직접 선출하여 직접적인 민주적 정당성을 확보하는 대통령도 고도의 정당성 표현으로 볼 수 있는 대표의 담당기관으로 볼 수 있다. 물론 대통령은 개인적 대표유형으로서 국민의사의 수렴·집약이라는 측면에서 약점이 있음을 주의하여야 한다. 대표와 정당성의 개념을 동일시하지 않는 한 더는 대표기관의 범위를 넓게 보지 않는 것이 좋다.

Ⅴ. 대표와 자유위임(무기속위임)(의 결합)

대표자는 국민 전체의 대표자이다. 이는 19세기 이래로 대표 개념과 함께 해오고 있고, 모든 의회민주주의 헌법에 규정되어 있다. 기속위임에 기초하였던 신분제의회가 프랑스혁명 이래의 국(민)회(의)를 통해서 해체됨으로써 '전체 국민의 대표'가 관철되었다. 대표자는 자기의 위임자나 선거인의 의사를 전달하는 사자가 아니다. 대표는 위임과 지시에 구속되지 않는다. 그는 유권자와 소속 정당 그리고 사회의 부분이익에서 벗어나 자유롭게 결정하여야 한다. 그는 대리인이 아니라, 자신의 권위와 자기 직책의 힘으로 공공복리를 창출하는 자이다. 따라서 대표와 명령위임(기속위임)은 서로 배척관계에 있다. 대표와 자유위임의 결합은 국회의원의 지위와 대의제의 기본조건이다. 헌법 제46조 제2항은 "국회의원은 국가이익을 우선하여 양심에 따라 직무를 행한다."라고 규정한다. 국회의원은 다른 사람의 위임이나 지시에서 독립해 있으므로 위임은 자유이다. 양심에 대한 구속이 위임을 부자유로 만들지 않는다. 양심 형성은 타율이 아니기 때문이다. 이 조항과 헌법 제1조 제2항의 국민주권조항, 제7조 제1항의 공무원의 국민전체봉사자조항, 제44조와 제45조의 국회의원의 불체포특권과 면책특권 조항을 근거로 국회와 관련하여 자유위임원칙을 인정할 수 있다. 자유위임원칙은 소극적으로는 대의기관(구성원)이 자신을 선출해 준 선거인에게서 독립하여 국민의 개별적·구체적 의사에 구속받지 않는다는 것을 보장하는 원칙이고, 적극적으로는 대의기관(구성원)이 국가의 이익과 국민 전체의 이익을 위해서 직무를 수행하여야 한다는 것을 내용으로 하는 원칙이다. 대의기관이 누리는 결정의 자유는 대의기관 지위에서 핵심적인 요소이다. 따라서 국민의 대의기관에 대한 영향력은 대의기관을 선출하는 것에 그치고, 그 이상으로는 미치지 않는다. 그리고 국회의원은 직무와 관련하여 한 발언과 표결에 대해서 면책특권을 인정받는다(헌법 제45조). 그러나 이러한 자유위임원칙은 법적인 면에서 구속받지 않는다는 의미가 있을 뿐이고, 정치적·사실적인 면에서 대의기관(구성원)이 선거인에게서 영향을 받는 것은 별개 문제이다.

Ⅵ. 대표와 정당국가 현실(자유위임의 원리와 정당국가적 현실의 갈등)

대표(기관)는 어떤 지시·명령에 무기속이며, 전체 국민에게서나 개개 선거인 혹은 선거인 집단, 선거구에서는 물론 소속 정당, 교섭단체에게서도 독립하여 자유롭게 결정한다. 그러나 자유주의적 – 의회주의적 – 대표제적 민주주의에서 정당국가적 민주주의로 바뀌면서 선거의 의미와 기능, 의회의 기능 그리고 의원의 지위에 변화가 초래되었다. 이에 따라 대표기관이 국민의 대표라는 지위 이외에 정당의 대표라는 지위가 강조되기 시작하였다. 이와 함께 정당 강제와 정당기율의 문제13)가 등장하였다. 여기서 대의제 민주주의를 규정하는 헌법과 정당국 가적 현실이 충돌한다. 더욱이 헌법에는 정당에 관한 규정을 둔다. 이때 대의제 민주주의에 관한 헌법규정과 정당에 관한 헌법규정을 어떻게 조화시킬 것인지가 문제 된다. 현행 헌법의 국가조직원리에 관한 규정과 국회의원 지위에 관한 규정 그리고 정당에 관한 규정을 서로 비 교하면, 한국 헌법에서 국가조직체제는 여전히 대의제원칙에 기초함을 알 수 있다. 정당조항 은 복수정당제와 정당 존속을 보호하는 것에 초점이 있다. 따라서 정치현실과는 무관하게 일 단은 대의제의 핵심원리인 자유위임원칙을 중심으로 국회의원의 지위를 판단하여야 한다. 따 라서 국회의원은 먼저 전체 국민의 대표자이고, 정당의 대표자적 성격은 국민대표자적 지위 와 조화되는 한도 안에서만 추구될 수 있다. 그리고 국회의원에 대한 정당기속도 그러한 한 도 안에서만 가능하므로, 정당의 의사에 복종하는 동안만 국회의원 지위를 유지할 수 있다는 식으로 오로지 당론에서 복종을 강요하는 '정당강제'를 인정할 수 없다.14) 이러한 점에서 비

---

13) 정당강제(Fraktionszwang)는 의원이 자신의 의사를 결정할 때 소속 정당의 다수의사에 따르도록 강요당하는 것 이다. 즉 정당 결정에 강제적으로 종속시키는 것으로 정당의 의사와 의원의 의사가 다르더라도 정당의 의사에 의원은 기속된다. 이와 비교해서 정당기율(Fraktionsdisziplin)은 의원이 자신의 의사를 개별적으로 결정할 가능성 을 보유하지만, 일반적으로는 정당공통의 의사 관철에 이해관계를 같이한다는 기대를 표현한다. 즉 정당 결정을 의원이 자유롭게 이행할 것을 기대하는 것에 불과하고, 정당 의사와 의원 의사가 다르면 의원이 정당 의사와 달 리 발언·표결할 수도 있다.

14) 헌재 2003. 10. 30. 2002헌라1, 판례집 15－2하, 17, 33－34: "현대의 민주주의가 종래의 순수한 대의제 민주주의 에서 정당국가적 민주주의의 경향으로 변화하고 있음은 주지하는 바와 같다. 다만, 국회의원의 국민대표성보다 는 오늘날 복수정당제하에서 실제적으로 정당에 의하여 국회가 운영되고 있는 점(헌재 1997. 7. 16. 96헌라2, 판 례집 9－2, 154, 164 참조)을 강조하려는 견해와, 반대로 대의제 민주주의 원리를 중시하고 정당국가적 현실은 기본적으로 국회의원의 전체국민대표성을 침해하지 않는 범위내에서 인정하려는 입장이 서로 맞서고 있다. 무릇 국회의원의 원내활동을 기본적으로 각자에 맡기는 자유위임은 자유로운 토론과 의사형성을 가능하게 함으로써 당내민주주의를 구현하고 정당의 독재화 또는 과두화를 막아주는 순기능을 갖는다. 그러나 자유위임은 의회내에 서의 정치의사형성에 정당의 협력을 배척하는 것이 아니며, 의원이 정당과 교섭단체의 지시에 기속되는 것을 배 제하는 근거가 되는 것도 아니다. 또한, 국회의원의 국민대표성을 중시하는 입장에서도 특정 정당에 소속된 국회 의원이 정당기속 내지는 교섭단체의 결정(소위 '당론')에 위반하는 정치활동을 한 이유로 제재를 받는 경우, 국회 의원 신분을 상실하게 할 수는 없으나 "정당내부의 사실상의 강제" 또는 소속 "정당으로부터의 제명"은 가능하 다고 보고 있다. 그렇다면, 당론과 다른 견해를 가진 소속 국회의원을 당해 교섭단체의 필요에 따라 다른 상임위 원회로의 전임(사·보임)하는 조치는 특별한 사정이 없는 한 헌법상 용인될 수 있는 "정당내부의 사실상 강제"의 범위내에 해당한다고 할 것이다."

례대표 국회의원이나 비례대표 지방의회의원이 소속 정당의 합당·해산이나 제명 외의 사유로 당적을 이탈·변경하거나 2 이상의 당적을 가졌을 때 의원직을 상실하도록 한 것(공직선거법 제192조 제3항 제3호, 제4항)은 헌법과 합치하지 않는다.[15)]

VII. 대표제의 한계와 보완책

자유위임의 원리가 지배하는 대의제 아래에서는 주권자의 진실한 의사가 대표를 통해서 제대로 반영되지 못하는 문제가 있을 수밖에 없다. 특히 오늘날에 와서는 대표기관의 대표성 약화, 대중사회화, 국민의 직접 참여 요구 증대, 엘리트정치 타락, 무기속위임원칙에 대한 위협, 공개적 토론 경시, 정당국가화 경향, 이익집단·압력단체 등장, 집단이기주의 팽배현상 등으로 말미암아 대의제가 위기상황에 직면하였다. 따라서 전통적인 대의제를 보완할 필요성이 대두하였다. 대표제나 대표기관의 활동력과 능률성을 높임으로써 새로운 문제에 능동적으로 대처해 나가는 방법, 국민의 직접 참여 기회를 확대함으로써 대표제에서 나타날 수 있는 국민의사 왜곡을 최소화하는 방법, 이른바 시민운동과 기초민주주의 운동 등이 그러한 보완책으로 제시된다. 그와 더불어 오늘날 정당에 자신의 대표임무 수행을 위해서 좀 더 노력할 것이 요구된다.

VIII. 현행 헌법의 대의제 민주주의 실현형태

헌법 제40조과 제41조(입법권을 행사하는 국회 구성), 제66조 제4항과 제67조(행정권을 행사하는 대통령 선거) 등에서 의회주의를 핵심으로 하는 간접민주제적 대의제도를 국가조직의 기본으로 규정한다. 그리고 제46조 제2항은 국회의원의 자유위임관계를 직접 규정하고, 헌법 제43조(의원의 겸직 제한), 제45조(국회의원의 면책특권), 제46조 제1항(국회의원의 청렴의무)과 제3항(국회의원의 지위 남용 금지), 제64조(국회의 자율권) 등은 자유위임적인 의원활동을 뒷받침한다. 또한, 국회의사공개원칙(헌법 제50조)과 국회의 국정감사·조사권(헌법 제61조) 그리고 국무위원 등의 국회출석·답변의무(헌법 제62조) 등은 대의제에 필요한 공개정치를 실현하기 위한 것이고, 국무총리·국무위원 등에 대한 국회의 해임건의권(헌법 제63조)과 국회의 탄핵소추의

---

15) 같은 견해: 전광석, 『한국헌법론(제16판)』, 집현재, 2021, 96~97쪽. 헌법재판소 견해는 분명하지 않다(헌재 1994. 4. 28. 92헌마153, 판례집 6－1, 415, 425: "자유위임제도를 명문으로 채택하고 있는 헌법하에서는 국회의원은 선거모체인 선거구의 선거인이나 정당의 지령에도 법적으로 구속되지 아니하며, 정당의 이익보다 국가의 이익을 우선한 양심에 따라 그 직무를 집행하여야 하며, 국회의원의 정통성은 정당과 독립된 정통성이다. 이런 자유위임 하의 국회의원의 지위는 그 의원직을 얻은 방법 즉 전국구로 얻었는가, 지역구로 얻었는가에 의하여 차이가 없으며, 전국구의원도 그를 공천한 정당을 탈당하였다고 하여도 별도의 법률규정이 있는 경우는 별론으로 하고 당연히 국회의원직을 상실하지는 않는다는 것이다.").

결권(헌법 제65조)은 신임에 바탕을 둔 책임정치를 확립하기 위한 것이다. 따라서 한국 헌법에서 국민은 그들이 대표자로 선출한 국회·대통령 등을 통해서 주권자로서 의사를 간접적으로 실현하는 것을 원칙으로 한다. 대의제를 위해서 국민에게는 선거권(헌법 제24조)과 공무담임권(헌법 제25조)이 보장된다. 헌법재판소는 "오늘날 입헌민주국가에서는 대의제도에 의한 통치가 불가피한 것으로 선거야말로 국민의 의사를 체계적으로 결집하고 수렴하고 구체화하는 방법으로 국민의 정치적 의사를 형성하는 가장 합리적인 절차이며,… 통치권의 정통성과 정당성을 담보하는 핵심이며 생명"이라고 하였다.[16] 그러나 한국 헌법은 정당조항(제8조)을 비롯한 여러 정당 관련 규정(제89조 제14호, 제41조 제3항, 제111조 제1항 제3호, 제114조 제1항, 제116조 제2항)을 통해서 정당국가적 현실을 수용하고, 중요정책에 관한 임의적인 국민투표제도(제72조)와 헌법개정안에 대한 필수적 국민투표제도(제130조 제2항)를 두어 직접민주제적 요소를 도입한다. 지방자치법도 주민투표(지방자치법 제18조)와 주민소환(지방자치법 제25조와 '주민소환에 관한 법률')이라는 직접민주제도를 수용한다. 대의제원칙은 헌법 개정 한계로서 직접민주제 요소의 도입과 확장은 대의제원칙을 상대화하거나 공동화하지 않는 범위에서만 가능하다.[17]

제 3 절   권력분립원칙

Ⅰ. 의의

1. 개념

권력분립은 국가권력을 그 성질에 따라 둘 이상으로 나누고 이들을 해당 기능에 맞게 구성된 다른 기관에 배정하여 서로 견제와 균형을 이룰 수 있도록 '기능을 분리하여 기능이 서로 통제할 수 있게 하는 체계'이다.[18] 권력분립으로 말미암아 국가권력 행사를 예측할 수 있고, 통제할 수 있으며, 책임을 질 수 있게 한다.[19] 권력 분리는 원칙적으로 기능상·조직상·인적으로 이루어져야 한다.[20] 기본권 보장이 법치국가원리의 실질적 요소라면, 권력분립은

---

16) 헌재 1991. 3. 11. 91헌마21, 판례집 3, 91, 104.

17) 한수웅, 『헌법학(제11판)』, 법문사, 2021, 115쪽.

18) 헌재 2008. 1. 10. 2007헌마1468, 판례집 20-1상, 1, 33; 헌재 2021. 1. 28. 2020헌마264등, 판례집 33-1, 72, 94: "헌법상 권력분립의 원칙이란 국가권력의 기계적 분립과 엄격한 절연을 의미하는 것이 아니라, 권력 상호간의 견제와 균형을 통한 국가권력의 통제를 의미하는 것이다."
   헌재 2021. 1. 28. 2020헌마264등, 판례집 33-1, 72, 94: "권력분립원칙은 국가기능을 입법·행정·사법으로 분할하여 이를 각각 독립된 국가기관에 귀속시키고, 국가기관 상호간의 견제와 균형을 통하여 국가권력을 통제함으로써 국민의 자유와 권리를 보호하고자 하는 원리이다." 그러나 이 개념은 3권분립원칙을 가리키는 것으로서 권력분립원칙의 개념 정의로 적절하지 않다.

19) Christoph Degenhart, Staatsrecht Ⅰ - Staatsorganisationsrecht, 37. Aufl., Heidelberg 2021, Rdnr. 297.

법치국가원리의 형식적·조직적 요소이다. 절대권력은 반드시 자의적이 된다. 그러므로 개인의 자유와 권리를 보장하려면 국가권력에 재갈을 물려 권력의 절대화와 그 결과인 자의성을 방지하여야 한다. 이를 위해서 국가권력이 서로 견제하고 균형을 이룰 수 있도록 국가조직을 형성하여야 한다.[21] 즉 국가기능을 분리하고, 기능별로 담당기관을 구성하여 권한을 배정하며, 그 권한을 행사하는 방법과 절차를 규정함으로써 상호견제와 균형을 확보하여야 한다. 이를 통해서 국가권력은 예측하고 통제할 수 있게 되고 책임 있게 행사될 수 있다. 나아가 국가기관이 각각 최대한의 능력을 발휘할 수 있게 국가권력을 행사하게 됨으로써 국가기능이 최적으로 실현될 수 있다. 이렇게 일정한 형태로 국가를 조직함으로써 개인의 자유와 권리를 보장하는 원리가 권력분립원칙[22]이다. 3권분립은 권력분립원칙을 현실에서 실현한 구체적 형태로서 권력분립원칙이 3권분립에 한정되는 것은 아니다. 그러나 국가기능을 수행하는 과정에서 능률성이 요청된다. 이를 위해서 권력 집중과 분업을 통한 능률적 국정 수행이 요청된다. 따라서 이러한 요청은 국가권력 남용 가능성에서 국민의 자유와 권리를 보호하려고 요청되는 권력 분산 요청과 조화를 이루어야 한다.

2. 본질

(1) 자유보장원리인 권력분립원칙

국가는 국민의 자유와 권리를 보장하기 위해서 권력을 조직하고 행사하여야 한다. 하지만 권력의 속성 때문에 권력은 남용되어 국민의 자유와 권리를 침해하기 쉽다. 그래서 권력자의 자의적인 권력 행사에서 국민의 자유와 권리를 보호하는 방안이 헌법원리로서 모색되었다. 먼저 국가권력을 법에 따라서 행사할 것을 요청한다. 권력자의 권력 행사를 국민 의사가 반영된 법에 구속시키면 자의적인 권력 행사에서 국민의 기본권을 보장할 수 있다는 것이다. 그러나 권력을 법적 절차에 따라서 행사하는 것만으로 권력자의 자의적인 권력 행사를 막기에 충분하지 않다. 권력 집중은 권력의 부패와 타락을 낳는다는 사실은 역사적 경험을 통해서 충분히 입증되었다. 따라서 권력을 분립시켜 각기 다른 기관에 배분하여야 한다는 권력분립원칙은 역사적 원리로서 법치국가원리의 내용을 이룬다. 법치국가원리의 이념적 구성요소로서 권력분립원칙은 자기목적적 원칙

20) Christoph Degenhart, Staatsrecht Ⅰ – Staatsorganisationsrecht, 37. Aufl., Heidelberg 2021, Rdnr. 297.

21) 헌재 2021. 1. 28. 2020헌마264등, 판례집 33-1, 72, 94: "권력분립원칙은 국가권력의 집중과 남용의 위험을 방지하여 국민의 자유와 권리를 보호하고자 하는 데에 근본적인 목적이 있는바, 이를 위해서는 단순히 국가권력을 분할하는 것만으로는 충분하지 않고 분할된 권력 상호간의 견제와 균형을 통한 권력간 통제가 이루어져야 한다."

22) 이에 관해서는 계희열, 「헌법원리로서의 권력분립의 원리」, 『고려법학』 제38호, 고려대학교 법학연구원, 2002, 1~33쪽; 이부하, 「권력분립에서 기능법설에 대한 평가」, 『헌법학연구』 제12권 제1호, 한국헌법학회, 2016, 433~457쪽; 같은 사람, 「권력분립원리의 재고찰」, 『법학논고』 제55집, 경북대학교 법학연구원, 2016, 1~22쪽; 장영수, 「현행헌법상 권력분립의 기본체계」, 『법학논집』 제31집, 고려대학교 법학연구소, 1995, 23~86쪽; 같은 사람, 「권력분립의 역사적 전개에 관한 연구」, 『고려법학』 제58호, 고려대학교 법학연구원, 2010, 229~257쪽 참조.

이 아니라 개인의 자유 보장을 목적으로 하는 원칙이다.

(2) 국가조직원리인 권력분립원칙

오늘날 권력분립원칙은 국민의 자유 보장을 위해서 '이미 존재하는 국가권력'을 분립시키고 견제와 균형을 이루게 하는 것으로만 이해되지는 않는다. 현대 민주국가에서는 이미 존재하는(선재된) 국가권력은 (최소한 이론적으로) 인정될 수 없다. 국가권력도 국민이 창설한다. 여기서 국민이 어떠한 조직원리에 기초하여 국가를 건설할 것인지가 문제 된다. 권력분립원칙은 국민이 다양한 국가과제를 수행하는 서로 다른 권력으로 국가를 조직하는 원리로서도 기능한다. 국가기능을 둘 이상으로 나누고 각각의 기능을 해당 기능에 맞게 구성된 다른 국가기관에 배정하여 국민의 자유와 권리를 보장하는 국가과제를 수행하도록 한다. 이들 기관은 국가적 과제를 수행하기 위해서 상호협력과 권력균형을 이룸으로써 국가권력을 합리적이고 안정적으로 행사하는 역할을 한다.

Ⅱ. 이념적 기초지움과 실정헌법적 수용

1. 서양 고대의 권력분립사상

아리스토텔레스(Aristoteles)가 주장한 국가권력의 3분론은 국가의 기능을 그 성질에 따라 세 가지 부문으로 구분하려고 시도한 것으로서 많은 고전적인 국가사상가의 주목을 끌었다. 그리고 고대 그리스 국가철학을 대표하는 플라톤(Platon), 아리스토텔레스, 폴리비오스(Polybios) 등이 가장 이상적인 국가형태로 주장한 이른바 '혼합형태'로서 통치질서론은 권력 제한 인식에서 출발한 가장 원시적인 형태라고 평가할 수 있다. 특히 폴리비오스는 개개 권력이 상호 균형을 이루어 누구도 압도적인 권력이 없도록 가장 좋은 헌법(국가형태)의 장점과 특성을 혼합하자고 제안하였다. 그리고 키케로(Marcus Tullius Cicero)는 조직적으로 혼합된 헌법을 자세히 연구하여 순수한 형태는 모두 타락할 위험을 내포한다고 하였다. 즉 군주제는 폭군정을, 귀족제는 전제집단 지배를, 민주제는 중우정을 거쳐 1인 독재를 초래한다고 하였다. 따라서 이러한 타락현상을 방지하기 위해서 3원형을 적당히 혼합할 것을 제안하였다.

2. 서양 근대에서 고전적 권력분립사상의 발전과 완성

(1) 로크와 몽테스키외 연구의 출발점

로크(John Locke)와 몽테스키외(Charles-Louis de Secondat, Baron de La Brède et de Montesquieu) 연구의 출발점은 1688년 명예혁명 이후 1689년 10월 23일의 권리장전(the Bill of Rights)을 바탕으로 형성된 실제 영국의 권력상황이었다. 즉 권리장전을 따르면 왕은 의회의 법률에 구속되고, 왕이 조종하는 재판은 불법이고 타락한 것이라는 것이다.

(2) 로크의 권력분립이론

로크는 3권분립이 아니라 국가권력을 입법권, 행정권, 연방(외교)권, (왕의) 대권의 네 가지로 나누고(사법권에 대한 논의가 없음에 주의), 이것이 왕과 국회의 두 기관이 행사(2권분립론: 입법권과 집행권)한다는 점을 강조하였다. 로크의 이론은 '권력 균형'의 관점이 뚜렷하게 드러나지 않고, 국가의 통치기능을 그 성질에 따라 분류하고 이 상이한 통치기능을 각각 다른 국가기관에 맡겨야 한다는 '권력 분리'에 중점이 있었다. 그렇지만 국가권력을 기능적으로 분리하는 것이 결과적으로 권력 남용을 막고 그것이 자유 보호에 도움이 된다는 잠재적 인식은 로크도 있었다.

(3) 몽테스키외의 권력분립이론

몽테스키외는 권력분립 이념에 방향을 제시하는 이론적 근거를 수립하였다. 권력분립은 '법의 정신'의 기본이념이며 몽테스키외의 기본사상은 인간의 존엄은 오로지 개인의 자유 속에서만 유지·발전할 수 있는데, 이 자유는 오로지 무정부상태 및 전제정치와 대립하는 질서 속에서만 있다는 것이다. 이러한 질서는 오로지 법률적 질서로서만 가능하고, 이 법률적 질서는 오로지 억제된 정부에서만 가능하다고 한다. 이러한 정부를 창설하려면 국가권력을 구속하고 억제하여야 한다고 한다. 즉 헌법의 틀 안에서 하나의 권력에 다른 권력에 대항하는 데 필요한 무게를 주어야 한다고 한다. 권력 사이의 특정한 헌법적 질서(지움)를 통해서 권력 남용(가능성)이 배제되어야 한다고 한다. 몽테스키외는 모든 시대의 경험이 확인한 권력의 자기 법칙을 인식하였다. 모든 권력(보유)자는 자기 권력을 확대할 위험이 있다는 것이다. 즉 권력자는 한계에 부딪힐 때까지 나아가는 경향이 있다는 것이다. 따라서 군주제, 귀족제, 민주제는 그 자체로서 권력 억제의 보증이 되지 못하므로, 권력 사이의 이러한 질서에 가장 유리한 조건은 혼합국가형태라고 하였다.

몽테스키외는 모든 국가에는 입법권, 국제법에 의존하는 사안에 관한 집행권, 시민법에 의존하는 사안에 관한 집행권이라는 3가지 종류의 권력이 있다고 하였다. 첫 번째 권력에 따라서 군주는 한시적 또는 영구적 법률을 제정하고 기성법률을 고치거나 폐지한다고 한다. 두 번째 권력에 따라서 군주는 평화조약을 체결하거나 전쟁을 수행하고, 외교사절을 파견하거나 접수하며, 안전을 확고히 보장하며 침략을 예방한다고 한다. 세 번째 권력에 따라서 군주는 범죄를 처벌하고 사인 사이의 분쟁에서 판결을 내린다고 한다. 만약에 동일 인물이나 동일한 고권적 단체에 입법권과 집행권이 통합되면 자유란 없다고 한다. 동일 군주나 동일 단체가 전제적 법률을 제정하고 그것을 전제적으로 집행할 우려가 있기 때문이라고 한다. 그리고 사법권이 입법권과 집행권에서 분리되지 않으면 자유란 없다고 한다. 사법권이 입법권과 결합하면, 법관이 입법자가 되어서 시민의 생명과 재산에 대한 권력이 자의적이 될 것이라고 한다. 사법권이 집행권과 결합하면, 법관이 압제자의 힘을 가지게 될 것이라고 한다. 만약에 동일한 군주나 동일한 단체가 법률을 제정할 권력, 공적 결정을 집행할 권력, 범죄와 개인의 분쟁을 판결할 권력 3권력을 행사하게 되면 모든 것을 잃게 될 것이라고 하였다. 따라서 권력남용을 방지하기 위해서 권력분립이 필요하다고 하였다. 권력분립원칙을 통해서만 시민의 자유는 보장될 수 있다고 하였다. 권력분립은 자기목적이 아니고 최고의 정치적 이념인 인간의 존엄에 봉사한다고 하였다. 따라서 몽테스키외는 국가의 기관과 기능을 분리할 뿐 아니라 특정한 방식으로 정서하여야 한다고 하였다. 즉 3개의 주요 기능에 3개의 기관이 있어야 한다고 하였다. 조직 분리는 기능 분리에 반영되어야 한다고 하였다. 개개의 기관은 하나의 기능만을 수행하도록 임무가 부여되어야 한다고 하였다. 이상적인 것(모습)은 '주관적 및 객관적' 내지는 '형식적 및 실질적', 조직적 및 기능적 일치라고 하였다.

(4) 루소의 국민주권사상과 시예스의 헌법제정권력이론

루소(Jean-Jacques Rousseau)는 국민의 주권은 양도할 수 없고 나눌 수 없다고 하였다. 그리고 국민 의사는 최고의 의사이고 다른 모든 의사는 거기서 위임된 것이라고 하였다. 이는 권력일원적인 절대주의가 민주주의의 의상을 입고 재현된 것이고, 몽테스키외적 권력분립론의 철저한 부정이 이에 들어 있다. 그러나 이는 몽테스키외의 권력분립이론에는 국민이 설 자리가 마련되어 있지 않다는 점을 지적한 것이다. 시예스(Emmanuel Joseph Sieyès)는 모든 구성된 권력을 구성하는 권력은 헌법제정권력으로 소급된다고 하였다. 시예스 이론은 몽테스키외 이론의 완성으로서 몽테스키외 이론을 국민의 헌법제정권력과 결합하였다. 프랑스 혁명에서는 국민주권 이념과 권력분립 이념의 합명제가 주장되어 헌법국가의 기본이념이 탄생하였다. 즉 헌법이 모든 권력의 상위에 섰다. 이 권력들은 1789년 '인간과 시민의 권리선언' 제16조의 원칙에 따라 헌법이 형성한 것이라고 하였다. 따라서 이제 더는 독자적인 힘이 아니라 기능담당자들이 그들에게 각각 헌법이 배정한 권한 범위에서만 권력을 행사할 수 있다고 하였다.

3. 실정(헌)법적 수용

권력분립원칙은 실정(헌)법적으로 수용되었다. 즉 1789년 미국 헌법, 1789년 프랑스 '인간과 시민의 권리선언', 1791년 프랑스 헌법, 1831년 벨기에 헌법 등에 권력분립원칙이 규정되었다. 따라서 이러한 근대 헌법들은 입헌주의에 방향을 제시하는 역할을 하였다.

Ⅲ. 내용

1. 국가권력의 통일성과 권력분립

(1) 모든 국가권력의 원천인 국민

모든 (국가)권력은 국민에게서 나온다(헌법 제1조 제2항 후단). 따라서 국민에게 소급될 수 없는, 즉 민주적으로 정당화할 수 없는 국가권력이 있어서는 안 된다.

(2) 국가권력의 통일성원칙

국가권력은 국가영역 안의 시원적이고 거역할 수 없는 지배권력으로 기능한다. 국가권력은 국가적 속성인 주권을 포괄하는 개념으로 발전하여 국민, 국가영역과 더불어 국가의 본질적 표지이다. 국가권력은 고권((Hoheitsrechte) 개념을 대체한다. 절대국가에서 국가권력은 원칙적으로 무제한이다. 그러나 헌법국가에서 국가권력은 (헌법적으로) 구성된, 즉 '법적으로 조직된 정치적 권력'이나 '국가적 권능과 과제의 총체'를 말한다.

국가는 국가영역 안의 다른 세력과 국가권력을 나눌 수 없다. 국가권력은 오로지 '국가의' 권력일 뿐이다. 이러한 성격을 국가권력의 통일성이라고 한다. 국가는 외국에 대해서 대외적 활동을 할 때도 통일되어야 한다. 대내적으로는 국가권력이 기능별로 그리고 기능담당자별로 짜인다. 이를 통해서 (통일적) 국가권력은 수평적으로 그리고 수직적으로 분해된다. 그러나 각 기관의 기능 수행이 국가에 귀속됨으로써 국가권력은 다시금 통일된다. 하나의 통일적인 지붕 밑에 조직적·기능적·권한적 다양성이 있다. 국가권력 그 자체가 아니라 오로지 그 행사가 개개 기관을 통한 개별 기능 관점에서 나누어진다.

2. 헌법상 권력분립원칙의 의미

권력분립은 원칙으로서 헌법에 수용된다. 권력분립은 자연법적 – 시대초월적 효력이 있는 법리가 아니라 역사적인 원칙이다. 한국 헌법의 권력분립원칙도 변형된 것이고, 나름대로의 독특한 특징이 있다.

3. 기능 분립 – 기능의 분리와 기관에 대한 배정

통일적인 국가권력이 특정한, 특히 상호 관련이 있는 여러 기능으로 분할되고 규범적으로 정서된다. 따라서 기능이 분리되고 분리된 기능이 다른 기관에 배정된다. 이러한 점에서 권력분립원칙은 기능질서의 원리, 조직의 원리, 권한 배정의 원리로서 기능한다.

한국 헌법은 3가지 실질적 기능을 규정한다. 즉 헌법 제40조는 입법, 헌법 제66조 제4항은 행정, 헌법 제101조 제1항과 제111조 제1항은 사법을 각각 규정한다. 이는 국가적 활동영역으로서, 즉 조직된 작용통일체로서 국가가 그 목적을 달성하려고 수행하여야 할 과제(임무)로서 기능을 구성(조직)한 것이다. 이러한 3가지 기능은 각 기능의 담당자인 특별한 기관에 행사를 맡겨야 한다. 이때 이 기관도 3분되어야 한다. 실질적 3분에 형식적(기관관련적, 주체관련적) 3분이 상응한다. 즉 기관과 담당자(인)가 분리되어야 한다. 기능수행기관의 수는 3개의 주요기관에 한정할 것을 요구하지는 않는다. 개개의 기관은 다시 기능을 각각 수행하는 3개의 기관그룹으로 집약되기만 하면 된다. 원칙적으로 그 기능을 위해서 특별히 설치된 기능담당자(기관과 기관그룹)가 개개의 실질적 기능에 각각 상응하여야 한다. 이러한 기능 배정은 합리적이고 합목적적이다. 일정한 기관은 자기의 구조나 구성에 따라서 특별히 자기에게 배정되는 임무를 (수행하기) 위해서 설치된다. 즉 입법작용은 국회가, 정치적 지도(통치)와 행정 그리고 그 밖의 집행행위는 정부와 그 이하 관청 그리고 선거관리위원회가, 사법작용은 법원과 헌법재판소가 각각 담당한다. 국회가 행정결정을 하거나 법적 분쟁에 판결을 내려야 한다면 기능 불일치가 극명하게 드러날 것이다. 기능과 기관의 구조는 서로 맞아야 하지 모순되어서는 아니 된다. 기능 분리와 기관 분리는 합리적으로 결합한다. 이러한 상응(관계)은 원칙적으로 인적 차원에서도 이루어져야 한다. 기관담당자는 각기 단 하나의 기능주체(담당자)에만 귀속할 수 있다. 이 원칙은 겸직금지규정으로 실현된다(헌법 제43조, 국회법 제29조).

4. 권력 서로 간의 견제와 균형

균형과 통제의 체계는 헌법의 국가조직 부분 전체에 걸친 상호 교차와 맞물림의 고도로 까다로운 구조를 통해서 만들어진다.

(1) 기능(영역)초월적 통제관계

입법에는 국회만 참여하는 것이 아니라, 대통령의 (국회에서 의결된) 법률안 공포(헌법 제53조 제1항)와 법률안거부권(헌법 제53조 제2항), 정부의 법규명령제정권(헌법 제75조, 제95조) 등처럼 정부가 개입할 수도 있고, 국회의 예산안 의결(헌법 제54조), 국채모집이나 예산 이외의 국가 부담이 될 계약의 체결에 대한 국회 의결(헌법 제58조), 조약체결·비준과 선전포고, 국군의 외국 파견이나 외국군대의 대한민국 영역 안의 주류에 대한 동의(헌법 제60조), 대통령의 긴급재정경제명령과 긴급명령에 대한 동의(헌법 제76조 제3항) 등처럼 정부의 행위에 국회가 관여하기도 하며, 헌법재판소는 모든 국가권력을 통제한다(헌법 제111조 제1항).

(2) 인적 구성에 대한 참여

한 권력의 기관담당자를 다른 기능주체가 추천하거나 선출하거나 임면하기도 한다. 즉 대통령과 국회의원은 국민에게, 국무총리와 국무위원은 대통령에게, 헌법재판소 재판관과 중앙선거관리위원회 위원은 대통령, 국회, 대법원장에게 선출권이나 임명권이 부여된다.

(3) 조직 안 재분화

개개의 기능주체도 분화·조직되어 권력 안의 권력분립이 이루어진다. 즉 집행권은 대통령과 행정부 그리고 그 밖의 하부 관청에 부여되고, 정부 안과 법원에서는 합의제가 실현된다. 그리고 집행권 안에 독립적이고 (외부에서) 지시받지 않는 기관, 예를 들어 감사원 등이 설치된다. 또한, 사법부는 최고법원인 대법원과 각급 법원 그리고 헌법재판소로 조직된다.

5. 핵심영역 보호로 축소된 권력분립원칙

헌법의 (국가)조직과 권한 배정은 경직되고(고정적이고) 도식적인 질서에 기초하지 않는다. 권력분립은 오로지 원칙적인 효력(관철)을 요구할 뿐이고, (예외가) 원칙의 본질내용을 침해하지 않으면 예외를 허용한다. 헌법에 따른 권력분립원칙은, '각 기능의 핵심영역을 다른 기능이 침해하는 것에서 지켜주는 원칙'으로 이해된다. 기능의 절대적 분리란 없고, 각 기능주체에 각각의 실질적 기능에 해당하는 활동과 권한의 중점 및 실체를 맡기면 된다. 각 실질적 기능에는 그것이 '본래 자신의 생명적 요소가 되는'(그 실질적 기능이 있을 수 있도록 하는) 하나의 '주담당자(주체)'가 있어야 한다. 해당 기능의 정체성을 형성하는, 해당 기능의 본질 측면에서 전형적인 영역은 해당 기능의 주담당자에 남아 있어야 한다. 기능적 핵심영역 명제는 각각의 기능주체에서 그의 주과제 영역을 공동화하지 않으면서 국가현실에 필요한 정도의 상호교차를 허용한다. 그러나 기능의 핵심영역은 절대적으로 보호되어서 불가침이다. 따라서 기능의 핵심영역이 침해되면 권력분립원칙도 침해된다.[23] 따라서 기능의 핵심영역은 권력분립원칙 침해 여부를 판단하는 중요한 기준이 된다.[24] 헌법 개정에 대해서도 그러하다.

어떤 기능의 핵심영역에 무엇이 속하는지를 결정하는 것은 매우 어려운 일이다(제도적 보장과 기본권의 본질내용 보장과 비슷하다). 어쨌든 몇 가지 해석기준은 세워 볼 수 있다. (1) 어떠한 기능도 헌법 스스로가 규정하지 않은 '과도한 비중'을 가질 수 없다. 각 기능은 자기권한 영역 안에 머물러 있어야 한다. 따라서 하나의 기능주체로 권력이 집중되는 것은 (그것이 그에게 '포괄적인' 우위를 부여하는 한) 위헌이다. (2) 핵심영역 보호는 특히 국회와 집행권의 관계에서 의미가 있다. 이 두 권력의 관계가 각 국가의 (정부형태) 특징을 형성한다. 양자 사이의 비중 변동은 양자 사이의 역학관계에서 체계내적으로 정치현실적으로 빈번하게 일어나는데, 극단적일 때 의회절대주의나 대통령권위주의화할 우려가 있다. (3) 사법에 대해서도 효과가 미친다. 헌법 제101조 제1항을 따르면 사법권은 법관(으로 구성된 법원)에만 속하므로, 어떠한 활

---

23) 한수웅, 『헌법학(제11판)』, 법문사, 2021, 252쪽; Christoph Degenhart, Staatsrecht Ⅰ – Staatsorganisationsrecht, 37. Aufl., Heidelberg 2021, Rdnr. 297; Konrad Hesse, Grundzüge des Verfassungsrechts der Bundesrepublik Deutschland, 20. Aufl., Heidelberg 1995, Rdnr. 478 (콘라드 헷세, 계희열 역, 『통일독일헌법원론』, 박영사, 2001, 298~299쪽) 참조.

24) 헌재 1996. 1. 25. 95헌가5, 판례집 8-1, 1, 18-19: "사법(司法)의 본질은 법 또는 권리에 관한 다툼이 있거나 법이 침해된 경우에 독립적인 법원이 원칙적으로 직접 조사한 증거를 통한 객관적 사실인정을 바탕으로 법을 해석·적용하여 유권적인 판단을 내리는 작용이라 할 것이다. 그런데 특조법 제7조 제7항이 특정 사안에 있어 법관으로 하여금 증거조사에 의한 사실판단도 하지말고, 최초의 공판기일에 공소사실과 검사의 의견만을 듣고 결심하여 형을 선고하라는 것은 입법에 의해서 사법의 본질적인 중요부분을 대체시켜 버리는 것에 다름 아니어서 우리 헌법상의 권력분립원칙에 어긋나는 것이다. 우리 헌법은 권력 상호간의 견제와 균형을 위하여 명시적으로 규정한 예외를 제외하고는 입법부에게 사법작용을 수행할 권한을 부여하지 않고 있다. 그런데도 입법자가 법원으로 하여금 증거조사도 하지 말고 형을 선고하도록 하는 법률을 제정한 것은 헌법이 정한 입법권의 한계를 유월하여 사법작용의 영역을 침범한 것이라고 할 것이다."

동이 실질적으로 사법으로 밝혀지면 그를 위해서 특별히 설치된 재판기관에 맡겨야 한다. 그 예외가 허용되어서는 안 된다. 기능 분리가 사법 영역에서는 엄격히 준수되어야 한다.

6. 권력분립원칙의 유효성

권력분립원칙이 핵심영역 보호로 축소되는 상황에서 이 원칙이 아직도 헌법이론적으로 정당성이 부여될 수 있는지 아니면 그 제한과 보호 기능이 다른 헌법원칙으로 대체되어야 하는지가 문제 된다.

견제, 균형, 억제 같은 개념들은 점차 공허한 성격을 띄어간다. 입법권과 집행권 사이의 권력분립은 점차 환상이 된다. 실제 정치권력자는 국회도 정부도 아니고 정당이기 때문이다. 즉 정당국가적 민주주의에서 입법부와 집행부의 융합현상이 나타난다. 대치그룹이 이제 더는 국회와 정부가 아니고, 정부와 여당을 한편으로 하고 야당을 다른 한편으로 하는 새로운 대치전선이 발생하였다. 종국적으로는 효과적인 대립자로서 법원, 특히 헌법재판소만 있다. 이러한 발전상황을 부인한다는 것은 비현실적이다. 그러나 헌법이 권력분립적 권한배분질서를 규정하고, 집중경향이 있는 국가권력에 한계를 설정한다. 따라서 헌법은 헌법이 현실에 바로 순응하도록 해석되어서는 안 되고, 오히려 그 반대로 과도하게 진행된 권력 융합을 해체하고, 각 기능의 본래적 주기능을 다시금 인식할 수 있도록 해석되어야 한다. 만약 어떤 한 기능주체가 (국가 전체에 비추어) 과도한 비중을 가지게 되어 여타의 기능주체가 부록처럼 (국회의 위원회로 정부를, 정부의 박수부대로 의회를) 이해될 수 있게 되면, 허용되는 기능 융합 한계를 넘어선 것이다. 기준으로서는 한 점, 한 점이 아니라 전체 경향을 보는 관점이 중요하다.

중요한 문제점은 실정법적 3권분립을 단순히 내던져 버리는 것에 있는 것이 아니고 오히려 그것을 명심하고 심화하는 것에 있다. 권력분립 관념은 민주적 법치국가를 창출해내고 형태를 갖춤으로써 확고하게 한 위대한 이념 중의 하나이기 때문이다. 그것은 실제 권력의 기강을 잡고 제한할 능력이 있는 성과물이다. 그것은 국민과 국민의 자유를 위한 정부와 독재적 또는 전체주의적 정부를 구분해주는 헌법원칙의 하나이다. 잊지 말아야 할 것은 실질적 기본질서인 기본권과 자유보장적 조직질서인 권력분립이 헌법국가의 요람에 있었던 점이다 (프랑스 '인간과 시민의 권리선언' 제16조 상기할 것).

Ⅳ. 현대적 권력분립(권력 제한의 새로운 형태) 등장

근대적 권력분립원칙이 기초로 한 전통적인 국가모델이 현대에 들어와 ① 행정국가화 경향(행정권의 확대·강화), ② 사회국가화 경향(적극적 급부 제공에 관한 국가과제 증대), ③ 정당국가화 경향(정당을 매개로 한 입법권과 집행권의 통합화), ④ 사법국가화 경향(사법권 강화, 특히 헌법재판소 등장), ⑤ 연방국가 확립이나 지방분권화 경향, ⑥ 다양한 사회적 권력 출현 등으로 말미암아 변화를 겪으면서 권력분립을 현대 국가모델에 맞도록 새롭게 이해하려는 시도가 이루어진다. 이러한 시도의 일환으로 뢰벤슈타인(Karl Loewenstein)은 입법, 집행, 사법의 고전적 삼권분립 대신에 정책결정, 정책집행, 정책통제의 세 단계로 구성되는 '동태적 권력분립론'을 주장하였고, 기관 서로 간의 수평적 통제뿐 아니라 '수직적 통제'(연방국가에서 중앙정부와 지방정부 사이의 통제, 이익집단의 정부 통제, 여론에 따른 통제 등)를 강조하기도 하였다. 캐기(Werner Kägi)는 헌법제정권과 일반입법권의 2원화, 양원제를 통한 입법부의 2원화, 집행부 내부의 권력분립, 국가기능담당자의 임기제, 복수정당제를 통한 여당과 야당 사이의 권력분립, 국가적 권한영역과 사적 권한영역 사이의 권력분립, 연방제와 지방자치제를 통한 수직적 권력분립, 국가와 교회의 2원화, 민간권력과 군사권력의 분리, 경제적·사회적 권력 집중 방지 등을 내용으로 하는 '포괄적 권력분립론'을 주장하였다. 슈테른(Klaus Stern)은 종래 수평적 권력분립론의 한계를 지적하면서 국가와 사회의 구별(정당과 각종 단체의 활동, 여론, 공직담당자들의 공동결정권 등), 수직적 권력분립인 연방국가적 구조, 지방분권적 행정구조인 자치행정, 정치적 지도와 관료적 행정의 분화 등 '다차원적 권력분립론'을 주장하였다.

V. 현행 헌법의 권력분립 실현형태

권력분립원칙의 구체적 모습은 기능 분리와 기능 사이의 상호통제로 나타난다. 국가의 기능을 법정립기능, 법집행기능, 법확인선언기능으로 구별하고 각각의 기능에 맞는 국가기관으로서 국회, 정부, 법원과 헌법재판소를 창설하여 그 기능을 행사할 수 있도록 권한을 부여한다. 한국 헌법은 입법권은 국회에(제40조), 집행권은 대통령을 수반으로 하는 정부에(제66조 제4항), 사법권은 법관으로 구성된 법원과 헌법재판소에 부여한다(제101조 제1항, 제111조 제1항). 그리고 국가기관은 자신의 고유한 기능을 수행함으로써 또는 상호 견제수단을 통해서 균형을 이룬다.

1. 집행부와 입법부의 상호견제

대통령의 국회임시회소집요구권(헌법 제47조 제1항), 대통령의 법률안거부권(헌법 제53조 제2항), 대통령과 국무총리·국무위원 또는 정부위원의 국회출석·발언권(헌법 제81조, 제62조 제1항), 긴급재정경제명령권과 긴급명령권(헌법 제76조), 계엄선포권(헌법 제77조), 국가안위에 관한 중요정책의 국민투표회부권(헌법 제72조), 헌법개정안발의권(헌법 제128조) 등을 통해서 집행부는 입법부를 견제하고, 대통령·국무총리·국무위원·행정 각부의 장 등에 대한 국회의 탄핵소추권(헌법 제65조), 국무총리와 국무위원에 대한 해임건의권(헌법 제63조), 국무총리와

감사원장 임명동의권(헌법 제86조 제1항), 국정감사·조사권(헌법 제61조), 국무총리·국무위원·
정부위원 등에 대한 국회출석요구권(헌법 제62조 제2항), 예산안과 국가재정작용에 대한 심의
확정권(헌법 제54조, 제58조), 특정한 조약의 체결·비준에 대한 동의권(헌법 제60조 제1항), 선
전포고와 특정한 군사행동에 대한 동의권(제60조 제2항), 일반사면에 대한 동의권(헌법제 79조
제2항), 국회의장의 법률공포권(제53조 제6항), 법률대위명령에 대한 승인권(헌법 제76조 제3항),
계엄해제요구권(헌법 제77조 제5항), 대통령이 제안한 헌법개정안에 대한 의결권(헌법 제130조
제1항) 등을 통해서 입법부는 집행부를 견제한다.

2. 집행부와 사법부의 상호견제

법원예산편성권(헌법 제54조), 대통령의 대법원장과 대법관임명권(헌법 제104조 제1항과 제2
항)과 대통령의 사면·감형·복권권(헌법 제79조 제1항), 긴급명령권(헌법 제76조), 계엄선포권
(헌법 제77조) 등은 집행부에 부여된 사법부 견제수단이고, 명령·규칙·처분에 대한 법원의
최종적인 위헌·위법심사권(헌법 제107조 제2항)은 사법부의 집행부 견제수단이다.

3. 입법부와 사법부의 상호견제

국회가 행사하는 대법원장과 대법관 임명동의권(헌법 제104조 제1항과 제2항), 사법부예산심
의확정권(헌법 제54조), 사법부와 관련된 사안에 대한 국정조사권(헌법 제61조), 법관에 대한 탄
핵소추권(헌법 제65조), 일반사면동의권(헌법 제79조 제2항), 법원조직에 관한 법률제정권(헌법
제102조 제3항) 등은 입법부의 사법부 견제수단이고, 법률에 대한 법원의 위헌여부심판제청권
(헌법 제107조 제1항), 국회규칙에 대한 위헌·위법심사권(헌법 제107조 제2항) 등은 사법부의 입
법부 견제수단이다.

4. 기능적 권력통제

(1) 여당과 야당 사이의 기능적 권력통제

헌법은 복수정당제를 보장한다(헌법 제8조 제1항). 그리고 헌법은 원칙적으로 다수결원칙을
의사 결정 방법으로 채택하면서도(헌법 제49조, 제67조 제2항, 제77조 제5항, 제53조 제4항, 제63조
제2항, 제64조 제3항, 제65조 제2항, 제113조 제1항, 제128조 제1항, 제130조 제1항과 제2항 참조), 소
수에게도 일정한 헌법적 견제기능을 부여함으로써 소수의 보호를 통해서 다수의 독주를 견제
할 수 있는 여당과 야당 사이의 기능적 권력 통제를 제도화한다. 국회의원의 법률안제출권(헌
법 제52조)을 비롯해서 국회 재적의원 1/4에게 부여한 국회의 임시회소집요구권(헌법 제47조
제1항), 국회 재적의원 1/3의 국무총리와 국무위원에 대한 해임건의발의권(헌법 제63조 제2항),
대통령을 제외한 고위직공무원에 대한 탄핵소추발의권(제65조 제2항) 등은 국회의 소수세력(야

당)이 행사할 수 있는 다수세력(여당)에 대한 기능적 통제수단으로 볼 수 있다.

(2) 관료조직과 정체세력 사이의 기능적 권력통제

헌법은 공무원의 국민에 대한 봉사와 책임을 강조하고 공무원의 정치적 중립성과 신분을 보장하는 직업공무원제도를 확립함으로써(헌법 제7조) 공무원 중심의 관료조직이 유동적인 정치세력을 직능적으로 견제할 수 있는 기능적인 권력 통제의 바탕을 마련한다.

(3) 중앙정부와 지방자치단체 사이의 기능적 권력통제

헌법은 지방자치를 제도적으로 보장함으로써(헌법 제117조, 제118조) 지방자치의 제도적 보장을 침해하거나 지방자치단체의 자치기능을 지나치게 제약하는 중앙정부의 독선적인 업무 비대화 현상을 견제할 제도적 장치를 마련한다. 따라서 헌법이 보장하는 지방자치를 실현하는 것은 단순한 민주주의 요청만이 아니고 기능적 권력통제를 통한 국가권력의 '절차적 정당성' 확보 관점에서도 매우 중요한 의미가 있다.25)

(4) 헌법재판소를 통한 기능적 권력통제

헌법은 헌법재판을 제도화함으로써(헌법 제111조~제113조) 국가권력의 과잉행사로 말미암아 헌법질서가 침해되는 것을 통제할 강력한 장치를 둔다. 법률에 대한 위헌심사제도(헌법 제107조 제1항, 제111조 제1항 제1호), 탄핵심판제도(헌법 제65조, 제111조 제1항 제2호), 위헌정당해산심판제도(제8조 제4항, 제111조 제1항 제3호), 권한쟁의심판제도(헌법 제111조 제1항 제4호), 헌법소원심판제도(헌법 제111조 제1항 제5호)가 그것이다. 헌법재판이야말로 국가권력 행사가 헌법을 준수하도록 함으로써 그 절차적 정당성을 확보하게 하는 가장 강력한 기능적 권력통제수단이라고 볼 수 있다.

(5) 선거관리위원회를 통한 기능적 권력통제

헌법은 국가권력의 '민주적 정당성'을 위해서 매우 중요한 의미가 있는 각종 선거관리와 정당에 관한 사무를 일반 행정업무와 기능적으로 분리시켜서 이를 독립한 중앙선거관리위원회에 맡김으로써(헌법 제114조~제116조) 일반 행정관청의 부당한 선거 간섭을 기능적으로 배제하거나 견제할 수 있도록 하였다.

---

25) 헌재 1999. 11. 25. 99헌바28, 판례집 11－2, 543, 551: "지방자치제도의 헌법적 보장은 국민주권의 기본원리에서 출발하여 주권의 지역적 주체인 주민에 의한 자기통치의 실현으로 요약할 수 있으므로, 이러한 지방자치의 본질적 내용인 핵심영역은 입법 기타 중앙정부의 침해로부터 보호되어야 함은 헌법상의 요청인 것이다. 중앙정부와 지방자치단체 간에 권력을 수직적으로 분배하는 문제는 서로 조화가 이루어져야 하고, 이 조화를 도모하는 과정에서 입법 또는 중앙정부에 의한 지방자치의 본질의 훼손은 어떠한 경우라도 허용되어서는 안되는 것이다(헌재 1998. 4. 30. 96헌바62, 판례집 10－1, 380, 385)."

제 4 절   헌법기관충실원칙

Ⅰ. 의의

헌법기관충실원칙은 모든 헌법기관이 서로 존중하고 배려하고 협조하는 방식으로 행위를 하여야 한다는 헌법원칙이다.[26] [27] 먼저 ① 헌법기관충실원칙은 헌법기관 사이에 적용되는 원칙이다. 즉 서로 독립성을 인정받으면서 국가의 본질을 결정하는 국가최고기관 사이에서만 문제가 되는 것이 헌법기관충실원칙이다. 따라서 헌법기관이 아닌 국가기관과 관련하여서는 헌법기관충실원칙이 적용될 수 없다. 다만, 헌법기관의 권한을 행사하는 헌법기관의 부분기관에는 헌법기관충실원칙이 적용될 수 있다. 헌법기관이 아닌 독립기관을 포함한 관계에 헌법기관충실원칙이 부분적으로 확대되거나 유추되는 것은 부정되지 않는다. 다음으로 ② 헌법기관충실원칙은 헌법기관의 합헌적 권한 사이의 충돌과 관련하여 문제 된다. 즉 헌법이 부여한 헌법기관의 권한이 헌법이 부여한 다른 헌법기관의 권한과 충돌할 때 이러한 문제를 해결하는 기준이 헌법기관충실원칙이다. 위헌적 권한은 어차피 헌법기관의 권한으로 인정받을 수 없고, 헌법기관의 합헌적 권한 행사가 다른 헌법기관의 합헌적 권한과 충돌하지 않는다면 특별한 헌법적 문제가 발생하지 않기 때문이다. 따라서 헌법기관충실원칙은 헌법에 따른 헌법기관의 권한 확정 이후나 헌법이 부여한 헌법기관의 권한을 구체화할 때 문제 된다. 이러한 점에서 헌법기관충실원칙은 헌법기관의 행위기준이면서 입법자가 헌법기관의 권한을 구체화할 때 입법적 기준이 되고, 헌법재판기관이 헌법기관의 권한 침해 여부를 판단할 때 심사기준이 된다. 그리고 ③ 충실은 헌법기관이 권한을 행사할 때 다른 헌법기관을 서로 고려하여야 한다는 것을 말한다.[28] 즉 헌법기관이 자기 임무를 수행할 때 모든 헌법기관이 서로 간에 존중하고 배려하고 협조하는 것을 충실이라고 한다.[29] 헌법기관 서로 간의 존중과 배려 그리

---

26) Helmuth Schulze-Fielitz, Das Bundesverfassungsgericht in der Krise des Zeitgeists, in: AöR 122 (1997), S. 27 f. 참조. 공무원의 헌법충실의무(이에 관해서는 이종수, 「헌법충실원칙(Verfassungstreue)에 관한 독일연방헌법재판소의 해석론과 그 비판」, 『헌법판례연구』 제2권, 박영사, 2000, 89~114쪽 참조)도 논의되는데, 공무원의 헌법충실의무는 '공무원'의 '직무 수행'과 관련되지만, 헌법기관충실원칙은 '헌법기관'의 '권한 행사' 문제라는 점에서 명확하게 주체와 대상이 다르다. 게다가 공무원의 헌법충실의무는 '의무'를 중심으로 논의되지만, 헌법기관충실원칙은 '의무'는 물론 '권한'도 문제 될 뿐 아니라 오히려 '권한'이 더 중요한 논의대상이다.

27) 헌법재판소의 소수의견에서 '국가기관 상호존중의 원칙'이라는 용어를 사용한 적이 있다(헌재 2010. 11. 25. 2009헌라12, 판례집 22-2하, 320, 338 재판관 이강국의 인용의견; 헌재 2011. 8. 30. 2009헌라7, 판례집 23-2상, 220, 238 재판관 이강국의 무효확인 청구 부분에 대한 별개의견). 그러나 소수의견은 그 내용이 무엇인지는 밝히지 않았다.

28) BVerfGE 90, 286 (337). 나아가 BVerfGE 12, 205 (254); 35, 193 (199); 36, 1 (15); 45, 1 (39); 89, 155 (191).

29) Norbert Achterberg/Martin Schulte, in: Hermann von Mangoldt/Friedrich Klein/Christian Starck (Hrsg.), Kommentar zum Grundgesetz, Bd. 2, 7. Aufl., München 2018, Art. 44 Rdnr. 52.

고 협조는 헌법기관의 독립성에 대한 상관개념으로서, 헌법기관들이 헌법합치적으로 행위를 할 때 조화적으로 함께 작용하고, 서로 다른 헌법기관의 명성을 훼손하면서 헌법 자체를 위태롭게 할 모든 것을 하지 말아야 한다는 것을 요구한다. 따라서 '충실'은 '상호존중'을 넘어서는 것으로서 '상호존중'으로 대체할 수 없다. 또한, ④ 헌법기관충실원칙은 불문의 헌법원칙으로서 헌법 스스로 해결기준을 마련하지 않았을 때 적용되는 보충적 원칙이다. 헌법 스스로 권한의 내용과 한계를 명확하게 규정하였다면, 헌법기관들 사이의 권한 충돌은 헌법 해석만으로도 충분히 해결될 수 있기 때문이다. 그리고 헌법기관충실원칙은 헌법원칙이므로 법률을 포함한 헌법하위법규범의 위헌심사기준으로 기능할 수 있다.

Ⅱ. 근거

1. 직접 근거: 국가통합사고

헌법기관충실원칙은 통합을 통해서 국가통일을 달성하려는 국가통합사고[30]에 기초한다. 즉 헌법기관충실원칙은 민주적 헌법국가의 기본원칙인 국가통합명령과 서로 저지하거나 방해하는 국가권력중심체의 다수 형성 방지에 근거한다.[31] 따라서 다양한 국가 영역이 고립되어 서로 나란히 있는 것이 아니라 함께 통일된 국가를 형성한다는 일반적 사고에서 헌법기관충실원칙이 도출된다.[32] 고립되고 서로 저지적인 국가권력중심체의 다양성 속에서 국가붕괴 위험을 방지하면서 국가분열과정이 발생하지 않도록 하려면, 헌법기관들의 행위는 서로 명시적인 실정법적 협력규범을 넘어서 충실한 협력이라는 불문원칙에 따라서 결정되어야 한다. 여기서 법의 중심과제인 국가통일을 달성하기 위해서, 합헌적 질서를 전체적으로 특히 합헌적 절차를 통해서 준수하여야 할, 헌법기관의 일반적 의무가 도출된다. 국가통합사고에서 비롯한 헌법기관 협력이라는 요청은 국가행위를 효율적으로 실현하는 데 이바지할 뿐 아니라 사회를 국가에 통합하는 이익을 위해서도 존재한다. 즉 헌법기관 협력이라는 요청은 오로지 국가이익뿐 아니라 사회이익을 위해서도 필수적이다. 충실한 협력이 의무로 인정받지 못하면 헌법기관 서로 간의 관계는 장기적으로 국가에 대한 국민의 불쾌감과 냉담함을 불러일으키고, 국민의 국가의식을 훼손하며, 그로 말미암아 사회를 국가에 통합할 때 악순환과정이 촉진되기 때문이다. 국가통합사고에 뿌리박은, 이해와 균형에 지향된 상호작용에는 헌법기관 자제의 상

---

30) 국가통합사고는 루돌프 스멘트(Rudolf Smend)와 헤르만 헬러(Hermann Heller)에서 비롯하였다. 루돌프 스멘트의 통합론에 관해서는 Rudolf Smend, Verfassung und Verfassungsrecht, in: Staatsrechtliche Abhandlungen, 2. Aufl., Berlin 1968, S. 119 ff. (루돌프 스멘트, 김승조 옮김, 『국가와 헌법』, 교육과학사, 1994) 그리고 헤르만 헬러의 조직된 결정통일체이자 작용통일체인 국가에 관해서는 Hermann Heller, Staatslehre, 6. Aufl., Tübingen 1983, S. 259 ff. (헤르만 헬러, 홍성방 옮김, 『국가론』, 민음사, 1997, 324~337쪽) 참조.

31) Rupert Scholz, Parlamenterischer Untersuchungsausschuss und Steuergeheimnis, in: AöR 105 (1980), S. 600.

32) Richard Häußler, Der Konflikt zwischen Bundesverfassungsgericht und politischer Führung, Berlin 1994, S. 225.

호작용을 포함하는 고려 명령이 들어 있다. 이는 통합을 위해서 헌법기관의 행위에 불문의 한계가 설정된다는 것을 뜻한다. 헌법적 갈등을 해결할 때 통합촉진적이고 통합유지적인 관점에 우선권을 부여하여 국가통합 필요성을 강조하는 관점은 실체법적 형성을 넘어 해석지침으로 기능한다. 그러나 헌법기관 권한영역을 넘어서는 것이 국가통합과정에서 마찰과 긴장을 유발할 수 있다는 것은 헌법기관충실에 대한 근거로 충분하지 않다. 헌법기관충실원칙은 성문헌법적 권한질서를 넘어서기 때문이다.[33] 즉 헌법기관충실원칙은 성문헌법에서 구체적 내용이 직접 도출되지 않기 때문이다. 국가통합사고는 사법기관을 통한 단일한 국가의사 형성을 보장하는, (구체적 사건과 관련된) 처분의 위헌·위법 여부에 대한 대법원의 최종적 심사권(헌법 제107조 제2항)과 헌법재판소의 권한쟁의심판권(헌법 제111조 제1항 제4호)을 통해서 명확하게 직접 확인된다.

2. 간접 근거: 권력분립원칙

국가는 권력분립원칙이 없으면 기능할 수 없거나 오로지 제한적으로만 기능할 수 있다. 하지만 권력분립원칙과 헌법기관충실원칙은 고갱이(핵심)에서 완벽하게 다른 목표를 추구한다. 그러므로 권력분립원칙은 헌법기관충실원칙과 간접적 관련성만 있다. 먼저 권력분립원칙은 권력 통제 수단으로 이해되고 그러한 것으로 투입되지만, 헌법기관충실원칙은 통합 촉진을 목표로 한다. 즉 권력분립원칙은 권력 통제와 헌법기관 사이에서 권력관계의 상호균형에 중점이 있지만, 헌법기관충실원칙은 국가통합사고, 정확하게 말해서 국가에 대한 사회의 통합과 국가통일 달성의 지배적 요소이다. 그런데도 권력분립원칙과 헌법기관충실원칙은 필수적으로 서로 전제하므로, 양자의 결합은 불가피하다. 권력분립원칙에서 서로 동등한 권한이 있는 여러 헌법기관이 국가최고기관이라는 결론이 도출된다. 헌법기관충실원칙은 처음부터 정점에 여러 헌법기관이 원칙적으로 동등하게 서로 마주 서 있는, 오로지 권력분립적으로 조직된 체계 안에서만 문제가 된다. 이러한 곳에서 헌법기관들이 권한의 한계 영역에서 서로 경쟁하고 충돌할 수밖에 없다. 위계적으로 형성되지 않은 견제와 균형의 체계에서 헌법기관 사이의 경쟁과 충돌을 권력적 방법으로 제거하거나 완화할 기관이 없다. 이로 말미암아 국가통일이 자동으로 달성되지는 않는다. 따라서 이러한 문제를 해결하고 국가통일을 달성하려면 성문헌법적 권한질서에 헌법기관충실원칙이 필수적이다. 이러한 점에서 권력분립원칙과 관련하여 헌법기관충실원칙은 일종의 보충기능을 수행한다.[34]

---

33) Norbert Achterberg/Martin Schulte, in: Hermann von Mangoldt/Friedrich Klein/Christian Starck (Hrsg.), Kommentar zum Grundgesetz, Bd. 2, 5. Aufl., München 2005, Art. 44 Rdnr. 52; Ralph Alexznder Lorz, Interorganrespekt im Verfassungsrecht, Tübingen 2001, S. 38 f.; Wolf-Rüdiger Schenke, Die Verfassungsorgantreue, Berlin 1977, S. 26 ff.; Andreas Voßkuhle, Der Grundsatz der Verfassungsorgantreue und die Kritik am BVerfG, in: NJW 1997, S. 2217.

3. 실정법적 근거

한국 헌법은 헌법기관충실원칙을 명문으로 규정하지 않는다. 그래서 헌법전에서 바로 헌법기관충실원칙을 도출하기는 어렵다. 따라서 헌법기관충실원칙은 헌법전에서 간접적으로 도출되거나 헌법전과 관련 없이 인정될 수밖에 없다. 이러한 점에서 헌법기관충실원칙은 불문의 헌법원칙이다. 그러나 헌법 제47조 제1항은 대통령이 국회의 임시회를 요구할 수 있다고 규정하고, 헌법 제52조는 정부도 법률안을 제출할 수 있다고 규정한다. 그리고 헌법 제62조는 국무총리·국무위원 또는 정부위원은 국회나 그 위원회에 출석하여 국정 처리상황을 보고하거나 의견을 진술하고 질문에 응답할 수 있고, 국회나 그 위원회의 요구가 있으면 국무총리·국무위원 또는 정부위원은 출석·답변하여야 한다고 규정한다. 여기서 직접 대통령이 나서지는 않지만, 대통령이 행정부 수반이라는 점(헌법 제66조 제4항)에 비추어 국무총리·국무위원 또는 정부위원은 대통령을 대신하여 집행부 의사를 국회에 대해서 표시할 수 있다. 또한, 헌법 제81조는 대통령은 국회에 출석하여 발언하거나 서한으로 의견을 표시할 수 있다고 규정한다. 그 밖에 국회는 상호원조 또는 안전보장에 관한 조약, 중요한 국제조직에 관한 조약, 우호통상항해조약, 주권의 제약에 관한 조약, 강화조약, 국가나 국민에게 중대한 재정적 부담을 지우는 조약이나 입법사항에 관한 조약의 체결·비준에 관한 동의권이 있고(헌법 제60조 제1항), 선전포고, 국군의 외국에 대한 파견이나 외국군대의 대한민국 영역 안에 주류하는 것에 관한 동의권이 있다(헌법 제60조 제2항). 이러한 것들을 통해서 대통령을 수반으로 하는 정부와 국회는 자기 의견을 상대방에게 표시하고 상대방의 의견을 들음으로써 서로 간의 협력을 공고히 할 수 있다. 더하여 대통령은 다른 국가기관을 조직하는 권한이 있다. 그런데 대통령이 대법원장(헌법 제104조 제1항), 헌법재판소장(헌법 제111조 제4항), 감사원장(헌법 제98조 제2항)을 임명하는 데 국회 동의가 필요하고, 대통령은 대법원장의 제청으로 국회 동의를 얻어 대법관을 임명하며(헌법 제104조 제2항), 헌법재판소 재판관 중 3명은 국회가 선출한 사람을, 3명은 대법원장이 지명한 사람을 형식적으로 임명한다(헌법 제111조 제3항). 즉 국가기관을 구성하는 데 여러 헌법기관이 함께 관여한다. 이러한 국가기관 구성은 종래 권력분립의 견제와 균형으로 설명하는 데 그쳤지만, 그와 더불어 대통령이 다른 국가기관의 의사를 고려하여 권한을 행사하여야 한다는 측면도 있다고 볼 수 있다. 결국, 이러한 헌법규정들은 헌법기관충실원칙을 구체화하는 것으로 볼 수 있다.

---

34) Ralph Alexznder Lorz, Interorganrespekt im Verfassungsrecht, Tübingen 2001, S. 39 f.; Wolf−Rüdiger Schenke, Die Verfassungsorgantreue, Berlin 1977, S. 27 f., 117 특히 S. 28 Anm. 35; Andreas Voßkuhle, Der Grundsatz der Verfassungsorgantreue und die Kritik am BVerfG, in: NJW 1997, S. 2217.

Ⅲ. 기능

헌법기관충실원칙은 세 가지 기능이 있다. 즉 헌법기관충실원칙은 ① 일반적 해석원칙이고, ② 합헌적 권한의 남용 한계이며, ③ 불문의 행위의무 근거이다.[35]

먼저 ① 헌법기관충실원칙은 헌법전에서 자주 명백하게 서로 관련이 없는, 개별 기관의 권한을 서로 관련짓고 동시에 기능분리적 인식 범위에서 먼저 통합촉진적 차원을 명확하게 밝힘으로써 해석 관점으로서 의미가 있다.[36] 즉 헌법기관충실원칙은 상황에 따라서는 관련이 없는 것처럼 보이는 서로 대등한 헌법기관의 권한을 국가통합적 관점에서 결합함으로써 결합기능이라는 의미를 획득할 수 있다. 이러한 결합이 없다면 국가는 고립되고 서로 차단된 수많은 권력중심체로 분열될 것이다. 그와 동시에 헌법기관들의 권한이 (충돌 속에서) 조정됨으로써 헌법기관충실원칙은 국가통합 달성 이익이라는 관점에서 헌법기관들의 권한이 마찰 없이 맞물리고 안정되도록 하는 작용을 한다. 이러한 헌법기관충실원칙의 기능으로 말미암아 헌법 문제를 해결할 때는 정치적 통일을 형성하고 유지하기 위해서 통일의 촉발과 유지라는 관점에 우위가 주어진다.[37] 그러나 이러한 해석적 관점은 헌법이 확정한 기능질서의 빈틈을 메우는 범위에만 한정된다. 즉 헌법기관충실원칙을 구체화할 때 헌법제정자 스스로 한 규범화가 당연히 구속적 지침이라는 점에서 옳다. 그러나 이러한 지침이 그 자체로 해석이 필요하다면, 이러한 지침과 헌법기관충실원칙의 상호작용을 고려하여야 하고, 헌법기관충실원칙에 비추어 이러한 지침을 해석하여야 한다는 것을 부정할 수 없다.[38]

다음으로 ② 헌법기관충실원칙은 법적으로 달리 제한되지 않는 권한 행사에 명확한 최후의 한계를 설정한다.[39] 즉 헌법기관충실원칙은 헌법기관이 권한을 행사할 때 권한규범을 통해서 더는 포섭할 수 없는 예외적인 때에 권한의 남용 한계로서 작용한다. (ⅰ) 헌법기관충실원칙이 요구하는 충실을 기준으로 보면 권한 행사가 남용에 해당하고 그로 말미암아 헌법에 어긋나는 것으로 여겨질 때와 (ⅱ) 다른 권한규범을 기준으로 보면 권한 행사가 그 기능에 어긋나는 것으로 보일 때가 그러한 예외적인 때이다. 여기서 헌법기관충실원칙은 남용 한계를 넓히는 의미가 있다. 물론 이러한 두 남용 사례는 현실에서 서로 명확하게 분리되지 않고, 실무에서 그 구별이 유동적이다. 이는 헌법기관충실원칙이 개별 사안에서 매우 다른 헌

35) Wolf−Rüdiger Schenke, Die Verfassungsorgantreue, Berlin 1977, S. 41 ff.; Andreas Voßkuhle, Der Grundsatz der Verfassungsorgantreue und die Kritik am BVerfG, in: NJW 1997, S. 2217.
36) Rainer Grote, Der Verfassungsorganstreit, Tübingen 2010, S. 391 f.; Ralph Alexznder Lorz, Interorganrespekt im Verfassungsrecht, Tübingen 2001, S. 47.
37) Wolf−Rüdiger Schenke, Die Verfassungsorgantreue, Berlin 1977, S. 41 f.
38) Ralph Alexznder Lorz, Interorganrespekt im Verfassungsrecht, Tübingen 2001, S. 47 f.
39) Rainer Grote, Der Verfassungsorganstreit, Tübingen 2010, S. 392; Ralph Alexznder Lorz, Interorganrespekt im Verfassungsrecht, Tübingen 2001, S. 48.

법적 권한규정을 통한 축적에 의존하여 효력을 발휘하는 것과 관련이 있다.[40] 남용 한계로 기능하는 헌법기관충실원칙은 순수한 권한법적 측면 이상의 의미가 있다. 즉 남용 한계로 기능하는 헌법기관충실원칙은 개별 헌법기관에 위임한 권한의 상호 관련성을 강조하고 그에 상응하는 서로에 대한 헌법기관의 고려를 강력히 요구함으로써 다양한 결정절차와 거기서 도출된 결과의 정당성에 대한 수범자의 신뢰를 높이므로, 동시에 국가 결정의 정당성을 높이는 데 이바지한다.[41]

끝으로 ③ 헌법기관충실원칙에서 헌법기관 상호관계에서 특정한 행위의무가 도출된다. 즉 헌법기관충실원칙은 헌법기관 서로 간의 존중과 배려 그리고 협조와 관련된 행위의무와 그에 상응하는 권한의 불문법원이 될 수 있다.[42] 여기서 헌법기관충실원칙이 무엇인지가 잘 드러난다. 이러한 기능과 관련하여 자주 헌법조문 자체에서 추론할 수 없는 법적 효과가 헌법기관충실원칙과 결합하곤 한다. 이러한 점에서 헌법기관충실원칙은 개별 권한규범에 융합되지 않지만, 그 권한규범 안에서 명확해진다.[43] 다만, 헌법기관충실원칙은 달리 근거 지워진 기관의 권한과 의무를 조절하거나 바꾸거나 부수적 의무를 통해서 보충함으로써 권한을 변경하는 데 그치고, 새로운 권한을 독자적으로 근거 지우지는 못한다.[44] 이러한 기능으로 말미암아 헌법기관충실원칙 위반은 권한쟁의심판에서 독자적 공격대상이 될 수 있다. 즉 권한규범에서 직접 도출되지 않아도 헌법기관충실원칙을 통해서 특정 권한과 의무를 근거 지울 수 있다.[45] [46]

그러나 이러한 헌법기관충실원칙의 세 가지 기능은 엄격하게 서로 구별되지 않고, 오히려 자주 중첩되고 그 한계가 분명하지 않다. 예를 들어 헌법기관의 불문적 행위의무는 헌법기관 권한의 한계로서 볼 수도 있고, 이는 다시 기초적인 권한규범을 해석할 때 해석관점이 될 수도 있다.[47] 이는 헌법기관충실원칙의 세 가지 기능이 독립적인 것이 아니라 서로 밀접한 관련이 있고, 기능을 기준으로 구체적 내용을 확정한 것이 아니라 구체적 내용을 기능별로 분류하였기 때문이다.

---

40) Wolf-Rüdiger Schenke, Die Verfassungsorgantreue, Berlin 1977, S. 43 f.

41) Ralph Alexznder Lorz, Interorganrespekt im Verfassungsrecht, Tübingen 2001, S. 48.

42) Rainer Grote, Der Verfassungsorganstreit, Tübingen 2010, S. 392; Ralph Alexznder Lorz, Interorganrespekt im Verfassungsrecht, Tübingen 2001, S. 48.

43) Wolf-Rüdiger Schenke, Die Verfassungsorgantreue, Berlin 1977, S. 44 f.

44) Rainer Grote, Der Verfassungsorganstreit, Tübingen 2010, S. 125.

45) 독일 연방헌법재판소는 이를 명확하게 인식하였다[BVerfGE 90, 286 (337 f.)].

46) Rainer Grote, Der Verfassungsorganstreit, Tübingen 2010, S. 392 참조.

47) Ralph Alexznder Lorz, Interorganrespekt im Verfassungsrecht, Tübingen 2001, S. 49; Wolf-Rüdiger Schenke, Die Verfassungsorgantreue, Berlin 1977, S. 46.

Ⅳ. 헌법기관

1. 의의

"헌법기관(Verfassungsorgan)은 그 지위와 주요 권한을 헌법이 직접 창설하고 그 내부조직이 대체로 자유로우며, 다른 어떤 기관에도 종속되지 않으며 국가의 특별한 존재 양식(본질)을 형성하는 기관이다. … 그 기관이 헌법에 언급되는 것으로 충분하지 않고, 그 임무가 주로 헌법 자체에서 도출되어야만 한다."[48] 특히 국가기관이 헌법기관으로 인정받으려면 헌법에 단순히 언급된 것만으로는 충분하지 않고, "그 존재와 지위 그리고 주요 권한을 헌법이 창설하고, 그 존재와 기능을 통해서 국가에 특별한 형상을 부여하며, 그 활동을 통해서 최상위 국가방향 설정에 일정한 몫이 있는 기관이어야 한다."[49]

헌법재판소도 헌법기관이라는 용어를 사용하기는 한다. 그러나 헌법재판소는 "우리 헌법상 최고 헌법기관에는 국회(헌법 제3장), 대통령(제4장 제1절), 국무총리(제2절 제1관), 행정 각부(제2절 제3관), 대법원(제5장), 헌법재판소(제6장), 중앙선거관리위원회(제7장)가 있다."[50]라고 한다. 따라서 헌법재판소는 독일 헌법학의 헌법기관과는 다른 의미로 헌법기관이라는 용어를 사용하는 것 같다. 헌법재판소가 언급한 기관은 모두 헌법에 규정되기는 하지만, 최소한 국무총리와 행정 각부는 독립성을 인정하기 어렵고, 국가의 특별한 존재 양식을 형성하는 기관으로 보기도 어렵기 때문이다. 헌법기관에 붙은 '최고'라는 수식어를 고려하면, 헌법재판소는 헌법기관을 '헌법에 규정된 국가기관'으로 이해하는 것으로 보인다. 헌법재판소가 '헌법기관'을 이러한 의미로 이해한다고 하여도, 독일에서 논의되는 '헌법기관'이라는 개념을 한국에 수용할 수 없는 것도 아니고 한국 헌법학에서 무용한 것도 아니다. 오히려 헌법재판소가 사용하는 헌법기관의 개념이 집합적 의미 이외에 어떠한 실익이 있는지 의심스럽다. 그러나 독일 헌법학의 '헌법기관'은 다른 국가기관과 구별되는 분명한 논의 실익이 있음을 부정하기 어렵다. 따라서 헌법재판소가 사용하는 헌법기관의 개념은 '헌법상 기관' 등의 다른 용어로 대체하고, 헌법기관은 독일에서 논의하는 본래 의미로 사용하는 것이 바람직하다.

2. 헌법기관으로 인정되는 국가기관

한국 헌법에 비추어 국회, 대통령, 대법원, 헌법재판소, 중앙선거관리위원회는 최고국가기관에 해당한다. 이 중에서 국회와 대통령이 헌법기관이라는 점에 관해서는 이론이 없다. 그리고 중앙선거관리위원회는 선거와 국민투표의 관리와 정당에 관한 사무 처리와 관련하여 공정

---

48) Klaus Stern, Das Staatsrecht der Bundesrepublik Deutschland, Bd. Ⅱ, München 1980, S. 42. 헌법기관의 개념적 징표에 관해서 자세한 설명은 같은 책, S. 342 ff. 참조.

49) Klaus Stern, Das Staatsrecht der Bundesrepublik Deutschland, Bd. Ⅱ, München 1980, S. 344.

50) 헌재 2004. 10. 21. 2004헌마554, 판례집 16−2하, 1, 37.

성과 객관성을 담보하기 위해서 독립시킨 기관이고, 그 권한도 집행권 일부에 불과하며, 그 권한 내용에 비추어 국가의 본질을 형성하는 국가기관으로 보기 어렵다. 따라서 중앙선거관리위원회는 헌법기관으로 볼 수 없다. 그러나 대법원과 헌법재판소의 헌법기관성에 관해서는 구체적 논의가 필요하다.

(1) 대법원의 헌법기관성

전통적인 사법권은 능동적 권력인 입법권 및 집행권과는 달리 소극적 권력에 불과하다. 따라서 전통적인 사법권은 입법권·집행권과 대등한 지위에 있을 수 없고, 국가방향에 관한 결정에 참여할 수 없다. 이러한 점에서 한국 헌법에 따라 대법원이 설치되고, 대법원은 기능적으로 다른 모든 국가기관에서 독립하며, 다른 국가기관에 종속되지 않고, 대법원의 지위와 주요 권한을 헌법이 직접 규정하여도(헌법 제101조, 제103조, 제106조) 헌법기관으로 보기 어렵다. 그러나 대법원은 명령·규칙 또는 처분이 헌법이나 법률에 위반되는지를 최종적으로 심사할 권한이 있고(헌법 제107조 제2항), 선거소송과 국민투표소송을 관할한다(법원조직법 제2조 제1항). 이러한 권한을 통해서 대법원은 국가방향에 관한 결정에 일부 참여할 수 있다. 이러한 점에 비추어 대법원은 (부분적으로라도) 헌법기관으로 볼 수 있다.

(2) 헌법재판소의 헌법기관성

헌법은 헌법재판소가 헌법기관이라는 것을 명시적으로 언급하지 않는다. 헌법재판소법에도 그에 관한 명시적 규정이 없다. 그러나 헌법에 따라 헌법재판소가 설치되고, 헌법재판소는 기능적으로 다른 모든 국가기관에서 독립하며, 다른 국가기관에 종속되지 않는다(헌법 제112조 제2항과 제3항). 그리고 헌법재판소의 지위와 주요 권한이 헌법, 특히 헌법전의 개별 장(헌법 제6장 헌법재판소)에서 직접 규정된다. 나아가 헌법재판소는 위헌법률심판, 탄핵심판, 정당해산심판, 권한쟁의심판, 헌법소원심판과 같은 자신의 권한을 행사함으로써 국가의 방향 결정에 참여할 몫을 헌법을 통해서 직접 부여받는다. 이러한 점에서 헌법재판소도 헌법기관으로 볼 수 있다.[51] 현재 다툼이 없는 헌법재판소의 헌법기관성에 상응하는 몇몇 규정이 있다. 즉 헌법 제113조 제2항과 헌법재판소법 제10조를 따라서 헌법재판소에 헌법재판소규칙을 제정할 권한이 부여된다. 그리고 헌법재판소 경비는 독립하여 국가 예산에 계상하여야 하고(헌법재판소법 제11조 제1항), 헌법재판소는 독립적으로 행정사무를 처리한다(헌법재판소법 제17조 제1항).[52]

---

51) 같은 견해: 김선택, 「국가기능체계에 있어서 헌법재판소의 역할과 한계 - 국가조직관련 헌법재판소판례의 분석과 평가 -」, 『공법연구』 제33집 제4호, 한국공법학회, 2005, 185쪽; 장영수, 「현행헌법체계상 헌법재판소의 헌법상의 지위」, 『법학논집』 제30집, 고려대학교 법학연구소, 1994, 50쪽.
52) 이상 허완중, 「헌법재판소의 지위와 민주적 정당성」, 『고려법학』 제55호, 고려대학교 법학연구원, 2009, 23~24쪽.

V. 내용

헌법기관은 헌법이 조직하고 그들의 공동작용을 통해서 언제나 다시 헌법의 구체적인 정치적 본질내용을 확인하는 기관이다. 따라서 헌법기관들은 헌법합치적으로 이러한 헌법 존속을 보장할 모든 것을 할 의무를 진다.[53] 그러므로 헌법기관충실원칙으로 말미암아 헌법기관들은 자기 권한을 책임 있고 충실하게 강제와 시간적 압박 없이 행사할 수 있도록 서로 행위를 하여야 한다.[54] 그리고 어떤 헌법기관도 통제와 저지 그리고 억제를 위해서 부여된 권한을 헌법이 세 국가권력 사이에 배분한 비중을 바꾸려고 행사할 수 없다. 즉 헌법기관은 헌법이 배분한 세 국가권력 사이의 비중 배분을 유지하여야 하고, 어떠한 권력도 헌법이 규정하지 않은 초과비중을 다른 국가권력에 부여할 수도 없으며, 어떠한 권력도 합헌적인 임무 수행에 필수적인 권한을 빼앗을 수도 없다.[55] 헌법기관의 권한은 오히려 다른 기관의 헌법적 지위를 존중하고 무시하지 않도록 행사되어야 한다.[56]

헌법기관충실원칙은 헌법기관의 충실한 행위의무[57]와 통합친화적 공동작용을 고갱이(핵심)로 한다. 이는 헌법합치적 권한을 행사할 때와 헌법에서 예정된 절차 및 결정 과정에서 행위를 할 때 최소한 헌법질서 자체에서 권한 방해를 피하는 방식으로 협조하여야 할, 헌법기관의 의무를 내포한다. 실제로 헌법기관충실원칙은 일반적으로 행위에 관한 상호고려명령 형태로 나타난다. 따라서 개별 헌법기관은 자신의 헌법합치적 권한을 주장할 때도 자기 결정에 다른 헌법기관의 이해도 포함하고, 이를 통해서 수행되는 기능도 존중하여야 한다.[58] 권한지향적 관점에서 이러한 명령은 헌법과 그 기능 수행에 지향된 적정한 권한 행사와 적절한 타협 준비성에 대한 의무를 포함한다. 거기서 반대로 일반적 권리 남용 금지의 결과로서뿐 아니라 다시 신의성실원칙의 결과로서 설명되는, 본래 자기에게 귀속되는 임무에 대한 개별 헌법기관의 자기절제 요구가 도출된다. 무엇보다도 헌법이 다른 헌법기관에 보장하는 자유로운 정치적 형성 여지를 남겨두어야 한다는 것이 문제 된다.[59]

헌법기관충실원칙은 적극적 측면에서 서로 간의 원조, 지원 그리고 충실을 의무 지우고, 소극적 측면에서 다른 국가기관에 대한 무시, 방해나 침해를 금지한다.[60] 적극적 측면은 불문

---

53) Bemerkungen des Bundesverfassungsgerichts zum dem Rechtsgutachten von Professor Richard Thoma, in: JöR N.F. 6 (1957), S. 206.

54) Klaus Stern, Das Staatsrecht der Bundesrepublik Deutschland, Bd. I, 2. Aufl., München 1984, S. 134 f.

55) BVerfGE 9, 268 (279 f.); 22, 106 (111); 95, 1 (15) 참조

56) Karl-Peter Sommermann, in: Hermann von Mangoldt/Friedrich Klein/Christian Starck (Hrsg.), Kommentar zum Grundgesetz, Bd. 2, 7. Aufl., München 2018, Art. 20 Rdnr. 225.

57) 충실은 여기서 한계로서 헌법질서에 대한 책임으로 이해된다.

58) BVerfGE 35, 193 (199); 45, 1 (39); 90, 286 (337).

59) Ralph Alexznder Lorz, Interorganrespekt im Verfassungsrecht, Tübingen 2001, S. 41 f.

60) Richard Häußler, Der Konflikt zwischen Bundesverfassungsgericht und politischer Führung, Berlin 1994, S. 100.

의 행위의무 근거와 밀접한 관련이 있고, 소극적 측면은 합헌적 권한의 남용 한계와 직접 관련된다. 그리고 일반적 해석원칙적 기능은 적극적 측면과 소극적 측면과 두루 관계를 맺는다.

헌법기관충실원칙은 구체적 헌법에 적용됨으로써 필요한 내용적 윤곽을 얻을 수 있다. 즉 어떠한 법적 결과가 헌법기관충실원칙에서 도출되는지는 헌법기관 서로 간의 관계에 관한, 개별 실정법을 통한 구체화와 결합하여서만 확정될 수 있다. 헌법기관충실원칙은 어떤 헌법질서에서 작동되는지에 따라서 완벽하게 다른 법적 결과를 가져올 수 있다. 헌법기관충실원칙에서 구체적으로 도출되는 법해석적 결과는 성문헌법규범을 통해서 확정된다. 오로지 헌법기관충실원칙에서만 법적 결론을 도출하려는 시도는 순환논법에 빠질 수밖에 없다. 헌법기관충실원칙이 요구하는 충실한 협력이 개별적으로 어떤 내용을 담는지에 관해서 헌법기관충실원칙 자체는 아무것도 말하지 않기 때문이다. 특히 헌법기관충실원칙은 다양한 헌법기관이 국가통합 과정에서 하여야 할 역할과 몫을 결정하지 않는다. 더욱이 헌법기관충실원칙은 국가통합의 기본조건을 말할 뿐이어서, 그 자체로 실정헌법적 구체화가 필요하다.[61] 헌법기관충실원칙을 구체화하는 출발점은 헌법을 통해서 구성되는 헌법질서이다. 여기서 개별 헌법기관 서로 간의 관계를 규율하는 모든 규정이 특별히 주목된다. 즉 이러한 규정들이 헌법기관충실원칙에 관한 고찰의 기초를 형성한다.[62] 요컨대 헌법기관충실원칙은 실정헌법이 형성하는 기능질서를 전제로 개별 권한규범을 해석하는 과정에서 구체화가 이루어질 수 있다. 헌법기관충실원칙 자체는 추상적 기준을 제공하는 데 그친다.

Ⅵ. 적용 영역

헌법기관충실원칙 적용 영역은 해당 영역에서 발생하는 문제를 헌법기관충실원칙으로만 해결할 수 있는 영역을 뜻하는 것이 아니고, 헌법기관충실원칙이 해당 문제 해결의 실마리를 제공하거나 문제 해결을 위한 합리적 논거로서 헌법기관충실원칙이 추가될 수 있는 영역을 가리킨다. 헌법기관충실원칙은 헌법기관 사이의 관계에서만 적용된다. 따라서 헌법기관충실원칙은 다른 헌법기관과 맺는 관계 속에서 헌법기관이 자기 권한을 어떻게 행사할 것인지가 문제 되는 영역에 적용된다.

1. 국회 권한과 관련한 영역

(1) 국회소수파와 집행부의 관계로까지 확장

헌법기관충실원칙의 구체적 모습은 국회와 집행부 사이에서 발견된다. 이는 집행부에 대

---

61) Wolf—Rüdiger Schenke, Die Verfassungsorgantreue, Berlin 1977, S. 37 f.
62) Wolf—Rüdiger Schenke, Die Verfassungsorgantreue, Berlin 1977, S. 39.

한 국회의 행위에서는 물론 국회에 대한 집행부의 행위에서도 마찬가지이다. 여기서 문제가 되는 상호 존중과 배려 그리고 협조의 명령은 집행부와 그를 떠받치는 국회 여당의 관계를 넘어 집행부와 그를 비판하는 국회 야당의 관계에까지 확장된다. 현대 의회국가에서 과거 의회와 집행부의 대립성이 의회 여당과 집행부 사이의 '특별한 정치적 공생'으로 말미암아 변질하였다는 것에서 그 정당성이 얻어진다. 결국, 정당제도가 활성화한 현대 헌법국가에서 오로지 비판하는 의회 야당만이 집행부와 대립한다.[63] 이러한 대립성을 보장하려고 헌법은 국회 재적의원 4분의 1 이상 요구로 국회 임시회가 집회되도록 하고(제47조 제1항), 국회의원에게 법률안 제출권을 부여하며(제52조),[64] 국회 재적의원 3분의 1 이상으로 해임건의(제63조 제2항)와 탄핵소추(대통령 제외: 제65조 제2항)를 발의할 수 있도록 한다. 그리고 헌법 제61조는 국회의 국정감사권과 국정조사권을 규정한다. 국정감사권과 국정조사권은 국회 야당이 집행부를 통제할 효율적인 권한이다. 헌법기관충실원칙으로 말미암아 집행부는 국회의 국정감사권과 국정조사권에 적극적으로 협조할 의무를 진다. 즉 집행부는 국회의 국정감사권과 국정조사권을 무력화할 모든 행위를 하지 말아야 한다. 국회 야당은 권한쟁의심판의 당사자가 될 수 있는데,[65] 이를 통해서 집행부와 대립하는 국회 야당의 지위는 헌법적으로 보장받을 수 있다.

(2) 국회의 입법권과 명령·규칙제정권

헌법 제107조 제2항은 위헌·위법심사 대상으로 명령과 규칙을 규정한다. 헌법과 법률이 심사기준이라는 점에서 명령과 규칙은 법률보다는 하위법규범이어야 한다. 국가기관에 명령과 규칙을 제정할 권한을 부여하는 것은 국가기관 스스로 자기 사무에 관한 법규범을 제정할 수 있도록 함으로써 자율권을 보장하려는 것이다. 이렇게 자치법규로서 기능하는 명령·규칙의 제정권은 헌법기관의 본질에서 도출되는 기본적 권한이다. 따라서 국회가 명령·규칙보다 상위의 법률을 제정할 권한이 있더라도 다른 헌법기관의 명령·규칙 제정권을 무력화할 정도로 해당 사무에 관한 자세하고 구체적인 내용을 시시콜콜 법률로써 제정하는 것은 해당 헌법기관에 명령·규칙 제정권을 부여한 헌법의 취지에 어긋난다. 따라서 헌법기관충실원칙에 따

---

63) Norbert Achterberg/Martin Schulte, in: Hermann von Mangoldt/Friedrich Klein/Christian Starck (Hrsg.), Kommentar zum Grundgesetz, Bd. 2, 5. Aufl., München 2005, Art. 44 Ranr. 53; Rupert Scholz, Parlamenterischer Untersuchungsausschuss und Steuergeheimnis, in: AöR 105 (1980), S. 600; Wolf-Rüdiger Schenke, Die Verfassungsorgantreue, Berlin 1977, S. 32 f. 참조.

64) 국회법 제79조 제1항은 국회의원 10명 이상 찬성으로 의안을 발의할 수 있다고 규정한다.

65) 국회에서는 전체기관인 국회 자신뿐 아니라 국회의장과 국회부의장(헌법 제48조), 국회의원(헌법 제41조 제1항), 국회의 각 위원회(헌법 제62조), 국회 원내교섭단체(헌법 제41조, 제8조) 등이 독립한 헌법기관으로서 권한쟁의 심판의 당사자가 될 수 있다. 국회의장과 국회의원이 당사자가 된 사건으로는 헌재 1997. 7. 16. 96헌라2, 판례집 9-2, 154 이외에도 헌재 2000. 2. 24. 99헌라1, 판례집 12-1, 115; 헌재 2003. 10. 30. 2002헌라1, 판례집 15-2, 17; 헌재 2006. 2. 2. 2005헌라6, 판례집 18-1상, 82.

른 법률제·개정권의 한계로서 국회는 법률을 통해서 이러한 내용을 규율하지 못한다.

(3) 예산심의·확정권

국회는 국가의 예산안을 심의·확정한다(헌법 제54조 제1항). 정부는 회계연도마다 예산안을 편성하여 회계연도 개시 90일 전까지 국회에 제출하고, 국회는 회계연도 개시 30일 전까지 이를 의결하여야 한다(헌법 제54조 제2항). 예산안의 발안권은 정부에만 있고, 국회는 정부 동의 없이 정부가 제출한 지출예산 각항의 금액을 증가하거나 새 비목을 설치할 수 없어서(헌법 제57조) 국회에는 삭제·감액권만 인정된다. 따라서 정부는 다른 헌법기관의 의견을 충분히 반영하여 예산안을 편성하여야 하고, 예산안 편성에 관한 정보를 국회에 충분히 제공하여야 하며, 이에 관한 국회 질문에 성실하게 답변하여야 하고, 국회가 합리적인 문제 제기와 지적을 하면, 이를 충실히 반영하여 예산안을 변경하여야 한다. 그리고 국회는 특정 지역의 이해관계가 아니라 국가 전체의 이해관계를 고려하여 예산안을 심의하여야 하고, 정부의 합리적인 예산안 편성에 이의를 제기하여서는 아니 된다. 새로운 회계연도가 개시될 때까지 예산안이 의결되지 못하면 정부는 국회에서 예산안이 의결될 때까지 ① 헌법이나 법률에 따라서 설치된 기관이나 시설의 유지·운영, ② 법률상 지출의무 이행, ③ 이미 예산으로 승인된 사업 계속의 목적을 위한 경비는 전년도 예산에 준하여 집행할 수 있다(헌법 제54조 제3항). 그러나 이러한 준예산은 예산이 불성립되었을 때를 대비하는 비상수단일 뿐이다. 이러한 준예산이 예산 불성립을 정당화하는 것은 절대 아니다. 따라서 정부와 국회는 예산 불성립을 막아야 할 의무가 있다. 즉 정부와 국회는 예산안이 회계연도 개시 30일 전까지 의결되도록 서로 협력하여야 한다.

(4) 조약의 체결·비준 및 선전포고와 특정한 군사행동에 관한 동의권

국회는 상호원조 또는 안전보장에 관한 조약, 중요한 국제조직에 관한 조약, 우호통상항해 조약, 주권의 제약에 관한 조약, 강화조약, 국가나 국민에게 중대한 재정적 부담을 지우는 조약이나 입법사항에 관한 조약의 체결·비준에 대한 동의권이 있다(헌법 제60조 제1항). 그리고 국회는 선전포고, 국군의 외국에 대한 파견이나 외국군대의 대한민국 영역 안에 주류하는 것에 관한 동의권이 있다(헌법 제60조 제2항). 이로 말미암아 조약을 체결·비준하고 선전포고와 강화를 할 권한이 있는 대통령(헌법 제73조)은 이러한 권한을 행사할 때 국회가 동의권을 제대로 행사할 수 있도록 충분히 협조하여야 한다. 즉 대통령은 국회가 논의하는 데 시간적 장애가 없을 정도로 충분한 시간적 여유를 두고 관련 정보를 국회에 제공하여야 하고, 국회가 요구하는 정보는 숨김없이 공개하여야 하며, 국회의 관련 질문에 성실하게 답변하여야 한다.

(5) 국회의 의원 자격심사와 징계에 대한 헌법소원 가능성

국회는 의원의 자격을 심사하고, 의원을 징계할 수 있는데, 의원을 제명하려면 국회 재적

의원 3분의 2 이상 찬성이 있어야 한다(헌법 제64조 제2항과 제3항). 이러한 처분에 대해서는 법원에 제소할 수 없다(헌법 제64조 제4항). 국회 내부의 의사운영에 사법권이 깊이 개입하는 것은 권력분립원칙에 어긋나서 의원에 대한 자격 심사나 징계처분에 대해서 헌법소원심판을 청구할 수 없으나, 다만 국회의 제명처분은 공무담임권에 대한 중대한 침해가 되므로 이에 대해서는 헌법소원심판을 청구할 수 있다는 견해가 있다.[66] 그리고 국회의 자격심사도 헌법이 허용하는 범위 안에서만 인정되므로 자격심사, 징계나 제명이 국회의원의 기본권을 침해하면 헌법소원심판을 통해서 다툴 수 있다는 견해가 있다.[67] 헌법 제64조 제4항은 헌법재판 청구를 금지하지 않고, 의원 신분에 대한 처분이 공무담임권 제한을 가져오며, 헌법소원심판의 최종성에 비추어 국회의원 신분에 대한 처분이 기본권 구제의 최후보루로서 헌법소원심판이 될 수 있고, 의원 재판청구권의 본질적 내용을 박탈할 수 없으며, 의원 신분에 대한 처분에 대해서 헌법소원심판을 청구하는 것은 헌법소원심판이 헌법재판소 권한에 해당하므로 가능하다는 견해도 있다.[68] 제64조 제4항은 '법원'에 제소할 수 없다고 규정하였을 뿐이고, '헌법재판소'에 제소할 수 있는지에 관해서는 아무런 언급이 없다. 여기서 국회의 의원자격 심사와 국회의원에 대한 징계권 행사에 대해서 헌법재판소에 제소할 수 있는지가 문제 된다. 헌법 제64조가 국회의 자율권을 규정하면서, 특히 국회의 의원자격 심사와 징계에 대한 법원사법의 심사를 명시적으로 배제하는 것은 국회의원 신분에 관한 국회 자체의 처분에 관해서 다른 국가기관, 무엇보다도 사법기관의 간섭·개입을 배제하려고 한 것이다. 헌법이 국회의원 신분에 관한 국회의 자율적 결정에 관해서는 다른 국가기관의 간섭·개입을 허용하지 않고 존중하자고 하여 스스로 예외규정을 둔 입법취지를 고려해 보면, 사법심사 가능성을 (그것이 법원에 의한 것이든 헌법재판소에 의한 것이든 불문하고) 배제하는 쪽으로 해석하는 것이 헌법기관 충실원칙에 들어맞는다.[69]

2. 대통령 권한과 관련한 영역

(1) 국가기관 구성

대통령은 국가원수로서 국회 동의를 얻어 대법원장을 임명하고, 대법원장 제청으로 국회 동의를 얻어 대법관을 임명한다(헌법 제104조 제1항과 제2항). 그리고 대통령은 헌법재판소 재판관을 임명하고, 헌법재판소장을 국회 동의를 얻어 재판관 중에서 임명한다. 다만, 재판관 중 3명은 국회가 선출한 사람을, 3명은 대법원장이 지명한 사람을 형식적으로 임명하고, 3명

---

66) 권영성, 『헌법학원론(개정판)』, 법문사, 2010, 940쪽; 김학성/최희수, 『헌법학원론(전정5판)』, 피앤씨미디어, 2021, 973쪽.
67) 정종섭, 『헌법학원론(제12판)』, 박영사, 2018, 1166, 1167쪽.
68) 정재황, 『국가권력규범론』, 박영사, 2020, 269쪽.
69) 같은 견해: 양 건, 『헌법강의(제10판)』, 법문사, 2021, 1225쪽.

만 대통령이 직접(실질적으로) 임명한다(헌법 제111조 제2항, 제3항, 제4항). 또한, 대통령은 중앙
선거관리위원회 9명의 위원 중 3명을 임명함으로써 중앙선거관리위원회 구성에 참여한다. 나
머지 위원 중 3명은 국회가 선출하고, 다른 3명은 대법원장이 지명한다. 위원장은 위원 중에
서 호선한다(헌법 제114조 제2항). 그 밖에 대통령은 국회 동의를 얻어 감사원장을 임명하고,
감사원장 제청으로 감사위원을 임명한다(헌법 제98조 제2항과 제3항). 이러한 국가기관 구성과
관련하여 대통령은 해당 국가기관이 장애 없이 활동할 수 있도록 권한을 행사하여야 한다.
즉 해당 국가기관이 기능 장애에 빠지지 않도록 대통령은 해당 직의 임기 개시 전에 임명권
을 행사하여야 한다. 그리고 대통령이 임명과 관련하여 국회 동의를 얻어야 할 때는 국회가
동의하지 않을 것이 명백한 사람을 후보자로 임명하여서는 아니 된다.[70] 따라서 후보자가 해
당 직에 적합하지 않음이 확인되면 즉시 후보자 지명을 철회하고 신속하게 다른 후보자를 지
명하여야 한다. 또한, 실질적인 임명권이 다른 헌법기관에 있으면, 대통령은 해당 헌법기관이
선출하거나 지명한 사람을 해당 직에 즉시 임명하여야 한다.

(2) 국민투표부의권

대통령은 필요하다고 인정하면 외교·국방·통일 기타 국가안위에 관한 중요정책을 국민
투표에 부칠 수 있다(헌법 제72조). 대통령의 국민투표 부의는 대통령이 자신의 권한 영역 안
의 사항에 관해서 국민의 의사를 확인하려는 것에 불과하다. 그러므로 국회의 법률제·개정권
과 헌법개정권을 침해하는 국민투표 부의를 대통령은 할 수 없다. 즉 법률의 제·개정안과 헌
법개정안은 국민투표 대상이 될 수 없다.

(3) 위헌정당해산제소권

정당의 목적이나 활동이 민주적 기본질서에 어긋나면 정부는 헌법재판소에 그 해산을 제
소할 수 있다(헌법 제8조 제4항). 이와 관련하여 헌법문언상으로나 제도의 성격상으로나 정부
의 제소의무는 원칙적으로 인정하기 어렵다. 다만, 예외적으로 자유민주적 기본질서를 위협하
는 세력의 조직화가 상당히 진전되어 활동을 광범위하게 전개함으로써 자유민주적 기본질서
에 대한 위험이 명백하게 현재 존재하여 그 중심에 있는 위헌정당의 강제해산 외에는 효과적
인 다른 수단이 없을 때까지 정부가 이를 내버려둔다면 이는 헌법수호의 1차적 책임을 지는
정부의 의무를 유기하는 것이다. 특히 이는 위헌정당해산제도를 형해화하는 것으로 헌법재판
소의 위헌정당해산심판권을 박탈하는 것과 다름없다. 따라서 이러한 명백하고 현존하는 위험
이 있으면 정부에 제소의무가 있다. 그리고 위헌정당해산제도가 민주주의를 지키는 최후의
보루로서 정당을 해산시킨다는 것보다는 정당 해산을 어렵게 하여 정당의 자유를 충실히 보
호하려는 것에 방점이 있다는 점과 정부에 제소재량을 부여한 것은 정부에 위헌정당에 관한

---

70) Erich Kaufmann, Die Grenzen der Verfassungsgerichtsbarkeit, in: VVDStRL 9, Berlin 1952, S. 14 f. 참조.

1차적 판단권을 부여한 것으로 불필요한 제소를 하지 말라는 헌법적 의사가 있다는 점에서 명확하게 확인된 구체적 사실에 기초한 합리적 의심이 없으면 정부는 제소하여서는 아니 된다. 따라서 정부가 이러한 제소를 하면 헌법재판소는 해당 사건에 관해서 각하결정을 내려야 한다.

(4) 사면권

대통령은 법률이 정하는 바에 따라서 사면·감형이나 복권을 명할 수 있다(헌법 제79조 제1항). 사면은 군주시대의 유물로서 그것이 남용되면 법치국가적 형사사법절차의 의미가 손상될 수 있고, 권력분립원칙 및 평등원칙과 같은 헌법원칙과 충돌할 수 있다는 점에서 그에 대한 비판이 제기된다. 그런데도 사면은 형사사법제도의 경직성을 완화하고 형 집행에서 수형자의 기본권을 보장하는 기능을 수행하는 범위에서 정당성을 인정받을 수 있다. 즉 사면은 오판시 정제도나 부정기형제도로 운용될 때만 헌법적 정당성이 있다. 따라서 대통령은 헌법재판소의 재판권 존중 측면에서 탄핵으로 말미암은 책임을 사면으로 면제시킬 수 없고, 법원의 재판권 존중 측면에서 법원 재판이 확정되자마자 바로 사면함으로써 사법제도를 무력화할 수 없으며, 정치적 고려만으로 사면을 단행할 수 없다.

3. 대법원 권한과 관련한 영역

(1) 재판 취소

대법원의 재판이 확정력 있게 확정되면, 확정된 재판은 최종결정이어서 (재판소원이 허용되는 때[71])를 제외하고는) 오로지 재심을 통해서만 대법원 재판은 취소될 수 있다. 즉 대법원의 확정된 재판은 재심을 통해서 대법원 자신만 취소할 수 있다(재판소원은 예외). 따라서 국회는 법원 재판을 취소하는 법률을 제정할 수 없다. 국회는 단지 재심을 가능하게 하는 법률만 제정할 수 있을 뿐이다.[72] 그리고 헌법재판소도 법원 재판을 직접 심판 대상으로 삼아 결

---

71) 헌법재판소법 제68조 제1항은 법원의 재판을 헌법소원의 심판대상에서 명시적으로 제외한다. 그러나 헌법재판소는 "헌법재판소법 제68조 제1항의 '법원의 재판'에 헌법재판소가 위헌으로 결정하여 그 효력을 상실한 법률을 적용함으로써 국민의 기본권을 침해하는 재판도 포함되는 것으로 해석하는 한도 안에서 헌법재판소법 제68조 제1항은 헌법에 위반된다."라고 한정위헌결정을 내림으로써 예외적으로 재판소원을 허용한다(헌재 1997. 12. 24. 96헌마172등, 판례집 9-2, 842, 859). 이러한 재판소원의 예외적 허용도 헌법기관충실원칙의 적용례로 볼 수 있다. 헌법재판소 결정의 기속력은 대법원에도 미쳐서 대법원도 당연히 헌법재판소 결정을 존중할 의무가 있다. 따라서 대법원은 헌법재판소 결정을 무력화하는 재판을 하여서는 아니 된다. 만약 대법원이 그러한 재판을 한다면, 그 재판은 헌법기관충실원칙 위반으로 위헌이다. 이러한 대법원 재판을 통제할 수단은 현행 헌법 아래에서는 헌법소원뿐이다.

72) 예를 들어 대표적인 사법살인인 진보당 당수 조봉암 사건도 재심을 통해서 바로 잡혔는데[대법원 2011. 1. 20. 선고 2008재도11 전원합의체 판결(공2001상, 508)], 이러한 재심을 가능하게 한 것은 2005년 5월 31일에 제정된 '진실·화해를 위한 과거사정리 기본법'에 따라서 설치된 진실·화해를위한과거사정리위원회의 재심 권고 결정이었다.

정을 내리지 않는 한,[73] 헌법재판소 결정으로 말미암아 법원 재판은 취소되지 않고 (법률에 명시적 근거가 있을 때) 당사자가 헌법재판소 결정을 근거로 재심을 청구할 수 있을 뿐이다. 예를 들어 헌법재판소가 형벌에 관한 법률이나 법률조항을 위헌으로 결정하면 그 법률이나 법률조항에 근거한 유죄의 확정판결에 대해서는 재심을 청구할 수 있고(헌법재판소법 제47조 제3항), 헌법재판소법 제68조 제2항의 헌법소원이 인용될 때 해당 헌법소원과 관련된 소송사건이 이미 확정되었으면 당사자는 재심을 청구할 수 있다(헌법재판소법 제75조 제7항).

(2) 명령·규칙에 대한 대법원의 최종적 위헌심사권

대법원은 명령·규칙이 헌법에 위반되는지가 재판의 전제가 되면 최종적으로 심사할 권한이 있다(헌법 제107조 제2항). 그러나 명령·규칙에 대한 대법원의 최종적 위헌심사권은 재판의 전제성에 기초한 구체적·부수적 심사권에 불과하고, 명령·규칙의 위헌성을 대법원이 확인하여도 해당 명령·규칙은 해당 사건에 적용되지 않는 것에 그치며 그 효력이 상실되지 않는다. 따라서 재판의 전제성이 없는 명령·규칙에 대한 규범통제는 헌법소원심판 형태로 헌법재판소의 권한에 속한다. 그리고 헌법재판소가 명령·규칙의 위헌성을 확인하면 해당 명령·규칙은 효력을 상실한다. 이로 말미암아 해당 명령·규칙에 대해서 헌법재판소가 위헌결정을 내리면, 해당 명령·규칙에 대한 최종적 위헌심사권은 대법원의 권한에서 배제되어 대법원은 별도의 심사 없이 당연히 해당 명령·규칙을 적용하여서는 아니 된다. 이러한 점에서 (헌법재판소가 심사할 수 있는 한) 명령·규칙에 대한 최종적 위헌심사권은 헌법재판소에 있다. 따라서 대법원이 위헌심사를 하려는 명령·규칙은 물론 재판에 적용하여야 할 명령·규칙에 대해서 헌법재판소가 위헌심사 중이라면 대법원은 신속히 재판을 진행하여야 할 사유가 없는 한 헌법재판소가 그에 관한 결정을 내리고 나서 재판을 진행하여야 한다.

4. 헌법재판소 권한과 관련한 영역

(1) 한정위헌결정의 기속력

헌법재판소는 한정합헌결정과 한정위헌결정을 질적인 부분위헌선언으로 본다.[74] 그리고 헌법재판소는 헌법재판소의 법률에 대한 위헌결정에는 단순위헌결정은 물론, 한정합헌결정, 한정위헌결정과 헌법불합치결정도 포함되고 이들은 모두 당연히 기속력이 있고, 헌법재판소의 한정위헌결정은 절대 법률 해석에 관한 헌법재판소의 단순한 견해가 아니라, 헌법이 정한 권한에 속하는 법률에 대한 위헌심사의 한 유형이라고 한다.[75] 이에 대해서 대법원은 한정위

---

73) 헌법재판소는 재판소원을 허용한 사건에서 재판소원을 인용하면서 해당 대법원 판결(대법원 1996. 4. 9. 선고 95누11405 판결)을 취소하였다(헌재 1997. 12. 24. 96헌마172등, 판례집 9-2, 842, 862-865).

74) 헌재 1992. 2. 25. 89헌가104, 판례집 4, 64, 99; 헌재 1994. 4. 28. 92헌가3, 판례집 6-1, 203, 221-222; 헌재 1997. 12. 24. 96헌마172, 판례집 9-2, 842, 861.

75) 헌재 1997. 12. 24. 96헌마172, 판례집 9-2, 842, 860-864.

헌결정의 기속력을 부정한다.[76] 대법원을 따르면 헌법재판소가 한정위헌결정을 내려도 법률이나 법률조항은 그 문언이 전혀 달라지지 않은 채 그냥 존속한다고 한다. 따라서 법률이나 법률조항의 문언이 변경되지 아니한 이상 이러한 한정위헌결정은 법률이나 법률조항의 의미, 내용과 적용 범위를 정하는 법률 해석이라고 한다. 그러나 구체적 사건에서 해당 법률이나 법률조항의 의미·내용과 적용 범위가 어떠한 것인지를 정하는 권한, 곧 법령의 해석·적용 권한은 바로 사법권의 본질적 내용을 이루는 것으로서, 전적으로 대법원을 최고법원으로 하는 법원에 전속한다고 한다. 따라서 한정위헌결정에 표현된 헌법재판소의 법률 해석에 관한 견해는 법률의 의미·내용과 그 적용 범위에 관한 헌법재판소의 견해를 일단 표명한 것에 불과하여 법원에 전속된 법령의 해석·적용 권한에 대해서 어떠한 영향력을 미치거나 기속력도 가질 수 없다고 한다.

먼저 구체적 사건과 관련한 헌법의 최종적 해석권은 법원이 아닌 헌법재판소에 귀속된다 (헌법 제107조 제1항, 제111조 제1항 제1호). 합헌적 법률 해석은 법률 해석으로서 헌법 해석이 아니다. 그러나 합헌인 해석 가능성을 선택하는 것이 아니라 위헌인 해석 가능성을 확인하는 것은 단순한 법률 해석이 아니라 헌법을 기준으로 법률의 위헌 여부를 심사하는 전형적인 규범통제로서 헌법 해석에 해당한다. 따라서 이는 법원이 아닌 헌법재판소의 권한이다. 그리고 헌법재판소가 단순위헌결정을 통해서 해당 법률이나 법률조항의 효력을 상실시키든 한정위헌결정을 통해서 특정 법률 해석 가능성을 법률 해석 영역에서 종국적으로 제거하든 법원에 미치는 효과는 같다. 즉 법원은 관련 사건에 문제가 된 법률이나 법률조항을 적용할 수 없게 된다. 오히려 한정위헌결정은 헌법재판소가 심사하지 않은 법률 해석 가능성을 법원이 선택할 수 있어서 단순위헌결정보다 법원의 법률해석권을 덜 제한한다. 법률의 위헌성을 확인하여 그 효력을 상실하는 것이 헌법재판소의 권한이라면, 법원은 헌법재판소가 이러한 권한을 행사하여 내린 결정을 무시하거나 무력화하는 재판을 하여서는 아니 된다. 특히 이러한 권한을 존중하는 헌법 해석과 이러한 권한과 충돌하는 헌법 해석이 모두 가능하다면, 법원은 헌법재판소의 권한을 존중하는 헌법 해석을 선택하여야 한다. 그리고 헌법재판소의 최종적 헌법해석권은 헌법재판소 결정으로 말미암아 국가의사가 종국적으로 결정됨을 뜻한다. 따라서 국가의사 통일을 목적으로 하는 헌법기관충실원칙에 비추어 대법원이 헌법재판소의 한정위헌결정과 다른 재판을 하여 국가의사를 분열시켜서는 아니 된다.

(2) 국회의 헌법재판소결정존중의무

입법자는 입법형성의 자유가 있다. 그러나 "자유는 자의를 의미하지 않는다."[77] 즉 입법형

---

76) 대법원 1996. 4. 9. 선고 95누11405 판결(집44−1, 762; 공1996상, 1442); 대법원 2001. 4. 27. 선고 95재다14 판결 (공2001상, 1220).

77) Stefan Korioth, Die Bindungswirkung normverwerfender Entscheidungen des Bundes− verfassungsgerichts für

성의 자유가 입법자가 제한 없이 마음대로 입법할 수 있다는 뜻은 아니다. 국회와 헌법재판소는 서로 동등한 지위에 있다는 점에서, 국회와 헌법재판소의 상호독립성에 대한 대응으로서 자기 권한을 헌법합치적으로 행사함으로써 서로 조화롭게 협력하여야 하고, 다른 헌법기관의 권위를 침해하고 그와 함께 헌법을 위험에 빠뜨릴 수 있는 모든 것을 하지 말아야 한다. 따라서 국회는 입법할 때 헌법재판소 결정을 고려하여야 하고 "헌법재판소가 권한을 적절하고 유효하게 행사하는 것을 어렵게 하거나 불가능하게 만들 수 있는"78) 모든 것을 하지 말아야 한다.79) 헌법기관충실원칙은 국가의사가 결국 하나이어야 한다는 것으로서 헌법이 헌법재판소에 최종적 헌법해석권을 부여한 이상 국회도 특별한 이유가 없는 한 이러한 헌법재판소 결정에 맞게 법률을 제정하여 국가의사 통일을 깨지 말아야 한다. 이러한 점에 비추어 헌법기관충실원칙은 헌법재판소결정존중의무의 직접 근거가 된다. 헌법재판소결정존중의무는 헌법재판소가 결정을 내리고 나서 국회가 입법할 때 헌법재판소 결정을 존중하여야 하는 입법의무로서, 헌법재판소가 국회가 제정한 법률을 확정력 있게 폐기하면 국회는 폐기된 법률과 같거나 비슷한 내용의 법률을 새롭게 제정할 수 없다는 동일규범반복제정금지의무와 구별된다.

(3) 헌법재판소 결정의 방론

헌법재판소 결정은 주문과 이유로 구성된다. 결정이유는 중요이유[주요한 (결정)이유, 중요한 (결정)이유, 핵심적인 결정이유, 주된 이유]와 방론(부수적 의견, 부수적 이유: obiter dictum)으로 나뉜다. 헌법수호기관인 헌법재판소의 주된 업무는 헌법 해석이다. 따라서 구체적 사건 해결에 집중하는 일반 법원의 재판과는 달리 헌법 해석을 주로 하는 헌법재판소 결정에서는 주문 못지않게 중요이유도 중요하다. 그러나 비록 해당 사건과 직접 관련이 없지만, 방론도 무시할

---

den Gesetzgeber, in: Der Staat 30 (1991), S. 565 (슈테판 코리오트, 허완중 옮김, 「입법자에 대한 연방헌법재판소 규범폐기재판의 기속력」, 『헌법판례연구』 제12권, 집현재, 2011, 263쪽).

78) Andreas Voßkuhle, Der Grundsatz der Verfassungsorgantreue und die Kritik am BVerfG, in: NJW 1997, S. 2217.

79) Hans-Heiner Gotzen, Die Wiederholung rechtskräftig aufgehobener Gestaltungsakte, in: VR 1999, S. 391; Andreas Heusch, Verbindlichkeit der Entscheidungen, in: Dieter C. Umbach/Thomas Clemens/Franz- Wilhelm Dollinger (Hrsg.), Bundesverfassungsgerichtsgesetz - Mit- arbeiterkommentar und Handbuch, 2. Aufl., Heidelberg 2005, § 31 Rdnr. 64; Hans Hugo Klein, Verfassungsgerichtsbarkeit und Verfassungsstruktur - Vom Rechtsstaat zum Verfassungsstaat -, in: Paul Kirchhof/Klaus Offerhaus/Horst Schöberle (Hrsg.), Steuerrecht, Verfassungsrecht, Finanzpolitik: Festschrift für Franz Klein, Köln 1994, S. 518 f. (한스 후고 클라인, 송석윤 옮김, 『헌법재판과 헌법구조』, 독일 콘라드 아데나워 재단, 1996, 12~13쪽); Stefan Korioth, Die Bindungswirkung normverwerfender Entscheidungen des Bundes- verfassungsgerichts für den Gesetzgeber, in: Der Staat 30 (1991), S. 566 (슈테판 코리오트, 허완중 옮김, 「입법자에 대한 연방헌법재판소 규범폐기재판의 기속력」, 『헌법판례연구』 제12권, 집현재, 2011, 265쪽); Alfred Rinken, in: Erhard Denninger/Wolfgang Hoffmann-Riem/Hans-Peter Schneider/Ekkehart Stein (Hrsg.), AK-GG, 3. Aufl., Neuwied/Kriftel 2001 (Stand: August 2002), Art. 94 Rdnr. 71a; Andreas Voßkuhle, Der Grundsatz der Verfassungsorgantreue und die Kritik am BVerfG, in: NJW 1997, S. 2217; ders., in: Hermann von Mangoldt/Friedrich Klein/Christian Starck (Hrsg.), Kommentar zum Grundgesetz, Bd. 3, 7. Aufl., München 2018, Art. 94 Rdnr. 33.

수 없다. 즉 방론은 헌법재판소가 앞으로 내릴 결정을 가늠할 잣대로 볼 수 있어서 다른 헌법기관들은 방론에도 주목할 수밖에 없다. 따라서 방론은 사실적 측면에서 다른 헌법기관들에 대한 지침으로서 기능할 수 있다. 이러한 점에서 방론은 법적 안정성 확보에 이바지하는 측면이 있음을 부정할 수 없다. 하지만 방론은 헌법재판소가 다른 헌법기관들에 부당한 영향을 미치는 수단이 될 수도 있다. 특히 헌법 해석은 헌법재판소뿐 아니라 모든 국가기관이 하는 것으로서 헌법재판소의 헌법 해석은 해당 사건과 관련한 최종적 해석일 뿐이고 헌법적 대화와 관련하여 잠정적 결론에 불과하다는 점에서 헌법재판소가 구체적 사건과 관련 없이 다른 국가기관보다 먼저 헌법 해석을 해버리는 것은 적절하지 않고 국가통합절차를 방해하는 결과를 낳을 수 있다.[80] 따라서 헌법재판소는 원칙적으로 결정이유는 가능한 한 주문과 직접 관련 있는 중요이유로 채우되 결정주문이나 중요이유를 명확하게 하거나 관련 의심이나 의문을 제거하는 데 필요한 범위에서만 방론을 추가하여야 한다. 즉 헌법재판소는 해당 사건에 간접적이라도 관련 있는 범위에서만 필요성을 충분히 밝히면서 방론을 덧붙여야 한다.

---

80) Wolf-Rüdiger Schenke, Die Verfassungsorgantreue, Berlin 1977, S. 122 ff. 참조.

제10장

정부형태론

제10장 정부형태론

Ⅰ. 일반론

대표와 권력분립이라는 이념을 구체적으로 실현하는 형태가 정부형태이다.

1. 개념

(1) 정부

정부는 넓은 뜻으로는 국가 그 자체나 국가권력을 행사하는 모든 국가기관의 총칭이고(Government), 좁은 뜻으로는 입법부와 사법부에 대립되는 집행부를 가리킨다(Executive). 그리고 의원내각제에서 정부는 국가원수(군주 혹은 대통령)를 제외한 내각을 의미한다(Cabinet). 또한, 정부는 경제주체인 국가, 즉 국고를 가리키기도 한다(Fiskus).

(2) 정부형태

정부형태는 국가의 권력구조, 즉 권력분립원칙의 조직적·구조적 실현형태를 뜻한다. 넓은 뜻의 정부형태는 입법부, 집행부, 사법부를 포괄하는 모든 국가권력(기관)의 관계를 말하고, 좁은 뜻의 정부형태는 집행부의 구성과 조직을 가리킨다. 그러나 일반적 의미의 정부형태는 입법부와 집행부의 관계를 가리킨다. 사법부는 기본적으로 소극적·수동적 권력이기 때문이다.

2. 유형론

(1) 고전적·전통적 분류

전통적으로 정부형태는 입법부와 집행부의 관계를 중심으로 분류한다. 양자 관계가 절대적·경성적 분립관계를 형성하면 대통령제 정부형태로, 상대적·연성적 분립관계를 이루면 의원내각제 정부형태로, 융합적·위계적 분립관계로 나타나면 의회정부제(회의제)로 분류한다.

(2) 다원적 분류

뢰벤슈타인(Karl Loewenstein)은 국가조직 문제는 권력통제 문제라고 하면서 정부형태는 ① 권력이 통제되는지와 ② 정치권력이 현실적으로 행사되는 과정이 민주적인지를 기준으로 전제주의적 정부형태와 입헌민주주의적 정부형태로 대별된다고 한다. 전제주의적 정부형태는 국가권력이 일개인·일계급이나 일정당에 집중되고, 집권자가 아무런 구속과 제한도 받지 아니하고 자의적으로 권력을 행사하는 정부형태를 말한다. 전제주의의 특징은 국민의 정치 참여가 배제되고, 국민에게 정치적 자유가 보장되지 아니하며, 집권자가 국민에 대해서 어떠한 정치적 책임도 지지 아니한다는 점이다. 전제주의는 전체주의와 권위주의로 나뉜다. 전체주의는 개인주의에 대립되는 것으로서 부분이나 개인에 대한 전체의 선행성과 우위성을 강조하고 [예를 들어 절대군주제, 나폴레옹(Napoleon)의 국민투표 군주제, 신대통령제], 권위주의는 집권자나 집권세력이 국민 위에 군림하고 아무런 정통성 근거를 제시하지 아니하고서도 국민대중의 복종을 쉽사리 확보할 수 있으며, 그 복종이 사회적으로 승인된 것을 말한다[예를 들어 인민회의제, 개인적 독재제(나치즘, 파시즘)]. 입헌주의적 정부형태는 국민의 자유와 권리를 보장하기 위해서 국가권력이 분립되고 권력 서로 간에 억제와 균형이 유지되는 정부형태를 말한다. 이는 직접민주제(스위스), 의회정부제(구소련), 의원내각제(영국), 대통령제(미국), 집정부제(스위스) 등으로 세분된다.

3. 대통령제 정부형태의 기본형

(1) 역사적 배경

대통령제는 미국 건국 상황 속에서 몽테스키외의 3권분립사상의 영향을 받아 국가권력을 조직과 기능 측면에서 옹글게(완벽하게) 분리함으로써 분리를 통한 견제·균형을 실현하려는 권력구조로 발전한 것이다. 이는 1787년 미국 연방헌법의 아버지들(필라델피아 헌법회의, 55명)이 숙고한 산물이다.

(2) 대통령제의 의의

대통령제는 의회에서 독립하고 의회에 대해서 정치적 책임을 지지 않는 대통령이 국정을 이끌어가고, 대통령에 대해서만 정치적 책임을 지는 국무위원이 구체적인 집행업무를 담당하는 정부형태이다. 입법부와 집행부의 관계가 '상호독립적'이라는 것이 중요한 특징이다.

(3) 대통령제의 본질적 요소

대통령제에서는 의회가 대통령을 선출하지 않고 대통령을 중심으로 한 집행부 구성원이 의회에 대해서 정치적 책임을 지지 않는 대신, 의회의 조직과 활동도 집행부와 옹글게(완벽하게) 독립해서 독자적으로 이루어지고 대통령에게 의회해산권이 부여되지 않는다. 따라서 민주적 정당성에 바탕을 두고 조직된 서로 독립한 두 기관이 입법기능과 집행기능을 수행하고 주기적인 선거를 통하여 국민에 대해서만 정치적 책임을 지는 것이 대통령제의 제도본질적 징표이다.

① 집행부 구성원(국무위원)이 의원직을 겸직하는 것은 금지된다.

② 대통령의 의회해산권과 의회의 집행부불신임권이 인정되지 않는다.

③ 집행부에 법률안제출권이 없고, 집행부 구성원은 의회 요구가 없는 한 의회출석·발언권이 없다.

다만, 대통령의 법률안거부권은 법률안제출권도 없고 법안 심의 과정 중의 의회출석·발언권이 없는 집행부의 의회입법활동 견제권으로 이해할 수 있다.

(4) 구조적 장단점

① 장점

(ⅰ) 집행부의 민주적 정당성 확보: 국민이 직접 대통령을 선출하므로 대통령이 강력한 정책을 추진할 수 있다.

(ⅱ) 대통령 임기 중 정국 안정: 대통령에게 임기를 보장하여 국정이 안정될 수 있다.

(ⅲ) 의회 다수세력의 횡포 방지와 소수 보호: 상호독립적인 정부와 국회가 서로의 권력을 견제하고 균형을 이룰 수 있다.

(ⅳ) 졸속입법 방지: 대통령이 법률안거부권을 행사하여 의회의 졸속입법을 방지할 수 있다.

② 단점

(ⅰ) 국력 분산과 국력소모적인 정치투쟁 그리고 정치 혼란: 정부와 의회가 서로 대립하면 국력이 분산되고 국력소모적인 정치투쟁이 발생하며 정치가 혼란해질 수 있다.

(ⅱ) 독재정치의 위험성: 임기가 보장된 대통령에게 권력이 집중되므로 독재 가능성이 언제나 있다.

(ⅲ) 대통령과 의회가 정면 대결할 때 중재기관 결여: 대통령과 의회가 정치적으로 충돌하면 해소할 방법이 없다.

(ⅳ) 책임정치 구현의 곤란성: 임기가 보장된 대통령에 대한 정치적 불신임이 불가능하므로 책임정치 구현이 어렵다.

(5) 대통령제의 성공조건(주로 미국)

① 연방국가적 구조에 따른 수직적 권력분립의 성공적 정착

② 정당을 통한 권력융합현상을 방지할 수 있는 지방분권적 정당조직

③ 사법권의 강력한 권력통제기능

④ 여론의 강한 정치형성기능

⑤ 선거의 공정한 실시를 통한 민주적 정당성 확보와 평화적 정권교체의 기회 보장

⑥ 정치인과 국민의 민주의식과 정치감각

4. 의원내각제 정부형태의 기본형

(1) 역사적 배경

의원내각제는 영국 의회정치의 역사적인 전통 속에서 대표(대의)의 이념과 군주권력 제한이라는 입헌주의 요청에 따라 책임정치 실현을 위한 권력구조로 발전된 것이다. 의원내각제는 입헌군주제와 함께 17세기에 그 모습을 갖춘 정부형태이다.

(2) 의원내각제의 의의

의원내각제는 의회에서 선출되고 의회에 대해서 정치적 책임을 지는 내각이 국정을 이끌어가는 정부형태로서 입법부(의회)와 집행부(내각)의 관계가 '상호의존적'이라는 것이 중요한 특징이다.

(3) 의원내각제의 본질적 요소

의원내각제에서는 집행부의 장인 수상이 의회에서 선출되고 수상이 인선하는 각료들이 수상의 정책노선에 따라 구체적인 집행업무를 담당하지만, 수상과 함께 내각 전체가 언제나 의회에 대해서 정치적 책임을 지는 것이 제도본질적 징표이다.

① 의회의 내각불신임권(과 내각의 의회해산권)

② 의원직과 각료직의 겸직 허용

③ 내각의 법률안제출권과 각료의 자유로운 의회출석·발언권

④ 내각 안에서 수상의 우월적 지위(→ 내각책임제: 영국 — 이른바 '수상정부제')

⑤ 잠재적 여당으로서 소수 보호

(4) 구조적 장단점

① 장점

(ⅰ) 신속·능률적인 국정 운영: 입법부와 집행부의 협조를 통해서 국정 운영이 신속하고 능률적으로 이루어진다.

(ⅱ) 책임정치 실현: 국민의사를 대표하는 의회 결정에 따라 정부가 신임이나 불신임되므로, 국민의사에 따라 책임지는 정치 구현이 가능해진다.

(ⅲ) 정치적 대립의 신속한 해소(의회와 내각이 대립할 때): 정부와 의회의 정치적 갈등을 내각불신임권과 의회해산권으로 수월하게 해소할 수 있다.

(ⅳ) 인재 기용 기회 증대: 집행부는 의회 신임을 목표로 유능한 인재를 충원하게 된다.

② 단점

(ⅰ) 정국 불안 가능성(군소정당 난립/연립): 잦은 내각불신임과 의회 해산으로 말미암아 정국이 불안해질 수 있다.

(ii) 다수의 횡포: 정부와 의회가 다수파로 일치함으로써 다수파가 전횡을 일삼을 수 있다.

(iii) 강력한 정책 추진의 곤란성: 민주적 정당성을 의회에서 간접적으로 얻는 집행부가 강력하게 정책을 추진할 수 없는 어려움이 있다.

(5) 의원내각제의 성공조건
① 안정된 정당(정치)
② 직업공무원제
③ 정치인과 국민의 정치의식 수준 – 이성에 기초한 합리적인 토론문화 정착

5. 이원정부제

(1) 의의
이원정부제는 대통령제와 의원내각제의 장점을 취하고자 하는 제3의 정부형태이다. 즉 대통령제와 의원내각제가 혼합 내지 절충된 정부형태이다. 역사적으로 이원정부제는 1919년 독일 바이마르 헌법이 채택한 바 있고, 현재 이원정부제를 채택하는 대표적인 나라는 프랑스이다. 독일 바이마르 헌법의 이원정부제는 의원내각제를 기초로 정당이익에 따른 정국 불안정을 대통령에게 어느 정도 실질적인 권한을 부여하여 극복하려고 하였다(의회 중심의 이원정부제). 그에 반하여 프랑스 헌법의 이원정부제는 기본적으로 대통령제를 출발점으로 삼아 이른바 동거정부가 출현하면 의회 다수세력에 실질적으로 수상을 선출할 권한을 부여하고, 수상에게 실질적인 행정권을 부여하여 대통령과 국회의 대립을 해결하려고 한다.

(2) 이원정부제의 특징적 요소
① 국회와 집행부의 구성
이원정부제에서는 국민이 직접 대통령과 의회를 구성한다.

② 집행부의 2원화
이원정부제에서는 집행권을 대통령이 1원적으로 관장하지 않는 특징이 있다. 대통령과 더불어 수상이 집행권을 담당한다. 행정부를 관장하는 수상은 대통령이 임명한다. 수상은 절대 대통령을 정점으로 하는 집행부의 2인자가 아니라 대통령에게서 독립하여 독자적으로 행정권을 담당하는 국가기관이다. 이러한 지위에서 수상은 정책 지침을 결정하고, 국회에 대해서 책임을 진다. 대통령은 국가원수로서 국방·외교 등의 사안을, 수상은 일반적인 국정업무를 담당한다고 이해된다.

③ 의회와 행정부의 관계
의회는 수상을 불신임할 수 있으나, 의원내각제와 달리 수상은 국회를 해산할 권한이 없다. 대통령이 국회를 해산할 수 있다.

(3) 이원정부제의 독자적 정부형태 여부

이원정부제는 대통령제로도 볼 수 없고 의원내각제로도 볼 수 없는 절충형 정부형태가 매우 다양하게 나타나는 현상을 이론적으로 설명하려는 시도에 불과하고, 그것을 고정된 정부형태로 보기는 어렵다. 따라서 이원정부제를 독자적 정부형태로 이해하기 어렵다.[1]

6. 역사적 선택인 정부형태

정부형태는 입법부와 집행부의 관계(독립이냐 공화이냐)에 따라 구별된다. 구체적으로 ① 정부의 존속이 의회의 신임에 의존하는지(② 정부에 의회해산권이 주어져 있는지), (③ 국회의원이 각료직을 겸직하는 것이 허용되는지)에 따라 구별된다. 구체적 실현형태는 각국 사정에 따라 다를 수밖에 없다. 따라서 정부형태의 구체적 모습은 이념과 역사적 현실의 융합적 산물이다. 즉 정부형태는 역사적 경험과 정치문화 그리고 국가과제의 요구와 정치적 역학관계로 표현되는 현실적 여건 속에서 선택된다.

Ⅱ. 평가기준과 한국 헌정사에 나타난 정부형태 평가

1. 평가기준

(1) 대통령제적 요소를 혼합한 의원내각제와 의원내각제적 요소를 혼합한 대통령제

제도의 핵심요소를 갖추는지가 문제 된다. 즉 정부 존속이 의회 신임에 의존하는지와 의회의 국정지도에 관한 참여를 검토하여야 한다.

(2) 외관에 따른 대통령제 아래에서 대통령제(정부형태)와 독재(정부형태)의 구별: 통제된 대통령제와 외견적 대통령제－대통령독재제의 중간형태

자유 보장 이념과 권력분립 이념이 한계선이다. 한 기능이 과도한 비중을 차지하고 한 기능주체(담당자)가 포괄적 우위에 있다면 권력분립은 포기된 것으로서 권위주의－전제주의 정부로 전락하게 된다.

2. 한국 헌정사에 나타난 정부형태 평가

(1) 1948년 헌법(대통령제－신대통령제): 대통령제를 선택하고 간선제에서 출발하여 직선제로 개정하였다. 대통령의 독재 가능성을 잘 보여주었다.

(2) 1960년 헌법(의원내각제): 의원내각제를 실험해 본 유일한 기간으로서 의원내각제의 여러 가지 문제점을 드러냈다. 그러나 그 실험기간이 매우 짧고 국내 여건이 여러 가지로 성숙

---

1) 같은 견해: 허   영, 『한국헌법론(전정17판)』, 박영사, 2021, 800쪽; 홍성방, 『헌법학(하)(제3판)』, 박영사, 2014, 45~46쪽.

하지 못하였다는 점을 간과할 수 없다.

(3) 5·16 군사쿠데타 이후의 혁명위원회/국가재건최고회의 – 의회정부(Junta)

(4) 1962년 헌법(대통령제–신대통령제): 대통령제를 기본으로 직선제를 실시하였다.

(5) 1972년 헌법(신대통령제–전체주의): 대통령 권한을 지나치게 강화한 신대통령제가 출현하였다.

(6) 1980년 헌법(신대통령제): 대통령제를 기본으로 하지만 간선제와 단임제를 특징으로 한다.

(7) 1987년 헌법(대통령제): 현행 정부의 정부형태

Ⅲ. 현행 헌법의 정부형태

1. 골격으로 기능하는 대통령제적 요소

(1) 정부 일원성: 대통령은 국가원수이며 동시에 행정부 수반으로서 행정에 관한 최고의 권한과 책임을 진다(헌법 제66조 제1항, 제4항).

(2) 대통령 직선: 대통령을 국민이 직접 선출하여(헌법 제67조 제1항) 민주적 정당성을 확보한다.

(3) 임기 안정: 대통령의 5년 임기가 보장되고(헌법 제70조), 대통령은 국회에 대해서 정치적 책임을 지지 않는다. 국회의원도 4년 임기를 보장받고(헌법 제42조), 국회는 대통령에 대해서 불신임결의권이 없다. 대통령은 재임 중 정부 안정을 기할 수 있다.

(4) 대통령에게 국회해산권이 없다.

(5) 대통령에게 법률안 거부권이 있다(헌법 제53조 제2항).

2. 대통령제변질적 요소

(1) 대통령의 우월적 지위 부여 요소

① 대통령에게 우월적 지위를 부여하는 요소

(ⅰ) 2원적 정부구조

ⓐ 정치적 집행기능은 대통령 전속 관할로 하고, 고유한 행정기능은 국무총리가 통할하는 좁은 뜻의 행정부에 맡겨 처리하면서도 대통령이 국무회의를 통해서 고유한 행정기능에도 관여하는 구조이다.

ⓑ 국무총리라는 정치적인 완충지대나 방탄벽을 설치하여 대통령은 정책 집행 책임에 초연하다.

ⓒ 국무총리를 국회의장, 대법원장과 동렬에 두고, 대법원장 구성에 관여함으로써 대통령은 3권초월적 위상을 확보한다.

ⓓ 후진적 정치문화, 즉 전통적 신민문화와 유착하여 대통령이 사실적 측면에서 국왕과 비슷한 지위를 가짐으로써 형식적인 것을 넘어선 실질적 통치자의 지위가 대통령에게 사실적 측면에서 부여된다.

(ⅱ) 특별한 권한(통치적 성격의 권한)

대통령은 통치적 성격이 있는 권한, 즉 국가긴급권(헌법 제76조, 제77조), 헌법개정발의권(헌법 제128조 제1항), 중요정책국민투표회부권(헌법 제72조)이 있다.

(ⅲ) 다른 권력의 실질적 조직권한

대통령은 다른 권력을 실질적으로 조직하는 권한이 있다. 즉 대통령은 헌법재판소의 장과 재판관 임명권(헌법 제111조 제2항, 제4항), 대법원장과 대법관 임명권(헌법 제104조 제1항, 제2항), 국무총리와 국무위원 임명권(헌법 제86조 제1항, 제87조 제1항), 중앙선거관리위원회 위원 3명 임명권(헌법 제114조 제2항), 감사원장과 감사위원 임명권(헌법 제98조 제2항)이 있다.

② 대통령의 우월적 지위 부여 요소의 평가

권력분립을 통하여 개인의 자유를 보장하면서 국정의 능률적 수행을 위한 정부조직이 일방으로 기울어서 균형이 파괴된다.

(2) 의원내각제적 요소

① 의원내각제적 요소의 구체적 내용

(ⅰ) 의원내각제의 내각과 비슷한 국무회의(제)(헌법 제88조, 제89조)를 두어 대통령을 그 의장으로 하고(헌법 제88조 제3항), 국무회의 법적 성격은 심의기관인데도 대통령의 자문기관화한다.

(ⅱ) 국무총리를 두고 그 임명에 국회 동의가 필요하다(헌법 제86조).

(ⅲ) 국무총리는 행정 각부를 통할하고(헌법 제86조 제2항), 국무위원 임명제청·해임건의권(제87조 제1항, 제3항)이 있다.

(ⅳ) 대통령의 국법상 행위에 대해서 국무총리와 관계 국무위원이 부서한다(헌법 제82조).

(ⅴ) 정부는 법률안을 제출할 수 있다(헌법 제52조).

(ⅵ) 국무총리·국무위원이나 정부위원의 국회나 그 위원회에 출석하여 국정 처리상황을 보고하거나 의견을 진술하고 질문에 응답할 수 있으며, 국회나 그 위원회의 요구가 있으면 국무총리·국무위원이나 정부위원은 출석·답변하여야 한다(헌법 제62조).

(ⅶ) 국회는 국무총리나 국무위원의 해임을 대통령에게 건의할 수 있다(헌법 제63조).

(ⅷ) 국회의원과 국무위원의 겸직이 허용된다(국회법 제29조 제1호 단서, 국가공무원법 제3조 제3항).

(ⅸ) 대통령선거에서 최고득표자가 2명 이상이면 국회의 재적의원 과반수가 출석한 공개

회의에서 다수표를 얻은 자를 당선자로 한다(헌법 제67조 제2항).

② 의원내각제적 요소에 관한 평가·재평가

(ⅰ) 의원내각제적 요소는 대통령제 정부형태와 조화할 수 있는가?

한국 헌정사에서 의원내각제적 요소는 대통령제 정부형태와 충돌하여 대통령제를 변질하여온 측면이 있음을 부정할 수 없다. 그러나 이는 의원내각제적 요소가 대통령제 정부형태와 조화될 수 없다는 것을 말하지는 않는다. 의원내각제적 요소가 본래 의미대로 기능한 것이 아니고, 한국 헌법현실 속에서 본래 의미를 잃고 다른 의미로 기능한 결과이기 때문이다. 따라서 한국 헌법 안에서 의원내각제적 요소의 본래 의미를 찾아 헌법적으로 실현하는 길을 모색하여야 한다.

(ⅱ) 의원내각제적 요소에 관한 재평가

현행 헌법의 정부형태를 살펴보면 권력분립적 요소를 눈에 띄게 강화한 것은 사실이다. 그러나 여전히 한국 헌법사에서 하나의 전통처럼 되어버린 대통령우월적 요소가 현행 헌법에서도 광범위하게 유지된다. 이러한 대통령에게 권력이 집중되는 현상을 완화하기 위한 대안으로서 다시금 의원내각제에 관한 관심이 높아진다. 특히 이미 한국 헌법 속에 들어와 있는 의원내각제적 요소가 대통령의 권력을 분산시키는 기능을 할 수 있는지가 문제 된다.

종래 의원내각제적 요소는 거의 그 반대로 기능을 해온 것으로 평가되었다. 하지만 입헌주의라고 부르기 어려운 독재체재 아래에서라든지 권위주의적 신대통령 아래에서 헌법이 명시한 대통령억제적 요소가 제대로 기능할 수 없다는 점을 고려하면 객관적 평가가 이루어진 것으로 볼 수 없다. 현행 헌법의 입헌주의 틀 안에서 비로소 의원내각제적 요소를 정당하게 평가할 수 있다. 의원내각제적 요소가 헌법에 규정되었을 때 당초 의원내각제적 요소에 기대되었던 것이 대통령통제적 기능이었다. 그러나 1962년 헌법 이래로 의원내각제적 요소에 관해서 대통령보좌적 측면이 강조되었다. 두 기능 가운데 어떠한 기능이 한국 헌법의 정부형태를 입헌주의적으로 운용하는 데 더 도움이 될 수 있는지를 고찰해 보면 대통령의 권력 집중이 문제로 부각되는 오늘 시점에서 의원내각제적 요소의 대통령통제적 기능 가능성과 그 범위와 한계를 짚어볼 필요가 있다. 이는 구체적으로 대통령의 권력을 통제하는 수단 관점에서 먼저 국회에 주어진 권한으로 나타나는 의원내각제적 요소는 기관 사이 통제 수단으로, 다음으로 집행부 구성과 국정운영절차에서 나타나는 의원내각제적 요소는 기관 안 통제 수단으로 조명될 수 있다.[2]

---

2) 의원내각제적 요소의 권력분산효과에 관해서 자세한 검토는 김선택, 「의원내각제적 요소의 권력분산효과」, 『법학논집』 제33집, 고려대학교 법학연구소, 1997, 81~118쪽.

3. 평가와 결론

(1) 현행 헌법의 정부형태 평가

① 종래 평가

현행 헌법의 정부형태는 '(외국의 헌법에서는 그 예를 발견하기 어려운) 변형된 대통령제의 일종으로서 한국적 정치문화에 특유한 한국형대통령제(미국형대통령제·중남미형대통령제 등에 대응하는)',[3] '(변형된 것이기는 하지만) 대통령제를 원칙으로 하고, 그에 의원내각제적 요소가 가미'[4]된 것, '변형된 대통령제' 혹은 '혼합형 정부형태',[5] '변형된 대통령제',[6] '대통령제를 기본으로 하였지만, 의원내각제적 요소가 가미된, 이른바 변형된 대통령제',[7] '대통령이 상대적으로 우월적 지위에 있는 대통령제',[8] '대통령제에 의원내각제적 요소를 다소 가미한 절충제',[9] '의원내각제의 요소가 가미된 대통령제',[10] '대통령중심제',[11] '대통령제 중심의 혼합형',[12] '완화된 대통령제',[13] '대통령제 또는 대통령중심제'[14] 등으로 평가된다. 그리고 현행 헌법은 대통령제적 요소와 의원내각제적 요소를 혼합하므로 이원정부제적이라는 평가가 불가능한 것은 아니라는 견해도 있다.[15] 헌법재판소는 정부형태를 약간의 의원내각제적 요소도 있기는 하나 기본적으로는 대통령제(또는 대통령중심제)로 본다.[16]

② 사견

입법부와 집행부의 관계에 비추어 한국 헌법의 정부형태는 대통령제로 분류하여야 한다. 다만, 대통령제의 기본형(미국)과 다른 특이점은 다시 설명하여야 하는 것일 뿐이다.[17] '한국형'이라는 수식어는 대통령제가 각국의 전통과 상황에 따라 다를 수밖에 없다는 점에서 불필

---

3) 권영성, 『헌법학원론(개정판)』, 법문사, 2010, 789~792쪽.

4) 홍성방, 『헌법학(하)(제3판)』, 박영사, 2014, 55~57쪽.

5) 이준일, 『헌법학강의(제7판)』, 홍문사, 2019, 865쪽.

6) 김학성/최희수, 『헌법학원론(전정5판)』, 피앤씨미디어, 2021, 873쪽; 허 영, 『한국헌법론(전정17판)』, 박영사, 2021, 818~819쪽.

7) 장영수, 『헌법학(제13판)』, 홍문사, 2021, 1105쪽.

8) 장영수, 「헌법 제66조」, 『헌법주석[국회, 정부]』, 경인문화사, 2018, 493쪽.

9) 김철수, 『학설·판례 헌법학(전정신판)(상)』, 박영사, 2009, 85쪽.

10) 한수웅, 『헌법학(제11판)』, 법문사, 2021, 1121쪽.

11) 구병삭, 『신헌법원론(개정판)』, 박영사, 1996, 826~827쪽.

12) 정연주, 『헌법학원론(제2판)』, 법영사, 2021, 641쪽.

13) 정재황, 『국가권력규범론』, 박영사, 2020, 109쪽.

14) 방승주, 『헌법강의 Ⅰ』, 박영사, 2021, 368~369쪽.

15) 성낙인, 『헌법학(제21판)』, 법문사, 2021, 402~403쪽.

16) 헌재 1994. 4. 28. 89헌마86, 판례집 6-1, 371, 389; 헌재 2021. 1. 28. 2020헌마264등, 판례집 33-1, 72, 100.

17) 의원내각제적 요소로 이야기되는 것들이 대통령제에 이례적인 것이기는 하지만, 의원내각제석 요소는 아니라는 견해로는 전광석, 『한국헌법론(제16판)』, 집현재, 2021, 581~585쪽.

요하다. 그리고 '변형된' 대통령제이나 대통령'중심'제라는 표현은 대통령제와 구별되는 정부형태라는 오해를 유발할 수 있어서 문제가 있고, '절충형'이라는 수식어는 유형을 규정한 것이라기보다는 설명하는 것에 불과하다.

(2) 문제점과 입법론적 검토

① 의원내각제적 요소의 광범한 재검토 요청

의원내각제적 요소가 본래 도입취지와는 달리 한국 헌법사에서 부정적 기능을 수행하여 왔고 수행하고 있다. 그러나 한국 헌법에 이 요소가 있는 한 이 요소를 광범위하게 재검토하여 그 부정적 기능을 제거하거나 최소한 억제하고, 그 본래 도입취지를 확인하여 그것이 실현되도록 할 필요가 있다.

② 대통령의 우월적 지위에 대한 통제수단의 적극적 기능화 배려 요청

국민의 자유와 권리를 보장하고 권력분립원칙을 충실하게 실현하려면 대통령의 우월적 지위를 통제하여야 한다. 따라서 대통령의 우월적 지위를 통제하는 수단이 그 기능을 적극적으로 수행하도록 하려는 배려가 요구된다.

③ 대통령선거방법의 문제점

대통령선거와 관련하여 상대다수대표제와 국회결선투표제를 채택하는데(헌법 제67조 제2항, 제3항, 공직선거법 제187조 제1항, 제2항), 이는 민주적 정당성 확보 측면에서 문제가 있다. 따라서 절대다수대표제와 국민결선투표제로 바뀔 필요가 있다.

④ 대통령 궐위 시의 권한대행의 문제점

대통령이 궐위되거나 사고로 말미암아 직무를 수행할 수 없으면 국무총리, 법률이 정한 국무위원의 순서로 그 권한을 대행한다(헌법 제71조). 이는 민주적 정당성의 공백을 초래한다. 따라서 대통령을 선거할 때 함께 선출되는 부통령제 도입을 고려할 필요가 있다.

⑤ 헌법재판소 구성의 문제점

헌법재판소는 강력한 권력통제기능이 있다. 이러한 기능에 걸맞는 민주적 정당성을 헌법재판소는 이견 없이 충분히 확보한다고 보기 어렵다. 따라서 이러한 취약한 민주적 정당성을 개선하기 위해서 헌법재판소 재판관을 선임하는 방법을 개선할 필요가 있다.

제11장

국가기능론

제11장 국가기능론

제1절 입 법

I. 입법과 법률

1. 법학에서 '입법'의 뜻

전통적으로 '입법'이라는 용어는 법학에서 '일반적이고 추상적인 법규범 정립'이라는 뜻으로 새겨졌다.[1] 이러한 입법 개념을 따르면 법률의 제·개정은 물론 헌법의 제·개정 그리고 명령과 규칙, 조례의 제·개정도 입법에 포섭된다. 대통령령, 총리령, 부령을 아우르는 행정입법, 대법원규칙과 헌법재판소규칙을 포함하는 사법입법 그리고 지방자치단체의 조례와 규칙을 가리키는 자치입법이라는 용어는 이러한 입법 개념에 바탕을 둔다. 그러나 권력분립원칙에서 집행과 사법에 대응하는 입법을 이러한 개념으로 이해할 수는 없다. 즉 헌법 제40조의 '입법'은 이러한 개념으로 파악할 수 없다. 행정입법과 사법입법 그리고 자치입법 심지어 헌법의 제·개정까지 국회의 권한에 포함되는 것으로 볼 수 없기 때문이다.

2. 실질설과 형식설의 대립

현행 헌법 제40조의 '입법'개념을 '일반적이고 추상적인 법규범 정립'으로 이해할 수 없다는 점에서 헌법 제40조의 해석과 관련하여 적지 않은 혼란이 계속된다. 그에 따라 헌법 제40조의 의미와 관련하여 형식설과 실질설의 대립이 있다. 형식설은 입법의 의미를 국회가 형식적 의미의 법률을 제정하는 작용으로 보지만, 실질설은 '일반적이고 추상적인 법규범 정립'이라는 개념을 기초로 국가기관이 일반적·추상적인 성문법규범을 정립하는 작용으로 이해한다. 형식설은 국회가 입법권을 행사하여 제정한 것이 법률이고 그 법률을 제정하는 국회의 권한이 입법이라는 식의 순환논법에 빠지게 되어 그 실체를 올바르게 규명하지 못하는 문제점이 지적된다. 그리고 실질설은 일반적·추상적인 법규범 정립 중 어느 것이 국회에 속하는지를 구별하는 기준을 분명하게 제시하지 못한다는 문제가 있다.

---

1) "입법이란 의식적이고 계획적인 법률의 제정(정립)"이라는 견해로는 계희열, 「국가기능으로서의 입법권」, 『헌법논총』 제13집, 헌법재판소, 2002, 271쪽.

3. 실질설과 형식설의 기초인 2중적 법률 개념

실질설과 형식설은 2중적 법률 개념을 기초로 한다. 2중적 법률 개념은 입헌군주제 아래에서 군주와 의회의 대립에서 얻어진 결과물이다. 즉 어떤 규정은 법률로써 의회 동의를 얻어야 하고, 어떤 규정은 여전히 군주가 선포할 수 있는 것인지를 해결하려고 나타난 것이 2중적 법률 개념이다. 2중적 법률 개념에서 법률은 모든 일반적이고 추상적인 법규범의 구속적 명령을 뜻하는 실질적 의미의 법률과 그 내용에 상관없이 헌법이 예정한 입법절차에 따라 성립한 모든 입법기관의 의사행위인 형식적 의미의 법률로서 2원적으로 이해되어 왔다. 그러나 이러한 2원적 법률 개념은 군주와 의회(시민세력)의 대립을 전제하는 입헌주의시대의 헌법이론에서 비롯하는 것으로서 오늘날 민주적 법치국가에는 더는 부합하지 않는다.[2] 그리고 한국 헌법에서 이러한 2원적 법률개념을 인정할 근거를 찾을 수도 없다. 따라서 한국 법질서에서 이러한 개념을 인정하기 어렵다.

4. 한국 헌법에서 법률의 개념

헌법이 직접 법률을 언급하는 이상 법률의 개념도 헌법 자체에서 찾아야 한다. 헌법은 법률로써 규율되어야 하는 사항을 규정하는 때(예를 들어 제2조, 제7조 제2항, 제8조 제3항, 제37조 제2항 등)가 있지만, 법률을 규정짓는 사항이나 대상을 규정하지 않는다. 오직 법률을 제정하는 주체와 법률제정절차를 규정할 뿐이다(헌법 제40조, 제52조, 제53조). 이러한 점에 비추어 법률은 헌법에 합치하는 한 그 규율사항이나 규율대상에 제한이 없다고 보아야 한다. 따라서 입법자인 국회는 입법형성의 자유가 있다. 입법형성의 자유는 국회가 어떤 규율대상을 언제 어떤 내용으로 규율할 것인지를 스스로 결정할 수 있다는 것을 뜻한다. 그래서 법률의 개념은 헌법을 통해서 실질적으로 정의될 수 없고, 형식적으로만 정의될 수 있다. 결국 (형식적) 법률은 국회가 헌법과 법률이 정한 입법절차에 따라 법률 형식으로 제정한 모든 법규범을 말한다(헌법 제40조, 제52조, 제53조).[3]

---

2) 계희열, 「국가기능으로서의 입법권」, 『헌법논총』 제13집, 헌법재판소, 2002, 270~276쪽; 장영수, 『헌법학(제13판)』, 홍문사, 2021, 1037~1038쪽; Konrad Hesse, Grundzüge des Verfassungsrechts der Bundesrepublik Deutschland, 20. Aufl., Heidelberg 1995, Rdnr. 502 (콘라드 헷세, 계희열 역, 『통일독일헌법원론』, 박영사, 2001, 311~312쪽); Klaus Stern, Das Staatsrecht der Bundesrepublik Deutschland, Bd. Ⅱ, München 1980, S. 561 ff. 참조.

3) 그러나 헌법전에서 사용하는 '법률'이라는 용어가 언제나 이러한 (형식적 법률의) 개념인 것은 아니다. 예를 들어 헌법 제37조 제2항의 '법률'은 형식적 법률과 실질적 법률을 포함하고, 헌법 제103조의 '법률'은 형식적 법률과 실질적 법률은 물론 (법률의 규범서열이 있는) 관습법도 포함한다. 따라서 헌법전에 등장하는 '법률'은 각 규정의 해석을 통해서 그 개념이 개별적으로 확정되어야 한다.

5. 입법의 의미

법률 개념이 형식적으로 이해되므로, 입법 개념도 형식적으로 이해될 수밖에 없다. 그리고 입법의 개념도 헌법에서 찾아야 한다. 먼저 입법과 관련된 국회의 권한이 법률에 국한하지 않는다는 점에서 입법의 결과물을 법률에 국한할 필요는 없고, 입법 개념이 집행 및 사법과 대응되는 것이므로, 집행과 사법의 규준이 되는 법규범을 정립하는 것으로 보아야 한다. 그리고 입법은 헌법에 따라서 비로소 인정되고 헌법을 실현하려는 것이라는 점에서 헌법을 구체화하는 작용이다. 또한, 헌법이 규정한 모든 법규범 제정 주체는 국가기관이라는 점에서 입법의 주체는 국가기관으로 보아야 한다. 그 밖에 헌법과 법률은 모든 법규범의 제·개정절차를 규정하고, 헌법이 규정하는 법규범은 모두 성문법규범이라는 점을 주목하여야 한다. 이러한 점들을 고려하여 정리하면 입법은 '국가기관이 헌법을 구체화하려고 헌법과 법률이 정한 절차에 따라 성문법규범을 정립하는 작용'으로 볼 수 있다. 이를 따르면 헌법의 제·개정은 입법 개념에서 제외되지만, 행정입법과 사법입법 그리고 자치입법은 입법에 포함된다.

Ⅱ. 국회입법

1. 국회입법권의 의미

입법을 '국가기관이 헌법을 구체화하려고 헌법과 법률이 정한 절차에 따라 성문법규범을 정립하는 작용'으로 이해한다면, 헌법 제40조의 입법권은 '국가기관이 헌법을 구체화하려고 헌법과 법률이 정한 절차에 따라 성문법규범을 정립할 수 있는 권한'으로 파악할 수 있다. 그러나 헌법 제40조를 국회가 모든 입법권을 행사할 수 있거나 행사하여야 한다는 것으로 해석할 수는 없다. 이미 헌법은 여러 곳에서 입법권을 국회 이외의 다른 국가기관에 부여하고, 기능적 권력분립을 따르면 국회가 입법권을 독점하는 것은 요구되지도 않고 오히려 적절하지 않기 때문이다. 따라서 헌법 제40조는 두 가지 의미로 이해되어야 한다. 먼저 헌법에 다른 규정이 없는 한 원칙적으로 입법권은 국회 권한에 속한다(국회중심입법의 원칙). 따라서 국회는 헌법과 법률에 다른 규정이 있으면 해당 입법권을 행사하지 못할 수도 있고 입법권이 제한될 수도 있다. 그리고 (형식적) 법률은 반드시 국회가 단독으로 의결하여야 한다(국회법률단독의결의 원칙). 정부의 법률안제안권(헌법 제52조)이나 대통령의 법률안거부권(헌법 제53조 제2항과 제3항)이 인정된다. 하지만 이는 법률 제정에서 입법부와 집행부의 상호협조나 상호통제를 위한 것일 뿐이다. 법률 제정에서 본질적이고 핵심적인 과정인 심의와 의결은 국회가 단독으로 행사하여야 한다. 법률의 효력, 즉 법률의 우위와 유보를 통해서 국회는 헌법을 1차적으로 해석하고 다른 국가기관에 우선하여 법적 규율사항을 규율하여 자신의 결정을 관철할 권한이 있다.

2. 국회입법권의 범위

헌법 제40조는 "입법권은 국회에 속한다."라고 하여, 국회중심입법의 원칙을 규정할 뿐이고, 법률의 내용을 국민의 권리·의무와 직접 관련이 있는 사항에 국한하지 않는다. 따라서 헌법에 어긋나지 않는 범위에서 모든 법적 규율사항이 국회의 입법대상이 된다. 그러나 헌법은 입법권을 국회에 독점시키지 않는다. 즉 헌법은 행정입법은 대통령·국무총리·행정 각부의 장에(헌법 제75조, 제95조), 사법입법은 대법원과 헌법재판소에(헌법 제108조, 제113조 제2항), 선거관리 등에 관한 입법은 중앙선거관리위원회에(헌법 제114조 제6항), 자치입법은 지방자치단체에(헌법 제117조 제1항), 조약체결권·긴급명령제정권·긴급재정경제명령제정권은 대통령에(헌법 제73조, 제76조) 부여한다.

3. 국회입법에 대한 통제

(1) 국회의 자율적 통제

국회가 입법권을 행사할 때 독단적 처리를 자제하여야 함은 물론이거니와 헌법과 국회법 등에서는 입법에 대한 국회 책임을 위해 자율적 통제장치를 강구한다. 법률안을 제출할 때 10명 이상 찬성을 얻어서 하도록 하고(국회법 제79조 제1항), 법률안 심의는 해당 상임위원회 심의를 먼저 거치게 하며(국회법 제81조 제1항), 헌법개정안에 대해서는 재적의원 3분의 2 이상 찬성과 기명투표 방식을 채택한다(국회법 제112조 제4항).

(2) 대통령의 법률안거부권

대통령은 법률안 의결이 헌법에 규정된 의결절차나 의결정족수를 무시한 것이거나 법률안 내용이 헌법에 위배되는 것이거나 부당한 것이라고 판단하면 그 법률안에 대해서 거부권을 행사할 수 있다(헌법 제53조 제2항과 제3항).

(3) 법원과 헌법재판소의 통제
① 위헌법률심판

법률이 헌법에 위반되는지가 재판의 전제가 되면 법원은 헌법재판소에 위헌여부심판을 제청하여 그 심판에 따라 재판하고, 헌법재판소는 법률의 위헌여부심판을 통해서 국회 입법권을 통제한다. 헌법재판소는 법원이 제청한 법률의 위헌 여부를 최종적으로 심판할 권한이 있고(헌법 제107조 제1항, 제111조 제1항), 헌법재판소가 위헌으로 결정한 법률은 원칙적으로 결정이 있은 날부터 효력을 상실한다(헌법재판소법 제47조 제2항).

② 법률에 대한 헌법소원심판

헌법소원심판의 청구사유를 규정한 헌법재판소법 제68조 제1항 본문의 공권력에는 입법권도 당연히 포함된다. 따라서 법률에 대한 헌법소원심판도 가능하다. 다만, 모든 법률이 곧 헌법소원심판 대상이 되는 것은 아니고, 그 법률이 별도의 구체적 집행행위를 기다리지 아니하고 현재·직접적으로 헌법이 보장한 기본권을 침해하는 때에 한정된다.4)

③ 위헌소원심판

소송사건의 당사자가 법원에 위헌법률심판 제청을 신청하였는데도 법원이 그 제청 신청을 이유 없다고 하여 기각하면, 당사자는 직접 헌법재판소에 헌법소원심판을 청구할 수 있다(헌법재판소법 제68조 제2항). 헌법재판소가 이 헌법소원을 인용하는 결정을 하게 되면 해당 법률은 효력을 상실한다(헌법재판소법 제75조 제6항, 제47조 제2항).

④ 입법부작위에 대한 헌법소원심판

입법자는 헌법에서 구체적으로 위임받은 입법을 거부하거나 자의적으로 입법을 지연시킬 수는 없으므로, 예를 들어 입법자가 입법을 하지 않기로 결의하거나 상당한 기간 안에 입법을 하지 않으면 입법재량의 한계를 넘는다. 이러한 입법부작위는 입법재량의 한계를 넘어선 때만 위헌으로 인정된다.5) 따라서 입법부작위에 대한 헌법소원은 극히 한정적으로만 인정된다. 즉 헌법에서 기본권 보장을 위하여 법령에 명시적인 입법위임을 하였는데도 입법자가 이를 이행하지 않을 때 그리고 헌법 해석상 특정인에게 구체적인 기본권이 생겨 이를 보장하기 위한 국가의 행위의무나 보호의무가 발생하였음이 명백한데도 입법자가 전혀 아무런 입법조치를 취하고 있지 않은 때 입법부작위는 헌법소원심판 대상이 된다.6)

Ⅲ. 행정입법

1. 의의

행정입법은 입법부가 아닌 행정기관의 입법작용을 가리킨다. 현대 법치국가에서는 국민의 권리와 의무에 관한 사항은 법률 형식으로 규율하는 것을 원칙으로 한다. 그러나 아무리 법치국가라고 하더라도 현대의 행정국가적 요청과 사회국가적 요청을 모두 법률로 직접 규정한다는 것은 오늘날 불가능할 뿐 아니라 부적합하다. 법률 자체의 보수적 성격이나 기술적 성격 때문에 법률에는 일정한 한계가 있기 때문이다. 따라서 오늘날에는 국회 입법권에 깊은 배려를 하면서도 헌법에 근거하여 여러 행정기관에 그 기능의 특질에 대응한 입법권을 부여하는 것이 일반적이다. 오늘날 행정입법이 요구되는 이유는 네 가지로 간추릴 수 있다. ① 전문적·기술적 사항에 관한 입법이 증가하였다. ② 사정 변화에 즉응하여 기민하게 적응할 필

---

4) 헌재 1990. 10. 8. 89헌마89, 판례집 2, 332, 336; 헌재 1991. 3. 11. 90헌마28, 판례집 3, 63, 75.
5) 헌재 1994. 12. 29. 89헌마2, 판례집 6-2, 395, 413.
6) 헌재 1989. 3. 17. 88헌마1, 판례집 1, 9, 17.

요가 있다. ③ 법률의 일반적 규정으로는 지방적 사정과 같은 특수사정을 규율하기가 곤란하다. ④ 객관적 공정성이 요구될 때 국회가 그것을 일괄적으로 처리하는 것이 반드시 적절하지 못한 분야가 있다. 행정입법권은 국회 입법권에서 파생되는 입법권이다. 국회 입법권이 1차적인 주된 입법권이고, 행정입법권은 2차적인 부차적 입법권이라서 행정입법권은 국회 입법권에 종속된다.[7]

2. 종류

행정입법은 그 제정주체·성질·내용·효력 등을 기준으로 하여, 본래 행정입법과 자치입법, 대통령령·총리령·부령, 법규명령과 행정명령(행정규칙), 위임명령과 집행명령, 시행령(대통령령)과 시행규칙(부령) 등 여러 가지 유형으로 분류할 수 있다.

(1) 본래 행정입법과 자치입법

본래의 행정입법은 대통령·국무총리·행정 각부의 장 등 중앙행정기관이 제정하는 법규명령을 말한다. 자치입법은 헌법 제117조 제1항에 따라 지방자치단체가 법령 범위 안에서 정립하는 자치에 관한 법규범을 말한다. 자치입법에는 지방자치단체의 의회가 제정하는 조례와 그 장이 제정하는 규칙 그리고 교육감이 법령이나 조례의 범위 안에서 제정하는 교육규칙이 있다.

(2) 대통령령·총리령·부령

본래 행정입법은 그 제정권자가 누구인지에 따라 대통령령·총리령·부령으로 나눌 수 있다. 대통령령은 헌법 제75조가, 총리령과 부령은 헌법 제95조가 각각 규정한다. 이때의 대통령령·총리령·부령은 법규명령이지만 법규명령은 다시 위임명령과 집행명령으로 나눈다. 대통령령은 총리령과 부령보다 상위에 있으나, 총리령과 부령 사이에는 그런 위계관계가 없다.[8]

(3) 법규명령과 행정규칙

① 법규명령

（ i) 의의

법규명령은 행정기관이 헌법에 근거하여 국민의 권리·의무에 관한 사항을 규정하는 명령

---

7) 김선택,「행정입법의 허용가능성과 통제방안」,『유럽헌법연구』제28호, 유럽헌법학회, 2019, 5쪽.
8) 같은 견해: 구병삭,『신헌법원론(개정판)』, 박영사, 1996, 1044~1045쪽; 권영성,『헌법학원론(개정판)』, 법문사, 2010, 1038쪽; 김학성/최희수,『헌법학원론(전정5판)』, 피앤씨미디어, 2021, 1057쪽; 정종섭,『헌법학원론(제12판)』, 박영사, 2018, 1266쪽; 한수웅,『헌법학(제11판)』, 법문사, 2021, 1290쪽. 국무총리가 행정부의 일체성을 유지하는 관건이 되고 국무총리는 행정 각부의 장의 명령이나 처분이 위법 또는 부당하다고 인정되면 대통령의 명을 받아 이를 중지 또는 취소하는 권한이 있으므로 총리령이 실질적으로 상위라는 견해도 있다(김철수,『학설·판례 헌법학(전정신판)(중)』, 박영사, 2009, 583쪽; 정재황,『국가권력규범론』, 박영사, 2020, 731쪽).

을 말한다. 법규는 그 내용이 일반적·추상적 규정이어서 일반적 구속력이 있다는 의미이다. 즉 법규는 외부적 구속력이 있는 일반·추상적 법규범이다. 집행부의 법규명령 제정도 실질적 으로 입법작용이다. 헌법은 법규명령으로서 대통령령(제75조), 총리령과 부령(제95조)뿐 아니 라 국회규칙(제64조 제1항), 대법원규칙(제108조), 헌법재판소규칙(제113조 제2항), 중앙선거관리 위원회규칙(제114조 제6항)을 규정한다.

(ⅱ) 종류

법규명령은 그 내용을 기준으로 하여 위임명령과 집행명령으로 분류되고, 발령기관을 기 준으로 하여 대통령령·총리령·부령(·국회규칙·대법원규칙·헌법재판소규칙·중앙선거관리위원회 규칙)으로 나눌 수 있다.

(ⅲ) 형식과 효력

법규명령은 일반 국민의 권리·의무와 관련이 있는 사항까지 그 대상으로 할 수 있고, 계 속적 효력이 있는 추상적 규범이므로 일정한 형식을 구비하여야 한다. 법규명령은 조문 형식 을 갖추고, 일자를 명기하고 서명·날인하며, 번호를 부여한다('법령 등 공포에 관한 법률' 제7 조~제10조). 법규명령은 공포됨으로써 유효하게 성립한다. 법규명령 공포는 관보에 게재함으 로써 한다('법령 등 공포에 관한 법률' 제11조, 제12조).

② 행정규칙(행정명령)

(ⅰ) 의의

행정규칙은 행정기관이 자신의 고유권한으로 헌법적 근거 없이 제정하는, 국민의 권리· 의무와 직접적인 관계가 없는 비법규사항을 규정한 것으로서, 행정조직 내부에서만 효력이 있을 뿐이고 대외적 구속력이 없다. 법령 위임이 없는데도 법령에 규정된 처분 요건에 해당 하는 사항을 부령에서 변경하여 규정하면 그 부령 규정은 행정청 내부의 사무처리 기준 등을 정한 것으로서 행정조직 안에서 적용되는 행정규칙의 성격을 지닐 뿐이지 국민에 대한 대외 적 구속력은 없다.[9]

(ⅱ) 종류

행정규칙은 행정명령 혹은 행정내규라고도 하며, 그 내용에 따라 조직규칙·근무규칙·영 조물규칙 등이 있고, 그 형식에 따라 훈령·예규·통첩·예시·고시·일일명령 등이 있다. 행 정규칙은 대통령·국무총리·행정 각부의 장 외에 감사원·각원·처·청의 장 등 일반 행정관 청은 물론 국립대학의 총·학장 등도 이를 제정할 수 있다.

(ⅲ) 형식과 효력

행정규칙이 구비하여야 할 형식과 절차에 관한 일반규정은 따로 없다. 행정규칙은 일반적

---

9) 대법원 2013. 9. 12. 선고 2011두10584 판결(공2013하, 1800).

구속력이 없으므로 원칙적으로 공포를 요하지 아니하나, 실무관행은 행정규칙도 공포절차를 거친다.

③ 법규명령과 행정규칙의 비교

법규명령과 행정규칙은 행정기관이 제정하는 명령이라는 점에서 공통성이 있지만, 여러 가지 점에서 구별된다. ⓐ 법규명령은 반드시 헌법에 근거가 있어야 하나, 행정규칙은 헌법적 근거를 필요하지 아니하고 행정기관이 내부적 규범으로 당연히 발할 수 있다. ⓑ 법규명령은 국민의 권리·의무와 관계가 있는 사항도 그 대상으로 할 수 있지만, 행정규칙은 국민의 권리·의무와 직접 관계가 없는 사항을 그 대상으로 한다. ⓒ 법규명령은 대국민적 구속력이 있는 법규의 성질이 있지만, 행정규칙은 행정기관 내부에서만 효력이 있는 행정내규의 성질이 있다.[10]

(4) 위임명령과 집행명령

① 위임명령

(ⅰ) 의의

위임명령은 헌법에 근거하고 법률의 위임에 따라 발하는 명령을 말한다. 법률 위임은 일정한 사항에 관하여 법률이 스스로 규정하지 아니하고 명령으로 규정하도록 수권하는 것을 말한다. 헌법 제75조 전단은 "대통령은 법률에서 구체적으로 범위를 정하여 위임받은 사항에

---

10) 대법원 1987. 9. 29. 선고 86누484 판결(집35-3, 457; 공1987, 1668): "상급행정기관이 하급행정기관에 대하여 업무처리지침이나 법령의 해석적용에 관한 기준을 정하여 발하는 이른바 행정규칙은 일반적으로 행정조직 내부에서만 효력을 가질 뿐 대외적인 구속력을 갖는 것은 아니지만, 법령의 규정이 특정행정기관에게 그 법령내용의 구체적 사항을 정할 수 있는 권한을 부여하면서 그 권한행사의 절차나 방법을 특정하고 있지 아니한 관계로 수임행정기관이 행정규칙의 형식으로 그 법령의 내용이 될 사항을 구체적으로 정하고 있다면 그와 같은 행정규칙, 규정은 위에서 본 행정규칙이 갖는 일반적 효력으로서가 아니라, 행정기관에 법령의 구체적 내용을 보충할 권한을 부여한 법령규정의 효력에 의하여 그 내용을 보충하는 기능을 갖게 된다 할 것이고, 따라서 이와 같은 행정규칙, 규정은 당해 법령의 위임한계를 벗어나지 아니하는 한 그것들과 결합하여 대외적인 구속력이 있는 법규명령으로서의 효력을 갖게 된다".

헌재 1990. 9. 3. 90헌마13, 판례집 2, 298, 303: "이른바 행정규칙은 일반적으로 행정조직 내부에서만 효력을 가지는 것이고 대외적인 구속력을 갖는 것이 아니다. 다만, 행정규칙이 법령의 규정에 의하여 행정관청에 법령의 구체적 내용을 보충할 권한을 부여한 경우, 또는 재량권 행사의 준칙인 규칙이 그 정한 바에 따라 되풀이 시행되어 행정관행이 이룩되게 되면 평등의 원칙이나 신뢰보호의 원칙에 따라 행정기관은 그 상대방에 대한 관계에서 그 규칙에 따라야 할 자기구속을 당하게 되는 경우에는 대외적인 구속력을 가지게 된다."

헌재 2002. 10. 31. 2001헌라1, 판례집 14-2, 362, 371; 헌재 2002. 10. 31. 2002헌라2, 판례집 14-2, 378, 387: "헌법 제117조 제1항에서 규정하고 있는 '법령'에는 법률 이외에도 헌법 제75조 및 제95조 등에 의거한 '대통령령', '총리령' 및 '부령'과 같은 법규명령이 포함되는 것은 물론이지만, "법령의 직접적인 위임에 따라 수임행정기관이 그 법령을 시행하는데 필요한 구체적 사항을 정한 것이면, 그 제정형식은 비록 법규명령이 아닌 고시, 훈령, 예규 등과 같은 행정규칙이더라도, 그것이 상위법령의 위임한계를 벗어나지 아니하는 한, 상위법령과 결합하여 대외적인 구속력을 갖는 법규명령으로서 기능하게 된다고 보아야 한다"고 한 헌법재판소의 판시(헌재 1992. 6. 26. 91헌마25, 판례집 4, 444, 449)에 따라 헌법 제117조 제1항에서 규정하는 '법령'에는 법규명령으로서 기능하는 행정규칙이 포함된다고 보아야 할 것이다."

관하여 대통령령을 발할 수 있다."라고 하여, 대통령의 위임명령제정권을 규정한다. 법률 위임에 따르지 아니하고 직접 헌법 수권에 따른 위임명령은 인정되지 아니한다. 직접 헌법 수권에 따르면 입법권의 백지위임을 뜻하기 때문이다. 위임명령은 법률이 위임한 사항에 관한 법률을 대신하는 것이고, 실질적으로 법률 내용을 보충하는 것이므로 보충명령이라고도 한다.

(ⅱ) 성질

위임명령은 법률 위임에 따른 명령이므로, 위임한 법률에 종속한다(법률에 대한 종속성). 위임명령의 발효시기·내용·효력 상실 등은 모법을 전제로 하므로, 위임명령은 모법에 어긋나는 것을 규정할 수 없고, 모법이 개정되거나 소멸하면 위임명령도 개정되거나 소멸한다. 다만, 위임명령은 법률이 위임한 범위 안에서 법률이 직접 규정하지 아니한 새로운 입법사항도 규정할 수 있으므로, 이 점에서 집행명령과 다르다.

위임명령이 법률에서 위임받은 사항을 스스로 규정하지 아니하고 하부기관의 명령에 재위임하는 위임사항의 재위임이 허용되는지 문제 된다. 위임명령이 위임받은 사항에 관해서 대강만을 규정하고, 특정 사항을 범위를 정하여 하위명령에 다시 위임하는 것은 무방하다. 그러나 법률에서 위임받은 사항을 전혀 규정하지 아니하고, 그대로 재위임하는 것은 복위임금지의 법리를 인용할 것도 없이, 실질적으로 수권법 내용을 변경하는 결과를 가져오므로 허용되지 않는다.[11]

(ⅲ) 형식

법률이 명령에 위임하는 형식에는 일반적·포괄적 위임과 개별적·구체적 위임이 있다. 일반적·포괄적 위임은 법률이 위임하는 사항과 범위를 구체적으로 한정하지 아니하고, 특정 행정기관에 입법권을 일반적·포괄적으로 위임하는 형식을 말한다. 이에 대해서 개별적·구체적 위임은 법률이 위임하는 사항과 범위를 구체적으로 한정하여 특정 행정기관에 입법권을 위임하는 형식을 말한다. 일반적·포괄적 위임은 사실적으로 입법권의 백지위임과 다를 것이 없고, 국회입법의 원칙을 부인하는 것이 될 뿐 아니라, 집행부의 독재와 기본권의 무제한적 침해를 초래할 위험이 있으므로, 민주적 법치국가에서는 허용되지 아니한다(포괄위임금지원칙). 헌법도 제75조 전단에서 "대통령은 법률에서 구체적으로 범위를 정하여 위임받은 사항에 관

---

11) 헌재 1996. 2. 29. 94헌마213, 판례집 8−1, 147, 163; 헌재 2003. 12. 18. 2001헌마543, 판례집 15−2하, 581, 600; 헌재 2008. 4. 24. 2007헌마1456, 판례집 20−1상, 720, 730: "법률에서 위임받은 사항을 전혀 규정하지 않고 재위임하는 것은 "위임받은 권한을 그대로 다시 위임할 수 없다"는 복위임금지의 법리에 반할 뿐 아니라 수권법의 내용변경을 초래하는 것이 되고, 부령의 제정·개정절차가 대통령령에 비하여 보다 용이한 점을 고려할 때 재위임에 의한 부령의 경우에도 위임에 의한 대통령령에 가해지는 헌법상의 제한이 당연히 적용되어야 할 것이다. 따라서 법률에서 위임받은 사항을 전혀 규정하지 아니하고 그대로 재위임하는 것은 허용되지 않으며 위임받은 사항에 관하여 대강을 정하고 그 중의 특정사항을 범위를 정하여 하위법령에 다시 위임하는 경우에만 재위임이 허용된다." 동지: 헌재 2002. 10. 31. 2001헌라1, 판례집 14−2, 362, 371−372.

하여 대통령령을 발할 수 있다."라고 하여, 개별적·구체적 위임의 형식만을 인정한다.

(ⅳ) 범위와 한계

위임입법이 필요한 분야라고 하더라도 입법권 위임은 법치국가원리와 의회민주주의·권력 분립원칙에 비추어 구체적으로 범위를 정하여 하는 때만 허용된다. 따라서 헌법도 위임의 범위와 한계에 관해서 '구체적으로' '범위를 정하여'라고 한정한다(제75조). 여기서 구체적이라는 것은 일반적·추상적이어서는 아니 된다는 뜻이고, 범위를 정한다는 것은 포괄적·전면적이어서는 아니 된다는 의미이다. 이와 관련하여 문제가 되는 것은 국회의 전속적 입법사항이나 처벌법규도 위임 대상이 되는지이다. ⓐ 헌법이 국회의 전속적 입법사항으로 규정하는 것은 그 입법권을 위임할 수 없다. 예를 들어 국적 취득 요건(제2조 제1항), 조세의 종목과 세율(제59조), 지방자치단체의 종류(헌법 제117조 제2항) 등은 헌법이 법률로 정하도록 하므로, 이에 관한 입법권은 위임할 수 없다. ⓑ 벌칙, 즉 처벌의 종류와 정도는 죄형법정원칙에 입각하여 반드시 법률과 적법한 절차로써 정하여야 한다(헌법 제12조 제1항). 그러나 처벌의 대상이 될 행위, 즉 범죄의 구성요건은 반드시 법률로써 정하여야 하지만, 처벌의 수단과 정도는 수권법이 최고한도를 정하고 나서 그 범위 안에서 명령으로써 구체적인 범위를 정하도록 위임할 수 있다.[12]

② 집행명령

(ⅰ) 의의

집행명령은 헌법에 근거하여 법률을 집행하는 데 필요한 세칙을 정하는 명령을 말한다. 법률을 집행한다는 것은 법률을 구체적인 경우에 적용하여 법을 완성시키는 것을 말한다. 헌법 제75조 후단은 "대통령은 법률을 집행하기 위하여 필요한 사항에 관하여 대통령령을 발할 수 있다."라고 하여, 대통령의 집행명령제정권을 규정한다. 법률 집행은 집행부의 고유권한이지만, 이를 각 집행기관의 재량에 일임한다면 법률 집행에서 혼란과 불균형을 초래할 우려가 있다. 그런 까닭에 법률 집행에서 통일성·형평성·합리성 등을 기하기 위해서 법률 집행에 관한 일반적 준칙을 정할 필요가 있다. 법률의 시행세칙인 일반 준칙을 내용으로 하는 것이 바로 집행명령이다. 집행명령은 법률 위임 없이도 법률의 실제 집행과 관련하여 필요한 사항을 규율하려고 제정될 수 있지만, 그 내용도 법률에 종속된다. 그리고 법률에서 정하지 않는

---

12) 헌재 2004. 8. 26. 2004헌바14, 판례집 16-2상, 306, 314: "법률에 의한 처벌법규의 위임은 헌법이 특히 인권을 최대한으로 보장하기 위하여 죄형법정주의와 적법절차를 규정하고, 법률에 의한 처벌을 특별히 강조하고 있는 기본권보장 우위사상에 비추어 바람직하지 못한 일이므로, 그 요건과 범위가 보다 엄격하게 제한적으로 적용되어야 한다. 따라서 처벌법규의 위임은 첫째, 특히 긴급한 필요가 있거나 미리 법률로써 자세히 정할 수 없는 부득이한 사정이 있는 경우에 한정되어야 하고, 둘째, 이러한 경우일지라도 법률에서 범죄의 구성요건은 처벌대상인 행위가 어떠한 것일 거라고 이를 예측할 수 있을 정도로 구체적으로 정하고, 셋째, 형벌의 종류 및 그 상한과 폭을 명백히 규정하여야 한다(헌재 1991. 7. 8. 91헌가4, 판례집 3, 336, 341; 헌재 1994. 6. 30. 93헌가15등, 판례집 6-1, 576, 585 참조)."

입법사항을 집행명령에서 새로이 정할 수 없다.

(ⅱ) 성질

집행명령은 특정 법률에 종속한다(법률에 대한 종속성). 특히 집행명령은 모법을 변경하거나 보충할 수 없고, 모법에 규정이 없는 새로운 입법사항을 규정하거나 국민의 새로운 권리·의무를 규정할 수도 없다. 집행명령은 근거법령인 모법이 폐지되면 특별한 규정이 없는 한 효력을 상실한다. 집행명령은 행정기관과 국민을 모두 구속하는 법규명령의 성질이 있다(법규성).

(ⅲ) 한계

집행명령은 특정 법률이나 상위명령을 시행하려고 필요한 구체적 절차와 방법 등을 규정하는 것이므로, 새로운 입법사항(특히 국민의 권리와 의무)은 규정할 수 없다.13)

3. 통제

(1) 집행부 내부의 자율적 통제

행정입법에 대한 집행부 내부의 자율적 통제에는 ① 감독청의 감독권 행사, ② 특정한 심사기관의 심사, ③ 행정절차적 통제 등의 방법이 있다. 다만, 대통령령 제정은 국무회의 심의를 거쳐야 하고(헌법 제89조 제3호), 그 공포에는 국무총리와 관계 국무위원의 부서가 있어야 한다(헌법 제82조). 총리령과 부령 등 상급행정청의 행정입법에 관해서는 최상급행정청인 대통령이 그 지휘·감독권을 행사하여 그 적법성과 타당성을 보장한다. 법제처는 국무총리 직속기관으로서 각 부·처에서 국무회의에 상정할 모든 법령안을 심사한다(정부조직법 제23조 제1항). 행정입법 제정에도 입법예고(행정절차법 제41조~제44조)·공청회 개최(행정절차법 제45조) 등 일정한 절차를 거치게 함으로써 행정입법의 적정성을 도모할 수 있도록 한다.

(2) 국회 통제

국회는 행정입법의 성립과 발효에 동의를 얻게 하거나(일반사면에 대한 대통령령), 유효하게 성립한 행정입법의 효력을 소멸시키기 위해서 법률을 제·개정함으로써 행정입법을 통제할 수 있다(직접적 통제). 그리고 위법·부당한 행정입법에 관해서는 국정감사·조사(헌법 제61조), 국회에서 국무총리 등에게 하는 질문(헌법 제62조), 국무총리·국무위원의 해임 건의(헌법 제63

---

13) 대법원 1990. 9. 28. 선고 89누2493 판결(집38-3, 158; 공1990, 2186): "대통령은 법률에서 구체적으로 범위를 정하여 위임받은 사항과 법률을 집행하기 위하여 필요한 사항에 관하여만 대통령령을 발할 수 있는 것이므로(헌법 제75조), 법률의 시행령은 모법인 법률에 의하여 위임받은 사항이나 법률이 규정한 범위내에서 법률을 현실적으로 집행하는데 필요한 세부적인 사항만을 규정할 수 있을 뿐, 법률에 의한 위임이 없는 한 법률이 규정한 개인의 권리·의무에 관한 내용을 변경·보충하거나 법률에 규정되지 아니한 새로운 내용을 규정할 수는 없다고 할 것인바, 일정한 권리에 관하여 법률이 규정한 존속기간을 뜻하는 제척기간은 권리관계를 조속히 확장시키기 위하여 권리의 행사에 중대한 제한을 가하는 것이므로, 모법인 법률에 의한 위임이 없는 한 시행령이 함부로 제척기간을 규정할 수는 없다고 할 것이다."

조), 탄핵소추(헌법 제65조) 등의 방법으로 그 철회나 폐지 또는 개정을 촉구할 수 있다(간접적 통제). 그뿐 아니라 입법예고를 할 때(입법예고를 생략할 때는 법제처장에게 심사를 요청할 때) 대통령령은 국회의 소관 상임위원회에 사전 제출을 하여야 하고, 중앙행정기관의 장은 대통령령·총리령·부령·훈령·예규·고시 등이 제정·개정·폐지될 때 10일 이내에 이를 국회의 소관 상임위원회에 제출하여야 한다(국회법 제98조의2 제1항).

(3) 법원 통제

법원은 헌법 제107조 제2항에 따라 명령·규칙의 위헌·위법 여부를 심사함으로써 행정입법을 통제할 수 있다. 여기서 명령·규칙은 위임명령인지 집행명령인지를 가리지 아니하고 모든 법규명령을 말한다.[14] 행정규칙에 관해서는 이론이 없지 않으나 그것은 행정내규의 성질이 있으므로, 법원의 심사대상에서 제외된다고 보아야 한다. 행정입법이 위헌이나 위법이라고 판단되면 그 명령·규칙은 해당 사건에 적용되지 아니한다. 행정소송법은 대법원 판결을 통해서 명령·규칙이 헌법이나 법률에 위반된다는 것이 확정되면, 대법원은 즉시 그 사유를 행정안전부 장관에게 통보하여야 하고, 이러한 통보를 받은 행정안전부 장관은 즉시 이를 관보에 기재하여야 한다고 함으로써, 명령·규칙의 위헌·위법판결공고제를 채택한다(행정소송법 제6조).

(4) 헌법재판소 통제

헌법 제111조 제1항 제5호와 헌법재판소법 제68조 제1항에 따라 헌법재판소는 법원의 재판을 제외한 모든 사항에 대한 헌법소원심판을 관장한다. 하지만 법규명령의 위헌 여부에 대한 헌법소원에 관해서도 심판권이 있는지가 문제 된다. 헌법재판소는 법무사시행규칙에 대한 헌법소원을 인용함으로써 적극적인 입장을 취한다.[15]

---

14) 대법원 1990. 2. 27. 선고 88재누55 판결(집38-1, 394; 공1990, 785): "법원조직법 제7조 제1항 제2호는 명령 또는 규칙이 법률에 위반함을 인정하는 경우에는 대법관 전원의 2/3 이상의 합의체에서 심판하도록 규정하고 있는 바, 여기에서 말하는 명령 또는 규칙이라 함은 국가와 국민에 대하여 일반적 구속력을 가지는 이른바 법규로서의 성질을 가지는 명령 또는 규칙을 의미한다 할 것이다."

15) 헌재 1990. 10. 15. 89헌마178, 판례집 2, 365, 369-370: "헌법 제107조 제2항이 규정한 명령·규칙에 대한 대법원의 최종심사권이란 구체적인 소송사건에서 명령·규칙의 위헌여부가 재판의 전제가 되었을 경우 법률의 경우와는 달리 헌법재판소에 제청할 것 없이 대법원의 최종적으로 심사할 수 있다는 의미이며, 헌법 제111조 제1항 제1호에서 법률의 위헌여부심사권을 헌법재판소에 부여한 이상 통일적인 헌법해석과 규범통제를 위하여 공권력에 의한 기본권침해를 이유로 하는 헌법소원심판청구사건에 있어서 법률의 하위법규인 명령·규칙의 위헌여부심사권이 헌법재판소의 관할에 속함은 당연한 것으로서 헌법 제107조 제2항의 규정이 이를 배제한 것이라고는 볼 수 없다. 그러므로 법률의 경우와 마찬가지로 명령·규칙 그 자체에 의하여 직접 기본권이 침해되었음을 이유로 하여 헌법소원심판을 청구하는 것은 위 헌법 규정과는 아무런 상관이 없는 문제이다. 그리고 헌법재판소법 제68조 제1항이 규정하고 있는 헌법소원심판의 대상으로서의 "공권력"이란 입법·사법·행정 등 모든 공권력을 말하는 것이므로 입법부에서 제정한 법률, 행정부에서 제정한 시행령이나 시행규칙 및 사법부에서 제정한 규칙 등은 그것들이 별도의 집행행위를 기다리지 않고 직접 기본권을 침해하는 것일 때에는 모두 헌법소원심판의 대상이 될 수 있는 것이다."

제 2 절 집 행

Ⅰ. 집행의 의의

집행은 좁은 뜻의 행정과 정치적 지도(통치)를 아우르는 개념이고, 집행권은 좁은 뜻의 행정권과 정치적 지도권(통치권)을 하나로 묶는 개념이다. 집행은 '능동적인 직접적 국가활동'을 가리키는데, 입법은 원칙적으로 정립한 법규범 집행이 필요하고, 사법은 소극적 작용이라는 점에서 구별된다.[16] 집행권에는 '법률의 단순한 집행'에 관한 권한 이외에 고도의 정치적 성격이 있는 '국가적 결단과 정치적 지도'에 관한 권한이 포함된다. 전자를 좁은 뜻의 행정작용이라고 하고, 후자를 정치적 지도작용(통치작용)이라고 한다. 헌법 제66조 제4항의 행정권은 엄밀한 의미에서 좁은 뜻의 행정작용과 정치적 지도작용(통치작용)을 포괄하는 넓은 뜻의 행정권, 즉 집행권을 규정한 것이다. 그러나 집행작용(집행권)의 대종을 이루는 것은 좁은 뜻의 행정작용(행정권)이므로, 좁은 뜻의 행정과 행정권에 관한 이해가 선행되어야 한다.

Ⅱ. 정치적 지도

1. 역사적 발전

통치(Regierung)라는 개념은 절대군주가 행사하는 모든 고권을 아우르는 의미로 사용되었다. 이러한 통치는 모든 통제에서 벗어난, 통제받지 않는 군주의 절대적 권위를 상징하였다. 그러나 국민주권이 확립되고 권력분립이 관철되면서 군주의 포괄적 절대권을 가리키는 통치 개념은 사라졌다. 오늘날 통치는 집행부의 특정한 행위를 가리키는 의미로 새롭게 사용된다. 하지만 군주와 절대권 혹은 절대적 권위라는 군주제의 흔적이 남은 통치라는 용어를 절대적 군주가 더는 자리잡을 수 없는 헌법국가에서 사용하는 것은 적절하지 않다. 이러한 점에서 여기서는 통치 대신 정치적 지도라는 용어를 사용하고자 한다.

2. 의의

정치적 지도는 긴 안목으로 앞날을 예측하고 방향을 설정하고 지휘하며 형성하는 정치적 결단과 관련된 활동이다.[17] 정치적 지도는 국정의 기본방향을 결정하는 국가지도로서 혹은

---

16) 계희열, 「국가기능으로서의 '집행개념'에 관한 소고」, 『헌법논총』 제24집, 헌법재판소, 2013, 12쪽; Konrad Hesse, Grundzüge des Verfassungsrechts der Bundesrepublik Deutschland, 20. Aufl., Heidelberg 1995, Rdnr. 530 (콘라드 헷세, 계희열 역, 『통일독일헌법원론』, 박영사, 2001, 325쪽).

17) 계희열, 「국가기능으로서의 '집행개념'에 관한 소고」, 『헌법논총』 제24집, 헌법재판소, 2013, 14~15쪽.

대내·외정책 전체의 책임 있는 지도로서 이해된다.[18]

3. 정치적 지도와 입법

입법과 정치적 지도 모두 국가 전체에 대한 정치적 지도를 수행할 뿐 아니라 서로 긴밀하게 협조한다. 수행방법에서 입법은 합리화하고 안정화하며 지속성을 목적으로 하는 규범화 요소를 특징으로 하지만, 정치적 지도는 특히 창조적 결단, 정치적 주도권, 국가 전체에 대한 총괄적 지휘 그리고 행정적 활동에 대한 지도적 통제 요소 등이 강하게 드러나며, 헌법은 이러한 정치적 지도 과제와 관련하여 능동성과 역동성의 요소를 실행하려고 한다.[19]

4. 정치적 지도작용과 통치행위

(1) 통치행위의 개념

통치행위는 단순한 법집행적 작용이 아니라 국정의 기본방향을 제시하거나 국가적 이해를 직접 그 대상으로 하는 고도의 정치성을 띤 것으로, 법적 구속 여부와 사법심사 가능성이 명백하지 않은 국가최고기관의 행위를 말한다.[20]

(2) 통치행위의 주체

통치행위는 집행권을 중심으로 발달한 개념이다. 따라서 집행부의 장인 대통령이나 수상이 통치행위의 주체라는 점에는 의문이 없다. 통치행위는 전제군주의 자의적 권력 행사를 정당화하려고 만든 이론이다. 그런데 군주의 절대권력을 반대한 근대 입헌주의운동은 군주의 권력을 제한하는 것을 넘어 군주의 권력 중 상당 부분을 의회로 옮기는 결과를 낳았다. 이에 따라 군주가 통일적으로 행사하던 통치권을 군주와 의회가 나누어 행사하게 되었다. 이러한 역사적 사실 때문에 오늘날 군주를 이은 집행부뿐 아니라 입법부도 통치행위의 주체가 된다. 사법부의 기능은 정치적인 형성행위과 거리가 멀다. 즉 사법부는 법을 적용하여 분쟁을 해결함으로써 법질서를 수호하고 유지한다. 따라서 사법부는 정치적인 형성행위를 본질로 하는 통치행위의 주체가 될 수 없다.[21]

---

18) 계희열, 「국가기능으로서의 '집행개념'에 관한 소고」, 『헌법논총』 제24집, 헌법재판소, 2013, 15쪽; 장영수, 『헌법학(제13판)』, 홍문사, 2021, 1056쪽.

19) 계희열, 「국가기능으로서의 '집행개념'에 관한 소고」, 『헌법논총』 제24집, 헌법재판소, 2013, 17쪽.

20) 헌재 1996. 2. 29. 93헌마186, 판례집 8-1, 111, 116: "'통치행위란 고도의 정치적 결단에 의한 국가행위로서 사법적 심사의 대상으로 삼기에 적절하지 못한 행위라고 일반적으로 정의되고 있는바… 고도의 정치적 결단에 의한 행위로서 그 결단을 존중하여야 할 필요성이 있는 행위라는 의미에서 이른바 통치행위의 개념을 인정할 수 있고… 그러나 이른바 통치행위를 포함하여 모든 국가작용은 국민의 기본권적 가치를 실현하기 위한 수단이라는 한계를 반드시 지켜야 하는 것이고, 헌법재판소는 헌법의 수호와 국민의 기본권 보장을 사명으로 하는 국가기관이므로 비록 고도의 정치적 결단에 의하여 행해지는 국가작용이라고 할지라도 그것이 국민의 기본권 침해와 직접 관련되는 경우에는 당연히 헌법재판소의 심판대상이 될 수 있는 것"이다."

21) 이에 관해서 자세한 것은 홍성방, 『헌법학(하)(제3판)』, 박영사, 2014, 13~14쪽.

(3) 통치행위의 종류

대통령의 권한과 관련하여 외국이나 정부의 승인, 선전과 강화, 조약의 비준과 동의 등 외교관계와 관련된 행위, 국무총리 등의 임명과 국회의 동의 및 해임 건의 등, 대통령의 계엄 선포 및 그 해제[22]와 긴급입법권 행사, 국가중요정책의 국민투표에 대한 부의, 사면권 행사와 일반사면에서 국회 동의, 국군통수권 행사, 영전 수여, 헌법개정안 제안, 법률안 제안 및 거부권 행사 등이 통치행위에 해당한다. 그리고 국회의 내부자율영역에 속하는 의결, 정족수, 투표 계산, 의사 진행, 의원 징계 등이 통치행위에 해당한다.

(4) 통치행위에 대한 사법심사 가능성

① 학설

통치행위에 대한 사법심사를 인정할 것인지에 관해서 긍정설과 부정설이 있다. 부정설에는 그 근거와 관련하여 (ⅰ) 통치행위는 정치문제이고 정치문제는 재량행위이므로 사법심사에서 제외된다는 재량행위설, (ⅱ) 통치행위는 성질에 비추어 헌법상 입법기관이나 행정기관에 맡겨진 사항이므로 권력분립원칙상 사법권의 관여가 허용되지 않는다는 권력분립설, (ⅲ) 통치행위가 사법심사 대상에서 제외되는 것은 법원이 다른 국가기관의 고도의 정치성 있는 행위에 관여하는 것을 스스로 자제하기 때문이라는 사법부자제설 등이 있다. 긍정설은 행정소송개괄주의 때문에 행정처분에 대해서 법원이 제한 없이 심사할 수 있고(헌법 제107조 제2항), 국민의 재판청구권이 보장되며(헌법 제27조 제1항), 헌법소원심판을 통해서 모든 공권력이 헌법재판소 심판 대상이 될 수 있으므로(헌법 제111조 제1항 제5호) 통치행위를 인정할 수 없다고 한다.

② 대법원

국가긴급권 행사에 대한 사법심사와 관련하여 대법원은 과거에는 "대통령이 제반의 객관적 상황에 비추어 그 재량으로 비상계엄을 선포함이 상당하다는 판단하에 이를 선포하였을 경우, 그 행위는 고도의 정치적, 군사적 성격을 띠는 행위라고 할 것이어서……그 선포가 당연무효의 것이라면 모르되 사법기관인 법원이 계엄선포의 요건의 구비 여부나 선포의 당·부당을 심사하는 것은 사법권의 내재적인 본질적 한계를 넘어서는 것이다."[23]라고 한데서 알

---

22) 대법원 1997. 4. 17. 선고 96도3376 전원합의체 판결(집45-1, 1; 공1997상, 1303): "대통령의 비상계엄의 선포나 확대 행위는 고도의 정치적·군사적 성격을 지니고 있는 행위라 할 것이므로, 그것이 누구에게도 일견하여 헌법이나 법률에 위반되는 것으로서 명백하게 인정될 수 있는 등 특별한 사정이 있는 경우라면 몰라도, 그러하지 아니한 이상 그 계엄선포의 요건 구비 여부나 선포의 당·부당을 판단할 권한이 사법부에는 없다고 할 것이나, 이 사건과 같이 비상계엄의 선포나 확대가 국헌문란의 목적을 달성하기 위하여 행하여진 경우에는 법원은 그 자체가 범죄행위에 해당하는지의 여부에 관하여 심사할 수 있다고 할 것이고, 이 사건 비상계엄의 전국확대조치가 내란죄에 해당함은 앞서 본 바와 같다."

23) 대법원 1981. 2. 10. 선고 80도3147 판결.

수 있듯이 소극적 태도를 취하였다. 그러나 최근에는 "대통령의 비상계엄의 선포나 확대 행위는 고도의 정치적·군사적 성격을 지니고 있는 행위라 할 것이므로, 그것이 누구에게도 일견하여 헌법이나 법률에 위반되는 것으로서 명백하게 인정될 수 있는 등 특별한 사정이 있는 경우라도, 그러하지 아니한 이상 그 계엄선포의 요건 구비 여부나 선포의 당·부당을 판단할 권한이 사법부에는 없다고 할 것이나, 비상계엄의 선포나 확대가 국헌문란의 목적을 달성하기 위하여 행하여진 경우에는 법원은 그 자체가 범죄행위에 해당하는지의 여부에 관하여 심사할 수 있다."[24]라고 하여 대법원은 통치행위에 대한 사법심사 가능성을 한정적으로 인정한다.

③ 헌법재판소

헌법재판소는 금융실명제와 관련한 대통령의 긴급재정경제명령에 대한 헌법소원사건에서 고도의 정치적 결단에 따라서 하는 국가작용이라도 그것이 국민의 기본권 침해와 직접 관련이 있으면 헌법재판소 심판 대상이 된다고 하여 적극적인 견해를 취한다.[25]

④ 사견

헌법은 법원과 헌법재판소에 사법심사를 할 권한뿐 아니라 사법심사를 하여야 할 의무도 부여한다. 따라서 법원과 헌법재판소는 헌법이 사법심사 대상으로 인정하는 것에 대한 사법심사를 거부할 수 없다. 그래서 통치행위가 인정될 수 있는지는 헌법 해석을 통해서 판단할 수밖에 없다. 즉 헌법에서 어떤 행위에 대한 사법심사를 가능하게 하는 심사기준이 도출된다면 그 행위는 통치행위로 인정될 수 없지만, 그렇지 않다면 통치행위로 인정되어야 할 것이다. 따라서 헌법이 어떤 행위를 명시적으로 사법심사를 배제하면 통치행위로 인정될 수밖에 없고, 어떤 행위의 헌법 위반이 확인될 수 있으면 통치행위로 인정될 수 없다.

(5) 정치적 지도작용과 통치행위의 구별

정치적 지도작용은 집행작용 일부로서 국정을 기본방향을 정하는 국가지도작용이지만, 통치행위는 국가행위 가운데 고도의 정치성을 띤 행위로서 사법부가 그 합헌성이나 합법성을 심사하기에 부적합한 행위를 말한다. 정치적 지도작용 중 고도의 정치성을 띤 것은 통치행위에 속할 수 있다. 그러나 통치행위에는 이뿐 아니라 의회의 행위를 비롯한 그 밖의 국가행위도 포함한다.[26] 따라서 정치적 지도작용이라고 당연히 사법심사 대상에서 제외되는 것은 아니다.[27]

---

24) 대법원 1997. 4. 17. 선고 96도3376 판결(집45-1, 1; 공1997상, 1303).

25) 헌재 1996. 2. 29. 93헌마186, 판례집 8-1, 111, 115-116.

26) 계희열, 「국가기능으로서의 '집행개념'에 관한 소고」, 『헌법논총』 제24집, 헌법재판소, 2013, 17~18쪽.

27) 장영수, 『헌법학(제13판)』, 홍문사, 2021, 1059쪽.

5. 정치적 지도와 행정

먼저 ① 정치적 지도는 국가원수를 포함한 집행부의 최고기관이 수행하지만, 행정은 모든 집행기관이 수행할 수 있다. 다음으로 ② 정치적 지도는 지도적이고 방향제시적이며 지휘하는 활동이지만, 행정은 지도되고 방향유지적이며 지휘되는 활동이다. 즉 정치적 지도는 지도적이고 방향을 제시하는 활동이라면, 행정은 그러한 지도와 방향에 따른 활동이고 그 활동은 기술적이고 반복적인 과제와 세부적인 것 및 부분적인 것을 수행하는 활동이다. 그리고 ③ 정치적 지도는 정치적 활동으로서 자유롭고 창조적이지만, 행정은 집행업무를 기술적이고 숙련된 방법으로 처리하는 활동으로서 법률 집행을 뜻한다. 또한, ④ 정치적 지도는 정치적 주도권 발휘와 창조적 형성으로서 단지 넓게 그어진 법적 구속 테두리 안에서만 활동하지만, 행정은 원칙적으로 법에 구속된다. 끝으로 ⑤ 정치적 지도가 다분히 정치적 목적을 설정하고 관철하는 것을 본분으로 한다면, 행정은 오히려 범위가 확정된 전문적인 과제 수행, 여러 조직적 문제 처리, 다른 사람에 대해서와 마찬가지로 자신의 의견과 경향에 대해서 객관성과 불편부당성이 있는 것을 본분으로 한다.[28]

Ⅲ. 행정

1. 행정의 개념

(1) 실질적 의미의 행정

① 구별부인설(기관양태설)

그 수행주체인 국가기관의 성질에 착안하여 행정을 이해하려는 견해이다. 이 견해를 따르면 직무상 서로 간에 독립된 대등관계에 있는 기관이 하는 법집행행위가 사법이고, 그 권한 행사에서 상급기관의 감독을 받는 상하관계에 있는 기관이 하는 법집행행위가 행정이라고 본다.

② 구별긍정설

행정을 실질적 의미로 이해하는 견해(실질적 의미의 행정 개념, 실질설)는 행정을 그 실질적 성질을 기준으로 하여 입법·사법과 구별하고, 이로써 행정의 독자적 개념을 정의하려고 한다.

(ⅰ) 소극설(공제설)

행정 개념은 구체적인 행정현실이 다양하여서 하나의 적극적인 개념으로 설명될 수 없다는 견해이다. 따라서 국가작용 중에서 그 대상범위가 비교적 명확한 개별 작용(주로 입법작용과 사법작용)을 제외한 나머지 국가작용만을 소극적으로 행정의 개념으로 이해한다.

---

28) 계희열, 「국가기능으로서의 '집행개념'에 관한 소고」, 『헌법논총』 제24집, 헌법재판소, 2013, 23~24쪽.

(ⅱ) 적극설

행정을 입법·사법과 구별하는 것이 이론적으로 가능하다고 보고 행정(작용)의 실질적 특성을 적극적으로 규정하려는 적극설이 있다. 적극설도 무엇을 그 식별기준으로 하는지에 따라 목적(실현)설과 성질설(결과 실현, 양태설)로 갈린다. 목적설을 따르면 행정과 사법은 양자가 입법의 하위단계에 위치하는 집행적 작용이지만, 그 중에서 행정은 '국가목적이나 공익의 실현을 목적으로 하는 국가작용'이라고 한다. 그러나 성질설을 따르면 행정은 법 아래에서 법의 규제를 받으면서 현실구체적으로 국가목적을 적극적으로 실현하려고 하는 전체로서 통일성이 있는 계속적인 형성적 국가활동이라고 한다.

(ⅲ) 결합설

행정은 먼저 소극적으로는 입법, 정치적 지도, 국가지도적 계획, 국방 그리고 사법에 속하지 아니하는 모든 공적 과제를 집행권의 기관과 그에 속하는 권리주체가 수행하는 활동이라고 한다. 적극적으로는 행정은 선재하는 입법의 법적 구속 아래에서 구체적인 처분을 통해서 공동체의 과제를 집행권의 기관과 그에 속하는 권리주체가 자기 책임 아래 수행하는 활동을 의미한다고 한다.

(2) 형식적 의미의 행정

행정을 형식적 의미로 이해하려는 견해(형식적 의미의 행정개념, 형식설)는 행정을 그 실질적 성질에 따라 이해하지 아니하고, 그 형식적 특징은, 즉 행정을 담당하는 국가기관을 기준으로 하여 개념규정하려고 한다. 바꾸어 말하면 형식적 행정 개념은 행정의 실질적 성질을 기준으로 한 이론적 개념이 아니라, 행정을 담당하는 국가기관을 기준으로 하여 정립된 형식적 개념이다. 형식설을 따르면 행정은 집행부에 속하는 기관이 하는 모든 작용을 행정이라고 한다. 이러한 형식적 행정 개념을 따르면, 집행부가 하는 국가작용이면 그것이 성질상 입법에 속하는 것(행정입법)이든 사법에 속하는 것(사면·재결 등)이든 모두를 행정이라고 한다.

(3) 사견

연혁적인 차원에서 본다면, 입헌주의가 확립되기까지는 절대군주의 통합적 권한 중에서 그때그때의 정치적 요청에 따라 먼저 사법이 분리되고, 그에 이어 입법이 분리된 다음 마지막까지 군주의 수중에 남겨진 작용을 행정이라고 불렀다. 그러나 입헌주의가 확립되고 나서 헌법에 권력분립을 규정할 때, 국가작용의 실질적 성질을 기준으로 국가작용을 입법·행정·사법작용으로 구분하고, 성질을 달리하는 이들 국가작용을 각기 분리·독립된 기관에 담당하게 한다. 그러므로 행정을 입법·사법을 제외한 잡다한 국가작용으로 보아서는 안 된다.

행정을 형식적 의미로 이해하여 행정기관이 담당하는 작용을 행정이라고 한다면, ① 그것은 순환논법이 되어 "행정권은 정부에 속한다."라는 헌법 제66조 제4항의 규정은 "행정부의 권한에 속하는 것이 행정부에 속한다."라는 공허한 내용이 되고 만다. 그리고 ② 이러한 인식은 집행부의 관할 사항을 무제한으로 확대함으로써 집행권의 비대화 방지와 집행권에 대한 민주적 통제라는 입헌주의적 정신을 구현할 수 없게 한다. 따라서 행정의 개념은 행정작용의 본질적 특성에 따라 이를 적극적으로 개념규정할 필요가 있다.

행정 개념은 입법과 사법과 맺는 관계 속에서 실질적으로 이해하면, 헌법 안에서 독자적인 의미가 있다. 이러한 관점에서 행정은 다음과 같은 개념적 징표가 있는 것으로 볼 수 있다: ① 행정은 국가공동체에서 사회형성적(사회관계를 새로이 형성하는) 국가작용이다. ② 행정은 공공복리나 공익 실현을 목적으로 하는 국가작용이다. ③ 행정은 적극적이고 미래지향적인 국가작용이다. ④ 행정은 개별 사안에 관해서 구체적 조치를 취하는 국가작용이다. ⑤ 행정은 법규적 통제를 받으면서도 폭넓은 자유활동 영역이 인정되는 국가작용이다. 요컨대 행정은 법 아래에서 법의 규제를 받으면서 공공복리나 공익 실현을 목적으로 개별 사안에 대해서 구체적 조치를 취하여 사회관계를 새로이 형성하는 적극적이고 미래지향적인 국가작용이다.

2. 행정과 다른 국가작용의 구별

(1) 입법과 행정의 구별

입법작용은 일반적이고 추상적인 성문법규범을 정립하는 국가작용이지만, 행정작용은 입법의 하위작용으로서 법규범에 따라 법을 구체화하고 집행함으로써 현실적으로 국가목적을 실현하는 작용이다. 즉 입법작용은 방향설정적인 역할을 하지만, 행정작용은 이미 설정된 목적을 달성하려는 기술적이고 기계적인 작용이다. 행정작용과 입법작용은 권리 침해에서 구제방법도 달리한다. 행정처분이 권리를 침해하면 행정쟁송을 통한 구제가 가능하지만, 입법작용이 권리를 침해하면 위헌법률심판이나 헌법소원심판 등 헌법재판을 통해서 권리구제가 가능하다.

(2) 사법과 행정의 구별

행정작용과 사법작용은 법 아래에서 하는 법집행적 작용이라는 점에서 공통점이 있다. 하지만 사법작용은 구체적인 법적 분쟁이 발생하면 당사자 신청에 따라 법을 판단하고 선언함으로써 법질서를 유지하려는 소극적인 국가작용이지만, 행정작용은 능동적이고 계속적인 형성적 국가작용이라는 점에서 서로 구별된다. ① 사법작용은 법적 분쟁의 종국적 해결을 통한 법적 평화의 실현작용이지만, 행정작용은 미래지향적인 사회형성적 작용이다. ② 사법작용은 법적 분쟁의 당사자가 소를 제기할 때만 발동되며 법원이 능동적으로 수행할 수 없는 작용이지만, 행정작용은 행정기관의 능동적이고 직권적인 행위로서 수행된다. ③ 사법작용의 주체는 양 당사자의 분쟁에 관해서 제3자적·중립적 지위에 있는 국가기관이지만, 행정작용의 주체는 계층구조를 이룰 뿐 아니라 분쟁이 발생하면 당사자의 지위가 있다. ④ 사법작용은 언제나 법적 결정이라는 성격이 있지만, 행정작용은 목적적이고 이익형량에 따른 결정도 가능하다. ⑤ 사법작용은 공정하고 진실된 판단에 도달할 수 있도록 그 절차가 신중하고 여러 단계를 거쳐 하지만(공개재판, 3심제 등), 행정은 신속성·능률성·합목적성 등까지도 중시하므로 절차적 구속이 상대적으로 덜 엄격하다.

(3) 정치적 지도와 행정의 구별

행정행위는 주어진 목표와 목적을 실현하는 작용이지만, 정치적 지도행위는 집행 영역 안에서 목표를 설정하는 작용이다. 행정행위와 정치적 지도행위의 구분기준이 되는 '고도의 정치성'은 다음과 같은 의미가 있다. ① 정치적 지도행위는 고도의 정치적 판단이 요구되고, 이 판단은 정치적 재량에 속하는 것으로 사법심사 대상으로 하기에 부적합하다(판단의 특수성). ② 정치적 지도행위는 국가안전보장이나 국가기본정책의 결정 등을 뜻하므로 행정행위보다 중요한 의미가 있다(성질의 특수성). ③ 정치적 지도행위는 사법심사 대상으로 하기보다 국민통제에 맡겨두는 것이 권력분립 정신에도 들어맞는다(통제의 특수성). ④ 행정행위는 법률에 근거하고 법률에 기속되는 국가작용이지만, 정치적 지도행위는 직접 헌법에 근거하고 좁은 뜻의 행정행위만큼 법률의 기속을 받지 아니한다(기속의 특수성). 요컨대 행정이 더 기술적·사무적·구체적·세부적 국가과제 처리를 내용으로 하는 것이라면, 정치적 지도행위는 국가적 차원의 정치적 결단과 정치적 형성을 그 내용으로 한다. 더하여 행정은 모든 집행기관이 할 수 있지만, 정치적 지도는 국가원수를 포함한 집행부의 최고기관이 수행한다.[29]

3. 행정(작용)의 특성

(1) 법기속성

행정작용은 법의 통제를 받으며 법의 구체화를 위한 작용이므로, 법에 엄격하게 기속된다. 특히 국민의 자유와 권리를 제한하거나 새로운 의무를 부과하는 행정은 법률에 근거가 있어야 하고 법률에 따라 하여야 한다.

(2) 적극성

국가의 성격이 야경국가이었던 18·9세기에는 행정작용도 공공의 안녕질서 유지라는 소극적 성격을 벗어나지 못하였으나, 20세기에 와서는 국가기능 확대와 더불어 행정작용의 적극적 성격이 요청된다.

(3) 독자성

법률 집행을 뜻하는 행정작용이 공정한 것이 되려면, 정치적 세력을 포함한 외부적 세력의 간섭과 방해를 받지 아니하고 독자성·독립성을 유지하여야 한다.

---

29) 계희열, 「국가기능으로서의 '집행개념'에 관한 소고」, 『헌법논총』 제24집, 헌법재판소, 2013, 23쪽.

(4) 책임성

행정의 책임성은 행정기관이나 행정공무원이 국민 여망에 부응하여 공익·직업윤리·법령·행정목표 등 일정한 기준에 따라 행정을 할 의무를 말한다. 행정의 책임성은 행정통제를 통해서 보장되고, 행정통제는 행정의 책임성을 확보하는 수단이 된다.

(5) 통일성

행정작용은 궁극적으로 국가목적을 실현하려는 작용이므로, 전체적으로 통일성이 유지되어야 한다. 행정의 통일성은 집행부 수반인 대통령이나 내각에 행정에 관한 최고의 권한과 최종적 책임을 부과함으로써 보장된다.

4. 행정(작용)의 분류

(1) 주체에 따른 분류

공행정은 그 수행주체에 따라 국가행정, 지방자치단체행정과 그 밖의 공법인에 의한 행정으로 나눌 수 있다. 국가행정은 국가가 스스로 하는 행정을 말하고, 지방자치단체행정은 지방자치단체가 수행하는 행정을 말한다. 그 밖의 공법인은 공공조합이나 영조물법인 및 공재단 등을 말한다. 지방자치행정은 특히 그 행정수행과정에서 독립성을 기준으로 다시 자치행정과 위임행정으로 나눌 수 있다. 전자는 지방자치단체가 자기 책임 아래 수행하는 행정유형을 말한다. 이에 대해서 국가는 적법성을 보장하기 위한 법적 감독수단만을 행사할 수 있다(지방자치법 제188조 제5항 단서 참조). 이에 반해서 후자는 국가나 다른 지방자치단체의 위임에 따라서 수행하는 행정유형을 말한다. 이에 대해서는 적법성 통제뿐 아니라 합목적적 수행 통제를 위해서 위임한 주체가 감독한다(지방자치법 제188조 제1항).

(2) 과제와 목적에 따른 분류

공행정은 그 과제와 목적에 따라 질서행정, 급부행정, 재정(공과)행정, 유도행정, 조달행정, 계획행정으로 나눈다. 질서행정은 공동체의 공공안녕과 질서유지를 목적으로 구성원의 개별적인 이익 추구를 제한하는 것을 내용으로 하는 행정유형을 말한다. 급부행정은 구성원의 생존배려와 생활여건 개선을 목적으로, 직접적인 급부 제공을 통해서 구성원의 이익 추구를 촉진하는 행정유형을 말한다. 재정(공과)행정은 국가나 지방자치단체의 재정적 수요를 충족하려는 목적으로 하는 행정유형을 말한다. 유도행정은 국가가 개인에게 일정한 경제적·심리적으로 장려하여 행정활동에 대한 자발적인 협조와 참여를 구하는 내용의 행정작용이다. 조달행정은 행정목적 달성을 위해서 필요한 인적 수단과 물적 수단을 마련하는 행정유형이다. 계획행정은 앞날에 직면하게 될 행정수요를 충족하려고 현재에 미리 계획하는 행정유형을 말한다.

(3) 법적 효과에 따른 분류

공행정은 법적 효과에 따라 침해행정과 수익행정 그리고 복효적(2중효과적, 제3자효적) 행정으로 분류한다. 침해행정은 국민의 자유와 권리를 제한하고 의무를 부과하는 것 등 국민에게 불리한 법적 효과를 일으키는 행정작용이고, 수익행정은 국민의 자유와 권리를 신장하고 부과된 의무를 해제하는 것 등 국민에게 유리한 법적 효과를 발생시키는 행정작용이다. 복효적 행정은 침해적 성질과 수익적 성질이 병존하는 행정작용을 말한다.

(4) 법적 기속 정도에 따른 분류

공행정은 법적 기속 정도에 따라 기속행정과 재량행정으로 나눈다. 기속행정은 법률이 특정 구성요건 존재 시에 행정기관이 반드시 특정행위를 하도록 하는 행정유형이고, 재량행정은 법률이 규정하는 구성요건 존재 시에도 일정한 범위의 결정여지가 인정되는 행정유형이다.

(5) 법적 형식에 따른 분류

행정은 법적 형식에 따라 고권행정과 국고행정으로 분류한다. 고권행정은 공법 형태로 활동하는 행정 유형을 총칭하는 개념이다. 이 행정은 다시 공권력을 행사하여 국가와 국민의 관계를 일방적으로 규율하는 권력행정과 공법적인 수단은 사용하지만 공권력은 행사하지 않는 유형인 비권력행정(관리행정, 단순고권적 행정)으로 대별된다. (넓은 뜻의) 국고행정은 사법 형태로 활동하는 행정 유형을 총칭하는 개념이다. 이는 다시 조달행위, 영리행위 및 행정사법 행위의 유형으로 나눈다. 조달행위는 행정활동을 위해서 필요한 물자를 사법적 계약형태로 조달하는 행위 또는 행정기관에 소요되는 인적 자원을 사법적 계약 형태로 채용하는 행위가 이에 해당한다. 행정기관의 영리행위는 국가나 지방자치단체가 이윤 추구를 위해서 주식을 매입하거나 직접 사업을 수행하는 행위 등을 말한다. 행정사법행위는 공적 과업 수행을 위해서 사법적인 조직 형태나 행위 형태를 이용하는 행정유형을 말한다.

5. 행정권에 대한 통제

행정권에 대한 통제는 책임행정을 구현하려는 사전적·사후적 제어장치로서, 행정조직의 하부구조나 행정공무원들이 행정조직의 목표와 규범에서 이탈하지 아니하도록 제재를 가하고 보상을 하는 모든 활동을 말한다.

(1) 국민의 통제

국민은 무능하고 부패한 공무원에 대해서는 파면 청원을 통하여, 공무원의 불법행위로 말미암아 손해를 입으면 손해배상 청구를 통해서, 헌법 위반의 행정처분으로 권리가 침해되면 행정쟁송이나 헌법소원을 통해서 행정을 통제할 수 있다. 그리고 국민은 민중통제 방법으로 행정을 통제할 수도 있다. 민중통제는 국민이 선거나 여론 또는 시민 참여 등을 통해서 직·

간접으로 행정을 통제하는 방식을 말한다.

(2) 국회의 통제

국회는 입법기능을 통해서 집행부의 권한을 규정하고, 행정조직과 행정절차의 테두리를 결정하며, 행정과정을 직접 통제한다. ① 법률 제정이나 조약의 체결·비준에 대한 동의로써 정책결정과 집행과정에 관여하고 이를 통제한다. ② 예산안 심의·긴급명령 등에 대한 승인권·기채동의권과 지출승인권 등을 행사함으로써 행정활동의 방향과 범위를 통제한다. ③ 국정감사·조사권을 행사하여 집행부의 정책과 법집행을 통제한다(헌법 제61조). ④ 대통령과 국무총리·국무위원에 대한 탄핵소추와 그들의 해임 건의 그리고 그들에 대한 국회출석 요구 등을 통해서 책임행정 실현을 촉구한다. ⑥ 국회 상임위원회는 위원회나 상설소위원회를 정기적으로 개최하여 그 소관 중앙행정기관이 발한 대통령령·총리령 및 부령이 법률에 위반되는지 등을 검토하여 해당 대통령령 등이 법률의 취지나 내용에 합치되지 아니한다고 판단되면 소관 중앙행정기관의 장에게 그 내용을 통보함으로써 행정입법을 통제한다(국회법 제98조의2 제2항).

(3) 국민권익위원회에 대한 고충민원 신청

누구든지(국내에 사는 외국인 포함) 국민권익위원회나 시민고충처리위원회에 고충민원을 신청할 수 있다('부패방지 및 국민권익위원회의 설치와 운영에 관한 법률' 제39조). 고충민원이란 행정기관 등의 위법·부당하거나 소극적인 처분(사실행위와 부작위를 포함)과 불합리한 행정제도로 말미암아 국민의 권리를 침해하거나 국민에게 불편이나 부담을 주는 사항에 관한 민원(현역장병 및 군 관련 의무복무자의 고충민원 포함)을 말한다('부패방지 및 국민권익위원회의 설치와 운영에 관한 법률' 제2조 제5호). 국민권익위원회는 고충민원을 접수하면 즉시 그 내용에 관해서 필요한 조사를 하여야 한다('부패방지 및 국민권익위원회의 설치와 운영에 관한 법률' 제41조). 국민권익위원회는 조사 중이거나 조사가 끝난 고충민원에 관한 공정한 해결을 위해서 필요한 조치를 당사자에 제시하고 합의를 권고할 수 있고('부패방지 및 국민권익위원회의 설치와 운영에 관한 법률' 제44조), 다수인이 관련되거나 사회적 파급이 크다고 인정되는 고충민원의 신속하고 공정한 해결을 위해서 필요하다고 인정하면 당사자의 신청이나 직권에 의해서 조정할 수 있다('부패방지 및 국민권익위원회의 설치와 운영에 관한 법률' 제45조). 그리고 국민권익위원회는 고충민원에 대한 조사결과 처분 등이 위법·부당하다고 인정할 만한 상당한 이유가 있으면 관계 행정기관 등의 장에게 적절한 시정을 권고할 수 있고('부패방지 및 국민권익위원회의 설치와 운영에 관한 법률' 제46조), 고충민원을 조사·처리하는 과정에서 법령 그 밖의 제도나 정책 등의 개선이 필요하다고 인정하면 관계 행정기관 등의 장에게 이에 관한 합리적인 개선을 권고하거나 의견을 표명할 수 있다('부패방지 및 국민권익위원회의 설치와 운영에 관한 법률' 제47조).

(4) 감사원에 대한 감사 청구

감사원의 감사를 받는 자의 직무에 관한 처분이나 그 밖의 행위에 관해서 이해관계가 있는 사람은 감사원에 그 심사 청구를 구할 수 있다(감사원법 제43조 제1항). 감사원은 심리 결과 심사 청구의 이유가 있다고 인정하면 관계기관의 장에게 시정이나 그 밖에 필요한 조치를 요구한다(감사원법 제46조 제2항).

(5) 행정심판

행정심판제도를 통해서 행정의 적법성과 타당성을 집행부 자신이 자율적으로 보장한다. 따라서 행정청의 위법·부당한 행정처분이나 기타 공권력의 행사·불행사로 말미암아 권리나 이익을 침해당한 사람은 행정기관에 그 시정을 청구할 있다. 그러나 행정심판은 어디까지나 법원 재판의 전심절차로서만 기능하여야 하므로, 행정심판 청구를 이유로 행정소송 청구를 배제할 수 없다.[30]

(6) 법원의 통제

법원은 행정작용으로 말미암아 국민의 권익이 침해되면, 소송절차를 통해서 그 권익을 구제하여 줄 뿐 아니라(사법적 권리보장제), 행정입법이 위헌·위법이라고 판단되면 그 적용을 거부하고, 행정처분이 위헌·위법이라고 판단되면 취소나 무효 확인을 할 수 있다(행정입법·행정처분의 사법심사제).

(7) 헌법재판소의 통제

헌법재판소도 탄핵심판·권한쟁의심판·헌법소원심판 등을 통해서 행정을 통제할 수 있다.

---

30) 헌재 2000. 6. 29. 99헌가9, 판례집 12−1, 753, 764−765: "헌법 제101조 제1항, 제2항은 "사법권은 법관으로 구성된 법원에 속한다. 법원은 최고법원인 대법원과 각급법원으로 조직된다"고 규정하고 있고 헌법 제107조 제3항 전문은 "재판의 전심절차로서 행정심판을 할 수 있다"고 규정하고 있다. 이는 우리 헌법이 국가권력의 남용을 방지하고 국민의 자유와 권리를 확보하기 위한 기본원리로서 채택한 3권분립주의의 구체적 표현으로서 일체의 법률적 쟁송을 심리 재판하는 작용인 사법작용은 헌법 그 자체에 의한 유보가 없는 한 오로지 대법원을 최고법원으로 하는(헌법 제101조 제2항) 법원만이 담당할 수 있고, 또 행정심판은 어디까지나 법원에 의한 재판의 전심절차로서만 기능하여야 함을 의미한다(헌재 1995. 9. 28. 92헌가11등, 판례집 7−2, 264, 279). 그런데 법무부변호사징계위원회의 징계결정이나 기각결정은 그 판단주체 및 기능으로 보아 행정심판에 불과함이 분명하고, 이러한 행정심판에 대하여는 법원에 의한 사실적 측면과 법률적 측면의 심사가 가능하여야만 비로소 변호사징계사건에 대한 사법권 내지는 재판권이 법원에 속한다고 할 수 있을 것인바, 이 사건 법률조항은 이러한 행정심판에 대한 법원의 사실적 측면과 법률적 측면에 대한 심사를 배제하고, 대법원으로 하여금 변호사징계사건의 최종심 및 법률심으로서 단지 법률적 측면의 심사만을 할 수 있도록 하고, 재판의 전심절차로서만 기능해야 할 법무부 변호사징계위원회를 사실확정에 관한 한 사실상 최종심으로 기능하게 하고 있는 것은, 앞에서 본 바와 같이 일체의 법률적 쟁송에 대한 재판기능을 대법원을 최고법원으로 하는 법원에 속하도록 규정하고 있는 헌법 제101조 제1항 및 제107조 제3항에 위반된다고 하지 아니할 수 없다."

제 3 절 사 법

Ⅰ. 사법의 개념과 특성

1. 사법의 개념

(1) 실질적 의미의 사법

사법을 실질적 의미로 이해하는 견해(실질설)에는 국가작용의 실질적 성질을 기준으로 입법·집행·사법을 구별하려는 견해로서, 사법을 법을 판단하고 선언함으로써 법질서를 유지하려는 작용이라고 보는 성질설과 국가기관의 성격을 기준으로 사법을 독립적 지위가 있는 기관이 쟁송절차에 따라 하는 국가작용이라는 기관설이 있다.

(2) 형식적 의미의 사법

사법을 형식적 의미로 이해하는 견해(형식설)는 법원의 관장사항을 기준으로 법원이 관장하는 사항이면 그 실질적 성질이나 내용을 불문하고 모두 사법작용으로 본다.

(3) 사견

형식설은 법원의 개념은 사법의 개념을 통해서만 이해될 수 있다는 점에서 순환논법의 함정에 빠진다. 따라서 형식설을 따를 수 없다. 실질설에서도 성질설과 기관설은 모두 부분적으로 타당하지만, 사법의 본질을 옹글게(완벽하게) 보여준다고 보기는 어렵다. 사법은 입법 및 사법과 맺는 관계 속에서 이해되어야 하므로, 법적인 분쟁해결작용이라는 성질을 중심으로 기관의 독립성도 아울러 고려할 필요가 있다. 따라서 사법은 구체적인 법적 분쟁이 발생하면 당사자가 쟁송을 제기하는 것을 기다려 독립적 지위가 있는 기관이 특별히 규정된 절차에 따라 무엇이 법인지를 판단하고 선언함으로써 법질서를 유지하기 위한 작용으로 보아야 한다. 헌법재판소는 사법의 본질은 법이나 권리에 관한 다툼이 있거나 법이 침해되면 독립적인 법원이 원칙적으로 직접 조사한 증거를 통한 객관적 사실 인정을 바탕으로 법을 해석·적용하여 유권적인 판단을 내리는 작용이라서 법원이 사법권을 행사하여 분쟁을 해결하는 절차가 가장 대표적인 사법절차이고, 사법절차를 특징 지우는 요소로는 판단기관의 독립성·공정성, 대심적 심리구조, 당사자의 절차적 권리 보장 등을 들 수 있다고 한다.[31]

2. 사법의 특성

(1) 사건성

사법작용은 구체적인 법적 분쟁 발생을 전제로 한다. 사법의 대상은 구체적이고 현실적인

---

31) 헌재 2001. 3. 15. 2001헌가1등, 판례집 13-1, 441, 462.

권리 · 의무관계에 관한 분쟁이다.

(2) 수동성

법적 분쟁이 현재화하였다는 사실만으로 사법권이 발동되는 것은 아니다. 사법작용은 당사자가 쟁송을 제기한 때만 발동될 수 있다. 집행작용은 국가목적 실현을 위해서 필요하면 능동적으로 발동되지만, 사법은 당사자의 쟁송 제기가 있어야 하므로 수동적이다.

(3) 판단의 독립성

사법작용은 독립적 지위가 있는 기관이 제3자적 입장에서 수행하여야 할 작용이다. 사법에서 법의 판단과 선언은 엄정하고 공정한 것이어야 하므로, 신분이 보장된 법관이 누구의 명령이나 지시에도 따르지 아니하고 오로지 법과 양심에 따라서 할 것이 요청된다.

(4) 절차의 특수성

사법절차는 객관성과 공정성을 담보하기 위해서 특별하게 규정된다. 따라서 사법절차는 엄격하고 명확하게 형성된다.

(5) 법기속성

사법작용은 무엇이 법인지를 판단하고 선언하는 작용이다. 따라서 사법은 언제나 법에 구속된다. 그리고 이러한 구속을 통해서 사법은 민주적 정당성을 부여받을 수 있다.

(6) 보수성

사법작용은 분쟁 해결을 통해서 현존하는 법질서를 유지하고 법적 평화를 유지하려는 작용이다. 집행작용이 새로운 질서 형성을 위한 적극적 작용이라면, 사법은 현재의 분쟁을 해결함으로써 법질서를 유지하려는 현상유지적인 소극적 작용이다.

3. 법원사법권의 의미

① 헌법에서 권력분립원칙에 따라 원래 성질을 달리하는 세 가지 국가작용인 입법 · 집행 · 사법으로 각기 분리 · 독립된 기관에 부여한다. 따라서 사법을 형식적 의미로 이해하면, 권력분립을 규정하는 헌법 제101조 제1항, 제40조, 제66조 제4항을 별도로 두는 의미를 찾기 어렵다. ② 형식설을 따르면, 법원의 권한에 속하는 사항은 그 모두가 사법이 되므로 사법권의 한계를 논할 필요가 없거나 논하는 것이 불가능하다. 따라서 형식설을 취하면서 사법권의 한계도 인정하는 것은 논리모순이다. ③ 사법 개념을 형식적으로 이해하여 법원의 권한에 속하는 것이 사법이라고 하면, 헌법 제101조 제1항의 "사법권은 법관으로 구성된 법원에 속한다."라는 규정은 순환논법의 함정에 빠진다. 따라서 헌법 제101조 제1항의 사법은 실질적 의미로 이해하여야 하고, 사법권도 실질적 의미의 사법에 관한 권한으로 파악하여야 한다.

헌법 제101조 제1항은 헌법에 다른 규정이 없는 한 법원이 사법권을 독점하는 것이 아니라, 법원이 사법작용에서 중심적인 역할을 하고, 핵심적인 사법권만은 반드시 법원이 행사하여야 한다는 뜻으로 새겨야 할 것이다(법원사법의 원칙). 이때 법원이 반드시 행사하여야 하는 핵심적인 사법권은 헌법 제107조 제2항이 '처분'을 언급하여 행정재판권을 별도로 규정하는 것으로 보아 민사재판권과 형사재판권에 국한하는 것으로 보아야 한다.[32] 결론적으로 헌법 제101조 제1항은 민사재판권과 형사재판권은 반드시 법관으로 구성된 법원이 행사하여야 하는 것으로 해석할 수 있다.[33] 따라서 민사재판권과 형사재판권 이외의 사법권은 헌법에 다른 규정이 없는 한 법률에 따라서 다른 국가기관이 행사할 수도 있다.

4. 법원이 행사하는 사법권의 범위

헌법은 실질적 의미의 사법권을 법원에 독점시키고 있지 아니하고, 법원이 행사하는 권한은 형식적 의미의 사법권에 한정되지도 않는다. 헌법 제101조 제1항은 사법권은 법관으로 구성된 법원에 속한다고 규정하고, 동조 제2항은 법원은 최고법원인 대법원과 각급 법원으로 조직된다고 규정한다. 이를 근거로 헌법에 다른 규정이 없는 한 법원이 원칙적으로 사법권을 행사한다고 해석된다.[34] 그러나 헌법은 위헌법률심판, 탄핵심판, 위헌정당해산심판, 권한쟁의심판, 헌법소원심판은 헌법재판소 관할로 하고(제111조 제1항), 국회의원의 자격심사나 징계처분은 국회의 자율에 맡기며(제64조 제2항), 행정소송과 관련하여 그 전심절차인 행정심판은 행정기관도 다룰 수 있도록 한다(제107조 제3항). 그리고 사면·복권·감형은 대통령의 권한사항으로 하고(제79조), 군사재판은 군사법원이 관할하도록 한다(제110조 제1항).

Ⅱ. 현행 헌법에 따른 법원사법권의 범위

1. 민사재판권

민사재판권은 민사소송을 처리하는 권한을 말한다. 민사소송은 사인 사이의 생활관계에서 일어나는 분쟁이나 이해의 충돌을 국가가 그 재판권을 행사하여 법률로써 강제적으로 해결·조정하려는 절차이다. 본래 민사소송에서 파생하는 부수소송이나 법률관계에 영향을 미치는 사실 존부 확정을 목적으로 하는 소송도 민사소송에 속한다.

---

32) 그러나 헌법 제107조 제2항에서 따라서 행정재판권 중 최종재판권은 반드시 대법원에 귀속되어야 한다(유진오, 『신고 헌법해의』, 일조각, 1957, 247~248쪽 참조).

33) 비슷한 견해: 허 영, 『한국헌법론(전정17판)』, 박영사, 2021, 1093~1094쪽("…「사법권은…법원에 속한다」는 말은 결코 법원만이 고유한 사법기능과 모든 사법유사의 기능을 독점한다는 뜻도 아니고 또 법원은 오로지 고유한 사법기능만을 맡는다는 뜻도 아니다. 그 말은 적어도 고유한 사법기능만은 법원에 속한다는 뜻이다.").

34) 예를 들어 권영성, 『헌법학원론(개정판)』, 법문사, 2010, 1064쪽; 홍성방, 『헌법학(하)(제3판)』, 박영사, 2014, 260쪽.

2. 형사재판권(공판절차)

형사재판권은 형사소송을 처리하는 권한을 말한다. 형사소송은 범죄를 인정하고 형벌을 과하는 절차를 말한다. 좁은 뜻의 형사소송은 국가형벌권의 구체적인 행사에 관한 절차, 즉 소송 제기부터 재판 확정까지 일련의 절차를 말한다.[35)]

3. 행정재판권

행정재판권은 행정소송을 처리하는 권한을 말한다. 행정소송은 행정법규 적용에 관련된 분쟁을 판정하기 위한 정식의 소송절차를 말하고, 그것은 행정법규의 올바른 적용과 국민의 권익구제라는 2중적 기능을 수행한다. 행정소송도 행정쟁송의 일종이지만, 그것은 ① 판정기관이 법원 등 독립적 지위가 있다는 점, ② 원칙적으로 구두변론을 거친다는 점, ③ 위법한 처분 등의 취소 등을 소송사항으로 한다는 점에서 행정기관이 부당한 처분까지도 심판 대상으로 하는 행정심판과는 구별된다. 행정소송에는 항고소송, 당사자소송, 민중소송, 기관소송 등이 있다. 이중 항소소송은 다시 취소소송·무효등확인소송·부작위위법확인소송 등으로 나눈다.

보통법이 지배하고 공·사법 구분이 비교적 뚜렷하지 아니한 영미법계 국가에서는 행정법규 적용에 관한 분쟁을 다루는 행정소송도 민사소송과 마찬가지로 일반 법원에서 관할한다. 이런 유형을 사법국가형이나 사법국가주의라고 한다. 이에 대해서 공·사법이 명확하게 구분되는 프랑스·독일 등 대륙법계 국가에서는 일반 법원에서 분리·독립한 별개의 행정법원을 설치하여 행정소송을 관할하도록 한다. 이러한 유형을 행정국가형이나 행정국가주의라고 한다.

헌법은 제107조 제2항에서 "처분이 헌법이나 법률에 위반되는 여부가 재판의 전제가 된 경우에는 대법원은 이를 최종적으로 심사할 권한을 가진다."라고 하여, 행정처분의 위헌·위법 여부를 심사하는 행정재판권도 일반 법원 관할로 한다. 그러한 의미에서는 한국 행정소송 제도가 영미법계의 사법국가주의를 채택한다. 그러나 현행 행정소송법은 행정소송의 특수성을 감안하여 ① 행정법원을 제1심법원으로 하고, ② 행정심판을 거칠 수 있도록 하며(임의적 선택주의), ③ 제소기간을 한정하고, ④ 직권심리주의를 가미한다. 그러므로 한국 행정소송제도는 순수한 사법국가주의를 채택하는 것은 아니다.

---

35) 이에 관해서 넓은 뜻의 형사소송은 국가형벌권 실행과 관련이 있는 모든 절차로서 좁은 뜻의 형사소송은 물론이고 이를 전후한 절차를 모두 포함하여, 수사절차·공판절차와 집행절차 전부를 가리킨다. 사법권 대상이 되는 형사소송은 공판절차만이 아니다. 다만, 이때의 형사소송은 검사의 공소로써 이루어지는 정식절차 이외에 소년법 등에 따른 형사절차·약식절차·즉심절차 등 특수한 절차도 포함한다.

Ⅲ. 현행 헌법에 따른 법원사법권의 한계

1. 실정법적 한계

헌법이 다른 국가기관의 권한으로 규정하거나 사법심사 대상에서 제외하는 사항에 대해서는 법원의 사법권이 미치지 아니한다.

(1) 헌법재판소 관장사항

헌법은 법원의 제청에 따른 법률의 위헌여부심판, 탄핵의 심판, 정당의 해산심판, 국가기관 상호간, 국가기관과 지방자치단체간 및 지방자치단체 상호간의 권한쟁의에 관한 심판, 법률이 정하는 헌법소원에 관한 심판을 헌법재판소의 관장사항으로 한다(헌법 제111조 제1항). 따라서 이들 사항에는 법원의 사법권이 미치지 않는다.

(2) 국회내부자율사항

① 법원의 사법심사 대상에서 제외

국회의원의 자격심사와 징계 그리고 제명 등은 국회가 그 질서와 품위를 유지하려고 국회의원 신분이 있는 사람에게 과하는 특별한 제재이다. 헌법은 국회의 독립성과 자율권을 존중한다는 의미에서 이를 국회 권한으로 한다(헌법 제64조 제2항과 제3항). 따라서 국회는 의원 자격을 심사하고, 의원을 징계할 수 있으며, 재적의원 3분의 2 이상 찬성으로 의원을 제명할 수 있다. 국회의 징계권 행사에 대해서는 법원에 제소할 수 없다(헌법 제64조 제4항). 이는 국회 의사 결정이 가지는 고도의 정치적 성격, 3권분립 이념 그리고 국회가 그 자율권을 적절히 행사할 수 있으리라는 기대 등에서 법원의 사법심사를 배제하는 것이다.[36]

② 제명에 대한 헌법소원 가능성?

(ⅰ) 문제의 소재

헌법 제64조 제4항은 '법원'에 제소할 수 없다고 규정하였을 뿐이지 '헌법재판소'에 제소할

---

36) 서울고법 1993. 2. 18. 선고 92구3672 제2특별부판결(하집1993-1, 569): "…헌법 제64조 제4항에서는 특히 국회의 고도의 정치적 성격, 삼권분립의 이념, 그리고 적절한 자율권행사의 기대에서 제명처분의 경우 사법심사를 배제하고 있으나 지방의회의 경우는 그러한 규정을 두지 아니하고 있는바, 지방의회는 국가의 영토의 일부구역을 기초로 하여 그 구역 내의 주민들의 공공사무를 행함을 목적으로 하는 지방자치단체의 의사를 결정하는 의결기관으로서 의회가 의결을 하여도 그 의결은 외부에 대하여 지방공공단체의 행위로서의 효력을 가지지 아니하고 의결에 기하여 집행기관이 행정처분을 한 경우에 비로소 효력을 발생하는 것이므로 의결을 바로 행정처분이라고 할 수 없는 것이나, 제명처분은 이와 달리 집행기관의 처분을 기다리지 아니하고 바로 의원으로서의 지위를 상실시키는 법률효과를 가져와 지방주민에 의한 선거의 효과를 부정하는 결과를 낳게 되는 것이기 때문에 단순한 의회 내부규율의 문제를 떠나 일반 시민법질서에 속하는 법률적 쟁송으로서 행정처분의 일종에 속한다고 보아야 할 것이고, 제명에 관하여 국회의원의 경우와 같이 사법심사를 배제하는 특별한 규정이 없으므로 사법심사의 대상으로 보는 것이 국민의 재판청구권을 보장하고 있는 헌법 제27조의 해석에도 맞는 것이라고 할 것이며, 그에 관하여 재결신청 등의 구제수단이 지방의회 관계법규에 따로 규정되지 아니한 이상 행정심판을 거치지 아니하고 바로 관할 고등법원에 제소할 수 있다고 할 것이다."

수 있는지에 관해서는 아무런 언급이 없다. 여기서 국회의 국회의원에 대한 징계권 행사에 대해서 헌법재판소에 심판청구할 수 있는지가 문제 된다.

(ii) 심판 청구 가능성 인정설

헌법 제64조 제4항의 문구해석에 충실한 해석론으로서 헌법이 헌법재판소에 대한 심판 청구를 명문으로 금지하지 않으므로 헌법재판소에 대한 심판 청구가 가능하다는 견해이다. 이 견해는 ⓐ 특히 법원의 사법심사배제조항은 법원의 사법권을 배제하는 예외규정이란 점에서 엄격하게 해석할 것이 요청되므로, 헌법재판소에 심판 청구하는 문제에 유추적용될 것은 아니라는 점, ⓑ 권리구제 측면에서 보면 헌법재판소에 대한 심판 청구마저 부정하면 국회의 부당한 징계에 관해서 해당 국회의원이 사법적 구제를 받을 방법이 없게 된다는 점을 논거로 든다.

(iii) 심판 청구 가능성 부정설

헌법 제64조 제4항의 입법취지를 고려할 때 국회의 자율성과 자주성을 강화한다는 측면에서 헌법재판소에 대한 심판 청구도 부정되어야 한다는 견해이다.

ⓐ 헌법 제64조 제4항 '법원' 개념의 확장해석 가능성(설)

헌법 제64조 제4항의 '법원'이라는 문구를 헌법 제101조 제2항의 '법원(은 최고법원인 대법원과 각급법원으로 조직된다)'에 한정하지 아니하고, 동 조항의 입법취지에 맞추어 넓게 해석하여 사법권이나 사법기관을 뜻하는 것으로 보아 헌법재판소를 포함하는 것으로 본다.

ⓑ 헌법 제64조 제4항의 헌법재판에 대한 유추적용 가능성(설)

(가) 국회의원 징계에 관한 사법심사배제규정이 헌법에 도입된 1962년 헌법에서는 헌법재판을 포함한 모든 사법권이 법원에 부여되었다는 점을 고려할 때, 현행 헌법에서 헌법재판소를 창설하면서 국회의원 징계에 관해서 법원의 심판을 배제하는 명문 규정을 두면서 같은 사법권에 속하는 헌법재판소의 심판에 관하여 침묵하는 것은 입법 흠결로 볼 수 있다는 점, (나) 국회의원 징계사건과 관련하여 법원사법의 심판과 헌법재판이 주관적 권리구제라는 점에서 구조적으로 비슷하다는 점을 근거로 법원사법배제규정인 헌법 제64조 제4항이 유추적용되어 헌법재판소에 대한 심판 청구도 부정되어야 할 것으로 본다.

(iv) 사법자제 기대 가능성(설)

ⓐ 헌법재판소에 대한 심판 청구가 현행법상 가능하다고 해석하면 징계라는 사안의 성격상, 특히 징계에는 징계권자의 광범위한 재량권이 인정되어서, 징계에 이르게 된 제반경위를 심리하지 않을 수 없으므로, 국회 내부의 의사운영에 사법기관이 깊숙이 개입하게 되어 국회의 자율권, 나아가 권력분립원칙을 심각하게 침해할 우려가 있다는 점, ⓑ 특히 제명은 국회의원 재적 3분의 2 이상 찬성이라는 가중정족수를 요구하므로 국회의 민주적 정당성에 대한 고려가 최대한 요청된다는 점에서 헌법재판소가 사법자제를 발휘할 것을 기대하는 견해이다.

(ⅴ) 사견

헌법 제64조가 국회의 자율권을 규정하면서, 그 가운데서도 특히 국회의 의원 자격심사와 징계에 대한 법원사법의 심사를 명시적으로 배제하는 것은 국회의원 신분에 관한 국회 자체의 처분에 관해서 다른 국가기관, 무엇보다도 사법기관의 간섭·개입을 배제하려는 것이다. 헌법이 국회의원 신분에 관한 국회의 자율적 결정에 관해서는 다른 국가기관을 통한 다툼을 더는 허용하지 않고 존중하자고 하여 스스로 예외규정을 둔 입법취지를 고려해 볼 때, 사법심사 가능성을 (그것이 법원이든 헌법재판이든 불문하고) 배제하는 쪽으로 해석하여야 한다.

(3) 비상계엄 아래 군사재판

헌법 제110조 제4항을 따르면, 비상계엄 아래 군사재판은 군인·군무원의 범죄나 군사에 관한 간첩죄와 초병·초소·유독음식물공급·포로에 관한 죄 중 법률에 정한 것은 사형 선고를 제외하고는 단심으로 할 수 있다. 따라서 단심에서는 대법원의 상고심(헌법 제110조 제2항)이 배제된다.

2. 권력분립적 한계

(1) 통치행위

통치행위는 단순한 법집행적 작용이 아니라 국정의 기본방향을 제시하거나 국가적 이해를 직접 그 대상으로 하는 고도의 정치성을 띤 것으로, 법적 구속 여부와 사법심사 가능성이 명백하지 않은 국가최고기관의 행위를 말한다. 따라서 통치행위로 인정되는 행위는 사법심사 대상에서 제외된다.

(2) 국회자율: 내부적 규율, 의결정족수, 투표 계산 등

국회의 내부적 규율과 의원의 자격심사 및 징계, 의결정족수와 투표 계산 등 국회의 자율에 속하는 사항은 사법심사 대상이 되지 아니한다는 것이 지배적인 견해인 동시에 판례[37]이다. 헌법도 의원의 자격심사와 징계 및 제명처분에 관해서는 법원에 제소할 수 없도록 한다(헌법 제64조 제1항).

① 국회자율권의 의의와 근거, 내용

국회자율권은 국회가 다른 국가기관의 간섭을 받지 않고 국회 안 조직이나 의사 기타의 내부사항을 자율적으로 결정할 수 있는 권한이다. 이론적으로는 (ⅰ) 권력분립 요청에 비추어 국회내부사항에 다른 국가기관의 간섭을 배제하여야 한다는 것, (ⅱ) 국회가 입법기능·국정

---

37) 대법원 1972. 1. 18. 선고 71도1845 판결(집20-1, 형1): "논지가 말하는 국민투표법은 국회에서 의결을 거친 것이라 하여 적법한 절차를 거쳐서 공포 시행되고 있으므로 법원으로서는 국회의 자주성을 존중하는 의미에서 논지가 지적하는 점을 심리하여 그 유무효를 판단할 성질의 것이 아니다."

통제기능 등을 원활히 수행하기 위해서는 국회 내부결정을 존중하여야 한다는 것, (iii) 원내 다수파의 횡포를 막고 소수파 보호를 위해서 내부의 자율적 의사규칙이 필요하다는 것을 이론적 근거로 삼는다. 현행법은 (i) 규칙제정권(국회법 제64조 제1항), (ii) 내부조직권(국회법 제15조 이하), (iii) 의사에 관한 자율권(국회법 제79조 이하), (iv) 질서유지에 관한 자율권(국회법 제143조 이하), (v) 국회의원 신분에 관한 자율권(헌법 제64조 제2항~제4항, 국회법 제135조 이하, 제155조 이하)을 국회자율권으로 인정한다.

② 국회자율권의 한계와 사법심사 가능성

국회자율권 관련 사항에 관해서 사법심사가 가능한지 논란이 있다. (i) 국회자율권을 존중하여 부정하는 견해와 (ii) 기본권 관련 사항이라든지 헌법이나 법률에 위반한 중대하고 명백한 흠이 있으면 인정하여야 한다는 견해가 대립한다. 법치국가원리상 모든 국가기관은 헌법과 법률에 기속을 받아서 국회자율권도 헌법이나 법률을 위반하지 않는 범위 안에서 허용되어야 하므로 국회자율권 관련 사항도 헌법과 법률의 규정을 명백히 위반한 흠이 있으면 원칙적으로 사법심사 대상이 된다. 헌법재판소도 "국회의 의사절차나 입법절차에 헌법이나 법률의 규정을 명백히 위반한 흠이 있는 경우에도 국회가 자율권을 가진다고 할 수 없다."[38]라고 하여, 의사절차의 자율권에 관련된 사항에 관하여 사법심사를 긍정하였다.

(3) 행정청의 자유재량행위?

행정행위 중에는 법에 엄격하게 기속되는 기속행위와 행정기관의 재량에 맡겨져 있는 재량행위가 있다. 재량행위에는 다시 '법의 의미가 무엇인지'를 판단하는 합법성 판단에 관한 재량과 '무엇이 합목적적인지'를 판단하는 합목적성 판단에 관한 재량이 있다. 전자를 기속재량행위라고 하고, 후자를 자유재량행위라고 한다. 기속재량에서 재량 위반은 위법이므로, 당연히 사법심사 대상이 된다.

그러나 자유재량행위에 관해서는 재량을 그르치면, 그것이 사법심사 대상이 되는지에 관해서는 학설이 갈린다. 부정설은 자유재량행위에서 재량 위반은 부당한 것이 될 뿐이므로, 자유재량행위는 사법심사 대상이 되지 아니한다고 한다(재량불심리의 원칙). 이에 대해서 긍정설은 재량행위에서 재량이 기속재량에 속하는 것인지 자유재량에 속하는 것인지는 객관적으로

---

38) 헌재 1997. 7. 16. 96헌라2, 판례집 9-2, 154, 165: "국회는 국민의 대표기관, 입법기관으로서 폭넓은 자율권을 가지고 있고, 그 자율권은 권력분립의 원칙이나 국회의 지위, 기능에 비추어 존중되어야 하는 것이지만, 한편 법치주의의 원리상 모든 국가기관은 헌법과 법률에 의하여 기속을 받는 것이므로 국회의 자율권도 헌법이나 법률을 위반하지 않는 범위내에서 허용되어야 하고 따라서 국회의 의사절차나 입법절차에 헌법이나 법률의 규정을 명백히 위반한 흠이 있는 경우에도 국회가 자율권을 가진다고는 할 수 없다. … 이 사건은 국회의장이 국회의원의 헌법상 권한을 침해하였다는 이유로 국회의원인 청구인들이 국회의장을 상대로 권한쟁의심판을 청구한 사건이므로 이 사건 심판대상은 국회의 자율권이 허용되는 사항이라고 볼 수 없고, 따라서 헌법재판소가 심사할 수 없는 국회내부의 자율에 관한 문제라고 할 수는 없다."

명백하지 아니하며, 설령 자유재량행위이더라도 재량권 한계를 벗어난 행위는 재량권의 일탈이나 남용에 해당하는 위법행위가 되어 사법심사 대상이 된다고 한다.39) 생각건대 재량권을 벗어났는지 남용한 것인지는 심리 결과 비로소 판단될 수 있는 것이므로, 자유재량행위도 사법심사 대상이 된다.

(4) 특별공법관계(특별권력관계) 안에서 내려지는 처분?

전통적 특별공법관계(특별권력관계)에 따르면 특별공법관계(특별권력관계)는 국가의 내부관계로서 법치국가원리가 적용되지 않는다고 하였다. 따라서 특별공법관계(특별권력관계) 내부에서 그 설정목적 달성을 위하여 필요한 범위 안에서는 법률 근거 없이도 기본권을 제한할 수 있다고 하였다. 그러나 오늘날 이러한 특별공법관계(특별권력관계)이론은 비판을 받아 이에 대한 부정적 견해가 일반적이다. 그리하여 특별공법관계(특별권력관계) 내부에도 법치국가원리를 전면적으로 적용하거나 법치국가원리의 적용 범위를 확대하는 방향으로 나아가고 있다. 이에 따라 특별공법관계(특별권력관계)도 기본권에서 더는 자유로운 영역이 아니다. 따라서 특별공법관계(특별권력관계)에서도 국가는 기본권에 구속된다. 특별공법관계(특별권력관계)에서 기본권 제한은 ① 특별공법관계(특별권력관계)의 기초가 헌법 자체에 포함되어 있거나 헌법이 인식할 수 있고 증명할 수 있는 것으로 전제하고, ② 특별공법관계(특별권력관계)의 특성이 기본권 제한을 필요로 하면, 비례성원칙의 범위 안에서만 정당성이 인정된다. 이러한 점에서 특별공법관계(특별권력관계) 문제는 기본권 제한의 예외적 허용 여부 문제가 아니라 제한 정도(에 대한 엄격성)의 문제로 보아야 한다. 대법원40)과 헌법재판소41)도 특별공법관계(특별권력관계)에 기본권 제한의 한계가 적용된다고 한다.

(5) 행정소송에서 이행판결?

이행판결은 이행의 소가 제기될 때 청구를 인용한다는 뜻의 판결을 말한다. 이는 원고가 주장하는 피고의 의무 이행을 명하는 판결이다. 이행판결은 확인판결 및 형성판결과는 달리 기판력 외에 집행력이 발생한다. 행정소송법상 법원이 행정사건을 심리·판결할 때 이행판결을 할 수 있는지가 문제 된다. 부정설은 법원은 행정기관이나 행정감독기관이 아니므로, 행정처분의 취소나 무효 확인의 판결만을 할 수 있을 뿐이지, 행정청을 대신하여 스스로 구체적 처분을 하거나 처분을 명할 수 없다고 한다.42) 그러나 긍정설은 때에 따라 이행판결도 가능

---

39) 대법원 2000. 3. 23. 선고 98두2768 판결(공2000상, 1067): "행정주체가 행정계획을 입안·결정함에 있어서 이익형량을 전혀 행하지 아니하거나 이익형량의 고려 대상에 마땅히 포함시켜야 할 사항을 누락한 경우 또는 이익형량을 하였으나 정당성·객관성이 결여된 경우에는 그 행정계획결정은 재량권을 일탈·남용한 것으로서 위법하게 된다(대법원 1996. 11. 29. 선고 96누8567 판결, 1998. 4. 24. 선고 97누1501 판결 등 참조)."

40) 대법원 1982. 7. 27. 선고 80누86 판결(공1992, 695).

41) 헌재 1995. 12. 28. 91헌마80, 판례집 7-2, 851, 864.

42) 대법원 1986. 8. 19. 선고 86누223 판결(공1986하, 1247): "…이 사건 토지에 대한 피고의 토지등급설정 및 수정

하다고 한다.

권력분립원칙에 따라 구체적인 행정처분은 집행부의 고유권한에 속하므로, 사법부는 집행부를 대신하여 처분을 하거나 처분을 하도록 명할 수 없다. 그러나 행정소송법에서는 행정기관의 부작위가 위법하다는 확인을 구하는 부작위위법확인소송을 인정하는데(행정소송법 제4조 제3호), 이는 공권력의 불행사를 위법이라고 확인함으로써, 결과적으로 공권력 행사를 강제하는 것으로 볼 수도 있다(행정소송법 제30조 제2항, 제38조 제2항 참조). 그러므로 부작위위법확인소송을 통해서 실질적으로 의무이행소송의 효과를 기대할 수 있다. 이렇게 보면 환경권소송이나 사회권소송 등에서는 개인의 권익을 보장하기 위하여 제한된 범위 안에서 이행판결도 가능하다.

3. 국제법적 한계

(1) 외교관 면책특권

외교관 면책특권은 체재국법 적용을 받지 아니하고 본국법을 따르는 국제법적 특권을 말한다. 외교관계에관한비엔나협약 제29조를 따르면, 외교관은 체재국의 형사재판관할권에서 면제되며, 특정한 경우를 제외하고는 민사재판관할권에서도 면제된다. 그러므로 외교사절과 그 가족 및 수행원, 국제기구의 직원, 군함의 승무원, 책임 있는 지휘관이 있는 군대[43] 등 국제법상 외교특권을 누리는 사람에 대해서는 사법권이 미치지 아니한다.[44]

(2) 국제조약?

조약이 헌법이 정한 절차를 위반하여 체결·공포되면 국내법적으로 효력을 획득할 수 없으므로 소송절차에서 동 조약을 원용할 수 없다. 그러나 조약이 합헌적 절차에 따라 성립되어 국내법적 효력이 있으나, 그 내용이 헌법에 합치되는지가 의심스러우면 조약도 국내법규와 마찬가지로 규범통제 대상이 되는지 문제 된다. 조약의 체결·비준 등의 외교행위 자체는 국가이익을 먼저 고려하여야 하는 고도의 정치성을 띤 정치문제(이른바 통치행위)로서 사법심사 대상으로 삼기에는

처분이 과다히 책정되어 부당하므로 적정수준으로의 시정을 구하는데 대하여, 원고 주장과 같이 피고에게 토지등급설정 및 수정처분의 시정을 구하는 것은 원고가 원하는 행정처분을 하도록 명하는 이행판결을 구하는 것임이 뚜렷하여 행정소송에서 허용되지 아니하는 것이고,…"

43) 한국에 주류하는 미군 및 그 구성원의 법적 지위에 관한 조약으로는 주한미군의지위에관한협약(약칭 한미협정)이 있다. 동 협정에 따라서 한국정부가 재판권을 행사할 수 있어도, 지금까지 정부는 그 행사를 지나치게 자제하였다.

44) 대법원 1998. 12. 17. 선고 97다39216 전원합의체 판결(집46-2, 334; 공1999상,121): "국제관습법에 의하면 국가의 주권적 행위는 다른 국가의 재판권으로부터 면제되는 것이 원칙이라 할 것이나, 국가의 사법적(私法的) 행위까지 다른 국가의 재판권으로부터 면제된다는 것이 오늘날의 국제법이나 국제관례라고 할 수 없다. 따라서 우리나라의 영토 내에서 행하여진 외국의 사법적 행위가 주권적 활동에 속하는 것이거나 이와 밀접한 관련이 있어서 이에 대한 재판권의 행사가 외국의 주권적 활동에 대한 부당한 간섭이 될 우려가 있다는 등의 특별한 사정이 없는 한, 외국의 사법적 행위에 대하여는 당해 국가를 피고로 하여 우리 나라의 법원이 재판권을 행사할 수 있다고 할 것이다."

적절하지 않은 측면이 있다. 그러나 일단 성립되어 국내법질서 안에서 적용되어야 하는 조약 내용에 위헌 의심이 있을 때 그에 관해서 사법부가 심사할 수 있는지가 문제 된다. 조약은 국제법주체 사이의 합의라는 특수성이 있으므로 어느 한 쪽 국제법주체가 일방적으로 그 효력을 상실시킬 수는 없다고 하여 사법심사 대상이 되지 않는다거나 국제법 우위의 입장에서 사법심사를 부정하는 견해가 제기될 수 있다. 그러나 조약도 국내법적 효력이 있는 이상 그 위헌성에 대한 사법심사는 가능하다.[45] 즉 헌법은 조약에 대해서 우월적 효력이 있고, 조약은 헌법에 따라서 체결·공포되므로, 조약이 헌법에 합치하는지가 의심스러우면 사법심사 대상이 된다.[46] 다만, 위헌법률심판은 국내법질서 안에서 법규범을 통제하는 절차이므로, 위헌으로 결정되어 국내법적 효력이 일반적으로 상실되어 더는 국내에서 적용되지 못하더라도, 국제법규로서 국제법질서 안의 효력에 관해서는 영향을 미치지 않는다는 점을 주의하여야 한다. 즉 조약의 의무 이행 곤란으로 국가 사이 신뢰 문제를 야기할 수 있으므로 사법심사를 할 때 조약의 헌법합치적 해석이나 사법자제가 요청된다. 국회 동의가 필요한 조약은 법률의 효력이 있으므로 실질적 법률에 속한다. 따라서 재판에서 원용된 이러한 조약이 헌법에 위반된다는 의심이 있고 재판의 전제성을 갖추면 법원은 헌법재판소에 위헌법률심판을 제청하여 헌법재판소 결정에 따라 재판하여야 한다(헌법 제107조 제1항). 국회 동의가 필요하지 않는 조약은 대통령령과 같은 효력이 있으므로, 각급 법원이 이러한 조약의 위헌성이나 위법성을 심사하며 대법원이 최종적으로 심사한다(헌법 제107조 제2항). 따라서 법원은 재판에서 원용된 조약이 헌법이나 법률에 합치하지 않는다고 판단되면 해당 사건에서 그 적용을 거부하여야 한다. 헌법재판소도 이러한 조약에 대한 헌법소원이 허용되면 헌법재판소는 이에 관한 위헌 여부를 판단할 수 있다.

---

45) 같은 견해: 계희열, 『헌법학(상)(신정2판)』, 박영사, 2005, 184쪽; 권영성, 『헌법학원론(개정판)』, 법문사, 2010, 177쪽; 김선택, 「헌법 제60조 제1항에 열거된 조약의 체결·비준에 대한 국회의 동의권」, 『헌법실무연구』 제8권, 박영사, 2007, 92쪽; 김 참, 「국제법규와 헌법재판」, 고려대학교 법학석사학위논문, 2012, 124쪽; 김철수, 『학설·판례 헌법학(전정신판)(상)』, 박영사, 2009, 700쪽; 같은 사람, 『학설·판례 헌법학(전정신판)(중)』, 박영사, 2009, 1134쪽; 김학성/최희수, 『헌법학원론(전정5판)』, 피앤씨미디어, 2021, 1178쪽; 남복현/전학선/이경주/성선제, 『국제조약과 헌법재판』(헌법재판연구 제18권), 헌법재판소, 2007, 394~401쪽; 성낙인, 『헌법학(제21판)』, 법문사, 2021, 815쪽; 양 건, 『헌법강의(제10판)』, 법문사, 2021, 1396쪽; 이준일, 『헌법학강의(제7판)』, 홍문사, 2019, 192, 1033쪽; 장영수, 『헌법학(제13판)』, 홍문사, 2021, 244, 1298쪽; 전광석, 『한국헌법론(제16판)』, 집현재, 2021, 171, 832~833쪽; 정재황, 『신헌법입문(제11판)』, 박영사, 2021, 908쪽; 정종섭, 『헌법학원론(제12판)』, 박영사, 2018, 265쪽; 같은 사람, 『헌법소송법(제9판)』, 박영사, 2019, 256쪽; 한수웅/정태호/김하열/정문식(김하열 집필), 『주석 헌법재판소법』, 헌법재판소 헌법재판연구원, 2015, 459쪽; 허 영, 『헌법소송법론(제16판)』, 박영사, 2021, 219~220쪽; 홍성방, 『헌법학(하)(제3판)』, 박영사, 2014, 339쪽. 하지만 비자기집행적 조약은 국내입법을 매개하여서만 적용할 수 있으므로 비자기집행적 조약의 위헌 여부가 해당 사건 재판의 전제가 되는지를 살펴보아야 한다[김 참, 「국제법규와 헌법재판」, 고려대학교 법학석사학위논문, 2012, 133~134쪽; 한수웅/정태호/김하열/정문식(김하열 집필), 『주석 헌법재판소법』, 헌법재판소 헌법재판연구원, 2015, 459쪽].

46) 헌재 1995. 12. 28. 95헌바3, 판례집 7-2, 841, 846; 헌재 2001. 9. 27. 2000헌바20, 판례집 13-2, 322, 327(위헌소원심판 대상); 헌재 1999. 4. 29. 97헌가14, 판례집 11-1, 273, 282(위헌법률심판 대상); 헌재 2001. 3. 21. 99헌마139등, 판례집 13-1, 676, 692(헌법소원심판 대상).

(3) 국제사법재판

국제사법재판은 국제사법재판소가 국제법에 따라서 국제분쟁을 해결하는 방법 중의 하나를 가리킨다. 남·북한이 국제연합에 동시가입함으로써 이제 한국과 북한은 국제사법재판에서 당사자능력을 가지게 되었다. 이로써 남·북한 사이의 법적 분쟁은 물론이고 한국과 그 밖의 국가 사이의 국제분쟁에 관해서도 어느 일방의 제소가 있으면, 국제사법재판소는 그 분쟁에 관한 관할권을 가지게 된다. 그러므로 국제사법재판소의 관할권에 속하는 사항에 관해서는 한국 사법부가 사법권을 행사할 수 없다.

4. 사법본질적 한계

(1) 구체적 사건성

사법권 발동 대상이 되려면 구체적이고 현실적인 권리·의무관계에 관한 분쟁, 즉 법적 분쟁이 있어야 한다. 법적 분쟁이 없는 곳에 사법부가 개입할 수 없다. 법질서 유지와 국민 권리 보호가 재판의 본질적 기능이기 때문이다. 따라서 단순한 법적 의문이나 법적 논쟁과 같은 사건성이 없는 때의 추상적 규범 해석은 재판 대상이 되지 아니한다.

(2) 당사자적격

재판을 청구할 수 있는 사람은 공권력으로 말미암아 자신의 권리나 이익을 침해당한 사람이거나 그 쟁송사건에 관하여 법적 이해관계가 있는 사람, 즉 당사자적격을 구비한 자라야 한다. 따라서 제3자의 소 제기는 원칙적으로 배제된다. 그러나 환권경소송·소비자권리소송 등 집단적 분쟁에서는 분쟁 당사자가 수천에 이르는 때마저 있을 수 있다. 이러한 때는 당사자적격을 완화할 필요가 있다.

(3) 소의 이익

"이익이 없으면 소권도 없다."라는 법언과 같이 당사자가 그 청구에 관하여 소송을 수행할 실질적 이익이 없으면, 그 사건은 재판 대상이 되지 아니한다. 그러나 소의 이익을 지나치게 엄격하게 해석하면, 그것은 실질적으로 재판 거부와 같은 부작용을 초래할 수 있다. 따라서 헌법소송이나 환경권소송 등에서는 소의 이익을 지나치게 엄격하게 해석하여서는 안 된다.

(4) 사건의 성숙성

소송의 전 과정을 통하여 소송당사자 사이에 현재 쟁송이 있어야 한다. 즉 사법권은 현재의 사건만을 심사할 수 있고 앞날 문제를 심사할 수 없는 것이 원칙이다. 아직 구체적인 사건으로 성숙되지 아니한 앞날 문제는 사법권 발동 대상이 되지 아니한다. 그러나 앞날의 불명확·불안정을 제거하는 이익도 제소요건이 되는 때가 있으므로, 이점은 법원의 본안심리에서 고려되어야 한다.

Ⅳ. 사법권 독립

1. 의의

사법권 독립은 형식적 의미에서는 권력분립 차원에서 사법부를 입법부와 집행부에서 조직상 그리고 운영상 분리·독립시킨다는 것을 뜻한다. 하지만 실질적 의미에서는 사법권을 행사하는 법관이 구체적 사건을 재판할 때, 누구의 지시나 명령에도 구속당하지 아니하고 독자적으로 심판한다는 원리를 말한다. 사법권 독립은 궁극적으로 재판독립원칙이나 판결의 자유를 목표로 하는 것이고, 재판(심판)독립원칙이나 판결의 자유는 입법부나 집행부에서 법원의 독립, 법원의 자율성, 구체적 재판에서 내외적 간섭을 받지 아니하는 법관의 재판상 독립과 신분상 독립을 통해서 실현된다.

2. 사법권 독립의 연혁과 입법례

전제군주국가에서는 국가권력이 군주 1명의 수중에 집중되어 공정하여야 할 재판까지도 왕권 일부로 간주된다. 그 때문에 군주의 관방을 통한 관방사법 형태로 재판이 이루어졌다. 관방사법을 통한 자의적 재판으로 말미암아 개인의 자유와 권리가 얼마나 위협을 받았는지는 각국의 재판사가 보여 준다. 그 결과 전제군주나 행정기관의 자의적인 재판을 배제하고, 독립한 법원의 재판을 통해서 시민의 자유와 권리를 보장하여야 한다는 자각이 싹트게 되었다. 그러나 정치적 중립기관인 법원이 독립적 지위에서 재판권을 행사하도록 제도화한 것은 근대 시민국가에 와서 실현되었다.

이론적인 차원에서 사법권(법원)이 입법권과 집행권에서 조직상 및 운영상 분리·독립되어야 한다는 주장은 몽테스키외에서 비롯하였다. 그는 '법의 정신'에서 각 국가에서는 입법권·집행권·재판권 3종의 권력이 있다는 것을 전제로 하여, "재판권이 입법권과 결합하게 되면 권력은 자의적인 것이 되고 말 것이다. 재판관이 입법자를 겸하는 셈이 되기 때문이다. 그리고 재판권이 집행권과 결합하게 되면 재판관은 압제자의 힘을 가지게 될 것이다."라고 하면서, 시민의 생명과 자유를 보장하기 위해서 재판권(사법권)을 입법권과 집행권에서 분리·독립시킬 것을 주장하였다.

몽테스키외의 권력분립론과 사법권독립론을 헌법 차원에서 성문화한 것은 미국 버지니아 권리장전과 프랑스 인권선언이다. 그 후 민주적인 헌정제도가 보편화하면서 권력분립원칙은 자명한 헌법원리로 인식되고, 사법권 독립을 위해서는 국가조직 측면에서 법원의 분리·독립보다는 오히려 법관의 재판상 독립과 신분상 독립을 보장하는 것이 더 중요하다는 인식을 갖게 되었다. 이리하여 '민주사법'이라는 이름으로 성취한 사법권의 독립은 민주헌법의 보편적 원리로서 공인되기에 이르렀다.

3. 사법권 독립의 제도적 의의

재판독립원칙을 핵심내용으로 하는 사법권 독립은 원래 전제군주의 자의적인 관방사법이나 행정기관의 행정재판을 배제함으로써 '민주사법'을 실현하려는 것이었다. 그러므로 사법권(법원) 독립은, 집행부 영향 아래에 있는 특별법원이나 행정기관이 종심을 담당하는 재판제도를 배격하고, 입법권과 집행권에서 독립한 법원이 법과 양심에 따라 판단하는, 공정하고 정당한 재판제도를 확보하는 것에 그 제도적 의의가 있다. 다시 말하면 사법권 독립은 권력분립원칙을 실천하고 민주적 법치국가에서 법질서를 안정적으로 유지하고, 국민의 자유와 권리를 완벽하게 보장하기 위해서, 공정하고 정당한 재판을 확보하려는 제도적 장치이다. 이렇게 보면, 사법권 독립은 그 자체가 목적이 아니라 공정하고 정당한 재판을 통해서 인권 보장과 법질서 유지 및 헌법 수호라는 목적을 달성하려는 수단적 헌법원리이다.

4. 법원의 독립

사법권 독립에서 법원의 독립은 권력분립을 규정하는 헌법이면 당연한 것으로 간주된다. 법원의 독립은 권력분립원칙에 따라 공정한 재판을 사명으로 하는 법원이 그 조직·운영과 기능 측면에서 입법부와 집행부 등에서 독립하여야 한다는 것을 뜻한다. 헌법 제101조 제1항이 권력분립 측면에서 "사법권은 법관으로 구성된 법원에 속한다."라고 하는 것도 법원의 조직·운영 및 기능 측면에서 독립을 강조한 것이다. 법원의 독립은 권력분립원칙에 따라 법원이 국회와 정부에서 독립하여 상호 견제와 균형을 이룰 것을 내용으로 한다.

(1) 내용
① 입법부에서 독립

법원의 독립은 입법부(의회)에서 독립을 포함한다. 따라서 의회와 법원은 조직·구성·운영·기능 측면에서 상호 독립적이어야 한다. 그러나 법원은 국회의 입법에 따라서 구성되고 법관은 법률에 따라 재판한다. 이는 법치국가원리의 요청일 뿐이지 법원이 국회에 예속됨을 가리키지는 않는다. 국회는 법원에 대해서 국정감사·조사권, 대법원장과 대법관에 대한 임명동의권, 법원예산심의·확정권과 법관탄핵소추권이 있고, 이에 대해서 법원은 위헌법률심사제청권이 있어서 상호 견제와 균형을 이룬다. 의원은 법관을 겸직할 수 없고, 의회는 법률에 따라서만 법원을 조직하고 법률에 따라서만 법원의 기능을 규제할 수 있다. 의회가 법원의 재판과정에 개입하거나 재판 내용에 간섭하거나 특정인을 처벌하는 내용의 법률을 제정할 수는 없다. 의회의 법관에 대한 탄핵소추권도 법관이 헌법과 법률에 위배한 사실을 요건으로 하므로, 의회에 대한 법원의 예속을 뜻하지 않는다.

국회에서 법원의 독립과 관련하여 가장 문제가 되는 것은 국정감사·조사권의 한계와 사법권의 한계이다. 국회는 법원에 대해서 국정감사·조사권이 있으나 계속 중인 재판이나 수사 중인 사건의 소추에 관여할 목적으로 감사 또는 조사를 해서는 안 된다('국정감사 및 조사에 관한 법률' 제8조). 이에 대응하여 법원도 국회 내부행위에 관해서는 관여할 수 없다. 예를 들어 국회가 한 국회의원에 대한 자격심사·제명·징계에 관해서는 국회의 자율권을 보장하려고 법원에 제소할 수 없게 되어 있다(헌법 제64조 제4항).

② 집행부에서 독립

법원의 독립은 집행부에서 독립을 아우른다. 따라서 집행부와 법원은 조직·운영·구성·기능 측면에서 상호 독립적이어야 한다. 그 결과 집행부의 구성원과 법관의 겸직은 금지되고, 법원이 행정처분을 할 수 없듯이 집행부도 재판에 간섭하거나 영향력을 미칠 수 없다. 법원의 정부에서 독립은 대법원과 각급 법원의 조직에 대한 법률주의를 규정하는 헌법 제102조 제3항과 법관자격의 법률주의를 규정하는 헌법 제101조 제3항에서 규정한다.

사법부 조직상 독립의 원칙에 한정된 문제는 아니지만 사법부의 예산편성권이 집행부에 있는 점은 법원의 독립에 장애요소로 지적된다. 법원의 예산 요구를 존중하는 다양한 장치가 모색되어야 한다. 이러한 점은 법원조직법과 국가재정법이 부분적으로 반영한다. 법원의 예산을 편성할 때 사법부의 독립성과 자율성을 존중하여야 한다(법원조직법 제82조 제2항). 그리고 법원의 재정적인 독립성을 존중하려고 법원이 제출한 세출예산요구액을 감액하고자 할 때는 국무회의에서 대법원장의 의견을 구하여야 하고, 실제 감액할 때는 그 규모와 이유, 감액에 관한 대법원장의 의견을 국회에 제출하여야 한다(국가재정법 제40조).

③ 법원의 자율성

법원의 독립성이 유지되려면, 법원의 내부규율과 사무 처리가 다른 국가기관의 간섭을 받지 아니하고, 법원이 이를 자율적으로 처리할 수 있는 사법자치제가 확립되어야 한다. 헌법은 제108조에서 "대법원은 법률에 저촉되지 아니하는 범위 안에서 소송에 관한 절차, 법원의 내부규율과 사무처리에 관한 규칙을 제정할 수 있다."라고 하여, 법원의 자치와 자율성을 보장하려고 대법원에 사법규칙제정권을 부여한다.

(2) 한계

법원의 조직은 의회가 제정하는 법률에 근거하고 법관의 재판도 의회가 제정한 법률에 구속되므로, 사법부의 입법부에서 독립에는 법치국가적 요청에서 오는 일정한 한계가 있다. 그리고 대법원장과 대법관을 대통령이 임명하도록 한다든지, 법원의 예산안을 정부가 편성하고 국회가 심의·확정하게 하는 것은 법원의 조직상 독립에도 일정한 한계가 있음을 말해준다.

(3) 특별법원

조직의 독립이 보장되지 않고, 대법원을 최고법원으로 하지 않는 이른바 특별법원은 헌법이 특별히 규정하는 경우를 제외하고는 허용되지 않는다. 헌법은 특별법원으로 군사법원을 설치한다(헌법 제110조 제1항).[47] 군사법원에서 하는 재판도 비상계엄이 선포된 때를 제외하고는 대법원을 최종심으로 한다. 비상계엄이 선포되면 일정한 범위의 범죄에 관해서는 군사법원에서 단심으로 할 수 있다. 다만, 선고 내용이 사형이면 대법원이 최종심이 되어야 한다(헌법 제110조 제2항과 제4항).

법원조직의 독립과 관련하여 군사법원의 조직 문제에 관한 검토가 필요하다. 군사법원은 일반 법원과는 달리 군부대 등에 설치된다. 이 점만을 이유로 군사법원이 헌법에 위반된다고 할 수는 없다. 군은 임무 특성상 자주 이동하고, 급변하는 상황에 대처하여야 하며, 이에 상응하여 군사법원에서 하는 재판은 신속히 이루어져야 한다. 이러한 목적에서 군사법원을 군부대에 설치할 필요가 있기 때문이다.[48]

5. 법관의 독립

법관의 독립은 직무상 독립과 신분상 독립으로 이루어진다. 법관의 신분상 독립은 법관의 직무상 독립을 보장하려는 수단적 의미가 있다.[49]

---

47) 헌재 1996. 10. 31. 93헌바25, 판례집 8-2, 443, 451-452: "헌법 제110조 제1항에서 "특별법원으로서 군사법원을 둘 수 있다"는 의미는 군사법원을 일반법원과 조직·권한 및 재판관의 자격을 달리하여 특별법원으로 설치할 수 있다는 뜻으로 해석되므로 법률로 군사법원을 설치함에 있어서 군사재판의 특수성을 고려하여 그 조직 권한 및 재판관의 자격을 일반법원과 달리 정하는 것은 헌법상 허용되고 있다. 그러나 아무리 군사법원의 조직 권한 및 재판관의 자격을 일반법원과 달리 정할 수 있다고 하여도 그것이 아무런 한계없이 입법자의 자의에 맡겨 질 수는 없는 것이고 사법권의 독립 등 헌법의 근본원리에 위반되거나 헌법 제27조 제1항의 재판청구권, 헌법 제11조 제1항의 평등권, 헌법 제12조의 신체의 자유 등 기본권의 본질적 내용을 침해하여서는 안될 헌법적 한계가 있다고 할 것이다."

48) 헌재 1996. 10. 31. 93헌바25, 판례집 8-2, 443, 452-453: "군은 국가의 안전보장과 국토방위의 임무를 수행하기 위하여 외적에 대항하는 전투집단으로서 생명을 걸고 위험한 행동을 하는 특성을 가진다. 이와 같은 군대조직에 있어서 군기의 유지와 군 지휘권 확립은 그 조직을 유지, 운용하는데 있어서 필요불가결한 것인데 군사범죄는 일반적으로 군대조직을 급속도로 오염시켜 군기를 일거에 붕괴시키는 특징을 가지고 있다. 그리고 군은 그 임무의 특성상 전시에는 말할것도 없고 평시에도 적의 동태나 작전계획에 따라 자주 이동하고, 급박하게 상황이 변화하므로 이에 대응하여 언제, 어디서나 신속히 군사재판을 할 수 있도록 하기 위하여 군사법원을 군부대 등에 설치할 필요가 있고, 군 지휘권을 확립하고 군사범죄를 정확히 심리, 판단할 수 있도록 하기 위하여 군사법원에 군 지휘관을 관할관으로 두고 관할관이 군판사 및 재판관의 인사권을 갖게하고, 군의 사정을 잘 알고 군사문제에 관하여 경험과 학식이 풍부한 일반장교를 재판에 참여시킬 필요가 있으며 또한 군사법원체제가 전시에 제대로 기능을 할 수 있기 위하여는 그러한 사법체제가 평시에 미리 조직, 운영되고 있어야 할 것이다. 특히 북한과 첨예한 군사적 대치상황에 놓여있는 우리나라의 경우에는 그러한 사법체제의 필요성이 더욱 크다고 할 것이다. 따라서 구 군사법원법 제6조가 군사법원을 군부대 등에 설치하도록 하고, 같은 법 제7조가 군사법원에 군 지휘관을 관할관으로 두도록 하고, 같은 법 제23조, 제24조, 제25조가 국방부장관, 각군참모총장 및 관할관이 군판사 및 심판관의 임명권과 재판관의 지정권을 갖고 심판관은 일반장교 중에서 임명할 수 있도록 규정한 것은 위에서 본 바와 같이 헌법 제110조 제1항, 제3항의 위임에 따라 군사법원을 특별법원으로 설치함에 있어서 군대조직 및 군사재판의 특수성을 고려하고 군사재판을 신속, 적정하게 하여 군기를 유지하고 군지휘권을 확립하기 위한 것으로서 필요하고 합리적인 이유가 있다고 할 것이다."

49) 헌재 1992. 11. 12. 91헌가2, 판례집 4, 713, 728: "법관에 대하여 헌법이 직접적으로 그 신분보장규정을 두고 있는 이유는 사법권의 독립을 실질적으로 보장함으로써 헌법 제27조에 의하여 보장되고 있는 국민의 재판청구권

(1) 직무상 독립(실질적 독립, 물적 독립)

① 의의

법관이 재판에 관한 직무를 수행할 때 오로지 헌법과 법률 그리고 자신의 양심을 따를 뿐이지, 국회나 집행부는 물론 사법부 안에서도 상급법원이나 소속 법원장의 지시 또는 명령을 받지 않고, 소송당사자나 그 밖의 사회적·정치적 세력에서도 영향을 받지 않아야 한다. 이를 법관의 재판상 독립이나 직무상 독립이라고 한다. 헌법은 제103조에서 "법관은 헌법과 법률에 의하여 그 양심에 따라 독립하여 심판한다."라고 하여, 법관의 직무상(재판상) 독립을 보장한다. 1919년 9월 11일 제정된 대한민국 임시헌법 제45조와 1944년 4월 22일 제정된 대한민국 임시헌장 제51조도 법관의 독립에 관해서 규정하였다. 법관의 직무상 독립은 (ⅰ) 헌법과 법률 및 양심에 따른 심판과 (ⅱ) 내·외부작용에서 독립한 심판을 내용으로 한다.

② 헌법과 법률에 의한 심판

법관은 심판할 때 헌법과 법률에 구속된다(법적 기속의 원리). 법관이 재판할 때 헌법과 법률에 구속되는 것은 법치국가원리에 비추어 당연한 것이지만, 실천적으로는 헌법을 정점으로 하는 법질서의 통일성을 유지하고 재판의 정당성을 보장하려는 것이다. 헌법은 국민이 직접 제정하는 것이고 법률은 국민의 대표기관인 의회가 제정한 것이므로, 헌법과 법률에 의한 재판만이 국민의사에 따른 재판으로서 민주적 정당성이 있을 수 있기 때문이다. 헌법에서는 헌법과 법률을 규정짓는 사항이나 대상을 찾을 수 없으므로, 여기서 헌법과 법률은 형식적으로 이해되어야 한다. 즉 헌법은 성문헌법을 뜻하고, 법률은 원칙적으로 형식적 법률을 의미한다. 다만, 법률대위명령(헌법 제76조)과 국회가 체결과 비준에 대해서 동의한 조약(헌법 제60조 제1항, 제6조 제1항) 그리고 법률의 규범서열이 있는 일반적으로 승인된 국제법규(헌법 제6조 제1항)도 법률의 효력이 있으므로 실질적 법률로서 법률에 포함된다. 그리고 법률의 규범서열이 있는 관습법도 법률유사적 효력이 있으므로, 준법률로서 법률에 포함된다. 그러나 형사재판에서는 죄형법정원칙(죄형법정주의)이 지배하므로, 그 실체법은 형식적 법률과 실질적 법률에 국한된다고 보아야 한다. 이와는 달리 형사재판·민사재판·행정재판을 불문하고 모든 재판은 절차법에 관한 한 형식적 법률에 따라야 한다. 다만, 대통령의 법률대위명령과 소송절차에 관한 대법원규칙은 이에 대한 예외가 된다(헌법 제76조, 제108조).

이 올바로 행사될 수 있도록 하기 위한 것임은 의문의 여지가 없다. 헌법 제27조 제1항이 규정하고 있는 국민의 재판청구권의 보장내용은, 헌법과 법률이 정한 자격과 절차에 의하여 임명되고(헌법 제104조, 법원조직법 제41조 내지 제43조), 물적 독립(헌법 제103조)과 인적 독립(헌법 제106조, 법원조직법 제46조)이 보장된 법관에 의한 재판을 받을 권리를 의미하며(헌법재판소 1992.6.26. 선고, 90헌바25 결정 참조), 사법권의 독립은 재판상의 독립 즉 법관이 재판을 함에 있어서 오직 헌법과 법률에 의하여 그 양심에 따라 할 뿐 어떠한 외부적인 압력이나 간섭도 받지 않는다는 것 뿐만 아니라 그 수단으로서 법관의 신분보장도 차질없이 이루어져야 함을 의미하는 것이다. 특히 신분보장은 법관의 재판상의 독립을 보장하는데 있어서 필수적인 전제로서 정당한 법절차에 따르지 않은 법관의 파면이나 면직처분 내지 불이익처분의 금지를 의미하는 것이다."

법관이 법규범에 따라서 재판을 할 때 법률이면 그 폐지 여부, 신·구법 여부, 일반법이나 특별법 여부, 그 위헌 여부 등을 심사하여야(문제 되면 헌법재판소에 위헌제청) 하고, 그 밖의 법규범이면 그 효력 여하, 다른 법규와 효력적 위계 여하, 위헌·위법 여부를 심사하여야 한다. 그 결과 위헌이나 위법이면 적용을 거부할 수 있으나, 단순히 부당하다는 이유만으로는 적용을 거부할 수 없다. 다만, 법관의 헌법 구속은 재판에 대한 헌법소원이 배제된 현행 제도에서는 구체적인 통제를 받지 않는다는 문제점이 있다.

③ 양심에 따른 심판

법관은 양심에 따라 독립하여 심판한다(양심적 구속의 원리). 양심은 일반적으로 선·악에 관한 가치판단 등 인간의 내심의 작용인 '도덕적·윤리적 확신'을 말한다(도덕적·윤리적 양심). 그러나 헌법 제103조의 양심은 법관으로서 양심을 말한다. 법관으로서 양심은 공정성과 합리성에 바탕을 둔 법해석을 직무로 하는 사람의 법조적 양심인 법리적 확신을 말한다(객관적·법리적 양심). 이는 양심의 자유와 관련이 없는 독립적 권한 행사의 바탕이 되는 개인적 소신으로 보아야 한다.

④ 독립하여 하는 심판

'독립하여 심판한다'라는 것은 법관이 재판할 때 헌법과 법률 그리고 자신의 양심 이외에는 어떠한 외부적 간섭이나 영향도 받지 아니하고, 재판결과에 대해서도 형사상·징계상 책임을 추궁당하지 아니함을 뜻한다. '독립하여 하는 심판'의 '독립'은 외부작용에서 독립과 사법부 내부에서 독립을 포함한다.

(i) 외부에서 독립

ⓐ 다른 국가기관에서 심판 독립

법관이 재판을 할 때 국회나 집행부 등 그 밖의 국가기관의 지시나 명령에 따르지 않아야 하고, 그 밖의 국가기관도 법관의 재판에 간섭하여서는 아니 된다. 그리고 외부작용에서 법관의 재판상 독립이 보장되기 위해서는, 법관 스스로도 정치적 활동이나 이권 문제에 개입하는 행위 등을 자제하지 않으면 아니 된다. 법원조직법은 법관에 대한 금지사항으로, 법관이 (가) 국회나 지방의회의 의원과 행정부서의 공무원이 되는 것, (나) 정치운동에 관여하는 것, (다) 대법원장 허가 없이 보수 있는 직무에 종사하거나 금전상 이익을 목적으로 하는 업무에 종사하는 것, (라) 대법원장 허가 없이 국가기관 이외의 법인·단체 등의 고문·임원·직원 등의 직위에 취임하는 것 등을 규정한다(법원조직법 제49조). 그리고 국회는 계속 중인 재판이나 수사 중인 사건의 소추에 관여할 목적으로 국정감사와 국정조사를 할 수 없다(국정감사법 제8조).

ⓑ 소송당사자에서 심판 독립

법관은 재판할 때 소송당사자에서도 독립하여야 한다. 형사재판에서 소추권을 행사하는 검찰기관과 행정재판에서 소송당사자가 되는 행정관청은 소송절차를 통하지 아니한 어떠한 간섭도 법관에게 할 수 없다. 법관의 심판 독립을 뒷받침하려고 각종 소송법에서는 법관의 제척·기피·회피제도를 규정한다.

ⓒ 사회적·정치적 세력에서 심판 독립

오늘날 일반 국민의 비판은 물론이고, 정치적·사회적 단체나 대중매체 등의 비판이나 압력(대중시위·법정투쟁·여론 등) 때문에, 법관의 재판상 독립이 위협을 받는 사례가 빈발한 현상과 관련하여, 재판의 독립은 '다른 국가기관의 압력이나 간섭뿐 아니라 국민의 비판까지도 배제한다는 절대적 독립을 의미한다'라고 보는 절대적 독립설과 '단지 집행부나 입법부의 압력이나 간섭에서 독립만이라는 상대적 독립을 의미한다'라고 보는 상대적 독립설이 갈린다. 생각건대 국민주권원칙에 따라 주권자인 국민은 모든 국가기관의 모든 행위를 비판 대상으로 할 수 있으므로, 상대적 독립설이 타당하다.[50)]

따라서 일반 국민은 물론 언론이나 정치·사회단체 등도 청원권 행사나 언론매체를 통해서 재판을 비판할 수 있다. 하지만 그 비판이 재판의 내용 그 자체에 간섭하는 것이거나(청원법 제5조 제1항 제1호) 사전에 재판에 영향을 미치려고 집단적 행동으로 법관에게 직접 위협을 가하는 것이어서는 아니 된다. 재판 비판은 법관의 법해석이나 사실 인정에 적용된 법칙을 시비 대상으로 할 때만 가능하고, 법관의 전속적 권한에 속하는 사실 인정이나 유·무죄 판단 그 자체를 대상으로 하거나 형사피고인의 무죄추정원칙을 근본적으로 부정하는 정도의 비판은 할 수 없다. 다만, 재판에 대한 학리적 비판이나 사법민주화를 위한 비판(소송 지연, 피고인에 대한 인권 경시, 불완전한 법정질서 유지, 흉악범에 대한 지나치게 경미한 형량 등에 대한 비판)은 무방하다. 따라서 일반 국민의 청원권 행사나 언론·정당·사회단체 등 여론에 따른 재판의 비판에도 일정한 한계가 있다.

(ⅱ) 내부에서 독립

현행 헌법 아래에서는 대법원이 최고법원이고 그 하위에 각급 법원이 설치됨으로써 간접적인 의미에서나마 심급제가 규정되고, 대법원은 최고법원으로서 사법행정에 관해서 하급법원을 감독할 권한이 있다. 그러나 법관이 재판할 때는 대법원장이나 상소심법원장 또는 소속 법원장 등의 지휘·명령을 받지 아니하고, 대법원장이나 상소심법원장 또는 소속 법원장도 법관에게 지시나 간섭을 할 수 없다. 따라서 소송절차에 따르지 아니한 다른 방법으로 상급법원이나 소속 법원장이 사전에 지시·간섭하거나 사후에 재판을 취소 또는 변경할 수 없다. 재판이 합의제이면 법관은 독립하여 직권을 행사하고, 사실 판단이나 법률 판단에 관해서 재판

---

50) 상대적 독립설과 절대적 독립설의 대립은 무의미하다고 하면서, 사회적·정치적 세력에서 심판 독립은 국가기관이나 사회적·정치적 세력이나 국민을 불문하고 법관이 재판할 때 부당한 압력을 행사하여서는 아니 된다는 의미라는 견해로는 홍성방, 『헌법학(하)(제3판)』, 박영사, 2014, 267쪽.

장이나 다른 법관의 지시·명령에 따르도록 강제받지 않는다.

문제가 되는 것은 법원조직법 제8조의 "상급법원의 재판에 있어서의 판단은 당해 사건에 관하여 하급심을 기속한다."라는 규정이다. 이 규정도 하급법원이 상급법원이 지시에 따라 재판을 하여야 한다는 것이 아니고, 파기환송사건의 판결에서 상급법원이 한 법적 판단에 하급심법원이 기속된다는 것을 뜻할 뿐이다. 이때 상급법원 판단에 하급심법원이 기속되어야 하는 것은 계층적 상소제도를 인정하는 이상 불가피하다. 그렇지 않으면 상소사건은 하급심법원과 상급법원 사이에 무한히 왕복하여 해결이 날 수 없게 될 뿐 아니라 법원(法源, 특히 판례)의 통일성을 유지할 수도 없기 때문이다. 하지만 이 기속은 해당 사건만 그러한 것이고, 다른 사건이면 동일한 종류의 사건일지라도 하급심법원이 상급법원과 다른 견해를 판시할 수 있다. 그러므로 법원조직법 제8조는 법관의 재판상 독립을 규정한 헌법 제103조에 위반되는 것이 아니다.

(2) 신분상 독립(인적 독립)

① 의의

법관의 신분상 독립은 재판의 독립을 확보하기 위해서 법관의 인사 독립과 법관의 자격과 임기를 법률로 규정함으로써 법관의 신분을 보장한다는 것을 뜻한다. 재판의 독립은 결국 재판을 담당하는 법관의 독립을 그 본질로 하고, 법관의 독립은 법관의 신분이 보장될 때만 가능하기 때문이다.

② 법관인사의 독립

법관의 독립성을 확보하려면 법관의 임용·임기·보직 등 법관인사가 객관적이고 공정하여야 한다. 법관의 인사가 객관적이고 공정한 것이 되려면, 그 인사를 법원의 자율적 결정에 맡겨야 한다. 법관의 인사제도에 관한 입법례로는 (ⅰ) 세습제(대혁명 이전의 프랑스), (ⅱ) 선거제(법관으로 구성된 선거인단의 선거, 의회의 선거, 국민의 선거 등), (ⅲ) 정부임명제(최고법원장이나 법관의 정부 임명), (ⅳ) 법원의 자율적 임명제 등이 있다.

현행 헌법은 법관의 신분상 독립을 강화하고 인사 공정을 기하려고, "대법원장과 대법관이 아닌 법관은 대법관회의의 동의를 얻어 대법원장이 임명한다."(헌법 제104조 제3항)라고 규정하여, 일반 법관 임명을 사법부의 자율에 일임하고, 법원조직법은 "판사의 보직은 대법원장이 행한다."(법원조직법 제44조)라고 하여, 법관의 보직까지도 사법부의 자율에 맡긴다.

③ 법관자격제

법관의 신분상 독립을 보장하려고 법관의 자격은 법률로 정한다(헌법 제101조 제3항). 법률에 의한 법관의 자격규정은 집행권에서 법관의 독립성을 유지하기 위해서 필수적이다. 법관의 자격을 규정한 법률로서 법원조직법이 있다. 법원조직법을 따르면 대법원장과 대법관은

20년 이상 판사·검사·변호사의 직에 있던 사람, 변호사 자격이 있는 사람으로서 국가기관, 지방자치단체, '공공기관의 운영에 관한 법률' 제4조에 따른 공공기관, 그 밖의 법인에서 법률에 관한 사무에 종사한 사람, 변호사 자격이 있는 사람으로서 공인된 대학의 법률학 조교수 이상으로 재직한 사람으로서, 45세 이상의 사람 중에서 임용한다. 그리고 판사는 10년 이상 검사·변호사의 직에 있던 사람, 변호사 자격이 있는 사람으로서 국가기관, 지방자치단체, '공공기관의 운영에 관한 법률' 제4조에 따른 공공기관, 그 밖의 법인에서 법률에 관한 사무에 종사한 사람, 변호사 자격이 있는 사람으로서 공인된 대학의 법률학 조교수 이상으로 재직한 사람 중에서 임용한다(법원조직법 제42조).

④ 법관의 임기제와 연임제 그리고 정년제

대법관 임기는 6년이고 일반 법관 임기는 10년이지만 법률이 정하는 바에 의하여 연임할 수 있다. 다만, 대법원장 임기는 6년으로 하며 중임할 수 없다(헌법 제105조). 법관 임기를 영미처럼 종신제로 하지 아니하고 6년 또는 10년으로 한 것은, 법관의 지위가 고정되는 것에서 오는 법관의 보수화와 관료화를 방지할 수 있다는 긍정적인 측면도 없지 않다. 그러나 법관의 신분 보장이 그만큼 위협을 받게 되어 사법부의 독립을 약화할 수 있다는 부정적인 측면도 있다.[51] 그러나 법관은 법관으로서 과실이 없는 한 재임명될 것이므로, 법률에 규정된 정년에 이르기까지는 그 지위가 보장될 것이다. 임기가 끝난 판사는 인사위원회 심의를 거치고 대법관회의 동의를 받아 대법원장의 연임발령으로 연임한다(법원조직법 제45조의2 제1항). 대법원장은 (ⅰ) 신체상 또는 정신상 장해로 판사로서 정상적인 직무를 수행할 수 없는 때, (ⅱ) 근무성적이 현저히 불량하여 판사로서 정상적인 직무를 수행할 수 없는 때, (ⅲ) 판사로서 품위를 유지하는 것이 현저히 곤란한 때의 어느 하나에 해당한다고 인정되는 판사에 대해서는 연임발령을 하지 아니한다(법원조직법 제45조의2 제2항).[52]

---

[51] 헌재 2002. 10. 31. 2001헌마557, 판례집 14−2, 541, 551: "이 사건 법률조항과 같이 법관의 정년을 설정한 것은 법관의 노령으로 인한 정신적·육체적 능력 쇠퇴로부터 사법이라는 업무를 제대로 수행함으로써 사법제도를 유지하게 하고, 한편으로는 사법인력의 신진대사를 촉진하여 사법조직에 활력을 불어넣고 업무의 효율성을 제고하고자 하는 것으로 그 입법목적이 정당하다."

[52] 헌법재판소는 ① 연임결격조항의 입법목적과 관련 조항의 해석 및 용어의 사전적 의미 등을 종합하면, 연임결격조항에서 말하는 '근무성적이 현저히 불량한 경우'란 판사의 직무수행에 관한 평가 결과가 뚜렷이 드러날 정도로 나쁜 경우로 충분히 해석할 수 있고, 그 내용이 불명확하여 수범자인 판사에게 예측 가능성을 제공하지 못하거나 법집행자에게 자의적인 법해석이나 법집행을 허용한다고 할 수 없으므로 명확성원칙에 위배되지 아니하며, ② 연임결격조항은 직무를 제대로 수행하지 못하는 판사를 그 직에서 배제하여 사법부 조직의 효율성을 유지하려는 것으로 그 정당성이 인정되고, 판사의 근무성적은 공정한 기준에 따르면 판사의 사법운영능력을 판단할 때 다른 요소와 비교하여 더 객관적인 기준으로 작용할 수 있고, 이를 통해 국민의 재판청구권의 실질적 보장에도 이바지할 수 있으며, 나아가 연임심사에 반영되는 판사의 근무성적에 대한 평가는 10년이라는 장기간 동안 반복적으로 실시되어 누적된 것이므로, 특정 가치관이 있는 판사를 연임에서 배제하는 수단으로 남용될 가능성이 크다고 볼 수 없고, 근무성적평정을 실제로 운용할 때 재판의 독립성을 해칠 우려가 있는 사항을 평정사항에서 제외하는 것 등 평정사항을 한정하며, 연임 심사과정에서 해당 판사에게 의견진술권 및 자료제출권이 보장되고, 연임하지 않기로 한 결정에 불복하여 행정소송을 제기할 수 있는 점 등을 고려할 때, 판사의 신분 보장과 관련한

법관의 정년제는 사법부의 노쇠화를 방지하려고 법률이 정한 연령에 도달하면 퇴직하게 하는 제도를 말한다. 법원조직법은 대법원장과 대법관의 정년은 70세, 판사의 정년은 65세로 한다(법원조직법 제45조 제4항).[53]

예측 가능성이나 절차상 보장이 현저히 미흡하다고 볼 수도 없으므로, 연임결격조항은 사법의 독립을 침해한다고 볼 수 없다고 하였다(헌재 2016. 9. 29. 2015헌바331, 판례집 28-2상, 455).

53) 헌재 2002. 10. 31. 2001헌마557, 판례집 14-2, 541, 548-550: "이 사건 법률조항은 법관의 정년을 직위에 따라 대법원장 70세, 대법관 65세, 그 이외의 법관 63세로 하여 법관 사이에 약간의 차이를 두고 있는 것으로, 헌법 제11조 제1항에서 금지하고 있는 차별의 요소인 '성별', '종교' 또는 '사회적 신분' 그 어디에도 해당되지 아니할 뿐만 아니라, 그로 인하여 어떠한 사회적 특수계급제도를 설정하는 것도 아니다. 그렇다면, 이 사건 법률조항의 평등권 침해여부와 관련하여 문제되는 것은 위와 같이 법관에 따라 그 정년연령에 차등을 두는 것, 다시 말하면, 대법관은 대법원장보다 5세, 그 이외의 일반법관의 정년연령은 그 보다 7세나 5세 정도 낮게 설정하는 것에 합리적인 이유가 있는가 여부라고 할 것이다. 법관정년제를 두는 것은 통상 나이가 들어감에 따라 육체적·정신적 능력이 쇠퇴해 가는 것이 사실이므로, 그에 대처하여 사법이라는 업무를 효율적으로 제대로 수행함으로써 사법제도를 유지하고자 하고, 한편으로는 사법인력의 신진대사를 촉진하여 사법조직에 활력을 불러일으키고자 하는 중요한 공익을 위한 것이라고 할 것이다. 즉, 법관정년제는 법관의 쇠퇴화·보수화·관료화를 완화 또는 방지하고자 하는데 그 입법목적이 있고, 나아가 정년을 명시함으로써 법관의 신분보장에도 기여하는 것으로 보고 있다. 그리고 일반법관보다 대법원장·대법관의 정년연령을 더 높이 설정한 이유는, 첫째, 경험이 풍부하고 식견이 높은 인물을 가능한 한 연령에 제한됨이 없이 널리 구하고, 둘째, 대법원은 법률심이고 사실심이 아니기 때문에 신체적인 부담이 하급법원의 법관에 비하여 비교적 적다는데 있으며, 셋째, 정원이 적으므로 고령에 달할 때까지 심신이 모두 건강한 인물을 채용할 수 있다는 것이다.[1] 그 밖에 그 자격요건(15년 이상의 법조경력) 등으로 상대적으로 높은 연령에서 임명된다는 점 등을 들 수 있다. 한편, 우리나라 국가공무원의 정년에 관하여는 원칙적으로 직무의 종류 및 계급에 따라 이를 달리 정하고 있는데, 다른 법률에 특별한 규정이 있는 경우를 제외하고는 일반직 공무원으로서 5급 이상의 공무원은 60세, 6급 이하의 공무원은 57세(다만 공안직 8급 및 9급 공무원은 54세)를 그 정년으로 하고 있다. 그리고 일반직 공무원 중 대통령령이 정하는 연구 또는 특수기술직렬의 공무원은 57세 내지 60세(연구관·지도관은 60세, 연구사·지도사는 57세), 기능직 공무원은 50세 내지 57세(등대직렬 및 방호직렬공무원은 59세)의 범위 내에서 국회규칙, 대법원규칙, 헌법재판소규칙, 중앙선거관리위원회규칙 또는 대통령령이 정하는 바에 따라 정년을 정하도록 하고 있다(국가공무원법 제74조). 검찰총장의 정년은 65세, 검찰총장 외의 검사의 정년은 63세로 되어 있고(검찰청법 제41조), 경찰공무원의 정년은 경정 이상이 60세, 경감 이하가 57세로 되어 있고, 별도로 치안감 4년 등 계급정년도 규정하고 있으며(경찰공무원법 제24조 제1항), 군인의 경우는 연령정년으로 원수 종신, 대장 63세, 중장 61세, 소장 59세, 준장 58세……하사 40세에 이르기까지 계급별로 차등하게 설정되어 있고, 별도로 근속정년(대령 35년 등), 계급정년(중장 4년 등)도 두고 있고, 교육공무원의 경우는 고등교육법 제14조에 의한 대학교수, 총장, 학장 등 대학교 교원은 65세, 그 이외에는 62세로 되어 있으며(교육공무원법 제47조 제1항), 외무공무원의 정년은 60세로 되어 있는데, 다만, 외교통상부 및 그 소속기관의 직위 중 대통령령이 정하는 직위에 재직 중인 자는 정년을 초과하여 근무할 수 있으나 64세를 초과할 수 없도록 규정하고 있다(외무공무원법 제27조 제1항, 제3항). 그렇다면, 우리나라 공무원의 정년은 그 직무의 성격에 따라 다소 차이를 두고 있으나 군인의 경우 이외에는 대체로 60세 내지 65세로 설정되어 있음을 알 수 있다. 법관은 국가의 통치권인 입법·행정·사법의 주요 3권 중 사법권을 담당하고 그 권한을 행사하는 국가기관이고, 다른 국가기관이나 그 종사자와는 달리 헌법과 법률에 의하여 그 양심에 따라 독립하여 심판하는 기관으로서(헌법 제103조), 법관 하나 하나가 법을 선언·판단하는 독립된 기관이며, 그에 따라 사법권의 독립을 위하여 헌법에 의하여 그 신분을 고도로 보장받고 있다(헌법 제106조). 따라서, 법관의 정년을 설정함에 있어서, 입법자는 위와 같은 헌법상 설정된 법관의 성격과 그 업무의 특수성에 합치되어야 하고, 관료제도를 근간으로 하는 계층구조적인 일반 행정공무원과 달리 보아야 함은 당연하므로, 고위법관과 일반법관을 차등하여 정년을 설정함은 일응 문제가 있어 보이나, 사법도 심급제도를 염두에 두고 있다는 점과 위에서 살펴본 몇 가지 이유를 감안하여 볼 때, 일반법관의 정년을 대법원장이나 대법관보다 낮은 63세로, 대법관의 정년을 대법원장보다 낮은 65세로 설정한 것이 위헌이라고 단정할 만큼 불합리하다고 보기는 어렵다고 할 것이다. 그리고 외국의 경우, 법관을 종신직으로 하고 있는 나라도 있지만, 법관의 정년을 규정하고 있는 나라에서는 대개 65세 내지 70세 전후로 설정

⑤ 법관의 신분 보장

재판의 독립을 확보하려면 법관의 신분이 보장되어야 한다. 사법권의 독립을 위해서 법관의 신분을 보장하는 것은 각국에 공통된 현상이지만, 그 형태는 각양각색이다. 현행 헌법은 법관의 신분 보장을 위해서 파면·불리한 처분·강제퇴직 제한 등을 명시한다.[54] 헌법이 신분을 보장하는 법관이 적법절차에 따르지 않고 그 의사에 반하여 해직된다면, 사법권의 독립과 법치국가원리에 중대한 위협이 될 것이다.

(ⅰ) 파면 제한

법관은 신분 보장을 받으므로 임기 중에는 특별한 이유가 없는 한 면직되지 아니한다. 헌법 제106조 제1항이 "법관은 탄핵 또는 금고 이상의 형의 선고에 의하지 아니하고는 파면되지 아니"한다고 규정하므로, 헌법재판소의 탄핵결정이나 금고 이상의 형 선고가 있는 때만 법관은 파면될 수 있다. 피청구인이 징계 등 처분에 대해서 불복하려면 징계 등 처분이 있음을 안 날부터 14일 이내에 전심절차를 거치지 아니하고 대법원에 징계 등 처분의 취소를 청구하여야 한다(법관징계법 제27조 제1항).

(ⅱ) 법관징계위원회의 징계처분이 아닌 불리한 처분 금지

헌법 제106조 제1항은 "징계처분에 의하지 아니하고는 정직·감봉 기타 불리한 처분을 받지 아니한다."라고 규정하여서, 법관은 법관징계위원회(법원조직법 제48조 제1항, 법관징계법 제4조)의 징계처분에 따르지 아니하고는 정직·감봉 기타 불리한 처분을 받지 아니한다(법원조직법 제46조 제1항). 법관에 대한 징계처분은 정직·감봉·견책의 세 종류로 한다(법관징계법 제3조 제1항).

(ⅲ) 중대한 심신상 장해 이외의 사유에 따른 강제퇴직 금지

헌법 제106조 제2항은 "법관이 중대한 심신상의 장해로 직무를 수행할 수 없을 때에는 법률이 정하는 바에 의하여 퇴직하게 할 수 있다."라고 규정하여서, 중대한 심신상 장해로 직무를 수행할 수 없을 때만 강제퇴직할 수 있다. 법관이 중대한 신체상 또는 정신상 장해로 직무

되어 있으며, 특히 법관의 정년연령이 2원적으로 설정되어 있는 경우에는 대체로 고위법관의 정년연령이 고령으로 규정되어 있다는 것을 알 수 있다. 그렇다면, 이 사건 법률조항이 법관의 정년을 직위에 따라 순차적으로 낮게 차등하게 설정한 것은 법관 업무의 성격과 특수성, 평균수명, 조직체 내의 질서 등을 고려하여 정한 것으로 그 차별에 합리적인 이유가 있다고 할 것이므로, 청구인의 평등권을 침해하였다고 볼 수 없다."

1) 김철수 외9, 주석헌법, 법원사 1996. 584-585쪽 참조.

54) 헌재 2002. 10. 31. 2001헌마557, 판례집 14-2, 541, 552-553: "우리는 헌법규정 사이의 우열관계, 헌법규정에 대한 위헌성판단을 인정하지 아니하고 있으므로, 그에 따라 헌법 제106조 법관의 신분보장 규정은 헌법 제105조 제4항 법관정년제 규정과 병렬적 관계에 있는 것으로 보아 조화롭게 해석하여야 할 것이고, 따라서, 정년제를 전제로 그 재직 중인 법관은 탄핵 또는 금고 이상의 형의 선고에 의하지 아니하고는 파면되지 아니하며, 징계처분에 의하지 아니하고는 정직, 감봉 기타 불리한 처분을 받지 아니한다고 해석하여야 하고, 그러한 해석하에서는 헌법 제105조 제4항에 따라 입법자가 법관의 정년을 결정한 이 사건 법률조항은 그것이 입법자의 입법재량을 벗어나지 않고 기본권을 침해하지 않는 한 헌법에 위반된다고 할 수 없고,"

를 수행할 수 없을 때, 대법관이면 대법원장 제청으로 대통령이 퇴직을 명할 수 있고, 판사이면 인사위원회 심의를 거쳐 대법원장이 퇴직을 명할 수 있다(법원조직법 제47조).

(ⅳ) 다른 기관 파견 시 해당 법관 동의 필요

법원조직법 제50조는 "대법원장은 다른 국가기관으로부터 법관의 파견근무 요청을 받은 경우에 업무의 성질상 법관을 파견하는 것이 타당하다고 인정되고 해당 법관이 파견근무에 동의하는 경우에는 그 기간을 정하여 이를 허가할 수 있다."라고 규정한다. 그동안 법관이 청와대·안기부(현 국정원) 등 다른 기관에 파견된 사례가 적지 않았다. 그러나 이는 권력분립 정신에 위배되고 사법부의 신뢰를 저해하는 요인으로 작용할 우려가 있으므로, 법관의 다른 기관 파견에는 신중을 기하여야 한다.

(ⅴ) 법관에게 금지된 사항

법관도 재판상 독립을 유지하고 신분보장을 받으려면 정치문제에 개입하지 않아야 한다. 이러한 이유로 법원조직법은 다른 공직의 겸임·정치운동에 대한 관여·영리목적의 활동 등을 금지한다(법원조직법 제49조).

Ⅴ. 법원사법권 통제

1. 사법부내(부)적 통제

사법절차와 관련하여 생길 수도 있는 사법적 과오를 최소화하려고 헌법과 법원조직법을 비롯한 민사소송법·형사소송법·'소송촉진 등에 관한 특례법' 등은 재판의 심급제도와 공개제도 등을 규정한다.

(1) 심급제

헌법은 법원을 최고법원인 대법원과 각급 법원으로 조직하게 하여 간접적으로나마 상하의 심급제를 규정하고(헌법 제101조 제2항), 법원조직법은 법원의 재판권과 관련하여 3심제를 명문으로 규정한다. 헌법과 법원조직법이 심급제를 규정한 것은 소송절차를 신중하게 함으로써 공정한 재판을 확보하려는 데 그 목적이 있다. 다만, 헌법과 관계 법률의 규정을 보면, 선거소송과 비상계엄 아래 군사재판(사형 선고 제외)에서 3심제의 예외를 인정한다.

(2) 공개제

헌법은 형사피고인에 대해서 공개재판을 받을 권리를 보장하면서도(헌법 제27조 제3항), 재판의 공개주의를 거듭 규정한다(헌법 제109조). 재판의 공개주의는 소송의 심리와 판결을 공개함으로써 여론 감시 아래 재판의 공정성을 확보하고, 소송당사자의 인권을 보장하며, 나아가 재판에 대한 국민의 신뢰를 확보하려는 데 그 제도적 의의가 있다.

2. 사법부 외부에서 통제

(1) 국민의 재판참여제

국민이 사법부를 통제하는 수단으로는 국민이 사법과정에 참여하는 국민의 재판참여제를 들 수 있다. 국민의 재판참여제는 사법의 비민주성을 지양하기 위한 방안의 하나로서 그 의의가 적지 않다. 국민의 재판참여제는 사법의 민주적 정당성을 제고하여 줄 뿐 아니라, 사법의 관료화와 폐쇄성으로 말미암은 사법부 불신을 해소하기 위한 방안이 될 수 있다.

① 배심제

배심제는 일단의 비법률전문가인 일반 시민이 법률전문가인 직업법관과는 따로이 사건의 사실 문제에 관한 판단권을 행사하는 제도로서 한국에서는 이를 채택하지 않는다. 그러나 배심제는 (ⅰ) 사법과정의 민주성을 확보하고, (ⅱ) 법관의 관료화를 억제하며, (ⅲ) 인권 보장에 이바지할 뿐 아니라, (ⅳ) 국민에게 친숙한 재판이 되게 하는 것에 유효한 제도이므로 그 도입을 검토할 만하다. 다만, 2008년 1월 1일부터 시행되는 '국민의 형사재판참여에 관한 법률'에 따라 특정한 범죄에 대하여 형사재판을 할 때, 비법관인 일반 국민 중에서 선정된 일정 수의 배심원이 심리에 관여한 판사와 함께 양형을 관해서 토의하고 의견을 개진할 수 있는 형사재판참여제도가 실시되고 있다.

② 참심제

참심제는 비법률전문가인 비직업적 법관과 법률전문가인 직업적 법관이 합동하여 재판부를 구성하고, 이 재판부가 사실 문제와 법률 문제를 판단하며, 유·무죄 여부와 양형을 결정하는 제도이다. 현행 헌법과 법원조직법을 따르면 이러한 참심제 도입은 허용되지 않는다.

③ 법관선거제

법관선거제는 법관의 민주적 정당성을 확보하기 위한 가장 좋은 방법이다. 그러나 법관의 전문성을 확보하기 어렵고, 특히 법관의 중립성 유지에 치명적인 문제를 일으킬 수 있다.

(2) 입법부의 사법권 통제

입법부와 사법부는 원칙적으로 상호독립관계에 있으나, 억제·균형의 원리에 따라 서로 간에 일정한 통제권을 행사한다. 국회는 ① 사법사항에 대한 입법권 행사, ② 대법원장과 대법관의 임명동의권, ③ 사법부예산의 심의·확정권, ④ 법관에 대한 탄핵소추권, ⑤ 일반사면에 대한 동의권 등을 통해서 사법부를 통제한다.

(3) 집행부의 사법권 통제

집행부는 대통령의 대법원장 및 대법관임명권, 대통령의 사면·감형 그리고 복권권 등을 통해서 사법부를 통제할 수 있다.

(4) 헌법재판소의 법원사법권 통제

헌법재판소와 일반 법원은 상호독립의 헌법기관이지만, 양 사법기관은 억제·균형의 원리에 따라 상대방에 대해서 일정한 통제권을 행사할 수 있다. 특히 헌법재판소는 탄핵심판·헌법소원심판·권한쟁의심판 등을 통해서 법원을 통제할 수 있다.

제12장

국가기관론

제12장 국가기관론

제 1 절 국가와 국가기관

국가기관은 (공)법인으로서 구성원인 국민과 별개의 독자적인 권리와 의무의 주체이다. 현대 국가(의 조직)는 수많은 기관이 있고, 그들이 함께 작용함으로써 생명력을 유지한다. 기관은 특정 법적 주체(귀속주체)를 위해서 활동하는데 기관의 행위는 그 주체에 귀속된다. 따라서 국가기관의 행위는 국가에 귀속된다. 국가기관은 국가작용을 담당하는 기관을 말한다. 국민은 국민주권원칙(헌법 제1조 제2항)에 따라 주권을 보유하지만, 국민은 추상적 통일체이므로 국민의 의사를 현실적으로 실현하려면 제도적 장치가 필요하다. 이러한 제도적 장치가 국가기관이다.

제 2 절 국 민

국민은 국가의 구성요소이며, 주권자·기본권 주체·피치자의 지위가 있다. 그리고 이념적 통일체인 국민이 최고의 독립성을 가지고 국가의사를 불가분적으로 결정하여야 한다는 주장은 하나의 의제이며 허구에 지나지 않는다. 오늘날에는 국민주권은 과거와는 다른 의미, 곧 자주적 국가질서의 기본적인 전제를 형성하는 것으로 이해되므로, 국민주권은 국가질서의 정당성에 대한 근거나 기준으로 작용하며 국가질서가 지향하여야 할 바를 제시한다. 따라서 국민주권원칙은 소극적으로는 어떠한 형태의 군주국도, 전체주의적 또는 독재적 국가행태도 부정되어야 함을 뜻하고, 적극적으로는 대한민국의 국가질서가 자유국가적·국민국가적 질서라야 한다는 것을 뜻할 뿐 아니라 국가권력의 정당성이 국민에게만 있고, 모든 국가권력 행사를 최종적으로 국민의 의사에 귀착시킬 수 있다는 뜻이지, 국민이 직접 국가권력을 행사한다거나 직접 국가작용을 담당한다는 뜻이 아니다. 따라서 국민은 국가기관을 구성할 수는 있어도 국가기관 자체일 수는 없다.[1]

---

1) 홍성방, 『헌법학(하)(제3판)』, 박영사, 2014, 23~24쪽. 그러나 국민이 직접 국가사안 결정에 참여할 때 국민은 일종의 국가기관이라고 할 수 있다는 견해(장영수, 『헌법학(제13판)』, 홍문사, 2021, 127쪽)와 국민주권에는 국민이 현실적으로도 권력을 행사한다는 요소가 포함되므로 국민도 국가기관의 하나로 볼 수 있다는 견해(양 건, 『헌법강의(제10판)』, 법문사, 2021, 1069쪽), 국민이 잠정권이 있다는 것은 국민이 국가기능으로서 기능한다는 것의

제 3 절 헌법상 국가기관

Ⅰ. 국회와 (그 구성원인) 국회의원

1. 의회주의

(1) 개념

의회주의는 의회가 국민의 대표기관으로서 국가의사를 결정하고 국정 운영의 중심이 되어야 한다는 지배의 원리를 말한다.[2] 의원내각제는 의회주의와 대의의 이념에 입각해서 의회 중심의 책임정치를 일상적으로 실현하려는 권력분립원칙의 실현형태인 정부형태의 하나이고, 의회민주주의는 보통 의원내각제를 가리키므로 의회주의와 구별된다.

(2) 기능

의회주의는 ① 다양한 국민의사의 통합·조정과 국가정책 결정 과정에 그 의사를 반영하는 기능, ② 의회의 의사 결정 과정 공개를 통한 정치교육기능, ③ 주권자인 국민을 대표하여 집행부의 활동을 감시하는 기능을 수행한다.

(3) 발전사

의회제도가 언제 그리고 어디에서 시작되었는지에 관해서는 정확히 이야기할 수 없다. 그러나 이미 13세기 프랑스에서 의회에 해당하는 용어가 사용되었고, 영국에서는 이미 1246년 이후부터 귀족과 승려로 구성된 왕의 자문기관이자 사법기능을 담당하는 특권층의 집합체인 '대회의(magnum concilium)'를 의회란 명칭으로 불렀다는 점에서, 이미 의회제도는 영국과 프랑스에서 독자적으로 성립하였던 것으로 볼 수 있다. 그러나 그 당시 영국과 프랑스에 있었던 의회라는 명칭의 기구에는 아직 서민이 참여하지 않았으므로 근대 의회의 선구로 보기는 어렵다.

보통 영국의 모범의회를 근대 의회의 선구로 본다. 에드워드 1세 때인 1285년에 개최된 모범의회는 전체 국민의 대표가 아니라 각 계층·단체의 대표라는 점에서 근대 의회라고는 할 수 없고 중세적 등족회의의 연장선상에 있었다. 그러나 명칭이 말하여주듯 모범의회는 널리 각 계층과 도시 시민대표를 참가시킨 그 당시로서는 가장 완비된 형태의 것이었다. 특히 그곳에는 도시 대표를 다수 출석시켰다는 점에서 오늘날의 의회, 곧 하원의 선구가 되었다고

필연적 귀결이라는 견해(구병삭, 『신헌법원론(개정판)』, 박영사, 1996, 793쪽)도 있다.

2) 3권분립원칙이 채택된 오늘날 민주국가에서 의회주의는 국민이 민주적으로 선출한 합의체의 국민대표기관인 의회가 입법권을 가질 뿐 아니라 집행권에 대한 통제권 등을 행사하여 국정 운영에 참여하는 정치원리라고 하는 견해로는 계희열, 「의회주의 소고」, 『헌법재판의 새로운 지평』(이강국 헌법재판소장 퇴임기념논문집), 박영사, 2013, 24~25쪽.

할 수 있다. 영국 의회는 승려, 귀족 그리고 서민으로 구성되었으므로 본래 3부회 형태를 띤 것이었다. 그러나 각 계층 사이에 이해관계를 둘러싸고 이합집산이 이루어지다가 14세기에 3부회는 2개로 통합되기 시작하여 16세기에는 상원과 하원의 양원제의회로 확립되었다.

이러한 과정에서 ① 등족회의의 3부제가 양원제로 발전하였고, ② 대표는 출신계급 대표에서 전 국민의 대표가 되었으며, ③ 군주에 대한 청원서제출권은 근대 의회의 법률안발안권으로 바뀌었다. 그리고 ④ 등족회의의 조세승인권은 근대 의회의 예산심의권이 되었고, ⑤ 등족의회의 명령적 위임(강제위임)은 근대 의회의 무기속위임(자유위임)으로 발전하였다.

(4) 기본요소(기본내용)

국민을 대표하는 의원이 국정에 관해서 자유로이 의견을 개진하고 토론과 반론의 과정을 거치면서 국정의 방향과 내용을 결정하는 것이 의회주의의 본질이다. 그에 따라 다음과 같은 원리가 그 핵심원리로 자리 잡는다.

① 국민대표의 원리

주권자인 국민의 의사는 선거를 통해서 대표기관인 의회에 전달되고, 의회가 국민의사에 따라 입법이나 중요한 국가정책을 결정한다. 따라서 의회주의는 의회의 국민대표성을 기본요소로 한다. 의회의 대표성 때문에 의원에게는 자유로운 의정활동 보장, 위임입법의 원칙적 금지, 불체포특권과 면책특권 보장, 겸직 금지 등이 요청된다. 그러나 현대에 와서는 의회제민주주의가 선거권 확대와 정당제 발달로 말미암아 대중민주주의와 정당제민주주의로 이행하고, 이에 따라 국민대표의 원리도 변질한다. 국민의 보편적 의사는 정당을 통해서 형성되고, 의회는 공개토론의 장이 아니라 정당대표들이 사전에 결정한 의견을 추인하는 장소로 전락하고 있다.

② 공개성과 이성적 토론

의회는 공개와 이성적 토론에 기초하여 합리적인 대화와 타협을 통한 문제 해결을 추구한다. 의회는 공개적인 대화와 토론의 장이고, 이를 통해서 합리적인 결론을 추구한다. 공개성은 의사 결정의 공정성과 합리성을 확보하는 수단이고, 이성적 토론은 소수의견 존중과 반대의견에 대한 설득을 보장한다.

③ 다수결원칙

다수결원칙은 합의체기관에서 의사를 결정하는 기본원칙이다. 의회에서는 다수파가 우선적 지위가 있고, 최종적인 결정에서 다수결이 지배한다. 즉 합의 도출에 실패하면 결국 다수결로 결정을 내릴 수밖에 없다. 다수결원칙은 구성원의 평등, 토론의 자유, 독단이나 전제를 배제하는 상대주의 그리고 민주적 의사결정원리로서 다수결 이외의 현실적 대안이 없다는 인식에 기초한다. 다수결원칙은 (ⅰ) 전체성과 개별성을 통합하여 집단의사에 권위와 정당성을

부여하는 기능, (ⅱ) 쟁점에 관한 다양한 의견과 갈등을 이성적인 토론을 거쳐 균형을 이르게
하고 조정하는 기능, (ⅲ) 설득과 자율적 판단에 기초하여 의사 결정을 함으로써 집단구성원
의 인격적 자율성을 신장하는 기능,[3] (ⅳ) 소수와 다수의 교체 가능성, 즉 복수정당제를 전제
로 국민의 선택에 다른 평화적 교체를 보장하는 기능(정권교체의 원리)을 수행한다.

(5) 의회주의의 위기(병리현상)
① 정당국가화와 의회제의 변질

의원의 정당기속을 강화하여 의원의 자유로운 의정활동을 제약하고, 집권당 수뇌부에 권
력이 집중되면서 공개적인 이성적 토론의 공동화현상이 발생하였다. 이에 따라 의회는 형식
적 정책결정기관화하였다. 그리고 선거의 질적 변화가 초래되어 명망가선거에서 정당에 대한
신임투표로 성격이 바뀌었다. 이에 따라 정당에 충성하는 직업정치인이 대두하여 전문성과
질의 저하가 초래되고, 의원이 부분이익과 특수이익의 집요한 로비 영향력 아래에 놓이면서
전체이익을 구현하는 데 실패하며, 유권자도 전체이익보다 자기 이익을 실현해 줄 용의가 있
는 후보자에게 투표하는 경향이 나타나 대의제도의 선별기능이 실패한다. 그리고 정부와 여
당이 정당을 매개로 결합함으로써 입법부와 집행부 사이의 견제와 균형은 실현되기 어렵게
되었고, 여당과 야당 사이의 견제와 균형만이 의미 있는 것으로 남았다.

② 행정국가(사회국가 · 복지국가)화와 의회제 약화

산업화, 분업화 그리고 도시화 때문에 이해관계가 복잡해짐에 따라 국가과제가 변화하고
증대하였다. 그에 따라 동질적인 시민사회를 대변하는 명망가 중심의 의회정치는 후퇴하고
집행권의 비대화, 즉 행정국가화가 나타났다. 집행부의 전문성과 능률성과 비교해서 의회의
조직과 기능은 산적한 과제에 대응하기에 부적합하거나 상대적으로 발전이 정체된다. 따라서
집행권 강화에 비례하여 입법권 축소가 나타나고, 입법부가 통법화하며, 입법과정에서 의회기
능이 저하되어 행정입법이 증가한다.

③ 선거제도의 결함

선거제도 결함 때문에 의회의 (국민)대표성을 충분히 실현할 수 없다.

④ 의회운영방식과 절차의 비효율성

본회의중심주의와 무제한의 자유토론에 따른 의회 운영은 의사 진행의 비효율성과 의회의
무책임성을 야기하여 의회기능을 저하한다. 이에 따라 다수결에 너무 많이 의지하게 되고, 의
사절차 무시나 소수파의 의사 방해가 빈번해지면서 의회무용론이 대두한다.

---

3) 다수 횡포는 소수의 극단적 투쟁을 낳고, '법적으로는 유효하나 정치적으로는 무효'라는 감정이 유포된다는 점을
   유의하여야 한다.

⑤ 의원내각제의 부정적 경험

의회주의의 가장 순수한 표현형태인 의원내각제에 대한 부정적 경험(정국 불안: 독일 바이마르 공화국 － 14년 동안 21개 내각 교체, 프랑스 － 제3공화국 65년간 100개 이상 내각 교체, 제4공화국 13년 동안 25개 내각 교체)이 의회주의에 대한 혐오현상을 촉발한다.

⑥ 반의회주의헌법관의 영향

사회적 동질성이 파괴되고 이해가 뒤얽힌 사회에서는 의회 기능 수행이 불가능하고 의회에 대해서 우월한 집행권을 선거민과 직결시켜 독재를 정당화하는 쪽으로 발전한다는 비판이 제기된다.

⑦ 대통령제 등장

의회주의는 국민의 조직적·인적 민주적 정당성이 입법부인 의회 하나에만 부여되는 의원내각제를 채택함으로써 그 본래의 힘을 발휘할 수 있어서 대통령제에서는 의회주의가 상대적으로 약화할 가능성이 높다고 한다.

(6) 대책

① 직접민주제적 요소로 보완

국민투표제나 의원소환제 등 직접민주제 방식을 도입하여 의회주의 결함과 취약점을 보완하여야 한다.

② 다양한 국민의사를 정확히 반영할 수 있도록 선거제도 개혁

선거의 민주적 정당화기능을 제고하기 위해서 선거의 5대원칙을 철저하게 준수하는 합리적인 선거제도를 마련하여야 한다.

③ 의회운영방식 개선

의회의 전통적 기능을 회복시키기 위해서 회기불계속의 원칙 대신 회기계속의 원칙을, 입법절차상 3독회제도를 폐지하고 의안처리의 상임위원회중심주의를 채택하며, 의원 각자에게 전문성이 뛰어난 보좌관을 상당수 배정한다.

④ 의회의 국정통제기능 강화

의회 안 야당의 지위를 향상시켜 의회의 정치통제적 기능을 강화함으로써 의회의 새로운 존립근거를 확보하여야 한다.

⑤ 의회의 전문성 강화

의회의 취약한 전문성을 보완하기 위하여 직능대표제를 통해서 전문인이 의회에 진출할 길을 넓히거나 의회의 부설기관으로 전문위원회를 확대개편함으로써 그 기능을 강화하는 방안을 고려하여야 한다.

⑥ 정당내부질서의 민주화(당내민주주의 구현)

정당 조직과 운영의 민주화를 제고함은 물론 국가이익의무를 뒷받침하려고 의원의 자유투표나 교차투표를 제도화한다. 그리고 의원의 능력과 자질을 제고하기 위해서 후보자 공천을 중앙당의 당수뇌부에서 하향적으로 결정할 것이 아니라 지구당의 당원대회나 대의원대회에서 민주적 절차에 따라 결정하도록 하고, 선거인이 주관하는 청문회나 후보자토론대회 등과 같이 후보자의 능력과 자질을 검증하는 기회를 마련하여야 한다.

(7) 한국 헌법과 의회주의

역대 헌법에서 의회주의는 국가조직의 기본원리로 인정되었다. 물론 그 구체적인 구현형태는 변동이 있다. 제헌국회에서 제5대 국회까지 의원은 지역대표로서 국민의 직접선거를 통해서 선출되었다. 제6대 국회부터 제8대 국회까지는 지역대표제를 기본으로 직능대표제와 정당대표제의 성격을 띤 전국구제를 가미하여 각 정당이 지역구에서 획득한 득표수에 비례하여 전국구 의원을 할당받았다. 1972년 헌법에서는 전국구제가 폐지되고 의원정수의 3분의 2는 지역구에서, 3분의 1은 대통령 추천으로 통일주체국민회의가 선출하였다. 1980년 헌법에서는 다시 지역대표제에 비례대표제를 병용하는 선거제를 규정하였다. 현행 헌법에서는 의회주의를 골간으로 하되 그 보완책으로 직접민주제적 요소를 부분적으로 채택한다.

2. 의회 구성

의회를 구성할 때 하나의 합의체로 할 것이지 아니면 두 개의 합의체로 할 것인지에 따라 의회의 구성형태는 단원제와 양원제로 나뉜다.

(1) 양원제

양원제는 의회를 두 개의 합의체로 구성하고 각각 독립적으로 활동하게 하는 제도이다. 양원제는 권력분립원칙에 따라 의회를 분할한 것이다. 양원제는 영국의 귀족원(House of Lords)과 서민원(House of Representatives)에서 비롯하였다. 영국, 미국, 독일, 프랑스, 일본 등이 양원제를 채택한다. 의회 안에서 권력분립을 실현하여 의회 독재를 막을 수 있고, 대표성 기반을 넓힘으로써 민주(국가)원리(민주주의)에 충실할 수 있으며, 신중한 의안 처리가 가능하게 하여 다수자의 자의에 따른 경솔한 입법을 시정할 수 있고, 상원이 하원과 정부 사이에서 완충역할을 할 수 있으며, 상원이 특수이익을 대변할 수 있고, 연방국가적 구조를 반영할 수 있다는 점 등이 양원제의 장점이다.

(2) 단원제

단원제는 의회가 하나의 합의체로 구성되는 의회제도이다. 이는 민주(국가)원리(민주주의)에 충실한 것으로 1791년 프랑스 헌법에서 처음 채택되었다. 단원제는 국민 합의는 하나뿐이므로 대표기관도 하나이어야 한다는 것에 이론적 근거가 있다. 단원제는 신생국가나 인구수가 적고 정치적 안정을 유지하는 국가에서 채택된다. 신속하고 능률적으로 의안을 심의할 수 있고, 정부에 대한 의회의 지위를 강화할 수 있으며, 의회의 책임 소재를 명확하게 밝히고, 국비를 절감할 수 있다는 점 등이 단원제의 장점이다.

(3) 한국 헌법상 국회 구성

1948년 헌법은 의회 구성방식으로 단원제를 채택하였다. 1952년 헌법에서 양원제를 채택하였는데도 4·19 혁명 때까지 참의원선거를 치르지 않고 단원제로 운영되었다. 따라서 양원이 구성된 것은 1960년 헌법 아래에서였다. 1962년 헌법에서는 다시 단원제로 환원되었고, 1972년 헌법과 1980년 헌법 그리고 1987년 헌법도 단원제를 채택하였다.

3. 국회

(1) 헌법적 지위

① 국민대표기관

헌법은 국회 구성원인 국회의원이 국민대표기관임을 명시하는 규정을 두지 않는다. 그러나 헌법은 국회의 국민대표성을 여러 곳에서 간접적으로 규정한다. 국민주권원칙을 규정한 헌법 제1조 제2항, 공무원의 국민 전체에 대한 봉사자임을 규정하는 헌법 제7조 제1항, 국회의원을 국민의 보통·평등·직접·비밀선거로 선출할 것을 규정하는 헌법 제41조 제1항, 국회의원의 불체포특권을 규정하는 헌법 제44조, 국회의원의 면책특권을 규정하는 헌법 제45조, 국회의원의 국가이익우선의무와 양심에 따른 직무수행을 규정하는 헌법 제46조 제2항 등이 그러한 규정이다. 따라서 국회는 대의기관으로서, 국민의사를 토론과 표결을 통해서 결정하는 합의체의사결정기관의 지위가 있다.

② 입법기관

국회의 입법권은 국회의 전통적이고 대표적인 기능이다. 헌법 제40조도 입법권은 국회에 속한다고 규정한다. 이때의 입법권은 성문의 법규범을 제정할 수 있는 권한이고, 그중 핵심적인 것은 법률제정권이다. 국회의 입법기관이라는 지위는 국회의 가장 본질적이고 고유한 지위이다.

③ 국정통제기관

오늘날 국회의 실질적인 중요한 기능은 국정에 대한 통제이다. 국회의 국정통제기능은 입법·집행·인사·재정에 걸쳐 이루어진다. 특히 예산안심의결정권은 국회의 통제기능 중 중심적인 위치를 차지한다. 헌법은 국무총리·국무위원에 대한 국회출석요구권·질문권·해임건의권(제61조, 제62조), 탄핵소추의결권(제65조), 재정에 관한 권한(제54조~제59조), 긴급재정경제명령승인권과 긴급명령승인권(제76조), 계엄해제요구권(제77조), 국정감사·조사권(제61조)을 규정함으로써 국회의 국정통제기관성을 확인한다.

(2) 구성과 조직 그리고 운영 · 의사절차

① 구성

(i) 지역구 의원과 비례대표 의원

국회는 국민이 직접 선출한 임기 4년의 국회의원으로 구성된다(헌법 제41조 제1항, 제42조). 국회의원 수는 법률로 정한다. 헌법은 국회의원 수의 하한을 200명으로 정한다(헌법 제41조 제2항). 국회의원의 선출방법에 관해서 헌법은 최소한의 내용을 제시한다. 즉 국회의원의 선거구와 비례대표제, 기타 선거에 관한 사항은 법률로 정한다(헌법 제41조 제3항). 이로써 헌법은 국회의원 선출방법으로 지역선거구의 다수대표제와 전국구의 비례대표제를 혼합하는 방법을 제시한다. 이는 소극적으로 보면 다수대표제를 선택할 때 나타나는 사표를 방지하고, 적극적으로는 비례대표제를 통해서 다원적인 정치이념을 충실히 국회 구성에 반영하려는 목적이 있다. 그리고 정당 중심 운영을 촉진하고, 직능대표의 국회 진출을 도모하여 국회의 전문성을 제고하려는 의도이다.

현재 국회의원의 정수는 300명이다(공직선거법 제21조 제1항). 현재 국회의원 지역선거구는 253개이다(공직선거법 별표 1). 공직선거법은 지역구에서 1명의 국회의원을 선출하는 소선거구제를 채택한다. 전국을 단위로 선출되는 비례대표 의원의 정수는 47명이다. 이러한 지역구 국회의원과 비례대표 국회의원의 불균형한 비율은 헌법의 의도에 충실한 것은 아니다. 비례대표제 이념을 실현하기에 미흡하고, 특히 정당투표제가 도입된 상태에서는 정당명부를 통해서 선출되는 비례대표 국회의원의 수는 지역구 국회의원의 수와 균형을 이루어야 한다. 지역구 국회의원의 수가 압도적으로 많은 것은 공천권을 행사하려는 정당지도부의 의도와 공천을 보장받으려는 국회의원 입후보자의 이해를 반영하려고 편의적으로 왜곡한 정치관행의 산물이다.

공정한 국회의원 지역선거구 획정을 위해서 국회에 국회의원선거구획정위원회가 설치된다. 위원회의 정치적 중립성을 보장하려고 국회의원은 위원회 위원이 될 수 없도록 하였다. 위원회는 선거구획정안을 마련하여 총선거 1년 전 이를 국회의장에 제출한다. 위원회는 선거구획정안을 마련할 때 국회에 의석이 있는 정당에 의견진술 기회를 부여하여야 한다. 국회는 선거구획정안을 존중하여야 한다(공직선거법 제24조).

(ii) 비례대표 의석 배분

정당이 비례대표 의석 배분에 참여하려면 임기만료에 따른 비례대표국회의원선거에서 전국 유효투표총수의 100분의 3 이상을 득표하거나 임기만료에 따른 지역구국회의원선거에서 5 이상의 의석을 차지하여야 한다(공직선거법 제189조 제1항). 이러한 이른바 저지조항은 파편회한 정당구도 속에서 국회가 의사결정능력이 없는 상황을 방지하려는 것이다. 그러나 그 헌법적 정당성은 의심스러운 점이 있다.

비례대표의석은 지역선거구에서 유권자가 정당에 투표하는 득표비율에 따라 배분한다. 득표비율은 각 의석할당정당 득표수를 모든 의석할당정당이 얻은 득표수 합계로 나누어 산출한다(공직선거법 제189조 제3항). 각 의석할당정당에 배분할 의석수(연동배분의석수)는 '[(국회의원정수 − 의석할당정당이 추천하지 않은 지역구 국회의원당선인수) × 해당 정당의 비례대표 국회의원선거 득표비율 − 해당 정당의 지역구 국회의원당선인수] ÷ 2'에 따른 값을 소수점 첫째자리에서 반올림하여 산정한다. 이때 연동배분의석수가 1보다 작으면 연동배분의석수는 0으로 한다. 이에 따른 각 정당별 연동배분의석수 합계가 비례대표 국회의원 의석정수에 미달하면 각 의석할당정당에 배분할 잔여의석수(잔여배분의석수)는 '(비례대표 국회의원 의석정수 − 각 연동배분의석수 합계) × 비례대표 국회의원선거 득표비율'에 따라 산정한다. 이때 정수의 의석을 먼저 배정하고 잔여의석은 소수점 이하 수가 큰 순으로 각 의석할당정당에 1석씩 배분하되, 그 수가 같으면 해당 정당 사이의 추첨에 따른다. 각 정당별 연동배분의석수 합계가 비례대표 국회의원 의석정수를 초과하면 '비례대표 국회의원 의석정수 × 연동배분의석수 ÷ 각 연동배분의석수의 합계'에 따라 산출된 수(조정의석수)를 각 연동배분의석 할당정당 의석으로 산정한다. 이때 정수의 의석을 먼저 배정하고 잔여의석은 소수점 이하 수가 큰 순으로 각 의석할당정당에 1석씩 배분하되, 그 수가 같으면 해당 정당 사이의 추첨에 따른다(공직선거법 제189조 제2항). 중앙선거관리위원회는 제출된 정당별 비례대표 국회의원 후보자명부에 기재된 당선인으로 될 순위에 따라 정당에 배분된 비례대표 국회의원의 당선인을 결정한다(공직선거법 제189조 제4항). 정당에 배분된 비례대표 국회의원 의석수가 그 정당이 추천한 비례대표 국회의원 후보자수를 넘으면 그 넘는 의석은 공석으로 한다(공직선거법 제189조 제5항). 중앙선거관리위원회는 비례대표 국회의원선거에서 재투표 사유가 발생하면 그 투표구의 선거인수를 전국선거인수로 나눈 수에 비례대표 국회의원 의석정수를 곱하여 얻은 수의 정수(1 미만의 단수는 1로 본다)를 비례대표 국회의원 의석정수에서 뺀 다음 비례대표 국회의원의석을 배분하고 당선인을 결정한다. 다만, 재투표결과에 따라 의석할당정당이 추가될 것으로 예상되면 추가가 예상되는 정당마다 비례대표 국회의원 의석정수의 100분의 3에 해당하는 정수(1미만의 단수는 1로 본다)의 의석을 별도로 빼야 한다(공직선거법 제189조 제5항).

비례대표 국회의원에 궐원이 생기면 궐원된 의원이 선거 당시에 소속한 정당의 비례대표 국회의원 후보자명부에 기재된 순위에 따라 국회의원 의석을 승계한다(공직선거법 제200조 제2항 단서).[4]

---

4) 헌법재판소는 임기만료일 전 180일 이내에 비례대표 국회의원에 궐원이 생긴 때를 비례대표 국회의원 의석승계 제한사유로 하는 것은 선거권자의 의사를 무시하고 왜곡하는 결과를 낳을 수 있고, 의회의 정상적인 기능 수행에 장애가 될 수 있다는 점에서 헌법의 기본원리인 대의제 민주주의 원리에 부합되지 않는다고 하였다(헌재 2009. 6. 25. 2008헌마413, 판례집 21−1하, 928).

(ⅲ) 재선거와 보궐선거

ⓐ 재선거

지역선거구에 후보자가 없는 때, 당선인이 없는 때, 선거의 전부무효 판결이나 결정이 있는 때, 당선인이 임기 개시 전에 사퇴하거나 사망한 때, 당선인이 임기 개시 전에 공직선거법 제192조 피선거권 상실로 말미암아 당선의 효력이 상실되거나 당선이 무효로 된 때, 공직선거법 제263조(선거비용 초과지출), 제264조(당선인의 선거범죄), 제265조(선거사무장 등의 선거범죄)에 따라 당선이 무효로 된 때는 재선거를 실시한다(공직선거법 제195조).

ⓑ 보궐선거

지역구 국회의원에 궐원이나 궐위가 생기면 보궐선거를 실시한다(공직선거법 제200조 제1항). 다만, 보궐선거는 보궐선거일부터 임기만료일까지의 기간이 1년 미만일 때에는 실시하지 않을 수 있다(공직선거법 제201조 제1항).

② 조직

(ⅰ) 국회의장과 부의장

ⓐ 선출

국회에는 국회를 대표하는 1명의 국회의장과 2명의 부의장을 둔다(헌법 제48조). 이들의 임기는 2년이다. 다만, 국회의원 총선거 후 처음 선출된 의장과 부의장의 임기는 그 선출된 날부터 개시하여 의원 임기 개시 후 2년이 되는 날까지로 한다(국회법 제9조 제1항). 의장과 부의장은 국회에서 무기명투표로 선출한다. 당선을 위해서는 재적의원 과반수 득표를 얻어야 한다(국회법 제15조 제1항). 재적의원 과반수 득표자가 없으면 2차투표를 하고, 2차투표에서도 당선자가 없으면 최고득표자와 차점자에 대해서 결선투표를 하여 다수득표자를 당선자로 한다(국회법 제15조 제3항). 의장이나 부의장이 궐위되거나 의장과 부의장이 모두 궐위되면 즉시 보궐선거를 실시한다(국회법 제16조). 보궐선거를 통해서 당선된 의장과 부의장의 임기는 전임자의 잔임기간이다(국회법 제9조 제2항).

ⓑ 직무대리

의장이 사고가 있으면 의장이 지정하는 부의장이 그 직무를 대리하고(국회법 제12조 제1항), 의장이 심신상실 등 부득이한 사유로 의사를 표시할 수 없게 되어 직무대리자를 지정할 수 없으면 소속 의원 수가 많은 교섭단체 소속인 부의장의 순으로 의장 직무를 대행한다(국회법 제12조 제2항). 의장과 부의장이 모두 사고가 있으면 임시의장을 선출하여 의장 직무를 대행하게 한다(국회법 제13조). 총선 후 최초의 임시회 집회(의원 임기 개시 후 7일에 집회)는 국회사무총장이 공고한다(국회법 제14조). (가) 국회의원 총선거 후 최초 집회에서 의장과 부의장을 선거할 때, (나) 처음 선출된 의장이나 부의장의 임기가 만료되는 때 그 임기만료일 전 5일에 의장과 부의장의 선거를 실시하지 못하여 그 임기 만료 후 의장과 부의장을 선거할 때, (다)

의장과 부의장이 모두 궐위되어 그 보궐선거를 할 때, (라) 의장이나 부의장의 보궐선거에서 의장과 부의장이 모두 사고가 있을 때, (마) 의장과 부의장이 모두 사고가 있어 임시의장을 선거할 때는 출석의원 중 최다선의원이, 최다선의원이 2명 이상이면 그중 연장자가 의장 직무를 대행한다(국회법 제18조). 다만, 국회의원 총선거 후 의장이나 부의장이 선출될 때까지는 사무총장이 임시회 집회 공고에 관해서 의장 직무를 대행한다. 처음 선출된 의장과 부의장의 임기만료일까지 부득이한 사유로 의장이나 부의장을 선출하지 못한 때와 폐회 중에 의장과 부의장이 모두 궐위된 때도 마찬가지이다(국회법 제14조).

ⓒ 국회의장의 무당적

국회의 초당파적 운영을 위해서 국회의장은 당선된 다음 날부터 당적을 보유할 수 없다. 이는 의장이 당파성 없이 중립적인 의사 정리를 수행할 수 있도록 하기 위함이다. 다만, 국회 의원총선거에 출마하려고 정당 추천을 받고자 할 때는 의원 임기만료일 전 90일부터 당적을 가질 수 있다(국회법 제20조의2 제1항). 비례대표 의원이 의장으로 당선되면 당적을 이탈하더라 도 의원직은 유지된다(공직선거법 제192조 제4항 단서). 의장 임기가 만료되면 당적 이탈 당시 소속 정당으로 복귀한다(국회법 제20조의2 제2항).

ⓓ 국회의장의 직무와 권한

국회의장은 국회를 대표하고 의사를 정리하며, 질서를 유지하고 사무를 감독한다(국회법 제10조). 그에 따라 의장에게는 임시회집회공고권(국회법 제5조), 의사일정작성·변경권(국회법 제76조 이하), 국회에서 의결된 의안의 정부이송권(국회법 제98조 제1항), 대통령이 확정법률을 공포하지 않을 때의 법률공포권(헌법 제53조 제6항, 국회법 제98조 제2항), 의원에 대한 청가수리 권(국회법 제32조 제1항), 폐회 중의 의원사직허가권(국회법 제135조 제1항 단서), 원내 및 회의의 질서유지에 관한 권한(국회법 제145조), 방청허가권(국회법 제152조) 등의 권한이 주어진다. 그리 고 의장은 위원회에 참석하여 발언할 수 있다. 그러나 의장은 표결권이 없다(국회법 제11조).

ⓔ 사임과 겸직 제한

의장과 부의장의 사임에는 국회 동의가 필요하다(국회법 제19조). 그리고 의장과 부의장은 특별히 법률이 정한 때를 제외하고는 의원 외의 직을 겸할 수 없다(국회법 제20조 제1항). 따라서 의장과 부의장은 일반 의원과는 달리 국무위원직을 겸할 수 없다. 다른 직을 겸한 의원 이 의장이나 부의장으로 당선되면 당선된 날에 그 직에서 해직된 것으로 본다(국회법 제20조 제2항).

(ⅱ) 국회사무처, 국회도서관, 국회예산정책처, 국회입법조사처

국회에 입법·예산결산심의 등의 활동을 지원하고 행정사무를 처리하려고 사무처를 둔다 (국회법 제21조). 그리고 국회의 도서와 입법자료에 관한 사무를 처리하려고 국회도서관을 둔 다(국회법 제22조).

국회의 가장 중요한 기능인 예산심의 확정과 그 밖의 재정통제를 보조하려고 국회예산정책처를 둔다(국회법 제22조의2). 국회예산정책처는 국가의 예산결산·기금 및 재정운용과 관련된 사항에 관해서 연구분석·평가하고 의정활동을 지원한다.

국회의 입법 및 정책과 관련된 사항을 조사·연구하고 관련 정보와 자료를 제공하는 것 등 입법정보서비스와 관련된 의정활동을 지원하려고 국회입법조사처를 둔다(국회법 제22조의3).

③ 운영과 의사절차의 원칙

(ⅰ) 교섭단체와 위원회

ⓐ 교섭단체

국회에서 회의와 그 밖의 의사 결정은 정당을 단위로 운영된다. 이러한 정치 현실을 존중하여 정당이 교섭단체를 구성하며, 교섭단체를 중심으로 국회운영에 관한 협의가 이루어진다. 국회에 20명 이상 소속 의원이 있는 정당은 하나의 교섭단체를 구성한다. 그러나 동일정당 소속 의원이 아니라도 20명 이상으로 교섭단체를 구성할 수 있다(국회법 제33조 제1항). 교섭단체는 원내발언 순서나 상임위원회 위원 배정 등의 권한이 있다. 교섭단체에는 의원총회와 대표의원(원내총무나 원내대표)을 둔다. 각 교섭단체 대표의원은 국회운영위원회 위원이 된다(국회법 제39조 제2항). 교섭단체 대표의원은 그 단체의 소속 의원이 연서·날인한 명부를 의장에게 제출하여야 하고, 그 소속 의원에 이동(異動)이 있거나 소속 정당 변경이 있으면 그 사실을 즉시 의장에게 보고하여야 한다. 다만, 특별한 사유가 있으면 해당 의원이 관계 서류를 첨부하여 이를 보고할 수 있다(국회법 제33조 제2항). 어느 교섭단체에도 속하지 아니하는 의원이 당적을 취득하거나 소속 정당을 변경하면 그 사실을 즉시 의장에게 보고하여야 한다(국회법 제33조 제3항).

ⓑ 위원회

(가) 위원회 중심주의

위원회는 예비적 심사기관으로서 회부된 안건을 심사하고 그 결과를 본회의에 보고하는, 소수 국회의원으로 구성된 국회 내부기관이다. 국회 심의사항이 양적으로 증가하고 질적으로 전문성을 띠게 됨에 따라 심의 효율성을 높이려고 국회는 위원회 중심으로 운영된다.[5] 국회

---

5) 헌재 2003. 10. 30. 2002헌라1, 판례집 15-2하, 17, 30-31: "상임위원회(Standing Committee)를 포함한 위원회는 의원 가운데서 소수의 위원을 선임하여 구성되는 국회의 내부기관인 동시에 본회의의 심의 전에 회부된 안건을 심사하거나 그 소관에 속하는 의안을 입안하는 국회의 합의제기관이다. 위원회의 역할은 국회의 예비적 심사기관으로서 회부된 안건을 심사하고 그 결과를 본회의에 보고하여 본회의의 판단자료를 제공하는 데 있다. 우리나라 국회의 법률안 심의는 본회의 중심주의가 아닌 소관 상임위원회 중심으로 이루어진다. 소관 상임위원회에서 심사·의결된 내용을 본회의에서는 거의 그대로 통과시키는 이른바 "위원회 중심주의"를 채택하고 있는 것이다 (헌재 2000. 2. 24. 99헌라1, 판례집 12-1, 115, 127). 오늘날 의회의 기능에는 국민대표기능, 입법기능, 정부감독기능, 재정에 관한 기능 등이 포함된다. 의회가 이러한 본연의 기능을 수행함에 있어서는 국민대표로 구성된 의원 전원에 의하여 운영되는 것이 이상적일 것이나, 의원 전원이 장기간의 회기동안 고도의 기술적이고 복잡다

가 위원회 중심으로 운영되는 이유는 ㉠ 모든 사항을 의원 전원이 참여한 가운데 숙의하기에는 구성원이 너무 많고, ㉡ 입법사무가 양적으로 방대하고 안건이 산적한 오늘날 의회에서 모든 문제를 본회의에서 심의한다는 것은 현실적으로 불가능하며, ㉢ 선출된 의원은 특수문제의 전문가로서 선출된 것이 아니기 때문이다.6) 위원회는 본회의 의사 진행을 원활하게 할 목적으로 구성된 소수 의원의 합의체기관을 말한다. 위원회는 상임위원회와 특별위원회 두 종류가 있다(국회법 제35조).

(나) 상임위원회

상임위원회는 일정한 의안을 심의하려고 소관 사항별로 설치된 상시의 위원회를 말한다. 상임위원회는 국회운영위원회에 집행부의 부처 분류에 상응하여 설치한 16개 위원회를 합쳐 총 17개가 설치된다. 국회운영위원회는 국회운영에 관한 사항과 국회법 및 국회규칙에 관한 사항, 국회사무처, 국회도서관, 국회예산정책처, 국회입법조사처, 대통령비서실, 국가안보실, 대통령경호처, 국가인권위원회 소관에 속하는 사항을 관장한다. 그리고 소관 업무에 따라 법제사법위원회, 정무위원회, 기획재정위원회, 교육위원회, 과학기술정보방송통신위원회, 외교통일위원회, 국방위원회, 행정안전위원회, 문화체육관광위원회, 농림축산식품해양수산위원회, 산업통상자원중소벤처기업위원회, 보건복지위원회, 환경노동위원회, 국토교통위원회, 정보위원회, 여성가족위원회가 활동한다(국회법 제37조 제1항). 의장은 어느 상임위원회에도 속하지 아니하는 사항은 국회운영위원회와 협의하여 소관 상임위원회를 정한다(국회법 제37조 제2항). 상임위원회 위원정수는 국회규칙으로 정하지만, 정보위원회 위원정수는 12명으로 한다(국회법 제38조).

상임위원은 교섭단체 소속 위원수의 비율에 따라서 각 교섭단체 대표의원 요청으로 의장이 선임 및 개선한다(국회법 제48조 제1항).7) 교섭단체에 속하지 않은 의원의 상임위원 선임은 의장이 한다(국회법 제48조 제2항). 상임위원 임기는 2년이다. 다만, 국회의원 총선거 후 처음 선임된 위원 임기는 선임된 날부터 개시하여 의원의 임기 개시 후 2년이 되는 날까지로 한다(국회법 제40조 제1항). 보임되거나 개선된 상임위원 임기는 전임자 임기의 남은 기간으로 한다

　　양한 내용의 방대한 안건을 다루기에는 능력과 시간상의 제약이 따른다. 이러한 한계를 극복하기 위한 방안으로 위원회제도가 창설된 것이다. 그리하여 상임위원회의 구성과 활동은 의회의 업적과 성패를 실질적으로 결정짓는 변수가 되고 있다고 평가되고 있다."

6) 정재황, 『국가권력규범론』, 박영사, 2020, 144쪽; 홍성방, 『헌법학(하)(제3판)』, 박영사, 2014, 117쪽.

7) 국회의원 의사에 어긋나게 기존 상임위원회 위원을 사임시키는 행위는 정당 내부의 사실적 강제로서 국회의원의 권한을 침해하지 않는다(헌재 2003. 10. 30. 2002헌라1, 판례집 15-2하, 17; 헌재 2020. 5. 27. 2019헌라1, 판례집 32-1하, 1, 23-40; 헌재 2020. 5. 27. 2019헌라3등, 판례집 32-1하, 80, 108-126). 그러나 상임위원회 활동이 오늘날 의회에서 중심이라서 정당 내부만의 문제가 아니고, 권한쟁의심판에서는 헌법이 부여한 권한뿐 아니라 법률상 권한도 이를 침해당하면 청구할 수 있는데 국회법 제114조의2가 자유투표원칙을 규정하여 의원들이 정당에 대한 무기속 소신표결의 권한이 있음을 규정하여 국회의원 의사에 어긋나게 기존 상임위원회 위임을 사임시키는 행위는 대표위임 법리에 들어맞지 않는다는 견해도 있다(정재황, 『국가권력규범론』, 박영사, 2020, 21쪽).

(국회법 제40조 제2항). 의원은 둘 이상의 상임위원회 위원이 될 수 있다(국회법 제39조 제1항). 국회의장은 상임위원이 될 수 없다(국회법 제39조 제3항). 다만, 국무총리나 국무위원의 직을 겸한 의원은 상임위원을 사임할 수 있다(국회법 제39조 제4항). 각 교섭단체 대표의원은 국회운영위원회와 정보위원회의 위원이 된다(국회법 제39조 제2항, 제48조 제3항). 의장과 교섭단체 대표의원은 의원을 상임위원회 위원으로 선임하는 것이 공정을 기할 수 없는 뚜렷한 사유가 있다고 인정하면 해당 상임위원회 위원으로 선임하거나 선임을 요청해서는 아니 된다(국회법 제48조 제7항). 상임위원회 위원장은 해당 상임위원 중에서 임시의장의 예에 준하여 국회 본회의에서 선출한다(국회법 제17조, 제41조 제2항). 상임위원회에는 각 교섭단체별로 간사 1명을 두고, 간사는 위원회에서 호선한다(국회법 제50조). 국회의장은 상임위원회 구성원이 될 수 없고, 위원회에서 출석·발언할 수 있으나 표결권은 없다(국회법 제11조).

　　상임위원회는 매월 2회 이상 개회한다(정례회의). 다만, 해당 위원회의 국정감사나 국정조사 실시기간과 그 밖에 회의를 개회하기 어렵다고 의장이 인정하는 기간에는 그러하지 아니하다(국회법 제49조의2 제2항). 그러나 국회운영위원회, 정보위원회, 여성가족위원회, 특별위원회 및 예산결산특별위원회에서는 위원장이 개회 횟수를 달리 정할 수 있다(국회법 제49조의2 제3항). 위원회는 본회의 의결이 있거나 의장이 필요하다고 인정하여 각 교섭단체 대표의원과 협의한 때를 제외하고는 본회의 중에는 개회할 수 없다. 다만, 국회운영위원회는 그러하지 아니하다(국회법 제56조). 위원회는 재적위원 5분의 1 이상 출석으로 개회하고, 재적위원 과반수 출석과 출석위원 과반수 찬성으로 의결한다(국회법 제54조).

　　(다)　특별위원회

　　국회는 수개의 상임위원회 소관과 관련되거나 특히 필요하다고 인정한 안건을 효율적으로 심사하려고 본회의 의결로 특별위원회를 둘 수 있다(국회법 제44조 제1항). 특별위원회를 구성할 때는 그 활동기한을 정하여야 한다. 다만, 본회의 의결로 그 기간을 연장할 수 있다(국회법 제44조 제2항). 특별위원회는 활동기한 종료 시까지 존속한다. 다만, 활동기한 종료 시까지 법제사법위원회에 체계·자구 심사를 의뢰하였거나 심사보고서를 제출하면 해당 안건이 본회의에서 의결될 때까지 존속하는 것으로 본다(국회법 제44조 제3항). 이러한 특별위원회가 일반특별위원회이다. 일반특별위원회 외에 임기 1년에 50명으로 구성되는 예산결산특별위원회(국회법 제45조)와 윤리특별위원회(국회법 제46조), 윤리심사자문위원회(국회법 제46조의2)가 있다. 그 밖에 처음부터 활동기간을 정하고 그 활동기한 종료 시까지만 존속하는 한시적인 비상설특별위원회로 인사청문특별위원회(국회법 제46조의3)가 있다. 특별위원회 위원도 상임위원회 위원과 마찬가지로 교섭단체 소속 의원 수의 비율에 따라 국회의장 선임하고(국회법 제48조 제4항), 특별위원회에 위원장은 1명을 두되, 위원회에서 호선하고 본회의에 보고한다(국회법 제47조 제1항). 다만, 예산결산특별위원회 위원장은 예산결산특별위원회 위원 가운데서 임시의장 선거의 예에 준해서 본회의에서 선거한다(국회법 제45조 제4항). 특별위원회 위원장이 선임될 때까지는 위원 중 연장자가 직무를 대행한다(국회법 제47조 제2항). 특별위원회 위원장은 그 특별위원회 동의를 받아 그 직을 사임할 수 있다. 다만, 폐회 중에는 의장 허가를 받아 사임할 수 있다(국회법 제47조 제3항).

예산결산특별위원회는 예산안·결산·기금운용계획안 및 결산(세입세출결산과 기금결산)을 심사한다(국회법 제45조 제1항). 예산결산특별위원회 위원수는 50명이고, 위원 선임은 교섭단체 소속 의원수의 비율과 상임위원회 위원수의 비율로 각 교섭단체 대표의원 요청으로 의장이 한다(국회법 제45조 제2항). 예산결산특별위원회 위원 임기는 1년으로 한다. 다만, 국회의원 총선거 후 처음 선임된 위원 임기는 선임된 날부터 개시하여 의원 임기 개시 후 1년이 되는 날까지로 하며, 보임되거나 개선된 위원 임기는 전임자 임기의 남은 기간으로 한다(국회법 제45조 제3항). 이렇게 임기가 1년으로 되어 있어서 위원회 전문성이 낮다는 문제점이 있다. 예산결산위원회는 특별위원회 활동기간에 관한 국회법 규정이 적용되지 않도록 상설화하였다(국회법 제45조 제5항). 즉 예산결산위원회는 특별위원회인데도 상설기관이다.

윤리특별위원회는 의원의 자격심사·징계에 관한 사항을 심사한다(국회법 제46조 제1항). 윤리특별위원회는 의원의 징계에 관한 사항을 심사하기 전에 윤리심사자문위원회 의견을 청취하여야 한다. 이때 윤리특별위원회는 윤리심사자문위원회 의견을 존중하여야 한다(국회법 제46조 제3항). 의원의 겸직 및 영리업무 종사와 관련된 의장의 자문과 의원 징계에 관한 윤리특별위원회 자문에 응하게 하려고 윤리특별위원회에 윤리심사자문위원회를 둔다(국회법 제46조의2 제1항). 윤리심사자문위원회는 위원장 1명을 포함한 8명의 자문위원으로 구성하며, 자문위원은 각 교섭단체 대표의원 추천에 따라 의장이 위촉한다(국회법 제46조의2 제2항). 각 교섭단체 대표의원이 추천하는 자문위원 수는 교섭단체 소속 의원 수의 비율에 따른다. 이때 소속 의원 수가 가장 많은 교섭단체 대표의원이 추천하는 자문위원 수는 그 밖의 교섭단체 대표의원이 추천하는 자문위원 수와 같아야 한다(국회법 제46조의2 제3항). 자문위원회 위원장은 자문위원 중에서 호선하되, 위원장이 선출될 때까지는 자문위원 중 연장자가 위원장 직무를 대행한다(국회법 제46조의2 제4항). 국회의원은 자문위원회 자문위원이 될 수 없다(국회법 제46조의2 제5항).

인사청문특별위원회는 헌법에 따라 임명에 국회 동의가 필요한 대법원장·헌법재판소장·국무총리·감사원장 및 대법관에 대한 임명동의안, 국회에서 선출하는 헌법재판소 재판관 및 중앙선거관리위원회 위원에 대한 선출안을 심사한다. 다만, 대통령당선인이 국무총리 후보자에 대한 인사청문회 실시를 요청하면 의장은 각 교섭단체 대표의원과 협의하여 그 인사청문을 실시하기 위한 인사청문특별위원회를 둔다(국회법 제46조의3 제1항). 인사청문특별위원회는 임명동의안이 국회에 제출되면 구성된 것으로 본다(인사청문회법 제3조 제1항). 위원회 위원정수는 13명으로 하며(인사청문회법 제3조 제2항), 위원장은 호선한다(인사청문회법 제3조 제5항). 인사청문특별위원회는 임명동의안이 본회의에서 의결될 때나 인사청문경과가 본회의에 보고될 때까지 존속한다(인사청문회법 제3조 제6항).

(라) 소위원회

소위원회는 상임위원회나 특별위원회에서 파생된 일종의 소특별위원회적인 성격이 있다. 소위원회제도는 상임위원회나 특별위원회의 급증하는 업무 부담을 효과적으로 수행하기 위한 하나의 방편으로 생겨났다. 소위원회에는 특정한 안건 심사를 위해서 각 위원회가 둘 수 있는 소위원회인 비상설소위원회와 상임위원회가 그 소관사항을 분담·심사하려고 항시 설치·가동하는 소위원회인 상설소위원회가 있다(국회법 제57조 제1항). 정보위원회를 제외한 각 상임위원회는 소관 법률안 심사를 분담하는 둘 이상의 소위원회를 둘 수 있다(국회법 제57조 제2항). 소위원회 위원장은 위원회에서 소위원회 위원 중에서 선출하고 이를 본회의에 보고하며, 소위원회 위원장이 사고가 있으면 소위원회 위원장이 소위원회 위원 중에서 지정하는 위원이 그 직무를 대리한다(국회법 제57조 제3항). 소위원회 활동은 위원회가 의결로 정하는 범위에 한정한다(국회법 제57조 제4항). 소위원회 회의는 공개한다. 다만, 소위원회 의결로 공개하지 아니할 수 있다(국회법 제57조 제5항). 소위원회는 폐회 중에도 활동할 수 있고, 법률안을 심사하는 소위원회는 매월 3회 이상 개회한다. 다만, 국회운영위원회, 정보위원회 및 여성가족위원회의 법률안을 심사하는 소위원회는 소위원장이 개회 횟수를 달리 정할 수 있다(국회법 제57조 제6항). 소위원회는 그 의결로 의안 심사와 직접 관련된 보고 또는 서류 및 해당 기관이 보유한 사진·영상물 제출을 정부·행정기관 등에 요구할 수 있고, 증인·감정인·참고인의 출석을 요구할 수 있다. 이때 그 요구는 위원장 명의로 한다(국회법 제57조 제7항). 소위원회에 관해서는 국회법에서 다르게 정하거나 성질에 반하지 아니하는 한 위원회에 관한 규정을 적용한다. 다만, 소위원회는 축조심사(逐條審査)를 생략하여서는 아니 된다(국회법 제57조 제8항). 예산결산특별위원회는 소위원회 외에 심사를 위해서 필요하면 이를 여러 개의 분과위원회로 나눌 수 있다(국회법 제57조 제9항).

(마) 전원위원회

전원위원회는 국회의원 전원으로 구성되는 위원회이다. 전원위원회는 위원회 심사를 거치거나 위원회가 제안한 의안 중 정부조직에 관한 법률안, 조세 또는 국민에게 부담을 두는 법률안 등 주요 의안을 심사한다. 국회는 주요 의안 본회의 상정 전이나 본회의 상정 후에 재적의원 4분의 1 이상 요구가 있을 때 전원위원회를 개회할 수 있다. 다만, 의장은 주요 의안 심의 등 필요하다고 인정하면 각 교섭단체 대표의원 동의를 받아 전원위원회를 개회하지 아니할 수 있다(국회법 제63조의2 제1항). 전원위원회는 의안에 대한 수정안을 제출할 수 있는데, 이때 해당 수정안은 전원위원장이 제안자가 된다(국회법 제63조의2 제2항). 전원위원회에 위원장을 1명 두되, 의장이 지명하는 부의장으로 한다(국회법 제63조의2 제3항). 전원위원회는 재적위원 5분의 1 이상 출석으로 개회하고, 재적위원 4분의 1 이상 출석과 출석위원 과반수 찬성으로 의결한다(국회법 제63조의2 제4항).

(바) 연석회의

둘 이상의 위원회가 연석하여 개최하는 연석회의는 일종의 의견조정장치이므로, 독립위원회가 아니다. 따라서 토론은 할 수 있으나 표결은 할 수 없다(국회법 제63조 제1항). 연석회의를 열려는 위원회는 위원장이 부의할 안건명과 이유를 서면에 적어 다른 위원회의 위원장에게 요구하여야 한다(국회법 제63조 제2항). 연석회의는 안건의 소관 위원회 회의로 한다(국회법 제63조 제3항). 세입예산안과 관련 있는 법안을 회부받은 위원회는 예산결산특별위원회 위원장 요청이 있으면 연석회의를 열어야 한다(국회법 제63조 제4항). 소관 상임위원회가 기획재정부 소관에 속하는 재정 관련 법률안을 예산결산특별위원회와 협의하여 심사할 때 예산결산특별위원장 요청이 있으면 연석회의를 열어야 한다(국회법 제83조의2 제3항).

(마) 운영

위원회는 본회의 의결이 있거나 의장이나 위원장이 필요하다고 인정할 때, 재적위원 4분의 1 이상 요구가 있을 때 개회한다(국회법 제52조). 위원회는 본회의 의결이 있거나 의장이 필요하다고 인정하여 각 교섭단체 대표의원과 협의한 때를 제외하고는 본회의 중에는 개회할 수 없다. 다만, 국회운영위원회는 그러하지 아니하다(국회법 제56조). 상임위원회는 폐회 중에도 최소한 월 2회(정보위원회는 월 1회), 상임위원회(소위원회 포함)는 3월·5월(폐회 중에 한정)의 세 번째 월요일부터 한 주간 정례적으로 개회(정례회의)한다. 다만, 국회운영위원회는 그렇지 아니하고, 정보위원회는 3월·5월에 월 1회 이상 개회한다(국회법 제53조 제1항). 위원회는 재적위원 5분의 1 이상 출석으로 개의하고, 재적위원 과반수 출석과 출석위원 과반수 찬성으로 의결한다(국회법 제54조).

(바) 권한

위원회는 공청회와 청문회를 열 수 있고(국회법 제64조, 제65조), 소관 사항에 관해서 법률안과 그 밖의 의안을 제출할 수 있다(국회법 제51조 제1항). 그러나 대안 제시는 원칙적으로 위원회에서 원안을 심사하는 동안에만 인정된다.

(ii) 국회의 회의

ⓐ 입법기와 회기

입법기는 국회의원 총선거로 구성된 국회의원의 임기개시일부터 해당 국회의원 임기가 종료될 때까지 또는 국회가 해산되기까지의 기간을 말한다. 이와 비교해서 회기는 같은 입법기에서 회의가 개회되어 폐회될 때까지의 기간을 말한다. 국회는 회기 중이라도 의결로 일정한 기간을 정하여 활동을 중지할 수 있다(휴회). 그러나 휴회 중이라도 대통령 요구가 있거나 의장이 긴급한 필요가 있다고 인정하거나 재적의원 4분의 1 이상 요구가 있으면 회의를 재개한다(국회법 제8조 제2항). 회기가 끝나면 국회는 폐회하고, 다음 회기까지 그 활동을 중지한다.

ⓑ 정기회와 임시회

(가) 정기회

정기회는 매년 1회 정기적으로 소집되는 회의를 말한다. 정기회는 매년 1회(헌법 제47조 제1항) 9월 1일(그 날이 공휴일이면 그 다음 날)에 집회한다(국회법 제4조). 정기회의 집회시기를 법정화한 것은 국회의 자율권을 보장하려는 것이다. 정기회 회기는 100일을 초과할 수 없다(헌법 제47조 제2항).

(나) 임시회

임시회는 국회가 필요에 따라 수시로 집회하거나 2, 3, 4, 5월 및 6월 1일과 8월 16일에 집회하는(국회의원 총선거가 있으면 임시회를 집회하지 아니하고, 집회일이 공휴일이면 그 다음 날에 집회한다) 회의를 말한다(국회법 제5조의2 제2항 제1호). 임시회는 대통령이나 국회 재적의원 4분의 1 이상 요구로 집회한다(헌법 제47조 제1항). 정례회의 회기는 해당 월의 말일까지로 하는데, 30일을 초과하면 30일로 한다(국회법 제5조의2 제2항 제2호). 현행 헌법은 정기회와 임시회의 총 개회일수를 제한하지 않는다. 대통령이 임시회 집회를 요구할 때는 기간과 집회 요구 이유를 명시하여야 한다(헌법 제47조 제3항). 임시회를 집회할 때 국회의장은 이를 집회기일 3일 전에 공고하여야 한다. 이때 둘 이상이 집회 요구가 있으면 집회일이 빠른 것을 공고하되, 집회일이 같으면 그 요구서가 먼저 제출된 것을 공고한다(국회법 제5조 제1항). 내우외환·천재지변이나 중대한 재정·경제상 위기가 발생한 때나 국가 안위에 관계되는 중대한 교전상태나 전시·사변 또는 이에 준하는 국가비상사태일 때는 집회기일 1일 전에 공고할 수 있다(국회법 제5조 제2항). 국회의원 총선거 후 첫 임시회는 의원 임기 개시 후 7일에 집회한다(국회법 제5조 제3항). 국회 회기는 의결로 이를 정하되, 의결로 연장할 수 있다. 국회 회기는 집회 후 즉시 정하여야 한다(국회법 제7조). 대통령의 임시회소집요구권은 국회의 자율권을 제한하는 대통령의 권한이고, 삭제한 "정부가 제출한 의안에 한하여 처리하며, 대통령이 집회요구시에 정한 기한에 한하여 개회한다."라는 1980년 헌법 제83조 제5항은 당연한 내용을 확인한 것이고, 현행 헌법이 대통령이 임시회 소집을 요구할 때 집회요구 이유를 명시하도록 한 점에 비추어 대통령이 요구한 임시회에서는 처리대상 안건이 정부가 제출한 의안에 국한된다는 견해가 있다.[8] 그러나 국회는 언제든지 임시회를 열 수 있다는 점에 비추어 대통령이 요구한 임시회에서도 정부가 제출한 의안 외의 안건도 처리할 수 있다.

---

8) 김학성/최희수, 『헌법학원론(전정5판)』, 피앤씨미디어, 2021, 904쪽.

(다) 연중 상시운영체제

국회는 연중 상시 운영하며, 이를 위해서 의장은 각 교섭단체 대표의원과 협의를 거쳐 매년 12월 31일까지 다음 연도의 국회 운영 기본일정(국정감사 포함)을 정하여야 한다. 다만, 국회의원 총선거 후 처음 구성되는 국회의 해당 연도 국회 운영 기본일정은 6월 30일까지 정하여야 한다. 국회 운영 기본일정은 2월·3월·4월·5월 및 6월 1일과 8월 16일에 임시회를 집회하되(다만, 국회의원 총선거가 있으면 임시회를 집회하지 아니하고, 집회일이 공휴일이면 그 다음 날에 집회한다), 2월, 4월 및 6월에 집회하는 임시회 회기 중 한 주는 정부에 대해서 질문을 하도록 작성한다(국회법 제5조의2 제1항, 제2항 제1호와 제3호).

ⓒ 심의와 의결

(가) 개회와 심의

본회의는 오후 2시(토요일은 오전 10시)에 개의한다. 다만, 의장은 각 교섭단체 대표의원과 협의하여 그 개의시를 변경할 수 있다(국회법 제72조). 회의를 개최하려면 재적의원 5분의 1 이상이 출석하여야 한다[국회법 제73조 제1항(본회의), 제54조(위원회)]. 의안 발의는 국회의원 10명 이상 찬성으로 한다(국회법 제79조). 의안에 대한 수정동의는 국회의원 30명 이상 찬성으로 한다. 예산안에 대한 수정동의는 국회의원 50명 이상 찬성이 있어야 한다(국회법 제95조 제1항). 이러한 수정동의는 원안이나 위원회에서 심사보고(위원회에서 제안하는 경우 포함)한 안의 취지 및 내용과 직접 관련이 있어야 한다. 다만, 의장이 각 교섭단체 대표의원과 합의하면 그러하지 아니하다(국회법 제95조 제5항).[9] 위원회에서 심사보고한 수정안은 찬성 없이 의제가 된다(국회법 제95조 제2항). 위원회는 소관 사항 외의 안건에 관해서는 수정안을 제출할 수 없다(국회법 제95조 제3항). 의안에 대한 대안은 위원회에서 그 원안을 심사하는 동안에 제출하여야 하며, 의장은 그 대안을 그 위원회에 회부한다(국회법 제95조 제4항).

의안이 발의되고 부결되면 해당 안건은 같은 회기 중에 다시 발의 또는 제출될 수 없다(일사부재의원칙: 국회법 제92조). 이때 부결에는 폐기도 포함된다. 여기서 폐기는 국회법 제87

---

9) 국회법 제95조가 본회의에서 수정동의를 제출할 수 있도록 한 취지는 일정한 범위 안에서 국회의원이 본회의에 상정된 의안에 대한 수정 의사를 위원회의 심사절차를 거치지 아니하고 곧바로 본회의의 심의과정에서 표시할 수 있도록 허용함으로써 의안 심의의 효율성을 제고하려는 것인데, 수정동의를 지나치게 넓은 범위에서 인정하면 위원회 심사 대상이 되지 않았던 의안이 바로 본회의에 상정됨으로써 국회가 의안 심의에 관한 국회운영의 원리로 채택하는 위원회 중심주의를 저해할 우려가 있는바, 국회법 제95조 제5항은 원안에 대한 위원회의 심사절차에서 심사가 이루어질 여지가 없으면 수정동의 제출을 제한함으로써 위원회 중심주의를 공고히 하려는 데에 그 입법취지가 있다. 여기서 수정이란 원안에 대하여 다른 의사를 가하는 것으로 새로 추가, 삭제 또는 변경하는 것을 모두 포함하는 개념이고, 의안 취지는 의안이 달성하고자 하는 근본 목적을 의미하며, 의안 내용은 국회 의결을 통하여 시행하고자 하는 사항을 뜻하고, 직접 관련이 있어야 한다는 것은 원안과 수정안이 바로 연결되는 관계에 있어야 한다는 것을 의미한다. 위원회 심사를 거쳐 본회의에 부의된 법률안의 취지 및 내용과 직접 관련이 있는지는 '원안에서 개정하고자 하는 조문에 관한 추가, 삭제 또는 변경으로서, 원안에 대한 위원회의 심사절차에서 수정안의 내용까지 심사할 수 있었는지'를 기준으로 판단하는 것이 타당하다(헌재 2020. 5. 27. 2019헌라6등, 판례집 32-1하, 214, 249).

조 제2항에 따른 위원회 폐기(이른바 보류함)를 가리킨다. 가결된 의안에 대해서 그 의결을 무효화하고 전과 다른 내용으로 번복하여 의결하는 것을 번안이라고 하는데, 번안은 가결된 의안을 대상으로 한다는 점에서 부결된 안건에 대해 발의나 제출을 금지하는 일사부재의원칙과 관련이 없다. 일사부재의원칙은 소수파의 의사 방해를 배제하고, 의사 능률을 도모하는 가장 실효성 있는 수단으로 기능한다. 일사부재의원칙은 헌법에 규정되지 않아서, 헌법상 원칙이 아니라 국회법상 원칙에 불과하다. 일사부재의원칙은 절대적인 것이 아니다. 따라서 ㉠ 일단 의제로 채택되었으나 철회되어 의결에 이르지 아니한 때, ㉡ 동일의안이라도 전회기에 의결한 것을 다음 회기에 다시 심의하는 때(일사부재의원칙은 동일회기에 한하여 적용된다), ㉢ 동일 안건에 관해서 새로운 사유 발생을 이유로 다시 심의하는 때, ㉣ 위원회 의결을 본회의에서 다시 심의하는 때는 일사부재의원칙이 적용되지 않는다. 국회에 제출한 법률안 등을 비롯한 의안은 해당 회기에 의결되지 못하면 다음 회기에서 다루어지고, 회기가 종료되었다는 이유로 자동적으로 폐기되지는 않는다(회기계속원칙). 다만, 여기에는 예외가 있어서 국회의원 임기가 만료되면, 즉 해당 입법기가 종료하면 해당 의안은 폐기된다(헌법 제51조). 회기계속원칙이 인정되는 이유는 국회를 매회기마다 독립된 별개의 국회가 아니라 입법기 중에는 일체성과 동일성이 있는 의회로 보기 때문이다.[10) 동일 안건인지는 안건의 종류나 안건명보다는 안건 내용으로 판단하여야 한다. 따라서 ① 특정 조항에 대한 반대 때문에 어떤 의안이 부결될 때 그 밖의 조항을 포함한 별개 의안은 심의가 허용되고, ② 같은 목적이라도 이유를 달리하면 동일 안건으로 볼 수 없다. 그러나 ① 명칭이 다르지만 취지와 목적이 거의 같은 내용의 의안, ② 명칭, 취지, 목적이 다르지만 규정내용이 먼저 부결된 것과 실질적으로 같으면 동일 안건으로 보아야 한다.

　의안이 이미 본회의에 상정되어 투표 종결 후 출석의원이 재적의원 과반수에 미달한 것이 드러나면, 이를 미결, 즉 표결이 없었던 것으로 보고 재투표하여야 하는지, 아니면 부결로 보고 일사부재의원칙을 적용하여 같은 의안에 관해서 같은 회기에 더는 표결할 수 없는지가 다투어진다. 헌법재판소는 ㉠ 국회의원이 특정 의안에 반대하면 회의장에 출석하여 반대투표하는 방법뿐 아니라 회의에 불출석하는 방법으로도 반대 의사를 표시할 수 있어서 '재적의원 과반수 출석'과 '출석의원 과반수 찬성'의 요건이 국회 의결에 관해서 가지는 의미나 효력이 다르지 않으므로, 전자투표를 통한 표결에서 국회의장 투표종료선언으로 투표 결과가 집계됨으로써 안건에 대한 표결 절차는 실질적으로 종료되므로, 투표 집계 결과 출석의원 과반수 찬성에 미달한 때는 물론 재적의원 과반수 출석에 미달한 때도 국회 의사는 부결로 확정되었다고 볼 수밖에 없어서 해당 안건에 대한 재표결은 일사부재의원칙에 어긋난다는 5인 의견과 ㉡ '재적의원 과반수 출석'이라는 의결정족수는 국회 의결을 유효하게 성립시키기 위한 전제요건

10) 홍성방, 『헌법학(하)(제3판)』, 박영사, 2014, 129쪽.

인 의결능력에 관한 규정으로서, '출석의원 과반수 찬성'이라는 다수결 원칙을 선언한 의결방법에 관한 규정과는 그 법적 성격이 구분되므로, 의결정족수에 미달한 국회 의결은 유효하게 성립한 의결로 취급할 수 없어서 해당 안건에 대한 재표결은 일사부재의원칙에 어긋나지 않는다는 4인 의견으로 갈린다.[11] 재적 과반수 출석은 국회 의결을 유효하게 하는 전제조건이므로 투표결과가 재적 과반수 출석에 미치지 못하면 부결이 아닌 불성립이라서 이때 재표결을 실시하여 그 결과에 따라 가결을 선포하여도 일사부재의원칙에 어긋나지 않는다는 견해도 있다.[12] 그러나 이미 투표 종결이 선언되면 투표는 끝난 것이고, 표결에 참석하지 않은 것도 반대 의사를 표시한 것으로 볼 수 있으므로 이때는 일사부재의원칙이 적용된다고 보아야 한다.[13]

(나) 발언과 표결

국회는 합의체기관이므로 의사결정에서 국회의원 사이에 자유로운 토론과 표결의 절차를 거쳐야 하고, 이것이 보장되어야 한다.

㉠ 발언

국회의원이 발언할 때는 의장에게 통지하여 허가를 받아야 한다(국회법 제99조 제1항). 의원은 의제 외의 발언을 하여서는 안 되고, 허가받은 발언의 성질에 어긋나서는 안 된다(국회법 제102조). 의원 발언은 횟수에 제한이 있다. 즉 의원은 동일 의제에 관하여 2회만 발언할 수 있다(국회법 제103조). 의원 발언시간에는 제한이 있다. 즉 정부에 대한 질문 외에는 발언시간은 15분을 초과하지 않도록 의장이 정한다. 다만, 의사진행발언, 신상발언 및 보충발언은 5분을, 다른 의원의 발언에 대한 반론발언은 3분을 초과할 수 없다. 교섭단체 대표는 40분까지 발언할 수 있다. 의장은 교섭단체 대표의원과 협의하여 동일 의제에 관해서 교섭단체별로 소속 의원 수 비율에 따라 발언시간을 할당한다(국회법 제104조). 의장은 본회의에서 개회 시부터 1시간 범위 안에서 의원에게 심의 중인 의안과 청원, 그 밖의 중요한 관심 사안에 대해서 5분 이내의 발언을 허가할 수 있다(5분자유발언: 국회법 제105조).

㉡ 표결

국회에서는 전자투표를 통한 기록표결을 원칙으로 한다. 다만, 투표기기 고장 등 특별한 사정이 있으면 기립표결로 가부를 결정할 수 있다(국회법 제112조 제1항). 그러나 (ㄱ) 중요한 안건으로서 의장 제의나 국회의원 동의로 본회의 의결이 있거나 재적의원 5분의 1 이상 요구가 있으면 기명투표·호명투표나 무기명투표로 표결할 수 있다(국회법 제112조 제2항). (ㄴ) 헌법개정안은 기명투표로 한다(국회법 제112조 제4항). (ㄷ) 대통령에게서 환부된 법률안과 그 밖에 인사에 관한 안건은 무기명투표로 표결한다. 다만, 겸직으로 말미암은 의원 사직과 위원장

---

11) 헌재 2009. 10. 29. 2009헌라8등, 판례집 21-2하, 14, 68-73.
12) 김학성/최희수, 『헌법학원론(전정5판)』, 피앤씨미디어, 2021, 905~906쪽.
13) 같은 견해: 전광석, 『한국헌법론(제16판)』, 집현재, 2021, 639쪽.

사임에 관해서 의장이 각 교섭단체 대표의원과 협의한 때는 그러하지 아니하다(국회법 제112조 제5항). (ㄹ) 국회에서 실시하는 각종 선거는 법률에 특별한 규정이 없으면 무기명투표로 한다(국회법 제112조 제6항). (ㅁ) 국무총리나 국무위원의 해임건의안이 발의되었을 때는 의장이 그 해임건의안이 발의되고 나서 처음 개의하는 본회의에 그 사실을 보고하고, 본회의에 보고된 때부터 24시간 이후 72시간 이내에 무기명투표로 표결한다(국회법 제112조 제7항). (ㅂ) 위원회에서는 거수로도 표결할 수 있다(국회법 제71조). 국회법은 헌법 제46조 제2항의 자유위임원칙을 국회의원 표결에서 중요한 지침으로 다시 한 번 선언한다. 즉 국회의원은 국민의 대표자로서 소속 정당 의사에 기속되지 않고 양심에 따라 투표한다(국회법 제114조의2).

ⓒ 정족수의 원칙

정족수는 회의를 진행하고 의사를 진행하는 데 필요한 출석자수를 말한다. 정족수는 다수결원칙에 따라서 운영되는 국회에서 자율성을 보장하고 소수를 보호하며 정치적 평화를 보장함으로써, 궁극적으로는 국회 의사결정에 민주적 정당성과 절차적 정당성을 부여한다.14) 정족수에는 의사정족수와 의결정족수가 있다. 의사정족수는 국회 회의가 성립하기 위한 최소한의 출석자수를 말한다. 국회는 재적의원 5분의 1 이상 출석으로 개의하며, 회의 중 이에 미달되면 회의 중지나 산회를 선포한다(국회법 제73조). 위원회 의사정족수도 같다(국회법 제54조). 의결정족수란 국회 의결이 유효하기 위한 최소한의 참석의원수를 말한다. 의결정족수는 일반의결정족수와 특별의결정족수로 나누어진다.

헌법이나 법률에 특별한 다른 규정이 없는 한 재적의원 과반수 출석과 출석의원 과반수 찬성으로 의결한다. 가부동수이면 부결된 것으로 본다(헌법 제49조, 국회법 제109조). 위원회 의결정족수도 같다(국회법 제54조). 헌법은 특히 신중을 요하는 의결에 관해서는 이러한 일반의결정족수에 대한 가중적 예외를 규정한다. 이에는 재적의원 4분의 1 이상 찬성[국회임시회 소집 요구(헌법 제47조 제1항)], 재적의원 과반수 출석과 출석의원 3분의 2 이상 찬성[법률안 재의결(헌법 제53조 제4항)], 재적의원 3분의 1 이상 찬성[국무총리·국무위원 해임 건의 발의(헌법 제63조 제2항), 대통령이 아닌 자 탄핵소추 발의(헌법 제65조 제2항 본문)], 재적의원 과반수 이상 찬성[제77조 제5항의 계엄 해제 요구(헌법 제77조 제5항), 헌법개정안 발의(헌법 제128조 제1항), 국무총리·국무위원 해임 건의(헌법 제63조 제2항), 대통령 탄핵소추 발의(헌법 제65조 제2항 단서), 대통령이 아닌 자 탄핵소추 의결(헌법 제65조 제2항 본문)], 재적의원 3분의 2 이상 찬성[헌법개정안 의결(헌법 제130조 제1항), 의원제명(헌법 제64조 제3항), 대통령 탄핵소추 의결(헌법 제65조 제2항 단서)] 등이 있다.

ⓔ 의사공개원칙

국회 회의는 공개한다. 다만, 출석의원 과반수 찬성이 있거나 의장이 국가의 안전보장을

---

14) 홍성방, 『헌법학(하)(제3판)』, 박영사, 2014, 130쪽.

위해서 필요하다고 인정할 때는 공개하지 아니할 수 있다(헌법 제50조). 이는 방청과 보도의 자유와 회의록 공표를 그 내용으로 한다. 의사공개원칙은 국회는 민의의 전당이므로 그 회의를 주권자인 국민이 비판하고 감시할 수 있도록 함으로써 책임정치를 구현하려는 것이다.[15] 공개 대상이 되는 것은 단순한 행정적 회의를 제외하고 헌법의 기능과 관련된 국회의 모든 회의이다.[16] 따라서 국회 본회의는 물론이고 위원회[17] 및 각종 청문회, 소위원회[18]도 공개한다(국회법 제75조, 제71조, 제65조 제4항, 제57조 제5항). 이는 국회가 위원회를 중심으로 운영될 뿐 아니라 정보위원회 회의에 관해서만 비공개를 규정(국회법 제54조의2 제1항)하기 때문이다. 위원회에서 위원이 아닌 사람은 위원장의 허가를 얻어 방청할 수 있다(국회법 제55조 제1항). 그러나 이 조항은 국회의 의사공개원칙을 전제한 규정이다. 즉 위원장은 장소적 제한과 회의의 원활한 진행 목적 등 합리적인 사유가 있는 때만 방청을 불허할 수 있고, 자의적인 방청불허결정을 할 수는 없다. 정보위원회 회의는 공개하지 아니한다. 다만, 공청회나 인사청문회를 실시할 때는 위원회 의결로 이를 공개할 수 있다(국회법 제54조의2). 소위원회 회의도 공개를 원칙으로 하나, 소위원회 의결로 공개하지 아니할 수 있다(국회법 제57조 제5항). 청문회도 공개하지만, 위원회 의결로 청문회의 전부나 일부를 공개하지 아니할 수 있다(국회법 제65조 제4항). 징계에 관한 회의는 공개하지 아니하나, 본회의나 위원회 의결이 있으면 그러하지 아니

---

15) 홍성방, 『헌법학(하)(제3판)』, 박영사, 2014, 125쪽.

16) 김하열, 『헌법강의(제3판)』, 박영사, 2021, 781쪽; 허 영, 『한국헌법론(전정17판)』, 박영사, 2021, 979쪽; 홍성방, 『헌법학(하)(제3판)』, 박영사, 2014, 126쪽. 그러나 헌법 제50조를 다른 헌법규정과 맺는 관계에서 문리적·체계적·역사적으로 해석할 때, 의사공개원칙은 오로지 본회의만을 규율하고자 하는 것이고, 위원회 공개 여부에 관해서는 헌법이 스스로 확정하지 아니하고 입법자 규율에 위임한 것으로 이해하는 것이 타당하다는 견해도 있다(한수웅, 『헌법학(제11판)』, 법문사, 2021, 1144쪽).

  헌재 2000. 6. 29. 98헌마443등, 판례집 12-1, 886, 897-898: "헌법 제50조 제1항은 "국회의 회의는 공개한다"라고 하여 의사공개의 원칙을 규정하고 있다. 의사공개의 원칙은 의사진행의 내용과 의원의 활동을 국민에게 공개함으로써 민의에 따른 국회운영을 실천한다는 민주주의적 요청에서 유래하는 것으로서 국회에서의 토론 및 정책결정의 과정이 공개되어야 주권자인 국민의 정치적 의사형성과 참여, 의정활동에 대한 감시와 비판이 가능하게 될 뿐더러, 의사의 공개는 의사결정의 공정성을 담보하고 정치적 야합과 부패에 대한 방부제 역할을 하기도 하는 것이다. 의사공개의 원칙은 방청 및 보도의 자유와 회의록의 공표를 그 내용으로 하는데, 다만, 의사공개의 원칙은 절대적인 것이 아니므로, 출석의원 과반수의 찬성이 있거나 의장이 국가의 안전보장을 위하여 필요하다고 인정할 때에는 공개하지 아니할 수 있다(헌법 제50조 제1항 단서). 의사공개원칙의 헌법적 의미를 고려할 때, 위 헌법조항은 단순한 행정적 회의를 제외하고 국회의 헌법적 기능과 관련된 모든 회의는 원칙적으로 국민에게 공개되어야 함을 천명한 것이다. 오늘날 국회기능의 중점이 본회의에서 위원회로 옮겨져 위원회중심주의로 운영되고 있고, 법안 등의 의안에 대한 실질적인 심의가 위원회에서 이루어지고 있음은 주지의 사실인바, 헌법 제50조 제1항이 천명하고 있는 의사공개의 원칙은 위원회의 회의에도 당연히 적용되는 것으로 보아야 한다. 의사공개에 관한 국회법의 규정 또한 이러한 헌법원칙을 반영하고 있다. 국회법 제75조 제1항은 "본회의는 공개한다"고 하여 본회의공개원칙을, 동법 제65조 제4항은 "청문회는 공개한다"고 하여 위원회에서 개최하는 청문회공개원칙을 분명히 밝히고 있으며, 국회법 제71조는 본회의에 관한 규정을 위원회에 대하여 준용하도록 규정하고 있다. 결국 본회의든 위원회의 회의든 국회의 회의는 원칙적으로 공개하여야 하고, 원하는 모든 국민은 원칙적으로 그 회의를 방청할 수 있는 것이다."

17) 헌재 2000. 6. 29. 98헌마443등, 판례집 12-1, 886, 897-898.

18) 헌재 2009. 9. 24. 2007헌바17, 판례집 21-2상, 469, 477.

하다(국회법 제158조). 위원장은 의원이 비공개회의록이나 그 밖의 비밀참고자료의 열람을 요구하면 심사·감사 또는 조사에 지장이 없으면 이를 허용하여야 한다. 다만, 국회 밖으로는 대출할 수 없다(국회법 제62조).

국회의 의사공개원칙은 국회 운영을 공개하여 투명화하고. 이로써 국민의 참여와 감시 및 비판을 가능하게 하며, 국민의 알 권리를 실현하는 데 이바지한다. 다만, 출석의원 과반수 찬성이 있거나 의장이 국가의 안전보장을 위해서 필요하다고 인정하면 공개하지 않을 수 있다(헌법 제50조, 국회법 제75조). 비공개를 발의하는 데는 의원 10명 이상의 연서에 의한 동의가 필요하다(국회법 제75조 제1항). 비공개회의 내용 공개 여부에 관해서 헌법은 법률에 위임하였고(헌법 제50조 제2항), 법률은 본회의 의결이나 의장 결정으로 비밀유지 등 필요가 없으면 이를 공표할 수 있게 한다(국회법 제118조 제4항).

(다) 무제한토론

의원이 본회의에 부의된 안건에 관하여 시간 제한을 받지 아니하는 토론(무제한토론)을 하려면 재적의원 3분의 1 이상이 서명한 요구서를 의장에게 제출하여야 한다. 이때 의장은 해당 안건에 관해서 무제한토론을 실시하여야 한다(국회법 제106조의2 제1항). 이러한 요구서는 요구 대상 안건별로 제출하되, 그 안건이 의사일정에 기재된 본회의가 개의되기 전까지 제출하여야 한다. 다만, 본회의 개의 중 당일 의사일정에 안건이 추가되면 해당 안건의 토론 종결 선포 전까지 요구서를 제출할 수 있다(국회법 제106조의2 제1항). 의원은 요구서가 제출되면 해당 안건에 관해서 무제한토론을 할 수 있다. 이때 의원 1명당 한 차례만 토론할 수 있다(국회법 제106조의2 제3항). 무제한토론을 실시하는 본회의는 무제한토론 종결 선포 전까지 산회하지 아니하고 회의를 계속한다. 이때 회의 중 재적의원 5분의 1 이상이 출석하지 아니하였을 때도 회의를 계속한다(국회법 제106조의2 제4항). 의원은 무제한토론을 실시하는 안건에 관해서 재적의원 3분의 1 이상 서명으로 무제한토론 종결동의를 의장에게 제출할 수 있다(국회법 제106조의2 제5항). 무제한토론 종결동의는 동의가 제출된 때부터 24시간이 지난 후에 무기명투표로 표결하되 재적의원 5분의 3 이상 찬성으로 의결한다. 이때 무제한토론 종결동의에 관해서는 토론을 하지 아니하고 표결한다(국회법 제106조의2 제6항). 무제한토론을 실시하는 안건에 관해서 무제한토론을 할 의원이 더는 없거나 무제한토론 종결동의가 가결되면 의장은 무제한토론 종결을 선포하고 나서 해당 안건을 즉시 표결하여야 한다(국회법 제106조의2 제7항). 무제한토론을 실시하는 중에 해당 회기가 끝나면 무제한토론 종결이 선포된 것으로 본다. 이때 해당 안건은 바로 다음 회기에서 즉시 표결하여야 한다(국회법 제106조의2 제8항). 무제한토론 종결이 선포되었거나 선포된 것으로 보는 안건에 관해서는 무제한토론을 요구할 수 없다(국회법 제106조의2 제9항). 예산안, 기금운용계획안, 임대형 민자사업 한도액안과 세입예산안 부수 법률안에 관해서는 무제한토론을 매년 12월 1일까지 적용하고, 실시 중인 무제한토론, 계속 중인 본회의, 제출된 무제한토론 종결동의에 대한 심의절차 등은 12월 1일 밤 12시에 종료한다(국회법 제106조의2 제10항).

(3) 권한
① 입법에 관한 권한
(ⅰ) 헌법 개정에 관한 권한

헌법 개정은 국회 재적의원 과반수나 대통령의 발의로 제안된다(헌법 제128조 제1항). 제안된 헌법개정안은 대통령이 20일 이상 이를 공고하여야 한다(헌법 제129조). 국회는 헌법개정안이 공고된 날부터 60일 이내에 의결하여야 하고, 국회 의결은 재적의원 3분의 2 이상 찬성을 얻어야 한다(헌법 제130조 제1항). 수정의결은 공고제도에 어긋나므로 헌법개정안은 수정통과시킬 수 없다. 헌법개정안은 역사적 책임소재를 분명히 밝히려고 기명투표를 한다(국회법 제112조 제4항). 헌법개정안은 국회가 의결하고 나서 30일 이내에 국민투표에 부쳐 국회의원선거권자 과반수 투표와 투표자 과반수 찬성을 얻어야 한다(헌법 제130조 제2항). 헌법개정안이 이러한 찬성을 얻으면 헌법 개정은 확정되고, 대통령은 즉시 이를 공포하여야 한다(헌법 제130조 제3항).

(ⅱ) 법률제정권

법률제정권에서 '법률'은 국회가 헌법과 법률이 정한 입법절차에 따라 법률 형식으로 제정한 모든 법규범, 즉 형식적 법률을 말한다. 법률은 국민의사 형성이면서 헌법의 1차적 해석과 구체화이므로, 직접 민주적으로 정당성을 부여받은 국가기관인 국회가 민주적으로 정당화한 입법절차를 통해서 법률을 제정한다. 법률은 형식적으로만 정의될 수 있어서 이러한 입법절차를 거쳐야만 성립될 수 있고, 이러한 절차는 법규범이 법률로 인정받을 수 있는 유일한 근거이다. 법률 제정은 국회와 정부(대통령)의 협동작용으로 이루어지지만, 국회가 주체가 되고 정부(대통령)는 이에 참여하는 것에 그친다. 즉 정부(대통령)가 법률 제정에 참여하여도 입법과정에서 국회와 같은 지위에 있는 것이 아니고 여전히 국회가 법률 제정의 중심에 있다. 그래서 국회는 정부가 제출한 법률안을 수정할 수 있고(국회법 제95조), 대통령은 법률안 일부에 대해서 또는 법률안을 수정하여 재의를 요구할 수 없으며(헌법 제53조 제3조), 대통령의 거부권 행사가 있어도 재의결을 통해서 법률안을 법률로서 확정할 수 있다(헌법 제53조 제4조). 따라서 정부(대통령) 의사에 어긋나는 법률은 제정될 수 있지만, 국회 의사에 어긋나는 법률은 제정될 수 없다.

ⓐ 법률안 제출

국회의원과 정부는 법률안을 제출할 수 있다(헌법 제52조). 국회의원은 10명 이상 찬성으로 법률안을 발의할 수 있고(국회법 제79조 제1항), 정부가 제출하는 법률안은 국무회의 심의를 거쳐야 하며(헌법 제89조 제3호), 국무총리와 관계 국무위원이 부서하여야 한다(헌법 제82조). 위원회도 법률안을 제출할 수 있는데, 이때 제안자는 위원장이 되며, 10명 이상 찬성 요건은 필요 없다(국회법 제51조). 법률안을 발의하는 의원은 그 안을 갖추고 이유를 붙여 소정의 찬성자와 연서하여 이를 국회의장에게 제출하여야 하고(국회법 제79조 제2항), 예산상 또는 기금상 조치를 수반하는 법률안을 발의할 때는 그 법률안 시행에 수반될 것으로 예상되는 비용에 관한 국회예산정책처의 추계서나 국회예산정책처에 대한 추계요구서를 함께 제출하여야 한다. 다만, 국회예산정책처에 대한 비용추계요구서를 제출한 때는 위원회 심사 전에 국회예산정책처의 비용추계서를 제출하여야 한다(국회법 제79조의2 제1항). 법률이 국민의사 형성이라는 점에서 국회 이외에 국민이 직접 민주적 정당성을 부여한 대통령이 수반으로 있는 정부도 법률안을 제출할 수 있게 하였다. 그리고 비전문가인 국회의원과 비교해서 정부는 소관 사무에 관해서 전문성이 있고, 소관 사무를 처리하고 법률을 집행하는 과정에서 필요한 법률을 쉽게 인식할 수 있다는 점에서 이러한 점을 활용할 필요성도 크다. 특히 현대 사회가 급격하게 복잡해지고 과도하게 팽창하면서 그와 비례하여 국가과제가 나날이 확대되고 다양해진다. 그에 따라 법률에 대한 요구가 이전과는 비교할 수 없이 커지면서 국회의원만으로는 이러한 요구를 다 수용할 수 없는 상황이라는 점에서 정부 개입은 불가피하다. 그래서 정부에 법률안제출권이 없는 나라에서도 정부가 국회의원을 매개로 사실상 법률안제출권을 행사한다. 그러나 국회가 법률 제정 주체라는 점에서 국회는 정부의 법률안에 구속되지 않는다. 따라서 국회가 정부의 법률안을 개정하거나 폐기하는 데 아무런 제한이 없다. 그리고 정부의 법률안제출권은 권력분립원칙에 비추어 보면 정부가 국회 권한을 통제하는 의미도 있다.

ⓑ 국회의 심의·의결

국회의장은 법률안이 발의 또는 제출되면 이를 인쇄하거나 전산망에 입력하는 방법으로 국회의원에게 배부하고 본회의에 보고하며, 소관 상임위원회에 회부하여 그 심사가 끝나고 나서 본회의에 부의한다. 다만, 폐회 또는 휴회 등으로 본회의에 보고할 수 없으면 이를 생략하고 회부할 수 있다(국회법 제81조 제1항). 의장은 ① 천재지변, ② 전시·사변이나 이에 준하는 국가비상사태, ③ 의장이 각 교섭단체 대표의원과 합의하는 때에 심사기간을 지정하여 법률안을 위원회에 회부할 수 있고,[19] 위원회가 이유 없이 지정된 심사기간 안에 심사를 마치지 아니하면 의장은 중간보고를 듣고 나서 다른 위원회에 회부하거나 바로 본회의에 부의할

---

19) 국회법 제85조 제1항 각 호의 심사기간 지정사유는 국회의장의 직권상정권한을 제한하는 역할을 할 뿐이지 국회 의원의 법안에 관한 심의·표결권을 제한하는 내용을 담고 있지는 않다(헌재 2016. 5. 26. 2015헌라1, 판례집 28−1하, 170, 188). 국회법 제85조 제1항의 취지는 국회의장의 직권상정권한이 신속입법을 위한 우회적 절차로 활용되는 것을 방지하여 물리적 충돌을 막고, 여야 사이의 합의를 통해 상대방을 설득하고 합의할 수 있는 수정안을 공동으로 만들어 대화와 타협에 따른 의회정치 정상화를 도모하고자 함에 있다(헌재 2016. 5. 26. 2015헌라1, 판례집 28−1하, 170, 191).

수 있다(국회법 제85조). 국회의원은 토론 시간 제한을 받지 아니하는 무제한토론으로 합법적으로 의사 진행 방해를 할 수 있다(국회법 제106조의2).

위원회에 회부된 안건(체계·자구 심사를 위해서 법제사법위원회에 회부된 안건 포함)을 신속처리대상안건으로 지정하려면 의원은 재적의원 과반수가 서명한 신속처리대상안건 지정요구 동의를 의장에게 제출하고, 안건의 소관 위원회 소속 위원은 소관 위원회 재적위원 과반수가 서명한 신속처리안건 지정동의를 소관 위원회 위원장에게 제출하여야 한다. 이때 의장이나 안건의 소관 위원회 위원장은 지체 없이 신속처리안건 지정동의를 무기명투표로 표결하되, 재적의원 5분의 3 이상 또는 안건의 소관 위원회 재적위원 5분의 3 이상 찬성으로 의결한다(국회법 제85조의2 제1항). 의장은 신속처리안건 지정동의가 가결되면 그 안건을 그 지정일부터 180일 이내에 심사를 마쳐야 하는(법제사법위원회는 신속처리대상안건에 대한 체계·자구 심사를 그 지정일, 회부 간주되면 회부된 것으로 보는 날이나 위원회에서 법률안 심사를 마치거나 입안을 하여 회부하면 회부된 날부터 90일 이내에 마쳐야 하는) 안건으로 지정하여야 한다. 지정된 안건에 대한 대안을 입안하면 그 대안을 신속처리대상안건으로 본다(국회법 제85조의2 제2항과 제3항). 위원회(법제사법위원회는 제외)가 신속처리대상안건에 대해서 180일 안에 심사를 마치지 아니하면 그 기간이 끝난 다음 날에 소관 위원회에서 심사를 마치고 체계·자구 심사를 위해서 법제사법위원회로 회부된 것으로 본다. 다만, 법률안과 국회규칙안이 아닌 안건은 바로 본회의에 부의된 것으로 본다(국회법 제85조의2 제4항). 법제사법위원회가 신속처리대상안건에 관해서 90일 안에 심사를 마치지 아니하면 그 기간이 끝난 다음 날에 법제사법위원회에서 심사를 마치고 바로 본회의에 부의된 것으로 본다(국회법 제85조의2 제5항). 본회의에 부의된 신속처리대상안건은 본회의에 부의된 것으로 보는 날부터 60일 이내에 본회의에 상정되어야 한다(국회법 제85조의2 제6항). 이러한 신속처리대상안건이 60일 이내에 본회의에 상정되지 아니하면 그 기간이 지난 후 처음으로 개의되는 본회의에 상정된다(국회법 제85조의2 제7항). 의장이 각 교섭단체 대표의원과 합의하면 신속처리대상안건에 관해서 국회법 제85조의2 제2항부터 제7항까지의 규정을 적용하지 아니한다(국회법 제85조의2 제8항).

법률안을 회부받은 소관 상임위원회 위원장은 간사와 협의하여 회부된 법률안(체계·자구 심사를 위해서 법제사법위원회에 회부된 법률안은 제외)의 입법 취지와 주요 내용 등을 국회공보나 국회 인터넷 홈페이지 등에 게재하는 방법 등으로 입법예고하여야 한다. 다만, 긴급히 입법을 하여야 하는 때이거나 입법 내용의 성질이나 그 밖의 사유로 입법예고가 필요 없거나 곤란하다고 판단되는 때이면 위원장이 간사와 협의하여 입법예고를 하지 아니할 수 있다(국회법 제82조의2 제1항). 입법예고기간은 10일 이상으로 한다. 다만, 특별한 사정이 있으면 단축할 수 있다(국회법 제82조의2 제2항). 법률안에 대한 실질적인 심의는 소관 상임위원회에서 이루어진다. 위원회에서 법률안 심사를 마치거나 입안을 하였을 때는 본회의에 부의하기에 앞서 법제사법위원회에 회부하여 체계와 자구에 대한 심사를 거쳐야 한다. 이때 법제사법위원회 위원장은 간사와 협의하여 심사에서 제안자의 취지 설명과 토론을 생략할 수 있다(국회법 제86조 제1항). 법제사법위원회는 사항전문적 논의가 이루어지는 위원회가 아니라서 실질적인 내용과 관련된 수정이 이곳에서 이루어질 수는 없다. 위원회에서 본회의에 부의할 필요가 없다고 결정된 의안은 본회의에 부의하지 아니한다(국회법 제87조 제1항 본문: 이른바 보류함). 그러나 위원회 결정이 본회의에 보고된 날부터 폐회나 휴회 중의 기간을 제외한 7일 이내에 의원 30명 이상 요구가 있으면 그 의안을 본회의에 부의하여야 한다(국회법 제87조 제1항 단서: 위원회 해임). 이러한 요구가 없으면 그 법률안은 폐기된다(국회법 제87조 제2항). 법률안에 대한 수정동의는 그 안을 갖추고 이유를 붙여 의원 30명 이상 찬성 의원과 연서하여 미리 의장에게 제출하여야 한다. 다만, 예산안에 대한 수정동의는 의원 50명 이상 찬성이 있어야 한다(국회법 제95조 제1항). 본회의는 안건을 심의할 때 그 안건을 심사한 위원장의 심사보고를 듣고 질의·토론을 거쳐 표결한다(국회법 제93조 본문).[20] 다만, 위원회 심사를 거치지 아니한 안건에 관해서는 제안자가 그 취지를 설명하여야 하고, 위원회 심사를 거친 안건에 관해서는 의결로 질의와 토론을 모두 생략하거나 그 중 하나를 생략할 수 있다(국회법 제93조 단서). 취지 설명 방식에는 제한이 없으므로 제안자가 발언석에서 구두설명을 하지 않더라도 서면이나 컴퓨터 단말기에 의한 설명 등으로 대체할 수 있다.[21] 국회의장이 적법한 반대토론 신청이 있었는데도 반대토론을 허가하지 않고 토론절차를 생략하기 위한 의결을 거치지도 않은 채 법률안에 관한 표결절차를 진행하면 국회의원의 법률안 심의·표결권을 침해한다.[22] 법률안은 재적의원 과반수 출석과 출석의원 과반수 찬성으로 의결한다(헌법 제49조, 국회법 제109조). 국회 입법과 관련하여 일부 국회의원들의 권한이 침해되었더라도 그것이 다수결원칙(헌법 제49조)과 회의 공개원칙(헌법 제50조)과 같은 입법절차에 관한 헌법 규정을 명백히 위반한 흠에 해당하는 것이 아니라면 그 법률안의 가결 선포행위를 곧바로 무효로 볼 것은 아니다.[23]

　　국회의원의 법률안 심의·표결권은 국민이 선출한 국가기관으로서 국회의원이 그 본질적인 임무인 입법에 관한 직무를 수행하기 위해서 보유하는 권한이라서 국회의원의 개별적인 의사에 따라 이를 포기할 수 없다.[24]

---

[20] 국회법 제93조를 따르면 상임위원회 심사를 거치지 않은 안건에 관해서는 본회의에서 질의·토론을 생략할 수 없다. 그러나 헌법재판소는 질의와 토론 절차 모두 생략한 채 표결절차로 바로 나아간 국회의장 행위와 관련하여, 심의과정에서 서면으로든 구두로든 미리 질의·토론을 신청할 수 있는 기회가 충분하였는데도 신청이 없었다면 곧바로 표결절차로 진행하였더라도 위법하다고 볼 수 없다고 한다(헌재 2012. 2. 23. 2010헌라6등, 판례집 24-1상, 48, 67).

[21] 헌재 2008. 4. 24. 2006헌라2, 판례집 20-1상, 438, 447; 헌재 2012. 2. 23. 2010헌라6등, 판례집 24-1상, 48, 66-67.

[22] 헌재 2011. 8. 30. 2009헌라7, 판례집 23-2상, 220, 232-235.

[23] 헌재 2011. 8. 30. 2009헌라7, 판례집 23-2상, 220, 235-236.

[24] 헌재 2009. 10. 29. 2009헌라8등, 판례집 21-2하, 14, 36.

ⓒ 국회의장의 법률안 정리

국회법에 독회 절차가 마련되어 있지 않은 관계로, 본회의에서 법률안이 의결되고 나서도 그 확인 과정에서 오식·누락 기타 모순·상충되는 내용이 발견되는 것 등 법률안에 관한 정리가 불가피한 때가 적지 않고, 특히 국회의장이 심사기간을 정하여 법률안을 위원회에 회부하였으나 이유 없이 그 기간 안에 심사를 마치지 아니하여 국회의장이 바로 법률안을 본회의에 부의하거나(국회법 제85조 제2항, 제86조 제2항), 위원회에서 심사한 결과 본회의에 부의할 필요가 없다고 결정된 법률안을 의원 30인 이상 요구로 본회의에 부의하거나(국회법 제87조 제1항 단서), 본회의 심의과정에서 수정동의로 법률안이 수정된 때(국회법 제95조 제1항)나 국회 개원 지연 등 특별한 사정으로 상임위원회를 구성하지 못하여 특별위원회를 구성하고 법률안을 제출하여 이를 바로 본회의에 부의한 때 등과 같이 국회 법제사법위원회가 법률안에 관한 체계·자구심사를 할 수 없는 때는 법률안을 반드시 정리할 필요가 있다. 이에 국회법 제97조는 "본회의는 의안의 의결이 있은 후 서로 저촉되는 조항·자구·숫자 기타의 정리를 필요로 할 때에는 이를 의장 또는 위원회에 위임할 수 있다."라고 규정하여, 본회의에서 의결된 법률안 가운데 조문이나 자구·숫자, 법률안의 체계나 형식 등의 정비가 필요하면 의결된 내용이나 취지를 변경하지 않는 범위 안에서 국회의장이나 위원회에 위임하여 정리하도록 하였다. 그런데 입법절차 등을 규정한 헌법 제40조, 제49조와 제53조를 따르면, 법률안 정리를 위임하는 것은 자구·숫자의 수정 또는 법률안의 체계나 형식의 정비 등 단순한 사항에 국한되는 것이고, 그 범위를 넘어 국회의장이나 위원회에 폭 넓은 수정의 재량 여지를 주는 것은 아니며, 법률안 정리가 필요하면 해당 법률안을 의결하고 나서 즉시 국회의장이나 위원회에 이를 위임하여야 한다.[25]

그러나 국회는 실무상 본회의에서 법률안을 심의·의결하면서 그 정리에 관해서 위임하는 의결을 하지 아니한 때도 관행에 따라 국회의장의 명을 받아 법제사법위원회, 전문위원이나 국회사무처 의사국(의안과)에서 법률안을 정리한다. 많은 법률안이 가결되고, 그것도 소관위원회 심사기간이 경과되거나 여·야 사이의 대립으로 충분히 심사하지 못한 채 서둘러 처리되는 예가 많은 상황에서, 규정 형식이나 체계상 문제가 있는 법률안이 그대로 정부에 이송되어 공포·시행됨으로써 국민에게 혼란과 피해를 주지 않을까 적이 우려된다. 그러나 그렇다고 하여 그 내용을 변경하지 않는 범위 안에서 자구 등을 수정하여 간단히 해결할 수 있는 법률안까지 일일이 본회의에 회부하여 재의결하도록 한다면, 이는 오히려 효율적인 국회 운영을 저해하는 요인이 될 것이다. 이에 본회의 위임 의결이 없더라도 국회의장은 본회의에서 의결된 법률안의 조문이나 자구·숫자, 법률안 체계나 형식 등의 정비가 필요하면 의결된 내용이나 취지를 변경하지 않는 범위 안에서 이를 정리할 수 있다. 이렇듯 국회의장이 본회의 위임

---

25) 이상 헌재 2009. 6. 25. 2007헌마451, 판례집 21-1하, 872, 884-885.

없이 법률안을 정리하더라도 그러한 정리가 본회의에서 의결된 법률안의 실질적 내용에 변경을 초래하는 것이 아닌 한 헌법이나 국회법상의 입법절차에 위반된다고 볼 수는 없다.[26]

ⓓ 정부이송·공포·재의 요구 및 재의결

국회에서 의결된 법률안은 국회의장이 이를 정부에 이송한다(국회법 제98조 제1항). 정부는 이송된 법률안을 15일 이내에 대통령이 공포한다(헌법 제53조). 정부는 대통령이 법률안을 공포하면 이를 즉시 국회에 통지하여야 한다(국회법 제98조 제2항).

법률안에 이의가 있을 때 대통령은 15일 이내에 이의서를 붙여 국회로 환부하고, 그 재의를 요구할 수 있다. 국회 폐회 중에도 같다(헌법 제53조 제2항). 다만, 대통령은 법률안 일부에 대해서 혹은 법률안을 수정하여 재의를 요구할 수 없다. 이러한 수정재의는 법률안 제출과 같기 때문이다. 국회 폐회 중이어도 이러한 요건을 갖추어 법률안에 대한 거부권을 행사하여야 한다. 재의 요구가 있을 때 국회는 재의에 부치고, 재적의원 과반수 출석과 출석의원 3분의 2 이상 찬성으로 전과 같은 의결을 하면 그 법률안은 법률로서 확정된다(헌법 제53조 제4항). 헌법은 대통령이 국회 폐회 시까지 법률안을 공포하지도 않고, 명시적으로 재의 요구도 하지 않는 방법을 통해서 거부권을 행사할 가능성을 부인한다. 즉 대통령이 15일 이내에 공포나 재의의 요구를 하지 아니한 때도 그 법률안은 법률로 확정된다(헌법 제53조 제5항). 대통령은 확정된 법률을 즉시 공포하여야 한다. 15일이 지나 법률이 확정된 후 또는 재의결로 확정된 법률이 정부에 이송된 후 5일 이내에 대통령이 공포하지 아니하면 그 공포기일이 지난 날부터 5일 이내에 국회의장이 이를 공포한다. 이때 대통령에게 통지하여야 한다(헌법 제53조 제6항, 국회법 제98조 제3항). 법률 공포는 관보에 게재하여 이를 한다('법령 등 공포에 관한 법률' 제11조 제1항). 국회의장이 법률을 공포하고자 할 때는 서울특별시에서 발행되는 일간신문 둘 이상에 게재함으로써 한다('법령 등 공포에 관한 법률' 제11조 제2항). 법률 공포문 전문에는 국회 의결을 얻은 뜻을 기재하고, 대통령이 서명하고 나서 대통령인을 찍고 그 공포일을 명기하여 국무총리와 관계 국무위원이 부서한다. 국회의장이 공포하는 법률 공포문 전문에는 국회 의결을 받은 사실과 헌법 제53조 제6항의 규정에 따라서 공포한다는 뜻을 적고, 국회의장이 서명하고 나서 국회의장인을 찍고 그 공포일을 명기하여야 한다('법령 등 공포에 관한 법률' 제5조). 법률을 게재한 관보나 신문이 발행된 날이 공포일이다('법령 등 공포에 관한 법률' 제12조). 여기서 '발행된 날'은 그 관보에 관보의 발행일자로 인쇄되어 있는 날을 의미하는 것이 아니라 실제로 그 관보가 인쇄되어 나온 날을 뜻한다.[27] 따라서 공포한 날부터 시행하기로 한 법률의 시행일은 그 법령이 수록된 관보의 발행일자가 아니고 그 관보가 정부간행물 판매처에

---

26) 이상 헌재 2009. 6. 25. 2007헌마451, 판례집 21 – 1하, 872, 885 – 886.

27) 대법원 1968. 12. 6. 선고 68다1753 판결(판례기아드5247, 689); 서울고법 1970. 6. 3. 69나1825 제9민사부판결(고집1970, 민325); 서울고법 1971. 12. 9. 선고 70노517 제2형사부판결(고집1971, 형270).

비치되거나 관보취급소에 발송된 날이다(최초구독가능시설).28)

　ⓔ 효력 발생

　법률은 특별한 규정이 없는 한 공포한 날부터 20일이 지나면 효력이 발생한다(헌법 제53조 제7항). 그러나 법률 자체가 법률의 효력발생시기에 관해서 특별한 규정을 두면 이에 따른다. 효력발생시기에 관한 규정은 공포일부터 기간을 정하여 법률의 효력이 발생하는 시점을 결정하는 방법과 특정 시점을 지정하여 해당 시점부터 법률이 효력을 발생하도록 하는 방법이 있다. 국민의 권리 제한·의무 부과와 직접 관련되는 법률은 긴급히 시행하여야 할 특별한 사유가 있는 때를 제외하고는 공포일부터 적어도 30일이 지난 날부터 시행되도록 하여야 한다('법령 등 공포에 관한 법률' 제13조의2). 공포는 법률의 효력발생요건이므로 법률은 공포되어야 효력이 발생한다.29) 따라서 시행일이 정해져 있더라도 공포가 시행일이 지나 공포되면 그 시행일은 효력을 잃고 공포일 후 20일이 지나 법률의 효력이 발생한다.30)

　관보에 법률이 잘못 기재되면31) 원칙적으로 잘못 기재된 법률이 아닌 옳은 법률이 효력을

---

28) 대법원 1970. 7. 21. 선고 70누76 판결(판례카아드9088, 32).

29) 대법원 1954. 10. 5. 선고 4287형상18 판결(집1-3, 형10). 그러나 헌법재판소는 국방경비법이 미군정법령의 일반적인 공포방식인 관보 게재를 통해서 공포된 적이 없고, (관보 게재가 아닌) 다른 방법으로 공포되었음을 증명할 자료도 발견되지 않았는데도, 국방경비법 공포 여부가 명확하지 않으나 국방경비법이 미군정 당시 법규에 따라 관보 게재가 아닌 다른 방식으로 공포된 것으로 추정되고, 국방경비법이 국민과 법제정당국 및 법집행당국 등이 실질적으로 규범력이 있는 법률로 승인하였다는 것 등의 이유로 국방경비법의 유효성을 인정한 바 있다(헌재 2001. 4. 26. 98헌바79등, 판례집 13-1, 799). 공포 여부는 추정사항이 아니라 국가에 적극적 증명 책임이 있는 사항이라는 점에서 이러한 헌법재판소 결정은 수긍하기 어렵다. 이에 관해서 자세한 검토는 차진아, 「공포는 법률의 효력발생요건인가?」, 『저스티스』 제99호, 한국법학원, 2007. 8., 253~283쪽.

30) 대법원 1955. 6. 21. 선고 4288형상95 판결(집2-2, 형14).

31) 실제로 1994년 12월 정부와 국회는 이전까지 '가료비는 국가가 부담하되 지방자치단체의 의료시설에서 가료를 행한 경우 국가가 일부를 부담'하도록 되어 있던 구 국가유공자예우등에관한법률(현 '국가유공자 등 예우 및 지원에 관한 법률') 제42조 제3항을 '가료비는 국가가 부담하되 지방자치단체의 의료시설에서 가료를 행한 경우 지방자치단체가 일부를 부담'하는 것("제1항 및 제2항의 규정에 의한 가료에 소요되는 비용은 국가가 이를 부담한다. 다만, 지방자치단체의 의료시설에서 가료를 행한 경우에는 대통령령이 정하는 바에 따라 지방자치단체가 그 일부를 부담할 수 있다.")으로 바꾸기로 하였다. 그런데 국회가 법안을 의결한 뒤 "제42조 제3항 중 "국가가"를 "지방자치단체가"로 한다."라는 내용으로 정부에 법안을 이송하였고, 이와 관련하여 법제처는 별도의 설명 없이 1994. 12. 31. 자 관보에 이 내용을 실었다. 이 때문에 법제처가 발행하는 법령집을 제외한 법제처 홈페이지와 민간출판사에서 발간된 법전에는 제42조 제3항의 뒷부분(단서조항)이 아닌 앞부분(본문)에 있는 '국가'를 '지방자치단체'로 바꿔 실었고, 이러한 상태는 10년 동안 계속 되었다. 국가를 상대로 한 민사소송에서는 잘못된 법전에 따라 지방자치단체가 부담할 것이라는 이유로 패소하고(서울중앙지법 2003. 5. 14. 선고 2001가합48335 판결), 지방자치단체를 상대로 한 민사소송에서는 올바른 법률 내용에 따라 가료비는 국가가 부담할 것이라는 이유로 패소한(서울중앙지법 2004. 8. 27 선고 2003가단381756 판결) 사람이 있었다. 서울고등법원은 이 사람에게 국가는 법제처와 국회 소속 공무원들의 과실로 말미암아 구 국가유공자예우등에관한법률 제42조 제3항 본문에 있는 "국가가"도 "지방자치단체가"로 개정된 것으로 관보에 게재됨으로 말미암아 법원에서 피고에 대한 가료비 청구를 기각하는 제1심 판결을 선고받고 소를 취하함으로써 다시 피고를 상대로 같은 소를 제기하지 못하게 되어 피고에게서 지급받을 수 있었던 가료비를 지급받지 못하게 된 손해와 다시 지방자치단체인 서울특별시를 상대로 무익한 소송을 제기하여 새로이 부담하게 된 소송비용 상당의 손해를 배상할 책임이 있다고 판결하였다(서울고법 2006. 4. 13. 선고 2005나57198 판결).

발생한다고 보아야 한다. 이때 대통령은 확인 즉시 다시 이러한 사실을 관보에 다시 게재하여야 한다. 다만, 잘못 공포된 법률을 정당하게 신뢰한 국민은 이로 말미암아 불이익을 받지 않아야 한다. 즉 잘못 공포된 법률을 신뢰한 국민에게는 이러한 신뢰가 정당하면 원칙적으로 잘못된 공포된 법률 내용이 적용되어야 한다. 그러나 옳은 법률이 국민에게 유리하면 옳은 법률이 적용되어야 한다. 다만, 법률이 잘못 공포되었음을 국민이 알 수 있거나 중대한 과실로 말미암아 알지 못하여 신뢰의 정당성이 인정되지 않으면 옳은 법률이 적용되어야 할 것이다.

법률 제정이나 법률 개정 과정에서 오류가 있었음이 명백하면 법원은 법해석을 통해서 이를 바로 잡아 적용할 수 있다.[32) 오류의 명백성은 잘못된 계산이나 기재, 그 밖에 이와 비슷한 잘못이 있음이 명백한 때를 뜻하는 것으로[33) 법률 자체나 다른 법률과 맺는 관계 속에서 또는 명확한 입법자료를 통해서 이러한 오류가 확인될 수 있어야 한다. 법원이 법해석을 통해서 바로잡을 수 있는 것은 명백한 형식적 오류에 국한하고, 법률 내용을 실질적으로 바꿀 수는 없다. 법률 내용이 실질적으로 바뀐다면 이는 법해석이 아니라 법창조, 즉 법률 개정이기 때문이다.

(ⅲ) 조약의 체결·비준에 대한 동의권

ⓐ 의의

헌법상 대통령은 외국에 대해서 국가를 대표하며(헌법 제66조 제1항), 이러한 지위에서 대통령은 조약의 체결권이 있다(헌법 제73조). 대통령은 조약을 체결·비준하기 전에 국무회의 심의를 거쳐야 하고(헌법 제89조 제3호), 국무총리와 관계 국무위원의 부서가 있어야 한다(헌법 제82조). 특히 헌법이 정하는 중요한 사항에 관한 조약의 체결·비준에는 사전에 국회 동의를 얻어야 한다(헌법 제60조 제1항). 이는 대통령의 자의를 방지하고 국민의 권리·의무 및 국가재정에 미치는 영향을 고려하여 국민적 합의를 얻기 위해서이다. 더 나아가서 국회 동의는 대통령의 비준행위를 정당화하고 조약의 국내법상 효력근거를 마련해주는 의미가 있다. 그 밖의 조약, 즉 국가 사이의 단순한 행정협조적 또는 기술적 사항에 관한 조약(통칭하여 '행정협정'이라고 한다)의 체결·비준에는 국회 동의가 필요하지 않다. 국회 동의가 필요한 조약에서 조약체결·비준절차는 국회입법절차에 버금간다고 볼 수 있다. 즉 다른 국제법주체와 합의하여 제정된다는 특수성 때문에 대통령이 주체가 되기는 하지만, 정부도 법률안을 제출할 수 있고(헌법 제52조), 비록 의결이 아닌 동의 형식으로 국회가 조약의 효력을 결정한다는 점에서 법률 제정에 필요한 절차를 모두 거친다.

---

32) 대법원 1978. 4. 25. 선고 78도246 전원합의체 판결(집26-1, 형86; 공1978, 10832); 대법원 1994. 12. 20자 94모32 전원합의체 결정(집 42-2, 529; 공1995상, 538); 대법원 2006. 2. 23. 선고 2005다60949 판결(공2006상, 491) 참조.

33) 이를 '편집오류'라고 한다. 이에 관해서 자세한 것은 박 철, 「법률의 문언을 넘은 해석과 법률의 문언에 반하는 해석」, 『법철학연구』제6권 제1호, 한국법철학회, 2003, 206~208쪽; 최봉경, 「편집상의 오류」, 『법학』제48권 제1호, 서울대학교 법학연구소, 2007, 338~370쪽 참조.

ⓑ 동의의 시기

조약체결과정에서 조약문안 확정 및 가서명단계에 이르게 되면, 일반적으로 국내절차로
관계 부처 합의 → 법제처 심사 → 국무회의 심의 → 대통령 재가와 국무총리 및 외교부 장
관의 부서 → 대통령 서명 → (국회 동의가 필요한 조약) 국회 동의 → 비준서 교환이나 비준서
기탁 → 공포의 과정을 밟는다. 조약에 대한 동의권의 의의를 고려하면, 조약 체결에 대한 국
회 동의는 사전 동의이어야 한다. 사전은 조약에 대한 기속적인 동의의사가 확정되기 전이라
는 뜻이다. 즉 기속적인 동의의사가 비준을 통해서 표현되면 비준 전을, 서명만으로 기속적인
동의의사가 표현되면 서명 전을 뜻한다.

ⓒ 동의의 기속력

국회 동의는 다른 기관이 반드시 이에 따르도록 강제하는 기속력이 없다. 국회가 조약에
동의하면 대통령이 유효하게 서명하거나 비준할 수 있는 상태가 될 뿐이지 조약 체결이 강제
되지 않는다. 따라서 국회 동의를 얻고 나서도 대통령은 사정변경에 따라 조약을 비준하지
않을 수도 있다.

ⓓ 동의 시 조약의 수정 가능성

국회의 동의권 중에 수정권이 포함되는지에 관해서는 수정부정설[34]과 수정긍정설이 대립
한다. 수정부정설은 (가) 국회 동의 대상인 조약안은 이미 상대국과 협의를 거쳐 내용이 확정
된 것이므로 국회가 그 내용을 수정하는 것은 대통령의 조약체결권을 침해하는 것이고, (나)
조약을 조인하고 나서 수정·삭제 또는 유보부 승인을 하는 것은 상대국 동의가 없는 한 허
용되지 않는 것이 국제법상 일반원칙이며, (다) 수정을 가하면 조약의 불승인이나 새로운 조
약의 제의로 보아야 한다는 것을 근거로 한다. 이러한 수정부정설에 대해서 수정긍정설은 국
회는 조약에 대한 전면적인 불승인권이 있으므로 부분적인 승인을 의미하는 수정도 가능하다
고 본다. 조약 상대국과 협의를 하여 수정하도록 조건부로 동의하는 것은 무방하다는 견해도
있다.[35] 국회 동의 대상인 조약안은 이미 상대국과 협의를 거쳐 내용이 확정된 것이므로 국
회가 그 내용을 수정하는 것은 대통령의 조약체결권을 침해한다. 그리고 조약을 조인하고 나
서 수정·삭제 또는 유보부 승인을 하는 것은 상대국 동의가 없는 한 허용되지 않는 것이 국
제법의 일반원칙이다. 또한, 수정을 가하면 조약 불승인이나 새로운 조약 제의로 보아야 한
다. 더하여 수정동의는 소극적인 동의권의 본질에 어긋나고, 법률안 일부에 대해서나 법률안

34) 권영성, 『헌법학원론(개정판)』, 법문사, 2010, 896쪽(다만, 가분적 성질의 조약에 대해서는 일부승인이나 일부부
   결이 예외적으로 인정된다고 한다); 김학성/최희수, 『헌법학원론(전정5판)』, 피앤씨미디어, 2021, 925쪽; 박종보,
   「헌법 제60조」, 『헌법주석[국회, 정부]』, 경인문화사, 2018, 322~323쪽; 심경수, 『헌법(제2판)』, 법문사, 2020,
   440쪽; 한수웅, 『헌법학(제11판)』, 법문사, 2021, 356쪽.
35) 김철수, 『학설·판례 헌법학(전정신판)(중)』, 박영사, 2009, 285쪽; 정재황, 『국가권력규범론』, 박영사, 2020,
   331~332쪽; 같은 사람, 『신헌법입문(제11판)』, 박영사, 2021, 747쪽; 홍성방, 『헌법학(하)(제3판)』, 박영사, 2014,
   144쪽.

을 수정하여 재의를 요구할 수 없도록 한 헌법 제53조 제2항에 비추어 수정동의는 허용되지 않는다고 보아야 한다. 따라서 국회의 동의권에는 수정권이 포함되지 않는다.[36]

ⓔ 조약에 대한 동의 거부의 효과

사전 동의가 요구될 때 사전 동의가 없으면 조약은 비준이나 서명될 수 없고, 그 결과 조약은 성립되지 않으며 효력도 발생하지 않는다. 조약의 효력이 발생하고 나서 동의가 거부되면 국제조약법은 조건부무효설을 취한다.

ⓕ 조약 종료에 대한 동의

헌법은 일정한 조약의 체결·비준에 관해서만 국회 동의를 필수적 요건으로 할 뿐이지(제60조 제1항), 조약 종료에 관해서는 언급하지 않는다. 그리고 헌법은 대통령에게 대외관계와 외교문제에 관한 일반적인 권한을 부여한다. 따라서 조약 종료는 국회 동의 없이 국무회의 심의를 거쳐 대통령이 단독으로 할 수 있다.

(ⅳ) 국회규칙제정권

ⓐ 의의

국회규칙은 헌법과 법률에 어긋나지 아니하는 범위 안에서 의사와 내부규율에 관하여 국회가 제정하는 법규범이다(헌법 제64조 제1항, 국회법 제166조 제1항). 이를 제정하는 권한은 헌법기관인 국회의 독립성을 보장하려는 자율권의 일부이다.[37] 국회규칙과 법률은 국회가 제정한다는 점에서 공통점이 있다. 그러나 국회규칙은 국회가 국민의 대표기관인 입법기관으로서 제정하는 것이 아니라 독립한 국가기관으로서 제정하는 것이라는 점에서 법률과 구별된다. 따라서 법률제정절차와 달리 집행부 개입이 허용되지 않고, '법률에 어긋나지 아니하는 범위 안'에서만 제정할 수 있다. 국회가 대통령과 대등한 헌법적 지위가 있다는 점에 비추어 국회규칙은 대통령령과 같은 법적 성격이 있다. 따라서 국회규칙은 '규칙'이라는 용어가 붙어도 법규명령에 해당한다.[38]

ⓑ 제정절차

국회규칙의 제정·개폐는 국회운영위원회 소관 사항이다(국회법 제37조 제1항 제1호). 국회규칙안을 국회운영위원회에서 심사하면 법제사법위원회의 체계·자구 심사를 거쳐(국회법 제37조 제1항 제2호) 본회의 의결로 확정된다. 다만, 임기 초에 상임위원회가 구성되지 아니하면

---

36) 같은 견해: 권영성, 『헌법학원론(개정판)』, 법문사, 2010, 248쪽; 김학성/최희수, 『헌법학원론(전정5판)』, 피앤씨미디어, 2021, 925쪽. 다만, 가분적 성질의 조약에 대해서는 일부승인이나 일부부결이 예외적으로 인정된다는 견해도 있다(권영성, 『헌법학원론(개정판)』, 법문사, 2010, 896쪽). 그리고 정지조건부로 동의하여 장래 상대국이 동의한 내용이 국회가 수정한 내용과 일치하면 국회 확인이 필요 없게 하면 조약동의제도의 목적을 충분히 달성할 수 있으므로, 상대국과 협의하여 수정하도록 조건부로 의결할 수 있다는 견해도 있다(김철수, 『학설·판례 헌법학(전정신판)(중)』, 박영사, 2009, 285쪽).

37) 계희열, 「국가기능으로서의 입법권」, 『헌법논총』 제13집, 헌법재판소, 2002, 289~290쪽.

38) 같은 견해: 성낙인, 『헌법학(제21판)』, 법문사, 2021, 542쪽.

위원회 심사를 거칠 수 없으므로, 국회상임위원회위원정수에관한규칙을 의장 제의로 본회의에서 바로 의결한 선례가 있다. 본회의 의결은 재적의원 과반수 출석과 출석의원 과반수 찬성으로 한다(헌법 제49조, 국회법 제109조). 국회사무처법 제14조, 국회도서관법 제12조, 국회예산정책처법 제11조는 국가공무원법에서 국회규칙으로 정하도록 위임된 사항과 국회사무처법, 국회도서관법, 국회예산정책처법에서 규칙으로 정하도록 위임된 사항에 관해서 의장이 국회운영위원회 동의를 얻어 정하도록 한다.[39]

② 재정에 관한 권한

재정은 공권력 주체가 공공 수요를 충족시키려고 필요한 재원을 조달하고 재산을 관리·사용·처분하는 모든 행위를 말한다.

(ⅰ) 조세법률원칙

ⓐ 의의

헌법은 제38조에서 "모든 국민은 법률이 정하는 바에 의하여 납세의 의무를 진다."라고 규정하고, 제59조에서 "조세의 종목과 세율은 법률로 정한다."라고 규정하여 조세법률원칙(조세법률주의)을 선언한다. 조세법률원칙은 조세평등원칙과 더불어 조세법제의 기본원칙으로서, 법률에 근거가 없으면 국가는 조세를 부과·징수할 수 없고, 국민도 법률에 근거가 없으면 조세납부를 요구받지 아니한다는 원칙을 말한다. 조세법률원칙의 이념은 결국 과세요건을 국회가 제정한 법률로 명확하게 규정함으로써 국민의 재산권을 보장함과 동시에 국민의 경제생활에서 법적 안정성과 예측가능성을 보장하려는 것이다.[40]

ⓑ 조세의 의의와 종류

조세는 국가나 지방자치단체 등 공권력 주체가 재원조달 목적으로 과세권을 발동하여 반대급부 없이 일반 국민에게 강제적으로 부과하여 징수하는 공과금을 말한다.[41] 조세에는 국세와 지방세가 있다. 국세에는 국세기본법과 국세징수법이, 지방세에는 지방세법이 각각 적용된다. 조세는 아니나 조세에 준하는 것(준조세)으로서 법률에 근거하여 엄격한 규제가 필요한 것으로는 부담금,[42] 수수료[43]와 국무회의 심의를 거쳐 대통령이 승인하는 국가독점사업의 요

---

39) 박봉국, 『최신 국회법(제3판)』, 박영사, 2004, 723~725쪽.

40) 헌재 2020. 2. 27. 2017헌바159, 판례집 32−1상, 32, 38.

41) 헌재 1990. 9. 3. 89헌가95, 판례집 2, 245, 251: "헌법이나 국세기본법에 조세의 개념정의는 없으나 조세는 국가 또는 지방자치단체가 재정수요를 충족시키거나 경제적·사회적 특수정책의 실현을 위하여 국민 또는 주민에 대하여 아무런 특별한 반대급부없이 강제적으로 부과징수하는 과징금을 의미하는 것이다."

42) 부담금은 분담금이나 납부금이라고도 한다. 부담금은 특정한 공익사업에 특별한 관계가 있는 사람이 그 경비의 전부나 일부를 국가나 공공단체에 대해서 부담하는 공법적 금전급부의무를 말한다. 부담금은 그 부과목적과 기능에 따라 순수하게 재정 조달 목적만 있는 '재정조달목적 부담금'과 재정 조달 목적뿐 아니라 부담금의 부과 자체로써 국민의 행위를 특정한 방향으로 유도하거나 특정한 공법적 의무 이행이나 공공출연에 따른 특별한 이익과 관련된 집단 사이의 형평성 문제를 조정하여 특정한 사회·경제정책을 실현하기 위한 '정책실현목적 부담금'

금, 행정권으로서 규정하는 국·공립병원의 입원료·국공립도서관·미술관 입장료 등이 있다.

　ⓒ 내용

　조세법률원칙은 과세요건 법정원칙(과세요건 법정주의)[44]과 과세요건명확원칙(과세요건명확
주의)을 그 핵심적 내용으로 한다.[45] 조세법률원칙은 조세의 부과·징수에 관한 규정뿐 아니

─────────

으로 구분할 수 있다. 전자는 공적 과제가 부담금 수입 지출 단계에서 비로소 실현되나, 후자는 공적 과제의 전
부나 일부가 부담금 부과 단계에서 이미 실현된다(헌재 2008. 11. 27. 2007헌마860, 판례집 202하, 447, 459;
헌재 2019. 12. 27. 2017헌가21, 판례집 312하, 8, 17).

　재정조달목적 부담금은 특정한 반대급부 없이 부과될 수 있다는 점에서 조세와 매우 비슷하므로 헌법 제38조가
정한 조세법률원칙, 헌법 제11조 제1항이 정한 법 앞의 평등원칙에서 파생되는 공과금 부담의 형평성, 헌법 제54
조 제1항이 정한 국회의 예산심의·확정권에 따른 재정감독권과 맺는 관계에서 오는 한계를 고려하여, 그 부과
를 헌법적으로 정당화하려면 ① 조세에 대한 관계에서 예외적으로만 인정되어야 하고 국가의 일반적 과제를 수
행하는 데 부담금 형식을 남용하여서는 아니 되며, ② 부담금 납부의무자는 일반 국민과 비교하여 부담금을 통
해서 추구하고자 하는 공적 과제에 대하여 특별히 밀접한 관련성이 있어야 하고, ③ 부담금이 장기적으로 유지
되면 그 징수의 타당성이나 적정성을 입법자가 지속해서 심사하여야 한다. 특히 부담금 납부의무자는 그 부과로
추구하는 공적 과제에 관해서 '특별히 밀접한 관련성'이 있어야 한다는 점에 있어서 ① 일반인과 구별되는 동질
성을 지녀 특정집단이라고 이해할 수 있는 사람들이어야 하고(집단적 동질성), ② 부담금 부과를 통하여 수행하
고자 하는 특정한 경제적·사회적 과제와 특별히 객관적으로 밀접한 관련성이 있어야 하며(객관적 근접성), ③
그러한 과제 수행에 관해서 조세외적 부담을 져야 할 책임이 인정될만한 집단이어야 하고(집단적 책임성), ④ 만
약 부담금 수입이 부담금 납부의무자의 집단적 이익을 위해서 사용될 때는 그 부과의 정당성이 더욱 제고된다
(집단적 효용성). 그리고 부담금은 국민의 재산권을 제한하는 성격이 있으므로 부담금을 부과할 때도 평등원칙
이나 비례성원칙과 같은 기본권제한입법의 한계는 준수되어야 하고, 이러한 부담금의 헌법적 정당화 요건은 기
본권 제한의 한계를 심사함으로써 자연히 고려될 수 있다(헌재 2008. 11. 27. 2007헌마860, 판례집 202하, 447,
460461; 헌재 2019. 12. 27. 2017헌가21, 판례집 312하, 8, 18).

　수질개선부담금과 같은 부담금을 부과할 때는 평등원칙이나 비례성원칙과 같은 기본권제한입법의 한계를 준수
하여야 함은 물론 이러한 부담금의 부과를 통하여 수행하고자 하는 특정한 사회적·경제적 과제에 관해서 조세
외적 부담을 지울 만큼 특별하고 긴밀한 관계가 있는 특정 집단에 국한하여 부과되어야 하고, 이처럼 부과·징수
된 부담금은 그 특정과제 수행을 위하여 별도로 관리·지출되어야 하며 국가의 일반적 재정수입에 포함하여 일
반적 국가과제를 수행하는 데 사용되어서는 아니 된다. 그렇지 않으면 국가가 조세저항을 회피하려는 수단으로
부담금이라는 형식을 남용할 수 있기 때문이다(헌재 1998. 12. 24. 98헌가1, 판례집 102, 819, 830831).

43) 수수료는 국가나 공공단체가 사인을 위해서 하는 공역무나 사인에게 허용하는 공물 사용에 대한 반대급부로서
　　징수하는 요금을 말한다.

44) 조세는 국민의 재산권을 제약하는 것이므로 납세의무를 발생하게 하는 납세의무자·과세물건·과세표준·과세기
　　간·세율 등 과세요건과 조세의 부과·징수절차를 모두 국민의 대표기관인 국회가 제정한 법률로써 규정하여야
　　한다.

45) 헌재 1989. 7. 21. 89헌마38, 판례집 1, 131, 138139: "우리 헌법은 제38조에서 "모든 국민은 법률이 정하는 바
　　에 의하여 납세의 의무를 진다"라고 규정하였고, 제59조에 "조세의 종목과 세율은 법률로 정한다."라고 규정하였
　　다. 이러한 헌법규정에 근거를 둔 조세법률주의는 조세평등주의와 함께 조세법의 기본원칙으로서, 법률의 근거
　　없이 국가는 조세를 부과·징수할 수 없고, 국민은 조세의 납부를 요구받지 않는다는 원칙이다. 이러한 조세법률
　　주의는 이른바 과세요건 법정주의와 과세요건 명확주의를 그 핵심적 내용으로 삼고 있는 바, 먼저 조세는 국민
　　의 재산권 보장을 침해하는 것이 되기 때문에 납세의무를 성립시키는 납세의무자·과세물건·과세표준·과세기
　　간·세율 등의 과세요건과 조세의 부과·징수절차를 모두 국민의 대표기관인 국회가 제정한 법률로 규정하여야
　　한다는 것이 과세요건 법정주의이고, 또한 과세요건을 법률로 규정하였다고 하더라도 그 규정내용이 지나치게
　　추상적이고 불명확하면 과세관청의 자의적인 해석과 집행을 초래할 염려가 있으므로 그 규정 내용이 명확하고,
　　일의적(一義的)이어야 한다는 것이 과세요건 명확주의라고 할 수 있다. 그렇다면 위 헌법규정들에 근거한 조세
　　법률주의의 이념은 과세요건을 법률로 규정하여 국민의 재산권을 보장하고, 과세요건을 명확하게 규정하여 국민
　　생활의 법적 안정성과 예측가능성을 보장하겠다는 것이라고 이해된다."

라 조세감면규정에도 적용된다.[46) 과세요건 법정원칙은 납세의무를 성립시키는 납세의무자,

헌재 1994. 8. 31. 91헌가1, 판례집 6-2, 153, 163: "헌법 제38조 및 제59조에 근거를 둔 조세법률주의는 과세요건법정주의와 함께 과세요건명확주의를 그 핵심적인 내용으로 하고 있는바 과세요건명확주의는 과세요건에 관한 법률규정의 내용이 지나치게 추상적이거나 불명확하면 이에 대한 과세관청의 자의적(恣意的)인 해석과 집행을 초래할 염려가 있으므로 그 규정내용이 명확하고 일의적(一義的)이어야 한다는 것이 그 요지이다(당재판소 1992.12.24. 선고, 90헌바21 결정 등 참조)."

헌재 1990. 9. 3. 89헌가95, 판례집 2, 245, 252-256: "(2) …… 헌법이 그 전문에서 "…자유민주적 기본질서를 더욱 확고히 하여"라는 표현을 하고, 제1조에서 국민주권주의를 선언하며, 제23조 제1항에서 재산권을 보장하면서, 그 제38조에서 "모든 국민은 법률이 정하는 바에 의하여 납세의 의무를 진다."라고 규정하고 다시 제59조에서 "조세의 종목과 세율은 법률로 정한다."라고 규정하고 있는 것은, 바로 조세의 합법률성(合法律性)의 원칙(조세법률주의)을 천명한 것으로서, 결국 조세의 요건과 그 부과·징수절차는 국민의 대표기관인 국회가 제정한 법률에 의하여 규정되어야 하고, 나아가 그 법률의 집행에 있어서도 이것이 엄격하게 해석·적용되어야 하며 행정편의적인 확장해석이나 유추해석은 허용되지 않음을 명백히 한 것이다. 그리고 헌법이 과세만을 따로 떼어서 형평주의를 규정하고 있는 것은 아니지만, 헌법 전문의 "…각인의 기회를 균등히 하고…", "…안으로는 국민생활의 균등한 향상을 기하고…"라는 평등 규정에서 평등취급의 원칙, 불평등취급금지의 원칙을 그 내용으로 하는 조세의 합형평성(合衡平性)의 원칙(조세형평주의)을 표명하고 있는 것이다. 위 헌법의 규정을 근거로 하여 국세기본법이 제정되었는 바, 같은 법 제18조 제1항은 "세법의 해석·적용에 있어서는 과세의 형평과 당해 조항의 합목적성에 비추어 납세자의 재산권이 부당히 침해되지 아니하도록 하여야 한다."고 규정함으로써 조세의 합형평성의 원칙을 명문으로 재확인하고 있으며, 같은 법 제19조에도 이를 부연하고 있다.

(3) 헌법은 제23조 제1항에서 "모든 국민의 재산권은 보장된다. 그 내용과 한계는 법률로 정한다."고 규정하여 국민의 재산권을 보장하면서, 이에 대한 일반적 법률유보조항(一般的 法律留保條項)으로 헌법 제37조 제2항에서 "국민의 모든 자유와 권리는 국가안전보장·질서유지 또는 공공복리를 위하여 필요한 경우에 한하여 법률로서 제한할 수 있으며, 제한하는 경우에도 자유와 권리의 본질적인 내용을 침해할 수 없다."고 규정하고 있다. 이와 같은 헌법의 규정취지는, 국민의 재산권은 원칙적으로 보장되어야 하고, 예외적으로 공공복리 등을 위하여 법률로써 이것이 제한될 수도 있겠으나 그 본질적인 내용은 침해가 없을지라도 비례의 원칙 내지는 과잉금지의 원칙에 위배되어서는 아니되는 것을 확실히 하는데 있는 것이다. 생각하건대, 조세우선의 원칙의 헌법적 근거라고 할 수 있는 헌법 제37조 제2항의 규정은 기본권 제한입법의 수권(授權) 규정이자만, 그것은 동시에 기본권 제한입법의 한계(限界) 규정이기도 하기 때문에, 입법부도 수권의 범위를 넘어 자의적인 입법을 할 수 있는 것은 아니며, 사유재산권을 제한하는 입법을 함에 있어서도 그 본질적인 내용의 침해가 있거나 과잉금지의 원칙에 위배되는 입법을 할 수 없음은 자명한 것이다. 따라서 위 국세기본법 제35조 제1항 제3호가 규정하고 있는 조세우선(優先)조항의 위헌여부를 판단함에 있어서는, 위 규정에 따른 조세채권의 1년 소급우선이 담보물권의 본질적인 내용을 침해하고 있는지의 여부와 기본권 제한입법이 가지는 방법상의 한계, 즉 과잉금지의 원칙에 저촉되는지의 여부의 판단을 필요하고, 그 판단을 함에 있어서는 재산권의 본질적인 내용이 무엇이며 어느 정도일 때 그 침해가 있다고 할 것인지의 여부를 따져 보아야 할 것인바, 이를 가리는 판단기준은 헌법의 기본정신과 일반원칙 즉, 조세의 합법률성의 원칙과 조세의 합형평성의 원칙이라고 할 것이다.

(4) 조세의 합법률성의 원칙은 형식적으로는 국민의 대표기관인 국회가 제정한 법률에 의하여서만 조세를 부과·징수할 수 있다는 뜻이지만, 실질적으로는 과세요건과 절차 및 그 법률효과를 미리 법률로써 명확하게 규정하여 이를 국민에게 공포함으로써, 국민으로 하여금 세제상 자신에게 불이익을 초래할 행위를 스스로 삼가거나 자제할 수 있도록 하는 등 장래에의 예측과 행동방향의 선택을 보장하고 그 결과로 국민의 재산권이 국가의 과세권의 부당한 행사로부터 침해되는 것을 예방하고 국민생활의 법적 안정성을 보호하려는데 그 참뜻이 있는 것이다. 즉, 조세의 합법률성의 원칙의 본래의 사명은 국민에 대하여 장래에의 예측가능성을 보장해 주는데 있다고 할 것이므로 절차상 국민의 대표기관인 국회에 의하여 제정·공포되어야 함은 물론, 내용상 건전한 국민의 선량한 주의의무로 조세예측이 가능하고, 거래행위자의 귀책사유없는 제3자의 우연한 체납행위로 불측의 재산상의 손실을 입게 되는 것과 같은 우연성이나 불확실성이 내포되어서는 아니됨을 의미하는 것이다.

(5) 조세의 합형평성의 원칙은 조세관계법의 내용이 과세대상자에 따라 상대적으로 공평(상대적 평등)하여야 함을 의미하는 것으로서, 비슷한 상황에는 비슷하게, 상이한 상황에는 상이하게 그 상대적 차등에 상응하는 법적 처우를 하도록 하는 비례적·배분적 평등을 의미하며, 본질적으로 불평등한 것을 자의적으로 평등하게 취급하는 (내용의) 법률의 제정을 불허함을 의미하는 것이다. 조세부담의 공평기준은 근세초기의 국가로부터 납세자가 받

과세물건, 과세표준, 과세기간, 세율 등의 모든 과세요건과 부과·징수절차는 모두 국민의 대표기관인 국회가 제정한 법률로 규정하여야 한다는 것을 말한다.[47] 대법원은 조세를 대통령령에 위임할 수 있고, 과세대상을 대통령령에 위임한 것도 합헌이라고 한다.[48] 그리고 과세요건명확원칙은 과세요건을 법률로 규정하였더라도 그 규정내용이 지나치게 추상적이고 불명확하면 이에 관한 과세관청의 자의적인 해석과 집행을 초래할 염려가 있으므로 그 규정 내용이 명확하고 일의적이어야 한다는 것을 말한다.[49] 또한, 오늘날 법치국가원리는 국민의 권리·의무에 관한 사항은 법률로써 정하여야 한다는 형식적 법치국가원리에 그치는 것이 아니라 그 법률의 목적과 내용도 기본권 보장의 헌법이념에 부합되어야 한다는 실질적 법치국가원리를 뜻한다. 헌법 제38조와 제59조가 선언하는 조세법률원칙도 이러한 실질적 법치국가원리를

는 이익에 상응하는 부담이어야 한다는 소위 '응익과세'(應益課稅)의 원칙이었으나, 오늘날 소득, 재산, 부(富)와 같은 납세능력 내지 담세력에 따라 부담하여야 한다는 소위 '응능과세'(應能課稅)의 원칙이 강조되고 있으며, 형평의 요건으로 '주관적 자의의 배제'내지 '자의의 금지'라거나 '차별의 합리성의 유무'등이 강조되고 있는데, 결국위 요건을 합하여 조세권자의 자의가 배제되고 객관적인 사실을 기초로 한 합리적인 근거에 의하여 조세가 부과·징수되는 내용의 법률이라고 할 수 있기 위하여서는, 과세대상의 선정규정과 담세력의 산정규정에 합리성이 배려되어, 결국 과세 적격사유가 있는 대상에 대하여 그 능력에 합당한 과세액이 부과·징수되도록 규정되어 있는 것을 의미하는 것이라 할 것이다. 그러한 관점에서 이상적인 조세(관계)법률이라고 평가될 수 있기 위하여서는, 국가의 조세수입은 충분히 확보될 수 있으면서도 조세구조(租稅構造)가 경제자원의 최적배분(最適配分)에 합당하고 징세비는 적게 소요되는 납세자에게도 최대한의 편의가 보장되어 국민의 조세정의 내지 조세감정에 부합하는 내용의 것이라야만 할 것이다. 그리고 조세의 합형평성의 원칙은 국가가 조세관계법률을 제정함에 있어서만 필요한 요건이 아니고, 그 법의 해석 및 집행에 있어서 일관해서 적용되는 부동의 기준이 되며, 법률이 조세의 합형평성의 원칙을 침해하였는지의 여부를 판별함에 있어서는 당해 법률의 형식적 요건이나 내용 외에 그 실질적 내용을 기준으로 그것이 헌법의 기본정신이나 일반원칙에 합치하는지의 여부가 검토되어야 하는 것이다."

46) 헌재 2020. 8. 28. 2017헌바389, 판례집 32-2, 95, 100.

47) 헌재 1992. 2. 25. 90헌가69등, 판례집 4, 114, 120-121: "헌법 제38조는 "모든 국민은 법률이 정하는 바에 의하여 납세의 의무를 진다."라고 규정하고, 제59조는 "조세의 종목과 세율은 법률로 정한다."라고 규정하였는데 위 두 개의 규정은 조세행정에 있어서의 법치주의(조세법률주의)를 선언하는 규정이다. 조세행정에 있어서의 법치주의 적용은 조세징수로부터 국민의 재산권을 보호하고 법적 생활의 안전을 도모하려는데 그 목적이 있는 것으로서, 과세요건법정주의와 과세요건명확주의를 그 핵심적 내용으로 하는 것이지만 오늘날의 법치주의는 국민의 권리·의무에 관한 사항을 법률로써 정해야 한다는 형식적 법치주의에 그치는 것이 아니라 그 법률의 목적과 내용 또한 기본권보장의 헌법이념에 부합되어야 한다는 실질적 법치주의를 의미하며 헌법 제38조, 제59조가 선언하는 조세법률주의도 이러한 실질적 법치주의를 뜻하는 것이므로 비록 과세요건이 법률로 명확히 정해진 것일지라도 그것만으로 충분한 것이 아니고 조세법의 목적이나 내용이 기본권보장의 헌법이념과 이를 뒷받침하는 헌법상의 제원칙에 합치되지 아니하면 아니된다."
    헌재 1997. 6. 26. 93헌바49, 판례집 9-1, 611, 622: "그리고 자유민주주의 국가에서의 국가재정은 국민의 조세로 이루어지는 것이므로 헌법 제38조는 국민의 납세의 의무를 규정하는 한편 그 경우에도 국민의 재산권 보장과 경제활동에 있어서의 법적안정성을 위하여 제59조에서 "조세의 종목과 세율은 법률로 정한다"고 규정하여 조세법률주의를 선언하고 있는바, 오늘날의 법치주의는 실질적 법치주의를 의미하므로 헌법상의 조세법률주의도 과세요건이 형식적 의미의 법률로 명확히 정해질 것을 요구할 뿐 아니라, 조세법의 목적이나 내용이 기본권 보장의 헌법이념과 이를 뒷받침하는 헌법상의 제원칙에 합치되어야 하고(헌법재판소 1992. 2. 25. 선고, 90헌가69·91헌가5·90헌바3(병합) 결정 등 참조), 나아가 조세법률은 조세평등주의에 입각하여 헌법 제11조 제1항에 따른 평등의 원칙에도 어긋남이 없어야 한다."

48) 대법원 1974. 12. 24. 선고 70누92 판결(집22-3, 행40, 공1975, 8279).

49) 헌재 2020. 8. 28. 2017헌바389, 판례집 32-2, 95, 100.

뜻하는 것이므로, 비록 과세요건이 법률로 명확히 정해진 것일지라도 그것만으로는 충분한 것이 아니고 조세법의 목적이나 내용이 기본권 보장의 헌법이념과 이를 뒷받침하는 헌법의 모든 원칙에 합치되지 않으면 안 된다.[50] 조세법을 해석할 때 유추나 확장해석은 허용되지 아니한다.[51] 따라서 조세법을 해석할 때 '유효한' 법률조항의 불명확한 의미를 논리적·체계적 해석을 통해 합리적으로 보충하는 것에서 더 나아가, 해석을 통하여 전혀 새로운 법률상 근거를 만들어 내거나, 기존에는 있었으나 실효되어 더는 있다고 볼 수 없는 법률조항을 여전히 '유효한' 것으로 해석할 수 없다.[52]

ⓓ 법률원칙(법률주의)[영구세원칙(영구세주의)]

조세에는 일년세원칙(일년세주의)과 영구세원칙(영구세주의)이 있다. 일년세원칙은 조세를 매년 의회 의결을 거쳐 부과하는 것을 말하고, 영구세원칙은 조세를 한 번 법률 형식으로 의회 의결로 정하면 매년 계속해서 과세할 수 있게 하는 것을 말한다. 헌법은 조세의 종목과 세율은 법률로 정하게 하였고, 법률의 효력은 별도의 규정이 없는 한 영구적이며, 헌법에 일년세원칙을 규정하지 않은 것으로 보아 헌법은 영구세원칙을 채택한다.

ⓔ 조세법률원칙의 예외

조세법률원칙에는 예외가 인정된다. 현대의 복잡한 경제현실 때문에 조세의 종목과 세율은 모두 법률로 정하기 곤란할 뿐 아니라 그것을 모두 법률로 정하면 과세대상의 적정한 결정이 어려워 공평과세에 따른 국민의 재산권 보호에 미흡할 수 있기 때문이다. 조세법률원칙에 대한 예외의 대표적인 것으로는 조례에 따른 지방세의 세목 규정, 행정협정에 따른 관세율, 긴급재정경제명령을 들 수 있다.

(가) 조례에 따른 지방세 부과·징수

지방자치단체는 지방자치법 제152조에 따라 법률이 정하는 바에 의하여 지방세를 부과·징수할 수 있고, 지방세법 제3조에 따라 지방세의 부과와 징수에 관해서 필요한 사항을 조례로 정할 수 있다. 지방세와 조세법률원칙의 관계에 관해서 지방세과세권 국가귀속설과 지방세과세권 자치단체고유권설이 대립한다. 전자는 지방세과세권은 법률에 따라서 국가에서 부여받은 것으로 본다. 그에 반해서 후자는 지방세과세권은 헌법이 인정한 것으로 지방세에 관해서 법률에 규정이 없어도 지방자치단체의 과세권은 인정된다고 한다.

(나) 행정협정에 따른 관세율

정부는 우리나라의 대외무역 증진을 위하여 필요하다고 인정되면 특정 국가나 국제기구와 관세에 관한 협상을 할 수 있다(관세법 제73조).

---

50) 헌재 1992. 2. 25. 90헌가69등, 판례집 4, 114, 120-121.
51) 헌재 1996. 8. 29. 95헌바41, 판례집 8-2, 107, 124; 헌재 2012. 5. 31. 2009헌바123등, 판례집 24-1하, 281, 297.
52) 헌재 2012. 5. 31. 2009헌바123등, 판례집 24-1하, 281, 297.

(다) 긴급재정경제명령

대통령은 중대한 재정·경제상 위기를 극복하기 위해서 재정·경제에 관한 필요한 법률의 효력이 있는 명령을 발할 수 있다(헌법 제76조). 이러한 긴급재정경제명령은 조세법률원칙에 대한 예외를 정할 수도 있다.

ⓕ 조세법률원칙의 한계

법률제정권의 일반적 한계와 조세평등의 원칙을 존중하여야 한다. 특히 납세자의 담세능력을 무시한 획일적인 세율정책은 조세법률원칙의 한계를 일탈한다.

(ⅱ) 조세평등원칙

ⓐ 의의

조세평등원칙(조세평등주의)은 헌법 제11조 제1항 평등원칙의 조세법적 표현으로서, 조세의 부과와 징수는 납세자의 담세능력에 상응하여 공정하고 평등하게 이루어져야 하고, 합리적 이유 없이 납세의무자를 차별하여서는 아니 된다는 원칙이다.[53] 오늘날 세원(稅源)이 극히 다양하고 납세의무자인 국민의 담세능력에도 차이가 있을 뿐 아니라 조세도 국가재원 확보라는 고전적 목적 이외에 다양한 정책적 목적으로 부과되므로, 조세법 영역에서는 입법자에게 광범위한 형성권이 부여된다. 다만, 이러한 결정을 할 때도 입법자는 재정정책적·국민경제적·사회정책적·조세기술적 제반 요소에 관한 교량을 통해서 그 조세관계에 맞는 합리적인 조치를 하여야만 평등원칙에 부합할 수 있고, 입법형성권 행사가 비합리적이고 불공정한 조치라고 인정되면 조세평등원칙에 어긋나 위헌이 된다.[54] 조세평등원칙은 응능과세원칙과 실질과세원칙을 내용으로 한다.

ⓑ 응능과세원칙

응능과세원칙은 납세자의 조세 부담을 납세자의 담세능력에 따라 정하여야 한다는 것을 말한다. 담세능력을 무시한 획일적인 세율은 형평주의의 한계를 벗어난다. 담세능력에 따른 과세원칙(응능부담)은 동일한 소득은 원칙적으로 동일하게 과세하고(수평적 정의), 소득이 다른 사람 사이에서는 공평한 조세 부과(수직적 정의)를 요청한다.[55] 세법 내용을 어떻게 정할 것인지는 입법자의 광범위한 형성의 자유 아래 있고, 더욱이 오늘날 조세입법자는 조세 부과를 통하여 재정수입 확보라는 목적 이외에도 국민경제적·재정정책적·사회정책적 목적 달성을 위하여 여러 가지 관점을 고려할 수 있으므로, 응능과세원칙을 예외 없이 절대적으로 관철할 수 없고, 합리적 이유가 있으면 납세자 사이의 차별 취급도 예외적으로 허용된다.[56] 소득에

---

53) 헌재 1997. 10. 30. 96헌바14, 판례집 9-2, 454, 463; 헌재 1999. 3. 25. 98헌바2, 판례집 11-1, 201, 212; 헌재 1999. 11. 25. 98헌마55, 판례집 11-2, 593, 608.

54) 헌재 2020. 3. 26. 2017헌바363등, 판례집 32-1상, 205, 215-216.

55) 헌재 1999. 11. 25. 98헌마55, 판례집 11-2, 593, 608.

56) 헌재 1999. 11. 25. 98헌마55, 판례집 11-2, 593, 608.

단순 비례하여 과세할 것인지 아니면 누진적으로 과세할 것인지는 입법자의 정책에 맡겨진다. 수직적 정의는 담세능력이 큰 사람은 담세능력이 작은 사람과 비교하여 더 많은 세금을 낼 것과 최저생계를 위해서 필요한 경비는 과세에서 제외하여야 한다는 최저생계를 위한 공제를 요청할 뿐이지 소득세법에서 반드시 누진세율을 도입할 것까지 요구하는 것은 아니다.[57]

ⓒ 실질과세원칙

실질과세원칙은 조세는 그 실질에 부합되게 부과되어야 한다는 것으로, 법률적 형식과 경제적 실질이 서로 다르면 경제적 실질에 과세함으로써 조세정의를 실현하려는 원칙이다.[58] 실질과세는 외관과 명목보다는 실질에 따라 과세한다는 것인데, 실질에만 치중하는 것이 오히려 조세정의에 부합하지 않으면 예외가 허용된다.[59] 다만, 조세회피행위를 부인하여 조세공평을 꾀하려는 실질주의를 지나치게 강조하면 조세법률원칙의 권리보장적 기능과 법적 안정성을 해칠 수 있다.[60]

(ⅲ) 예산심의·확정권

ⓐ 예산의 의의

예산은 국회 의결로 성립하는, 1회계연도에 적용되는 국가의 세입·세출에 관한 계획이다. 즉 예산은 한 회계연도에서 정부가 할 수 있는 세출의 준칙과 이에 충당할 재원인 세입에 대해서 국회가 정부에 재정권을 부여하는 국법의 한 형식을 뜻한다. 예산은 정부의 1년간 시정계획을 위한 재정적 기초가 되므로, 예산에 대한 국회 승인은 정부 시정계획에 대한 국회 동의를 가리킨다.

(가) 실직적 의미의 예산은 한 회계연도에서 국가의 세입·세출의 예정준칙을 뜻하고, (나) 형식적 의미의 예산은 일정한 형식으로 정부가 작성하고 국회의 심의·의결로써 성립하는 국법의 한 형식을 말한다. 국가의 세입, 세출의 예정계획인 실질적 의미의 예산이 국회 승인을 얻게 되면 형식적 의미의 예산이 된다.

ⓑ 예산의 성질(본질)

예산을 법률 형식으로 의결할 것인지 아니면 법률과 다른 독자적인 형식으로 의결할 것인지에 관해서 각국 입법례는 서로 다르다. (가) 미국, 영국, 독일, 프랑스와 같이 법률 형식으로 의결하는 예산법률주의와 (나) 일본, 스위스 등과 같이 법률과는 다른 특수한 형식으로 의

---

57) 헌재 1999. 11. 25. 98헌마55, 판례집 11-2, 593, 609; 헌재 1999. 3. 25. 98헌바2, 판례집 11-1, 201, 214.

58) 헌재 1989. 7. 21. 89헌마38, 판례집 1, 131, 143; 헌재 1999. 3. 25. 98헌바2, 판례집 11-1, 201, 214; 헌재 1998. 4. 30. 96헌바87등, 판례집 10-1, 410, 420. 국세기본법 제14조 제1항: "과세의 대상이 되는 소득, 수익, 재산, 행위 또는 거래의 귀속이 명의(名義)일 뿐이고 사실상 귀속되는 자가 따로 있을 때에는 사실상 귀속되는 자를 납세의무자로 하여 세법을 적용한다."

59) 헌재 1989. 7. 21. 89헌마38, 판례집 1, 131, 143.

60) 김하열, 『헌법강의(제3판)』, 박영사, 2021, 808~809쪽.

결하는 예산특수의결주의가 있다. 한국 헌법은 제40조의 입법권과는 별도로 제54조에서 예산
의결권을 규정하여 법률과 예산의 형식을 구별한다. 따라서 예산의 성질(본질)이 문제 된다.

(가) 훈령설은 예산은 단순한 견적이 아니고 그 자체가 행정청이 내리는 국가원수의 훈령
이라고 한다. 따라서 예산의 구속력은 국회 의결을 거친 뒤 국가원수가 재가·공포하기 때문
에 발생한다고 한다. (나) 승인설은 예산의 법적 성격을 부인하고 예산은 행정행위로서 국회
에 대한 의사표시에 지나지 않는다고 한다. 즉 예산은 국회가 정부에 대해서 지출 승인을 하
는 것이고, 국회가 정부 행위에 대해서 사전승인을 해 줌으로써 정부의 지출책임을 해제하는
수단이라고 한다. (다) 예산법률설은 입법권은 국회에 있고 예산의 본질과 재정의 민주화 이
념에 비추어 예산을 법률로 보아야 한다고 한다.[61] (라) 법규범설은 예산은 법률과 병립하는
국법의 한 형식이라고 한다.[62] 즉 예산은 한 회계연도에 적용되는 국가재정행위의 준칙으로
서, 주로 세입·세출의 예정준칙을 내용으로 하고 국회 의결을 통해서 정립되는 일종의 법규
범이라고 한다.

훈령설은 예산을 군주주의 시대의 국가원수 행위로 이해하는 것으로 군주제를 배제하는 공
화국(헌법 제1조 제1항)을 채택한 한국 헌법 아래에서는 채택될 수 없다. 그리고 한국 헌법은 법
률과 예산을 구별하여 절차를 달리하므로 예산법률설은 타당하지 않다. 또한, 국회 승인은 예산
을 성립시키는 성립요소이고 국회 승인이 있으면 예산은 국가기관에 구속력을 발휘하므로, 예
산은 정부의 재정행위를 구속하는 준칙이지 단순한 세입·세출의 견적표라고 볼 수는 없다. 예
산은 국가의 기본적인 중요사항으로서 국회가 민주적 절차에 따라 예산을 확정한다. 그리고 세
출에 관해서는 시기, 목적, 금액 등을 한정하므로[63] 법규범의 일종이라고 할 수 있다. 또한, 재
정민주주의에 비추어 볼 때 정부에 대한 구속력을 강화하고 국회 의결을 필수적으로 요구하는
법규범설이 타당하다. 다만, 예산은 일반 국민의 행위를 규율하는 것이 아니라 국가기관의 재정
행위를 1회계연도에 한하여 규율한다는 점에서 일반 법규범과 구별될 뿐이다.

---

61) 정종섭, 『헌법학원론(제12판)』, 박영사, 2018, 1113쪽.
62) 구병삭, 『신헌법원론(개정판)』, 박영사, 1996, 901~902쪽; 권영성, 『헌법학원론(개정판)』, 법문사, 2010, 904쪽;
　　김도협, 『헌법학원론(제3판)』, 진원사, 2021, 427쪽; 김철수, 『학설·판례 헌법학(전정신판)(중)』, 박영사, 2009,
　　406쪽; 김학성/최희수, 『헌법학원론(전정5판)』, 피앤씨미디어, 2021, 941쪽; 성낙인, 『헌법학(제21판)』, 법문사,
　　2021, 499~500쪽; 이준일, 『헌법학강의(제7판)』, 홍문사, 2019, 894쪽; 장영수, 『헌법학(제13판)』, 홍문사, 2021,
　　1157~1158쪽; 정만희, 『헌법학개론』, 피앤씨미디어, 2020, 518쪽; 정영화, 「헌법 제54조」, 『헌법주석[국회, 정부]』,
　　경인문화사, 2018, 223, 240~241쪽; 정재황, 『국가권력규범론』, 박영사, 2020, 418쪽; 같은 사람, 『신헌법입문(제
　　11판)』, 박영사, 2021, 752쪽; 한수웅, 『헌법학(제11판)』, 법문사, 2021, 1181~1182쪽; 허 영, 『한국헌법론(전정
　　17판)』, 박영사, 2021, 999쪽; 홍성방, 『헌법학(하)(제3판)』, 박영사, 2014, 153쪽.
63) 그러나 예산지출의무를 근거 지우지 않고, 세입작용과 관련하여서는 법적 구속력이 부정된다. 따라서 세입예산
　　에 계정되었더라도 별도로 법률에 근거가 없으면 세입은 징수될 수 없고, 조세법률원칙에 따라서 법률에 근거가
　　있는 한 세입예산을 초과하거나 예산에 계상되지 않은 항목 수납도 가능하다. 이덕연, 「예산과 행정법의 관계 –
　　경제성통제 –」, 『공법연구』 제30집 제1호, 한국공법학회, 2001, 135쪽; 전광석, 「국가재정운영에 있어서 정부와
　　국회의 기능분담」, 『법학연구』 제17권 제3호, 연세대학교 법학연구소, 2007, 28쪽 참조.

ⓒ 예산과 법률의 비교

예산과 법률은 국회 의결로 확정될 뿐 아니라 예산도 법규범의 일종이라는 점에서 공통점이 있다. 그러나 예산과 법률은 다음의 점에서 구별되고 예산에는 법률과 같은 효력이 귀속되지 않으므로 예산은 형식적 법률은 물론 실질적 법률도 아니다: (가) 예산은 '예산' 형식으로, 법률은 '법률' 형식으로 존재한다(존재 형식의 차이). (나) 성립절차와 관련하여 법률안과 달리, 예산제출권은 정부에만 있고 국회는 예산제출권이 없다. 그리고 (다) 국회는 정부가 제출한 예산안 범위 안에서 삭감할 수 있으나, 정부 동의 없이는 지출예산 각 항의 금액을 증가하거나 신비목을 설치할 수 없다(헌법 제57조). 그러나 법률안에 대해서는 국회가 수정·증보할 수 있다. 또한, (라) 법률은 공포를 효력발생요건으로 하나, 예산은 의결로써 효력이 발생하고, 국회는 법률안과 달리 예산심의를 전면 거부할 수 없으며, 대통령도 국회에서 통과된 예산안에 대해서는 거부권을 행사할 수 없다. (마) 효력과 관련하여서 예산은 1회계연도에 한해서 효력이 있으나, 법률은 원칙적으로 영속적 효력이 있다. 예산도 일종의 법규범이기는 하지만 법률과는 달리 국민 일반을 구속하는 것이 아니라 관계 국가기관의 1회계연도 안의 재정행위만을 규율한다. (바) 예산과 법률은 성질, 성립요건과 절차, 효력 등이 서로 다르므로 예산으로써 법률을, 법률로써 예산을 변경할 수는 없다. 그리고 예산에 대한 국회 의결은 정부의 재정행위를 구속하지만, 정부의 수입·지출의 권한과 의무는 예산 자체에 따르는 것이 아니고 별도의 법률로 정해진다.

ⓓ 예산과 법률의 상호관계

(가) 변경 문제

예산과 법률은 성질, 성립요건 및 절차, 효력 등이 서로 달라서 예산으로 법률을, 법률로 예산을 바꿀 수는 없다.

(나) 구속관계

예산에 대한 국회 의결은 정부의 재정행위를 구속하지만, 정부의 수입·지출 권한과 의무는 예산 자체에 따르는 것이 아니고 별도의 법률로 정해진다. 따라서 ㉠ 세입예산에 계정되더라도 별도로 법률에 근거가 없으면 세입은 징수할 수 없고, 지출 측면에서도 예산에 계상되더라도 그 경비 지출 근거가 되는 법률이 없으면 지출행위를 할 수 없다. ㉡ 법률에 따라서 경비 지출이 인정되더라도 그 지출 실행에 필요한 예산이 없으면, 실제 지출행위를 할 수 없다. 그러나 조세법률원칙에 따라 법률에 근거가 있는 한 세입예산을 초과하거나 예산에 계상되지 않은 항목 수납도 가능하다. ㉢ 국회가 예산을 필요로 하는 법률을 의결하면 국회의 예산심의권은 이로 말미암은 제약을 받는다.

(다) 예산과 법률의 불일치와 조정

예산에서 인정된 지출사항에 대해서 그 예산 집행을 명하는 법률이 성립되지 않으면 예산

실행이 불가능하고, 어떤 경비 지출을 명하거나 지출을 가능하게 하는 법률이 성립되었으나 예산이 성립되지 않으면 법률 집행이 불가능하다. 이러한 양자의 불일치는 그 성립요건, 시기, 절차 등이 달라서 발생한다. 예산과 법률의 불일치가 발생하지 않도록 하려면 사전적으로, 정부는 예산안과 법률안을 제출할 때 모든 세출을 가능한 한 예산안에 반영하고 근거법령과 예산안을 동시에 제출하도록 하는 것 등의 노력을 하여야 한다. 국회법은 '예산상 또는 기금상의 조치를 수반하는 법률안'에 대해서 그 의안 시행에 수반될 것으로 예상되는 비용에 관한 국회예산정책처의 추계서 제출을 의무화한다(국회법 제79조의2 제2항). 예산과 법률이 불일치하면 추가경정예산이나 예비비제도 등으로 조정하거나 법률의 시행기일을 연기하거나 법률 시행을 일시유예하거나 즉시 필요한 법률을 제정함으로써 그 불일치를 조정하여야 한다.

ⓔ 예산 성립 절차

(가) 성립 절차

예산은 편성 → 제출 → 심의 → 의결의 절차를 밟아 성립한다.

㉠ 예산안 편성 제출

예산안은 1년예산원칙(1년예산주의), 회계연도독립 원칙, 예산총계원칙(예산총계주의),[64] 예산단일원칙(예산단일주의),[65] 예산구분원칙(예산구분주의)을 기본원리로 하여 정부에서 편성된다. 예산안은 각 부처 예산 요구를(5월 31일 한) 취합하여(국가재정법 제31조 제1항) 기획재정부에서 작성하고 국무회의 심의를 거치고 나서(헌법 제89조 제4호) 대통령 승인을 얻어 회계연도 개시 90일 전까지[66] 국회에 제출하여야 한다(헌법 제54조 제2항, 국가재정법 제32조와 제33조). 정부는 제출한 예산안을 본회의나 위원회의 동의를 얻어 수정하거나 철회할 수 있다(국회법 제90조 제2항). 정부는 예산안을 국회에 제출하고 나서 부득이한 사유로 말미암아 그 내용 일부를 수정하고자 하면 국무회의 심의를 거쳐 대통령 승인을 얻은 수정예산안을 국회에 제출할 수 있다(국가재정법 제35조).

㉡ 예산안 심의 확정

예산안은 정부 시정연설을 청취하고 나서 상임위원회 예비심사와 예산결산특별위원회 종합심사를 거쳐 회계연도 30일 전까지 국회 본회의에서 의결·확정되어야 한다(헌법 제54조 제2항). 위원회는 예산안, 기금운용계획안, 임대형 민자사업 한도액안과 세입예산안 부수 법률안 심사를 매년 11월 30일까지 마쳐야 한다(국회법 제85조의3 제1항). 심사를 마치지 못하면 그 다음 날에 위원회에서 심사를 마치고 바로 본회의에 회부된 것으로 본다. 다만, 의장이 각 교

---

64) 예산총계원칙은 수입·지출의 차액만을 계산하는 예산순계원칙(예산순계주의)에 대립되는 원칙으로서, 세입·세출 모두 예산에 편입하는 예산편성 방법을 말한다.

65) 예산단일원칙이란 수입과 지출을 단일회계로 통일하여 정리하는 예산편성 방법을 말한다. 예산단일원칙에 대한 예외로는 특별회계, 추가경정예산 등이 있다.

66) 국가재정법 제33조는 회계연도 개시 120일 전으로 앞당긴다.

섭단체 대표의원과 합의하면 그러하지 아니하다(국회법 제85조의3 제2항).

　ⓒ 예산 공고

국회 본회의에서 의결·확정된 예산은 정부로 이송되어 대통령이 서명하고 국무총리와 관계 국무위원이 부서하고 나서 전문을 관보에 게재하여 공고한다('법률 등 공포에 관한 법률' 제8조와 제11조 참조).

　(나) 예산심의권의 한계

　ⓐ 예산안 발안권은 정부에만 있고, 국회에는 발안권이 없다. 국회에는 폐지·삭제·감액권(소극적 수정권)만 인정된다. 다만, 정부 동의가 있으면 증액하거나 새 비목을 설치할 수 있다(헌법 제57조). ⓑ 조약이나 법률로써 확정된 금액(법률비)과 채무부담행위(의무비)로서 전년도에 이미 국회 의결을 얻은 금액은 삭감할 수 없다. ⓒ 예산이 수반되는 국가적 사업을 규정한 법률이 있고, 정부가 이를 위한 예산안을 제출하면 국회 예산심의권은 이에 구속된다.

　(다) 예산 구성

예산은 예산총칙·세입세출예산·계속비·명시이월비와 국고채무부담행위로 구성된다(국가재정법 제19조).

　ⓐ 예산총칙

예산총칙에는 세입세출예산·계속비·명시이월비와 국고채무부담행위에 관한 총괄적 규정을 둔다. 그 밖에 국채나 차입금의 한도액(중앙관서의 장이 관리하는 기금의 기금운용계획안에 계상된 국채발행과 차입금의 한도액을 포함), 재정증권 발행과 일시차입금의 최고액, 그 밖에 예산집행에 관해서 필요한 사항을 규정한다(국가재정법 제20조).

　ⓑ 세입세출예산

세입세출예산은 한 회계연도의 모든 수입과 지출을 말한다. 세입세출예산에는 예비비가 포함된다. 예비비는 예측할 수 없는 예산 외의 지출이나 예산초과지출에 충당하려고 세입세출예산에 계상되는 예산이다. 예산은 일정 기간에 계상한 세입·세출에 대한 예정액이므로 아무리 정확하게 계산하더라도 실제 집행에서는 다소 과부족현상이 불가피하다. 따라서 예비비는 예산운용의 탄력성 확보와 국가사업의 효율적인 추진을 위해서 일반 예산과는 달리 총액만 계정하고 그 용도에 관해서는 집행부 재량에 맡긴다(헌법 제55조 제2항).

예비비는 총액으로 결정된 용도 미정의 재원이어서 사실상 예산심의나 회계대상이 되지 아니한다. 헌법 제55조에서 예비비는 총액으로 국회 의결을 얻어야 하고, 지출에 관해서는 차기 국회 승인만 얻으면 되는 것으로 한다. 그리고 예산회계법에서는 일반회계 예산총액의 100분의 1 이내의 금액을 계상할 수 있도록 하고, 그 용도에 관한 규정은 없다. 다만, 예산총칙에 미리 사용목적을 지정해 놓은 예비비에 관해서는 이러한 상한에 관한 제한이 적용되지 않는다. 공무원의 보수 인상을 위한 인건비 충당을 위해서는 예비비의 사용목적을 지정할 수 없다(국가재정법 제22조). 또한, 예비비의 관리와 사용에 관해서는 정부의 각 중앙관서에 분속시키지 않고 일괄적으로 기획재정부 장관이 전담하도록 하여(국가재정법 제51조) 의회의 회계검사도 사실상 어렵게 한다. 예비비 지출에 관해서 국회 승인을 얻지 못하면 지출행위의 효력에는 영향이 없으나, 정부는 정치적 책임을 져야 한다.

ⓒ 계속비

계속비는 예산1년원칙에 대한 예외적인 예산제도로서 완성에 수년도를 필요로 하는 공사나 제조 및 연구개발사업은 경비의 총액과 연부액을 정하여 미리 국회 의결을 얻은 범위 안에서 수년도에 걸쳐서 지출할 수 있는 예산을 말한다. 계속비로서 지출할 수 있는 연한은 회계연도부터 5년 이내이다. 다만, 사업규모 및 국가재원 여건상 필요하면 예외적으로 10년 이내로 할 수 있다. 기획재정부 장관은 필요하다고 인정하면 국회 의결을 거쳐 이러한 연한을 연장할 수 있다(헌법 제55조 제1항, 국가재정법 제23조).

ⓔ 명시이월비

명시이월비는 세출예산 중 성질상 연도 안에 지출을 끝내지 못할 것이 예측되면, 그 취지를 세입세출예산에 명시하여 미리 국회 승인을 얻어 다음 연도에 이월하여 사용할 수 있는 예산을 말한다(국가재정법 제24조).

ⓜ 국고채무부담행위

국고채무부담행위는 법률에 따른 것과 세출예산금액이나 계속비 총액 범위 안의 것 외에 채무를 부담하는 행위로서 미리 예산으로써 국회 의결을 얻어야 한다. 그 밖에 재해복구를 위해서 필요하면 회계연도마다 국회 의결을 얻은 범위 안에서 채무를 부담하는 행위를 할 수 있다(국가재정법 제25조).

(라) 예산의 종류

예산의 종류에는 본예산과 추가경정예산, 확정예산과 임시예산, 일반회계예산(총예산)과 특별회계예산 등이 있다.

ⓕ 예산의 불성립·변경

(가) 예산 불성립과 임시예산

예산은 회계연도 개시 90일 전까지 국회에서 의결되어야 한다(헌법 제30조). 그러나 새로운 회계연도가 개시될 때까지 예산이 의결되지 못하면 헌법이나 법률이 설치한 기관 또는 시설의 유지·운영, 법률상 지출의무 이행, 이미 승인된 사업 계속에 관해서는 전년도 예산에 준하여 집행할 수 있다(헌법 제55조). 이를 임시예산(준예산, 잠정예산)이라고 한다.[67]

---

67) 임시예산과 구별되어야 할 개념으로 가예산이 있다. 임시예산은 전년도 예산에 준하여 예산을 집행하나, 가예산은 새로운 예산을 편성하여야 하고, 그 유효기간은 1개월이다. 1948년 헌법은 가예산을 규정하였으나, 1960년 헌법에서 임시예산으로 바뀌었다.

(나) 예산 변경과 추가경정예산

천재·지변이나 국내외 정치·경제·사회의 격심한 변동이 예기치 않게 발생하여 당초에 작성된 예산으로서는 감당하기 어려운 지경이 되었을 때, 집행부는 이에 대응하기 위한 예산 변경을 하지 않을 수 없다. 이처럼 국회에서 성립되어 집행부가 집행하는 예산을 변경할 필요가 있어서 이를 변경하는 예산이 추가경정예산이다.

추가경정예산은 원래 추가예산과 경정예산으로 이루어진다. 추가예산은 본예산을 증액한 팽창예산으로서 대개 예산 성립 후에 생긴 사유 때문에 필요한 경비, 국고채무부담행위, 법률상 혹은 계약상 국가의 의무에 속하는 경비에 부족이 발생할 때 대처하려는 것이다. 예산 부족은 대개 예비비로 충당함이 원칙이나 그 액수가 크면 불가피하게 추가예산을 편성하지 않을 수 없다. 경정예산은 본예산 내용을 바꾸는 예산이다. 그러나 본예산에다 부족분을 추가시키는 증액은 반드시 전체적인 관점에서는 내용도 변경하므로 사실상 추가와 경정이 동시에 이루어지므로 일반적으로 추가경정예산이라고 일컫는다.

㉠ 전쟁이나 대규모 자연재해가 발생한 때, ㉡ 경기침체, 대량실업, 남북관계 변화, 경제협력과 같은 대내·외 여건에 중대한 변화가 발생하였거나 발생할 우려가 있는 때, ㉢ 법령에 따라 국가가 지급하여야 하는 지출이 발생하거나 증가하는 때에 해당되어 이미 확정된 예산에 변경을 가할 필요가 있으면 추가경정예산안을 편성할 수 있다(헌법 제56조, 국가재정법 제89조). 추가경정예산안의 제출시기와 심의기간에 관해서는 헌법에 규정이 없지만 본예산안에 준한다.

(ⅳ) 결산심사권

감사원은 세입·세출의 결산을 매년 검사하여 대통령과 차년도 국회에 그 결과를 보고하여야 한다(헌법 제99조, 국가재정법 제60조와 제61조). 따라서 국회는 예산 집행 적부에 관한 사후심사권을 행사한다. 결산절차에 관해서는 국가재정법에서 자세하게 규정한다. 그 절차는 각 중앙관서의 장 결산보고서 제출과 국회 사무총장, 법원행정처장, 헌법재판소 사무처장과 중앙선거관리위원회 사무총장의 예비금사용명세서 제출(다음 연도 2월 말일까지) → 기획재정부 장관 국가결산보고서 작성 → 국무회의 심의 → 대통령 승인 → 감사원에 제출(다음 연도 4월 10일까지)(국가재정법 제58조, 제59조) → 감사원 검사 후 보고서 작성·보고서 기획재정부 장관에 송부(다음 연도 5월 20일까지) → 다음 회계연도 5월 31일까지 정부는 국회에 국가결산보고서 제출(국가재정법 제60조, 제61조) → 소관 상임위원회, 예산결산위원회, 본회의 순으로 각각 부의하여 의결 순서로 이루어진다. 국회는 결산을 심사한 결과 그 집행이 부당·위법하다고 인정하면 정부에 정치적 책임은 물론 탄핵소추 등 법적 책임을 물을 수 있다.

(ⅴ) 그 밖의 재정 관련 권한

헌법 제58조는 "국채를 모집하거나 예산 외에 국가의 부담이 될 계약을 체결하려 할 때에는 정부는 미리 국회의 의결을 얻어야 한다."라고 하여 국채모집 등에 관한 국회의 동의권을 규정한다. 국채는 공채 일종으로서 국가가 국고의 세입 부족을 보충하려고 부담하는 재정상 채무를 가리킨다. 국채모집 등에 관한 의결권은 정부의 재정행위에 대한 국회의 통제권을 뜻한다. 국채모집에 대한 국회 동의는 기채를 할 때마다 얻을 수도 있고, 개괄적인 예정총액에 대해서 일시에 얻을 수도 있다. 예산 외에 국가 부담이 될 계약의 예로는 외국차관의 정부지불보증행위, 외국인고용계약, 임차계약 등을 들 수 있다. 헌법 제58조의 계약은 사법상 계약이다.

그 밖에 국회는 긴급재정경제처분·명령에 대한 승인권(헌법 제76조 제3항), 예비비 지출에 대한 동의권(헌법 제55조 제2항 제2문), 재정적 부담을 지우는 조약의 체결·비준에 대한 동의권(헌법 제60조 제1항)이 있고, 기금에 대해서 통제권이 있다. 기금은 특정한 사업을 계속적이고 탄력적으로 수행하기 위해서 국가재정법에 따라 세입세출예산 외에 운영할 수 있도록 조성된 자금을 말한다. 기금의 관리·운영을 위해서 국가재정법이 제정되어 있다.

③ 헌법기관구성관여권

(ⅰ) 대통령결선투표권

대통령선거에서 최고득표자가 2명 이상이면 국회 재적의원 과반수가 출석한 공개회의에서 다수표를 얻은 사람을 당선자로 한다(헌법 제67조 제2항, 국회법 제112조 제6항).

(ⅱ) 일부선출권

국회는 헌법재판소 재판관 3명(헌법 제111조 제3항)과 중앙선거관리위원회 위원 3명(헌법 제114조 제2항)을 선출한다.

(ⅲ) 임명동의권

국회는 국무총리 임명(헌법 제86조 제1항), 대법원장과 대법관 임명(헌법 제104조 제1항과 제2항), 헌법재판소장 임명(헌법 제111조 제4항), 감사원장 임명(헌법 제98조 제2항)에 관해서 동의권이 있다.

(ⅳ) 인사청문회

국회는 국회법(제65조의2)과 인사청문회법에 따라 일정한 고위 공직자후보에 대한 인사청문회를 연다. 인사청문회 대상은 국회가 그 임명에 동의권이 있거나 직접 선출권이 있는 때[ⓐ 헌법에 따라 그 임명에 국회의 동의가 필요한 대법원장·헌법재판소장·국무총리·감사원장과 대법관, ⓑ 헌법에 따라 국회에서 선출하는 헌법재판소 재판관과 중앙선거관리위원회 위원(국회법 제46조의3 제1항)]와 국회가 그 임명에 동의권이 있거나 직접 선출권이 없지만, 해당 법률과 인사청문회법에 따라 청문 대상이 되는 때[ⓐ 대통령이 임명하는 헌법재판소 재판관, 중앙선거관리위원회 위원, 국무위원, 방송통신위원회 위원장, 국가정보원장, 공정거래위원회 위원장, 금융위원회 위원장, 국가인권위원회 위원장, 국세청장, 검찰총장, 경찰청장, 합동참모의장, 한국은행 총재, 특별감찰관, 한국방송공사 사장, ⓑ 대통령 당선인이 지명하는 국무위원 후보자, ⓒ 대법원장이 지명하는 헌법재판소 재판관과 중앙선거관리위원회 위원(국회법 제65조의2 제2항)]로 나뉜다. 전자는 인사청문특별위원회기(국회법 제46조의3), 후자는 소관 상임위원회가(국회법 제65조의2) 인사청문회를 실시한다. 인사청 문회 실시 권한에는 권력분립원칙에서 오는 한계가 있고, 인사청문회는 단순히 국회 의견을 표시하는 것이 아니라 국정조사처럼 법적 강제력이 있고 의견 진술이나 자료 제출 요구 등을 할 수 있어서 헌법상 근거가 있어야 하지만, 국회는 이러한 임명에 직접 관여할 헌법상 권한 이 없어서, 후자의 인사청문회에서 대통령이나 대법원장의 권한을 침해할 위헌 소지가 있다 는 견해가 있다.[68]

④ 국정통제에 관한 권한

(i) 탄핵소추권

ⓐ 탄핵제도의 의의

탄핵제도는 일반 형사사법절차에 따라 책임을 추궁하거나 행정상 징계절차에 따라 징계하 기 곤란한 고위직 공직자나 헌법상 독립된 기관의 신분이 보장된 공직자가 직무 집행에서 헌 법과 법률을 위반할 때 의회가 이들을 소추하여 법적인 책임추궁을 하는 제도이다. 현행 헌 법상 탄핵제도는 탄핵소추와 탄핵심판의 두 절차로 구성되어, 전자는 국회 권한이고(헌법 제 65조), 후자는 헌법재판소 권한이다(헌법 제111조 제1항 제2호).

ⓑ 정치적 가치

의회의 대집행부, 대사법부 통제수단인 탄핵제도의 정치적 가치에 관해서 그 무용성을 주 장할 수 있다. 이 견해를 따르면 역사적인 경험에 비추어 볼 때 대통령제국가에서는 탄핵제 도가 거의 운용되지 않으므로, 탄핵제도는 심리적·사회적 효과가 있을 뿐이지 비현실적인 제 도라고 한다. 그러나 고위직 공직자의 권력 남용과 부패를 방지하기 위해서도 탄핵제도를 무 용한 것이라 할 수 없고, 탄핵제도는 이념적으로 국민주권원칙을 구현하는 것이며, 제도적으 로는 집행부와 사법부에 대한 감시기능과 통제기능은 물론 헌법수호기능까지 수행한다. 현실 적으로도 국무총리, 국무위원, 행정 각부의 장은 국회의 해임 의결 대상이 아니라 해임 건의 대상이 되는 데 지나지 않으므로, 탄핵제도를 통해서만 그 책임을 실질적으로 물을 수 있다 는 점에서 실제적 의미도 있다.

ⓒ 탄핵소추의 기관과 대상자

헌법은 탄핵소추를 국회 권한으로 하며, 탄핵소추 대상자로 (가) 대통령, 국무총리, 국무위 원과 행정 각부의 장, (나) 헌법재판소 재판관, 법관과 중앙선거관리위원회 위원, (다) 감사원 장과 감사위원, (라) 그 밖에 법률에서 정한 공무원을 든다(헌법 제65조 제1항, 헌법재판소법 제 48조). 7명 이상의 헌법재판소 심리정족수 때문에 헌법재판소 재판관이 탄핵대상이 될 때 재 판관 3명 이상을 동시에 소추할 수 없다(헌법재판소법 제23조 제1항, 제50조). '그 밖에 법률에서

---

68) 양 건, 『헌법강의(제10판)』, 법문사, 2021, 1214쪽.

정한 공무원'은 탄핵제도 취지에 비추어 일반 사법절차나 징계절차에 따른 소추나 징계처분이 곤란한 고위직이나 특정직 공무원을 뜻한다.[69] '그 밖에 법률에서 정한 공무원'에는 경찰법 제11조 제6항에 규정된 경찰청장과 '방송통신위원회의 설치 및 운영에 관한 법률' 제6조 제5항의 방송통신위원회 위원장, '원자력안전위원회의 설치 및 운영에 관한 법률' 제6조 제5항의 원자력안전위원회 위원장이 있다. 그 밖에 현행법상 검찰청법 제37조("검사는 탄핵 또는 금고 이상의 형을 받거나 징계처분에 의하지 아니하면 파면·정직 또는 감봉의 처분을 받지 아니한다."), 선거관리위원회법 제9조 제2호("각급선거관리위원회의 위원은 다음 각호의 1에 해당할 때가 아니면 해임·해고 또는 파면되지 않는다. 2. 탄핵결정으로 파면된 때"), '특별검사의 임명 등에 관한 법률' 제16조("특별검사 및 특별검사보는 탄핵 또는 금고 이상의 형을 선고받지 아니하고는 파면되지 아니한다.")를 따라 검사와 각급 선거관리위원회 위원, 특별검사 및 특별검사보를 탄핵대상으로 예상할 수 있고, 그 밖에 탄핵제도 취지를 생각하면 일반 사법절차에 의한 소추나 징계절차에 의한 징계처분이 곤란한 고위직 공무원이 여기에 속한다고 볼 수 있다.[70]

ⓓ 탄핵소추사유

헌법은 탄핵소추사유를 '직무집행에 있어서 헌법이나 법률을 위배한 때'라고 포괄적으로 규정한다(헌법 제65조 제1항). 직무행위 범위와 관련해서 현직에서 이루어지는 직무집행뿐 아니라 전직에서 이루어졌던 직무집행도 포함시켜야 한다는 견해와 현직에서 이루어지는 직무집행만을 뜻한다는 견해가 대립한다. 전자는 공무원의 위헌·위법행위는 전직에서 이루어졌던 것일지라도 고위공무원직과 어울릴 수 없다는 점을 강조한다. 그러나 고위공무원직에 취임하기 위해서는 전직에서 위헌·위법행위를 하지 않았을 뿐 아니라 설혹 그러한 행위가 있었음이 고위공무원직 취임 이후에 알려지더라도 탄핵소추 이전에 임명권자가 파면하거나 스스로 사직할 것이므로 탄핵대상행위에 전직에서 이루어졌던 직무행위를 포함시킬 필요는 없을 것이다. 따라서 공무집행행위는 현직에서 이루어지는 공무수행에 한정되는 것으로 해석되어야 하고, 그러한 한에서 공무 수행과 무관한 사생활이나 취임 전·퇴직 후의 활동을 근거로 탄핵소추를 할 수는 없다.[71]

헌법과 법률에 위배한다고 할 때 헌법과 법률에는 형식적 헌법과 형식적 법률은 물론 법률의 효력이 긴급재정경제명령과 긴급명령, 법률과 같은 효력이 있는 국회 동의가 필요한 조약, 법률의 효력이 있는 일반적으로 승인된 국제법규 그리고 법률유사적 효력이 있는 관습법도 포함된다. 헌법이나 법률을 위배한 위법행위에는 고의나 과실에 의한 때뿐 아니라 법의 무지로 말미암은 때도 포함된다. '헌법이나 법률'을 위배한 때이어야 하지 단순한 부도덕 또

---

69) 이승우/정만희/음선필, 『탄핵심판제도에 관한 연구』(헌법재판연구 제12권), 헌법재판소, 2001, 149쪽.
70) 이승우/정만희/음선필, 『탄핵심판제도에 관한 연구』(헌법재판연구 제12권), 헌법재판소, 2001, 149쪽; 한수웅/정태호/김하열/정문식(김하열 집필), 『주석 헌법재판소법』, 헌법재판소 헌법재판연구원, 2015, 652쪽.
71) 홍성방, 『헌법학(하)(제3판)』, 박영사, 2014, 161쪽.

는 정치적 무능력이나 정책결정상 과오는 탄핵사유가 될 수 없다.

ⓔ 탄핵소추의 절차와 효과

대통령을 탄핵할 때는 국회 재적의원 과반수 발의가 있어야 하고, 재적의원 3분의 2 이상 찬성으로 의결된다. 그 밖의 사람을 탄핵할 때는 국회 재적의원 3분의 1 이상 발의와 재적의원 과반수 찬성으로 의결한다(헌법 제65조 제2항).

탄핵소추가 의결된 피소추자는 소추의결서가 본인에게 송달된 때부터 헌법재판소의 탄핵심판이 있을 때까지 권한 행사가 정지된다(헌법 제65조 제3항). 소추의결서가 송달되면 임명권자는 피소추자의 사직원을 접수하거나 해임할 수 없다(국회법 제134조 제2항). 당사자의 사임이나 임명권자의 해임으로 탄핵을 면탈할 수 있게 된다면 탄핵제도가 유명무실하게 될 것이기 때문이다. 그러나 탄핵소추를 받은 사람이 결정 선고 이전에 파면되면 탄핵 목적이 달성된 것이므로, 탄핵심판 청구를 기각하여야 한다(헌법재판소법 제53조 제2항). 헌법재판소 탄핵심판에서 소추위원은 국회 법제사법위원장이 맡는다(국회법 제37조 제1항 제2호, 헌법재판소법 제49조 제1항).

(ⅱ) 국정감사권과 국정조사권

ⓐ 의의

국정조사권은 의회가 그 입법에 관한 권한, 재정에 관한 권한, 국정통제에 관한 권한 등을 유효·적절하게 행사하기 위해서 국정 일반이나 특정한 국정사안에 관해서 조사할 수 있는 권한이다. 그러나 헌법 제61조는 국정조사와 국정감사를 구별하여 사용한다. 일반적으로 국정조사는 부정기적 특정 국정조사를 말하고, 국정감사는 정례적 일반 국정조사를 말한다. 국정감사·조사는 대의제 국가에서 의회가 입법·국정통제·예산심의 등 자신의 주된 기능을 실효성 있게 수행하기 위해서 필요한 제도로 인정된다.

1948년 헌법부터 국정감사에 관한 규정을 두었다.[72] 그러나 1972년 헌법에서 국정감사권이 삭제되었다가 1975년 6월 개정된 국회법(제121조, 제122조)에서 국정조사에 관한 법률적 근거를 마련하고, 1980년 헌법에서 특정 사항에 대한 국정조사권을 규정하였다.[73] 현행 헌법은 국정감사권을 부활하여 국정조사권과 함께 규정한다.

ⓑ 본질

국정감사권과 국정조사권의 본질과 관련하여서 독립적 권한설(고전적 이론)과 보조적 권한설(기능적 이론)이 대립한다. 독립적 권한설은 국정감사·조사권을 입법권, 국정통제권, 예산심

---

72) 제43조: "국회는 국정을 감사하기 위하여 필요한 서류를 제출케 하며 증인의 출석과 증언 또는 의견의 진술을 요구할 수 있다."

73) 제97조: "국회는 특정한 국정사안에 관하여 조사할 수 있으며, 그에 직접 관련된 서류의 제출, 증인의 출석과 증언이나 의견의 진술을 요구할 수 있다. 다만, 재판과 진행중인 범죄수사·소추에 간섭할 수 없다."

의권과 더불어 국회의 4대 권한의 하나로 본다.[74] 보조적 권한설은 국정감사·조사권을 국회의 독자적인 기능을 수행하기 위한 권한이 아니라 국회 권한을 유효하게 수행하는 데 필요한 보조적 권한으로 본다.[75] 국정감사권은 국회의 독립적 권한이고, 국정조사권은 보조적 권한이라는 견해도 있다.[76] 그리고 국정감사와 국정조사가 각각 때에 따라 독립적 기능이나 보조적 기능을 수행한다는 견해도 있다.[77] 또한, 국정감사·조사권이 독립적 권한인지 보조적 권한인지는 관점에 따라 다를 수 있을 뿐 아니라 그것이 국정조사의 실제에 영향을 미치는 것도 아니므로 실익이 없다는 견해도 있다.[78] 국정조사에 관한 권한이 국정을 통제하는 기능과 함께 입법이나 재정과 관련된 권한을 적절하게 사용하기 위한 수단의 기능 그리고 국민에게 국정에 관한 정보를 제공하여 국민이 알 권리를 충족시키는 기능이 모두 있다면 세 가지 법적 성격을 구분하는 것보다는 독립적 권한과 보조적 권한 그리고 기본권 실현을 위한 수단이라는 성격을 동시에 인정하는 것이 타당하다는 견해도 있다.[79] 국정감사권과 국정조사권은 독립적 권한으로도 보조적 권한으로도 사용될 수도 있고 국민에게 국정에 관한 정보를 제공하는 기능도 하는데 상황에 따라 특정 기능이 강조되거나 두드러질 수 있다.

ⓒ 주체

헌법 제61조는 국회가 "국정을 감사하거나 특정한 국정사안에 대하여 조사할 수 있다."라고만 규정한다. 그러나 국회법 제127조와 '국정감사 및 조사에 관한 법률' 제2조와 제3조에 따라 본회의와 상임위원회 모두 국정감사·조사권의 주체가 된다. 그리고 국정조사를 위한 특별위원회도 구성될 수 있다('국정감사 및 조사에 관한 법률' 제3조).

ⓓ 시기, 기간과 절차

(가) 국정감사

국정감사는 '국정감사 및 조사에 관한 법률'에 따라 국정 전반에 관해서 소관 상임위원회별로 매년 정기회 집회일 이전에 국정감사 시작일부터 30일 이내의 기간을 정하여 한다. 다만, 본회의 의결로 정기회 기간 중에 감사를 실시할 수 있다('국정감사 및 조사에 관한 법률' 제2조 제1항). 국정감사는 상임위원장이 국회운영위원회와 협의하여 작성한 감사계획서(감사반 편성·감사일정·감사 요령 등 사항 기재)에 따라서 한다. 국회운영위원회는 상임위원회 사이에 감사대상기관이나 감사일정 중복 등 특별한 사정이 있으면 이를 조정할 수 있다('국정감사 및 조

---

74) 정종섭, 『헌법학원론(제12판)』, 박영사, 2018, 1141쪽.

75) 구병삭, 『신헌법원론(개정판)』, 박영사, 1996, 919쪽; 권영성, 『헌법학원론(개정판)』, 법문사, 2010, 923쪽; 심경수, 『헌법(제2판)』, 법문사, 2020, 462쪽.

76) 김철수, 『학설·판례 헌법학(전정신판)(중)』, 박영사, 2009, 302쪽; 양 건, 『헌법강의(제10판)』, 법문사, 2021, 1206쪽.

77) 정재황, 『국가권력규범론』, 박영사, 2020, 478쪽.

78) 허 영, 『한국헌법론(전정17판)』, 박영사, 2021, 1009쪽; 홍성방, 『헌법학(하)(제3판)』, 박영사, 2014, 164쪽.

79) 이준일, 『헌법학강의(제7판)』, 홍문사, 2019, 899쪽.

사에 관한 법률' 제2조 제2항)

　(나) 국정조사

　국정조사는 국회 재적의원 4분의 1 이상이 조사요구서(조사 목적, 조사할 사안의 범위, 조사를 할 위원회 등을 기재하여 연서한 서면)를 국회의장에게 제출 → 본회의 보고 → 특별위원회 구성 또는 해당 상임위원회에 회부하여 조사위원회 획정 → 조사위원회는 조사 목적, 조사할 사안의 범위와 조사방법, 필요한 기간과 소요경비 등을 기록한 조사계획서 본회의에 제출 → 본회의에서 의결(반려나 승인, 기간 연장이나 단축)의 절차에 따라 필요가 있을 때마다 한다('국정감사 및 조사에 관한 법률' 제3조).

　ⓔ **대상기관과 범위**

　(가) 대상기관

　국정감사 대상기관은 '국정감사 및 조사에 관한 법률' 제7조가 규정하고, 이는 위원회 선정 대상기관과 본회의 승인 대상기관으로 나눌 수 있다. 위원회 선정 대상기관으로는 정부조직법과 그 밖의 법률에 따라 설치된 국가기관, 지방자치단체 중 특별시·광역시·도(위임사무), 정부투자기관, 한국은행, 농업협동조합중앙회·수사업협동조합중앙회가 있고, 본회의 승인 대상기관으로는 위원회 선정 대상기관 외의 지방행정기관, 지방자치단체, 감사원법에 따른 감사원의 감사대상기관이 있다. 특별시·광역시·도에 대한 감사범위는 국가위임사무와 국가가 보조금 등 예산을 지원하는 사업으로 하며('국정감사 및 조사에 관한 법률' 제7조 제2호 단서), 시·군·구는 고유·위임사무 모두에 대해서 감사할 수 있다('국정감사 및 조사에 관한 법률' 제7조 제4호). 국정조사의 대상기관은 조사계획서에 따라서 정한다.

　(나) 범위

　국정감사는 국정감사의 한계를 지키는 한 널리 국정 일반에 관해서 할 수 있으므로 그 범위에 제한이 없다. 그에 반해서 국정조사 범위는 조사계획서에 기재된 사안에 국한된다(헌법 제61조, '국정감사 및 조사에 관한 법률' 제3조).

　ⓕ **행사방법**

　(가) 공개 여부

　국정감사와 국정조사는 공개한다. 다만, 위원회 의결로 달리 정할 수 있다('국정감사 및 조사에 관한 법률' 제12조).

　(나) 서류 제출·증언 요구 등

　국회는 국정을 감사하거나 조사하는 데 필요한 서류 제출 또는 증인 출석과 증언이나 의견 진술을 요구할 수 있다(헌법 제61조 제1항). 이러한 요구를 받은 자 또는 기관은 '국회에서의 증언·감정 등에 관한 법률'에서 특별히 규정한 때를 제외하고는 누구든지 이에 따라야 하고, 위원회 검증이나 그 밖의 활동에 협조하여야 한다('국정감사 및 조사에 관한 법률' 제10조 제1항과 제4항). 정당한 이유 없이 그러한 요구에 응하지 않거나 증인과 감정인의 출석과 감정을 방해하면 징역형이나 벌금형에 처한다('국회에서의 증언·감정 등에 관한 법률' 제12조).

⑧ 결과 처리

국정감사와 국정조사의 결과는 감사 또는 조사의 경과와 결과 및 처리의견을 기재하고 그 중요 근거서류를 첨부한 감사 또는 조사보고서로 작성되어 의장에게 제출되고, 의장이 본회의에 보고한다('국정감사 및 조사에 관한 법률' 제15조).

ⓗ 한계

국정감사·조사 대상이 될 수 없는 사항은 절대적 한계사항과 상대적 한계사항으로 구분된다. 절대적 한계사항은 국가작용과 본질적으로 무관한 순수한 사적(私的) 사항, 사법부나 집행부의 순수한 재판작용이나 집행작용으로서 성질상 일반적으로 국정감사·조사가 금지되는 사항을 말한다. 상대적 한계사항은 이론상 국정감사·조사 대상이 되지만 사법권 독립, 인권보장, 국가의 중대한 이익 등 공익에 대한 사항으로서 의회가 국정감사·조사권 행사를 자제하는 것이 바람직하다고 생각되는 사항을 말한다.

(가) 권력분립적 한계

국회가 집행부에 대해서 감사·조사를 할 때 국회는 시정을 명할 수 있을 뿐이지, 국회가 스스로 구체적인 행정처분을 하거나 행정처분 취소를 명하는 것은 물론이고 집행부에 정치적 압력을 가하는 것과 같은 감사·조사는 할 수 없다('국정감사 및 조사에 관한 법률' 제16조). 특히 국회는 사법권에 대해서도, 사법입법과 사법행정에 관해서는 감사·조사할 수 있으나, 사법권 독립의 원칙에 비추어 사법부의 고유한 영역인 재판작용에 관해서는 일정한 한계가 있다.

(나) 기본권보장적 한계

국회는 국정감사·조사를 진행하는 과정에서 개개 국민의 기본권을 침해하여서는 안 된다. 국정감사·조사는 국정과 관계없는 순수한 개인의 사생활[80]을 조사 대상으로 삼을 수 없다('국정감사 및 조사에 관한 법률' 제8조 전단). 국정사항을 조사하는 과정에서 증인으로 출석한 사람의 사생활과 관련된 사항에 관해서 진술이나 답변을 요구할 때 증인이 이를 거부할 수 있는지가 문제 되는바, 사익과 공익을 비교형량하여 사안에 따라 판단하여야 한다. 증인이나 참고인에게 불리한 진술을 강요할 수 없다.

(다) 국가이익적 한계

국가의 안전보장 기타 국가의 중대한 이익은 사적 사항이나 일반 행정사항과는 달리 의회

---

80) 그러나 사생활에 관한 사항일지라도 국가작용과 관련이 있는 사항, 예를 들어 정치자금의 출처와 용도, 선거에 관한 사회적 조직과 활동 등은 그 대상으로 할 수 있다.

와 집행부가 함께 이를 보호할 의무를 진다. 군사·외교·대북 관계의 국가기밀에 관한 사항으로서 그 발표가 국가안위에 중대한 영향을 미친다는 주무부 장관(대통령과 국무총리 소속 기관에서는 해당 관서의 장)의 소명이, 증언 등의 요구를 받은 날부터 5일 이내에 있으면 이를 거부할 수 있다. 그러나 국회가 주무부 장관의 소명을 수락하지 아니하면 본회의 의결로, 폐회 중에는 해당 위원회 의결로 국회가 요구한 증언이나 서류 등의 제출이 국가의 중대한 이익을 해친다는 취지의 국무총리 성명을 요구할 수 있다. 국무총리가 성명 요구를 받은 날부터 7일 이내에 성명을 발표하지 아니하면 증언이나 서류 제출을 거부할 수 없다('국회에서의 증언·감정 등에 관한 법률' 제4조).

(라) 조사방법적 한계

㉠ 적절성의 원칙 – 조사에 참여하는 의원은 조사과정에서 조사사항과 합리적 관련성이 없거나 정당한 권한 행사로 볼 수 없는 부적절한 질문이나 서류 제출 요구를 할 수 없고, 이때 증인이나 피조사기관은 그것을 이유로 이를 거부할 수 있다.

㉡ 조사강제의 한계 – 피조사자나 기관이 국회에 대한 출석·증언·서류 제출 요구에 불응하면 의회가 강제수단을 사용하여 집행할 수 있는지가 문제 될 수 있으나, 헌법정신에 비추어 불가능하다고 본다.

㉢ 조사상 주의의무 – 국회의 국정감사·조사에는 한계가 있어도 구체적 적용에서는 궁극적으로 국회 자신의 재량에 맡길 수밖에 없는 영역이 넓다. 따라서 국회가 합리적인 내부 규율을 정립함으로써 자율적으로 해결하려는 노력이 뒤따라야 한다. 국회의 자율적인 통제는 국정감사·조사상 주의의무 형태로 나타나고, 국회법은 조사상 주의의무 위반을 징계사유로 규정한다('국정감사 및 조사에 관한 법률' 제14조, 제17조, 국회법 제155조 제14호).

ⓔ 사법권의 독립과 국정감사·조사권

법원이 공정한 재판을 통해서 국민의 자유와 권리를 보장하고 법치국가원리를 실현하도록 하려면 사법권의 독립이 보장되지 않으면 안 된다. 사법권의 독립은 법관이 가능한 한 최대한도의 독립을 누리며 법관 내심에서 법적 확신이 자유롭게 형성되는 것을 담보할 때만 유지될 수 있다. 국정감사·조사에서도 사법권의 독립, 특히 법관의 물적 독립이 보장되어야 하고, 헌법 제103조 규정에 비추어 법관이 독립하여 재판하는 것에 사실상 중대한 영향을 미칠 가능성이 있는 조사는 사법권의 독립에 비추어 배제되어야 한다.

(가) 소송 계속 중인 사건에 대한 재판기록 제출 요구

㉠ '국회에서의 증언 및 감정에 관한 법률' 제2조는 "국회에서 안건심의 또는 국정감사나 국정조사와 관련하여 보고와 서류 및 해당 기관이 보유한 사진·영상물(이하 "서류등"이라 한다)의 제출 요구를 받거나, 증인·참고인으로서 출석이나 감정의 요구를 받은 때에는 이 법에 특별한 규정이 있는 경우를 제외하고는 다른 법률에도 불구하고 누구든지 이에 따라야 한다."

라고 규정하고, ⓛ 형사소송법 공개재판의 원칙상 재판기록이 공개되는 것은 당연하며, ⓒ 관련 민사사건이 있으면 거의 예외 없이 기록 검증, 서증 조사 형태로 기록 등사가 허용되어 온 것이 관행인 만큼 국정감사·조사 시 기록 제출을 거부하는 것은 부당하다는 견해가 있다. 이에 대해서 국회가 현재 법원에 소송 계속 중인 사건에 관한 재판기록 제출을 요구하는 것은 국정감사·조사가 적법한 목적으로 시행되는 것인지 또는 조사위원회에 '국정감사 및 조사에 관한 법률' 제8조의 '재판 관여 목적'이 있는지를 불문하고, 그 방법 자체가 객관적으로 재판에 영향을 줄 우려가 있는 것으로서 사법권 독립에 비추어 허용되지 않는다고 한다. 상무대 비리 의혹 국정조사권 발동 시 당시 서울지방법원도 사법권 독립에 비추어 재판에 영향을 줄 우려가 있다는 이유로 국회의 재판기록 제출 요구를 거부한 바 있다.

현재 법원에 계속 중인 사건에 대한 재판기록 제출을 요구하는 것은 ⓐ 사법권 독립을 침해할 우려가 있고, ⓛ 피고인에 대한 관계에서 보더라도 국회의 재판기록 제출 요구 또는 재판기록 검증에 따라서 피고인의 행위가 여론·정치에서 논란이 되고 그것이 법관의 심증 형성에 영향을 미치게 되면 피고인의 적법절차에 따른 공정한 재판을 받을 권리가 침해된다. 그리고 ⓒ 재판에 대한 신뢰 유지를 위해서도 소송 계속 중인 사건에 대한 재판기록 제출을 요구하거나 기록 검증을 하는 것은 자제되어야 한다.

(나) 확정된 판결에 대한 조사

법원의 재판이 확정된 후에 판결 내용이나 소송절차의 당·부당을 조사할 수 있는지에 관해서는 학설이 대립한다.

ⓐ 재판이 확정된 이후에는 재판 내용이나 소송절차의 당부를 조사하더라도 법관의 재판에 영향을 미치지 않고, ⓛ 법률 시행 과정에서 드러나는 모순이나 부당성, 적용·해석상 문제점이 있으면 법개정을 위한 조사가 필요하므로 확정판결 후의 조사는 가능하다는 견해가 있다. 이에 대해서 ⓐ 판결 확정 후의 조사라고 하더라도 (a) 해당 법관이 앞날의 동종 또는 유사한 사건에서 자유로운 심증을 형성할 때 사실상 영향을 받을 가능성이 있고, (b) 사법이란 어떠한 경우에도 입법부·집행부에서 정치적 영향을 받아서는 안 되는 성질의 것이며, (c) 국정감사·조사권이 정치적으로 남용되면 사법권의 독립을 저해할 수 있다는 점, ⓛ 구체적 사건은 법원만 관할하고, 상급법원이라도 상소 등을 제외하고는 하급심에서 다루는 구체적 사건의 당부를 판단할 수 없다는 점, ⓒ 의회는 그 성질상 각 정당이 벌이는 정치적 투쟁의 장이 되고, 순수한 공정중립성을 요구하는 재판과 같은 사법작용에 적합한 것이 될 수 없다는 점 등을 논거로 재판 확정 후라고 하더라도 법원의 재판에 관해서는 국정감사·조사가 불가능하다고 한다는 견해가 있다.[81] 국회 조사가 재심적 조사가 아니고 입법이나 법관에 대한

---

81) 권영성, 『헌법학원론(개정판)』, 법문사, 2010, 928쪽; 김학성/최희수, 『헌법학원론(전정5판)』, 피앤씨미디어, 2021, 966쪽.

탄핵소추의 자료를 얻으려는 목적이거나 법원 운영 전반에 관한 조사의 일환으로 하면 선별적으로 할 수 있다는 견해도 있다.

생각건대 국회의 재판에 관한 조사는 판결이 확정된 후라고 하더라도 법관의 독립된 재판수행에 영향을 줄 우려가 있으므로 부정되어야 한다. 그러나 입법조사, 탄핵소추의 자료를 얻으려는 목적 등으로 이루어지는 때만은 예외적으로 허용될 수 있다.

(다) 검사의 소환·신문

'국회에서의 증언·감정 등에 관한 법률' 제2조에도 사건 수사 중인 검사의 활동 자체를 조사대상으로 그에 관한 검사의 답변을 요구하는 것은 검사 소추에 관여하는 것으로서 허용되지 아니한다. 따라서 국회는 수사 중인 사건의 담당검사를 소환·신문할 수 없다.

(라) 확정된 사건에 대한 재판기록 제출 요구

헌법 제61조 제1항은 국회는 국정감사·조사에 필요한 서류 제출을 요구할 수 있다고 규정하고, '국회에서의 증언·감정 등에 관한 법률' 제2조는 국정감사·조사와 관련하여 서류 제출을 요구받으면 '국회에서의 증언·감정 등에 관한 법률'에 특별한 규정이 있는 때를 제외하고는 누구든지 이에 따라야 한다고 규정하는바, 국회는 국정감사·조사의 일환으로 소송기록 등 재판기록 제출을 요구할 수 있는지가 문제 된다. ㉠ 재판이 확정된 사건까지 재판기록 제출 요구를 전혀 허용하지 않는 것은 형사책임이 추급된 집행부의 각종 의혹이나 비리사건 조사까지 봉쇄하는 결과를 초래하고, ㉡ 재판이 확정된 사건에 관한 국정감사·조사는 재판 계속 중인 사건에 관한 조사와는 달리 해당 사건의 재판에 직접 영향을 미치지는 아니하므로 확정된 사건에 관한 재판기록 제출 요구는 허용되어야 한다.

확정된 사건에 관한 재판기록 제출 요구가 허용된다고 할지라도 확정된 사건에 관한 감사·조사 또는 확정된 사건에 관한 기록 검토는 실질상 재판절차나 내용에 대한 사후감사 또는 재심의 성격을 지니게 되어, 사법의 권위를 훼손케 함과 동시에 담당 법관의 다른 재판 및 다른 법관이 장차 유사한 사건을 재판할 때 영향을 미칠 수 있다. 그러므로 재판기록 모두를 제출하도록 요구하거나 기록 모두를 검증하는 것은 사실상 재판의 당부를 심사하는 결과가 되어 허용할 수 없다. 다만, 국정조사에 필요한 부분만을 구체적·개별적으로 적시하여 제출해 달라고 요구할 수는 있다.

(마) 법관의 소환·신문

'국회에서의 증언·감정 등에 관한 법률' 제2조는 국정감사·조사와 관련하여 증인으로 출석 요구를 받으면 이 법에 특별한 규정이 있는 때를 제외하고는 누구든지 이에 따라야 한다고 규정한다. 그러나 판결이 확정된 사건에 관련하여 담당 법관을 증인으로 소환하여 그 사건에 관한 판단의 동기·원인, 심증 형성 과정, 담당 법관의 세계관·형벌관 등에 관해서 증언하게 하는 것은 해당 사건 판결에 대한 당부를 조사하는 것에 해당하거나 그렇지 않다고 하

더라도 후일 담당할지도 모르는 동종 또는 유사사건의 처리에 영향을 미칠 수밖에 없으므로
허용되지 않는다.

(바) 병행조사

구체적인 사건이 법원에 계속 중일 때 이와 병행하여 국정감사·조사할 수 있는지에 관해
서는 학설 대립이 있다.

㉠ 법원과 국회는 국가조직원리상 각기 별개로 활동하고, 어느 일방이 상대방과 비교해서
우세한 관계는 아니라는 점, ㉡ 조사위원회 조사는 형법상 구성요건에 관한 가치판단이라기
보다는 사건의 부수적 사정이나 그 경제적·사회적·도덕적인 것 중에서도 특히 정치적으로
의미 있는 것에 관한 것이므로 법원 재판과는 그 목적을 달리한다는 점, ㉢ 국회는 헌법상
권한을 행사하려면 그 기초가 되는 사실을 조사할 필요가 있다는 점 등을 논거로, 국회는 형
사절차 개시·종료에 관계없이 필요하면 언제든지 조사를 할 수 있다고 하는 견해가 있다. 이
에 대해서 ㉠ 국회의 심리·증거조사·기록의 요구·법관의 소환은 사법권의 독립을 침해한다
는 점, ㉡ 국회가 국정조사 방법으로 사실상 재판을 할 권한은 없다는 점, ㉢ 국회 조사에서
나타나는 정당의 정치적 입장에 따라서 법관이 영향을 받게 할 수는 없다는 점, ㉣ 강제권이
있는 국회의 조사위원회 설치는 사법권의 독립을 저해한다는 점 등의 논거를 들어 부정하는
견해도 있다.

병행조사 허용 여부와 관련하여 '국정감사 및 조사에 관한 법률' 제8조는 '재판에 관여할
목적'의 국정감사·조사를 금지한다. 그러나 수사나 소추 대상이 되는 사건이라도 '소추에 관
여할 목적(형사목적)'이 아닌 정치적 목적(탄핵소추나 해임건의 등을 위한 목적)을 위해서는 조사
할 수 있다. 이를 따르면 병행조사 허용 여부는 구체적인 조사대상과 조사방식에 따라 결정
된다. 즉 ㉠ 계속 중인 사건의 재판 내용 당부를 판단하기 위한 조사, ㉡ 법관의 소송지휘 또
는 소송절차에 관한 조사, ㉢ 범죄의 구성요건에 해당하는 사실 확정이나 유죄 여부 확정을
위한 조사, ㉣ 재판을 방해하거나 법관에게 압력을 가하기 위한 조사는 허용되지 아니한다.
반면에 어떤 사건의 정치적·경제적·사회적 배경을 조사하거나 관련된 형사법규 운용실태를
조사하는 것과 같이 재판과 관계없이 하는 국정감사·조사는 동일한 사건에 관한 병행조사라
고 할지라도 허용된다.

생각건대 재판에 관여할 목적이 아니고, 재판 자체의 공정성·타당성을 대상으로 하는 조
사가 아니라면 병행조사도 가능하다. 즉 국정의 중요 사안에 관해서 국정 비판 차원에서 하
는 국정감사·조사는 사법권의 본질적 내용을 침해하지 않는 한 허용된다. 병행조사가 허용되
어도 법관을 증인으로 소환하는 것은 ㉠ 계속 중인 형사사건의 지휘자가 그 절차의 피고나
증인과 함께 신문받는 형상을 초래할 뿐 아니라 ㉡ 계속 중인 사건에 관한 법관의 재판권 행
사에 중대한 압력을 가할 수 있으므로 허용되지 않는다.

(사) 수사기록 제출 요구

수사기록 제출 요구에 대해서는 ㉠ '국회에서의 증언·감정 등에 관한 법률' 제2조가 "국회에서 안건심의 또는 국정감사나 국정조사와 관련하여 보고와 서류 및 해당 기관이 보유한 사진·영상물(이하 "서류등"이라 한다)의 제출 요구를 받거나, 증인·참고인으로서 출석이나 감정의 요구를 받은 때에는 이 법에 특별한 규정이 있는 경우를 제외하고는 다른 법률에도 불구하고 누구든지 이에 따라야 한다."라고 규정함을 들어 이를 긍정하는 견해와 ㉡ 검찰권의 독립적이고 공정한 행사와 피의자의 인권보장을 위해 이를 부정하는 견해가 있다. '국정감사 및 조사에 관한 법률' 제8조의 '수사 중인 사건의 소추에 관여할 목적'으로 하는 것이 아니라면 국정감사·조사권의 실효성 확보를 위해서 수사기록 제출 요구를 긍정하여야 할 것이다.

(ⅲ) 대통령의 긴급명령, 긴급재정경제처분·명령에 대한 승인권

대통령이 긴급재정경제처분이나 긴급재정경제명령이나 긴급명령을 발하면 국회에 보고하여 그 승인을 얻어야 한다(헌법 제76조 제3항).

(ⅳ) 계엄해제 요구권

계엄을 선포하면 대통령은 즉시 국회에 통고하여야 한다(헌법 제77조 제4항). 국회가 재적의원 과반수 찬성으로 계엄 해제를 요구하면 대통령은 이를 해제하여야 한다(헌법 제77조 제5항).

(ⅴ) 국방 및 외교정책에 대한 동의권

국회는 상호원조 또는 안전보장에 관한 조약, 중요한 국제조직에 관한 조약, 우호통상항해조약, 주권의 제약에 관한 조약, 강화조약, 국가나 국민에게 중대한 재정적 부담을 지우는 조약 또는 입법사항에 관한 조약의 체결·비준에 대한 동의권이 있다(헌법 제60조 제1항). 그리고 국회는 선전포고, 국군의 외국에 대한 파견 또는 외국군대가 대한민국 영역 안에서 주류하는 것에 대한 동의권이 있다(헌법 제60조 제2항).

(ⅵ) 일반사면에 대한 동의권

대통령이 일반사면을 명하려면 국회 동의를 얻어야 한다(헌법 제79조 제2항).

(ⅶ) 국무총리·국무위원 해임건의권

ⓐ 해임 건의의 의의

국회는 국무총리나 국무위원 해임을 대통령에게 건의할 수 있다(헌법 제63조 제1항). 이러한 국무총리와 국무위원에 대한 해임 건의는 대통령제에서는 이질적인 제도로 평가받는다. 즉 대통령제 정부형태에서는 입법부와 집행부의 성립과 존속이 상호 독립적이므로 의회의 정부불신임권도 대통령의 의회해산권도 인정되지 않는다. 따라서 대통령제 정부형태에서는 원칙적으로 장관이 의회에 대해서 책임을 지지 아니한다.

반면에 한국 헌법은 국회가 재적의원 3분의 1 이상 발의와 재적의원 과반수 찬성으로 국

무총리나 국무위원 해임을 대통령에게 건의할 수 있다고 규정한다. 행정 각부의 장은 국무위원 중에서 임명되므로(헌법 제94조), 국무위원 해임 건의는 곧 특정 장관에 대한 해임 건의를 뜻한다. 따라서 이 제도는 대통령의 국무총리 및 국무위원임명권에 대한 국회의 통제장치로서 현행 헌법상 정부형태가 변형된 대통령제임을 보여주는 하나의 징표이다.

ⓑ 해임 건의의 사유와 절차

(가) 해임 건의의 사유

해임 건의를 할 수 있는 사유에 관해서는 헌법에 아무런 규정이 없으나, 일반적으로 헌법 제65조 탄핵소추 사유보다 훨씬 광범위한 포괄적 사유라고 본다. 즉 탄핵사유가 되는 위법행위뿐 아니라 해당 행위가 부당한 경우까지도 해임 건의 사유가 될 수 있다. 따라서 위법행위에 대해서 국회가 탄핵소추할 것인지 해임건의할 것인지에 관해서 선택할 재량이 있다. 구체적으로 ㉠ 직무집행에서 헌법이나 법률 위반이 있는 때, ㉡ 정책의 수립과 집행에서 중대한 과오를 범한 때, ㉢ 부하직원의 과오와 범법행위에 관해서 정치적 책임을 추궁하는 때, ㉣ 국무회의 구성원으로서 대통령을 잘못 보좌한 때, ㉤ 직무집행에서 나타난 능력 부족 등의 사유를 해임 건의 사유로 볼 수 있다.

(나) 해임 건의 대상

헌법은 해임 건의 대상으로 국무총리와 국무위원을 명시한다. 국무위원이 아닌 사람에 대한 해임 건의 가능성에 대해서는 학설이 나뉜다.

긍정설은 ㉠ 해임건의안은 법적 구속력이 인정되지 않고, ㉡ 권력분립원칙상 구속력 없는 단순한 해임 건의는 명문 규정이 없어도 국회 권한으로 인정되며, ㉢ 정부위원도 국무위원에 준하여 취급할 수 있으므로 국무위원이 아닌 사람에 대해서도 해임 건의가 가능하다고 한다. 이에 대해서 부정설은 ㉠ 헌법이 명문으로 국무총리와 국무위원으로 규정하는 점, ㉡ 대통령제에서 해임 건의는 이례적인 제도라는 점, ㉢ 원칙적으로 집행부 구성권한은 대통령에게 있다는 점을 들어 헌법상 명문으로 규정되지 않은 사람에 대한 해임 건의는 할 수 없다고 한다.[82]

국회의 국정통제기능에 근거하여 헌법에 명문 규정이 없어도 고위 공무원에 대한 해임 건의는 가능하므로 해임건의제도는 법적 제도로서는 무의미하다는 견해는 헌법 규정의 규범력을 무시한 해석이다. 해임건의제도는 그 의결정족수를 가중하여 규정한 점, 탄핵소추보다 사유가 광범위하다는 점, 대통령제 정부형태 아래에서 이례적인 제도를 굳이 헌법에 규정하였다는 점 등을 고려하여 해석할 필요가 있다. 따라서 헌법의 규범적 효력을 고려하여 명문으로 규정된 대상에 한정하여 적용하여야 한다.

---

82) 헌재 1994. 4. 28. 89헌마221, 판례집 6 – 1, 239, 268 재판관 조규광, 한병채, 김양균의 별개의견을 따르면 안전기획부장은 국무위원이 아니므로 국회의 탄핵소추권, 국회출석답변요구권, 해임건의권의 대상이 되지 않는다고 한다.

(다) 절차

해임 건의는 국무총리나 국무위원에 대해서 개별적으로 또는 일괄적으로 할 수 있다. 해임 건의는 국회 재적의원 3분의 1 이상 발의와 국회 재적의원 과반수 찬성으로써 한다(헌법 제63조 제2항). 해임건의안이 발의되면 그것이 본회의에 보고된 때부터 24시간 이후 72시간 이내에 무기명 투표로 표결한다. 이 기간 안에 표결하지 아니하면 해임건의안은 폐기된 것으로 본다(국회법 제112조 제7항). 해임건의안 정족수를 가중한 것은 해임 건의의 중대성에 비추어 신중을 기하고 빈번한 해임 건의 발의로 말미암은 정국혼란을 방지하기 위한 것이다. 해임건의권 행사에는 횟수 제한이 없다.

(라) 해임 건의의 효력 – 해임 건의의 법적 구속력

현행 헌법상 국무총리와 국무위원에 대한 해임 건의가 가결되었을 때 대통령이 해당 국무총리나 국무위원을 해임하여야 하는지, 즉 해임 건의의 법적 구속력이 인정되는지에 관해서는 논란이 있다.

해임 건의에 법적 구속력이 인정되는지에 관해서는 일반적으로 현행 대통령제 정부형태에서는 국회해산제도가 없고, 명문으로 해임 ‘의결’이 아닌 ‘건의’라고 규정하며, 1980년 헌법의 “해임하여야 한다.”라는 단서규정을 삭제한 점에 비추어 그 법적 구속력을 부정하고, 다만 현실 정치적인 측면에서 집행부의 전제와 독선을 견제하는 정치적 수단으로서 의미가 있을 뿐이라는 견해가 있다.[83] 그리고 이전 헌법과 달리 현행 헌법에는 해임 건의의 대통령에 대한 법적 구속력을 근거 지우는 어떠한 표현도 찾아볼 수 없어서 대통령은 해임할 법적 구속력을 받지 않는 것으로 해석하여야 한다고 하면서, 전혀 기속력이 없는 해임 건의는 헌법에 명문 규정이 없어도 가능하므로 입법론적 측면에서 해임건의권은 무의미한 규정, 곧 개정되어야 할 규정이라고 할 수 있다는 견해도 있다.[84] 현행 헌법에는 1962년 헌법의 “건의가 있을 때에는 대통령이 특별한 사유가 없는 한 이에 응하여야 한다.”라는 규정이 없으므로 해임 건의가 있어도 대통령은 반드시 해임하여야 할 구속을 받지 아니한다는 견해가 있다.[85] 해임 건의 조항을 현행 헌법과 같이 개정한 입법의도에 비추어 보면 해석론상 법적 구속력을 인정하기 어렵다는 견해도 있다.[86] 해임건의권에 불신임의 성격을 인정할 수 없고, 명시적인 문구도 ‘의결’이 아니라 ‘건의’로 되어 있으며, 1962년 헌법 제59조와 같이 해임건의가 있으면 “대통령은 특별한 사유가 없는 한 이에 응하여야 한다.”라는 규정이나 1972년 헌법 제97조와 1980년 헌법 제99조에 규정되었던 것처럼 해임 의결이 있으면 반드시 “대통령은 국무총리

---

83) 김학성/최희수, 『헌법학원론(전정5판)』, 피앤씨미디어, 2021, 954쪽; 양 건, 『헌법강의(제10판)』, 법문사, 2021, 1221쪽.
84) 홍성방, 『헌법학(하)(제3판)』, 박영사, 2014, 169쪽.
85) 심경수, 『헌법(제2판)』, 법문사, 2020, 469쪽.
86) 박종보, 「헌법 제63조」, 『헌법주석[국회, 정부]』, 경인문화사, 2018, 373~375쪽.

또는 당해 국무위원을 해임하여야 한다."라는 명시적 문구도 발견되지 않으므로 법적 구속력이 없다는 견해도 있다.[87) 현행 헌법의 해임건의제는 의원내각제의 수상에 대한 불신임의결과는 상이한 제도이므로 해임 건의에 구속되지 않는다는 견해도 있다.[88) 그 밖에 현행 헌법상 해임건의권은 조문의 어의적 해석이나 제도의 연혁상 역대 헌법 규정들과 비교해 볼 때 법적 구속력이 있는 해임의결권으로 해석하기 어렵다는 견해도 있다.[89) 헌법재판소는 해임건의권의 법적 구속력을 인정하지 않는다.[90)

그러나 현행 정부형태를 반대통령제로 보는 견해에서는 국민주권을 대표하는 의회가 불신임한 정부와 그 구성원을 그대로 유지하게 한다는 것은 정국 경색만을 초래하는 결과가 되고, 한국 헌법에서 계속적으로 해임 건의를 헌법상 제도로 명시하는 것은 이 제도가 헌정 현실에서 유효하게 작용할 것을 전제로 규정하는 것이지 그 효과가 사실상 무의미한 상황을 예상한 장식적 규정은 아니므로 대통령은 어떠한 형태로든 해임 건의를 받아들여야 할 법적 구속력을 인정하여야 한다고 한다. 그리고 해임건의권은 대통령 권한이 강한 대통령제에서 권력균형을 잡아주는 통제권이고, 의원내각제적 요소이며, 국회해산제도를 전제하지 않고도 책임정치 구현을 위해서 국회의 해임건의제도를 둘 수 있을 뿐 아니라 현행 헌법이 특별히 해임건의제도를 명시하고 그것도 가중정족수로 의결하도록 한 점에 비추어 해임 건의 의결은 대통령에 대한 구속력이 있다는 견해가 있다.[91) 정부형태와 상관없이 헌법의 규범력을 보장하기 위해서 해임 건의의 구속력을 인정하여 대통령은 어떠한 형태로든 해당 국무총리와 국무위원을 해임하여야 하며 그 후에 재임명 여부를 결정하는 이른바 가장면직이나 진정면직 여부를 결정하여야 한다는 견해도 있다.[92) 임기 중 책임을 지울 수 없는 대통령 대신에 국무총리와 국무위원에게 책임을 물어 대통령을 견제하기 위한 것이고, 대통령이 국회해산권이 없다고 하여 해임의결권을 부정할 수 없으므로 현행 헌법상 대통령에 대한 해임 건의는 법적 구속력이 있다는 견해도 있다.[93) 해임건의제도를 헌법상 제도로 명시한 것은 이 제도가 헌정 실제에서 유효하게 기능할 것을 전제한 것이고, 구속력 인정이 특별의결정족수를 명시한 헌

87) 이준일, 『헌법학강의(제7판)』, 홍문사, 2019, 904쪽.

88) 권영성, 『헌법학원론(개정판)』, 법문사, 2010, 932쪽.

89) 정만희, 『헌법학개론』, 피앤씨미디어, 2020, 531쪽.

90) 헌재 2004. 5. 14. 2004헌나1, 판례집 16-1, 609, 650-651: "국회는 국무총리나 국무위원의 해임을 건의할 수 있으나(헌법 제63조), 국회의 해임건의는 대통령을 기속하는 해임결의권이 아니라, 아무런 법적 구속력이 없는 단순한 해임건의에 불과하다. 우리 헌법 내에서 '해임건의권'의 의미는, 임기 중 아무런 정치적 책임을 물을 수 없는 대통령 대신에 그를 보좌하는 국무총리·국무위원에 대하여 정치적 책임을 추궁함으로써 대통령을 간접적이나마 견제하고자 하는 것에 지나지 않는다. 헌법 제63조의 해임건의권을 법적 구속력 있는 해임결의권으로 해석하는 것은 법문과 부합할 수 없을 뿐만 아니라, 대통령에게 국회해산권을 부여하고 있지 않는 현행 헌법상의 권력분립질서와도 조화될 수 없다"

91) 정재황, 『국가권력규범론』, 박영사, 2020, 471~473쪽; 같은 사람, 『신헌법입문(제11판)』, 박영사, 2021, 764~765쪽.

92) 정종섭, 『헌법학원론(제12판)』, 박영사, 2018, 1152쪽.

93) 김철수, 『학설·판례 헌법학(전정신판)(중)』, 박영사, 2009, 295쪽.

법규정에도 부합한다는 견해도 있다.94)

집행부를 구성하는 최고의 권한은 국민이 직접 대통령에게 부여하고, 정부의 구성과 유지가 국회 의사에 구속받는 것은 현행 정부형태상 구조적 모순으로 판단되므로 해임 건의의 법적 구속력은 인정할 수 없다. 그러나 해임 건의가 특별한 가중정족수로 헌법이 제도화한 취지를 고려하여서 이 문제를 해결할 필요가 있다. 해임 건의 정족수는 탄핵소추 의결과 같은데, 만일 아무런 구속력이 없는 단순한 건의에 불과하다고 해석한다면 이러한 가중정족수를 둔 의미를 무시하게 될 것이다. 해임 건의는 탄핵소추보다 더 광범위한 사유로 발의할 수 있는 것으로 탄핵소추는 할 수 없지만 중대한 하자 있는 행위를 한 국무총리와 국무위원에 대해서 해임 건의로써 국정을 견제하는 데 그 취지가 있다. 대통령이 이 건의에 구속되는 것은 아니지만 국회의 공식적인 건의를 무시할 수는 없다. 대통령은 특별한 사유가 없는 한 해당 각료를 해임하는 것이 타당하고, 해임하지 않을 때는 국회와 국민을 이해시키기 위한 조치가 있어야 한다. 이러한 한도에서 해임 여부의 최종적 결정권은 대통령에게 있으나 해임 건의는 단순한 정치적 의미만 있는 것이 아니라 법적인 의미가 있다.

국무총리에 대한 해임 건의는 국무총리의 국무위원 임명제청권과 관련하여 모든 국무위원에게도 미친다는 견해가 있다.95) 그러나 기본적으로 대통령제 정부형태를 취하고, 국무총리와 국무위원이 공동으로 국회에 대해서 연대책임을 지는 것이 아니므로 국무총리에 대한 해임 건의가 국무위원에게 미치지 않는다.96) 따라서 국무총리나 국무위원에 대한 해임 건의를 할 때는 해당 국무총리나 국무위원 각각에 해임 건의를 하여야 한다.

(viii) 국무총리 · 국무위원 등의 국회출석 요구 및 질문권

ⓐ 의의

국무총리 · 국무위원 등의 국회출석 요구 및 질문권은 대통령제국가에서는 이례적인 제도이다. 그러나 한국에는 이 제도가 있어서 각료는 국회에 출석 · 발언 · 응답할 수 있고, 국회는 정부에 대해서 영향력을 행사할 수 있다. 결국 이 제도는 대통령제 정부형태를 취하는 한국 헌법 아래에서 집행부와 국회가 긴밀한 공화 · 협조 관계를 유지하고, 국회의 집행부 통제에 효력을 주려는 의도에서 의원내각제적 요소를 가미한 것으로 볼 수 있다.

ⓑ 출석 · 답변의무의 주체

국회 요구로 출석하여 답변하여야 하는 사람은 국무총리, 국무위원, 정부위원이다. 정부위

---

94) 성낙인, 『헌법학(제21판)』, 법문사, 2021, 520쪽.

95) 김철수, 『학설 · 판례 헌법학(전정신판)(중)』, 박영사, 2009, 295쪽; 성낙인, 『헌법학(제21판)』, 법문사, 2021, 521쪽.

96) 권영성, 『헌법학원론(개정판)』, 법문사, 2010, 932쪽; 박종보, 「헌법 제60조」, 『헌법주석[국회, 정부]』, 경인문화사, 2018, 375~376쪽; 이준일, 『헌법학강의(제7판)』, 홍문사, 2019, 904쪽; 정재황, 『국가권력규범론』, 박영사, 2020, 474, 718쪽; 정종섭, 『헌법학원론(제12판)』, 박영사, 2018, 1152쪽.

원은 국무조정실의 실장 및 차장, 부·처·청의 처장·차관·청장·차장·실장·국장 및 차관보와 과학기술정보통신부·행정안전부 및 산업통상자원부에 두는 본부장을 말한다(정부조직법 제10조). 그리고 본회의나 위원회는 특정한 사안에 관하여 질문하려고 대법원장·헌법재판소장·중앙선거관리위원회 위원장·감사원장 또는 그 대리인의 출석을 요구할 수 있다(국회법 제121조 제4항). 그러나 대통령은 국회에 출석·발언할 권한만 있고 의무는 없다(헌법 제81조).

ⓒ 질문의 종류와 절차

국회 질문에는 정부에 대한 서면질문, 대정부질문, 긴급현안질문의 세 종류가 있고, 각각 그 절차가 다르다.[97]

(가) 정부에 대한 서면질문

의원은 정부에 대해서 서면으로 질문할 수 있다. 의장은 질문서를 정부에 이송하고, 정부는 질문서를 받은 날부터 10일 이내에 서면으로 답변하여야 한다. 그 기간 안에 답변하지 못할 때는 그 이유와 답변할 수 있는 기한을 국회에 통지하여야 한다(국회법 제122조).

(나) 대정부질문

국회 본회의는 회기 중 기간을 정하여 국정 전반 또는 국정의 특정 분야를 정하여 질문을 할 수 있다. 이를 대정부질문이라고 한다. 대정부질문은 일문일답 방식으로 하되, 의원 질문은 20분을 초과할 수 없다. 이때 질문시간에는 답변시간이 포함되지 아니한다(국회법 제122조의2 제2항).

대정부질문을 하고자 하는 의원은 미리 질문 요지를 기재한 질문요지서를 구체적으로 작성하여 의장에게 제출하여야 하며, 의장은 늦어도 질문시간 48시간 전까지 질문요지서가 정부에 도달되도록 송부하여야 한다(국회법 제122조의2 제7항).

(다) 긴급현안질문

긴급현안질문은 국회 회기 중 대정부질문 시에 제기되지 아니한 사안으로서 긴급히 발생한 현안이 되는 중요한 사항에 대해서 의원 20명 이상 찬성으로 대정부질문을 요청할 수 있는 제도이다. 긴급현안질문을 요구하는 의원은 질문요구서를 본회의 개의 24시간 전까지 의장에게 제출하여야 한다. 긴급현안질문시간은 총 120분이고, 의장은 각 교섭단체 대표의원과 협의하여 시간을 연장할 수 있다. 긴급현안질문을 할 때 의원의 질문은 10분을, 보충질문은 5분을 초과할 수 없다(국회법 122조의3).

ⓓ 효과

국회에 출석·답변 요구를 받은 각료는 그 요구를 거부할 수 없다. 다만, 대리출석하게는

---

[97] 이러한 질문권과 구별하여야 할 개념으로 질의권이 있다. 질의권은 의원이 현재 의제가 되는 의안에 관하여서 위원장·발의자·국무총리·국무위원·정부위원 등에 대해서 질의할 수 있는 권한을 말한다.

할 수 있다. 그러나 국회에 출석·답변하기를 거부한 때에 관해서는 규정이 없으므로 그 제재
는 정치적 통제에 맡겨질 수밖에 없다. 극단적인 때는 해임 건의나 탄핵소추의 사유가 될 것
이다.

⑤ 국회자율권

국회자율권은 의회가 그 밖의 다른 국가기관의 간섭을 받지 아니하고 헌법과 법률 그리고
국회규칙에 따라 의사와 내부사항을 독자적으로 결정할 수 있는 권한을 말한다.[98] 이는 (ⅰ)
의회 내부사항에 관해서는 다른 국가기관의 개입이나 간섭이 허용될 수 없다는 권력분립 요
청과 (ⅱ) 의회가 기능을 적절히 수행하게 하려면 의사와 내부사항에 관한 의회의 자주적 결
정을 존중하여야 한다는 기능독립의 원칙 그리고 (ⅲ) 원내 다수파의 횡포에서 소수파를 보호
하기 위해서는 의회의 자율적인 의사규칙이 있어야 한다는 기능자치 요청에 근거한다. 국회
자율권도 헌법이나 법률을 위반하지 않는 범위 안에서만 허용된다. 따라서 국회의 의사절차·
입법절차에 헌법이나 법률의 규정을 명백하게 위반한 흠이 있으면 그것을 자율권 문제라고
할 수 없다.

(ⅰ) 집회 등에 관한 자율권

국회는 헌법과 국회법이 정하는 바에 따라 집회·휴회·폐회·회기 등을 자주적으로 결정
할 수 있다.

(ⅱ) 내부조직에 관한 자율권

국회는 헌법과 국회법에 따라 의장·부의장 등 의장단 선출, 위원회 구성, 사무총장과 직
원의 임명을 스스로 하는 것 등 국회의 내부조직에 관한 자율권이 있다.

(ⅲ) 국회규칙제정권

국회는 헌법과 법률에 저촉되지 아니하는 범위 안에서 의사와 내부규율에 관한 규칙을 제
정할 수 있다(헌법 제64조 제1항).

(ⅳ) 의사에 관한 자율권

국회는 의사일정 작성, 의안의 발의·동의·수정 등 의사에 관해서 헌법과 국회법 및 국회
규칙에 따라 스스로 이를 결정한다. 따라서 의사절차 적법성이 문제 되는 때도 원칙적으로
스스로 해석·판단한다.

---

98) 헌재 2020. 5. 27. 2019헌라1, 판례집 32-1하, 1, 23; 헌재 2020. 5. 27. 2019헌라3등, 판례집 32-1하, 80, 110:
   "국회의 자율권에는 집회 등에 관한 자율권, 내부조직에 관한 자율권, 국회규칙의 자율적 제정권(헌법 제64조 제
   1항), 의사에 관한 자율권, 국회의원신분에 관한 자율권(헌법 제64조 제2항), 질서유지권 등이 포함된다(헌재
   2010. 12. 28. 2008헌라7 참조). 국회는 어떠한 사항에 대하여 언제, 어떻게 입법할지 여부를 스스로 판단하여 결
   정할 입법형성의 자유를 가지므로, 국회가 법률에 의하여 그 자율권에 속하는 사항을 스스로 정하는 것 역시 국
   회의 자율권의 내용에 속한다(헌재 2016. 5. 26. 2015헌라1 참조)."

(ⅴ) 의원 신분에 관한 자율권

국회는 의원의 사직허가권(국회법 제135조 제1항과 제2항), 의원의 자격심사권(헌법 제64조 제2항 전단), 의원에 대한 징계권(헌법 제64조 제2항 후단) 등 의원 신분에 관한 자율권한이 있다.

ⓐ 사직허가권

국회는 그 의결로 의원 사직을 허가할 수 있다. 그러나 폐회 중에는 의장이 사직을 허가할 수 있다. 사직 허가 여부는 토론 없이 표결한다(국회법 제135조).

ⓑ 자격심사권

의원이 다른 의원 자격에 관해서 이의가 있으면 30명 이상 연서로 자격심사를 의장에게 청구할 수 있다(국회법 제138조). 의원 자격이란 의원이 헌법상 의원으로서 지위를 보유하는 것에 필요한 자격을 말한다. 의원의 자격심사는 윤리특별위원회 예심을 거쳐(국회법 제140조), 본회의에서 재적의원 3분의 2 이상 찬성으로 의결한다(국회법 제142조 제3항). 자격심사 결과에 관해서는 법원에 제소할 수 없다(헌법 제64조 제4항).

ⓒ 의원징계권

(a) 헌법 제46조 제1항이나 제3항을 위반하는 행위를 하였을 때, (b) 국회법 제29조의 겸직 금지 규정을 위반하였을 때, (c) 국회법 제29조의2의 영리업무 종사 금지 규정을 위반하였을 때, (d) 국회법 제54조의2 제2항을 위반하였을 때, (e) 국회법 제102조를 위반하여 의제와 관계없거나 허가받은 발언의 성질과 다른 발언을 하거나 국회법에서 정한 발언시간 제한 규정을 위반하여 의사진행을 현저히 방해하였을 때, (f) 국회법 제118조 제3항을 위반하여 게재되지 아니한 부분을 다른 사람에게 열람하게 하거나 전재 또는 복사하게 하였을 때, (g) 국회법 제118조 제4항을 위반하여 공표 금지 내용을 공표하였을 때, (h) 국회법 제145조 제1항에 해당되는 회의장 질서를 어지럽히는 행위를 하거나 이에 대한 의장 또는 위원장의 조치에 따르지 아니하였을 때, (i) 국회법 제146조를 위반하여 본회의나 위원회에서 다른 사람을 모욕하거나 다른 사람의 사생활에 대한 발언을 하였을 때, (j) 국회법 제148조의2를 위반하여 의장석 또는 위원장석을 점거하고 점거 해제를 위한 국회법 제145조에 따른 의장 또는 위원장 조치에 따르지 아니하였을 때, (k) 국회법 제148조의3을 위반하여 의원의 본회의장 또는 위원회 회의장 출입을 방해하였을 때, (l) 정당한 이유 없이 국회 집회일부터 7일 이내에 본회의 또는 위원회에 출석하지 아니하거나 의장 또는 위원장의 출석요구서를 받은 후 5일 이내에 출석하지 아니하였을 때, (m) 탄핵소추사건을 조사할 때 '국정감사 및 조사에 관한 법률'에 따른 주의의무를 위반하는 행위를 하였을 때, (n) '국정감사 및 조사에 관한 법률' 제17조에 따른 징계사유에 해당할 때, (o) 공직자윤리법 제22조에 따른 징계사유에 해당할 때, (p) 국회의원윤리강령이나 국회의원윤리실천규범을 위반하였을 때 국회는 윤리특별위원회 심사를 거쳐 그 의결로써 의원을 징계할 수 있다. (j)에 해당하는 행위를 하였을 때는 윤리특별위원

회 심사를 거치지 아니하고 그 의결로써 징계할 수 있다(헌법 제64조 제2항, 국회법 제155조).

징계요구권자는 의장, 위원장, 의원 20명 이상, 모욕당한 의원 등이고, 징계 요구 시한은 3일이다(국회법 제156조, 제157조). 징계사건은 윤리특별위원회가 심사하고 본회의에서 의결하며(국회법 제162조), 징계 의결은 의장이 공개회의에서 선포한다(국회법 제163조 제5항).

징계의 종류에는 공개회의에서 경고, 공개회의에서 사과, 30일 이내의 출석 정지(이때 출석 정지기간에 해당하는 수당·입법활동비 및 특별활동비는 2분의 1을 감액한다), 제명이 있다(헌법 제64조 제3항, 국회법 제163조 제1항). 제명을 결정하려면 국회 재적의원 3분의 2 이상 찬성이 있어야 한다(헌법 제64조 제3항). 징계처분에 관해서는 법원에 제소할 수 없다(헌법 제64조 제4항).

(vi) 질서유지에 관한 자율권

국회는 국회 질서유지에 관해서 국회법에 따라 내부경찰권과 의원가택권이 있다. ⓐ 내부경찰권은 국회 안의 질서유지를 위해서 의원·방청객은 물론 원내에 있는 모든 사람에 대해서 일정한 사항을 명하거나 실력으로써 명령을 강제할 수 있는 권한을 말한다. 국회의 내부경찰권은 국회의장에게 속하고, 의장은 경위와 파견경찰관의 협력을 받아 이를 관장한다. ⓑ 의원가택권은 국회가 그 의사에 어긋나게 다른 사람이 국회 안에 침입함을 금지하고 국회 안에 들어오는 모든 사람을 국회 질서에 따르게 할 수 있는 권한을 말한다. 의장가택권도 의장이 관장한다.

4. 국회의원

(1) 헌법적 지위

① 국회 구성원

헌법 제41조 제1항은 "국회는 … 국회의원으로 구성한다."라고 규정하므로, 국회의원은 헌법기관인 국회의 구성원이다. 이러한 지위에서 국회의원은 헌법과 법률이 정한 직무상 여러 권한과 신분상 권리·의무를 부여받는다. 예를 들어 국회의원은 국회의 입법활동과 관련하여 의안 발의(국회법 제79조)·발언(국회법 제109조)·표결권(국회법 제109조)을 행사할 수 있고, 이러한 헌법과 법률이 정한 권한을 침해당하였음을 이유로 권한쟁의심판을 청구할 당사자능력이 있다.[99] 그러나 국회의원은 국가기관이 아니다. 국가'기관'이려면 그 행위가 '국가'에 귀속되어야 하는데, 국회의원의 행위가 곧바로 국가의 행위로 귀속될 수는 없기 때문이다. 기관의 일반법리를 따르면, 법인은 자연인과 달리 스스로 행위할 수 없어서 기관을 두고 그 기관을 담당하는 자연인(기관담당자)의 행위가 동 기관과 법인의 행위로 귀속됨으로써 행위를 한다. 따라서 기관이려면 그 행위가 법인에 귀속되어야 한다. 국가는 법인이고 국회는 국가의 기관으로서 그 행위가 국가에 귀속된다. 국회의원은 국회 구성원이기는 하지만 발언이나 표

---

99) 헌재 1997. 7. 16. 96헌라2, 판례집 9-2, 154, 162-165.

결 등의 행위가 바로 국회 행위로 되는 것도, 하물며 국가 행위로 되는 것도 아니다. 따라서 국회의원은 국가기관일 수 없다. 다만, 국회의원은 국회라는 국가기관 활동에 참여하는 구성원으로서 독자적인 '직무상 권한'이 주어지는바, 그러한 권한 범위 안에서는 권한쟁의심판 당사자로서 헌법 제111조 제1항 제4호의 국가기관으로 의제되는 것으로 보아야 한다.

② 국민대표
(ⅰ) 헌법상 대의제 민주주의 채택

헌법은 제1조 제2항, 제40조, 제41조, 제66조 제4항, 제101조 제1항 등에서 국가조직의 기본원리로서 대의제 민주주의를 채택한다. 대의제 민주주의는 주권자인 국민이 국가의사나 정책을 직접 결정하지 아니하고 대표자를 선출하여 그들이 국민을 대신하여 국가의사나 국가정책 등을 결정하게 하는 원리이다. 이러한 대의제 민주주의에 비추어 국회의원은 국민을 대표하는 국민대표자의 지위가 있다. 국회가 국민의 대표자라는 것은 국회의원이 국민의 대표기관인 국회 구성원이면서 동시에 국회의원직 하나하나가 국민의 대표기관인 국회와 별개의 독립한 국민의 대표기관이라는 것이다. 정확히 말하면 국회의원(직) 하나하나가 국민의 대표기관이므로 국민의 대표기관인 국회의원으로 구성되는 국회도 국민의 대표기관이라고 하는 것이 논리적이다.[100] 대의제 민주주의는 국가기관 선출을 위한 '선거제도'와 정책 결정에서 국민의 개별적 동의 없이 국가의사를 결정하고 처리할 수 있는 '자유위임원칙'을 주요내용으로 한다.

(ⅱ) 자유위임원칙
ⓐ 헌법적 근거

헌법 제1조 제2항 국민주권조항, 제7조 제1항 공무원의 국민전체봉사자조항, 제44조와 제45조 국회의원의 불체포특권과 면책특권 조항, 특히 제46조 제2항 국회의원의 국가이익우선의무조항을 근거로 자유위임원칙을 인정할 수 있다. 헌법 제46조 제2항의 '양심'은 헌법 제19조가 기본권으로 보장하는 양심이 아니라 직무상 판단과 활동을 독립적으로 할 수 있는 근거이다.[101]

ⓑ 내용

자유위임원칙은 소극적으로는 대의기관(구성원)이 자신을 선출해 준 선거인에게서 독립하여 국민의 개별적·구체적 의사에 구속받지 않는다는 것을 보장하는 원칙이고, 적극적으로는 대의기관(구성원)이 국가의 이익과 국민 전체의 이익을 위해서 직무를 수행하여야 한다는 것을 내용으로 한다. 대의기관의 결정의 자유는 대의기관의 지위에서 핵심적인 요소이므로, 국민의 대의기관에 대한 영향력은 대의기관을 선출하는 것에 그치고 그 이상으로 미치지 않는

---

100) 이상 홍성방, 『헌법학(하)(제3판)』, 박영사, 2014, 176쪽.
101) 같은 견해: 김하열, 『헌법강의(제3판)』, 박영사, 2021, 832쪽.

다. 그리고 국회의원은 직무상 한 발언과 표결에 대해서 면책특권을 인정받는다(헌법 제45조). 그러나 이러한 자유위임원칙은 법률적인 면에서 구속받지 않는다는 의미가 있을 뿐이지, 정치적·사실적인 면에서 대의기관(구성원)이 선거인에게서 영향을 받는 것은 별개의 문제이다.

③ 정당대표

(ⅰ) 정당국가화 경향과 정당국가적 민주주의

20세기에 들어와서 현대 대중민주주의가 정치현실을 지배하면서 정당을 중심으로 하는 정당정치가 발달하였고, 헌법도 이를 수용하는 단계에 이르렀다. 이에 따라서 종래 고전적인 형태의 의회민주주의는 그 의미를 상실하였다고 보고 오늘날 민주주의는 정당을 중심으로 운영되는 정당국가적 민주주의라고 보는 견해[라이프홀츠(Gerhard Leibholz)의 정당국가론]가 등장하였다.

(ⅱ) 정당국가적 민주주의의 내용

① 정당국가는 본질적으로 국민투표적 민주주의(나 동일성민주주의)의 현상형태로서 국민의사가 자동성(동일성)원리를 따라서 형성되고, 정부와 의회 다수당의 의사가 국민의 의사와 동일시된다.

② 고전적 권력분립은 정당을 통한 권력집중현상 때문에 실질적으로는 여당과 야당 사이의 견제와 균형 형태로 바뀌게 된다. 이에 따라서 정당은 다른 국가기관을 창출하는 1차적 국가기관이나 이에 준하는 지위가 있게 되었다.

③ 정당국가적 민주주의에서 선거는 인물 중심 선거에서 정당 중심 선거가 되어서 정당, 특히 의회 다수당에 대한 신임투표적 성격이 있게 되었다.

④ 의회는 다원적 국민의사 수렴의 장에서 정당지도부가 이미 결정한 정당의사를 통과시키는 무대로 바뀌었다. 그리고 오늘날 의회에서 하는 토론은 고전적인 대의제적 의회민주주의가 전제하였던 건설적·창조적 성격을 상실하여 의회의원 발언은 단지 앞날의 정치적 결정에서 그 토론으로 영향을 받게 될 능동적 국민을 지향한 것일 뿐이다.

⑤ 정당국가적 민주주의에서 의회의원은 정당기율, 원내교섭단체기율을 통해서 정당에 기속된다. 구체적으로 원내총무는 의회의원의 국회 출석과 소속 정당에 대한 지지를 감시·독려하고, 정당은 당론을 따르지 아니하고 독자적으로 행동하(여 정당을 불리하게 하)는 소속 의원에 대해서 (당내 징계절차 등을 통해서) 책임을 추궁할 수 있다. 따라서 의회의원은 대의기관(의회)에서 정당의 대표자와 같은 지위가 있게 된다.

이처럼 정당 중심의 국정 운영이 현대 민주주의 현실이고 동시에 헌법에 정당보호조항을 도입함으로써 규범적으로도 보장된다는 정당국가론 견해에서는 여전히 헌법전에 남아 있는 자유위임조항과 정당(보호)조항은 서로 모순된다고 주장하게 된다.

(ⅲ) 비판

ⓐ 정당국가론은 국가의사와 정당의사를 동일시하여 국가와 사회의 구별을 포기한다. 그러나 정당은 기본적으로 자유로운 사회에 속하는 것으로서 단지 국가의사를 사전에 (예비적으로) 형성할 뿐이지, 국가의사 결정 자체는 국가기관(국회)을 통해서 이루어지므로 조직된 국가영역에 정당을 편입하여서는 안 된다.

ⓑ 유권자의 소수만이 정당 당원으로 참여할 뿐이고, 국민의 정치적 의사 형성을 정당이 독점하는 것은 아니므로, 허구적인 동일성 개념에 따라서 정당국가 논리를 강조하는 것은 타당하지 않다. 오늘날 언론매체나 이익집단을 비롯한 시민단체의 정치적 영향력이 증대하면서 정당을 통한 국민의사 결집이 약해짐을 주목하여야 한다.

ⓒ 정당 중심의 국정 운영은 정치현실이 그렇다는 것일 뿐이고, 헌법이 정당보호조항을 도입한 것은 그러한 현실에 대한 부분적 배려이지, 이른바 정당국가론이 주장하는 것을 전면적으로 수용하여 규범적으로 보장한 것으로 이해할 수는 없다. 헌법은 여전히 대의제 민주주의와 그 핵심원리인 자유위임원칙을 국가조직원리로서 규정한다. 따라서 '정당보호조항은 대의제 및 자유위임원칙과 조화를 이루는 범위 안에서만 작용하여야 하는 것'이므로 헌법상 정당조항과 자유위임조항이 (서로 대등함을 전제로 한) 상호 모순관계에 있다고 할 수 없다.

④ 국민대표자성과 정당대표자성의 충돌(자유위임원칙과 정당기속성의 충돌)

(ⅰ) 문제의 소재

대의제 민주주의를 규정하는 헌법과 정당국가적 현실이 충돌한다. 더욱이 헌법에는 정당에 관한 규정을 둔다. 이때 대의제 민주주의에 관한 헌법규정과 정당에 관한 헌법규정을 어떻게 조화시킬 것인지가 문제 된다.

(ⅱ) 학설

ⓐ 정당국가적 현실과 헌법상 정당규정의 의미를 강조하는 견해는 국회의원의 정당기속성을 자유위임원칙에 우선시켜야 한다고 본다. 이 견해에서는 국회의원의 정당대표자적 지위가 강조된다.

ⓑ 대의제 민주주의에 기초한 헌법의 규범적 구조를 중시하는 견해는 정당국가적 민주주의의 현실을 바탕으로 인정되는 국회의원의 정당기속은 그들의 국민대표성을 침해하지 않는 한도 안에서 인정되는 것이라고 본다.[102] 이 견해에서는 국회의원의 국민 대표자적 지위가 우선시된다.

(ⅲ) 사견

문제 핵심은 국회의원 개인의 의사와 정당의 의사, 즉 당론이 충돌할 때 국회의원에 대해

---

102) 정재황, 『국가권력규범론』, 박영사, 2020, 225~226쪽; 홍성방, 『헌법학(하)(제3판)』, 박영사, 2014, 178쪽.

서 정당기속을 인정하여야 할 것인지에 있다. 즉 국회의원이 소속 정당의 당론과 다른 방안이 국민 전체의 이익에 부합한다고 믿을 때 이러한 자신의 소신을 (소속 정당의 징계를 받는 것은 별론으로 하고) 국회의원으로서 관철할 수 있도록 할 것인지 아니면 국회의원직을 상실할 위험에 처하게 함으로써 자신의 표결을 당론에 일치시킬 수밖에 없도록 강요하는 '정당강제(정당직접강제)'까지를 인정할 것인지 하는 점이다.

현행 헌법의 국가조직원리에 관한 규정 및 국회의원의 지위에 관한 규정과 정당에 관한 규정을 상호 비교해 보면, 헌법 아래의 국가조직체제는 여전히 대의제원칙에 기초함을 알 수 있고, 정당조항은 복수정당제와 정당 존속을 보호하는 데 초점이 있어서, 정치현실과는 무관하게 일단은 대의제의 핵심원리인 자유위임원칙을 중심으로 국회의원의 지위를 판단하여야 한다. 따라서 국회의원은 먼저 전체 국민의 대표자이고, 정당의 대표자의 성격은 국민대표자의 지위와 조화되는 한도 안에서만 추구될 수 있다고 하겠다. 그리고 국회의원에 대한 정당기속도 그러한 한도 안에서만 가능하다고 보아야 할 것이므로 정당의 의사에 복종하는 동안만 국회의원의 지위를 유지할 수 있다는 식으로 오로지 당론에서 복종을 강요하는 '정당강제'를 인정할 수 없다.

(2) 국회의원의 자격

① 의원 자격 발생

의원 자격의 발생시기와 관련하여 당선결정시설, 의원취임승낙시설, 임기개시설이 다투어진다. 당선결정시설은 후보자등록제를 채택하므로 입후보하여 당선되면 의원이 되려는 의사표시가 후보자 등록으로 이루어졌다고 보아 선거를 통한 당선인 결정에 따라서 의원 자격이 발생한다고 한다. 의원취임승낙시설은 투표 결과에 따른 당선인 결정과 당선인의 취임 승낙에 따라서 의원 자격이 발생한다고 한다. 임기개시설은 헌법과 법률이 정한 임기 개시와 동시에 의원 자격이 발생한다고 한다.[103] 당선이 결정되었다고 국회의원으로 활동할 수 없고, 국회의원 선거에 나선다는 것 자체가 국회의원 취임을 승낙한 것이므로 임기개시설이 타당하다. 국회의원 임기는 4년이다(헌법 제42조). 국회의원 임기는 전임의원의 임기만료일의 다음 날부터 개시된다. 다만, 국회의원 임기가 개시되고 나서 실시하는 선거에 따른 의원 임기는 당선이 결정된 때부터 개시된다(공직선거법 제14조 제2항).

② 의원 자격 소멸

（ⅰ） 국회의원 임기가 만료하거나(헌법 제42조) 국회의원 자신이 사망하면 의원 자격이 소멸한다.

（ⅱ） 국회의원은 자신의 의사에 따라 사직할 수 있다. 국회의원 회기 중 사직은 국회 의결

---

103) 김철수, 『학설·판례 헌법학(전정신판)(중)』, 박영사, 2009, 216쪽; 정재황, 『국가권력규범론』, 박영사, 2020, 227쪽; 홍성방, 『헌법학(하)(제3판)』, 박영사, 2014, 180쪽.

을 얻어야 하고, 폐회 중에는 국회의장 허가가 있어야 한다(국회법 제135조 제1항). 의원이 사직하려면 본인이 서명·날인한 사직서를 의장에게 제출하여야 한다(국회법 제135조 제2항). 사직 허가 여부는 토론을 하지 아니하고 표결한다(국회법 제135조 제3항). 표결은 무기명투표로 한다(국회법 제112조 제5항).

(iii) 선거소송 결과 선거무효나 당선무효의 유죄판결이 확정되면 의원 자격이 소멸한다. 구체적으로 ⓐ 당선인이 임기 개시 전에 피선거권이 없게 된 때(공직선거법 제192조 제2항), ⓑ 후보자의 선거사무장이나 선거사무소 회계책임자가 공고된 선기비용제한액의 200분의 1 이상을 초과지출한 이유로 징역형이나 300만원 이상의 벌금형을 선고받은 때(다른 사람의 유도나 도발로 해당 후보자 당선이 무효가 되도록 하려고 지출한 때는 제외)(공직선거법 제263조 제1항), ⓒ 당선인이 해당 선거에서 공직선거법에 규정된 죄나 정치자금법 제49조를 범하여 징역형이나 100만원 이상의 벌금형을 선고받은 때(공직선거법 제264조), ⓓ 당선인의 선거사무장·선거사무소 회계책임자(선거사무소 회계책임자로 선임·신고되지 아니한 사람으로서 후보자와 통모하여 해당 후보자의 선거비용으로 지출한 금액이 선거비용제한액의 3분의 1 이상에 해당되는 사람 포함)이나 후보자(후보자가 되려는 사람 포함)의 직계존비속과 배우자가 해당 선거에서 공직선거법 제230조부터 제234조까지, 제257조 제1항 중 기부행위를 한 죄나 정치자금법 제45조 제1항의 정치자금 부정수수죄를 범하여 징역형이나 300만원 이상의 벌금형 선고를 받은 때(비례대표국회의원후보자 제외), ⓔ 그 밖의 사유로 대법원에서 선거무효나 당선무효를 선고받은 때에 의원 자격이 소멸한다.

(iv) ⓐ 의원이 겸직할 수 없는 직(국회법 제29조 제1항과 제2항)에 취임한 때, ⓑ 임기개시일 이후에 해직된 직의 권한을 행사한 때, ⓒ 사직원을 제출하여 공직선거후보자로 등록한 때(국회법 제136조 제1항), ⓓ 의원이 법률에 규정된 피선거권이 없게 된 때(국회법 제136조 제2항)에 국회의원직에서 퇴직한다.

(ⅴ) 국회는 국회의원이 청렴의무조항 등에 위반되는 행위를 하거나(헌법 제46조 제1항) 국회법의 징계사유에 해당하는 행위를 하면(국회법 제155조) 국회의원을 제명할 수 있다.[104] 제명은 의원이 자기 의사에 어긋나게 자격이 박탈되는 것으로 재적의원 3분의 2 이상 찬성이 필요하다(헌법 제64조 제3항). 제명된 의원은 그로 말미암아 결원된 보궐선거에 입후보할 수 없다(국회법 제164조). 제명이 의결되지 아니하면 다른 징계의 종류를 의결할 수 있다(국회법 제163조 제4항). 국회의 제명에 대해서 법원에 제소할 수 없다(헌법 제64조 제4항).

(ⅵ) 국회는 국회의원 자격을 심사할 수 있다(헌법 제64조 제2항). 재적의원 3분의 2 이상 찬성을 얻어 무자격으로 결정되면 의원직을 상실한다(국회법 제142조 제3항).[105] 여기서 결정

---

104) 1979년 당시 김영삼 민주당 총재가 국회의원으로서 본분을 일탈하여 반국가적인 언동을 함으로써 국회의 위신과 국회의원의 품위를 손상시켰다는 이유로 헌정사상 유일하게 제명되었다.

은 제명과 달리 '피선거자격 유무'만을 판단하는 확인행위에 불과하다. 결정은 앞날을 향하여 효력이 있다. 의원에 대한 무자격결정에 대해서 법원에 제소할 수 없다(헌법 제64조 제4항).

(vii) 비례대표 국회의원은 소속 정당의 합당·해산이나 제명 외의 사유로 당적을 이탈·변경하거나,106) 2 이상의 당적이 있으면 퇴직된다. 다만, 비례대표 국회의원이 국회의장으로 당선되어 당적을 이탈하면 그러하지 아니하다(공직선거법 제192조 제4항).

(viii) 국회 결정에 따라 국회가 자진해산하면 의원 자격도 소멸한다.

③ 비례대표의 당적 변동 시 의원직 박탈의 위헌성

(i) 문제의 소재

공직선거법 제192조 제4항의 "… 퇴직된다."라는 탈당 시 당연퇴직규정에 따라서 의원직이 자동상실되므로 동 규정의 위헌 여부가 문제 된다.

(ii) 학설

ⓐ 합헌론

(가) 정당국가적 민주주의의 현실상 국회의원의 정당기속성은 인정되어야 하고, (나) 이당저당을 옮겨 다니는 것 등 자질이 부족한 국회의원을 통제하려면 의원직 상실이 불가피하며, (다) 의원직 상실 여부는 입법자의 입법재량에 해당하는 것으로서, (라) 비례대표 국회의원은 정당명부에 따라서 선출된다는 점에서 지역구 국회의원보다도 정당에 더 기속될 수밖에 없으므로 양자를 차별하는 것은 합리적 이유가 있다고 한다.

ⓑ 위헌론

(가) 정당국가적 민주주의는 대의제 민주주의를 대체하는 것이 아니므로 여전히 자유위임원칙은 중요한 헌법상 원칙이고, (나) 자질이 부족한 국회의원은 임기제와 선거를 통해서 통

---

105) 1954년 제3대 총선에서 민의원으로 당선된 도진희는 총선 때 형집행정지 상태로 출마 자격이 없는데도 출마하였다는 이유로 의원직 자격을 상실한 것이 유일한 사례이다.

106) 헌재 1994. 4. 28. 92헌마153, 판례집 6-1, 415, 424-425: "국회의원의 법적인 지위 특히 전국구의원이 그를 공천한 정당을 탈당한 때 국회의원직을 상실하는 여부는 그 나라의 헌법과 국회의원선거법 등의 법규정 즉, 법제에 의하여 결정되는 문제이다. 즉 국회의원의 법적 지위 특히 전국구의원이 그를 공천한 정당을 탈당할 때 의원직을 상실하는 여부는 그 나라의 헌법과 법률이 국회의원을 이른바 자유위임(또는 무기속위임)하에 두었는가, 명령적 위임(또는 기속위임)하에 두었는가, 양 제도를 병존하게 하였는가에 달려있다. 역사적으로는 유럽의 중세기 등족회의에서의 의원은 특정사회층의 이익이나, 특정지역의 이익을 대표하였던 까닭에 의회에서의 행동에 대하여 각각 선거민에 대하여 책임을 지는 명령적 위임(또는 기속위임)이었으나, 1791년 프랑스헌법에서 "의원은 전 국민의 대표자이고, 특정지역의 대표자가 아니며, 의원에 대하여 위임을 부여할 수 없다."고 규정한 것을 위시하여 오늘날 독일·영국·프랑스·일본 등 자유민주주의국가에서는 거의가 헌법에 국회의원을 전 국민의 대표자라고 규정하여 자유위임하에 두는 제도를 채택하고 있다. 자유위임제도를 명문으로 채택하고 있는 헌법하에서는 국회의원은 선거모체인 선거구의 선거인이나 정당의 지령에도 법적으로 구속되지 아니하며, 정당의 이익보다 국가의 이익을 우선한 양심에 따라 그 직무를 집행하여야 하며, 국회의원의 정통성은 정당과 독립된 정통성이다. 이런 자유위임하의 국회의원의 지위는 그 의원직을 얻은 방법 즉 전국구로 얻었는가, 지역구로 얻었는가에 의하여 차이가 없으며, 전국구의원도 그를 공천한 정당을 탈당하였다고 하여도 별도의 법률규정이 있는 경우는 별론으로 하고 당연히 국회의원직을 상실하지는 않는다는 것이다."

제되어야 하지 법률에 따라서 의원직을 상실시키는 것은 입법형성권 범위를 일탈한 것이며, (다) 선출 방식과 상관없이 지역구이든 비례대표이든 전체 국민의 대표가 된다는 점에서는 차이가 없고, (라) 비록 비례대표 국회의원 선출이 정당명부를 통해서 이루어지더라도 국회의원으로서 누리는 지위나 권한에서 지역구 국회의원과 차이가 없으므로 양자를 차별하는 것은 합리적 이유가 있다고 보기 어려우므로 위헌이라고 한다.[107]

(ⅲ) 판례

헌법재판소는 자유위임원칙 아래에서 국회의원의 지위는 그 의원직을 얻은 방법, 즉 전국구로 얻었는지 지역구로 얻었는지에 따라서 차이가 있는 것은 아니고, 전국구 국회의원도 그를 공천한 정당을 탈당하여도 별도의 법률규정이 있는 때는 별론으로 하고 당연히 국회의원직을 상실하지는 않는다고 하였다.[108] 이러한 헌법재판소 견해에 대해서 별도의 입법이 있으면 가능하다고 보는 견해라고 볼 수도 있으나, 별도의 법률 규정이 있는 때는 별론으로 하였다는 점에서 판단을 유보한 것으로 보아야 한다.

(ⅳ) 사견

현행 헌법상 국회의원에 대한 정당기속은 대의제 민주주의 및 자유위임원칙과 조화되는 한도 안에서만 인정된다. 따라서 국회의원이 전체 국민 이익에 부합한다고 믿어 당론에 어긋나는 발언과 표결을 하고, 나아가 소속 정당을 탈당하는 것은 자유위임원칙상 당연히 인정되는 것이므로 이로 말미암아 국회의원직을 상실시킬 수는 없다. 그러므로 공직선거법 제192조 제4항은 대의제 민주주의(자유위임원칙)에 어긋난다. 그리고 공직선거법 제192조 제4항은 비례대표 국회의원의 기본권 중 공직에 대한 진입(취임)뿐 아니라 공직에 계속 있을 권리와 공직에서 벗어날 수 있는 권리도 포함하는 비례대표 국회의원의 공무담임권(헌법 제25조)과 정당설립의 자유뿐 아니라 탈당의 자유도 포함하는 정당의 자유(헌법 제8조 제1항)를 침해하고, 지역구 국회의원과 비례대표 국회의원을 합리적 근거 없이 차별하여 헌법 제11조 제1항의 평등원칙에 어긋나는 위헌적인 조항이다.

헌법재판소의 한정위헌결정[109]에 따라 비례대표 선거제도가 개선되어 1인 2표제 형태의 정당투표제를 도입되었다고 해서 국회의원의 정당기속성을 강화하여 탈당하면 의원직을 상실시키는 것은 타당하지 않다. 정당투표제를 통해서 선출된 비례대표 국회의원도 어디까지나 국민의 대표자로서 그 신분관계가 지역구 국회의원과 다를 수 없고, 만약 이를 인정한다면 자유위임원칙이 유명무실하게 될 위험이 있기 때문이다. 따라서 헌법재판소의 한정위헌결정에 따라 정당투표제가 도입되었지만, 공직선거법 제192조 제4항은 위헌적 조항임을 면할 수 없다.

---

107) 이준일, 『헌법학강의(제7판)』, 홍문사, 2019, 911쪽.

108) 헌재 1994. 4. 28. 92헌미153, 판례집 6-1, 415, 425.

109) 헌재 2001. 7. 19. 2000헌마91등, 판례집 13-2, 77.

④ 겸직 금지

국회의원은 국무총리나 국무위원 직 외의 다른 직을 겸할 수 없다. 다만, (ⅰ) 공익 목적의 명예직, (ⅱ) 다른 법률에서 의원이 임명·위촉되도록 정한 직, (ⅲ) 정당법에 따른 정당의 직은 국회의원이 겸할 수 있다(국회법 제29조 제1항). 국회의원이 당선 전부터 겸직이 허용되는 직 외의 직을 가진 때는 임기개시일 전까지(재선거·보궐선거 등에서는 당선이 결정된 날의 다음 날까지) 그 직을 휴직하거나 사직하여야 한다. 다만, (ⅰ) '공공기관의 운영에 관한 법률' 제4조에 따른 공공기관(한국은행 포함)의 임직원, (ⅱ) 농업협동조합법·수산업협동조합에 따른 조합, 중앙회와 그 자회사(손자회사 포함)의 임직원, (ⅲ) 정당법 제22조 제1항에 따라 정당 당원이 될 수 있는 교원은 임기개시일 전까지 그 직을 사직하여야 한다(국회법 제29조 제2항). 의원이 당선 전부터 공익 목적의 명예직, 다른 법률에서 의원이 임명·위촉되도록 정한 직을 가지고 있으면 임기 개시 후 1개월 이내에, 임기 중에 이러한 직을 가지면 즉시 이를 의장에게 서면으로 신고하여야 한다(국회법 제29조 제3항). 의장은 신고한 직(본회의 의결이나 의장의 추천·지명 등에 따라 임명·위촉된 때 제외)이 겸직이 허용되는 직에 해당하는지를 윤리심사자문위원회 의견을 들어 결정하고 그 결과를 해당 의원에게 통보한다. 이때 의장은 윤리심사자문위원회 의견을 존중하여야 한다(국회법 제29조 제4항). 윤리심사자문위원회는 의장에게서 의견 제출을 요구받은 날부터 1개월 이내에 그 의견을 의장에게 제출하여야 한다. 다만, 필요하면 1개월 범위에서 한 차례만 의견 제출 기간을 연장할 수 있다(국회법 제29조 제5항). 의원은 의장에게서 겸하는 직이 겸직이 허용되는 직에 해당하지 아니한다는 통보를 받으면 통보를 받은 날부터 3개월 이내에 그 직을 휴직하거나 사직하여야 한다(국회법 제29조 제6항). 의장은 의원에게 통보한 날부터 15일 이내(본회 의결이나 의장의 추천·지명 등에 따라 임명·위촉된 때는 해당 의원이 신고한 날부터 15일 이내)에 겸직 내용을 국회공보나 국회 인터넷 홈페이지 등에 게재하는 방법으로 공개하여야 한다(국회법 제29조 제7항). 의원이 겸직할 때는 그에 따른 보수를 받을 수 없다. 다만, 실비 변상은 받을 수 있다(국회법 제29조 제8항).

(3) 국회의원의 특권[110)

① 면책특권

(ⅰ) 제도적 의의

헌법 제45조는 "국회의원은 국회에서 직무상 행한 발언과 표결에 관하여 국회 외에서 책임을 지지 아니한다."라고 하여 국회의원의 발언·표결에 관한 면책특권을 규정한다. 국회의원에게 이러한 면책특권을 인정하는 제도적 의의는 ⓐ 권력분립원칙에 따라서 국회의 독립과 자율을 제도적으로 보장하고, ⓑ 집행부가 자신에 대한 비판·통제의 기관인 국회의원들에게

---

110) 김선택, 「국회의원의 면책특권·불체포특권 제한입법의 헌법적 한계」, 『헌법학연구』 제10권 제3호, 한국헌법학회, 2004, 23~37쪽 참조.

가할지도 모르는 부당한 탄압을 배제하며, ⓒ 전체 국민의 대표자로서 국회의원이 선거민이나 그 밖의 세력의 간섭을 받지 않고 오로지 자신의 양심에 따라 활동할 수 있게 하려는 데있다.111)

(ⅱ) 법적 성질: 인적 처벌조각사유(책임면제의 특권)

ⓐ 국회와 국회의원의 특권

국회의원 면책특권의 법적 성질에 관해서 다수 견해는 국민의 대표기관으로서 국회의 기능을 보장하려고 인정한 '국회 자체의 특권'이라고 한다. 그러나 실질적으로 그러한 특권을누리는 것은 국회의원이라는 점에서 이는 '국회 자체의 특권인 동시에 국회의원 개인의 특권'으로 보아야 한다. 따라서 면책특권은 포기할 수 없다. 그리고 면책특권은 국회 의결로도 그효력을 제한할 수 없다는 점에서 불체포특권과 구별된다.

ⓑ 인적 처벌조각사유(책임면제의 특권)

국회의원 면책특권을 형사법적 측면에서는 '인적 처벌조각사유'로 보는 것에는 이론이 없다.112) 일반적으로는 헌법 제45조의 "책임을 지지 아니한다."라는 책임면제규정은 형사법상으로는 국회의원의 국회 안 발언이나 표결행위가 형법상 범죄구성요건에 해당되고 위법성도갖추고 유책할 때 일단 범죄는 성립하여도 정책상 이유로 처벌을 하지 않는 것에 불과하다.

(ⅲ) 주체

국회의원만 면책특권이 있다. 따라서 국회의원이 아닌 사람, 즉 국무총리, 국무위원, 증인,참고인 등은 국회에서 발언하더라도 면책되지 않는다. 지방의회의원에게도 면책특권이 인정되지 않는다. 면책특권은 의원 개인을 위한 특권이 아니라 국회 활동을 보장하기 위한 것이므로 이런 취지에 비추어 의원보좌관 등의 방조행위도 면책이 된다는 견해도 있다.113) 국회의원을 보좌하는 보조인력은 비록 그 업무가 국회의원 직무를 보좌하는 것이라도 원칙적으로면책특권이 인정되지 않지만, 이러한 보조인력의 행위가 국회의원의 행위와 일체를 이루어하나로 평가할 수 있으면 면책 보호를 받을 여지가 있다는 견해도 있다.114) 비록 그 업무가국회의원 직무를 보좌하는 것이라도 원칙적으로 입법활동이 아니면 면책되지 않는다는 견해

---

111) 대법원 1992. 9. 22. 선고 91도3317 판결(공1992, 3038): "헌법 제45조(구헌법 제81조)는 국회의원은 국회에서직무상 행한 발언과 표결에 관하여 국회 외에서 책임을 지지 아니한다고 규정하여 국회의원의 면책특권을 인정하고 있는바, 이는 국회의원이 국민의 대표자로서 자유롭게 그 직무를 수행할 수 있도록 보장하기 위하여 마련한 장치인 것이므로".

112) 권영성, 『헌법학원론(개정판)』, 법문사, 2010, 947쪽; 김학성/최희수, 『헌법학원론(전정5판)』, 피앤씨미디어, 2021,981쪽; 성낙인, 『헌법학(제21판)』, 법문사, 2021, 455쪽; 양 건, 『헌법강의(제10판)』, 법문사, 2021, 1166쪽; 이준일, 『헌법학강의(제7판)』, 홍문사, 2019, 914쪽; 정재황, 『국가권력규범론』, 박영사, 2020, 240쪽; 정종섭, 『헌법학원론(제12판)』, 박영사, 2018, 1202쪽; 홍성방, 『헌법학(하)(제3판)』, 박영사, 2014, 185쪽.

113) 양 건, 『헌법강의(제10판)』, 법문사, 2021, 1166쪽; 정만희, 『헌법학개론』, 피앤씨미디어, 2020, 540쪽.

114) 정종섭, 『헌법학원론(제12판)』, 박영사, 2018, 1203쪽.

도 있다.115) 국무위원직을 겸한 국회의원에게도 면책특권을 인정할 것인지에 관해서는 견해가 대립한다.

ⓐ 면책특권 인정설

헌법 제45조의 입법취지를 근거로, 즉 면책특권은 국회 안에서 하는 발언과 표결의 자유를 보장하여 국민의 대표기관인 국회가 기능을 원활하게 수행할 수 있도록 인정한 제도이므로, 가능한 한 넓게 해석하여 국회 안에서 언론의 자유가 최대한 보장되도록 하여야 한다면서 국무위원직을 겸한 국회의원에 대해서도 면책특권을 인정하여야 한다는 견해이다.116)

ⓑ 면책특권 부정설

면책특권은 집행부의 입법부에 대한 부당한 탄압을 방지하려고 인정된 제도라는 점에 주목하여 국무위원직을 겸한 국회의원에 대해서는 그 발언이 국무위원 지위에서 한 것이든 국회의원 지위에서 한 것이든 언제나 면책되지 않는다는 견해이다.

ⓒ 절충설(구분설)

국무위원직을 겸한 국회의원에 대해서 면책 여부를 획일적으로 정할 것이 아니라, 그 발언이 어떠한 지위에서 한 것인지에 따라서 구체적으로 검토하여야 한다는 견해이다.117) 즉 문제가 된 발언이 국무위원 지위에서 한 것이라면 면책되지 아니하나, 국회의원 지위에서 한 것이라면 면책된다고 해석한다.

ⓓ 사견

국무위원이 되어도 여전히 국회의원직을 유지하고 국무위원으로서 한 행위와 국회의원으로서 한 행위는 구별할 수 있으므로, 국무위원직을 겸한 국회의원이 어떠한 지위에서 하는 발언인지를 개별적으로 판단하여 국회의원 지위에서 하는 발언이라면 면책특권을 인정하여야 한다.

(ⅳ) 내용

ⓐ 면책의 대상과 범위

(가) 국회에서 한 행위

여기서 '국회'는 국회의사당 안만을 가리키는 것이 아니라 국회의 본회의나 위원회는 물론

---

115) 명재진, 「헌법 제44조」, 『헌법주석[국회, 정부]』, 경인문화사, 2018, 100쪽.
116) 김철수, 『학설·판례 헌법학(전정신판)(중)』, 박영사, 2009, 226쪽; 양 건, 『헌법강의(제10판)』, 법문사, 2021, 1166쪽; 최윤철, 「국회의원의 면책특권의 보호범위에 관한 연구」, 『법학연구』 제11집, 한국법학회, 2003, 348쪽.
117) 고문현, 『헌법학개론(제2판)』, 박영사, 2020, 315쪽; 김선택, 「국회의원의 면책특권·불체포특권 제한입법의 헌법적 한계」, 『헌법학연구』 제10권 제3호, 한국헌법학회, 2004, 24쪽; 김학성/최희수, 『헌법학원론(전정5판)』, 피앤씨미디어, 2021, 982쪽; 명재진, 「헌법 제44조」, 『헌법주석[국회, 정부]』, 경인문화사, 2018, 100쪽; 성낙인, 『헌법학(제21판)』, 법문사, 2021, 455쪽; 심경수, 『헌법(제2판)』, 법문사, 2020, 477쪽; 이금옥, 「국회의원 면책특권의 범위와 한계 그리고 개선방안」, 『법제연구』 제33호, 한국법제연구원, 2008. 2., 268쪽; 정종섭, 『헌법학원론(제12판)』, 박영사, 2018, 1203쪽; 허 영, 『한국헌법론(전정17판)』, 박영사, 2021, 1036쪽; 홍성방, 『헌법학(하)(제3판)』, 박영사, 2014, 185쪽.

국회가 활동하는 모든 장소(예를 들어 지방공청회 등)를 포함한다. 특정장소나 특정건물과 같은 물리적 공간이 아니라 국회의 실질적 기능을 중심으로 판단하여야 한다. 이러한 점에서 국회 구성단위인 원내교섭단체에서 한 소속 국회의원의 발언과 표결에도 면책특권이 미친다.

(나) 직무상 행위

직무상 행위만 면책된다. 이때 직무상 행위는 직무집행행위 자체만이 아니라 직무집행과 관련된 부수적 행위도 포함한다. 그러나 발언 내용 자체에 의하더라도 직무와는 아무런 관련이 없음이 분명하거나 명백히 허위임을 알면서도 허위의 사실을 적시하여 다른 사람의 명예를 훼손하는 때 등까지 면책특권의 대상이 될 수는 없다. 하지만 발언 내용이 허위라는 점을 인식하지 못하였다면 비록 발언 내용에 다소 근거가 부족하거나 진위 여부를 확인하려는 조사를 제대로 하지 않았더라도 그것이 직무 수행 일환으로 이루어진 것인 이상 이는 면책특권 대상이 된다.[118]

직무부수행위를 어떤 범위에서, 즉 어느 정도의 직무관련성 아래에서 인정할 수 있는지가 문제 된다. 대법원은 국회의 직무 수행에 필수적인 국회의원의 국회 안에서 한 직무상 발언과 표결이라는 의사표현행위 자체에만 국한되지 않고, 이에 통상적으로 부수하여 하는 행위까지 포함되고, 그러한 부수행위인지는 결국 구체적인 행위의 목적, 장소, 태양 등을 종합하여 개별적으로 판단할 수밖에 없다고 하면서, 국회의원이 국회 본회의에서 질문할 원고를 사전에 원내 기자실에서 배포한 행위는 그에 해당한다고 보았고,[119] 나아가 국회의원의 대정부 질문이나 자료 제출 요구도 면책특권 대상이 된다고 판단하였다.[120] 그러나 대법원은 인터넷에 게시물을 게재하면 누구나 언제 어디서든 손쉽게 접근할 수 있어 공간적으로 국회 안에서 하였다고 보기 어렵고, 면책특권은 국회의원이 국회 안에서 자유롭게 발언하고 표결할 수 있도록 보장하려는 것인데, 보도자료의 인터넷 게재행위는 국회 안의 자유로운 발언과 별다른 관련이 있다고 보이지 않으며, 국회 발언 전에 기자들에게 보도자료를 배포하는 행위는 대상이 한정되고 보도자료를 받은 각 언론사가 이를 여과 없이 그대로 언론에 게재하는 것이 아

---

118) 대법원 2007. 1. 12. 선고 2005다57752 판결(공2007상, 292).

119) 대법원은 국회의원이 국회 본회의에서 질문할 원고를 사전에 배포한 행위에 대하여 배포한 원고 내용이 공개회의에서 할 발언내용이고(회의의 공개성), 원고 배포시기가 당초 발언하기로 예정된 회의시작 30분전으로 근접되며(시간적 접근성), 원고배포의 장소와 대상이 국회의사당 안에 위치한 기자실에서 국회출입기자들만을 상대로 한정적으로 이루어지고(장소와 대상의 한정성), 원고배포 목적이 보도 편의를 위한 것(목적의 정당성)이어서 직무부수행위에 해당하므로 면책특권 대상이 된다고 판단하였다[대법원 1992. 9. 22. 선고 91도3317 판결(공1992, 3038)]. 같은 취지의 판례로는 대법원 2011. 5. 13. 선고 2009도14442 판결(공2011상, 1237).

120) 대법원 1996. 11. 8. 선고 96도1742 판결(집44-2, 974; 공1996하, 3639): "국회의원이 국회의 위원회나 국정감사장에서 국무위원·정부위원 등에 대하여 하는 질문이나 질의는 국회의 입법활동에 필요한 정보를 수집하고 국정통제기능을 수행하기 위한 것이므로 면책특권의 대상이 되는 발언에 해당함은 당연하고, 또한 국회의원이 국회 내에서 하는 정부·행정기관에 대한 자료제출의 요구는 국회의원이 입법 및 국정통제 활동을 수행하기 위하여 필요로 하는 것이므로 그것이 직무상 질문이나 질의를 준비하기 위한 것인 경우에는 직무상 발언에 부수하여 행하여진 것으로서 면책특권이 인정되어야 한다."

니라 각자 책임 아래 선별하여 게재하지만, 인터넷 홈페이지에 게재하는 행위는 전파 가능성이 매우 크면서도 일반인에게 여과 없이 전달되므로 두 행위를 같이 평가할 수 없다는 점을 고려하면 인터넷 홈페이지에 보도자료를 게재한 행위는 면책특권 범위 안에서 한 행위로 볼 수 없다고 하였다.[121] 그러나 '직무상' 행위이므로 직무와 관련이 없는 사담(사적인 대화), 험담, 야유, 난투, 성희롱[122] 등에는 면책특권이 미치지 않는다.

(다) 발언과 표결

현행 헌법 문언이 '국회에서 직무상 행한 발언과 표결'로 되어 있는 것은 1948년 헌법 제50조에 "국회내에서 발표한 의견과 표결"보다는 면책특권 범위를 넓힌 것으로 볼 수 있다. 국회 안에서 언론의 자유를 확보한다는 면책특권의 제도적 취지에 비추어 '발언'이라는 문언은 가능한 한 넓게 해석하여야 한다. 국회의원이 국회 안에서 자신의 의사를 표현하는 행위로서 직무관련성만 인정되면, 그 형태와 상관없이 발언으로 보아야 한다. 구두로 하든 서면으로 하든 가리지 않으며, 나아가 의사를 추론할 수 있는 행위도 '발언'으로 볼 수 있다. 예를 들어 일어나야 하는 의례에서 항의 의사를 표현하려고 그대로 앉아 있는 것도 의사표시로 볼 수 있다. 엄격히 보면 '표결'도 '발언'으로 볼 수 있다. 표결 시 퇴장하는 행위는 '발언'으로 보든 표결거부의사 표시로서 '표결'로 보든 면책특권이 미친다. 표결은 국회 안에서 발의된 의제에 관해서 찬반 의사를 표시하는 것이다. 사리상 '발언'과 '표결'에는 물리적인 힘을 행사하는 데 불과한 순전한 행동(폭력, 난투 등)은 포함되지 않는다. 의정활동은 물리적 투쟁이 아니라 정신적 토론을 통해서 하는 것인데 유형력 행사는 정신적 토론으로 볼 수 없기 때문이다.[123]

(라) 면책대상범위 한정 – 명예훼손적 언동 포함 여부

헌법 제45조는 "국회에서 직무상 행한 발언과 표결"이라는 (면책특권의) 적극적 성립요건 표지만을 둘 뿐이지 어떠한 행위가 소극적으로 면책특권 대상에서 배제되는지에 관한 아무런 단서(실마리)도 규정하지 않는다. 그런데 국회법은 제146조에서 "의원은 본회의나 위원회에서 다른 사람을 모욕하거나 다른 사람의 사생활에 대한 발언을 하여서는 아니 된다."라고 규정하고 이 규정에 위반하면 해당 발언을 한 의원을 징계할 수 있다(국회법 제155조 제9호). 국회법 제146조의 성격을 어떻게 보는지에 따라서 헌법이 보장한 국회의원의 면책특권 대상범위가 달라질 수 있는지가 문제 된다.

---

121) 대법원 2013. 2. 14. 선고 2011도15315 판결.

122) 2003년 12월 23일 밤 10시경 국회 정치개혁특별위원장실에서 한나라당 이경재 의원이 정치개혁특별위원회 회의장의 위원장석을 점거하고 있던 열린우리당 김희선 의원을 가리켜 한 표현은 사담 형식으로 이루어진 성적 언동으로 인정되면 면책특권이 미치지 않는다.

123) 이상 김선택, 「국회의원의 면책특권·불체포특권 제한입법의 헌법적 한계」, 『헌법학연구』 제10권 제3호, 한국헌법학회, 2004, 26쪽.

㉠ 명예훼손적 언동은 면책특권 대상이 아니라는 견해

국회법 제146조를 헌법 제45조 면책특권 대상범위에 대한 헌법내재적 한계를 구체화한 것으로 보면, 국회법 제146조에 규정된 행위는 면책특권 범위 밖으로 배제된다. 즉 헌법상 국회의원 면책특권이 무제한한 것으로 보장된 것은 아니고 면책특권제도의 취지와 목적에 비추어 합리적인 범위 안의 행위에 대해서만 인정되는 것으로 해석하며, 그 범위 밖에 있는 일부 행위를 국회법에서 명시한 것으로 해석한다. 이러한 해석을 따르면 국회법 제146조의 행위, 즉 "다른 사람을 모욕하거나 사생활에 대한 발언"과 그에 준하는 명예훼손적 언동에는 면책특권이 미치지 아니하는 것으로 보게 된다.124)

㉡ 명예훼손적 언동도 면책특권 대상에 속한다는 견해

국회의원의 면책특권에 대한 현행 헌법의 태도는 국회활동을 적극적으로 보장하는 것으로 국회 구성원인 의원들에게 제한 없는 발언과 표결로 대표되는 의원 활동을 보장하므로 국회의원이 국회에서 한 직무상 발언 중 다른 사람의 명예를 훼손하는 내용이 있더라도 국회 안에서 국회법상 징계 이외에 국회 외부에서 아무런 책임을 지지 않는다고 한다.125)

㉢ 사안에 따라 개별적으로 나누어 검토하여야 한다는 견해

헌법에 국회의원의 명예훼손적 언동을 어떻게 취급할 것인지에 관하여 헌법에 아무런 언급이 없어서 이는 '해석 문제'라고 보고, 형법이 정하는 구성요건과 위법성조각사유를 기준으로 면책특권 인정범위를 때에 따라 나누어 개별적으로 정하자는 견해가 있다.126) (ㄱ) 국회의원의 직무상 발언이 형법 제307조 제1항의 '명예훼손죄' 구성요건에 해당하더라도 그 발언이 '진실한 사실로서 오로지 공공의 이익에 관한 것'이면 헌법 제45조에 따른 면책특권을 원용할 필요도 없이 형법 제310조에 따라서 위법성이 조각되고, (ㄴ) 국회의원의 직무상 발언이 '허위의 사실 적시'에 해당하면 형법 제307조 제2항의 '허위사실적시에 의한 명예훼손죄'가 성립할 뿐이지, 이런 때까지 헌법 제45조의 면책특권을 적용하여 보호할 가치는 없으며, (ㄷ) 국회의원의 직무상 발언이 '진실한 사실'에 해당하는지 '허위의 사실'에 해당하는지 불분명한 때가 문제 되는데, 만일 헌법 제45조의 면책특권조항이 없었다면 일반형법의 원리에 따라서 형법 제310조가 원용될 것이나, 형법 제310조의 법리를 국회의원이 국회에서 직무상 한 발언에

---

124) 김학성/최희수, 『헌법학원론(전정5판)』, 피앤씨미디어, 2021, 982쪽; 이금옥, 「국회의원 면책특권의 범위와 한계 그리고 개선방안」, 『법제연구』 제33호, 한국법제연구원, 2008. 2., 274쪽; 정재황, 『신헌법입문(제11판)』, 박영사, 2021, 726쪽.

125) 최윤철, 「국회의원의 면책특권의 보호범위에 관한 연구」, 『법학연구』 제11집, 한국법학회, 2003, 357~360쪽.

126) 신동운, 「국회의원의 면책특권과 그 형사법적 효과」, 『법학』 제34권 제2호, 서울대학교 법학연구소, 1993, 211쪽. 발언으로 야기되는 침해 정도와 발언을 통해서 실현하고자 의도하는 공익의 중요성과 비중을 고려하여 개별적으로 판단하여야 하는 문제라는 견해(한수웅, 『헌법학(제11판)』, 법문사, 2021, 1231쪽)와 면책대상인 발언과 표결의 의미를 완화하여 해석하는 것이 국회에서 원활한 의정활동을 바람직하지만, 다만 특단의 사정이 있을 때만 개별적 판단이 가능할 거라는 견해(성낙인, 『헌법학(제21판)』, 법문사, 2021, 457쪽)도 있다.

도 그대로 적용할 수는 없을 것이라고 한다. 헌법에서 국회의원의 면책특권을 인정한 것은 일반인의 사회적 평가를 보호하기 위한 명예훼손죄의 보호법익보다는 국회의원 발언의 자유라는 면책특권의 보호법익이 더 중요하다는 헌법적 판단에서 비롯한 것이므로, 사실 진위가 불분명하여 국회의원 발언이 일반적으로 명예훼손죄를 구성할 수 있어도 형법 제310조가 아니라 헌법 제45조를 적용하여 면책특권을 인정함으로써 범죄 성립 여부를 더는 문제 삼지 말자는 것이 동조의 취지이기 때문이라고 한다.

ⓔ 소결

명예훼손적 언동이 면책특권 보호대상에 포함되는지는 일괄적으로 정할 것이 아니고, 개별적으로 검토하더라도 하위법인 형법의 범죄구성요건을 기준으로 판단할 것은 아니다. 헌법이 면책특권을 보장하는 취지에 비추어 과연 대상행위의 면책이 국회의원과 국회의 의정활동 수행을 보장하려는 것인지가 기준이 되어야 한다. 면책특권이 '헌법상' 특권이라는 점을 강조하는 견해를 따르면, 헌법이 개정되는 때는 별론으로 하고, 아무런 제한규정이 없는 현행 헌법 아래에서는 무제한의 특권으로 볼 수밖에 없는지가 문제 된다. 이 견해에 대해서는 두 가지 점에서, 즉 면책특권제도 자체의 의의와 헌법의 통일성이라는 헌법해석원리에서 비판이 가능하고, 한편 이러한 비판적 기준이 명예훼손적 언동의 면책대상 포함 여부를 가를 때 개별적인 경우에 실질적인 기준이 될 수 있다. 먼저 (ㄱ) 면책특권이라는 제도를 보장하는 의의는 국회가 집단적 대표로서 기능하기 위한 전제인 발언·토론·심의·표결 등 의사의 광범한 자유를 보장하려는 것이므로, 이러한 목적과 전혀 무관한 심지어 그러한 목적과 정반대되는 방향에서 국회의 대의기능을 고의로 훼손하고 방해하는 언동은 보호대상에서 제외된다. 예를 들어 (형법 조문과는 무관하게 판단하여야 할 것인바) 명백한 허위의 사실을 최소한의 사실을 확인하는 과정도 거치지 않고 무책임하게 폭로하여 다른 사람을 중상비방함으로써 명예를 치명적으로 훼손할 뿐 아니라 그로써 국회의 의사소통과정을 심하게 왜곡하는 때까지 면책특권으로 감싸주는 것은 동 제도의 보장 목적과 부합하지 않는다. 다음으로 (ㄴ) 면책특권 보호범위를 확정할 때 국회의 기능, 즉 국회기능의 원활한 수행(의정활동)능력 유지라는 면책특권의 제도적 목적과 국가사법이나 형사사법 및 피해자의 인격권, 재판청구권 등 헌법적 법익의 충돌을 해결하려면 해석상 비례적 조화를 꾀하여야 한다. 여기서 물론 면책특권을 제도화한 헌법입법자의 결단은 존중되어야 한다. 그러므로 '의심이 있으면 국회의원에게 유리하게' 해석되어야 한다. 그러나 이것이 요건 충족 여부(보호범위 포섭 여부)를 판단할 때 국회나 당사자인 국회의원의 자율적 의사를 기준으로 하여야 한다는 것으로 받아들여져서는 안 된다. 궁극적으로 요건 충족 여부 판단은 사법부 소관이다. 다만, 사법부가 헌법규정만으로 내재적 한계를 추구할 수밖에 없는 규정체계 아래에서는 고도로 자제하게 된다는 점에서 의회 이익이 존중될 것이다.127)

---

127) 이상 김선택, 「국회의원의 면책특권·불체포특권 제한입법의 헌법적 한계」, 『헌법학연구』 제10권 제3호, 한국헌

ⓑ 면책의 효과

(가) '국회 외'에서 면책

의원의 발언과 표결에 관한 면책특권은 국회 외에서 민·형사상 책임을 지우지 않는 것이므로 국회 안에서는 책임을 물을 수 있다. 따라서 의원의 행위가 국회법상 징계사유에 해당하면 국회 안에서 징계하는 데 면책특권이 장애사유가 되지는 아니한다.

(나) 책임 면제

면책이란 일반 국민이라면 당연히 부담하여야 할 민·형사상 책임을 지지 않는다는 것을 뜻한다. 다만, 여기서 책임이란 법적 책임만을 의미하므로 선거민에 대한 정치적 책임이나 소속 정당의 징계처분까지 면제되는 것은 아니다. 국회의원의 면책특권에 속하는 행위에 대해서는 공소를 제기할 수 없다. 이에 반하여 공소가 제기된 것은 결국 공소권이 없는데도 공소가 제기된 것이 되어 형사소송법 제327조 제2호의 "공소제기의 절차가 법률의 규정에 위반하여 무효인 때"에 해당되므로 공소를 기각하여야 한다.[128]

(다) 임기 만료 후에도 적용

면책되는 기간은 재임 중에 국한되지 않으므로 임기만료 이후에도 적용된다.

(ⅴ) 한계

의원이 국회 안에서 한 발언과 표결일지라도 그것을 다시 국회 외에서 발표하거나 출판하면 면책되지 아니한다. 다만, 의사공개의 원칙에 따라 공개회의의 회의록을 그대로 공개하거나 반포하면 보도의 자유 일환으로 면책된다. 그러나 비밀을 결의한 때나 국가안보상 삭제한 때 혹은 비공개회의로 결정한 때에 이를 위반하여 외부에 발표하면 면책되지 아니한다(헌법 제50조 제2항, 국회법 제118조).

② 불체포특권

(ⅰ) 의의

헌법은 제44조에서 "① 국회의원은 현행범인인 경우를 제외하고는 회기중 국회의 동의없이 체포 또는 구금되지 아니한다. ② 국회의원이 회기 전에 체포 또는 구금된 때에는 현행범인이 아닌 한 국회의 요구가 있으면 회기중 석방된다."라고 규정하여 국회의원에게 불체포특

법학회, 2004, 30~31쪽.

128) 대법원 1992. 9. 22. 선고 91도3317 판결(공1992, 3038). 국회에서 한 발언이나 표결이 문제 되어 국회의원이 기소되었을 때, ① 형사소송법 제328조 제1항 제4호 '공소장에 기재된 사실이 진실하다 하더라도 범죄가 될 만한 사실이 포함되지 아니한 때'로 보아 공소기각 결정을 하여야 한다는 견해, ② 형사소송법 제327조 제1호 '피고인에 대하여 재판권이 없는 때'에 해당하여 공소기각 판결을 하여야 한다는 견해, ③ 형사소송법 제327조 제2호 '공소제기의 절차가 법률의 규정에 위반하여 무효인 때'에 해당하여 공소기각 판결을 하여야 한다는 견해(명재진, 「헌법 제44조」, 『헌법주석[국회, 성부]』, 경인문화사, 2018, 102쪽), ④ 면책특권은 인적 처벌조각사유이므로 실체판단인 무죄판결을 하여야 한다는 견해가 다투어진다.

권을 보장한다. 불체포특권은 원래 영국에서 의회민주주의 발전과정에서 국왕에 대항하여 국
회의원이 획득한 특권으로서 오늘날 세계 각국 헌법에 널리 채택된다. 불체포특권은 의회의
자주적 활동과 의원의 자유로운 의정활동을 보장함으로써 직무 수행을 원활하게 하고 집행부
의 불법·부당한 탄압을 방지하여 의원의 자유로운 기능 수행을 보장하려는 것이다.

(ii) 법적 성질

불체포특권은 회기 중 국회의원의 의정활동을 보장하기 위한 체포의 일시적 유예에 불과
하다. 범죄행위 자체에 대한 형사책임 면제가 아닐 뿐 아니라 대통령의 형사불소추특권과는
달리 소추장애사유가 되는 것도 아니다. 따라서 국회의원이라도 신병을 체포·구속하지 못할
뿐이지, 수사기관이 불구속으로 인지·수사하거나 법원이 재판·판결하는 데 법률상 아무런
장애도 없다. 그리고 확정된 자유형을 집행하는 것은 불체포특권으로 말미암아 방해받지 아
니한다. 이처럼 불체포특권은 회기 중에만 체포를 일시적으로 유예받는 특권에 지나지 않는
다는 점에서 민·형사상 책임이 영구히 면제되는 면책특권과 구별된다.

(iii) 내용

ⓐ 회기 중 의원의 체포·구금 금지

(가) 회기 중에는 의원을 체포·구금할 수 없다. 회기 중은 집회일부터 폐회일까지의 기간
(휴회기간 포함)을 말하고, 체포·구금은 일정기간 신체의 자유를 박탈하여 일정한 장소에 유
치하는 강제처분이다. (나) 국회의원의 의원활동에 미치는 효과는 다르지 않으므로, 체포나
구금 등의 형사소송법상 조치뿐 아니라 행정벌도 포함한, 국회의원의 신체의 부자유를 수반
하는 공법상 모든 제재에 대해서 불체포특권이 미친다.[129] (다) 의원을 불구속으로 수사·소
추하는 것은 허용된다. (라) 확정된 판결 집행으로서 신병을 구금하는 때는 구류와 금고 이상
을 나누어 보아야 한다. 후자는 의원직이 상실되므로 더는 의원의 불체포특권 문제로 볼 수
없다. (마) 계엄선포 아래에서 국회의원은 현행범인이 아닌 한 회기 전 또는 회기 중을 가리
지 아니하고 체포·구금되지 아니한다(계엄법 제13조).

ⓑ 회기 전 의원의 체포·구금과 국회의 석방 요구

회기 전에 의원을 체포·구금하여도 국회 요구가 있으면 석방하여야 한다. 그러나 회기 전
에 '현행범'으로 체포된 사람에 대해서는 석방 요구를 할 수 없다(헌법 제44조 제2항). 국회의
석방 요구에 따른 석방은 회기 중에 한하고, 회기가 끝난 후 다시 구금할 수 있다. 정부는 체
포 또는 구금된 의원이 있으면 즉시 의장에게 영장 사본을 첨부하여 이를 통지하여야 한다.
구속기간이 연장되었을 때도 마찬가지이다(국회법 제27조). 의원이 체포 또는 구금된 의원의
석방 요구를 발의할 때는 재적의원 4분의 1 이상 연서로 그 이유를 첨부한 요구서를 의장에

---

129) 같은 견해: 김철수,『학설·판례 헌법학(전정신판)(중)』, 박영사, 2009, 222쪽; 명재진,「헌법 제44조」,『헌법주석
[국회, 정부]』, 경인문화사, 2018, 93쪽; 양 건,『헌법강의(제10판)』, 법문사, 2021, 1165쪽.

게 제출하여야 한다(국회법 제28조).

(ⅳ) 불체포특권의 예외

ⓐ 현행범 체포

현행범은 범죄 실행 중에 있거나 실행 직후인 사람을 말한다(형사소송법 제211조 제1항). 준현행범(형사소송법 제211조 제2항)도 현행범에 포함된다.[130] '시간적 근접성(접착성)'이 현행범인의 가장 중요한 개념적 징표라서 범죄 이후 상당한 시간이 지나서 체포하면 현행범 체포로서 적법하지 않다. 범죄사실이 객관적으로 명백하여 부당한 체포·구금이 될 위험이 없을 뿐 아니라 그러한 때까지 국회의원이라는 이유로 보호하는 것은 부당한 특권을 인정하는 것이라서 현행범을 헌법 제44조 보호대상에서 제외한다. 국회 안의 현행범을 체포·구금할 때 국회 자율권을 존중하기 위해서 의장 지시가 있어야 하고 회의장 안에 있는 의원인 현행범은 의장 명령 없이 체포할 수 없다(국회법 제150조).

ⓑ 국회 동의가 있는 때

국회 동의가 있으면 회기 중에도 의원을 체포·구금할 수 있다. 의원을 체포나 구금하기 위해서 국회 동의를 얻으려고 할 때는 관할법원 판사는 영장을 발부하기 전에 체포동의요구서를 정부에 제출하여야 하고, 정부는 이를 수리하고 나서 즉시 그 요구서 사본을 첨부하여 국회에 이를 요청하여야 한다(국회법 제26조 제1항). 의장은 체포 동의를 요청받고 나서 처음 개의하는 본회의에 이를 보고하고, 본회의에 보고된 때부터 24시간 이후 72시간 이내에 표결한다. 다만, 체포동의안이 72시간 이내에 표결되지 아니하면 그 이후에 최초로 개의하는 본회의에 상정하여 표결한다(국회법 제26조 제2항). 그 의결은 헌법 제49조(일반의결정족수)에 따라 재적의원 과반수 출석과 출석의원 과반수 찬성으로 한다(국회법 제109조).

의원의 체포·구금에 대한 동의 요청이 있으면 국회가 이에 구속되는지가 문제 된다. 구속설을 따르면 범죄 혐의가 농후하고 증거 인멸이나 도주의 우려가 있는 것 등 체포·구금의 이유가 명백하고 정당하면 동의를 하여야 한다고 한다. 재량설은 동의 여부는 국회의 재량행위이므로 동의 거절은 부당한 것이 될지언정 위법한 것이 되지는 않는다고 한다.[131] 동의 여부는 국회 재량에 속하나 기속재량으로 보아야 한다는 견해는 재량에 하자가 있으면 부당이 아니라 위법이라고 한다.[132] 의회와 의원의 자유로운 기능 수행을 보장하려는 것이 불체포특

---

[130] 준현행범은 현행범에 포함되지 아니한다는 견해로는 고문현, 『헌법학개론(제2판)』, 박영사, 2020, 318쪽.

[131] 구병삭, 『신헌법원론(개정판)』, 박영사, 1996, 943쪽; 권영성, 『헌법학원론(개정판)』, 법문사, 2010, 953쪽; 명재진, 「헌법 제44조」, 『헌법주석[국회, 정부]』, 경인문화사, 2018, 93쪽; 이준일, 『헌법학강의(제7판)』, 홍문사, 2019, 917쪽.

[132] 김학성/최희수, 『헌법학원론(전정5판)』, 피앤씨미디어, 2021, 987쪽. 국회 체포 동의는 국회 기속재량에 속하는 것으로서, 한 쪽에 국회 기능 수행이라는 이익과 다른 쪽에 사법의 이익이나 피해자의 이익 서로 간을 형량하면 되는 것이지 국회의원에 대해서 제기된 비난 자체가 정당한 것이지를 결정하는 것이 아니라는 견해(김선택, 「국회의원의 면책특권·불체포특권 제한입법의 헌법적 한계」, 『헌법학연구』 제10권 제3호, 한국헌법학회, 2004,

권제도의 취지임에 비추어 범죄 혐의가 농후하더라도 국회 운영에 지장이 있다고 판단하면 국회가 반드시 동의할 필요는 없다.

(다) 체포·구금의 이유가 있다고 하여 국회가 동의하는 이상 어떠한 조건이나 기한도 붙일 수 없다.[133] 전회기에 국회 동의가 있었더라도 현회기에서는 석방을 요구할 수 있다.

(라) 국회자율권뿐 아니라 특권 인정이 국회활동의 정상화에 근거를 두어서 그 위법행위가 국회 직무와 관련되면 그 기소로 국회활동에 지장을 초래할 것인지도 국회가 판단하도록 하는 것이 필요하므로 국회의원의 직무상 위법행위가 있어서 형사범으로 공소가 제기되려면 국회 고발이 필요하다는 견해가 있다.[134] 그러나 형사 처벌 여부와 관련하여 국회의원의 특권이 인정될 수 없으므로 국회 고발을 요구하여 검찰의 공소제기권을 제한할 이유는 없다.

(4) 국회의원의 권한과 의무

① 권한

(ⅰ) 국회의 운영과 활동에 관한 권한

국회의원의 국회 운영과 활동에 관한 권한으로는 임시회집회요구권(헌법 제47조 제1항), 각종 의안발안권(헌법 제52조, 제128조 제1항, 제65조 제2항, 국회법 제79조), 질문권(헌법 제62조 제2항, 국회법 제122조~제122조의3), 질의권, 찬반토론권(국회법 제106조 제1항), 표결권(헌법 제49조) 등이 있다.

(ⅱ) 수당과 여비를 지급받을 권리

국회의원은 수당과 여비를 받을 권리가 있다(국회법 제30조). 이 권리는 월정수당(세비), 입법활동비, 특별활동비, 여비를 포함한다. 세비의 성격에 관해서는 의원 생활을 보장하는 것이 아니라 직무를 수행할 때 필요한 비용을 변상하는 것이라는 수당설(비용변상설)과 의원 근무에 대한 보수로 보는 보수설[135]이 대립한다. 국회법과 '국회의원수당 등에 관한 법률'은 실비보전설에 입각한다('국회의원수당 등에 관한 법률' 제1조). 그러나 의원직이 과거와 같이 단순한

37쪽)도 있다.

133) 권영성, 『헌법학원론(개정판)』, 법문사, 2010, 953쪽; 김선택, 「국회의원의 면책특권·불체포특권 제한입법의 헌법적 한계」, 『헌법학연구』 제10권 제3호, 한국헌법학회, 2004, 37쪽; 김학성/최희수, 『헌법학원론(전정5판)』, 피앤씨미디어, 2021, 987쪽; 홍성방, 『헌법학(하)(제3판)』, 박영사, 2014, 189쪽. 체포 동의 거부를 할 수 있는 것과 마찬가지로 기한부 체포동의를 할 수 있다는 견해(김철수, 『학설·판례 헌법학(전정신판)(중)』, 박영사, 2009, 223~224쪽)와 동의 여부에 관해서 국회의 재량적 의결권이 인정되므로, 대(大)는 소(小)를 포함한다는 논리에 따라 조건부 또는 기한부 동의도 인정된다는 견해(양 건, 『헌법강의(제10판)』, 법문사, 2021, 1165쪽), 국회의원 의정활동의 정상적인 수행을 위해서 불가피한 때만 국회는 자율적으로 조건이나 기한을 부가하여 동의할 수도 있다는 견해(성낙인, 『헌법학(제21판)』, 법문사, 2021, 460쪽), 국회자율권을 고려하여 전적인 동의는 어려우나 조건을 달거나 시한을 정하여 동의를 하더라도 국회의 정상적 활동에 유익하고 필요하다면 긍정하는 것이 타당하다는 견해(정재황, 『국가권력규범론』, 박영사, 2020, 236쪽)도 있다.

134) 정재황, 『국가권력규범론』, 박영사, 2020, 236쪽.

135) 김철수, 『학설·판례 헌법학(전정신판)(중)』, 박영사, 2009, 229쪽.

명예직이 아니라 엄연한 하나의 직업으로 인정받는 현실을 고려하면 현행법 태도는 문제가 있다. 그러한 한에서 세비는 근무 대가인 동시에 의원과 그 가족의 생계 유지를 위한 급여의 성격이 있다.136)

② 의무

(ⅰ) 헌법상 의무

국회의원의 헌법상 의무는 국민 전체에 대한 봉사의무(헌법 제7조 제1항), 겸직금지의 의무(헌법 제43조), 청렴의 의무(헌법 제46조 제1항), 국익우선의무(헌법 제46조 제2항), 이권개입금지 의무(헌법 제46조 제3항)가 있다.

(ⅱ) 국회법상 의무

국회의원의 국회법상 의무는 본회의와 위원회에 출석할 의무(국회법 제155조 제12호), 의사에 관한 법령과 국회규칙을 준수할 의무(국회법 제6장), 회의장의 질서를 준수하고 국회의 위신을 손상하지 않을 의무(국회법 제145조, 제25조), 다른 의원을 모욕하거나 다른 의원의 발언을 방해하지 않을 의무(국회법 제146조, 제147조), 국정감사·국정조사에서 주의의무(국회법 제155조 제14호), 의장의 질서유지에 관한 명령에 복종할 의무(국회법 제145조)가 있다.

Ⅱ. 정부

1. 대통령

(1) 헌법적 지위

헌법 제66조는 전체로서 대통령의 지위를 근거 짓는 규정으로서 제1항·제2항·제3항은 대통령의 국가원수적 지위, 제4항은 대통령의 행정수반적 지위를 규정한다. 따라서 행정수반적 지위가 아닌 것은 모두 국가원수적 지위로 분류하여야 한다.

① 국민대표기관

대의제 민주주의에서 대통령은 의회와 더불어 국민을 대표하는 기관으로 간주된다. 국민이 직접 대통령을 선출한다는 점(헌법 제67조)에서 대통령은 국회와 더불어 대내적인 국민대표를 뜻한다. 다만, 국회가 다원적 집단이익의 대표를 뜻한다면, 대통령은 통일적 국가이익의 대표를 가리킨다.

② 국가원수

국가원수는 대내·외적으로 국가의 정치적 통일을 대표하는 지위와 권한이 있는 국가기관으로 정의할 수 있다.137) 국가원수는 대통령제국가이든 의원내각제국가이든, 직선이든 간선

---

136) 홍성방, 『헌법학(하)(제3판)』, 박영사, 2014, 183쪽.

이든 상관없이 대내·외적으로 국가의 정치적 통일을 대표한다. 그리고 국가원수의 정의 안에 이미 대통령의 국민대표성은 전제되거나 포함된다.

국가원수로서 대통령의 지위는 대외적으로 국가를 대표하는 지위(헌법 제66조 제1항 후단, 제73조), 국가와 헌법의 수호자 지위(헌법 제66조 제2항, 제69조, 제76조, 제77조, 제8조 제4항, 제91조 제2항), 국정의 조정·통합자 지위(헌법 제128조 제1항, 제72조, 제47조 제1항, 제81조, 제52조, 제79조, 그 밖에 제66조, 제92조, 제93조도 관련), 헌법기관구성자 지위(헌법 제98조 제2항, 제104조 제1항과 제2항, 제111조 제2항과 제4항, 제114조 제2항)로 분류할 수 있다.

대통령은 대외적으로 국가를 대표하는 지위에서 국가의 대표와 외교에 관한 권한(헌법 제73조)과 영전수여권(헌법 제80조)이, 국가와 헌법의 수호자 지위에서 국군통수권(헌법 제74조), 비상적 권한(헌법 제76조, 제77조), 위헌정당해산제소권(헌법 제8조 제4항)이, 국정의 조정·통합자 지위에서 국회임시회집회요구권(헌법 제47조 제1항), 법률안제출권(헌법 제52조), 중요정책에 대한 국민투표부의권(헌법 제72조), 사면·감형·복권에 관한 권한(헌법 제79조)을 그리고 헌법기관구성자 지위에서 헌법기관구성권(헌법 제98조 제2항, 제104조 제1항과 제2항, 제111조 제2항과 제4항, 헌법 제114조 제2항)이 있다.

③ 집행부 수반

행정수반으로서 대통령의 지위는 집행의 최고지휘권자·최고책임자 지위, 집행부조직자의 지위, 국무회의 의장의 지위를 포함한다.

대통령은 행정의 최고지휘권자·최고책임자로서 법률안거부권(헌법 제53조 제2항)과 행정입법권(헌법 제75조)을, 집행부조직자로서 행정부구성권(헌법 제86조 제1항, 제87조 제1항, 제94조)과 공무원임면권(헌법 제78조)이 있다. 그리고 대통령은 정부의 권한에 속하는 중요정책에 대한 심의기관인 국무회의 의장의 지위와 그에 따른 권한(헌법 제88조)이 있다.

(2) 구성
① 대통령의 선거방법

대통령선거는 직선제를 원칙으로 한다. 곧 대통령은 국민의 보통·평등·직접·비밀선거로 선출된다(헌법 제67조 제1항). 그러나 이 선거에서 최고득표자가 2명 이상이면 국회 재적의원 과반수가 출석한 공개회의에서 다수표를 얻은 사람을 당선자로 한다(헌법 제67조 제2항). 그리고 대통령후보자가 1명이면 그 득표수가 선거권자 총수의 3분의 1 이상이 아니면 대통령으로 당선될 수 없다(헌법 제67조 제3항). 대통령선거에 관한 사항은 법률로 정하며(헌법 제67조 제5항), 그에 따라 공직선거법이 제정되어 있다.

---

137) 김학성/최희수,『헌법학원론(전정5판)』, 피앤씨미디어, 2021, 996쪽; 홍성방,『헌법학(하)(제3판)』, 박영사, 2014, 192~193쪽.

② 대통령선거권자

대통령선거권자는 만 18세 이상 국민으로서(공직선거법 제15조 제1항) 결격사유가 없어야 한다. 결격사유는 공직선거법 제18조에 자세하게 규정되어 있다. 그리고 선거를 하려면 선거인명부에 올라있어야 한다(공직선거법 제37조).

③ 대통령후보자

(ⅰ) 대통령피선거권자

대통령에 피선될 수 있는 사람은 선거일 현재 5년 이상 국내에 거주하고 있는(공직선거법 제16조 제1항) 40세에 달한 사람(헌법 제67조 제4항, 공직선거법 제16조 제1항 제1문)으로서 결격사유(공직선거법 제19조)가 없어야 한다. 공무로 외국에 파견된 기간과 국내에 주소를 두고 일정 기간 외국에 체류한 기간은 국내거주기간으로 본다(공직선거법 제16조 제1항 제2문). 현재 5년 이상 국내에 거주하여야 한다는 것은 대한민국 사정과 민심을 충분히 알고 이해하려면 적어도 선거일부터 5년 전부터는 국내에 거주하여야 한다는 뜻이다. 즉 '거주하고 있는'은 현재 진행형으로 선거일부터 역산하여 최소 5년 동안은 국내에 계속 거주하여야 대통령 피선거권이 있다.[138] 40세 이상이란 헌법이 기본권행사능력을 명시한 유일한 예라고 한다.[139] 그러나 기본권행사능력은 성인인 국민을 기준으로 인정되는 것으로 특별한 능력을 요구하는 것이 아니라는 점에서 이는 피선거권 제한에 불과하다.

(ⅱ) 대통령후보 등록

대통령선거는 정당 추천을 받거나 무소속으로 입후보할 수 있다. 대통령후보자는 대통령선거일전 24일부터 2일간 중앙선거관리위원회에 등록을 신청하여야 한다. 대통령후보 등록 시에 정당이 추천하면 1명의 후보자에 대해서 정당 추천서와 본인 승낙서를 첨부하여야 하고 (공직선거법 제47조, 제49조), 무소속후보자는 5개 이상의 시·도에 나누어 하나의 시·도에 주민등록이 되어 있는 선거권자의 수를 700명 이상으로 한 3천500명 이상 6천명 이하의 추천장을 첨부하여야 한다(공직선거법 제48조 제2항 제1호). 그리고 후보등록 시에는 대통령후보자는 3억원을 기탁하여야 하고, 후보자가 당선되거나 사망한 때와 유효투표총수의 100분의 15 이상을 득표하면 기탁금 전액, 후보자가 유효투표총수의 100분의 10 이상 100분의 15 미만을 득표하면 기탁금의 100분의 50에 해당하는 금액, 예비후보자가 사망하거나 경선후보자로서 해당 정당의 후보자로 선출되지 아니하여 후보자로 등록될 수 없으면 납부한, 대통령선거

---

138) 같은 견해: 이준일, 대통령선거일 현재 5년 이상 국내 거주의 의미, 허핑턴포스트코리아 2017. 1. 16. 자 게시글. (https://www.huffingtonpost.kr/zoonil-yi/story_b_14145060.html?utm_id=naver (2021년 12월 7일 방문). 이에 반해서 해당 조항의 문언 해석과 입법 연혁을 고려하면 '통산하여 5년 이상' 거주하여야 하는 것으로 해석하여야 한다는 견해로는 김권일/정주백, 「대통령 피선거권 제한 중 국내거주 요건」, 『법학연구』 제23집 제1호, 인하대학교 법학연구소, 2020, 43~50쪽.

139) 홍성방, 『헌법학(하)(제3판)』, 박영사, 2014, 195쪽.

기탁금의 100분의 20에 해당하는 금액 전액을 선거일 후 30일 이내에 기탁자에게 반환한다. 이때 반환하지 아니하는 기탁금은 국가에 귀속한다(공직선거법 제56조, 제57조).

정당은 후보자 등록 후에는 후보자 추천을 취소하거나 변경할 수 없다. 다만, 후보자가 등록기간 중 사퇴·사망하거나 소속 정당의 제명이나 중앙당의 시·도당 창당 승인 취소 외의 사유로 등록이 무효가 되면 그러하지 아니하다(공직선거법 제50조 제1항). 그리고 선거권자도 후보자에 대한 추천을 취소 또는 변경할 수 없다(공직선거법 제50조 제2항).

④ 대통령선거구 · 투표구 · 개표소

대통령선거구는 전국을 단위로 하고(공직선거법 제20조 제1항), 투표구는 읍·면·동에 두며(공직선거법 제31조), 개표소는 구·시·군선거관리위원회가 공고하여야 한다(공직선거법 제173조 제1항).

⑤ 대통령선거일

대통령선거는 임기가 만료되면 임기만료일 70일 내지 40일 전에 선거하며(헌법 제68조 제1항), 선거일은 선거일전 30일까지 대통령이 공고한다(임기만료일 전 70일 이후 첫 번째 수요일)(공직선거법 제34조 제1항 제1호). 궐위 때는 60일 이내에 선거를 실시하며(헌법 제68조 제2항), 선거일은 늦어도 선거일 전 50일까지 대통령이나 대통령권한대행자가 공고하여야 한다(공직선거법 제35조 제1항).

⑥ 대통령선거에 대한 소송

대통령선거에 대한 소송에는 선거소송과 당선소송이 있다. 선거소송은 선거의 효력에 관해서 이의가 있는 선거인·정당(후보자를 추천한 정당에 한)이나 후보자가 선거일부터 30일 이내에 중앙선거관리위원회위원장을 피고로 대법원에 제기하고(공직선거법 제222조 제1항), 당선소송은 당선의 효력에 이의가 있는 정당(후보자를 추천한 정당에 한)이나 후보자가 당선결정일부터 30일 이내에 당선인 혹은 당선인을 결정한 중앙선거관리위원회위원장이나 국회의장을 피고로 대법원에 제기한다. 후보자 등록 무효나 피선거권 상실로 말미암은 등록무효 등에 관한 당선소송에서는 당선인을, 대통령당선인 결정에 관한 대통령당선소송에서는 중앙선거관리위원회위원장이나 국회의장을, 당선소송 중 당선인이 사퇴·사망하거나 임기 개신 전에 피선거권이 없게 되어 당선 효력이 상실되거나 당선이 무효로 되면 법무부 장관을 각각 피고로 한다(공직선거법 제223조 제1항과 제4항). 선거에 관한 소송은 다른 소송에 우선하여 신속히 재판하여야 하며, 180일 이내에 처리하여야 한다(공직선거법 제225조).

(3) 대통령의 신분상 지위와 형사상 특권

① 취임 – 선서

대통령당선자는 대통령직에 취임함으로써 대통령 신분을 취득하고 그 직무를 수행할 수 있다. 대통령은 취임에 즈음하여 "나는 헌법을 준수하고 국가를 보위하며 조국의 평화적 통일과 국민의 자유와 복리의 증진 및 민족문화의 창달에 노력하여 대통령으로서의 직책을 성실히 수행할 것을 국민 앞에 엄숙하게 선서합니다."라고 선서를 한다(헌법 제69조).140)

② 임기

대통령 임기는 5년으로 하며, 중임할 수 없다(헌법 제70조). 임기 연장이나 중임 변경을 위해서 헌법을 개정할 수는 있다. 그러나 그 개정은 그 헌법 개정 제안 당시의 대통령에 대해서는 효력이 없다(헌법 제128조 제2항).

③ 형사상 특권

대통령은 내란이나 외환의 죄를 범한 때를 제외하고는 재직 중 형사상 소추를 받지 아니한다(헌법 제84조). 형사소추란 원래 공소 제기를 뜻하나, 여기의 소추에는 소추를 전제로 하는 체포나 구속도 포함된다. 그러나 소추를 목적으로 하는 수사나 소추 여부를 결정하기 위한 수사는 할 수 있다. 이를 위해서 필요하면 압수·수색도 할 수 있다. 내란이나 외환의 죄에 해당하는지를 판단하거나 대통령 퇴직 후 소추하기 위한 자료를 수집하려면 재직 중이라도 수사를 하거나 수사를 통한 증거 수집이 필요하기 때문이다.141) 대통령 재직 중에는 내란

---

140) 헌재 2004. 5. 14. 2004헌나1, 판례집 16-1, 609, 646-647: "헌법 제66조 제2항 및 제69조에 규정된 대통령의 '헌법을 준수하고 수호해야 할 의무'는 헌법상 법치국가원리가 대통령의 직무집행과 관련하여 구체화된 헌법적 표현이다. 헌법의 기본원칙인 법치국가원리의 본질적 요소는 한 마디로 표현하자면, 국가의 모든 작용은 '헌법'과 국민의 대표로써 구성된 의회의 '법률'에 의해야 한다는 것과 국가의 모든 권력행사는 행정에 대해서는 행정재판, 입법에 대해서는 헌법재판의 형태로써 사법적 통제의 대상이 된다는 것이다. 이에 따라, 입법자는 헌법의 구속을 받고, 법을 집행하고 적용하는 행정부와 법원은 헌법과 법률의 구속을 받는다. 따라서 행정부의 수반인 대통령은 헌법과 법률을 존중하고 준수할 헌법적 의무를 지고 있다. '헌법을 준수하고 수호해야 할 의무'가 이미 법치국가원리에서 파생되는 지극히 당연한 것임에도, 헌법은 국가의 원수이자 행정부의 수반이라는 대통령의 막중한 지위를 감안하여 제66조 제2항 및 제69조에서 이를 다시 한번 강조하고 있다. 이러한 헌법의 정신에 의한다면, 대통령은 국민 모두에 대한 '법치와 준법의 상징적 존재'인 것이다. 이에 따라 대통령은 헌법을 수호하고 실현하기 위한 모든 노력을 기울여야 할 뿐만 아니라, 법을 준수하여 현행법에 반하는 행위를 해서는 안 되며, 나아가 입법자의 객관적 의사를 실현하기 위한 모든 행위를 해야 한다. 행정부의 법존중 의무와 법집행 의무는 행정부가 위헌적인 것으로 간주하는 법률에 대해서도 마찬가지로 적용된다. 위헌적인 법률을 법질서로부터 제거하는 권한은 헌법상 단지 헌법재판소에 부여되어 있으므로, 설사 행정부가 특정 법률에 대하여 위헌의 의심이 있다 하더라도, 헌법재판소에 의하여 법률의 위헌성이 확인될 때까지는 법을 존중하고 집행하기 위한 모든 노력을 기울여야 한다."

헌재 2004. 5. 14. 2004헌나1, 판례집 16-1, 609, 653-654: "헌법 제69조는 대통령의 취임선서의무를 규정하면서, 대통령으로서 '직책을 성실히 수행할 의무'를 언급하고 있다. 헌법 제69조는 단순히 대통령의 취임선서의 의무만을 규정한 것이 아니라, 선서의 내용을 명시적으로 밝힘으로써 동시에 헌법 제66조 제2항 및 제3항에 의하여 대통령의 직무에 부과되는 헌법적 의무를 다시 한번 강조하고 그 내용을 구체화하는 규정이라는 점은 앞서 언급한 바와 같다. 비록 대통령의 '성실한 직책수행의무'는 헌법적 의무에 해당하나, '헌법을 수호해야 할 의무'와는 달리, 규범적으로 그 이행이 관철될 수 있는 성격의 의무가 아니므로, 원칙적으로 사법적 판단의 대상이 될 수 없다고 할 것이다. 대통령이 임기 중 성실하게 의무를 이행했는지의 여부는 주기적으로 돌아오는 다음 선거에서 국민의 심판의 대상이 될 수 있을 것이다. 그러나 대통령 단임제를 채택한 현행 헌법 하에서는 대통령은 법적으로 뿐만 아니라 정치적으로도 국민에 대하여 직접적으로는 책임을 질 방법이 없고, 다만 대통령의 성실한 직책수행 여부가 간접적으로 그가 소속된 여당에 대하여 정치적인 반사적 이익 또는 불이익을 가져다 줄 수 있을 뿐이다."

이나 외환의 범죄를 제외하고는 공소시효가 정지된다.[142] 그러나 내란이나 외환의 범죄도 '헌정질서 파괴범죄의 공소시효 등에 관한 특례법'에 따라 공소시효가 배제된다. 대통령의 형사상 특권은 재직 중 국가원수의 권위를 유지하려는 것이므로 퇴직한 뒤에는 형사상 소추될 수 있고, 재직 중이라도 민사상 책임은 면제되지 아니한다.

④ 권한 대행

(ⅰ) 대통령 권한 대행의 사유와 그 순서

권한 대행은 새로운 공직 창설도 겸직도 아니고, 헌법과 법률상 해당 직에 미리 예정된 예비적이고 보충적인 기능 수행이다.[143] 대통령이 궐위되거나 사고로 말미암아 직무를 수행할 수 없으면 국무총리, 법률이 정하는 국무위원의 순서로 그 권한을 대행한다(헌법 제71조, 정부조직법 제22조). 그러나 헌법상 지위와 민주적 정당성에 비추어 국회의장, 대법원장, 헌법재판소장, 중앙선거관리위원회 위원장, 국무총리 순으로 대통령 권한 대행을 하는 것이 바람직하다. 헌법 제68조 제2항의 규정상 대통령 궐위 시 권한 대행은 60일 이내에서만 가능하다. 궐위는 대통령이 재직하지 아니한 때로서 사망, 헌법재판소 탄핵결정에 따른 파면, 대통령 취임 후 선거무효나 당선무효로 말미암은 자격 상실, 사임 등을 포함한다. 헌법 제68조 제

---

141) 김하열, 『헌법강의(제3판)』, 박영사, 2021, 845쪽; 이상경, 「헌법 제84조」, 『헌법주석[국회, 정부]』, 경인문화사, 2018, 743쪽.

142) 헌재 1995. 1. 20. 94헌마246, 판례집 7−1, 15, 46−47: "우리 헌법이 채택하고 있는 국민주권주의(제1조 제2항)와 법 앞의 평등(제11조 제1항), 특수계급제도의 부인(제11조 제2항), 영전에 따른 특권의 부인(제11조 제3항) 등의 기본적 이념에 비추어 볼 때, 대통령의 불소추특권에 관한 헌법의 규정이, 대통령이라는 특수한 신분에 따라 일반국민과는 달리 대통령 개인에게 특권을 부여한 것으로 볼 것이 아니라, 단지 국가의 원수로서 외국에 대하여 국가를 대표하는 지위에 있는 대통령이라는 특수한 직책의 원활한 수행을 보장하고, 그 권위를 확보하여 국가의 체면과 권위를 유지하여야 할 실제상의 필요 때문에 대통령으로 재직중인 동안만 형사상 특권을 부여하고 있음에 지나지 않는 것으로 보아야 할 것이다. 헌법 제84조의 근본취지를 이와 같이 해석하는 한, 그 규정에 의하여 부여되는 대통령의 형사상 특권은 문언 그대로 "재직중 형사상의 소추를 받지 아니하는" 것에 그칠 뿐, 대통령에게 일반국민과는 다른 그 이상의 형사상 특권을 부여하고 있는 것으로 보아서는 안될 것이다. 그런데 만일 헌법 제84조 때문에 대통령의 재직중 국가의 소추권행사가 금지되어 있음에도 불구하고, 대통령의 범죄행위에 대한 공소시효의 진행이 대통령의 재직중에도 정지되지 않는다고 본다면, 대통령은 재직 전이나 재직중에 범한 대부분의 죄에 관하여 공소시효가 완성되는 특별한 혜택을 받게 되는 결과 일반국민이 누릴 수 없는 특권을 부여받는 셈이 되는 것이다. 이와 같은 결과가 앞에서 본 헌법 제84조의 근본취지의 그 어느 것에 비추어 보더라도 정당성이 뒷받침될 수 없음은 분명하다고 할 것이다. 또 만일 대통령의 재직중에도 공소시효가 진행된다고 해석한다면 임기 중에 공소시효가 완성되는 범죄가 상당히 있게 되어 정의와 형평에 반하는 결과가 될 것이다. 우리 헌법은 법치주의를 기본적인 이념의 하나로 삼고 있고, 특히 제69조에서는 "대통령은 취임에 즈음하여 다음의 선서를 한다. '나는 헌법을 준수하고 국가를 보위하며 조국의 평화적 통일과 국민의 자유와 복리의 증진 및 민족문화의 창달에 노력하여 대통령으로서의 직책을 성실히 수행할 것을 국민 앞에 엄숙히 선서합니다.'"고 규정하고 있는 만큼(1972.12.27. 개정 헌법 제46조와 1980.10.27. 개정 헌법 제44조에도 같은 취지로 규정되어 있다), 대통령은 누구보다도 성실히 헌법상의 법치주의의 이념에 따라 헌법과 법률을 준수할 의무가 있다고 할 것인바, 우리 헌정사의 경험에 비추어 대통령이 그 직책을 수행함에 있어서 헌법을 준수하여 법치주의의 이념을 실현하도록 하기 위하여도 헌법 제84조를 위와 같이 해석하여야 할 것이다."

143) 이종수, 「직무대행의 기원, 대행자의 지위 및 권한 범위에 관한 소고 − 대통령직을 중심을 중심으로 −」, 『일감법학』 제48호, 건국대학교 법학연구소, 2021, 756쪽.

2항에 비추어 본래 의미를 벗어나 대통령 당선자가 사망하거나 판결 그 밖의 사유로 자격을 상실한 때도 궐위에 포함된다.144) 사고는 대통령이 재직하면서도 직무 수행이 불가능한 때로서 재임 중 실종, 질병, 요양, 의식불명, 탄핵소추로 권한 행사가 정지된 때 등을 포함한다. 대통령이 외국에 장기간 거주하더라도 권한 행사는 가능하므로 장기간의 해외순방이나 해외여행은 사고에 해당하지 않는다.145)

(ii) 대통령 권한 대행의 사유에 관한 존부 판단

대통령이 궐위된 때는 명백하므로 별문제가 없으나, 대통령이 사고된 때는 대통령 권한대행의 사유가 있는지에 관한 판단을 누가 할 것인지가 문제 된다. 탄핵소추가 의결된 때처럼 명백한 때를 제외하고는 권한 대행의 필요성과 그 기간은 제1차적으로는 대통령이 결정한다. 의식불명 등으로 말미암아 대통령이 이를 결정할 수 없으면 누가 이를 결정할 것인지에 관해서 미리 법으로 규정하여 둘 필요가 있다. 현행 헌법 아래에서 이러한 때에 그 사유의 존부와 대행기간은 헌법재판소가 정하는 것이 바람직하다는 견해146)와 헌법 제88조나 제89조 제1호, 제5호, 제7호, 제17호를 근거로 국무회의 심의를 거쳐 그 사유의 존부와 권한대행기간을 정할 수밖에 없다는 견해147)가 대립한다. 대통령은 국민이 직선하되, 예외적인 경우에는 국민의 대표기관인 국회에서 선출하도록 한다. 따라서 이때도 국회에서 그 권한대행사유가 있는지와 그 권한대행기간을 정하여야 한다.148)

(iii) 대통령 권한대행자의 직무범위

대통령의 궐위와 사고 시 권한대행자의 직무범위가 현상 유지인지에 관해서 궐위와 사고 가리지 않고 현상 유지149)와 궐위되면 현상 변경·사고이면 현상 유지,150) 궐위되면 현상 유

---

144) 성낙인, 『헌법학(제21판)』, 법문사, 2021, 565쪽; 이부하, 「대통령 권한대행에 대한 법정책적 고찰」, 『법학연구』 제20권 제3호, 경상대학교 법학연구소, 2012, 240쪽.

145) 이부하, 「대통령 권한대행에 대한 법정책적 고찰」, 『법학연구』 제20권 제3호, 경상대학교 법학연구소, 2012, 241쪽.

146) 이준일, 『헌법학강의(제7판)』, 홍문사, 2019, 933쪽; 정종섭, 『헌법학원론(제12판)』, 박영사, 2018, 1333~1334쪽; 한수웅, 『헌법학(제11판)』, 법문사, 2021, 1244쪽.

147) 김하열, 『헌법강의(제3판)』, 박영사, 2021, 843쪽; 성낙인, 『헌법학(제21판)』, 법문사, 2021, 566쪽; 정연주, 『헌법학원론(제2판)』, 법영사, 2021, 741쪽; 허 영, 『한국헌법론(전정17판)』, 박영사, 2021, 1044쪽. 권한대행 1순위자인 국무총리가 국무회의 심의를 거쳐 결정하되 국회의장과 헌법재판소장에게 통보하여야 한다는 견해도 있다(양 건, 『헌법강의(제10판)』, 법문사, 2021, 1235쪽).

148) 심경수, 『헌법(제2판)』, 법문사, 2020, 492쪽; 이부하, 「대통령 권한대행에 대한 법정책적 고찰」, 『법학연구』 제20권 제3호, 경상대학교 법학연구소, 2012, 245쪽; 홍성방, 『헌법학(하)(제3판)』, 박영사, 2014, 201쪽.

149) 김철수, 『학설·판례 헌법학(전정신판)(중)』, 박영사, 2009, 480쪽; 이종수, 「직무대행의 기원, 대행자의 지위 및 권한 범위에 관한 소고 ― 대통령직을 중심을 중심으로 ―」, 『일감법학』 제48호, 건국대학교 법학연구소, 2021, 760~761쪽; 한수웅, 『헌법학(제11판)』, 법문사, 2021, 1245쪽.

150) 구병삭, 『신헌법원론(개정판)』, 박영사, 1996, 967쪽; 권영성, 『헌법학원론(개정판)』, 법문사, 2010, 973~974쪽; 성낙인, 『헌법학(제21판)』, 법문사, 2021, 570~571쪽; 이상경, 「헌법 제71조」, 『헌법주석[국회, 정부]』, 경인문화사, 2018, 589~590쪽.

지·사고이면 현상 변경[151]으로 견해가 나뉜다. 권한대행체제는 60일 이내에 종료되는 임시적 통치체제이고, 권한대행자는 대통령과 달리 국민 직선에서 비롯하는 민주적 정당성이 없다는 점을 고려하면 원칙적으로 권한 행사에서 소극적으로 유지하여야 하지만, 잠정적이긴 하지만 국가를 보위하고 헌법을 수호하는 국정책임자의 지위에 있는 만큼 불가피한 때는 적극적으로 권한 행사를 하여야 할 때도 있다는 견해도 있다.[152] 원칙적으로 현상유지적인 직무에 국한되고 정책 변경이나 새로운 정책의 결정·집행은 대행범위에서 제외되어야 하나, 국민의 안전과 권리나 국가의 존립과 국익을 위한 적극적 조치를 긴급히 요구할 때는 궐위나 사고를 가리지 않고 적극적 직무 수행이 가능하다는 견해도 있다.[153] 1979년 박정희 대통령이 서거하였을 때(궐위) 최규하 권한 대행은 전국에 비상계엄을 선포한 바 있고, 2004년 노무현 대통령이 탄핵소추되었을 때(사고) 고권 권한 대행은 사면법 및 '거창사건 등 관련자 명예회복특별조치법'에 대해서 법률안거부권을 행사하였다. 여기서 중요한 것은 비록 단기간이라도 국민이 선출하지 않은, 곧 민주적 정당성을 결여한 국무총리나 국무위원이 그 권한을 대행한다는 점이다. 따라서 대통령 권한대행자는 잠정적인 관리자에 불과하고, 그러한 한에서 그 직무범위는 현상유지적인 것에 한정되어야 한다.[154] 절대 대통령이 될 수 없는 대통령 권한대행자가 대통령의 모든 권한을 옹글게(완벽하게) 행사할 수는 없기 때문이다.[155] 다만, 상황에 따라 긴급한 사안이나 권한 대행 상황이 끝나기를 기다려 결정하기 어려운 사안에 관해서는 현상 유지를 넘어선 권한을 행사할 수도 있다.

(4) 권한
① 국가긴급권
(ⅰ) 긴급재정경제처분·명령권
ⓐ 의의

긴급재정경제처분은 정상적인 재정경제처분만으로는 대처하기 곤란한 내우·외환·천재·지변 또는 중대한 재정·경제상 위기가 발생하고 국회 집회를 기다릴 시간적 여유가 없을 때 대통령이 국가의 안전보장이나 공공의 안녕질서를 유지하려고 내리는 긴급처분을 말한다. 긴급재정경제명령은 내우·외환·천재·지변 또는 중대한 재정·경제상 위기가 발생하고, 국회의 집회를 기다릴 시간적 여유가 없을 때만 대통령이 국가의 안전보장이나 공공의 안녕질서

---

151) 김학성/최희수, 『헌법학원론(전정5판)』, 피앤씨미디어, 2021, 1011쪽.

152) 김하열, 『헌법강의(제3판)』, 박영사, 2021, 843~844쪽.

153) 양 건, 『헌법강의(제10판)』, 법문사, 2021, 1235쪽; 정재황, 『국가권력규범론』, 박영사, 2020, 568~570쪽; 같은 사람, 『신헌법입문(제11판)』, 박영사, 2021, 785쪽.

154) 홍성방, 『헌법학(하)(제3판)』, 박영사, 2014, 202쪽.

155) 이종수, 「직무대행의 기원, 대행자의 지위 및 권한 범위에 관한 소고 ─ 대통령직을 중심을 중심으로 ─」, 『일감법학』 제48호, 건국내학교 법학연구소, 2021, 760쪽; 허 영, 『한국헌법론(전정17판)』, 박영사, 2021, 1043쪽 참조.

를 유지하기 위하여 발하는 긴급행정입법이다.

ⓑ 특성

긴급재정경제명령은 국회입법절차에 대한 중대한 예외로서 '국회의 집회를 기다릴 여유가 없을 때에 한하여' 발동될 수 있는 것이므로, 국회 입법 대체가 아니라 국회 입법을 보완하는 역할을 한다. 즉 국회가 법률을 개폐하는 권한을 적절히 행사할 수 없을 때만 보충적으로 긴급재정경제명령을 발할 수 있고, 긴급재정경제명령을 발하여도 가능한 한 조속히 국회 입법으로 대체되어야 한다. 그러나 긴급재정경제명령은 국회 승인을 거친 것이고, 이를 법률로 대체할 필요성에 대한 판단은 국회 몫이므로, 이것이 법률로 대체되지 않고 효력을 유지한다고 하여 위헌이라고 보기는 어렵다.156)

ⓒ 한계

긴급재정경제명령은 국가위기상황에 처하여 이를 극복하려고 발동하는 비상입법조치라는 속성 때문에 권력분립원칙에 어긋나고 개인의 기본권을 제약하기도 한다. 이러한 국가긴급권 행사가 개인의 기본권을 제약하면 헌법 제76조의 요건에 따라 발동되었는지와 헌법 제37조 제2항이 요구하는 기본권 제한의 한계를 준수하였는지라는 두 가지 방향에서 검토되어야 하고, 양자 모두 합헌적인 것으로 평가될 때만 정당한 제한으로 인정된다. 그러나 헌법재판소는 "긴급재정경제명령이 … 헌법 제76조 소정의 요건과 한계에 부합하는 것이라면 그 자체로 목적의 정당성, 수단의 적정성, 피해의 최소성, 법익의 균형성이라는 기본권 제한의 한계로서의 과잉금지원칙을 준수하는 것이 되는 것이다."라고 판시하여 국가긴급권이 적법하게 행사되면 다시 과잉금지원칙을 검토할 필요가 없다는 견해를 취한다.157) 그러나 국가긴급권이 적법하게 행사되었는지와 이로 말미암아 국민의 기본권 제한이 적법한 것인지는 구별되므로 이러한 헌법재판소 견해는 타당하지 않다.

ⓓ 긴급재정경제명령의 발동요건

대통령이 긴급재정경제명령을 발하려면 (가) 내우·외환·천재·지변 또는 중대한 재정·경제상 위기상황이 발생하여야 하고(상황 요건), (나) 국가의 안전보장 또는 공공의 안녕질서를 유지하기 위하여 긴급한 조치가 필요한 때이어야 하며(목적 요건), (다) 국회 집회를 기다릴 여유가 없을 정도로 급박한 때이어야 한다(긴급 요건). 국회 집회를 기다릴 수 없는 급박한 경우란 국회가 폐회 중이거나 임시회 소집을 기다릴 3일간의 여유(국회법 제5조)가 없는 때를 말한다.158) 그러나 임시회 소집을 위한 기간 여유가 있더라도 국회 입법으로 소기의 목적을 달성

---

156) 헌재 1996. 2. 29. 93헌마186, 판례집 8-1, 111, 124; 대법원 1997. 6. 27. 선고 95도1964 판결(집45-2, 814; 공1997하, 2221) 참조.

157) 헌재 1996. 2. 29. 93헌마186, 판례집 8-1, 111, 119-120.

158) 국가가 휴회 중일 때 긴급한 필요가 있으면 언제든지 회의를 재개할 수 있으므로(국회법 제8조 제2항), '국회의 집회를 기다릴 여유가 없을 때'란 국회가 폐회 중인 때를 말하고 휴회 중인 때는 포함되지 않는다는 견해가 있

할 수 없으면 긴급성 요건을 완화하여 충족하는 것으로 판단할 수 있다. (라) 절차적으로는 국무회의 심의를 거칠 것이 요구된다(절차 요건).

(ii) 긴급명령권

헌법 제76조 제2항에서 규정하는 긴급명령은 통상적인 입법절차를 통해서 대처할 수 없는 국가안위에 관계되는 비상사태가 발생하고 국회 집회가 불가능할 때 사후에 국회 승인을 얻기로 하고 대통령이 비상사태를 극복하려고 발하는 긴급행정입법으로서 법률의 효력이 있는 명령이다. 긴급명령은 ⓐ 국가 안위에 관계되는 중대한 교전상태에서(상황 요건), ⓑ 국가를 보위하기 위한 긴급한 조치가 필요한데도(목적 요건), ⓒ 국회 집회가 불가능할 때에 한하여 (긴급성 요건), ⓓ 최소한으로 필요한 범위 안에서 발할 수 있다(헌법 제76조 제2항). ⓔ 절차적으로는 국무회의 심의를 거칠 것이 요구된다(절차 요건).

긴급재정경제명령과 긴급명령을 아우르는 법률대위명령은 평상시의 헌법질서에 따른 권력 행사 방법으로 대처할 수 없는 중대한 위기상황에 대비하여 헌법이 인정한 비상수단으로서 의회주의와 권력분립원칙에 대한 중대한 제약이 되므로 법률대위명령 요건은 엄격하게 해석하여야 한다.159) 법률대위명령에 관한 국회 승인의 의결정족수가 헌법에 명시되지 않은 관계로, 헌법 제77조 제5항 국회의 계엄 해제 요구 정족수인 재적의원 과반수의 찬성요건규정을 유추적용하자는 견해(재적의원과반수설)가 있다.160) 그러나 일반－특별의 법리에 비추어 가중정족수 특별규정은 예외적인 것이고, 예외규정의 엄격해석원칙 때문에 유추적용은 특별한 근거가 없는 한 허용될 수 없으므로, 이러한 견해는 헌법적 근거 없이 국회의 의결권을 축소하는 해석론이다. 그리고 법률대위명령은 법률의 효력이 있어서 법률과 달리 취급할 필요가 없다. 따라서 헌법 제49조에 따라 일반의결정족수로 충분하다(일반의결정족수설).161)

(iii) 계엄선포권

ⓐ 의의

대통령은 전시·사변 또는 이에 준하는 국가비상사태에 병력으로써 군사상 필요에 응하거나 공공의 안녕질서를 유지할 필요가 있으면 법률이 정하는 바에 따라서 계엄을 선포할 수 있다(헌법 제77조 제1항). 이에 관한 법률로는 계엄법이 있다.

긴급재정경제처분·명령권이나 긴급명령권이 헌법에 따라 직접 그 효력이 발생하지만, 계엄선포권은 헌법상 권한이긴 하지만 헌법을 근거로 제정된 법률에 따라 발동되는 국가긴급권

다. 그러나 긴급재정경제명령이 국회 입법절차를 통해서 달성할 수 없는 긴급한 입법목적이 있으면 달리 판단하여야 한다. 하지만 어떠한 때이든 국회의 사후승인을 받아야 하므로 긴급성 요건의 엄격한 적용은 불필요하다.
159) 헌재 1996. 2. 29. 93헌마186, 판례집 8－1, 111, 120－121.
160) 권영성, 『헌법학원론(개정판)』, 법문사, 2010, 979, 983쪽.
161) 같은 견해: 김학성/최희수, 『헌법학원론(전정5판)』, 피앤씨미디어, 2021, 1015쪽; 홍성방, 『헌법학(하)(제3판)』, 박영사, 2014, 214쪽.

이라는 점에 차이가 있다. 그리고 다른 국가긴급권은 긴급처분이나 긴급입법적 성질이 있지만, 계엄선포권은 입법 기능을 제외한 행정·사법 분야에서 한시적인 군정을 가능하게 한다는 점에서 본질적인 차이가 있다.

ⓑ 계엄 선포의 요건

계엄을 선포하려면 먼저 ① 전시, 사변 또는 이에 준하는 비상사태는 이미 발생하여야 한다. 따라서 그러한 가능성이 있다는 것만으로는 계엄은 선포할 수 없다. 이러한 사태에 관한 판단은 대통령이 하나, 사후에 국회 통제를 받는다. 다음으로 ② 그러한 비상사태를 해결하려면 병력 동원이 필요한 때이어야 한다.

ⓒ 계엄선포절차

대통령이 국무회의 심의를 거쳐 선포하여야 하고(헌법 제89조 제5호), 계엄 선포의 이유·종류·시행일·지역 그리고 계엄사령관을 공고하여야 한다(계엄법 제3조). 국방부 장관이나 행정안전부 장관은 계엄 선포 사유가 발생하면 국무총리를 거쳐 대통령에게 계엄 선포를 건의할 수 있다(계엄법 제2조 제6항). 그리고 대통령이 계엄을 선포하였다면 즉시 국회에 통고하여야 한다(헌법 제77조 제4항, 계엄법 제4조 제1항). 국회가 폐회 중이면 대통령은 즉시 국회에 집회를 요구하여야 한다(계엄법 제4조 제2항).

ⓓ 계엄의 종류

계엄에는 비상계엄과 경비계엄이 있다(계엄법 제77조 제2항). 비상계엄은 전시·사변 또는 이에 준하는 국가비상사태에 적과 교전상태에 있거나 사회질서가 극도로 교란되어 행정과 사법 수행이 현저히 곤란하면 군사상 필요에 따르거나 공공의 안녕질서를 유지하려고 선포한다(계엄법 제2조 제2항). 경비계엄은 전시·사변 또는 이에 준하는 국가비상사태에 일반 행정기관만으로는 치안을 확보할 수 없을 때 공공의 안녕질서를 유지하려고 선포한다(계엄법 제2조 제3항). 그리고 계엄은 선포되고 나서 그 지역을 확대·축소할 수 있고, 사태 변화에 따라 계엄 종류도 변경할 수 있다(계엄법 제2조 제4항).

ⓔ 계엄의 효력

(가) 일반적 효력

계엄은 비상계엄인지 경비계엄인지에 따라 그 효력이 다르다. 다만, 국회의원은 현행범인인 때를 제외하고는 체포 또는 구금되지 아니한다는 점(계엄법 제13조)은 모든 계엄에 공통된다.

(나) 비상계엄의 효력

㉠ 비상계엄이 선포되면 법률이 정하는 바에 따라서 영장제도, 언론·출판·집회·결사의 자유, 정부나 법원의 권한에 관해서 특별한 조치를 할 수 있다(헌법 제77조 제3항).

㉡ 모든 행정·사법사무가 군대 관할사항으로 된다. 사법사무는 재판작용을 제외한 사법행정사무, 곧 사법경찰, 검찰, 공소 제기, 형 집행, 민사비송사건 등을 말한다. 그리고 비상계

엄 아래의 군사재판은 군인·군무원의 범죄나 군사에 관한 간첩죄일 때와 초병·초소·유독음 식물공급·포로에 관한 죄 중 법률이 정한 때만 단심으로 할 수 있다. 다만, 사형을 선고한 때는 그러하지 아니하다(헌법 제110조 제4항).

ⓒ 기본권에 대한 특별조치를 할 수 있다. 비상계엄지역 안에서 계엄사령관은 군사상 필요 하면 체포·구금·압수·수색·거주·이전·언론·출판·집회·결사 또는 단체행동에 대해서 특별한 조치를 할 수 있다. 이때 계엄사령관은 그 조치내용을 미리 공고하여야 한다. 그리고 비상계엄지역 안에서 계엄사령관은 법률이 정하는 바에 따라서 동원 또는 징발할 수 있고, 필요 하면 군수에 공할 물품의 조사·등록과 반출금지를 명할 수 있다. 또한, 비상계엄지역 안에서 계엄사령관은 작전상 부득이하면 국민의 재산을 파괴 또는 소훼할 수 있다(계엄법 제9조).

(다) 계엄법 제9조의 위헌 여부

㉠ 문제의 소재

헌법 제77조 제3항은 '비상계엄이 선포된 때에는 법률이 정하는 바에 의하여 영장제도, 언론·출판·집회·결사의 자유에 관하여 특별한 조치를 할 수 있다.'라고 규정하고, 계엄법 제9조는 이에 더하여 헌법에 규정되지 않은 거주·이전의 자유 또는 단체행동권 제한도 함께 규정한다. 여기서 계엄법 제9조의 합헌성 여부에 관해서 논란이 있다.

㉡ 헌법 제77조 제3항의 법적 성질

계엄법 제9조의 위헌 여부에 앞서 헌법 제77조 제3항의 규정이 예시규정인지가 문제 된다. 예시규정으로 보면 계엄법 제9조도 헌법 제77조에 근거하는 것으로 볼 수 있으나, 한정적 열거규정으로 보면 계엄법 제9조를 헌법 제77조에 근거하여 바로 합헌이라고 할 수는 없기 때문이다. 이에 관해서 헌법 제77조 제3항을 예시적 조항으로 보아 명시적으로 규정하지 않은 기본권에 대해서도 특별한 조치를 할 수 있으므로 계엄법 제9조는 합헌이라는 예시설[162] 과 헌법 제77조 제3항을 한정적 열거조항으로 보고 헌법에 비상계엄 선포 시 제한할 수 있는 것으로 특별히 규정하지 아니한 기본권에 대해서 계엄법이 그 제한 가능성을 확장하는 것은 기본권 보장 측면에서 위헌이라는 한정적 열거설[163]이 대립한다. 예외규정은 엄격히 해석하여야 한다는 법원칙에 따라 헌법 제77조 제3항을 한정적 열거규정으로 보는 것이 타당하다. 다만, 헌법 제77조 제3항을 열거조항으로 보더라도 계엄법 제9조가 바로 위헌이 되는 것으로는 볼 수 없고, 일반적인 기본권 제한 법률유보 규정인 헌법 제37조 제2항에 따른 기본권 제한으로서 정당화할 수 있는지를 별도로 검토하여야 한다.[164]

---

162) 구병삭, 『신헌법원론(개정판)』, 박영사, 1996, 988쪽; 정종섭, 『헌법학원론(제12판)』, 박영사, 2018, 1308쪽.
163) 이준일, 『헌법학강의(제7판)』, 홍문사, 2019, 941쪽; 정재황, 『국가권력규범론』, 박영사, 2020, 683쪽.
164) 같은 견해: 방승주, 『헌법강의 Ⅰ』, 박영사, 2021, 416~417쪽.

ⓒ 계엄법 제9조의 위헌 여부 – 헌법 제37조 제2항의 한계 일탈 여부

비상계엄이 선포되었을 때 비상계엄이 선포될 정도의 상황에서는 특히 거주·이전의 자유나 단체행동에 관해서 제한이 필요할 수 있다는 점을 고려하면, 헌법 제37조 제2항의 제한 한계와 관련하여 큰 문제는 없다.[165] 따라서 계엄법 제9조를 근거로 제77조 제3항에서 규정한 것 이외의 기본권을 제한할 때도 헌법 제37조 제2항의 한계를 일탈하지 않는 한 헌법에 합치한다. 결론적으로 계엄법 제9조는 헌법에 합치한다.

(라) 경비계엄의 효력

경비계엄이 선포되면 군사에 관한 행정·사법사무가 군대 관할에 속하게 된다(계엄법 제7조 제2항). 경비계엄으로는 국민의 자유와 권리를 제한할 수 없고, 군사법원 관할도 평상시와 동일하다.

ⓕ 계엄 해제

대통령은 비상사태가 평상사태로 회복되거나 국회가 재적의원 과반수 찬성으로 그 해제를 요구하거나(헌법 제77조 제5항) 국방부 장관이나 행정안전부 장관이 국무총리를 거쳐 해제 건의를 하면 국무회의 심의를 거쳐 해제하고 이를 공고하여야 한다(계엄법 제11조 제3항). 국회의 계엄해제 요구에 대통령이 응하지 않으면 그것은 탄핵소추사유가 된다.

ⓖ 계엄법 제12조 제2항의 문제점

(가) 문제의 소재

계엄이 해제되면 해제된 날부터 모든 행정사무와 사법사무는 평상상태로 복귀하고(계엄법 제12조 제1항), 비상계엄 시행 중에 군사법원에 계속 중이던 재판사건 관할은 비상계엄 해제와 동시에 일반 법원에 이관함이 원칙이다. 그러나 대통령이 필요하다고 인정하면 군사법원의 재판권을 1개월 이내에 한하여 연기할 수 있다(계엄법 제12조 제2항). 그런데 이것이 헌법 제77조 제3항의 위임 한계를 넘는지 그리고 당사자의 재판청구권을 침해하는지가 문제 된다.

(나) 계엄법 제12조 제2항 단서의 헌법 제77조 제3항 위반 가능성

㉠ 문제 제기

헌법 제77조의 비상계엄은 국가 존립이나 헌법체제 유지를 위태롭게 하는 위급한 상황에 처하여 평화 시의 입헌적 방법으로 위기를 극복할 수 없을 때 행사되는 국가긴급권에 속한다. 비상계엄은 본질적으로 입헌주의를 정지하는 독재적 권력 행사이다. 따라서 비상계엄은 국가적 위기 극복을 위해서 필요한 최소한도 안에서 일시적이고 잠정적으로 행사되어야 한

---

[165] 기본권 제한의 특별수권규정으로서 제77조의 실익은 예를 들면 헌법 제21조 제2항의 검열과 같은 본질적인 내용 제한도 제37조 제2항에서와는 달리 제77조에서는 가능하다는 것에 있다. 그러나 법치국가원리에서 파생하는 비례성원칙은 제77조에서도 준수되어야 한다. 계엄법에서도 헌법 제77조에 열거된 기본권은 직접 헌법 제77조에 근거하여 이처럼 완화한 제한 한계가 있고 제//조에 열거되지 않은 거주·이전, 단체행동권과 같은 것은 제37조 제2항에 따른 (본질내용 침해 금지를 포함하는) 제한 한계가 있다.

다. 이러한 국가긴급권의 본질에 비추어 보면 계엄에 관한 헌법 규정은 엄격하게 해석하여야 하고 마음대로 그 해석을 넓히거나 예외를 인정하는 것은 헌법이 국가긴급권을 인정한 취지에 어긋난다. 그러므로 계엄법 제12조 제2항 단서가 헌법 제77조 제3항의 해석·적용을 확대하여 그 위임 한계를 벗어난 것인지가 문제 된다.

ⓛ 판례와 비판

대법원 다수의견은 헌법 제77조 제3항이 "비상계엄이 선포된 때에는 법률이 정하는 바에 의하여 … 법원의 권한에 관하여 특별한 조치를 할 수 있다."라고 규정한 점에 비추어 비상계엄 해제의 효력발생시기에 관한 사항도 법률에 위임한 것으로 보고, 계엄법 제12조 제2항 단서가 비상계엄 해제의 효력을 단계적으로 발생하도록 하여 일반 법원 재판권 복귀의 효력을 일시 연기한 것은 헌법 위임에 따른 것으로 합헌이라고 한다.[166] 그러나 이러한 해석은 헌법조항을 지나치게 확장해석하여 국민의 기본권을 침해하는 것으로 따를 수 없다.

ⓒ 헌법 제77조 제3항의 취지와 계엄법 제12조 제2항 단서의 위헌성

국가긴급권에 관한 엄격해석의 원칙에 비추어 보면, 헌법 제77조 제3항의 취지는 '비상계엄이 선포된 때', 즉 비상계엄이 선포되어 그 효력이 존속하는 동안만 법률로써 미리 정한 특별한 조치를 할 수 있다는 뜻으로 해석된다. 따라서 비상계엄 선포의 효력이 상실된 뒤에 이러한 특별한 조치를 하거나 이미 한 조치를 연장한다는 것은 헌법 제77조 제3항에 어긋난다. 따라서 계엄법 제12조 제2항 단서는 헌법 제77조 제3항의 규정에 어긋난다.

(다) 계엄법 제12조 제2항 단서가 국민의 재판청구권을 침해하는지 여부

ⓙ 재판청구권의 보호영역과 법률에 따른 제한

헌법 제27조 제1항의 재판청구권은 '헌법과 법률이 정한 법관'에 의한 재판을 의미하고, 제2항은 군인이나 군무원이 아닌 국민은 원칙적으로 군사법원의 재판을 받지 않는다고 규정한다. 따라서 당사자가 원칙적으로 군사재판을 받지 않을 권리는 재판청구권의 보호영역에 포함된다. 계엄법 제10조에 따라 비상계엄 선포 중 민간인도 일정한 범죄를 저지르면 군사법원의 재판을 받게 되고, 계엄법 제12조 제2항 단서에 따라서 계엄이 해제되고 나서도 군사법원에서 재판을 받게 된다. 따라서 이는 국민의 재판청구권을 법률로써 제한하는 때에 해당한다. 이러한 법률에 따른 재판청구권 제한을 헌법상 정당화하려면 비례성원칙, 본질내용 침해금지 등의 한계를 준수하여야 한다.

ⓛ 계엄법 제12조 제2항 단서의 비례성원칙 위반 여부

(ㄱ) 입법목적의 정당성

계엄법 제12조 제2항 단서의 입법목적 정당성을 인정하는 견해는 군사법원의 재판권 연기

---

166) 대법원 1985. 5. 28. 선고 81도1045 판결(집33-2, 455; 공1985, 954).

가 필요한 때로 비상계엄지역 안의 사회질서는 정상을 찾았으나 일반 법원이 미처 기능회복을 하지 못하여 재판사건을 넘겨받아 처리할 태세를 갖추지 못한 때를 든다.167) 그러나 비상계엄은 국가적 위기상황에서 일반 법원의 사법기능 수행이 현저히 곤란하다고 보고 군사법원의 재판으로 일반 법원의 재판에 갈음하는 조치를 취한다. 그런데 비상계엄이 해제된 이상 이러한 국가적 위기상황이나 사법기능의 장애사유는 더는 존속하지 않는다. 따라서 비상계엄 해제 이후 군사법원의 재판권을 연장하는 것은 군사법원에서 심리 중인 사건을 군사법원에서 마무리를 짓고자 하는 편의적인 이유 외에 다른 이유가 없다. 따라서 계엄법 제12조 제2항 단서의 입법목적의 정당성은 인정할 수 없다.

(ㄴ) 입법수단의 비례성

입법목적의 정당성이 인정되지 않는 이상 입법수단의 비례성을 논할 필요도 없이 계엄법 제12조 제2항 단서는 헌법에 위반된다. 사법기능 유지라는 입법목적을 정당한 것으로 인정한다면 일반 법원의 사법기능 수행이 현저히 곤란하고 군사법원만이 기능을 유지한다는 것이 전제되므로 군사법원의 재판은 수단의 적합성이 인정된다. 그러나 시일을 다투는 긴급사건에서는 일부 회복된 일반 법원에서 재판하는 것을 배제할 수 없고, 그렇지 않은 사건에서는 1개월을 기다려 일반 법원에서 재판을 받을 수 있으므로 피해의 최소성이 인정될 수 없다. 그리고 법익의 균형성도 일반 법원과 군사법원의 주체·절차 등을 고려하면 일반 법원에서 재판을 받고 군사법원에서 재판을 받지 않는 이익이 1개월의 재판 연기로 말미암은 불이익보다 더 크므로 인정되지 않는다. 따라서 비록 입법목적이 정당한 것으로 인정되더라도 그것을 위해서 군사법원의 재판을 받지 아니할 권리를 제한한다는 것은 비례성원칙에 어긋난다. 입법목적의 정당성과 입법수단의 비례성을 인정하는 견해에서는 해당 조항이 재판청구권의 본질내용을 침해하지 않는지를 검토하여야 한다.

(ㄷ) 계엄법 제12조 제2항 단서의 재판청구권의 본질내용 침해성

헌법이 보장한 자유 또는 권리의 본질적인 내용은 기본권의 근본요소로서 이를 제한하게 되면 기본권이 유명무실하게 되어 버리는 권리의 핵심이 되는 내용을 말한다. 헌법 제27조 제2항의 군사법원의 재판을 받지 아니할 권리의 본질적인 내용은 비상계엄 선포기간 중을 제외하고는 어떤 때이든 군사법원의 재판을 받지 않는다는 점에 있다. 따라서 계엄법 제12조 제2항 단서가 비상계엄 해제 이후에도 군사법원의 재판권을 연기할 수 있도록 규정한 것은 군사법원의 재판을 받지 아니할 권리의 본질적 내용을 침해한다.

대법원은 비상계엄 해제 후 1개월 이내의 군사법원 재판권 연기는 군사법원의 재판을 받지 아니할 권리를 일시적으로 제한한 것에 불과하여 그 권리 자체를 박탈하거나 그 권리의 본질적 내용을 침해하는 것은 아니라고 한다.168) 그러나 군사법원의 재판권이 연기된 1개월

---

167) 대법원 1985. 5. 28. 선고 81도1045 판결(집33-2, 455; 공1985, 954) 다수의견.

사이에 군사법원의 재판을 받은 개인으로서는 이미 군사법원의 재판을 받지 아니할 권리 자체를 박탈당한 것이므로 권리의 본질적 내용을 침해당한다.

(라) 소결

계엄법 제12조 제2항 단서는 군사법원의 재판을 받지 아니할 권리를 침해하고 헌법 제77조 제3항의 위임의 한계를 넘어 헌법에 합치되지 아니한다.[169]

ⓗ 계엄에 대한 통제

계엄에 대한 통제방법으로는 국회의 통제방법, 법원의 통제방법 그리고 헌법재판소를 통한 권리구제방법이 있다. 먼저 국회는 계엄 해제를 요구할 수 있다(헌법 제77조 제5항). 이때 해제 요구에 대통령이 응하지 않으면 탄핵소추사유가 된다. 다음으로 법원도 계엄을 통제한다. 계엄에 대한 사법심사가 가능한지에 관해서 통치행위라는 이유로 사법심사를 할 수 없다는 견해와 계엄사령관의 포고령이나 구체적 처분을 대상으로 사법심사를 할 수 있다는 견해로 나뉜다. 무엇이 통치행위인지에 관한 판단권은 법원에 속하고, 통치행위라고 하더라도 재량권을 일탈한 부분은 월권행위이므로 사법심사 대상이 되어야 한다.[170] 끝으로 계엄선포나 계엄에 관한 특별조치로 기본권이 침해되면 헌법소원을 제기할 수 있다.

② 국민투표부의권

(ⅰ) 개념과 제도적 의의

헌법 제72조는 "대통령은 필요하다고 인정할 때에는 외교·국방·통일 기타 국가안위에 관한 중요정책을 국민투표에 붙일 수 있다."라고 하여 대통령의 국민투표부의권을 규정한다. 국민투표제도는 대의제를 대체하는 수단이 아니라 대의제를 보완하는 수단이다. 따라서 대통령의 국민투표부의권은 입법권이나 헌법개정권을 찬탈하는 방식으로 행사할 수 없다. 즉 대통령 의사와 국회 의사와 충돌할 때 대통령 의사를 관철하는 수단으로 활용되어서는 아니 된다. 대의제가 원칙이므로 국민투표는 입법하기 전에 중요한 사항에 관한 국민 의사를 확인하는 수단에 불과하다. 국민투표로 확인된 국민의사는 국회나 집행부에서 정상적 절차를 통해서 구체화하여야 한다(자문적 국민투표). 즉 중요정책에 관한 국민투표는 단지 강화한 공적 여론조사에 불과하여서 법적 구속력이 없다. 대통령이 그에 어긋나는 결정을 하면 정치적 부담을 질 뿐이다. 따라서 대통령의 국민투표부의권은 대통령이 자기 권한 영역 안의 사항에 관해서 그 결정·집행 전에 국민 의사를 확인할 필요가 있다고 판단할 때 국민 의사를 물어볼 수 있는 권한에 불과하다.

---

168) 대법원 1985. 5. 28. 선고 81도1045 전원합의체 판결(집33-2, 455; 공1985, 954).

169) 같은 견해: 김학성/최희수, 『헌법학원론(전정5판)』, 피앤씨미디어, 2021, 1022~1023쪽; 송기춘, 「헌법 제77조」, 『헌법주석[국회, 정부]』, 경인문화사, 2018, 679~680쪽; 이준일, 『헌법학강의(제7판)』, 홍문사, 2019, 941쪽; 허영, 『한국헌법론(전정17판)』, 박영사, 2021, 1054쪽.

170) 성낙인, 『헌법학(제21판)』, 법문사, 2021, 625~626쪽; 홍성방, 『헌법학(하)(제3판)』, 박영사, 2014, 221쪽.

(ii) 국민투표의 부의 요건

ⓐ 부의권자

국가안위에 관한 중요정책을 국민투표에 부의할 수 있는 국가기관은 대통령이다.

ⓑ 부의대상

대통령의 국민투표 부의는 대통령이 자신의 권한 영역 안의 사항에 관해서 국민의사를 확인하기 위한 것에 불과한 것으로 보아야 하므로, 입법권·헌법개정권을 침해하여서는 아니 된다.171) 그리고 무엇이 국가안위에 관한 중요정책에 해당하는지도 해석을 통해서 제한되어야 한다. 즉 국가 독립·영토 보전·헌법질서 교란 등과 같이 구체적으로 국가안위에 관한 것임이 명백한 자기 권한 안의 사항에 관해서만 국민투표에 부의할 수 있다. 사안에 대한 결정이라는 국민투표의 본질상 대표자에 대한 신임은 국민투표 부의대상이 아니다.172)

ⓒ 국무회의 심의

대통령은 필요하다고 인정하면 국가안위에 관한 중요정책을 국민투표에 부칠 수 있다(헌법 제72조). 그러나 대통령의 국민투표부의권 행사 요건과 관련하여 헌법은 국민투표안에 관해서 국무회의 심의를 거치도록 한다(헌법 제89조 제3호). 대통령이 특정정책과 자신의 신임을 결부시켜 국민투표에 부치는 것도 가능하다.173) 따라서 국민투표가 바람직하지 않은 신임투표로 변용되는 것을 막으려면 그 부의 요건 등을 좀 더 엄격히 할 필요가 있다. 헌법재판소는 국민투표를 통한 재신임 국민투표제안을 부정한다.174) 헌법 제10장의 규정에 비추어 헌법 개

---

171) 같은 견해: 홍성방, 『헌법학(하)(제3판)』, 박영사, 2014, 223쪽.

172) 헌재 2004. 5. 14. 2004헌나1, 판례집 16－1, 609, 649; 정재황, 『국가권력규범론』, 박영사, 2020, 596~597쪽.

173) 허 영, 『한국헌법론(전정17판)』, 박영사, 2021, 1047쪽. 중요정책에 대통령에 대한 국민의 신임이 포함되지 않는다는 견해로는 정문식, 「헌법 제72조」, 『헌법주석[국회, 정부]』, 경인문화사, 2018, 600쪽; 정재황, 『신헌법입문(제11판)』, 박영사, 2021, 790~791쪽; 정종섭, 『헌법학원론(제12판)』, 박영사, 2018, 1287쪽; 한수웅, 『헌법학(제11판)』, 법문사, 2021, 1255~1256쪽.

174) 헌재 2004. 5. 14. 2004헌나1, 판례집 16－1, 609, 649－650: "국민투표는 직접민주주의를 실현하기 위한 수단으로서 '사안에 대한 결정' 즉, 특정한 국가정책이나 법안을 그 대상으로 한다. 따라서 국민투표의 본질상 '대표자에 대한 신임'은 국민투표의 대상이 될 수 없으며, 우리 헌법에서 대표자의 선출과 그에 대한 신임은 단지 선거의 형태로써 이루어져야 한다. 대통령이 이미 지난 선거를 통하여 획득한 자신에 대한 신임을 국민투표의 형식으로 재확인하고자 하는 것은, 헌법 제72조의 국민투표제를 헌법이 허용하지 않는 방법으로 위헌적으로 사용하는 것이다. 대통령은 헌법상 국민에게 자신에 대한 신임을 국민투표의 형식으로 물을 수 없을 뿐만 아니라, 특정 정책을 국민투표에 붙이면서 이에 자신의 신임을 결부시키는 대통령의 행위도 위헌적인 행위로서 헌법적으로 허용되지 않는다. 물론, 대통령이 특정 정책을 국민투표에 붙인 결과 그 정책의 실시가 국민의 동의를 얻지 못한 경우, 이를 자신에 대한 불신임으로 간주하여 스스로 물러나는 것은 어쩔 수 없는 일이나, 정책을 국민투표에 붙이면서 "이를 신임투표로 간주하고자 한다."는 선언은 국민의 결정행위에 부당한 압력을 가하고 국민투표를 통하여 간접적으로 자신에 대한 신임을 묻는 행위로서, 대통령의 헌법상 권한을 넘어서는 것이다. 헌법은 대통령에게 국민투표를 통하여 직접적이든 간접적이든 자신의 신임여부를 확인할 수 있는 권한을 부여하지 않는다. 뿐만 아니라, 헌법은 명시적으로 규정된 국민투표 외에 다른 형태의 재신임 국민투표를 허용하지 않는다. 이는 주권자인 국민이 원하거나 또는 국민의 이름으로 실시하더라도 마찬가지이다. 국민은 선거와 국민투표를 통하여 국가권력을 직접 행사하게 되며, 국민투표는 국민에 의한 국가권력의 행사방법의 하나로서 명시적인 헌법적 근거를 필요로 한다. 따라서 국민투표의 가능성은 국민주권주의나 민주주의원칙과 같은 일반적인 헌법원

정도 국민투표에 부의하는 사항에서 제외되어야 한다.175) 176)

(ⅲ) 국민투표를 통한 국민입법 허용 여부

국민입법이란 국민이 헌법 제72조의 국민투표를 통해서 구체적이고 세부적인 입법까지도 할 수 있느냐의 문제이다. 대의제원리를 채택하는 현행 헌법 아래에서 국민입법이 가능한지에 관해서는 견해가 대립한다.

ⓐ 긍정설

(가) 국민주권원칙상 국민 대중에게 실질적인 결정권을 부여하여야 한다는 점, (나) 국민발안권이 보장되지 않은 현행 헌법 아래에서 국민이 입법을 할 수 있는 제도로 이용될 수 있다는 점, (다) 정책과 밀접한 관련성을 고려하면 정책을 추진하려는 대통령이 정책 내용을 담은 법률안을 국민에게 제시하는 것은 매우 자연스럽고 효과적이라는 점 등을 근거로 국민입법도 가능하다고 한다.177) 그러나 긍정설에서도 헌법 제72조에 따라 국민투표 대상이 될 수 있는 법률은 국민의 주권이나 국가권력과 직접 관련 있는 국가안위에 관한 중요 사항에 한한다고 한다. 헌법재판소는 별다른 설명 없이 방론에서 국민투표를 통한 국민입법을 긍정한 바 있다.178)

국민주권원칙상 국민투표를 통한 법률 제정을 인정하여야 한다는 긍정설은 국민주권을 규정한 헌법 제1조 제2항의 국민주권은 국민의 직접적인 국가권력 행사만을 뜻하는 것이 아니라 국가권력이 국민에게서 유래하여야 한다는 것을 뜻한다는 점에서 타당하지 않다. 그리고 국회는 국민의 주권 행사라고 할 수 있는 국민의 선거를 통해서 선출된 국회의원으로 구성된다는 점에서도 긍정설은 타당하다고 할 수 없다.

ⓑ 부정설

(가) 한국 헌법에서 민주주의는 대의제를 원칙으로 하고, 대의제원칙상 입법권은 국회에

칙에 근거하여 인정될 수 없으며, 헌법에 명문으로 규정되지 않는 한 허용되지 않는다. 결론적으로, 대통령이 자신에 대한 재신임을 국민투표의 형태로 묻고자 하는 것은 헌법 제72조에 의하여 부여받은 국민투표부의권을 위헌적으로 행사하는 경우에 해당하는 것으로, 국민투표제도를 자신의 정치적 입지를 강화하기 위한 정치적 도구로 남용해서는 안 된다는 헌법적 의무를 위반한 것이다. 물론, 대통령이 위헌적인 재신임 국민투표를 단지 제안만 하였을 뿐 강행하지는 않았으나, 헌법상 허용되지 않는 재신임 국민투표를 국민들에게 제안한 것은 그 자체로서 헌법 제72조에 반하는 것으로 헌법을 실현하고 수호해야 할 대통령의 의무를 위반한 것이다."

175) 현행 헌법과 헌법현실에 비추어 보면 헌법 제72조의 국민투표조항을 통해서 헌법 개정을 단행하는 것은 ① 경성헌법의 원리에 심각한 도전을 야기하고, ② 대의제를 채택하는 헌법질서에 위배되며, ③ 공고절차 생략으로 말미암아 국민의 알 권리가 침해되고, ④ 헌법 개정을 위한 별도의 특별절차를 침해하며, ⑤ 국회의 심의·표결권을 침해하여 권한분쟁 가능성이 야기되는 것 등의 이유로 위헌으로 보아야 한다는 견해가 있다(변해철, 「헌법 제72조에 의한 영토조항에 대한 합헌성통제」, 『고시계』 제44권 제7호(통권 제509호), 고시계사, 1999. 7., 91~93쪽).

176) 같은 견해: 홍성방, 『헌법학(하)(제3판)』, 박영사, 2014, 223쪽.

177) 김하열, 『헌법강의(제3판)』, 박영사, 2021, 849쪽; 성낙인, 『헌법학(제21판)』, 법문사, 2021, 585쪽.

178) 헌재 2004. 5. 14. 2004헌나1, 판례집 16-1, 609, 649.

속한다는 점(헌법 제40조), (나) 일반적 정책사항에 관한 국민투표와 입법을 위한 국민투표절
차가 같을 수 없는데도, 국민투표법에는 입법을 위한 투표절차가 없다는 점,[179] (다) 법률안
의 세부적 내용에 관한 찬반토론을 할 수 없어 국민입법은 기술적으로도 불가능하다는 점을
근거로 국민입법 가능성을 부정한다.[180]

부정설은 대통령이 자신의 권한에 속하는 법률안을 제출하고 이에 관한 국민투표를 통해
서 법률안을 확정시키는 국민입법과 법률안의 구체적 내용까지 국민이 직접 관여하는 국민입
법을 혼동한다.

ⓒ 사견

국민투표를 통해 국가의 중요정책이 확정되는 것이 아니라 국민투표는 단지 국민의사를
확인하려는 것에 불과하다고 보는 이상, 이를 통해서 확인된 국민의사를 법률로 제정하려면
별도의 입법 절차가 필요하다. 따라서 국민투표를 통해서 곧바로 법률안을 법률로 확정하는
식의 국민입법은 불가능하다. 그리고 국민투표를 통한 법률 제정을 허용하면 국회의 입법권
과 충돌하게 되고, 권력분립원칙에 어긋나게 된다. 헌법 자체에 명시적인 예외규정이 없는 한
법률에 관해서는 국회에 입법권이 있기 때문이다. 또한, 국민입법은 대의제원칙에 모순될 뿐
아니라 기술적으로도 그 시행에 많은 어려움이 있다. 이러한 의미에서 부정설이 타당하다.

(ⅳ) 국민투표 결과의 구속력

대통령이 일단 어떤 사항을 국민투표에 부친 이상 국민의 다수결로 나타나는 결과는 국민
과 모든 국가기관을 구속한다고 보아야 한다는 견해가 있다.[181] 이 견해를 따르면 국민투표
후에 대통령은 국민의사에 어긋나는 정책 결정은 할 수 없다고 한다. 그러나 중요정책에 관
한 국민투표는 단지 강화한 공적 여론조사에 불과하다고 보는 이상 대통령은 국민투표결과에
구속된다고 보기 어렵다.[182] 다만, 대통령이 중요정책을 국민투표에 부친 이상 그 결과에 어
긋나는 결정을 하기는 어렵지만, 이는 법적 구속력이 아닌 정치적 책임에서 기인하는 것으로

---

179) 그러나 이는 헌법상 국민입법이 허용된다면 그에 따라 그 시행을 위한 절차입법이 요구될 것이므로 의미 있는
논거라고 볼 수 없다.

180) 권영성, 『헌법학원론(개정판)』, 법문사, 2010, 995쪽; 김학성/최희수, 『헌법학원론(전정5판)』, 피앤씨미디어,
2021, 1029쪽; 양 건, 『헌법강의(제10판)』, 법문사, 2021, 1244쪽; 정문식, 「헌법 제72조」, 『헌법주석[국회, 정
부]』, 경인문화사, 2018, 599~600쪽; 정재황, 『국가권력규범론』, 박영사, 2020, 593~594쪽; 정종섭, 『헌법학원론
(제12판)』, 박영사, 2018, 1286쪽; 한수웅, 『헌법학(제11판)』, 법문사, 2021, 1253~1254쪽.

181) 김학성/최희수, 『헌법학원론(전정5판)』, 피앤씨미디어, 2021, 1027, 1029쪽; 심경수, 『헌법(제2판)』, 법문사,
2020, 506쪽; 이준일, 『헌법학강의(제7판)』, 홍문사, 2019, 935~936쪽; 전광석, 『한국헌법론(제16판)』, 집현재,
2021, 736~737쪽; 정재황, 『신헌법입문(제11판)』, 박영사, 2021, 792쪽; 한수웅, 『헌법학(제11판)』, 법문사,
2021, 1247~1248쪽; 허 영, 『한국헌법론(전정17판)』, 박영사, 2021, 1047쪽; 홍성방, 『헌법학(하)(제3판)』, 박영
사, 2014, 224쪽.

182) 김하열, 『헌법강의(제3판)』, 박영사, 2021, 852~853쪽; 정문식, 「헌법 제72조」, 『헌법주석[국회, 정부]』, 경인문
화사, 2018, 602쪽; 정종섭, 『헌법학원론(제12판)』, 박영사, 2018, 1292쪽.

보아야 한다.

(ⅴ) 국민투표 방법

국민투표 의결정족수는 헌법적 차원에서 규정되어야 하고 법률에 위임할 수 없으므로 결국 헌법 제130조를 유추적용할 수밖에 없다는 견해가 있다.[183] 그러나 헌법에 다른 규정이 없는 한 원칙대로 중요한 국가정책에 관한 국민투표는 국회의원 선거권자 과반수 투표와 투표자 과반수 찬성을 얻어야 한다.[184] 국민투표 방법에 관한 구체적인 사항은 국민투표법이 규정한다.

③ 헌법기관구성권

(ⅰ) 대법원

대통령은 국가원수로서 국회 동의를 얻어 대법원장을 임명하고, 대법원장 제청으로 국회 동의를 얻어 대법관을 임명한다(헌법 제104조 제1항과 제2항).

(ⅱ) 헌법재판소

대통령은 헌법재판소 재판관을 임명하고, 헌법재판소의 장을 국회 동의를 얻어 재판관 중에서 임명한다. 다만, 재판관 중 3명은 국회가 선출한 사람을, 3명은 대법원장이 지명한 사람을 형식적으로 임명하고, 3명만을 대통령이 직접(실질적으로) 임명한다(헌법 제111조 제2항, 제3항, 제4항).

(ⅲ) 중앙선거관리위원회

대통령은 중앙선거관리위원회 9명의 위원 중 3명을 임명함으로써 중앙선거관리위원회 구성에 참여한다. 나머지 위원 중 3명은 국회가 선출하고, 다른 3명은 대법원장이 지명한다. 위원장은 위원 중에서 호선한다(헌법 제114조 제2항).

(ⅳ) 감사원

대통령은 국회 동의를 얻어 감사원장을 임명하고, 감사원장 제청으로 감사위원을 임명한다(헌법 제98조 제2항과 제3항).

④ 집행에 관한 권한

(ⅰ) 집행에 관한 최고결정권·최고지휘권

대통령은 집행부 수반으로서 집행에 관한 최고결정권과 최고지휘권이 있다. 대통령은 오로지 그 권한과 책임 아래 집행에 관한 최종적인 결정을 내리고, 집행부의 모든 구성원에 대해서 최고의 지휘·감독권을 행사한다.

---

183) 김학성/최희수, 『헌법학원론(전정5판)』, 피앤씨미디어, 2021, 1030쪽.
184) 같은 견해: 이준일, 『헌법학강의(제7판)』, 홍문사, 2019, 936쪽; 정문식, 「헌법 제72조」, 『헌법주석[국회, 정부]』, 경인문화사, 2018, 601쪽; 한수웅, 『헌법학(제11판)』, 법문사, 2021, 1248쪽.

(ii) 법률집행권

대통령은 국회가 제정한 법률을 공포하고 집행한다. 대통령은 집행부 수반으로서 법률 집행을 그 제1차적 임무로 한다. 대통령은 법률을 집행할 때 필요하면 위임명령과 집행명령을 발할 수 있다(헌법 제75조).

(iii) 국가의 대표 및 외교에 관한 권한

대통령은 국가의 대표로서 조약을 체결·비준하고, 외교사절을 신임·접수 또는 파견하며, 선전포고와 강화를 할 수 있을 뿐 아니라(헌법 제73조) 국군을 외국에 파견하거나 외국군대가 대한민국 영역 안에서 주류하도록 할 수 있는 권한이 있다(헌법 제60조 제2항). 더 나아가서 헌법에 명문 규정은 없지만 대통령은 국가대표자인 지위에서 국제법적 의미의 국가 승인·정부 승인·교전단체 승인 등을 할 수도 있다. 외교에 관한 권한은 어느 나라이건 할 것 없이 국가원수에게 공통적으로 주어지는 권한이다.

그러나 대통령이 외교에 관한 권한을 행사하려면 국무회의 심의를 거쳐(헌법 제89조 제2호~제6호) 국무총리와 관계 국무위원이 부서한 문서로써 하여야 한다(헌법 제82조). 그리고 대통령이 중요한 조약을 체결·비준하거나(헌법 제60조 제1항) 외국군대를 한국에 주둔시키려면 국회 동의를 받아야 한다(헌법 제60조 제2항).

(iv) 집행부구성권·공무원임면권

대통령은 집행부조직권자로서 헌법과 법률이 정하는 바에 따라서 공무원을 임면한다(헌법 제78조). 임면에는 단순한 임명과 면직은 물론 보직·전직·휴직·징계처분 등이 포함된다. 그러나 현행 국가공무원법을 따르면 행정기관 소속 5급 이상 공무원과 고위공무원단에 속하는 일반직공무원은 소속 장관 제청으로 인사혁신처장과 협의를 거치고 나서 국무총리를 거쳐 대통령이 임면하되, 고위공무원단에 속하는 일반직공무원은 소속 장관이 해당 기관에 소속되지 아니한 공무원에 대해서도 임용제청할 수 있다. 이때 국세청장은 국회 인사청문을 거쳐 대통령이 임명한다(국가공무원법 제32조 제1항). 대통령은 대통령령으로 정하는 바에 따라 이러한 임용권 일부를 소속 장관에게 위임할 수 있다(국가공무원법 제32조 제3항 전단). 그 밖의 공무원은 소속 장관에게 모든 임용권이 있다(국가공무원법 제32조 제2항). 소속 장관은 대통령령으로 정하는 바에 따라 이러한 임용권 일부와 대통령에게서 위임받은 임용권 일부를 그 보조기관이나 소속 기관의 장에게 위임하거나 재위임할 수 있다(국가공무원법 제32조 제3항 후단).

대통령의 공무원임명권은 권력분립원칙과 공직제도의 기본원리 및 헌법과 법률의 규정에 따라서 제한된다. 임명에 법정된 자격을 필요로 하는 때, 임명에 다른 기관 제청을 필요로 하는 때(국무위원·행정 각부의 장·감사위원 등), 임명에 다른 기관의 선거나 지명을 필요로 하는 때, 임명에 국회 동의를 필요로 하는 때(국무총리·감사원장 등), 임명에 국무회의 심의를 필요로 하는 때(헌법 제89조 제16호에 규정된 공무원)가 그 예이다. 그리고 대통령의 공무원면직권은 공직자에 대한 헌법상 신분 보장과 직업공무원제도상 신분 보장에 따라서 제한된다.

(ⅴ) 국군통수권

ⓐ 군사제도의 2대원칙

헌법상 군사제도에는 군정분리주의와 군정통합주의가 있다. 군정분리주의는 군령권(지휘권·내부적 편제권·교육권·기율권)과 군정권(군정에 관한 섭외사항·군령의 공포와 시행·재정에 관한 사항·인사사항)을 분리시켜 일반 행정부가 아닌 국가원수 직속 아래의 독립한 군정기관이 관장하게 하는 군사제도이다. 군정분리주의는 과거 제정독일이나 패전 전의 일본에서 채택하였다. 그에 반해서 군정통합주의는 군령과 군정을 국가행정에 통합시킴으로써 정부 책임으로 함과 동시에 이 두 작용에 대해서 의회가 통제하도록 하는 군사제도이다. 오늘날 국가 대부분은 군정통합주의를 채택한다.

ⓑ 한국 헌법상 군사제도

(가) 군정통합주의

헌법은 대통령은 헌법과 법률이 정하는 바에 따라서 국군을 통수한다고 규정하여(제74조) 군정통합주의를 채택한다. 그에 관한 법률로는 국군조직법·향토예비군설치법·군인사법·계엄법 등이 있다.

(나) 국가원수의 국군통수권

국군 최고사령관으로서 국군을 지휘·통솔하는 국군통수권을 대통령이 국가원수의 지위에서 가지는 권한으로 볼 것인지 행정부 수반의 지위에서 가지는 권한으로 볼 것인지 아니면 양자의 성격을 병유하는 것으로 볼 것인지에 관해서는 견해가 대립한다. 대통령의 국가원수적 지위, 그것도 국가와 헌법의 수호자적 지위에서 가지는 권한으로 보는 것이 타당하다. 역사적으로 언제나 국군통수권은 국가원수에게 속하였고, 국군통수권을 상실한 국가원수는 국가원수로서 기능할 수 없었기 때문이다.[185]

(다) 국군통수권 행사

대통령의 국군통수권 행사는 군사에 관한 중요사항이면 국가안전보장회의 자문과 국무회의 심의를 거쳐 국무총리와 관계 국무위원이 부서한 문서로서 하여야 한다(헌법 제91조, 제89조 제6호, 제82조). 그리고 선전포고를 하거나 국군을 외국에 파견하기 위해서는 국회의 사전 동의가 있어야 한다(헌법 제60조 제2항). 또한, 대통령은 침략적 전쟁의 목적으로 국군통수권을 행사하여서도 안 된다(헌법 제5조, 제69조)

(ⅵ) 재정에 관한 권한(예산에 관한 권한, 기타 권한)

대통령의 재정에 관한 권한에는 재정수요에 따라 예산을 편성하고 그에 기초하여 국가의

---

185) 홍성방, 『헌법학(하)(제3판)』, 박영사, 2014, 210쪽.

재정적 수입을 확보하는 권한과 편성된 예산에 따라 재정을 지출하면서 집행활동을 전개하는 권한이 있다. 대통령의 재정에 관한 권한은 국민의 재정적 부담을 전제로 하므로 국민의 대표기관인 국회 통제를 받게 된다. 대통령의 제정에 관한 권한에는 예산안의 편성 및 제출권(헌법 제54조 제2항), 추가경정예산안의 편성 및 제출권(헌법 제56조), 준예산 집행권(헌법 제54조 제3항), 예비비의 지출권(헌법 제55조 제2항), 국채모집권(헌법 제58조), 국가나 국민에게 중대한 재정적 부담을 지우는 계약의 체결권(헌법 제60조 제1항), 긴급재정경제처분·명령권(헌법 제76조 제1항) 등이 있다.

(ⅶ) 영전수여권

대통령은 국가의 대표로서 법률이 정하는 바에 따라서 훈장 기타의 영전을 수여한다(헌법 제80조). 영전수여권도 전통적으로 대표적인 국가원수의 권한에 속한다. 그러나 대통령이 영전수여권을 행사하려면 국무회의 심의를 거쳐(헌법 제89조 제8호) 국무총리와 관계 국무위원이 부서한 문서로써 하여야 한다(헌법 제82조). 그리고 대통령은 이 권한을 행사할 때 영전일대의 원칙과 특권불인정원칙(헌법 제11조 제3항)을 지켜야 한다. 현재 영전수여에 관한 법률로는 상훈법이 있다.

⑤ 국회와 입법에 관한 권한

(ⅰ) 국회에 관한 권한

ⓐ 임시회소집요구권

대통령은 국회임시회 집회를 요구할 수 있다(헌법 제47조 제1항). 대통령이 국회임시회 집회를 요구할 때는 국무회의 심의를 거쳐야 하고, 기간과 집회 요구의 이유를 명시하여야 한다(헌법 제47조 제3항, 제89조 제7호). 특히 대통령이 긴급명령 등을 발하거나 계엄을 선포할 때 국회가 휴·폐회 중이면, 이를 즉시 보고 또는 통보하기 위해서 국회 임시회 집회를 요구하여야 한다.

ⓑ 국회출석·발언권

대통령은 국회에 출석하여 발언을 하거나 서한으로 의견을 표시할 수 있다(헌법 제81조). 대통령은 국회에서 국정에 관한 연설을 하거나 연두교서 등을 전달함으로써 입법이나 일반정책에 관해서 국회의 이해와 협조를 구할 수 있다. 국회출석·발언권은 대통령의 권한이므로 국회 측에서 대통령의 출석을 요구하거나 서한에 의한 의견표시를 요구할 수 없다.

(ⅱ) 헌법 개정에 관한 권한

대통령은 헌법개정안을 제안할 권한이 있다(헌법 제128조 제1항). 헌법개정안이 제안되면 대통령은 20일 이상의 기간 이를 공고하여야 한다(헌법 제129조). 헌법개정안 공고는 대통령의 권한인 동시에 의무이다. 헌법개정안이 국민투표로써 확정되면, 대통령은 확정된 개정헌법을 즉시 공포하여야 한다(헌법 제130조). 확정된 개정헌법을 공포하는 것도 대통령의 권한인 동시에 의무이다.

(ⅲ) 법률 제정에 관한 권한

ⓐ 법률안제안권

대통령은 국무회의 심의를 거쳐 국회에 법률안을 제출할 수 있다(헌법 제52조, 헌법 제89조 제3호). 대통령제에서 법률안제출권은 의회의원의 전속적 권한이고 집행부에는 법률안제출권을 인정하지 않는 것이 일반적이다. 정부는 부득이한 때를 제외하고는 매년 1월 31일까지 해당 연도에 제출할 법률안에 관한 계획을 국회에 통지하여야 한다. 그 계획을 변경하였을 때는 분기별로 주요 사항을 국회에 통지하여야 한다(국회법 제5조의3).

ⓑ 법률안거부권

(가) 개념

법률안거부권은 국회가 의결하여 정부에 이송한 법률안에 대해서 대통령이 이의가 있을 때 법률안 확정을 저지하기 위해서 그 법률안을 국회 재의에 부칠 수 있는 권한을 말한다. 이를 법률안재의요구권이라고도 한다. 예산은 법률과 다른 법형식이므로 예산에 대해서는 거부권을 행사할 수 없다. 국회의 각종 승인이나 동의에 관한 의결에 대해서도 다시 재의를 요구할 수 없다. 대통령 거부 후에 국회가 재적의원 과반수 출석과 출석의원 3분의 2 이상 찬성으로 전과 같은 의결을 하면 그 법률안은 법률로서 확정되고(헌법 제53조 제4항), 재의결되지 아니하면 폐기된다. 이 거부권으로 말미암아 대통령의 법률안에 대한 서명권은 국회를 통과한 법률안에 대한 형식적 심사권뿐 아니라 그 내용 적부에 관한 실질적 심사권까지 포함하게 된다.

(나) 제도적 의의

대통령제 정부형태에서 법률안거부권이 인정되는 이유는, 법률 제정은 국회 권한이고 법률 집행은 입법과정에 참여하지 못하는 집행부 책임이므로, 집행부가 법률안에 이의가 있을 수 있기 때문이다. 대통령의 법률안거부권의 이론적 근거는 ㉠ 국회의 부당한 입법이나 헌법 위반을 견제할 필요성과 ㉡ 의회가 입법권을 남용하여 집행부 권한을 침해하는 데 대항하여 권력적 균형을 유지하고 집행부를 안정시키기 위한 필요성이다. 하지만 대통령이 법률안거부권을 남용하면, 국회의 법률안의결권(입법권)이 유명무실하게 될 위험이 있고, 현행 헌법은 대통령에게 법률안제출권까지 인정하여서, 대통령의 법률안거부권은 단지 단원제국회의 경솔함과 횡포를 방지하는 데 그쳐야 한다. 따라서 거부권은 남용되어서는 안 되고, 정당하게 행사되어야 한다.

(다) 법적 성질

법률안거부권이 법률 완성에 관해서 어떠한 성격이 있는지와 관련하여 정지조건설과 해제조건설이 대립한다. 대통령의 법률안거부권은 국회가 재의결하기까지는 그 법률안에 대해서 법률로서 확정되는 것을 정지시키는 소극적인 조건부정지권의 성격이 있는 것이라고 보아야 한다. 따라서 대통령은 법률안을 재의에 붙였더라도 의회가 의결하기 전에는 언제든지 이를 철회할 수 있고, 국회도 이를 번복할 수 있다.[186]

(라) 유형과 그 통제 방법

㉠ 환부거부

환부거부란 국회가 의결하여 정부에 이송한 법률안을 지정된 기일 안에 대통령이 이의서를 첨부하여 국회에 환부하고 재의를 요구하는 것을 말한다. 헌법 제53조 제2항은 환부거부를 규정한다. 그리고 법률안거부에서 일부거부나 수정거부가 인정되는지가 문제 된다. 일부거부는 법률안의 유기적 관련성을 파괴하고 수정거부는 거부권의 소극적 성질에 어긋날 뿐 아니라 정부가 법률안제출권까지 있는 현행 헌법에서는 이를 인정할 이유가 없으므로, 양자 모두 허용되지 않는다. 헌법 제53조 제3항도 이를 금지한다.

㉡ 보류거부

보류거부는 국회의 폐회나 해산으로 말미암아 대통령이 지정된 기일 안에 법률안을 국회에 환부할 수 없을 때, 대통령이 그 법률안을 거부하려고 법률안을 공포하지 아니한 채 가지고 있으면 법률안이 자동적으로 폐기되는 것을 말한다. 현행 헌법에서 보류거부가 인정되는지에 관해서는 학설이 갈린다. 부분긍정설은 원칙적으로 보류거부는 인정되지 않지만, 국회가 의결한 법률안이 정부에 이송된 후 15일 이내에 그 법률안을 의결한 의원 임기가 만료하여 국회가 종국적으로 폐회하면 환부할 국회가 없어서 그 법률안은 당연히 폐기될 수밖에 없으므로 이러한 때는 예외적으로 보류거부가 인정된다고 한다.[187] 그러나 이러한 때는 헌법이 보류거부를 인정하는 것이 아니라, 임기 만료에 따른 법률안 폐기로서 사실상 보류거부와 비슷한 효과를 발생시키는 것에 불과하다는 점에서 전면부정설이 타당하다.[188]

(마) 행사요건

㉠ 실질적 요건

대통령이 법률안거부권을 행사하려면 법률안에 이의가 있어야 한다. 헌법은 어떤 때에 어떤 사유로 법률안거부권을 행사할 수 있는지에 관해서 규정하지 않는다. 하지만 법률안거부권 행사는 정당한 이유가 있고 객관적으로 납득할 수 있는 때라야 한다. 객관적 타당성이 있는 정당한 때로는 (ㄱ) 그 법률안이 헌법에 위반된다고 판단되는 때, (ㄴ) 그 법률안 집행이 불가능한 때, (ㄷ) 그 법률안이 국가적 이익에 어긋나는 것을 내용으로 하는 때, (ㄹ) 외국과

---

186) 홍성방, 『헌법학(하)(제3판)』, 박영사, 2014, 228쪽.

187) 고문현, 『헌법학개론(제2판)』, 박영사, 2020, 340쪽; 구병삭, 『신헌법원론(개정판)』, 박영사, 1996, 1008쪽; 권영성, 『헌법학원론(개정판)』, 법문사, 2010, 1007~1008쪽; 정만희, 『헌법학개론』, 피앤씨미디어, 2020, 565쪽.

188) 같은 견해: 김철수, 『학설·판례 헌법학(전정신판)(중)』, 박영사, 2009, 488쪽; 김학성/최희수, 『헌법학원론(전정5판)』, 피앤씨미디어, 2021, 1046쪽; 성낙인, 『헌법학(제21판)』, 법문사, 2021, 588~589쪽; 심경수, 『헌법(제2판)』, 법문사, 2020, 512쪽; 이성환, 『헌법 제53조』, 『헌법주석[국회, 정부]』, 경인문화사, 2018, 215~216쪽; 이준일, 『헌법학강의(제7판)』, 홍문사, 2019, 944쪽; 정연주, 『헌법학원론(제2판)』, 법영사, 2021, 758쪽; 정재황, 『국가권력규범론』, 박영사, 2020, 606쪽; 같은 사람, 『신헌법입문(제11판)』, 박영사, 2021, 795쪽; 허 영, 『한국헌법론(전정17판)』, 박영사, 2021, 1060쪽; 홍성방, 『헌법학(하)(제3판)』, 박영사, 2014, 229쪽.

외교적 충돌이 일어날 가능성이 클 때, (ㅁ) 그 법률안이 (국회 다수세력의) 집행부에 대한 부당한 정치적 공세만을 이유로 하는 때 등을 들 수 있다. 정당한 이유가 없는 법률안거부권 남용은 탄핵소추 사유가 된다.

ⓛ 절차적 요건

대통령이 법률안거부권을 행사하는 절차는 (ㄱ) 법률안이 정부로 이송되어 온 날부터 15일 이내에, (ㄴ) 국무회의 심의를 거치고 나서, (ㄷ) 법률안에 이의서를 첨부하여, (ㄹ) 국회로 환부하여 재의를 요구하는 것이다. 이때 국회가 폐회 중이어도 헌법 제53조 제2항 제2문에 따라 환부거부할 수 있다.

ⓒ 법률공포권

국회에서 의결된 법률안은 정부에 이송되어 15일 이내에 대통령이 공포한다(헌법 제53조 제1항). 대통령이 거부권 행사로 국회가 재의결하여 확정된 법률은 대통령이 즉시 공포하여야 한다(헌법 제53조 제6항 제1문). 정부는 법률안을 공포하면 이를 즉시 국회에 통지하여야 한다(국회법 제98조 제2항). 정부는 법률이 정부에 이송되고 나서 5일 이내에 대통령이 공포하지 아니하면 국회의장이 공포한다(헌법 제53조 제6항 제2문). 법률은 특별한 규정이 없는 한 공포일부터 20일이 지나면 효력이 발생한다(헌법 제53조 제7항). 그러나 국민의 권리 제한이나 의무 부과와 직접 관련 있는 법률은 긴급히 시행할 특별한 사유가 있는 때를 제외하고는 공포일부터 적어도 30일이 지난 날부터 시행한다('법령 등 공포에 관한 법률' 제13조의2)

(ⅳ) 행정입법권

대통령은 법률에서 구체적으로 범위를 정하여 위임받은 사항과 법률을 집행하는 데 필요한 사항에 관해서 대통령령을 발할 수 있다(헌법 제75조).

⑥ 사법에 관한 권한

(ⅰ) 위헌정당해산제소권

대통령은 국가와 헌법의 수호자 지위에서 위헌정당해산권이 있다. 즉 정당의 목적이나 활동이 민주적 기본질서에 위배될 때 정부는 헌법재판소에 그 해산을 제소할 수 있다(헌법 제8조 제4항).

(ⅱ) 사면권

ⓐ 개념

넓은 뜻의 사면은 법원의 형 선고 및 그 부수적 효과와 행정기관의 징계처분 효과 전부나 일부를 면제시키는 행위로서 좁은 뜻의 사면과 감형 및 복권을 포함한다. 좁은 뜻의 사면은 형사소송법이나 그 밖의 형사법규에 정한 절차를 따르지 아니하고 형의 선고 효과나 공소권을 소멸시키거나 형 집행을 면제시키는 행위를 말한다(헌법 제79조, 사면법 제2조). 감형은 형의 선고를 받은 사람에 대해서 선고받은 형을 경감하거나 형 집행을 감경하는 행위를 말한다. 복권은 죄를 범하여 형 선고를 받은 사람이 그 형 선고의 부수적 효력으로서 다른 법령에 따라서 자격이 상실 또는 정지될 때 그 상실 또는 정지된 자격을 회복시켜주는 행위를 말한다. 넓은 뜻의 사면은 좁은 뜻의 사면 이외에 법원의 형 선고 및 그 부수적 효과와 행정기관 징계처분 효과의 전부나 일부를 면제하는 행위를 뜻한다(사면법 제1조, 제4조). 헌법재판소는 사면은 형의 선고의 효력 또는 공소권을 상실시키거나, 형의 집행을 면제시키는 국가원수의 고유한 권한을 뜻하며, 사법부 판단을 변경하는 제도로서 권력분립원칙에 대한 예외가 된다고 한다.[189]

ⓑ 정당성

사면은 군주시대의 유물로서 그것이 남용되면 법치국가적 형사사법절차의 의미가 손상될 가능성이 있고, 권력분립원칙 및 평등원칙과 같은 헌법원칙 등과 충돌하게 된다는 점에서 그에 대한 비판이 제기된다. 그런데도 사면은 그것이 형사사법제도의 경직성을 완화하고 형 집행에서 수형자의 기본권을 보장하는 기능을 수행할 수 있다는 점 때문에 정당성이 인정될 수 있다. 즉 사면권은 다음과 같이 운용될 때 정당성을 인정받을 수 있다.

(가) 오판시정제도

법은 인간이 만든 것으로서 인간 의식에서 비롯한다. 그러나 인간 의식은 완벽할 수 없고 한계가 있기 마련이므로 법도 한계가 있다. 그러므로 사면권은 불완전한 법에 따라서 내려질 수 있는 오판을 시정하고 보완하기 위해서 불가피한 제도이다. 즉 사면제도는 오판 가능성의 최후적 교정장치로서 작용할 수 있다.

(나) 부정기형제도

엄격한 법 적용으로 지나치게 가혹한 형벌을 받은 사람이나 더는 자유형을 가할 필요가 없을 정도로 개선된 수형자를 사면함으로써, 국민의 신체의 자유를 필요 이상으로 제한하는 것을 막을 수 있다.

ⓒ 좁은 뜻의 사면권

좁은 뜻의 사면에는 일반사면(대사)과 특별사면(특사)이 있다. 일반사면이란 특정범죄를 지정하여 이에 해당하는 모든 범죄인에 대해서 형의 선고 효과를 전부나 일부 소멸시키거나 형 선고를 받지 아니한 사람에 대해서 공소권을 소멸시키는 것을 말한다. 일반사면은 대통령령으로 하되 국무회의 심의를 거치고 국회 동의를 얻어야 한다(헌법 제89조 제9호, 제79조 제2항). 일반사면은 대통령령으로 하는데, 죄의 종류를 정하여야 한다(사면법 제8조). 특별한 규정이 없는 한 일반사면으로 형 선고는 그 효력을 상실하고, 형 선고를 받지 아니한 사람에 대해서는 그 공소권이 상실된다(사면법 제5조 제1항 제1호). 그러나 형 선고에 따른 기성 효과는 변경

---

189) 헌재 2000. 6. 1. 97헌바74, 공보 46, 448, 449-450.

되지 아니한다(사면법 제5조 제2항).

이에 반해서 특별사면은 이미 형 선고를 받은 특정인에 대해서 형 집행을 면제하는 것이
다. 특별사면은 검찰총장이 상신 신청하고 법무부 장관이 상신하면 국무회의 심의를 거쳐 대
통령이 한다(헌법 제89조 제9호, 사면법 제9조, 제10조, 제11조). 법무부 장관이 특별사면을 상신
할 때는 사면심사위원회 심사를 거쳐야 한다(사면법 제10조 제2항). 법무부 장관 소속의 사면심
사위원회는 위원장 1명을 포함한 9명의 위원으로 구성하는데(사면법 제10조의2 제1항과 제2항),
법무부 장관이 위원장이 되고, 위원은 법무부 장관이 임명하거나 위촉하되, 공무원이 아닌 위
원을 4명 이상 위촉하여야 한다(사면법 제10조의2 제3항). 공무원이 아닌 위원의 임기는 2년으
로 하며, 한 차례만 연임할 수 있다(사면법 제10조의2 제4항). 검찰총장은 직권으로 또는 형 집
행을 지휘한 검찰청 검사의 보고 또는 수형자가 수감되어 있는 교정시설 장의 보고에 따라서
법무부 장관에게 특별사면을 상신할 것을 신청할 수 있다(사면법 제11조). 특별사면은 형의 집
행을 면제하는 효과를 가져온다. 다만, 특별한 사정이 있으면 형 선고 효력을 상실하게 할 수
있다. 그러나 형 선고에 따른 효과는 변경되지 아니한다(사면법 제5조 제1항 제2호, 제2항).

ⓓ 감형권

감형에는 일반감형과 특별감형이 있다. 죄 또는 형의 종류를 정하여 일반적으로 하는 일
반감형은 국무회의 심의를 거쳐 대통령령으로 하며, 특정인에 대한 특별감형은 법무부 장관
상신으로 국무회의 심의를 거쳐 대통령이 한다(헌법 제89조 제9호, 사면법 제5조 제1항 제3호와
제4호, 제8조, 제9조). 법무부 장관이 감형을 상신할 때는 사면심사위원회 심사를 거쳐야 한다
(사면법 제10조 제2항). 검찰총장은 직권으로 또는 형 집행을 지휘한 검찰청 검사의 보고 또는
수형자가 수감되어 있는 교정시설 장의 보고에 따라서 법무부 장관에게 특정한 자에 대한 감
형을 상신할 것을 신청할 수 있다(사면법 제11조). 죄 또는 형의 종류를 정하여 하는 감형은
대통령령으로 한다(사면법 제8조). 감형도 그 종류를 불문하고 형의 선고에 따른 기성 효과는
변경되지 아니한다(사면법 제5조 제2항).

ⓔ 복권에 관한 권한

복권은 자격이 상실 또는 정지된 사람 중에서 형 집행이 종료되거나 집행을 면제받은 사
람에 대해서만 한다(사면법 제6조). 복권에는 일반복권과 특별복권이 있다. 죄 또는 형의 종류
를 정하여 일반적으로 하는 일반복권은 대통령령으로 하고(사면법 제8조 제1항), 특정한 사람
에 대해서 하는 특별복권은 법무부 장관 상신에 따라 대통령이 한다(사면법 제9조). 법무부 장
관이 복권을 상신할 때는 사면심사위원회 심사를 거쳐야 한다(사면법 제10조 제2항). 복권은 종
류를 불문하고 국무회의 심의를 거쳐야 하며(헌법 제89조 제9호), 그 효과는 앞날에 향해서만
발생한다(사면법 제5조 제2항). 일반에 대한 복권은 대통령령으로 한다(사면법 제8조).

ⓕ 한계

(가) 무한계설

사면권 행사를 사면권자의 무제한적인 은전으로 보는 견해에서는 사면권은 어떠한 한계도 없다고 주장한다. 그러나 사면권 행사에 한계가 없다는 주장은 법치국가에서 국가의 모든 권한은 그 한계를 설정하는 법규범에 따라서 형성된다는 사실을 제대로 이해하지 못하는 것이다. 물론 헌법상 또는 법률상 확정된 사면사유가 없고, 이로써 사면권자의 사면 결정에 정당성이 있는지를 판단할 규정이 없다는 점에서 사면권자는 사면의 합목적성 측면에서 옹근(완벽한) 재량의 자유가 있다. 그러나 사면권도 헌법적 한계 안에서 인정되는 법적 개념이므로 그 행사에는 일정한 한계가 있다.

(나) 유한계설

사면권은 헌법적 한계 안에서 인정되고 법치국가원리에 따라서 일정한 제약을 받는 법적 개념이므로 그 행사에는 일정한 한계가 있다고 한다. 그 구체적인 한계는 다음과 같다.

㉠ 대상적 한계

사면제도의 역사적 유래와 그 형성과정에 비추어, 국가형벌권 행사의 전부나 일부를 포기하는 사면권 행사는 형사사건에 관련되는 것이 원칙이다. 그러나 사면법 제4조는 "행정법규 위반에 대한 범칙(犯則) 또는 과벌(科罰)의 면제와 징계법규에 따른 징계 또는 징벌의 면제에 관하여는 이 법의 사면에 관한 규정을 준용한다."라고 하여 형법상 형벌뿐 아니라 행정벌과 징계벌도 사면 대상이 됨을 규정한다. 그러나 탄핵제도의 취지와 권력분립원칙에 비추어 탄핵으로 말미암은 책임은 사면으로 면하게 할 수 없다.

㉡ 절차적 한계

현행법상 사면권자는 일반사면은 국무회의 심의를 거쳐 국회 동의를 얻어야 하고, 특별사면은 법무부 장관 상신을 받아 국무회의 심의를 거쳐야 하는 것 등 사면 결정에 이르기까지 일정한 절차를 밟아야 한다. 이러한 절차를 준수하지 않은 사면 결정은 부적법한 것이고, 대통령도 헌법 제65조 제1항의 '법률을 위배한 때'에 해당하여 탄핵소추 대상이 될 수 있으므로, 사면법에 규정된 절차는 사면의 한계가 된다.

㉢ 시간적 한계

사면법 제5조 제2항은 "형의 선고에 따른 기성(旣成)의 효과는 사면, 감형 및 복권으로 인하여 변경되지 아니한다."라고 규정하여 사면의 장래효를 명시한다.

㉣ 헌법적 한계와 헌법체계내적 충돌의 문제

헌법상 사면규정은 다른 헌법원칙(권력분립원칙과 평등원칙 등)과 충돌하므로 사면은 예외적 성격의 조치로서, 다른 헌법원칙과 합리적으로 조화될 수 있는 한도 안에서만 행사되어야 한다. 사면 영역에서도 모든 인간의 법 앞의 평등이라는 중요한 헌법원칙이 침해되어서는 안

되고, 권력분립원칙상 사면권을 행사하는 집행권은 사법권의 본질적 내용을 훼손하지 않는 범위 안에서 합리적 기준과 원칙에 따라 적정하게 행사되어야 한다.

ⓜ 목적적 한계

사면권은 국가이익이나 국민화합 차원에서 행사되어야 하고 정치적으로 남용하거나 당리당략적 차원에서 행사되어서는 안 된다. 특히 특별사면은 범인의 개전의 정이 현저하여 형 집행을 계속할 필요가 없을 때, 형사사법절차의 결함이 노정된 때 등 형사정책적 목적에 부합하는 때에 하여야 한다. 따라서 탄핵결정으로 파면된 사람, 탄핵소추대상자 및 이에 준하는 고위공직자의 권력형비리사건에 대해서 당리당략적 차원에서 사면을 하여서는 안 된다.

ⓖ 사법심사 가능성

(가) 사법심사부정설과 그에 대한 비판

㉠ 권력분립 예외론

(ㄱ) 사면은 역사적으로 군주주의 시대의 단순한 대권 행사에 그 연원을 두므로 사면권은 권력분립과 무관하며 권력분립제도에 따라서 구성된 제약을 전혀 받지 않는다고 한다.

(ㄴ) 헌법제정자가 사실상 사법부 판결을 변경하는 결과를 초래하는 사면권을 규정한 것은 이를 권력분립의 예외로 인정하는 것이므로, 이에 대한 사법부의 재개입을 초래하는 사법심사는 인정될 수 없다고 한다.

그러나 사면권을 '법치국가의 자기교정'으로 이해하면, 사면권 행사는 법치국가원리 안에서 이해되어야만 하고, 법치국가원리의 하위원리인 권력분립의 예외일 수 없다. 따라서 이에 대한 사법심사가 가능하다.

㉡ 법에서 자유로운 행위론

사면은 법에서 자유로운 행위로서, 그에 관한 법규정이 있을 때도 그것은 행정내부적 훈령의 성질이 있거나 사면 절차를 규정하는 것일 뿐이지 실체법적 요건을 정하는 것은 아니라고 본다. 이에 대해서는 (ㄱ) 사면제도도 헌법과 사면법이 법제도화하는 법적 행위이므로 법적 판단에서 자유로울 수 없고, (ㄴ) 현행 사면법상에서도 사면의 절차법적 기속은 부정할 수 없으며, (ㄷ) 사면권은 헌법이 인정한 권한으로서 헌법의 모든 원칙에 위배되어서는 안 되는 헌법적 한계가 있다는 비판이 있다.

㉢ 통치행위론

(ㄱ) 사면권 행사의 통치행위성

사면권 행사는 고도의 정치성을 띤 국가최고기관(대통령)의 행위이므로 통치행위이다. 따라서 종래 이론을 따르면 사면권은 사법심사 대상이 되지 않는 행위라고 한다.

(ㄴ) 비판

㉮ 대통령의 헌법상 권한 행사는 헌법과 법률에 규정된 절차에 따라서 행사되어야 하고

(절차적 정당성), 헌법과 법률의 명문 규정과 그 실체적 내용에 위배될 수 없으며, 헌법과 행정법의 일반원칙, 예를 들어 비례성원칙, 평등원칙, 신뢰보호원칙 등을 위반하여 행사될 수 없다. 따라서 사면권 행사가 헌법과 법률의 한계를 일탈하였다면 통치행위로서 정당성을 인정받을 수 없다.

ㄸ 헌법재판소는 금융실명제 실시를 위한 긴급재정경제명령 등 위헌확인 사건에서 통치행위라는 용어를 명시적으로 사용하면서도, 통치행위를 포함한 모든 국가작용은 국민의 기본권적 가치를 실현하려는 수단에 불과하므로, 고도의 정치적 결단에 따라서 하는 국가작용이라도 그것이 국민의 기본권 침해와 직접 관련되면 당연히 헌법재판소 심판 대상이 될 수 있다고 결정하였다.190)

ㄹ 자유재량행위설

사면은 행정행위이기는 하나 자유재량행위이다. 따라서 그 권한 행사에서 타당성이나 합목적성 여부의 문제만 발생할 뿐이지 위법성 문제는 발생하지 않으므로 사법심사 대상이 되지 않는다고 한다. 이에 대해서는 행정소송법 제27조는 "행정청의 재량에 속하는 처분이라도 재량권의 한계를 넘거나 그 남용이 있는 때에는 법원은 이를 취소할 수 있다."라고 규정하여 재량행위도 그것이 남용·유월되어 행사되면 위법한 것으로 사법심사 대상이 됨을 명문으로 인정한다는 비판이 있다.

(나) 사법심사긍정설

ㄱ 법치국가원리 수호론

원칙 없는 사면 남용은 법치국가적 절차에 따라 내려진 각종 형벌과 제재를 백지화할 뿐 아니라 그 절차 자체의 의미를 손상시킬 수 있고, 사법권의 독립을 침해할 소지가 크며, 권력분립원칙에 어긋날 수 있다. 따라서 이러한 문제를 최소화하기 위해서 사면권 행사에 대한 사법심사가 요청된다고 한다.

ㄴ 기본권 보장론

사면제도는 불완전한 법에 따라서 내려질 수 있는 오판을 시정·보완하고, 지나치게 가혹한 형벌을 받은 사람이나 더는 자유형을 가할 필요가 없을 정도로 개선된 수형자의 신체의 자유를 필요 이상으로 제한하는 것을 막아 국민의 기본권을 보장하려는 제도이다. 국민의 기본권을 실효적으로 보장하려면 사면에 대한 사법심사가 요청된다고 한다.

(다) 사견

권력분립원칙상 국가권력 서로 간의 통제와 억제가 필요하고, 사면권은 헌법이 규정한 대통령의 권한이므로 헌법적·법률적 한계 안에서만 그 권한 행사가 정당성을 인정받을 수 있

---

190) 헌재 1996. 2. 29. 93헌마186, 판례집 8-1, 111, 116.

다. 그리고 자의적인 사면권 남용을 막아 법치국가원리를 수호하고 수형자와 일반 국민의 기본권을 보장하려면 사면권 행사에 대한 사법심사는 가능하다고 보아야 한다.191)

(5) 대통령의 권한행사방법

① 문서주의

대통령의 국법상 행위는 문서로써 한다(헌법 제82조). 국법상 행위란 헌법과 법령이 대통령의 권한으로 하는 모든 행위를 말한다. 여기서 문서를 종이문서에 국한할 이유는 없다. 대통령의 국법상 행위를 문서로써 하도록 한 것은 국민에게 예측 가능성과 법적 안정성을 보장하고, 그에 관한 증거를 남기며, 권한 행사에 신중을 기하도록 하려는 것이다. 대통령이 국법상 행위를 문서로 하지 않으면 무효가 된다.

② 부서

(ⅰ) 의의

부서는 대통령의 권한 행사를 위한 문서에 대통령 서명에 이어 국무총리와 관계 국무위원이 서명하는 것을 말한다. 대통령의 권한 행사 방법으로서 대통령의 국법상 행위는 문서로 하여야 하는데(문서주의), 이 문서에는 국무총리와 관계 국무위원의 부서가 있어야 한다. 부서제도는 ⓐ 대통령의 전제를 방지하고, ⓑ 국무총리와 관계 국무위원의 책임 소재를 명백하게 밝히려는 취지가 있다. 헌법상 부서제도가 규정된 이상 대통령의 국법상 행위에는 부서가 있어야 하고, 부서가 없으면 그 행위는 적법한 행위가 될 수 없다. 이러한 점에서 부서제도는 대통령의 권한 행사에 대한 일종의 제약이 된다.

(ⅱ) 법적 성격

부서제도의 법적 성격에 관해서는, ⓐ 국무회의가 심의기관에 불과하고 대통령이 이들을 해임할 수 있으며, 이들은 국회에 정치적 책임을 지는 것도 아니므로 책임소재를 명백히 밝히는 것도 무의미하다는 점에서, 부서제도는 부서권자가 대통령의 국무행위에 참여하였다는 물적 증거의 성질이 있는 것일 뿐이라는 견해(물적 증거설), ⓑ 부서는 대통령이 국법상 행위를 할 때 보좌기관인 국무총리와 국무위원이 그 보좌 책임을 다하였음을 확인하는 의미가 있다는 견해(보필책임설),192) ⓒ 부서제도가 대통령의 전제를 방지하고 부서권자가 대통령의 행위에 대한 보필책임을 지게 하며 부서권자의 책임 소재를 명백히 밝히는 성질이 있다는 견해(보필책임설·책임소재설),193) ⓓ 부서제도는 책임 소재를 확인하는 기능과 기관 내 통제수단의

---

191) 같은 견해: 박진애, 「헌법에 합치하는 사면제도의 모색」, 『헌법학연구』 제15권 제3호, 한국헌법학회, 2009, 343~344쪽; 송기춘, 「헌법 제77조」, 『헌법주석[국회, 정부]』, 경인문화사, 2018, 705~706쪽; 한수웅, 『헌법학(제11판)』, 법문사, 2021, 1275~1277쪽.

192) 정재황, 『국가권력규범론』, 박영사, 2020, 726쪽.

193) 권영성, 『헌법학원론(개정판)』, 법문사, 2010, 1022~1023쪽; 김철수, 『학설·판례 헌법학(전정신판)(중)』, 박영

기능을 함께 있는 것으로 보는 견해가 대립한다. 국무총리가 대통령의 모든 국정행위문서에 부서하는 것은 대통령의 국정행위에 대한 포괄적 보좌기관으로서 책임을 지겠다는 의미와 대통령의 국정행위가 절차적으로 정당하게 이루어질 수 있도록 기관내통제권을 행사한다는 의미가 함께 있는 복합적 성질의 행위로 볼 수 있다.

(ⅲ) 부서 거부 가능성

부서권은 재량이 인정되는 권한이므로, 국무총리와 관계 국무위원이 대통령의 일정한 국법상 행위에 동의하지 않으면 당연히 부서를 거부할 수 있다.194) 따라서 대통령이 국무회의에서 심의·의결되지 않은 사항을 집행하거나 국무회의 의결내용과 다르게 권한을 행사한다면, 국무총리와 관계 국무위원은 부서를 거부할 수 있다. 그러나 대통령은 국무총리나 국무위원에 대한 임면권이 있으므로, 국무총리나 관계 국무위원이 부서를 거부하면, 그를 해임하고 신임 국무총리나 관계 국무위원이 부서를 하도록 할 수 있다.195)

(ⅳ) 부서 없는 대통령의 국법상 행위의 효력

ⓐ 유효설

부서제도가 대통령의 국법상 행위의 유효요건이 아니라 적법요건에 불과하므로 부서 없는 대통령의 국법상 행위도 당연히 무효가 되는 것이 아니고 위법행위가 되는 데 지나지 않으며, 다만 국회는 이를 이유로 탄핵소추할 수 있을 뿐이라고 한다.196)

ⓑ 무효설

부서가 없으면 대통령의 국법상 행위는 형식적 요건을 구비하지 못한 것이므로, 부서 없는 대통령의 국법상 행위는 무효라고 한다.197)

사, 2009, 581쪽; 성낙인, 『헌법학(제21판)』, 법문사, 2021, 630쪽; 심경수, 『헌법(제2판)』, 법문사, 2020, 529쪽; 정만희, 『헌법학개론』, 피앤씨미디어, 2020, 573쪽; 정종섭, 『헌법학원론(제12판)』, 박영사, 2018, 1321~1322쪽; 허 영, 『한국헌법론(전정17판)』, 박영사, 2021, 1074쪽.

194) 헌법은 대통령제를 취하면서 국무총리와 국무위원을 대통령의 명을 받아 대통령을 보좌하는 지위에 있고, 부서권은 성질상 동의권과 다르므로 대통령의 행위에 대해서 부서권자는 부서를 거부할 수 없다는 견해(정종섭, 『헌법학원론(제12판)』, 박영사, 2018, 1323쪽)와 임명권자인 대통령과 맺는 관계를 고려하면 대통령이 서명한 문서에 국무총리와 관계 국무위원은 기속되어 헌법과 법률에 위반되는 행위가 아니라면 부서를 거부할 수 없다는 견해(김상겸, 「헌법 제82조」, 『헌법주석[국회, 정부]』, 경인문화사, 2018, 730쪽)도 있다.

195) 대통령이 헌법상 권한을 행사하는 것이 불가능해지지 않도록 대통령은 부서를 거부하는 국무총리나 국무위원을 해임하고 부서 없이 권한을 행사할 수 있다는 견해도 있다(심경수, 『헌법(제2판)』, 법문사, 2020, 530쪽).

196) 권영성, 『헌법학원론(개정판)』, 법문사, 2010, 1023쪽; 김도협, 『헌법학원론(제3판)』, 진원사, 2021, 478쪽(509쪽에서는 원칙적으로 무효로 보는 것이 타당하다고 한다); 김상겸, 「헌법 제82조」, 『헌법주석[국회, 정부]』, 경인문화사, 2018, 729쪽; 이준일, 『헌법학강의(제7판)』, 홍문사, 2019, 956, 958쪽.

197) 구병삭, 『신헌법원론(개정판)』, 박영사, 1996, 1010쪽; 김철수, 『학설·판례 헌법학(전정신판)(중)』, 박영사, 2009, 583쪽; 김하열, 『헌법강의(제3판)』, 박영사, 2021, 884~885쪽; 김학성/최희수, 『헌법학원론(전정5판)』, 피앤씨미디어, 2021, 1049쪽; 방승주, 『헌법강의 Ⅰ』, 박영사, 2021, 445, 447쪽; 성낙인, 『헌법학(제21판)』, 법문사, 2021, 630, 642쪽; 양 건, 『헌법강의(제10판)』, 법문사, 2021, 1289쪽; 전광석, 『한국헌법론(제16판)』, 집현재, 2021, 719쪽; 정만희, 『헌법학개론』, 피앤씨미디어, 2020, 574쪽; 정연주, 『헌법학원론(제2판)』, 법영사, 2021, 776쪽;

ⓒ 사견

국무총리나 관계 국무위원의 부서 결여는 헌법이 요구하는 요건을 결여한 것으로, 헌법이 부서제도를 마련한 취지를 고려할 때, 부서를 결한 대통령의 국법상 행위는 무효로 보아야 한다.

③ 국무회의 심의

대통령이 헌법 제89조에 열거된 사항에 관한 권한을 행사할 때는 사전에 국무회의 심의를 거쳐야 한다. 집행부 권한에 속하는 중요사항을 국무회의에서 심의하게 하는 것은 국정의 통일성과 원활을 기하려는 것이다. 사전에 국무회의 심의를 거쳐야 할 사항은 헌법 제89조가 열거하지만, 동조 제17호에서 '기타 대통령·국무위원이 제출한 사항'이라고 규정하므로, 대통령과 집행부의 권한에 속하는 중요사항은 사실상 거의 모두 포함된다.

④ 자문기관의 자문

국가안전보장에 관련되는 대외정책·군사정책·국내정책 등을 수립할 때, 대통령은 국무회의 심의에 앞서 국가안전보장회의 자문을 거친다(헌법 제91조 제1항). 그러나 그 자문 결과에 구속되지는 아니하고, 심지어 그 자문을 거치지 아니하고 국무회의 심의에 부쳐도 위헌은 아니다. 그리고 헌법은 대통령의 자문기관으로서 국가원로자문회의, 민주평화통일자문회의, 국민경제자문회의, 국가과학기술자문회의를 규정하지만, 이들 기구는 임의적 자문기관이므로, 국무회의 심의에 앞서 자문을 거칠 것인지는 대통령의 재량에 속한다.

⑤ 국회의 동의·승인

대통령이 그 권한을 행사할 때 국회의 동의나 승인을 얻어야 하는 때가 있다. 이는 권력분립원칙이 지향하는 견제와 균형을 위한 것이다. 대통령이 그 권한을 행사할 때 (ⅰ) 국회의 사전 동의나 의결이 필요한 사항으로는 헌법 제60조 제1항이 규정한 조약의 체결·비준, 선전포고, 국군의 외국파견, 외국 군대의 대한민국 영역 안 주류, 예산안, 계속비·예비비 설치, 국채 모집과 예산 외에 국가의 부담이 될 계약 체결, 일반사면, 국무총리와 감사원장 임명, 대법원장·대법관 및 헌법재판소장 임명 등이 있고, (ⅱ) 국회 승인이 필요한 사항으로는 긴급재정경제처분·명령과 긴급명령 그리고 예비비 지출에 대한 차기국회 승인 등이 있다. 이러한 국회의 동의나 승인을 규정한 헌법규정에 위배되면 그 법적 효력이 문제 될 뿐 아니라 책임 추궁을 당할 수도 있다.

(6) 대통령의 의무

대통령에게는 직무상 의무와 겸직금지의 의무가 있다. 즉 대통령은 헌법을 준수하고 국가

정재황, 『국가권력규범론』, 박영사, 2020, 700, 727쪽; 같은 사람, 『신헌법입문(제11판)』, 박영사, 2021, 813쪽; 정종섭, 『헌법학원론(제12판)』, 박영사, 2018, 1322쪽; 한수웅, 『헌법학(제11판)』, 법문사, 2021, 1285~1286; 허영, 『한국헌법론(전정17판)』, 박영사, 2021, 1075쪽; 홍성방, 『헌법학(하)(제3판)』, 박영사, 2014, 200쪽.

를 보위하며 조국의 평화적 통일과 국민의 자유와 복리 증진 및 민족문화 창달에 노력하여 대통령직을 성실히 수행할 직무상 의무(헌법 제69조)와 그를 위해 법률이 정하는 공·사의 직을 겸직하지 않을 의무(헌법 제83조)가 있다. 그 밖에도 대통령은 선거에서 중립을 지켜야 할 의무가 있다(공직선거법 제60조 제4호).[198] 헌법재판소는 정치적 중립 의무 위반을 탄핵사유로 보았다.[199] 이는 정부 수반인 대통령의 선거운동이 행정부 공무원에게 직·간접적으로 영향을 미쳐 선거의 중립성을 해치거나 관권선거 우려를 낳기 때문이나, 정당민주주의에서 정치적 지도자인 대통령의 지위와 역할에 비추어 보면, 국회의원과 달리 유독 대통령에게 자신의 정파에 대한 지지 호소와 같은 낮은 수준의 정치적 견해 표명을 포함하여 선거에 관한 모든 정치적 표현을 금지하는 것으로 해석하는 것은 타당하지 않다.[200]

(7) 전직대통령의 예우

전직대통령은 '전직대통령 예우에 관한 법률'이 정하는 바에 따라 예우를 받고(헌법 제85조), 직전대통령은 헌법상 임의기관인 국가원로자문회의가 구성되면 국가원로자문회의 의장이 되며 그 밖의 대통령은 위원이 된다(헌법 제90조). 그러나 ① 재직 중 탄핵결정을 받아 퇴임한 때, ② 금고 이상의 형이 확정된 때, ③ 형사처분을 회피할 목적으로 외국정부에 도피처 또는 보호를 요청한 때, ④ 대한민국 국적을 상실한 때는 필요한 기간의 경호와 경비를 제외하고는 전직대통령으로서 예우를 하지 않는다('전직대통령 예우에 관한 법률' 제7조 제2항). 그리고 전직대통령에게 국민의 알 권리를 충족시키기 위해서 증언 등의 진술을 요구하는 것은 예우에 어긋난다고 볼 수 없다.

2. 행정부

(1) 국무총리

① 국무총리제도의 의의

전통적 대통령제에서는 대통령의 궐위 시나 유고 시에 대비하여 부통령을 두고, 의원내각

---

198) 헌재 2004. 5. 14. 2004헌나1, 판례집 16-1, 609, 636-637: "공선법 제9조의 '공무원'의 의미를 공선법상의 다른 규정 또는 다른 법률과의 연관관계에서 체계적으로 살펴보더라도, 공선법에서의 '공무원'의 개념은 국회의원 및 지방의회의원을 제외한 모든 정무직 공무원을 포함하는 것으로 해석된다. 예컨대, 공무원을 원칙적으로 선거운동을 할 수 없는 자로 규정하는 공선법 제60조 제1항 제4호, 공무원의 선거에 영향을 미치는 행위를 금지하는 공선법 제86조 제1항 등의 규정들에서 모두 정무직 공무원을 포함하는 포괄적인 개념으로 사용하고 있다. 뿐만 아니라, 국가공무원법(제2조 등), 정당법(제6조 등) 등 다른 법률들에서도 '공무원'이란 용어를 모두 정무직 공무원을 포함하는 포괄적인 의미로 사용하고 있음을 확인할 수 있다. 따라서 선거에 있어서의 정치적 중립성은 행정부와 사법부의 모든 공직자에게 해당하는 공무원의 기본적 의무이다. 더욱이 대통령은 행정부의 수반으로서 공정한 선거가 실시될 수 있도록 총괄·감독해야 할 의무가 있으므로, 당연히 선거에서의 중립의무를 지는 공직자에 해당하는 것이고, 이로써 공선법 제9조의 '공무원'에 포함된다."

199) 헌재 2004. 5. 14. 2004헌나1, 판례집 16-1, 609, 636-653.

200) 김하열, 『헌법강의(제3판)』, 박영사, 2021, 886~887쪽.

제에서는 수상이나 국무총리를 두어 집행에 관한 최고의 권한을 부여하는 것이 보통이다. 따라서 대통령제를 채택하는 한국 헌법이 국무총리제도를 두는 것[201]은 이례적인 것이므로 헌법정책적인 측면에서는 많은 비판이 가해진다. 그러나 해석론으로는 한국 헌법에 국무총리를 두는 것은 한국 헌법에 의원내각제적 요소가 가미된 것으로 볼 수 있다. 아무튼 헌법상 국무총리제도의 의의를 몇 가지로 간추릴 수 있다. 먼저 ① 부통령을 두지 않으므로 대통령유고 시에 그 권한대행자가 필요하다. 다음으로 ② 대통령을 대신하여 국회에 출석하여 국정처리 상황을 보고하거나 의견을 진술하고 질문에 응답함으로써 입법부와 집행부의 공화관계를 유지할 대행자가 필요하다. 끝으로 ③ 대통령제의 능률을 극대화하려면 대통령을 보좌하고 집행부 수반인 대통령 의견을 받들어 집행부를 통할·조정하는 보좌기관이 필요하다.

② 헌법적 지위

국무총리의 헌법적 지위는 '대통령의 첫째가는 보좌기관'이란 한마디로 요약할 수 있다.[202] 국무총리는 대통령의 첫째가는 보좌기관으로서 대통령의 국법행위에 부서한다(헌법 제82조). 국무총리는 대통령의 첫째가는 보좌기관으로서 구체적으로는 대통령 권한 대행 제1순위자의 지위, 행정부 제2인자의 지위, 국무회의 부의장의 지위, 대통령 다음가는 상급행정기관의 지위가 있다.

(i) 대통령 권한 대행 제1순위자

국무총리는 대통령의 첫째가는 보좌기관으로서(헌법 제86조 제2항, 제87조 제1항) 대통령이 궐위되거나 사고로 말미암아 직무를 수행할 수 없으면 제1순위로 대통령 권한을 대행한다(헌법 제71조).

(ii) 행정부 제2인자

국무총리의 행정부 제2인자 지위는 행정 각부의 장보다 상위에 있는 지위이다. 이 지위의 소지자인 국무총리는 행정 각부의 장 임명을 대통령에게 제청하고(헌법 제94조) 행정 각부의 장에 대한 해임건의권이 있으며(헌법 제87조 제3항), 행정 각부의 장을 지휘·감독하고 그 장의

---

201) 1954년 제2차 헌법 개정으로 국무총리제도가 1960년까지 폐지된 적이 있다.

202) 헌재 1994. 4. 28. 89헌마221, 판례집 6-1, 239, 260-261: "… 국무총리의 지위가 대통령의 권한행사에 다소의 견제적 기능을 할 수 있다고 보여지는 것이 있기는 하나, 우리 헌법이 대통령중심제의 정부형태를 취하면서도 국무총리제도를 두게 된 주된 이유가 부통령제를 두지 않았기 때문에 대통령 유고시에 그 권한대행자가 필요하고 또 대통령제의 기능과 능률을 높이기 위하여 대통령을 보좌하고 그 의견을 받들어 정부를 통할·조정하는 보좌기관이 필요하다는 데 있었던 점과 대통령에게 법적 제한 없이 국무총리해임권이 있는 점(헌법 제78조, 제86조 제1항 참조)등을 고려하여 총체적으로 보면 내각책임제 밑에서의 행정권이 수상에게 귀속되는 것과는 달리 우리 나라의 행정권은 헌법상 대통령에게 귀속되고, 국무총리는 단지 대통령의 첫째 가는 보좌기관으로서 행정에 관하여 독자적인 권한을 가지지 못하고 대통령의 명을 받아 행정각부를 통할하는 기관으로서의 지위만을 가지며, 행정권 행사에 대한 최후의 결정권자는 대통령이라고 해석하는 것이 타당하다고 할 것이다. 이와 같은 헌법상의 대통령과 국무총리의 지위에 비추어 보면 국무총리의 통할을 받는 행정각부에 모든 행정기관이 포함된다고 볼 수 없다 할 것이다."

명령이나 처분이 위법 또는 부당하다고 인정되면 대통령 승인을 얻어 이를 중지하거나 취소할 수 있다(정부조직법 제18조 제2항).

(ⅲ) 국무회의 부의장

국무총리는 국무회의 구성원으로서 국무회의 심의에서는 대통령 및 국무위원들과 법상 대등한 지위가 있지만(헌법 제88조 제2항), 국무회의 운영에서는 부의장으로서(헌법 제88조 제3항) 국무위원 임명을 대통령에게 제청하며, 국무위원 해임을 대통령에게 건의하는 것 등 국무위원보다 우월한 지위에 있다(헌법 제87조 제1항과 제3항). 국무총리는 이러한 지위에서 국회에 출석·답변할 의무를 지고(헌법 제62조), 국회에 대해서 책임을 진다(헌법 제63조).

(ⅳ) 대통령 다음가는 상급행정기관

국무총리는 대통령 다음가는 상급행정기관(차상급 중앙행정관청)의 지위가 있다(헌법 제86조 제2항). 따라서 국무총리는 대통령 다음가는 상급행정기관으로서 소관 사무, 즉 행정 각부의 사무 조정(정부조직법 제7조 제4항 및 제20조 제1항)과 행정 각부에 공통적으로 해당되어 성질상 어느 한 부처에 귀속시키는 것이 적절하지 않은 행정사무를 스스로 관장·처리한다. 그리고 이러한 소관 사무에 대해서 법률이나 대통령령의 위임 또는 직권으로 총리령을 발할 권한이 있다(헌법 제95조). 대통령 다음가는 상급행정기관인 국무총리 직무를 보좌하기 위해서 국무총리 밑에 국무조정실과 국무총리비서실을 두고, 그 소속기관으로서 국가보훈처와 인사혁신처, 법제처, 식품의약품안전처를 둔다(정부조직법 제20조 내지 제25조).

헌법은 대통령의 명을 받은 국무총리가 행정 각부를 통할하도록 규정하나(제86조 제2항), 대통령과 행정부, 국무총리에 관한 헌법 규정의 해석상 국무총리는 행정에 관하여 독자적인 권한이 없고 대통령의 명을 받아 행정 각부를 통할하는 기관이라서 행정권 행사에 관한 최후의 결정권자는 대통령이다. 따라서 국무총리 통할을 받는 '행정 각부'에 모든 행정기관이 포함된다고 볼 수 없다.203) 다시 말해 정부 구성단위로서 그 권한에 속하는 사항을 집행하는 중앙행정기관을 반드시 국무총리 통할을 받는 '행정 각부'의 형태로 설치하거나 '행정 각부'에

---

203) 헌재 1994. 4. 28. 89헌마221, 판례집 6-1, 239, 262-263: "… "행정각부의 장(長)"에 관하여는 "제3관 행정각부"의 관(款)에서 행정각부의 장은 국무위원 중에서 임명되며(헌법 제94조) 그 소관사무에 관하여 법률이나 대통령령의 위임 또는 직권으로 부령을 발할 수 있다(헌법 제95조)고 규정하고 있는바, 이는 헌법이 "행정각부"의 의의에 관하여 간접적으로 그 개념범위를 제한한 것으로 볼 수 있다. 즉, 성질상 정부의 구성단위인 중앙행정기관이라 할지라도, 법률상 그 기관의 장(長)이 국무위원이 아니라든가 또는 국무위원이라 하더라도 그 소관사무에 관하여 부령을 발할 권한이 없는 경우에는, 그 기관은 우리 헌법이 규정하는 실정법적(實定法的) 의미의 행정각부로는 볼 수 없다는 헌법상의 간접적인 개념제한이 있음을 알 수 있다. 따라서 정부의 구성단위로서 그 권한에 속하는 사항을 집행하는 모든 중앙행정기관이 곧 헌법 제86조 제2항 소정의 행정각부는 아니라 할 것이다. 또한 입법권자는 헌법 제96조에 의하여 법률로써 행정을 담당하는 행정기관을 설치함에 있어 그 기관이 관장하는 사무의 성질에 따라 국무총리가 대통령의 명을 받아 통할할 수 있는 기관으로 설치할 수도 있고 또는 대통령이 직접 통할하는 기관으로 설치할 수도 있다 할 것이므로 헌법 제86조 제2항 및 제94조에서 말하는 국무총리의 통할을 받는 행정각부는 입법권자가 헌법 제96조의 위임을 받은 정부조직법 제29조에 의하여 설치하는 행정각부만을 의미한다고 할 것이다."

속하는 기관으로 두어야 하는 것이 헌법상 강제되는 것은 아니므로, 법률로써 '행정 각부'에 속하지 않는 독립된 형태의 행정기관을 설치하는 것이 헌법상 금지되지 않는다.[204]

③ 국무총리직

(ⅰ) 국무총리 임명

국무총리는 국회 동의를 얻어 대통령이 임명하고(헌법 제86조 제1항), 현역군인이 아니어야 한다(헌법 제86조 제3항). 국무총리 임명에 대한 국회 동의는 재적의원 과반수 출석과 출석의원 과반수 찬성으로 의결한다(헌법 제49조). 이렇게 국무총리 임명에 국회 동의를 얻도록 한 것은 대통령제 헌법에서는 이례적이다. 그러나 국회 동의를 얻도록 한 것은 ⓐ 국민의 대표기관인 국회 관여를 보장함으로써 국무총리직에 민주적 정당성을 부여하고, ⓑ 강력한 대통령제에서 집행부의 독선과 독주를 견제하여 권력 균형을 유지하며, ⓒ 집행부와 입법부의 융화를 도모하고, ⓓ 국회 신임을 배경으로 한 강력한 행정을 추진할 수 있도록 뒷받침하려는 것이다. 따라서 국회 동의 없는 국무총리 임명은 무효이다. 문민주의는 군국주의화를 방지하려는 것이다.

(ⅱ) 국무총리서리의 위헌성

ⓐ 문제의 소재

'서리'란 행정기관이 그 구성자인 공무원의 사망, 사임 등으로 궐위되면 다른 사람이 그 권한을 행사함으로써 해당 기관의 행위와 같은 효과를 발생하게 하는 것을 뜻한다. 그런데 현행 헌법은 국무총리서리에 관한 명문 규정이 없을 뿐 아니라 헌법 제86조 제1항은 국무총리 임명에서 국회의 사전 동의를 요구한다. 여기서 국무총리서리가 헌법상 제도적으로 인정될 수 있는 것인지가 문제 된다.

ⓑ 합헌론

헌법상 국무총리제도 자체를 문제 삼아 이 제도 자체가 대통령제와는 부합하지 않는 것이고, 종래 '국무총리서리'는 이런 모순에서 생겨난 헌법 관례라고 한다. 따라서 대통령이 국회 동의를 얻지 않고 '국무총리서리'를 임명하여도 합헌이라고 한다. 즉 1948년 헌법의 사후 승인과 1972년 헌법 이래의 사전 동의의 법적 의미 차이를 인정하면서도, 이 양자를 같은 것으로 간주하는 헌법 관례가 형성되어 있다고 본다. 헌법재판소 의견 중에는 헌법과 법률이 사고와 궐위를 구별하여 규정하므로, 구 정부조직법 제23조(현행 정부조직법 제22조) 사고의 개념에 궐위를 포함시킬 수 없으므로, 국무총리 궐위는 헌법에 흠이 있는 것이고 이를 보충하는 국무총리서리 임명행위는 합리적인 해석 범위 안의 행위이므로 헌법상 정당성이 있다고 한 것이 있다.[205]

---

204) 헌재 2021. 1. 28. 2020헌마264등, 판례집 33-1, 72, 95.
205) 헌재 1998. 7. 14. 98헌라1, 판례집 10-2, 1, 32-38 재판관 이영모 의견.

ⓒ 예외적 합헌론

통상의 경우에는 위헌론과 같이 '국무총리서리' 임명을 위헌이라고 본다. 그러나 대통령이 국무총리를 임명하기 위해서 국회 동의를 얻으려고 국회에 동의를 요청하였는데도 국회가 열리지 못하거나 열려 있어도 처리하지 못하면 예외적으로 국무총리로 지명된 사람은 '국무총리서리'로서 국무총리 권한을 유효하게 행사할 수 있다고 한다.206) 이러한 주장의 근거는 현실적으로 국회가 임명동의안을 처리할 수 없는 상황에 처할 때 국무총리서리를 인정하지 않는다면 신임 대통령이 취임할 때 국무총리가 없게 되어 국무위원과 행정 각부 장관 임명 제청을 할 수 없고, 그 결과 이들을 임명할 수 없게 되어 대통령이 하는 국법상 행위에 부서를 받을 수 없는 심각한 국정공백이 생기므로, 이를 막기 위해서 예외적으로 국회가 국무총리임명 동의안을 처리할 수 있을 때까지 과도기적으로 국무총리서리를 인정할 수 있다고 한다.

ⓓ 위헌론

헌법이 정하는 국회 동의를 얻지 않고 '국무총리서리'라는 이름으로 국무총리 업무를 수행하게 하고, 이러한 '국무총리서리' 제청에 따라서 국무위원을 임명하여 그 권한을 행사하게 하는 것은 헌법이 정하는 권력분립원칙과 권력통제를 부정하는 것이므로 위헌이라고 한다.207) 이 견해는 아래와 같은 근거를 든다.

(가) 현행 헌법상 국무총리서리에 관한 명문 규정이 없고, 과거 총리서리제도가 이용된 것은 군사독재시대의 위헌적 관행이었을 뿐이다.

(나) 국무총리 임명에 대한 국회의 동의권한은 대통령의 인사권에 대한 국회의 견제장치를 뜻하는 것으로 국회 동의를 얻지 않은 국무총리서리를 임명하는 것은 이러한 국회 견제를 받지 않겠다는 것을 뜻한다. 이는 헌법상 권력분립원칙에 어긋나는 것으로 위헌적 행위이다.

(다) 현행 헌법상 국무총리의 지위는 국회의 사전 동의를 얻어야 발생하는 것으로 국회 동의를 얻지 못하면 국무총리의 지위는 발생하지 않으므로, 국무총리서리는 국무총리로서 권한을 행사할 수도 없고 국무총리서리가 한 행위는 효력을 발하지 못한다.

(라) 국무총리 임명동의안이 처리되지 못해서 발생하는 국정 공백은 대통령이 다른 인물을 국무총리로 지명하여 국회 동의를 요청하든지 아니면 (체계상 문제가 있는 것을 별론으로 한다면) 전임 대통령이 임명한 국무총리가 국무위원과 행정 각부 장관 임명을 제청함으로써 해결하는 수밖에 없다.208)

---

206) 김학성/최희수, 『헌법학원론(전정5판)』, 피앤씨미디어, 2021, 1054~1055쪽; 성낙인, 『헌법학(제21판)』, 법문사, 2021, 638쪽; 이준일, 『헌법학강의(제7판)』, 홍문사, 2019, 953쪽.

207) 김대환, 「헌법 제86조」, 『헌법주석[국회, 정부]』, 경인문화사, 2018, 772쪽; 방승주, 『헌법강의 Ⅰ』, 박영사, 2021, 439~440쪽; 양 건, 『헌법강의(제10판)』, 법문사, 2021, 1295쪽; 정만희, 『헌법학개론』, 피앤씨미디어, 2020, 578~579쪽; 정재황, 『국가권력규범론』, 박영사, 2020, 712쪽; 정종섭, 『헌법학원론(제12판)』, 박영사, 2018, 1352쪽.

208) 새 정권이 들어서서 새 총리가 임명될 때까지는 기존 국무총리가 직무를 수행할 수 있다는 견해(정종섭, 『헌법판례연구(1)』, 철학과현실사, 1998, 285쪽)에 대해서 대통령제 아래에서는 대통령과 국무총리·국무위원들은 정

(마) 국무총리가 궐위되면 정부조직법상 국무총리 권한대행자를 지명하여 임명동의안을 처리할 때까지 국정공백을 방지할 수도 있다.

헌법재판소 의견 중에는 국회 동의는 국무총리 임명에 불가결한 본질적 요건으로 국회가 대통령과 공동으로 임명에 관여하는 것이므로, 국회 동의 없이 국무총리 또는 국무총리서리를 임명하는 것은 헌법에 위배되고, 정부조직법에 따라 국무총리 대행체제가 법적으로 완비되어 헌법 위반 없이 국정 공백을 방지할 수 있으므로 국무총리서리 임명을 정당화할 수 없다고 한 것이 있다.[209)]

ⓔ 사견

합헌론은 (가) 위헌적인 사실상 행위가 반복된다고 해서 그 합헌성이 자동적으로 인정되는 것은 아니므로 이때 헌법 관례가 인정될 수 없다는 점과 (나) 법문의 표현상 국회의 사전 동의를 얻도록 한 것이 명백한데도 이를 무시하는 것은 헌법 해석상 용인되지 않는 것이라는 점에서 타당하지 못하다.

그리고 예외적 합헌론이 드는 예외적 상황은 국회의 동의안 처리가 절대적으로 불가능한 절대적 불능의 상태가 아니고, 합법적이고 정상적인 수단으로 문제를 해결할 수 있는 상황이다. 즉 신임 대통령은 국무총리 임명동의안이 처리되지 않으면 먼저 국회에 대한 설득을 시도하고, 이러한 시도가 실패하면 다른 사람을 지명하여 새로운 국무총리 임명동의안을 제출할 수밖에 없다. 국회 임명동의제도의 권력견제기능과 신임부여기능에 비추어 오히려 이러한 진행을 당연한 것으로 보아야 한다. 그리고 기존 국무총리 유고 시에는 정부조직법 제22조에 따라 국무총리의 직무대행자가 국무총리 직무를 대행하도록 되어 있으므로 예외적 합헌론은 타당하지 않다.

헌법재판소의 합헌의견은 사고와 궐위를 구별하여야 한다고 한다. 그러나 이때의 '사고'는 직무 수행이 불가능한 모든 경우를 뜻한다고 볼 수 있다. 따라서 궐위도 그 의미상 사고의 범위에 포섭될 수 있으므로 헌법재판소의 합헌의견은 타당하지 않다.[210)]

권적 차원에서 운명공동체를 형성하므로 정권이 교체되면 구 정부의 국무총리는 전임 대통령과 그 진퇴를 같이 하여야 한다는 견해가 있다(권영성, 「헌법적 판단으로 국민신뢰를 쌓아야 한다」, 『시민과 변호사』 제51호, 서울지방변호사회, 1998. 4., 38~39쪽).

209) 헌재 1998. 7. 14. 98헌라1, 판례집 10-2, 1, 27-32의 재판관 김문희, 이재화, 한대현 의견.

210) '사고'와 '궐위'를 구분하여서 규정하는 대통령, 국회의장, 대법원장, 헌법재판소장은 국무총리와 달리 헌법과 법률에 따라서 일정한 임기가 보장된 헌법기관이므로 임기 중에 '궐위'가 생길 수 있지만, 국무총리는 임기가 보장된 헌법기관이 아니므로 임기를 전제로 한 '궐위'라는 현상이 생길 수 없어 '사고' 시의 직무대행만 규정하였고, 감사원장은 헌법과 법률에 따라서 그 임기가 보장된 헌법기관이므로 그 임기 중에 궐위가 생길 수 있는데도 감사원법(제4조 제3항)이 사고 시의 직무대행만을 규정하는 것은 오히려 입법의 하자라고 보아야 한다는 견해가 있다[허 영, 「대통령과 국회의원간의 권한쟁의심판」, 『고시연구』 제26권 제1호(통권 제298호), 고시연구사, 1999. 1., 172쪽]. 그러나 '궐위'는 해당 직에 재직하는 사람이 없는 때를 말하고, '사고'는 해당 직에 재직하는 사람이 있으나 직무를 수행할 수 없거나 권한 행사가 정지된 때를 말한다. 여기서 대는 소를 포함한다는 법해석방법에 따라 임기가 있는 직에 궐위에 대한 규정이 없더라도 그것은 사고에 포함되는 것으로 볼 수 있어 입법 흠

따라서 헌법 제86조 제1항의 문리해석상 달리 해석할 여지없이 위헌론이 타당하다. 다만, 별개문제로서 여소야대 상황에서 국회가 대통령의 국무총리 임명동의안을 오로지 정치공세를 목적으로 수차례에 걸쳐 부결시키거나 처리를 해태하여 국정 공백의 지나친 장기화가 초래되면, 이러한 헌법장애상태를 '위법적으로라도' 관리하기 위한 '정치적 필요' 때문에 국무총리서리를 임명하여 잠정적으로 국무총리 직무를 담당하게 하는 것을 '사실상' 수인하지 않을 수 없는 예외적 상황도 옹글게(완벽하게) 배제하기 어렵다. 이러한 '정치적 교착'이나 '막다른 골목'의 상황은 그 위헌·위법성이 명백하더라도 사법부가 개입·판단하기에 적절하지만은 않은 '정치문제'로 이해되어 예외적이긴 하지만 사법자제가 기대될 여지가 있다. 이때도 그 '위헌성' 자체에는 변함이 없음은 물론이다.

(ⅲ) 국무총리의 국회의원 겸직

헌법과 법률(국회법 제29조 제1항)에 국무총리의 국회의원 겸직을 금지하는 규정이 없다. 따라서 국무총리는 국회의원직을 겸할 수 있다. 국무총리의 국회의원 겸직도 대통령제 헌법에서는 이례적이나, 이는 국정을 의원내각제적으로 운영할 수 있도록 한 것으로 이해된다.

(ⅳ) 국무총리 해임

대통령이 해임하거나 국회가 재적의원 3분의 1 이상 발의·재적의원 과반수 찬성으로 대통령에게 해임을 건의할 수 있다(헌법 제63조). 국회의 국무총리 해임건의권은 대통령의 독주를 견제하려는 것이다.

(ⅴ) 국무총리직 대행

국무총리가 사고로 직무를 수행할 수 없으면 기획재정부 장관이 겸임하는 부총리, 교육부 장관이 겸임하는 부총리의 순으로 직무를 대행하고, 국무총리와 부총리가 모두 사고로 직무를 수행할 수 없으면 대통령의 지명이 있으면 그 지명을 받은 국무위원이, 지명이 없으면 정부조직법 제26조 제1항에 규정된 순서에 따른 국무위원이 그 직무를 대행한다(정부조직법 제22조).

④ 국무총리의 권한

국무총리는 대통령의 첫째가는 보좌기관으로서 대통령 권한 대행 제1순위권(헌법 제71조), 부서권(헌법 제82조), 국무위원과 행정 각부 장의 임명제청권(헌법 제87조 제1항)과 국무위원해임건의권(헌법 제87조 제3항), 국무회의에서 심의권(헌법 제88조), 행정 각부 통할권(헌법 제86조 제2항), 총리령을 발하는 권한(헌법 제95조), 국회출석·발언권(헌법 제62조) 등이 있다.

국무총리 제청 없이 대통령이 단독으로 한 임명행위는 무효이다.[211] 특히 국무총리의 행정

결이라고 볼 수는 없다. 그리고 임기가 규정된 것이든 아니든 상관없이 해당 직이 비어 있으면 이를 '궐위'라고 부를 수 있다. 따라서 '궐위'가 임기를 전제로 하는 개념이라는 견해는 지나치게 엄격하여 받아들일 수 없다.

211) 김대환, 「헌법 제87조」, 『헌법주석[국회, 정부]』, 경인문화사, 2018, 791쪽; 김철수, 『학설·판례 헌법학(전정신판)(중)』, 박영사, 2009, 578쪽; 성낙인, 『헌법학(제21판)』, 법문사, 2021, 640쪽; 양 건, 『헌법강의(제10판)』, 법

각부 장 임명 제청과 국무위원 해임 건의가 대통령을 구속하는지와 관련하여 다툼이 있다. 국무총리는 헌법상 대통령을 보좌하는 기관에 불과하므로 그의 행정 각부 장 임명 제청과 국무위원 해임 건의는 대통령을 구속하지 않는다.[212] 그리고 국무총리가 해임되거나 사임하면 그가 임명 제청한 국무위원도 사임하여야 하는지에 관해서도 견해가 대립한다. 임명권은 대통령에게 있고 대통령은 국무총리의 임명 제청에 구속되지 않으므로, 다른 국무위원이나 행정 각부의 장은 사임할 이유가 없다.[213] 국무총리 제청에 대통령이 구속되지 않으므로, 국무총리가 사임하거나 해임되어도 그가 제청한 다른 국무위원들도 사임하여야 하는 것은 아니다.[214]

행정 각부 통할권이 있다고 해서 국무총리가 모든 행정조직을 통할하는 권한이 있는 것은 아니다. 대통령은 국무총리가 통할하지 않는 직속기관을 둘 수 있다. 다만, 이러한 직속기관을 설치할 때도 자유민주적 국가조직의 기본이념과 원리에 부합하여야 한다.[215] 그 최소한의 기준으로서 (ⅰ) 먼저 그 설치·조직·직무범위 등에 관하여 법률 형식에 따라야 하고, (ⅱ) 그 내용에서도 목적·기능 등이 헌법에 적합하여야 하며, (ⅲ) 모든 권한이 기본권적 가치 실현을 위하여 행사되도록 제도화하는 한편 (ⅳ) 권한의 남용이나 악용이 최대 억제되도록 합리적이고 효율적인 통제장치가 있어야 한다.[216]

⑤ 국무총리의 책임

국무총리는 대통령과 국회에 대해서 정치적·법적 책임을 진다. 대통령은 국무총리를 임명하였고, 국회는 국무총리 임명에 동의하였기 때문이다. 곧 국무총리는 대통령에 대해서는 보좌의무와 행정 각부 통할책무를 지고, 국회에 대해서는 국회 요구가 있을 때 정부를 대표해서 출석·답변·보고하여야 하며(헌법 제62조 제2항), 국회가 정치적 책임을 물어 해임 건의

문사, 2021, 1296쪽; 정재황, 『국가권력규범론』, 박영사, 2020, 719쪽; 정종섭, 『헌법학원론(제12판)』, 박영사, 2018, 1357쪽. 국무총리의 국무위원 임명 제청은 대통령의 명시적 또는 묵시적 승인을 전제로 하는 보좌적 기능이라는 의미에서 명목적인 권한에 불과하므로 적법요건일 뿐이므로 국무총리 제청 없이 대통령이 단독으로 한 임명행위도 헌법 위반으로 탄핵소추 사유가 될 수 있을지언정 당연히 무효가 되는 것은 아니라는 견해도 있다(구병삭, 『신헌법원론(개정판)』, 박영사, 1996, 1043쪽; 권영성, 『헌법학원론(개정판)』, 법문사, 2010, 1034쪽; 김도협, 『헌법학원론(제3판)』, 진원사, 2021, 508쪽; 이준일, 『헌법학강의(제7판)』, 홍문사, 2019, 955쪽).

212) 구병삭, 『신헌법원론(개정판)』, 박영사, 1996, 1043쪽; 김대환, 「헌법 제87조」, 『헌법주석[국회, 정부]』, 경인문화사, 2018, 792쪽; 김철수, 『학설·판례 헌법학(전정신판)(중)』, 박영사, 2009, 579쪽; 김학성/최희수, 『헌법학원론(전정5판)』, 피앤씨미디어, 2021, 1057쪽; 성낙인, 『헌법학(제21판)』, 법문사, 2021, 640쪽; 이준일, 『헌법학강의(제7판)』, 홍문사, 2019, 955쪽; 정재황, 『국가권력규범론』, 박영사, 2020, 719~720쪽; 정종섭, 『헌법학원론(제12판)』, 박영사, 2018, 1357쪽; 허 영, 『한국헌법론(전정17판)』, 박영사, 2021, 1073쪽; 홍성방, 『헌법학(하)(제3판)』, 박영사, 2014, 243쪽.

213) 홍성방, 『헌법학(하)(제3판)』, 박영사, 2014, 243쪽.

214) 김철수, 『학설·판례 헌법학(전정신판)(중)』, 박영사, 2009, 579쪽; 김학성/최희수, 『헌법학원론(전정5판)』, 피앤씨미디어, 2021, 1057쪽. 사임하여야 한다는 견해도 있다(성낙인, 『헌법학(제21판)』, 법문사, 2021, 640~641, 653쪽).

215) 헌재 1994. 4. 28. 89헌마221, 판례집 6-1, 239, 261-263.

216) 헌재 1994. 4. 28. 89헌마221, 판례집 6-1, 239, 263.

를 하고 대통령이 그를 받아들이면 물러나야 하고(헌법 제63조), 국회가 탄핵을 하면 그에 따른 책임을 진다(헌법 제65조, 헌법재판소법 제54조).

⑥ 국무총리의 소재지

국무총리의 권한과 위상은 기본적으로 지리적인 소재지와는 직접적으로 관련이 없다. 따라서 국무총리의 소재지는 헌법적으로 중요한 기본사항이 아니다. 나아가 이러한 규범이 있다는 국민적 의식이 형성되었는지조차 명확하지 않으므로, 대통령과 국무총리가 서울이라는 하나의 도시에 소재하고 있어야 한다는 관습헌법 존재를 인정할 수 없다.[217]

⑦ 부총리 제도

국무총리가 특별히 위임하는 사무를 수행하기 위해서 부총리 2명을 둔다. 부총리는 국무위원으로 보한다. 부총리는 기획재정부 장관과 교육부 장관이 겸임한다. 기획재정부 장관은 경제정책에 관하여 국무총리 명을 받아 관계 중앙행정기관을 총괄·조정한다. 교육부 장관은 교육·사회 및 문화 정책에 관해서 국무총리 명을 받아 관계 중앙행정기관을 총괄·조정한다(정부조직법 제19조).

(2) 국무위원

① 의의

국무위원제도는 미국식 대통령제에서는 이질적인 요소이다. 국무위원은 성격상으로는 의원내각제 각료와 대통령제 각부 장관의 중간에 위치한다. 현역군인을 국무위원으로 임명할 수 없도록 한 것(헌법 제87조 제4항)은 군국주의를 사전에 예방하려는 것이다.

② 헌법적 지위

국무위원은 헌법상 국무회의 구성원이자 대통령 보좌기관의 지위가 있다. 먼저 국무위원은 국무회의 구성원으로서 국무회의에 의안을 제출할 수 있고, 그 심의에 참가한다(헌법 제87조 제2항, 제89조 제17호). 국무회의 구성원의 지위가 대통령이나 국무총리의 지위와 같은지에 관해서는 견해가 나뉜다. 헌법상 국무회의는 의결기관이 아니라 심의기관에 지나지 않으므로(헌법 제88조 제1항), 국무위원이 대통령과 같은 지위에 있다고 보기는 어렵다. 그러나 국무위원은 국무회의 심의에서는 국무총리와 동등한 지위에 있는 것으로 볼 수 있다.[218] 그리고 국무위원은 대통령의 보좌기관으로서 국정에 관해서 대통령을 보좌할 권한과 책임이 있다(헌법 제87조 제2항). 국무위원의 대통령에 대한 보좌는 주로 정책보좌를 뜻하므로 행정 각부의 장은 국무위원 중에서 임명된다. 따라서 일반적으로 국무위원은 동시에 행정 각부의 장으로서 자신이 담당한 업무와 관련하여 대통령을 보좌한다. 국무위원은 대통령의 국법상 행위에 부서한다(헌법 제82조).

---

217) 헌재 2005. 11. 24. 2005헌마579등, 판례집 17-2, 481, 518.

218) 홍성방, 『헌법학(하)(제3판)』, 박영사, 2014, 245쪽.

③ 국무위원 임면

(i) 국무위원 임명

국무위원은 국무총리 제청으로 대통령이 임명하고(헌법 제87조 제1항), 군인이면 현역을 면하여야 한다(헌법 제87조 제4항). 국무총리 제청 없이 한 대통령 임명행위의 효력과 관련하여 학설이 대립한다. 국무총리의 국무위원 임명 제청은 대통령의 명시적 · 묵시적 승인을 전제로 하는 보좌적 기능이라는 의미에서 명목적인 권한에 불과하므로 그것은 유효요건이 아니라 적법요건에 지나지 않는다는 견해가 있다.[219] 그러나 국무총리 임명 제청은 단순히 대통령을 보좌하는 기능뿐 아니라 대통령의 권한 행사에 대한 견제적 기능도 있어서, 정부 기관내적 통제장치의 하나라고 볼 수 있다. 따라서 헌법이 명시적으로 규정하는 권력통제수단인 국무총리의 제청절차를 무시한 자의적인 권한 행사는 헌법이 요구하는 중요한 절차에 대한 명백한 위반으로서 그 효력이 부정되어야 한다.

(ii) 국무위원의 수

국무위원의 수는 15명 이상 30명 이하이다(헌법 제88조 제2항).

(iii) 국무위원 해임

국무위원 해임은 대통령의 자유이다. 국무총리는 국무위원 해임을 건의할 수 있고(헌법 제87조 제3항), 국회도 해임을 건의할 수 있다(헌법 제63조). 그러나 어느 경우에도 대통령은 구속받지 않는다.[220]

④ 국무위원의 권한

국무위원은 대통령권한대행권(헌법 제71조), 국무회의 소집요구권(정부조직법 제12조 제3항), 의장을 통해서 국무회의에 의안을 제출할 수 있는 권한(헌법 제89조 제17호), 국무회의에서 출석 · 발언 · 심의권(헌법 제87조 제2항), 부서권(헌법 제82조), 국회출석 · 발언권(헌법 제62조 제1항) 등이 있다.

⑤ 국무위원의 책임

국무위원은 대통령과 국회 및 국무총리에 대해서는 정치적 · 법적 책임을 진다. 즉 대통령은 언제나 국무위원을 해임할 수 있다. 국무위원은 국회에 대해서는 국회 요구에 따라 언제든지 국회에 출석 · 답변하여야 하고(헌법 제62조 제2항), 국회가 정치적 책임을 물어 해임 건의를 하고 대통령이 그를 받아들이면 물러나야 하며(헌법 제63조), 국회가 탄핵을 하면 그에 따른 책임을 진다(헌법 제65조). 그리고 국무위원은 그를 임명 제청한 국무총리에 대해서도 정치적 책임을 지고, 이는 국무총리의 해임 건의 형태로 나타난다(헌법 제87조 제3항). 그러나 국무총리가 사임하

---

219) 홍성방, 『헌법학(하)(제3판)』, 박영사, 2014, 245쪽.
220) 홍성방, 『헌법학(하)(제3판)』, 박영사, 2014, 245쪽.

거나 해임되어도 그 제청에 따라 임명된 국무위원이 사임하거나 해임되어야 하는 것은 아니다.

(3) 국무회의
① 연혁

국무회의의 명칭은 1948년 헌법에서는 국무원, 제2차 개정헌법부터 제4차 개정헌법까지는 내각으로 부르다가 제5차 개정헌법부터 국무회의로 변경되어 현행 헌법에서도 그대로 사용된다. 국무회의는 미국식 대통령제에서는 대통령을 보좌하는 임의적인 자문기관이나 내각책임제에서는 집행에 관한 모든 권한이 있는 의결기관인 것이 보통이다. 한국 헌법사에서 국무회의는 1948년 헌법과 1960년 헌법에서는 의결기관이었으나 1962년 헌법 이후에는 의결기관도 자문기관도 아닌 심의기관이다.

② 헌법적 지위

헌법 제88조 제1항은 "국무회의는 정부의 권한에 속하는 중요한 정책을 심의한다."라고 하여 대통령제 정부형태에서는 이례적인 국무총리제와 함께 국무회의제도를 채택한다. 국무회의는 1948년부터 1960년 헌법까지는 의결기관이었으나, 1962년 헌법부터 현행 헌법까지는 심의기관이다.

그런데 헌법은 국무회의가 정부의 중요정책을 '심의'한다고만 규정하므로 집행부 수반인 대통령의 권한 행사에 어떠한 역할을 하는 것으로 볼 것인지가 문제 된다. 한국 국무회의는 부분적으로 미국의 자문회의인 각료회의나 의원내각제의 의결기관인 내각과 유사한 점도 있으나, 근본적인 성격에서 그리고 헌법의 명문 규정 해석상으로도 자문회의나 의결기관과는 다른 제3의 중간적 성격의 심의기관이라고 하지 않을 수 없다. 즉 헌법상 국무회의는 헌법상 필수기관이고 집행부의 최고·최종 정책심의기관으로 독립한 합의제 심의기관이다.[221] 따라서 국무회의는 대통령에 소속된 대통령의 하급기관이 아니다. 이렇게 단순한 심의권 밖에 없는 국무회의를 두는 제도적 의의는, (ⅰ) 대통령이 정책을 결정할 때 신중을 기하게 하고, (ⅱ) 행정 각부의 정책을 조정·통합하게 하며, (ⅲ) 행정 각부의 정책 특수성을 반영하게 하고, (ⅳ) 대통령의 전제나 독선을 방지하려는 것이다.

③ 구성

국무회의는 의장인 대통령과 부의장인 국무총리 그리고 국무총리 제청으로 대통령이 임명하는 15명 이상 30명 이하의 국무위원으로 구성된다(헌법 제88조). 의장이 사고로 직무를 수행할 수 없으면 부의장인 국무총리가 그 직무를 대행하고, 의장과 부의장이 모두 사고로 직

---

221) 심의대상 사항을 대통령만의 권한으로 헌법이 규정하면 국무회의는 심의기관이지만, 그렇지 않고 대통령과 행정부를 포함한 '정부' 전체의 권한으로 헌법이 규정하면 국무회의를 난순히 심의기관으로 보기는 어렵고 그 의결이 어느 정도의 구속성이 있다는 견해도 있다(정재황, 『신헌법입문(제11판)』, 박영사, 2021, 821쪽).

무를 수행할 수 없으면 기획재정부 장관이 겸임하는 부총리, 교육부 장관이 겸임하는 부총리 및 정부조직법 제26조 제1항에 규정된 순서에 따라 국무위원이 그 직무를 대행한다(정부조직법 제12조 제2항).

④ 심의

(ⅰ) 심의절차

국무회의는 대통령이 스스로 또는 국무위원 요구에 따라서 소집하고, 합의제기관이므로 의결 형식을 취한다. 국무회의는 구성원 과반수 출석으로 개의하고 출석구성원 3분의 2 이상 찬성으로 의결한다('국무회의 규정' 제6조).

국무회의에는 국무회의 구성원이 아닌 국무조정실장·국가보훈처장·인사혁신처장·법제처장·식품의약품안전처장 그 밖에 법률로 정하는 공무원도 필요하면 출석하여 발언할 수 있다(정부조직법 제13조 제1항). 그러나 이들은 국무회의 구성원이 아니므로 의결에는 참여할 수 없다.

(ⅱ) 심의사항

국무회의 심의사항은 헌법 제89조에 자세하게 규정되어 있고, 그 내용은 국정 전반에 걸친다. 헌법 제89조에 규정된 사항은 그것이 어느 기관 관할에 속하는 것이든 반드시 국무회의 심의를 거쳐야 한다.

(ⅲ) 심의의 효력

국무회의는 의결기관이 아니라 심의기관이므로 그 심의 결과의 효력이 문제 된다. 특히 헌법상 필요적으로 심의를 거쳐야 하는 정책사항을 대통령이 심의에 부치지 않고 자의적으로 집행한 때의 효력 문제와 국무회의 심의 결과 자체에 대통령이 구속되는지에 관해서 견해가 나뉜다.

ⓐ 대통령이 심의를 거치지 않고 한 국법상 행위의 효력

대통령이 헌법 제89조에 규정된 사항에 관해서 국무회의 심의절차를 거치지 않고 자의적으로 권한을 행사하였을 때 그 집행행위의 효력에 관해서 학설이 대립한다.

(가) 유효설(적법요건설)

국무회의 성격이 대통령의 정책결정을 보좌하는 심의기관에 지나지 않으므로 국무회의 심의절차는 효력발생요건이 아니라 적법요건에 불과하다고 한다. 따라서 그 절차를 무시한 대통령의 국법상 행위는 무효가 되는 것이 아니라 단지 위법행위로서 탄핵사유가 될 뿐이라고 한다.[222]

(나) 무효설(효력발생요건설)

㉠ 국무회의 심의는 헌법상 반드시 거치도록 규정되어 있고, 헌법이 요구하는 필요적 절

---

222) 권영성, 『헌법학원론(개정판)』, 법문사, 2010, 1048쪽; 이준일, 『헌법학강의(제7판)』, 홍문사, 2019, 961쪽.

차는 유효요건으로 간주되어야 한다는 점, ⓛ 국무회의 심의는 기관내적 통제수단일 뿐 아니라 통치권 행사의 절차적 정당성을 확보하기 위해서 거쳐야 하는 절차라는 점을 논거로, 이 절차를 무시하고 자의적으로 한 대통령의 국법상 행위는 무효라고 한다.[223)

(다) 소결

국무회의 심의는 단순히 대통령의 정책 수립을 보좌하는 기능뿐 아니라 대통령의 권한 행사에 대한 견제적 기능도 있어서, 정부의 기관내적 통제장치의 하나라고 볼 수 있다. 따라서 헌법이 명시적으로 규정하는 권력통제수단인 심의절차를 무시한 자의적인 권한 행사는 헌법이 요구하는 중요한 절차에 대한 명백한 위반으로서 그 효력이 부정되어야 한다.

ⓑ 심의 결과의 구속력

대통령이 국무회의 심의를 거친 사항에 관해서 그 심의 결과(의 내용)에 구속되는지에 관해서 학설이 대립한다.

(가) 구속설

국무회의는 심의기관이므로 국무회의에서 심의·의결된 사항을 대통령이 반드시 채택·집행할 의무는 없으나, 일단 이를 채택·집행하면 대통령은 국무회의에서 심의·의결한 내용과 다르게 권한을 행사할 수는 없다고 한다.

(나) 비구속설

국무회의는 정부 권한에 속하는 중요정책을 '결정'하는 것이 아니라 '심의'할 뿐이므로, 설령 국무회의 심의가 의결 형식으로 이루어졌더라도 그 의결은 대통령을 구속하는 효력이 없고, 대통령은 그 심의 내용과 다른 정치적 결단을 내릴 수 있다고 한다.[224)

(다) 소결

문리적으로 해석할 때 굳이 '의결'이라는 용어를 사용하지 않고 '심의'라는 용어를 사용한 헌법규정상 대통령은 '법적으로는' 이에 구속되지 않는다고 볼 수밖에 없다. 그러나 '정치적으로는' 대통령의 행위에 대한 부서 거부 등으로 어느 정도는 국무회의 의결에 따르도록 강제할

---

223) 구병삭, 『신헌법원론(개정판)』, 박영사, 1996, 1054쪽; 김도협, 『헌법학원론(제3판)』, 진원사, 2021, 520쪽; 김철수, 『학설·판례 헌법학(전정신판)(중)』, 박영사, 2009, 592쪽; 김하열, 『헌법강의(제3판)』, 박영사, 2021, 885, 891쪽; 김학성/최희수, 『헌법학원론(전정5판)』, 피앤씨미디어, 2021, 1049, 1065쪽; 노기호, 「헌법 제89조」, 『헌법주석[국회, 정부]』, 경인문화사, 2018, 817쪽; 성낙인, 『헌법학(제21판)』, 법문사, 2021, 657쪽; 심경수, 『헌법(제2판)』, 법문사, 2020, 538쪽; 양 건, 『헌법강의(제10판)』, 법문사, 2021, 1300쪽; 정만희, 『헌법학개론』, 피앤씨미디어, 2020, 574, 582쪽; 정연주, 『헌법학원론(제2판)』, 법영사, 2021, 783쪽; 정재황, 『국가권력규범론』, 박영사, 2020, 745~746쪽; 정종섭, 『헌법학원론(제12판)』, 박영사, 2018, 1375쪽; 허 영, 『한국헌법론(전정17판)』, 박영사, 2021, 1080쪽; 홍성방, 『헌법학(하)(제3판)』, 박영사, 2014, 248쪽.

224) 구병삭, 『신헌법원론(개정판)』, 박영사, 1996, 1054쪽; 권영성, 『헌법학원론(개정판)』, 법문사, 2010, 1048쪽; 노기호, 「헌법 제88조」, 『헌법주석[국회, 정부]』, 경인문화사, 2018, 806쪽; 김철수, 『학설·판례 헌법학(전정신판)(중)』, 박영사, 2009, 592쪽; 김하열, 『헌법강의(제3판)』, 박영사, 2021, 885, 891쪽; 이준일, 『헌법학강의(제7판)』, 홍문사, 2019, 961쪽.

수 있을 것이기에 일단 견제는 가능하다.

(4) 행정 각부

① 행정 각부의 개념과 지위

행정 각부란 대통령을 수반으로 하는 행정부의 구성단위로서, 국무회의 심의를 거쳐 대통령이 결정한 정책과 그 밖의 행정부 권한에 속하는 사항을 집행하는 중앙행정기관을 말한다. 따라서 행정 각부는 대통령이나 국무총리의 단순한 보조기관이 아니라 그들의 하위에 있는 행정관청이다.[225]

② 행정 각부의 설치 · 조직 · 직무범위

행정 각부의 설치 · 조직과 직무범위는 법률로 정하고(헌법 제96조), 그에 대한 법률로 정부조직법이 있다. 정부조직법 제26조 제1항을 따르면 현재 기획재정부, 교육부, 과학기술정보통신부, 외교부, 통일부, 법무부, 국방부, 행정안전부, 문화체육관광부, 농림축산식품부, 산업통상자원부, 보건복지부, 환경부, 고용노동부, 여성가족부, 국토교통부, 해양수산부, 중소벤처기업부의 18부가 있다. 행정 각부에 장관 1명과 차관 1명을 두되, 장관은 국무위원으로 보하고, 차관은 정무직으로 한다. 다만, 기획재정부 · 과학기술정보통신부 · 외교부 · 문화체육관광부 · 보건복지부 · 국토교통부에는 차관 2명을 둔다(정부조직법 제26조 제2항).

③ 행정 각부의 장

(ⅰ) 임명

행정 각부의 장은 국무위원 중에서 국무총리 제청으로 대통령이 임명한다(헌법 제94조). 따라서 국무위원이 아닌 사람은 행정 각부의 장이 될 수 없고, 현역군인은 행정 각부의 장이 될 수 없다. 이렇게 국무위원 중에서 행정 각부의 장을 임명하는 것은 정책기획과 정책심의 및 정책집행을 유기적으로 통일시키려는 것이다.

(ⅱ) 지위와 권한

행정 각부의 장은 독임제행정관청으로 소관 사무를 통할하고 소속 공무원을 지휘 · 감독하며(정부조직법 제7조 제1항), 소관 사무에 관해서 지방행정의 장을 지휘 · 감독하는 권한인(정부조직법 제26조 제3항) 소관사무집행권과 부령발포권(헌법 제95조)이 있다. 즉 18부의 장관은 법규

---

225) 헌재 1994. 4. 28. 89헌마221, 판례집 6-1, 239, 262: "… 헌법이 "행정각부"의 의의에 관하여는 아무런 규정도 두고 있지 않지만, "행정각부의 장(長)"에 관하여는 "제3관 행정각부"의 관(款)에서 행정각부의 장은 국무위원 중에서 임명되며(헌법 제94조) 그 소관사무에 관하여 법률이나 대통령령의 위임 또는 직권으로 부령을 발할 수 있다(헌법 제95조)고 규정하고 있는바, 이는 헌법이 "행정각부"의 의의에 관하여 간접적으로 그 개념범위를 제한한 것으로 볼 수 있다. 즉, 성질상 정부의 구성단위인 중앙행정기관이라 할지라도, 법률상 그 기관의 장(長)이 국무위원이 아니라든가 또는 국무위원이라 하더라도 그 소관사무에 관하여 부령을 발할 권한이 없는 경우에는, 그 기관은 우리 헌법이 규정하는 실정법적(實定法的) 의미의 행정각부로는 볼 수 없다는 헌법상의 간접적인 개념제한이 있음을 알 수 있다."

명령인 위임명령, 집행명령(직권명령), 비법규명령인 행정규칙(행정명령)을 발할 수 있다. 부령은 관계 행정 각부의 장이 서명하고 관보에 공포하며, 특별한 규정이 없는 한 공포한 날부터 20일이 지나면 효력이 발생한다('법령 등 공포에 관한 법률' 제9조 제2항, 제11조, 제13조). 그리고 행정 각부의 장은 소속공무원 임용제청권(5급 이상 공무원)·임용권(6급 이하 공무원)이 있다.

(5) 대통령의 자문기관

대통령직을 수행하는 데 필요한 자문을 하기 위해서 여러 가지 자문기관을 둔다. 대통령의 자문기관에는 헌법상 필수적 자문기관인 국가안전보장회의와 임의적 자문기관인 국가원로자문회의, 민주평화통일자문회의, 국민경제자문회의가 있고, 헌법기관이 아닌 법률상 자문기관으로 국가과학기술자문회의가 있다.

① 국가안전보장회의

(i) 의의와 연혁

국가안전보장에 관련되는 대외정책·군사정책과 국내정책 수립에 관해서 국무회의 심의에 앞서 대통령에게 자문하는 기관이 국가안전보장회의이다(헌법 제91조 제1항). 국가안전보장회의는 1962년 헌법에서 처음 신설된 헌법상 대통령의 필수적 자문기관이다.

(ii) 조직과 직무범위

국가안전보장회의의 조직과 직무범위 기타 필요한 사항은 법률로 정한다(헌법 제91조 제3항). 이러한 법률로 국가안전보장회의법이 있다.

ⓐ 조직

국가안전보장회의는 의장인 대통령, 국무총리, 외교부 장관, 통일부 장관, 국방부 장관 및 국가정보원장과 대통령령으로 정하는 위원(행정안전부 장관, 대통령비서실장, 국가안보실장, 국가안전보장회의사무처장과 국가안보실 제2차장: '국가안전보장회의 운영 등에 관한 규정' 제2조)으로 구성된다(헌법 제91조 제2항, 국가안전보장회의법 제2조 제1항).

ⓑ 직무범위

국가안전보장회의는 국가안전보장에 관련되는 대외정책, 군사정책과 국내정책 수립에 관해서 대통령 자문에 응한다(국가안전보장회의법 제3조). 국가안전보장회의는 국무회의의 전심기관이지만 국가안전보장회의를 거치지 아니하고 국무회의에 상정하여도 그 효력과 적법성에는 영향이 없다.

② 국가원로자문회의

(i) 의의와 연혁

국가원로자문회의는 국정의 중요한 사항에 관한 대통령 자문에 응하기 위해서 국가원로로 구성되는 대통령의 자문기관이다(헌법 제90조 제1항). 국가원로자문회의는 1980년 헌법에서 국정자문회의로 처음 규정하였고, 그 지위는 대통령의 임의적 자문기관이다.

(ii) 조직과 직무범위

국가원로자문회의의 조직과 직무범위 기타 필요한 사항은 법률로 정한다(헌법 제90조 제3항). 이에 따라 1988년 국가원로자문회의법이 개정되었으나 위헌성이 문제되어 1989년 3월 폐지되었다.

ⓐ 조직

의장은 직전 대통령이 된다. 다만, 직전 대통령이 없으면 대통령이 지명한다(헌법 제90조 제2항).

ⓑ 직무범위

국가원로자문회의는 국정의 중요사항에 대해서 대통령의 자문에 응하거나 기타 필요한 사항을 심의한다.

③ 민주평화통일자문회의

(i) 의의와 연혁

민주평화통일자문회의는 평화통일정책 수립에 관한 대통령 자문에 응하기 위해서 두는 대통령의 자문기관이다(헌법 제92조 제1항). 민주평화통일자문회의는 1980년 헌법에서 평화통일정책자문회의로 처음 규정된 대통령의 임의적 자문기관이다.

(ii) 조직과 직무범위

민주평화통일자문회의의 조직과 직무범위는 법률로 정한다(헌법 제92조 제2항). 이러한 법률로 민주평화통일자문회의법이 있다.

ⓐ 조직

민주평화통일자문회의 의장은 대통령이 된다(민주평화통일자문회의법 제6조 제1항). 대통령은 지방자치법에 따라 해당 지역주민이 선출한 특별시·광역시·특별자치시·도·특별자치도와 구·시·군의회의 의원인 인사, 특별시·광역시·특별자치시·도·특별자치도와 시·군·구 지역의 지도급 인사, 이북5도 대표, 재외동포 대표 등 국내·외 각 지역에서 민족의 통일 의지를 대변할 수 있는 인사, 정당의 대표와 국회의원이 추천한 지도급 인사, 주요 사회단체와 직능단체의 대표급 인사 또는 구성원으로서 민족의 통일 의지를 대변할 수 있는 인사 그리고 그 밖에 조국의 민주적 평화통일을 위한 의지가 확고하고 통일 과업 수행에 기여하였거나 기여할 수 있는 대표급 인사에 해당하는 인사를 위원으로 위촉한다(민주평화통일자문회의법 제10조). 민주평화통일자문회의는 7천명 이상의 자문위원으로 구성한다(민주평화통일자문회의법 제3조).

민주평화통일자문회의는 회의에서 위임한 사항과 의장이 명한 사항을 처리하기 위해서 상임위원회를 둔다(민주평화통일자문회의법 제18조 제1항). 그리고 민주평화통일자문회의는 특별시

·광역시·특별자치시·도·특별자치도·이북5도와 재외동포별로 그 지역 출신의 위원으로 구성된 지역회의를 둘 수 있고, 시·군·구와 해외 지역별로 지역협의회를 둘 수 있다(민주평화통일자문회의법 제29조 제1항).

ⓑ 직무범위

민주평화통일자문회의 직무는 통일에 관한 국내외 여론 수렴, 통일에 관한 국민적 합의 도출, 통일에 관한 범민족적 의지와 역량의 결집, 그 밖에 대통령의 평화통일정책에 관한 자문·건의를 위하여 필요한 사항의 기능을 수행함으로써 조국의 민주적 평화통일을 위한 정책의 수립과 추진에 관해서 대통령에게 건의하고 대통령 자문에 응하는 것이다(민주평화통일자문회의법 제2조).

ⓒ 회의

민주평화통일자문회의는 2년에 한 번 의장이 소집한다. 다만, 의장이 필요하다고 인정하거나 재적의원 3분의 1 이상 요구가 있을 때도 소집된다(민주평화통일자문회의법 제20조 제1항).

④ 국민경제자문회의

(ⅰ) 의의와 연혁

국민경제자문회의는 국민경제의 발전을 위한 중요정책 수립에 관해서 대통령 자문에 응하기 위해서 설치할 수 있는 대통령의 자문기관이다(헌법 제93조 제1항). 국민경제자문회의는 현행 헌법에서 신설하였다.

(ⅱ) 조직과 직무범위

국민경제자문회의의 조직·직무범위 기타 필요한 사항은 법률로 정한다(헌법 제93조 제2항). 1999년 8월 31일에 국민경제자문회의법이 제정되었다.

ⓐ 조직

자문회의는 의장 1명, 부의장 1명, 당연직위원 5명 이내, 위촉위원 30명 이내 및 지명위원으로 구성한다(국민경제자문회의법 제3조 제1항). 자문회의 의장은 대통령이 되고, 부의장은 의장이 위촉위원 중에서 지명한다(국민경제자문회의법 제3조 제2항). 당연직위원은 기획재정부 장관과 대통령비서실의 경제 업무를 보좌하는 정무직 비서관, 그 밖에 대통령이 정하는 사람[고용노동부 장관, 대통령비서실장, 대통령비서실의 정책조정업무를 보좌하는 비서관('국민경제자문회의 운영에 관한 규정' 제2조 제1항)]이 된다(국민경제자문회의법 제3조 제3항). 위촉위원은 국민경제 발전에 이바지할 수 있는 학식과 경험이 풍부한 사람 중에서 대통령이 위촉한다(국민경제자문회의법 제3조 제4항, 제4조 제1항). 지명위원은 자문회의에 상정된 의안과 관련하여 중앙행정기관의 장과 정부출연연구기관의 장, 그 밖에 대통령령으로 정하는 사람[관계행정기관의 장, 국회법에 따른 교섭단체의 정책을 심의·입안하는 사, 대통령비서실의 정무직인 보좌관과 비서관, 외국기업('외국인투자 촉진법' 제2조 제1항 제6호에 따른 외국인투자기업) 또는 국내에 소재하는 외국인단체의 임원 또는 이에 상당하는 직에 있는 사람, 그 밖에 국민경제자문회의 의장이 상정된 의안과 관련하여 필요하다고 인정하는 사람('국민경제자문회의 운영에 관한 규정' 제2조 제1항)] 중에서 회의 때마다 대통령이 지명하는 사람이 된다.

　　ⓑ 직무범위

국민경제자문회의는 (가) 국민경제 발전을 위한 전략과 주요 정책 방향 수립, (나) 국민복지 증진과 균형발전을 위한 제도의 개선과 정책 수립, (다) 국민경제의 대내외 주요 현안 과제에 대한 정책 대응 방향 수립, (라) 그 밖에 국민경제 발전을 위하여 대통령이 자문회의 회의에 부치는 사항에 관하여 대통령의 자문에 응한다.

⑤ 국가과학기술자문회의

（ⅰ）의의 및 연혁

국가과학기술자문회의는 과학기술 혁신과 정보 및 인력의 개발을 통한 국민경제 발전을 위해서 설치할 수 있는 대통령의 자문기관이다(헌법 제127조 제1항과 제3항). 과학기술자문회의는 헌법기관이 아닌 법률상 자문기구로서, 1991년 국가과학기술자문회의법이 제정되어 있다.

（ⅱ）조직과 직무범위

국가과학기술자문회의의 조직과 직무범위에 관한 자세한 사항은 국가과학기술자문회의법에 규정되어 있다.

　　ⓐ 조직

과학기술자문회의는 의장 1명, 부의장 1명을 포함한 30명 이내의 위원으로 구성한다(국가과학기술자문회의법 제3조 제1항). 위원은 (가) 과학기술 또는 정치·경제·인문·사회·문화 분야에 관하여 학식과 경험이 풍부한 전문가 중에서 의장이 위촉하는 사람, (나) 대통령령으로 정하는 중앙행정기관의 장과 정무직 공무원[기획재정부 장관, 교육부 장관, 과학기술정보통신부 장관, 산업통상자원부 장관, 중소벤처기업부 장관과 국가과학기술자문회의에 상정되는 안건과 관련이 있다고 국가과학기술자문회의 의장이 인정하는 중앙행정기관의 장, 대통령비서실의 과학기술에 관한 업무를 담당하는 보좌관('국가과학기술자문회의법 시행령' 제2조)]으로 구성한다(국가과학기술자문회의법 제3조 제3항). 과학기술자문회의 의장은 대통령이 되고, 부의장은 과학기술 또는 정치·경제·인문·사회·문화 분야에 관하여 학식과 경험이 풍부한 전문가 중에서 의장이 위촉하는 사람 중에서 의장이 지명한다(국가과학기술자문회의법 제3조 제2항).

　　ⓑ 직무범위

국가과학기술자문회의는 (가) ㉠ 국가과학기술 혁신과 정보 및 인력의 개발을 위한 과학기술 발전 전략 및 주요 정책방향에 관한 사항, ㉡ 국가과학기술 분야의 제도 개선과 정책에 관한 사항, ⓒ 그 밖에 과학기술 분야 발전을 위하여 필요하다고 인정하여 대통령이 과학기술자문회의에 부치는 사항에 관한 자문 기능과 (나) 과학기술 주요 정책·과학기술혁신 등에 관련된 사항에 관한 심의 기능을 수행한다(국가과학기술자문회의법 제2조).

3. 감사원

(1) 헌법적 지위

감사원은 대통령 소속 아래의 헌법상 필수적 합의제독립기관이다(헌법 제97조). 즉 감사원은 조직상으로는 대통령에 소속되나, 기능상·직무상으로는 대통령에서 독립한 기관이다(감사원법 제2조 제1항). 1948년 헌법에서는 (헌법상 명문 규정 없이 정부조직법에 근거를 둔) 직무감찰권이 있는 감찰위원회와 (헌법 제95조에 규정된) 회계검사권이 있는 심계원이 분리되어 있었는데, 1962년 헌법부터 양자를 통합하여 감사원을 두었다. 감사원은 감사위원회의를 통해서 권한을 행사한다. 감사원을 합의제관청으로 한 이유는 감사원의 독립성을 보장함과 동시에 그 직무를 신중하고 공정하게 처리하도록 하려는 것이다.

(2) 구성

감사원은 원장을 포함한 5명 이상 11명 이하의 감사위원으로 구성하고(헌법 제98조 제1항), 감사원의 조직·직무범위·감사위원의 자격·감사대상공무원의 범위 기타 필요한 사항은 법률로 정한다. 감사원법 제3조는 감사원은 원장을 포함하여 7명의 감사위원으로 구성된다고 규정한다. 감사원장은 국회 동의를 얻어 대통령이 임명하고, 그 임기는 4년으로 하며, 1차에 한하여 중임할 수 있다(헌법 제98조 제2항). 감사위원은 감사원장 제청으로 대통령이 임명하고, 그 임기는 4년으로 하며, 1차에 한하여 중임할 수 있다(헌법 제98조 제3항). 감사원장이 사고로 말미암아 직무를 수행할 수 없으면 감사위원으로 최장기간 재직한 감사위원이 그 직무를 대행한다. 다만, 재직기간이 같은 감사위원이 2명 이상이면 연장자가 그 직무를 대행한다(감사원법 제4조 제3항). 감사원장과 감사위원의 다른 임명절차에 비추어 보면, 감사원장과 감사위원이 동등한 법적 지위에 있다고 보기 어렵다. 따라서 감사원은 순수한 합의체가 아니라 감사원장 우위의 합의체이다.[226]

(3) 신분 보장과 의무

감사위원 정년은 65세이다. 다만, 원장인 감사위원의 정년은 70세로 한다(감사원법 제6조 제2항). 감사위원은 탄핵결정이나 금고 이상의 형 선고를 받았을 때나 장기의 심신쇠약으로 직무를 수행할 수 없게 된 때가 아니면 그 의사에 반하여 면직되지 아니한다. 감사위원이 탄핵결정이나 금고 이상의 형 선고를 받았을 때는 당연히 퇴직되고, 장기의 심신쇠약으로 직무

---

226) 윤수정, 「감사원의 지위에 관한 헌법적 고찰」, 『한국부패학회보』 제19권 제4호, 한국부패학회, 2014, 21~22쪽.

를 수행할 수 없을 때는 감사위원회 의결을 거쳐 감사원장 제청으로 대통령이 퇴직을 명한다(감사원법 제8조).

감사위원은 국회 또는 지방의회 의원의 직, 행정부서 공무원의 직, 감사원법에 따라 감사대상이 되는 단체 임직원의 직, 그 밖에 보수를 받는 직을 겸할 수 없다(감사원법 제9조). 그리고 감사위원은 정당에 가입하거나 정치운동을 할 수 없다(감사원법 제10조).

(4) 권한

① 결산 및 회계검사권과 그 보고권

감사원은 세입·세출의 결산을 매년 검사하여 대통령과 차년도국회에 보고할 권한과 의무가 있다(헌법 제97조, 제99조). 감사원의 회계검사대상에는 필요적 검사사항과 선택적 검사사항이 있다. 필요적 검사사항은 국가와 지방자치단체의 회계, 한국은행과 국가 또는 지방자치단체가 자본금의 2분의 1 이상을 출자한 법인의 회계, 다른 법률에 따라 감사원의 회계검사를 받도록 규정된 단체 등의 회계이고(감사원법 제22조), 선택적 검사사항은 감사원이 필요하다고 인정한 사항과 국무총리 요청이 있는 사항이다(감사원법 제23조).

② 직무감찰권

감사원은 행정기관과 공무원 직무에 대해서 소극적인 비위감찰권과 적극적인 행정감찰권(근무평정, 행정관리의 적부심사분석과 그 개선 등)이 있다(감사원법 제33조, 제34조). 감사원은 (ⅰ) 정부조직법과 그 밖의 법률에 따라 설치된 행정기관의 사무와 그에 소속한 공무원의 직무[여기의 행정기관에는 군기관과 교육기관을 포함한다. 다만, 군기관에는 소장급 이하의 장교가 지휘하는 전투를 주된 임무로 하는 부대와 중령급 이하의 장교가 지휘하는 부대는 제외한다(감사원법 제24조 제2항)], (ⅱ) 지방자치단체의 사무와 그에 소속한 지방공무원의 직무,227) (ⅲ) 한국은행과 국가

---

227) 헌재 2008. 5. 29. 2005헌라3, 판례집 20−1하, 41, 49−50: "헌법은 국가의 세입·세출의 결산, 국가 및 법률이 정한 단체의 회계검사와 행정기관 및 공무원의 직무에 대한 감찰을 하기 위하여 대통령 소속하에 감사원을 두고(제97조), 감사원의 조직·직무범위·감사위원의 자격·감사대상 공무원의 범위 기타 필요한 사항은 법률로 정한다고 규정하고 있다(제100조). 이에 따라 직무감찰의 범위를 정한 감사원법 제24조 제1항 제2호에 의하면, 지방자치단체의 사무와 그에 소속한 지방공무원의 직무는 감사원의 감찰사항에 포함되며, 여기에는 공무원의 비위사실을 밝히기 위한 비위감찰권뿐만 아니라 공무원의 근무평정·행정관리의 적부심사분석과 그 개선 등에 관한 행정감찰권까지 포함된다고 해석된다. 또한 감사원법에 의하면 감사원은 일정한 경우 공무원에 대한 징계 요구 등을 그 소속장관 또는 임용권자에게 할 수 있고(제32조) 감사의 결과 위법 또는 부당하다고 인정되는 사실이 있을 때에는 소속장관, 감독기관의 장 또는 당해 기관의 장에게 시정 주의 등을 요구할 수 있으며(제33조 제1항) 감사결과 법령, 제도상 또는 행정상의 모순이 있거나 기타 개선할 사항이 있다고 인정할 때에는 국무총리, 소속장관, 감독기관의 장 또는 당해 기관의 장에게 법령 등의 제정, 개정 또는 폐지를 위한 조치나 제도상 또는 행정상의 개선을 요구할 수 있고(제34조 제1항) 위와 같은 요구를 하는 것이 부적절하거나 관계기관의 장으로 하여금 자율적으로 처리하게 할 필요가 인정되는 때 또는 행정운영 등의 경제성·효율성 및 공정성 등을 위하여 필요하다고 인정되는 때에는 소속장관, 감독기관의 장 또는 당해 기관의 장에게 그 개선 등에 관한 사항을 권고 또는 통보할 수 있다(제34조의2). 위와 같은 감사원법 규정들의 구체적 내용을 살펴보면 감사원의 직무감찰권의 범위에 인사권자에 대하여 징계 등을 요구할 권한이 포함되고, 위법성뿐 아니라 부당성도 감사의

또는 지방자치단체가 자본금의 2분의 1 이상을 출자한 법인 및 민법 또는 상법 외의 다른 법률에 따라 설립되고 그 임원의 전부 또는 일부나 대표자가 국가 또는 지방자치단체에 의하여 임명되거나 임명 승인되는 단체의 사무와 그에 소속한 임원 및 감사원의 감사대상이 되는 회계사무와 직접 또는 간접으로 관련이 있는 직원의 직무, (ⅳ) 법령에 따라 국가 또는 지방자치단체가 위탁하거나 대행하게 한 사무와 그 밖의 법령에 따라 공무원의 신분을 가지거나 공무원에 준하는 자의 직무를 감찰한다(감사원법 제24조 제1항). 그러나 국회·법원 및 헌법재판소 공무원은 감찰대상에서 제외된다(감사원법 제24조 제3항). 그리고 국무총리가 국가기밀에 속한다고 소명한 사항, 국방부 장관이 군기밀 또는 작전상 지장이 있다고 소명한 사항은 감찰할 수 없다(감사원법 제24조 제4항).

③ 감사결과에 따라 행사할 권한

감사원은 감사결과와 관련 변상책임 유무의 판정권(감사원법 제31조), 징계처분과 문책의 요구·권고권(감사원법 제32조), 시정·주의 등의 요구·권고권(감사원법 제33조), 법령·제도·행정의 개선요구·권고권(감사원법 제34조와 제34조의2), 수사기관에 대한 고발권(감사원법 제35조), 재심의 청구처리권(감사원법 제36조~제40조)이 있다.

④ 감사원규칙제정권

감사원은 감사에 관한 절차, 감사원의 내부규율과 감사사무 처리에 관한 규칙을 제정할 수 있다(감사원법 제52조). 감사원규칙은 헌법적 근거가 없으므로, 법규명령이 아니라 행정규칙에 불과하다.[228] 따라서 국민의 권리·의무에 관한 사항을 규정할 필요가 있으면 대통령령으로써 하여야 한다. 만일에 감사원규칙이 국민의 권리·의무에 관한 법규사항을 규정한다면 그것은 헌법 위반임을 면할 수 없다.[229]

(5) 감사 청구

19세 이상의 국민은 공공기관의 사무처리가 법령 위반이나 부패행위로 말미암아 공익을 현저히 해하면 대통령령으로 정하는 일정한 수 이상 국민의 연서로 감사원에 감사를 청구할 수 있다. 다만, 국회·법원·헌법재판소·선거관리위원회 또는 감사원의 사무에 대해서는 국회의장·대법원장·헌법재판소장·중앙선거관리위원회 위원장 또는 감사원장에게 감사를 청구하여야 한다('부패방지 및 국민권익위원회의 설치와 운영에 관한 법률' 제72조 제1항). 그러나 ① 국가

기준이 되는 것은 명백하며, 지방자치단체의 사무의 성격이나 종류에 따른 어떠한 제한이나 감사기준의 구별도 찾아볼 수 없다."

228) 구병삭, 『신헌법원론(개정판)』, 박영사, 1996, 1066쪽; 권영성, 『헌법학원론(개정판)』, 법문사, 2010, 1058쪽; 김학성/최희수, 『헌법학원론(전정5판)』, 피앤씨미디어, 2021, 1085쪽; 성낙인, 『헌법학(제21판)』, 법문사, 2021, 677쪽; 정연주, 『헌법학원론(제2판)』, 법영사, 2021, 789쪽; 홍성방, 『헌법학(하)(제3판)』, 박영사, 2014, 254쪽.
229) 같은 견해: 권영성, 『헌법학원론(개정판)』, 법문사, 2010, 1058쪽; 홍성방, 『헌법학(하)(제3판)』, 박영사, 2014, 254쪽.

의 기밀과 안전보장에 관한 사항, ② 수사·재판과 형 집행(보안처분·보안관찰처분·보호처분·보호관찰처분·보호감호처분·치료감호처분·사회봉사명령을 포함)에 관한 사항, ③ 사적인 권리관계 또는 개인의 사생활에 관한 사항, ④ 다른 기관에서 감사하였거나 감사 중인 사항(다만, 다른 기관에서 감사한 사항이라도 새로운 사항이 발견되거나 중요사항이 감사에서 누락된 때는 제외), ⑤ 그 밖에 감사를 실시하는 것이 적절하지 아니한 정당한 사유가 있는 경우로서 대통령령이 정하는 사항에 해당하면 감사청구 대상에서 제외한다('부패방지 및 국민권익위원회의 설치와 운영에 관한 법률' 제72조 제2항).

Ⅲ. 선거관리위원회

1. 선거관리의 개념

선거관리는 국민이 국가의사를 직접 결정하거나 국민이 국가권력을 행사할 대표자를 선출하는 절차의 전반적인 관리를 뜻한다. 이는 선거관리위원회가 선거와 국민투표의 공정한 관리 및 정당에 관한 사무를 처리한다는 점(헌법 제114조 제1항)에서 확인된다. 다만, 여기서 선거관리에 관한 법률 제정과 선거쟁송의 최종적 판단은 각각 국회와 사법부의 권한이므로 선거관리에서 배제된다. 그리고 헌법 제114조 제6항이 선거관리를 국민투표관리 및 정당사무와 구별한다는 점에서 좁은 뜻의 선거관리는 국민이 국가권력을 행사할 대표자를 선출하는 절차의 직접 관리를 가리킨다.

2. 제도적 의의

한국 헌법사에서 중앙선거관리위원회를 헌법상 국가기관으로 격상시킨 것은 1960년 헌법이고, 각급 선거관리위원회를 헌법에 처음으로 규정한 것은 1962년 헌법부터이다. 이렇게 헌법이 선거관리위원회를 헌법에 규정하는 이유는 선거와 국민투표 그리고 정당사무를 공정하게 처리함으로써 대의제 민주주의 기반을 확립하려는 것이다.

3. 헌법적 지위

선거관리위원회는 선거와 국민투표의 공정한 관리 및 정당에 관한 사무를 처리하는 헌법상 필수적 합의제독립기관이다. 선거관리위원회 업무는 그 성질상 행정작용에 해당된다. 하지만 선거와 정당의 중요한 정치적 기능과 선거관리에 요구되는 정치적 중립성으로 말미암아 선거관리위원회는 그 조직과 기능 측면에서는 입법부·집행부·사법부에서 옹글게(완벽하게) 독립한 기관의 지위가 있다. 그리고 선거관리위원회는 9명이나 7명의 선거관리위원으로 구성되는 합의제기관이고, 헌법상 반드시 설치하여야 하는 필수적 국가기관이다.

　　행정작용은 '국가적 과제를 법적으로 규제된 기준에 따라 개별적·구체적으로 또한 활동적으로 실현하는 것'이고, 선거관리는 선거법이 정한 기준에 따라 국가나 지방자치단체의 기관 구성을 위한 구체적인 선거관리라는 국가적 사무를 개별적·구체적으로 또한 활동적으로 실현하므로, 선거관리는 입법, 집행, 사법의 3대 국가작용과 구분되는 독자적 국가작용으로 보기는 어렵고, '협의의 행정작용'의 일종이라는 견해가 있다.[230] 그리고 헌법상 선거관리는 고전적인 권력분립이 예상하지 못한 새로운 권력작용으로서 정치적 사법작용이라고 일컫는 헌법재판과 비견되는 정치발전적 행정작용으로서, 선거관리위원회는 기능적 권력분립이나 기능적 권력 통제를 실현하는 국가기관으로 이해될 수 있다는 견해도 있다.[231] 선거관리는 국민주권원칙을 더 직접적으로 실현하는 국가작용으로서 정치권력의 형성과 통제에 직접 영향을 준다는 점에서 정치적 행정작용이고, 정치형성적 행정작용, 정치통제적 행정작용, 정치발전적 행정작용의 의미가 있는데, 선거관리는 정치권력에 직접 영향을 주므로 정치권력에서 간섭을 받을 수 있으면서도 정치에서 영향을 받지 않아야 한다는 모순적 속성이 있어서, 이를 행정기관이 수행하는 것은 바람직하지 않다는 견해도 있다.[232] 선거관리위원회가 헌법상 독립기관임을 부정할 수 없고, 국가기관을 통한 추정적 국민의사 결정과 관련되는 일반 행정작용과는 달리 선거관리는 국민의사를 직접 확인하는 것과 관련되는 특수 행정작용에 해당한다. 하지만 양자가 결국 국민이 국가의사를 확정하는 것이라는 점에서 그것이 선거관리를 일반 행정작용과 질적으로 구별하는 데까지 이르지 않는다. 따라서 선거관리위원회는 특별한 행정기관일 뿐이다. 이러한 점에서 선거관리위원회를 헌법상 독립기관으로 구성한 것은 그에 부여한 기능의 독자성 때문이 아니라 헌법사적 경험에 따른 헌법상 결단으로 이해하여야 한다.

4. 구성

(1) 선거관리위원회의 종류와 직무

　　선거관리위원회는 중앙선거관리위원회 밑에 특별시·광역시·도선거관리위원회(9명), 구·시·군선거관리위원회(9명), 읍·면·동선거관리위원회(7명)가 있다(선거관리위원회법 제2조 제1항). 선거관리위원회는 법령이 정하는 바에 따라서 ① 국가와 지방자치단체의 선거에 관한 사무, ② 국민투표에 관한 사무, ③ 정당에 관한 사무, ④ '공공단체등 위탁선거에 관한 법률'에 따른 위탁선거에 관한 사무, ⑤ 기타 법령으로 정하는 사무를 담당한다(선거관리위원회법 제3조

---

230) 김태홍, 「헌법상 선거관리위원회의 권한과 구성상의 문제점」, 『공법학연구』 제13권 제3호, 한국비교공법학회, 2012, 60~63쪽.

231) 홍석한, 「선거관리위원회의 위상과 역할에 대한 헌법적 고찰」, 『공법연구』 제42집 제3호, 한국공법학회, 2014, 83~85쪽.

232) 음선필, 「선거관리위원회의 헌법상 지위와 역할」, 『홍익법학』 제16권 제1호, 홍익대학교 법학연구소, 2015, 225~226쪽.

제1항).

(2) 중앙선거관리위원회

중앙선거관리위원회는 대통령이 임명하는 3명, 국회에서 선출하는 3명과 대법원장이 지명하는 3명의 위원으로 구성된다. 위원장은 위원 중에서 호선한다(헌법 제114조 제2항). 그러나 대법원장이 지명하는 대법관인 위원이 위원장을 맡는 것이 헌법관습이다(1963년부터 현재까지). 따라서 사실상 대법원장이 위원장을 임명한다. 하지만 헌법이 선거관리를 전통적인 입법, 집행, 사법과 구별되는 독립적인 기능으로 이해하여 독립한 기관에 부여할 뿐 아니라 선거소송을 대법원이 담당한다는 점에서 현직 법관이 위원을 겸직하는 것은 중앙선거관리위원회를 독립한 기관으로 설치한 헌법 취지는 물론 권력분립원칙에 어긋나므로 개선되어야 한다(이러한 점은 모든 각급 선거관리위원회에서도 마찬가지이다).233) 위원 임기는 6년으로 연임 제한이 없다(헌법 제114조 제3항). 위원은 정당에 가입하거나 정치에 관여할 수 없고(헌법 제114조 제4항), 탄핵이나 금고 이상의 형의 선고에 의하지 아니하고는 파면되지 아니한다(헌법 제114조 제5항).

중앙선거관리위원회 구성방법은 선거관리가 정치과정 그 자체이므로 정치세력의 수용성을 제고하려고 국회, 대통령, 대법원장에 공동으로 기관구성권을 부여하는 의미가 있다. 그러나 국회는 다원적인 정치세력의 집합체이므로 적극적으로 중립성을 보호할 수 있지만, 대통령과 대법원이 중앙선거관리위원회 구성에 관여하는 것은 문제가 있다. 대통령이 중앙선거관리위원회 구성에 관여함으로써 국회가 담보하는 정치적 다원성과 정치적 중립성이 다시 균형을 상실할 위험이 있기 때문이다. 대법원 관여는 전문성 확보 측면에서 장점이 있을 수 있으나, 이는 법률에 위원의 자격규정을 둠으로써 담보할 수 있다. 따라서 대법원 관여는 헌법적 필연성이 없다.234) 이러한 점에서 중앙선거관리위원회의 독립성을 충분히 확보하려면 위원 전부를 국회에서 가중다수결로 선출하여야 할 것이다.235)

중앙선거관리위원회는 법령 범위 안에서 선거관리·국민투표관리 또는 정당사무에 관한 규칙을 제정할 수 있고, 법률에 저촉되지 아니하는 범위 안에서 내부규율에 관한 규칙을 제정할 수 있다(헌법 제114조 제6항). 중앙선거관리위원회의 규칙제정권은 선거관리위원회의 활동을 효율적으로 전개하기 위한 중요한 조건의 하나이고, 선거관리위원회의 자율성을 확보하

---

233) 같은 견해: 김태홍, 「헌법상 선거관리위원회의 권한과 구성상의 문제점」, 『공법학연구』 제13권 제3호, 한국비교공법학회, 2012, 80~81쪽; 박종보, 「헌법 제114조 및 제115조」, 『헌법주석[법원, 경제질서 등]』, 경인문화사, 2018, 1349쪽; 성낙인, 『헌법학(제21판)』, 법문사, 2021, 704~705쪽; 홍석한, 「선거관리위원회의 위상과 역할에 대한 헌법적 고찰」, 『공법연구』 제42집 제3호, 한국공법학회, 2014, 94쪽.

234) 같은 견해: 김태홍, 「헌법상 선거관리위원회의 권한과 구성상의 문제점」, 『공법학연구』 제13권 제3호, 한국비교공법학회, 2012, 78~79쪽.

235) 구성에 정치세력이 반영되도록 하여 적극적인 중립성을 추구하고 민주적 정당성을 제고하기 위해서 위원 전원을 국회에서 재적 과반수로 선출하도록 하여야 한다는 견해로는 홍석한, 「선거관리위원회의 위상과 역할에 대한 헌법적 고찰」, 『공법연구』 제42집 제3호, 한국공법학회, 2014, 94쪽.

기 위한 전제이기도 하다. 중앙선거관리위원회는 대통령과 대등한 헌법적 지위가 있다는 점에 비추어 중앙선거관리위원회규칙은 대통령령과 같은 법적 지위가 있다고 보아야 한다. 따라서 중앙선거관리위원회규칙은 '규칙'이라는 용어가 붙어도 법규명령에 해당한다.

(3) 상임위원과 비상임위원의 구별

중앙선거관리위원회와 시·도선거관리위원회에만 1명의 상임위원을 두어 위원장을 보좌하고 그 명을 받아 소속 사무처를 감독하는 업무를 부여한다. 위원장과 다른 위원들은 비상임의 명예직이다(선거관리위원회법 제6조 제1항, 제12조 제1항). 이는 선거관리위원회를 상설기관으로 둔 취지에 어긋나고, 합의제기관인 선거관리위원회에서 합의를 어렵게 하며, 겸직하는 비상임위원들이 선거관리위원회 업무에 집중하기 어렵고, 비상임인 위원장과 상임위원, 사무총장의 관계 정립이 모호하며, 위원들의 책임 있는 업무 수행과 선거관리위원회의 대외적 독립성에도 부정적 영향을 미치므로, 위원 모두를 상임으로 구성하도록 하여야 할 것이다.236)

5. 권한과 의무

(1) 권한

중앙선거관리위원회는 선거와 국민투표의 관리권, 정당사무관리권과 정치자금분배권(정치자금의 기탁, 기탁된 정치자금과 국고보조금을 각 정당에 분배하는 사무) 및 규칙제정권이 있다(헌법 제114조 제1항과 제6항). 선거관리위원회법 제3조 제1항은 ① 국가와 지방자치단체의 선거에 관한 사무, ② 국민투표에 관한 사무, ③ 정당에 관한 사무, ④ '공공단체등 위탁선거에 관한 법률'에 따른 위탁선거에 관한 사무, ⑤ 기타 법령으로 정하는 사무로 구체화한다.237) 각급 선거관리위원회는 선거인명부 작성 등 선거사무와 국민투표사무에 관해서 관계 행정기관에 필요한 지시를 할 수 있고, 각급 선거관리위원회는 선거사무를 위해서 인원·장비 지원 등이 필요하면 행정기관에는 지시나 협조 요구를, 공공단체와 은행(개표사무종사원을 위촉하는 때에 한한다)에는 협조 요구를 할 수 있다. 그러한 지시를 받거나 협조 요구를 받은 해당 행정기관·공공단체 등은 먼저 그에 응하여야 한다(헌법 제115조, 선거관리위원회법 제16조).

(2) 의무

각급 선거관리위원회는 선거권자의 주권의식을 높이기 위해서 계몽을 실시하여야 한다. 특히 선거나 국민투표가 실시되면 그 주관 아래 여러 가지 방법으로 투표방법·기권방지 기

---

236) 같은 견해: 김태홍, 「헌법상 선거관리위원회의 권한과 구성상의 문제점」, 『공법학연구』 제13권 제3호, 한국비교공법학회, 2012, 81~83쪽; 홍석한, 「선거관리위원회의 위상과 역할에 대한 헌법적 고찰」, 『공법연구』 제42집 제3호, 한국공법학회, 2014, 96~97쪽.

237) 권한에 관한 구체적 검토는 음선필/김주영/정상우, 『선거관리위원회의 헌법적 역할과 과제에 관한 연구』, 중앙선거관리위원회, 2014, 12~22쪽 참조.

타 선거나 국민투표에 필요한 계도를 실시하여야 한다(선거관리위원회법 제14조).

6. 선거관리위원회의 의사 결정

각급 선거관리위원회는 위원 과반수 출석으로 개의하고, 출석위원 과반수 찬성으로 의결한다. 위원장은 표결권이 있고, 가부동수이면 결정권이 있다(선거관리위원회법 제10조).

Ⅳ. 법원

1. 헌법상 지위

(1) 사법기관

법원의 헌법상 지위는 헌법을 근거로 확정되어야 한다. 법원의 지위를 확정할 때 가장 핵심적인 조항은 "사법권은 법관으로 구성된 법원에 속한다."라고 규정한 헌법 제101조 제1항이다. 곧 법원의 기본적 지위는 사법기관이다. 헌법 제101조 제1항에 따라서 사법에 관한 권한은 원칙적으로 법원이 행사한다. 그러나 이에는 헌법에 다음과 같은 예외가 있다. ① 헌법재판 중 위헌법률심판, 탄핵심판, 위헌정당해산심판, 권한쟁의심판, 헌법소원심판은 헌법재판소의 관할이다(헌법 제111조 제1항). ② 국회의원의 자격심사나 징계처분은 국회 자율에 맡긴다(헌법 제64조 제2항). ③ 행정쟁송과 관련하여 행정심판은 행정기관이 다룰 수 있다(헌법 제107조 제3항). ④ 사면·복권·감형은 대통령의 권한사항으로 한다(헌법 제79조).

(2) 중립적 권력

사법작용은 '분쟁당사자 중 일방당사자 청구에 따라 독립된 지위가 있는 기관이 제3자적 입장에서 법을 유지하는 작용'이다. 곧 국회가 법률을 형성하거나 정립하고 정부가 법률을 집행하고 정책 형성을 하는 것 등 적극적인 국가작용을 하지만, 법원은 법을 인식하고 판단하고 유지하는 소극적인 작용을 담당한다. 객관적인 법을 인식하고 판단하고 유지하기 위해서 법원은 정치적으로 중립적일 수밖에 없다. 법원의 중립성은 한편으로는 사법작용의 본질에서 오는 개념필연적 사항이기도 하지만, 다른 한편으로는 사법부에 대한 요청이기도 하다. 오늘날 정당국가적 민주주의 아래에서 법원의 정치적 중립성은 특히 요구된다. 헌법은 제103조에서 "법관은 헌법과 법률에 의하여 그 양심에 따라 독립하여 심판한다."라고 함으로써 사법권의 독립과 법원의 정치적 중립성을 강조한다. 여기서 양심은 헌법 제19조가 기본권으로 보장하는 양심이 아니라 법적 소신을 뜻한다.238) 그러나 법원의 구성과 재원은 정치적 기관인 국회와 정부에 의존하므로 법원의 중립성은 실제적으로 위협받는다. 즉 대법원장과 대법관은

---

238) 김하열, 『헌법강의(제3판)』, 박영사, 2021, 912쪽.

국회 동의를 얻어 대통령이 임명하고(헌법 제104조 제1항과 제2항), 법원의 예산안은 정부가 편성하고 국회가 심의·확정한다(헌법 제54조). 나아가 대통령은 비상계엄을 선포하여 법원의 권한에 대해서 특별한 조치를 할 수도 있다(헌법 제77조 제3항).

(3) 헌법의 수호자

헌법상 헌법수호의 기능은 대통령과 헌법재판소 그리고 법원에 분산된다. 그러나 대통령의 헌법수호자 지위는 비상사태에 기능하는 측면이 강하지만, 법원과 헌법재판소의 헌법수호자 지위는 전적으로 평상시에 작용하는 점에서 차이가 있다. 그리고 평상시 헌법수호 기능은 대부분 그리고 중요한 부분에서 헌법재판소가 담당한다(헌법 제111조 제1항). 따라서 법원의 헌법수호자 기능은 부차적인 것이라고 할 수밖에 없다. 즉 법원은 명령·규칙의 위헌·위법심사(헌법 제107조 제2항), 헌법재판소에 대한 위헌법률심판 제청(헌법 제107조 제1항), 선거와 국민투표에 대한 재판 등을 통해서 헌법수호 기능을 부분적으로 수행할 뿐이다.

(4) 기본권보장자

역사적으로 군주와 벌인 투쟁에서 법원은 의회와 함께 기본권보장자로서 기능하였다. 현행 헌법 아래에서도 법원은 국민의 자유와 권리를 보호하는 기능을 담당한다. 즉 헌법 제27조 제1항에 따라 "모든 국민은 헌법과 법률이 정한 법관에 의하여 법률에 의한 재판을 받을 권리를 가지며", 그 결과 법원은 기본권보장자의 지위가 있다. 특히 법원의 기본권보장적 역할은 집행부의 명령·규칙·처분에 대한 위헌·위법심사에서 두드러진다. 그러나 공권력의 기본권 침해에 대한 최종수단인 헌법소원에 대한 심판권이 헌법재판소에 있어서(헌법 제111조 제1항 제5호), 최종적인 기본권보장적 지위는 헌법재판소에 있다고 보아야 한다.

2. 조직과 관할

(1) 헌법규정

법원은 최고법원인 대법원과 각급 법원으로 조직되고(헌법 제101조 제2항), 그 조직은 법률로 정한다(헌법 제102조 제3항). 이러한 법률이 법원조직법이다. 법원조직법을 따르면 법원에는 대법원, 고등법원, 특허법원, 지방법원, 가정법원, 행정법원, 회생법원의 7종류가 있다(제3조 제1항). 그리고 지방법원과 가정법원 사무의 일부를 처리하게 하려고 그 관할구역 안에 지원, 시·군법원, 등기소를 둘 수 있다(법원조직법 제31조, 제39조, 제33조, 제34조, 제36조).

(2) 대법원의 조직과 관할
① 대법원의 조직
(ⅰ) 구성

대법원은 대법원장과 대법관으로 구성되고(헌법 제102조 제2항, 제104조 제1항), 대법관의 수는 대법원장을 포함하여 14명이다(법원조직법 제4조 제2항). 그리고 대법원에는 법률이 정하는 바에 의하여 대법관이 아닌 법관을 둘 수 있다(헌법 제102조 제2항 단서). 재판연구관을 대법관이 아닌 법관으로 보는 견해가 있다.[239] 이에 대해서 판사가 아닌 사람도 재판관으로 임명할 수 있어서 재판연구관은 법관 자격을 전제로 하는 대법관이 아닌 법관이 아니라는 견해가 있다.[240] 재판이 법관의 본질적 임무임에 비추어 대법관이 아닌 법관은 재판에 참여하는 법관으로 이해하여야 하므로 재판을 보조하는 데 불과한 재판연구관은 대법관이 아닌 법관으로 볼 수 없다.

(ii) 구성원의 임명과 그 권한

ⓐ 대법원장

대법원장은 만 45세 이상, 20년 이상의 법조경력이 있는 사람 중에서(법원조직법 제42조 제1항) 국회 동의를 얻어 대통령이 임명한다(헌법 제104조 제1항). 대법원장 임기는 6년으로 중임할 수 없고(헌법 제105조 제1항), 정년은 70세이다(법원조직법 제45조 제4항).

대법원장은 법원을 대표하는 법원의 수장으로서 대법원의 일반사무를 관장하고, 대법원의 직급과 각급 법원 및 그 소속기관의 사법행정사무에 관해서 직원을 지휘·감독한다(법원조직법 제13조 제2항). 따라서 대법원장은 법원을 대표할 권한, 대법관임명제청권, 헌법재판소재판관 3명 지명권, 중앙선거관리위원회 3명 지명권, 일반 법관의 임명권과 보직권, 법원공무원임명·지휘·감독권, 법원업무에 관련된 법률 제·개정에 관해서 국회에 서면의견을 제출할 수 있는 권한이 있다. 다만, 대법원장이 한 처분에 대한 행정소송의 피고는 법원행정처장으로 한다(법원조직법 제70조). 대법원장이 궐위되거나 부득이한 사유로 직무를 수행할 수 없으면 선임대법관이 그 권한을 대행한다(법원조직법 제13조 제3항).

ⓑ 대법관

대법관은 만 45세 이상, 20년 이상의 법조경력이 있는 사람 중에서(법원조직법 제42조 제1항) 대법원장 제청으로 국회 동의를 얻어 대통령이 임명한다(헌법 제104조 제2항). 대법관 임기는 6년으로 연임할 수 있고(헌법 제105조 제2항), 정년은 70세이다(법원조직법 제45조 제4항). 대법관은 최고법원인 대법원 구성원으로서 사법권을 행사하고, 대법관회의 구성원으로서 소관사항에 관해서 의결권이 있다(법원조직법 제16조).

대법원장이 제청할 대법관 후보자 추천을 위해서 대법원에 대법관후보추천위원회를 둔다(법원조직법 제41조의2 제1항). 대법관후보추천위원회는 대법원장이 대법관 후보자를 제청할 때

---

239) 권영성, 『헌법학원론(개정판)』, 법문사, 2010, 1082쪽; 성낙인, 『헌법학(제21판)』, 법문사, 2021, 712~713쪽; 장영수, 『헌법학(제13판)』, 홍문사, 2021, 1252쪽; 정연주, 『헌법학원론(제2판)』, 법영사, 2021, 819쪽; 한수웅, 『헌법학(제11판)』, 법문사, 2021, 1381~1382쪽; 허 영, 『한국헌법론(전정17판)』, 박영사, 2021, 1117쪽; 홍성방, 『헌법학(하)(제3판)』, 박영사, 2014, 271쪽.

240) 이헌환, 「헌법 제102조」, 『헌법주석[법원, 경제질서 등]』, 경인문화사, 2018, 968쪽. 같은 견해: 김철수, 『학설·판례 헌법학(전정신판)(중)』, 박영사, 2009, 933쪽; 정종섭, 『헌법학원론(제12판)』, 박영사, 2018, 1454쪽.

마다 위원장 1명을 포함한 10명의 위원으로 구성한다(법원조직법 제41조의2 제2항). 위원은 선임대법관, 법원행정처장, 법무부 장관, 대한변호사협회장, 사단법인 한국법학교수회 회장, 사단법인 법학전문대학원협의회 이사장, 학식과 덕망이 있고 각계 전문 분야에서 경험이 풍부한 사람으로서 변호사 자격을 가지지 아니한 사람 3명(이때 1명 이상은 여성이어야 한다)을 대법원장이 임명하거나 위촉한다(법원조직법 제41조의2 제3항). 위원장은 위원 중에서 대법원장이 임명하거나 위촉한다(법원조직법 제41조의2 제4항). 대법관후보추천위원회는 대법원장이나 위원 3분의 1 이상이 요청하거나 위원장이 필요하다고 인정하면 위원장이 소집하고, 재적위원 과반수 찬성으로 의결한다(법원조직법 제41조의2 제5항). 대법관후보추천위원회는 제청할 대법관(제청할 대법관이 2명 이상이면 각각의 대법관)의 3배수 이상을 대법관 후보자로 추천하여야 한다(법원조직법 제41조의2 제6항). 대법원장은 대법관 후보자를 제청하는 경우에는 대법관후보추천위원회의 추천 내용을 존중한다(법원조직법 제41조의2 제7항).

(iii) 대법관전원합의체와 대법원의 부

ⓐ 대법관전원합의체

대법원에는 대법관 전원의 3분의 2 이상으로 구성되고 대법원장이 재판장이 되는 대법관전원합의체를 둘 수 있다(법원조직법 제7조 제1항).

ⓑ 대법원의 부

대법원에 부를 둘 수 있고(헌법 제102조 제1항), 부는 대법관 3명 이상으로 구성한다(법원조직법 제107조 제1항 단서). 부에는 일반부와 특정부가 있다. 일반부에는 민사부와 형사부가 있고, 특정부에는 행정부, 조세부, 노동부, 군사부와 특허부가 있다(법원조직법 제7조 제2항). 일반부는 재판의 효율성을 높이려는 것이고, 특정부는 재판의 전문성을 발휘하도록 하려는 것이다.

(iv) 대법관회의

ⓐ 구성과 의사

대법관회의는 대법관으로 구성되며, 대법원장이 그 의장이 된다(법원조직법 제16조 제1항). 대법관회의는 대법관 전원의 3분의 2 이상 출석과 출석인원 과반수 찬성으로 결정하고, 가부동수이면 의장이 결정권을 갖는다(법원조직법 제16조 제2항과 제3항).

ⓑ 의결사항

대법관회의는 (가) 판사 임명과 연임에 대한 동의(법관의 보직권은 대법원장이 단독으로 행사), (나) 대법원규칙의 제정과 개정 등에 관한 사항, (다) 판례의 수집·간행에 관한 사항, (라) 예산 요구, 예비금 지출과 결산에 관한 사항, (마) 다른 법령에 따라 대법관회의의 권한에 속하는 사항, (바) 특히 중요하다고 인정되는 사항으로서 대법원장이 부친 사항을 의결한다(법원조직법 제17조).

(ⅴ) 부속기관

대법원의 부속기관으로 법원행정처(법원조직법 제19조), 사법연수원(법원조직법 제20조)과 사법정책연구원(법원조직법 제20조의2), 법원공무원교육원(법원조직법 제21조), 법원도서관(법원조직법 제22조), 대법원장비서실(법원조직법 제23조), 재판연구관(법원조직법 제24조), 법관인사위원회(법원조직법 제25조의2), 양형위원회(법원조직법 제81조의2)(이상 필수기관), 사법정책자문위원회(법원조직법 제25조)(임의기관)가 있다.

법원행정처는 사법행정사무를 관장하고, 사법연수원은 판사 연수와 사법연수생 수습을 관장하며, 사법정책연구원은 사법제도와 재판제도 개선에 관한 연구를 하고, 법원공무원연수원은 법원직원·집행관 등의 연수와 양성에 관한 사무를 관장한다. 그리고 법원도서관은 재판사무를 지원하고 법률문화 창달을 위한 판례·법령·문헌·사료 등 정보를 조사·수집·편찬하고 이를 관리·제공하며, 대법원장비서실은 대법원장 사무를 보좌하고, 법관인사위원회는 법관 인사에 관한 중요 사항을 심의하며, 사법정책자문위원회는 대법원장의 자문기관이다. 재판연구관은 대법원에서 사건 심리와 재판에 관한 조사·연구를 한다. 양형위원회는 양형기준을 설정·변경하고, 이와 관련된 양형정책을 연구·심의할 수 있다. 양형위원회는 위원장 1명을 포함한 13명의 위원으로 구성하되, 위원장이 아닌 위원 중 1명은 상임위원으로 한다(법원조직법 제81조의3 제1항).

② 대법원의 관할 및 권한

(ⅰ) 대법원의 관할 일반

대법원은 상고심, 명령·규칙의 위헌·위법 여부의 최종심사, 위헌법률심판 제청, 선거소송을 관할한다. 그리고 대법원은 규칙제정권이 있다(헌법 제108조).

(ⅱ) 최종심판권

ⓐ 대법원의 최종심판권

대법원은 고등법원 또는 항소법원·특허법원의 판결에 대한 상고사건, 항고법원·고등법원 또는 항소법원·특허법원의 결정·명령에 대한 재항고사건, 다른 법률에 따라 대법원 권한에 속하게 된 사건에 관해서 최종심판권이 있다(법원조직법 제14조). 다른 법률에 따라 대법원 권한에 속하게 된 사건으로는 공직선거법에 따른 대통령·국회의원선거소송사건과 시·도지사선거소송사건(제222조, 제223조)과 국민투표법에 따른 국민투표무효소송사건(제92조)과 지방자치법에 따른 기관소송사건(지방자치법 제5조 제9항, 제120조 제3항, 제188조 제6항, 제189조 제6항, 제192조 제4항과 제8항)이 있다.

ⓑ 대법원의 심판

대법원의 심판은 대법관 전원 3분의 2 이상의 합의체에서 한다. 그러나 명령이나 규칙이 헌법에 위반된다고 인정하는 때, 명령이나 규칙이 법률에 위반된다고 인정하는 때, 종전에 대법원에서 판시한 헌법·법률·명령이나 규칙의 해석 적용에 관한 의견을 변경할 필요가 있다고 인정하는 때, 부에서 재판하는 것이 적당하지 아니하다고 인정하는 때 등을 제외하고는 대법관 3명 이상으로 구성된 부에서 먼저 사건을 심리하여 의견이 일치된 때만 그 부에서 재판할 수 있다(법원조직법 제7조 제1항). 합의심판에서는 헌법과 법률에 별도의 규정이 없으면 과반수로써 결정하고(법원조직법 제66조 제1항), 대법원재판서에는 합의에 관여한 모든 대법관 의견을 표시하여야 한다(법원조직법 제15조).

(ⅲ) 규칙제정권

ⓐ 의의

대법원규칙은 대법원이 법률에 저촉되지 아니하는 범위 안에서 소송에 관한 절차나 법원의 내부규율이나 사무처리에 관해서 제정하는 법규범이다. 헌법은 (가) 법원의 자주성과 독립성을 확보할 수 있고, (나) 소송에 관한 절차와 법원의 내부규율 그리고 사무처리에 관한 사항은 전문적·기술적 사항이므로, 재판 실정에 정통한 최고법원인 대법원이 실정에 적합한 규칙을 제정할 수 있으며, (다) 사법부 안에서 대법원의 통제권과 감독권을 강화하고 그 실효성을 확보할 수 있다는 점 때문에 대법원에 규칙제정권을 부여하였다. 대법원이 대통령과 대등한 헌법적 지위가 있다는 점에 비추어 대법원규칙은 대통령령과 같은 법적 지위가 있다고 보아야 한다. 따라서 대법원규칙은 '규칙'이라는 용어에도 법규명령에 해당한다.

ⓑ 대상과 범위

대법원이 제정하는 규칙은 소송에 관한 절차, 법원의 내부규율과 사무처리에 관한 사항을 그 대상으로 한다(헌법 제108조). 소송에 관한 절차에 관한 사항은 단순히 사법부 내부 사항에 그치는 것이 아니라 법원 소속 공무원과 소송관계인까지도 구속하므로 이에 관한 사항은 기술적·세부적 사항에 한정되어야 한다.[241] 법원의 내부규율에 관한 사항은 사법행정적 감독을 내용으로 하는 사항을 말하고, 사무처리에 관한 사항은 재판사무 자체가 아니라 그 처리방법에 관한 사항을 뜻한다. 대법원에 규칙제정권을 부여하는 헌법 취지에 비추어 대법원은 자신의 권한 범위 안에 속하는 그 밖의 사항도 헌법과 법률에 위반되지 않는 범위 안에서 규율할 수 있다. 대법원규칙에 위임할 때도 수권법률은 포괄위임금지원칙을 준수하여야 한다. 다만, 대법원규칙으로 규율될 내용은 소송에 관한 절차와 같이 법원의 전문적이고 기술적인 사무에 관한 것이 대부분이므로, 법원의 축적된 지식과 실제적 경험 활용, 규칙의 현실적 적응성과 적시성 확보라는 측면에서 수권법률에서 위임의 구체성·명확성 정도는 다른 규율 영역과 비교하여 완화할 수 있다.[242]

---

241) 홍성방, 『헌법학(하)(제3판)』, 박영사, 2014, 275쪽.
242) 헌재 2016. 6. 30. 2014헌바456등, 판례집 28-1하, 535, 545.

ⓒ **절차와 공포**

대법원규칙의 제정과 개정은 대법관회의의 의결사항이다(법원조직법 제17조 제2호). 대법관회의에서 의결된 규칙은 의결 후 15일 이내에 법원행정처장이 공포절차를 밟는다(대법원규칙의공포에관한규칙 제4조 제1항). 대법원규칙 공포는 관보에 게재함으로써 한다(대법원규칙의공포에관한규칙 제4조 제2항). 대법원규칙 공포일은 그 규칙을 게재한 관보가 발행된 날로 한다(대법원규칙의공포에관한규칙 제5조). 대법원규칙은 특별한 규정이 없는 한 공포한 날부터 20일이 지나면 효력이 발생한다(대법원규칙의공포에관한규칙 제6조).

ⓓ **통제**

대법원규칙에 대한 위헌·위법심사권은 법원에 있다. 이에 대한 최종심사권은 대법원에 있다(헌법 제107조 제2항). 그러나 헌법소원심판의 청구요건이 갖추어지면 헌법재판소도 대법원규칙에 대한 위헌심사를 할 수 있다.243)

(3) 고등법원의 조직과 관할

① **고등법원 조직**

고등법원은 판사로 구성된다. 고등법원에는 고등법원장과 부를 두며, 부에는 부장판사를 둔다(법원조직법 제26조 제1항, 제27조 제1항과 제2항). 고등법원장과 부장판사로 임용되려면 15년 이상 법조경력이 필요하다(법원조직법 제44조 제2항).

고등법원장은 그 법원의 사법행정사무를 관장하며 소속 공무원을 지휘·감독한다(법원조직법 제26조 제3항). 고등법원장이 궐위되거나 부득이한 사유로 직무를 수행할 수 없으면, 수석부장판

---

243) 헌재 1990. 10. 15. 89헌마178, 판례집 2, 365, 369－370: "헌법 제107조 제2항이 규정한 명령·규칙에 대한 대법원의 최종심사권이란 구체적인 소송사건에서 명령·규칙의 위헌여부가 재판의 전제가 되었을 경우 법률의 경우와는 달리 헌법재판소에 제청할 것 없이 대법원의 최종적으로 심사할 수 있다는 의미이며, 헌법 제111조 제1항 제1호에서 법률의 위헌여부심사권을 헌법재판소에 부여한 이상 통일적인 헌법해석과 규범통제를 위하여 공권력에 의한 기본권침해를 이유로 하는 헌법소원심판청구사건에 있어서 법률의 하위법규인 명령·규칙의 위헌여부심사권이 헌법재판소의 관할에 속함은 당연한 것으로서 헌법 제107조 제2항의 규정이 이를 배제한 것이라고는 볼 수 없다. 그러므로 법률의 경우와 마찬가지로 명령·규칙 그 자체에 의하여 직접 기본권이 침해되었음을 이유로 하여 헌법소원심판을 청구하는 것은 위 헌법 규정과는 아무런 상관이 없는 문제이다. 그리고 헌법재판소법 제68조 제1항이 규정하고 있는 헌법소원심판의 대상으로서의 "공권력"이란 입법·사법·행정 등 모든 공권력을 말하는 것이므로 입법부에서 제정한 법률, 행정부에서 제정한 시행령이나 시행규칙 및 사법부에서 제정한 규칙 등은 그것들이 별도의 집행행위를 기다리지 않고 직접 기본권을 침해하는 것일 때에는 모두 헌법소원심판의 대상이 될 수 있는 것이다."; 2001. 11. 29. 2000헌마84, 판례집 13－2, 750, 757: "헌법 제107조 제2항이 규정한 명령·규칙에 대한 대법원의 최종심사권은 구체적인 소송사건에서 명령·규칙의 위헌여부가 재판의 전제가 되었을 경우 법률의 경우와는 달리 헌법재판소에 제청할 것 없이 대법원이 최종적으로 이를 심사할 수 있다는 의미일 뿐이므로 명령·규칙 그 자체에 의하여 직접 기본권이 침해되는 경우에는 헌법소원으로 그 위헌여부의 확인을 구할 수 있는 것이다. 그리고 헌법재판소법 제68조 제1항이 규정하고 있는 헌법소원심판의 대상으로서의 공권력의 행사는 대법원의 규칙제정행위를 포함하므로 대법원규칙도 그것이 별도의 집행행위를 기다리지 않고 직접 기본권을 침해하는 것일 때에는 헌법소원심판의 대상이 될 수 있다(헌재 1990. 10. 15. 89헌마178, 판례집 2, 365, 369－370; 1996. 4. 25. 95헌마331, 판례집 8－1, 465, 469－470 참조)."

사·선임부장판사 순으로 권한을 대행한다(법원조직법 제26조 제4항). 부장판사는 그 부의 재판에서 재판장이 되며 고등법원장 지휘에 따라 그 부의 사무를 감독한다(법원조직법 제27조 제3항).

② 고등법원 관할

고등법원의 심판은 판사 3명으로 구성된 합의부에서 한다(법원조직법 제7조 제3항).

고등법원은 (i) 지방법원 합의부·가정법원 합의부, 회생법원 합의부 또는 행정법원의 제1심 판결·결정·명령에 대한 항소나 항고사건과 (ii) 지방법원단독판사, 가정법원단독판사의 제1심 판결·결정·명령에 대한 항소나 항고사건으로서 형사사건을 제외한 사건 중 대법원규칙으로 정하는 사건, (iii) 다른 법률에 따라 고등법원 권한에 속하는 사건을 심판한다(법원조직법 제28조). 다른 법률에 따른 관할사건에는 공직선거법 제222조 제2항과 제223조 제2항에 따른 지방의회의원과 기초단체장선거에 대한 소송사건이 있다.

(4) 특허법원의 조직과 관할
① 특허법원 조직

특허법원은 판사로 구성된다. 특허법원에는 특허법원장과 부를 두며, 부에는 부장판사를 둔다(법원조직법 제28조의2, 제28조의3). 특허법원장과 부장판사로 임용되려면 15년 이상 법조경력이 필요하다(법원조직법 제44조 제2항).

특허법원장은 그 법원의 사법행정사무를 관장하며, 소속 공무원을 지휘·감독한다(법원조직법 제28조의2 제3항). 특허법원장이 궐위되거나 부득이한 사유로 직무를 수행할 수 없으면, 수석부장판사·선임부장판사 순으로 권한을 대행한다(법원조직법 제28조의2 제4항, 제26조 제4항).

부장판사는 그 부의 재판에서 재판장이 되며 특허법원장 지휘에 따라 그 부의 사무를 감독한다(법원조직법 제28조의3 제2항, 제27조 제3항).

② 특허법원 관할

특허법원의 심판은 판사 3명으로 구성된 합의부에서 한다(법원조직법 제7조 제3항). 특허법원은 특허심판원 결정에 대한 재심법원으로서 (i) 특허법 제186조 제1항, 실용신안법 제33조, 디자인보호법 제166조 제1항과 상표법 제162조에서 정하는 제1심사건과 (ii) 민사소송법 제24조 제2항과 제3항에 따른 사건의 항소사건, (iii) 다른 법률에 따라 특허법원 권한에 속하는 사건을 심판한다(법원조직법 제28조의4).

(5) 지방법원의 조직과 관할
① 지방법원 조직

지방법원은 판사로 구성된다. 지방법원에는 지방법원장(법원조직법 제29조 제1항)과 부를 두고, 부에는 부장판사를 둔다(법원조직법 제30조, 제27조 제2항). 지원과 가정지원에는 지원장을 두고(법원조직법 제31조 제1항), 시·군법원에는 판사를 둔다(법원조직법 제33조 제1항). 지방법원장으로 임용되려면 15년 이상 법조경력이 필요하다(법원조직법 제44조 제2항).

지방법원장은 그 법원과 소속 지원, 시·군법원과 등기소의 사법행정사무를 관장하고, 소속 공무원을 지휘·감독한다(법원조직법 제29조 제3항). 지방법원장이 궐위되거나 부득이한 사유로 직무를 수행할 수 없으면, 수석부장판사·선임부장판사 순으로 권한을 대행한다(법원조직법 제29조 제4항, 제26조 제4항). 부장판사는 그 부의 재판에서 재판장이 되며 지방법원장 지휘에 따라 그 부의 사무를 감독한다(법원조직법 제30조 제2항, 제27조 제3항).

② 지방법원 관할

(ⅰ) 지방법원 본원의 관할

ⓐ 지방법원의 심판

지방법원 심판은 단독판사가 하고, 합의심판을 필요로 하면 판사 3명으로 구성되는 합의부에서 한다(법원조직법 제7조 제4항과 제5항).

ⓑ 단독판사 관할

지방법원단독판사는 대법원규칙이 정하는 민사사건, 형법 제258조의2, 제331조, 제332조(제331조의 상습범으로 한정)와 그 각 미수죄, 제350조의2와 그 미수죄, 제363조에 해당하는 사건, '폭력행위 등 처벌에 관한 법률' 제2조 제3항 제2호·제3호, 제6조(제2조 제3항 제2호·제3호의 미수죄로 한정)와 제9조에 해당하는 사건, 병역법 위반사건, '특정범죄 가중처벌 등에 관한 법률' 제5조의3 제1항, 제5조의4 제5항 제1호·제3호와 제5조의11에 해당하는 사건, '보건범죄 단속에 관한 특별조치법' 제5조에 해당하는 사건, '부정수표 단속법' 제5조에 해당하는 사건, '도로교통법' 제148조의2 제1항·제2항, 제3항 제1호와 제2호에 해당하는 사건과 단기 1년 미만의 징역이나 금고, 벌금형에 처할 사건 등 합의부의 심판권에 속하지 않는 형사사건을 심판한다(법원조직법 제32조 제1항 제3호). 그리고 지방법원단독판사는 소속 지방법원장의 명령을 받아 소속 법원의 관할사건과 관계없이 즉결심판청구사건을 심판할 수 있다('즉결심판에 관한 절차법' 제3조의2).

ⓒ 합의부 관할

(가) 제1심판결

지방법원(지원)합의부는 합의부에서 심판할 것을 ㉠ 합의부에서 심판할 것으로 합의부가 결정한 사건, ㉡ 민사사건에 관해서는 대법원규칙으로 정하는 사건, ㉢ 사형, 무기 또는 단기 1년 이상 징역이나 금고에 해당하는 사건과 ㉣ ㉢과 동시에 심판할 공범사건, ㉤ 지방법원판사에 대한 제척·기피사건, ㉥ 다른 법률에 따라 지방법원 합의부 권한에 속하는 사건으로 제1심으로 심판한다(법원조직법 제32조 제1항).

(나) 제2심판결

지방법원 본원 합의부와 춘천지방법원 강릉지원 합의부는 지방법원 단독판사의 판결·결정·명령에 대한 항소 또는 항고사건 중 법원조직법 제28조 제2호에 해당하지 아니하는 사건을 제2심으로 심판한다. 다만, 법원조직법 제28조의4 제2호에 따라 특허법원 권한에 속하는 사건은 제외한다(법원조직법 제32조 제2항).

(ii) 지방법원지원 관할

지방법원지원 관할사항은 지방법원본원 관할사항과 같다(법원조직법 제32조).

(iii) 시·군법원 관할

시·군법원은 ⓐ 소액사건심판법의 적용받는 민사사건, ⓑ 화해·독촉 및 조정에 관한 사건, ⓒ 20만원 이하 벌금 또는 구류나 과료에 처할 범죄사건, ⓓ '가족관계의 등록 등에 관한 법률' 제75조에 따른 협의상 이혼 확인사건을 심판한다(법원조직법 제34조 제1항). 특히 20만원 이하 벌금이나 구류·과료에 처할 범죄사건에 대해서는 이를 즉결심판한다. 즉결심판을 받은 피고인은 그 고지를 받은 날부터 7일 이내에 정식재판을 청구할 수 있다(법원조직법 제35조).

(6) 가정법원의 조직과 관할

① 가정법원의 조직

가정법원은 판사로 구성한다. 가정법원에는 가정법원장(법원조직법 제37조 제1항)과 부를 두고, 부에는 부장판사를 둔다(법원조직법 제38조, 제27조 제2항). 지원에는 지원장을 둔다(법원조직법 제39조 제1항). 가정법원장으로 임용되려면 15년 이상 법조경력이 필요하다(법원조직법 제44조 제2항).

가정법원장은 그 법원과 소속 지원의 사법행정사무를 관장하고, 소속 공무원을 지휘·감독한다. 다만, 법원조직법 제3조 제2항 단서에 따라 1개의 지원을 두면 가정법원장은 그 지원의 가사사건, 소년보호 및 가족관계등록에 관한 사무를 지휘·감독한다(법원조직법 제37조 제3항). 가정법원장이 궐위되거나 부득이한 사유로 직무를 수행할 수 없으면, 수석부장판사·선임부장판사 순으로 권한을 대행한다(법원조직법 제37조 제4항, 제26조 제4항). 부장판사는 그 부의 재판에서 재판장이 되며 지방법원장 지휘에 따라 그 부의 사무를 감독한다(법원조직법 제38조 제2항, 제27조 제3항).

② 가정법원의 관할

(i) 가정법원의 심판

가정법원 심판은 단독판사가 하고, 합의심판을 필요로 하면 판사 3명으로 구성되는 합의부에서 한다(법원조직법 제7조 제4항과 제5항).

(ii) 단독판사의 관할

가정법원 단독판사는 가사소송법 제2조에서 정하는 라류 가사비송사건과 합의부의 권한에 속하지 아니하는 마류 가사비송사건(법원조직법 제40조 제1항)과 가사소송법 제49조의 가사조정사건(민사조정법 제7조 제1항)을 심판한다.

(ⅲ) 합의부의 관할

ⓐ 제1심판결

가정법원(지원)합의부는 (가) 가사소송법에서 정한 가사소송과 마류 비송사건 중 대법원규칙으로 정하는 사건과 (나) 가정법원판사에 대한 제척·기피 사건 및 (다) 다른 법률에 따라 가정법원합의부의 권한에 속하는 사건(법원조직법 제40조 제1항)을 제1심으로 심판한다.

ⓑ 제2심판결

가정법원 본원 합의부와 춘천가정법원 강릉지원 합의부는 가정법원 단독판사의 판결·심판·결정·명령에 대한 항소나 항고사건 중 법원조직법 제28조 제2항에 해당하지 아니하는 사건을 제2심으로 심판한다(법원조직법 제40조 제2항).

(7) 행정법원의 조직과 관할

① 행정법원의 조직

행정법원은 판사로 구성된다. 행정법원에는 행정법원장(법원조직법 제40조의2 제1항)과 부를 두고, 부에는 부장판사를 둔다(법원조직법 제40조의3, 제27조 제2항). 행정법원장으로 임용되려면 15년 이상 법조경력이 필요하다(법원조직법 제44조 제2항).

행정법원장은 그 법원의 사법행정사무를 관장하며, 소속 공무원을 지휘·감독한다(법원조직법 제40조의2 제3항). 가정법원장이 궐위되거나 부득이한 사유로 직무를 수행할 수 없으면, 수석부장판사·선임부장판사 순으로 권한을 대행한다(법원조직법 제40조의2 제4항, 제26조 제4항). 부장판사는 그 부의 재판에서 재판장이 되며, 행정법원장 지휘에 의해서 그 부의 사무를 감독한다(법원조직법 제40조의3 제2항, 제27조 제3항).

② 행정법원의 관할

(ⅰ) 행정법원의 심판

행정법원 심판은 판사 3명으로 구성된 합의부에서 한다. 다만, 단독판사가 심판할 것으로 행정법원 합의부가 결정한 사건의 심판권은 단독판사가 행사한다(법원조직법 제7조 제3항).

(ⅱ) 행정법원의 관할

행정법원은 행정소송법에서 정한 행정사건과 다른 법률에 따라 행정법원 권한에 속하는 사건을 제1심으로 심판한다(법원조직법 제40조의4).

행정소송법을 따르면 취소소송의 제1심 관할법원은 피고의 소재지를 관할하는 행정법원이고(행정소송법 제9조 제1항), 중앙행정기관, 중앙행정기관의 부속기관과 합의제행정기관이나 그 장과 국가 사무를 위임 또는 위탁받은 공공단체나 그 장이 피고일 때 대법원 소재지의 행정법원도 관할권이 있다(행정소송법 제9조 제2항). 그러나 토지의 수용 기타 부동산 또는 특정 장

소에 관계되는 처분 등에 대한 취소소송은 그 부동산 또는 장소의 소재지를 관할하는 행정법
원에 이를 제기할 수 있다(법원조직법 제9조 제3항).

(8) 회생법원의 조직과 관할

① 회생법원 조직

회생법원은 판사로 구성된다. 회생법원에는 회생법원장과 부를 두며, 부에는 부장판사를
둔다(법원조직법 제40조의5 제1항, 제40조의6 제1항). 회생법원장과 부장판사로 임용되려면 15년
이상 법조경력이 필요하다(법원조직법 제44조 제2항).

회생법원장은 그 법원의 사법행정사무를 관장하며, 소속 공무원을 지휘·감독한다(법원조직
법 제40조의5 제3항). 회생법원장이 궐위되거나 부득이한 사유로 직무를 수행할 수 없으면, 수
석부장판사·선임부장판사 순으로 권한을 대행한다(법원조직법 제40조의5 제4항, 제26조 제4항).

부장판사는 그 부의 재판에서 재판장이 되며 회생법원장 지휘에 따라 그 부의 사무를 감
독한다(법원조직법 제40조의6 제2항, 제27조 제3항).

② 회생법원 관할

회생법원 심판은 단독판사가 하고, 합의심판을 필요로 하면 판사 3명으로 구성되는 합의
부에서 한다(법원조직법 제7조 제4항과 제5항). 회생법원 합의부는 (i) '채무자 회생 및 파산에
관한 법률'에 따라 회생법원 합의부 권한에 속하는 사건과 (ii) 합의부에서 심판할 것으로 합
의부가 결정한 사건, (iii) 회생법원판사에 대한 제척·기피사건과 '채무자 회생 및 파산에 관
한 법률' 제16조에 따른 관리위원에 대한 기피사건, (iv) 다른 법률에 따라 회생법원 합의부
권한에 속하는 사건을 심판한다(법원조직법 제40조의7 제1항). 회생법원 합의부는 회생법원 단독
판사의 판결·결정·명령에 대한 항소나 항고사건을 제2심으로 심판한다(법원소직법 세40조의7
제2항).

(9) 특별법원

① 특별법원의 개념

특별법원이 무엇인지에 관해서는 특수법원설과 예외법원설이 대립한다. 특수법원설은 법관
자격이 있는 사람이 재판을 담당하고 대법원에 상고가 인정되더라도 그 관할이나 대상이 한정
된 사건만을 담당하는 법원을 특별법원으로 이해한다. 그에 반해서 예외법원설은 특별법원이
란 법관이 아닌 사람이 재판을 담당하거나 대법원을 최종심으로 하지 아니하거나 일반 법원의
독립성에 관계되는 규정들이 적용되지 아니하는 법원을 말한다고 한다.244) 헌법재판소는 예외
법원설을 취한다.245) 관할이나 존속기간이 특수한 범위에 한정되는 것은 일반 법원의 한 형태

---

244) 권영성,『헌법학원론(개정판)』, 법문사, 2010, 1090쪽; 김철수,『학설·판례 헌법학(전정신판)(중)』, 박영사, 2009,
941쪽; 한수웅,『헌법학(제11판)』, 법문사, 2021, 1386쪽; 홍성방,『헌법학(하)(제3판)』, 박영사, 2014, 281~282쪽.

로서 관할 배분 문제일 뿐이고, 특별법원 개념은 예외법원으로 보는 것이 타당하다.

② 군사법원

(ⅰ) 의의

헌법 제110조는 군사법원에 관해서 규정한다. 이를 군사법원법이 구체화한다. 1954년 헌법(제2차 헌법 개정)에서 군사재판제도를 신설하여 군법회의를 설치하고, 현행 헌법에서 군사법원으로 이름을 바꾸었다. 군사법원은 헌법상 유일한 특별법원이지만, 임의적 헌법기관이다(헌법 제110조 제1항 참조).

(ⅱ) 군사법원 설치

군사법원은 국방부 장관 소속으로 하며, 서울특별시에 중앙지역군사법원, 충청남도에 제1지역군사법원, 경기도에 제2지역군사법원, 강원도에 제3지역군사법원과 대구광역시에 제4지역군사법원으로 구분하여 설치한다(군사법원법 제6조).[246] 전시·사변이나 이에 준하는 국가비상사태 시의 군사법원은 국방부에 설치하는 고등군사법원과 편제상 장성급 장교가 지휘하는 부대나 기관에 설치할 수 있는 보통군사법원이 있다(군사법원법 제534조의2, 제534조의3)

(ⅲ) 군사법원 구성

군사법원에 군사법원장을 두는데, 군사법원장은 군판사로 한다(군사법원법 제7조 제1항과 제2항). 중앙군사법원장은 국방부 장관의 명을 받아 군사법원의 사법행정사무를 총괄하고, 각

---

245) 헌재 1996. 10. 31. 93헌바25, 판례집 8-2, 443, 451-452: "그런데 헌법 제110조 제1항에서 "특별법원으로서 군사법원을 둘 수 있다"는 의미는 군사법원을 일반법원과 조직, 권한 및 재판관의 자격을 달리하여 특별법원으로 설치할 수 있다는 뜻으로 해석되므로 법률로 군사법원을 설치함에 있어서 군사재판의 특수성을 고려하여 그 조직 권한 및 재판관의 자격을 일반법원과 달리 정하는 것은 헌법상 허용되고 있다."

246) 헌재 1996. 10. 31. 93헌바25, 판례집 8-2, 443, 443-444: "1.구 군사법원법 제6조가 군사법원을 군부대 등에 설치하도록 하고, 같은 법 제7조가 군사법원에 군 지휘관을 관할관으로 두도록 하고, 같은 법 제23조, 제24조, 제25조가 국방부장관, 각군 참모총장 및 관할관이 군판사 및 심판관의 임명권과 재판관의 지정권을 갖고 심판관은 일반장교 중에서 임명할 수 있도록 규정한 것은 헌법 제110조 제1항, 제3항의 위임에 따라 군사법원을 특별법원으로 설치함에 있어서 군대조직 및 군사재판의 특수성을 고려하고 군사재판을 신속, 적정하게 하여 군기를 유지하고 군지휘권을 확립하기 위한 것으로서 필요하고 합리적인 이유가 있다고 할 것이다.

 2. 헌법이 군사법원을 특별법원으로 설치하도록 허용하되 대법원을 군사재판의 최종심으로 하고 있고, 구 군사법원법 제21조 제1항은 재판관의 재판상의 독립을, 같은 조 제2항은 재판관의 신분을 보장하고 있으며, 또한 같은 법 제22조 제3항, 제23조 제1항에 의하면 군사법원의 재판관은 반드시 일반법원의 법관과 동등한 자격을 가진 군판사를 포함시켜 구성하도록 하고 있는바, 이러한 사정을 감안하면 구 군사법원법 제6조가 일반법원과 따로 군사법원을 군부대 등에 설치하도록 하였다는 사유만으로 헌법이 허용한 특별법원으로서 군사법원의 한계를 일탈하여 사법권의 독립을 침해하고 위임입법의 한계를 일탈하거나 헌법 제27조 제1항의 재판청구권, 헌법 제11조의 평등권을 본질적으로 침해한 것이라고 할 수 없고, 또한 같은 법 제7조, 제23조, 제24조, 제25조가 일반법원의 조직이나 재판부구성 및 법관의 자격과 달리 군사법원에 관할관을 두고 군검찰관에 대한 임명, 지휘, 감독권을 가지고 있는 관할관이 심판관의 임명권 및 재판관의 지정권을 가지며 심판관은 일반장교 중에서 임명할 수 있도록 규정하였다고 하여 바로 위 조항들 자체가 군사법원의 헌법적 한계를 일탈하여 사법권의 독립과 재판의 독립을 침해하고 죄형법정주의에 반하거나 인간의 존엄과 가치, 행복추구권, 평등권, 신체의 자유, 정당한 재판을 받을 권리 및 정신적 자유를 본질적으로 침해하는 것이라고 할 수 없다."

군사법원의 사법행정사무에 관하여 직원을 지휘·감독한다(군사법원법 제7조 제2항). 군사법원장은 그 군사법원의 사법행정사무를 관장하며, 소속 직원을 지휘·감독한다(군사법원법 제7조 제4항). 군사법원장이 궐위되거나 부득이한 사유로 직무를 수행할 수 없으면 그 군사법원의 선임 군판사의 순서로 그 권한을 대행한다(군사법원법 제7조 제5항).

군사법원에 부를 둔다(군사법원법 제8조 제1항). 부에 부장군판사를 두는데, 군사법원장은 부장군판사를 겸할 수 있다(군사법원법 제8조 제2항). 부장군판사는 그 부의 재판에서 재판장이 되며, 군사법원장의 지휘에 따라 그 부의 사무를 감독한다(군사법원법 제8조 제3항).

군사법원에서는 군판사 3명을 재판관으로 한다(군사법원법 제22조 제1항). 그러나 약식절차에서는 군판사 1명을 재판관으로 한다(군사법원법 제22조 제2항). 군판사는 군판사인사위원회 심의를 거치고 군사법원운영위원회 동의를 받아 국방부 장관이 임명한다(군사법원법 제23조 제1항). 군판사 소속은 국방부로 한다(군사법원법 제23조 제2항).

군사법원장은 군법무관으로서 15년 이상 복무한 영관급 이상 장교 중에서 임명한다(군사법원법 제24조 제1항). 군판사는 군법무관으로서 10년 이상 복무한 영관급 이상 장교 중에서 임명한다(군사법원법 제24조 제2항). 군사법원장의 임기는 2년이며 연임할 수 있다(군사법원법 제26조 제1항). 군사법원장이 아닌 군판사의 임기는 5년이며, 연임할 수 있다(군사법원법 제26조 제2항). 정년은 군사법원장이 58세, 군사법원장이 아닌 군판사는 56세이다(군사법원법 제3항).

보통군사법원은 재판관 1명이나 3명으로 구성하고, 고등군사법원은 재판관 3명이나 5명으로 구성한다. 재판관은 군판사와 심판관으로 하고, 재판장은 선임 군판사가 된다(군사법원법 제534조의8). 각 군의 군판사는 각 군 참모총장이 영관급 이상의 소속 군법무관 중에서 임명하고, 국방부의 군판사는 국방부 장관이 영관급 이상의 소속 군법무관 중에서 임명한다(군사법원법 제534조의9 제1항). 심판관은 ⓐ 법에 관한 소양이 있는 사람, ⓑ 재판관으로서 인격과 학식이 충분한 사람인 영관급 이상의 장교 중에서 관할관이 임명한다. 관할관의 부하가 아닌 장교를 심판관으로 할 때는 해당 군 참모총장이 임명한다(군사법원법 제534조의10). 재판관은 관할관이 지정한다. 국방부 장관, 각 군 참모총장 이외의 관할관이 심판관인 재판관을 지정할 때는 각 군 참모총장의 승인을 받아야 하고, 각 군 참모총장인 관할관이 심판관인 재판관을 지정할 때는 국방부 장관의 승인을 받아야 한다(군사법원법 제534조의11).

(iv) 군사법원 재판권과 심판사항

ⓐ 군사법원의 재판권

군사법원은 (가) 군형법 제1조 제1항부터 제4항까지에 규정된 사람(다만, ㉠ 군의 공장, 전투용으로 공하는 시설, 교량 또는 군용에 공하는 물건을 저장하는 창고에 대하여 군형법 제66조의 죄를 범한 내국인·외국인, ㉡ 군의 공장, 전투용으로 공하는 시설, 교량 또는 군용에 공하는 물건을 저장하는 창고에 대하여 군형법 제68조의 죄를 범한 내국인·외국인, ㉢ 군의 공장, 전투용으로 공하는 시설, 교량, 군용에 공하는 물건을 저장하는 창고, 군용에 공하는 철도, 전선 또는 그 밖의 시설에 대하여 군형법 제69조의 죄를 범한 내국인·외국인, ㉣ ㉠부터 ㉢까지 죄의 미수범인 내국인·외국인, ㉤ 국군과 공동작전에 종사하고 있는 외국군의 군용시설에 대하여 가목부터 다목까지의 규정에 따른 죄를 범한 내국인·외국인은 제외), (나) 국군부대가 관리하는 포로가 범한 죄에 대해서 재판권이 있다(군사법원법 제2조 제1항). 그러나 법원은 (가) 군형법 제1조 제1항부터 제3항까지에 규정된 사람이 범한 '성폭력범죄의 처벌 등에 관한 특례법' 제2조의 성폭력범죄와 같은 법 제15조의2의 죄, '아동·청소년의 성보호에 관한 법률' 제2조 제2호의 죄, (나) 군형법 제1조 제1항부터 제3항까지에 규정된 사람이 사망하거나 사망에 이른 경우 그 원인이 되는 범죄, (다) 군형법 제1조 제1항부터 제3항까지에 규정된 사람이 그 신분취득 전에 범한 죄와 그 경합범 관계에 있는 죄에 대해서 재판권이 있는데, 전시·사변이나 이에 준하는 국가비상사태에는 그러하지 아니하다(군사법원법 제2조 제2항). 그리고 군사법원은 계엄법에 따른 재판권이 있다(군사법원법 제3조 제1항). 또한, 군사법원은 군사기밀보호법 제13조의 죄와 그 미수범에 대해서 재판권이 있다(제3조 제2항). 계엄지역에서는 국방부 장관이 지정하는 군사법원이 계엄법에 따른 재판권이 있다(군사법원법 제12조).

ⓑ 군사법원의 심판사항

군사법원은 군사법원에 재판권이 있는 사건과 그 밖에 다른 법률에 따라 군사법원의 권한에 속하는 사건을 제1심으로 심판한다(군사법원법 제11조). 서울고등법원은 군사법원의 재판에 대한 항소사건, 항고사건과 그 밖에 다른 법률에 따라 고등법원 권한에 속하는 사건에 대해서 심판한다(군사법원법 제10조). 대법원은 이러한 서울고등법원 판결의 상고사건과 결정·명령에 대한 재항고사건에 대해서 심판한다(군사법원법 제9조).

(ⅴ) 군사법원의 심판

군사법원의 재판관은 헌법과 법률에 의하여 그 양심에 따라 독립하여 심판하며, 재판관은 재판에 관한 직무상 행위로 말미암아 징계나 그 밖의 어떠한 불리한 처분도 받지 아니한다(군사법원법 제21조). 재판의 심리와 판결은 공개한다. 다만, 공공의 안녕과 질서를 해칠 우려가 있을 때 또는 군사기밀을 보호할 필요가 있을 때는 군사법원 결정으로 재판의 심리만은 공개하지 아니할 수 있다(군사법원법 제67조 제1항). 이러한 결정은 구체적인 이유를 밝혀 고지하여야 한다(군사법원법 제67조 제2항). 재판의 합의는 공개하지 아니한다(군사법원법 제69조 제1항). 법률에 다른 규정이 없으면 재판관 과반수 의견에 따른다(군사법원법 제69조 제2항).

(10) 법원직원

① 법관이 아닌 법원공무원은 대법원장이 임명하며, 그 수는 대법원규칙으로 정한다(법원조직법 제53조). ② 각급 법원에 재판연구원을 둘 수 있다. 재판연구원은 소속 법원장의 명을

받아 사건의 심리 및 재판에 관한 조사·연구, 그 밖에 필요한 업무를 수행한다. 재판연구원은 변호사 자격이 있는 사람 중에서 대법원장이 임용한다. 재판연구원은 임기제공무원으로 한다. 재판연구원은 총 3년 범위에서 기간을 정하여 채용한다. 재판연구원의 정원 및 직제와 그 밖에 필요한 사항은 대법원규칙으로 정한다(법원조직법 제53조의2). ③ 대법원과 각급 법원에 사법보좌관을 둘 수 있다. (ⅰ) 민사소송법(같은 법이 준용되는 경우 포함)과 '소송촉진 등에 관한 특례법'에 따른 소송비용액·집행비용액 확정결정절차, 독촉절차, 공시최고절차, 소액사건심판법에 따른 이행권고결정절차에서 법원의 사무, (ⅱ) 민사집행법(같은 법이 준용되는 경우 포함)에 따른 집행문 부여명령절차, 채무불이행자명부 등재절차, 재산조회절차, 부동산에 대한 강제경매절차, 자동차·건설기계에 대한 강제경매절차, 동산에 대한 강제경매절차, 금전채권 외의 채권에 기초한 강제집행절차, 담보권 실행 등을 위한 경매절차, 제소명령절차, 가압류·가처분의 집행취소신청절차에서 법원의 사무, (ⅲ) 주택임대차보호법과 '상가건물 임대차보호법'상 임차권등기명령절차에서 법원의 사무, (ⅳ) 가사소송법에 따른 상속의 한정승인·포기 신고의 수리와 한정승인취소·포기취소 신고의 수리절차에서 가정법원의 사무, (ⅴ) 미성년 자녀가 없는 당사자 사이의 '가족관계의 등록 등에 관한 법률'에 따른 협의이혼절차에서 가정법원의 사무 중 대법원규칙으로 정하는 업무를 할 수 있다. 사법보좌관은 법관 감독을 받아 업무를 수행하며, 사법보좌관의 처분에 대해서는 대법원규칙으로 정하는 바에 따라 법관에게 이의신청을 할 수 있다. 사법보좌관은 법원사무관 또는 등기사무관 이상 직급으로 5년 이상 근무한 사람, 법원주사보 또는 등기주사보 이상 직급으로 10년 이상 근무한 사람 중 대법원규칙으로 정하는 사람으로 한다. 사법보좌관의 직제 및 인원과 그 밖에 필요한 사항은 대법원규칙으로 정한다(법원조직법 제54조). ④ 특허법원에 기술심리관을 둔다. 법원은 필요하다고 인정하면 결정으로 기술심리관을 특허법 제186조 제1항, 실용신안법 제33조와 디자인보호법 제166조에 따른 소송의 심리에 참여하게 할 수 있다. 소송 심리에 참여하는 기술심리관은 재판장 허가를 받아 기술적인 사항에 관하여 소송관계인에게 질문을 할 수 있고, 재판 합의에서 의견을 진술할 수 있다. 대법원장은 특허청 등 관계 국가기관에 대하여 그 소속 공무원을 기술심리관으로 근무하게 하려고 파견근무를 요청할 수 있다. 기술심리관의 자격, 직제 및 인원과 그 밖에 필요한 사항은 대법원규칙으로 정한다(법원조직법 제54조의2). ⑤ 대법원과 각급 법원에 조사관을 둘 수 있다. 조사관은 법관의 명을 받아 법률 또는 대법원규칙으로 정하는 사건에 관한 심판에 필요한 자료를 수집·조사하고, 그 밖에 필요한 업무를 담당한다. 대법원장은 다른 국가기관에 대하여 그 소속 공무원을 조사관으로 근무하게 하려고 법원에 대한 파견근무를 요청할 수 있다. 조사관의 자격, 직제 및 인원과 그 밖에 필요한 사항은 대법원규칙으로 정한다(법원조직법 제54조의3). ⑥ 지방법원과 그 지원에 집행관을 두며, 집행관은 법률에서 정하는 바에 따라 소속 지방법원장이 임면(任免)한다. 집행관은 법령에서 정하는 바에 따라 재판 집행, 서류 송달, 그 밖의 사무에 종사한다. 집행관은 그 직무를 성실히 수행할 것을 보증하기 위해서 소속 지방법원에 보증금을 내야 한다. 보증금과 집행관의 수수료에 관한 사항은 대법원규칙으로 정한다(법원조직법 제55조). ⑦ 법정의 존엄과 질서유지 및 법원청사 방호를 위하여 대법원과 각급 법원에 법원보안관리대를 두며, 그 설치와 조직 및 분장사무에 관한 사항은 대법원규칙으로 정한다. 법원보안관리대 대원은 법원청사 안에 있는 사람이 (ⅰ) 다른 사람의 생명, 신체, 재산 등에 위해(危害)를 주거나 주려고 하는 때, (ⅱ) 법정의 존엄과 질서를 해치는 행위를 하거나 하려고 하는 때, (ⅲ) 법관 또는 법원직원의 정당한 업무를 방해하거나 방해하려고 하는 때, (ⅳ) 그 밖에 법원청사 안에서 질서를 문란하게 하는 행위를 하거나 하려고 하는 때의 어느 하나에 해당하면 이를 제지하기 위하여 신체적인 유형력(有形力)을 행사하거나 경비봉, 가스분사기 등 보안장비를 사용할 수 있다. 이때 유형력 행사 등은 필요한 최소한도에 그쳐야 한다. 법원보안관리대 대원은 흉기나 그 밖의 위험한 물건 또는 법원청사 안의 질서유지에 방해되는 물건을 지니고 있는지 확인하기 위해서 법원청사 출입자를 검색할 수 있다. 이러한 조치를 할 때는 미리 그 행위자에게 경고하여야 한다. 다만, 긴급한 상황으로서 경고를 할 만한 시간적 여유가 없으면 그러하지 아니하다(법원조직법 제55조의2).

3. 권한

(1) 쟁송재판권

① 민사재판권

민사재판권은 법원이 민사소송을 처리할 때 필요한 권한을 말한다. 민사소송이란 사인 사이의 생활관계에 관한 분쟁이나 이해 충돌을 국가가 재판권을 행사하여 법률로써 강제적으로 해결·조정하기 위한 절차를 말한다.

② 형사재판권

형사재판권은 법원이 형사소송을 처리할 때 필요한 권한을 말한다. 형사소송이란 범죄를 인정하고 형벌을 과하는 절차를 말한다.

③ 행정재판권

행정재판권은 법원이 행정법규 적용에 관련된 분쟁이나 공법적 법률관계에 관한 분쟁을 해결하기 위한 권한을 말한다. 행정소송제도는 행정법규의 적정한 적용과 국민의 권리구제라는 2중적 기능을 수행한다.

④ 선거쟁송재판권

선거쟁송재판권은 법원이 선거쟁송을 처리할 때 필요한 권한을 말한다. 선기쟁송이란 선거의 효력에 관한 소송을 총칭하는 것으로 선거소송과 당선소송을 포함한다.

(2) 명령·규칙심사권
① 개념

명령·규칙이 헌법이나 법률에 위반되는지가 재판의 전제가 되면 대법원은 이를 최종적으로 심사할 권한이 있다(헌법 제107조 제2항). 법원의 명령·규칙심사권이란 법원이 재판 대상이 되는 구체적 사건에 적용할 명령·규칙의 효력을 심사하여 효력이 없다고 판단하는 명령·규칙의 그 사안에 대한 적용을 거부하는 권한을 말한다. 이는 명령·규칙의 합헌성과 합법성을 보장함으로써 위헌이거나 위법한 명령·규칙이 국민의 기본권을 침해하는 것을 막으려는 것이다.

② 문제점

대법원의 명령·규칙에 대한 심사권은 해당 명령·규칙이 구체적인 사건에 적용되고 법원에 계속 중일 때 부수적으로 한다. 해당 명령·규칙이 집행을 매개하지 않고 직접 개인의 기본권을 침해하면 헌법 제107조 제2항이 적용되지 않으며, 해당 명령·규칙은 직접 헌법소원심판 대상이 된다.[247]

이처럼 헌법재판이 2원적으로 운영되면서 헌법과 법률 해석의 통일성이 침해될 위험이 있다. 먼저 ① 명령·규칙은 법적 근거를 가지고 발해진다. 그런데 법률이 헌법에 위반되는지에 관해서는 헌법재판소가 판단한다. 이때 헌법재판소가 법률 해석에서 적용하는 헌법의 내용과 법원이 명령·규칙을 해석할 때 적용하는 헌법 내용에 관한 이해가 달라질 수 있기 때문이다. 다음으로 ② 같은 효력 단계에 있는 명령·규칙에 대한 헌법적 판단을 대법원 혹은 헌법재판소가 함에 따라서 해당 명령·규칙의 내용이 통일적으로 이해되지 못하는 결과가 발생하기 때문이다.

③ 심사 주체

심사 주체는 각급 법원으로 이에는 군사법원도 포함된다. 대법원이 최고법원이므로(헌법 제101조 제2항) 최종적인 심사권이 있다(헌법 제107조 제2항). 대법원이 최종적인 심사권을 갖는 것은 법령해석의 통일성을 확보하려는 것이다. 하지만 각급 법원도 심사권이 있으므로 종래 대법원 판단에 어긋나는 하급심 심사내용이 당사자가 상소하지 않아서 확정되면 법령해석 통일성이 깨질 수 있다.

④ 명령·규칙심사권의 내용
(ⅰ) 요건

법원이 명령과 규칙을 심사하려면 명령과 규칙이 헌법이나 법률에 위반되는지가 재판의

---

247) 헌재 1990. 10. 15. 89헌마178, 판례집 2, 369; 헌재 1996. 4. 25. 95헌마331, 판례집 8-1, 469; 헌재 1997. 12. 24. 96헌마172등, 판례집 9-2, 861; 헌재 2000. 6. 29. 98헌마36, 판례집 12-1, 875 등 참조.

전제가 되어야 한다(헌법 제107조 제2항). 따라서 추상적 규범통제는 인정되지 않고 구체적 규범통제만 인정된다.

(ⅱ) 심사기준

명령과 규칙을 심사할 때 기준은 헌법과 법률이다.

(ⅲ) 심사대상

심사대상은 명령과 규칙이다. 명령에는 위임명령인지 집행명령인지 가리지 않고 모든 법규명령이 포함된다. 규칙에는 국회규칙, 대법원규칙, 헌법재판소규칙, 중앙선거관리위원회규칙 등이 모두 포함된다. 조약도 법률의 효력이 있는 것이 아닌 한 모두 심사대상이 된다. 행정규칙도 대외적 구속력이 있는 한 규칙에 포함된다.

(ⅳ) 심사범위

심사는 명령과 규칙의 내용이나 형식이 헌법과 법률에 합치하는지를 법원이 해석하고 결정하는 것이다. 따라서 법원의 심사권에는 명령과 규칙이 적법한 절차로 성립한 것인지에 관한 형식적 심사는 물론 해당 명령과 규칙이 상위법규범에 내용상 위반되는지에 대한 실질적 심사도 포함된다. 다만, 명령과 규칙의 합목적성에 관해서는 법원이 심사할 수 없다.

⑤ 심사절차

대법원은 대법관 전원의 3분의 2 이상이 출석하고 대법원장이 재판장이 되는 전원합의체에서 과반수 찬성으로 명령이나 규칙의 위헌이나 위법임을 결정하고 명령이나 규칙이 합헌이나 합법이면 대법관 3명 이상으로 구성되는 부에서 심판한다(법원조직법 제7조 제1항).

⑥ 위헌·위법한 명령·규칙의 효력

명령과 규칙이 위헌·위법하면 법원은 해당 사건에서 그 적용을 거부할 수 있을 뿐이고 그 명령과 규칙 자체의 무효를 선언할 수 없다.

⑦ 명령·규칙의 위헌·위법판결 공고

행정소송에 대한 대법원 판결을 통해서 명령·규칙이 헌법이나 법률에 위반된다는 것이 확정되면 대법원은 즉시 그 사유를 행정안전부 장관에게 통보하여야 한다(행정소송법 제6조 제1항). 이러한 통보를 받은 행정자치부 장관은 즉시 이를 관보에 게재하여야 한다(행정소송법 제6조 제2항).

(3) 위헌법률심판제청권

① 제청권자: 제청(할 수 있는)법원

위헌여부심판의 제청권자는 해당 사건을 담당하는 법원이다. 대법원뿐 아니라 지방법원의 단독판사이든 군사법원이든 불문하고 어느 하급법원이라도 고유한 권한으로 위헌제청을 할 수 있다. 파기 환송심 법원도 위헌제청할 수 있다.[248] 법원은 '직권이나 당사자 신청에 따른 결정'으로 위헌제청할 수 있다. 즉 헌법소원심판이 아닌 위헌법률심판은 구체적 사건에서 법률의 위헌 여부가 재판의 전제가 되어 법원 제청이 있는 때만 할 수 있고, 개인의 제소나 심판 청구만으로는 위헌법률심판을 할 수 없다.[249]

해당 사건 당사자는 사건을 담당하는 법원에 위헌제청 신청을 할 수 있을 뿐이고, 직접 헌법재판소에 위헌법률심판을 청구할 수는 없다. 해당 사건의 보조참가인도 피참가인의 소송행위와 저촉되지 아니하는 한 모든 소송행위를 할 수 있으므로 헌법재판소법에 따른 위헌제청 신청을 할 수 있는 '당사자'에 해당한다.[250] 위헌여부심판 제청에 관한 결정에 대해서는 그것이 기각결정이든 각하결정이든 항고할 수 없다(헌법재판소법 제41조 제4항). 다만, 헌법재판소법 제68조 제2항에 따른 헌법소원심판을 헌법재판소에 청구할 수 있을 따름이다.

수소법원은 물론 집행법원도 제청권한이 있고, 비송사건 담당법관도 재판사건과 마찬가지로 제청권이 있다. 그리고 민사조정위원회(민사조정법 제8조 이하)와 가사조정위원회(가사소송법 제49조 이하)는 사법적 분쟁해결절차의 한 종류로서 법관이 아닌 조정위원이 참여하기는 하나 법관이 주도하는 이상 법원의 성격을 잃지 않으므로, 제청권이 있는 법원으로 보아야 한다는 주장이 있을 수 있다. 그러나 헌법 제107조 제3항과 행정심판법 등에 근거를 두고 설치되어 행정심판을 담당하는 각종 행정심판기관은 제청권이 있는 법원이라고 볼 수 없다.[251] 그렇지만 헌법상 특별법원으로 예외적으로 인정된(헌법 제110조 제1항) 군사법원에는 제청권이 있다(헌법재판소법 제41조 제1항). 헌법재판소는 제청권이 있는 법원이 아니다.

제청권자인 법원은 사법행정상 관청인 법원이 아니라 개개의 소송사건에 관해서 재판권을 행사하는 재판기관인 법원을 말한다. 따라서 단독판사 관할사건에서 해당 소송의 담당법관 개인이 여기서 말하는 '법원'으로서 제청권이 있고, 합의부 관할사건에서는 합의부가 원칙적으로 제청권 있는 '법원'이지만 예외적으로 소송법상 문제의 재판을 단독으로 할 수 있으면 그 재판할 권한이 있는 법관 개인도 '법원'에 해당한다.

대한민국 법원만 위헌제청권이 있다. 따라서 법원조직법과 군사법원법에 따른 각급 법원이 아닌, 국내 사설 중재재판소나 외국 법원 등에게는 위헌제청을 할 권한이 없다.

② 제청절차

(ⅰ) 모든 법원의 고유권한인 위헌여부심판 제청

모든 법원이 직접 독자적인 결정으로 위헌여부심판을 제청할 고유권한이 있다. 헌법 제111조 제1항 제1호, 제107조 제1항, 헌법재판소법 제41조, 제45조를 따르면 대법원과 각급

---

248) 헌재 2016. 2. 25. 2013헌바175등, 판례집 28-1상, 70.

249) 헌재 1994. 6. 30. 94헌아5, 판례집 6-1, 714, 716.

250) 헌재 2003. 5. 15. 2001헌바98, 판례집 15-1, 534, 543; 헌재 2008. 4. 24. 2004헌바44, 판례집 20-1상, 453, 462.

251) 김하열, 『헌법소송법(제4판)』, 박영사, 2021, 293쪽.

법원은 법률의 합헌성·위헌성의 심사권을 가지고 재판하지만, 그 법률에 대해서 합헌이나 위헌이라고 규범적 효력을 확정하는 합헌성 여부에 대한 최종적인 결정권은 헌법재판소의 배타적 전속권한이다.

(ⅱ) 대법원 이외의 법원

대법원 이외의 법원이 위헌제청결정을 하면 대법원을 거쳐야 한다(헌법재판소법 제41조 제5항). 그러므로 해당 법원은 위헌제청결정서 정본을 법원행정처장에게 법원장이나 지원장 명의로 송부하게 된다('위헌법률심판제청사건의 처리에 관한 예규' 제8조). 이때 대법원은 각급 법원의 위헌법률심판 제청을 심사할 권한이 없다. 그래서 법원행정처장은 이 위헌제청결정서 정본을 그대로 헌법재판소에 송부하고 이로써 위헌법률심판 제청이 이루어진다(헌법재판소법 제26조 제1항 단서). 즉 대법원을 경유하는 것은 형식적인 행정상 사무적 절차에 불과하다.

(ⅲ) 상급법원의 관여 방지

헌법재판소법 제41조 제4항은 "위헌여부심판의 제청에 관한 결정에 대하여는 항고할 수 없다."라고 규정하므로 위헌제청 신청을 기각하는 결정에 관해서는 항고나 재항고를 할 수 없다. 그뿐 아니라 재판의 전제가 되는 어떤 법률이 위헌인지는 재판을 담당한 법원이 직권으로 심리하여야 한다. 그러므로 당사자가 그 본안사건에 관해서 상소를 제기하면 그 법률이 위헌인지는 상소심이 독자적으로 심리하여 판단하여야 한다. 따라서 위헌제청 신청 기각결정은 본안에 관한 종국재판과 함께 상소심 심판을 받는 중간적 재판의 성질이 있는 것으로서 '특별항고 대상이 되는 불복을 신청할 수 없는 결정'에도 해당하지 않는다.[252] 이것은 하급법원의 제청권 독립을 보장하려는 것이다. 법원이 위헌제청 신청을 기각하면 그 신청을 한 당사자는 헌법재판소에 헌법소원심판을 청구할 수 있다. 이때 그 당사자는 해당 사건의 소송절차에서 같은 사유를 이유로 다시 위헌여부심판 제청을 신청할 수 없다(헌법재판소법 제68조 제2항).

(4) 법정질서유지권(법정경찰권)
① 사법절차에서 법정질서유지의 기능

법정질서 유지는 법원의 심리와 판결이 공개되어야 할 때 특히 중요한 의미가 있다. 법정질서가 유지되지 않으면 실체적 진실발견 과정인 법원 심리가 제대로 이루어질 수 없고, 실체적 진실발견 과정에 흠이 있으면 그 결과인 판결도 실체적 진실발견 결과 그 자체를 뜻한다고 볼 수 없다. 재판공개원칙이 공정한 재판의 전제로서 작용한다면, 법정질서 유지는 재판공개원칙이 본래 목적대로 기능하기 위한 전제가 된다. 따라서 재판공개원칙을 채택하는 나라에서는 예외 없이 법정질서를 유지하기 위한 장치를 마련한다.

---

252) 대법원 1993. 8. 25.자 93그34 결정(공1993하, 2728).

② 법정질서유지권의 주체

법정질서유지권의 주체는 원래 법원이다. 그러나 그것이 신속·적정하고 수시로 행사되어야 하는 특수성 때문에 법정을 대표하는 재판장이 행사하도록 한다(법원조직법 제58조 제1항).

③ 법정질서유지권의 내용

법원조직법상 재판장은 법정의 존엄과 질서를 해할 우려가 있는 사람의 입정 금지나 퇴정을 명령할 수 있고, 그 밖의 법정질서 유지에 필요한 명령을 할 수 있다(법원조직법 제58조 제2항). 누구든지 법정 안에서는 재판장 허가 없이 녹화·촬영·중계방송 등의 행위를 하지 못한다(법원조직법 제59조). 그리고 재판장은 법정질서를 유지하는 데 필요하다고 판단하면 개정 전후를 불문하고 언제든지 관할 경찰서장에게 경찰관 파견을 요구할 수 있고 파견된 경찰관을 지휘하여 법정 안팎의 질서를 유지한다(법원조직법 제60조). 더 나아가 재판장은 법정질서를 유지하기 위한 재판장 명령을 어기거나 녹화 등의 금지에 위배하거나 폭언·소란 등의 행위로 법원 심리를 방해하거나 재판의 위신을 현저히 훼손한 사람에게 감치처분, 곧 20일 이내의 기간 그 신체의 자유를 구속하거나 100만원 이하의 과태료에 처하거나 이를 병과할 수 있다(법원조직법 제61조).

④ 법정질서유지권의 한계

법정질서유지권은 시간적·장소적·대인적 한계가 있다. 곧 법정질서유지권은 (ⅰ) 시간적으로는 개정 중이거나 이에 근접한 전·후시간이 아니면 행사할 수 없다. (ⅱ) 장소적으로는 법정과 법관이 직무를 수행하는 장소에서만 할 수 있다. (ⅲ) 대인적으로는 소송관계인과 법정에 있는 사람(검사, 법원 직원, 피고인, 증인, 방청인 등)에게만 행사할 수 있다.

재판장은 이러한 한계 안에서 법정질서유지권을 행사할 때 질서유지명령·처분이 재판공개원칙을 지키려는 수단에 지나지 않음을 주의하여야 한다. 따라서 재판공개원칙을 채택한 결과 있을 수 있는 다소의 법정소란행위라든지 보도기관 보도활동에 대해서까지 질서유지명령이나 처분을 발한다면, 그것은 오히려 비례성원칙을 어기는 것이 된다.

4. 사법절차

사법절차를 특징짓는 요소로는 판단기관의 독립성·공정성, 대심적 심리구조, 당사자의 절차적 권리보장 등을 들 수 있다.[253]

---

253) 헌재 2000. 6. 1. 98헌바8, 판례집 12-1, 590, 601: "헌법 제101조는 "사법권은 법관으로 구성된 법원에 속한다"고 규정하고 있고, 헌법 제103조는 "법관은 헌법과 법률에 의하여 그 양심에 따라 독립하여 심판한다"고 규정하고 있으며, 사법의 본질은 법 또는 권리에 관한 다툼이 있는 경우에 독립적인 법원이 법을 해석·적용하여 유권적인 판단을 내린다는 데 있다(헌재 1996. 1. 25. 95헌가5, 판례집 8-1, 1, 18). 따라서 법원이 사법권을 행사하여 분쟁을 해결하는 절차가 가장 대표적인 사법절차라 할 수 있을 것이고, 그렇다면 사법절차를 특징지우는 요소로는 판단기관의 독립성·공정성, 대심적(對審的) 심리구조, 당사자의 절차적 권리보장 등을 들 수 있을 것이다."

(1) 심급제

① 심급제의 의의

법률적 분쟁이 생기면 그에 관한 판단은 1회에 그치지 않고 여러 종류의 법원이 반복심판할 때 그 종류가 다른 법원 사이의 심판 순서를 심급이라고 한다. 헌법은 여러 규정에서 간접적으로 심급제를 규정한다. 법원을 최고법원인 대법원과 각급 법원으로 조직하게 하는 제101조 제2항, 명령·규칙에 대한 최종심사권을 대법원에 부여하는 제107조 제2항, 군사법원의 상고심을 대법원으로 규정하는 제110조 제2항과 비상계엄 아래의 단심군사재판을 예외적인 현상으로 규정하는 제110조 제4항 등이 그 예이다. 법원조직법은 법원의 심판권과 관련하여 3심제를 규정한다. 이렇게 헌법과 법원조직법이 심급제를 채택하는 것은 법관의 사실 판단과 법률 적용에서 있을 수 있는 잘못을 사법절차를 통해서 시정함으로써 재판의 공정성을 기하고 그럼으로써 국민의 자유와 권리 보호에 만전을 기하려는 것이다.

② 3심제 원칙

헌법은 심급제를 규정할 뿐이지 반드시 3심제를 요구하지는 않는다. 3심제 원칙은 법원조직법에서 항소, 상고제도와 항고, 재항고제도를 규정함으로써(제14조, 제28조, 제28조의4, 제32조, 제40조, 제40조의4) 법률 차원에서 인정한다. 따라서 심급제도 자체는 헌법상 필수적이지만, 반드시 모든 재판이 3심제이어야만 하는 것은 아니다.

3심제 원칙은 민사재판과 형사재판 그리고 행정재판에 적용된다. 따라서 민사사건과 형사사건에 관한 소송 중 합의부 관할사건은 지방(가정)법원(지원)합의부 → 고등법원 → 대법원 순으로 진행되고, 지방(가정)법원단독판사 관할사건은 지방(가정)법원(지원)단독부 → 지방(가정)법원본원합의부(항소부) → 대법원의 순으로 진행된다. 행정사건도 행정(지방)법원(지원)합의부 → 고등법원 → 대법원의 순으로 진행된다. 군사재판도 헌법 제110조 제4항의 예외를 제외하고는 군사법원 → 서울고등법원 → 대법원 순으로 진행된다.

그러나 3심제 원칙은 '상고심절차에 관한 특례법'이 민사소송·가사소송·행정소송·특허소송의 상고사건에서 (ⅰ) 원심판결이 헌법에 위반되거나 헌법을 부당하게 해석한 때, (ⅱ) 원심판결이 명령·규칙이나 처분의 법률 위반 여부에 대하여 부당하게 판단한 때, (ⅲ) 원심판결이 법률·명령·규칙이나 처분에 대하여 대법원 판례와 상반되게 해석한 때, (ⅳ) 법률·명령·규칙이나 처분에 대한 해석에 관하여 대법원 판례가 없거나 대법원 판례를 변경할 필요가 있는 때, (ⅴ) 그 밖에 중대한 법령 위반에 관한 사항이 있는 때, (ⅵ) 민사소송법 제424조 제1항 제1호부터 제5호까지에 규정된 사유(절대적 상고이유)가 있는 때를 제외하고는 더는 심리를 속행하지 아니하고 판결로 상고를 기각할 수 있도록 하는 심리불속행제도(제4조 제1항)를 채택함으로써 부분적으로 제한된다.

③ 3심제의 예외

ⓐ 대통령과 국회의원의 선거에 관한 소송(공직선거법 제222조 제1항, 제223조 제1항), ⓑ 시·도지사와 비례대표시·도의회의 선거에 관한 소송(공직선거법 제222조 제2항, 제223조 제2항), ⓒ 지방자치법상 기관소송(지방자치법 제5조 제9항, 제120조 제3항, 제188조 제6항, 제189조 제6항, 제192조 제4항과 제8항), ⓓ 교육감선거에 관한 소송(지방교육자치에 관한 법률 제49조 제1항), ⓔ 군사법원의 비상계엄 아래 일정한 재판(헌법 제110조 제4항: 군인·군무원의 범죄나 군사에 관한 간첩죄와 초병·초소·유독음식물공급·포로에 관한 죄 중 법률이 정한 때. 그러나 사형이 선고되면 대법원의 최종심이 보장된다)은 단심으로 진행된다. 그리고 ⓐ 시·도의회지역구의 선거에 관한 소송(공직선거법 제222조 제2항, 제223조 제2항), ⓑ 시·군·자치구의 단체장과 의회의원의 선거에 관한 소송(공직선거법 제222조 제2항, 제223조 제2항), ⓒ 특허소송(법원조직법 제14조 제1호, 제28조의4 제1호)은 2심으로 신행된다. 선거에 관한 소송을 단심제나 2심제로 하면서 처리기간을 180일 이내로 제한(공직선거법 제225조)하는 이유는 선거소송이 헌법재판의 성격이 있을 뿐 아니라 심급제를 통해서 그 기간이 장기화하면 소의 이익이 상실될 우려가 있기 때문이다. 특허소송의 2심제는 특허심판의 기술적 전문성과 밀접한 관련이 있다.

(2) 재판공개제

① 의의

재판공개제는 재판의 심리와 판결이 일반인 방청이 허용된 공개법정에서 하여야 한다는 것, 즉 재판비밀주의를 배척함을 뜻한다. 재판공개제는 재판의 심리와 판결을 공개함으로써 여론 감시 아래 재판의 공정성을 확보하고 소송당사자의 인권을 보장하며, 나아가 재판에 대한 국민의 신뢰를 확보하는 것에 그 의의가 있다. 헌법 제109조는 재판의 공개제를 규정한다.

② 재판공개제의 내용

(ⅰ) 재판공개원칙

재판공개제는 재판공개원칙, 즉 재판의 심리와 판결을 공개하여야 한다는 것(헌법 제109조 본문)을 내용으로 한다. 여기서 심리는 법관 앞에서 원고와 피고가 심문을 받고 변론을 한다는 것을 말하고, 판결은 그 사건 실체에 관한 법원 판단을 말한다. 따라서 공개가 필요한 것은 민사소송에서 구술변론절차와 형사소송에서 공판절차, 민사소송에 준하는 행정소송과 특허소송에서 구술변론절차 및 사건 실체에 관한 법원의 판단고지이다. 판결만 공개대상이므로 결정과 명령은 공개대상이 아니다. 재판 공개는 심급에 상관없이 이루어져야 한다.

그러나 심리에 해당하지 않는 공판준비절차나 심판의 합의과정, 판결이 아닌 비송사건절차나 소송법상 결정, 명령은 공개할 필요가 없다. 비송사건 절차 등의 공개 여부에 관해서는 심리와 판결을 민사와 형사의 소송절차에 한정하는 비포함설,254) 심리와 판결을 법원의 재판사건 전반에 관한 심리와 판결을 뜻한다는 포함설, 소송사건과 비송사건의 엄격한 구별이 불가능하다는 전제 아래 옹근(완벽한) 재판형식성을 갖춘 소송절차에서는 합리적인 예외가 인정된다는 절충설로 견해가 나뉜다. 헌법 제109조의 심리와 판결은 민사·형사 및 행정사건과 특허사건의 소송절차를 말하므로, 그 밖의 절차, 예를 들어 비송사건절차나 가사비송절차는 헌법 제109조에서 말하는 재판에 포함되지 않는다.

공개는 소송당사자와 이해관계인은 물론 일반인에게도 방청을 허용함을 뜻하고, 보도의 자유도 여기에 속한다. 그러나 재판공개원칙이 원하는 모든 사람에게 방청을 허용한다는 뜻은 아니므로, 법정의 수용능력을 이유로 한 방청인수 제한은 허용된다.[255] 즉 모든 사람에게 방청 가능성이 인정되면 재판공개원칙은 준수된다.

(ⅱ) 재판공개원칙에 대한 예외

헌법은 "심리는 국가의 안전보장 또는 안녕질서를 방해하거나 선량한 풍속을 해할 염려가 있을 때에는 법원의 결정으로 이를 공개하지 아니할 수 있다."(제109조 단서)라고 하여 공익목적을 위한 심리 비공개만을 규정한다. 그러나 재판은 소송당사자 이익을 위해서 심리를 비공개할 수도 있다. 그에 따라 소년보호사건절차는 공개하지 않고, 소년사건과 가사사건은 그 보도가 제한된다(소년법 제68조, 가사소송법 제10조).

그러나 재판 공개 정지를 결정하면 법원은 그 이유를 제시하여 선언하여야 한다(법원조직법 제57조 제2항). 공개 정지는 절대적인 비공개와 상대적인 비공개로 나눌 수 있고, 후자는 재판장이 적당하다고 인정하는 사람만 법정에 남을 수 있도록 허가하는 때이다(법원조직법 제57조 제3항). 심리를 비공개로 할 때도 판결은 반드시 공개하여야 한다.

③ 법적 효과

공개 규정을 위반하면 그 재판은 헌법 위반으로 상고이유가 된다. 형사소송법은 항소사유로 규정하고(제361조의5 제9호), 민사소송법은 절대적 상고이유로 명시한다(제424조 제5호). 그리고 공개 규정에 위반하여 한 재판에 대해서는 재판에 대한 헌법소원을 인정하지 않는 헌법재판소법 제68조 제1항이 있어도 헌법소원을 허용하여야 한다는 견해가 있다.[256] 그러나 비

---

254) 권영성, 『헌법학원론(개정판)』, 법문사, 2010, 1108쪽; 김철수, 『학설·판례 헌법학(전정신판)(중)』, 박영사, 2009, 973쪽; 방승주, 『헌법강의 Ⅰ』, 박영사, 2021, 529쪽; 지성우, 「헌법 제109조」, 『헌법주석[법원, 경제질서 등]』, 경인문화사, 2018, 1177~1178쪽; 허 영, 『한국헌법론(전정17판)』, 박영사, 2021, 1132쪽.

255) 대법원 1990. 6. 8. 선고 90도646 판결(집38-2, 598; 공1990, 1500): "법원이 법정의 규모·질서의 유지·심리의 원활한 진행 등을 고려하여 방청을 희망하는 피고인들의 가족·친지 기타 일반국민에게 미리 방청권을 발행하게 하고 그 소지자에 한하여 방청을 허용하는 등의 방법으로 방청인의 수를 제한하는 조치를 취하는 것이 공개재판주의의 취지에 반하는 것은 아니므로".

256) 홍성방, 『헌법학(하)(제3판)』, 박영사, 2014, 291~292쪽. 법원 재판에 대해서는 헌법소원을 제기할 수 없도록 한 헌법재판소법 제68조 제1항이 있어도 위법한 비공개재판에 대해서는 헌법소원이 가능하도록 합헌적으로 법률 해석을 할 필요가 있다는 견해도 있다(허 영, 『한국헌법론(전정17판)』, 박영사, 2021, 1133쪽).

공개 결정 자체도 법원의 재판임을 부정할 수 없으므로 헌법재판소법 제68조 제1항에 따라 이에 대한 헌법소원은 허용되지 않는다.

(3) 국민의 재판참여제 - 배심제와 참심제

① 배심제

(i) 배심제의 개념

배심제란 법률전문가가 아닌 국민 중에서 선출된 일정수의 배심원으로 구성되는 배심이 심판을 하거나 기소하는 제도를 말한다.

(ii) 배심의 종류

배심은 그 임무에 따라 심리배심과 기소배심, 의무적인 것인지에 따라 법정배심과 청구배심으로 나눈다. 심리배심은 공판배심, 심판배심, '소배심'이라고도 하고, 심판이나 심리를 한다. 그에 반해서 기소배심은 '대배심'이라고도 하고, 기소 여부를 결정한다. 법정배심은 배심이 의무적으로 결정된 때의 배심을 말하고, 청구배심은 일정한 자의 청구에 따라 하는 배심을 말한다.

(iii) 배심제의 순기능과 역기능

배심제는 ⓐ 국민 참여를 통해서 관료적 사법에 대한 국민 불신을 막을 수 있고, ⓑ 일반적인 법규를 구체적 사건에 적용할 때 일정한 조정을 통해서 융통성을 불어넣어 주며, ⓒ 일반 국민을 교육하는 효과가 있어 법과 질서를 존중하는 사회적 분위기를 진작시킬 뿐 아니라 ⓓ 배심 평결은 여러 계층의 정서와 관점에 기초하므로 더 나은 판단방법이 될 수 있는 것 등 긍정적으로 기능하기도 한다. 반면에 ⓐ 배심원에게 사실 인정의 판단능력이 결여되어서 그 평결이 흔히 타협에 의하는 때가 많고, ⓑ 배심원 선정에 공정성을 기하기가 어려운 점 등은 배심제에 대한 부정적 평가를 내리는 원인이 된다. 헌법은 배심제를 채택하지 않는다.

② 참심제

참심제란 선거나 추첨을 통해서 국민 중에서 선출된 사람, 곧 참심원이 직업적인 법관과 함께 합의체를 구성하고, 이 합의체가 사실문제와 법률문제를 판단하고 유죄 여부와 형량을 결정하는 제도를 말한다. 배심제는 배심원이 법관에게서 독립하여 사실문제에 관해서 판정을 내리지만, 참심제는 참심원이 법관과 더불어 합의체를 구성하여 재판한다는 점에서 양자는 구별된다. 한국에서는 해양안전심판원에서 참심제를 규정한다('해양사고의 조사 및 심판에 관한 법률' 제14조).

③ 국민사법참여제

한국에서는 일반 국민이 형사재판과정에 참여하는 국민사법참여제가 2008년부터 시행되고 있다. 이는 '국민의 형사재판 참여에 관한 법률'에 따라서 일반 국민이 배심원으로서 형사재판에 참여하는 것이다. 국민은 국민참여재판을 받을 권리가 있고, 국민참여재판에 참여할 권리와 의무가 있다('국민의 형사재판 참여에 관한 법률' 제3조). 국민참여재판 대상사건은 ① 법원조직법 제32조 제1항(제2호와 제5호는 제외)에 따른 합의부 관할 사건, ② ①에 해당하는 사건의 미수죄·교사죄·방조죄·예비죄·음모죄에 해당하는 사건, ③ ①이나 ②에 해당하는 사건과 형사소송법 제11조에 따른 관련 사건으로서 병합하여 심리하는 사건이다. 그러나 피고인이 국민참여재판을 원하지 아니하거나 배제결정이 있으면 국민참여재판을 하지 아니한다('국민의 형사재판 참여에 관한 법률' 제5조). 배심원은 사실 인정, 법령 적용과 형 양정에 관한 의견을 법관에게 제시한다('국민의 형사재판 참여에 관한 법률' 제12조). 법정형이 사형·무기징역 또는 무기금고에 해당하는 대상사건에 대한 국민참여재판에는 9명의 배심원이 참여하고, 그 외의 대상사건에 대한 국민참여재판에는 7명의 배심원이 참여한다. 다만, 법원은 피고인이나 변호인이 공판준비절차에서 공소사실의 주요 내용을 인정하면 5명의 배심원이 참여하게 할 수 있다('국민의 형사재판 참여에 관한 법률' 제13조 제1항). 그러나 법원은 사건 내용에 비추어 특별한 사정이 있다고 인정되고 검사·피고인 또는 변호인의 동의가 있을 때만 결정으로 배심원의 수를 7명과 9명 중에서 달리 정할 수 있다('국민의 형사재판 참여에 관한 법률' 제13조 제2항). 배심원은 전원일치 또는 법관 의견을 듣고 나서 다수결로 유·무죄를 평결하고, 유죄이면 양형 의견을 개진하나, 법관은 배심원의 평결과 의견에 기속되지 않는다('국민의 형사재판 참여에 관한 법률' 제46조). 배심원의 평결과 의견에 기속력을 부여하면 법관이 아닌 사람에 의한 사법권 행사로서 헌법 제101조 제1항에 어긋날 수 있고, 법관에 의한 재판을 받을 것을 내용으로 하는 재판청구권(헌법 제27조 제1항)을 침해할 수 있기 때문이다.[257]

V. 헌법재판소

1. 헌법재판의 개념

헌법재판은 독립한 기관이 헌법을 기준으로 사법적 절차를 통해서 일반 사법기관이 판단하기 어렵거나 곤란한 헌법구조상 중요한 헌법분쟁에 관하여 종국적으로 결정하는 것을 말한다.[258] ① 헌법재판은 기존 국가기관에 맡길 수도 있고, 이를 담당하기 위한 새로운 국가기관을 창설할 수도 있다. 하지만 최소한 이 국가기관은 다른 모든 국가기관에서 독립하여야 한다. ② 헌법재판은 심사기준 중심에 성문헌법을 놓는다. 물론 성문헌법 이외에 불문헌법이나 법률 등도 심사기준이 될 수 있다. 그러나 이는 어디까지나 성문헌법을 보충하고 구체화하는 범위에서만 가능하다. 다만, 예외적으로 개별 심판절차에 따라서 헌법과 법률이 함께 심사기준이 되는 때도 있다[예를 들어 탄핵심판(헌법재판소법 제48조), 권한쟁의심판(헌법재판소법 제61

---

257) 김하열, 『헌법강의(제3판)』, 박영사, 2021, 920쪽.
258) Klaus Stern, Das Staatsrecht der Bundesrepublik Deutschland, Bd. Ⅱ, München 1980, S. 943 참조.

조)]. 그러나 이때 법률은 헌법전에 규정된 형식적 헌법은 아니지만 헌법사항을 규율하는 실질적 헌법에는 속한다. 물론 규범통제의 속성상 헌법이 아닌 상위법규범이 심사기준이 될 수도 있다(예를 들어 헌법 제107조 제2항 법원의 명령과 규칙에 대한 위헌·위법심사). ③ 헌법재판은 사법적 절차를 통해서 이루어져야 한다. 여기서 말하는 사법적 절차는 일반 사법절차와 같은 절차를 말하는 것이 아니라, 헌법재판의 공정성과 중립성을 확보할 수 있는 한 그에 버금가는 절차로 충분하다. 여기서는 특히 헌법재판의 수동성, 즉 당사자의 청구에 따른 절차 개시와 신분이 보장된 독립한 재판관의 심판 그리고 미리 확정된 심판절차가 중요하다. ④ 일반 사법기관이 판단하기 어렵거나 곤란하다는 것은 일반적인 재판과 다른 특성이 있는 심판 대상의 특이성을 뜻한다. 이러한 심판 대상의 특이성은 심사기준인 헌법의 특성에서 비롯한다. ⑤ 헌법구조상 중요하다는 것은 전체 헌법구조에 비추어 해당 헌법분쟁과 관련하여 헌법의 뜻을 밝히는 것이 헌법 실현에 특별히 필요하다는 것을 말한다. ⑥ 헌법분쟁은 헌법을 매개로 법적 문제를 다룬다는 것을 말한다. 그리고 ⑦ 종국적으로 결정한다는 것은 헌법재판은 대상이 되는 헌법분쟁에 최종적 판단기관으로서 이에 관해서 더는 불복할 수 없음을 말한다. 따라서 헌법재판의 결정을 다툴 수 있는, 다른 국가기관을 통한 구제수단은 없어야 한다. 그러나 이것이 헌법재판을 담당하는 기관이 헌법재판을 반드시 한 번의 심사만으로 끝내야 함을 뜻하지는 않는다. 즉 심급제는 해당 국가기관 안의 구제절차로서 '헌법재판 결정이 일반적 효력이 아니라 개별적 효력이 있을 때'만 허용될 수 있다(예를 들어 법원의 명령과 규칙에 대한 위헌·위법심사). 헌법재판의 결정에 일반적 효력이 있으면, 심급제에 따른 재판 파기 가능성으로 말미암아 심각한 법적 혼란이 발생할 수 있기 때문이다.

헌법재판제도는 국민의 기본권을 국가권력 남용에서 보호하고, 국가권력이 헌법의 틀 안에서 작용하도록 함으로써 헌법을 실질적으로 실현하는 헌법 보호의 중요한 수단이다. 좁은 뜻의 헌법재판은 위헌법률심판만을 말한다. 이는 위헌법률심판이 헌법재판의 본질적 부분임을 가리킨다. 따라서 위헌법률심판제도가 없는 나라는 헌법재판제도가 있다고 보기 어렵다. 넓은 뜻의 헌법재판은 규범통제, 탄핵심판, 정당해산심판, 헌법소원심판, 권한쟁의심판, 선거소송, 국민투표소송을 포함한다. 한국에서 헌법재판이라고 하면 일반적으로 헌법재판소가 관할하는 위헌법률심판, 탄핵심판, 정당해산심판, 권한쟁의심판, 헌법소원심판을 말한다(헌법 제111조 제1항). 헌법재판에 속하는 모든 심판절차는 객관적 헌법을 보호한다. 하지만 규범통제[259]나 헌법소원심판은 개인의 기본권 보호에 중점이 있다. 따라서 넓은 뜻의 헌법재판은 기본권 보호의 직접성 여부에 따라서 직접적 기본권보호수단(기본권보호절차)과 간접적 기본권

---

259) 구체적 규범통제가 개인의 기본권 보호에 중점이 있다는 점은 의문이 없다. 하지만 추상적 규범통제나 예방적 규범통제는 객관적 헌법을 보호하는 측면이 강한 것을 부정할 수 없다. 그러나 추상적 규범통제나 예방저 규범통제를 구체적 규범통제를 미리 하거나 예방한다는 측면에서 바라보면, 추상적 규범통제나 예방적 규범통제에서 개인의 기본권 보호 측면이 객관적 헌법 보호 측면보다 절대 작다고 볼 수는 없다.

보호수단(헌법보호절차)으로 나눌 수 있다. 직접적 기본권보호수단에는 규범통제와 헌법소원심판이, 간접적 기본권보호수단에는 탄핵심판, 정당해산심판, 권한쟁의심판 그리고 선거소송과 국민투표소송이 속한다.

2. 헌법재판제도의 유형

(1) 헌법재판담당기관(의 유형)에 따른 분류

헌법재판은 그 담당기관에 따라 일반법원형과 헌법재판소형 그리고 특별기관형(정치기관형)으로 나눈다. 일반법원형은 미국과 일본 등이, 헌법재판소형은 독일, 오스트리아, 이탈리아, 스페인, 포르투갈, 터키 등이, 특별기관형은 프랑스(헌법위원회[260]), 그리스(특별최고법원) 등이 채택한다. 한국 헌법을 따르면, 법원도 헌법재판을 일부 담당하기는 하지만, 헌법재판소가 헌법재판을 주로 담당하므로 헌법재판소형에 해당한다.

헌법사적으로 한국 헌법은 가능한 모든 형태의 헌법재판을 경험하였다. 즉 1948년 헌법, 1972년 헌법과 1980년 헌법은 특별기관형, 1960년 헌법과 1987년 헌법은 헌법재판소형 그리고 1962년 헌법은 일반법원형을 채택하였다. 이는 먼저 헌법재판은 다른 법규범에 대한 헌법 우위를 전제로 하는데, 그동안 헌법은 때로는 정권의 장식품으로, 때로는 정권을 정당화하는 수단으로 기능하면서 실질적으로 효력이 없었다는 점에서 비롯한다. 헌법이 효력이 없는데 헌법재판의 실질화를 바랄 수는 없다. 특히 헌정사의 많은 부분이 독재로 점철된 상황에서 일반재판도 정상적으로 이루어질 수 없었는데, 특수재판인 헌법재판이 본래 기능을 충실하게 수행하길 바라는 것은 지나친 기대일 수밖에 없었다. 그에 따라 헌법재판제도가 어떠한 유형인지는 큰 문제가 되지 않았다. 다음으로 헌법재판에 관한 법철학적이나 법사상적 혹은 전통적 바탕 없이 그리고 아무런 역사적 경험 없이 외국의 헌법재판제도를 충분히 검토하지 않고 수용하였다는 점이다. 확고한 바탕이나 풍부한 경험이 있어도 헌법재판의 성공을 장담할 수 없는데, 그러한 것이 없는 상태에서는 더더욱 성공하기 어렵고, 더욱이 외국제도가 어떠한 것인지에 관해서 제대로 알지 못한다면 그 제도의 정착은커녕 경험을 쌓기 위한 지속성도 확보할 수 없다.[261]

(2) 헌법재판(사법심사)권한의 집중 여부에 따른 분류

헌법재판은 헌법재판권한의 집중 여부에 따라 집중형 사법심사제(집중적 위헌심사제)와 비

---

260) 프랑스의 헌법재판기관인 'Conseil constitutionnel'을 헌법위원회가 아니라 헌법재판소로 번역하는 것이 적절하다고 보는 견해가 있다(정재황, 「프랑스에서의 헌법재판제도에 관한 헌법개정」, 『성균관법학』 제20권 제3호, 성균관대학교 법학연구소, 2008, 486쪽 주 6). 이에 동조하는 견해로는 전학선, 「프랑스 헌법재판제도의 개혁과 한국 헌법재판의 비교」, 『공법학연구』 제10권 제1호, 한국비교공법학회, 2009, 267~300쪽.

261) 비슷한 견해로는 갈봉근, 「한국헌법상의 위헌법률심사제도의 변천과정」, 『동아법학』 제6호, 동아대학교 법학연구소, 1988, 76쪽; 김운용, 『위헌심사론』, 삼지원, 1998, 92쪽; 김철수, 『위헌법률심사제도론』, 학연사, 1983, 77~78쪽; 한동섭, 「헌법재판제도의 제유형」, 『법률행정논집』 제12집, 고려대학교 법률행정연구소, 1974, 72~73쪽.

집중형 사법심사제(부수적 위헌심사제)로 나뉜다. 집중형 사법심사제는 독일과 오스트리아 등
이, 비집중형 사법심사제는 미국과 일본 등이 취한다. 한국 헌법은 일부 헌법재판권한을 법원
에 부여하기는 하지만, 헌법재판소에 헌법재판권한 대부분을 집중시키므로 집중형 사법심사
제로 볼 수 있다.

3. 헌법재판의 본질(법적 성격)

(1) 순수한 사법작용설

순수한 사법작용설을 따르면 헌법재판은 중립적 기관을 통해서 사법절차에 따라 이루어지
므로 사법작용이라고 한다.[262] 헌법재판소는 오로지 법관 자격이 있는 사람으로만 구성된다
(헌법 제111조 제2항). 그리고 헌법재판소 재판관의 독립은 보장되고, 헌법재판소 재판관은 오
로지 헌법과 법률에만 구속되며(헌법재판소법 제4조), 헌법재판소 재판관은 사법절차를 통해서
구속력 있는 결정을 내린다(특히 헌법재판소법 제40조 참조). 이 견해는 이러한 헌법재판소의 특
징이 사법 개념에 합치한다고 한다. 그리고 헌법 제101조 제1항이 법원에 사법권을 부여하기
는 하지만, 이 조항은 헌법재판이 사법이 아니라는 근거가 되지 못한다고 한다. 이 조항은 현
대 권력분립원칙을 따라 법원이 사법 기능을 독점한다는 것으로 이해될 수 없기 때문이라고
한다. 또한, 헌법재판이 헌법의 불명확성과 개방성 때문에 다른 사법재판보다 더 많은 형성적

---

262) 계희열, 「헌법재판과 국가기능」, 『헌법재판의 회고와 전망 −창립 10주년 기념세미나−』, 헌법재판소, 1998,
206쪽; 김선택, 「국가기능체계에 있어서 헌법재판소의 역할과 한계 − 국가조직관련 헌법재판소판례의 분석과
평가 −」, 『공법연구』 제33집 제4호, 한국공법학회, 2005, 185~188쪽; 김철수, 『학설·판례 헌법학(전정신판)
(중)』, 박영사, 2009, 1085쪽; 김학성/최희수, 『헌법학원론(전정5판)』, 피앤씨미디어, 2021, 1132~1133쪽; 남복
현, 「법률의 위헌결정의 효력에 관한 연구」, 한양대학교 법학박사학위논문, 1994, 12~14쪽; 박승호, 「헌법재판
의 본질과 한계」, 고려대학교 법학박사학위논문, 1991, 36~37쪽; 같은 사람, 「헌법 제111조」, 『헌법주석[법원,
경제질서 등]』, 경인문화사, 2018, 1207~1208쪽; 박일경, 『제6공화국 신헌법』, 법경출판사, 1990, 563~564쪽(그
러나 민중소청에 의한 법률에 대한 추상적 규범통제의 권력이나 작용은 입법·행정·사법의 어느 부분에도 속
하지 아니하는 독특한 국가권력이나 국가작용이라고 한다); 방승주, 「국가배상법 제2조 제1항 단서에 대한 한정
위헌결정의 기속력」, 『인권과 정의』 제304호, 한국변호사협회, 2001. 12., 110~111쪽; 성낙인, 『헌법학(제21판)』,
법문사, 2021, 768~769쪽; 성낙인/권건보/정 철/전상현/박진우/허진성/김용훈, 『헌법소송론(제2판)』 법문사,
2021, 9~11쪽; 신 평, 『헌법재판법(전면개정판)』, 법문사, 2011, 16~25, 60쪽; 오호택, 『헌법소송법(제9판)』,
동방문화사, 2018, 14쪽; 이성환, 「헌법재판소 결정의 효력에 관한 연구」, 서울대학교 법학박사학위논문, 1994,
13~19쪽; 이욱한, 「헌법재판과 법과 정치」, 『헌법논총』 제3집, 헌법재판소, 1992, 470~471쪽; 이준일, 「헌법재판
의 법적 성격」, 『헌법학연구』 제12권 제2호, 한국헌법학회, 2006, 314쪽; 같은 사람, 『헌법학강의(제7판)』, 홍문
사, 2019, 995쪽; 장영수, 「현행헌법체계상 헌법재판소의 헌법상의 지위」, 『법학논집』 제30집, 고려대학교 법학연
구소, 1994, 45~46쪽; 같은 사람, 「헌법재판소 변형결정의 구속력」, 『판례연구』 제9집, 고려대학교 법학연구소,
1998, 57~59쪽; 같은 사람, 『헌법학(제13판)』, 홍문사, 2021, 1066~1067쪽; 전광석, 『한국헌법론(제16판)』, 집현
재, 2021, 808~809쪽; 정재황, 「헌법재판소의 구성과 헌법재판소절차상의 문제점 및 그 개선방안」, 『공법연구』
제22집 제2호, 1994, 39~40쪽; 같은 사람, 『헌법재판개론(제2판)』, 박영사, 2003, 27~28쪽; 같은 사람, 『신헌법
입문(제11판)』, 박영사, 2021, 878쪽; 최희수, 「헌법재판의 본질과 헌법재판소의 헌법상 편제」, 『공법학연구』 제
9권 제4호, 한국비교공법학회, 2008, 169~171쪽; 홍성방, 『헌법학(하)(제3판)』, 박영사, 2014, 317쪽; 같은 사람,
『헌법소송법』, 박영사, 2015, 11~20쪽.

요소가 있더라도, 구체화와 입법은 다르다고 한다. 그 밖에 일반사법도 최소한 부분적으로 법의 발전과 형성에 참여한다고 한다. 따라서 헌법재판이 새로운 가치나 규범을 창조하지 않고 기존 규범에 구속되는 한, 헌법재판은 사법작용이라고 한다. 헌법재판소도 자신을 사법기관의 일종으로 본다.263)

(2) 정치적 사법작용설

정치적 사법작용설은 헌법재판이 사법적 성격뿐 아니라 정치적 성격도 있다고 주장한다.264) 이 견해를 따르면 헌법재판은 사법작용의 개념적 징표를 충족하므로 일종의 사법작용이지만, 헌법은 정치성이 강한 규범이므로 그 재판도 정치형성적이고, 그 판결이나 결정의 내용을 국가가 강제로 집행하기 곤란하다는 특성이 있다고 한다. 그리고 헌법재판은 그 정치적 성격으로 말미암아 본질적으로 사법기능에 해당하여도 그 법적 성격은 '정치적 사법기능'으로 표현할 수 있다는 견해도 있다.265)

그러나 정치와 사법이 본질적으로 다른 개념이므로, 이 견해는 헌법재판의 본질을 모호하게 만든다. 그리고 정치적 사법이 무엇인지는 헌법재판의 정치적 성격을 강조한다는 것을 제외하고는 확인하기 어렵다. 또한, 헌법재판에 정치적 성격이 있는 것이 아니라 헌법재판의 심사기준, 즉 헌법과 헌법재판의 심판대상이 정치적 성격이 있다. 따라서 헌법재판의 정치적 성격에서 헌법재판 자체가 정치적 성격이 있다는 것이 바로 도출되지 않는다. 이러한 점에서 정치적 사법작용설은 독자적 견해로 인정받기 어렵다.266)

(3) 제4의 국가작용설

제4의 국가작용설은 헌법재판을 입법·사법·행정 등 모든 공권력을 통제대상으로 하는 제4의 국가작용으로 이해한다.267) 이 견해를 따르면 헌법재판을 통해서 달성하려는 헌법실현

---

263) 헌재 1994. 8. 31. 92헌마126, 판례집 6－2, 176, 192; 헌재 2004. 5. 14. 2004헌나1, 판례집 16－1, 609, 625.

264) 고문현, 『헌법학개론(제2판)』, 박영사, 2020, 376쪽; 권영성, 『헌법학원론(개정판)』, 법문사, 2010, 1116~1117쪽; 양 건, 『헌법강의(제10판)』, 법문사, 2021, 1372~1373, 1378쪽(1373쪽에서 헌법재판은 입법작용의 성격도 있다고 한다); 정연주, 『헌법소송론』, 법영사, 2015, 6~7쪽; 같은 사람, 『헌법학원론(제2판)』, 법영사, 2021, 849~850쪽. 문홍주, 『제6공화국 한국헌법』, 해암사, 1988, 595~596쪽도 비슷한 견해이다("헌법재판소가 심판기관이고 헌법과 법률이 신분을 보장하는 법관으로 구성되기 때문에 3권분립하에서는 하나의 독립한 대법원과 같은 자주적인 법원이라고 말할 수 있으나, 그 관장사항이 광범위하여 국가의 중요문제를 정치적으로 결단 내리게 되어 헌법보장기능을 담당하고 있어서 일반 법원과는 다르다. 하나의 정치적 기관이라는 성격도 아울러 가지고 있다."). 그리고 헌법재판소는 일반 법원과 함께 사법 일부를 담당하는 사법기관이지만, 그 권한에 속하는 사항이 고유한 의미의 사법이 아니고 정치적 성격의 사건인 점이 다르므로 정치적 사법기관이라는 견해도 있다(구병삭, 『신헌법원론(개정판)』, 박영사, 1996, 1193쪽). 그 밖에 헌법재판소의 헌법적 지위 중 하나로 정치적 사법기관을 드는 견해도 있다(김학성/최희수, 『헌법학원론(전정5판)』, 피앤씨미디어, 2021, 1140쪽).

265) 한수웅, 『헌법학(제11판)』, 법문사, 2021, 1393~1394쪽; 한수웅/정태호/김하열/정문식(한수웅 집필), 『주석 헌법재판소법』, 헌법재판소 헌법재판연구원, 2015, 12~16쪽.

266) 비슷한 견해: 김하열, 『헌법소송법(제4판)』, 박영사, 2021, 17쪽.

267) 안용교, 『한국헌법(전정판)』, 고시연구사, 1989, 1008쪽; 이기철, 「헌법재판은 순수한 사법작용인가?」, 『현대공

목적에 비추어 보면, 헌법재판이 비록 사법적인 형태로 이루어지더라도 그것은 하나의 수단에 불과하고 헌법재판의 본질은 아니라고 한다. 헌법재판은 헌법 해석을 통해서 이루어지고 헌법 해석은 법인식기능이지만, 헌법재판을 위한 헌법 해석은 그 자체가 목적이 아니라 헌법실현 수단에 불과하므로 헌법재판의 본질은 수단이 아닌 목적에서 찾아야 한다고 한다. 따라서 헌법재판은 그 기능과 목적이 권력(입법·행정·사법)통제를 통한 헌법실현이므로, 헌법재판은 헌법실현을 위해서 마련된 제4의 국가작용이라고 한다. 헌법재판을 재판작용·입법작용·정치작용의 복합적 성질이 있는 제4의 국가작용으로 보면서 한국의 권력분립체계를 4권분립으로 볼 수 있다는 견해도 있다.[268]

(4) 소결 – 특별한 법원
① 판단기준

헌법재판소가 사법에 관한 장에 규정되었거나 헌법에 실정법적으로 헌법재판을 사법권으로 규정하였다는 것만으로, 헌법재판이 사법작용에 속한다는 것이 명확하게 증명된 것으로 볼 수 없다. 마찬가지로 헌법재판을 독립한 장에 규정하였으므로 헌법재판이 사법작용이 아니라 특별한 헌법적 성격이 있는, 고유한 독립적 기능으로 볼 수 있다는 해석도 바로 받아들일 수 없다.[269] 헌법 조항은 헌법재판소의 지위를 판단하는 중요한 근거 중의 하나이기는 하지만, 유일하거나 절대적인 근거는 아니기 때문이다. 헌법재판소는 독일 기본법 제92조[270]와 같은 헌법 조항을 통해서 단지 법원으로 추정될 수 있을 뿐이다. 그리고 한국 헌법 제6장처럼 헌법재판을 독립한 장에 규정하는 것은 헌법재판소가 독립한 국가기관이라는 점을 강조할 뿐이다. 헌법재판소는 자신을 법원으로 규정하는 헌법 조항 이외에 법원의 실질이 있어야 비로소 법원으로 인정될 수 있다. 따라서 헌법재판소의 실질이 구체적으로 검토되어야 한다.

② 실질적 사법인 헌법재판

'실질적 사법'은 중립기관, 즉 법관이 특별히 규정된 절차에서 실정법을 적용하여 내리는, 사안에 대한 최종적인 결정이다.[271] 헌법재판은 중립기관인 헌법재판소 재판관이 헌법재판소

법이론연구』(금촌 육종수박사 정년기념논문집), 금촌 육종수박사 정년기념논문집 간행위원회, 2002, 234~236쪽; 조홍석, 「위헌법률심판제도(상)」, 『고시연구』 제21권 제12호(통권 제249호), 고시연구사, 1994. 12., 166~167쪽; 허 영, 『헌법이론과 헌법(신9판)』, 박영사, 2021, 957~958쪽; 같은 사람, 『한국헌법론(전정17판)』, 박영사, 2021, 910~911쪽; 같은 사람, 『헌법소송법론(제16판)』, 박영사, 2021, 20~21쪽.

268) 정종섭, 『헌법학원론(제12판)』, 박영사, 2018, 1037~1043, 1476쪽; 같은 사람, 『헌법소송법(제9판)』, 박영사, 2019, 9~20, 83~85쪽.

269) 같은 견해: 김선택, 「국가기능체계에 있어서 헌법재판소의 역할과 한계 – 국가조직관련 헌법재판소판례의 분석과 평가 –」, 『공법연구』 제33집 제4호, 한국공법학회, 2005, 186쪽; 김하열, 『헌법소송법(제4판)』, 박영사, 2021, 16쪽; 홍성방, 『헌법소송법』, 박영사, 2015, 16쪽; Klaus Stern, Das Staatsrecht der Bundesrepublik Deutschland, Bd. Ⅱ, München 1980, S. 943.

270) "사법권은 법관이 담당한다. 사법권은 연방헌법재판소, 독일 기본권에 규정된 연방법원과 주법원이 행사한다."

271) Konrad Hesse, Grundzüge des Verfassungsrechts der Bundesrepublik Deutschland, 20. Aufl., Heidelberg 1995,

법이 규율하는 절차에 따라 헌법을 적용하여 사안에 대한 최종적인 결정에 이르는 판단이므로, 헌법재판은 실질적 사법에 속한다.[272) 다루는 대상이 일반 사법재판처럼 구체적 사건이 아니라 주로 구체적 사안에 적용되는 법규범이라는 점에서 헌법재판은 일반 사법과 다른 점이 있다. 그러나 민사소송 및 형사소송과는 확연히 다른 심판 대상을 다루는 행정소송이 사법이라는 점에 의심이 없는 것처럼 헌법재판이 사법인지를 결정하는 기준은 대상이 아니라 절차와 결정의 효력이다.[273) 따라서 심판 대상의 특수성은 헌법재판의 사법성을 부정하는 결정적인 근거가 되지 못한다. 부분적인 차이 때문에 몇몇 눈에 띄는 특징(예를 들어 통제대상의 추상성에 따른 통제밀도 차이, 기판력을 넘어서는 일반적 구속성이 있는 위헌결정의 효력)이 드러난다는 점을 고려하더라도, 헌법재판은 실질적 사법의 개념적 표지를 모두 충족하므로, 헌법재판을 실질적 사법으로 분류하는 것은 어렵지 않다.[274)

Rdnr. 547 ff. (콘라드 헷세, 계희열 역, 『통일독일헌법원론』, 박영사, 2001, 337~339쪽); Klaus Stern, Das Staatsrecht der Bundesrepublik Deutschland, Bd. Ⅱ, München 1980, S. 898 참조.

272) 헌법재판은 사법의 특성을 모두 충족한다: ① 사건성 - 사법작용은 구체적인 법적 분쟁 발생을 전제로 한다. 즉 사법의 대상은 구체적이고 현실적인 권리·의무에 관한 분쟁이다. 헌법재판은 구체적인 헌법분쟁을 대상으로 하므로 사건성이 긍정된다. 추상적 규범통제는 이러한 사건성이 부정되는 것처럼 보이지만, 국가기관 사이에서 법률의 위헌성에 관한 다툼이 있다는 점에서 권한쟁의심판과 비슷한 모습을 띠는 것으로 볼 수 있어 사건성을 부정하기는 어렵다. ② 수동성 - 법적 분쟁이 현재화하였다는 사실만으로 사법권이 발동되는 것은 아니다. 사법작용은 당사자가 소를 제기할 때만 발동될 수 있다. 헌법재판에서도 당사자의 심판 청구가 있을 때만 헌법재판소가 심판할 수 있으므로(헌법재판소법 제41조, 제48조, 제55조, 제61조, 제68조) 수동성은 인정된다. ③ 판단의 독립성 - 사법작용은 독립적 지위가 있는 기관이 제3자적 입장에서 수행하여야 할 작용이다. 사법에서 법의 판단과 선언은 엄정하고 공정한 것이어야 하므로, 신분이 보장된 법관이 누구의 명령이나 지시에도 따르지 아니하고 오로지 법과 양심에 따라서만 할 것이 요청된다. 헌법재판소는 법관 자격이 있는 9명의 재판관으로 구성되고(헌법 제111조 제2항, 헌법재판소법 제5조 제1항), 헌법재판소 재판관은 정당에 가입하거나 정치에 관여할 수 없으며(헌법 제112조 제2항, 헌법재판소법 제9조), 헌법재판소 재판관은 탄핵이나 금고 이상의 형 선고에 따르지 아니하고는 파면되지 아니한다(헌법 제112조 제3항, 헌법재판소법 제8조). 그리고 헌법재판소 재판관은 겸직이 금지되고(헌법재판소법 제14조), 헌법과 법률에 의하여 그 양심에 따라 독립하여 심판한다(헌법재판소법 제4조). 따라서 판단의 독립성도 보장된다. ④ 절차의 특수성 - 사법절차는 객관성과 공정성을 담보하려고 특별하게 규정된다. 따라서 사법절차는 엄격하고 명확하게 형성된다. 헌법재판소법은 일반 사법절차가 (헌법재판의 성질에 어긋나지 아니하는 한도에서) 헌법재판에 준용된다는 것을 전제로 일반 사법절차와 다른 심판절차가 필요할 때 특별규정을 둔다(헌법재판소법 제22조 이하, 특히 제40조 참조). 그러므로 헌법재판에서 절차의 특수성은 충분히 보장된다. ⑤ 법기속성 - 사법작용은 무엇이 법인지를 판단하고 선언하는 작용이다. 따라서 사법은 언제나 법에 구속된다. 그리고 이러한 구속을 통해서 사법은 민주적 정당성을 부여받을 수 있다. 헌법재판소 재판관은 헌법과 법률에 따라 심판하여야 한다(헌법재판소법 제4조). 그래서 헌법재판에서 법기속성은 당연히 요구된다. ⑥ 보수성 - 사법작용은 분쟁해결을 통해서 현존하는 법질서를 유지하고 법적 평화를 유지하기 위한 작용이다. 집행작용이 새로운 질서형성을 위한 적극적 작용이라면, 사법은 현재 분쟁을 해결함으로써 법질서를 유지하려는 현상유지적 소극적 작용이다. 헌법재판은 법을 정립하는 것이 아니라 이미 존재하는 법의 위헌성을 확인하는 것에 그친다. 이러한 점에서 헌법재판의 보수성을 부정할 수 없다(이상 허완중, 「헌법재판소의 지위와 민주적 정당성」, 『고려법학』 제55호, 고려대학교 법학연구원, 2009, 30쪽 주 30).

273) 같은 견해: 정재황, 「헌법재판소의 구성과 헌법재판소절차상의 문제점 및 그 개선방안」, 『공법연구』 제22집 제2호, 1994, 39쪽.

274) 같은 견해: 김선택, 「국가기능체계에 있어서 헌법재판소의 역할과 한계 - 국가조직관련 헌법재판소판례의 분석과 평가 -」, 『공법연구』 제33집 제4호, 한국공법학회, 2005, 186쪽; 심하열, 『헌법소송법(제4판)』, 박영사, 2021, 15~16쪽.

③ 헌법재판의 정치적 성격

다른 사법재판과 구별되는 헌법재판의 특수성은 그 유일한 심사기준과 그 심판 대상에서 비롯한다.[275] 헌법재판[한국 헌법에서 탄핵심판(헌법재판소법 제48조)과 권한쟁의심판(헌법재판소법 제61조 제2항) 그리고 법원의 명령과 규칙에 대한 위헌·위법심사(헌법 제107조 제2항)와 선거소송, 국민투표소송 제외]의 유일한 심사기준은 헌법이다. 헌법은 정치적 세력 사이의 투쟁과 타협의 산물이고 정치적 질서를 규율하는 통제규범이므로 정치적 성격이 있으며, 헌법재판의 심사대상은 정치적 분쟁이다. 따라서 헌법재판소는 자기 결정에서 정치적 요소를 고려하여야 하고, 헌법재판소 결정은 정치에 영향을 미칠 수밖에 없다. 그러나 이것이 헌법재판절차와 헌법재판소 결정의 효력을 다른 사법재판절차 및 재판의 효력과 다르게 하거나 구별 짓게 하지는 않는다. 즉 부분적인 수정이나 보완이 있거나 필요할 수는 있지만, 헌법재판절차와 헌법재판소 결정의 효력은 본질적인 측면에서 일반 사법재판절차 및 재판의 효력과 다르지 않다. 그리고 헌법재판보다 그 범위가 더 좁고, 그 강도가 낮기는 하지만, 다른 사법재판(예를 들어 국가보안법과 관련된 형사소송)도 정치적 성격이 있다는 것을 부정할 수 없다. 따라서 헌법재판의 정치적 성격을 헌법재판의 특별한 고유성격으로 볼 수도 없다.

헌법 조항은 너무 자주 일반적이고 불완전하며 추상적이다. 그래서 헌법 해석은 헌법 조항 대부분에서 사비니(Friedrich Carl von Savigny) 이후 발전한 전통적인 해석에 그치는 것이 아니라 후버(Hans Huber)가 제창하여[276] 받아들인 개념인 '구체화'에 이르게 된다. 다른 법원과 국가기관도 헌법 구체화에 참여하므로, 헌법재판소가 이러한 구체화 과제를 독점하는 것

275) 같은 견해: Ernst—Wolfgang Böckenförde, Verfassungsgerichtsbarkeit: Strukturfragen, Organisation, Legitimation, in: NJW 1999, S. 11 f.; Christoph Degenhart, Staatsrecht Ⅰ – Staatsorganisationsrecht, 37. Aufl., Heidelberg 2021, Rdnr. 834; Friedrich Klein, Bundesverfassungsgericht und richterliche Beurteilung politischer Fragen, Münster 1966, S. 19 f.; Stefan Korioth, Die Bindungswirkung normverwerfender Entscheidungen des Bundesverfassungsgerichts für den Gesetzgeber, in: Der Staat 30 (1991), S. 563 (슈테판 코리오트, 허완중 옮김, 「입법자에 대한 연방헌법재판소 규범폐기재판의 기속력」, 『헌법판례연구』 제12권, 집현재, 2011, 261쪽); Otwin Massing, Recht als Korrelat der Macht?, in: Peter Häberle (Hrsg.), Verfassungsgerichtsbarkeit, Darmstadt 1976, S. 413; Christian Pestalozza, Verfassungsprozeßrecht, 3. Aufl., München 1991, § 1 Rdnr. 1; Wiltraut Rupp—von Brünneck, Verfassungsgerichtsbarkeit und gesetzgebende Gewalt – Wechselseitiges Verhältnis zwischen Verfassungsgericht und Parlament, in: AöR 102 (1977), S. 3; Wolf—Rüdiger Schenke, Der Umfang der bundesverfassungsgerichtlichen Überprüfung, in: NJW 1979, S. 1322; Klaus Stern, Das Staatsrecht der Bundesrepublik Deutschland, Bd. Ⅱ, München 1980, S. 348, 944; Gregor Stricker, Subjektive und objektive Grenzen der Bindungswirkung verfassungsgerichtlicher Entscheidungen gemäß § 31 Abs. 1 BVerfGG, in: DÖV 1995, S. 983; Rüdiger Zuck, Das Bundesverfassungsgericht als Dritte Kammer, in: ZRP 1978, S. 191. 재판의 일종으로서 사법작용에 속하는 헌법재판이 다른 법규범과 비교해서 정치성이 강한 헌법의 특성 때문에 다른 통상적인 민·형사재판과 다른 특별한 성격이 있다는 견해도 있다(양 건, 『헌법강의(제10판)』, 법문사, 2021, 1372쪽).

276) Hans Huber, Probleme des ungeschriebenen Verfassungsrechts, in: Rechtsquellenprobleme im schweizerischen Recht: Festgabe der Rechts— und Wirtschaftswissenschaftlichen Fakultät der Universität Bern für den schweizerischen Juristenverein, Bern 1955, S. 109.

은 아닐지라도, 헌법재판소는 최종적인 헌법해석자이므로, 헌법재판은 헌법 구체화에서 가장 중요한 자리를 차지한다.[277] 헌법을 구체화할 때 창조적이고 법형성적이며 계속발전적인, 즉 형성적 요소가 증가할 수밖에 없다. 이를 정치적인 것으로 볼 수도 있다. 그러나 헌법재판은 주어진 법적 기준, 즉 헌법에 구속되므로, 헌법재판은 입법자나 집행부의 행위와는 아주 다른 의미에서 정치적이다. 헌법재판은 여전히 법내재적인 것에 머물고, 일반적으로가 아니라 오로지 사항별로 법창조적일 뿐이다. 구체적 사건을 해결하려고 헌법재판소는 추상적 법에서 구체적 법을 형성해 낼 뿐이다. 그리고 헌법재판소 재판관은 어떤 새로운 가치나 법규범을 창조해 낼 수 없다. 헌법재판소 재판관은 단지 확정된 가치와 법규범 안에서 해석하고 재판하며 추론할 뿐이다.[278] 그래서 국가권력에 대한 헌법재판소 통제는 합헌성 그리고/또는 합법성의 심사에 국한된다.[279]

④ 소극적 입법자인 헌법재판소?

법치국가의 권력 분배에 따라 제3의 권력은 법규범 해석에 관한 사법분쟁을 심판한다. 그에 상응하여 헌법재판소는 헌법분쟁에 관해서 결정을 내린다.[280] 헌법재판소는 규범통제에서, 특히 위헌법률 폐기에서 입법자 권한에 개입할 수 있다. 이때 헌법재판소는 소극적 입법권을 행사하는 것처럼 보인다. 그러나 헌법재판소 행위는 입법행위와 비슷한 성격이 있음을 부인할 수는 없지만, 그것은 헌법재판소가 법원 이외에 다른 지위가 있어서가 아니라 헌법재판의 심사기준이 헌법이라는 점에서 비롯하는 것에 불과하다. 헌법재판에서도 다른 사법재판처럼 사법적 3단논법에 따라 대전제인 법규범을 해석하고 법규범에 사안을 포섭한다. 헌법재판의 특수성은 사안이 실제 사건이 아니라 법규범이라는 점에 있다.[281] 헌법재판소는 개별 사건이 아니라 법규범에 관해서 결정하고, 사안이 아니라 법규범을 근거로 법규범을 심사하지만, 소극적 입법자가 아니라 여전히 사법기관이다. 헌법재판소는 소극적 입법자와는 달리 자기 의지에 따라 법률을 폐기하는 것이 아니라 법률의 위헌성만을 확인하기 때문이다.[282] 법률의 위헌성은 창조되는 것이 아니라 확인될 뿐이다.[283] 헌법재판소는 자기 규범통제권한 범위 안에서 적법한 심판 청구가 있을 때만 심판할 수 있으므로,[284] 특히 헌법재판소 과제는 최적의

---

277) Klaus Stern, Verfassungsgerichtsbarkeit und Gesetzgeber, Opladen 1997, S. 17 참조.

278) Klaus Stern, Das Staatsrecht der Bundesrepublik Deutschland, Bd. Ⅱ, München 1980, S. 946 f.

279) Detlef Merten, Demokratischer Rechtsstaat und Verfassungsgerichtsbarkeit, in: DVBl. 1980, S. 777.

280) Ernst Benda, Bundesverfassungsgericht und Gesetzgeber im dritten Jahrzehnt des Grundgesetzes, in: DÖV 1979, S. 466 참조.

281) Klaus Stern, Das Staatsrecht der Bundesrepublik Deutschland, Bd. Ⅱ, München 1980, S. 950 참조.

282) Detlef Merten, Demokratischer Rechtsstaat und Verfassungsgerichtsbarkeit, in: DVBl. 1980, S. 776 f.

283) Detlef Merten, Demokratischer Rechtsstaat und Verfassungsgerichtsbarkeit, in: DVBl. 1980, S. 776.

284) Peter Häberle, Grundprobleme der Verfassungsgerichtsbarkeit, in: ders. (Hrsg.), Verfassungsgerichtsbarkeit, Darmstadt 1976, S. 8 f.

결과를 찾는 것이 아니라 법률의 합헌성을 심사하는 것이므로, 헌법재판소는 어떠한 입법기능도 행사하지 않는다.285) 따라서 헌법재판은 법정립으로 표징이 되는 자유롭고 창조적인 법규범 형성이 아니다.286) 그래서 헌법재판소는 언제나 입법자의 형성 재량을 존중하여야 한다. 그러므로 헌법재판소는 법률의 위헌성을 확인하면 그 법률을 다시 형성하거나 개선할 수 없고, 단지 그 법률을 폐기하거나 그 위헌성을 소극적으로 선언할 수 있을 뿐이다.287) 결국, 헌법재판소가 법률을 폐기할 때, 헌법재판소는 기존 법률을 상반된 행위를 통해서 형성적으로 제거하는 것을 목적으로 하는 소극적 입법자가 아니다.288) 소극적 입법자처럼 보이는 헌법재판소 외형은 오로지 헌법재판소 결정의 법적 효과[특히 법률의 효력을 상실시키는 법률요건적 효력(이나 형성력 혹은 법률적 효력)]일 뿐이다.

⑤ 헌법 제101조 제1항과 제111조 제1항의 의미

헌법 조항이 어떤 국가권력을 특정 국가기관에 부여한다고 규정한다면, 그것은 그 국가기관이 부여된 국가권력을 예외 없이 독점한다는 것을 뜻하는 것이 아니라 그 국가기관을 중심으로 그 국가권력이 행사된다는 것만을 의미할 뿐이다. 그래서 헌법 제101조 제1항에 따라 사법권이 법관으로 구성된 법원에 부여된다면, 이는 법원이 사법권을 독점한다는 것이 아니라 먼저 법원이 사법권의 핵심영역은 반드시 행사하여야 하고, 핵심영역 밖에 있는 사법권은 헌법에 다른 규정이 없는 한 원칙적으로 법원에 부여된다는 것만을 뜻한다. 헌법재판권은 사법권의 핵심영역에 해당하지 않고, 헌법재판소에 관한 규정을 헌법에 있는 다른 규정으로 볼 수 있다. 헌법 제111조 제1항에 따라 심사기준이 헌법인 사법권은 독립한 국가기관인 헌법재판소에 부여된다. 이러한 맥락에서 일반 사법권을 규율하는 헌법 제101조 제1항은 일반규정이고, 헌법재판소 권한을 규율하는 헌법 제111조 제1항은 특별규정이다. 이러한 관계에 따라 헌법재판소는 원칙적으로 헌법에서 열거된 사법권만을 담당하고, 이러한 권한은 법원의 권한에서 제외된다. 이러한 점에 비추어 헌법에서 사법권 분배를 달리 규정하는 것은 오로지 헌법정책적일 뿐이다. 따라서 헌법 제101조 제1항을 헌법재판이 사법에 속하고 헌법재판소가 법원이라는 것을 부정하는 근거로 삼기 어렵다.289)

⑥ 제4의 국가작용인 헌법재판?

헌법재판소 권한은 일반 사법권에 속하지 않으므로, 헌법재판은 헌법에 따라 새롭게 창출

---

285) Fritz Ossenbühl, Bundesverfassungsgericht und Gesetzgebung, in: Peter Badura/Horst Dreier (Hrsg.), Festschrift 50 Jahre Bundesverfassungsgericht: Verfassungsgerichtsbarkeit — Verfassungsprozeß, Bd. I, Tübingen 2001, S. 36.

286) Klaus Stern, Das Staatsrecht der Bundesrepublik Deutschland, Bd. Ⅱ, München 1980, S. 950.

287) Karl August Bettermann, Richterliche Normenkontrolle als negative Gesetzgebung?, in: DVBl. 1982, S. 94.

288) Klaus Schlaich, Das Bundesverfassungsgericht — Stellung, Verfahren, Entscheidung, in: JuS 1982, S. 599.

289) 같은 견해: 김선택, 「국가기능체계에 있어서 헌법재판소의 역할과 한계 — 국가조직관련 헌법재판소판례의 분석과 평가 —」, 『공법연구』 제33집 제4호, 한국공법학회, 2005, 187쪽.

된 (정치적 성격이 있는) 특별한 국가권력이라는 주장이 제기될 수도 있다. 이러한 주장을 따르면 헌법재판은 사법에 속하지 않으므로, 헌법재판소는 법원이 아니고 헌법재판권은 입법권, 집행권, 사법권 어디에도 속하지 않는 제4의 권력으로 볼 수 있다. 그러나 이러한 견해는 헌법재판 도입을 통해서 수평적 권력분립을 확대하고 입법권, 집행권, 사법권 사이의 견제와 균형을 실질적으로 실현하는 현대 권력분립원칙에 합치될 수 없는 것으로 보인다. 사법이 헌법재판을 포함함으로써 전통적으로 열세에 있던 사법권이 입법권과 집행권에 버금가는 지위를 확보할 수 있고, 국가지도적 결정에 참여할 수 있다. 즉 사법권은 오로지 헌법재판을 통해서만 국가의사 형성과정에 관여할 수 있다. 헌법재판권을 제4의 권력으로 본다면, 일반 사법권과 헌법재판권을 포괄하는 사법권은 더는 있을 수 없고, 단지 국가지도적 결정에 참여할 수 없는 (따라서 입법과 맺는 관계에서 상대적 열위에 있는) 전통적인 법원과 그 성격과 지위를 의심받는 (정치유사적) 기관인 헌법재판소가 병존하게 된다. 이러한 상황에서 법원과 헌법재판소가 서로 대립한다면, 법원은 중립성과 공정성에 대한 신뢰가 훼손될 것이고, 헌법재판소는 최종적 헌법해석기관으로서 가지는 권위가 손상될 것이다.[290] 그리고 순수사법과 제4의 권력의 차이는 명확하지 않다.[291] 헌법재판의 심판 대상이 헌법분쟁이므로, 헌법재판이 다른 세 국가권력 모두를 통제한다는 점을 제외하고, 순수사법과 제4의 권력의 차이점을 찾기 쉽지 않다. 심판 대상은 다양하고 늘 새롭게 발견될 수 있으므로, 심판 대상은 국가기관이 행사하는 국가권력의 성질을 판단하는 결정적 기준이 될 수 없다. 따라서 헌법재판은 행정소송처럼 사법에 속한다고 보아야 할 것이다. 이 견해에서 제시하는 헌법재판의 특수성 중 상당 부분[예를 들어 직권탐지주의, 기속력, 법률요건적 효력(이나 형성력 혹은 법률적 효력) 등]을 행정소송에서도 찾아볼 수 있다는 점도 이러한 결론을 뒷받침한다. 또한, 제4의 국가작용이 무엇인지가 분명하지 않아서 사법작용과 달리 헌법재판의 한계를 설정하는 기준을 제공하지 못한다는 점도 지적될 수 있다. 이러한 점에서 제4의 국가작용설은 그 독자성을 인정받기 어렵다.

⑦ 소결

헌법재판이 정치적 성격을 띠는 것은 헌법재판의 심사기준인 헌법과 그 심판 대상이 정치성을 띠기 때문이다. 그리고 헌법재판을 통해서 법률이 폐기되기는 하지만, 이는 헌법재판의 결과에 불과하므로 이를 근거로 헌법재판을 입법작용으로 볼 수도 없다. 또한, 헌법재판을 제4의 국가작용으로 보려면 기존 세 국가권력과 구별되는 제4의 국가작용의 명확한 구체적 실질이 제시되어야 하는데, 그러한 실질을 찾기 어렵다. 따라서 헌법재판은 심사기준이 헌법인 특별한 사법작용으로 보아야 한다. 그에 따라 헌법재판소는 특별한 법원으로 보아야 한다.

---

290) 같은 견해: 김선택, 「국가기능체계에 있어서 헌법재판소의 역할과 한계 ― 국가조직관련 헌법재판소판례의 분석과 평가 ―」, 『공법연구』 제33집 제4호, 한국공법학회, 2005, 187쪽.
291) 홍성방, 『헌법소송법』, 박영사, 2015, 19~20쪽.

4. 헌법상 지위

(1) (특별한) 법원

헌법재판소는 사법적으로 헌법을 보호하는 독립한 법원이다. 헌법재판소는 개별 국가행위를 헌법에 근거하여 심사한다. 헌법은 고정된 규율기준을 형성하고, 헌법재판소의 규율권한 범위를 확정한다. 헌법재판소가 입법작용이나 정치적 작용 측면이 있는 것은 사실이다. 그러나 이는 헌법재판소 심사기준이 헌법이고 그 심판 대상이 정치적 분쟁이라는 점에서 비롯하는 것이지 헌법재판소가 법원 이외의 어떠한 다른 지위가 있어서는 아니다.

(2) 헌법기관

'법원'과 '연방의 최상위 헌법기관'이라는 2중 기능으로 독일 연방헌법재판소의 지위를 일반적으로 특징짓는다.[292] 연방헌법재판소법 제1조 제1항은 이러한 연방헌법재판소의 지위를 실정법적으로 확인한다. 연방헌법재판소도 자기 자신을 최상위 헌법기관으로 본다.[293] 독일의 학설과 판례를 받아들여 헌법재판소의 2중 기능을 인정하는 것이 일반적인 경향이다. 한국 헌법재판소도 그 자신을 헌법기관으로 본다.[294]

독일 기본법처럼 한국 헌법은 헌법재판소가 헌법기관이라는 것을 명시적으로 언급하지 않는다. 그리고 독일 연방헌법재판소법과는 달리 한국 헌법재판소법에도 그에 관한 명시적 규정이 없다. 그러나 한국 헌법에 따라 헌법재판소가 설치되고, 헌법재판소는 기능적으로 다른

---

292) Ernst Benda, Die Verfassungsgerichtsbarkeit der Bundesrepublik Deutschland, in: Christian Starck/Albrecht Weber (Hrsg.), Verfassungsgerichtsbarkeit in Westeuropa, Teilband 1, Baden-Baden 1986, S. 124 ff.; Herbert Bethge, Stellung und Sitz des Gerichts, in: Theodor Maunz/Bruno Schmit-Bleibtreu/Franz Klein/Gerhard Ulsamer/Herbert Bethge/Karin Grasshof/Rudolf Mellinghoff/Jochen Rozek, Bundesverfassungsgerichtsgesetz - Kommentar, Bd. 1, München 2017 (Stand: Januar 2017), § 1 Rdnrn. 3 ff.; Christoph Degenhart, Staatsrecht I - Staatsorganisationsrecht, 37. Aufl., Heidelberg 2021, Rdnr. 834; Friedrich Klein, Bundesverfassungsgericht und richterliche Beurteilung politischer Fragen, Münster 1966, S. 11; Ingo von Münch, Das Bundesverfassungsgericht als Teil des Rechtsstaates, in: Jura 1992, S. 506; Christian Pestalozza, Verfassungsprozeßrecht, 3. Aufl., München 1991, § 2 Rdnr. 13; Wiltraut Rupp-von Brünneck, Stellung und Tätigkeit des deutschen Bundesverfassungsgerichts, in: Hans-Peter Schneider (Hrsg.), Verfassung und Verantwortung, Baden-Baden 1983, S. 249; Horst Säcker, Die Rechtsmacht des Bundesverfassungsgerichts gegenüber dem Gesetzgeber, in: BayVBl. 1979, S. 194; ders., Gesetzgebung durch das Bundesverfassungsgericht?, in: Michael Piazolo (Hrsg.), Das Bundesverfassungsgericht - Ein Gericht im Schnittpunkt von Recht und Politik, Mainz/München 1995, S. 190 f.; Klaus Schlaich, Das Bundesverfassungsgericht - Stellung, Verfahren, Entscheidung, in: JuS 1981, S. 744; ders./Stefan Korioth, Das Bundesverfassungsgericht - Stellung, Verfahren, Entscheidungen, 12. Aufl., München 2021, München 2007, Rdnrn. 26 ff.; Christian Starck, Das Bundesverfassungsgericht in der Verfassungsordnung und im politischen Prozeß, in: Peter Badura/Horst Dreier (Hrsg.), Festschrift 50 Jahre Bundesverfassungsgericht: Verfassungsgerichtsbarkeit - Verfassungsprozeß, Bd. I, Tübingen 2001, S. 4 f.; Klaus Stern, Das Staatsrecht der Bundesrepublik Deutschland, Bd. II, München 1980, S. 341 ff.

293) BVerfGE 7, 1 (14); 60, 175 (213) 참조.

294) 헌재 1993. 9. 27. 92헌마284, 판례집 5-2, 340, 354.

모든 국가기관에서 독립하며, 다른 국가기관에 종속되지 않는다(제112조 제2항과 제3항). 그리고 헌법재판소의 지위와 주요권한이 헌법, 특히 헌법전의 개별 장(제6장 헌법재판소)에서 직접 규정된다. 나아가 헌법재판소는 위헌법률심판, 탄핵심판, 정당해산심판, 권한쟁의심판, 헌법소원심판과 같은 자기 권한을 행사함으로써 국가의 방향결정에 참여할 몫을 헌법을 통해서 직접 부여받는다. 이러한 점에서 한국 헌법재판소도 헌법기관으로 보아야 한다.[295] 현재 다툼이 없는 헌법재판소의 헌법기관성에 상응하는 몇몇 규정이 있다. 즉 헌법 제113조 제2항과 헌법재판소법 제10조를 따라 헌법재판소에 헌법재판소규칙을 제정할 권한이 부여된다. 그리고 헌법재판소 경비는 독립하여 국가 예산에 계상하여야 하고(헌법재판소법 제11조 제1항), 헌법재판소는 독립적으로 행정사무를 처리한다(헌법재판소법 제17조 제1항).

헌법재판소가 헌법기관이라는 것을 헌법기관을 포함한 다른 국가기관에 대한 헌법재판소의 우위를 인정하는 것으로 볼 수는 없다. 그것은 헌법재판소가 다른 헌법기관과 동등한 지위에서 헌법이 부여한 자기 권한을 독립적으로 행사할 수 있다는 것만을 뜻한다. 그에 따라서 전통적으로 열위에 있던 사법권은 입법권 및 집행권과 대등한 지위에 있게 된다. 그러나 헌법기관의 성격을 헌법재판소에 인정하더라도 헌법재판소가 사법기관의 성격을 넘어 다른 정치적 헌법기관과 정치적 경쟁을 벌일 수 있는 지위를 얻게 되는 것은 아니다.[296] 헌법재판소의 헌법기관성은 헌법이 그에게 부여한 기능과 과제 그리고 권한 때문에 인정된다. 그러므로 헌법기관성이 헌법재판소에 새로운 권한을 부여할 수 없다. 헌법기관성은 권한 확대 근거로 사용될 수 없다.[297] 헌법재판소는 여전히 헌법과 법률이 부여한 권한만을 행사할 수 있을

---

295) 같은 견해: 김선택, 「국가기능체계에 있어서 헌법재판소의 역할과 한계 – 국가조직관련 헌법재판소판례의 분석과 평가 –」, 『공법연구』 제33집 제4호, 한국공법학회, 2005, 185쪽; 장영수, 「현행헌법체계상 헌법재판소의 헌법상의 지위」, 『법학논집』 제30집, 고려대학교 법학연구소, 1994, 50쪽; 같은 사람, 『헌법학(제13판)』, 홍문사, 2021, 1279~1281쪽.

296) 같은 견해: 김선택, 「국가기능체계에 있어서 헌법재판소의 역할과 한계 – 국가조직관련 헌법재판소판례의 분석과 평가 –」, 『공법연구』 제33집 제4호, 한국공법학회, 2005, 185쪽.

297) 같은 견해: Herbert Bethge, Verfassungsstreitigkeit als Rechtsbegriff, in: Jura 1998, S. 529; Christian Hillgruber/Christoph Goos, Verfassungsprozessrecht, 4. Aufl., Heidelberg 2015, Rdnr. 9; Jörn Ipsen, Staatsrecht I – Staatsorganisationsrecht, 18. Aufl., Neuwied 2006, Rdnrn. 850 f.; Alfred Rinken, in: Erhard Denninger/Wolfgang Hoffmann‑Riem/Hans‑Peter Schneider/Ekkehart Stein (Hrsg.), AK‑GG, 3. Aufl., Neuwied/Kriftel 2001 (Stand: August 2002), vor Art. 93 Rdnr. 82; Gerd Roellecke, Aufgaben und Stellung des Bundesverfassungsgerichts im Verfassungsgefüge, in: Josef Isensee/Paul Kirchhof (Hrsg.), HStR, Bd. Ⅲ, 3. Aufl., Heidelberg 2005, § 67 Rdnr. 19; Klaus Schlaich, Das Bundesverfassungsgericht – Stellung, Verfahren, Entscheidung, in: JuS 1981, S. 744; ders./Stefan Korioth, Das Bundesverfassungsgericht – Stellung, Verfahren, Entscheidungen, 12. Aufl., München 2021, Rdnr. 33; Rupert Scholz, Verfassungsgerichtsbarkeit im gewaltenteiligen Rechtsstaat, in: Ulrich Karpen (Hrsg.), Der Richter als Ersatzgesetzgeber, Baden‑Baden 2002, S. 15; Christian Starck, Das Bundesverfassungsgericht in der Verfassungsordnung und im politischen Prozeß, in: Peter Badura/Horst Dreier (Hrsg.), Festschrift 50 Jahre Bundesverfassungsgericht: Verfassungsgerichtsbarkeit – Verfassungsprozeß, Bd. Ⅰ, Tübingen 2001, S. 5; Andreas Voßkuhle, in: Hermann von Mangoldt/Friedrich Klein/Christian Starck (Hrsg.), Kommentar zum Grundgesetz, Bd. 3, 7. Aufl., München 2018, Art. 93 Rdnr. 29. 정종섭, 『헌법소송법(제9판)』, 박영사, 2019, 85쪽도 헌법재판소가 헌법에서 정하는 다른 헌법기관의 행위에 대해서 합헌성 통제를

뿐이다. 물론 헌법재판소가 자기 과제를 완벽하게 이행하려면 자기 권한을 넘어서거나 최소한 넘어설 수밖에 없는 상황이 발생할 수도 있다. 그러나 헌법재판소의 헌법기관성이 이를 정당화하는 것이 아니라 긴급상황에서 인정되는 예외적 사태로서 정당성을 인정받는 것에 불과하다.298) 다만, 헌법기관성은 헌법재판소의 권한을 구체화할 때 중요한 기준으로 기능할 수 있다.

헌법재판소의 헌법기관성이 갖는 의미는 그리 크지 않다. 그러므로 헌법이나 헌법재판소법에 헌법재판소의 헌법기관성을 명시할 필요성은 크지 않다. 그러나 헌법재판소의 헌법기관성에 걸맞은 개별 내용을 실정법에 구체적으로 규정하거나 추가하는 것은 헌법재판소가 독립하여 헌법재판의 중립성을 확보하는 데 크게 이바지할 것이다. 따라서 헌법을 개정할 때 이에 관한 검토가 필요하다.

5. 구성

(1) 헌법재판소 재판관 9명

헌법재판소는 법관 자격299)이 있는 9명의 재판관으로 구성되며, 재판관은 대통령이 임명한다(헌법 제111조 제2항, 헌법재판소법 제3조, 제6조 제1항 제1문). 재판관 중 3명은 국회에서 선출하는 사람을, 3명은 대법원장이 지명하는 사람을 임명한다(헌법 제111조 제3항, 헌법재판소법 제6조 제1항 제2문). 재판관은 ① 판사, 검사, 변호사, ② 변호사 자격이 있는 사람으로서 국가기관, 국영·공영 기업체, '공공기관의 운영에 관한 법률' 제4조에 따른 공공기관이나 그 밖의 법인에서 법률에 관한 사무에 종사한 사람, ③ 변호사 자격이 있는 사람으로서 공인된 대학의 법률학 조교수 이상의 직에 있던 사람 중 어느 하나에 해당하는 직에 15년 이상 있던 40세 이상인 사람 중에서 임명한다. 다만, 둘 이상의 직에 있던 사람의 재직기간은 합산한다(헌법재판소법 제5조 제1항). 그러나 ① 다른 법령에 따라 공무원으로 임용하지 못하는 사람, ② 금고 이상의 형을 선고받은 사람, ③ 탄핵에 의하여 파면된 후 5년이 지나지 아니한 사람은

하는 것이나 법원과 달리 국회의 입법행위나 국가기관 서로 간의 권한쟁의에 관해서도 권한을 적극적으로 행사할 수 있는 것이 헌법기관성에서 바로 도출되는 결론이 아니라 헌법재판의 특성과 헌법재판소의 관할을 구체적으로 정하는 헌법 규정에서 나오는 결론이라고 한다.

298) Klaus Schlaich/Stefan Korioth, Das Bundesverfassungsgericht — Stellung, Verfahren, Entscheidungen, 12. Aufl., München 2021, Rdnr 36.

299) 법원조직법 제42조(임용자격) ① 대법원장과 대법관은 20년 이상 다음 각 호의 직(職)에 있던 45세 이상의 사람 중에서 임용한다.
  1. 판사·검사·변호사
  2. 변호사 자격이 있는 사람으로서 국가기관, 지방자치단체, 「공공기관의 운영에 관한 법률」 제4조에 따른 공공기관, 그 밖의 법인에서 법률에 관한 사무에 종사한 사람
  3. 변호사 자격이 있는 사람으로서 공인된 대학의 법률학 조교수 이상으로 재직한 사람
  ② 판사는 10년 이상 제1항 각 호의 직에 있던 사람 중에서 임용한다.

재판관으로 임명할 수 없다(헌법재판소법 제5조 제2항).

재판관을 임명할 때 국회 인사청문회를 거친다. 국회 동의가 필요한 헌법재판소장과 국회에서 선출하는 재판관의 인사청문은 인사청문특별위원회에서 실시한다(국회법 제46조의3 제1항 본문). 대통령이 임명하는 재판관과 대법원장이 지명하는 재판관에 대한 인사청문은 국회 소관 상임위원회, 즉 법제사법위원회가 실시한다(국회법 제65조의2 제2항 제1호와 제3호). 재판관 후보자가 헌법재판소장 후보자를 겸하면 인사청문특별위원회에서 인사청문을 실시한다. 이때 소관 상임위원회 인사청문회를 겸하는 것으로 본다(국회법 제65조의2 제5항).

(2) 헌법재판소장

헌법재판소장은 재판관 중에서 국회 동의를 얻어 대통령이 임명한다(헌법 제111조 제4항, 헌법재판소법 제12조 제2항). 헌법재판소장은 헌법재판소를 대표하고, 헌법재판소 사무를 통리하며, 소속 공무원을 지휘·감독한다(헌법재판소법 제12조 제3항). 헌법재판소장의 대우와 보수는 대법원장의 예에 의한다(헌법재판소법 제15조).

헌법재판소장이 궐위되거나 사고로 말미암아 직무를 수행할 수 없으면 다른 재판관이 헌법재판소규칙이 정하는 순서에 따라서 그 권한을 대행한다(헌법재판소법 제12조 제4항). 즉 헌법재판소장이 일시적인 사고로 말미암아 직무를 수행할 수 없으면 헌법재판소 재판관 중 임명일자순으로 그 권한을 대행한다. 이때 임명일자가 같으면 연장자순으로 대행한다('헌법재판소장의 권한대행에 관한 규칙' 제2조). 그리고 헌법재판소장이 궐위되거나 1월 이상 사고로 말미암아 직무를 수행할 수 없다면 헌법재판소 재판관 중 재판관회의에서 재판관 7명 이상 출석과 출석인원 과반수 찬성으로 선출된 재판관이 그 권한을 대행한다('헌법재판소장의 권한대행에 관한 규칙' 제3조).

(3) 재판관

헌법재판소는 법관 자격이 있는 9명의 재판관으로 구성되며, 재판관은 대통령이 임명한다(헌법 제111조 제2항, 헌법재판소법 제3조, 제6조 제1항 제1문). 대통령은 재판관 중 3명은 국회에서 선출하는 사람을, 3명은 대법원장이 지명하는 사람을 임명한다(헌법 제111조 제3항, 헌법재판소법 제6조 제1항 제2문). 재판관은 국회 인사청문을 거쳐 임명·선출 또는 지명되어야 한다. 이때 대통령은 재판관(국회에서 선출하거나 대법원이 지명하는 사람 제외)을 임명하기 전에, 대법원장은 재판관을 지명하기 전에 인사청문을 요청한다(헌법재판소법 제6조 제2항, 국회법 제46조의3, 제65조의2). 재판관 임기가 만료되거나 정년이 도래하면 임기만료일이나 정년도래일까지 후임자를 임명하여야 한다(헌법재판소법 제6조 제3항). 임기 중 재판관이 결원되면 결원된 날부터 30일 이내에 후임자를 임명하여야 한다(헌법재판소법 제6조 제4항). 그런데도 국회에서 선출한 재판관이 국회의 폐회나 휴회 중에 그 임기가 만료되거나 정년이 도래한 때 또는 결원된 때에 국회는 다음 집회가 개시되고 나서 30일 이내에 후임자를 선출하여야 한다(헌법재판소법 제6조 제5항). 이처럼 재판관 임명에 시간적 제한을 두는 것은 후임 재판관 임명절차가 지연됨으로 말미암아 발생하는 헌법재판소 심판업무 공백을 방지하는 데 그 취지가 있다.

재판관 임기는 6년으로 하며, 연임할 수 있다(헌법 제112조 제1항, 헌법재판소법 제7조 제1항). 연임 횟수에 제한이 없으므로 여러 차례에 걸친 연임도 가능하다.[300] 재판관의 정년은 70세이다(헌법재판소법 제7조 제2항).

재판관은 탄핵이나 금고 이상의 형 선고에 의하지 아니하고는 그 의사에 반하여 해임되지 아니한다(헌법 제112조 제3항, 헌법재판소법 제8조). 재판관의 대우와 보수는 대법관의 예에 의한다(헌법재판소법 제15조).

(4) 재판관회의

재판관회의는 재판관 전원으로 구성하며, 헌법재판소장이 의장이 된다(헌법재판소법 제16조 제1항). 의장은 회의를 주재하고 의결된 사항을 집행한다('헌법재판소 재판관회의 규칙' 제3조). 재판관회의는 헌법재판소장이 필요하다고 인정하거나 재판관 3명 이상의 요청이 있을 때 헌법재판소장이 소집한다('헌법재판소 재판관회의 규칙' 제2조). 재판관회의는 재판관 전원으로 구성된다는 점에서 재판부와 같다. 그러나 재판부는 재판권을 행사한다는 점에서 재판관회의와 구분된다.

재판관회의는 재판관 전원의 3분의 2를 초과하는 인원의 출석과 출석인원 과반수 찬성으로 의결한다(헌법재판소법 제16조 제2항). 의장은 의결에서 표결권이 있다(헌법재판소법 제16조 제3항). 재판관회의 의결을 거쳐야 하는 사항으로는 헌법재판소규칙의 제정과 개정, 입법의견 제출 등에 관한 사항, 예산 요구·예비금 지출과 결산에 관한 사항, 사무처장, 사무차장, 헌법연구관과 3급 이상 공무원의 임면에 관한 사항, 특히 중요하다고 인정되는 사항으로서 헌법재판소장이 부의하는 사항 등이다(헌법재판소법 제16조 제4항).

의안은 보고안건과 의결안건으로 구분하여 사무처장이 재판관회의 개최 전일까지 의사일정표와 함께 각 재판관에게 배포하는데, 다만 긴급한 사항에 대해서는 그러하지 아니하다('헌법재판소 재판관회의 규칙' 제4조). 의결안건으로서 경미한 사항은 서면으로 의결할 수 있고('헌법재판소 재판관회의 규칙' 제5조), '비밀'표시 안건은 헌법재판소장 승인 없이 이를 발표하지 못한다('헌법재판소 재판관회의 규칙' 제6조).

사무처장은 소관 사무에 관해서 재판관회의에 출석하여 발언할 수 있고, 사무차장과 기획조정실장은 재판관 회의에 배석하며, 헌법재판소장이 필요하다고 인정하면 헌법연구관이나 국장 등을 배석하게 하거나 담당공무원이나 관계전문가를 출석시켜 발언이나 의견을 들을 수

---

300) 현재까지 연임한 재판관은 두 명[김진우(1988-1997)와 김문희(1988-2000)]에 불과하다.

있다('헌법재판소 재판관회의 규칙' 제4조의2).

재판관회의 간사는 행정관리국장으로 하고, 간사는 재판관회의록(서면의결을 한 때는 재판관회의 결의록)을 작성하고 서명하며, 헌법재판소장은 회의록이나 결의록을 확인하고 서명한다('헌법재판소 재판관회의 규칙' 제7조).

(5) 사무처

헌법재판소의 행정사무를 처리하기 위해서 헌법재판소에 사무처를 둔다(헌법재판소법 제17조 제1항). 사무처장은 헌법재판소장의 지휘를 받아 사무처 사무를 관장하며, 소속 공무원을 지휘·감독한다(헌법재판소법 제17조 제3항). 사무처장은 국회나 국무회의에 출석하여 헌법재판소 행정에 관해서 발언할 수 있다(헌법재판소법 제17조 제4항). 사무처장은 헌법재판소장이 한 처분에 대한 행정소송의 피고가 된다(헌법재판소법 제17조 제5항). 사무처장은 정무직으로 하고, 보수는 국무위원의 보수와 같은 금액으로 한다(헌법재판소법 제18조 제1항). 사무차장은 사무처장을 보좌하며, 사무처장이 부득이한 사유로 직무를 수행할 수 없으면 그 직무를 대행한다(헌법재판소법 제17조 제6항). 사무차장은 정무직으로 하고, 보수는 차관의 보수와 같은 금액으로 한다(헌법재판소법 제18조 제2항).

(6) 헌법연구관(보), 헌법연구위원, 헌법연구원

헌법재판소에는 헌법재판소규칙으로 정하는 수의 특정직국가공무원인 헌법연구관을 둔다(헌법재판소법 제19조 제1항과 제2항). 헌법연구관은 헌법재판소장의 명을 받아 사건의 심리와 심판에 관한 조사·연구에 종사한다(헌법재판소법 제19조 제3항). 그러나 헌법재판소장은 헌법연구관을 사건의 심리와 심판에 관한 조사·연구업무 외의 직에 임명하거나 그 직을 겸임하게 할 수 있다. 이때 헌법연구관의 수는 헌법재판소규칙으로 정하며, 보수는 그 중 고액의 것을 지급한다(헌법재판소법 제19조 제11항). 헌법연구관 임기는 10년으로 하고, 연임할 수 있으며, 정년은 60세로 한다(헌법재판소법 제19조 제7항). 사무차장은 헌법연구관의 직을 겸임할 수 있다(헌법재판소법 제19조 제10항). 헌법연구관을 신규임용할 때는 3년의 기간 헌법연구관보로 임용하여 근무하게 하고 나서 그 근무성적을 참작하여 헌법연구관으로 임용한다(헌법재판소법 제19조의2 제1항). 헌법연구관보는 별정직공무원으로 하고, 헌법재판소장이 재판관회의 의결을 거쳐 임용한다(헌법재판소법 제19조의2 제2항과 제3항). 헌법재판소장은 다른 국가기관에 대해서 그 소속 공무원을 헌법연구관으로 근무하게 하려고 헌법재판소에 파견근무를 요청할 수 있다(헌법재판소법 제19조 제6항).

그 밖에 헌법재판소는 사건의 심리와 심판에 관한 전문적인 조사·연구에 종사하는 헌법연구위원을 둘 수 있고(헌법재판소법 제19조의3), 공법 분야의 박사학위 소지자 등을 전문임기제공무원(헌법연구원)으로 채용하여 헌법재판을 위한 조사·연구를 수행하도록 한다('헌법재판소 공무원 규칙' 제4조의3 제3항).

(7) 헌법재판연구원

헌법 및 헌법재판 연구와 헌법연구관, 사무처 공무원 등의 교육을 위해서 헌법재판소에 헌법재판연구원을 둔다(헌법재판소법 제19조의4 제1항). 헌법재판연구원은 중장기적 측면에서 헌법과 헌법재판을 체계적으로 연구하여 한국 특성에 맞는 헌법과 헌법재판제도의 발전방안을 모색하고, 사회적으로 중대한 파급효과가 있으면서 헌법적 쟁점이 포함된 사건을 선행적·능동적으로 연구하여 헌법재판사건을 신속히 처리하며, 공무원·법조인을 비롯한 다양한 계층을 대상으로 헌법과 헌법재판 교육을 실시하여 기본권 보호의식을 강화하려는 목적으로 설립된 연구기관이다. 헌법재판연구원 정원은 원장 1명을 포함하여 40명 이내로 하고, 원장 밑에 부장, 팀장, 연구관 및 연구원을 둔다(헌법재판소법 제19조의4 제2항). 원장은 헌법재판소장이 재판관회의 의결을 거쳐 헌법연구관으로 보하거나 1급인 일반직국가공무원으로 임명한다(헌법재판소법 제19조의4 제3항). 헌법재판연구원은 제도연구팀, 기본권연구팀, 비교헌법연구팀, 교육팀으로 구성되어 연구와 교육을 담당하는 연구교수부와 이를 지원하는 기획행정과로 구성된다.

6. 권한

(1) 헌법재판권

① 구체적 규범통제(법원의 제청에 따른 법률의 위헌여부심판)

일반적으로 위헌법률심판은 헌법재판기관이 국회가 제정한 법률이 헌법에 위반되는지를 심사하고, 그 법률이 헌법에 위반되는 것으로 인정하면 그 효력을 상실하게 하거나 그 적용을 거부하도록 하는 제도를 말한다. 현행 헌법이 규정하는 위헌법률심판제도는 구체적 사건에서 법률의 위헌 여부가 재판의 전제가 되면 이루어지는 사후적·구체적인 규범통제를 그 내용으로 하는 것으로서 법률에 대한 '위헌제청권'과 '위헌결정권'을 분리하여서, 위헌제청권은 일반 법원이, 위헌결정권은 헌법재판소가 담당한다(헌법 제107조 제1항, 제111조 제1항 제1호). 이는 주로 유럽국가의 헌법재판제도에서 흔히 나타나는 유형으로서 헌법의 특성, 민주주의, 권력분립, 법적 안정성, 전문성 등을 그 이론적인 근거로 한다.

② 탄핵심판

대통령, 국무총리, 국무위원, 행정 각부의 장, 헌법재판소 재판관, 법관, 중앙선거관리위원회 위원, 감사원장, 감사위원, 그 밖에 법률에서 정한 공무원이 그 직무집행에서 헌법이나 법률을 위배하면 국회는 탄핵의 소추를 의결할 수 있다. 이처럼 탄핵심판은 대통령을 비롯한 고위직 공직자를 대상으로 그 법적인 책임을 특히 헌법이 정하는 특별한 소추절차를 따라 추궁함으로써 헌법을 보호하는 제도이다. 현행 헌법은 탄핵심판에 관해서 그 소추기관과 심판 기관을 나누어 국회에는 '소추권'을, 헌법재판소에는 그 '심판권'을 맡긴다(헌법 제65조, 제111 조 제1항 제2호).

③ 정당해산심판

정당의 목적이나 활동이 민주적 기본질서에 위배되면 정부는 헌법재판소에 그 해산을 제소할 수 있고 정당은 헌법재판소 결정에 따라서 해산된다(헌법 제8조 제4항, 제111조 제1항 제3호). 이처럼 위헌정당의 해산심판제도는 민주주의의 적에게서 민주주의를 수호하면서, 동시에 정당의 강제해산은 오직 헌법재판소 결정에 따라서만 가능하도록 함으로써 정당을 보호하려는 것이 목적이다. 정부가 헌법재판소에 정당해산심판을 청구하려면 국무회의 심의를 거쳐야 한다(헌법재판소법 제55조).

④ 권한쟁의심판

현행 헌법은 '국가기관 상호간, 국가기관과 지방자치단체간 및 지방자치단체 상호간의 권한쟁의에 관한 심판'을 헌법재판소의 관할사항으로 한다(헌법 제111조 제1항 제4호). 한국 헌정사에서 1960년 헌법에 이어 두 번째로 권한쟁의제도를 채택하였다. 그러나 1960년 헌법의 권한쟁의제도가 국가기관 사이의 권한쟁의심판만을 그 내용으로 하였던 것과 달리, 현행 헌법의 권한쟁의제도는 그 심판사항을 국가기관과 지방자치단체 사이 및 지방자치단체 상호간의 권한쟁의까지 확대한다.

⑤ 법률(헌법재판소법)이 정하는 헌법소원심판

현행 헌법은 '법률이 정하는 헌법소원에 관한 심판'을 헌법재판소에 맡김으로써(헌법 제111조 제1항 제5호) 한국 헌정사에서 처음으로 헌법소원제도를 채택하였다. 헌법소원제도는 공권력의 남용과 악용에서 헌법이 보장한 국민의 기본권을 보호하는 헌법재판제도이므로, 국가권력의 기본권 기속성을 실현할 가장 실효성 있는 권력통제장치에 속한다. 현행 헌법재판소법의 헌법소원제도는 공권력의 행사나 불행사로 말미암아 헌법이 보장한 기본권을 침해받은 자가 제기하는 권리구제형 헌법소원(헌법재판소법 제68조 제1항에 따른 헌법소원)과 법률이 헌법에 위반되는지가 재판의 전제가 되어 법원에 위헌법률심판제청신청을 하였으나 기각된 자가 헌법재판소에 제기하는 규범통제형(위헌심사형) 헌법소원(위헌소원, 제68조 제2항에 따른 헌법소원)으로 나뉘어 규율된다.

(2) 규칙제정권

헌법 제113조 제2항은 "헌법재판소는 법률에 저촉되지 아니하는 범위 안에서 심판에 관한 절차, 내부규율과 사무처리에 관한 규칙을 제정할 수 있다."라고 규정하여 헌법재판소에 규칙제정권이 있음을 인정한다. 이처럼 헌법이 헌법재판소에 규칙제정권을 인정한 취지는 헌법재판소의 자주성과 독립성을 보장하고, 전문적·기술적인 사항은 헌법재판소가 제정하게 함으로써 헌법재판 실정에 적합한 규칙을 제정하게 하려는 데 있다. 헌법이 직접 헌법재판소의 규칙제정권을 인정하므로, 법률에 정함이 없더라도 헌법재판소는 필요한 범위에서 규칙을 제정할 수 있다. 헌법재판소가 대통령을 수반으로 하는 정부와 대등한 헌법적 지위가 있다는 점에 비추어 헌법재판소규칙은 대통령령과 같은 법적 지위가 있다고 보아야 한다. 따라서 헌법재판소규칙은 '규칙'이라는 용어에 상관없이 법규명령에 해당한다.

이 책의 바탕이 된 지은이의 글(발표순)

「관습법과 규범통제」,『공법학연구』제10권 제1호, 한국비교공법학회, 2009, 161~189쪽.

「헌법재판소의 지위와 민주적 정당성」,『고려법학』제55호, 고려대학교 법학연구원, 2009, 1~37쪽.

「법률과 법률의 효력」,『공법학연구』제11권 제1호, 한국비교공법학회, 2010, 187~214쪽.

『독일통일과 연방헌법재판소의 역할』, 헌법재판소 헌법재판연구원, 2011, 1~65쪽.

「민주적 정당성」,『저스티스』제128호, 한국법학원, 2012. 2., 132~153쪽.

「헌법기관충실원칙」,『공법연구』제42집 제2호, 한국공법학회, 2013, 27~61쪽.

『한국헌법체계에 비춘 헌법 제4조의 해석』, 헌법재판소 헌법재판연구원, 2014, 1~62쪽.

『사법부의 합헌적 법률해석』, 헌법재판소 헌법재판연구원, 2015, 1~83쪽.

「국가의 목적이면서 과제이고 의무인 안전보장」,『강원법학』제45권, 강원대학교 비교법학연구소, 2015, 65~114쪽.

「독일통일과정의 헌법적 문제 - 독일 연방헌법재판소 판례를 중심으로 -」,『헌법재판연구』제2권 제1호, 헌법재판소 헌법재판연구원, 2015, 167~199쪽.

「한국 헌법체계에 비춘 헌법 제3조의 해석」,『저스티스 제154호, 한국법학원, 2016. 6., 5~57쪽.

「헌법재판으로서 선거소송」,『공법연구』제45집 제1호, 한국공법학회, 2016, 203~237쪽.

「헌법재판으로서 국민투표소송」,『법학논총』제36권 제4호, 전남대학교 법학연구소, 2016, 37~67쪽.

「헌법 일부인 국호 '대한민국'」,『인권과 정의』제467호, 대한변호사협회, 2017. 8., 35~53쪽.

「법형성이 아닌 법발견(법해석)인 합헌적 법률해석」,『사법』제41호, 사법발전재단, 2017, 557~592쪽.

「헌법상 민족의 의미」,『법과 정책』제23집 제2호, 제주대학교 법과정책연구원, 2017, 337~371쪽.

「헌법의 기본원리로서 민족국가원리」,『법학논총』제39권 제1호, 전남대학교 법학연구소, 2019, 1~39쪽.

「공동체 개념으로 바라본 한국 헌법사」,『법학논총』제39권 제3호, 전남대학교 법학연구소, 2019, 79~107쪽.

「한국헌법사의 출발점 고찰」, 『헌법학연구』 제26권 제4호, 한국헌법학회, 2020, 1~53쪽.

「헌법의 기본원리로서 공화국원리」, 『헌법재판연구』 제7권 제2호, 헌법재판소 헌법재판연구
　　　원, 2020, 119~169쪽.

「인권 보장의 첨병인 조례에 관한 입법적 평가 — 최근(2018~2020년) 제정된 광주광역시
　　　조례를 중심으로 —」, 『인권법평론』 제26호, 전남대학교 법학연구소 공익인권법센터,
　　　2021, 153~216쪽.

「대한제국과 대한민국 임시정부의 헌법사적 관계와 그 의미」, 『저스티스』 제184호, 한국법학
　　　원, 2021. 6., 5~44쪽.

「중요사항별로 살펴본 헌법전사」, 『법학논총』 제41권 제3호, 전남대학교 법학연구소, 2021,
　　　69~119쪽.

「시간의 흐름에 따라 살펴본 한국 헌법전사」, 『법과정책』 제27집 제3호, 제주대학교 법과정책
　　　연구원, 2021, 163~222쪽.

찾아보기

저자 소개

○ 학력
고려대학교 법학과 학사/석사
독일 뮌헨대학교 법학과 박사(Dr. jur.)

○ 경력
성균관대학교 BK21 글로컬(Glocal) 과학기술법전문가 양성사업단 박사후연구원(2008. 9. - 2010. 2.)
고려대학교 법학전문대학원 연구교수(2010. 5. - 2011. 4.)
헌법재판소 헌법재판연구원 책임연구관(2011. 5. - 2016. 8.)
전남대학교 법학연구소 공익인권법센터 제8대 센터장(2019. 2. - 2021. 12.)
(현) 전남대학교 법학전문대학원 교수
(현) 전남대학교 법학전문대학원 학생부원장
(현) 한국공법학회 연구이사
(현) 한국국가법학회 감사
(현) 광주광역시 정보공개심의회 위원장
(현) 전라남도 인권보장 및 증진위원회 부위원장
(현) 전남대학교 생명윤리위원회 위원
(현) 세계인권도시포럼 추진위원회 위원
(현) 광주광역시 제5기 인권증진시민위원회 위원
(현) 광주광역시 제5기 인권옴부즈맨
(현) 광주광역시 제4기 북구 인권위원회 위원
(현) 광주과학기술원 인권위원회 예비위원
(현) 한국농어촌공사 정보공개심의회 외부위원
(현) 한국콘텐츠진흥원 정보공개심의회 외부위원
한국공법학회 신진학술상 수상(2016. 12.)
전남대학교 제23회 용봉학술상 수상(2019. 6.)
전남대학교 우수신임교수상 수상(2019. 6.)
헌법재판소 헌법논총 우수논문상 수상(2019. 11.)

○ 저서
헌법재판소 결정이 입법자를 구속하는 범위와 한계, 전남대학교출판문화원, 2017
헌법재판소 결정의 효력, 전남대학교출판문화원, 2019
헌법소송법, 박영사, 2019
헌법사례연습, 박영사, 2019
헌법 으뜸편 - 기본권론, 박영사, 2020
기본권 3각관계, 전남대학교출판문화원, 2020
간추린 헌법소송법, 박영사, 2021
간추린 헌법 으뜸편 - 기본권론, 박영사, 2021

허완중 외 13명, 알기 쉬운 헌법, 헌법재판소 헌법재판연구원, 2012(1쇄)/2014(2쇄)
허완중 외 9명, 통일과 헌법재판 4, 헌법재판소 헌법재판연구원, 2017
김현철/남복현/손인혁/허완중, 헌법불합치결정의 기속력과 개선입법의 구제범위에 대한 연구(헌법재판연구 제
    28권), 헌법재판소, 2017
허완중 외 8명, 통일과 헌법재판 3, 헌법재판소 헌법재판연구원, 2018
허완중 책임편집, 김현귀/손상식/손인혁/이장희/정영훈/허완중, 우리를 위해서 우리가 만든 우리 헌법, 박영사,
    2019(초판)/2021(개정판)
김현철/남복현/손인혁/허완중, 헌법소송의 특수성과 다른 소송법령 준용의 범위 및 한계에 대한 검토(정책개발
    연구 제11권), 헌법재판소, 2019

헌법 버금편 – 헌법총론과 국가조직론

초판발행	2022년 2월 10일
지은이	허완중
펴낸이	안종만 · 안상준
편 집	한두희
기획/마케팅	이후근
표지디자인	이소연
제 작	고철민 · 조영환
펴낸곳	(주) **박영사**
	서울특별시 금천구 가산디지털2로 53, 210호(가산동, 한라시그마밸리)
	등록 1959. 3. 11. 제300-1959-1호(倫)
전 화	02)733-6771
f a x	02)736-4818
e-mail	pys@pybook.co.kr
homepage	www.pybook.co.kr
ISBN	979-11-303-4028-9 93360

copyright©허완중, 2022, Printed in Korea

* 파본은 구입하진 곳에서 교환해 드립니다. 본서의 무단복제행위를 금합니다.
* 저자와 협의하여 인지첩부를 생략합니다.

정 가   42,000원